Cordialmente,

Antonio Di Pietro

Memoria

KAOS
EDIZIONI

Con questa monumentale *Memoria* Antonio Di Pietro si difende dall'accusa forse più infamante fra le tante che gli sono state rovesciate addosso da quando iniziò l'inchiesta denominata "Mani pulite": l'aver favorito l'imputato Pierfrancesco Pacini Battaglia, detto Chicchi, in cambio di aiuti economici e finanziari ai suoi amici o a lui direttamente.

La difesa di Di Pietro è circostanziata, minuziosa, puntigliosa e in certi momenti appare persino eccessiva se si tien conto che molti, per non dire quasi tutti, degli addebiti che gli vengono mossi sono *ictu oculi* inconsistenti o addirittura grotteschi. Come quando, per dimostrare il favoreggiamento, si accusa il Pubblico ministero Di Pietro di non aver scoperto fatti che dovevano ancora accadere. Va bene che ci troviamo di fronte a un grande segugio, però chiedergli la preveggenza è un po' troppo. Ma Di Pietro ha voluto che nessuna ombra rimanesse sulla sua attività di indagine, sulla sua correttezza di magistrato. E questo, credo, è il motivo per cui offre la presente *Memoria* al grande pubblico: dopo aver convinto il Gip di Brescia, che altre sei volte ha pronunciato il "non luogo a procedere" per accuse ugualmente fantasiose, vuol convincere anche i lettori. Ma se si hanno buoni argomenti, come li ha Di Pietro, si può convincere chiunque, tranne chi è in malafede.

È evidente infatti che quello creato intorno ad Antonio Di Pietro è un falso problema e che egli è un falso bersaglio. Attraverso la persona di Di Pietro si voleva colpire l'intera inchiesta di "Mani pulite". Delegittimando il magistrato, dimostrando che è anch'egli un corrotto, si pensava, nella testa bacata di alcuni, di delegittimare anche le inchieste che aveva condotto insieme ai suoi colleghi e superiori. Questo fu il senso del famoso "poker d'assi" sbandierato agli albori di "Mani pulite" da Bettino Craxi.

In qualsiasi altro Paese civile, di autentica cultura giuridica, questa impostazione sarebbe stata seppellita dal ridicolo invece di essere presa sul serio. L'eventuale corruzione del magistrato si va ad aggiungere alle altre, non agisce per sottrazione, non le sana. Il Pubblico ministero può anche essere uno stupratore di fanciulle ma ciò non rileva sui suoi atti di indagine che passano al vaglio di una serie nutritissima di verifiche (nel nostro ordinamento, a mio avviso, anche troppe). La persona del magistrato infatti è sempre vulnerabile, la sua funzione no. Perché il magistrato è un uomo in carne e ossa, il meccanismo è invece astratto. E quand'anche il magistrato fosse di un'onestà adamantina, irreprensibile, avrà pur sempre una moglie, una fidanzata, dei figli, degli amici, attraverso i quali può essere attaccato. Per questo il nostro ordinamento tende a spersonalizzarne il più possibile la funzione. Non a caso il Pubblico ministero si chiama *Sostituto procuratore della Repubblica* e risponde a un Ufficio. Per lo stesso motivo, un tempo, si era deciso, saggiamente, che gli avanzamenti di carriera fossero pressoché automatici e intervenissero per anzianità. Si sacrificava l'efficienza all'impersonalità del meccanismo, per togliere ai magistrati, soprattutto a quelli del Pubblico ministero, che hanno il compito più difficile e delicato, ogni grillo per la testa, ogni voglia di strafare. Perché il personalismo giudiziario è un pericolo per la serenità e l'obiettività delle inchieste ma soprattutto, come s'è visto, per coloro che le conducono. Tanto che in alcuni Paesi scandinavi è fatto divieto alla stampa di pubblicare il nome dei magistrati. Pratica che suggerirei di introdurre anche in Italia, si eviterebbero così tante speciose speculazioni sui "pubblici ministeri che vogliono farsi pubblicità".

Purtroppo l'inchiesta denominata "Mani pulite" è stata personalizzata fin dal suo nascere. La responsabilità primaria spetta a una stampa sgangherata che, nei primi anni, ha voluto fare degli eroi e degli "angeli vendicatori" di magistrati che compivano semplicemente, sia pur bene, il loro dovere che è quello di far rispettare le leggi (io mi vanto di avere il più possibile evitato di citare per nome – nella fase calda di "Mani pulite", quando scrivevo per "L'Indipendente" – i magistrati, e di aver sempre riferito i loro atti alla Procura della Repubblica di Milano, come mi vanto di essere probabilmente l'unico giornalista italiano a non aver conosciuto personalmente Antonio Di Pietro, che mai mi sognerei di chiamare familiarmente, nei miei articoli, "Tonino" – altro malvezzo del giornalismo italiano che con i suoi Romano, Massimo, Walter, Silvio, riduce tutto, e non innocentemente, al casereccio e al pecoreccio).

In seconda battuta la responsabilità della personalizzazione delle inchieste ricade sugli stessi magistrati che, dopo aver per qualche tempo resistito, hanno rotto a loro volta gli argini lasciandosi andare a un eccesso di dichiarazioni e di esternazioni invece di parlar solo "per atti e documenti", sui quali erano inattaccabili.

Su questa chance inopinatamente offerta sono balzati, come su un cavallo, tutti coloro che avevano interesse a delegittimare "Mani pulite": i tangentisti, i corruttori, i corrotti, i loro complici, i giornali al loro servizio o anche solo compiacenti. Così i Di Pietro, i Colombo, i Davigo, le Boccassini, i D'Ambrosio, i Borrelli sono stati alluvionati di indagini, di in-

chieste, di ispezioni. È nata la nuova procedura penale all'italiana: appena un Pubblico ministero apre un'inchiesta si indaga innanzitutto su di lui.

Per sette volte la Procura di Brescia, spesso su iniziativa degli stessi indagati o dei loro avvocati, ha chiesto il rinvio a giudizio di Antonio Di Pietro e per sette volte il Giudice per le indagini preliminari si è pronunciato negativamente. Il solo Piercamillo Davigo è stato iscritto una trentina di volte nel registro degli indagati. Il Procuratore capo, Francesco Saverio Borrelli, ha rischiato l'incriminazione per essere stato fotografato in groppa a un cavallo che sulla sella portava le iniziali "G.G.", che, secondo gli accusatori, stavano per Giancarlo Gorrini, uno degli indagati, e in seguito condannati, di Tangentopoli. Poi ci sono state le reiterate ispezioni ministeriali e gli infiniti deferimenti dei Pubblici ministeri di Milano al Consiglio superiore della magistratura. Da tutto questo non è uscito un solo rilievo, penale o disciplinare, che potesse essere addebitato ai magistrati del pool di "Mani pulite". Ciò però non è bastato per far cessare una campagna, costante, capillare, urlata e violenta, di delegittimazione della magistratura, in atto da anni a opera soprattutto, ma non solo, di alcuni organi di informazione e di Reti televisive che fanno capo a uno dei principali indagati, l'onorevole Silvio Berlusconi. Campagna dagli effetti e dalle conseguenze devastanti, perché se è la classe dirigente la prima a mostrare di non credere alle leggi e alle Istituzioni, che sono le *sue* leggi e le *sue* Istituzioni, non si vede con quale autorità potrà pretenderne il rispetto agli squatter, agli immigrati, ai ladri da strada, agli operai delle Banchigliette o di Porto Marghera, cioè a tutti coloro che, per dirla con Marx, dalla distruzione del sistema hanno da perdere solo le loro catene. Ma non importa, questa campagna non solo prosegue ma si è estesa, oltre che ai Pubblici ministeri di Palermo e di Napoli, impegnati contro la mafia e la camorra, a ogni Procura che indaghi sui reati dei "colletti bianchi", comprese anche le tanto lodate "Procure che lavorano sodo e in silenzio" se solo osano inquisire un Cardinale per usura.

Gli eventuali, e anche inevitabili, errori dei Pubblici ministeri, le loro debolezze di uomini, le manchevolezze della Magistratura, non c'entrano quindi nulla. Non siamo così ingenui e sprovveduti da non capire che la vera colpa di Di Pietro magistrato e dei suoi colleghi è stata quella di aver chiamato, per la prima volta nella storia della Repubblica, anche la classe dirigente e cittadini eccellenti ed eccellentissimi, al rispetto delle leggi. E che è questo che oggi si vuol far loro pagare. Nel giro di soli sette anni gli imputati non sono più i tangentisti, i taglieggiatori, i corruttori, i corrotti, i malversatori, ma sono diventati i loro giudici. Nell'Italia degli anni Cinquanta, un'Italia più semplice e schietta, l'Italia contadina di Antonio Di Pietro, si diceva «Vergognarsi come un ladro». Oggi non solo i ladri non si vergognano più, non solo si atteggiano a vittime, ma, attraverso il dispiegamento di un poderoso apparato informativo, si ergono a giudici dei loro giudici. E, paradosso nel paradosso, ciò avviene con il fattivo apporto di una classe politica che è diventata tale proprio in seguito alle inchieste di quei magistrati. Se a partire dal '92 ci fosse stato davvero un "golpe" a opera della Magistratura, come molti di costoro sostengono, la prima a dover uscire dalla scena in quanto figlia di un atto eversivo

e quindi illegittima, sarebbe proprio l'attuale classe politica.

Dopo anni di straordinarie inchieste da lui condotte e dopo altrettanti di inchieste condotte contro di lui, Antonio Di Pietro, la sera in cui il giudice di Brescia lo ha mandato assolto per l'ennesima volta da ogni addebito, è scoppiato in lacrime, vinto da una tensione insostenibile.

Fra qualche anno, quando saranno polvere i potenti e prepotenti personaggi che oggi occupano la scena e che, dai e ridai, sono riusciti a bloccare l'unico rinnovamento di cui l'Italia abbia veramente bisogno, che è un rinnovamento morale, il recupero di quel minimo di legalità indispensabile a ogni convivenza civile, quelle lacrime di Antonio Di Pietro, funzionario che ha cercato, come i Colombo, i Davigo, le Boccassini, i D'Ambrosio, i Borrelli, i Maddalena, i Cordova, i Caselli, di servire con lealtà e con coraggio lo Stato, commettendo, certo, soprattutto per esuberanza, qualche errore, come è inevitabile per chi lavora, quelle lacrime, dico, ricadranno come una vergogna indelebile sul nostro Paese.

MASSIMO FINI

I.

UNO STRANO CAPO DI IMPUTAZIONE

A metà novembre 1996 appresi dai mass media che la Procura della Repubblica di Brescia mi aveva messo di nuovo sotto inchiesta, stavolta in relazione alle vicende giudiziarie del finanziere Pierfrancesco Pacini Battaglia. Ero ministro dei Lavori pubblici, e per un elementare dovere di correttezza istituzionale comunicai subito al presidente del Consiglio Romano Prodi le mie immediate e irrevocabili dimissioni dal governo.

Un anno e mezzo dopo – e cioè il 26 maggio 1998 – il Pubblico ministero di Brescia mi notificava una richiesta di rinvio a giudizio per rispondere dei seguenti fatti:

«Del reato di cui agli artt. 81 Cpv, 110, 319 e 319 ter. Cp perché, Antonio Di Pietro quale sostituto procuratore della Procura della Repubblica presso il Tribunale di Milano, con funzioni di Pubblico ministero nel procedimento n° 8655/92 mod. 21 (denominato "Mani pulite"); Giuseppe Lucibello (legato da stretti vincoli di amicizia con Di Pietro) quale difensore di fiducia di Pierfrancesco Pacini Battaglia, soggetto indagato nel sopra indicato procedimento; Antonio D'Adamo (anch'egli legato a Di Pietro da stretti vincoli di amicizia, nonché persona che in più occasioni, nel corso degli anni, aveva messo a disposizione di Di Pietro – e di persone a lui vicine – somme di denaro e altre utilità) quale imprenditore le cui aziende, all'epoca dei fatti, versavano in gravi difficoltà economiche e finanziarie; in concorso tra loro, con più azioni esecutive di un medesimo disegno criminoso, in cambio di un trattamento di favore da realizzarsi, da parte del Pm Antonio Di Pietro nei confronti di Pierfrancesco Pacini Battaglia (attraverso una serie indeterminata di atti contrari ai doveri di ufficio e di omissioni di atti di ufficio) nell'ambito del procedimento penale nel quale Pacini Battaglia era indagato, concordavano una serie di interventi economici e finanziari di Pacini Battaglia a sostegno delle società facenti capo a D'Adamo e ricevevano dal Pacini, anche tramite società a quest'ultimo riferibili, le somme di denaro e le altre utilità di seguito specificate:

1. a) Finanziamento erogato dalla Banque Karfinco Sa di Ginevra (di Pacini) in favore della Sii-Società Imprese Industriali di Milano (di D'Adamo) in data 6-5-93 per un valore di 2.000.000 di Chf (corrispondente a 2 miliardi di lire) da restituirsi alla data del 9-11-93 con interessi trimestrali, senza alcuna garanzia da parte di D'Adamo. Tale somma veniva parzialmente restituita dal D'Adamo nel dicembre 93 per un ammontare di 1.800.000 Chf di capitale, oltre 19.433,90 Chf e 13,87 Chf di interessi e spese relativi al ritardato pagamento, rimanendo invece insolute le somme di 200.000 Chf in conto capitale e gli interessi, dal 6-5-93 al 9-11-93, per un importo pari a 76.222,23 Chf (39.166,67 + 37.055,56 Chf).

b) Versamento della somma di 276.222 Chf da parte di Pacini Battaglia alla Karfinco, nell'interesse di D'Adamo, a estinzione del debito della Sii (di D'Adamo) verso la Karfinco (di Pacini) relativo al parziale inadempimento dell'obbligazione di cui al punto 1.a.

2. Finanziamento (non garantito) erogato dalla Keniston Investments Ltd delle Isole Vergini (appositamente fatta costituire dal Pacini il 25-5-93) in favore della Compagnie Européenne de Placement Sa del Lussemburgo (di D'Adamo) nelle date e per gli importi di seguito specificati [*controvalore in lire, ndr*]:

a) 9-6-93, per L. 3.000.000.000;
b) 22-6-93, per L. 1.000.000.000;
c) 22-7-93, per L. 1.000.050.000;
d) 28-10-93, per L. 1.000.050.000;
e) 6-12-93, per L. 1.000.000.000;
f) 22-12-93, per L. 1.030.909.050;
g) 3-1-94, per L. 1.035.175.500.

Parte di tali somme, per un ammontare di 5 miliardi di lire, tra il giugno e il 31-8-93, dopo essere state girate dalla Compagnie Européenne de Placement alla Finampa e da questa alla Eurodafin (entrambe società di D'Adamo) veniva trasferita alla Sii (società di D'Adamo che il 28-5-93 aveva deliberato un aumento di capitale di 9 miliardi di lire, da L. 6.525.000.000 a L. 15.525.000.000) e successivamente, il 6-12-93, veniva accreditata alla Edilgest Finanziaria (di D'Adamo) che a sua volta la trasferiva alla Gde-Gruppo D'Adamo Editore, in conto "futuro aumento di capitale" (deliberato in data 11-10-93 da Lire 2.500.000.000 a Lire 15.000.000.000). La rimanente somma (4 miliardi di lire) tra il 28-10-93 e il 3-1-94 veniva fatta confluire direttamente dalla Compagnie Européenne de Placement alla Gde, in conto "futuro aumenti di capitale" e in conto "aumento di capitale". Il successivo 10-1-94 la Gde emetteva, in favore della Compagnie Européenne de Placement, il relativo certificato azionario (rappresentativo di 9 miliardi di capitale interamente versato, pari al 60 per cento dell'intero capitale sociale).

3. Acquisto, da parte della Atlantic Finance Sa del Lussemburgo (inizialmente di D'Adamo e successivamente ceduta a Pacini) del certificato azionario della Gde (rappresentativo dei 9 miliardi di capitale sociale) che era stato rilasciato il 10-1-94 in favore della Compagnie Européenne de Placement (di D'Adamo) e successiva vendita di detto certificato alla Morave Holding Sa del Lussemburgo (di Pacini) e da questa alla Simaco Holding Sa del Lussemburgo (di D'Adamo) con le seguenti modalità:

a) 25-1-94: acquisto del certificato azionario da parte della Atlantic Finance Sa (che il 26-1-94 veniva ceduta da D'Adamo a Pacini) per un controvalore di L. 9.000.000.000, pagato mediante accollo del debito (per il finanziamento di cui al punto 2) della Compagnie Européenne de Placement Sa (di D'Adamo) verso la Keniston Investments Ltd (di Pacini);

b) 8-4-94: vendita del certificato azionario Gde dalla Atlantic Finance Sa (di Pacini) alla Morave Holding Sa del Lussemburgo (di Pacini) per un controvalore di L. 9.000.000.000, pagato mediante accollo del debito di pari importo della Atlantic Finance Sa verso la Keniston Investments Ltd (di Pacini);

c) 28-4-94: vendita del certificato azionario della Morave Holding Sa (di Pacini) alla Simaco Holding Sa del Lussemburgo (di D'Adamo) per un controvalore di L. 4.500.000.000 (oltre interessi) da pagarsi entro il 31-12-95, con consegna fiduciaria del predetto certificato alla Intercorp Sa del Lussemburgo, fino al pagamento del prezzo;

d) 26-10-94: svincolo, da parte della Morave Holding Sa (di Pacini), della garanzia rappresentata dalla custodia fiduciaria delle azioni Gde e rilascio delle stesse alla Simaco (di D'Adamo) con l'accordo che quest'ultima avrebbe potuto rivenderle alla Edilgest Finanziaria (di D'Adamo) contro il rilascio, da parte della Edilgest, di una "lettera" che garantisse il debito della Simaco verso la Morave, operazione realizzata il 27-10-94.

A fronte del proprio credito, la Morave riceveva dalla Simaco, in data 22-7-97, crediti verso la Gestal srl (per L. 2.441.488.919) e verso la Edilgest Finanziaria spa (per Lire 2.058.511.081), oltre a 15.000 azioni Sii (per un valore nominale di L. 42.750.000) in garanzia.

4. Finanziamento della Atlantic Finance Sa del Lussemburgo (di Pacini) alla Gde-Gruppo D'Adamo Editore (di D'Adamo) a titolo di finanziamento so-

ci, nelle date e per gli importi di seguito specificati:

a) 1-2-94: per un controvalore di L. 699.970.000;

b) 3-3-94: per un controvalore di L. 450.000.000.

Tali somme provenivano dalla Keniston Investments Ltd delle Isole Vergini (di Pacini); il relativo credito alla Atlantic Finance Sa, verso la Gde, veniva successivamente ceduto alla Morave Holding Sa (fatta costituire da Pacini il 28-3-94).

5. Finanziamento dalla Morave Holding Sa del Lussemburgo (di Pacini) alla Gde-Gruppo D'Adamo Editore (di D'Adamo) per gli importi di seguito specificati [*controvalore in lire, ndr*]:

a) 30-3-94: L. 850.000.000;

b) 6-4-94: L. 1.000.000.000.

A fronte del finanziamento di cui ai punti 4 e 5 per un importo complessivo pari a circa 3 miliardi di lire oltre interessi, venivano rimborsati dalla Gde alla Morave Holding Sa (di Pacini) solo 200.000.000 di lire, in data 30-11-94.

6. Acquisto, da parte della Onder Sa del Lussemburgo (di Pacini) e in favore di Lucibello, in data 8-2-95, di un immobile sito in Milano via San Barnaba 39, del valore di L. 735.000.000 (destinato a studio professionale del Lucibello).

Il trattamento di favore riservato dal Pm Di Pietro all'indagato Pacini Battaglia si concretizzava, in particolare, nelle seguenti condotte e omissioni contrarie ai doveri d'ufficio:

A) Nell'avere omesso di investigare sui conti, accesi presso la banca Karfinco di Ginevra, direttamente e indirettamente riconducibili alla persona di Pacini Battaglia e da questi utilizzati per la gestione occulta di somme provenienti da disponibilità extra contabili di società partecipate dall'Eni (quali la Snamprogetti spa, la Saipem spa e la Nuovo Pignone spa) e da disponibilità extra contabili di vari imprenditori privati italiani, destinate al c.d. "sistema dei partiti" e in particolare:

1. nell'avere omesso di farsi consegnare direttamente dal Pacini, nonostante i propositi e gli impegni di collaborazione da questi manifestati in occasione del suo primo interrogatorio del 10-3-93, propositi e impegni dai quali era derivata l'immediata scarcerazione dello stesso, la documentazione bancaria relativa alle movimentazioni avvenute sui conti, accesi presso la Karfinco di Ginevra, direttamente o indirettamente riconducibili allo stesso Pacini Battaglia;

2. nell'avere omesso di richiedere assistenza giudiziaria alla competente Ag elvetica, mediante commissioni rogatorie internazionali finalizzate all'acquisizione della documentazione bancaria relativa alle movimentazioni avvenute sui conti, accesi presso la Karfinco di Ginevra, direttamente o indirettamente riconducibili a Pacini Battaglia.

Le investigazioni sui conti della Karfinco di Ginevra, riconducibili alla persona di Pacini Battaglia, si rendevano necessarie:

• in considerazione delle dichiarazioni che Pacini Battaglia aveva reso nel corso degli interrogatori, caratterizzate da numerosissime incongruenze e contraddizioni, più volte peraltro segnalate al Pm dal Ct contabile dott. Giorgio Laganà. In particolare Pacini:

– nel riferire in ordine al c.d. sistema "Comifin-Fimo" da lui adoperato per far giungere in Italia in contanti, tramite "spalloni", il denaro destinato al c.d. "sistema dei partiti", dapprima (negli interrogatori del 10-3-93 e del 6-4-93) aveva dichiarato di avere "direttamente" provveduto a far trasferire in contanti in Italia tra il 90 e il 92 in favore del Psi e della Dc, la complessiva somma di 20-25 mld. di Lit. proveniente da società facenti capo all'Eni (somma accreditata dalla Karfinco sul c/c della Comifin-Fimo n° 120.763 acceso presso la Sbs di Chiasso), successivamente (nell'interrogatorio del 14-5-93, solo dopo che il responsabile della Comifin-Fimo aveva confessato un avere gestito per conto di Pacini operazioni per oltre 58 mld. di Lit. e aveva chiamato in causa tale Luca Nistri, addebitando a quest'ultimo un ruolo centrale nei rapporti con la Karfinco e in particolare con Pacini) aveva riferito di avere fatto trasferire in Italia, tra il 90 e il 92 in favore del Psi tramite la Comifin-Fimo e Luca Nistri, la complessiva ulteriore somma di 20 mld. di Lit. proveniente, in questo caso, da vari imprenditori italiani, e infine (nell'interrogatorio del 30-6-94, dopo che Nistri, fin dal 20-5-93, aveva confessato l'esistenza di ulteriori conti della Comifim-Fimo, presso la Sbs e la Ubs di Chiasso, e la movimentazione, per conto di Pacini e tramite i conti "Dallas" e "Garros" della Karfinco, di complessivi 62 mld. di Lit., dopo che le rogatorie sui conti della Sbs e della Ubs di Chiasso avevano incontrovertibilmente evidenziato, nell'ottobre-novembre 93 che erano state movimentate somme per 73 mld. di Lit. e dopo che Nistri, nell'interrogatorio del 30-6-94, aveva confessato di avere movimentato, per conto di Pacini, la somma di 62 mld. di Lit., tramite la Comifin-Fimo e l'ulteriore somma di 12 mld. di Lit., tramite il "canale" di Giancarlo Rossi) aveva riferito di avere versato sui conti di Nistri (i conti "Dallas" e "Garros" c/o la Karfinco) tra il 90 e il 92 la complessiva somma di 75 mld. di Lit. (somma asseritamente così ripartita: 34 mld. provenienti da Saipem e Snamprogetti al Psi, 6,5 mld. provenienti da Saipem e Snamprogetti alla Dc, 22 mld. provenienti dagli imprenditori al Psi e 10 mld. "di cui all'operazione con Ferranti");

– nel riferire in ordine alla ridistribuzione della tangente di 10.500.000 Usd pagati dalla Montedison all'Eni mediante fondi extracontabili costituiti a fronte della falsa fattura emessa dalla Allied Engineering di Londra (n° 500-38-94 del 18-12-90) in favore della Montedison International, dapprima (nell'interrogatorio del 19-7-93) aveva dichiarato che la somma era stata ripartita "dopo" il pagamento della falsa fattura (avvenuto il 17-1-91 mediante accredito sul conto n° 2700794 della American Express di Londra) su disposizione di Enrico Ferranti (Direttore finanziario dell'Eni) in parte a Balzamo (complessivi 2.830.000 di Usd sul c/c 704.196 della Ubs di Zurigo e sul c/c 567.159140-201 della Bank Shangay di Hong Kong e ulteriori 2 mld. di Lit. in contanti), in parte a Citaristi (1,5 mld. di Lit. in contanti), in parte a Ferranti (4 mld. di lit. in contanti) per la successiva consegna a Piga (che peraltro era deceduto il 26-12-90), successivamente (nell'interrogatorio del 28-10-93 – dopo il suicidio di Cagliari – uniformandosi a quanto dichiarato da Ferranti negli interrogatori del 24-7-93 e del 28-7-93) aveva riferito che "dopo l'estate del 90" Cagliari gli aveva chiesto di anticipare a Ferranti 6,68 mld. di Lit. e che, qualche giorno dopo, Ferranti gli aveva dato disposizione di consegnare a lui 4 mld. di Lit. in contanti e a Balzamo 2,95 mld. di Lit., sui due citati conti di Zurigo e di Hong Kong, mentre solo la rimanente somma (Lit. 2 mld. più Lit. 1,5 mld) era stata ridistribuita in contanti in Italia, rispettivamente a Balzamo e a Citaristi, dopo il pagamento della fattura (17-1-91). A comprova dei versamenti effettuati sul citato conto di Zurigo (per 1.200.000 Chf e 750.000 Usd) Pacini aveva prodotto (come verrà di seguito specificato) due contabili Karfinco con data alterata. La documentazione acquisita tramite le rogatorie relative ai conti della Comifin-Fimo aveva dimostrato che i versamenti in contanti riferiti da Pacini (sia nell'interrogatorio del 19-7-93 che in quello del 28-10-93) non potevano essere avvenuti nei tempi e secondo le modalità dallo stesso indicate. Nell'interrogatorio del 17-3-94 Pacini (pur uniformandosi a quanto documentato da Ruju, tra il gennaio e il marzo 94, in ordine alla reale data delle due contabili Karfinco-Ubs Zurigo, 23-10-89 e 11-12-89 anziché 23-10-90 e 11-12-90) non aveva fornito nessuna spiegazione circa la ridistribuzione della tangente di 10.500.000 Usd pagata dalla Montedison all'Eni in occasione del *closing* (sebbene la reale data delle contabili rappresentasse una inequivocabile prova del fatto che tali contabili nulla potevano avere a che fare con la vicenda del *closing*) e si era limitato a fornire le date e gli importi dei versamenti in contanti a favore di Balzamo (complessivi 2.509.000 Chf, nel periodo gennaio-febbraio 91) e da ultimo (nell'interrogatorio del 30-6-94) aveva riferito che quasi l'intero importo dell'operazione (10 mld. di Lit. contro i circa 12 mld. complessivi) era stato versato sui conti di cui Luca Nistri disponeva in Karfinco (Dallas e Garros) al fine farlo recapitare in Italia in contanti, senza neppure specificare a chi fosse stata consegnata tale somma;

– il dott. Giorgio Laganà, quale consulente tecnico della Procura di Milano nel procedimento Eni, aveva più volte segnalato, fin dal gennaio-febbraio

94 l'incompletezza e la contraddittorietà di quanto dichiarato da Pacini Battaglia nel corso dei suoi interrogatori;

• in considerazione della documentazione palesemente insufficiente e in alcuni casi addirittura alterata che Pacini aveva via via prodotto, tramite il proprio difensore avv. Lucibello. In particolare Pacini:
– nel documentare il c.d. sistema "Comifin-Fimo" aveva prodotto documentazione bancaria relativa esclusivamente ad alcuni "accreditamenti" effettuati sui conti della Abn (Algemene Bank Nederland) di Ginevra (denominati "Antesa" "Danbury" "Defouni" e "Louxor") attraverso i quali le somme versate (da imprenditori italiani e da società facenti capo all'Eni) erano state trasferite, transitando su conti accesi presso la Karfinco, su conti della Comifin-Fimo presso la Sbs e la Ubs di Chiasso; non aveva però prodotto né la documentazione completa dei conti della Abn di Ginevra, né la documentazione relativa al conto della American Express di Londra (il conto "Antesa" che al pari dei conti della Abn, era stato utilizzato per alimentare i conti Karfinco), né, in particolare, la documentazione relativa al trasferimento delle somme dai citati conti ai conti Karfinco e da questi ultimi ai conti della Comifin-Fimo, sebbene i predetti conti di transito fossero direttamente o indirettamente riferibili al Pacini stesso);
– nel documentare la ridistribuzione di parte della tangente pagata dalla Montedison all'Eni, in occasione del c.d. *closing* dell'Enimont, aveva prodotto (con memoria del 27-10-93) di concerto con l'avv. Lucibello, due contabili Karfinco (relative ai conti "8088" e "8200") alterate nell'indicazione dell'anno degli avvenuti versamenti (23-10-90 e 11-12-90, anziché 23-10-89 e 11-12-89), contabili in realtà riferibili a operazioni che, in quanto effettuate un anno prima, nulla potevano avere a che fare con la vicenda del *closing* di Enimont;
– nel documentare operazioni effettuate tramite conti Karfinco a lui riferibili, aveva prodotto contabili della Karfinco mancanti dell'indicazione del conto bancario attraverso il quale l'operazione era stata compiuta.

Le attività come sopra omesse – se espletate – avrebbero consentito:
• di individuare i conti, direttamente riferibili a Pacini Battaglia (quali i conti 8100, Notre Dame, 8088, 101338, 70650, 172640, 70850, 70760, 8200, Zoltal Stiftung, 170850, 8000, 8027, Dallas, Narrative Trading Ltd, Brookland Poperties Inc, Derwood Overseas Inc) e di accertare l'esistenza di ulteriori conti, indirettamente riferibili allo stesso Pacini, intestati a persone ed a società coinvolte nel medesimo procedimento pendente avanti l'Ag di Milano, quali Giovanni Dell'Orto della Saipem spa (conto n° 71060 "Font International Sa"), Paolo Ciaccia della Saipem spa (conto n° 81650 "Grove Finance Sa"), Pio Pigorini della Snam spa (conto n° 73420 "Hastings Overseas Sa"), Raffaele Santoro dell'Agip (conto n° 81460 "Umser Finance Corp"), Duilio Greppi della Snamprogetti spa (conto n° 70210 "Mora Overseas Inc"), Mario Merlo della Snamprogetti spa (conto n° 70830 "Palo Azul Sa") Mario Maddaloni della Tpl spa (conto n° 72180 "Morland Finance sa"), Pietro Tradico della Tpl spa (conti n° 81590, 81410, 74120, rif. H3333, 81430, 81440, 81420, 8147), Lionello Sebasti della Tpl spa (conto n° 72290 "Vanol Enterprise Sa"), Paolo Mineni della Impresa Unione spa (conto n° 74670 "Grouse"), la Snamprogetti International Sa (conto n° 171110) e la Tpl spa (conto n° 74130 "Sonitex");
• di accertare che su tali conti erano state fatte affluire ulteriori ingenti somme di denaro, provenienti da analoghe attività criminose di Pacini sottaciute;
• di accertare che Pacini, nel riferire in ordine alle ingenti somme che aveva consegnato in contanti in Italia, tramite Luca Nistri e il sistema della Comifin-Fimo, aveva in alcuni casi dissimulato la reale provenienza e destinazione dei flussi di denaro movimentati.

B) Nell'aver revocato informalmente, dopo averla ufficialmente sollecitata, la commissione rogatoria presso la Sbs (Società di Banca Svizzera) di Ginevra n° 37/94 a carico di Mario Maddaloni (rogatoria del 14-2-94) avente a oggetto un versamento di Chf 1.115.250 (provenienti da disponibilità extra contabili della Tpl e destinati, secondo quanto riferito da Sergio Cragnotti e da Roberto Marziale, a Lorenzo Necci, all'epoca presidente di Enimont), somma bonificata dalla Pkb (Privat Kredit Bank) di Lugano alla Sbs di Ginevra (tramite il Credito Svizzero di Lugano) in favore della Karfinco di Ginevra, con gli estremi "ordinante 'un cliente' riferimento '8000'". Tale commissione rogatoria, ove fosse portata a termine, avrebbe consentito:
• di individuare il conto 73200 (denominato "8000") intestato alla società panamense Timor Overseas Inc, della quale Pacini Battaglia era procuratore, società intestataria di altro conto presso la Karfinco (il conto 101338) tramite il quale Pacini aveva effettuato il finanziamento in favore di Antonio D'Adamo utilizzato per l'aumento di capitale della Gde (vds. punto 2 e 3 della c.d. "prestazione") e aveva effettuato il pagamento dell'appartamento sito in Milano via San Barnaba 39 intestato alla Onder Sa in uso a Giuseppe Lucibello (vds. punto 6 della c.d. "prestazione");
• di accertare che detto conto era stato utilizzato da Pacini quale conto di transito di ingenti somme [poi] confluite in altri conti riferibili allo stesso Pacini, nonché a terzi soggetti, tra cui Mario Maddaloni e Lionello Sebasti (responsabili della Tpl), Mario Merlo e Duilio Greppi (responsabili della Snamprogetti), e l'agente di cambio Luca Nistri.

C) Nell'avere omesso di contestare a Pacini Battaglia le numerose incongruenze, contraddizioni e falsità emergenti dagli interrogatori resi da Pacini Battaglia tra il marzo 93 e il settembre 94 e dalla documentazione da questi prodotta.

D) Nell'avere omesso di investigare in ordine al ruolo avuto da Pacini con riguardo alle illecite contribuzioni versate da Vincenzo Lodigiani (della Lodigiani spa) al c.d. "sistema dei partiti" (a fronte dell'assegnazione di appalti ferroviari e di concessioni relative alla "Alta Velocità") alla luce degli elementi emersi a seguito del sequestro della documentazione di Lodigiani (contenente numerosi riferimenti a Pacini, alla Karfinco, al conto "8000" della Karfinco e al conto "Louxor" 9144 della Abn di Ginevra), omettendo in particolare di contestare a Pacini Battaglia le suddette circostanze e di richiedere assistenza giudiziaria alla competente Ag elvetica, mediante commissione rogatoria internazionale finalizzata ad accertare i rapporti tra Lodigiani e la Karfinco.

E) Nell'avere omesso approfondimenti investigativi in ordine alle movimentazioni bancarie relative al pagamento e alla redistribuzione della somma di Usd 10.500.000 pagata, con riguardo alla vicenda del *closing* Enimont, dalla Montedison International alla Allied Engineering International Ltd, a fronte dell'emissione della fattura 500-38-34 del 18-12-90 prodotta da Pacini Battaglia nel corso dell'interrogatorio del 19-7-93.

In particolare, dopo che era stata formulata (in data 15-11-93) una prima richiesta di assistenza giudiziaria a carico di Garofano Giuseppe, per l'acquisizione, tra l'altro, della documentazione relativa al conto 2700794 acceso dalla Allied Engineering International Ltd presso la American Express Bank di Londra (conto indicato sulla citata fattura prodotta da Pacini Battaglia) e dopo che l'Ag londinese, in data 13-5-94, aveva riferito che non risultavano registrazioni relative alla società Allied ed aveva fatto presente che per poter dare corso alla commissione rogatoria era necessario che l'Ag italiana fornisse ulteriori elementi di conoscenza e valutazione in ordine all'intera indagine, nel formulare la richiesta integrazione alla citata commissione rogatoria (integrazione n° 143/94 Rog. Est. del 21-10-94) non veniva ripresentata nessuna richiesta di acquisizione documentale con riguardo al conto 2700794 della American Express nonostante che:

– l'esistenza della Allied Engineering International Ltd emergesse in innumerevoli altre situazioni, quale società di comodo utilizzata da Pacini, avendo peraltro il consulente tecnico dott. Giorgio Laganà evidenziato il ruolo svolto da tale società nell'ambito del c.d. "sistema Pacini" e ricostruito le vicissitudini societarie della Allied Engineering International Ltd;

– fosse emerso, da quanto dichiarato e documentato da Agostino Ruju in data 9-3-94 che Pacini per documentare la destinazione della provvista Montedison procacciata a mezzo della citata fattura Allied, avesse in parte utilizzato documentazione alterata.

L'acquisizione della documentazione bancaria riguardante il conto 2700794 presso la American Express Bank di Londra, avrebbe consentito di verificare che tale conto, contrariamente a quanto documentato da Pacini, non era stato utilizzato per l'accredito della citata provvista.

F) Nell'avere consentito a Pacini Battaglia un'assoluta libertà di movimento, sia in Italia che all'estero, senza alcun vincolo o divieto, pur a fronte delle numerose ed evidenti incongruenze, contraddizioni e falsità (emergenti dagli interrogatori resi dallo stesso tra il marzo del 93 e il settembre del 94 e dalla documentazione prodotta) che evidenziavano un'evidente attività di inquinamento probatorio posta in essere da Pacini Battaglia nell'ambito delle indagini alle quali era sottoposto.

G) Nell'avere accreditato Pacini Battaglia quale soggetto pienamente collaborante con l'Ag di Milano, con il conseguente controllo e filtro delle iniziative giudiziarie delle altre Ag, come nel caso delle indagini svolte dall'Ag di Roma, nell'ambito della c.d. "vicenda Cooperazione".

In Milano, dal marzo-aprile 93 al dicembre 94».

* * *

Questa richiesta di rinvio a giudizio del maggio 98 era un po' il culmine della lunga sequela di altri procedimenti giudiziari attivati a mio carico dalla Procura di Brescia fino ad allora. Eccone un campionario esemplificativo:

1) Procedimento penale n° 1519/95, nel quale venivo accusato di plurime concussioni per la vicenda Gorrini (il prestito di un'auto e presunti favori); procedimento conclusosi con il mio proscioglimento totale per insussistenza dei fatti.

2) Procedimento penale n° 3286/97 (avviato in seguito a una denuncia dell'avv. Michele Saponara), nel quale venivo, insieme a tanti altri, accusato di abuso d'ufficio per la vicenda relativa all'arresto e alla detenzione di Loris Zaffra. Procedimento conclusosi con decreto di archiviazione per insussistenza del fatto.

3) Procedimento penale n° 2409/95, nel quale venivo accusato di falso ideologico per le modalità con cui vennero redatti i verbali di interrogatorio dell'inchiesta "Mani pulite". Il procedimento si è

concluso con sentenza di proscioglimento per insussistenza dei fatti.

4) Procedimento penale n° 4258/97 (avviato in seguito alla denuncia presentata dall'on. Bettino Craxi), nel quale venivo accusato di abuso d'ufficio e falso ideologico per le modalità di gestione dell'inchiesta "Mani pulite". Il procedimento si è concluso con decreto di archiviazione per insussistenza dei fatti.

5) Procedimento penale n° 1175/95 (originato da un ricorso inoltrato dal generale della Guardia di finanza Giuseppe Cerciello), nel quale venivo accusato di abuso d'ufficio in relazione alle modalità di svolgimento degli interrogatori ai quali erano stati sottoposti alcuni finanzieri detenuti nel carcere di Peschiera del Garda. Il procedimento si è concluso con decreto di archiviazione per insussistenza dei fatti.

6) Procedimento penale n° 640/97, nel quale venivo accusato di abuso d'ufficio in relazione alle modalità di indagine nei confronti di Vito Occhipinti. Il procedimento si è concluso con decreto di archiviazione per insussistenza dei fatti.

7) Procedimento penale n° 2235/97, nel quale venivo accusato di concussione, corruzione e abuso d'ufficio, in relazione alla vicenda Radaelli-Cariplo (supposta mancata identificazione della sigla "Rad"). Il procedimento si è concluso con decreto di archiviazione per insussistenza dei fatti.

8) Procedimento penale n° 2789/97 (originato da una denuncia di Franco Corbelli), nel quale venivo accusato di abuso d'ufficio in relazione a uno scambio di corrispondenza con il Gip Italo Ghitti per alcune richieste di misure cautelari. Il procedimento si è concluso con decreto di archiviazione per insussistenza dei fatti.

9) Procedimento penale n° 172/97 (originato da una denuncia di Franco Corbelli), nel quale venivo accusato di abuso d'ufficio per supposti colloqui telefonici che avrei avuto con l'on. Luciano Violante in merito all'avviso di garanzia inviato dal pool "Mani pulite", nel novembre 94, al presidente del Consiglio on. Silvio Berlusconi. Il procedimento si è concluso con decreto di archiviazione per insussistenza dei fatti.

10) Procedimento penale n° 2069/97 (originato da una denuncia di Sergio Cusani), nel quale venivo accusato di abuso d'ufficio e rivelazione di segreti d'ufficio in relazione alle modalità di richiesta d'arresto e per la nomina dell'avvocato difensore di Lorenzo Panzavolta. Il procedimento si è concluso con decreto di archiviazione per insussistenza dei fatti.

11) Procedimento penale n° 2934/95, nel quale venivo accusato di concussione e abuso d'ufficio in relazione all'informatizzazione degli uffici del ministero di Grazia e giustizia, e al ruolo avuto nella vicenda dall'allora ministro della Funzione pubblica Remo Gaspari. Il procedimento si è concluso con sentenza di proscioglimento per insussistenza dei fatti.

12) Procedimento penale n° 67/96, originato da una intervista di Giancarlo Albini, nel quale venivo accusato di tentata concussione in relazione alla vicenda dei rapporti dell'Albini con il ministro di Grazia e giustizia. Il procedimento si è concluso con sentenza di proscioglimento per insussistenza dei fatti.

13) Procedimento penale n° 1519/95 bis, nel quale venivo accusato di abuso in relazione alla vicenda di Stefano Eleuterio Rea per il concorso a comandante dei Vigili urbani di Milano. Il procedimento si è concluso con sentenza di proscioglimento per insussistenza dei fatti.

14) Procedimento penale n° 262/96 (originato da un esposto dell'on. Silvio Berlusconi), nel quale venivo accusato di abuso e rivelazione di segreti d'ufficio in relazione al complesso delle indagini svolte dal pool della Procura di Milano nei confronti del gruppo Fininvest. Il procedimento si è concluso con decreto di archiviazione per insussistenza dei fatti.

15) Procedimento penale n° 3730/96, nel quale venivo accusato di abuso d'ufficio e falso ideologico, in relazione alla vicenda Moschetti-Dinacci-Montevecchi, per supposte anomalie di indagine nell'ambito dell'inchiesta "Mani pulite". Il procedimento si è concluso con decreto di archiviazione per insussistenza dei fatti.

Ma fra tutte, questa richiesta di rinvio a giudizio del 26 maggio 98 era la più grave. La Pubblica accusa bresciana, infatti, chiedeva al Gip di processarmi per il reato di corruzione, ritenendo che quando ero Pm di "Mani pulite" avessi favorito e "protetto" l'indagato Pacini Battaglia in cambio di denaro versato a Antonio D'Adamo; ma avendo io operato all'interno di un pool di magistrati, co-assegnatari di tutti i fascicoli d'indagine, inevitabilmente sarebbe finita sotto processo l'intera inchiesta "Mani pulite".

1. Le prime anomalie del titolo di reato

Esaminiamo il titolo di reato indicato nel capo di imputazione. L'ipotesi accusatoria è quella di corruzione in atti giudiziari, nell'ambito di taluni filoni di indagine dell'inchiesta "Mani pulite" da me condotta quand'ero Pm a Milano (unitamente ad altri magistrati costituenti il pool "Mani pulite"); si tratta quindi di un "reato proprio", per la cui sussistenza vi deve essere la necessaria compartecipazione di un magistrato corrotto (nella fattispecie, il Pm Di Pietro) e di un privato corruttore (contestata a

Pacini Battaglia). La mia "controprestazione" – sempre stando al capo di imputazione – sarebbe consistita sempre e solo in varie "omissioni investigative" e mai in condotte specificatamente attive («ometteva... acconsentiva», si legge nel capo di imputazione); insomma, la corruzione a me addebitata avrebbe avuto le seguenti caratteristiche davvero peculiari:
• il beneficiario della "retribuzione" offerta da Pacini non sarei stato io, ma una terza persona;
• Pacini sarebbe stato "convinto" alla prestazione non da me ma da altri;
• sarebbe una corruzione giudiziaria nel corso di atti di indagine preliminare;
• la mia condotta sarebbe consistita in un "non-facere";
• le mie supposte omissioni sarebbero avvenute durante le indagini preliminari;
• le indagini che io non avrei sviluppato per favorire Pacini non potevano in alcun modo essere sviluppate dai miei colleghi del pool coassegnatari del fascicolo, nonostante essi avessero le stesse mie funzioni e gli stessi miei poteri.

Si impongono, a questo punto, alcune iniziali precisazioni:

La prima – Un Pubblico ministero può essere accusato di "omissione di attività investigativa" solo dopo la chiusura delle indagini preliminari e mai prima, in ossequio al principio generalissimo per cui «si commette omissione solo allorché è scaduto il tempo per fare». Orbene, ho lasciato la mia attività di Pm il 7-12-94: a quell'epoca la Procura di Milano – e io fino a quando svolsi le mie funzioni di Pm – stava ancora investigando su Pacini, e le indagini preliminari nei suoi confronti erano ancora in corso; anzi, lo sono ancora a tutt'oggi! Quindi, le contestazioni relative a supposte "omissioni investigative" (e quindi *tutte*) dovrebbero essere eliminate dal capo di imputazione, con la conseguenza che, nella struttura del reato contestatomi, mancherebbe il necessario requisito della "controprestazione".

La seconda – Il fascicolo processuale era coassegnato ad altri magistrati, e precisamente erano contitolari dell'indagine su Pacini i colleghi Pm Gherardo Colombo, Piercamillo Davigo e Francesco Greco, e tutto si svolgeva sotto la costante direzione del Procuratore aggiunto Gerardo D'Ambrosio con la supervisione dello stesso Procuratore capo Francesco Saverio Borrelli. La "delega" era disgiunta e congiunta, nel senso che tutti potevamo fare tutto – insieme o singolarmente – e ciascuno poteva sviluppare ogni filone di indagine. Ciò indipendentemente dal fatto che – nella realtà – qualcuno potesse fare di più e qualcuno meno (altrimenti si avrebbe l'assurdo di voler considerare più colpevole di comportamento omissivo proprio chi ha più operato). Delle due l'una, quindi: o le presunte "omissioni investigative" sarebbero state commesse anche dai miei ex colleghi (e quindi anche a costoro andrebbero contestati i fatti omissivi, quantomeno sotto l'aspetto del reato di omissione di atti d'ufficio), oppure le omissioni in questione non possono essere contestate nemmeno al Pm Di Pietro. In nessuna aula di giustizia, nemmeno negli uffici della Procura di Brescia, è consentito utilizzare due pesi e due misure.

La terza – È impensabile che un giudice possa sindacare (addirittura penalmente, come a Brescia si vorrebbe) la strategia investigativa di un Pm, anzi di un pool di Pm, nell'esercizio delle loro funzioni, o che possano sanzionarsi – se non in via endoprocessuale ricorrendo al grado superiore – le scelte discrezionali di volta in volta operate. È questa una conclusione di buon senso fatta propria più volte anche dal Gip di Brescia (proprio in relazione a uno stralcio del presente procedimento). In particolare:

a) si legge nel decreto di archiviazione del 4-12-98 per la vicenda Atm-Radaelli-D'Adamo: «Deve sottolinearsi come, sul piano metodologico, in assenza di dati esterni... non sarebbe ammissibile sindacare in sede penale la discrezionalità nell'esercizio delle funzioni giudiziarie, in modo da trarre, in via logico-deduttiva, la prova di eventuali deviazioni commesse dal magistrato dall'esame della sola attività da questi concretamente esplicata, non potendosi infatti comunque elevare eventuali vizi valutativi o anche errori concernenti le scelte operative a indici rivelatori di condotte abusive. Che ciò può dirsi in special modo rispetto all'esercizio delle funzioni di Pubblico ministero, le quali comportano il proseguimento di strategie investigative, oltre che ampli margini di discrezionalità quanto ai contenuti e alla durata delle indagini, e alle determinazioni relative all'esercizio (o meno) dell'azione penale; che inoltre la maggior o minor "attenzione" dedicata da un Pm a una causa penale rispetto ad altre, o, all'interno di un medesimo procedimento, a una singola posizione processuale, deve ritenersi inevitabile dato fisiologico della quotidiana realtà giudiziaria, irrilevante, purché contenuto nei limiti della suddetta fisiologia, anche sotto il profilo deontologico, non essendo pensabile sul piano pratico che la pubblica accusa possa distribuire e calibrare scientificamente le proprie energie sull'intero fronte del carico di lavoro»;

b) si legge nella sentenza di proscioglimento nei confronti del dott. Ilio Poppa: «Avuto riguardo agli addebiti mossi all'imputato, tutti ruotanti intorno ad un preteso cattivo esercizio dei poteri funzionali propri del magistrato per scopi estranei ai fini di giustizia, si osserva quanto appresso. Costituisce principio affermato quello per il quale il merito dell'attività giurisdizionale non è sindacabile in sede penale, l'ordinamento processuale prevedendo tutta una serie di rimedi propri avverso le decisioni del giudice o le determinazioni dell'inquirente. Solo quando la situazione o il comportamento del magistrato, singolarmente valutati, esprimano ex se il perseguimento di un fine diverso da quello di giustizia e contemporaneamente risultino sospetti rapporti di qualsiasi natura intercorsi tra il giudice e taluna delle parti, può ammettersi un sindacato sull'attività giudiziaria. Deve poi segnalarsi come il legislatore del 1997, nel descrivere la nuova ipotesi di abuso di ufficio, abbia operato con l'intenzione manifesta di escludere dai requisiti tipici della condotta criminosa l'eccesso di potere. Ne è conferma l'esito negativo dell'emendamento proposto nel corso della seduta della Commissione Giustizia, in data 2-10-96, da parte del Senatore Fassone, con cui si chiedeva di aggiungere nel testo della norma "dopo le parole leggi o regolamenti" l'agire "con manifesto e oggettivo sviamento di potere"... In linea con la dominante opinione dottrinale deve ritenersi che l'eccesso di potere, in quanto riguardante quei limiti interni della discrezionalità non consacrati in norme espresse di legge, non dovrebbe rientrare nel novero delle "norme di legge" la cui violazione costituisce uno dei requisiti di tipicità della condotta incriminata... Pur non potendosi di certo assimilare alla discrezionalità amministrativa la discrezionalità "tecnica" che connota l'esercizio dei poteri giudiziari (cd. discrezionalità vincolata) peculiarmente ampia per le attività del Pubblico ministero quanto a modi e tempi di conduzione delle indagini e determinazioni inerenti la coltivazione o meno dell'azione penale (cfr. artt. 326, 405, 406, 408 Cpp, 125 disp. att. Cpp) non può sottacersi una qualche incidenza della riforma ex L. 234/97 sui poteri di sindacato penale in ordine alle modalità di esercizio delle funzioni giudiziarie»;

c) si legge nella richiesta di archiviazione del 26-7-96 avanzata dal Pm di Milano nei confronti del Pm di Brescia Fabio Salamone: «Va rilevato che, anche a voler prescindere dal delicato problema dell'ammissibilità del sindacato di merito sull'attività giurisdizionale, che non può aver luogo se non nell'ambito del processo, come è puntualmente av-

venuto nel caso di specie (v. i provvedimenti del Gip di stralcio del materiale probatorio illegittimamente acquisito e le motivazioni delle sentenze di non luogo a procedere), sembra assai arduo pervenire a conclusioni di certezza quanto alla sussistenza del suddetto elemento psicologico, che non può individuarsi *sic et simpliciter* nella denunciata violazione del dovere di astensione, in difetto di prova di un intento di rivalsa, che – secondo la prospettazione dell'esponente – sarebbe stato alla base dell'"accanimento inquisitorio" per la verità degno di miglior causa, manifestato dal Salamone. E non va trascurato che un siffatto intento avrebbe dovuto, in ipotesi, essere condiviso dall'altro titolare delle inchieste, che non risulta avesse alcuna ragione di risentimento nei confronti del Di Pietro; né che alcune delle inchieste medesime hanno avuto per oggetto la tutela della persona di quest'ultimo rispetto a presunte attività criminose di terzi»;

d) si legge nel decreto di archiviazione disposto dal Gip di Milano nei confronti del Pm di Brescia Fabio Salamone: «Infine, l'ultimo aspetto meritevole di attenzione è che non si può far derivare la sussistenza del reato da un asserito danno, o vantaggio, che non sia direttamente collegato all'atto o comportamento posto in essere dal p.u. Ne deriva che danni o vantaggi del tutto indiretti rispetto al comportamento del p.u. sono assolutamente irrilevanti. I princìpi sopra esposti valgono a maggior ragione nel caso di abuso in atti giudiziari. L'autonomia e indipendenza della magistratura, sancita nell'art. 104 Cost. verrebbe vanificata, e l'esercizio della giurisdizione di fatto paralizzato, se si ravvisasse responsabilità per abuso d'ufficio del magistrato ogni qualvolta la sua condotta si ponga in contrasto con le norme che disciplinano l'esercizio della funzione giudiziaria. In altri termini, se è vero che l'art. 124 Cpp impone, in generale, al magistrato penale l'obbligo di osservare le norme del codice di rito anche quando l'inosservanza non comporta nullità o altra sanzione processuale, è pur vero che non ogni violazione delle norme processuali-penalistiche concretizza il reato di abuso. In primo luogo, deve trattarsi di violazione di gravità tale da mettere a repentaglio la stessa obiettività e imparzialità dell'esercizio della funzione giudiziaria. In secondo luogo non può sottacersi come possano, e anzi, debbano, ai fini che qui interessano, distinguersi diverse categorie di norme processuali. Vi sono, da un lato, una serie di norme che regolano l'esercizio di poteri coercitivi immediatamente e direttamente incidenti all'esterno del processo, e, più precisamente, nella sfera giuridica dei soggetti sottoposti o comunque coinvolti nel procedimento penale (norme coercitive). Possono farsi rientrare in questa categoria, a titolo esemplificativo, le norme che disciplinano i poteri di cattura, di perquisizione, di intercettazione, di sequestro, di accompagnamento coattivo e di condanna. Risulta del tutto evidente che l'inosservanza di norme di questo tipo da parte del magistrato dia luogo – agevolmente – al reato di abuso di ufficio. E infatti, ciò accade senz'altro ove il magistrato – sia esso pubblico ministero o giudice – violi con la sua condotta norme di questo tipo sì da stravolgere l'esercizio corretto dei predetti poteri coercitivi, e la sua condotta sia accompagnata anche dal dolo specifico prescritto dall'art. 323 Cp. Si pensi – a titolo esemplificativo – a una perquisizione, o addirittura a una cattura, disposta in assenza dei presupposti di legge e motivata solo da ragioni di astio del magistrato nei confronti della persona indagata. Vi sono, dall'altro, le norme che si limitano a regolare i modi e le forme per la legittima acquisizione degli elementi di prova nel procedimento, e che solo indirettamente ed eventualmente – in caso di condanna – hanno una ripercussione esterna al processo, nella sfera dell'imputato o di altri soggetti comunque coinvolti nel processo (norme meramente istruttorie). Qui appare senz'altro più difficile – anche se non impossibile – scorgere i profili dell'abuso d'ufficio. E ciò proprio perché nella condotta del magistrato che viola norme di questo tipo difetta il più delle volte – o comunque è difficilmente percepibile – il requisito della potenzialità e dell'idoneità concreta a conseguire il danno o vantaggio (ingiusti). Può certamente ipotizzarsi l'abuso in un caso in cui il Pubblico ministero abbia costruito una falsa prova a carico dell'imputato e in base alla stessa chieda, e ottenga, la condanna (ma – come è evidente – si tratta di un caso limite). E ancora, appare rilevante, visto che nel caso in esame si tratta di comportamenti di Pubblici ministeri, e sempre al fine di riscontrare se sussista l'estremo della idoneità concreta della condotta integratrice del reato di abuso d'ufficio, accennare ad un'ulteriore distinzione (trasversale rispetto a quella già indicata). Occorre, infatti, distinguere i casi di violazione di norme processuali che prevedono (e disciplinano) poteri di immediato intervento del Pm (c.d. "norme di provvedimento") consentendo a quest'organo di adottare provvedimenti (si pensi – sempre a titolo esemplificativo – ai casi delle intercettazioni d'urgenza, dei sequestri penali e delle perquisizioni) dalle violazioni delle norme che si limitano a disciplinare meri poteri di impulso e di richiesta da parte del Pm, riservando agli organi giurisdisdizionali i poteri decisori (c.d. "norme di impulso"). Anche qui sarà più agevole e frequente ravvisare l'abuso d'ufficio nel primo caso piuttosto che nel secondo, non apparendo l'indebito esercizio del semplice potere di impulso e di richiesta del Pm munito della idoneità intrinseca a perseguire lo scopo (il danno o il vantaggio ingiusti) che si è ritenuta necessaria a integrare la materialità dell'abuso d'ufficio e ciò, ovviamente, fatto salvo il caso di collusione – e quindi di concorso – tra l'organo dell'accusa e gli organi giurisdizionali».

Come si può constatare, già queste prime argomentazioni basterebbero per rilevare che, nel caso in questione, non ci troviamo di fronte né a una corruzione per atti giudiziari, né a una qualsiasi forma di corruzione: ciò addirittura per la impossibilità assoluta che possa essersi verificata la "controprestazione" indicata nel capo di imputazione.

Ben altro vi è, però, da obiettare. Per questo vale la pena di ricordare alcune caratteristiche fondamentali del reato che mi viene contestato dall'Accusa.

2. Reato "a consenso reciproco necessario"

L'imputazione formulata dal Pm bresciano riguarda senza ombra di dubbio ipotesi di "favoritismi omissivi" tenuti durante le indagini preliminari. Si impone pertanto, sia pure brevemente, di riepilogare le caratteristiche tipiche della fattispecie criminosa contestatami dalla Procura di Brescia.

1. La corruzione è un *reato istantaneo*. Dunque si perfeziona nel momento in cui le due volontà (quella del corrotto e quella del corruttore) si incontrano, accordandosi fra loro sull'essenza della prestazione e della controprestazione. Il momento consumativo coincide con ciascuna dazione, sicché ogni remunerazione, accettata in esecuzione di un patto corruttivo, costituisce un fatto-reato, e una pluralità di remunerazioni ottenute in esecuzione di un unico patto corruttivo configura un delitto continuato. Allo stesso modo, una pluralità di patti corruttivi posti in essere dal pubblico ufficiale con soggetti diversi, può configurare un'ipotesi di reato continuato.

Questa precisazione è necessaria anche per individuare se, nel caso in questione, ci siano – e quali siano – i diversi fatti-reato uniti in "continuazione" fra loro. Ma in questo caso, mancando (come vedremo, per stessa ammissione di tutti i protagonisti della vicenda) ogni mia diretta partecipazione alle trattative e alla consegna di denaro intervenute fra Pacini e D'Adamo, bisogna *riportarsi ai momenti in cui costoro si sono incontrati* e accordati fra loro per comprendere se Pacini abbia versato denaro proprio e solo perché voleva corrompere la mia persona, e se D'Adamo glielo abbia chiesto a mio nome e per mio conto proprio e solo perché era in grado di garantirgli un trattamento processuale favorevole, ovvero proprio e solo perché io ne fossi consenziente.

2. La corruzione è un *reato a duplice schema*. «Nella *forma ordinaria* il reato viene commesso con due essenziali attività, l'accettazione della promessa e il ricevimento della utilità, con cui coincide il momento consumativo. Nella *forma contratta*, invece, che si realizza quando la promessa non viene mantenuta, il reato si perfeziona con la sola accettazione della promessa. Pertanto, nell'ipotesi in cui il *pactum sceleris* preveda un versamento del prezzo frazionato nel tempo, il momento consumativo del reato si sposta di conseguenza, venendo di volta in volta a coincidere con i singoli versamenti» [1].

Ciò premesso, leggendo il capo di imputazione si rileva che – nel nostro caso – la contestazione riguarderebbe anzitutto la "forma ordinaria" che si sarebbe realizzata con «il ricevimento del denaro o altra utilità da parte dell'ing. D'Adamo». La condotta andrebbe collocata nello spazio temporale che va dal mio asserito invito a D'Adamo a recarsi da Pacini per avere dei finanziamenti («va, troverai la porta aperta...») al momento – o ai momenti – che lo stesso D'Adamo riceve i soldi da Pacini o si fa da lui "abbuonare" dei debiti.

Bisognerà valutare poi se possa parlarsi di corruzione in "forma contratta" avuto riguardo ai due momenti in cui qualcuno avrebbe promesso qualche cosa ma non sarebbe seguita alcuna dazione: il riferimento è al dialogo, "da salotto" e nel salotto, che sarebbe intervenuto tra me e D'Adamo nel settembre 93 («ricordati di me e dei miei figli, se te ne avanza»), e alla richiesta di "sconto" di D'Adamo a Pacini quando nell'aprile 94 il primo ricomprò le azioni Gde (che aveva in precedenza venduto a Pacini per 9 miliardi) per 4,5 miliardi, sostenendo che gli altri 4,5 miliardi servivano «per fare una provvista per Di Pietro».

3. La corruzione è un reato a *dolo specifico*. Quindi, per aversi tale fattispecie di reato, deve essere dimostrato che io possa aver rinun-

ciato a svolgere determinati accertamenti, o possa aver omesso alcuni dovuti approfondimenti, non perché in quei momenti vi fossero altre e più gravi emergenze o perché ciò potesse rientrare nella strategia investigativa del momento, ma solo ed esclusivamente per il fine di far avere a D'Adamo dei finanziamenti. Anzi, di più: bisogna che l'Accusa provi che D'Adamo abbia chiesto e abbia ottenuto i finanziamenti da Pacini specificamente con l'impegno mio (*non suo*, di D'Adamo, altrimenti sarebbe configurabile un millantato credito) di compiere atti contrari ai miei doveri d'ufficio finalizzati a favorire proprio Pacini.

4. La corruzione è un reato a "sinallagma necessario". Deve esserci, cioè, una diretta correlazione fra le due condotte (dazione del denaro da parte del corruttore, e compimento dell'atto da parte del pubblico ufficiale). Si può parlare di corruzione solo se vi è la prova di un reciproco accordo, una reciproca consapevolezza rispettivamente dell'altrui promessa e dell'altrui accettazione (io che avrei dovuto sapere ed essere d'accordo con Pacini e viceversa).

5. La corruzione può avvenire anche *tramite intermediari* i quali, concorrendo nel reato, realizzano il collegamento e portano così a compimento il perfezionamento del *pactum sceleris*, purché risulti dai fatti e nei fatti che anche il pubblico ufficiale sia consenziente al fatto corruttivo. La corruzione, cioè, è un reato a "consenso reciproco necessario", anche quando la condotta viene posta in essere da terze persone che si manifestano in nome e per conto di taluno o di entrambi gli intranei. È necessario cioè accertare e dimostrare che io fossi *consenziente* all'ipotetico *pactum sceleris* intervenuto tra Pacini, D'Adamo e Lucibello. Lo stesso "consenso" deve essere dimostrato con riferimento alla volontà di ciascuno di costoro. Insomma, senza il mio consenso si potrebbero avere altre forme di reato (ad esempio millantato credito, istigazione, truffa), ma giammai corruzione.

6. La corruzione può essere anche a *beneficio di terzi*: e infatti qui viene contestato il concorso nel reato da parte di terze persone (Antonio D'Adamo e Giuseppe Lucibello) i quali – stando sempre all'impostazione accu-

---

[1] Cass., 10 luglio 1995, Caliciuri, Cass. Pen. 1996, 2549, nota di Rampioni.

satoria – rappresenterebbero i miei "emissari" per convincere Pacini a favorire non me ma D'Adamo. Sì, sembra un gioco di parole, ma è proprio questo il ruolo loro assegnato dall'Accusa, giacché essi vengono indicati come correi insieme a me nel mio capo di imputazione e non insieme a Pacini nel suo. Costoro, inoltre, vengono individuati come i reali beneficiari della "prestazione" suppostamente offerta dal Pacini. Essi hanno, quindi, nel caso in questione, due ruoli (che in linea generale non sempre coincidono): di beneficiari terzi della prestazione, e di correi miei nel convincere Pacini a effettuare la prestazione.

7. La corruzione può sì avere come promessa l'impegno a eseguire una *prestazione futura*, ma occorre che quest'impegno sia serio e seriamente verificabile e non una semplice – sia chiaro, nel caso in questione nemmeno esistente in fatto – boutade al vento («Se ti avanzerà qualcosa dei finanziamenti che hai ricevuto e stai ricevendo da Pacini, ricordati dei miei figli nel caso a me dovesse succedere qualcosa», sarebbe come dire: «Se vinci alla lotteria, ricordati di me»).

Concludendo: in mancanza di ciascuno e di tutti i sopraindicati caratteri di volontarietà e coscienza della promessa, dell'accettazione, della dazione e della ricezione, si deve escludere non solo il dolo ma addirittura la condotta tipica prevista dalla norma. Vediamo, allora, in concreto di cosa sono accusato.

3. La trappola investigativa

Il capo di imputazione formulato a mio carico è il frutto di una complessa opera di rattoppi o di cambi di cavallo in corsa attuati dall'Accusa per sopperire alle smentite che, di volta in volta, il teorema accusatorio ha ricevuto. Incongruenze e illogicità accusatorie ancora oggi permangono e sono dovute, in parte, alla palese scarsa conoscenza degli inquirenti di oggi delle attività processuali inerenti l'inchiesta "Mani pulite", e in parte alla "trappola investigativa" in cui essi sono caduti accedendo acriticamente a superficiali ricostruzioni di ufficiali del Gico e – come dimostrerò – a interessate manovre a mio danno del trio Berlusconi-Previti-D'Adamo.

Questa assurda storia giudiziaria ha formalmente inizio, per la parte che mi riguarda, con la relazione del Gico di Firenze n° 470 del 30-10-96 seguita all'arresto di Pacini disposto dall'Ag di La Spezia dopo che lo stesso era stato – ed è – indagato dalla Procura della Repubblica di Milano per plurimi reati individuati nell'ambito dell'inchiesta "Mani pulite". L'Ag di La Spezia, ricevuta la predetta segnalazione, l'aveva trasmessa all'Ag di Brescia per competenza.

Nel frattempo, i mass media si erano scatenati a caccia della notizia pubblicando ampi stralci di registrazioni telefoniche e ambientali («Quei due mi hanno sbancato»), in base alle quali l'Ag di Brescia si era subito affrettata ad aprire autonomo fascicolo processuale. Per la verità, le iscrizioni nel registro delle notizie di reato in quei giorni si moltiplicarono, come risulta dal seguente riepilogo effettuato dallo stesso Pm in sede di prima richiesta di proroga delle indagini:

a) In data 11-10-96 veniva disposta l'iscrizione del procedimento 3458/96-Mod. 21 nei confronti di "persone da identificare", per il reato di cui all'art. 317 Cp (art. 11 Cpp), in seguito alla diffusione, il 10-10-96, di una notizia Ansa che riferiva, tra l'altro, di uno stralcio della ormai nota conversazione intercorsa tra Pacini e l'avv. Petrelli (intercettata dalla Ag di La Spezia) nel corso della quale il Pacini, riferendosi a me e all'avv. Lucibello, dichiarava: «Se li arrestano per me è un piacere... a me Di Pietro e Lucibello mi hanno sbancato». Chiedo: è normale che un articolo di stampa sia sufficiente ad aprire un procedimento penale con l'indicazione precisa di un titolo di reato che ha un autore e una vittima? È normale che l'iscrizione nel registro degli indagati avvenga nei confronti di "persone da identificare" quando la competenza si fonda sull'art. 11 Cpp e quando l'articolo di stampa parla espressamente di un ben identificato ex Pm? È normale, inoltre, che ciò avvenga quando l'articolo di stampa riporta soltanto ciò che si sa perfettamente essere contenuto in altro procedimento pendente davanti ad altra Ag? Personalmente, sono portato a credere che tanto tanto normale tutto questo non sia.

b) In data 12-11-96, a seguito di trasmissione del p.p. 1139/96-Mod. 21 da parte della Procura di La Spezia a carico di Lucibello Giuseppe, Di Pietro Antonio e D'Adamo Antonio, veniva iscritto il p.p. 3940/96-Mod. 21 a carico di tali indagati per il reato di cui agli artt. 110, 317 Cp.

c) Il 28-11-96 il p.p. 3458/96-Mod. 21 veniva riunito al p.p. 3940/96-Mod. 21 per identità della materia. Anche qui chiedo: è proprio normale che sia il primo fascicolo a essere unito al secondo, o di solito succede proprio il contrario, cioè che è il secondo a essere unito al primo?

d) A seguito delle precisazioni formulate dal Pm di La Spezia con nota 876/95-Mod. 21 del 19-11-96, il Pm bresciano procedeva, in data 3-12-96, alla ulteriore iscrizione – nell'ambito del procedimento 3940/96-Mod. 21 – del mio nominativo, per il reato di cui all'art. 323 Cp, con riferimento alla cosiddetta "vicenda Cooperazione" nonché con riguardo alla "vicenda Necci".

e) In data 11-12-96 veniva iscritto il procedimento 4337/96-Mod. 21 nei confronti miei, di Pacini Battaglia Pierfrancesco, e Lucibello Giuseppe, in ordine ai reati di cui agli artt. 110, 476, 482 Cp e agli artt. 110, 323 Cp, con riferimento alla utilizzazione nel processo Enimont di Milano di contabili bancarie false. Tale procedimento in data 16-12-96 veniva dapprima riunito al p.p. 3940/96-Mod. 21, ma poi stralciato in seguito al diniego di concessione della proroga da parte del Gip e inviato alla Procura presso la Pretura di Brescia che successivamente chiedeva e otteneva dal Pretore l'archiviazione.

f) Il 23-12-96 il Pm provvedeva ad aggiornare le iscrizioni del p.p. 3940/96-Mod. 21 formulando le seguenti ulteriori ipotesi di reato:

– a carico mio, di Lucibello e di D'Adamo, l'ipotesi (alternativa rispetto a quella del 12-11-96) di cui agli artt. 110, 319, 319 bis, 319 ter. Cp;

– a carico di Pacini l'ipotesi di cui all'art. 321 Cp (in relazione agli artt. 319, 319 bis, 319 ter), e l'ipotesi di cui gli artt. 110, 323 Cp;

– a carico di Pacini e di D'Adamo, l'ipotesi di cui agli artt. 110 Cp, 2621 C.c. e quella di cui all'art. 236 Cpv. n° 1 L.F.

g) Il 17-1-97 veniva riunito al p.p. 3940/96-Mod. 21 il p.p. 1585/96-Mod. 44, iscritto in data 24-10-96 nei confronti di ignoti, responsabili del reato di cui all'art. 368 Cp, commesso in mio danno (la cosiddetta "Vicenda Onder Sa").

Insomma, per non sbagliare, la Procura di Brescia aveva aperto una serie di procedimenti penali ipotizzando tutto e il contrario di tutto: sono stato imputato di corruzione e di concussione per lo stesso fatto; nello stesso tempo, per una parte della condotta a me ascritta come indagato, sono stato considerato parte lesa del reato di calunnia.

Una relazione disintegrata

La relazione del Gico n° 470 del 30-10-96 (fatta propria dai Pm di Brescia) è stata severamente censurata sia dal Tribunale della Libertà che dalla Cassazione allorché – sulla base di quella relazione – il Pm si è avventurato in una serie di perquisizioni e sequestri a mio carico davvero degni di miglior causa. Il Tribunale, infatti, ha subito rilevato la contraddizione palese tra il reato contestato e il supposto "trattamento di favore" che Pacini avrebbe ricevuto [2]. Mi è andata proprio bene! Pensate cosa sarebbe successo se questo errore (aver ritenuto Pacini una vittima e non un indagato: scusate se è poco!) l'avessi commesso io: certamente sarebbe stato strombazzato come un trattamento di favore e me lo sarei sentito suonare in tutte le musiche.

Altra incongruenza si rileva nei primi capi di imputazione contestati dai Pm bresciani, laddove D'Adamo e Pacini vengono invitati a comparire con ipotesi accusatorie che si escludono a vicenda: D'Adamo che concute Pacini, e Pacini che corrompe D'Adamo [3].

---

[2] Stigmatizza al riguardo il Tribunale della Libertà: «Il concusso sarebbe quel Pacini il quale sarebbe stato costretto dal suo inquirente dell'epoca Di Pietro a corrispondere ingenti somme di denaro sia al Lucibello che al D'Adamo in quanto amici del Di Pietro medesimo, quando lo stesso Pacini sarebbe anche, come esordisce il Gico nella sua relazione, "l'esponente di rilievo di una pericolosissima lobby" che godrebbe di "copertura giudiziaria di magistrati operanti in diverse sedi". Insomma, delle due l'una: o il Pacini è una vittima, e allora non può essere ritenuto a capo di alcuna "lobby" a sua volta in posizione di preminenza tale da ottenere "coperture giudiziarie"; o il Pacini è a capo della predetta potente "lobby", e allora tutto si potrà dire di lui salvo che sia un concusso» (cfr. ordinanza Tribunale della Libertà del 23-12-96).

[3] In particolare, nell'invito a comparire per D'Adamo si contesta il reato di *concussione* commessa ai danni di Pacini da me e dall'avv. Lucibello, che sarebbe consistito in un «trattamento di favore riservato al Pacini nell'ambito dell'inchiesta». Viceversa, per gli stessi fatti, a Pacini è

A proposito: che fine processuale ha fatto l'ipotesi di concussione a me contestata in alternativa? E che fine processuale ha fatto l'ipotesi di calunnia ai miei danni per la cosiddetta "vicenda Onder"? Poiché vi sono state iscrizioni nel registro notizie di reato, non pare processualmente corretto farle svanire nel nulla, senza cioè una formale richiesta motivata al Gip e un conseguente provvedimento di chiusura da parte del Gip stesso. La mia non è una sterile polemica, ma è soltanto il tentativo di dimostrare con esempi concreti come sia del tutto fisiologico che durante le indagini possano anche accadere errori di valutazione, omissioni o irregolarità da parte di un Pm, ma questi possono e devono trovare i loro rimedi all'interno della dialettica processuale e non possono certamente costituire ipotesi di responsabilità penale.

Ma vediamo nel merito il teorema accusatorio ipotizzato dal Gico di Firenze con la relazione n° 470 del 30-10-96. Secondo tale relazione, io avrei «indotto il banchiere Pacini da me inquisito quando ero Pm, a versare somme di danaro in favore dell'avvocato Lucibello e, soprattutto, dell'imprenditore D'Adamo, proprio in concomitanza con il procedimento milanese concernente la vicenda Enimont – nel quale anche il Pacini risultava indagato – garantendo così al Pacini in "controprestazione" un trattamento giudiziario asseritamente favorevole o benevolo». A dimostrazione di ciò vi sarebbero – secondo il Gico – soprattutto i documenti attestanti operazioni finanziarie avvenute all'estero e movimenti di capitale tra il Pacini e società riconducibili al D'Adamo, nonché i contenuti di alcune conversazioni intercorse tra il Pacini e tali Mineni, Petrelli, e Greppi Lorenzo, e infine gli atti relativi alla consegna da parte del Pacini Battaglia al Lucibello di lire 527 milioni.

In verità, l'ipotesi accusatoria formulata dal Gico non è opera esclusiva della sua attività investigativa. Essa era già frutto di una malevola insinuazione pubblicata su "Il Giornale" in più occasioni, e anche il 5-2-96 (quindi ben

8 mesi prima della stesura della relazione del Gico 30-10-96); provvidi subito a ricorrere alla magistratura competente per territorio (Monza), la quale ha poi condannato Andrea Pasqualetto e Vittorio Feltri (il primo cronista, il secondo direttore del "Giornale") per diffamazione aggravata. Ora, per quegli stessi fatti per cui sono stato riconosciuto vittima di diffamazione, mi si vorrebbe considerare colpevole.

La relazione del Gico è stata esaminata dal Tribunale della Libertà: divisa per comodità di esposizione in quattro parti, è stata tutta disintegrata per completa insussistenza. In particolare:

• Per la cosiddetta "vicenda Cragnotti", il Tribunale della Libertà, dopo ampia motivazione [4], ha così concluso: «Quale conferenza

---

stato contestato il reato di *corruzione* per aver versato ingenti somme di denaro ad Antonio D'Adamo e Giuseppe Lucibello «al fine di ottenere un trattamento di favore poi ricevuto da Pacini nell'ambito delle inchieste pendenti avanti l'Ag di Milano».

---

[4] «In ordine al primo tema [*la vicenda Cragnotti, ndr*], i verbalizzanti sottolineavano il significato di due conversazioni, verosimilmente registrate a seguito di intercettazioni ambientali, avvenute il 9 e il 10-1-96: la prima tra il Pacini e certo Danesi Emo, e la seconda tra lo stesso Pacini e tale Greco Vincenzo Maria. Orbene, secondo i finanzieri, nel corso di dette conversazioni il Pacini si era lasciato andare ad alcune affermazioni in ordine a un suo intervento nella vicenda "Tpl" nella quale il finanziere Cragnotti Sergio avrebbe elargito per conto di tale società la somma di L. 5 miliardi di cui uno consegnato al legale responsabile delle Ferrovie dello Stato spa Necci Lorenzo. In buona sostanza, il Pacini si sarebbe da un canto vantato di essere riuscito a far ottenere al Necci l'"archiviazione" ("Il discorso dell'archiviazione di Lorenzo l'ho fatto fare io, non l'ha mica fatto fare nessuno, gliel'ho fatto io") e dall'altro lamentato del comportamento del Cragnotti, il quale, nonostante le sue raccomandazioni, aveva riferito alla Procura milanese – una volta interrogato in carcere – che quella somma era stata a lui procurata in realtà proprio da Pacini, così costringendo esso Pacini a precipitarsi a Milano per dare le sue spiegazioni sul punto avendo in precedenza negato la circostanza agli inquirenti ("Allora quando Cragnotti fece il famoso verbale che è alla Procura della Repubblica di Milano... non fece a tempo a entrare a San Vittore che l'aveva già detto... disse io ho avuto i 6 miliardi dal Maddaloni ma Maddaloni non me l'ha dati, me li ha dati Pacini... [sebbene io lo avessi in precedenza] incontrato in aeroporto e gli [avessi detto] 'guarda che Di Pietro m'ha domandato se ti ho dato 'sti soldi. Io ho detto di no. Te quando ti interrogano domani o domani l'altro perché ti arrestano... mica gli vai a dire che io t'ho dati 6 miliardi per conto di Maddaloni?'... Mi toccò dalla Svizzera arrivare a Milano con un aereo privato e fare un interrogatorio")... Del resto, gli interlocutori non fanno alcuna menzione nelle conversazioni né del Lucibello né del D'Adamo Antonio; al Di Pietro, poi, si accenna al solo fine di evidenziare che trattavasi di inquirente al quale il Pacini aveva raccontato una menzogna, menzogna che peraltro dallo stesso era stata subito scoperta mercé anche

---

posseggano queste conversazioni in ordine a presunte responsabilità degli attuali indagati Di Pietro, Lucibello e D'Adamo Antonio a fronte di un ipotizzato reato di concussione ai danni del Pacini che sarebbe stato costretto o indotto a corrispondere denaro al secondo e/o al terzo per poter godere di un trattamento di favore da parte del Pm Di Pietro, è arduo al Collegio capire. Nessuno, a cominciare dai rapportanti per finire al Pm di questo Tribunale, ha mai offerto un'interpretazione in chiave accusatoria di siffatte emergenze».

• Per la presunta omessa iscrizione del Pacini nel registro notizie di reato in relazione alla vicenda cosiddetta "Cooperazione", il Tribunale della Libertà ha così concluso (anche in questo caso, dopo aver ampiamente motivato sul merito dell'accusa [5]): «Queste essendo le risultanze di fatto acclarate dai rapportanti, il Tribunale, tralasciando le ulteriori diffuse spiegazioni – con connessa documentazione – oggi fornite con la memoria e verbalmente dal Di Pietro, ritiene che, se esse dimostrano che all'utilizzo di fondi destinati all'esecuzione di lavori da eseguirsi all'estero, fondi elargiti dallo Stato italiano per sostenere i Paesi in via di sviluppo, nell'ambito di un'attività di cooperazione con le autorità di quei Paesi. Il relativo fascicolo veniva assegnato al sostituto Paraggio Vittorio, il quale si avvaleva per l'espletamento delle relative indagini di polizia giudiziaria del Comando del Reparto operativo dei carabinieri di Roma e più esattamente del capitano D'Agostino Francesco. Nel corso delle stesse, e a seguito di dichiarazioni rese da coindagati, emergeva il coinvolgimento del Pacini. Il 31-5-93, il quotidiano "La Repubblica" pubblicava un articolo intitolato "Cooperazione, scoperti i santuari esteri di Dc e Psi", nel quale si faceva riferimento a una indagine al centro della quale sarebbe stata la Karfinco del finanziere Pacini, già indagato dai magistrati milanesi. Lo stesso giorno 31-5-93, l'avv. Lucibello, quale difensore del Pacini, presentava un'istanza alla Procura della Repubblica presso il Tribunale di Milano, nelle persone dei sostituti Davigo, Colombo e Di Pietro, nella quale, premesso che la vicenda processuale oggetto dell'indagine romana era stata oggetto di dichiarazioni e memorie dal Pacini fatte e presentate alla Procura milanese, domandava "di informare direttamente il Pm della Procura di Roma, Vittorio Paraggio... onde evitare sovrapposizioni di altre Procure". Il successivo giorno 1-6-93, il Pm milanese Di Pietro trasmetteva per telefax al collega Paraggio copia delle dichiarazioni e memorie dal Pacini fatte durante il procedimento "facendo presente che nei confronti dello stesso [Pacini] procede questo Ufficio". Il giorno 4 dello stesso mese, il medesimo Di Pietro, in risposta a sollecitazione del Paraggio, rimetteva stralcio di interrogatorio reso avanti a sé del Pacini Battaglia "ribadendo che nei confronti del predetto procede questo Ufficio e che lo stesso sta rendendo ampia collaborazione, per cui sarebbero inopportune sovrapposizioni di indagini riguardanti le sue persona". Risulterà in seguito che lo stesso giorno 4-6-93 il Pm Di Pietro e il capitano D'Agostino si erano sentiti telefonicamente. Di fatto, il Pm Paraggio, dopo aver proceduto in data 8-7-93 al suo interrogatorio, disponeva, in data 22-7-93 la cancellazione del nome di Pacini Battaglia Francesco dal registro mod. 21 della Procura della Repubblica presso il Tribunale di Roma "poiché trasmesso alla Procura della Repubblica presso il Tribunale di Milano per competenza".

«Due considerazioni confermano tale assunto. La prima è che, come osserva il Di Pietro e come è notorio, poiché all'epoca dei fatti la Procura del Tribunale di Milano era sede di una enorme quantità di procedimenti concernenti fatti analoghi a quelli oggetto della vicenda "Cooperazione" e per tale ragione meta di imprenditori desiderosi di collaborare anche prima ancora che l'indagine si instaurasse, è assai arduo dedurre da una mancata immediata iscrizione del Pacini, già peraltro indagato per molteplici fatti, la deliberata decisione dell'allora Pm Di Pietro di non procedere nei suoi confronti anche per la summenzionata vicenda; così come non può essere dimenticato, nel

---

la scarsa "affidabilità" del Cragnotti. Né queste conclusioni sono destinate a mutare per il solo fatto che, come i rapportanti hanno ritenuto di sottolineare, "interrogatori decisivi al fine di addivenire all'esatta ricostruzione dei fatti siano stati delegati dal Pm Antonio Di Pietro a un brigadiere della Guardia di finanza Scaletta Salvatore", con cui il Pacini aveva cercato avere contatti più volte, peraltro solo diverso tempo dopo (22-1-96), o addirittura aveva avuto plurimi rapporti tra il febbraio e il settembre 1996. Invero, e a tutto concedere, tali considerazioni potrebbero solo servire a creare un'atmosfera di sospetto, peraltro non si sa bene per quale ipotesi penalmente rilevante in quale tempo commessa, sul sottufficiale e non certo sugli attuali tre indagati.

«Le stesse conclusioni valgono per l'ulteriore e diversa circostanza segnalata dai finanzieri: che il giorno dell'arresto del Cragnotti (2-9-11-93) vi erano state telefonate tra il Necci, l'avv. Stella, l'avv. Di Noia, il quale ultimo aveva chiamato il Pm Di Pietro. Invero, non occorre spendere soverchie parole per ricordare come una telefonata, dal contenuto allo stato sconosciuto, tra un noto avvocato penalista del Foro di Milano e un sostituto della Procura della stessa città incaricato di plurime e importanti indagini appartenga, quand'anche esse abbiano avuto un qualche riferimento proprio al procedimento Cragnotti, al novero della normalità. Del resto, il Di Pietro, oggi dapprima nella memoria e quindi nelle sue dichiarazioni spontanee, ha fornito, allegando copiosa documentazione, molteplici elementi dai quali escludere una qualsiasi indebita condotta omissiva nel procedimento quantomeno a lui addebitabile, sicché ogni ipotesi, peraltro – lo si ripete – del tutto indeterminata nella sua fattualità e nella sua rilevanza penalistica, di comportamento illecito non potrebbe comunque essere ricondotta a responsabilità personali dell'attuale indagato».

[5] «A seguito di denunzia presentata il 19-6-92, la Procura della Repubblica presso il Tribunale di Roma instaurava procedimento penale contro funzionari pubblici ministeriali e imprenditori privati indiziati di reato in relazione

---

la Procura di Roma ebbe a cancellare il nome di Pacini Battaglia dal registro degli indagati in ordine alla vicenda "Cooperazione" nella prospettiva che per questa avrebbe proceduto la Procura di Milano, non siano altrettanto in grado di provare che tale ultimo Ufficio nella persona del Pm Di Pietro non abbia, indipendentemente dall'omessa correlativa iscrizione proprio per tale fatto del Pacini nel proprio mod. 21 (omissione che, peraltro, non è attestata in alcun modo nella "relazione"), proceduto ovvero abbia definitivamente escluso di procedere nei confronti di quel personaggio e per detta vicenda: ed è evidente che solo in questo, e non certo nel mancato adempimento della registrazione, si potrebbe ravvisare l'eventuale comportamento di rilievo penale».

• Per le modalità relative all'arresto e la scarcerazione di Pacini, il Tribunale della Libertà, ancora una volta, dopo aver ampiamente motivato [6], ha così concluso: «Tanto pre-

___

momento in cui si dovesse censurare il protrarsi di tale presunta omissione, che lo stesso ebbe ad abbandonare la Procura di Milano poco più di anno dopo quando ancora il Pacini era per più fatti indagato presso quell'Ufficio. La seconda è che, come ancora una volta il Di Pietro si è oggi preoccupato di ricordare e come non è difficile credere, la prassi della Procura milanese per quei procedimenti era di procedere inizialmente nell'ambito di un unico fascicolo, e quindi sotto un'unica iscrizione a mod. 21, per poi, a indagini completate su ogni singola vicenda o gruppo di vicende, operare i necessari "stralci": di talché, solo in ipotesi di esaurimento dell'iniziale fascicolo senza che fosse attuata la separazione del procedimento per la vicenda "Cooperazione" a carico del Pacini, sarebbe possibile dedurre che questi avrebbe per essa beneficiato di una sorta di "archiviazione" occulta.

«Del tutto misteriosa, e pertanto non meritevole di alcun approfondimento, è la sottolineatura che il Gico ha ritenuto di fare a proposito di contatti telefonici tra il Pm Di Pietro e un ufficiale di polizia giudiziaria, il capitano D'Agostino, per il solo fatto che quest'ultimo era addetto alle indagini per la vicenda "Cooperazione"».

[6] «È del tutto pacifico che Pacini rimase a un certo punto coinvolto nella vasta indagine promossa dalla Procura della Repubblica presso il Tribunale di Milano per ricostruire passaggi di denaro da soggetti privati ad esponenti di partiti politici; che, pertanto, subì il 19-2-93, una perquisizione nella sua qualità di indagato in ordine al reato corruzione in concorso – tra gli altri – con Ciaccia Paolo. Lo stesso Pacini Battaglia, raggiunto in seguito da ordinanza di custodia cautelare, si presentò, il 10-3-93, al Giudice per le indagini preliminari presso il Tribunale di Milano, al quale rese rituale interrogatorio. All'atto presenziarono il Pm, nella persona del dott. Di Pietro, e il difensore dell'indagato, l'avv. Lucibello. L'interrogatorio si

___

messo, si osserva che, ancora una volta, il Collegio è chiamato a esprimersi su di una materia quanto mai delicata, e cioè a sindacare oggi le scelte operate, nell'esercizio della giurisdizione, ieri non solo dall'odierno indagato

___

concluse con la richiesta difensiva di revoca dell'ordinanza cautelare. Sull'istanza, il Pm espresse immediato parere favorevole. Di fatto, lo stesso giorno, 10-3-93, il Giudice per le indagini preliminari, ritenuto che "all'esito dell'interrogatorio e degli altri atti istruttori compiuti dal Pm sono venute a cessare le esigenze cautelari, in quanto non solo l'indagato si è presentato spontaneamente, ma ha anche fornito ampie spiegazioni sui fatti contestati e del tutto spontaneamente su altri fatti in cui è stato coinvolto", provvide in conformità, ordinando la liberazione del Pacini Battaglia.

«Giova ricordare quale fu il tenore dell'interrogatorio reso dal Pacini, il quale, tra l'altro, si presentò spontaneamente in Italia pur essendo residente in Svizzera e consapevole di essere colpito da ordinanza custodiale. Il Pacini ha allora esordito affermando di volersi "mettere a completa disposizione dell'Autorità giudiziaria per chiarire ogni fatto che possa ad essa interessare [e] per dimostrare che non vi è in me alcun interesse a inquinare prove né a darmi alla fuga". Quindi, dopo aver genericamente negato l'addebito, ha premesso che, oltre a gestire in territorio elvetico la Karfinco aveva anche creato in Italia una serie di società immobiliari e una di servizi, la Oroz Servizi Finanziari, e che tale ultima società aveva stipulato diversi contratti di consulenza con diverse imprese, tra cui alcune facenti parte del gruppo Eni. Ha, quindi, riferito in ordine al tipo di servizio prestato dalla Oroz al gruppo Eni, del quale faceva anche parte la Saipem di cui era amministratore delegato il summenzionato Ciaccia Paolo, in occasione della costruzione del raddoppio del gasdotto Algeria-Italia; più precisamente, ha dichiarato, in sintesi, di essersi prestato a fare da intermediario tra il gruppo e un diplomatico dell'Oman, certo Omar Yehia, il quale era noto per avere i giusti "contatti" con il mondo politico algerino, "contatti" necessari per la conclusione dell'accordo relativo alla realizzazione del secondo gasdotto. In questo contesto, era stato incaricato dal gruppo Eni di ricevere mediante false fatturazioni a opera di società estere a esso Pacini ricollegabili dallo stesso gruppo una "provvigione" di $ 30.000.000. Tale "provvigione" doveva servire a coprire il "costo": 1) dei "servigi" resi dall'Omar; 2) dell'opera di esso Pacini; 3) delle "dazioni" in favore degli amministratori delle società del gruppo Eni con cui aveva trattato; 4) ancora delle "dazioni" in favore di personaggi politici del Partito socialista italiano (on. Balzamo Vincenzo) o della Democrazia cristiana (sen. Citaristi Severino). Tale tipo di operazione con società del gruppo Eni si era in seguito ripetuta, con modalità a volte differenti e con dazioni in favore anche di altri personaggi politici, sempre nell'ordine di miliardi o comunque delle centinaia di milioni di lire.

«Tanto premesso, e ricordato che l'interrogatorio si concluse con la dichiarata disponibilità da parte del Pacini a fornire ulteriori notizie e relativa documentazione nella richiesta difensiva di revoca dell'ordinanza cautelare, ritiene il Tribunale che la decisione del Pm Di Pietro di

ma anche implicitamente da tutti coloro che per ruolo funzionale ebbero, o comunque avrebbero dovuto, concorrere a quelle scelte: così, il Giudice per le indagini preliminari che di fatto revocò la misura, ovvero i sostituti che formavano il cosiddetto "pool", per non dire il Procuratore capo. Tanto impone una particolare prudenza e quindi la necessità di avere a disposizione fatti di significazione particolarmente univoca. Il che certamente non è... Costituisce, invero, fatto notorio per chiunque

abbia un minimo di pratica giudiziaria che la costituzione avanti all'Autorità giudiziaria, il comportamento collaborativo durante l'interrogatorio e la promessa di ulteriori apporti costituiscano, nella valutazione degli organi giurisdizionali, elementi di netto favore per l'inquisito specie, ma non solo, nell'ambito delle esigenze cautelari contemplate dall'art. 274 Cpp. Se poi si considera da un canto l'assoluto rilievo di tale condotta in considerazione di quella che era la posizione processuale del Pacini, e dall'altro la sostanziale unità di intenti di gran parte della magistratura milanese (e non solo degli appartenenti alla Procura) chiamata allora a intervenire durante le indagini preliminari per quei fatti, in ordine a tale prassi interpretativa, si deve concludere che la stravaganza o l'anomalia si sarebbero verificate qualora il Pm Di Pietro avesse espresso parere negativo».

• Infine, per quanto riguarda i cosiddetti rapporti "paralleli" D'Adamo-Di Pietro-Lucibello-Pacini, anche in questo caso il Tribunale della Libertà, dopo aver ampiamente motivato [7], ha concluso: «In merito alle dette inter-

---

esprimere il parere favorevole alla revoca della misura (ché in questo sarebbe consistito l'illecito) sia obiettivamente tutt'altro che stravagante o anomala. Non è, infatti, casuale ovvero frutto di una sorta di errore difensivo che all'odierna udienza camerale il Lucibello, nel rendere spontanee dichiarazioni, abbia di sua iniziativa francamente e senza reticenze ammesso che, una volta assunta la difesa del Lucibello nel gennaio 1993 e appreso dell'esistenza dell'ordinanza custodiale, abbia contattato la Procura milanese per "concordare" la costituzione del proprio assistito e per assicurarsi che, a fronte di ciò e della collaborazione che avrebbe prestato nell'interrogatorio che sarebbe seguito, l'ufficio del Pm avrebbe espresso parere favorevole alla revoca della misura.

«La definitiva conferma dell'effettivo svolgersi e quindi delle reali motivazioni di questa vicenda si ha proprio da una delle tante intercettazioni telefoniche oggetto della relazione. Questa intervenne il 9-3-93, e cioè il giorno prima della costituzione, dell'interrogatorio e della scarcerazione del Pacini, tra lo stesso Pacini e la già menzionata moglie. Nel corso della stessa, il primo confida alla seconda, a proposito delle sua imminente comparizione avanti all'Autorità giudiziaria milanese, che intanto sarebbe andato in quanto "ho avuto garanzie dall'avvocato che io vado con le mie gambe e ritorno con le mie gambe" anche se "un certo rischio lo corro sicuramente perché non so mai... ma io mi fido di che cosa mi hanno detto... il dott. Di Pietro ha detto al mio avvocato... di non stare in pensiero... dato che io ho deciso che voglio collaborare". Come si vede, dunque, il Pacini non solo ribadisce la linearità di una strategia processuale volta a far ottenere a entrambe le parti, attraverso una sorta di "patto processuale", reciproci vantaggi (costituzione e collaborazione da un canto; parere favorevole in ordine alla cessazione delle esigenze cautelari dall'altro), ma anche fa mostra di essere tutt'altro che certo in ordine all'adempimento dell'obbligazione della controparte, senza nel contempo fare alcun accenno a un "costo" economico da lui affrontato per conseguire tale obiettivo ovvero a comportamenti coattivi tenuti dalla medesima controparte.

«A questo punto, sarebbe del tutto ultroneo soffermarsi sulle ulteriori argomentazioni oggi portate, nelle sue orali dichiarazioni, dal Di Pietro intorno al fatto che in realtà, prima di esprimere il parere favorevole, si era consultato con altri colleghi del "pool", e aveva presenziato all'interrogatorio, cui parteciparono saltuariamente di fatto anche costoro, solo perché era in quel momento l'unico della Procura disponibile alla bisogna».

---

[7] «I rapporti tra gli indagati. Nelle loro odierne dichiarazioni ovvero nei rispettivi memoriali oggi presentati, sia il Di Pietro che il Lucibello hanno concordemente affermato di conoscersi da diverso tempo e anzi di essere legati da un rapporto di vera e propria amicizia; nonché il Di Pietro di conoscere il D'Adamo Antonio, in quanto la propria moglie aveva svolto la funzione di consulente legale quasi a tempo "pieno" di quegli, noto e facoltoso imprenditore; e il Lucibello di aver prestato per decine e decine di volte anche lui opera professionale per conto delle numerose società dello stesso. Sotto questo aspetto, può tranquillamente concludersi che le indagini del Gico, volte a evidenziare plurimi rapporti telefonici tra i tre attuali indagati, hanno trovato riscontro. Ma, evidentemente, non è questo il *thema probandum*, quanto piuttosto il carattere illecito di detti rapporti nella prospettiva di quello che è stato il ruolo di costoro nei confronti del Pacini Battaglia. Al riguardo, per quel che è dato di capire, il Gico avrebbe inteso collegare logicamente i dati fattuali sinora ricordati (vicenda Cragnotti, cancellazione del nominativo Pacini Battaglia dal procedimento "Cooperazione", scarcerazione Pacini Battaglia) con i contenuti di alcune intercettazioni, per dedurne appunto che Pacini Battaglia sarebbe stato la controparte di tale sodalizio cui avrebbe versato (*rectius*, sarebbe stato costretto o indotto a versare) denaro.

«Vediamo le telefonate. Seguendo l'ordine cronologico, va esaminata per prima la telefonata, intercorsa tra il Pacini Battaglia e certo Mineni Enrico, legale responsabile di una società del gruppo Eni, l'11-1-96; in essa, il pri-

cettazioni, ritiene il Tribunale che debba anzitutto operarsi, per ragioni di chiarezza espositiva, un duplice raggruppamento; distinguendo cioè tra quelle che nella prospettiva accusatoria dovrebbero attestare una specie di rapporto privilegiato tra Di Pietro e Pacini Battaglia, e quelle che nella medesima ottica dovrebbero comprovare esborsi di denaro da parte di quest'ultimo nei confronti vuoi del primo che del Lucibello. Fatte queste premesse, il Collegio ritiene che in ordine al primo gruppo di intercettazioni debba preliminar-

mo esprime, parlando a proposito della pregressa creazione di fondi "neri" per compensare personaggi politici, al secondo l'opinione che esso Pacini era "uscito da Mani pulite parlando di qualcun altro [e] perché si è pagato". La seconda telefonata interveniva sempre l'11-1-96 e ancora tra il Pacini Battaglia e certo Petrelli Marcello; il primo significa al secondo, nel mentre commentano il comportamento di un giornalista interessato ad apprendere dal Petrelli notizie concernenti Di Pietro nonché il contenuto delle dichiarazioni fatte da Pacini al Pm di Brescia, quanto segue: "Quello che ti voglio dire... a me se 'chiappano' che Lucibello e Di Pietro... hanno i soldi in Austria... io sono l'uomo più contento del mondo... vediamo di capirsi... io non ho sposato Di Pietro... né ho sposato Lucibello. A me Di Pietro e Lucibello m'hanno sicuramente sbancato... sbancato nei limiti che... A me se li buttan dentro tutti e due... mi fai l'uomo più contento del mondo... Se vuoi aiutare il Chiodi per fare un po' di casino, io posso darti un'informazione... Io sono convinto che in Austria se qualcuno c'ha un conto... 'lo ha' a nome della moglie di Di Pietro e non di Di Pietro o Lucibello... Io il conto lo cercherei a nome Mazzoleni e non di altri nomi... Mi ha detto se avevo dato dei soldi a D'Adamo... Ho detto io i soldi a D'Adamo non li ho dati... [e mi ha chiesto se avevo dato] soldi a Di Pietro... Ho detto io i soldi a Di Pietro non li ho dati, ma se anche glieli avessi dati non incominciamo a cercare perché si perde tempo". La terza telefonata, effettuata in data 8-2-96 tra il Pacini Battaglia e il Lucibello, aveva per oggetto tra l'altro, le vicende giudiziarie che vedevano coinvolto il primo come indagato e il secondo quale suo difensore; durante la stessa, i due interlocutori si lasciavano andare a una serie di valutazioni in ordine anche ai magistrati milanesi che conducevano le correlative inchieste fino a quando il Pacini testualmente osservava: "C'avevamo un unico pezzo bono in famiglia... che si chiamava... Antonio". La quarta telefonata, intervenuta il 2-2-96 tra il Pacini Battaglia e certo Greppi Leonardo, vedeva a un certo punto del discorso una serie di commenti che il primo partecipava al secondo in ordine alle già menzionate indagini in corso presso la Procura della Repubblica di Brescia nei confronti del Di Pietro Antonio, commenti relativi all'operato e ai presunti intenti dell'inquirente dott. Salamone Fabio, sostituto presso tale Ufficio; nell'ambito di tale contesto, a un certo punto il Pacini osservava che "C'abbiamo sempre rotture di coglioni... in compenso abbiamo Milano che non ci rompe più i coglioni per l'amicizia e... con Di Pietro...".»

mente rilevarsi che esse si riferiscono a un'epoca notevolmente successiva a quella in cui Di Pietro era il Pm e Pacini Battaglia l'indagato, di talché le stesse al massimo potrebbero riguardare un'evoluzione dei rapporti tra i due, evoluzione che non necessariamente deve trovare il suo presupposto nella prospettazione accusatoria. Ciò ricordato, va sottolineato che la fonte probatoria di riferimento è internamente contraddittoria, posto che a fronte di espressioni quali "amicizia per Di Pietro" e "unico pezzo buono si chiama Antonio", ve ne sono altre di tenore sostanzialmente opposto ("Io non ho sposato Di Pietro", "Se li buttan dentro tutti e due [Di Pietro e Lucibello, ndr] sono l'uomo più contento del mondo"), e che comunque appare arduo conciliare l'asserita "amicizia" con gli asseriti coatti esborsi cui, secondo le telefonate, il Pacini si sarebbe dovuto sottoporre in favore dell'"amico". Passando, ora, al secondo gruppo di telefonate, il Collegio non può non rilevare anche in questo caso la contrapposizione tra di esse, poiché è sempre Pacini che, dopo aver detto di aver "pagato" e anzi di essere stato "sbancato", dichiara esplicitamente "Io i soldi a Di Pietro non li ho dati"... A ciò si aggiunga che l'interlocutore, autore di tutte le affermazioni che si richiamano a supporto della tesi accusatoria, è l'ex indagato che non solo parla del suo ex indagatore ma ne parla al telefono, in un colloquio amichevole, consapevole quindi di non assumersi alcuna responsabilità per quanto andrà dicendo; e infatti, quando venne formalmente escusso, non ha confermato la circostanza».

Conclusioni finali del Tribunale della Libertà: «Deve di necessità concludersi che nella specie non sussistono gli "indizi di rilievo" che devono attestare l'esistenza della condotta ipotizzata dal Pm».

Ecco, questo è il desolante "vuoto pneumatico" di cui è impregnata la relazione del Gico. Essa non dice nulla di penalmente rilevante. Anzi, dice che non c'era nemmeno una "notizia di reato" su cui indagare. Le indagini successivamente svolte dai Pm bresciani non solo non hanno aggiunto nulla al deserto investigativo del Gico, ma hanno anzi dimostrato — come vedremo — il contrario di quello che si voleva provare.

4. Piste investigative tentate e abbandonate

Prima di proporre l'odierna imputazione, la Procura di Brescia si è avventurata in altre ipotesi, via via abbandonate man mano che io – con memorie e documenti – facevo rilevare la loro errata ricostruzione degli atti, delle attività e dei documenti riguardanti l'inchiesta "Mani pulite".

A mio avviso non è superfluo soffermarsi sulle piste investigative a suo tempo intraprese dai Pm bresciani e oggi abbandonate, giacché esse evidenziano come in realtà, in questa inchiesta, prima siano stati formulati apodittici teoremi accusatori, e poi si sia cercata (in mezzo alle centinaia di migliaia di pagine dell'inchiesta "Mani pulite") la "pagliuzza" di una qualche involontaria omissione o irregolarità formale per puntellare un'ipotesi di corruzione del tutto fantasiosa.

L'arresto e la scarcerazione di Pacini

Il primo "cavallo di battaglia" proposto dalla Procura bresciana, che poi si è rivelato la prima patacca, riguarda le modalità di arresto e scarcerazione di Pacini. Il Pm bresciano, nel ricorso in Cassazione del 10-1-97 contro l'ordinanza di revoca dei decreti di perquisizione e sequestro, così pontificava: «Pacini fu rimesso in libertà lo stesso giorno (10-3-93) in cui si era costituito, dopo l'interrogatorio effettuato dal Gip e dal Pm (dott. Di Pietro) in una caserma della Guardia di finanza di Milano, a seguito di istanza formulata dal suo difensore di fiducia avv. Giuseppe Lucibello, su parere favorevole del Pm dott. Antonio Di Pietro. Tale scarcerazione fu preceduta il 9-3-93 da una telefonata di Pacini dalla Svizzera alla moglie, con la quale egli rassicurava quest'ultima, dicendole di avere avuto garanzie dall'avv. Lucibello che "sarebbe tornato a casa con le sue gambe"». Il Pm, in tale ricorso, aggiungeva con parole solenni e gravi: «Senza che neppure [il Pacini, ndr] avesse fatto ingresso in carcere, pur essendo colpito da misura coercitiva in tal senso e pur risultando egli, anche per sua stessa ammissione, responsabile di fatti gravissimi di piena centralità nella storia tormentata della cosiddetta Tangentopoli, rispetto ai quali non poteva al momento escludersi una attività di inquinamento per indirizzare le indagini nell'una anziché nell'altra direzione».

Da quali carte processuali i Pm di Brescia avevano tratto le suddette conclusioni? Essi che stanno addebitando a me – addirittura in maniera penalmente rilevante – comportamenti investigativi non in linea con le risultanze processuali dell'epoca, come possono essersi permessi di ricostruire le vicende in maniera difforme dalle risultanze documentali presenti nei loro stessi atti? È infatti documentalmente provato che le trattative per la costituzione dalla latitanza di Pacini *non sono state seguite* dal Pm Di Pietro; però a me e solo a me vengono contestate.

Il Pm di Brescia, per accreditare il suo teorema, si è adagiato sulla tesi del Gico che ha individuato nella intercettazione di una telefonata intervenuta il 9-3-93 tra Pacini e la moglie Francesca alla vigilia del suo arresto un possibile elemento di valutazione per argomentare una mia attività di favoritismo. In realtà, la telefonata in questione è del tutto innocua, anzi, se fosse stata letta con meno pregiudizio, addirittura favorevole alla tesi difensiva: trattasi infatti di una normale telefonata tra moglie e marito nella quale Pacini Battaglia si sfoga dicendo di voler "collaborare" con l'Ag (e chiaramente "generalizzando" il mio nome come riferimento all'intero pool di Milano) [8].

Bene ha fatto il Tribunale del Riesame a motivare così sul punto: «Come si vede, dunque, il Pacini non solo ribadisce la linearità di una strategia processuale... ma anche fa mostra di essere tutt'altro che certo in ordine all'adempimento dell'obbligazione della controparte, senza nel contempo fare alcun accenno a un "costo" economico da lui affrontato per conseguire tale obiettivo ovvero a comportamenti coattivi tenuti dalla medesima

---

[8] *Pacini:* «Domani mattina vado a Milano perché ho avuto delle garanzie dall'avvocato, che io vado con le mie gambe e ritorno con le mie gambe. Io ho avuto delle più grosse preoccupazioni e me le hanno levate, perciò ti dico un certo rischio lo corro sicuramente perché non so mai... ma io mi fido di che cosa mi hanno detto... il dott. Di Pietro ha detto al mio avvocato... non stare in pensiero, poi quando ho finito il mio colloquio, dato che ho deciso che voglio abbastanza... voglio... con il mio possibile collaborare... ti telefonerò, va bene! Su col morale mamma, ci possono anche essere giorni duri o giorni... Io ho deciso, non voglio far quello che non volevo... voglio dire le mie idee chiare e lampanti... e collaborare».

controparte». Non si può d'altronde prescindere, come giustamente rilevato dal Tribunale della Libertà, dalla considerazione che, ove così fosse, «nelle scelte operate nell'esercizio della giurisdizione... avrebbero dovuto concorrere... il Giudice per le indagini preliminari che di fatto revocò la misura, ovvero i sostituti che formavano il c.d. pool, per non dire il Procuratore capo».

La verità è molto più banale: il Gico di Firenze e l'Accusa bresciana sono incorsi in un madornale errore di ricostruzione dei fatti perché *non hanno accertato* il numero dei provvedimenti restrittivi effettivamente emessi all'epoca nei confronti di Pacini e la data degli stessi, tanto è vero che si legge nel ricorso presentato dal Procuratore di Brescia alla Corte di Cassazione contro l'ordinanza del Tribunale della Libertà: «Pacini nel procedimento penale n° 8655/92-Mod. 21 della Procura della Repubblica di Milano l'1-3-93 fu colpito dalla misura coercitiva della custodia cautelare in carcere emessa nei suoi confronti dal Gip del Tribunale di Milano»; invece, agli atti del procedimento Eni, risultano altri due provvedimenti restrittivi: quello del 17-2-93, che risultava privo dei dati identificativi del Pacini, e una volta correttamente identificato era stato emesso un secondo provvedimento a suo carico (in data 1-3-93), del tutto identico al precedente, ma completo dei dati identificativi prima mancanti; sulla effettiva ragione della esistenza del doppio provvedimento si veda anche la conferma del Gip Ghitti al Tribunale di Monza.

Ancora più inspiegabile è la ragione per cui il Gico abbia riferito solo dell'intercettazione 9-3-93. In verità ve ne sono altre, tra cui una del 26-2-93 (e quindi *successiva all'emissione del primo provvedimento restrittivo*), tra Pacini e la moglie Francesca del seguente tenore: «Ho parlato con il mio avvocato di Milano... il quale mi dice queste cose, tieni bene presente: mi garantisce che non c'è mandato di cattura per me, qui ho già delle perplessità perché... invece il mio avvocato è arrivato le garanzie che non c'è mandato di cattura... me l'ha detto il dott. Di Pietro... Bohhh! Il dott. Di Pietro ha detto che non c'è mandato di cattura, che non lo farà il mandato di cattura, perché per fartela breve in questa angoscia ho deciso che lunedì mattina vado da Di Pietro... Lunedì vado a cielo buio, non lo so...». È evidente, dal contenuto di questa conversazione, che la "garanzia" data dall'avv. Lucibello al suo assistito a seguito di «accordi extra processuali con il Pm Antonio Di Pietro» di cui parlava l'Accusa è solo frutto dell'errore nella ricostruzione dei tempi di emissione del provvedimento restrittivo: all'epoca della telefonata nessuno poteva «garantire che non c'è mandato di cattura», semplicemente perché *era già stato emesso e dato in esecuzione*. Non solo: agli atti del procedimento Eni esiste altra intercettazione avvenuta il 28-2-93, sempre tra Pacini e la moglie Francesca, del seguente tenore: «... Che mi ingabbiano, ma il mio avvocato: ti garantisco che non c'è nulla... perciò domani mattina vado a Milano».

L'attenta lettura delle trascrizioni delle intercettazioni telefoniche ora esaminate non fa altro che evidenziare come io abbia taciuto al difensore di Pacini, avvocato Lucibello, addirittura l'esistenza del provvedimento restrittivo («Lunedì vado a cielo buio...»). Peraltro, alla data fissata per la presentazione davanti ai Pm di Milano di Pacini, quest'ultimo, sospettando – come si evince dal tenore delle telefonate sopra riportate – l'esistenza di un provvedimento restrittivo nei suoi confronti, ritenne prudente non presentarsi (il sospetto era dovuto al fatto che nel frattempo aveva subìto una perquisizione domiciliare della Guardia di finanza che aveva insistito molto con i familiari per sapere dove si trovasse; tant'è che l'avv. Lucibello presentò istanza di differimento).

Ciò è stato esaurientemente chiarito dallo stesso avv. Lucibello nel corso delle dichiarazioni da lui stesso rese davanti al Tribunale del Riesame: «In Procura, peraltro, non mi era stato fatto capire che c'era quel provvedimento cautelare. Quando di seguito il Pacini, che ho detto, mi fece partecipe di questa notizia... ritenni opportuno rinunciare al progetto di presentazione spontanea, da un canto perché sapevo che il Pacini Battaglia non sarebbe stato tratto in arresto – se non previa rogatoria – e dall'altro perché, per così dire, "ripagavo" la Procura del fatto di non avermi messo al corrente dell'effettivo destino processuale del mio assistito. Nel mese di marzo ricevetti una telefonata dalla Procura di Milano con la quale mi si invitava a presentarmi dal dott. Davigo in relazione alla posizione di Pacini. Incontrai il dott. Davigo che mi accompagnò dal dott. Colombo e insieme si discusse della posizione processuale del mio assistito. Non ci fu alcuna promessa che Pacini non "andava dentro", però fu chiarito che non vi era alcuna prevenzione nei confronti di Pacini... a condizione che Pacini spiegasse il sistema delle società off-shore in relazione all'Eni». Queste dichiarazioni trovano puntuale riscontro nei colloqui telefonici (intercettati e taciuti dal Gico) tra Pacini e la moglie [9].

E infatti il Pm Piercamillo Davigo, al Tribunale di Monza, il 10-4-97, ha confermato che io all'epoca addirittura evitai di incontrare e discutere dell'argomento con l'avv. Lucibello. Dice Davigo: «Ricordo che mi telefonò un giorno Di Pietro dicendomi che, siccome egli era in buoni rapporti con l'avv. Lucibello e l'avv. Lucibello era fuori della porta, essendosi fatto annunciare come incaricato alla difesa di Pacini, egli si rifiutava di riceverlo, stante proprio i suoi rapporti, e chiedeva a me di ricevere l'avv. Lucibello per evitare che, stante la conoscenza con l'avv. Lucibello, egli potesse in qualche modo segnalare l'esistenza del provvedimento. Mi trovai in una situazione di notevole disagio, perché l'avv. Lucibello mi chiese espressamente – cosa che di solito non viene fatta da un difensore – se vi fosse un provvedimento restrittivo nei confronti del suo assistito; e di fronte a una domanda che non avrebbe dovuto farmi, io dovetti fare una cosa che – a mia volta – non avrei dovuto fare, ma non avevo alternative, cioè dissi che non era vero, perché altrimenti avrei dovuto dire, nei confronti di una persona che era residente all'estero». Tali affermazioni sono state ribadite dal dott. Davigo, peraltro con più dovizia di particolari, anche in una lettera allegata alla mia "memoria" per il Tribunale della Libertà. Quanto riferito da Davigo è peraltro stato pienamente confermato al Tribunale di Monza – durante l'udienza dibattimentale del 10-4-97 – sia da Giuseppe Lucibello sia da Pacini, oltre che da me.

Come si vede, tale ricostruzione è perfettamente in linea con il tenore complessivo delle telefonate, a suo tempo intercettate per ordine

della Procura di Milano, tra Pacini e la moglie, a cavallo del febbraio-marzo 93, allorché egli stava vagliando la possibilità di costituirsi. Al riguardo, vi è da rilevare che il tenore di quelle telefonate è inequivocabile anche sotto un altro triplice aspetto: 1) che l'avv. Lucibello, al contrario di Pacini, sconosceva anche l'esistenza del provvedimento restrittivo a carico del suo cliente; 2) che il Pacini non era affatto sicuro di poter riottenere la libertà subito dopo l'interrogatorio; 3) che egli si era ormai intimamente deciso a collaborare con l'Ag.

Ricapitolando: la procedura – o trattativa che dir si voglia (ma intesa nei modi nobili precisati dal Tribunale della Libertà) – per la costituzione di Pacini *non è stata seguita da me*; tale procedura fu pienamente legittima; la ricostruzione degli inquirenti bresciani sul punto era sbagliata in fatto giacché non teneva conto del primo provvedimento restrittivo del 17-2-93 né dell'insieme delle telefonate intercettate all'epoca sull'utenza in uso all'allora latitante Pacini.

Una breve annotazione per quanto riguarda il parere positivo da me dato alla richiesta di rimessione in libertà proposta dalla difesa di Pacini dopo il suo interrogatorio il giorno dell'arresto. Il dott. Italo Ghitti e il dott. Davigo, in pubblica udienza al Tribunale di Monza, hanno sgombrato ogni dubbio al riguardo, coassumendosi anche loro la responsabilità e rivendicando la correttezza del mio e del loro comportamento. D'altronde lo stesso Tribunale della Libertà, investito della questione, ha rilevato: «La decisione del Pm Di Pietro di esprimere il parere favorevole alla revoca della misura cautelare emessa nei confronti di Pacini era tutt'altro che stravagante o anomala, posto che costituisce fatto notorio per chiunque abbia un minimo di pratica giudiziaria che la costituzione avanti all'Ag, il comportamento collaborativo durante l'interrogatorio e la premessa di ulteriori apporti costituiscano, nella valutazione degli organi giurisdizionali, elementi di netto favore per l'inquisito specie, ma non solo, nell'ambito delle esigenze cautelari contemplate dall'art. 274 Cpp. Se poi si considera da un canto l'assoluto rilievo di tale condotta in considerazione di quella che era la posizione processuale del Pacini, e dall'altro la sostanziale unità di intenti di gran parte della magistratura milanese (e non solo degli ap-

---

[9] Telefonata di Pacini a sua moglie del 4-3-93: «C'ho il mio avvocato che si occupa delle cose, oggi parlava a Milano con questi giudici, io spero oggi e domani di darti un po' di notizie... io c'ho il mio avvocato che parla con i giudici... di parlare con i giudici...».

partenenti alla Procura) chiamata allora a intervenire durante le indagini preliminari per quei fatti, in ordine a tale prassi interpretativa, si deve concludere che *la stravaganza o l'anomalia si sarebbero verificate qualora il Pm Di Pietro avesse espresso parere negativo*».

Nonostante tutto ciò, ancora in sede di mio interrogatorio del 3-4-98, i Pm bresciani hanno tentato di mantenere in piedi l'accusa, contestandomi – come unici elementi di controprova a tali mie argomentazioni – le dichiarazioni del Pm di Milano Gherardo Colombo del 23-2-98 e quelle dell'avv. Giuseppe Lucibello del 12-3-98. Paradossalmente per l'Accusa, il dott. Colombo non solo non ha smentito la mia versione, ma l'ha confermata e arricchita di maggiori particolari [10]; ancora più paradossalmente, per l'Accusa, le dichiarazioni dell'avv. Lucibello hanno confermato come l'evoluzione degli accadimenti che avevano caratterizzato l'arresto di Pacini [11] non facesse capo al Pm Di Pietro.

---

[10] Ha dichiarato il Pm Colombo nel corso dell'escussione del 23-2-98: «Non ho particolari ricordi della complessiva vicenda relativa alla presentazione e costituzione di Pacini. È probabile che l'avv. Lucibello si sia rivolto a me, o anche a me, per sapere se esistesse un provvedimento cautelare nei confronti del suo cliente e in caso affermativo quale sarebbe stato l'atteggiamento della Procura nel caso di presentazione spontanea. Mi pare di ricordare al riguardo che nell'occasione fosse venuto nel mio ufficio l'avv. Lucibello accompagnato dal collega Davigo, ma potrei anche sbagliarmi. Posso solo dire che consuetudinariamente in casi di questo tipo rispondevo e rispondo che si tratta di una domanda alla quale non può essere data risposta. Normalmente, gli avvocati iniziano a quel punto a fare delle ipotesi a seguito delle quali, sostanzialmente, si dice che nel caso di provvedimento cautelare e di presentazione spontanea il Gip potrebbe decidere dopo l'interrogatorio in ordine a eventuale permanenza delle esigenze di cui all'art 274 Cpp, con ciò significando che una eventuale collaborazione dell'indagato porterebbe all'espressione di un parere favorevole da parte della Procura, in caso del venir meno delle esigenze cautelari. A fronte della scarsa precisione del mio ricordo posso affermare che sicuramente, nel caso di specie, non accadde nulla di particolare rispetto a quanto avveniva e avviene in casi analoghi. Credo che prima dell'intervento di Lucibello fosse venuta da me l'avv.ssa Manola Murdolo per lamentarsi del comportamento tenuto dal Magg. Magistro in occasione della perquisizione. Non posso però escludere che tale fatto debba essere collocato dopo la costituzione di Pacini, anzi, è forse più probabile che tale visita sia avvenuta dopo la costituzione di Pacini. Credo di avere avuto, con Lucibello quale difensore di Pacini, un unico incontro di questo tipo, non posso però escludere che la stessa situazione si sia verificata anche in una seconda occasione. Non credo di essere stato io a concordare con Lucibello le modalità concrete della presentazione di Pacini».

[11] Ha dichiarato l'avv. Lucibello nel corso dell'escussione del 12-3-98: «Dopo la perquisizione, Pacini ha altresì detto che non capiva per quale ragione stessero indagando su di lui e ha aggiunto che temeva fosse stata emessa una misura cautelare. Sapendo che Magistro lavorava prevalentemente per il Pm Colombo, mi sono recato in Procura e ho avuto un primo colloquio con tale magistrato per concordare con lui una eventuale presentazione spontanea e per cercare di capire al contempo se vi fosse un provvedimento restrittivo. Colombo prese tempo dicendo che non aveva ancora avuto gli atti relativi alla perquisizione e che comunque avrebbe dovuto prima parlare con i suoi colleghi. Mi sono così rivolto a Di Pietro che mi ha detto che neppure sapeva chi fosse Pacini e che se volevo farlo presentare non vi erano problemi. Io ho cercato di capire se vi fosse il provvedimento restrittivo ma lui ha ribadito che doveva trattarsi di una delle tante posizioni marginali, in tal modo escludendo che potesse esserci una misura. Abbiamo quindi concordato una data per la presentazione e io sono tornato a Ginevra per riferire tutto ciò a Pacini. Questi, apprendendo da me che, a dire di Di Pietro, non deve temere di essere arrestato, ha iniziato a dire che lui era sicuro che la misura cautelare fosse stata emessa. Era talmente convinto di ciò che anch'io ho ritenuto che avesse ragione e che Di Pietro mi avesse preso in giro. Abbiamo così preso tempo producendo un certificato medico che potesse giustificare la mancata presentazione. Successivamente a ciò ho avuto un vivace scambio di opinioni con Di Pietro che era rimasto molto contrariato dalla mancata presentazione di Pacini. In questo scambio di opinioni io lo accusai di non essere stato leale con me e di avere praticato una ritorsione per la vicenda del libro di Colonnello quando aveva negato di conoscere Pacini... Per un paio di giorni non ho avuto altri rapporti con la Procura anche perché nel frattempo ero stato rassicurato dai difensori svizzeri di Pacini che l'eventuale estradizione avrebbe richiesto tempi lunghi. Successivamente ho ricevuto una telefonata dalla Procura di Milano, in cui mi è stato detto di prendere contatti al più presto con il dott. Davigo che era il magistrato che seguiva la posizione di Pacini. Se ben ricordo la telefonata venne fatta dall'ufficio del Procuratore Borrelli. Dopo avere informato Pacini di quanto era accaduto mi sono recato da Davigo dal quale ho appreso, a somme linee, quali fossero le accuse che venivano mosse a Pacini. Davigo ha espressamente negato che nei confronti di Pacini fosse stata emessa una misura cautelare, pur chiedendomi che intenzioni avesse il mio cliente, e mi ha invitato ad andare con lui da Colombo. Con Colombo si è parlato della possibilità che Pacini collaborasse con riguardo ai fondi neri dell'Eni, in relazione ai finanziamenti illeciti ai partiti politici. Ho avuto ulteriori contatti in Procura con Davigo e Colombo aventi il medesimo oggetto. Io facevo leva sul fatto che Pacini, avendo la doppia cittadinanza, difficilmente sarebbe stato estradato. Alla fine di queste trattative, durate una decina di giorni, sia Davigo che Colombo hanno convenuto che nel caso in cui Pacini avesse collaborato con riguardo ai citati fondi neri dell'Eni avrebbero potuto valutare positivamente la circostanza agli effetti della eventuale insussistenza di esigen-

Insomma, in quella situazione processuale e in quel contesto storico, il pool "Mani pulite" considerava favorevolmente il comportamento processuale di chiunque riferisse in maniera soddisfacente i fatti. Pacini era la persona che apparve subito (per quanto riferito da Ciaccia) essere a diretta conoscenza dell'esistenza di versamenti esteri in favore dei partiti da parte di imprenditori italiani, per cui avevamo estremo interesse a far sì che costui ce li riferisse. È ovvio che avremmo valutato positivamente le sue dichiarazioni nel caso ci avesse aiutato a disvelare il fenomeno. Ricordo che ne parlammo ancor prima della sua costituzione tra noi del pool e credo anche con il Procuratore Borrelli, nel suo ufficio. Soprattutto, a quel tempo l'interesse investigativo verteva sulla individuazione di tutti i meccanismi che consentissero il disvelamento del sistema di illecito finanziamento tra partiti e imprese, con le relative implicazioni sulle modalità illecite di assegnazione degli appalti. Era un lavoro di "cornice", mentre quello di "svisceramento" dei singoli casi e delle singole posizioni sarebbe stato fatto – come poi è sempre stato fatto, e tutt'ora viene fatto – negli anni successivi.

Invece escludo che possa essere intervenuto un "accordo specifico" tra Pacini e la Procura di Milano circa l'eventuale delimitazione delle materie di interesse dell'Ufficio: avremmo valutato il suo comportamento alla luce delle dichiarazioni che sarebbe venuto a rendere con riguardo all'inchiesta in corso. Insomma, Pacini è stato valutato per il contributo che in concreto ha fornito, non quello che avrebbe potuto fornire come se fosse in chiesa davanti a un confessore. È vero che Pacini al Pm di La Spezia in data 12-11-96, in merito ai supposti "accordi" che sarebbero intervenuti per delimitare l'oggetto dell'indagine milanese, nonché al contenuto della conversazione intercettata tra Pacini e Di Daniele dell'1-2-96, sul

medesimo oggetto aveva dichiarato che «noi dovevamo... avevamo un accordo in cui se Pacini ci diceva... come erano finanziati i partiti politici... noi gli avremmo... gli abbiamo riconosciuto la sua collaborazione con la Giustizia»; al riguardo rilevo che lo stesso Pacini parla di «accordi per modo di dire», e che lui stesso prende poi atto di avere ricevuto solo «rinvii a giudizio».

Certo è che noi del pool non abbiamo mai "sposato" le dichiarazioni di Pacini, ma ci siamo limitati a prendere atto di ciò che lui via via ci riferiva, e a sviluppare investigativamente tali dichiarazioni. Al tempo stesso abbiamo promosso tutte quelle ulteriori investigazioni conseguenti alle sue dichiarazioni, e mai abbiamo volontariamente omesso di svolgere attività sulla base di preventivi accordi con Pacini. Una riprova di tale impostazione è il fatto che su ogni conto corrente da lui indicato non ci siamo limitati a ricevere la documentazione che lui forniva, ma abbiamo comunque promosso sia rogatorie internazionali sia gli accertamenti investigativi conseguenti. Eventuali mancanze, che comunque tenderei a escludere, potrebbero essere derivate soltanto dal fatto che il lavoro da svolgere era tanto e che, almeno fino al momento in cui ho lasciato la Procura di Milano, nessun segmento di indagine su Pacini era stato chiuso, tanto meno con richiesta di archiviazione.

Alla fine, almeno su questo supposto "favoritismo", la Procura bresciana sembra essersi arresa. Nel capo di imputazione a mio carico non c'è più traccia della contestazione di aver favorito Pacini all'atto della sua costituzione e poi della sua scarcerazione. Tutto, però, poteva essere chiaro fin dai primi passi dell'inchiesta, se il Gico prima e i Pm poi non avessero fatti propri teoremi che alcuni ben identificabili giornalisti all'epoca facevano circolare.

Mi rimane un'amarezza: perché tanta superficialità? Perché tanto furore investigativo o eccesso di zelo? Perché tanta malcelata maliziosità e unilateralità investigativa da parte del Gico? Certo è che il danno per l'immagine mia e dell'inchiesta "Mani pulite" è stato enorme. E del tutto gratuito.

Pacini e i fatti della Cooperazione

Nel ricorso per Cassazione del 10-1-97, il Pm di Brescia aveva individuato un mio coin-

---

ze cautelari. Per tutta questa fase di trattative non ho avuto contatti con Di Pietro riferibili alla posizione di Pacini. Non escludo di poter avere avuto qualche contatto formale in Procura, in relazione ad altre mie difese. Non ricordo chi mi indicò la data in cui far presentare Pacini, non escludo che Davigo e Colombo mi abbiano invitato a rivolgermi a tal fine a Di Pietro. Non posso neppure escludere che sia stato il magg. Magistro o qualche altro ufficiale della Gdf a comunicarmi la data».

volgimento nella vicenda del "depennamento" della posizione di Pacini da parte della Procura di Roma per i fatti della Cooperazione [12].

Anche su questa questione si è scatenata una furiosa campagna di stampa denigratoria nei miei confronti, una ben orchestrata campagna che io ho dovuto subire in silenzio, nonostante il Pm bresciano avesse a disposizione l'autorevole giudizio del Tribunale della Libertà, il quale aveva giudicato le risultanze adombrate dal Gico del tutto cervellotiche [13].

---

[12] Si legge in tale ricorso: «Il 4-6-93 Pacini, chiamato in causa dal coimputato Ciaccia Paolo, già più sopra menzionato, veniva iscritto come indagato a Mod. 21 nel procedimento penale n° 3844/93 della Procura della Repubblica presso il Tribunale di Roma, concernente il pagamento di tangenti a politici e pubblici amministratori da parte di imprenditori nazionali favoriti nell'acquisizione di commesse per lavori da eseguirsi in Italia e all'estero in base ai fondi destinati per legge alla Cooperazione e allo sviluppo dei Paesi del Terzo mondo. Il 22-7-93 il Sostituto procuratore delegato alle indagini, Vittorio Paraggio, inviava alla segreteria penale del suo Ufficio una missiva, con la quale chiedeva di "depennare" il nominativo di Pacini, perché "trasmesso alla Procura della Repubblica presso il Tribunale di Milano per competenza", richiesta poi ribadita il 12-10-93 ed eseguita il 14-10-93, tanto che nell'elaboratore elettronico del Registro Generale la posizione del Pacini a quella data risultava "definita". La richiesta di "depennamento" formulata dal dott. Vittorio Paraggio era stata preceduta dalle missive 1 e 4 giugno 1993 del Sostituto procuratore di Milano Antonio Di Pietro, il quale comunicava che il suo Ufficio stava procedendo nei confronti di Pacini che quest'ultimo stava rendendo ampia collaborazione, così da ritenere inopportune sovrapposizioni di indagini riguardanti la persona del medesimo.

«Il fascicolo riguardante la persona del Pacini non risulta mai né partito da Roma né pervenuto a Milano, né a Milano risultano essere state fatte iscrizioni a carico del Pacini per detta materia Il dott. Vittorio Paraggio aveva delegato le indagini relative all'anzidetto procedimento all'allora cap. Francesco D'Agostino, Comandante della IV Sezione del Reparto operativo Carabinieri di Roma, nominativo che compare frequentemente nell'agenda sequestrata a Pacini, anche quale destinatario di una ingente somma di danaro, e che lo stesso giorno 4-6-93, data della missiva di cui sopra indirizzata al dott. Paraggio dal dott. Antonio Di Pietro, risulta avere avuto un colloquio telefonico con quest'ultimo».

[13] «Queste essendo le risultanze di fatto acclarate dai rapportanti, il Tribunale [della Libertà], tralasciando le ulteriori diffuse spiegazioni – con connessa documentazione – oggi fornite con la memoria e verbalmente dal Di Pietro, ritiene che se esse dimostrano che la Procura di Roma ebbe a cancellare il nome di Pacini dal registro degli indagati in ordine alla vicenda "Cooperazione" nella prospettiva che per questa avrebbe proceduto la Procura di Milano, non siano altrettanto in grado di provare che tale ultimo

Nel capo di imputazione finale si fa ancora qualche accenno alle "vicende Cooperazione", ma questa volta non più sotto l'aspetto del "depennamento" del nominativo a Roma né della asserita mancata iscrizione a Milano, bensì per «aver accreditato Pacini quale soggetto pienamente collaborante con l'Ag di Milano con il conseguente controllo e filtro delle iniziative giudiziarie delle altre Ag, come nel caso delle indagini svolte dall'Ag di Roma, nell'ambito della c.d. vicenda Cooperazione».

Sulla questione della effettiva collaborazione di Pacini con la Procura di Milano – e dei suoi limiti – dirò più avanti, come poi contesterò "l'abuso linguistico" (ma non solo) delle parole «controllo e filtro» usate dal Pm bresciano nella sua richiesta di rinvio a giudizio. Rilevo però fin da ora che tutta la costruzione accusatoria ipotizzata dal Pm in sede di richieste di proroga era solo "fumo negli occhi".

L'"Eni buono" e l'"Eni cattivo"

Il Pm, nella sua memoria alla prima richiesta di proroga, si avventurava in una vera e propria fantasia giudiziaria, laddove, non sapendo più quale "controprestazione" contestare per tenere in piedi il reato di corruzione addebitatomi, spiegava: «La controprestazione, in un'ottica più ampia, potrebbe dunque essere costituita dalla complessiva posizione, quasi immunitaria, senz'altro singolare e privilegiata, che venne garantita a Pacini nell'ambito della sua vicenda giudiziaria, laddove il Pacini, libero da ogni minima restrizione e potendo continuare a gestire in modo del tutto incontrollato i suoi affari, diventò il vero e proprio "arbitro" delle indagini... La controprestazione potrebbe dunque individuarsi nella complessa, concreta e sostanziale posizione garantita al Pacini, posizione che lo rendeva immune da qualsivoglia misura cautelare, e che consentiva comunque al Pacini, con le

---

Ufficio nella persona del Pm Di Pietro non abbia, indipendentemente dall'omessa correlativa iscrizione proprio per tale fatto del Pacini nel proprio mod. 21 (omissione che, peraltro, non è attestata in alcun modo nella "relazione"), proceduto ovvero abbia definitivamente escluso di procedere nei confronti di quel personaggio e per detta vicenda: ed è evidente che solo in questo, e non certo nel mancato adempimento della registrazione, si potrebbe ravvisare l'eventuale comportamento di rilievo penale».

proprie dichiarazioni e allegazioni documentali, ovvero col proprio significativo silenzio, di "salvare" dall'indagine quelle parti, quei personaggi (in questo senso deve leggersi la vicenda Necci) quell'"Eni buono" con cui successivamente avrebbe continuato a tessere affari anche illeciti, come quelli evidenziati dal Gico di Firenze nella ormai famosa informativa di reato... Questo, in via di ipotesi accusatoria, sarebbe stato garantito e consentito a Pacini, che con le sue memorie e le sue produzioni documentali consentiva gli sviluppi dell'inchiesta, ma consentiva anche che l'inchiesta prendesse certi indirizzi piuttosto che altri, sgraditi al Pacini o a coloro coi quali costui era in accordo».

Vuole spiegare il Pm bresciano perché parlava di «posizione immunitaria, senz'altro singolare e privilegiata» di Pacini? Costui era stato arrestato, interrogato decine di volte, intercettato, perquisito, pedinato, nei suoi confronti erano state effettuate un centinaio di rogatorie estere, era stata incaricata la Guardia di finanza di scandagliare tutte le sue attività, era stato sempre e solo rinviato a giudizio, non era mai stata proposta nei suoi confronti alcuna archiviazione, quando ho lasciato la magistratura le indagini a suo carico erano ancora in corso e lo sono ancora oggi, ecc. ecc...

Vuole indicare il Pm cos'altro bisognava fare per impedire a Pacini di «continuare a gestire in modo del tutto incontrollato i suoi affari»? Riarrestarlo per lo stesso fatto? E il Pm di Brescia cosa ha fatto di più e di diverso da Di Pietro per "controllare" gli affari di Pacini? Lo ha arrestato? Gli ha prescritto qualche obbligo o qualche divieto? Davvero pensa di aver scoperto tutto? Vuole il Pm indicare perché Pacini sarebbe diventato «vero e proprio arbitro delle indagini»? In che modo? Quale indagine è stata delegata a lui? E gli altri colleghi del pool che ci stavano a fare?, erano marionette anche loro o spettatori inerti?

Vuole spiegare il Pm la contraddizione in termini nella quale incorre, laddove parla di «colui che era in grado di orientare le incalzanti indagini»? Se le indagini erano "incalzanti", come potevano essere orientate e dirette da Pacini? Soprattutto se io stavo procedendo a "incalzanti indagini" come potevo essere complice di Pacini?

Vuole spiegare il Pm a quale "Eni buono" e "Eni cattivo" si riferisce? Pacini si lamenta perché si considera ed è stato considerato appartenente "all'Eni cattivo", cioè proprio a quella parte della struttura che è stata "attaccata" dall'inchiesta "Mani pulite". Pacini parla di "Eni buona" per indicare quelli che, a differenza di lui e dei suoi amici, non sono finiti sotto inchiesta. Cosa vuol dire dunque che Pacini avrebbe «consentito agli inquirenti di distinguere tra Eni buono e Eni cattivo»? Semmai Pacini avrebbe sperato che gli inquirenti indagassero nella direzione opposta rispetto a quella avvenuta! Si rileggano gli inquirenti cosa ha detto loro Cesare Previti al riguardo [14], e cosa risulta dalle intercettazioni telefoniche di Pacini in cui cerca appoggi politici per distruggere "l'Eni buono"!

Vuole spiegare il Pm bresciano come e in che modo avrei garantito al Pacini una posizione «che lo rendeva immune da qualsivoglia misura cautelare»? Qual è la funzione della misura cautelare secondo i Pm di Brescia? È una pena anticipata? Chi sono le persone "non immuni" da misure cautelari? Quali sono i fatti nuovi emersi durante l'inchiesta "Mani pulite" per le quali Pacini non ha collaborato, allorché sono emersi dalle indagini? Davvero si può arrestare una persona perché essa, nell'esercizio dei suoi diritti di indagato, provvede a "dichiarazioni e allegazioni documentali"? Insomma, cosa dovevo fare: far riarrestare Pacini per lo stesso fatto dopo che era stato scarcerato? Si può?

Vuole spiegare il Pm bresciano perché considera una anomalia processuale da sanzionare con la misura cautelare il "significativo silenzio" utilizzato in taluni casi da Pacini? Anzi, perché considera che debba essere incriminato quel Pm che non ha richiesto tale misura? L'imputato non ha diritto di tacere? Davvero i Pm di Brescia pensano che Pacini abbia detto tutto a loro?

Si dirà: ma alla fine di questa storia di "Eni buono" e "Eni cattivo" non se ne parla più nella richiesta di rinvio a giudizio. Appunto: allo-

---

[14] Cfr. sit. Cesare Previti del 2-3-98: «Con riguardo agli eventuali favori processuali che [Pacini] avrebbe ricevuto da Di Pietro, ho cercato di provocare qualche sua [di Pacini, ndr] risposta ma lui ha sempre negato di avere ricevuto favori [da Di Pietro, ndr], affermando che in realtà l'unico favorito nell'indagine sull'Eni era stato Bernabè e la sua cordata».

ra perché questa ipotesi di reato è stata adombrata? A scuola non ci hanno insegnato che per aversi ipotesi di reato vi devono essere prima degli indizi? Non ci hanno insegnato che non si possono fare le "indagini esplorative"? Che non si può prima ipotizzare un teorema e poi tentare di costruirci l'abito sopra? Sa la Procura di Brescia quante diffamatorie pagine di giornale sono state riempite con questa loro falsa prospettazione?

Necci e il cracker di Brindisi

Anche questa è un'altra ipotesi portata avanti durante l'inchiesta dei Pm bresciani e poi abbandonata in sede di richiesta di rinvio a giudizio. I Pm formularono la contestazione in sede di memoria alla prima richiesta di proroga [15]. Che fine ha fatto l'accusa di omissione di iscrizione del nominativo di Necci? Anch'essa si è persa nel porto delle nebbie delle migliaia di carte inutili inserite nel fascicolo processuale? Devo difendermi ancora, o vi è stata anche qui una specie di archiviazione tacita? A ogni buon conto riepilogo di nuovo qui di seguito la vicenda, sulla quale ho riferito in sede di interrogatorio del 3-4-98.

A seguito delle dichiarazioni rese da Cragnotti, Lorenzo Necci non venne iscritto a mod. 21 né per dimenticanza né per omissione, ma per serietà professionale e per una precisa impostazione metodologica all'epoca praticata da tutto il pool "Mani pulite". A quel tempo una cosa era certa: non potevamo permetterci di sbagliare. Bisognava andare a colpo sicuro altrimenti rischiavamo di non rendere credibile ciò che stavamo facendo. Decidemmo, allora, di comune accordo (tutto il pool e la dirigenza) di procedere alle iscrizioni a mod. 21 solo quando gli indizi fossero diventati intrinsecamente credibili: allorché,

cioè, vi fossero riscontri alle generiche chiamate in correità, specie quelle *de relato* o comunque suscettibili di una equivoca interpretazione.

Successe che, dopo le dichiarazioni di Cragnotti, intervennero quelle di Pacini che lo smentivano, e il memoriale di Necci che si dichiarava estraneo ai fatti. Decidemmo, allora, di attendere l'esito delle rogatorie che nel frattempo furono subito avviate [16]: in esito a esse, se le affermazioni di Cragnotti fossero risultate confermate, avremmo proceduto contro Necci con il consueto rigore e con la solita determinazione. Allorché lasciai la Procura di Milano, le rogatorie non avevano ancora ricevuto esecuzione dalla Svizzera e dal Lussemburgo. Certamente, anche dopo le mie dimissioni, nessun altro collega coassegnatario ritenne necessario iscrivere Necci sulla base degli elementi allora acquisiti.

Faccio rilevare che la metodologia utilizzata per Necci non fu isolata, ma era la regola. Cito ad esempio – ma solo a titolo meramente *esemplificativo*, perché di casi simili ve ne sono a centinaia: 1) posizione processuale Billia; 2) posizione processuale Gamberale; 3) posizione processuale Bobo Craxi; 4) posizione processuale Del Turco; 5) posizione processuale Occhetto; 6) posizione processuale D'Antoni; 7) posizione processuale Bettino Craxi; 8) posizione processuale De Mita; 9) posizione processuale Romiti; 10) posizione processuale Silvio Berlusconi; 11) posizione processuale Bernabè. Per alcune di queste posizioni, allorché intervennero ulteriori riscontri, procedemmo senza indugio: è il caso ad esempio di Bettino Craxi, Berlusconi, Romiti. Negli altri casi, invece, la loro posizione rimase congelata in attesa di acquisire ulteriori chiarimenti (come nel caso di Necci, Billia, Gamberale) che confermassero o smentissero l'iniziale sospetto. Tutto ciò è stato fatto non per favorire illecitamente taluno di essi, ma solo per garanzia e rispetto della persona umana. Come può rilevarsi dai casi Billia e Gamberale, i miei colleghi venivano sempre infor-

---

[15] Cfr. memoria del maggio 1997, pagg. 5-6: «A carico di Necci Lorenzo non fu operata alcuna iscrizione a Registro generale penale dalla Procura della Repubblica presso il Tribunale di Milano... Basta, invero, considerare che le dichiarazioni rese da Cragnotti Sergio il 29-11-93 al Pm Antonio Di Pietro evidenziano uno spaccato spaventoso di logiche tangentizie nonché in particolare la ripartizione di fondi neri per ben 5 miliardi di lire tra lo stesso Cragnotti, Necci Lorenzo e Gardini Raul, tramite l'opera – instancabile e sempre centrale – di Pacini Battaglia Pierfrancesco, senza che da ciò sia derivata ogni e qualsiasi effetto in termini di iscrizione di addebiti a Mod. 21».

[16] Come si può rilevare dal Fald. 267 del proc. Eni presso il Gip Grigo, dove si potrà prendere atto che furono inoltrate due rogatorie, una all'Ag del Lussemburgo, conto "Abberley", e una all'Ag di Losanna, conto "Swinside Holding".

mati! È una metodologia, questa, che mi pare sia stata attuata e rivendicata anche dalla Procura di Brescia: si vedano ad esempio i casi dell'iscrizione a mod. 21 dell'avv. Taormina, o dell'on. Craxi, oppure degli avv. Mucci e Arata – casi per i quali è dovuta intervenire la Procura generale di Brescia per segnalare l'opportunità della loro iscrizione nel registro indagati.

Nel capo di imputazione finale a mio carico, peraltro, pur non facendosi più riferimento alla mancata iscrizione di Lorenzo Necci nel registro mod. 21, si utilizza la vicenda sotto un altro aspetto: omissione o meglio revoca della rogatoria internazionale n° 37/94, ma di essa dirò più avanti.

5. Presunta corruzione

Partendo dal presupposto che la corruzione è un reato a sinallagma necessario (prestazione del corruttore + controprestazione del Pubblico ufficiale) anche quando essa viene realizzata attraverso terzi intermediari, il Pm bresciano ha individuato il corruttore in Pacini, il corrotto nella mia persona, e gli intermediari negli stessi beneficiari D'Adamo e Lucibello.

Vediamo, allora, quale sarebbe l'esatto contenuto della prestazione e della controprestazione contestate nel capo di imputazione.

La prestazione

I beneficiari della supposta corruzione sarebbero, da una parte Pacini (che sarebbe stato trattato da me con "doloso riguardo" durante l'inchiesta preliminare), e dall'altra gli stessi D'Adamo e Lucibello che sarebbero stati ricompensati da Pacini per questo loro supposto intervento presso di me.

In particolare, secondo l'odierno capo d'accusa, io – all'epoca in cui ero Pubblico ministero a Milano, e quindi fino al 7-12-94 – in cambio di un trattamento di favore da riservare (e quindi riservato) a Pacini, avrei «concordato» (con lo stesso Pacini, con il suo difensore di allora avv. Lucibello e con l'ing. D'Adamo) «una serie di interventi economici e finanziari di Pacini a sostegno delle società facenti capo a D'Adamo», e inoltre Lucibello e D'Adamo «ricevevano dal Pacini, anche tramite società a quest'ultimo riferibili, le somme di denaro e le altre utilità» (e qui l'Accusa elenca

tutta una serie di operazioni finanziarie per circa 12 miliardi, intervenute nel tempo – a partire dal 6-5-93 e, par di capire, fino all'aprile 94 – tra società del gruppo Pacini e società del gruppo D'Adamo), nonché «l'acquisto da parte della Onder (di Pacini) e in favore di Lucibello, in data 8-2-95, di un immobile sito in Milano del valore di 735 milioni».

In altri termini, secondo l'impostazione accusatoria, a fronte della medesima controprestazione assicurata a Pacini (benefici e riguardi processuali), lo stesso Pacini avrebbe offerto due distinte prestazioni: finanziare le aziende del D'Adamo, e acquistare un appartamento a Milano da mettere a disposizione dell'avv. Lucibello (non si capisce bene a quale titolo). Si tratta quindi di due distinte ipotesi di reato (seppure unite dal vincolo della continuazione), diversa essendo la prestazione suppostamente ottenuta e diversi essendo i beneficiari della stessa.

La controprestazione

Secondo l'Accusa bresciana, io, in cambio della sopraindicata prestazione di Pacini, avrei assicurato a costui il seguente "trattamento di favore":

a) avrei omesso di investigare sui conti accesi presso la banca Karfinco di Ginevra direttamente e indirettamente riconducibili alla persona di Pacini. Omissione che si sarebbe concretizzata sia nel non essermi fatto consegnare direttamente da Pacini la documentazione bancaria in questione, sia nel non aver effettuato tutte le dovute rogatorie internazionali relative ai suddetti conti;

b) avrei revocato informalmente, dopo averla ufficialmente sollecitata, la rogatoria n° 37/94 a carico di Mario Maddaloni riguardante la vicenda del *cracker* di Brindisi e il bonifico di denaro sul conto di "un cliente-riferimento 8000";

c) avrei omesso di contestare a Pacini le incongruenze, le contraddizioni e le falsità emerse nei tanti interrogatori da costui resi nel periodo in cui venne da me sottoposto a indagini;

d) avrei omesso di contestare a Pacini il contenuto della documentazione sequestrata a Lodigiani, e non avrei effettuato la rogatoria in Svizzera per accertare i rapporti fra Lodigiani e la Karfinco;

e) avrei omesso di approfondire le movimentazioni bancarie relative al pagamento e alla ridistribuzione della somma di 10,5 milioni di dollari per la vicenda *closing*, da cui si sarebbero potute evidenziare contraddizioni rispetto alla versione fornita da Pacini;

f) avrei consentito a Pacini libertà di movimento in Italia e all'estero nonostante che le contraddizioni, le incongruenze e le falsità da lui riferite negli interrogatori evidenziassero una sua attività di inquinamento probatorio;

g) avrei accreditato, presso altre Ag, Pacini come soggetto pienamente collaborante con la Procura di Milano, come nel caso della vicenda Cooperazione.

Presunto corruttore e presunti corrotti

Sempre stando al capo di imputazione, l'ing. D'Adamo e l'avv. Lucibello sarebbero stati miei "emissari", giacché la loro posizione viene accomunata alla mia; mentre a Pacini viene contestato il reato sotto l'angolo visuale dell'art. 321 Cp. Insomma, secondo l'Accusa, a Pacini farebbe capo la figura giuridica del "corruttore", mentre a D'Adamo e Lucibello toccherebbe il ruolo dei "corrotti", in concorso con la mia persona quale pubblico ufficiale.

Già ho contestato l'assurdità di poter considerare "omissivo" il comportamento di un Pm nel corso di indagini preliminari. Peraltro, l'ufficio del Pm ha contestato quelle supposte omissioni sulla base di elementi di fatto parziali e inconferenti, per cui ha ipotizzato una serie di presunti miei abusi nella gestione dell'inchiesta "Mani pulite" in realtà del tutto insussistenti. D'altronde – me lo si lasci dire – per poter giudicare la bontà della metodologia di indagine dell'inchiesta "Mani pulite" bisogna conoscerne tutti gli atti, e soprattutto bisognava aver vissuto quel "contesto", invece di affidarsi – a posteriori – a parziali, limitate, omissive e fantasiose ricostruzioni proposte dagli organi investigativi.

Infatti solo la conoscenza complessiva, totale e coordinata, di tutte le inchieste, di tutte le attività di indagine, di tutte le rogatorie riguardanti Eni e Pacini, può far comprendere la "strategia di indagine" a suo tempo messa in atto da "Mani pulite"; è del tutto fuorviante valutare singolarmente questa o quella rogatoria, questo o quell'atto isolatamente presi. A titolo di esempio: rispetto a un bonifico bancario estero, le rogatorie acquisivano priorità verso il luogo di destinazione del denaro nel caso il fatto fosse stato accertato sulla base di indicazioni provenienti dal beneficiante, e viceversa verso il luogo di provenienza del denaro nel caso le indicazioni provenissero dal beneficiario; altre volte capitava che per lo stesso fatto venissero investite diverse Ag straniere, e capitava a volte che alcune rogatorie diventassero non più "prioritarie" in quanto nel frattempo le informazioni erano state acquisite in altro modo (confessioni, testimonianze, autonome produzioni documentali degli interessati, ecc.). Altro esempio: gli elementi di prova rispetto ai fatti penalmente rilevanti che man mano emergevano durante l'inchiesta potevano venir distribuiti in diverse cartelle, in faldoni diversi e anche in fascicoli diversi.

Purtroppo, i signori Pm bresciani e il Gico di Firenze hanno trasformato completamente l'oggetto delle loro indagini: non hanno più fatto un processo al Pm Di Pietro, ma a Pacini, per poi addebitare a me le eventuali reticenze, falsità, silenzi e contraddizioni dello stesso. Basta leggere la contestazione analitica formulata nella richiesta di rinvio a giudizio a mio carico e riflettere su come possa fare un ex Pm per difendersi al riguardo: che c'entro io con la posizione processuale di Pacini? Quelle contestazioni non devono essere rivolte a me, ma a Pacini, e – soprattutto – non dalla Procura di Brescia ma da quella di Milano nell'ambito del procedimento che si sta svolgendo a carico di Pacini medesimo.

E poi: perché quelle contestazioni vengono rivolte solo a me e non anche ai colleghi del pool? Sia chiaro: non sto accusando gli ex colleghi di Milano, giacché sono certo che né loro né io abbiamo volutamente omesso di esplorare alcunché con riguardo alla posizione di Pacini Battaglia (o di chiunque altro), tanto è vero che nei suoi confronti l'indagine non è mai terminata e prosegue ancora!

Il punto è proprio questo: come può la Procura di Brescia inserirsi nell'inchiesta milanese e sindacarne la strategia investigativa (di allora e di ora) prima che essa sia conclusa? Non è questa una inammissibile invasione di campo? Come può la Procura di Brescia sindacare ciò che andava fatto o meno in quel preciso momento investigativo? Le indagini hanno dei tempi, dei ritmi e dei modi di proposizione che sono di esclusivo dominio dell'inquirente, e solo alla fine si potrà vedere se ci sono state delle omissioni volute. Come può la Procura di Brescia parlare di omissioni soltanto analizzando qualche episodio e frangente senza contestualizzarli? Così, ad esempio, se su Pacini sono state fatte un centinaio di rogatorie, può bastare qualche pretesa irregolarità su una di esse per far sì che qualcuno si arroghi il diritto di parlare di omissioni di rogatorie? Se sono stati fatti numerosi interrogatori, può parlarsi di omissioni di controesami?

Per quanto mi riguarda, ho già compilato oltre 150 pagine di verbali e prodotto una mole enorme di memorie e documenti. Ora, per rispondere ulteriormente alle osservazioni formulate dal Pm bresciano, dovrei predisporre una "bozza di requisitoria scritta" riferita al processo Pacini (che si deve ancora celebrare). Cercherò di farlo (con i limiti dei ricordi di allora e della poca documentazione agli atti di oggi), ma – ripeto – la sede dovrebbe essere un'altra (Milano!), e soprattutto l'incombenza dovrebbe essere svolta da un Pm e non da un ex Pm.

II.

ASSURDE EQUAZIONI

1. La posizione dell'avv. Lucibello

Abbiamo già chiarito come – secondo l'impostazione accusatoria – Pacini avesse effettuato due distinte prestazioni corruttive: finanziare le aziende del D'Adamo, e acquistare un appartamento a Milano da mettere a disposizione dell'avvocato Lucibello. È chiaro, cioè, che ci troviamo di fronte a una duplice accusa, diversa essendo la prestazione suppostamente ottenuta e diversi essendo i beneficiari della stessa.

Il capo di imputazione, però, non distingue le due ipotesi di reato dal punto di vista soggettivo. Non spiega, cioè, *chi* ha concorso a *che cosa*. Anzi, a ben vedere, afferma un altro teorema che non risulta da alcuna carta processuale: il concorso di D'Adamo nel reato di corruzione finalizzato a beneficiare Lucibello. Nessuno ha mai sostenuto che l'intervento di D'Adamo dovesse servire a far ottenere dei benefici anche a Lucibello, oltre che a sé. Per la vicenda D'Adamo-Pacini, vi sono agli atti le false e generiche dichiarazioni di D'Adamo, per cui si può comprendere – ma non accettare – il tentativo di imbastire un astratto sinallagma fra prestazione e controprestazione; ma per la vicenda dell'appartamento in uso a Lucibello, in base a quale sinallagma viene stabilito questo rapporto? In base a quale proprietà transitiva, cioè, le (inesistenti) omissioni che avrei attuato per favorire il finanziamento a D'Adamo da parte di Pacini, si dovrebbero riverberare anche sulle ragioni per le quali Pacini ha acquistato l'appartamento di Milano?

In pratica, la Procura di Brescia propone la seguente assurda equazione: poiché Pacini è assistito dall'avv. Lucibello che è amico del Pm Di Pietro, qualsiasi rapporto economico intervenuto fra Pacini e Lucibello non può che dipendere dall'amicizia di quest'ultimo con Di Pietro, per cui eventuali incompletezze nelle indagini a carico di Pacini devono per forza essere avvenute per un accordo fra loro! Ma dov'è la prova dell'accordo? L'elemento soggettivo? La volontà e la volontarietà? Il dolo specifico? Non importa, perché questo è un teorema.

Siccome una tale proposizione è inaccettabile, già queste semplici (oserei dire banali) osservazioni dovrebbero bastare per spazzare via l'accusa di corruzione in favore dell'avv. Lucibello. Ma accetto la sfida e mi faccio carico di fornire sia la "prova negativa" di qualsiasi mia responsabilità (non c'è alcun rapporto fra l'indagine giudiziaria di "Mani pulite" su Pacini e l'appartamento da lui acquistato e affittato a Lucibello) sia la "prova positiva" dell'innocenza del Pm Di Pietro (non c'è stata alcuna anomalia investigativa nella conduzione delle indagini su Pacini).

Devo, al riguardo, far subito rilevare una "perla di superficialità" del teorema accusatorio: si dice nel capo di imputazione che, se avessi portato a termine la rogatoria n° 37/94, ciò avrebbe consentito «di individuare il conto 73200 (denominato 8000) intestato alla società Timor Overseas... società intestataria di altro conto (n° 101338) tramite il quale Pacini... aveva effettuato il pagamento dell'appartamento... intestato alla Onder in uso a Lucibello». Orbene – a parte il fatto che la rogatoria 37/94 è stata da me attivata e reiterata – è pacifico agli atti (anzi, nello stesso capo di imputazione, al punto 1.6) che quest'ultima operazione finanziaria Onder è avvenuta nel febbraio 95; è anche pacifico che io mi sono dimesso da Pm il 7-12-94; per cui – secondo il Pm – se avessi concluso nei termini la rogatoria, l'Ag elvetica avrebbe dovuto così rispondere: «Comunichiamo all'Ag italiana che l'anno prossimo su un conto che aprirà una società, che presso di noi avrà anche un altro conto, ci sarà un versamento a un'altra società (la Onder) che nel frattempo si costituirà». Insomma, vengo accusato anche di non aver

scoperto fatti che dovevano ancora accadere. Complimenti all'Accusa!

Che reato è un appartamento in affitto?

Tanto per cominciare, e stando alla stessa impostazione accusatoria, non può esservi alcun rapporto fra la mia persona e l'operazione di compravendita immobiliare suppostamente «in favore di Lucibello». Ne mancano i presupposti oggettivi e soggettivi.

Anzitutto rilevo dagli atti (ma perché devo farlo io, e non l'ha fatto l'Accusa?) che tale compravendita, perfezionatasi in data 8-2-95, è intervenuta in data successiva alle mie dimissioni (7-12-94). Né si può sostenere che le trattative sarebbero avvenute in data precedente. Le vicissitudini di quella operazione immobiliare sono riepilogate nella nota del Gico n° 1016 del 18-7-97, da cui risulta che:

• la Onder è stata costituita il 29-11-94;
• i primi contatti tra l'avv. Lucibello e la società incaricata della vendita (Domino Immobiliare) sono avvenuti in data 14-12-94;
• il consiglio di amministrazione della Onder ha deliberato di acquistare immobili in Milano il 15-12-94;
• il contratto preliminare di compravendita è avvenuto il 23-12-94;
• il rogito notarile è stato stipulato l'8-2-95;
• la Onder ha proposto l'appartamento in affitto con inserzioni pubblicitarie del 13, 15, 19 febbraio 95;
• il contratto d'affitto tra l'avv. Lucibello e la Onder è del 20-2-95.

Come risulta dagli atti, quindi, tutta questa storia riguarda rapporti privati intervenuti fra Lucibello e Pacini, senza alcun mio intervento, peraltro *in epoca successiva* alle mie dimissioni da "Mani pulite". Nessuna persona informata sui fatti o persona sottoposta alle indagini ha mai associato questa operazione immobiliare alla mia persona (né Lucibello, né Pacini, né Manfredini, né Van der Poel, né il notaio, né la parte venditrice, né l'agenzia immobiliare che ha gestito l'operazione di compravendita, né gli impiegati addetti, né... ecc. ecc.) [1, 2, 3]. E allora, in base a quali prove o a

---

[1] Cfr. interrogatorio Pacini del 27-10-97: «Quanto alla Onder posso solo dire che fui io a costituirla, allo scopo di acquistare un appartamento o più appartamenti a Milano

quale straccio di indizio la Procura bresciana (e prima e insieme a essa, il Gico) può sostenere che «Pacini, Lucibello, D'Adamo e Di Pietro... concordavano... l'acquisto... di un immobile... a favore di Lucibello»? Chi "concordava" cosa? Con chi? Alla stessa stregua mi poteva essere contestato di aver concordato la rapina al treno Glasgow-Londra!

Non basta: cosa vuol dire «concordavano... l'acquisto, da parte della Onder Sa di Pacini e in favore di Lucibello... di un immobile»? L'acquisto è stato fatto – con atto pubblico – a nome della Onder, e nella proprietà della Onder è sempre rimasto, e là è ancora oggi. La Onder era ed è di Pacini. Quindi – dal punto di vista giuridico – la proprietà dell'appartamento è sempre stata ed è sempre rimasta a Pacini. Né mai le azioni Onder hanno cambiato di proprietà, men che meno a favore di Lucibello (né direttamente, né indirettamente). Che "favore" avrebbe, allora, ricevuto il Lucibello? Egli risulta aver preso i locali in affitto, in base a un regolare contratto di locazione, regolarmente registrato, con la previsione di un canone annuo di circa 52 milioni (affitto più che conforme ai prezzi di mercato). Canone che, come si usa normalmente in questi casi, per

intanto è stato posto in compensazione delle spese per ristrutturare i locali (che per legge competono al proprietario ma che si è sobbarcato l'inquilino, come pure risulta documentalmente provato).

Si dirà: ma essi – utilizzando lo schermo di una società off-shore e la simulazione della ricerca di mercato – hanno voluto rendere inconoscibile ai terzi l'esistenza di un appartamento di proprietà di Pacini in Milano e di un contratto di locazione fra i due. Sarà, ma io cosa centro? E poi che reato è? La riservatezza con cui hanno voluto agire perché deve essere vista come un indizio di reato? E perché tale ipotetico indizio deve riverberarsi su di me? È possibile operare una simile "proprietà transitiva" senza che da alcuna parte risulti un mio consenso? Mille possono essere le ragioni per cui Pacini ha preferito intestare la proprietà dell'immobile a una società piuttosto che alla sua persona. Se dovessimo immaginare l'esistenza di indizi di reato ogni volta che un soggetto compie operazioni finanziarie ricorrendo allo schermo societario, dovremmo circondare di filo spinato l'intera superficie terrestre e dovremmo promuovere un giudizio planetario nei confronti degli abitanti di tutti i Paesi a legislazione off-shore. Ugualmente comprensibili ragioni di riservatezza possono aver indotto l'avv. Lucibello a non voler far risultare pubblicamente che egli aveva preso in affitto un appartamento da un suo assistito. Perché anche questi loro affari personali – che certamente non avevano bisogno di essere mediati da me, visti i loro rapporti – devono essere addebitati a me? E quale crimine configura il prendere in affitto dal proprio cliente un appartamento?

Insomma: non so niente della faccenda dell'acquisto dell'appartamento, né sapevo niente nemmeno dell'esistenza di una società di nome Onder. Peraltro, da quel poco che ho potuto leggere nelle carte processuali (mi riferisco soprattutto alle rogatorie, ai documenti societari, alle dichiarazioni rese e alle trascrizioni delle intercettazioni telefoniche), rilevo che agli atti c'è la prova contraria di quanto l'accusa vuole dimostrare. Infatti, nelle intercettazioni telefoniche e ambientali c'è la prova che Pacini era ed è rimasto sempre proprietario dell'appartamento affittato a Lucibello, e che quindi anche l'allusione contenuta nel capo di imputazione (Pacini "figura" proprietario, ma

---

da rivendere per fare una speculazione... Fu Lucibello a indicarmi l'appartamento di via San Barnaba 39, appartamento che successivamente è stato dato in locazione proprio a lui».

[2] Cfr. interrogatorio Lucibello del 21-4-98: «Ribadisco che la proprietà dell'immobile di via San Barnaba 39 non è mia. Io sono soltanto il conduttore, così come risulta, d'altro canto, dall'intercettazione ambientale del 2-2-96 [*conversazione tra Pacini e Greppi, ndr*] di cui mi preme riportare il relativo contenuto: "C'è un appartamento che avevo comprato io per affittarlo a Lucibello", nonché dalla intercettazione ambientale captata tra il 31-1-96 e il 2-2-96 [*conversazione tra Pacini, Rocco Trane e Petrelli, ndr*] il cui contenuto risulta essere il seguente: "L'ultima cosa, io ho un appartamento a Milano pagato 820 milioni che ho affittato a Lucibello", e inoltre "... No, no, fermati, conviene per ragioni giornalistiche che io dica che quella società è mia o la lascio cercare a loro..."».

[3] Cfr. interrogatorio Lucibello del 25-3-98: «Verso il mese di novembre-dicembre 94 venni a sapere che un appartamento sito in via San Barnaba n° 39 era stato messo in vendita. Abitando in quello stesso stabile decisi di interessarmi all'affare... mi diedi da fare cercando qualche amico che fosse disposto ad acquistare l'appartamento e a concedermelo in locazione. Mi rivolsi quindi ai miei amici Renato della Valle... e successivamente allo stesso Pacini».

in realtà l'avrebbe "regalato" a Lucibello) viene sconfessata. Non altrimenti potrebbero leggersi le "rivendicazioni" di proprietà che Pacini fa con i suoi interlocutori. Eccone un esempio, che si può leggere nella intercettazione ambientale Pacini-Petrelli-Trane del 2-2-96 (ore 12.23-13.07):

Pacini: «Un'ultima cosa. Io c'ho un appartamento a Milano, un buco, pagato 820 milioni, che ho affittato a Lucibello per metterci... doveva... delle carte e quegl'altri, insomma. È una... è un reato che Salamone mi può andare a prendermi...».
Petrelli: «Reato...».
Pacini: «In quanto era il mio avvocato, o no?».
Petrelli: «Che reato è?».
Pacini: «No, perché indubbiamente... oggi Lucibello è sotto inchi... sotto controllo generale...».
Trane: «Tu c'hai un contratto firmato o no? È registrato».
Pacini: «No, no, non figuro io, è una società lussemburghese...».
Trane: «Ma è registrato il contratto?».
Pacini: «Con la... con la...».
Petrelli: «E che c'entra? Non puoi affittare un appartamento al tuo avvocato?».
Pacini: «No, no... e conviene? No, no fermati. Conviene per ragioni giornalistiche, che... che io dica che quella società è mia o la lascio... lascio cercare a loro chi è il proprietario di quella società?».
Petrelli: «Ma lasciagliela cercare».
Pacini: «Te mi dici di lasciare...».
Petrelli: «E che senso ha... che tu dici "Guardate che io..."!?».
Pacini: «Me ne sbatto i coglioni».
Petrelli: «Mi sembra che è una... una cosa talmente normale che tu non gliene devi parlare proprio».
Trane: «Poi se è un rapporto tra società e privato, non devono manco veder se ti paga o non ti paga... la compensazione di prestazioni...».
Pacini: «Era una mia domanda...».

In una altra intercettazione ambientale – quella del 31-1-96, ore 9.58-10.08 – Pacini chiarisce il suo pensiero non solo in merito alla proprietà dell'appartamento ma anche della soddisfazione che provava per le vicende giudiziarie che stavo subendo, del fatto che comunque lui da eventuali miei coinvolgimenti non aveva proprio nulla da temere. In particolare Pacini così si esprime parlando con la sua segretaria: «Lucibello era disperato... gli hanno arrestato... poi stamane Lucibello è rientrato al Tribunale e a casa... insomma è un po'... ti dirò che fondamentalmente sono estremamente contento... non è che mi dispiaceva, me

ne sbatto proprio i coglioni... che provino... che provino anche loro... anche... certe cose... quando ci facevano... soprattutto Di Pietro perché è lui... perché è lui che ne ha fatte provare agli altri».

Il commercialista Manfredini e la Onder

Nella memoria del Pm bresciano alla prima richiesta di proroga delle indagini, si ipotizza che io possa aver avuto qualche ruolo in relazione ai rapporti esistenti fra il commercialista Pierluigi Manfredini e l'avvocato Lucibello in merito alle vicende dell'acquisto da parte della società Onder di un immobile situato in Milano «da destinare a studio professionale di Lucibello» [4].

La vicenda trae spunto dal procedimento n° 1585/96-Mod. 44 contro Ignoti nel quale io vengo considerato formalmente vittima di calunnia (ah, benedetto vezzo di iscrivere un fatto a mod. 44 con l'ipotesi formale di cercare l'autore dello scritto calunnioso, ma con le indagini volte ad accertare la veridicità del con-

---

[4] Cfr. memoria Pm del 14-5-97: «La società lussemburghese Onder... risulta proprietaria dell'appartamento nel quale il Lucibello ha lo studio legale. Sul punto si precisa che la Onder è una società di Pacini, che ha lo stesso amministratore della Morave Holding, società lussemburghese che, come vedremo, ha giocato un ruolo rilevante nella dazione a fondo perduto di 12 miliardi al coindagato D'Adamo. Rappresentante per l'Italia risulta essere il commercialista Pierluigi Manfredini, peraltro sindaco di alcune società di D'Adamo e presso il cui studio non solo era tenuta la documentazione fiscale del dott. Di Pietro, ma altresì risulta redatto il piano di risanamento delle società di D'Adamo, risanamento che sarebbe dovuto avvenire proprio tramite l'intervento di Pacini (vds. rogatoria svizzera). Risulta altresì, sempre per ritornare all'appartamento della Onder, che Lucibello ha firmato il contratto preliminare di acquisto, poi sottoscritto da Manfredini per conto della Onder... è superfluo ricordare la necessità di ulteriori accertamenti per chiarire... i sottostanti e intrecciati rapporti e ruoli dei protagonisti, ovviamente sempre al fine di capire se vi sia una relazione con lo "sbancato" di cui alla *notitia criminis*... Ulteriore spunto investigativo da approfondire, con riferimento ai rapporti tra Lucibello e Manfredini, che potrebbero però coinvolgere terzi soggetti, è rappresentato dalle dichiarazioni rese dallo stesso Manfredini al Pm di Brescia, laddove riferisce di una valigetta, contenente documentazione e denaro per un notevole importo, consegnatagli dal Lucibello nella primavera del 1995, episodio che potrebbe direttamente collegarsi ai fatti oggetto delle presenti indagini, nonché, più in generale, al finanziamento per circa 7 miliardi effettuato dal Pacini a favore del D'Adamo nel 1994».

tenuto dello scritto anonimo!) [5]. Tale fascicolo veniva riunito al p.p. n° 3940/96 il 17-1-97 a seguito della relazione Gico 30-10-96. In quest'ultima veniva ipotizzato un oscuro collega-

mento fra Di Pietro e Manfredini tendente a insinuare (senza ovviamente poterlo provare in alcun modo) un mio coinvolgimento nelle vicende che legano il commercialista a Lucibello e a Pacini.

Nulla so dei rapporti fra Manfredini-Lucibello ed eventualmente Pacini. È certo però – e documentato agli atti – che per effettuare due dichiarazioni dei redditi, mi sono rivolto a un collaboratore di tale commercialista, il dott. Vincenzo Agresti (che in precedenza era stato segnalato a mio figlio proprio dall'avv. Lucibello, dopo che Agresti andò a lavorare da Manfredini) [6, 7, 8, 9]. Perché mai rivolgersi allo studio di un commercialista per farsi fare una dichiarazione dei redditi diventa un elemento indiziante di reato? A chi dovevo rivolgermi? E quale reato avrei commesso?

Si dirà: la documentazione fiscale in questione è stata fatta sparire subito dopo la perquisizione della polizia negli uffici di Manfredini e poco prima dell'apposizione dei sigilli [10, 11, 12]. Sarà, ma io che c'entro? Non sono mi-

---

[5] Il Gip, nella sua ordinanza n° 2945/Gip/96 del 20-5-97 di rigetto della richiesta di proroga termini nel p.p. 1585/96-Mod. 44, ha rilevato in merito: «Va osservato come la pretesa del Pm non paia meritevole di accoglimento, se appena si considera che nessun piano di investigazioni volto alla identificazione degli autori della supposta calunnia è dato di cogliere negli atti processuali. Invero, il procedimento n° 1585/96 mod. 44 insorge il 24-2-96 per supposto reato ex art. 368 Cp, commesso il 17-2-96 in danno del Di Pietro, rinveniente da un esposto anonimo del febbraio 96, iscritto nel relativo registro mod. 46 col. N° 38/96, nel quale veniva addotto che tale società Onder Sa, con sede in Lussemburgo, sarebbe stata "il paravento di uno dei passaggi di soldi da Pacini a Di Pietro, tramite Lucibello". In ordine alla predetta anonima segnalazione il Pm di Brescia (già incaricato del passato procedimento contro Di Pietro, portante numero 1519/95) disponeva, in data 17-2-96, preliminari investigazioni affidate alla Digos della locale Questura. La Pg delegata alle indagini, con nota del 5-7-96, rapportava talune risultanze al Pm, da cui emergeva che la menzionata Onder Sa, con domicilio fiscale in Milano, era legalmente rappresentata dal commercialista Manfredini Pierluigi; inoltre appariva che l'avv. Lucibello avesse in locazione, per uso professionale, un appartamento (sito in Milano, via S. Barnaba) in proprietà della detta Onder Sa. Pareva emergere che inoltre il Lucibello avesse in uso altri appartamenti nello stesso condominio di via S. Barnaba n° 39. Sulla vicenda segnalata dall'anonimo si compivano ulteriori investigazioni fino a quando, in data 23-10-96, si operava il passaggio dal registro "anonimi" (mod. 46) a quello "ignoti" (mod. 44) da parte di altro sostituto successivamente delegato alla trattazione del caso. In seguito, e sempre nel mese di ottobre 96, si instaurava collegamento di indagini col Pm di La Spezia (che procedeva per la nota vicenda Necci-Pacini Battaglia, nonché quanto ai rapporti tra il banchiere e Di Pietro). Emergendo sempre più un'affinità di materia col procedimento contro il Di Pietro (n° 3940/96 mod. 21) si operava la riunione di cui si è detto il 17-1-97. Poche parole per dire che, oltre alla mancanza di ogni indagine per ricercare gli autori della supposta calunnia in danno del Di Pietro, l'oggetto "reale" dell'investigazione veniente *ab origine* da un anonimo, e poi da un fascicolo contro ignoti, risulti conclamatamente essere lo stesso del procedimento n° 3940/96 mod. 21, come riconosciuto dal Pm nel corso della udienza camerale. Basterà del resto richiamare le rogatorie rivolte alle autorità giudiziarie straniere dal Pm di Brescia, dai cui contenuti si ricava inequivoca conferma al giudizio sopra formulato. In definitiva non pare dubbio che esclusivo oggetto di interesse investigativo da parte del Pm sia stata e sia la verifica del tema afferente le ipotizzate illecite dazioni da parte di Pacini, in favore del Di Pietro e/o delle note persone a lui vicine, apparendo un fuor d'opera la pretesa di un autonomo termine di proroga delle indagini in relazione a una ipotesi di calunnia per la quale non risulta nessuna esplorazione intesa a identificarne gli autori (dunque, a tale stregua, destinati a rimanere ignoti)».

---

[6] Cfr. s.i.t. Pierluigi Manfredini del 29-10-97: «La gestione della posizione del dott. Di Pietro e del figlio Cristiano era seguita da Agresti; io controllavo, verificando la correttezza dei dati inseriti nel modello 740, l'esattezza delle compilazioni delle dichiarazioni».

[7] Cfr. s.i.t. Pm Gemma Gualdi del 18-11-97: «Ricordo che nel corso della perquisizione mi sono capitati per le mani due fascicoletti intestati uno ad Antonio e uno a Cristiano Di Pietro, della consistenza di pochi fogli ciascuno (se non erro relativi a dichiarazioni dei redditi) documenti che non ho fotocopiato né prelevato, essendo estranei all'oggetto delle mie indagini».

[8] Cfr. s.i.t. Vincenzo Agresti del 28-10-97: «Il dott. Di Pietro era mio cliente personale mentre il figlio no. Di quest'ultimo era giacente presso lo studio Manfredini, antecedentemente al mio arrivo, documentazione fiscale. Ritengo che Cristiano Di Pietro fosse stato seguito per qualche pratica dal Manfredini».

[9] Cfr. informazioni ex art. 38 disp. att. del dott. Agresti: «Dalla lettura di tale dichiarazione si può rilevare l'assoluta correttezza e liceità dei pochi rapporti professionali intervenuti tra noi e la mia totale estraneità all'attività del Manfredini e/o dell'Agresti».

[10] Cfr. s.i.t. Pm Gemma Gualdi del 18-11-97: «Verso la fine del 95 mi è stato assegnato un procedimento sorto da una comunicazione di notizia di reato trasmessami dalla 4ª sezione della Squadra mobile della Questura di Milano, in cui mi si riferiva in ordine all'asserita detenzione di timbri falsi, da parte di un ragioniere, tale Pierluigi Man-

ca stato io a prelevarli o a farli prelevare! Gli originali di quei documenti fiscali si trovano al ministero delle Finanze dove sono stati depositati in occasione delle dichiarazioni e dei versamenti annuali delle imposte. D'altronde è comprensibile la spontaneità (e la ingenuità) dell'Agresti nell'avere portato via quelle dichiarazioni dei redditi dall'ufficio: voleva evitare di arrecare un danno di immagine a un cliente che lui riteneva importante e di riguardo [13]. Né si pensi che, insieme alle dichiarazioni dei redditi, potesse esserci chissà quale altro documento: il fascicolo è stato esaminato, prima di essere portato via, e in tempi non sospetti, dal Pm di Milano Gemma Gualdi in sede di perquisizione domiciliare («Ricordo che nel corso della perquisizione mi sono capitati per le mani due fascicoletti intestati uno ad Antonio e uno a Cristiano Di Pietro della consistenza di pochi fogli ciascuno, se non erro relativi a dichiarazioni di redditi»).

A ben vedere, la vicenda Manfredini non è altro che una delle tante "trappole" che si sono preparate ai miei danni. Ha riferito, infatti, il Pm di Milano Gualdi, che il Manfredini all'epoca «era disperato e diceva di sentirsi schiacciato da situazioni più grandi di lui» [14]. È lo stesso Pm di Milano che ha illustrato le ragioni di tali "situazioni" individuate nel solito dannato anonimo (all'epoca, eravamo nel febbraio 96, mi trovavo con plurime inchieste da parte del Pm di Brescia sulle spalle e una feroce campagna di stampa contro) [15]. La stampa riportò con clamore questa vicenda, tanto che io dovetti proporre querela contro un giornalista, querela che venne archiviata non per infondatezza ma per diritto di cronaca; il Pm,

---

fredini, che esercitava la professione di commercialista. Venne da me disposta una perquisizione presso lo studio del Manfredini sito in via Benedetto Marcello n°..., nonché presso l'abitazione dello stesso e della segretaria in Cinisello Balsamo. A seguito della perquisizione vennero rinvenuti circa un centinaio di timbri falsi, quegli stessi che poi hanno comportato le imputazioni in capo al Manfredini di cui alla sentenza del Gip di Milano del 24-9-96... Dopo i primi interventi della Squadra mobile vennero apposti i sigilli allo studio».

[11] Cfr. s.i.t. Vincenzo Agresti del 28-10-97: «Il giorno in cui avvenne la perquisizione presso lo studio del Manfredini fui portato anche io in Questura a Milano dove rimasi, se non ricordo male, dalla tarda mattinata fino alle 17.00 circa del pomeriggio. Mi sembra che il Manfredini fu rilasciato dopo di me in tarda serata... Quando fui rilasciato dalla Questura mi recai presso lo studio del Manfredini dove ritirai copia del modelli 740 miei, del Di Pietro e del figlio Cristiano».

[12] Cfr. s.i.t. Pierluigi Manfredini del 29-10-97: «Agresti, una volta uscito dalla Questura dove era stato sentito, per incarico di Lucibello, si recò presso il mio studio per portar via la documentazione attinente a Di Pietro e al figlio. Ciò venne fatto prima della materiale apposizione dei sigilli, che avvenne alle ore 23.30 circa. Tale circostanza mi venne riferita dall'Agresti il giorno seguente, di fronte al mio studio, prima di recarsi con me presso un bar. Chiesi ad Agresti la ragione di questo ritiro, e questi mi rispose che era motivato da ragioni di riservatezza, vista la notorietà di Di Pietro. Dopo essere rientrato in possesso dello studio, verificai l'assenza del fascicolo relativo a Di Pietro e al figlio. Si trattava di un contenitore, di circa 10 cm di spessore, ove era contenuta la documentazione fiscale. Alcuni giorni dopo lo studio mi fu dissequestrato».

[13] Cfr. s.i.t. Vincenzo Agresti del 28-10-97: «Quando mi recai allo studio i sigilli non erano stati ancora apposti in quanto presumo che ciò avvenne nella tarda serata all'atto del rilascio del Manfredini. Fu una mia decisione spontanea quella di ritirare la documentazione del Di Pietro e del figlio in quanto volevo evitare che fossero coinvolti dalla stampa, anche in considerazione della notorietà di cui godeva in quel momento il dott. Di Pietro. Di questa mia decisione ne ho parlato sicuramente il giorno stesso con il Lucibello anche se non sono stato consigliato in tal senso da lui. Aggiungo che se Lucibello mi avesse detto di non

portare via i documenti io l'avrei fatto comunque in quanto lo ritenevo un comportamento deontologicamente corretto. Voglio altresì precisare che tra i documenti del dott. Di Pietro e del figlio non vi era nulla di compromettente in quanto si trattava unicamente di mod. 740».

[14] Cfr. s.i.t. dott.ssa Gemma Gualdi del 18-11-97: «La ragione del suo stato, come peraltro rappresentato nel verbale, stava nel fatto che, a suo dire, la Polizia che era intervenuta presso il suo studio avrebbe in realtà avuto di mira non lui ma dei personaggi famosi che erano clienti del suo studio. In particolare mi ha riferito che la Polizia che lo aveva prelevato dallo studio e condotto in Questura dopo il primo intervento, nel pomeriggio del 30-1-96, cercava notizie in ordine a personaggi famosi e che, a seguito delle insistenze manifestate da parte del personale che lo aveva sentito, lui aveva fatto i nomi dell'avv. Lucibello e del dott. Di Pietro».

[15] Cfr. s.i.t. dott.ssa Gemma Gualdi del 18-11-97: «A seguito di quanto riferitomi a verbale dal Manfredini, in ordine ai reali scopi della Polizia, ho relazionato al Procuratore dott. Borrelli e insieme a lui abbiamo contattato il dott. Carluccio (che era il Dirigente della Mobile) chiedendogli spiegazioni. Il predetto ha spiegato che in realtà le domande rivolte al Manfredini in ordine ai clienti "famosi" dello studio non erano motivate da intenti illegittimi ma traevano spunto da una lettera anonima che mi è stata successivamente consegnata e che allego al presente verbale».

però, nella sua richiesta di archiviazione, ha stigmatizzato le diffamazioni, le strumentalizzazioni e la singolarità dell'operato degli organi di Pg [16]. Insomma, ancora una volta una diffamatoria notizia anonima aveva fatto partire una ben orchestrata campagna contro di me, e proprio la pubblicazione sui soliti mass media dava modo al Gico di utilizzare la notizia giornalistica come fonte di prova!

---

[16] Cfr. richiesta di archiviazione n° 4183/96 del 16-5-98: «In data 6 febbraio 1996 venivano pubblicati da numerose testate di quotidiani articoli pertinenti le indagini in corso presso quest'ufficio a carico di Pierluigi Manfredini, ragioniere commercialista di Milano, negli uffici del quale erano stati rinvenuti numerosi timbri contraffatti di pubblici uffici, pubblicazioni nelle quali emergeva in gran risalto la circostanza – peraltro inesatta – che Antonio Di Pietro fosse uno dei clienti. Perveniva quindi in data 8 febbraio 1996 denuncia-querela del predetto Di Pietro, in cui si adduceva a sostegno dei diritti di onore e di pubblica considerazione asseritamente violati la radicale falsità di qualsivoglia collegamento storico con il rag. Pierluigi Manfredini. Frattanto lo svolgimento delle indagini nell'originario unico procedimento, di cui il presente costituisce stralcio, e in particolare le dichiarazioni rese al Pubblico ministero in sede di interrogatorio dallo stesso Manfredini in data 6 febbraio 1996, portavano a individuare in Bruno Celestino, Ispettore di Polizia di Stato incaricato delle indagini, colui che avrebbe fatto pervenire agli organi di stampa le notizie asseritamente diffamatorie nei confronti del querelante. Giova del resto specificare che sia le precise dichiarazioni rese dal rag. Manfredini nel citato interrogatorio, sia la ricostruzione della progressione delle indagini di Pg siccome corredate alla conoscenza di esse che veniva rapportata al Pubblico ministero in tempi non correlativamente coincidenti, appalesano che Bruno conoscesse effettivamente i "famosi" clienti dello studio già prima della perquisizione del 30 gennaio 1996 (come del resto dichiara lo stesso Bruno in sede di interrogatorio). Occorre ancora aggiungere che né la predetta circostanza, né l'esistenza in atti di uno scritto anonimo finalizzato a collegare i reati del Manfredini alla Guardia di finanza (allora agli onori delle cronache per i procedimenti per corruzione a carico di numerosi ufficiali e sottoufficiali) e all'ex Pubblico ministero, sono stati – di fatto – portati a conoscenza di questo Pubblico ministero, prima della avvenuta pubblicazione degli articoli sugli organi di stampa (essendo pervenuti tali atti da parte degli operanti soltanto durante l'orario di chiusura pomeridiana degli uffici giudiziari del 5 febbraio 1996). L'insieme di tali elementi, complessivamente valutati, induce pertanto a ritenere che gli operanti fossero a conoscenza di elementi di sicuro interesse per le cronache già prima di eseguire quella perquisizione nel corso della quale si ottiene l'elenco completo dei clienti dello studio del commercialista, che il nominativo di Antonio Di Pietro, succosa "preda" per ogni cronista, non era stato certamente riferito al Pm (che credeva di condurre le indagini) così pure come non era stato fatto cenno, prima dell'avvenuta pubblicazione, dello scritto anonimo di cui si è detto».

Un reato che non c'è

Il reato di corruzione per la vicenda dall'appartamento della società Onder non può esistere perché manca ogni elemento che caratterizza tale reato.

Manca la figura del corrotto: nessuno ha mai detto (né Pacini, né Lucibello, né D'Adamo, né chiunque altro), e in nessuna carta processuale si rileva, un mio intervento nei confronti di Pacini per indurlo a comprare l'appartamento poi affittato a Lucibello.

Manca la figura del corruttore: Pacini non ha dato niente a nessuno, ma ha semplicemente comprato un appartamento a Milano. Immobile che è sempre stato e sempre è rimasto nella sua disponibilità (e ancora tale rimane).

Manca ogni mia consapevolezza in relazione a tale acquisto: nessuno mi ha mai detto nulla, né risulta agli atti che alcuno mi abbia detto qualcosa in merito a quest'operazione di compravendita immobiliare.

Manca la prova della volontà del Pacini di effettuare – procedendo a tale acquisto e successiva locazione dell'immobile a Lucibello – una prestazione a un magistrato per fargli commettere omissioni, abusi o scorrettezze. Di più: manca addirittura un pubblico ufficiale, perché all'epoca dell'acquisto (e delle trattative per l'acquisto) io mi ero già dimesso da Sostituto procuratore della Repubblica.

2. La prestazione in favore di D'Adamo

Abbiamo detto che, per aversi il reato di corruzione, vi deve essere anzitutto la prova che il corruttore abbia versato o per lo meno abbia inteso versare effettivamente denaro o altra utilità al pubblico ufficiale corrotto, proprio per corromperlo (il cosiddetto "dolo specifico"). È questa la cosiddetta "prestazione" senza la quale il reato di corruzione non sussiste per mancanza del necessario sinallagma con la controprestazione offerta dal pubblico ufficiale. Ebbene, tanto per cominciare e per come vedremo, nel caso in questione manca del tutto la prestazione (oltre che la controprestazione); una cosa è, infatti, ciò che Pacini ha dato a D'Adamo, altro è se lo abbia dato proprio per corrompere Di Pietro e non per altre ragioni.

Orbene, è acquisito agli atti (e comunque minuziosamente riepilogato nel capo di imputazione) che l'ing. D'Adamo ha richiesto e ottenuto da Pacini – direttamente o tramite società a lui collegate – cospicui finanziamenti in denaro, restituiti solo per una ridotta parte. È ancora pacifico agli atti che il denaro in questione è finito tutto nelle casse e nelle tasche dell'ing. D'Adamo o di società a lui facenti capo: lo dicono tutti, D'Adamo compreso. È sempre pacifico agli atti che l'ing. D'Adamo – all'epoca noto imprenditore operante in ambito nazionale e internazionale in vari settori di attività – ha richiesto finanziamenti al banchiere Pacini non per "foraggiare" qualcuno – men che meno Di Pietro – ma per far fronte a una grave crisi di liquidità delle sue aziende: anche qui, lo dicono tutti, D'Adamo innanzitutto. È infine pacifico che – fin dal primo momento – l'ing. D'Adamo è andato da Pacini a chiedere i soldi per sé. *Ripeto, per sé*. È pacifico, inoltre, che Pacini ha finanziato e inteso finanziare proprio D'Adamo e non altri. Anche queste circostanze sono state confermate da tutti i protagonisti, D'Adamo compreso.

Quanto sopra, peraltro, risulta confermato dall'impostazione finale (dopo tante varianti in corso d'opera, per la verità) data dall'Accusa laddove – nel capo di imputazione per cui viene richiesto il mio rinvio a giudizio – né accenna, né adombra più, la possibilità di una destinazione finale alla mia persona del denaro transitato da Pacini a D'Adamo (né potrebbe essere fatto). Quel che occorre accertare, allora, per valutare la mia posizione processuale, è non già se io fossi o potessi essere stato indicato, da Pacini e da D'Adamo in accordo fra loro, come il beneficiario finale delle operazioni finanziarie intervenute fra essi (cosa all'evidenza non vera), ma se io mi sia in qualche modo intromesso (direttamente oppure tramite D'Adamo, Lucibello o altri) per invogliare Pacini a finanziare l'ing. D'Adamo e le sue aziende.

La corruzione, inoltre, è un reato a *dolo specifico* e quindi, per aversi tale fattispecie di reato, gli agenti devono aver compiuto il fatto per il fine indicato nella norma (D'Adamo, cioè, dovrebbe avere chiesto e ottenuto i finanziamenti da Pacini specificamente con l'impegno di indurmi a compiere atti contrari ai miei doveri d'ufficio e finalizzati a favorire proprio Pacini). Bisogna poi – scusate se è poco! – accertare che io fossi *consenziente*, che avessi cioè espresso il mio consenso a questo loro eventuale accordo.

Il tempo del reato

Come abbiamo visto, la corruzione è un *reato istantaneo*. Dunque il reato si perfeziona nel momento in cui le due volontà (quella del corrotto e quella del corruttore) si incontrano, accordandosi fra loro sull'essenza della prestazione e della controprestazione. Nel caso in questione, quindi (mancando, per stessa ammissione di tutti i protagonisti della vicenda, ogni mia diretta partecipazione alle trattative e al passaggio di denaro intervenuti fra Pacini e D'Adamo), bisogna *riportarsi ai momenti in cui costoro si sono incontrati* e accordati fra loro, per comprendere se Pacini abbia promesso prima e versato poi denaro proprio e solo perché voleva corrompere la mia persona, e se D'Adamo glielo abbia chiesto – e poi ricevuto – a mio nome e per mio conto proprio e solo perché era in grado di garantirgli un trattamento processuale favorevole. Insomma, essendo stato il D'Adamo – secondo la costruzione accusatoria – il mio "portavoce" (colui che avrebbe "agito" su Pacini per mio conto e a mio nome), per individuare il momento consumativo del reato si deve fare riferimento ai loro incontri e ai loro accordi, e poi analizzare se le date dei loro incontri e dei loro accordi possano essere compatibili con miei supposti interventi (sia su D'Adamo per "convincere" Pacini a finanziarlo, sia a favore di Pacini in relazione alle inchieste giudiziarie in corso nei suoi confronti).

È bene riepilogare, allora, i *momenti* in cui sono intervenuti gli accordi finanziari tra Pacini e D'Adamo, e quelli in cui è avvenuta la consegna del denaro. I momenti degli accordi sui finanziamenti e dei relativi versamenti possono così sintetizzarsi:

Prima operazione: il 29 aprile 1993, data nella quale D'Adamo va per la *prima* volta a Ginevra nell'ufficio di Pacini per trattare il finanziamento dei primi 2 miliardi, finanziamento che poi ottiene il *6-5-93* e restituisce (seppure in parte) il 27 dicembre 1993;

Seconda operazione: dopo il 29-4-93 e prima del 9-6-93, periodo nel quale gli incontri tra Pacini e D'Adamo si concludono con l'accordo di un ulteriore finanziamento di 9 miliardi, il cui accreditamento nelle casse del gruppo D'Adamo avviene in 7 rate a partire dal 9-6-93 e fino al 3-1-94. Siccome risulta acquisito agli atti che l'accordo per il finanziamento di 9 miliardi è unitario, e siccome in data 9-6-93 avviene il versamento della prima rata, ciò vuol dire che a tale data gli accordi sono già avvenuti;

Terza operazione: dall'1-2-94 al 6-4-94, periodo in cui avvengono ulteriori finanziamenti per un totale di 3 miliardi alla Gde [*Gruppo D'Adamo Editore, ndr*]. Peraltro, trattandosi di un ulteriore finanziamento unitario, gli accordi devono essere intervenuti necessariamente entro il *31-1-94*;

Quarta operazione: il 28-4-94, data in cui Pacini rivende a D'Adamo la Gde per 4,5 miliardi (dopo che in precedenza l'ha acquistata dallo stesso D'Adamo per 9 miliardi).

Durante queste operazioni si inserisce *un giorno di settembre 93*, data in cui, secondo D'Adamo, trovandoci io e lui nel soggiorno della sua abitazione, io lo avrei pregato – riferendomi ai finanziamenti che lui stava ricevendo da Pacini – di "ricordarsi in futuro dei miei figli".

La prova impossibile

Esaminando il fascicolo processuale, si rileva che le uniche persone titolate a riferire sul punto sono – oltre a me, che però nulla so al riguardo – l'avv. Lucibello, Pacini e D'Adamo. Nessun altro mostra di essere in grado di poter riferire – o anche solo aggiungere – qualcosa.

Di fatto, nessuna persona parla di accordo o di un qualsiasi mio coinvolgimento per invogliare Pacini a finanziare D'Adamo, nemmeno quest'ultimo. Una cosa è, infatti, l'eventuale – ma inesistente – consiglio che io, secondo D'Adamo, gli avrei dato di rivolgersi a Pacini per avere un finanziamento; altro è l'essermi adoperato per convincere Pacini a finanziare D'Adamo; altro ancora è l'aver io garantito a Pacini che, a fronte del finanziamento a D'Adamo, gli avrei riservato un trattamento di favore: solo questo, infatti, sarebbe l'elemento essenziale per aversi il reato di corruzione.

E allora: dov'è la prova che io mi sia "attivato" – e in quei termini – presso Pacini per convincerlo? Chi lo dice? Nessuno. E nessuno può dirlo perché non è vero! Da Pacini è andato D'Adamo, non io. E i soldi sono andati a D'Adamo, non a me! Comportamenti di questo genere vengono posti in essere non solo in caso di concorso esterno in corruzione ma anche, e soprattutto, nei casi di millantato credito. Il Pm bresciano non è mai stato sfiorato da questo dubbio?

Nessuno di coloro che hanno fatto da "comparse" nell'espletamento delle attività materiali legate alle operazioni finanziarie intervenute fra Pacini e D'Adamo (come ad esempio i loro collaboratori, i funzionari di banca, i figli di D'Adamo, Patrizia e Giovanni, Manfredini, Van der Poel, Brymayer, Gandolfi, testi, persone informate sui fatti, e spettatori vari che in qualche modo sono venuti a conoscenza in tutto o in parte delle operazioni finanziarie D'Adamo-Pacini) ha mai riferito – o potuto far anche solo balenare il sospetto – che dietro quelle operazioni potesse esserci un mio personale interessamento (al riguardo è sufficiente leggere gli interrogatori resi da tutti costoro) [17, 18].

Inoltre, in nessun atto o documento c'è un qualche, sia pur labile, indizio di un mio personale interessamento verso Pacini per indurlo a finanziare D'Adamo e per assicurargli un qualche beneficio processuale. Anzi, l'enorme quantità di indagini e atti istruttori da me svolti a suo carico sono, semmai, indice di rigore processuale rispetto ai fatti in questione!

Peraltro, stando al capo di imputazione, dovrebbe essere intervenuto fra noi un vero e proprio accordo, giacché si parla di «concordare», un termine lessicale ben preciso per indicare una mia diretta attività, palpabile ed evidenziabile. Per intenderci, non potrei aver "concordato" nulla se fossi rimasto in silenzio o assente (sia in forma diretta che mediata da terzi) a ogni momento formativo della volontà di Pacini di assecondare le richieste di D'Adamo.

In sintesi: in base a quale straccio di indizio il Pm di Brescia è portato a sospettare che tra i rapporti Pacini-D'Adamo vi sia stato il mio "zampino"? Nessuno, al di fuori di generiche,

---

[17] Cfr. interrogatorio Patrizia D'Adamo del 26-2-98: «Mio padre non mi ha mai parlato del ruolo avuto dal dott. Di Pietro in relazione ai finanziamenti erogati dal Pacini a società del Gruppo D'Adamo».

[18] Cfr. interrogatorio Giovanni D'Adamo del 26-2-98: «Mio padre... si limitava genericamente a dirmi che aveva ottenuto dei finanziamenti da Pacini e che vi era stato un interessamento di Di Pietro, senza riferirmi i termini di tale interessamento. Questa circostanza di un ruolo di Di Pietro nella vicenda, a quanto mi ricordo, mi fu riferita solo in epoca successiva, nel luglio 97, in concomitanza con gli interrogatori subiti da mio padre».

contraddittorie, incredibili e *interessate* dichiarazioni rese dall'ing. D'Adamo. Non resta allora che esaminare cosa hanno dichiarato le sole persone che teoricamente potevano illuminare l'accusa sulla esistenza o meno del requisito della prestazione.

3. Il primo finanziamento

È quello riferibile al versamento di 2 miliardi e, più in generale, ai primi contatti fra Pacini e D'Adamo. Il periodo temporale di questa operazione è ben delimitato e preciso: *dal 29-4-93* (data dell'incontro ginevrino tra Pacini e D'Adamo) *al 6-5-93* (data del bonifico bancario di finanziamento).

Vediamo anzitutto cosa hanno dichiarato le uniche persone che potevano avere qualche voce in capitolo.

Dichiarazioni di Di Pietro del 3-4-98
«Nego di essermi mai interessato ai rapporti economici di qualsiasi tipo intervenuti... anzi ribadisco in maniera categorica che, fino a quando non è nata quest'inchiesta, non ho mai saputo nulla, nemmeno dell'esistenza di rapporti economici fra costoro... Non è vero che D'Adamo mi abbia parlato del suo interesse ad avere un contatto con Pacini per un finanziamento o per qualsiasi altro rapporto... Non è vero che io abbia mai consigliato D'Adamo a rivolgersi a Pacini per ottenere un finanziamento... Sulla prima parte del capo di imputazione non posso dire nulla perché nulla so al riguardo».

Dichiarazioni dell'avv. Lucibello
Interrogatorio del 17-3-98: «Di Pietro non ha mai saputo assolutamente nulla dei rapporti tra Pacini e D'Adamo. D'Adamo non mi ha mai detto di aver riferito nulla a Di Pietro dei suoi rapporti con Pacini, e quest'ultimo non mi risulta che abbia mai avuto occasione di parlare con Di Pietro fuori dalle sedi giudiziarie. Da parte mia non avevo nessun motivo per parlare di quei rapporti con Di Pietro, e questi non mi ha mai detto di avere appreso qualcosa di tali rapporti da D'Adamo».
Interrogatorio del 12-3-98: «In occasione del primo incontro con Pacini a Ginevra ho subito voluto chiarire con lui che non doveva attendersi nessun indiretto beneficio dal fatto che io ero amico di Di Pietro. Fui io stesso a introdurre tale argomento, anche perché già a quell'epoca era di pubblico dominio la notizia dei miei rapporti con Di Pietro... Pacini non mi ha mai chiesto, né in occasione di quei primi incontri, né successivamente, di intervenire in suo favore presso Di Pietro... Nell'aprile del 93 D'Adamo mi ha chiesto se io potessi metterlo in

contatto con Pacini in quanto era sua intenzione cercare un istituto bancario svizzero presso il quale scontare delle fatture (non so per quale importo) relative a dei lavori che la Sii [*società di D'Adamo, ndr*] stava svolgendo appunto in Svizzera per conto della Tamoil. A fronte di tale richiesta ho risposto a D'Adamo che non avevo sufficiente confidenza con Pacini per rivolgergli tale richiesta, e lui ha replicato che in realtà non occorreva nessuna confidenza in quanto si trattava di un normale rapporto commerciale a seguito del quale lo stesso Pacini avrebbe potuto trarre successivi vantaggi economici, acquisendolo come cliente. Nell'occasione D'Adamo mi ha spiegato che il precedente proprietario della Sii aveva già avuto rapporti commerciali con il Pacini o la sua banca. Non ricordo se disse qualcosa con riguardo alla eventuale sua conoscenza con Pacini. Successivamente, proprio in funzione di quanto D'Adamo mi aveva chiesto, ho colto l'occasione per presentare a quest'ultimo il D'Adamo. Non ho spiegato nulla al Pacini in ordine alla richiesta che D'Adamo mi aveva fatto e non l'ho neppure avvertito (probabilmente per mancanza di tempo) circa il fatto che in occasione del nostro incontro in studio gli avrei presentato D'Adamo. Subito dopo le presentazioni Pacini e D'Adamo hanno iniziato a parlare tra loro della Sii, del precedente proprietario di tale società (tale Profeta) e di altri loro comuni amici, tutto ciò con molta confidenza, come se si conoscessero da tempo. Questo incontro è avvenuto nell'anticamera del mio studio, ricordo che D'Adamo era già nel mio studio quando io giunsi in compagnia di Pacini, penso dopo un interrogatorio».

Dichiarazioni di Pacini
Interrogatorio del 18-7-97: «Mi ero recato da Lucibello per concordare la mia linea difensiva. Mi pare che quando io giunsi da Lucibello lui [D'Adamo] fosse già presente nello studio. In quella occasione D'Adamo mi ha illustrato quale fosse la situazione della Sii, società della quale fece un quadro assai allettante; mi mostrai subito molto interessato a quel discorso... D'Adamo mi chiese se io fossi interessato a lavorare con la Sii o ad acquistare quella società. Non ricordo se in quella prima occasione mi chiese dei finanziamenti, ritengo ciò assai probabile per come si sono sviluppate successivamente le cose. Rimanemmo d'accordo che ci saremmo visti a Ginevra, cosa che è avvenuta il 5-5-93. In quella occasione, D'Adamo mi fece intravedere (falsamente) la possibilità di acquistare una partecipazione nella Sii, portò con sé i bilanci e gli ordini della Sii per potermi dimostrare la validità e la solidità di quella società... In occasione di quell'incontro D'Adamo mi chiese se la mia banca potesse fargli un fido di 2 milioni di franchi svizzeri... venne quindi concesso il fido dalla Karfinco sul conto aperto da D'Adamo».

Incidente probatorio Pacini del 30-3-98

Domanda: «Signor Pacini, lei ha mai offerto al dott. Di Pietro denaro o altra utilità?»

Risposta: «Mai, nessun denaro».

D: «Lei ha mai ricevuto richiesta dal dott. Di Pietro di denaro o di altra utilità?».

R: «Mai, nella maniera più assoluta, l'ho scritto in tutti i verbali».

D: «Lei ha mai consegnato o promesso denaro all'avv. Lucibello per il dott. Di Pietro o comunque per ingraziarsi il dott. Di Pietro?».

R: «Mai ho pagato l'avv. Lucibello per il dott. Di Pietro, l'ho pagato per le sue prestazioni professionali».

D: «Lei ha mai consegnato o promesso denaro all'ing. D'Adamo per il dott. Di Pietro o comunque per ingraziarsi il dott. Di Pietro?».

R: «Mai, ho fatto solo un finanziamento all'ing. D'Adamo e poi ho scoperto che era una truffa».

D: «L'ing. D'Adamo le ha mai richiesto denaro per conto del dott. Di Pietro?».

R: «No, non me l'ha mai richiesto».

D: «L'avv. Lucibello le ha mai chiesto denaro per conto del dott. Di Pietro?».

R: «Mai, nel modo più assoluto».

D: «Quando l'ing. D'Adamo le ha richiesto i finanziamenti nel 1993, lo ha fatto a nome del dott. Di Pietro?».

R: «No, l'ha fatto a nome suo...».

D: «Indipendentemente da quanto le disse l'ing. D'Adamo, lei ha mai pensato o ha mai saputo che dei soldi andassero al dott. Di Pietro?».

R: «No, non me l'ha mai detto l'ing. D'Adamo e non l'ho mai pensato. Sapevo che l'ing. D'Adamo conosceva Di Pietro, ma non mi ha mai detto che dei soldi andassero a Di Pietro».

D: «Lei ha mai pensato che soldi da lei dati all'avv. Lucibello o a chiunque altro, potessero andare al dott. Di Pietro?».

R: «No, non ho mai pensato che potessero andare al dott. Di Pietro».

Dichiarazioni di D'Adamo

Antonio D'Adamo ha reso diverse dichiarazioni davanti al Pm, riprese, amplificate, precisate e in parte rettificate in sede di incidente probatorio. È quindi il complesso di tali ultime dichiarazioni che deve essere analizzato. Vediamole:

Controesame incid. prob. D'Adamo del 28-1-98:

Domanda: «Arriviamo ai suoi rapporti con Pacini».

Risposta: «Questo rapporto con Pacini è iniziato nei primi mesi del 1993, dopo marzo-aprile 1993. Io in quel periodo avevo difficoltà finanziarie per le mie società. Il dott. Di Pietro era a conoscenza di queste mie difficoltà e mi disse: "Rivolgiti a Pacini che troverai la porta aperta". Questa è la frase che io ricordo mi è stata detta dal dott. Di Pietro».

Controesame incid. prob. D'Adamo del 2-2-98:

Domanda del Gip: «Fu Di Pietro a suggerirle Pacini come possibile erogatore di un finanziamento?».

Risposta: «Sì».

D: «Nel fare ciò le disse anche "Troverai le porte aperte"?».

R: «Sì».

D: «Oltre a questa frase disse qualche altra cosa?».

R: «No».

D: «Disse solo così?».

R: «Sì».

D: «Non disse altro?».

R: «No».

D: «Disse solo quella frase che ha riferito?».

R: «Sì».

Controesame incid. prob. D'Adamo del 2-2-98:

Domanda: «Lei telefonò a Pacini dopo questo ok di Di Pietro?».

Risposta: «No, io mi misi in contatto con Lucibello».

D: «Lei, dopo l'ok di Di Pietro, contattò Lucibello al quale disse che aveva bisogno di Pacini per un finanziamento?».

R: «Sì».

D: «Non fece parola con Lucibello dell'ok pregresso che le aveva dato Di Pietro?».

R: «No».

D: «Come se lei avesse posto in essere due iniziative parallele?».

R: «Sì».

D: «Lei contatta Lucibello, gli dice "Ho bisogno di Pacini per un finanziamento" e non gli dice a Lucibello di questo ok che le aveva dato Di Pietro e poi andate a Ginevra?».

R: «O a Ginevra o il primo incontro fu nel suo ufficio. Non ricordo...».

Incidente probatorio D'Adamo del 28-1-98:

Domanda: «In questo primo incontro o secondo incontro che sia stato, si è parlato del dott. Di Pietro con Pacini?».

Risposta: «No».

D: «Non è stato fatto nessun riferimento?».

R: «No».

Incidente probatorio D'Adamo del 28-1-98:

Domanda: «Lei si presenta con questa richiesta di 2 miliardi?».

Risposta: «Sì».

Incidente probatorio D'Adamo del 28-1-98:

Domanda: «L'accordo come si è poi concretizzato?».

Risposta: «L'accordo era che mi dava questo finanziamento e che lo dovevo restituire nello stesso anno».

D: «Entro il 31 dicembre 1993?».

R: «Sì, ed è quello che poi accadde, perché entro la fine del 1993 restituimmo questi 2 miliardi».

Incidente probatorio D'Adamo del 28-1-98:
Domanda del Gip: «Nel primo finanziamento che lei riceve da Pacini, che è quello di 2 miliardi, lei ha detto che non si fece nessun riferimento a Di Pietro a Ginevra?».
Risposta: «Sì».

Incidente probatorio D'Adamo del 28-1-98:
Domanda: «Nell'andata a Ginevra o negli incontri con Pacini legati a quei primi finanziamenti Sii, abbiamo detto che in quella prima andata a Ginevra non si parla in nessun modo di Di Pietro. Se ne parla nelle occasioni successive ma strettamente legate ancora a quella prima operazione di finanziamento?».
Risposta: «No, quella è finita, nel momento in cui lui ha cominciato a finanziarmi».

Incidente probatorio D'Adamo del 30-1-98:
Domanda: «Ricorda come si avviò questo discorso [con Pacini] sul finanziamento?».
Risposta: «Ho detto che è stato molto semplice, ho detto che avevo bisogno di un finanziamento per l'impresa Sii, lui mi ha specificato che la conosceva perché aveva trattato con l'ingegnere Profeta, ex proprietario, e poi si mostrò subito ben disposto al finanziamento».
D: «Dimostrò Pacini di avere delle conoscenza in quell'ambito internazionale dove la Sii avrebbe potuto operare?».
R: «Sì».
D: «Le sembrò Pacini interessato a queste società, le domande che le fece Pacini erano finalizzate a capire che struttura, che patrimonio, che consistenza aveva questa società?».
R: «Io non ho ricordo preciso, parlammo sicuramente in termini generali, io non ricordo neanche se portammo i bilanci, credo che portammo qualche cosa».
D: «Avevate dei documenti con voi?».
R: «Sicuramente».
D: «Documenti che riguardavano quella società?».
R: «La Sii».
D: «Mi può spiegare per quale ragione lei aveva con sé questi documenti se sapeva che andava a incontrare un banchiere e a fare un discorso in generale?».
R: «Perché io avevo intenzione di chiedere e mi servivano subito i soldi, quindi mi portai la fattura, lo sconto di una fattura, è una cosa che si fa velocemente, soprattutto per un lavoro che si faceva in Svizzera».
D: «Oltre la fattura, lei aveva con sé altri documenti che riguardavano la società; se sì, ricorda se venne chiamato qualche funzionario della banca, il Direttore generale o se altra persona?».

R: «Il Direttore generale io lo ricordo...».
D: «Questi documenti furono affidati a questo funzionario che chiamiamo Direttore generale?».
R: «No».
D: «Mi dica se questi documenti furono consegnati».
R: «Sì, io naturalmente li diedi a Pacini, poi Pacini li ha dati al Direttore generale».
D: «Prima lei aveva detto che a questo incontro era presente un Direttore generale della banca...».
R: «Sì, lo chiamò, ma non subito...».
D: «Quindi, anche se non dall'inizio in seguito appare anche questo Direttore della Karfinco?».
R: «Sì».
D: «Questo lo ricorda con certezza?».
R: «Sì».
D: «Questi documenti sono stati dati a questo Direttore?».
R: «Non ricordo, credo di sì, ma non lo ricordo...».
D: «Comunque lei ricorda di averli dati questi documenti?».
R: «Sì, ricordo che comunque mia figlia firmò, perché doveva firmare mia figlia che era Presidente della società, quindi doveva firmare per avere il finanziamento, che non ci fu immediatamente, passarono dei giorni...».
D: «Come venne concretamente articolata questa prima operazione finanziaria? Lei l'ha semplificata come è costume fare da imprenditore, "Prendi i soldi", ma non è così. Come si articolò, che cosa avvenne in quell'occasione?».
R: «Avvenne che parlammo un po', e Pacini chiamò il Direttore generale, diede istruzioni...».

Incidente probatorio D'Adamo del 6-2-98:
Domanda: «Lei ha detto che un incontro nello studio di Lucibello con Pacini ci fu. Ha detto anche che non ricorda se è stato prima o dopo il viaggio a Ginevra nel quale poi si pattuiranno quei 2 miliardi della Sii. L'incontro lei ha detto che c'è stato?».
Risposta: «Sì».
D: «Si è parlato della società Sii, della situazione finanziaria e dei lavori che questa società aveva in corso in Svizzera e in altri Stati?».
R: «Sì».
D: «Adesso passiamo a un secondo momento. L'incontro che avviene a Ginevra il 6 maggio 1993. Avviene nel mese di maggio 1993 l'incontro a Ginevra?».
R: «Sì, secondo me ci fu prima, il 29 aprile, quando se non ricordo male si è andati con l'aereo, poi ci fu un secondo incontro, intorno al giorno 6, io non ricordo perfettamente la data ma il 6 ci fu il finanziamento».
D: «Quindi c'è stato uno stacco temporale tra l'incontro e il finanziamento?».
R: «Sì».
D: «Parlaste del finanziamento nel primo incontro o al secondo incontro?».

R: «Non ricordo... al secondo sicuramente, al primo non ricordo se parlammo in modo generico...».

D: «Sta parlando dell'incontro a Ginevra?».

R: «Sì, il 29 aprile 1993».

D: «In questa occasione parlate del finanziamento?».

R: «Sì».

D: «Lei fa presente che la sua società Sii ha vari lavori nel mondo e soprattutto in Libia e che sta facendo dei lavori in Svizzera?».

R: «Sì».

D: «Lei in quell'occasione consegna al signor Pacini o al Direttore generale della banca Karfinco della documentazione?».

R: «Sì, ricordo dei bilanci».

D: «Di quale società erano questi bilanci e la documentazione relativa?».

R: «Della Sii».

D: «Parlaste quanto meno di una possibilità per Pacini di finanziare in modo consistente questa società?».

R: «Parlammo di finanziare la Sii».

D: «Su questa operazione finanziaria con lei c'era il signor Mascetti?».

R: «Penso che quando si decise lo spostamento dei soldi c'era il dott. Mascetti».

D: «Le risulta che sia stato aperto presso la Karfinco un conto intestato alla Sii International, una sua società?».

R: «Alla Sii, Società Imprese Industriali...».

D: «Chi era il legale rappresentante della Sii International?».

R: «Della Sii era mia figlia Patrizia. La Sii International non la conosco...».

D: «I 2 miliardi vengono bonificati su un conto acceso presso la Karfinco, aperto lo stesso giorno da lei o da sua figlia o da suo genero?».

R: «Due conti furono aperti quel giorno».

D: «Intestati?».

R: «Alla Sii».

D: «Le risulta se nella contabilità della sua società, la Sii, questi 2 miliardi sono stati indicati?».

R: «Certo».

D: «Sa dire nel conto debitori, cioè nel conto creditori diversi, il nome di quale debitore viene indicato?».

R: «Karfinco».

D: «È sicuro di questa circostanza?».

R: «Sì».

Incidente probatorio D'Adamo del 29-1-98:

Domanda: «Questo sapere dell'avvocato Lucibello era esteso anche... cioè lei gli aveva detto che aveva parlato con il dott. Di Pietro prima di portarsi a Ginevra?».

Risposta: «Non credo di averglielo detto, non lo ricordo ma non credo di averglielo detto».

D: «Non crede di averglielo detto?».

R: «Certo».

D: «Sapeva genericamente che lei aveva difficoltà finanziarie e andava a Ginevra da Pacini per un finanziamento?».

R: «Sì».

D: «Gli spiega a Lucibello che cosa andrà a chiedere a Pacini?».

R: «Sì».

D: «In che termini?».

R: «Gli spiego che dovevo andare a Ginevra a parlare con Pacini per avere dei finanziamenti».

D: «Qual è il ruolo di Lucibello?».

R: «Lucibello era la persona in quel momento più vicina a Pacini, lo difendeva, gli stava vicino, comunque aveva una grande influenza su Pacini. Se l'avv. Lucibello non avesse voluto che Pacini mi desse i soldi, Pacini non me li avrebbe dati».

Incidente probatorio D'Adamo del 2-2-98:

Domanda: «Lei ha avuto una frequentazione professionale amicale particolarmente intensa con l'avvocato Lucibello?».

Risposta: «Sì».

D: «Vi vedevate spesso per motivi professionali e amicali?».

R: «Di amicizia».

D: «Vi sentivate più o meno una domenica sì e una no con Lucibello per concordare anche in giorni non lavorativi i vostri incontri di lavoro?».

R: «Ci telefonavamo spesso e ci incontravamo spesso».

D: «Quindi anche di domenica, anche nello studio di Lucibello?».

R: «No, nello studio dell'avvocato Lucibello un po' meno. Lui veniva a Robecco, io il sabato e la domenica sono in una casa di campagna e [mi] veniva a trovare, d'estate, d'inverno, c'erano rapporti molto intensi...».

D: «Per parlare di lavoro?».

R: «Di tutto».

D: «Questo rapporto lei fino a quando lo vede così intenso?».

R: «Il rapporto fu sempre intenso, dopo le vicende di Brescia rallentammo, non sapevamo se potevamo incontrarci o no».

Confronto Pacini-D'Adamo

In sede di confronto, la descrizione dei rapporti intervenuti tra Pacini e D'Adamo è rimasta sostanzialmente confermata circa le modalità e le motivazioni [19].

---

[19] Cfr. confronto Pacini-D'Adamo del 24-11-97:

Domanda: «Ecco. Passiamo allora al primo incontro a Ginevra. Ecco. Come si svolse questo primo incontro a Ginevra?».

D'Adamo: «Sono stato ricevuto da... da Pacini... eh... abbiamo parlato di... della Sii, del finanziamento di cui io

L'essenziale requisito mancante

Quanto sopra riportato è sostanzialmente quanto hanno dichiarato i protagonisti della vicenda con riferimento ai primi contatti, all'accordo intervenuto e al primo finanziamento che D'Adamo ha ricevuto da Pacini. Nessun altro ha potuto aggiungere alcunché rispetto alla materialità dei fatti. Orbene, al di là delle ipotesi fantasiose e delle deduzioni "un tanto al chilo" operate dagli inquirenti, quale sarebbe la condotta penalmente rilevante a me addebitata?

Ricapitoliamo: un grosso imprenditore, D'Adamo, in difficoltà finanziarie, va a Ginevra da un noto banchiere, Pacini, e qui – *senza fare alcun riferimento alla mia persona* – ottiene un finanziamento che poi restituisce (salvo una piccola parte). D'Adamo nulla dice di me a Pacini, né Pacini nulla chiede a D'Adamo di me. Entrambi sono in rapporti con l'avv. Lucibello. Tutti e tre sono in così stretti rapporti personali e professionali fra loro da costituire una valida e legittima garanzia della serietà imprenditoriale di D'Adamo e della capacità finanziaria di Pacini. Da che mondo è mondo, rientra nella assoluta normalità che un imprenditore in difficoltà economiche si rivolga a un banchiere per ottenere un finanziamento e che, per farlo, si affidi a qualche amico (in questo caso il suo avvocato) che lo mette in contatto (visto che, per ventura, è anche il difensore di fiducia del banchiere). E allora: io che c'entro?

Si dirà: hai consigliato D'Adamo (che era anche un tuo amico e che sapevi in difficoltà economiche) di recarsi dal banchiere svizzero Pacini (che, però, era un tuo indagato) perché lì avrebbe «trovato la porta aperta». Non è vero affatto, nel senso che questa ricostruzione offerta da D'Adamo è frutto solo della sua fantasia. Anzi, essa è la prima casella della perfida scacchiera di accuse che D'Adamo – dopo averne parlato ed essersi consigliato con Silvio Berlusconi e Cesare Previti – confezionerà per il Pm di Brescia. Una mefistofelica opera di linciaggio di cui dirò più avanti.

Ma, ammesso per assurdo che fosse vero, che reato è? Perché consigliare a un amico (che cerca un finanziamento per le sue attività imprenditoriali) il nome di un banchiere svizzero dovrebbe essere considerato una condotta penalmente rilevante sotto l'aspetto del reato di corruzione? Manca quantomeno qualsiasi mio intervento verso Pacini per invogliarlo a concedere il finanziamento a D'Adamo, e manca qualsiasi mio stimolo a D'Adamo affinché garantisca a Pacini un trattamento processuale di favore da parte mia. Infatti:

• Nulla dice di me D'Adamo a Pacini (*Domanda*: «In questo primo incontro o secondo incontro che sia stato si è parlato del dott. Di Pietro con Pacini?». *Risposta*: «No». *D*: «Non è stato fatto nessun riferimento?». *R*: «No»).

---

avevo bisogno. E questo è stato il primo incontro. E devo dire che sono stato trattato da Pacini eh... molto bene; quindi sono stato ricevuto molto bene».

Domanda: «Ecco. A monte di... di questo viaggio a Ginevra, D'Adamo, nel verbale dell'8 luglio ha riferito... che sarebbe stato il dott. Di Pietro a indirizzarlo al Pacini. Per l'esattezza, ha dichiarato che tra la fine del 92 e l'inizio del 93 le sue aziende hanno cominciato ad andare in crisi e ha cominciato a avere bisogno di finanziamenti».

D'Adamo: «Di Pietro era al corrente della mia situazione, in quanto io stesso gliene avevo parlato. Mi disse di rivolgermi a Pacini facendomi presente che sicuramente avrei trovato la porta aperta. Tale discorso mi venne fatto verso l'inizio del 93, dopo che il nome di Pacini era stato coinvolto nelle indagini di Di Pietro».

Domanda: «Poi lei ha riferito che, appunto, eh... da Pacini, a Ginevra e... effettivamente la porta aperta la trova, insomma».

D'Adamo: «Certo. Ma... mhm... non s'è parlato di Di Pietro quando ci siamo incontrati».

Domanda: «Non s'è parlato di Di Pietro in quell'occasione?».

Pacini: «Mai. A me l'ha mai detto nessuno».

D'Adamo: «Certo, certo, certo. No, su quello».

Domanda: «A questo punto, ci racconti lei».

Pacini: «... Mi arrivò in banca e mi... mi fece... mi raccontò della Sii. Mi por... non mi ricordo se portò i bilanci della Sii quella volta, no lo... Venne, mi spiegò il problema della Sii, mi spiegò che aveva bisogno di un finanziamento. Io dico: è un uomo che sicuramente mi... eh... ma... [ridendo] avendomi truffato, ora che si può dire, è uno simpatico, se no non l'avrei ricevuto con tutti gli onori del caso. È uno che piaceva alla gente...».

Domanda: «Che cosa c'è a monte di questo arrivo di D'Adamo a Ginevra?».

Pacini: «Può darsi che Lucibello m'ha detto "Viene l'ingegner D'Adamo"... Per me non c'entrava nulla il dott. Di Pietro e quegli altri su questo discorso. Era un discorso suo... con me. È stato sempre un suo discorso, poi...».

D'Adamo: «Sì, ero andato con quell'intenzione, ma poi, vista la disponibilità, non ne abbiamo neanche parlato; quindi la cosa si è risolta, devo dire, molto brillantemente da parte, eh, di Pacini per quanto... riguarda... eh... ad acconsentire immediatamente a questa... a questo finanziamento».

Domanda: «Ah, lei lo propose?».

D'Adamo: «... Non ne abbiamo neanche parlato [*di una qualche garanzia, ndr*]».

• Nulla dice di me D'Adamo a Lucibello, nel caso si voglia pensare che dovesse essere quest'ultimo a informare Pacini (*Domanda*: «Lei, dopo l'ok di Di Pietro, contattò Lucibello al quale disse che aveva bisogno di Pacini per un finanziamento?». *Risposta*: «Sì». *D:* «Non fece parola con Lucibello dell'ok pregresso che le aveva dato il Di Pietro?». *R:* «No»).

• Nulla dice di me Lucibello a Pacini («Di Pietro non ha mai saputo assolutamente nulla dei rapporti tra Pacini e D'Adamo... non avevo nessun motivo per parlare di quei rapporti con Di Pietro e questi non mi ha mai detto di avere appreso qualcosa di tali rapporti da D'Adamo»).

• Nulla dice di me – e a me – Pacini (*Domanda*: «Lei ha mai consegnato o promesso denaro all'ing. D'Adamo per il dott. Di Pietro o comunque per ingraziarsi il dott. Di Pietro?». *Risposta*: «Mai, ho fatto solo un finanziamento all'ing. D'Adamo e poi ho scoperto che era una truffa». *D:* «L'ing. D'Adamo le ha mai richiesto denaro per conto del dott. Di Pietro?». *R:* «No, non me l'ha mai richiesto». *D:* «L'avv. Lucibello le ha mai chiesto denaro per conto del dott. Di Pietro?». *R:* «Mai, nel modo più assoluto». *D:* «Quando l'ing. D'Adamo le ha richiesto i finanziamenti nel 1993, lo ha fatto a nome del dott. Di Pietro?». *R:* «No, l'ha fatto a nome suo». *D:* «Indipendentemente da quanto le disse l'ing. D'Adamo, lei ha mai pensato o ha mai saputo che dei soldi andassero al dott. Di Pietro?». *R:* «No, non me l'ha mai detto l'ing. D'Adamo e non l'ho mai pensato»).

• Nulla dice D'Adamo in ordine a qualsivoglia mia "contropartita" da offrire a Pacini (*Domanda*: «Fu Di Pietro a suggerirle Pacini come possibile erogatore di un finanziamento?». *Risposta*: «Sì». *D:* «Nel fare ciò le disse anche "Troverai le porte aperte"?». *R:* «Sì». *D:* «Oltre a questa frase disse qualche altra cosa?». *R:* «No». *D:* «Disse solo così?». *R:* «Sì». *D:* «Non disse altro?». *R:* «No». *D:* «Disse solo quella frase che ha riferito?». *R:* «Sì»).

• Nulla dico né posso dire io che dell'intera vicenda non so nulla («Ribadisco in maniera categorica che, fino a quando non è nata quest'inchiesta, non ho mai saputo nulla, nemmeno dell'esistenza, di rapporti economici fra costoro»).

Insomma, è di solare evidenza che nel caso in questione manca totalmente l'essenziale requisito del "consenso":

• da parte mia, che non sono mai stato richiesto né mai ho segnalato a D'Adamo di farsi *mio "portavoce"* presso Pacini per farsi finanziare e *soprattutto non ho mai dato assicurazioni* a D'Adamo che avrei riservato a Pacini un trattamento giudiziario di favore (è questo il "dolo specifico" che richiede la norma);

• da parte di Pacini, che non ha mai ricevuto richieste né mai si è determinato a concedere finanziamenti a D'Adamo in quanto mia *longa manus* o perché qualcuno gli avrebbe assicurato un trattamento di favore da parte mia;

• da parte di D'Adamo, che allorquando si è rivolto a Pacini e a Lucibello non ha mai speso il mio nome;

• da parte di Lucibello, il quale mai ha detto a Pacini che, in cambio del finanziamento a D'Adamo, io potessi assicurare benefici processuali allo stesso Pacini.

Mancano, cioè, le due figure giuridiche del "pubblico ufficiale corrotto" e del "privato corruttore". Semmai resta da valutare l'eventuale posizione del reale beneficiario di tutta questa complessa vicenda, l'ing. D'Adamo, autentico prestigiatore che ha saputo tirare fuori dal cilindro dei suoi rapporti personali un autentico capolavoro di "finanziamenti a perdere" a favore delle sue aziende intervenendo dapprima su Pacini e poi su Silvio Berlusconi.

Se l'Accusa avesse sviluppato le indagini in maniera meno monocromatica e più multidirezionale, forse avrebbe potuto apprezzare diversamente la posizione dei vari protagonisti, meglio distinguendo la figura del colpevole da quella della vittima (ad esempio, di millantato credito, di calunnia o di truffa aggravata).

Un reato senza corrotto né corruttore

Non v'è dubbio che l'operazione di finanziamento di 2 miliardi bonificato da Pacini a D'Adamo il 6-5-93 rappresenti il primo fatto-reato contestato. Esso non può essere valutato solo come il segmento di un'unica fattispecie criminosa (come dall'aggrovigliato capo di imputazione potrebbe apparire) giacché, come abbiamo fatto rilevare all'inizio, la corruzione è un "reato istantaneo": ciò vuol dire che, se ci sono più ipotesi di accordi o di versamenti di denaro, significa che ci troviamo di fronte ad autonomi reati, seppure uniti dal vincolo della continuazione fra loro. Orbene, come abbiamo visto e meglio vedremo, gli altri versamenti e gli ulteriori interventi di Pacini a favore di D'Adamo avvengono per ulteriori accordi sopravvenuti fra di loro.

Ciò premesso, non resta che constatare come nel caso in questione non sia possibile nemmeno abbozzare la struttura del reato.

Manca innanzitutto, come abbiamo visto, la figura del "corruttore": Pacini, a posteriori, si sente – semmai – vittima di una truffa da parte del D'Adamo («Io dico, è un uomo che sicuramente mi... avendomi truffato... è uno che piaceva alla gente»).

Manca poi la figura del "corrotto": io, che dovrei rivestire tale ruolo, non vengo nemmeno chiamato in causa nei loro discorsi.

Manca totalmente la mia "controprestazione": né sotto forma di promessa né tantomeno di effettuazione; anzi nessuno, nemmeno D'Adamo, si fa promotore di una tale profferta verso Pacini. Insomma, è pacifico agli atti che nessuno offre a Pacini (e Pacini nulla chiede in tal senso a D'Adamo e/o Lucibello) la possibilità di convincermi a trattare – in maniera illegalmente favorevole – la posizione processuale di Pacini.

Manca il "rapporto di sinallagma". A fronte della condotta posta in essere da Pacini (finanziamento a favore di D'Adamo) manca ogni e qualsivoglia condotta da parte mia ("assenza e silenzio" sono le sole caratteristiche della mia persona in questa vicenda).

Manca anche la "destinazione finalistica della prestazione" da parte del Pacini, giacché di una ipotetica finalizzazione del finanziamento a D'Adamo per indurre me a favorire Pacini nessuno parla e anzi tutti la escludono.

Manca tutto, insomma, salvo un teorema al quale si è voluta pervicacemente e acriticamente aggrappare l'Accusa bresciana.

4. La seconda operazione

Il finanziamento di 9 miliardi da parte di Pacini – seconda operazione – arriva nelle casse del gruppo D'Adamo in 7 rate a partire dal 9-6-93 e fino al 3-1-94. Siccome risulta pacifico agli atti che l'accordo per il finanziamento di 9 miliardi è unitario e siccome in data 9-6-93 avviene il versamento della prima rata, ciò vuol dire che a tale data gli accordi complessivi erano già stati presi. Si può inoltre affermare, per essere ancora più precisi, che, siccome per eseguire il finanziamento era stata «appositamente fatta costituire dal Pacini il 25-5-93» la Keniston Investments Ltd, gli accordi erano già stati conclusi prima di tale data.

Schematicamente, i "momenti" di interesse processuale (promessa e consegna del denaro, intesi come momenti consumativi del fatto-reato) possono essere sintetizzati nel modo seguente.

Nel periodo *dal 6-5-93 al 24-5-93* si instauravano e si infittivano le trattative con incontri, in Svizzera e in Italia, tra Pacini e D'Adamo (e le loro rispettive strutture bancarie e societarie) per concordare e addivenire a un secondo cospicuo finanziamento [20, 21, 22].

---

[20] Cfr. interrogatorio Pacini Battaglia del 18-7-97: «Dopo il primo finanziamento, tra il 5-5-93 e il 24-5-93, D'Adamo cominciò a dirmi che aveva bisogno di una serie di finanziamenti, se ben ricordo fece sempre riferimento alla Sii. Fu a quel punto che D'Adamo iniziò a dirmi che aveva dei problemi a vendermi la Sii in quanto avrebbe dovuto chiedere il permesso ai suoi soci libici ed era in corso l'intera ristrutturazione finanziaria della Sii (con riferimento a crediti che vantava nei confronti di imprese libiche). Mi fece presente che vi era un'altra sua società (la Gde) in stato di sofferenza e aggiunse che sistemata la Gde non avrebbe avuto nessuna difficoltà a vendermi la Sii, fornendomi garanzia sul punto. Aggiunse anche che l'intera operazione rappresentava per me un grosso affare... Nel maggio del 93 raggiunsi l'accordo con D'Adamo di effettuare un finanziamento di 9 miliardi complessivi. Non ricordo se inizialmente si parlò di un finanziamento di 5 miliardi o se fin dall'inizio venne concordato il finanziamento per 9 miliardi. A fronte di questo finanziamento D'Adamo mi avrebbe consegnato la maggioranza del capitale della Gde, nel senso che avrebbe utilizzato detto finanziamento per eseguire l'aumento di capitale della Gde. Con quella somma io avrei acquistato il 60% delle azioni. A tal fine D'Adamo mi fece credere che la Gde, con l'aumento di capitale da 2,5 miliardi a 15 miliardi (di cui 9 erano miei), avrebbe avuto uno spettacolare sviluppo e sarebbe stato possibile rivendere tale società a terzi acquirenti. A seguito di tale programmata vendita D'Adamo avrebbe provveduto a liquidare il valore corrispondente alla mia quota di capitale Gde (60%) con un pari valore di partecipazioni Sii... Ho costituito la Keniston Investments Ltd il 24-5-93, per poter avere una società alla quale fare arrivare i soldi che sarebbero stati bonificati su delle società lussemburghesi del D'Adamo. Tale società, delle Isole Vergini inglesi (vicino alle Antille), è stata creata solo a questo scopo e non ha effettuato altre operazioni. Ho mandato un mio impiegato (mi pare Van der Poel) in Lussemburgo, per aprire un conto corrente presso la Banca Du Luxembourg intestato alla Keniston. È stato così aperto il conto n° 810.01.930204.03. Su tale conto ho bonificato,

Un ruolo importante nell'operazione, dal punto di vista tecnico, lo ebbe il genero di D'Adamo, Andrea Mascetti, al quale toccò il compito di calibrare gli interventi finanziari e studiare le operazioni contabili e societarie più opportune [23]. Egli riferisce di essersi recato nuovamente a Ginevra nel maggio 93 e qui si stabilì che il "canale di comunicazione" fra il Gruppo di D'Adamo e la banca di Pacini do-veva essere la società off-shore Keniston Investments affidata proprio a lui [24].

In questi incontri l'ing. D'Adamo "magnificava" il proprio gruppo imprenditoriale e si adoperava per rendere particolarmente appetibile la società di costruzione Sii, il tutto finalizzato alla *captatio benevolentiae* del finanziere e banchiere Pacini affinché accogliesse le sue richieste di finanziare il Gruppo [25].

Nel corso delle trattative, veniva individuata l'entità massima del finanziamento, quantificato alla fine della trattativa (e prima dei versamenti) in 9 miliardi [26, 27, 28]. Venivano decise

---

a far data dal 3-6-93 al 21-12-93, 8.632.000 franchi svizzeri, pari a circa 9 miliardi di lire».

[21] Cfr. incid. prob. D'Adamo del 28-1-98:
Domanda: «A che distanza di tempo da questi incontri legati al finanziamento Sii [*si riferisce al primo finanziamento di 2 miliardi, ndr*], cioè in tempi immediatamente successivi o passa del tempo?».
Risposta: «Io dico un mese perché non è passato molto da quando cominciarono gli altri finanziamenti».
D: «Quindi, prima degli altri finanziamenti vi sarete visti di nuovo e avrete concordato quest'altro tipo di intervento di Pacini in suo favore?».
R: «Pacini alla fine volle sapere; "Quanti soldi occorrono perché tu ti salvi?"».
D: «Come nasce la seconda operazione?».
R: «All'inizio ci furono degli incontri con Pacini sia ancora a Ginevra che a Milano».

[22] Cfr. incid. prob. D'Adamo del 30-1-98:
Domanda: «Come si passa da questa prima operazione di finanziamento al finanziamento successivo che è più consistente? Avvengono degli incontri tra lei e Pacini, se sì dove, e possibilmente se riusciamo a collocarli nel tempo?».
Risposta: «Ci furono degli incontri, ci furono anche gli incontri con il dott. Mascetti, Mascetti era il responsabile della Sii, quindi andammo due, tre o quattro volte a Ginevra. Due volte sicuramente in compagnia di Mascetti, una prima volta per il finanziamento, una seconda volta per il problema della società Keniston».
D: «Che cosa vi diceste di questo finanziamento, lei come fece la richiesta, che cosa rappresentò, quale fu la risposta di Pacini su questo finanziamento?».
R: «Dopo questa prima volta io rimasi naturalmente molto sbalordito da questa velocità, presi coraggio e ne parlai con l'avvocato Lucibello... Quando incontrai Pacini parlai dell'ulteriore finanziamento... In generale del Gruppo, che avevo bisogno di questi soldi, allora fu richiesta questa somma di 9 miliardi».

[23] Cfr. s.i.t. Andrea Mascetti dell'8-10-97: «[A Ginevra, durante il primo incontro] ci lasciammo con l'accordo di rivederci successivamente al fine di dimensionare definitivamente l'intervento finanziario del Pacini nella Sii... Tornati a Milano mio suocero mi incaricò di predisporre un piano di possibili interventi finanziari aventi a oggetto la Sii. Predisposi un documento che prevedeva interventi in *conto finanziamento e in conto capitale*».

[24] Cfr. s.i.t. Andrea Mascetti dell'8-10-97: «Orientativamente nella seconda metà del mese di maggio 1993 mi recai nuovamente, unitamente a mio suocero, a Ginevra da Pacini. Distribuii ai presenti (Pacini e D'Adamo) il piano di possibili interventi. In quell'occasione fui messo al corrente che alcuni professionisti stranieri ci attendevano in un ufficio a Ginevra per sbrigare le pratiche inerenti la costituzione di una società estera di cui dovevo essere formalmente l'azionista di riferimento. Tale società, che poi si rivelò la Keniston, doveva essere lo strumento per realizzare in concreto l'intervento di supporto nei confronti della Sii... Successivamente non mi sono più occupato della Keniston».

[25] Cfr. incid. prob. D'Adamo del 6-2-98:
Domanda: «In questo arco temporale e durante questi incontri, lei continua a ritornare sull'argomento Sii e sulle necessità di queste società?».
Risposta: «È possibile, non ho un ricordo preciso, comunque è possibile».
D: «Dice al signor Pacini che il suo Gruppo è un Gruppo ben organizzato, forte, in grado di espandersi?».
R: «Il Gruppo allora era forte, aveva mancanza di liquidità ma come ho detto poco fa aveva 500 dipendenti, con 1000 operai».
D: «Queste cose le dice a Pacini?».
R: «Sì, è possibile».
D: «Magnificò in quelle stesse occasioni le sue capacità di uomo d'affari, di uomo che era riuscito partendo da modestissima condizione lavorativa a diventare il dominus quasi di un piccolo impero?».
R: «Non so se ho magnificato, poteva essere un motivo di orgoglio...».
D: «Quindi lei ha fatto la sua storia?».
R: «È possibile, non credo che c'era bisogno, non ricordo se mi sono magnificato...».
D: «Lei raccontò a Pacini che si era fatto da solo?».
R: «È possibile, è la verità».

[26] Cfr. incid. prob. D'Adamo del 6-2-98:
Domanda: «Parlò al signor Pacini già in quest'epoca, cioè prima del successivo incontro a Ginevra, della cifra di 9 miliardi, di una cifra che sarebbe stata molto significativa per risolvere i problemi di quel momento?».
Risposta: «Parlammo di questa cifra importante».

anche le modalità operative dell'intervento finanziario - modalità che è bene rilevare da subito *non* prevedevano (e non hanno comportato) alcun versamento in contanti o "in nero".

Già quest'ultima circostanza avrebbe dovuto far riflettere l'Accusa: tutte le operazioni finanziarie tra Pacini e D'Adamo avvennero tramite banche e con passaggi documentalmente dimostrabili. Quindi esse erano sempre verificabili dai soggetti legittimati (ad esempio l'Ag). D'Adamo e Pacini invece hanno voluto mantenere riservati alla curiosità del pubblico e dei mass media i loro rapporti finanziari, facendo costituire la società dal genero di D'Adamo, Andrea Mascetti [29, 30]: un espediente legittimo al quale ricorre, ogni giorno, la quasi totalità degli operatori economici e finanziari. Intendo dire che è scorretto e arbitrario collegare alla mia persona le ragioni per cui il finanziamento tra Pacini e D'Adamo avvenne "estero su estero".

Quello che mi preme far rilevare è che ogni operazione finanziaria e di assetto societario intervenuta a favore delle società del D'Adamo trova riscontro nei libri contabili delle società stesse. Tecnicamente, il 24-5-93 veniva costituita una società ad hoc, la Keniston Investments, con lo scopo di fare da "cuscinetto" fra la banca finanziatrice (Karfinco di Pacini) e la società del D'Adamo (Compagnie Européenne de Placement) [31]. La Keniston, benché fiduciariamente intestata ad Andrea Mascetti, rimaneva di fatto sempre nella disponibilità del Pacini [32, 33]. Alla Keniston, Pacini faceva arrivare, dal 3-6-93 al 21-12-93, la somma di circa 9 miliardi così da formare la provvista da destinare al finanziamento del gruppo D'Adamo [34]. Man mano che la provvista perveniva alla Keniston, i finanziamenti, in base all'accordo unitario raggiunto, vennero girati, con bonifici bancari, dalla Keniston di Pacini alla Compagnie Européenne de Placement di D'Adamo.

Riepilogando, a fronte dell'unitario accordo di provvedere a un finanziamento di 9 miliardi, i relativi versamenti – esecutivi di tale ac-

---

[27] Cfr. incid. prob. D'Adamo del 30-1-98:
Domanda: «Fu richiesta tutta insieme o venne prima avanzata una prima richiesta?».
Risposta: «Venne richiesta tutta insieme».

[28] Cfr. incid. prob. D'Adamo del 28-1-98:
Domanda: «Quale era la sua richiesta a Pacini, quale il *quantum* che lei richiedeva a Pacini dopo i primi 2 miliardi di cui abbiamo parlato, al di là dei passaggi che vedremo dopo? Quale era il motivo per il quale lo reincontra, cosa voleva lei da Pacini?».
Risposta: «Nove miliardi».
D: «Lei manifesta questa esigenza di 9 miliardi in tempi brevi?».
R: «Sì».

[29] Cfr. incid. prob. D'Adamo del 29-1-98: «Una volta stabilito che dovevano affluire alla mia società 9 miliardi... si stabilisce che ci vuole una società che non fosse ricollegabile a Pacini Battaglia e quindi si trovò la soluzione di una società che potesse essere intestata a mio genero, in modo che non fosse ricollegabile il finanziamento a Pacini Battaglia, ma fosse ricollegabile a Mascetti come giustificazione la famiglia di Mascetti era benestante quindi era possibile che Mascetti potesse mettere questi soldi, quindi si doveva fare apparire questo».

[30] Cfr. incid. prob. D'Adamo del 29-1-98:
Domanda: «Si discute di come realizzare anche dal punto di vista formale questo intervento?».
Risposta: «Sì, si discusse e si trovò la soluzione di farli affluire nella società Keniston che non doveva apparire di Pacini, tanto è vero che fu intestata a mio genero Mascetti, e quindi cominciarono ad affluire dalla Keniston e poi arrivavano attraverso la Finampa alla Edilgest o alla D'Adamo Editore».

[31] Cfr. interrogatorio Pacini Battaglia del 18-7-97: «Ho costituito la Keniston Investments Ltd il 24-5-93, per poter avere una società alla quale fare arrivare i soldi che sarebbero stati bonificati su delle società lussemburghesi del D'Adamo. Tale società, delle Isole Vergini inglesi (vicino alle Antille), è stata creata solo a questo scopo e non ha effettuato altre operazioni».

[32] Cfr. interrogatorio Pacini Battaglia del 27-10-97: «Dichiaro che le azioni della Keniston sono sempre state in mio possesso e lo dimostrerò allorché mi sarà consentito di andare in Svizzera».

[33] Cfr. s.i.t. Andrea Mascetti del 28-2-98: «Non ho mai avuto la disponibilità materiale delle azioni della Keniston... Quando Pacini, in occasione del mio secondo incontro a Ginevra, ha invitato me e D'Adamo ad andare presso lo studio dei professionisti per formalizzare a mia firma gli atti relativi alla costituzione della Keniston... ho dedotto che Pacini non volesse comparire personalmente in tale società in quanto, diversamente, non vi sarebbe stato alcun motivo di far figurare me quale mandante dell'incarico a Croce e a Van der Poel».

[34] Cfr. interrogatorio Pacini Battaglia del 18-7-97: «Ho mandato un mio impiegato (mi pare Van der Poel) in Lussemburgo, per aprire un conto corrente presso la Banca Du Luxemburg intestato alla Keniston. È stato così aperto il conto n° 810.01.930204.03. Su tale conto ho bonificato, a far data dal 3-6-93 al 21-12-93, 8.632.000 franchi svizzeri, pari a circa 9 miliardi di lire».

cordo – avvennero con i seguenti bonifici bancari (controvalore in lire):

a) 9-6-93, per L. 3.000.000.000;
b) 22-6-93, per L. 1.000.000.000;
c) 22-7-93, per L. 1.000.050.000;
d) 28-10-93, per L. 1.000.050.000;
e) 6-12-93, per L. 1.000.000.000;
f) 22-12-93, per L. 1.030.909.050;
g) 3-1-94, per L. 1.035.175.500.

Una volta ricevuto il denaro, D'Adamo lo utilizzava nel seguente modo: «Parte di tali somme, per un ammontare di 5 miliardi di lire, tra il giugno e il 31-8-93, dopo essere stata girata dalla Compagnie Européenne De Placement alla Finampa e da questa alla Eurodafin (entrambe società di D'Adamo), veniva trasferita alla Sii (società di D'Adamo che il 28-5-93 aveva deliberato un aumento di capitale di 9 miliardi di lire, da L. 6 miliardi 525 milioni a L. 15 miliardi 525 milioni) e successivamente, il 6-12-93, veniva accreditata alla Edilgest Finanziaria (di D'Adamo) che a sua volta la trasferiva alla Gde Gruppo D'Adamo Editore, in conto "futuro aumento di capitale" (deliberato in data 11-10-93 da L. 2 miliardi 500 milioni a L. 15 miliardi). La rimanente somma (4 miliardi di lire) tra il 28-10-93 e il 3-1-94 veniva fatta confluire direttamente dalla Compagnie Européenne de Placement alla Gde, in conto "futuro aumento di capitale" e in conto "aumento di capitale". Il successivo 10-1-94 la Gde emetteva, in favore della Compagnie Européenne de Placement, il relativo certificato azionario (rappresentativo di 9 miliardi di capitale interamente versato, pari al 60% dell'intero capitale sociale)» [35].

È da notare che D'Adamo, ricevuto il denaro, non si comporta affatto come l'intermediario di qualcuno: non mette da parte la somma, non la ritira in contanti, non la occulta in qualche modo, non forma alcun "salvadanaio", non la mette a disposizione di nessun pubblico ufficiale e di nessun altro se non di se stesso. Da subito e immediatamente. Questo evidenzia e dimostra che l'animus con cui lui ha richiesto, ricevuto e utilizzato il denaro era solo quello di pensare a sé e mai a me. Fin dal primo momento lui intendeva provvedere per sé e non per altri (men che meno per me), né mai

gli era balenata nella mente – né nella fase delle trattative con Pacini, né in quella della ricezione della somma – l'idea di destinarne una parte a me!

È anche provato agli atti che in prima battuta l'attenzione di D'Adamo e Pacini sulla società che poteva fare da contenitore al finanziamento fosse la Sii, come ha sempre sostenuto Pacini e come risulta dagli atti nonostante taluni tentennamenti di ricostruzioni del D'Adamo. Ciò lo si rileva anzitutto da quanto riferito dallo stesso Pacini [36]. È riscontrato dalle parole del genero di D'Adamo, Andrea Mascetti, sia con riferimento all'interesse di Pacini per contratti con la Libia che si potevano acquisire con la Sii [37], sia con l'idea di col-

---

[35] Cfr. capo di imputazione, punto 2.

[36] Cfr. incid. prob. Pacini Battaglia del 30-3-98:
Domanda: «Dott. Pacini... conosceva la Sii da quando era proprietario l'ingegner Profeta?».
Risposta: «Sì, è verissimo».
D: «E che era interessato a questa società perché lavorava in Libia e in Algeria, ma che poi l'aveva persa di vista?».
R: «È vero, mi interessava la Sii, conoscevo l'ing. Profeta, conoscevo anche un altro ingegnere che non ricordo il nome e che era nella Sii, conoscevo la Sii per tutto quello che faceva all'estero. Quando parlai con l'ing.D'Adamo ero ancora più interessato alla Sii, perché in quel momento sapevo che stava nascendo il Gasdotto Libia-Italia, e pensavo che la Sii potesse partecipare...».
D: «È vero – come ha già dichiarato – che nel 1992 conobbe l'ingegner D'Adamo e ricominciò il suo interesse per la Sii?».
R: «... Fu in una riunione di impresari a Roma, credo di avere conosciuto D'Adamo in quella riunione ma fu una stretta di mano e via, poi l'ho rivisto una volta nell'ufficio di Lucibello».
D: «Le risulta che nel 1992 si parlava della costruzione di un gasdotto Libia-Italia?».
R: «Sì, senz'altro».

[37] Cfr. interrogatorio Andrea Mascetti del 28-2-98: «Prendo atto della coincidenza temporale tra la delibera di aumento di capitale della Sii e la data del mio mandato a Croce per la costituzione della Keniston e a Van der Poel per la gestione di tale società. Sono indotto a ritenere che l'aumento di capitale della Sii fosse stato deliberato proprio in relazione all'intervento di Pacini... In quel momento, per quanto ho potuto constatare, la Sii era vista come uno dei possibili strumenti per realizzare l'intervento finanziario del Pacini. Ciò non significa che il Pacini non avesse in qualche occasione anche manifestato un certo interesse a potenziali sviluppi di collaborazione tra la Sii e i suoi collegamenti in Libia, tanto che... dopo la formalizzazione degli atti relativi alla Keniston, colse l'occasione della nostra visita per presentarci un certo Francis, che a suo dire era il soggetto che intratteneva i rapporti con i suoi collegamenti libici».

legare direttamente il finanziamento all'aumento di capitale proprio della Sii [38]. È documentato dal fatto che i primi 5 miliardi pervenuti a D'Adamo vengono da questi trasferiti alla Sii [39]. È riscontrato dall'effettivo aumento di capitale della Sii intervenuto il 28-5-93, come ammette lo stesso D'Adamo [40]. È ammesso, tutto sommato, dallo stesso D'Adamo allorché riconosce che «Pacini mi dice "Io ho grandi conoscenze in Libia, vedrai si esploderà con lavori importantissimi"... mi parlò di Omar Iaya che... era un uomo influente in Libia... mi disse che si potevano fare dei lavori in Libia»; anzi, a dire il vero aggiunge ancora qualche elemento in più:

Domanda: «Sotto che forma avrebbe potuto realizzare queste grandi operazioni in Libia con lei, con quale ruolo, con quale veste lui avrebbe potuto?»
Risposta: «Se entrava in società aveva una veste, se non entrava in società non aveva nessuna veste».
D: «Quindi questo dire "Faremo grandi cose", era comunque nell'ottica che lui entrasse in Sii?».

R: «Io l'ho intesa così, non lo abbiamo approfondito, io credo di sì» [41].

Insomma, per ammissione dello stesso D'Adamo, in quei giorni i discorsi finanziario-affaristici tra lui e Pacini spaziavano in vari campi e tra varie ipotesi, non esclusa quella di un impegno di Pacini o di qualcuno di sua fiducia (Omar Iaya) nel capitale Sii [42]. È certo che, in prima battuta, D'Adamo decise di destinare il finanziamento ricevuto da Pacini proprio a beneficio della società che più stava a cuore a quest'ultimo, la Sii: ciò è provato dal fatto che in data 28-5-93 D'Adamo disponeva l'aumento di capitale della Sii da 6 miliardi a 15 miliardi circa.

Tutto questo per rimarcare che è tutt'altro che peregrina – come vorrebbe far credere il Pm bresciano – la tesi proposta dal Pacini circa una delle ragioni di fondo per cui egli abbia acconsentito a finanziare D'Adamo: quello di riuscire ad acquisire il controllo o comunque un ruolo nella Sii, società introdotta nel mercato delle commesse in Libia, dove Pacini poteva contare su importanti entrature (anche politiche) per acquisire appalti economicamente rilevanti. Tesi comunque comprovata dalle dichiarazioni di colui che si occupò materialmente di predisporre il piano di interventi della banca di Pacini a favore del Gruppo D'Adamo, Andrea Mascetti.

I termini dell'affare Pacini-D'Adamo

Fra Pacini e D'Adamo intervenne davvero un finanziamento bancario – che giuridicamente è denominato mutuo – (come si legge nel capo di imputazione della Procura brescia-

---

[38] Cfr. s.i.t. Andrea Mascetti dell'8-10-97: «Non ricordo se qualcuno mi abbia specificamente suggerito di inserire tra le ipotesi d'intervento da parte del Pacini nella Sii anche quella di un finanziamento in conto capitale. Non escludo che in questa occasione ciò possa essere stata una mia iniziativa visto il beneficio che ne sarebbe derivato in termini di riduzione degli oneri finanziari causati dall'elevata esposizione debitoria. Comunque l'intervento in conto capitale da parte di terzi era sicuramente tra le ipotesi fatte con l'ingegnere... Tra le ipotesi d'intervento prospettate al Pacini c'era anche quella di un finanziamento in conto capitale. L'ipotesi fu prospettata al Pacini tutte e due le volte che mi recai a Ginevra».

[39] Cfr. capo di imputazione, punto 2.

[40] Cfr. incid. prob. D'Adamo 6-2-98:
Domanda: «Quando deliberate lei e gli altri soci l'aumento di capitale sociale della Sii?».
Risposta: «La data precisa non la ricordo».
D: «Glielo dico io, il 22 maggio 1993?».
R: «Esatto».
D: «Decidete di portarlo da 6 miliardi 525 milioni a 15 miliardi 525 milioni?».
R: «Sì».
D: «Quindi decidete di aumentare il capitale sociale di 9 miliardi?».
R: «Sì».
D: «È vero che Pacini fa una prima serie, esattamente tre di finanziamenti per l'importo complessivo di 5 miliardi?».
R: «Sì».

[41] Cfr. incid. prob. D'Adamo del 29-1-98.

[42] Cfr. incid. prob. D'Adamo del 29-1-98:
Domanda: «Sta parlando del primo aumento, quello del 28 maggio 1993?».
Risposta: «Certo».
D: «Pacini sapeva di quell'aumento di capitale?».
R: «Certo, gli ho dato anche una offerta, ho dato i bilanci che lui doveva passare a Omar Iaya, non doveva tenerli per sé, ma lui ne era a conoscenza».
D: «Nel maggio 1993 viene deliberato un aumento di capitale, Pacini ne viene informato, ma il suo ruolo è più quello di trovare un acquirente, più che acquistarla lui, però poteva anche comprare lui?».
R: «Sì, questo lui lo sapeva».

na), oppure, al di là della terminologia, le parti hanno inteso attuare e hanno attuato un altro e diverso negozio giuridico, ad esempio un contratto di compravendita (di azioni contro denaro), un trasferimento di azioni da un socio a un altro, un subingresso di un nuovo socio nel capitale sociale di un'impresa commerciale? Davvero, cioè, Pacini ha pagato "a vuoto" D'Adamo, con l'unico scopo di sostanzialmente regalargli denaro in cambio di una "buona parola" che D'Adamo doveva spendere verso il Pm Di Pietro?

Se così fosse, Pacini – una volta entrato nell'idea di versare a D'Adamo 9 miliardi – avrebbe dovuto disinteressarsi della destinazione della somma. Soprattutto, non si sarebbe dovuto affatto attivare: per ottenere dapprima il controllo del 60% delle quote sociali della Gde; per avere come contropartita il certificato azionario delle predette quote; per far controllare e gestire la società dal proprio fiduciario Intiglietta; infine, per rivenderla (seppure a metà prezzo). Invece, Pacini si è comportato proprio in questo modo.

Ciò è rilevante per poter rispondere alla "domanda chiave" di tutta la faccenda: D'Adamo ha ricevuto denaro da Pacini grazie a un intervento da me all'epoca orchestrato con lui (come sostiene il Pm bresciano), oppure D'Adamo ha poi inteso dare una valenza diversa di quei suoi rapporti di allora con Pacini per "fare un piacere a Silvio Berlusconi e Cesare Previti" (come sostengo io e come trasuda dagli atti)?

Per poter rispondere compiutamente alla domanda, bisogna ricostruire l'evoluzione degli avvenimenti relativi al consenso di Pacini di versare a favore di D'Adamo la somma di 9 miliardi. Cosa è avvenuto fra loro? Come hanno regolato i loro rapporti? Cosa si sono detti? Cosa hanno fatto? Soprattutto, dov'è la prova di un mio inserimento (operativo, diretto, determinato e determinante) per "piegare" la volontà di Pacini? Perché, ripeto, è e sarà sempre un inutile esercizio dietrologico continuare a enfatizzare i rapporti tra Pacini e D'Adamo se poi non si dimostra che io ne fossi "cosciente compartecipe". Vediamo allora di preciso cosa accade.

D'Adamo aveva urgente bisogno di denaro "frusciante" per tamponare le falle finanziarie delle sue aziende; per questo "spingeva" Pacini a "bonificare" al più presto le rimesse bancarie [43, 44, 45]. Pacini da una parte assecondava le richieste del D'Adamo, e dall'altra cercava di far fruttare il proprio intervento economico e di garantire il suo investimento [46].

Dapprima le parti – anzi, soprattutto D'Adamo – abbozzarono l'ipotesi di uno "sconto fatture" (possiamo chiamarlo factoring?) [47]. Poi Pacini fece balenare a D'Adamo l'idea di un subingresso di un socio libico (Omar Iaya, suo amico e socio in spericolate opera-

---

[43] Cfr. incid. prob. D'Adamo del 6-2-98:
Domanda: «Parlò al signor Pacini già in questa epoca, cioè prima del successivo incontro a Ginevra, della cifra di 9 miliardi, di una cifra che sarebbe stata molto significativa per risolvere i problemi di quel momento?».
Risposta: «Parlammo di questa cifra importante».

[44] Cfr. incid. prob. D'Adamo del 28-1-98:
Domanda: «Che cosa propone in questa sede?».
Risposta: «In quella sede io avevo bisogno subito di soldi, quanti soldi?, avevamo stabilito l'importo di nove miliardi che mi dovevano arrivare in un certo arco temporale...».

[45] Cfr. incid. prob. D'Adamo del 28-1-98:
Domanda: «Quando accetta così su due piedi di dare questi 2 miliardi, fin da quel momento si pongono le basi per un rapporto che deve svilupparsi in eventuali ulteriori interventi, se sì quali, o questa iniziativa di un mese dopo?».
Risposta: «Pacini era perfettamente al corrente delle mie difficoltà e che le mie difficoltà non si esaurissero con i 2 miliardi ne era a conoscenza. Quindi, è chiaro che si è parlato quel giorno e nei giorni successivi per vedere come potevamo fare per far arrivare altri soldi al gruppo».

[46] Cfr. interrogatorio Pacini Battaglia del 18-7-97: «D'Adamo mi fece intravedere (falsamente) la possibilità di acquistare una partecipazione nella Sii, portò con sé i bilanci e gli ordini della Sii per potermi dimostrare la validità e la solidità di quella società... Dopo il primo finanziamento, tra il 5-5-93 e il 24-5-93, D'Adamo cominciò a dirmi che aveva bisogno di una serie di finanziamenti, se ben ricordo fece sempre riferimento alla Sii. Fu a quel punto che D'Adamo iniziò a dirmi che aveva dei problemi a vendermi la Sii in quanto avrebbe dovuto chiedere il permesso ai suoi soci libici ed era in corso l'intera ristrutturazione finanziaria della Sii (fece riferimento a crediti che vantava nei confronti di imprese libiche). Mi fece presente che vi era un'altra sua società (la Gde) in stato di sofferenza ed aggiunse che sistemata la Gde non avrebbe avuto nessuna difficoltà a vendermi la Sii, fornendomi garanzia sul punto. Aggiunse anche che l'intera operazione rappresentava per me un grosso affare».

[47] Cfr. incid. prob. D'Adamo del 30-1-98:
Domanda: «Avevate dei documenti con voi?».
Risposta: «Sicuramente».
D: «Documenti che riguardavano quella società?».

zioni finanziarie planetarie) [48], soprattutto con l'intento di rilevare parte del pacchetto azionario della Sii, società che stava particolarmente a cuore a Pacini in vista dell'utilizzo che ne poteva fare per acquisire commesse governative in Libia [49, 50]. Infine entrambi si accordarono sull'acquisto da parte di Pacini di una compartecipazione nella Gde-Gruppo D'Adamo Editore (in pratica il gioiello di famiglia del Gruppo D'Adamo) [51, 52, 53]. E infatti, i 9 miliardi avuti da Pacini vennero alla fine interamente utilizzati da D'Adamo per au-

---

R: «La Sii».

D: «Mi può spiegare per quale ragione lei aveva con sé questi documenti se sapeva che andava a incontrare un banchiere e fare un discorso in generale?».

R: «Perché io avevo intenzione di chiedere e mi servivano subito i soldi, quindi mi portai la fattura, lo sconto di una fattura è una cosa che si fa velocemente, soprattutto per un lavoro che si faceva in Svizzera».

[48] Cfr. incid. prob. D'Adamo del 6-2-98:

Domanda: «Si inserì in questa riflessione sul mercato libico Pacini dicendo che lui aveva delle influenze nel settore governativo libico, le disse anche un nome?».

Risposta: «Mi parlò di Omar Iaya, stando a quello che mi diceva Pacini era un uomo influente in Libia».

D: «Le disse comunque che era in grado disponendo della Sii di fare delle cose strepitose in Libia?».

R: «Sì, certo che mi disse che si potevano fare dei lavori in Libia...».

[49] Cfr. incid. prob. Pacini del 14-10-97: «Non posso escludere che inizialmente, con D'Adamo, si pensò a ulteriori interventi finanziari, da parte mia, nei confronti della Sii e non della Gde, e in particolare mi sarebbe stata prospettata la possibilità di effettuare un finanziamento in conto capitale della Sii. Ribadisco però che io ero assai interessato alla Sii e che la fu D'Adamo a sostenere che in quel momento non era possibile effettuare operazioni di acquisto di azioni o di aumento di capitale della Sii, in quanto vi sarebbe stato bisogno dell'autorizzazione da parte dei soci libici e mi convinse a intervenire in favore della Gde».

[50] Cfr. incid. prob. D'Adamo del 28-1-98:

Domanda: «Nel primo incontro, quando lei ha avuto questo primo incontro con Pacini a Ginevra, si parlò anche di affari, di lavori per la Libia?».

Risposta: «Non ci fu questo discorso. Il discorso ci fu per questo Omar Iaya tanto è vero che io ricordo perfettamente la preparazione di documentazione che abbiamo mandato a Ginevra».

D: «Chi provvide a portarla?».

R: «Ricordo che fu mio figlio a portargliela questa documentazione a Ginevra perché era già in cantiere e poi dal cantiere, a 100-150 Km di distanza, andò mio figlio a portarla».

D: «In questa fase Pacini non si propose come soggetto?».

R: «In questa fase mostrò più interesse a dei lavori che poteva dare alla Sii, degli aiuti che poteva dare alla Sii. Lui conosceva a suo dire la Sii già dal vecchio proprietario».

D: «Di nome?».

R: «Profeta. Quindi, si parlò di Sii non tanto come acquisizione da parte di Pacini tanto è vero che l'offerta fu fatta per mandarla ad Omar Yaya. Si parlò di interventi attraverso questo che era un uomo potente per fare avere lavori grandiosi in Libia».

D: «Prospettò Pacini la possibilità di entrare lui nei capitali Sii in questa fase?».

R: «No, io direi che questo interesse fu successivo. In questa fase, mandò questa documentazione a Iaia».

D: «Yahia sarebbe entrato nel capitale e avrebbe garantito i lavori in Libia?».

R: «Sì, intanto avrebbe garantito l'ingresso dei soldi e quindi i lavori in Libia, cosa che poi non avvenne, non ne seppi più niente dell'offerta, non si concretizzò assolutamente niente».

[51] Cfr. incid. prob. D'Adamo del 28-1-98:

Domanda: «I nuovi incontri legati a quello che è stata la seconda operazione, quella che è concretizzata nell'aumento di capitale della Gde, a che distanza di tempo iniziano rispetto all'operazione finanziamento Sii?».

Risposta: «Un mesetto dopo».

D: «È lei che prende contatti con lui?».

R: «Sì, io direttamente».

[52] Cfr. s.i.t. Ennio D'Adamo del 9-10-97: «Nell'anno 1993, non ricordo in quale periodo, mio fratello mi chiamò in Gde e mi disse che nel pomeriggio mi avrei dovuto recare presso lo studio di via Pantano in Milano dell'avvocato Lucibello... in quanto ci saremmo dovuti incontrare con una persona che era disposta a intervenire economicamente nella Gde. Quando entrai nello studio di Lucibello era già presente mio fratello ed un signore che mi fu presentato come Pacini Battaglia. L'incontro durò pochi minuti; Lucibello e Pacini mi dissero di preoccuparmi solamente di lavorare in quanto le risorse finanziarie sarebbero arrivate. Mi congedai lasciando Pacini, Lucibello e mio fratello nello studio... Non molto tempo dopo l'incontro presso lo studio dell'avvocato Lucibello, mio fratello mi invitò ad accompagnarlo a Bientina a casa di Pacini Battaglia. Se non ricordo male c'era anche mio nipote Giovanni. Fummo ricevuti dal Pacini in un grande salone. Mio fratello mi disse alla presenza del Pacini che questi stava per diventare socio della Gde in quanto era disposto a farci dei finanziamenti per circa sei o sette miliardi».

[53] Cfr. interrogatorio Pacini del 18-7-97: «Nel maggio del 93 raggiunsi l'accordo con D'Adamo di effettuare un finanziamento di 9 miliardi complessivi. Non ricordo se inizialmente si parlò di un finanziamento di 5 miliardi o se fin dall'inizio venne concordato il finanziamento per 9 miliardi. A fronte di questo finanziamento D'Adamo mi avrebbe consegnato la maggioranza del capitale della Gde, nel senso che avrebbe utilizzato detto finanziamento per eseguire l'aumento di capitale della Gde. Con quella

mentare il capitale sociale della Gde [54], società che veniva contestualmente messa nelle mani di Pacini [55].

Tutto ciò viene riconosciuto dallo stesso Pm di Brescia che lo recepisce formalmente nel capo di imputazione. L'Accusa però ritiene "insensato" questo finanziamento perché non coperto da alcuna garanzia. Ma non è vero: primo, perché a ben vedere (con gli occhi di allora) l'operazione finanziaria non era affatto insensata, date le "aspettative di ritorno" che

aveva Pacini (e che D'Adamo gli aveva fatto credere); secondo, perché – in realtà – il rapporto economico Pacini-D'Adamo nel settembre 93 varia totalmente di struttura e contenuto: non più versamento di denaro a titolo di finanziamento ma a titolo di "controprestazione contrattuale" per l'acquisto di azioni societarie di pari valore [56].

E infatti, D'Adamo una volta ricevuto il finanziamento da Pacini e conseguentemente provveduto all'aumento di capitale della Gde, emetteva il relativo certificato azionario per un controvalore di 9 miliardi [57]. Orbene, il certificato azionario altro non è che il "titolo di proprietà" della "quota" di società che il sottostante capitale sociale rappresenta; insomma, è chiaro che chi detiene questo titolo può disporre delle società (ovviamente in relazione alla percentuale di capitale sociale rappresentato). Di fatto, il certificato azionario rappresentava il 60% del capitale sociale Gde; quindi il proprietario, possessore e detentore di tale certificato, poteva a buon diritto vantare il controllo della maggioranza assoluta delle quote sociali, e in pratica era l'azionista di maggioranza e di controllo della Gde. Ebbene, D'Adamo il 26-1-94 cedette a Pacini – materialmente e giuridicamente – il certificato azionario della Gde [58, 59, 60]. Sì, questo è il pun-

somma io avrei acquistato il 60% delle azioni. A tal fine D'Adamo mi fece credere che la Gde, con l'aumento di capitale da 2,5 miliardi a 15 miliardi (di cui 9 erano miei) avrebbe avuto uno spettacolare sviluppo e sarebbe stato possibile rivendere tale società a terzi acquirenti. A seguito di tale programmata vendita D'Adamo avrebbe provveduto a liquidare il valore corrispondente alla mia quota di capitale Gde (60%) con un pari valore di partecipazioni Sii».

[54] Cfr. incid. prob. D'Adamo del 6-2-98:
Domanda: «È vero che da settembre in avanti iniziate a parlare di una società e delle necessità di una società che si chiama Gde-Gruppo D'Adamo Editore?».
Risposta: «Sì».
D: «È vero che questa società aveva all'epoca una crisi di liquidità?».
R: «Sì».
D: «È vero che dall'ottobre in avanti, esattamente, vengono versati ulteriori 4 miliardi nell'epoca che va dal 28 ottobre 1993 al 3 gennaio 1994, una per volta, le date sono no: 28 ottobre, il 6 dicembre, il 22 dicembre e il 3 gennaio?».
R: «Sì».
D: «Questo secondo canale segue strade e una diversa rotta e un diverso porto del primo, una diversa rotta e un diverso porto. Perché la rotta è Keniston-Compagnie Européenne de Placement e direttamente alla Gde?».
R: «Sì».

[55] Cfr. incid. prob. D'Adamo del 6-2-98:
Domanda: «È vero che il 6 novembre la Sii, versa alla Edilgest quei 5 miliardi che erano confluiti attraverso il primo momento, cioè la Sii versa alla Edilgest 5 miliardi?».
Risposta: «Non lo ricordo».
D: «Comunque vengono utilizzati in conto aumento capitale della Gde?».
R: «I 5 miliardi di giugno-luglio in ottobre quando si decide di fare l'aumento di capitale, passano da finanziamento a conto aumento di capitale, quindi la Compagnie Européenne de Placement non ha più un finanziamento ma ha versato i soldi in conto aumento capitale della D'Adamo Editore. Gli altri 4 miliardi a questo punto, essendoci l'aumento di capitale la Compagnie Européenne non in dà più alla Finampa ma li dà direttamente Compagnie Européenne al Gruppo D'Adamo Editore, già con la qualifica di conto aumento capitale...».

[56] Cfr. incid. prob. D'Adamo del 6-2-98:
Domanda: «È vero che nel frattempo ed esattamente il giorno 11 ottobre 1993 la Gde delibera di aumentare il proprio capitale portandolo a 15 miliardi?».
Risposta: «Sì, da 2 e mezzo a 15...».
D: «Vengono utilizzati per sottoscrivere l'aumento di capitale della Gde?».
R: «Sì».

[57] Cfr. incid. prob. D'Adamo del 6-2-98:
Domanda: «Quando si ottiene l'autorizzazione all'aumento di capitale si emettono i certificati azionari, un solo certificato se non ricordo male?».
Risposta: «Non lo ricordo».
D: «Del valore di 9 miliardi che corrisponde esattamente a questo finanziamento?».
R: «Non ricordo se fu uno o due».

[58] Cfr. interrogatorio Pacini Battaglia del 18-7-97: «A fronte di questo finanziamento D'Adamo mi avrebbe consegnato la maggioranza del capitale della Gde, nel senso che avrebbe utilizzato detto finanziamento per eseguire l'aumento di capitale della Gde. Con quella somma io avrei acquistato il 60% delle azioni».

[59] Cfr. interrogatorio Lucibello del 17-3-98: «Pacini mi ha

to sul quale mi pare si sia riflettuto poco nel corso delle indagini preliminari.

Leggendo cosa hanno dichiarato i protagonisti e i comprimari dell'operazione finanziaria, si può meglio comprendere le loro reali intenzioni di allora:

• dice Pacini: «Con quella somma io avrei acquistato il 60% delle azioni... Fin dall'inizio, con D'Adamo si pensò di realizzare l'aumento di capitale della Gde, non vi fu una prima fase nel corso della quale si parlò solo di un finanziamento»;

• dice Antonio D'Adamo: «Questa società [la Atlantic Finance, proprietaria del 60% delle azioni Gde) passa nella *disponibilità* di Pacini Battaglia»;

• dice Giuseppe Lucibello: «Pacini mi ha spiegato che stava *acquistando* una quota del pacchetto azionario della Gde»; e ancora: «Pacini a cavallo dell'estate 93 mi ha riferito che *stava acquistando* la Gde»; e ancora «D'Adamo mi ha riferito in diverse occasioni che gli dispiaceva moltissimo *cedere* parte del capitale della Gde... mi ha detto che lui *l'aveva ceduta* a Pacini»;

• dice Ennio D'Adamo, factotum della Gde: «Mio fratello mi disse alla presenza di Pacini che questi *stava per diventare socio* della Gde in quanto era disposto a farci dei finanziamenti»;

• Ennio D'Adamo aggiunge: «Lucibello mi disse di mettere a disposizione di Intiglietta un ufficio e presentarlo al personale della Gde come *rappresentante dell'azionista di riferimento*»; Ennio D'Adamo ritorna sull'argomento

anche alla fine della gestione Intiglietta: «Dopo circa tre o quattro mesi... non vidi più arrivare in azienda Intiglietta. Chiesi spiegazioni a mio fratello ed egli mi rispose che non sarebbe più venuto in quanto *la Gde era nuovamente in suo possesso*».

• Pacini si comporta da proprietario anche quando dà incarico al suo consulente Antonio Intiglietta di coordinare e controllare la gestione della società («Te vai nella D'Adamo Editore perché è di mia maggioranza»). La prova provata di questo assunto è data dal ruolo che i protagonisti della vicenda hanno assegnato a Intiglietta, da tutti ritenuto come il fiduciario che in nome e per conto del proprietario si era installato negli uffici della Gde per coordinarne le attività. Di lui, Antonio D'Adamo dice che era «rappresentante del socio di maggioranza». Per Ennio D'Adamo, Intiglietta operava «in rappresentanza del socio di maggioranza». Intiglietta, a sua volta, conferma di aver ricevuto l'incarico da Pacini e Van der Poel in quanto essi avevano «*preso la quota di maggioranza* della Gde-Gruppo D'Adamo Editore», e perché «Van der Poel in rappresentanza della Morave mi disse di *aver acquistato* il pacchetto di maggioranza della Gde»; e del suo ruolo alla Gde precisa: «Capii di essere di fronte a una scelta in quanto, o passava la linea di risanamento aziendale *proposta dalla proprietà che io rappresentavo, oppure sarebbe stato opportuno ricedere le quote alla vecchia proprietà*»; ne scaturirono forti contrasti con il rappresentante del Gruppo, Ennio D'Adamo, in quanto «le scelte operative proposte dalla *vecchia proprietà* mal si sposavano con la volontà di investire della *nuova proprietà* che io rappresentavo»; Intiglietta mise al corrente di tutto ciò Pacini e Van der Poel, e questi «mi dissero che avrebbero rivenduto la società alla *vecchia proprietà*».

Risulta peraltro provato che D'Adamo, dopo aver perfezionato l'emissione del certificato azionario (del valore di 9 miliardi, corrispondenti al 60% delle azioni Gde), il 25-1-94 formalizzava la vendita di tale certificato alla Atlantic Finance e il giorno successivo (26-1-94) *cedeva* tale società a Pacini [61].

---

spiegato che stava acquistando una quota del pacchetto azionario della Gde di D'Adamo e che era molto contento di diversificare in tal modo l'oggetto delle sue attività. Mi ha detto anche che non gli sarebbe dispiaciuto essere presente anche nel mondo dell'informazione».

[60] Cfr. incid. prob. D'Adamo del 6-2-98:
Domanda: «Questo certificato azionario, segue questa strada: la Gde lo consegna alla Compagnie Européenne?».
Risposta: «Sì».
D: «Questo avviene il 10 gennaio 1994. La Compagnie lo trasferisce il 25 gennaio dello stesso anno alla Atlantic Finance di Lussemburgo?».
R: «Sì».
D: «Questa società a sua volta dopo averlo tenuto per circa 3 mesi, lo trasferisce alla Morave Holding?».
R: «Questa società il 24, 25 o il 26 *passa nella disponibilità* di Pacini».

---

[61] Si legge infatti nel capo di imputazione: «a) 25-1-94 – acquisto del certificato azionario da parte della Atlantic

Se continuassimo a setacciare gli atti giudiziari, troveremmo una miriade di altri elementi da cui desumere che Pacini *non ha regalato* alcunché a D'Adamo ma ha solo *comprato* per 9 miliardi il pacchetto azionario di maggioranza di una società del D'Adamo. Mi limiterò a riportare il seguente, significativo passo dell'interrogatorio di D'Adamo del 28-1-98:

Domanda: «La Gde emette un certificato azionario in favore della Compagnie Européenne che ha versato il capitale. Questa *cede il certificato azionario alla Atlantic?*».

Risposta: «Io non so se è stato diretto oppure c'è stato il filtro, ma questo è nei documenti».

D: «Tutto questo avviene nel gennaio 1994?».

R: «Sì».

D: «In questo momento la Atlantic di chi è?».

R: «Era mia».

D: «Dopo che cosa succede?».

R: «*Venne ceduta* al Pacini».

D: «Qual è il successivo peregrinare?».

R: «Dalla Atlantic Finance le società della D'Adamo Editore passano alla Morave».

D: «Di chi era la Morave?».

R: «Era di Pacini, perché nel frattempo Pacini finanziò direttamente la D'Adamo Editore».

D: «Siamo al passaggio Atlantic-Morave?».

R: «Sì».

D: «Lei realizzando la cessione della Atlantic di fatto passa il certificato Gde nelle mani di Pacini?».

R: «*L'Atlantic è di Pacini*».

D: «Quanto valevano queste azioni?».

R: «Nove miliardi, era il 60% del capitale totale della Gde che era di 15 miliardi. L'ulteriore aumento di capitale non sottoscritto da Pacini fu sottoscritto dalla Edilgest per cui la Edilgest aveva il 40% e Pacini il 60%».

D: «Atlantic diventa di Pacini, questo pacchetto azionario di che importo...».

R: «Di 9 miliardi».

Che senso ha, allora, parlare come ha fatto il Pm bresciano di «versamenti... non giustificati da convenzionali rapporti di carattere commerciale» [62]? Cosa ha di così strano un'operazione commerciale tale per cui il finanziatore (nella specie il finanziere-banchiere Pacini), una volta raggiunto l'accordo con il suo cliente (l'imprenditore D'Adamo) di dargli 9 miliardi per rimetterne in moto l'attività imprenditoriale, si cautela facendosi consegnare, come controvalore, quote di pari importo di una delle migliori società del gruppo? Di più: se li faceva dare non a titolo di semplice garanzia, ma di proprietà. Ancora di più: come vedremo fra breve, Pacini si sente talmente "proprietario" di questa società del Gruppo D'Adamo che decide di controllarne direttamente la gestione insediandovi un proprio fiduciario (Intiglietta).

Davvero si può pensare che questo sia il comportamento di un corruttore il quale – consegnando il denaro a D'Adamo – pensava che questo dovesse finire nelle mani di un magistrato? Non è forse vero che Pacini, impossessandosi del certificato azionario di maggioranza della Gde, di fatto non lasciava nelle mani di D'Adamo nulla del controvalore del denaro versato? E davvero si può pensare che il comportamento del D'Adamo sia quello tipico del "concorrente corruttore" che agiva in mio nome e per mio esclusivo conto? Se egli si fosse davvero proposto di far pervenire a me una parte del denaro ricevuto, non avrebbe convogliato *tutto* il denaro ricevuto nelle casse della sua società, ma ne avrebbe accantonata almeno una parte!

Né si pensi che il valore effettivo del 60% delle azioni Gde non potesse corrispondere effettivamente, agli occhi di Pacini, a 9 miliardi alla fine del 1993: da tutte le parti contraenti, la società veniva rappresentata come un "gioiello" del gruppo D'Adamo [63, 64, 65, 66, 67,]

Finance Sa (che il 26-1-94 *veniva ceduta* da D'Adamo a Pacini) per un controvalore di L. 9 miliardi, pagato mediante accollo del debito (per il finanziamento di cui al punto 2) della Compagnie Européenne de Placement Sa (di D'Adamo) verso la Keniston Investments Ltd (di Pacini)».

[62] Cfr. memoria del Pm alla prima richiesta di proroga del 28-4-97.

[63] Cfr. incid. prob. D'Adamo del 6-2-98:

Domanda: «Quando lei discute con Pacini Battaglia l'aumento di capitale della Gde e le dice che un suo ingresso nella Gde può essere decisivo, fa un'affermazione di questo genere: "Pacini accetta quello che ti sto dicendo perché la Gde è il mio fiore all'occhiello". Dice queste testuali parole?».

Risposta: «Può essere, io ci tenevo a quella società».

D: «Le disse che era il gioiello del suo Gruppo?».

R: «Era un gioiello inteso come una diversificazione, cioè io mi sono occupato sempre di cose immobiliari, quella era una cosa editoriale, gli immobiliaristi erano sempre i famosi palazzinari, quindi, essere editore era un'altra cosa».

e una banca importante come la Comit diede a quelle azioni lo stesso valore allorquando an-

---

D: «Le disse anche che con l'apporto di finanziamenti si sarebbe superato quel momento difficile che nasceva da investimenti operativi?».
R: «È possibile».
D: «Le disse anche che la società sarebbe potuta divenire nel settore dell'editoria scolastica una società leader?».
R: «Lo è stata, è seconda in Italia, anzi lo è ancora perché è lì».

[64] Cfr. interrogatorio Pacini Battaglia del 18-7-97: «D'Adamo mi fece credere che la Gde, con l'aumento di capitale da 2,5 miliardi a 15 miliardi (di cui 9 erano miei) avrebbe avuto uno spettacolare sviluppo e sarebbe stato possibile rivendere tale società a terzi acquirenti».

[65] Cfr. interrogatorio Lucibello del 17-3-98: «D'Adamo mi ha riferito, in diverse occasioni, che gli dispiaceva moltissimo cedere parte del capitale della Gde, società alla quale teneva moltissimo, anche a livello "affettivo" e che la sua prospettiva era quella di poter riacquistare tali azioni in un breve arco temporale... mi ha detto che la Gde era la migliore delle sue società e che lui l'aveva ceduta a Pacini in quanto quest'ultimo "se la meritava". Mi ha spiegato che Pacini gli stava procurando degli importanti lavori in Libia. D'Adamo ha fatto cenno a qualche problema transitorio di liquidità, spiegandomi però che aveva una situazione patrimoniale immobiliare che gli avrebbe consentito di vivere bene per almeno cinque anni. Fino a quel momento non avevo mai avuto notizia di problemi di liquidità del D'Adamo. Questi mi ha anche spiegato che la Gde, a differenza delle altre sue società poteva essere agevolmente separata dal suo Gruppo».

[66] Cfr. incid. prob. D'Adamo del 2-2-98:
Domanda: «Lei rappresentava la D'Adamo Editore come il fiore all'occhiello, era un'impresa che lei considerava positivamente nel suo quadro di gruppo?».
Risposta: «Era una buona società, e l'unica che si sta salvando».
D: «Nell'interessamento di Pacini a questa società, vi era la considerazione che essa nei rapporti di gruppo era la più indipendente, più libera. Nei rapporti in quel gruppo vi possono essere delle società più prigioniere del rapporto di gruppo e quindi difficoltà economiche ed eventuale dissesto di altre società, si ripercuotono su questa. A sua memoria, ricorda che se n'è discusso, questa era la società più libera nei rapporti nel gruppo?».
R: «Io avevo 4 sub-holding, quindi tutte e quattro le sub-holding potevano essere assolutamente indipendenti. Le sub-holding erano la Sii, la D'Adamo Editore, la Edinim e una serie di società di servizi. Era indipendente perché evidentemente rappresentava una sub-holding».

[67] Cfr. incid. prob. D'Adamo del 2-2-98:
Domanda: «È vero che lei ha riferito a Pacini e ad altre persone – penso Berlusconi compreso – che la Gde era il fiore all'occhiello del suo Gruppo?».
Risposta: «Era una bella società, ci avevo messo anche tanti soldi; investimenti nella Gde sono stati 20-30 miliar-

ch'essa, l'anno successivo, accordò un generoso finanziamento a D'Adamo [68].

Subito dopo l'accordo di compravendita delle azioni Gde e nel mentre i finanziamenti proseguivano, Pacini si preoccupava di far esaminare più a fondo la situazione finanziaria di tale società. A riprova del fatto che Pacini, dopo soli 3-4 mesi di rapporti con un cliente che qualunque banchiere poteva considerare "buono" (e, non dimentichiamolo, tale veniva considerato all'epoca l'ing. D'Adamo da istituti di credito come il Banco di Napoli o l'Isti-

---

di; quindi è chiaro che ci tenevo, era una società editoriale, non era la solita società immobiliare».
D: «La rappresentava come il pezzo forte della sua costellazione?».
R: «Comunque un pezzo importante, pulito; dopo gli investimenti poteva essere una buona cosa».

[68] Cfr. s.i.t. Pierfrancesco Saviotti del 13-11-97: «Sono Direttore generale della Banca Commerciale Italiana. All'epoca in cui fu concesso l'affidamento di L. 12 miliardi alla Edilgest Finanziaria Spa rivestivo la carica di Direttore centrale responsabile dell'Ufficio Fidi della Comit... D'Adamo Antonio mi chiese un affidamento per circa L. 15 miliardi esponendomi la situazione generale del suo Gruppo. Gli chiesi in che modo ritenea, alla scadenza dell'affidamento, di poter rimborsare la somma. Mi rispose che aveva in animo di dismettere alcuni cespiti, tra cui il pacchetto azionario della Gde che peraltro interessava la Fininvest... Ricordo che appena D'Adamo uscì dal mio ufficio telefonai al dott. Livolsi della Fininvest, gruppo imprenditoriale da tempo cliente della Comit. Livolsi mi confermò che vi erano trattative in corso con il D'Adamo per l'acquisizione del pacchetto di maggioranza della Gde. Telefonai in filiale fornendo queste informazioni. Se non ricordo male, poco tempo dopo fu concesso alla Edilgest l'affidamento... Il diritto di voto per le azioni Gde fu lasciato, come di prassi, alla Edilgest... con riferimento alla "Nota per direzione centrale" del 5-4-96, ritengo che quando si fa riferimento a "sponsor" e "presunto acquirente" si debba intendere il Gruppo Fininvest. Ciò con riferimento a quelli che erano stati gli intercorsi telefonici con il dott. Livolsi fin dall'inizio... Ricordo che D'Adamo successivamente ci notiziò che le trattative con la Fininvest andavano avanti e che oltre questi altri Gruppi Editoriali erano interessati all'acquisto della Gde. Quando mi resi conto che la situazione della Edilgest stava peggiorando, telefonai al dott. Livolsi chiedendogli quale era lo stato della trattativa per l'acquisto della Gde. Devo dire che il Livolsi fu molto evasivo e non mi diede alcuna assicurazione pur non escludendo che in futuro potesse esserci una soluzione positiva. Insomma mi fece capire che non si trattava del momento adatto per comprare le azioni della Gde... Anche se la Fininvest non ci ha mai formalmente comunicato di non essere più interessata all'acquisto della Gde, abbiamo passato la pratica in "sofferenza" a seguito del fallimento della Edilgest e abbiamo provveduto ad accantonare quale perdita l'importo di L. 9 miliardi».

tuto San Paolo di Torino), vuole vederci più chiaro; anzi, vuole sapere che fine stanno facendo i suoi soldi, e se le società che ha acquistato valgano veramente il rischio di impresa che si è assunto. Tramite il proprio legale avv. Lucibello, Pacini incaricò i commercialisti Manfredini e Agresti di esaminare la situazione finanziaria della Gde [69], [70], [71], cosa che essi fecero.

A dire il vero, Agresti e Manfredini fanno un po' gli scaricabarile su chi abbia materialmente redatto la relazione finale [72], [73], ma a ben vedere entrambi ammettono che una relazione vi è stata, che essa serviva per valutare la situazione aziendale della Gde, e che tale valutazione venne loro commissionata dall'avv. Lucibello per conto di Pacini [74], [75]. Che una relazione Agresti e/o Manfredini vi sia stata, è acquisito agli atti: essa venne redatta il 19-10-93. Lo evidenzia la consulenza contabile effettuata dalla Procura di Brescia, e lo riconosce lo stesso ing. D'Adamo [76], [77]. È anche docu-

---

[69] Cfr. incid. prob. D'Adamo del 6-2-98:
Domanda: «Siamo in un momento in cui è avvenuta la parte più consistente del finanziamento circa 8 miliardi, esattamente, a ottobre sono già arrivati 7 miliardi. A questo punto è vero che il signor Pacini chiede a un commercialista esattamente al dott. Manfredini di fare uno studio sulla Gde?».
Risposta: «Io ne sono a conoscenza ma non l'ho chiesto io, l'ha chiesto Pacini».

[70] Cfr. interrogatorio Pacini Battaglia del 18-7-97: «Nel periodo tra luglio e dicembre ho cominciato a occuparmi della Gde. Nel senso che ho dato incarico inizialmente a un commercialista, tale Manfredini, di farmi uno studio sommario sulla contabilità della Gde».

[71] Cfr. interrogatorio Lucibello del 12-3-98: «Pacini a cavallo dell'estate 93 mi ha riferito che stava *acquistando* la Gde... e che aveva bisogno di un professionista che potesse effettuare un controllo sui bilanci e sulla situazione economico finanziaria della Gde (per la precisione devo dire che Pacini non mi ha detto che era direttamente lui interessato all'acquisto della Gde ma all'operazione erano interessati dei suoi amici libici). Io gli consigliai il rag. Pierluigi Manfredini con il quale ho successivamente parlato, spiegandogli che una società straniera voleva acquistare la Gde e che era necessario uno studio su quest'ultima società. Ho messo in contatto Manfredini con la Gde, e fatto il lavoro, Manfredini mi ha consegnato lo studio che aveva redatto affinché io provvedessi a consegnarlo a Pacini».

[72] Cfr. s.i.t. Manfredini del 21-10-97: «Ribadisco di non aver mai svolto incarichi professionali per conto di Pacini Battaglia, che neppure conosco, né per conto della Gruppo D'Adamo Editore spa della quale non ho mai visto la documentazione amministrativo-contabile... Escludo che Lucibello mi abbia presentato o consigliato a Pacini Battaglia. Voglio precisare che "l'uomo di fiducia" di Lucibello era l'Agresti, il quale mi aveva detto di essersi recato alcune volte a Ginevra insieme a Lucibello, con l'aereo privato di Pacini per delle consulenze nei confronti del Pacini stesso. Non escludo che Pacini, quando fa riferimento alla mia persona, in realtà intenda l'Agresti».

[73] Cfr. s.i.t. Agresti del 28-10-97: «Io all'epoca non avevo l'esperienza necessaria per poter analizzare tali accadi-

menti aziendali soprattutto relativi a una società di rilevanti dimensioni come la Gde. Io ebbi l'incarico da Lucibello, ma poi lo passai al Manfredini sia per la mia inesperienza sia per il fatto che io ero già stato nominato sindaco della Gde. Lucibello era perfettamente consapevole che di fatto l'incarico sarebbe stato assolto prevalentemente dal Manfredini. Non credo che Manfredini fosse a conoscenza che Pacini stava finanziando D'Adamo».

[74] Cfr. s.i.t. Manfredini del 21-10-97: «Ritengo che quanto asserito da D'Adamo Antonio possa corrispondere a verità con riferimento però allo studio Manfredini nella persona di Agresti Vincenzo».

[75] Cfr. s.i.t. Agresti del 28-10-97: «Lucibello, quando mi affidò l'incarico, mi disse che c'erano dei suoi clienti interessati all'acquisto della Gde e che pertanto prima di procedere all'acquisto volevano rendersi conto della situazione della Società... I documenti sono stati redatti su carta intestata "Manfredini-Agresti" per dare una presentazione "comune" del lavoro svolto sebbene l'incarico era stato affidato direttamente a me. Volevo in buona sostanza creare le basi per un futuro rapporto di collaborazione con le aziende dell'ing. D'Adamo che non fosse solo mio ma anche del Manfredini... Sulla redazione dei documenti riguardanti la Gde... l'incarico fu affidato allo studio Manfredini tramite me, dall'avv. Lucibello, ma gran parte dell'analisi contabile fu eseguita dal Manfredini con la mia collaborazione. Mi sorprende che Manfredini su questo punto abbia dato una versione diversa».

[76] Cfr. incid. prob. D'Adamo del 29-1-98:
Domanda: «Lo studio Manfredini Agresti ha un ruolo in tutta questa vicenda, entra in questa vicenda, nella vicenda dei rapporti tra lei e Pacini Battaglia?».
Risposta: «Lo studio Manfredini ebbe un ruolo perché fece uno studio sui bilanci della D'Adamo Editore e stese un resoconto di questo studio».
D: «Quando e per conto di chi?».
R: «Lo fece per Pacini Battaglia, questo studio, il resoconto dello studio, me lo diede Lucibello. Io non lo dovevo avere perché era stato ordinato da Pacini che aveva evidentemente interesse a sapere quello che stavamo facendo».
D: «Quindi lo collochiamo in che momento?».
R: «Per conoscere la situazione della D'Adamo Editore...».

[77] Cfr. incid. prob. D'Adamo del 2-2-98:
Domanda: «Lei fornì i bilanci della sua società nel

mentato agli atti che la relazione Manfredini mise in allarme Pacini circa la reale situazione finanziaria della Gde prospettatagli florida dal D'Adamo [78]; quest'ultimo, sul punto, cerca dapprima di glissare [79], ma poi, in sede di controesame, deve ammettere la possibilità che la relazione in questione evidenziasse «una non chiarezza» dei bilanci [80].

Pacini si comporta insomma in modo totalmente *difforme* e *inconciliabile* rispetto a chi stia corrompendo un pubblico ufficiale (come invece vuol far credere l'Accusa). Egli, non appena raggiunge l'accordo con D'Adamo di destinare l'intervento finanziario all'aumento di capitale della Gde – e addirittura prima ancora di entrare materialmente in possesso del certificato azionario – si comporta da reale proprietario dell'azienda. Tale si sente soprattutto quando decide di incaricare un proprio consulente, Antonio Intiglietta, di installarsi nella sede della Gde con un proprio ufficio, per controllare e coordinare la gestione di tale società [81]. In tal modo, peraltro, viene vissuto dall'ing. D'Adamo il ruolo di Intiglietta, che egli espressamente qualifica «rappresentante del socio di maggioranza» [82]. Anche il factotum della Gde, Ennio D'Adamo, vive (e subisce) la presenza «quotidiana» di Intiglietta «in rappresentanza del socio di maggioranza» [83]. Intiglietta, peraltro, aveva ricevuto l'incarico di «curare e gestire» la società da chi (Pacini e Van der Poel) gli disse di «aver *acquistato* il pacchetto di maggioranza della Gde» [84].

1993 per la valutazione da parte di Pacini della stessa?».
Risposta: «Sì, l'ho già detto».
D: «Ci fu uno studio, una relazione dello studio Manfredini Agresti su questi bilanci?».
R: «Sì».
D: «Questi professionisti erano stati indicati dall'avvocato Lucibello?».
R: «Secondo me sì».

[78] Cfr. interrogatorio Lucibello del 12-3-98: «Ricordo che, dopo l'elaborazione dello studio, D'Adamo venne da me lamentando il fatto che Manfredini aveva messo in evidenza che la Gde aveva delle falle e chiedendomi di non consegnare quello studio a Pacini. Gli ho risposto che aveva già provveduto alla consegna (cosa non vera) e gli ho detto che non poteva pretendere di mischiare l'amicizia con l'attività professionale».

[79] Cfr. incid. prob. D'Adamo del 6-2-98:
Domanda: «È vero che il responso non è stato molto positivo sotto il profilo della non chiarezza contabile di alcune appostazioni e della non trasparenza finanziaria di alcune operazioni?».
Risposta: «Io ho visto molto velocemente questo perché mi era stato dato dall'avvocato Lucibello, quindi ho visto queste osservazioni, a me sono sembrate prive di significato».

[80] Cfr. incid. prob. D'Adamo del 2-2-98:
Domanda: «La relazione fu positiva o negativa a sua memoria?».
Risposta: «Non mi è sembrata né positiva né negativa, faceva alcune osservazioni ma non ricordo con precisione».
D: «Non evidenziavano della non chiarezza dei problemi esistenti?».
R: «È possibile».

[81] Cfr. incid. prob. Pacini del 30-3-98:
Domanda: «Lei disse chiaramente a Intiglietta che la D'Adamo Editore era sua?».
Risposta: «Non mi ricordo, dissi a Intiglietta: "Te vai nella D'Adamo Editore perché è di mia maggioranza", quindi dovevo mettere io qualcuno».
D: «Comunque disse chiaramente "Vai nella D'Adamo Editore"?».
R: «Sì».
D: «Lo scopo di mettere Intiglietta nella D'Adamo Editore era di fare gestire la stessa per suo conto?».
R: «A questo punto visto che doveva essere una operazione vantaggiosa io dovevo mettere un mio controllore».

[82] Cfr. incid. prob. D'Adamo del 6-2-98:
Domanda: «È vero che verso dicembre il signor Pacini chiese di inserire nel gruppo D'Adamo una sua persona di fiducia e la individuò nel dott. Intiglietta?».
Risposta: «Sì».
D: «È vero che da quel momento in avanti Intiglietta partecipò alla vita operativa, sia economica che finanziaria, della società?».
R: «Sì, in qualità di rappresentante del socio di maggioranza».

[83] Cfr. s.i.t. Ennio D'Adamo del 9-10-97: «Tra febbraio e marzo del 1994 il Lucibello mi preannunciò che sarebbe arrivato alla Gde tale Intiglietta Antonio, in rappresentanza del socio di maggioranza. Preciso che non sapevo chi era il socio di maggioranza, anche se ero perfettamente a conoscenza che le risorse finanziarie provenivano da Pacini».

[84] Cfr. s.i.t. Antonio Intiglietta del 16-9-97: «Verso la fine del 1993 e gli inizi del 1994... incontrai Pacini, che dal 1990 non avevo più visto né sentito, che mi disse che un suo amico, tale Van der Poel, aveva preso la quota di maggioranza della spa Gruppo D'Adamo Editore e aveva bisogno di un manager operante su Milano che curasse e gestisse i suoi interessi in detta società in quanto risiedeva a Ginevra... Il Van der Poel in qualità di rappresentante della Morave Holding, mi disse di aver acquistato il pacchetto di maggioranza della Gde e che aveva bisogno di conoscere la reale situazione sia sotto il profilo finanziario-gestionale sia sotto il profilo dello sviluppo della società».

Insomma, usando le stesse parole di D'Adamo, possiamo dire che «Pacini... indicò Intiglietta come suo rappresentante nella Gde... costui svolse un ruolo effettivo di controllo e di gestione». Possiamo dire anche che «l'aumento di capitale [*a seguito del finanziamento da parte di Pacini, ndr*] portò la Gde a 15 miliardi» [85]. Possiamo dire anche che Pacini divenne il socio di maggioranza della Gde così ristrutturata e rivitalizzata con il "denaro fresco" da lui immesso nelle casse societarie.

Un'accusa estranea ai fatti

La materialità dei fatti accaduti nel 93 tra Pacini e D'Adamo, a questo punto, può essere così riassunta:

• dapprima l'imprenditore D'Adamo chiede e ottiene dal banchiere Pacini un normale finanziamento di 2 miliardi;

• instauratosi fra loro un rapporto di confidenzialità professionale e umana, D'Adamo dice a Pacini che il suo gruppo imprenditoriale ha bisogno di ulteriori 9 miliardi per uscire dalla crisi finanziaria in cui versa;

• Pacini acconsente a intervenire e predispone la linea di credito a favore di D'Adamo, e comincia subito a bonificare le prime tranche di finanziamento;

• le parti cercano di trovare la ratifica giuridico-societaria per i loro rapporti economici: a Pacini sembra interessare soprattutto la Sii, ma D'Adamo alla fine gli offre la Gde;

• essi si accordano quindi di procedere a una compravendita di azioni della Gde: in questo modo D'Adamo riceve moneta sonante per le esangui casse delle sue aziende, e Pacini diventa socio di maggioranza del "gioiello" imprenditoriale del gruppo D'Adamo.

Se così stanno le cose – e, come abbiamo visto, così risulta sia dal punto di vista documentale, sia dalle dichiarazioni dei protagonisti – la ricostruzione proposta dall'Accusa bresciana nel capo di imputazione a mio carico appare del tutto avulsa dalla realtà dei fatti.

Il Pm bresciano, in particolare, sostiene che la "prestazione" offerta da Pacini sarebbe consistita sia nel «finanziamento [di 9 miliardi] erogato dalla Keniston» di Pacini in favore di D'Adamo, sia «dall'acquisto da parte della Atlantic Finance Sa (inizialmente di D'Adamo e successivamente ceduta a Pacini) del certificato azionario della Gde rappresentativo dei 9 miliardi di capitale». Così facendo, però, l'Accusa *contesta due volte lo stesso fatto*: il denaro, infatti, è sempre il medesimo; i soggetti sono gli stessi; i versamenti sono sempre quelli. La destinazione e l'utilizzazione sono unitarie. Anzi, il Pm bresciano fa di più e peggio: contesta una cosa che è la *contropartita* dell'altra.

Proviamo a ragionare: Pacini dà a D'Adamo 9 miliardi, e D'Adamo dà in proprietà a Pacini la società Atlantic Finance che ha un patrimonio di 9 miliardi (consistente nel certificato azionario rappresentante tale valore del capitale sociale Gde). Come già abbiamo visto, vi è la prova agli atti – per diretta dichiarazione delle parti, e per documentazione societaria acquisita – che D'Adamo, in cambio del denaro ricevuto da Pacini, gli ha ceduto, a titolo di proprietà, il 60% delle azioni Gde.

Semmai quello che andava meglio focalizzato era – e come vedremo è – quanto è avvenuto nell'aprile 94, allorché D'Adamo riacquistava il certificato azionario in questione a metà prezzo. In questo caso, però, non ci troviamo più di fronte a denaro che Pacini *versa* a D'Adamo, ma a denaro che D'Adamo *non versa* a Pacini. Ci troviamo, cioè, nuovamente di fronte a una fattispecie criminosa completamente autonoma e scorporata dalle precedenti, che nasce e si sviluppa in un contesto del tutto diverso: qui non è D'Adamo che va a chiedere a Pacini dei finanziamenti, ma è Pacini che rivende a D'Adamo quanto in precedenza aveva acquistato per dargli modo di "piazzare" la Gde al gruppo Berlusconi. Tutto questo, cioè,

---

[85] Cfr. incid. prob. D'Adamo del 2-2-98:

Domanda: «Pacini richiese poi e collocò nella società un suo rappresentante nella persona di Intiglietta?».

Risposta: «Sì, indicò Intiglietta come suo rappresentante nella D'Adamo Editore».

D: «Costui svolse un ruolo effettivo di controllo e di gestione?».

R: «Sì».

D: «Quindi ci fu un effettivo interessamento di Pacini alla buona gestione della società?».

R: «Alla gestione della società».

D: «L'aumento di capitale portò il capitale della D'Adamo a 15 miliardi?».

R: «Sì».

D: «Fu interamente versato il capitale o solo deliberato?».

R: «Sì. Interamente versato».

D: «Fu attuato in più tranche o in una tranche sola?».

R: «Tutto in un'unica soluzione».

non ha niente a che fare con l'accordo avvenuto fra i due l'anno precedente (lecito o illecito che sia stato).

Ricordare che il reato di corruzione è "reato istantaneo" non è questione di lana caprina, perché, come pure vedremo più avanti, per quest'ultima operazione è lo stesso D'Adamo che ammette di non avermene mai parlato e che la «destinazione a mio favore» di quanto aveva "risparmiato" nel riacquisto del certificato azionario era «rimasto nella sua testa». In quest'ultimo caso, insomma, siamo proprio nel campo del "reato di pensiero", simile ai tanti sogni impossibili.

Così stando le cose, e con riferimento all'operazione dei 9 miliardi, possiamo trarre un'altra conclusione davvero elementare – ma al tempo stesso clamorosa – che ribalta totalmente la costruzione accusatoria: dov'è il sinallagma corruttivo? Qual è la "prestazione" offerta da Pacini per sperare di ottenere dei favori processuali dal Pm Di Pietro? Pacini compie a tutti gli effetti una normale operazione finanziaria e commerciale, un normale contratto bilaterale di acquisto: denaro contro azioni. Il "fine specifico" perseguito dal Pacini è diametralmente opposto al "dolo specifico" richiesto dalla norma: Pacini non intendeva "pagare" un pubblico ufficiale ma fare un affare acquistando le azioni Gde da D'Adamo – anche se poi, alla lunga, l'operazione si dimostrerà un "cattivo affare".

Insomma, l'Accusa contesta a Pacini di aver effettuato "per Di Pietro" due "prestazioni" che tali non sono. In realtà la prima prestazione è di Pacini a favore di D'Adamo, mentre la seconda è di D'Adamo a favore di Pacini; ciascuna di esse è la controprestazione dell'altra, sicché alla fine Pacini nulla versa a D'Adamo a titolo di "prestazione corruttiva", e ciò che versa ha tutt'altra destinazione.

Si dirà: ma Pacini ci ha rimesso denaro, giacché una volta uscita la somma di 9 miliardi dalle sue tasche, questa non vi è più rientrata. Certo: ma ciò faceva – e fa – parte del rischio d'impresa. L'attività di Pacini, nel bene e nel male, è quella di un banchiere d'affari: ricevere un "bidone" rientra nell'alea di rischio per tutti coloro che speculano in Borsa, che esercitano attività finanziaria, commerciano in valuta, compravendono aziende, che insomma fanno affari – se un giorno va male, essi confidano che un altro vada meglio.

Con D'Adamo, Pacini ha perso la partita. Ha trovato sulla sua strada un altro *rider* che nell'occasione ha dimostrato di possedere più pelo sullo stomaco di lui. Anzi "lingua più astuta" e maniere più avvolgenti. Un autentico "imbonitore" che ha saputo "cucinarlo" per bene, vendendogli fumo per arrosto, giocando sul fatto che Pacini andava a sua volta in cerca di "arrosti da mangiare", di imprenditori in difficoltà con rami d'aziende appetibili di cui impossessarsi. Un "gioco degli specchi", insomma, nel quale ognuno cercava di mostrare all'altro i muscoli delle proprie altolocate conoscenze (nelle intercettazioni si ha la sensazione di un Pacini dalle conoscenze planetarie, e di un D'Adamo che a sua volta si riempiva la bocca di bei nomi allora in voga).

Un D'Adamo, quindi, che magari avrà pure magnificato e rimarcato le sue "altolocate" conoscenze (Di Pietro, dicono i Pm bresciani; ma anche l'allora presidente del Consiglio on. Silvio Berlusconi, dicono D'Adamo e Pacini [86, 87]). Un D'Adamo al quale premeva apparire credibile il più presto possibile (stante l'urgenza di avere i finanziamenti) e che, per questo, cercò un "afflato" immediato: sorridendo, ammiccando, toccando le "corde del violino" che più potevano indurre Pacini ad assecondare le sue richieste. Insomma, un D'Adamo capace di "passare sopra" anche alle amicizie e

---

[86] Cfr. incid. prob. D'Adamo del 2-2-98:

Domanda: «Qua stiamo parlando sempre del 1994 circa; lei da un lato parlava con Berlusconi, dall'altro con Pacini. A Pacini di Berlusconi cosa diceva?».

Risposta: «Che ero amico, Pacini sapeva che ero amico di Berlusconi».

D: «Sapeva che era amico di Silvio Berlusconi?».

R: «Sì».

[87] Cfr. incid. prob. D'Adamo del 2-2-98:

Domanda: «Lei ha mai ricevuto da Pacini l'indicazione: "Ma perché non parli con il tuo amico Silvio Berlusconi"?».

Risposta: «Ne parlammo, quindi può avermelo chiesto...».

D: «Di questi discorsi che le faceva Pacini relativamente al suo desiderio che Bernabè non ricoprisse più l'incarico di amministratore delegato dell'Eni, lei ne ha parlato con Berlusconi?».

R: «Può darsi che ne abbia parlato...».

D: «Lei disse a Pacini che viaggiava anche sugli aerei di Berlusconi?».

R: «Certo, sull'aereo di Berlusconi io andavo molto spesso a Roma e chiedevo un passaggio se coincideva con i giorni in cui andavo io...».

ai rapporti personali pur di riuscire ad "aprire la porta" del forziere di Pacini (parafrasando ciò che D'Adamo vuole mettere in bocca a me!). Negli anni di scuola, descrizioni di comportamenti del genere erano l'esempio tipico dei nostri professori per spiegarci un particolare tipo di reato, che però non è la corruzione ma il millantato credito, dove si discute se il pubblico ufficiale debba rivestire i panni della vittima o del danneggiato – mai del complice! A me è toccato anche questo, oltre al danno la beffa!

Insomma, il capo di imputazione formulato dal Pm bresciano contesta *fatti tra loro inconciliabili* (duplicazioni confliggenti di prestazioni) e contiene *contraddizioni intrinseche* (vittima trasformata in complice) tali per cui appare logicamente inaccettabile e giuridicamente improponibile.

5. Le parole di Pacini e di D'Adamo

Nella richiesta di rinvio a giudizio il Pm afferma che «Di Pietro, Pacini e Lucibello... concordavano una serie di interventi economici e finanziari di Pacini... e ricevevano... il finanziamento di 9 miliardi». Chi concordava cosa? Io non ho concordato niente con nessuno, e nessuno dice che io abbia concordato o ricevuto qualcosa di specifico da qualcuno!

A ben vedere non lo dice nemmeno D'Adamo, le cui dichiarazioni, apparentemente accusatorie, brillano per la loro genericità, malevolenza, malcelato rancore e interessato tornaconto (per le ragioni che poi vedremo). Anzi, diciamo da subito che proprio il livore di D'Adamo appare del tutto fuori luogo e sospetto, poiché vuol vestire panni che la storia di questa vicenda non gli "consente" (mi si passi questo richiamo al suo sponsor [*Silvio Berlusconi, ndr*]). D'Adamo "fa l'offeso", si comporta come chi è stato messo in mezzo a una storia più grande di lui, ma dimentica che il reale ed esclusivo beneficiario è stato proprio e solo lui: è lui e solo lui che, alla fine della fiera, si è portato a casa una "barcata" di miliardi! Lui è "il beneficiato" (anzi, *si è* "beneficiato") non solo del denaro che è riuscito a farsi consegnare da Pacini, ma anche – e in misura ancora maggiore, come vedremo – dei finanziamenti, delle aperture di credito e delle entrature che è riuscito a ottenere grazie all'on.

Berlusconi in cambio dei suoi memoriali contro Di Pietro poi "pilotati" nelle mani degli inquirenti. Insomma se c'è uno che proprio non dovrebbe lamentarsi, dati i benefici economici ricevuti, è proprio D'Adamo – e invece lui si comporta come se fosse la vittima!

È questo il quesito di fondo: per quale maledettissima ragione D'Adamo – che ha ricevuto denaro da Pacini e quindi gli dovrebbe riconoscenza (e, seguendo il suo discorso circa le "porte aperte" che io gli avrei fatto trovare, dovrebbe sempiterna riconoscenza anche a me) – a un certo punto, a partire dal 95 (subito dopo il mio "discorso politico" di Cernobbio del 2 settembre e la mia lettera aperta su "la Repubblica" dell'ottobre 95 agli elettori di Forza Italia), si mette a "trescare" con Cesare Previti e Silvio Berlusconi per "stimolare" la Procura di Brescia a mettermi sotto torchio?

A mio avviso non doveva essere difficoltoso per il Pm di Brescia, scandagliando meglio e sotto altra angolatura questa sfaccettatura della vicenda, dare una valenza diversa alle ragioni per cui D'Adamo abbia riferito quello che è stato verbalizzato. Dovendo farlo io e la mia difesa – e non avendo a disposizione i mezzi istruttori del Pm – possiamo solo ricostruire, ora per allora, "l'animo" dei protagonisti: solo così si può tentare di comprendere quale sia stata la molla che ha indotto Pacini a dare denaro a D'Adamo, e quest'ultimo a intascarlo.

Si può anche cercare di comprendere quale sia stata "la seconda molla" che ha fatto scattare in D'Adamo la voglia di coinvolgermi: gli interventi di Berlusconi e Previti nei suoi confronti (chissà se, più appropriatamente, non si debba parlare di "offerte" di D'Adamo). A ben vedere, però, in sede giudiziaria non è nemmeno necessario arrivare a ricostruire *le loro reali intenzioni* giacché, per dimostrare l'insussistenza del reato (almeno di quello contestato, perché aleggiano sempre nelle carte le diverse ipotesi del millantato credito o della truffa), è sufficiente ricostruire *le mie intenzioni*, giacché io rappresento il solo supposto autore di "reato proprio" e quindi senza la prova della mia "volontà e volontarietà" il reato di corruzione non può sussistere.

Non il mio animo, ma "la mia anima" può essere scrutata, sviscerata, sminuzzata, analizzata, giacché ho messo l'anima per fare l'inchiesta "Mani pulite". La complessiva strategia processuale da me all'epoca attuata nei confronti di Pacini (così come di qualche migliaio di altre persone) ha dato certamente più frutti di quelli ottenuti dalle varie Procure e dai tanti magistrati che mi sono succeduti. Confrontare per credere, perdinci! Per accertare tutto quanto ho fatto – lo ripeto – si deve però ripercorrere l'intero quadro investigativo, le complessive attività che ho svolto nei confronti dell'Eni e di Pacini in particolare. Occorre riportarsi ai meccanismi di indagine dell'epoca, alla variegata strategia della storia di "Mani pulite", alla necessità di rincorrere e definire le innumerevoli notizie di reato che si riuscivano a portare alla luce, rimandando a tempi migliori il "lavoro di fino", il compito di "ripasso", l'attività di riscontro e quella delle contestazioni analitiche. Ah, se all'epoca anch'io, come oggi i miei ex colleghi della Procura di Brescia, avessi potuto occuparmi per quattro anni di una stessa persona e di un unico filone di indagine!

In conclusione: per individuare l'elemento soggettivo riguardante la mia persona, ci si deve rifare alle mie attività istruttorie dell'epoca; invece, per accertare l'elemento soggettivo riguardante Pacini e D'Adamo, bisogna scrutare le loro dichiarazioni e raffrontarle con le altre risultanze processuali emerse.

Va da sé che, nel caso in questione, basta che venga a mancare il requisito dell'elemento soggettivo relativo a una sola delle persone incriminate perché il reato non abbia più a sussistere: la corruzione, infatti, è notoriamente un reato a "concorso necessario" e quindi la condotta dell'uno senza il concorso dell'altro non può comportare alcun effetto penalmente rilevante.

Illustrerò più analiticamente il mio stato d'animo (non la rabbia di adesso che mi si legge in faccia, ma l'animo di allora) quando cercherò di riepilogare l'attività istruttoria complessiva svolta da "Mani pulite" nei confronti del Pacini (per quel che sono i miei ricordi, giacché l'Accusa bresciana non si è fatta nemmeno carico di acquisire l'intera documentazione riguardante l'Eni e Pacini). Vediamo allora cosa hanno dichiarato agli atti i diretti protagonisti e i comprimari dell'operazione finanziaria in questione.

Dapprima occorre individuare chi possa fornire un contributo diretto di conoscenza dei fatti. Le uniche persone che in concreto possano dire qualcosa al riguardo sono Pacini, D'Adamo e Lucibello (oltre – astrattamente – a me, che però non so proprio nulla dei loro rapporti e nemmeno sapevo che Pacini e D'Adamo fossero o fossero stati in rapporti fra loro, né professionali né di qualsiasi altro tipo). Lo stesso Pm bresciano dà prova dell'assenza di altre persone che potrebbero fornire un contributo alla ricostruzione della vicenda, laddove provvede a richiedere l'archiviazione della posizione dei familiari e dei collaboratori di D'Adamo anche per mancanza di ogni loro «consapevolezza».

I protagonisti della vicenda hanno riferito quanto segue in merito al supposto (ma inesistente) mio ruolo sulla vicenda:

Dichiarazioni di Pacini Battaglia

Domanda: «Durante tale inchiesta [*"Mani pulite", ndr*] il dott. Di Pietro direttamente o indirettamente vi ha mai fatto richiesta di denaro o favori di qualsiasi natura per sé o altri?».

Risposta: «No, mai, nella maniera più assoluta».

D: «Volevo chiedere se lei può riferire se i suoi rapporti intrattenuti con l'avv. Lucibello e l'ing. D'Adamo sono stati – direttamente o indirettamente – conseguenza o collegati a interventi di qualsiasi natura fatti dal dott. Di Pietro?».

R: «No, nella maniera più assoluta, non c'entra nulla il dott. Di Pietro con i miei rapporti né con Lucibello né con l'ing. D'Adamo» [88].

Domanda: «Sig. Pacini, lei ha mai offerto al dott. Di Pietro denaro o altra utilità?».

Risposta: «Mai nessun denaro».

D: «Lei ha mai ricevuto richiesta dal dott. Di Pietro di denaro o di altra utilità».

R: «Mai nella maniera più assoluta, l'ho scritto in tutti i verbali».

D: «Lei ha mai consegnato o promesso denaro all'avv. Lucibello per il dott. Di Pietro o comunque per ingraziarsi il dott. Di Pietro?».

R: «Mai ho pagato l'avv. Lucibello per Di Pietro, l'ho pagato per le sue prestazioni professionali».

D: «Lei ha mai consegnato o promesso denaro all'ing. D'Adamo per il dott. Di Pietro o comunque per ingraziarsi il dott. Di Pietro?».

R: «Mai, ho fatto solo un finanziamento all'ing. D'Adamo e poi ho scoperto che era una truffa».

D: «L'ing. D'Adamo le ha mai richiesto denaro per conto del dott. Di Pietro?».

R: «No, non me l'ha mai richiesto».

---

[88] Interrogatorio Pacini Battaglia al Tribunale di Monza del 10-4-97.

D: «L'avv. Lucibello le ha mai chiesto denaro per conto del dott. Di Pietro?».
R: «Mai, nel modo più assoluto [89].

Pacini: «Lo nego categoricamente... che abbia parlato mai di dirgli di parlar con lui, con Di Pietro... Questo lo nego categoricamente... Dato che i banchieri si fidano delle persone io mi fidai di lui... Mi era simpatico, perciò mi fidai... Questo foglio, finché non vado a Ginevra, in Banca, non potrò tirarglielo fuori. Questo per dimostrarle che non c'entrano nulla gli altri discorsi: finanziamenti... poi, tutta la cosa che avete detto. Per me era un... un rapporto personale fra me e lui. I banchieri hanno sempre finanziato i soldi... Nego categoricamente di... aver mai parlato di Di Pietro» [90].

«Non mi disse mai di essere stato mandato da me dal dott. Di Pietro». [91].

Dichiarazione dell'avv. Lucibello

«Di Pietro non ha mai saputo assolutamente nulla dei rapporti tra Pacini e D'Adamo. D'Adamo non mi ha mai detto di aver riferito nulla a Di Pietro dei suoi rapporti con Pacini e quest'ultimo non mi risulta che abbia mai avuto occasione di parlare con Di Pietro fuori dalle sedi giudiziarie. Da parte mia non avevo nessun motivo per parlare di quei rapporti con Di Pietro, e questi non mi ha mai detto di avere appreso qualcosa di tali rapporti da D'Adamo» [92].

La valenza delle dichiarazioni di D'Adamo

La svolta (si fa per dire) delle indagini avviene il 13-5-97, quando l'on. Cesare Previti – improvvisatosi "collaboratore di giustizia" – si presentava spontaneamente al Pm di Brescia, portando con sé "casualmente" una dichiarazione manoscritta dell'ing. D'Adamo, e qui sentiva "il dovere" di mettere al corrente gli organi giudiziari che nel 95 aveva appreso dallo stesso D'Adamo «comportamenti ambigui e poco lineari» dell'ex Pm Di Pietro. Fanno da contorno a questo insolito viaggio a Brescia del Previti le dichiarazioni rese il 31-5-97 dall'on. Silvio Berlusconi e la apparizione, preannunciata dallo stesso Berlusconi, di una

cassetta registrata da tale Roberto Gasparotti e da quest'ultimo – per stessa ammissione dell'interessato – "riassemblata" attraverso un'abile operazione di "taglia e cuci". Cesare Previti era già stato interrogato dalla Procura di Brescia in altre occasioni (e anche inquisito da quell'ufficio per estorsione ai miei danni, per fatti in qualche modo connessi all'attuale procedimento) e – pur essendo a conoscenza dei fatti ora riferiti perlomeno fin dall'autunno 95 – li esplicita solo adesso perché ha «subìto un processo in ordine ai rapporti con Di Pietro la cui sentenza di assoluzione è passata in giudicato in questi giorni».

Successivamente, D'Adamo è stato sentito a verbale dal Pm bresciano in diverse occasioni, e infine è anche stato sottoposto a un approfondito interrogatorio in sede di incidente probatorio nei giorni 28-29-30 gennaio e 2 e 6 febbraio 1998. Le affermazioni del D'Adamo sono un autentico capolavoro di mistificazione della realtà: sia rispetto ai tempi, ai modi e alle ragioni delle nostre frequentazioni, sia con riferimento a suoi supposti interventi presso di me per "caldeggiare" un mio trattamento "di favore" verso Pacini.

Già la metodologia usata dal D'Adamo per introdurre le sue dichiarazioni davanti al Pm di Brescia la dice lunga sull'*animus* che ha mosso tutti i protagonisti di questa vicenda. Gli oscuri contorni entro i quali devono collocarsi le dichiarazioni del D'Adamo sono già stati ben evidenziati dal decreto del Gip di Brescia; tale provvedimento può peraltro costituire un utile canovaccio per ben "soppesare" le dichiarazioni del D'Adamo, giacché riferisce «circostanze [che] devono indurre a particolare cautela nella valutazione dei fatti del presente procedimento, tenuto conto che la grave inimicizia tra le parti, da cui hanno già tratto spunto in passato iniziative giudiziarie più o meno lineari nei confronti di Di Pietro [e che] sembrano aver contagiato anche la presente vicenda, la quale non sembra immune dall'infiltrazione di elementi spuri» [93].

---

[89] Incid. prob. Pacini del 30-3-98.

[90] Confronto Pacini-D'Adamo del 24-11-97.

[91] Interrogatorio Pacini del 18-7-97.

[92] Dichiarazioni dell'avv. Lucibello del 17-3-98.

[93] Scrive il Gip nel citato Decreto di archiviazione p.p. n° 2235/97 Gip del 4-10-98:
«In particolare meritano di essere segnalate, per la loro singolarità, le seguenti circostanze:
• Il fatto che il D'Adamo abbia avvertito, a suo dire motu proprio, l'esigenza di consacrare in uno scritto le

Insomma, il Gip di Brescia è già stato chiamato una volta a valutare la portata delle dichiarazioni rese dal D'Adamo di cui ora discutiamo: proprio gli stessi verbali di interrogatori, derivanti dalla medesima genesi storica; i "corvi" che ci hanno volteggiato intorno sono sempre quelli. Semmai, rispetto alla vicenda Atm-Radaelli vi è qualcosa ancora di meno. Là D'Adamo sosteneva un mio diretto intervento presso Radaelli e mie dirette "trattative"

---

confidenze fatte in precedenza a Previti e a Silvio Berlusconi circa asseriti comportamenti scorretti del Di Pietro, e quindi, pur senza essere dichiaratamente mosso da alcuna finalità specifica ("per ogni evenienza", vedere S.I. Berlusconi Silvio 31-5-97), di porre il documento proprio nella disponibilità degli stessi Previti e Berlusconi, e cioè a persone aventi, come si è visto, profondi motivi di contrasto personale nei confronti dell'ex Pm e interessati dunque ad avvalersi del "promemoria".

• Il fatto che gli appunti del D'Adamo siano stati riscritti ad Arcore all'interno dell'abitazione dell'on. Berlusconi su indicazione e alla presenza dello stesso Previti (v. S.I. Berlusconi Silvio 31-5-97: "Tornando a casa ad Arcore ebbi occasione di trovare D'Adamo in compagnia di Previti intento a redigere un documento manoscritto"; illuminante appare al riguardo quanto si legge in un passo del verbale di assunzione di informazioni del Previti, ove risulta che il D'Adamo avrebbe "eseguito" – e non, come invece al più ci sarebbe aspettati, "accolto" – l'invito rivoltogli dal Previti di "riscrivere il promemoria").

• L'apparente indifferenza, se non addirittura apparente contrarietà, con le quali l'iniziativa di D'Adamo è stata accolta dal duo Previti-Berlusconi, indifferenza e contrarietà decisamente contrastanti con la successiva effettiva utilizzazione del documento in sede giudiziaria, da cui ha preso vita il presente procedimento ("Sono intervenuto manifestando con decisione la mia contrarietà... aggiungendo che, comunque, non volevo assolutamente essere coinvolto in quella situazione. Mi risulta che il manoscritto sia rimasto nella disponibilità del Previti e che sia stato recentemente consegnato alle SS. VV." - S.I. Berlusconi Silvio 31-5-97).

• L'incedere "a tandem" del duo D'Adamo-Previti, con quest'ultimo che, ottenuti, con le già esaminate modalità, gli appunti vergati dal D'Adamo, si è premurato di riversarli al Pm di Brescia quasi facendo apparire la produzione del documento indissolubilmente legata ai doveri della testimonianza ("D Adamo... mi ha... lasciato questi documenti senza alcun particolare vincolo per l'eventuale utilizzazione. Mi sembra mio dovere di persona informata consegnare detti documenti alla S.V. per le valutazioni di competenza") e, di fatto, provocando in seconda battuta l'audizione, ovviamente a quel punto altrettanto doverosa, oltre che "imbarazzata", del D'Adamo ("È con grande disagio che mi accingo a parlare di queste cose").

• Le analogie ontologiche esistenti tra il confezionamento, come si è visto, "occasionale", in Arcore del "promemoria D'Adamo" e la vicenda, pure documentata in atti, della "occasionale" registrazione sempre in Arcore delle conversazioni private tra il D'Adamo e l'on. Berlusconi ("Il dott. Berlusconi... sicuramente... quando parlava con l'ing. D'Adamo non sapeva se vi fosse o meno la registrazione in atto", S.I. Gasparotti Roberto 10-6-97) conservate su indicazione di quest'ultimo come "memoria storica" quindi riversate anche esse alla Procura di Brescia, e infine divenute oggetto di testimonianza da parte del D'Adamo con riferimento ad altro procedimento penale (S.I. Silvio Berlusconi 31-5-98; PV Deposito nastro magnetico e di escussione testimoniale Gasparotti Roberto 10-6-97).

• La pronta utilizzazione da parte di un settimanale delle dichiarazioni rese al Pm dal D'Adamo a mezzo di un articolo di ispirazione e stampo denigratorio nei confronti dell'ex Pm (v. "Panorama", edizione del 17-7-97 "Le clamorose accuse del costruttore D'Adamo", pag. 284).

• La singolare, per non dire sorprendente, somiglianza tra le iniziative assunte in rapida successione da Giancarlo Gorrini prima e Antonio D'Adamo poi, entrambe connotate, oltre che dalla comune gestazione presso Cesare Previti e la famiglia Berlusconi, e dal solenne "atteggiamento di censura e critica" assunto dai due nei confronti dell'ex amico Antonio Di Pietro, pure dall'esistenza di un sottostante "interesse personale" che li aveva portati "ad aspettarsi un qualche riconoscimento" come conseguenza del loro agire (v. sent. N° 65/87 Trib. Brescia del 29-1-97: "Gorrini... ha inteso privilegiare ed enfatizzare... la spinta ideale che lo avrebbe mosso a contattare Paolo Berlusconi prima e, successivamente, a riferire fatti riguardanti il dott. Di Pietro agli ispettori ministeriali, relegando ai margini della narrazione l'altro aspetto, quello dell'interesse personale, che per lo animava, e che lo aveva portato ad aspettarsi un qualche riconoscimento dal ricercato interlocutore... Al primo incontro tra Gorrini e Paolo Berlusconi ne susseguono altri. Fin dall'inizio Gorrini... racconta i fatti di cui è a conoscenza... e nel frattempo lo rende partecipe delle proprie disavventure economiche. Dal canto suo Berlusconi non disdegna certo di ascoltare di condotte assertamente riprovevoli del dott. Di Pietro, essendo questi senza dubbio il magistrato di punta di quel pool che aveva chiesto e ottenuto nei suoi confronti l'applicazione di una misura cautelare. Lo stesso imputato ha evidenziare che... sentiva una sorta di atteggiamento persecutorio verso la sua famiglia da parte della Procura della Repubblica di Milano... Berlusconi si determinerà ad accettare un promemoria scritto di pugno da Gorrini e riassuntivo di tutto quanto fino a quel momento detto verbalmente... Certo l'istruttoria dibattimentale non ha consentito di acclarare con sufficiente certezza se fu Berlusconi a suggerire di mettere per iscritto ciò che aveva raccontato, come sostiene Gorrini, ovvero se l'iniziativa partì proprio dal Gorrini. È anche vero che il medesimo imputato non sconfessa decisamente la versione del Gorrini sul punto dimostrandosi possibilista nel senso che può essere stato lui a fornire il suggerimento, anche se il suo ricordo è in senso contrario. La questione in ogni caso non riveste un carattere di particolare rilevanza, collocandosi la stesura del promemoria nell'ambito di quel connubio d'interessi che ormai legava i due. Certo è che anche se l'iniziativa fosse partita da Gorrini ben collimava con gli interessi e le aspettative che entrambi nutrivano reciprocamente, e l'uso successivo che di quel documento ha fatto Berlusconi testimonia l'interesse che questi aveva per quello scritto...

con quest'ultimo; per la vicenda Pacini, invece, si è dovuto autonominare mia longa manus poiché non poteva affermare in alcun modo che io fossi intervenuto direttamente presso Pacini. Là mi addebitava (falsamente) qualche

---

In definitiva Gorrini, incontrando Paolo Berlusconi, e denunciandogli le presunte colpe di Di Pietro, sperava in un aiuto da questi, ovvero in un suo riconoscimento per servigi che gli offriva, aiuti consistenti in interventi a lui favorevoli nell'evoluzione dei rapporti con la Banca Popolare di Novara... Non era, però, sufficiente per l'imputato Berlusconi l'individuazione dell'organo cui rivolgersi per denunciare presunti misfatti commessi da Di Pietro, si trattava adesso di ottenere un appuntamento, casomai anche attraverso qualcuno ben più autorevole di lui nell'ambito della burocrazia amministrativa, onde consentire al Gorrini di denunciare quei fatti... Ed ecco il coinvolgimento di Cesare Previti, all'epoca ministro della Difesa... In definitiva, attraverso l'intermediazione dell'imputato Previti... Gorrini e Berlusconi individuarono concretamente la strada da percorrere al fine di conseguire l'obiettivo comune di denunciare Di Pietro...).

• Il singolare incedere pure di Eleuterio Rea, il quale, dopo aver scritto anch'egli un memoriale destinato alla Procura di Brescia, lo ha fatto preventivamente leggere a uno dei diretti interessati, e cioè a Sergio Radaelli, rassicurandolo anche sui contenuti della futura audizione ("Verso la fine del mese di luglio 1997 incontrai casualmente... il dott. Rea... Il Rea nel vedermi mi invitò a casa sua e mi mostrò un memoriale redatto su alcune pagine dattiloscritte, che avrebbe presentato di lì a pochi giorni alla Procura di Brescia dove era stato convocato. Rea mi invitò a leggere il memoriale e notai che vi era annotato il mio cognome a carattere maiuscolo sottolineato senza alcuna annotazione collegata al nome. Chiesi al Rea spiegazioni al riguardo e lo stesso mi disse che era intenzione riferire ai magistrati anche della vicenda Atm. Alla mia reazione mi rispose 'Fregatene, intanto è tutto prescritto', aggiungendo che avrebbe riferito ai giudici che io ero sempre proclamato innocente"), salvo poi depositarne uno di diverso contenuto [L'Ufficio rammostra al Radaelli nr. 8 fogli dattiloscritti consegnati dal Rea in occasione dell'interrogatorio 18-9-97 e allegati al verbale. Il Radaelli dichiara: "Si tratta di documento diverso da quello a me mostrato dal Rea nell'occasione di cui sopra. Ricordo che nel documento che Rea mi mostrò il mio nome era scritto in stampatello maiuscolo ed era ben evidenziato con nessuna annotazione sotto, non vi era scritto "ne parlerò a voce'"].

• Il fatto che Rea, il quale con le proprie dichiarazioni ha esposto in primo luogo sé stesso a possibili conseguenze sul piano penale ("D'Adamo... ben sapeva che io e Di Pietro avevamo 'aiutato' Radaelli"), abbia previamente esternato il proprio convincimento circa l'avvenuta prescrizione dei reati che si accingeva a denunciare, mostrando in tal modo di avere valutato ex ante l'inoffensività della propria condotta all'apparenza autolesiva, e proprio per ciò (all'apparenza) maggiormente credibile.

• La circostanza, sempre documentata agli atti, che l'avv. Salaroli, legale di fiducia del Rea, abbia rinunciato al mandato difensivo dopo che il proprio assistito gli ave-

---

atto specifico (non aver decodificato la sigla "Rad"); qui, invece, le sue dichiarazioni eccellono in superficialità e genericità senza uguali – il massimo che ha saputo riferire è stato: «Di Pietro mi ha detto di dire a Pacini "Stai tranquillo"»! Anche il chirurgo mi ha detto la stessa cosa mentre mi portava in sala operatoria per farmi l'appendicite! E anche il Pm di Brescia mi ha detto la stessa cosa al termine dei miei interrogatori!

Il Gip di Brescia ha così valutato le complessive dichiarazioni di D'Adamo: «Quanto è stato riferito in merito alla matrice genetica della presente indagine non può che minarne in radice la credibilità e ritenere non priva di fondamento l'ipotesi che la medesima possa costituire il corollario di contrasti personali o l'espressione di fini e interessi non coincidenti con quello di giustizia»! Invece il Pm bresciano ha voluto utilizzare D'Adamo come "teste della corona" non per fare giustizia di tutti questi anni di rigurgiti di vendetta che mi hanno bersagliato, ma per tentare di sottopormi a un inutile, ingiusto e ingiustificato processo, il cui esito se da una parte non poteva che essere scontato, dall'altra avrebbe provocato un succoso strepitum fori per coloro che vogliono farmi pagare le conseguenze dell'inchiesta "Mani pulite". Quanta amarezza!

Le dichiarazioni di D'Adamo

Senza voler far torto all'opera di verbalizzazione dei Pm di Brescia, credo si possa essere tutti d'accordo – dopo l'approfondito incidente probatorio cui è stato sottoposto D'Adamo – nel ritenere le originarie verbalizzazioni superate e comunque ricomprese nell'atto istruttorio svoltosi in contraddittorio davanti al Gip. D'altronde, essendo quest'ultimo atto direttamente utilizzabile in dibattimento (e non essendovi state, per mancanza di seri contrasti,

---

va confidato che "in cambio del suo reintegro presso il Comune di Milano" lui e l'ing. D'Adamo si sarebbero recati avanti all'Ag di Brescia per rendere dichiarazioni sul conto del dott. Di Pietro e del dott. Borrelli, giustificando tale sua decisione con il fatto che "si trovava in mezzo a una strada"; che "Berlusconi voleva morto Di Pietro" e che "anche D'Adamo, dopo il... reintegro, avrebbe reso dichiarazioni a Brescia sul conto di Di Pietro, dichiarazioni che – esso Rea – avrebbe avuto il compito di confermare" (v. interrogatorio Rea 18-9-97)».

particolari allegazioni di interrogatori pregressi resi davanti al Pm), è a esso che bisogna fare riferimento.

Ovviamente è necessario procedere a estrapolazioni mirate, giacché trattasi di verbali di interrogatori per alcune centinaia di pagine complessive. In questa fase stiamo cercando di ricostruire e analizzare un *tema ben preciso* (che all'inizio del capitolo abbiamo definito "*La seconda operazione*"): per quale motivo Pacini si sia determinato a finanziare con 9 miliardi D'Adamo; meglio, se ciò sia dipeso dal fatto che io possa averci "messo lo zampino" volontariamente, scientemente e dolosamente.

D'Adamo comincia a "sparare" le sue accuse ponendosi dapprima come colui che, avendo bisogno dell'aiuto economico di Pacini, non sa dire di no alla «richiesta esplicita» di Pacini di «volersi liberare dei suoi guai giudiziari» [94]. Subito D'Adamo prende la palla al balzo e si offre a Pacini: «Sì, ne parlo certamente a Di Pietro». D'Adamo sa che può "solleticare" le aspettative di Pacini perché «lui sapeva che io avevo questo rapporto di amicizia con Di Pietro» [95]. D'Adamo capisce che deve "puntare" su Di Pietro e comincia con le fantasticherie: «Io infatti dissi a Di Pietro più volte di aiutare Pacini». Poi, poco più appresso, chiude il cerchio: «[Di Pietro] mi tranquillizzava sempre [dicendo] stai tranquillo» [96].

Ecco, queste in sintesi sono le dichiarazioni accusatorie di D'Adamo nei miei confronti. Nient'altro e nulla di più. Sono concetti che in sede di incidente probatorio lui ha ripetuto più volte, soprattutto perché incalzato dalle tante domande un po' di tutti che volevano (volevamo) capire se e che cos'altro potesse dire (o esserci) di più («Io ho parlato con Pacini che avevo parlato con Di Pietro e quindi di stare tranquillo... Sicuramente gli dissi "stai tranquillo"»).

È vero che D'Adamo a un certo punto riferisce che io gli avrei aggiunto «Se ti avanza qualcosa tienila per me» [97], ma questo discorso (che pure è totalmente inventato) lui anzitutto lo colloca in un momento successivo («autunno... settembre») [98], e cioè dopo la

---

[94] Cfr. incid. prob. D'Adamo del 28-1-98:
Domanda: «Dobbiamo ripartire dal discorso di Pacini quando dice "Sì, facciamo altri interventi, poi decidiamo in quale modo e in quale forma". Siamo al giugno 1993: lei che cosa gli ha detto?».
Risposta: «Mi disse di volersi liberare dai suoi guai giudiziari perché lui si doveva muovere, e mi disse che se lui si liberava avremmo fatto grandi cose, credo di averlo detto. Il fatto di avere questo peso giudiziario era molto negativo per la sua persona... e quindi voleva in tutti i modi uscire da questa situazione».

[95] Cfr. incid. prob. D'Adamo del 29-1-98:
Domanda: «A fronte di questa richiesta esplicita di Pacini lei come replica?».
Risposta: «Io ho detto "Sì, ne parlo certamente con Di Pietro". Lui sapeva che io avevo questo rapporto di amicizia con Di Pietro, e io infatti dissi a Di Pietro più volte di aiutare Pacini».

[96] Cfr. incid. prob. D'Adamo del 28-1-98:
Domanda: «L'esigenza sua, di lei, che Di Pietro non si accanisse contro Pacini nell'inchiesta milanese, l'ha prospettata più volte?».
Risposta: «Sì, più volte».

D: «Pacini a lei e lei a Di Pietro?».
R: «Sì...».
D: «Quale fu la replica, la risposta di Di Pietro a fronte di questa sua esigenza?».
R: «Mi tranquillizzava sempre, "Stai tranquillo"».
D: «Lei gli ha detto espressamente "Guarda che Pacini vuole essere aiutato per le sue grane giudiziarie", tanto per usare un gergo che usiamo tutti, gliel'ha detto espressamente?».
R: «Certamente».

[97] Cfr. incid. prob. D'Adamo del 28-1-98:
Domanda: «Lei ha detto che quando parlò con Di Pietro, in quell'occasione nel salotto della casa, Di Pietro le disse "Vai avanti, se ti avanza qualcosa tienila per me". Dopo questo parlare di Di Pietro a lei, lei ha fatto intuire che se ne andò da questo colloquio convinto, che in qualche maniera, lei potesse continuare questo rapporto con Pacini e che Di Pietro aiutasse Pacini nell'ambito dei suoi problemi giudiziari. La prima domanda è questa: lei disse a Pacini, nel primo incontro che ebbe con Pacini dopo questo incontro con Di Pietro, "Gli ho parlato e mi ha detto queste parole, ha promesso che ti aiuta", o no?».
Risposta: «Io ho parlato con Pacini che avevo parlato con Di Pietro e quindi di stare tranquillo».

[98] Cfr. incid. prob. D'Adamo del 29-1-98:
Domanda: «Le fa questi discorsi dopo che ha cominciato a versare i 9 miliardi?».
Risposta: «Sì, i primi soldi dei 9 miliardi. Le stavo spiegando che non era necessario che mi facesse discorsi chiari in quanto era noto che io ero amico di Di Pietro. Di Pietro conosceva la situazione mia, Di Pietro conosceva chi mi stava dando i finanziamenti. Il discorso chiaro con Di Pietro quando io gli ho detto "Aiutalo!" perché venivo pressato a mia volta, fu all'inizio dell'autunno. È lì che ci fu questo episodio forte. Ma i discorsi con il dott. Di Pietro quando si parlava di queste cose erano quasi in contemporanea a questi avvenimenti, ci dicevamo tutto. Pacini mi stava finanziando, diceva che si comportava benissimo con me. Che io abbia detto in quel momento al dott.

conclusione degli accordi per il finanziamento dei 9 miliardi, e dunque quando ormai lui aveva già convinto Pacini a versargli il denaro. A ben vedere, questa circostanza, semmai, è solo un post factum, giacché essa si sarebbe verificata (ma non è nemmeno avvenuta) a corruzione già consumata, quando ormai i bonifici bancari erano già stati tutti disposti e pressoché arrivati. Inoltre – e soprattutto – D'Adamo non dice di aver riferito questo discorso a Pacini («Non ricordo se ho riportato il discorso che avevo avuto con Di Pietro»), al quale anche in tale circostanza sostiene di essersi sempre e solo limitato a dire «Stai tranquillo» [99]. D'Adamo sostiene anche che riteneva Pacini «soddisfatto di come stavano andando le sue cose giudiziarie», ma aggiunge: «[Questa è solo] una mia deduzione».

In sede di incidente probatorio, più volte è stato domandato a D'Adamo di precisare le richieste di favori suppostamente avanzate da Pacini e che lui avrebbe dovuto far pervenire a me; D'Adamo non ha saputo andare oltre una generica (e presunta) richiesta di Pacini di «non accanirsi contro di lui... farlo uscire bene da questa vicenda di quel momento» [100]. D'Adamo – gira e rigira – non riesce a "costruire"

alcun fatto specifico di favori, abusi o omissioni da addebitarmi, tanto che a un certo punto deve ammettere che lui non sapeva proprio niente delle vicende processuali di Pacini.

Esaminiamo, allora, le sue ormai famose (e famigerate) frasi accusatorie. Cosa significa «dissi a Di Pietro di aiutare Pacini»? E cosa vorrebbe dire la mia presunta risposta rassicurante («Mi tranquillizzava sempre... stai tranquillo»)? E ancora: che senso concreto possono avere le parole «non accanirsi [contro Pacini] farlo uscire bene»? Ora – a parte il fatto che io non ho mai avuto occasione di dire a D'Adamo che avrei aiutato Pacini, e a parte il fatto che Pacini non è mai stato da me aiutato (avendo lui ricevuto solo rinvii a giudizio e procedimenti penali a tappeto) – "aiutare" una persona di per sé non è una cattiva azione, anzi è da buoni cristiani. Per valutare la eventuale "valenza negativa" del supposto aiuto, bisogna necessariamente sapere cosa in concreto voleva da me Pacini e quale aiuto avrei potuto – e voluto – dargli io. D'Adamo non lo sa, non lo dice e non riesce neppure a inventarselo. Come avrei potuto "aiutare" Pacini se nessuno mi aveva detto cosa fare e cosa volesse in concreto?

Agli atti non c'è prova di alcun aiuto da parte mia. Anche le parole che – secondo D'Adamo – io gli avrei detto in risposta alla sua richiesta di aiuto, sono generiche e banali e di fatto non dicono né aggiungono nulla. «Stai tranquillo» è solo una "frase fatta" in uso in tutti gli uffici (pubblici e privati) e fra tutte le persone che si debbono occupare di cose e fatti altrui ("Stai tranquillo" lo dice il medico al familiare del paziente malato, lo dice il poliziotto al parente della persona che sta arrestando, lo dice il prete alla devota che ha peccato, lo dice l'addetto della ricevitoria al giocatore che sta puntando al Lotto, lo dice l'elettore all'amico del candidato in cerca di voti e consensi, lo dice il giudice al teste che gli siede di fronte, lo dice il Pm a chi gli chiede come andrà a finire una vicenda giudiziaria). Appunto, «Stai tranquillo» l'ha detto anche a me il Pm di Brescia!

Che valenza, poi, si può dare alla supposta richiesta di Pacini di «non accanirsi»? Forse la regola è il contrario? "Non accanirsi" non è un dovere di ogni Pm e di ogni pubblico ufficiale? Anzi di ogni persona che deve decidere sul destino di qualcuno? Si può (e si deve) "non

---

Di Pietro "Però tu aiutalo" diciamo che può essere nel discorso».
D: «Come arco temporale?».
R: «Sì, la cosa del settembre, dell'angolo del soggiorno, fu questo episodio che mi è rimasto impresso».

[99] Cfr. incid. prob. D'Adamo del 28-1-98:
Domanda: «Quindi lei riportò a Pacini?».
Risposta: «Non ricordo se ho riportato il discorso che avevo avuto con Di Pietro ma sicuramente gli dissi "Stai tranquillo". D'altronde, Pacini continuò a finanziarmi anche successivamente. Quindi, ed è una mia deduzione, ritengo che lui fosse soddisfatto di come stavano andando le sue cose giudiziarie».

[100] Cfr. incid. prob. D'Adamo del 28-1-98:
Domanda: «Questo chiedere di Pacini di essere aiutato, alleggerito, di preciso Pacini che cosa voleva da Di Pietro? Di Pietro era uno dei magistrati che avevano in mano uno dei procedimenti di Pacini. Pacini, a lei, cosa le fece capire che voleva dal magistrato Antonio Di Pietro?».
Risposta: «Primo, che non si accanisse contro di lui, e secondo che potesse farlo uscire bene da questa vicenda di quel momento».
D: «Che potesse farlo uscire bene dalla vicenda di quel momento?».
R: «Sì».

accanirsi" senza necessariamente commettere abusi o porre in essere comportamenti illegittimi. E D'Adamo infatti non sa indicare alcun atto – men che meno illegittimo – di "non accanimento" che io avrei dovuto riservare a Pacini. Anche a voler usare la fantasia, le conclusioni non cambiano: al massimo "non accanirsi" potrebbe voler dire non trattare l'indagato in malo modo durante gli interrogatori, non procedere ad atti istruttori ridondanti e finalizzati solo a creare apprensione, non usare "trabocchetti" e scorciatoie giudiziarie. Ma tutto ciò rientra nei canoni obbligatori di buon comportamento del Pm!

E quale portata può avere, infine, l'affermazione «farlo uscire bene da questa vicenda»? Di quale vicenda sta parlando? Dell'intera inchiesta "Mani pulite", o di qualcosa di contingente che stava accadendo a Pacini proprio nel periodo in cui stava finanziando D'Adamo? Soprattutto – e di fatto – da quale inchiesta o da quale vicenda Pacini "è uscito"? Egli è rimasto "dentro" a ogni indagine, e per quelle che erano terminate ha rimediato solo rinvii a giudizio!

Tutto ciò che ancora oggi viene accertato dall'Ag su Pacini (anche da parte di quella di Brescia) trae spunto e fondamento proprio e soprattutto dalle tante piste investigative da me portate alla luce durante la fase pionieristica di "Mani pulite". Il nocciolo del problema sta proprio qui: all'epoca si era formato un "ingorgo investigativo", tale per cui "l'ambulanza giudiziaria" di "Mani pulite" cercò anzitutto di soccorrere le indagini più urgenti, rimandando a un momento successivo l'opera di verifica e di approfondimento. Approfondimenti che, per quanto riguarda la complessiva vicenda dell'Eni e quindi di Pacini – è bene rammentarlo ai signori Pm di Brescia che continuano a fare orecchie da mercante sul punto – spettavano soprattutto ai colleghi Pm Colombo e Greco (come loro stessi hanno ammesso e come risulta dalla miriade di rapporti, relazioni, disposizioni e ordini di servizi a loro indirizzati o da loro emessi).

Giova, a questo punto, fissare dei paletti temporali alla vicenda. Dagli atti e dal capo di imputazione risulta pacifico che, alla data del 25-5-93 con la costituzione della Keniston, l'accordo sul finanziamento di 9 miliardi (e quindi la "promessa corruttiva") era già avvenuta, giacché, come abbiamo visto in precedenza, le parti concordemente riferiscono di una trattativa unica. Orbene, a quella data avvenne la costituzione della Keniston, e il 9-6-93 il versamento di una prima rata di 3 miliardi: è lo stesso D'Adamo ad ammettere (magari senza farci caso) che durante le trattative per arrivare al finanziamento in questione il mio nome nemmeno era stato fatto, e che lui e Pacini non avevano nemmeno parlato della possibilità di un mio intervento per favorire processualmente Pacini. La circostanza è fondamentale, perché costituisce un utile indice rivelatore di quale fosse sia il loro "stato d'animo" (ovvero quali fossero le motivazioni dei rapporti affaristici intervenuti fra loro), sia la mia totale assenza ed estraneità ai rapporti in questione.

Ebbene, D'Adamo riferisce che «questo input [di Pacini] a farsi latore presso Di Pietro delle sue pretese di essere aiutato... io credo che è stato nell'estate, posso ipotizzare luglio o i primi di settembre», e aggiunge che comunque è avvenuto *successivamente* alla data del 10 giugno 93 [101]. Insomma, per stessa ammissione dell'interessato, il finanziamento accordato da Pacini a D'Adamo non può essere dipeso da un mio intervento di favore nei confronti di Pacini, non fosse altro perché tale finanziamento è avvenuto *prima* della (presunta) richiesta di aiuto processuale.

D'Adamo dice pure che «non era necessario che [Pacini] mi facesse discorsi chiari in quanto era noto che io ero amico di Di Pietro», ma proprio qui sta l'inganno. È questa circostanza

---

[101] Cfr. incid. prob. D'Adamo del 28-1-98:

Domanda: «Quando ci sono questi ulteriori incontri tra lei e Pacini nell'ambito dello sviluppo di questi rapporti finanziari, lei riceve da Pacini questo input a farsi latore presso Di Pietro delle sue pretese di essere aiutato e liberato giudiziariamente parlando. Ne parla con Di Pietro. La prima volta di questo suo parlare a Di Pietro di queste pretese di Pacini quando è?».

Risposta: «Io credo che è stato nell'estate, posso ipotizzare luglio o i primi di settembre...».

D: «È in rapporto con il secondo intervento?».

R: «Sì».

D: «Posto che i primi 3 miliardi del secondo intervento giungono in Finampa il 10 giugno 1993, prima o dopo questa parla Pacini le fa questi discorsi?».

R: «Pacini mi fa questi discorsi collocati in luglio 93».

D: «Le fa questi discorsi dopo che ha cominciato a versare i 9 miliardi?».

R: «Sì, i primi soldi dei 9 miliardi».

di notorietà che egli sembra aver utilizzato capziosamente per "far credere senza dire", per millantare un incarico che io non gli avevo dato, per strumentalizzare un'amicizia, soprattutto per sfruttare la situazione di "curiosità psicologica" del Pacini, come quest'ultimo stesso riferisce, precisando però che «[D'Adamo] non mi disse mai di essere stato mandato a me dal dott. Di Pietro» [102]. Pacini specifica ulteriormente, in sede di incidente probatorio, il suo pensiero: «Lo confermo, non è che feci i finanziamenti perché D'Adamo era amico del dott. Di Pietro, dissi che in quel momento lo sapevo, era una situazione psicologica che esisteva» [103]; e anche durante il confronto con lo stesso D'Adamo: «Continuo a negarlo di aver mai parlato di Di Pietro, dell'intervento in questo senso» [104].

Lo stesso D'Adamo ci riporta con la mente agli avvenimenti giudiziari di allora riguardanti Pacini («questo era un argomento che in quel momento stava sui giornali»); la situazione giudiziaria di Pacini era all'ordine del giorno dei loro discorsi [105]. Appare quindi ovvio, plausibile e comprensibile che, tra un mio amico e un mio inquisito dell'epoca (che erano o stavano entrando in rapporti di affari fra loro), la conversazione sia caduta sulla mia persona (anche perché a quel tempo giornali e televisioni non parlavano d'altro). D'Adamo, però, non avrebbe mai potuto (o dovuto) sfruttare questa occasionalità per indurre Pacini ad allentare i cordoni della borsa: era perfettamente cosciente del fatto che io non facevo "sconti" a nessuno; lui stesso ammette che «il dott. Di Pietro in quel momento stava facendo il duro... stava esagerando», e riferisce di «due amici che erano stati messi in carcere» [106]. Co-

---

[102] Cfr. interrogatorio Pacini del 18-7-97: «Dopo questo primo finanziamento, tra il 5-5-93 e il 24-5-93, D'Adamo cominciò a dirmi che aveva bisogno di una serie di finanziamenti, se ben ricordo fece sempre riferimento alla Sii. Fu a quel punto che D'Adamo iniziò a dirmi che aveva dei problemi a vendermi la Sii in quanto avrebbe dovuto chiedere il permesso ai suoi soci libici ed era in corso l'intera ristrutturazione finanziaria della Sii (fece riferimento a crediti che vantava nei confronti di imprese libiche). Mi fece presente che vi era un'altra sua società (la Gde) in stato di sofferenza e aggiunse che sistemata la Gde non avrebbe avuto nessuna difficoltà a vendermi la Sii, fornendomi garanzia sul punto. Aggiunse anche che l'intera operazione rappresentava per me un grosso affare... Quanto alla mia situazione soggettiva occorre tenere presente due circostanze: in quel momento a me interessava realmente la Sii; D'Adamo era amico intimo del dott. Di Pietro (cosa risaputa a Milano) e io ero indagato, a Milano, proprio dal dott. Di Pietro. D'Adamo in varie occasioni mi aveva parlato della sua amicizia con Di Pietro. Ne parlava come volersi vantare della cosa. Ricordo che in occasione di uno dei nostri incontri lui fece una telefonata dicendomi e facendomi credere che aveva telefonato a Di Pietro. In sostanza io subii in tutta questa vicenda una sorta di pressione psicologica. Non disse mai di essere stato mandato a me dal dott. Di Pietro».

[103] Cfr. incid. prob. Pacini del 30-3-98:
Domanda: «Lei quando si è indotto a dare questi finanziamenti a D'Adamo, sapeva che Di Pietro era amico di esso D'Adamo?».
Risposta: «Lo confermo questo. Non è che feci i finanziamenti perché D'Adamo era amico del dott. Di Pietro, dissi che in quel momento lo sapevo, era una cosa psicologica che esisteva».

[104] Cfr. incid. prob. Pacini-D'Adamo del 24-11-97:
Domanda: «Lei quando si è indotto a dare questi finanziamenti a D'Adamo, sapeva che Di Pietro era amico di esso D'Adamo?».

Risposta: «Sì, lo sapevo».
D: «Quindi lei lo conferma questo?».
R: «Lo confermo questo. Non è che feci i finanziamenti perché D'Adamo era amico del dott. Di Pietro, dissi che in quel momento lo sapevo, era una cosa psicologica che esisteva».

[105] Cfr. incid. prob. D'Adamo del 28-1-98:
Domanda: «Quando lei viene in contatto con Pacini le risultava che Pacini era stato arrestato ed era già fuori?».
Risposta: «Un arresto lampo, sì, ne ero al corrente perché era su tutta la stampa».
D: «Era già entrato in questo canale giudiziario quando è iniziato il vostro rapporto economico?».
R: «Sì, lo sapevo».
D: «Ha in mente che Pacini era quello che era stato arrestato e poi scarcerato?».
R: «Sicuramente».
D: «Tutti i giornali ne parlavano...».
R: «D'altronde era un cliente dell'avvocato Lucibello che in quel periodo frequentavo».

[106] Cfr. incid. prob. D'Adamo del 30-1-98:
Domanda: «Secondo Lei Di Pietro era un magistrato di quelli che lasciavano andare le cose o di quelli che facevano le cose come dovevano essere fatte?».
Risposta: «Il dott. Di Pietro in quel momento stava facendo il "duro"».
D: «Quindi era un magistrato, giusto, severo ai suoi occhi?».
R: «Ai miei occhi stava esagerando, come imprenditore».
D: «Nel periodo in cui ci sono questi rapporti tra lei e Pacini, le era noto, se conosceva che Di Pietro avesse chiesto la cattura, avesse incarcerato delle persone che erano stati amici di esso Di Pietro?».
R: «Sì, dei due amici che erano stati messi in carcere

sa, questa, della quale era ben consapevole anche Pacini («D'Adamo mi diceva "Stai attento perché tanto poi Di Pietro ti butterà in galera... stai attento che Di Pietro ti arresta"»). Insomma Pacini, a forza di sentire raccontare da D'Adamo della mia "durezza e delle mie esagerazioni", potrebbe aver temuto l'idea che una cosa del genere potesse capitare anche a lui – da qui il suo riferito stato di «pressione psicologica»; tale pressione, però, era «non per [indurmi] a elargirgli questo finanziamento [ma] per tenermi sotto pressione» [107]. D'Adamo stesso riferisce che Pacini, quando parlavano di queste cose, era «persona coraggiosa» [108]. Coraggioso sì, ma preoccupato, come dice D'Adamo («Era preoccupato della sua vicenda processuale che era complessa, stavano preparando le carte, preparavano la difesa, io ero a conoscenza di queste cose») [109]. Ecco allora D'Adamo – al quale interessava avere di fronte un finanziatore tranquillo e sereno che sapesse pensare agli affari e non fosse mentalmente bloccato dai guai giudiziari – che si fa avanti per rassicurarlo e tranquillizzarlo («Certo che lo tranquillizzavo... gli dicevo "non ti preoccupare, parlerò io con il dott. Di Pietro"... [gli parlai] più volte, perché era un cruccio per Pacini questa vicenda... non lo lasciava libero, non lo lasciava lavorare... gli pesava questa cosa») [110].

A questo punto nelle dichiarazioni di D'Adamo si innesta un altro indice rivelatore del contenuto dell'unica e generica frase («Stai tranquillo») che secondo lui io gli avrei detto. Alla domanda «Pacini faceva quel versamento nella prospettiva che lei si interessasse di intercedere presso qualcuno?», risponde: «Penso che il suo fine era questo» [111]. Ma come, era tutta una sua deduzione? Pacini non gli aveva

---

ma immediatamente liberati si tratta di Prada e Radaelli».
D: «Parlaste di queste cose con Pacini: è uno che arresta anche gli amici. Parlaste di questo argomento?».
R: «Non lo ricordo, non so se parlammo di questo argomento».

[107] Cfr. incid. prob. Pacini del 30-3-98:
Domanda: «Questo è quello che lei racconta al Tribunale di Brescia: "In sostanza io subii in tutta questa vicenda una sorta di pressione psicologica". Se mi spiega che cosa significa?».
Risposta: «Lo spiego. Mi diceva: "Stai attento perché tanto Di Pietro poi ti butterà in galera". Questo fatto qui è una pressione psicologica che mi veniva fatta, nulla più nulla meno».
D: «Sempre chiaramente per indurla a elargirgli questo finanziamento?».
R: «No».
D: «Allora a che scopo?».
R: «Era una pressione psicologica che mi faceva per tenermi sotto pressione quando io ero lì che dovevo decidere le decisioni».
D: «Decidere le decisioni economiche?».
R: «No».
D: «Di che?».
R: «Quando ci vedevamo lui diceva: "Stai attento che Di Pietro ti arresta", questo mi faceva paura ma non è che mi avesse mai detto: "La faccio parlare con Di Pietro"».

[108] Cfr. incid. prob. D'Adamo del 30-1-98:
Domanda: «Quando parlavate del dott. Di Pietro, Pacini si dimostrava coraggioso o pieno di paura?».
Risposta: «Pacini è una persona coraggiosa, piena di vita».
D: «Mi risponda a quello che le chiedo».
R: «Coraggioso».

[109] Cfr. incid. prob. D'Adamo del 30-1-98:
D: «Sempre in questi suoi contatti con Pacini, Pacini

le manifestava di essere preoccupato delle pendenze che aveva con la Procura di Milano o pensava di cavarsela?».
R: «Preoccupato».
D: «Era preoccupato?».
R: «Sì, era preoccupato».
D: «Preoccupato di andare in carcere?».
R: «Su questo non posso rispondere, era preoccupato della sua vicenda giudiziaria che era complessa, stavano preparando le carte, preparavano la difesa, io ero a conoscenza di queste cose».

[110] Cfr. incid. prob. D'Adamo del 30-1-98:
Domanda: «Lei lo rassicurava, lo tranquillizzava?».
Risposta: «Certo che lo tranquillizzavo. Lui infatti mi chiedeva di parlarne con il dott. Di Pietro».
D: «Come lo tranquillizzava, che cosa diceva?».
R: «Dicevo "Non ti preoccupare parlerò io con il dott. Di Pietro"».
D: «Questo è avvenuto una volta o tante volte?».
R: «Più volte, perché era un cruccio per Pacini questa vicenda, era una cosa difficile».
D: «In che senso?».
R: «Perché non lo lasciava libero, non lo lasciava lavorare, gli pesava questa cosa».
D: «In questo discorso si intersecava con le richieste di finanziamento, cioè parlavate di queste cose quando si parlava dei finanziamenti?».
R: «Può essere che si parlava di tutto insieme».

[111] Cfr. incid. prob. D'Adamo del 30-1-98:
Domanda: «Qualche volta vi ha fatto intendere Pacini che faceva questo finanziamento nella prospettiva che lei si interessasse di intercedere presso qualcuno?».
Risposta: «Io penso che il suo fine era questo. Il suo fine era questo».
D: «Io le ho chiesto se gliel'ha detto espressamente».
R: «Mi può rifare la domanda?».

mai detto niente? Pacini, cioè, non aveva mai "legato" (nel senso plastico del termine, giacché la corruzione è un reato a dolo specifico) la sua "prestazione" alla "controprestazione" che si sarebbe aspettato da me tramite i buoni uffici di D'Adamo? Vi erano solo delle recondite aspettative del Pacini, alimentate dal chiacchiericcio di D'Adamo? E io sono stato messo sotto inchiesta per questo?

Ancora più illuminante è il prosieguo delle dichiarazioni di D'Adamo il quale, alla domanda se il suddetto "fine di Pacini" fosse una sua supposizione o se glielo avesse detto espressamente, dapprima prende tempo («Mi può rifare la domanda?») e poi svicola via («Sì... nei termini che io dovevo parlare con l'amico Di Pietro perché lui potesse uscire da queste vicende giudiziarie»). Eh no, la domanda non era questa: non si voleva sapere se Pacini avesse chiesto a D'Adamo di aiutarlo nelle sue vicende giudiziarie, ma se «faceva il finanziamento» a D'Adamo proprio per questa ragione (questo e solo questo essendo il sinallagma che potrebbe legare prestazione e controprestazione corruttiva). Ma anche a seguire la risposta "mozza" di D'Adamo, il risultato non cambia, giacché alle asserite richieste di aiuto del Pacini lui non sapeva, né poteva, né riusciva a far altro che «lo tranquillizzavo» [112] – appunto, proprio come il solito amico all'ammalato grave...

Le dichiarazioni di D'Adamo, a questo punto, offrono un ulteriore elemento rivelatore. A D'Adamo viene domandato se – a fronte delle richieste di aiuto da parte di Pacini e delle sue rassicurazioni («Ne parlerò a Di Pietro») – lui poi, le volte successive, incontrando Pacini, gli avesse riferito di avermi parlato o comunque Pacini gli avesse chiesto il rendiconto dei suoi asseriti interventi presso di me. È ovvio che – nel caso Pacini avesse veramente dato tanto ben di Dio (9 miliardi) a D'Adamo non per ragioni finanziario-imprenditoriali ma per darli a me (o anche a me, o comunque per as-

sicurarsi il mio intervento) – egli avrebbe dovuto chiedere a ogni pie' sospinto che cosa D'Adamo stesse facendo per lui, o meglio cosa Di Pietro stesse facendo per lui. Ma D'Adamo risponde: «Questo va collocato nel tempo successivo... non nel maggio o giugno di cui stiamo parlando... poi parlammo a settembre» [113]. Ma allora – se D'Adamo rassicura e tranquillizza Pacini solo a settembre, e se a quella data gli accordi erano già stati tutti presi e i versamenti quasi tutti fatti – vuol dire che in precedenza non poteva essere stato definito alcun accordo circa il rapporto di prestazione e controprestazione corruttiva; l'intervento finanziario di Pacini in favore di D'Adamo, cioè, non era stato affatto viziato da alcun mio supposto intervento, giacché Pacini della mia ipotetica (ma inesistente) consapevolezza viene a sapere solo a finanziamento già erogato.

Gli indici rivelatori non finiscono qui. Anzi il prossimo non è un indizio ma un'autentica controprova per dimostrare la vacuità delle parole di D'Adamo. Leggiamo un passo del suo interrogatorio:

Domanda: «Lei D'Adamo diceva a Pacini: "Ho parlato con il dott. Di Pietro, tu puoi stare tranquillo, non ti succederà nulla"?».
Risposta: «Non ti succederà nulla io non l'ho mai detto, io ho detto "Stai tranquillo, io ne ho parlato"».
D: «Ha detto "Ne ho parlato"?».
R: «Sì».
D: «Non ha detto altro?».
R: «No».

Ma, vivaddio, allora di cosa stiamo parlando? Nemmeno D'Adamo sostiene che tra lui e Pacini vi fosse un rapporto "causa-effetto" in relazione al finanziamento ricevuto. Nessuno, nemmeno D'Adamo dice di aver rassicurato

---

[112] Cfr. incid. prob. D'Adamo del 30-1-98:
Domanda: «Lei che cosa rispondeva a queste domande di Pacini?».
Risposta: «Lo tranquillizzavo».
D: «Dicendo che cosa?».
R: «Che avrei sicuramente parlato con il dott. Di Pietro».

[113] Cfr. incid. prob. D'Adamo del 30-1-98:
Domanda: «Da quello che pare, lei ha detto che è stato più volte questo parlare tra lei e Pacini. Le volte successive in cui lei si incontrava con Pacini, dopo che la volta prima vi eravate lasciati dicendo "Ne parlerò a Di Pietro" la volta successiva che cosa succedeva, Pacini le chiedeva se aveva parlato con Di Pietro?».
Risposta: «Questo va collocato in un tempo successivo, non nel tempo maggio o giugno di cui stiamo parlando, parlammo una o due volte nel maggio di questa cosa, poi parlammo in settembre, quindi, io ero già intervenuto su Di Pietro per questa cosa e l'ho rassicurato che avevo parlato con il dott. Di Pietro, di stare tranquillo».

Pacini che «non ti succederà nulla», lui dice solo «ne ho parlato». Un po' come il difensore o il parente che si reca dal Pm per chiedere informazioni sul suo cliente o per la persona che gli sta a cuore. Quante volte succedono cose del genere nei Tribunali e nelle Procure? Tutti i giorni! Ogni giorno c'è qualcuno che – di ritorno dai Palazzi di Giustizia – calma i patemi d'animo del suo cliente, del suo amico o del suo parente dicendogli la cosa più naturale del mondo («Stai tranquillo»). Ma gli abusi, le omissioni, i comportamenti illeciti o comunque finalizzati al patto corruttivo che devono necessariamente stare alla base del reato di corruzione, dove sono?

Davvero si può pensare, ad esempio, che l'intricata vicenda dei rapporti con l'Ag svizzera per l'espletamento della rogatoria 37/94, di quelle "Garros-Dallas", o la intricatissima vicenda del *closing*, possano aver risentito di questo «io ne ho parlato»? Se qualcuno me ne avesse parlato (cioè se mi fossi accordato con loro), semplicemente non avrei raccolto le dichiarazioni di Pacini su questi argomenti né quelli di coloro che parlavano su questi argomenti (tutti accertamenti e attività, queste, che – non dimentichiamolo – avvennero *dopo* l'accordo e anche *dopo* il finanziamento di Pacini a D'Adamo).

Ma D'Adamo si è messo in testa – o, meglio, Silvio Berlusconi e Cesare Previti gli hanno messo in testa – di dover fare il possibile per trasformare i suoi rapporti finanziari di allora con Pacini in rapporti corruttivi con Di Pietro, e quindi deve trovare un qualche aggancio. E il prosieguo delle sue dichiarazioni è un altro frangente di vacuità:

Domanda: «Non ha fatto capire [a Pacini] che Di Pietro si era impegnato in qualche modo ad assecondare questa sua pretesa di contenere i danni?».

Risposta: «Io credo che il dott. Pacini cominciò a finanziarmi e continuò anche nei mesi successivi a finanziarmi, credo che se lo faceva era soddisfatto di come stavano andando le cose».

È il ritornello di sempre. Con D'Adamo che «cred[eva] che se [Pacini] lo faceva [voleva dire che] era soddisfatto di come stavano andando le cose», e proprio per questo continuava a ripetergli «Stai tranquillo», facendogli anche credere – contrariamente al vero – che avrebbe parlato con me (e quindi millantando un po', date le circostanze di tempo e di cono-

scenza che ben si prestavano, e soprattutto in considerazione del fatto che erano proprio quelle le note che le orecchie di Pacini volevano sentir suonare) [114]. Con Pacini che – tra i tanti spericolati affari che tutti i giorni faceva con la sua banca – ben volentieri accettava di fare anche questo, non foss'altro perché gli era capitato fra le mani un cliente che tutti sapevano, e su tutti i giornali si leggeva, essere amico del magistrato che lo stava inquisendo.

Aspettative dell'uno e furbizie dell'altro, quindi. Soltanto questo. Fra loro non era avvenuto niente di palpabile, niente di evidenziabile, niente di esteriorizzabile. Tutto era rimasto allo stato embrionale. Nell'attesa, vi erano aperture di credito bancarie magari facilitate nei tempi di accesso ma poi rientrate nell'area della normalità di rischio al momento della formalizzazione degli impegni, con la consegna del certificato azionario da D'Adamo a Pacini e, quindi, con il pagamento – a mezzo di cessione del 60% del capitale sociale della Gde – di quanto D'Adamo doveva a Pacini.

Un'altra controprova? Basta continuare a leggere il racconto di D'Adamo [115]:

---

[114] Cfr. incid. prob. D'Adamo del 30-1-98:
Domanda: «Poi ha esposto a Pacini in termini abbastanza chiari che Di Pietro si era impegnato sulle sue vicende giudiziarie?».
Risposta: «Certamente».
D: «Lei con chiarezza ha detto a Pacini Battaglia: "Guarda che io ho parlato con Di Pietro e si è impegnato ad aiutarti"?».
R: «Sì».
D: «Come le ha detto?».
R: «"Mi ha detto di stare tranquillo", questo è il messaggio che gli ho portato».

[115] Cfr. incid. prob. D'Adamo del 30-1-98:
Domanda: «Disse a Pacini se una parte di quei finanziamenti lei li richiedeva per darli al dott. Di Pietro?».
Risposta: «Non credo che fosse in quel momento, cioè non credo nei primi momenti in cui parlammo».
D: «Rivolta in un contesto generale la domanda è se lei abbia detto a Pacini, che parte di queste elargizioni, di questo finanziamento) era destinato a Di Pietro?».
R: «Non so metterlo in modo temporale quando glielo dissi, ma glielo dissi».
D: «Nella fase in cui veniva concesso il finanziamento?».
R: «Dopo che Pacini aveva già dato una parte dei soldi. Ho detto che non so collocare se mi aveva già finanziato perché in tre mesi mi aveva inviato circa 5 miliardi, quindi non so collocarlo se è stato prima o dopo questo finanziamento, o addirittura alla fine del 1993 quando si è completato».

Domanda: «[Lei ha detto a Pacini] "Pacini io ti dico che Di Pietro ti manda a dire di stare tu Pacini tranquillo"?».

Risposta: «Non l'ho detto in questi termini, ho detto: "Pacini, ho parlato con il dott. Di Pietro, stai tranquillo"...».

La sostanza della precisazione è significativa: per ammissione dello stesso D'Adamo, vi è disgiunzione e separazione fra le due rassicurazioni che D'Adamo riferisce di aver dato a Pacini: «Ho parlato con Di Pietro» e «Stai tranquillo». Il primo messaggio è riferito a me, e il secondo a se stesso. È D'Adamo cioè che dice autonomamente e arbitrariamente a Pacini di stare tranquillo; dunque non sarei stato nemmeno io che gliel'ho mandato a dire.

Prima di avvicinarci alle conclusioni dell'analisi delle dichiarazioni di D'Adamo, bisogna esaminare ciò che D'Adamo sostiene di aver detto a Pacini circa la destinazione del denaro che chiedeva (e poi riceveva) da lui. Ebbene, ancora una volta è lo stesso D'Adamo a scagionarmi, giacché afferma di aver messo al corrente Pacini della possibilità che una parte del denaro potesse finire a me «dopo che Pacini aveva già dato una parte dei soldi... o addirittura alla fine del 1993 quando... il finanziamento... si è completato».

Ecco, allora, un altro indice rivelatore delle ragioni sottostanti agli accordi tra Pacini e D'Adamo: non può esservi stato alcun intreccio di accordi fra loro e me. Io con loro non avevo concordato alcunché (come, invece, la Procura di Brescia ritiene). Pacini era tanto convinto di questo che – durante la trattativa e i versamenti – nemmeno parla mai con D'Adamo della possibilità di far arrivare a me una parte dei suoi finanziamenti. Secondo lo stesso D'Adamo, neanche alla fine del finanziamento – e cioè a operazione ormai conclusa – lui avrebbe detto a Pacini "quanto" avrebbe a me riservato («Ne parlai in modo generico») e specifica: «Ne parlai in modo preciso quando dovevo fare la provvista», cioè nell'aprile 94. Ma per quest'ultima occasione è stato D'Adamo stesso a riferire di non avermene messo al corrente («mi è rimasto nella testa»). E allora: dov'è il sinallagma corruttivo?

Infine, come perla finale, alla domanda se Pacini avesse mai chiesto una dimostrazione delle generiche rassicurazioni che lui gli aveva fatto, D'Adamo risponde: «Non me l'ha mai chiesto» [116]. Ma ve lo immaginate Pacini che sborsa 9 miliardi e non chiede a D'Adamo – se veramente l'avesse fatto per ottenere dei benefici processuali – cosa diavolo stesse facendo, posto che da "Mani pulite" non riceveva proscioglimenti bensì solo tante rogatorie in giro per il mondo, tanti interrogatori a cui doveva sottostare, e tante rogne da parte della Guardia di finanza, del consulente tecnico e del nuovo management dell'Eni? Anche per questa osservazione, D'Adamo ha pronta la risposta: «Si è fidato di me». Appunto! Anche Pacini si è fidato di D'Adamo, come – prima di lui – Sergio Radaelli che ci ha rimesso anche lui 9 miliardi, come il prof. Zennaro che di miliardi ce ne ha rimessi solo 2, come la Comit che ha ricevuto lo stesso bidone ricevuto da Pacini (la Gde) ma a un prezzo maggiore (12 miliardi), come la Mediolanum Factoring (che aspetta e spera di rientrare dell'esposizione finanziaria con D'Adamo), come il Banco di Napoli, il San Paolo di Torino, come i tanti creditori che si sono inseriti nel passivo fallimentare delle aziende del Gruppo. E, purtroppo, come anche mia moglie, avvocato che vanta ancora una decina di milioni di credito (come ha ammesso lo stesso D'Adamo).

D: «Disse anche quanto avrebbe dato a Di Pietro?».

R: «No. Ne parlai in modo generico verso la fine del finanziamento, temporalmente non riesco a collocarlo, ne parlai in modo preciso quando dovevo fare la provvista».

D: «In questa fase di concessione del finanziamento lei non disse: "Questa somma va al dott. Di Pietro"?».

R: «No».

D: «Non disse mai "Dammi questo finanziamento che una parte la dò al dott. Di Pietro"?».

R: «Qualcosa devo dare al dott. Di Pietro».

D: «Lo disse o non lo disse?».

R: «Lo dissi».

D: «Lo disse?».

R: «Temporalmente non riesco a collocarlo; o dopo che mi aveva dato una prima parte dei quattrini, o alla fine dei quattrini».

[116] Cfr. incid. prob. D'Adamo del 30-1-98:

Domanda: «Le chiese una dimostrazione Pacini una dimostrazione di questa somma, glielo chiese: "Tu mi stai prendendo in giro? Fammi vedere se dai qualcosa davvero al dott. Di Pietro"?».

Risposta: «Non me l'ha mai chiesto».

D: «Si è fidato di lei?».

R: «Si è fidato di me. Cioè si è fidato della mia parola»

Un altro utile elemento per rimarcare l'assoluta mia non conoscenza dei rapporti economici D'Adamo-Pacini è fornito ancora una volta dallo stesso D'Adamo, laddove riferisce degli inviti miei e della mia difesa affinché lui «consegnasse alla Procura di Brescia e facesse pervenire tutti i documenti relativi alla vicenda e ai suoi rapporti con Pacini» [117]. A seguito di tale richiesta (che quindi ammette vi sia stata), D'Adamo dice di aver «preso la documentazione e ve l'ho data». Ora – a parte il fatto che né a me né alla mia difesa ha dato alcunché, avendo io tutto l'interesse a portarla a Brescia per dimostrare che nessuna lira è finita nelle mie tasche (senza dover attendere la pubblicazione del resoconto su "Il Giornale"

del 9-11-97 per sapere come stavano le cose) – tutto ciò sta a dimostrare su quale piano differente abbiamo vissuto lo sviluppo delle indagini io e D'Adamo: lui sempre preoccupato di non far conoscere la sequenza delle operazioni economiche, e io sempre teso a capire cosa diamine fosse successo fra lui e Pacini.

Gli indici rivelatori, seppure disseminati qua e là nelle carte processuali, proseguono. È certo che io nel 94 restituii a D'Adamo, del quale ero amico, un vecchio prestito personale di 100 milioni. Lo dico non solo io ma lo conferma lo stesso D'Adamo [118]. Orbene, D'Adamo sostiene che aveva in animo di dover riservare a me una parte del denaro che aveva ricevuto da Pacini; anzi, aggiunge che nell'aprile 94 si era fatto rivendere da Pacini il certificato azionario Gde sottocosto proprio per formare la provvista di 4 miliardi e mezzo destinati a me. Mi sembra francamente un comportamento "da scemo" il mio – se fossi stato realmente consapevole di quei miliardi di Pacini accantonati per me da D'Adamo – allorché gli restituii i 100 milioni del prestito personale. Né si dica che lo feci per cautelarmi, perché una tale chiave di lettura sarebbe quanto meno puerile: se veramente fra me e D'Adamo fosse intervenuto l'accordo scellerato di "fregare" un po' di soldi a Pacini, vorrebbe dire che, ormai, io ero legato mani e piedi a D'Adamo, ne sarei stato il suo compare e sodale; e allora quale senso logico avrebbe avuto da parte mia il restituirgli quei 100 milioni, se lui poi mi doveva dare i miliardi di Pacini?

Anche a D'Adamo è stata chiesta la ragione per cui – se veramente si fosse sentito mio debitore di 4,5 miliardi e se veramente tra noi due fosse intervenuto un tale pazzesco accordo – abbia accettato la restituzione del denaro e soprattutto perché, almeno in quell'occasione, non mi abbia detto che lui aveva ancora in

---

[117] Cfr. incid. prob. D'Adamo del 2-2-98:

Domanda: «Io e il dott. Di Pietro abbiamo molto insistito con l'avvocato Buono affinché lei consegnasse alla Procura di Brescia e facesse pervenire tutti i documenti relativi alla vicenda e ai suoi rapporti con Pacini; l'avvocato Buono glielo riferì questo fatto?».

Risposta: «L'avvocato Buono mi chiese la documentazione per darla a voi e io ho preso la documentazione e ve l'ho data...».

D: «A noi?».

R: «Sì».

D: «Mi dica dove, quando e come e quale documentazione?».

R: «Volevo intendere che loro volevano esattamente sapere, la richiesta era tutti i documenti riguardanti i passaggi di denaro tra Pacini Battaglia e le mie società. Questa documentazione fu fornita».

D: «Quando, quale e a chi?».

R: «Io la documentazione l'ho data al mio avvocato, adesso non ricordo».

D: «Lei sostiene di avere dato questa documentazione che riguarda i passaggi bancari, una documentazione contabile, di che parliamo?».

R: «Del passaggio dei soldi dalle società estere alle mie società».

D: «Sostiene di averla fatta avere all'avvocato di Di Pietro?».

R: «Non ricordo se a Lucibello o all'avvocato Dinoia».

D: «Lei ha dato a me qualcosa?».

R: «No, con lei io non ho mai parlato. Loro volevano esattamente sapere come avvenne questo passaggio di soldi, e io ho fatto avere questa documentazione. Non mi ricordo come ma questa documentazione è stata già richiesta dall'avvocato Buono e io gliela ho fatta avere».

D: «L'ha fatta avere a chi?».

R: «Non lo ricordo».

D: «Prima ha detto Lucibello e Dinoia?».

R: «Credo agli studi dell'avvocato Dinoia e Lucibello, ma non lo ricordo».

D: «Lei sa che ha mandato a me queste cose e non sa né come né quando né perché né attraverso chi?».

R: «Non me lo ricordo».

---

[118] Cfr. incid. prob. D'Adamo del 2-2-98:

Domanda: «A me torna un po' sorprendente che lei nel novembre 1994, che come ha detto in mente sua, si riteneva debitore di 4 miliardi e mezzo, si vede restituire 115 milioni a un titolo che secondo lei non corrispondeva neanche a quello originario, e non ha una reazione immediata "Tieniteli, te ne devo dare ancora per la vicenda Pacini, almeno per quello tieniteli". Come mai lei non diede questa risposta?».

Risposta: «Ho detto che non li volevo, ha insistito».

mano la mia parte del "malloppo" [119]. La sua risposta è stata: «Non l'ho detto... non ci ho neanche pensato». E non ci ha pensato neppure quando, poco dopo, gli ho consegnato altri 15 milioni, e i successivi 15? Che maledetta storia è mai questa?!

Ma c'è dell'altro. Secondo D'Adamo, l'operazione di aumento di capitale della Gde e la conseguente cessione del 60% delle quote, sarebbero state solo un escamotage per dare una giustificazione alla «sostanza dell'accordo con Pacini», e cioè che «Pacini facesse affluire nelle mie aziende i suoi miliardi e che io intercedessi in suo favore presso Di Pietro» [120]. Orbene, a parte il fatto che ciò viene smentito categoricamente da Pacini [121], la prova provata per individuare da quale parte sta la ragione è rappresentata proprio dalle modalità con cui sono avvenuti i finanziamenti: non in contanti e non anonimamente, ma con bonifici bancari e con regolari registrazioni nei libri sociali e di bilancio. Pacini aveva i soldi già all'estero e dovette riversarli alla Keniston per poi farli affluire alla Compagnie Européenne di D'Adamo: se la sostanza del presunto accordo era di dargli dei "soldi gratis" che bisogno c'era di fare tutti quei giri?, bastava darglieli *brevi manu*, in contanti, e chi s'è visto s'è visto!

Pacini, che di queste cose se ne intende, non ha avuto difficoltà a farlo rilevare anche al Pm bresciano («Perché io glieli davo in contanti e avevo risolto il problema, che facevo a fare tutti 'sti passaggi... dato che li ho versati in contanti alla Keniston e ho fatto tutti i passaggi per dare una giustificazione seria a questi finanziamenti, perché pensavo che me li ridesse... Sarebbe stato assurdo» [122]). Pacini fa anche rilevare che la ragione di ricorrere comunque allo "schermo" della società off-shore Keniston era da ricercare nel fatto che «quando ho avuto il processo Eni, le mie preoccupazioni sono state che l'Eni si costituisse parte civile e potesse prendermi qualsiasi cosa possedessi, tanto è vero che ho venduto le società che possedevan case, ho venduto un po' tutto quel che possedevo... per nessun'altra ragione».

---

[119] Cfr. incid. prob. D'Adamo del 2-2-98:
Domanda: «Perché lei non ha detto "Ma io comunque ti devo 4 miliardi e mezzo"?».
Risposta: «Non l'ho detto».
D: «Questo è l'unico fatto certo. Perché?».
R: «Non lo so, non ci ho neanche pensato».

[120] Cfr. interrogatorio D'Adamo del 12-7-97: «La sostanza dell'accordo con Pacini prevedeva che lui facesse affluire nelle mie aziende i suoi miliardi e che io intercedessi in suo favore presso Di Pietro. Sono stato io che, per realizzare questa operazione, ho individuato nell'aumento di capitale della Gde la forma per dare attuazione a quell'accordo. La nostra preoccupazione era quella di evitare un formale finanziamento che, in quanto sfornito di contropartita formale, avrebbe potuto far nascere sospetti sull'esistenza di una diversa contropartita, in considerazione del fatto che Pacini era indagato da Di Pietro e che naturalmente era mio amico».

[121] Cfr. interrogatorio Pacini del 6-10-97: «Non è assolutamente vero, almeno per quanto mi riguarda, che l'intera operazione di finanziamento di aumento di capitale sia stata realizzata con lo scopo di dissimulare i miei rapporti con D'Adamo. Da parte mia mi sono limitato a creare due società, la Keniston e la Morave: la prima per trasferirci i soldi e documentare... documentare i bonifici effettuati e la seconda per aver una società che potesse diventare socia della Gde. Non ho mai fatto mistero con nessuno dei miei rapporti con D'Adamo. Non mi sono mai posto il problema dell'opportunità di tenere celati i rapporti di natura finanziaria con il predetto. Le operazioni sono avvenute estero su estero per il semplice fatto che io ero residente in Svizzera».

[122] Cfr. confronto Pacini-D'Adamo del 24-11-97: «Per versare i soldi con la Keniston, e poi dalla Keniston bonificarli in Lussemburgo, ho fatto tutta una serie di operazioni che se fossi stato d'accordo, come l'ingegner D'Adamo dice, per pagare... le persone, non c'era problema di fare tutte 'ste operazioni. Perché io per versarli sulla Keniston l'ho versati in contanti dalle mie tasche: glieli davo in contanti e avevo risolto il problema. Che facevo a fare tutti i passaggi? e li ho versati in contanti sulla Keniston e ho fatto tutti i passaggi per dare una giustificazione seria a questi finanziamenti, perché pensavo che me li ridesse, sarebbe stato assurdo... Glieli davo in contanti e avrei risolto il problema... Ripeto: se volevo dargli i soldi glieli davo in contanti: se, a un certo momento, io non volevo... figurare molto come proprietario di varie società, benché con la Keniston dimostrerò che son sempre stato proprietario io, lo facevo esclusivamente perché a quel tempo c'avevo l'Eni che si costituiva parte civile; perciò qualsiasi somma che era mia sarebbe stata... Quando ho avuto tutto il processo Eni, le mie preoccupazioni sono state che l'Eni si costituisse parte civile e potesse prendermi qualsiasi cosa possedessi. Tant'è vero che ho venduto le società che possedevan case... ho venduto un po' tutto quello che possedevo. Questo è stato per... Tenevo un po'... di cose un po' nascoste per non le fare totalmente alla luce del sole... per nessuna altra ragione».

III.

GLI ELEMENTI DEL TEOREMA

1. La terza operazione

Nel periodo che va dall'1-2-94 al 6-4-94, Pacini accorda a D'Adamo ulteriori finanziamenti per un totale di 3 miliardi (peraltro, trattandosi di un finanziamento unitario, gli accordi devono essere intervenuti necessariamente entro il 31-1-94). Secondo il Pm di Brescia, anche questa operazione sarebbe stata frutto di un "patto corruttivo" intervenuto fra me, D'Adamo e Pacini («concordavano», si legge nel capo di imputazione anche per questo caso). Ecco, dunque, cosa avremmo "concordato", stando all'Accusa:

«Finanziamento della Atlantic Finance Sa del Lussemburgo (di Pacini) alla Gde-Gruppo D'Adamo Editore (di D'Adamo) a titolo di finanziamento soci, nelle date e per gli importi di seguito specificati: c) 1-2-94, per un controvalore di Lire 699.970.000; d) 3-3-94, per un controvalore di L. 450 milioni. Tali somme provenivano dalla Keniston Investments Ltd delle Isole Vergini (di Pacini); il relativo credito alla Atlantic Finance Sa, verso la Gde, veniva successivamente ceduto alla Morave Holding Sa (fatta costituire da Pacini il 28-3-94).

«Finanziamento dalla Morave Holding Sa del Lussemburgo (di Pacini) alla Gde Gruppo D'Adamo Editore (di D'Adamo) per gli importi di seguito specificati: c) 30-3-94, per un controvalore di L. 850 milioni; d) 6-4-94, per un controvalore di L. 1 miliardo. A fronte del finanziamento di cui ai punti 4 e 5 per un importo complessivo pari a circa 3 miliardi di lire oltre interessi, venivano rimborsati dalla Gde alla Morave Holding Sa (di Pacini) solo 200 milioni di lire, in data 30-11-94».

Ricapitoliamo. 1) Secondo l'Accusa, Pacini, tra febbraio e aprile del 94, avrebbe concesso un finanziamento alla Gde di D'Adamo per 3 miliardi; 2) Sempre secondo l'Accusa, per convincere Pacini a effettuare questo supposto prestito ci sarebbe stato il mio "zampino" («in cambio di un trattamento di favore... nell'ambito del procedimento penale... nel quale Pacini era indagato», si legge nel capo di imputazione). Ebbene, entrambe le affermazioni non corrispondono alla realtà dei fatti. Anche per questa vicenda, cioè – oltre a mancare la mia "controprestazione" (i "favori" di cui fantastica il capo di imputazione) e oltre a non esserci alcuna prova (né potrebbe esserci) circa una mia qualsiasi consapevolezza – manca del tutto la "prestazione". Sì, ancora una volta manca "il fatto" (cosa che poteva e può essere rilevato dalla semplice lettura del capo di imputazione).

Vediamo di raccapezzarci. Il capo di imputazione ci ricorda che la Atlantic Finance Sa, all'epoca dei finanziamenti alla Gde, era di Pacini, cioè Pacini era il proprietario della società; questo vuol dire che tutto ciò che è di proprietà della Atlantic Finance nei fatti è di proprietà di Pacini. In altri termini, siamo di fronte solo a una delle tante società off-shore dietro le quali c'è "il cuore che batte" di una persona fisica realmente proprietaria di quanto la società off-shore possiede.

Ebbene – sempre leggendo il capo di imputazione – apprendiamo che in data 25-1-94 la Atlantic Finance aveva acquistato un certificato azionario pari al 60% delle azioni Gde; cioè, la Atlantic Finance, a quella data, acquisiva (e quindi aveva) il 60 per cento della proprietà di un'altra società (la Gde, appunto). Ciò vuol dire – ancora una volta e transitivamente – che Pacini, a partire dal 25 gennaio 94, era (anche formalmente) proprietario del 60% della società Gde; quindi di fatto tale società era praticamente nella sua disponibilità essendone socio di maggioranza, poteva farci quello che voleva. Allora perché il Pm bresciano contesta – al punto 4 del capo di imputazione – il finanziamento della Atlantic Finance di Pacini come effettuato a favore della «Gde... di D'Adamo»? E perché contesta – al punto 5 del capo di imputazione – il finanziamento della Morave Holding di Pacini sempre come avvenuto a favore della «Gde... di D'Adamo»? Pacini, versando i 3 miliardi – che, come vedremo, ha erogato su suggerimento del suo consulente e fiduciario Antonio Intiglietta, da lui inserito all'interno del management Gde proprio con lo scopo di amministrarla, controllarla e gestirla – ha inteso finanziare e ha finanziato una *propria* società, e non una società di D'Adamo. Mi si passi il paradosso, ma con quest'accusa il Pm bresciano è come se accusasse qualcuno di "furto di cosa propria"!

Il discorso potrebbe chiudersi qui. Mi preme, però, evidenziare che – in ogni caso – io nemmeno con questa vicenda ho niente a che spartire. Ricostruiamo i fatti.

Abbiamo già visto nel precedente capitolo come – dopo che D'Adamo e Pacini concordarono di apportare nuova "linfa" nelle casse del gruppo D'Adamo per 9 miliardi – essi si accordarono di procedere, in cambio di tale finanziamento, alla cessione del 60% della Gde dal primo a favore del secondo. Abbiamo anche già appurato che Pacini decise di seguire da vicino la gestione e le potenzialità di questa sua nuova acquisizione imprenditoriale, dapprima facendosi fare una relazione sommaria sullo stato aziendale per il tramite dello studio Manfredini-Agresti (al quale era arrivato grazie al suo avvocato e amico Lucibello). Abbiamo anche già accennato alla decisione di Pacini – dopo il primo "campanello d'allarme" ricevuto dalla relazione dei due commercialisti – di insediare un suo fiduciario (Intiglietta) all'interno della struttura aziendale Gde con lo scopo specifico di «conoscere la reale situazione sia sotto il profilo finanziario-gestionale, sia sotto il profilo dello sviluppo, della società» [1]. Di questa decisione venne messo al corrente l'ing. D'Adamo, il quale così prese atto che «da quel momento in avanti Intiglietta partecipò alla vita operativa, sia econòmica che finanziaria della società... sì, in qualità di

rappresentante del socio di maggioranza» [2]. Anche il responsabile operativo della Gde, Ennio D'Adamo, venne messo al corrente e prese atto della presenza del nuovo manager Intiglietta (che nel frattempo si era installato in un ufficio all'interno della società e lì vi operava «quotidianamente» e si «recava presso gli istituti bancari per reperire finanziamenti o sconti di ricevute») [3]. Insomma, passò in capo a Pacini non solo il controllo della maggioranza del pacchetto azionario, ma anche la «gestione della società», come riconosciuto dallo stesso D'Adamo [4].

---

[1] Cfr. s.i.t. Antonio Intiglietta del 16-9-97: «Verso la fine del 1993 e gli inizi del 1994... mi disse che... tale Van der Poel, aveva... bisogno di un manager operante su Milano che curasse e gestisse i suoi interessi in detta società in quanto risiedeva a Ginevra... Il Van der Poel, in qualità di rappresentante della Morave Holding, mi disse di aver acquistato il pacchetto di maggioranza della Gde e che aveva bisogno di conoscere la reale situazione sia sotto il profilo finanziario-gestionale sia sotto il profilo dello sviluppo della società».

[2] Cfr. incid. prob. D'Adamo del 6-2-98:
Domanda: «È vero che verso dicembre il signor Pacini chiese di inserire nel gruppo D'Adamo una sua persona di fiducia e la individuò nel dott. Intiglietta?».
Risposta: «Sì».
D: «È vero che da quel momento in avanti Intiglietta partecipò alla vita operativa, sia economia che finanziaria, della società?».
R: «Sì, in qualità di rappresentante del socio di maggioranza».

[3] Cfr. s.i.t. Ennio D'Adamo del 9-10-97: «Il Lucibello mi disse di mettere a disposizione di Intiglietta un ufficio e di presentarlo al personale della Gde come rappresentante dell'azionista di riferimento. Cosa che io feci. Preciso che io in seno alla Gde mi sono sempre occupato del settore commerciale ed editoriale, ma mai della parte finanziaria. Della parte finanziaria se ne occupava il dott. Walter Noseda con il quale l'Intiglietta dialogava e si recava presso gli istituti bancari per reperire finanziamenti o sconti di ricevute... L'Intiglietta era quotidianamente presente presso gli uffici della Gde. Si informava con i dirigenti dei rispettivi settori, sia dell'aspetto finanziario che di quello editoriale e tecnico... Non so a chi riferiva sullo stato della Gde l'Intiglietta. Sicuramente, come ho già detto, ne parlava spesso con Lucibello. Non escludo che ne parlasse anche con Pacini, in quanto l'Intiglietta un paio di volte mi disse che si recava a Ginevra per sollecitare l'arrivo dei finanziamenti.... Se non ricordo male, nel periodo in cui Intiglietta era nella Gde, sono arrivati circa 3 miliardi di finanziamenti in quanto la società era in difficoltà... Intiglietta non ha mai avuto incarichi ufficiali nella Gde».

[4] Cfr. incid. prob. D'Adamo del 2-2-98:
Domanda: «Pacini richiese poi e collocò nella società un suo rappresentante nella persona di Intiglietta?».
Risposta: «Sì, indicò Intiglietta come suo rappresentante nella D'Adamo Editore».
D: «Costui svolse un ruolo effettivo di controllo e di gestione?».
R: «Sì».
D: «Quindi ci fu un effettivo interessamento di Pacini alla buona gestione della società?».
R: «Alla gestione della società».
D: «L'aumento di capitale portò il capitale della D'Adamo a 15 miliardi?».

Alla fine di dicembre 93, Intiglietta segnalava a Pacini che la Gde «non andava molto bene, ma che la situazione poteva essere sanata grazie all'aumento di capitale effettuato e ad alcune ristrutturazioni che aveva in animo di fare». Come di norma avviene in questi casi, il socio di maggioranza (che era Pacini, non confondiamoci) si consulta con quello di minoranza (tale era ormai D'Adamo) che gli chiede di «effettuare un ulteriore finanziamento di 3 miliardi»; Pacini provvede, non prima che «Intiglietta [abbia] dato il suo beneplacito e si [sia] dichiarato certo del fatto che con tale ulteriore apporto di denaro la situazione [della Gde] si sarebbe sanata completamente»[5]. Il rapporto fra la nuova gestione e la precedente, come spesso accade in casi del genere anche in migliori e più blasonate aziende, va presto in crisi, ed entra in rotta di collisione nel giro di pochi mesi[6], tanto è vero che dopo tre-quattro mesi Intiglietta lascerà l'incarico e Antonio D'Adamo ricomprerà le quote sociali della Gde[7].

Intiglietta, dal canto suo, nel periodo della sua gestione si attivò per risanare l'azienda e si premurò di sollecitare Pacini a finanziare la Gde, prospettandogli «i punti di forza e i pun-

ti di debolezza» dell'impresa[8]. Cosa che Pacini fece, dietro richiesta e previo consenso del suo fiduciario, anche perché, come ricorda Intiglietta, «Pacini non avrebbe mai disposto l'erogazione del finanziamento senza il mio assenso»[9]. Tale finanziamento fu preso direttamente in consegna da Intiglietta, e «fu utilizzato prevalentemente per le varie esigenze e in parte fu depositato presso i vari istituti di credito a supporto di nuove linee di credito... Preciso che presso le varie banche mi recavo frequentemente»[10]. A un certo punto, Intiglietta comprese che solo una drastica ristrutturazione aziendale poteva salvare la Gde; preparò,

---

[5] R: «Sì».
D: «Fu interamente versato il capitale o solo deliberato?».
R: «Sì. Interamente versato».
D: «Fu attuato in più tranche o in una tranche sola?».
R: «Tutto in un'unica soluzione».

[5] Cfr. interrogatorio Pacini del 18-7-97.

[6] Cfr. incid. prob. D'Adamo del 6-2-98:
Domanda: «È vero che Intiglietta più volte ebbe a discutere in modo animoso con le persone che rappresentavano lei nella società?».
Risposta: «Ho già detto signor Giudice che erano notizie che io apprendevo, perché non seguivo più. Intiglietta e mio fratello non andavano d'accordo, ogni tanto litigavano».

[7] Cfr. s.i.t. Ennio D'Adamo del 9-10-97: «Fin dall'inizio con l'Intiglietta non ci fu un buon rapporto per contrasti di vedute sulle scelte operative. Avemmo un forte diverbio in ordine alla società Cantini Srl... Al diverbio tra me e l'Intiglietta era presente anche il Noseda. Di lì in avanti i nostri rapporti si deteriorarono definitivamente... Dopo circa tre o quattro mesi dal suo arrivo in Gde, una mattina non vidi arrivare in azienda Intiglietta. Chiesi spiegazioni a mio fratello ed egli mi rispose che non sarebbe più venuto in quanto la Gde era nuovamente in suo possesso».

[8] Cfr. s.i.t. Antonio Intiglietta del 16-9-97: «Per fare questo aveva bisogno di una persona di fiducia. Accettai l'incarico. Van der Poel comunicò agli amministratori della Gde che, per il tratto a venire, il rappresentante in Italia dell'azionista di riferimento ero io... Dopo circa un mese che quotidianamente mi recavo alla Gde, dove avevo anche un ufficio, cominciai a rendermi conto dei problemi della società e dei suoi possibili sviluppi. Precisamente quali erano i suoi punti di forza e di debolezza. I punti di forza erano: alcune produzioni editoriali scolastiche, il diario denominato "Sottobanco", un possibile sviluppo editoriale in testi di formazione professionale, e infine un'attività di editing nei corsi di lingua straniera. I punti di debolezza invece erano: la produzione deficitaria e l'eccessivo magazzino della società Cantini, alcune attività editoriali didattiche parallele, e un eccesso di progettazione di edizione di altri testi. Sotto il profilo finanziario vi era una forte tensione che necessitava due immediati interventi: il primo una ripresa dei rapporti di fiducia con le banche (erano già stati utilizzati tutti i fidi concessi), il secondo un deciso piano di risanamento aziendale. Preso atto di ciò, contattai telefonicamente prima Van der Poel e poi Pacini, che mi aveva comunque chiesto di essere costantemente informato. Van der Poel, aderendo alle mie richieste, cominciò a bonificare alla Gde delle somme in conto finanziamento».

[9] Cfr. s.i.t. Antonio Intiglietta del 15-10-97: «I 3 miliardi di finanziamento sono stati da me richiesti su input del dott. Noseda, telefonicamente a Pacini Battaglia e a Van der Poel per poter far fronte alla pressione finanziaria in cui la Gde si trovava nei confronti delle banche (Banca di Roma, Banco di Napoli e Istituto Bancario San Paolo di Torino. Forse c'era anche la Banca Popolare di Lodi). Preciso che Pacini Battaglia non avrebbe mai disposto l'erogazione del finanziamento senza il mio assenso».

[10] Cfr. s.i.t. Antonio Intiglietta del 16-9-97: «Tale denaro fu utilizzato prevalentemente per le varie esigenze e in parte fu depositato presso i vari istituti di credito a supporto di nuove linee di credito che venivano chieste. Preciso che presso le varie banche mi recavo frequentemente a nome del Van der Poel, accompagnato dal dott. Noseda, e a volte da Ennio D'Adamo».

allora, un piano di risanamento perché «capii di essere di fronte a una scelta, in quanto o passava la linea di risanamento aziendale proposta dalla proprietà che io rappresentavo, oppure sarebbe stato opportuno ricedere le quote alla vecchia proprietà». Ne scaturirono forti contrasti con il rappresentante del gruppo, Ennio D'Adamo, in quanto «le scelte operative proposte dalla vecchia proprietà [D'Adamo] mal si sposavano con la volontà di investire della nuova proprietà [Pacini] che io rappresentavo». Intiglietta mise al corrente di tutto questo Pacini e Van der Poel, e «questi mi dissero che avrebbero rivenduto la società alla vecchia proprietà» [11]. Insomma, fu una «drastica relazione» di Intiglietta [12] che convinse Pacini a por fine a quello che si stava rivelando un fallimento imprenditoriale, dato il «quadro catastrofico» rappresentatogli dallo stesso Intiglietta [13].

E D'Adamo cosa dice di tutta questa vicenda? Sostanzialmente le stesse cose che hanno riferito gli altri protagonisti: «La società aveva bisogno di altri soldi... li chiese al socio di maggioranza... a Pacini li chiese sicuramente Intiglietta... i soldi erano necessari, e quindi Pacini era interessato a mantenere la società... in quel momento io non gestivo... [il tutto] avvenne su disposizione di Intiglietta che dava istruzioni... ho evitato ogni e qualsiasi ingerenza pur possedendo il 40 per cento della società... fra i due [Ennio D'Adamo e Intiglietta] c'era incomprensione... con Pacini allora ci incontravamo e in un incontro mi disse che mi dovevo riprendere la Gde». In sede di controesame, D'Adamo spiega in maniera ancora più esauriente le ragioni per cui Pacini, alla fine, gli volle rivendere le quote sociali della società: «Fu perché Intiglietta e mio fratello [Ennio D'Adamo, ndr] che gestivano la società chiedevano altri soldi. Ho avuto la netta impressione che Pacini non voleva mettere più neanche una lira».

E l'avv. Lucibello, cosa dice? Spiega di non aver nemmeno mai saputo dell'esistenza di quest'ulteriore finanziamento [14]. D'altronde nessuno degli altri protagonisti lo tira in ballo al riguardo.

Possiamo, allora, avviarci alla conclusione di quest'altra vicenda. In realtà nelle carte pro-

[11] Cfr. s.i.t. Antonio Intiglietta del 16-9-97: «Dopo un po' sorsero forti contrasti con Ennio D'Adamo, soprattutto con riguardo al piano di ristrutturazione dell'azienda e alle scelte operative. Capii di essere di fronte a una scelta in quanto, o passava la linea di risanamento aziendale proposta dalla proprietà che io rappresentavo, oppure sarebbe stato opportuno ricedere le quote alla vecchia proprietà [D'Adamo, ndr]. Ciò in quanto le scelte operative proposte dalla vecchia proprietà mal si sposavano con la volontà di investire della nuova proprietà che io rappresentavo. Parlai della situazione che si era venuta a creare con Van der Poel e Pacini Battaglia. Con Van der Poel dialogai per telefono, con Pacini quasi sicuramente mi incontrai all'hotel Palace in occasione di una sua venuta a Milano. Questi mi dissero che avrebbero rivenduto la società alla vecchia proprietà e mi dissero anche di non occuparmene più ringraziandomi per il mio operato».

[12] Cfr. s.i.t. Antonio Intiglietta del 15-10-97: «Rappresentai a Pacini che la conduzione della società non era conforme al piano di risanamento da me dettato, e questo non avrebbe potuto garantirgli un recupero certo dei suoi investimenti, con l'aggravante di un rischio reale di fallimento della società. Dinanzi a questa presentazione della realtà, Pacini prese atto e mi disse che avrebbe rivenduto le azioni all'azionista di minoranza... Sono certo della mia drastica relazione sullo stato della Gde, così come sono certo della determinazione di Pacini di cedere le azioni della Gde a D'Adamo».

[13] Cfr. interrogatorio di Pacini Battaglia del 14-10-97: «Prendo atto di quanto dichiarato da Antonio Intiglietta nel corso dell'escussione del 16-9-97 (viene data lettura del verbale da foglio 2 in alto a foglio 4 in alto), con particolare riferimento a quanto dallo stesso dichiarato con riguardo alla situazione economico-finanziaria della Gde e alle ragioni di conflittualità insorte tra lo stesso Intiglietta

ed Ennio D'Adamo. Dichiaro quanto segue: quanto alla data nella quale Intiglietta ha iniziato a lavorare per me, ribadisco quanto da me già dichiarato (vds. verbale 18-7-97) e cioè che l'inizio della collaborazione è da collocare intorno al settembre-ottobre del 93; ribadisco che a dicembre Intiglietta ha sostenuto l'opportunità di effettuare un finanziamento per alleggerire la situazione bancaria (sicuramente lui già si occupava per mio conto della Gde all'epoca dei finanziamenti per complessivi 3 miliardi) e che nel successivo aprile, invece, mi ha fatto un quadro catastrofico della società. È stato quando ho riferito a Intiglietta che l'ing. D'Adamo mi aveva chiesto un ulteriore finanziamento in favore della Gde per un importo di 5-7 miliardi che Intiglietta mi ha sconsigliato di aderire alle richieste di D'Adamo, suggerendomi di rinunciare alla Gde che tanto era in uno stato pre-fallimentare. È stato a quel punto che ho ridato a D'Adamo le sue azioni. Se Intiglietta non ha riferito questo importante passaggio sicuramente ricorda male».

[14] Cfr. interrogatorio Lucibello del 17-3-98: «Non ho mai avuto notizia del finanziamento per 3 miliardi effettuato da Pacini Battaglia in favore della Gde tra il febbraio e l'aprile del 94».

cessuali vi è una miriade di altri indizi, ma siccome sono tutti coincidenti con la suddetta ricostruzione, sarebbe del tutto superfluo continuare a dimostrare ciò che è già chiaro come la luce. Ricapitoliamo:

• Pacini ha provveduto, tra l'1-2-94 e il 6-4-94, a finanziare una *sua* società versando 3 miliardi. Dico "*sua*". Anzi non lo dico solo io, ma lo dice anche D'Adamo, e paradossalmente lo riconosce anche lo stesso Pm bresciano che lo interroga;

• Antonio D'Adamo di questo finanziamento dice di non saperne granché perché ormai la gestione era sostanzialmente sotto il controllo di Pacini;

• Intiglietta riconosce che per un certo periodo di tempo era stato lui il "motore" della gestione aziendale per conto del nuovo proprietario Pacini, e che aveva ritenuto di invogliare il suo datore di lavoro a rifinanziare l'attività imprenditoriale perché potevano esserci delle prospettive di sviluppo;

• Ennio D'Adamo ammette che in quel periodo era arrivato Intiglietta in azienda per conto della nuova proprietà e che aveva preparato un piano di risanamento aziendale con apporti di nuovi finanziamenti;

• Giuseppe Lucibello fa presente che non sapeva nemmeno che ci fosse stato un tale finanziamento;

• nessun soggetto comprimario aggiunge qualcosa in più: né Walter Noseda (direttore finanziario della Gde), né i figli di D'Adamo (Giovanni e Patrizia), né suo genero Andrea Mascetti, né Van der Poel.

I fatti sono quindi evidenti: si è trattato di una normale operazione di finanziamento di una impresa commerciale da parte dell'allora socio di maggioranza; un finanziamento andato male, nonostante Pacini sperasse di poter rientrare almeno parzialmente dell'esposizione in sede di amministrazione controllata, accettando la richiesta di "postergazione" [15]. E allora: cosa c'entra Di Pietro?

Ricapitoliamo ancora una volta e per un altro verso. Possiamo ritenere pacifico che il presunto "fatto-reato" in questione (finanziamento di 3 miliardi da parte di Atlantic Finance e Morave alla Gde) sia una vicenda del tutto scorporata dal primo finanziamento di 9 miliardi (da parte di Keniston a favore della cassa del Gruppo Compagnie Européenne de Placement) – infatti:

• diversi sono i tempi degli accordi e dei versamenti (il primo finanziamento avviene nel 93, il secondo nel 94);

• diversi sono i soggetti finanziati (nel primo caso D'Adamo, nel secondo una società che ormai era sotto il controllo di Pacini);

• diversi sono i soggetti che vogliono il finanziamento (nel primo D'Adamo, nel secondo Intiglietta);

• diverso è l'utilizzo del denaro (nel primo per un aumento di capitale, nel secondo per un mutuo);

• diversa sarebbe stata la controprestazione (siamo all'anno successivo e la posizione processuale del Pacini si era nel frattempo totalmente evoluta, come modificati erano anche i Pm e le Ag che si stavano occupando di lui).

Siccome la corruzione è un "reato istantaneo", possiamo quindi ritenere pacifico che – sebbene contenuti nello stesso capo di imputazione – la contestazione del Pm bresciano riguarda due distinte ipotesi di reato: il finanziamento di 9 miliardi, e quello di 3 miliardi.

Chi e cosa lega, allora, la mia persona a questo secondo e diverso fatto-reato? Chi dice che io c'entri qualcosa con questa vicenda? Da quale carta processuale l'Accusa ritiene di poter ipotizzare un mio coinvolgimento nella faccenda, se nemmeno D'Adamo ne sa niente? Dove è il sinallagma corruttivo? Quale "prestazione" a mio favore Pacini avrebbe fatto nel momento che *ha finanziato una propria azienda*? Dove è il dolo specifico, quello cioè di effettuare il finanziamento non perché glielo chiedeva Intiglietta ma perché voleva assicurarsi miei favori processuali? E ancora: dov'è la mia "controprestazione"? Come facevo a pensare che dovevo fare dei favori a Pacini, se nemmeno sapevo – e nessuno dice di avermene mai parlato – che lui stesse rifinanziando la Gde?

Insomma e in conclusione: anche questa volta il Pm bresciano ha adottato "la proprietà transitiva" per far ricadere su di me tutti quei

---

[15] Cfr. interrogatorio Pacini del 12-7-97: «Il 28-9-95 Van der Poel ha ricevuto un fax da Patrizia D'Adamo con il quale gli veniva chiesto di postergare (a nome della Morave) il credito per 3 miliardi vantato nei confronti della Gde. Si è ritenuto di accogliere questa richiesta perché ormai, come già ho detto, non avevo più nessuna speranza di recuperare i miei soldi. Speravo che l'Amministrazione

rapporti che sono avvenuti fra Pacini e D'Adamo, dimenticando che quei due erano un imprenditore e un finanziere e che, quindi, rientrava – e rientra – nella più assoluta normalità la ragnatela di rapporti che hanno intrecciato fra loro. Come tutto sommato nella normalità rientra il "gioco al massacro" avvenuto tra loro, allorché ognuno tentava di appropriarsi di qualcosa dell'altro; alla fine l'ha spuntata D'Adamo. Adesso, però, quest'ultimo vorrebbe dismettere i panni del "lupo" per vestirsi da "agnello": francamente mi pare troppo!

2. La quarta operazione

Il 28-4-94 Pacini rivendeva a D'Adamo il 60% del capitale della Gde per 4,5 miliardi, dopo averlo acquistato tre mesi prima (esattamente il 26-1-94) per 9 miliardi dallo stesso D'Adamo. Il Pm di Brescia considera «insensata» questa operazione, perché – siccome da essa D'Adamo ci ha guadagnato uno "sconto" di ben 4 miliardi e mezzo – per la solita "proprietà transitiva" quell'Ufficio è portato a ritenere che deve essersi trattato di un fatto corruttivo commesso da Di Pietro. Leggendo però cosa hanno riferito i protagonisti della vicenda – e in particolare lo stesso D'Adamo – ci si può invece rendere conto ancora una volta dell'esatto contrario.

Abbiamo già visto che, a partire quantomeno dal 26 gennaio 94 (ma di fatto già prima, poiché Intiglietta comincia a occuparsi della gestione della Gde dalla fine del 93), la proprietà della maggioranza delle quote sociali della Gde sono saldamente in mano a Pacini. Costui (unitamente al suo factotum Van der Poel), dopo aver disposto un primo finanziamento di 3 miliardi su consiglio e sollecitazione del suo fiduciario Intiglietta, si rese conto, passati tre-quattro mesi di gestione – anche a seguito delle allarmanti relazioni che nel frattempo gli pervennero dallo stesso Intiglietta – di aver fatto un cattivo affare, che la Gde non riusciva a decollare, che c'era bisogno di ulteriori forti investimenti, che non si manifestavano serie prospettive di sviluppo, che insomma questa sua nuova attività si stava rivelando un fiasco imprenditoriale [16], [17]. È lo stesso D'Adamo a confermare che queste, e solo queste, furono le ragioni che indussero Pacini a disfarsi di quel ramo del suo impero finanziario [18], [19], [20]. Pacini, a quel punto, propose a

---

[16] Cfr. interrogatorio Pacini Battaglia del 18-7-97: «Ai primi dell'aprile del 94 Intiglietta, che stava per subentrare nella gestione (era stato nominato Consigliere di Amministrazione il 29-3-94) mi ha detto che tutte le nostre positive previsioni riguardanti la Gde erano precipitate in quanto detta società si trovava in condizioni disastrose e che D'Adamo sarebbe venuto a parlarmi quanto prima. Mi spiegò che in precedenza non era stato messo nelle condizioni per potersi accorgere di quale fosse la reale situazione della Gde».

[17] Cfr. interrogatorio Pacini Battaglia del 14-10-97: «Ribadisco che a dicembre Intiglietta ha sostenuto l'opportunità di effettuare un finanziamento per alleggerire la situazione bancaria (sicuramente lui già si occupava per mio conto della Gde all'epoca dei finanziamenti per complessivi 3 miliardi) e che nel successivo aprile, invece, mi ha fatto un quadro catastrofico della società. È stato quando ho riferito a Intiglietta che l'ing. D'Adamo mi aveva chiesto un ulteriore finanziamento in favore della Gde per un importo di 5-7 miliardi che Intiglietta mi ha sconsigliato di aderire alle richieste di D'Adamo, suggerendomi di rinunciare alla Gde che tanto era in uno stato pre-fallimentare».

[18] Cfr. incid. prob. D'Adamo del 30-1-96:
Domanda: «Le riferirono che la società aveva bisogno di ulteriori sette miliardi perché non riusciva ad andare avanti?».
Risposta: «Non sono a conoscenza dei 7 miliardi, sono a conoscenza che il dott. Intiglietta aveva chiesto altri soldi al dott. Pacini come finanziamento, tanto è vero che quando Pacini mi disse "Riprenditi la società" evidentemente io l'ho inteso come il fatto che non volesse mettere più soldi».
D: «Pacini un bel giorno le disse "Riprenditi la società"?».
R: «Sì...».
D: «Le disse anche che si era convinto che la società non valeva nulla?».
R: «Io l'ho capito come un fatto che doveva mettere ancora soldi e credo che non ne avesse nessuna voglia».
D: «Dimostrò un totale disinteresse per questa società?».
R: «Se disse riprenditela, evidentemente, mostrò un disinteresse, tanto è vero che non prese i soldi, prese un impegno ad avere i soldi».

[19] Cfr. incid. prob. D'Adamo del 6-2-98:
Domanda: «Quale fu la giustificazione che addusse Pacini quando disse "Riprenditi la tua società"?».
Risposta: «Quello che capii io fu perché Intiglietta e mio fratello che gestivano la società chiedevano altri soldi. Ho avuto la netta impressione che Pacini Battaglia non voleva mettere più neanche una lira».

---

controllata mi consentisse di recuperare almeno i 3 miliardi di finanziamento».

D'Adamo di ricomprarsi quello che alcuni mesi prima quest'ultimo gli aveva venduto; costui si disse disponibile, ma da buon "mercante" cercò di guadagnarci sopra: «Va bene, però non ti posso ridare i 9 miliardi ma ti posso dare solo 4 miliardi e mezzo» [21].

A questo punto, le versioni dei due protagonisti divergono:

• da una parte, Pacini giustifica la vendita a metà prezzo delle quote Gde – rispetto al valore di acquisto – come "il minore dei mali" che gli poteva capitare in quel momento («Intiglietta... mi ha spiegato che la Gde stava per fallire. A quel punto ho offerto a D'Adamo di riprendersi le azioni della Gde a qualsiasi cifra. Ormai avevo capito di aver perso l'intera somma di 12 miliardi e dovevo evitare a tutti i costi, per evitare conseguenze disastrose sulla mia professione di banchiere, di essere coinvolto in un fallimento della Gde») [22];

• dall'altra, D'Adamo insiste nel dire che tra lui e Pacini era intervenuto un accordo tale per cui nella compravendita delle azioni Gde vi sarebbe stato "lo sconto" della metà del prezzo in quanto l'altra metà doveva servire per formare una provvista da mettere a disposizione di Di Pietro [23]. D'Adamo sostiene oggi che all'epoca era riuscito a ottenere uno sconto del 50% «perché gli altri 4 miliardi e mezzo li devo mettere a disposizione per il dott. Di Pietro» [24]. Concetti che ribadirà più volte in sede di incidente probatorio [25].

Per capire da quale parte stia la verità, ancora una volta dobbiamo andare alla ricerca di indici rivelatori, sparsi qua e là nel mare magnum delle carte processuali, anche se in realtà sono gli stessi D'Adamo e Pacini a precisare che comunque io, di questi eventuali loro accordi, sono stato del tutto tenuto all'oscuro (e – ricordiamolo ancora una volta – è solo la mia eventuale consapevolezza e accettazione del loro progetto criminoso a caratterizzare il reato di corruzione). Certo, anche per me è

D: «Comunque le disse "Pigliati la società"?».
R: «Sì».

[20] Cfr. incid. prob. D'Adamo del 28-1-98:
Domanda: «A un certo punto che cosa accade: che c'è questo ulteriore esborso da parte di Pacini di 3 miliardi, durante la gestione Intiglietta perché questi aveva il ruolo formale di rappresentare la maggioranza del pacchetto azionario. Poi, che cosa accade? Pacini un bel giorno riprende la Gde?».
Risposta: «Io ho l'impressione che Pacini si sia spaventato ma questo non è che posso saperlo esattamente, ancora per ulteriori finanziamenti che dovevano essere fatti alla Gde».
D: «Chi richiese questi ulteriori finanziamenti?».
R: «A questo punto dipende tutto da Intiglietta che andava a riferire a Pacini Battaglia».
D: «Intiglietta rappresenta a Pacini che occorrono ulteriori finanziamenti?».
R: «Sì».

[21] Cfr. incid. prob. D'Adamo del 28-1-98:
Domanda: «Pacini le propone di riprendersi la Gde?».
Risposta: «Sì, mi dice "Ti devi riprendere la Gde" e io dico: "Va bene, però non ti posso dare i 9 miliardi ma ti posso dare solo 4 miliardi e mezzo" e gli feci il discorso che gli altri 4 miliardi e mezzo dovevano essere messi a disposizione di Di Pietro...».
D: «Pochi giorni prima del passaggio del 28 aprile 1994?».
R: «Sì».
D: «Dopo il finanziamento dei 3 miliardi?».
R: «Sì».
D: «Fine aprile?».
R: «Sì».

[22] Cfr. interrogatorio Pacini Battaglia del 18-7-97: «Inti-

glietta, in occasione di un successivo incontro, mi ha spiegato che la Gde stava per fallire. È stato a quel punto che ho offerto a D'Adamo di riprendersi le azioni della Gde a qualsiasi cifra. Ormai avevo capito di aver perso l'intera somma di 12 miliardi e dovevo evitare a tutti i costi, per evitare conseguenze disastrose sulla mia professione di banchiere, di essere coinvolto in un eventuale fallimento della Gde».

[23] Cfr. incid. prob. D'Adamo del 28-1-98:
Domanda: «Lei dice "Sì, me la riprendo però a metà prezzo", e giustifica tutto questo dicendo che 4 miliardi e mezzo sono destinati a Di Pietro?».
Risposta: «Sì».
D: «E Pacini accetta questa condizione?».
R: «Sì».

[24] Cfr. incid. prob. D'Adamo del 28-1-98:
Domanda: «I passaggi successivi quali sono?».
Risposta: «A questo punto parlai con Pacini, dissi che comunque sì, potevo riprendermi la D'Adamo Editore però potevo riprenderla a un prezzo di 4 miliardi e mezzo perché gli altri 4 miliardi e mezzo io li dovevo mettere a disposizione per il dott. Di Pietro. Questo è quello che io dissi a Pacini quando discutemmo del prezzo della D'Adamo Editore».

[25] Cfr. incid. prob. D'Adamo del 28-1-98:
Domanda: «Quando Pacini ha chiesto di riacquistare la Gde D'Adamo dice: "Non posso darti i 9 miliardi, ma te ne devo dare 4 e mezzo perché l'altra metà la devo dare a Di Pietro"?».
Risposta: «Sì».

grande la curiosità di sapere se D'Adamo possa veramente aver chiesto a Pacini di "abbuonargli" 4 miliardi e mezzo facendogli credere di doverli dare a me. Comunque – ripeto – per valutare la mia posizione processuale non è affatto necessario soddisfare tale curiosità, giacché ciò che davvero importa non è tanto il loro accordo, ma *se a quell'accordo possa aver partecipato anch'io* – il che non corrisponde né alla verità dei fatti, né alle risultanze delle carte processuali.

La prima questione da evidenziare è la spiegazione che D'Adamo dà in merito alla ragione per cui propose a Pacini proprio la somma di 4,5 miliardi: «Io non potevo dire a Pacini [*che le azioni Gde non valevano 9 miliardi, ndr*]» [26]. Cosa significa? Perché non poteva dire a Pacini che la Gde si era nel frattempo deprezzata? Forse perché temeva che Pacini si arrabbiasse per il fatto che in precedenza gli aveva magnificato la Gde a tal punto da convincerlo a sopravvalutarla? Per questo aveva necessità di giustificare il fatto di rivolerla pagandola la metà? E quale migliore giustificazione che quella di fargli credere che il 50% della somma doveva finire a Di Pietro, pur di non far capire che lui voleva farci la "cresta" sopra?

Ma come: durante tutto l'anno 93, D'Adamo non dice mai a Pacini che una parte del denaro doveva finire nelle mie tasche, e lo dice solo adesso? Durante e dopo la fase delle trattative – che portarono Pacini prima a dargli un finanziamento di 2 miliardi, poi ad acquistare il 60% della Gde per 9 miliardi, e infine a finanziare la Gde per ulteriori 3 miliardi – D'Adamo chiede e ottiene denaro da Pacini sempre e solo per sé. Lui infatti ha sempre dichia-

rato che a Pacini di Di Pietro fino alla fine dei finanziamenti aveva sempre e solo detto «Stai tranquillo»; perché all'improvviso "inverte" il titolo per cui avrebbe ricevuto il denaro, indicando Di Pietro come destinatario e non se stesso? Se veramente fossi stato io il destinatario di una parte del denaro che lui aveva ricevuto da Pacini, perché non glielo aveva detto prima? Perché invece sostiene che si era recato da Pacini sempre e solo dicendogli che aveva bisogno di denaro per sé e per le sue attività imprenditoriali?

Rimane la domanda: perché, allora, proprio 4 miliardi e mezzo? Pacini sostiene che a D'Adamo serviva fissare quel prezzo per creare una "plusvalenza" allorché doveva rivendere la società a Berlusconi («Non c'entrava nulla il dott. Di Pietro, anzi devo dire che a quel tempo [D'Adamo] mi disse che se avesse venduto la società a Berlusconi mi avrebbe ridato immediatamente i soldi») [27]; concetto che ribadisce anche in sede confronto con D'Adamo [28]; Pacini specifica inoltre che lui aveva accet-

---

[26] Cfr. incid. prob. D'Adamo del 30-1-98:
Domanda: «Andaste a parlare del prezzo di acquisizione?».
Risposta: «Io dissi "Alla fine io non ti posso che dire ti do 4 miliardi e mezzo, però mi devi lasciare il tempo di poterteli ridare, adesso non li ho, mi ridai le azioni e ricordati che io devo mettere da parte anche 4 miliardi e mezzo"».
D: «Pacini le disse questo?».
R: «Io dissi a Pacini».
D: «Lei disse "Ti do 4 miliardi e mezzo e mi ridai le azioni"?».
R: «Io non potevo dire a Pacini [che] non valgono 9 miliardi».

---

[27] Cfr. incid. prob. Pacini Battaglia del 30-3-98:
Domanda: «Quando nel 1994 lei effettuò la restituzione delle azioni della Gde all'ing. D'Adamo, quest'ultimo le disse che si trattava di un artifizio per creare i presupposti di una provvista contabile per il futuro pagamento di 4 miliardi e mezzo al dott. Di Pietro?».
Risposta: «No, non me lo disse nella maniera più assoluta, mi disse che i 4 miliardi e mezzo gli servivano a lui per creare una plusvalenza nel discorso Sii, io non mi ricordo bene, però non mi chiese minimamente... non c'entrava nulla il dott. Di Pietro, anzi devo dire che a quel tempo mi disse che se avesse venduto la società a Berlusconi mi avrebbe ridato immediatamente i soldi».

[28] Cfr. confronto Pacini-D'Adamo del 24-11-97:
Pacini: «Io ti dissi: "Dimmi che...". Ti... Quando ti dissi: "Ti ridò indietro le azioni della D'Adamo Editore e... e io ti dissi "Te le do a qualsiasi prezzo", te mi dicesti: "Scriviamoci quel prezzo lì e poi ci penseranno i nostri dipendenti". Questo te lo ricordi o no? Questo è chiaro. Io non ti dissi che mi dovevi dare soldi, ti dissi: "Che prezzo ci si scrive?" E te mi dicesti: "Se ne parlerà. Fallo ora per il prezzo che... che... che serve a noi in questo momento"... e ci si scrisse 4 miliardi e mezzo».
D'Adamo: «Sì. Perché, infatti, io t'ho... io ho detto: "Dobbiamo scrivere 4 e mezzo perché gli altri 4 e mezzo... tu sai che fine devono fare"...».
Pacini: «Non è affatto vero. Questa è una bugia. Mi ci scrivesti 4 e mezzo perché mi dicesti: "Dentro la Simaco ci fa comodo che ci si scriva 4 miliardi e mezzo; perché quando la vado a vendere a Berlusconi... che a me mi fa comodo, ecco, che sui debiti che c'ha la Simaco si possino... rintrufolare". Io non me ne occupai nemmeno dato

tato tale prezzo perché «io credo di avere avuto sempre fiducia nell'ing. D'Adamo» [29].

Una cosa è certa: se Pacini avesse veramente deciso di dare a D'Adamo 4 miliardi e mezzo destinati a Di Pietro, che senso aveva essere così fiscali da prevedere per gli altri 4 miliardi e mezzo il pagamento degli interessi [30]? Soprattutto, perché non è stata prevista la materiale restituzione del certificato azionario in mano a Pacini [31]? Proprio quest'ultima circostanza è decisiva per capire come in realtà siano andate le cose: allorché Pacini rivendette a D'Adamo il 60% del pacchetto azionario Gde, non gli riconsegnò anche il relativo certificato azionario; questo venne invece depositato presso una società lussemburghese fiduciaria dello stesso Pacini, la Intercop, con la disposizione di consegnarla a D'Adamo solo se – e solo dopo che – D'Adamo avesse adempiuto al pagamento di quanto dovuto [32]. Insomma, delle due l'una: o D'Adamo pagava i 4,5 miliardi promessi, oppure Pacini si sarebbe tenuto tutto il 60% della azioni Gde. E allora come faceva D'Adamo a formare la provvista per me? In altri termini e più chiaramente: se veramente Pacini e D'Adamo si fossero messi d'accordo per destinare a Di Pietro la metà del valore delle azioni Gde, perché D'Adamo non ha preteso lo scorporo e la restituzione della metà delle azioni Gde (quelle pari ai 4,5 miliardi, che a questo punto Pacini avrebbe ormai dovuto considerare "persi" o comunque senza titolo sottostante, considerato che il loro valore di mercato egli l'avrebbe messo a mia

---

che per me... ho aperto e ci scrissi 4 miliardi e mezzo... Mi disse 4 miliardi e mezzo perché doveva fare delle operazioni finanziarie sulla Simaco Holding. E questo è quello che mi disse. Confermo questo».

[29] Cfr. incid. prob. Pacini Battaglia del 30-3-98:
Domanda: «Lei comunque, ancora una volta, ha parlato che verso la fine del 1996 poteva esserci una operazione Sii da svilupparsi. Tutto questo quando lei aveva già accettato delle cessioni di credito che egli stesso ha definito più volte di credito poco esigibili?».
Risposta: «Io credo di avere avuto sempre fiducia nell'ing. D'Adamo, io ho avuto sempre una certa fiducia, ero convinto, perché l'ing. D'Adamo mi aveva detto "Te, fammi questo, vendimelo a 4 miliardi e mezzo, poi si vende a Berlusconi". Io ero sempre convinto che D'Adamo i 4 miliardi e mezzo prelevati dalla Simaco... io avevo sempre pensato che un giorno me li avrebbe dati. Questo sia ben chiaro. Questo pensavo, che li levasse da qualche altra parte. Non è che io glieli avessi regalati. [In] verità, la Gde non valeva più nulla... quando ci misi gli occhi».

[30] Cfr. interrogatorio Pacini Battaglia del 18-7-97: «È stato D'Adamo a quantificare nella cifra di 4 miliardi e mezzo il prezzo di vendita del certificato azionario della Gde. Si è così deciso, con contratto scritto, che la Simaco (del D'Adamo) avrebbe acquistato le azioni della Gde dalla Morave al prezzo di 4 miliardi e mezzo e che avrebbe effettuato il pagamento entro il 31-12-95. Vennero convenuti normali interessi».

[31] Cfr. incid. prob. D'Adamo del 6-2-98:
Domanda: «Lei parla di essere rientrato in possesso delle azioni in aprile 1994: ma era un possesso totale con assoluta libertà, o le azioni non erano ancora materialmente da lei disponibili?».
Risposta: «Erano a garanzia dei 4 miliardi e mezzo che la Simaco doveva alla Morave».
D: «Quindi queste azioni non erano per lei completamente libere, nemmeno nella sua disponibilità fisica?».
R: «Erano fiduciariamente depositate presso una società lussemburghese che le doveva liberare nel momento in cui si versavano i 4 miliardi e mezzo alla Morave».
D: «Quale era questa società lussemburghese?».
R: «Intercop».
D: «È una società riferibile a lei?».
R: «No, è una società fiduciaria lussemburghese».
D: «Quindi la fiducia era nei confronti di Pacini?».
R: «Evidentemente Pacini che detiene questo incarico».

[32] Cfr. incid. prob. D'Adamo del 6-2-98:
Domanda: «Quindi senza l'autorizzazione di Pacini quelle azioni non le potevano essere consegnate».
Risposta: «Senza l'autorizzazione di Pacini evidentemente no».
D: «Quindi fisicamente la vera effettiva disponibilità delle azioni, la possibilità di negoziarle lei l'acquista solamente nell'autunno 94?».
R: «La vendita di una società si può fare in qualsiasi momento, l'intestazione di quelle azioni erano Simaco, non erano più Morave. Ora, poter vendere le azioni c'era la piena disponibilità, l'importante era chiudere il debito per avere la disponibilità delle azioni e poterle dare all'acquirente».
D: «Sia pure nella forma non tipica, quello del pegno trascritto delle sue azioni, c'era una garanzia di fatto reale attuata dal Pacini?».
R: «Non credo che fosse sulle azioni, credo che fosse come mandato. Questo non me lo ricordo».
D: «Le azioni erano fiduciariamente bloccate presso questa società lussemburghese?».
R: «Esatto».
D: «Era una fiduciaria lussemburghese, il fiduciante che poteva dare ordine e riconsegnare le azioni era Pacini?».
R: «Certo, era automatico; nel momento in cui a Pacini, alla Morave, quindi si dimostrava quella società che si pagava il debito, la società era obbligata a consegnarla senza nessuna disposizione di Pacini».
D: «Le ipotesi erano o adempimento di un debito o autorizzazione di Pacini?».
R: «È chiaro».

disposizione)? Insomma, perché Pacini si è tenuto tutto il certificato azionario?

La verità allora deve essere un'altra: Pacini – resosi conto del cattivo affare che aveva fatto – cercò di "riportare nel granaio" almeno la metà del "grano" seminato ma, per evitare di rimanere senza neanche la "sacca" (cioè la quota Gde che aveva acquistato), si è tenuto ben stretto il titolo di proprietà (vale a dire il certificato azionario). Egli, quindi – se così stanno le cose – nel suo animo a tutto pensava, meno che a "pagare" in tal modo il Pm Di Pietro. D'altronde, se la tesi prospettata da D'Adamo fosse vera, perché lui non ne parlò mai – né allora, né negli anni successivi – a Lucibello, che pure aveva messo in mezzo per avvicinarsi a Pacini [33]? Soprattutto, perché Pacini non ne parlò mai a Lucibello, che stando all'ipotesi accusatoria dovrebbe essere stato addirittura il "tramite", il complice, colui che per mio conto doveva far combaciare le aspettative, colui – quindi – che necessariamente e quotidianamente avrebbe dovuto raccordarsi con Pacini proprio su queste cose [34]? Sopra

ogni cosa, perché D'Adamo non ne parla a me, come lui stesso ammette («Non ho mai parlato di soldi o del quantum messo a disposizione di Di Pietro, nella *mia mente* c'era che dovevo dare i soldi a Di Pietro») [35]?

D'altronde, è lo stesso D'Adamo a precisare che «i 4 miliardi e mezzo non era l'importo che io dovevo dare a Di Pietro, anche perché non avevo preso alcun impegno con Di Pietro», né ovviamente poteva prenderlo, non fosse altro perché «le mie società in quel momento avevano difficoltà e quindi non ero affatto sicuro che questi soldi potevano ritornare di là come in effetti non sono ritornati» [36].

_____

fosse ancora il proprietario. Era molto urtato contro D'Adamo, temeva di poter essere coinvolto in qualche eventuale fallimento in considerazione del fatto che la Gde, contrariamente agli impegni assunti sul punto dal D'Adamo, non era stata staccata dal resto del Gruppo».

[35] Cfr. incid. prob. D'Adamo del 28-1-98:
Domanda: «Torniamo all'aprile 1994 quando Pacini le dice: "Riprenditi la Gde", e lei dice "Va bene, ma a 4 miliardi e mezzo perché gli altri 4 miliardi e mezzo sono destinati a Di Pietro", questo discorso lei lo riporta a Di Pietro?».
Risposta: «Non credo».
D: «Lei con Di Pietro non quantifica?».
R: «No».
D: «Nulla?».
R: «No...».
D: «Quindi rimaniamo a quella frase: "Tieni qualcosa per me"?».
R: «Sì».
D: «Dopo lei non ha mai più parlato con Di Pietro?».
R: «Non ho mai parlato di soldi o del quantum messo a disposizione di Di Pietro. *Nella mia mente* c'era che dovevo dare i soldi a Di Pietro, questa cifra di 4 miliardi e mezzo poteva essere una grande provvista nel caso io fossi riuscito a dare questi soldi ma non ho mai detto a Di Pietro se erano 4 miliardi e mezzo o altro. Non ho mai quantificato nessuna cifra».
D: «Però l'aveva detto a Pacini?».
R: «Sì, quando ho ricomprato la Gde».
D: «Ha speso questo argomento con Pacini per convincerlo che la somma era congrua?».
R: «In quel momento era anche mio desiderio fare una provvista per poter dare dei soldi al dott. Di Pietro come avevo promesso».

[36] Cfr. incid. prob. D'Adamo del 28-1-98:
Domanda: «Perché proprio 4 e mezzo?».
Risposta: «La provvista dei 4 e mezzo derivava dall'accordo che io avevo preso con Pacini. *Il 4 e mezzo non era l'importo* che io dovevo dare a Di Pietro anche *perché non avevo preso nessun impegno con il dott. Di Pietro.* Era un importo che mi ero fissato io, e quella era l'occasione buona, visto che ero riuscito con quell'operazione a fare questo tipo di provvista per poter dare a Di Pietro. C'è

_____

[33] Cfr. incid. prob. D'Adamo del 2-2-98:
Domanda: «Lei ha mai informato l'avvocato Lucibello che in mente sua doveva 4 miliardi e mezzo a Di Pietro?».
Risposta: «No».
D: «Come mai?».
R: «Mi sembrava che era una cosa che riguardasse me e Di Pietro».
D: «Lei alla scorsa udienza ci ha detto che Lucibello era determinante per influenzare Pacini e che era grande amico di Di Pietro. Quindi come mai lei non ha ritenuto di informarlo?».
R: «Neanche per le altre cose che ho fatto con Di Pietro Lucibello ne era al corrente. Se avessi detto qualcosa a Lucibello e Lucibello glielo riferiva perdevo la mia credibilità».
D: «Quindi la persona che era in grado di influenzare Pacini era tenuta volontariamente all'oscuro?».
R: «Di questa cosa sì».

[34] Cfr. interrogatorio Lucibello del 17-3-98: «Non ricordo con particolare precisione questi episodi, probabilmente D'Adamo mi ha fatto cenno del riacquisto della Gde nella primavera del 94 e non dopo l'estate di quell'anno. I discorsi di Pacini... sono invece portato a collocarli proprio dopo l'estate del 94, ricordo che in quel periodo con Pacini si parlava del fatto che le azioni della Gde che lui aveva rivenduto non gli erano state pagate ed è stato nell'ambito di tali discorsi che Pacini, mostrando notevole astio nei confronti di D'Adamo, mi ha spiegato che stava vendendo tali azioni alla Mondadori tramite quest'ultimo. In quel periodo Pacini parlava delle azioni della Gde come se ne

L'affermazione di D'Adamo appare clamorosa anche agli inquirenti che ripetono la domanda più volte in sede di incidente probatorio, ma D'Adamo ribadisce il concetto: «Non ho assolutamente pensato di mettere da parte questi soldi per il dott. Di Pietro... Nella mia mente in quel momento... il mio problema era salvare le società, non certamente dare i soldi» [37]; ha ragione di farlo, giacché «mi rincorrevano i creditori, Di Pietro non mi ha mai rincorso» [38], e soprattutto perché «no, Di Pietro non [me ne] chiese conto, non [mi] ricordò dei soldi» [39]. È sempre D'Adamo a precisare che non solo io non gli chiesi mai nulla dei soldi, ma

che nemmeno sapevo dell'esistenza dell'operazione Morave-Simaco, della vendita cioè a metà prezzo delle azioni Gde che avrebbe permesso di realizzare la plusvalenza con la quale pagarmi («Lo escludo... non credo di aver parlato della plusvalenza») [40].

Di più: D'Adamo, siccome davanti al Pm bresciano aveva dichiarato qualcosa di un po' diverso, si premura di precisare che, nonostante «la domanda specifica, io ho già dato la risposta» [41]; cioè, appunto, che non mi aveva mai parlato né della quantificazione del denaro da dare a me, né della formazione della provvista, né delle plusvalenze! Il Pm bresciano si rende conto, a sua volta, che sta perdendo un tassello importante del proprio teorema

---

da dire che anche *le mie società in quel momento avevano difficoltà e quindi non era affatto sicuro che questi soldi potevano ritornare di là come in effetti non sono tornati».*

[37] Cfr. incid. prob. D'Adamo del 28-1-98:
Domanda: «Lei ha presentato in tutto quel marchingegno che abbiamo saputo, le azioni Gde che aveva la Edilgest per ottenere tramite pegno un finanziamento di 12 miliardi che lei poi ha utilizzato successivamente. In varie tranche le sono stati dati questi soldi e quindi era denaro contante, denaro vero. La mia domanda era questa: non ha pensato di utilizzare questo denaro per soddisfare il debito che aveva nei confronti del dott. Di Pietro? Perché di quei 12 miliardi non ha pensato di darne 4 e mezzo al dott. Di Pietro?».
Risposta: «Non ho assolutamente pensato a mettere da parte questi soldi per il dott. Di Pietro. Nella mia mente in quel momento era salvare le società, tutto quello che ho fatto da quando sono entrato in crisi. Il mio problema era salvare le società, non certamente dare i soldi».

[38] Cfr. incid. prob. D'Adamo del 28-1-98:
Domanda: «Lei non lo vedeva come un impegno serio questo fatto?».
Risposta: «L'impegno serio c'era ma io non volevo fallire».
D: «Lei ha detto: "Non ho pensato a provvistare quello che", ecc., però ha detto che era una sua idea, se l'era tenuta nella mente?».
R: «Visto che c'era denaro fresco... Io pensavo a salvare le società perché stavano per fallire».
D: «L'impegno che lei si era assunto era sempre soggettivamente? È lei che l'ha detto, non è che lo diciamo noi. Lei non lo vedeva come un impegno serio, come non dovuto?».
R: «L'impegno serio c'era, ma in quel momento non dovevo fallire e quindi pensavo a utilizzare i soldi per le società. D'altronde mi rincorrevano i creditori, Di Pietro non mi ha mai rincorso».

[39] Cfr. incid. prob. D'Adamo del 28-1-98:
Domanda: «È vero che Di Pietro non rincorse mai nessuno ma gliene chiese conto, glielo ricordò dei soldi?».
Risposta: «No».

[40] Cfr. incid. prob. D'Adamo del 29-1-98:
Domanda: «Un'altra precisazione su quello che è stato detto ieri con riguardo ai discorsi fatti da lei con il dott. Di Pietro, in ordine a tutte queste operazioni. In particolare le chiedo, lei ha già detto che con il dott. Di Pietro non venne mai quantificato l'importo di 4 miliardi e mezzo. Di Pietro ha mai avuto da lei notizia dell'operazione Morave-Simaco, della vendita a metà prezzo delle azioni Gde effettuata dalla Morave in favore della Simaco? L'operazione che avrebbe consentito di realizzare la plusvalenza con la quale pagare il dott. Di Pietro, era a sua conoscenza, posto che non conosceva l'importo, oppure no?».
Risposta: «Non credo che ne abbiamo parlato con il dott. Di Pietro».
D: «Lo esclude o non lo crede?».
R: «Lo escludo».
D: «Quindi nell'ambito di quella risposta generale che ieri ha dato?».
R: «Non credo di aver parlato della plusvalenza, parlavamo di tante cose, ma già siamo all'aprile del 1994, molto in là del 1993, quando c'è stato questo discorso con Di Pietro».

[41] cfr. incid. prob. D'Adamo 29-1-98:
Domanda: «Le leggo quanto da lei dichiarato nel verbale dell'8 luglio: "Fino alla fine del 1994, Di Pietro è stato da me tenuto al corrente di tutti gli sviluppi della situazione legata ai miei rapporti con Pacini e dalle mie società, in particolare gli ho sicuramente detto... Fino alla fine del 1994 Di Pietro è stato tenuto al corrente da me di tutti gli sviluppi della situazione legata ai miei rapporti con Pacini e delle mie società, in particolare gli ho sicuramente detto che Pacini aveva acquistato le azioni relative all'aumento di capitale della Gde e che mi aveva rivenduto dette azioni a un prezzo inferiore, in modo da costituire una provvista contabile all'estero per il dott. Di Pietro. Sicuramente non quantificai la cifra della provvista anche perché in quel momento non sapevo se e in che misura sarei stato in grado di far fronte al mio impegno con Di Pietro"».
Risposta: «Io ho capito, quindi la domanda specifica io ho già dato risposta».

accusatorio, e allora incalza D'Adamo facendogli rimarcare la dicotomia fra quanto sta dicendo in sede di incidente probatorio e quanto a suo tempo gli aveva riferito («Lei non ha risposto, lei deve rispondere alla domanda, che cosa risponde su questa divergenza tra quanto ha detto e quanto disse») [42]. Eh no, caro Pm, conosciamo anche noi questa tecnica di interrogatorio: D'Adamo aveva risposto, eccome!, soltanto che aveva risposto in modo difforme dalle aspettative accusatorie. E infatti, D'Adamo – del quale tutto si può dire meno che sia un fesso – intuisce e subito cerca di raddrizzare il tiro, dando un colpo al cerchio e uno alla botte: da un parte conferma che «non ho sicuramente parlato con Di Pietro dei 4 miliardi e mezzo», ma dall'altra imbastisce una prima retromarcia: «Per quanto riguarda il passaggio delle azioni, della vendita, in modo generico ci dicevamo tutto, quindi credo di averglielo detto, ma questi sono ricordi lontani». Ma come: fino a un minuto prima diceva di non avermi mai detto niente («lo escludo»), e adesso «credo di averglielo detto»? E poi, cosa vuol dire «credo»? È una sua deduzione o un evento accaduto? D'Adamo si mette la foglia di fico davanti («Questi sono ricordi lontani»), ma il suo senso del pudore dura poco, perché alla domanda successiva del Pm finisce per contorcersi: «Io credo di non aver mai parlato di cifre, ho parlato genericamente, sicuramente della rivendita delle azioni della Simaco».

Ma guarda un po': D'Adamo fa tutto quello che dice di aver fatto con Pacini per convincerlo a darmi 4 miliardi e mezzo, riceve (sottoforma di sconto) la somma, e invece di venirmi a dire che ha pronto il denaro, invece di indicarmi quanto era riuscito a "racimolare" da Pacini, invece di festeggiare con me "il colpaccio", tutto quello che sa fare è parlarmi «genericamente della rivendita della Simaco» – direbbe Totò: «Ma mi facci[a] il piacere!». Cosa vuole che possa fregargliene a un giudice corrotto a colpi di miliardi delle vicende di una tal Simaco?!, a un magistrato che si è venduto l'anima ("Mani pulite") interesserà sapere dove sono i soldi, non come sta la Simaco! E infatti D'Adamo si accorge di averla sparata grossa e fa parziale marcia indietro: alla domanda se mi abbia mai riferito di una vendita delle azioni a un prezzo inferiore, svicola: «Non lo ricordo se ne parlai in modo preciso». E allora che cosa mi avresti detto della Simaco! Cos'altro avevamo da dirci di così importante riguardante questa società? Accidenti a te D'Adamo: ricordi il numero di collo delle camicie che porto, e non ti ricordi se mi avevi promesso 4 miliardi e mezzo?!

Ancora più contorto è il prosieguo del discorso di D'Adamo che ormai ha deciso di assecondare la tesi accusatoria anche se fino a un minuto prima aveva detto il contrario. Ricordate, lui aveva da poco affermato che io nemmeno sapevo dell'esistenza della operazione Morave-Simaco, cioè della vendita a metà prezzo delle azioni Gde, né dell'operazione che avrebbe consentito di realizzare la plusvalenza con la quale pagarmi («Lo escludo... non credo di aver parlato della plusvalenza») [43];

---

[42] Cfr. incid. prob. D'Adamo del 28-1-98:

Domanda: «Lei non ha risposto, lei deve rispondere alla domanda. Che cosa risponde su questa divergenza tra quanto ha detto e quanto disse?».

Risposta: «Non ho sicuramente parlato con il dott. Di Pietro dei 4 miliardi e mezzo, per quanto riguarda il passaggio delle azioni, della vendita etc, in modo generico ci dicevamo tutto, quindi credo di averglielo detto, ma questi sono ricordi lontani».

D: «Più che il passaggio di tutti i movimenti, quello che in questo momento interessa è se lei abbia in particolare detto a Di Pietro che avrebbe rivenduto queste azioni a Pacini, che valevano 9 miliardi, a 4 e mezzo, cioè ad un prezzo inferiore?».

R: «Io credo di non avere mai parlato di cifre, ho parlato genericamente sicuramente della rivendita delle azioni della Simaco...».

D: «D'Adamo, lei ha detto: "Della quantificazione in 4 e mezzo sicuramente non gliene ho parlato". L'altra domanda che io le rivolgo è questa: parlò a Di Pietro di una vendita di queste azioni a un prezzo inferiore?».

R: «Io non lo ricordo se ne parlai in modo preciso».

---

[43] Cfr. incid. prob. D'Adamo del 29-1-98:

Domanda: «Un'altra precisazione su quello che è stato detto ieri con riguardo ai discorsi fatti da lei con il dott. Di Pietro, in ordine a tutte queste operazioni. In particolare le chiedo, lei ha già detto che con il dott. Di Pietro non venne mai quantificato l'importo di 4 miliardi e mezzo. Di Pietro ha mai avuto da lei notizia della operazione Morave-Simaco, della vendita a metà prezzo delle azioni Gde effettuata dalla Morave in favore della Simaco? L'operazione che avrebbe consentito di realizzare la plusvalenza con la quale pagare il dott. Di Pietro, era a sua conoscenza, posto che non conosceva l'importo oppure no?».

Risposta: «Non credo che ne abbiamo parlato con il dott. Di Pietro».

D: «Lo esclude o non lo crede?».

R: «Lo escludo».

aveva anche appena rettificato la sua precedente versione davanti al Pm, specificando che tra le due versioni doveva intendersi esatta quella che aveva appena fornita («La domanda specifica, io ho già dato la risposta»), cioè, appunto, che non mi aveva mai parlato né della quantificazione del denaro da dare a me, né della formazione della provvista, né di plusvalenze. Sentite cosa dice ora: «Certo [parlai di una precostituzione di una provvista all'estero]... certo anche per lui... [gli dissi] che gli avrei fatto una plusvalenza e quindi con una provvista all'estero... per esso Di Pietro... sì» [44]; e ancora, in un passo successivo: «Con Di Pietro parlo di soldi non di provvista contabile, nel senso che la provvista si doveva tramutare in soldi» [45].

È evidente che D'Adamo sta cercando di barcamenarsi nelle risposte a seconda della bisogna: da una parte ha riferito (in sede di incidente probatorio) che a me non aveva detto nulla della vicenda dei 4 miliardi e mezzo che si era fatto dare da Pacini, né in termini di provvista da formare né di soldi da darmi; dall'altra non vuole contraddirsi con quanto a suo tempo – spinto dall'entusiasmo "berlusconiano e previtiano" di accusarmi – era andato a riferire ai Pm bresciani e che ora questi gli rinfacciano. Comunque, alla fine, dopo mille capriole e giravolte, sembra arrendersi alla verità e finalmente ammette che né a me aveva detto mai niente, né mai niente aveva messo da parte per me:

Domanda: «Gli disse: "Ho messo da parte dei soldi per darteli"?».
Risposta: «No».
D: «Li aveva messi da parte per darglieli?».
R: «No».
D: «Non l'ha fatto e non ha detto di averlo fatto?».
R: «No. *Io avevo solo in mente* che dovevo dare dei soldi al dott. Di Pietro».
D: «Questo tema da lei sviscerato fino a ora, lei l'ha detto a Di Pietro, questi discorsi che ha fatto adesso, li ha fatti a Di Pietro?».
R: «Io non credo che sia entrato nei particolari di come dovevo mettere i soldi, mettevo al corrente in modo generico, non scendevo nei particolari» [46].

Sembra tutto chiaro, ma chiaro non è, perché subito dopo D'Adamo ritorna al punto di partenza:

Domanda: «Lei ha detto finora: "Non gli ho parlato mai di aver messo da parte dei soldi in senso materiale, non gli ho esplicitato in dettaglio queste operazioni, questi giri attraverso cui avrei potuto realizzare la plusvalenza", ma ha detto che gli ha parlato della provvista?».

D: «Quindi nell'ambito di quella risposta generale che ieri ha dato?».
R: «Non credo di aver parlato della plusvalenza, parlavamo di tante cose, ma già siamo all'aprile del 1994, molto in là del 1993, quando c'è stato questo discorso con Di Pietro».

[44] Cfr. incid. prob. D'Adamo del 29-1-98:
Domanda: «Gli parlò di una precostituzione di una provvista all'estero?».
Risposta: «Certo».
D: «Per lui?».
R: «Certo anche per lui».

[45] Cfr. incid. prob. D'Adamo del 29-1-98:
Domanda: «Quando lei parlò a Di Pietro di provvista lo intese o glielo fece intendere come messa a disposizione o materiale di denaro sul conto all'estero, o se ne parlò nel senso di provvista contabile? Lei al dott. Di Pietro quando parlò di questa provvista in che modo gliene parla?».
Risposta: «Con Di Pietro parlo di soldi non di provvista contabile, nel senso che la provvista si doveva tramutare in soldi».

---

[46] Cfr. incid. prob. D'Adamo del 29-1-98:
Domanda: «Gli disse "Ho messo da parte dei soldi per darteli?"».
Risposta: «No».
D: «Li aveva messi da parte per darglieli?».
R: «No».
D: «Non l'ha fatto e non ha detto di averlo fatto?».
R: «No. Io avevo solo in mente che dovevo dare dei soldi al dott. Di Pietro».
D: «Questa operazione come avrebbe potuto far sì che lei avrebbe potuto dare questi soldi?».
R: «Una volta che si è precostituita la plusvalenza in seno alla società estera, quindi se le società avessero restituito i soldi, in quella società si creava una plusvalenza, questa plusvalenza veniva data ai soci e quindi era disponibile per farne qualsiasi cosa».
D: «Quindi era creato il canale per poterli dare?».
R: «Sì».
D: «Non c'erano questi soldi?».
R: «Ci sarebbero stati solo se ci fosse stata la restituzione della società».
D: «Questo tema da lei sviscerato fino a ora, lei l'ha detto a Di Pietro, questi discorsi che ha fatto adesso, li ha fatti a Di Pietro?».
R: «Io non credo che sia entrato nei particolari di come dovevo mettere i soldi, mettevo al corrente in modo generico, non scendevo nei particolari».

Risposta: «Certo».

D: «In che termini lei ha parlato a Di Pietro della provvista?».

R: «Della provvista, cioè che facevo delle operazioni per avere questo denaro all'estero».

D: «Lei gli ha parlato di una serie di operazioni che stava facendo e dalle quali sperava di poter ricavare soldi per lui?».

R: «Sì».

D: «Questo è il senso?».

R: «Sì» [47].

Quale senso, di grazia? Cosa vuol dire: non gli ho detto dei soldi ma gli ho detto della provvista? Qual'è la differenza? Soprattutto, qual è la differenza tra le due locuzioni appena pronunciate da D'Adamo, fra il dire «io avevo solo in mente che dovevo dare dei soldi a Di Pietro», e il dire «ho parlato di operazioni che stavo facendo e dalle quali speravo di poter ricavare soldi per lui»? È come affermare una cosa negandola! Delle due l'una: o me ne ha «parlato», o l'aveva solo «in mente»! Le due affermazioni, sia a livello letterale che logico, fanno a cazzotti fra loro!

Ma il lettore non si illuda, il cambiamento di versione non finisce qui. In sede di controesame da parte della difesa (e quindi quando non deve più assecondare il Pm che lo interroga), D'Adamo torna nuovamente sui suoi passi:

Domanda: «Lei rappresentò a Pacini la sua necessità di creare una plusvalenza all'estero?».

Risposta: «Io in questa fase *non ricordo* di aver detto che dovevo creare una plusvalenza all'estero, ricordo di avere parlato di plusvalenza all'estero quando ho richiesto le azioni che aveva in garanzia e ho detto "Mi devi ridare le azioni". In quel mo-

mento, *quando ho ripreso la società non avevo ancora pensato a una plusvalenza*, avevo pensato che pagavo 4 miliardi e mezzo...».

D: «Quando parlavate di questa trattativa, lei continuò a riferire dei rapporti che aveva con il dott. Di Pietro?».

R: «Penso di sì, non lo ricordo».

Insomma, le "certezze" del giorno prima, adesso diventano «penso», «non ricordo», rimettendo così ancora una volta tutto in discussione. Perché questo? Perché stavolta a interrogarlo è il difensore di Pacini, quindi ora bisogna assecondare questo nuovo interrogante, e allora ecco la nuova giravolta: «In quel momento non avevo ancora pensato a una plusvalenza, avevo pensato che pagavo 4 miliardi e mezzo».

Insomma e traducendo: di tutto quel discorso sulla "provvista", sulla "plusvalenza", sulle "informazioni" che ne dava a me, sui "soldi" di cui parlava con me, non esiste più nulla, perché l'unico vero obiettivo di D'Adamo, al momento di riacquistare le azioni Gde da Pacini, è solo e soltanto «che pagavo 4 miliardi e mezzo», cioè che aveva fatto un affare "fregando" Pacini. Che abbia fregato Pacini è una cosa; che ora debba fregare anche me, per tenere fede alla parola data al suo nuovo benefattore Silvio Berlusconi (come vedremo), non mi sta bene!

A proposito: in tutto questo bailamme di *stop and go* di D'Adamo ci siamo dimenticati di analizzare l'altra faccia della medaglia: dov'è la "controprestazione" da parte mia intesa come mia attività di illecito favore, necessaria o, quanto meno, necessariamente promessa? Già, perché, in questa fase nemmeno D'Adamo dice più niente dei favori che gli potevano essere chiesti o che lui avrebbe offerto a Pacini! Possibile mai che Pacini, il quale già aveva sborsato fior di miliardi l'anno precedente e che – stando a D'Adamo – gli avrebbe a suo tempo chiesto di intervenire presso di me, nemmeno adesso gli chieda nulla in concreto da rivolgere come richiesta a Di Pietro?

Anzi, di più: mentre nel 93 – sempre stando alla versione di D'Adamo – Pacini si raccomandava a lui affinché intervenisse presso di me, nel 94 essi non parlano più di nulla, nonostante Pacini gli stesse "abbuonando" definitivamente 4,5 miliardi (mentre, come abbiamo visto in precedenza, c'era sempre stato un titolo sottostante, mutuo o acquisto di azioni che

---

[47] Cfr. incid. prob. D'Adamo del 29-1-98:

Domanda: «Lei ha detto finora: "Non gli ho parlato mai di aver messo da parte dei soldi in senso materiale, non gli ho esplicitato in dettaglio queste operazioni, questi giri attraverso cui avrei potuto realizzare la plusvalenza", ma ha detto che gli ha parlato della provvista?».

Risposta: «Certo».

D: «In che termini lei ha parlato a Di Pietro della provvista?».

R: «Della provvista, cioè che facevo delle operazioni per avere questo denaro all'estero».

D: «Lei gli ha parlato di una serie di operazioni che stava facendo e dalle quali sperava di poter ricavare soldi per lui?».

R: «Sì».

D: «Questo è il senso?».

R: «Sì».

sia), e soprattutto nonostante che la pressione investigativa di "Mani pulite" su Pacini nel 94 si fosse moltiplicata a dismisura, si stesse facendo il processo Enimont, avessimo scoperto la sua rete di complici e spalloni, si procedesse a continui suoi interrogatori, e le rogatorie a suo carico oramai non si contassero più. Eppure, secondo D'Adamo, le cose starebbero proprio così: nessuno gli avrebbe chiesto nulla, e nulla avrebbe detto lui a nessuno – eppure D'Adamo si è ritrovato 4 miliardi e mezzo cadutigli addosso come la manna dal cielo!

Ma vivaddio!, almeno il giorno in cui io ho lasciato la Magistratura si saranno parlati, Pacini gli avrà chiesto spiegazioni di quale fine avessero fatto i 4,5 miliardi che gli aveva abbuonato all'atto del riacquisto della società Gde, si sarà arrabbiato con lui perché l'ultimo mio atto da Pm era stato quello di rinviarlo a giudizio, gli avrà chiesto di fargli qualche rendiconto del mio operato!? Macché! Sentite le esilaranti dichiarazioni di D'Adamo al riguardo (durante l'incidente probatorio del 2-2-98):

Domanda: «Pacini le contestò mai che contrariamente a quanto lei diceva, lo tranquillizzava, se ricordo bene il termine da lei usato, in realtà Di Pietro non lo stava aiutando nelle sue vicende?».
Risposta: «Mai».
D: «Non glielo disse mai?».
R: «No».
D: «In particolare le disse qualche cosa, le fece delle rimostranze quando il 6 dicembre il dott. Di Pietro firmò la richiesta di rinvio a giudizio di Pacini per il *closing* Enimont?».
R: «Non me lo ricordo, non so come commentammo la cosa. In quel periodo io ero in Libia».
D: «La rimproverò mai o le fece delle rimostranze dicendo: "Il tuo amico, quello su cui ti continuavi a tranquillizzarmi, ha lasciato la Magistratura e mi ha lasciato in braghe di tela"?».
R: «Non ricordo».
D: «Non le disse mai: "Quel benedetto uomo in quasi due anni non ha fatto neanche una archiviazione per me con tutti i soldi che ho tirato fuori"?».
R: «Non me lo disse».
D: «Alla domanda più generale che è stata rivolta, se Pacini le abbia mai espresso delle rimostranze per i contenuti delle iniziative processuali prese nei suoi confronti, qual è: non ricordo o lo esclude?».
R: «Lo escluderei».

Orbene, io a Pacini non ho mai fatto alcun favore processuale né mai ho fatto intendere a D'Adamo che avrei fatto o avrei potuto fare favori processuali a Pacini (né ad alcun altro,

tanto è vero che pure lui, D'Adamo, è rimasto invischiato nella rete di "Mani pulite"). Se avessi avuto tanta devozione per D'Adamo da essermi determinato a favorire Pacini solo per fargli un piacere, per quale ragione lo stesso piacere non l'ho fatto a lui che pure era un inquisito di "Mani pulite"?

E poi che razza di "patto corruttivo" avrei io concordato con D'Adamo se, come lui stesso ammette, «non sono mai entrato, né Di Pietro mi ha mai detto in particolare delle vicende giudiziarie che stavano facendo. Io non ho saputo quello che stava facendo a Pacini in dettaglio per la sua vicenda» [48]? E che razza di "patto corruttivo" avrà mai concordato Pacini se, come dice D'Adamo, «non [mi] chiese neanche in questa fase una dimostrazione del [mio] interessamento verso Di Pietro»? Che razza di corrotto sarei poi mai io: da una parte avrei "venduto" la cosa più nobile, seria e importante che ho fatto in vita mia, cioè l'inchiesta "Mani pulite", e dall'altra neanche ne avrei mai richiesto "il prezzo"? E che razza di mio "corruttore" sarebbe stato il Pacini se – dopo aver pagato a D'Adamo (ma sarebbe meglio dire rinunciato a ricevere da D'Adamo) la somma di 4 miliardi e mezzo per farla arrivare a me – nemmeno chiede se l'operazione sia andata a buon fine, e D'Adamo non sente nemmeno il dovere di ragguagliarlo? Già, perché – ripeto – è D'Adamo stesso a riferire questa circostanza, non solo Pacini (il che sarebbe naturale, vista la versione dei fatti di quest'ultimo): secondo D'Adamo, infatti, «Pacini non me l'ha mai chiesto... non siamo mai venuti sull'argomento» [49]; inutile a dirsi, ma neanche

---

[48] Cfr. incid. prob. D'Adamo del 30-1-98:
Domanda: «Di che cosa era riuscito a ottenere dal dott. Di Pietro, lei disse "Il dott. Di Pietro ha fatto per te A, B, C, D"?».
Risposta: «Non sono mai entrato e né Di Pietro mi ha mai detto in particolare delle vicende giudiziarie che stavano facendo. Io non ho saputo quello che stava facendo a Pacini in dettaglio per la sua vicenda».
D: «Era spaventato Pacini in questa fase?».
R: «Non me lo ricordo».
D: «Non le chiese neanche in questa fase una dimostrazione del suo interessamento verso Di Pietro?».
R: «No».

[49] Cfr. incid. prob. D'Adamo del 28-1-98:
Domanda: «Pacini le ha mai poi chiesto se aveva messo questi soldi a disposizione del dott. Di Pietro? Non si

D'Adamo sente mai la delicatezza di dare qualche informazione in più a Pacini sul «come avrebbe dovuto dare questo denaro a Di Pietro [perché] con Pacini i discorsi erano veloci, erano superficiali e non si è mai approfondito questo tema» [50].

È mai possibile, allora, che io debba assumere il ruolo del corrotto, senza che colui che per mio conto doveva andare da Pacini a farsi dare il denaro (cioè mandato da me, si badi bene, giacché a D'Adamo il Pm bresciano assegna il ruolo di mio "complice" e non di "complice" di Pacini) nemmeno mi abbia detto niente di questa benedetta operazione perché se la teneva tutta nella sua «testa»?! Se dovesse passare una linea giurisprudenziale del genere, come potrebbe fare un pubblico ufficiale per difendersi?

Un'ultima osservazione. Ha detto D'Adamo che l'operazione del riacquisto della Gde a 4,5 miliardi doveva costituire la «provvista contabile». Cosa vuol dire "provvista contabile"? Da quel che ho capito, dovrebbe voler dire che, rivendendo la società per un prezzo superiore, la parte eccedente l'importo di 4,5 mi-

liardi sarebbe stata accantonata estero su estero per me. E d'altronde, D'Adamo con chi stava trattando la vendita della Gde? Con Berlusconi. Ecco allora cosa ci vuole far bere D'Adamo: che la plusvalenza del prezzo che gli sarebbe stata pagata da Berlusconi l'avrebbe "girata" a me. È questa, alla fine, l'ipotesi accusatoria: io avrei dovuto ricevere soldi grazie all'intervento di Berlusconi. Esilarante ipotesi lunare!

3. La quinta operazione

I rapporti affaristici Pacini-D'Adamo mi vengono addebitati dal Pm di Brescia anche successivamente alla rivendita delle azioni Gde da parte di Pacini a D'Adamo per 4 miliardi e mezzo.

Il periodo in questione – secondo l'accusa – va dal 28-4-94 e fino al 26-10-94, data dello svincolo da parte di Pacini e della riconsegna a D'Adamo del certificato azionario Gde che egli si era tenuto a garanzia dell'obbligazione di D'Adamo di pagargli i 4 miliardi e mezzo che avevano pattuito per la rivendita del 60% del pacchetto azionario Gde. In realtà, i rapporti fra i due sono proseguiti anche dopo e addirittura anche in corso di causa, tanto è vero che spesso – durante la fase delle indagini preliminari e anche a cavallo degli incidenti probatori – si sono avuti singolari intrecci con D'Adamo, il quale da una parte sosteneva davanti ai magistrati bresciani che Pacini gli aveva dato i soldi per corrompere me, e dall'altra che contattava e faceva contattare lo stesso Pacini (e l'avv. Lucibello) per poter ottenere la "postergazione dei crediti" [51]. Nel capo di imputazione anche questo fatto viene visto come un "segmento" (non so definirlo in altro modo) della mia attività corruttiva; ovviamente il capo di imputazione ferma la contestazione al 26-10-94 perché poi io mi sono dimesso da

---

era ancora sincerato se quello che lei diceva, cioè di intercedere comunque presso Di Pietro fosse effettivo? Innanzitutto Pacini le ha mai chiesto conto se comunque aveva dato dei soldi al dott. Di Pietro o se aveva accantonato questi soldi per Di Pietro?».

Risposta: «Io avevo promesso a Pacini che avrei restituito quei 4 miliardi e mezzo più gli interessi che dovevo alla Morave. Quindi, non ne abbiamo parlato ma devo dedurre che, visto e considerato che non avevo ancora restituito niente alla Morave, Pacini fosse bene al corrente che c'erano problemi per la restituzione».

D: «Il Pubblico ministero vuole sapere se Pacini le abbia mai chiesto, in corso di causa, tra virgolette, se lei stesse accantonando la somma che avevate detto non potergli dare per Di Pietro o, in alternativa, se le abbia mai chiesto "Hai dato qualcosa a Di Pietro"?».

R: «Non me l'ha mai chiesto».

D: «È mai venuto sull'argomento?».

R: «Non siamo mai venuti sull'argomento».

[50] Cfr. incid. prob. D'Adamo del 28-1-98:

Domanda: «Nel discorso di Pacini nel 1994, quando si fa il discorso dei 4 miliardi e mezzo lei dice a Pacini "Gli altri 4 miliardi e mezzo li do a Di Pietro". Ma gli spiega, in quel momento o in tempi successivi, quando e come avrebbe dovuto dare questo denaro a Di Pietro? Lo spiega a Pacini?».

Risposta: «No, con Pacini i discorsi erano veloci, erano superficiali e non si è mai approfondito questo tema né altri temi. Le cose avvenivano di getto».

---

[51] Cfr. interrogatorio Pacini Battaglia del 18-7-97: «Successivamente, credo nel 96, quando già ero detenuto a seguito della misura cautelare emesso dall'Ag di La Spezia, o poco prima, le azioni della Gde sono state svincolate a seguito della promessa fatta dai fiduciari di D'Adamo ai miei fiduciari in Lussemburgo. In particolare i fiduciari di D'Adamo avevano promesso di consegnarmi azioni della Sii a garanzia di quel credito».

"Mani pulite", ma in realtà, come sopra accennato, i rapporti fra i due proseguono anche quando non ero più magistrato (e in questo caso Pacini, "postergando il credito", chi doveva corrompere?).

L'accusa che viene rivolta a me in questo caso è davvero singolare: «concordavano... lo svincolo della garanzia rappresentata dalla custodia giudiziaria delle azioni Gde... contro il rilascio... di una lettera che garantisse il debito... [e successivamente] a fronte del proprio credito [Pacini] riceveva [altri] crediti (Gestal e Edilgest)» [52]. Che razza di "prestazione corruttiva" è mai questa?

Ragioniamo: Pacini consegna alla società Simaco di D'Adamo il certificato azionario Gde che aveva in pegno, e in cambio riceve – sempre dalla Simaco di D'Adamo – dei crediti che questa vantava verso terze società. E allora chi ha pagato cosa? Pacini pezzi di carta rappresentanti crediti aveva prima, e pezzi di carta rappresentanti crediti ha dopo, sempre della Simaco. Anzi, in questo caso ha qualcosa in più: l'aspettativa di ottenere il pagamento del suo credito giacché D'Adamo gli fa credere (come vedremo, illudendolo) che, liberando il certificato azionario, lui potrà rivendere le azioni Gde a Berlusconi e quindi avere i fondi necessari per far fronte al suo debito con Pacini. Trattasi, quindi, di una normalissima operazione commerciale fra i due, senza che mai nessuno di essi abbia inteso – *e nemmeno mai abbia riferito ai Pm bresciani* – che dietro quest'operazione ci fosse la mia "manina" corrotta.

Purtroppo ancora una volta il Pm di Brescia ha adottato la sua personalissima regola della "proprietà transitiva": ogni rapporto intervenuto fra D'Adamo e Pacini deve essere dipeso dalla mia compartecipazione, anche se né D'Adamo né Pacini se ne sono accorti! In realtà, esaminando le dichiarazioni fornite in merito a questa operazione dai protagonisti (D'Adamo, Pacini, e in parte Lucibello) si possono individuare ulteriori elementi circa l'assenza della mia responsabilità. Vediamoli.

Abbiamo già detto che Pacini vende a D'Adamo le azioni Gde per 4,5 miliardi ma si tiene in garanzia il certificato azionario che viene depositato presso la Intercop di Lussemburgo con la disposizione di consegnarlo a D'Adamo solo se – e solo dopo che – D'Adamo avesse adempiuto al pagamento di quanto dovuto [53, 54]. Per espressa disposizione scritta, essi concordarono che o D'Adamo pagava i 4,5 miliardi promessi, oppure Pacini si sarebbe tenuto tutto il 60% delle azioni Gde [55]. Ciò

---

[52] L'esatto contenuto del capo di imputazione è il seguente: «26-10-94 - Svincolo, da parte della Morave Holding Sa (di Pacini) della garanzia rappresentata dalla custodia fiduciaria delle azioni Gde e rilascio delle stesse alla Simaco (di D'Adamo) con l'accordo che quest'ultima avrebbe potuto rivenderle alla Edilgest Finanziaria (di D'Adamo) contro il rilascio, da parte della Edilgest, di una "lettera" che garantisse il debito della Simaco verso la Morave, operazione realizzata il 27-10-94. A fronte del proprio credito, la Morave riceveva dalla Simaco, in data 22-7-97, crediti verso la Gestal srl (per L. 2.441.488.919) e verso la Edilgest Finanziaria spa (per L. 2.058.511.081) oltre a 15.000 azioni Sii (per un valore nominale di L. 42.750.000) in garanzia».

[53] Cfr. interrogatorio Pacini Battaglia del 18-7-97: «Per fare pressione sul D'Adamo pretesi che lui non liberasse le azioni fino a che la Simaco non avesse pagato il dovuto. A tal fine convenimmo di affidare le azioni Gde alla Intercop Sa con incarico di non consegnarle prima del pagamento del prezzo. La Intercop è una fiduciaria lussemburghese che è stata scelta di comune accordo tra la Simaco e Brimeyer che era il mio fiduciario che si occupava della Morave».

[54] Cfr. incid. prob. D'Adamo del 6-2-98:
Domanda: «Quando viene trasferito il titolo azionario dalla Morave alla Simaco, avviene la materiale consegna del titolo?».
Risposta: «Non lo so, non me ne occupavo io».
D: «Venne affidato a una società fiduciaria di nome Intercop?».
R: «Sì, a garanzia».
D: «A garanzia del pagamento del debito?».
R: «Quattro miliardi e mezzo».
D: «Nelle clausole che vengono elaborate per questa garanzia si stabilisce anche la data di pagamento di quel debito?».
R: «Sì».
D: «Si dice anche che se il debito non viene pagato entro quella data le azioni devono essere restituite alla Morave?».
R: «Non lo ricordo, ma può essere».
D: «Quindi si dice "Se non ti do i soldi tu restituisci il titolo alla Morave"?».
R: «È possibile».

[55] Cfr. incid. prob. D'Adamo del 6-2-98:
Risposta: «L'atto fiduciario era del periodo Morave-Simaco».
Domanda: «Del 28 aprile 1994?».
R: «È quello che sto dicendo».
D: «Se in quest'atto lei ricorda che è stata messa la [clausola] "Se non ti pago ti ridò il titolo"?».

vuol dire, paradossalmente, che – siccome D'Adamo poi non ha pagato, e a tutt'oggi non l'ha fatto né può più farlo stante le dichiarazioni di fallimento nel frattempo intervenute – Pacini è rimasto sempre titolare del 60% del pacchetto azionario Gde. Ma allora dove sono i soldi che dovevano finire a me? Dov'è la provvista? Ah, già: «È rimasta nella mia mente» dice D'Adamo. Appunto. Ma allora perché io sono stato tirato in mezzo a questa storia?

Riprendiamo il discorso: a un certo punto, dopo qualche mese dal riacquisto (condizionato dal pegno) delle azioni Gde, D'Adamo chiede a Pacini di rimetterlo nella disponibilità giuridica del certificato azionario; in questo caso, tira in ballo direttamente Silvio Berlusconi («Dissi che stavo trattando con la Mondadori») [56, 57]. Pacini spera che così D'Adamo possa trovare i fondi per pagarlo, e gli consegna il certificato azionario in cambio di crediti che la Simaco aveva nei confronti della

Edilgest e della Gestal [58, 59] (almeno così gli fa credere D'Adamo, ma poi si scoprirà che anche questi sono solo carta straccia, giacché dietro c'erano solo crediti inesistenti e operazioni fraudolente attuate da D'Adamo, come lo stesso ha ammesso quando alla fine sono stati scoperti tutti i trucchi contabili imbastiti) [60, 61]. D'Adamo, pur non riuscendo a vendere

---

R: «Non la ricordo questa clausola».

D: «Tenuto conto di questo documento che è quello del foglio 72 dell'allegato al verbale del 24 luglio del suo interrogatorio, Intercop-Lussemburgo del 28 aprile 1994. Legga questo documento e ci dica».

R: «È questo, infatti c'è scritto che nel caso non avessi pagato doveva ritornare alla Morave».

D: «Adesso che l'ha visionato prende atto di quello che risulta dal documento?».

R: «Sì».

[56] Cfr. interrogatorio Pacini Battaglia del 22-7-97: «Il 26-10-94 D'Adamo mi ha chiesto di svincolare le azioni della Gde (che erano state date in custodia alla Intercop) e di consentirgli in tale modo il trasferimento delle stesse dalla Simaco alla Edilgest Finanziaria, che sarebbe subentrata alla Simaco nel debito verso la Morave (per l'importo di 4,5 miliardi). Nel periodo che va dal giugno all'ottobre del 94 mi sono incontrato varie volte con D'Adamo (anche se i miei rapporti con lui si erano ormai incrinati), quest'ultimo ha reiteratamente vantato la sua amicizia con il dott. Di Pietro e con il cav. Berlusconi, dicendomi che lui faceva da mediatore tra Di Pietro e Berlusconi facendomi credere che la Mondadori di Berlusconi avrebbe acquistato la Gde».

[57] Cfr. incid. prob. D'Adamo del 6-2-98:
Domanda: «L'avvocato vuole sapere se nel discorso diretto con Pacini in questo momento nel quale si parla di questa faccenda della sostituzione, lei ha rappresentato a Pacini che aveva intenzione di vendere a Mondadori?».

Risposta: «Sì».
D: «Quindi ne parlò con Pacini di questo?».
R: «Sì».

[58] Cfr. incid. prob. D'Adamo del 6-2-98:
Domanda: «Se è vero che lei ha detto al signor Pacini Battaglia che avendo la disponibilità piena e giuridica delle azioni poteva fare fronte al suo debito?».

Risposta: «Sì».
D: «È vero che per convincerlo disse: "Ti garantisco l'adempimento attraverso una lettera rilasciata dalla Edilgest"?».

R: «Sì certo, sostituimmo quella garanzia, cioè il deposito delle azioni con una lettera di garanzia della Edilgest. Cioè la Edilgest garantisce che la Simaco restituisce i 4 miliardi e mezzo».

[59] Cfr. interrogatorio Pacini Battaglia del 22-7-97: «Fu in tale contesto che D'Adamo mi chiese di poter passare le azioni Gde dalla Simaco alla Edilgest e mi disse che avrebbe effettuato tale cessione a un prezzo maggiorato, rispetto a quello di acquisto, che gli avrebbe consentito di creare una plusvalenza in capo alla Simaco, che avrebbe utilizzato per diminuire le perdite della Gde. Mi disse altresì che con questo "marchingegno contabile" la Gde sarebbe potuta entrare nell'Amministrazione controllata... Posso cercare di essere più chiaro: D'Adamo mi spiegò che, effettuando il passaggio delle azioni della Gde dalla Simaco alla Edilgest a un prezzo maggiore (che non precisò) di quello al quale la Simaco le aveva acquistate dalla Morave, avrebbe creato una plusvalenza in capo alla Simaco. Aggiunse che all'interno di quest'ultima società avrebbe fatto confluire debiti della Gde (non mi precisò in che modo avrebbe operato per realizzare questa finalità) e in tal modo avrebbe diminuito i debiti della Gde in Italia (trasferendoli in Lussemburgo alla Simaco). Con questa "riduzione dei debiti", la Gde avrebbe potuto essere venduta alla Mondadori o sarebbe stata ammessa all'Amministrazione controllata. All'epoca ancora non si parlava di Amministrazione controllata, ma era D'Adamo che già si prospettava tale soluzione, in alternativa alla vendita a Berlusconi. D'Adamo mi fece pressione dicendomi che tutta questa operazione avrebbe dovuto essere tassativamente conclusa entro il 31-10-94; non ricordo come mai motivò questa urgenza. Segnalai questo problema a Van der Poel che si occupò della questione. Con il passaggio delle azioni dalla Simaco alla Edilgest, quest'ultima società diventava debitrice nei confronti della Morave, per l'intero importo di 4,5 miliardi, in tal modo sostituendosi alla Simaco. Ritenni che in questo modo sarei stato maggiormente garantito in quanto la Simaco, a differenza della Edilgest, era una scatola vuota».

[60] Cfr. interrogatorio Pacini Battaglia del 22-7-97: «L'Ufficio contesta che con questa operazione la Morave ha perso l'unica garanzia che aveva nei confronti della Sima-

alla Mondadori la società Gde, ottiene dalla Comit – con l'aiuto di Silvio Berlusconi – un finanziamento di 12 miliardi dando in garanzia alla banca praticamente l'intero pacchetto azionario della Gde [62].

Senti, senti: una grande banca come la Comit consegna a D'Adamo ben 12 miliardi in cambio del 90% delle azioni Gde; essa, cioè, si comporta esattamente come si è comportato Pacini con la sua banca che in cambio del 60% delle azioni Gde aveva consegnato a D'Adamo 9 miliardi. Perché allora il Pm di Brescia definisce «insensato» solo quest'ultimo finanziamento? Perché i miliardi che la banca di Pacini versa a D'Adamo sono indice di una mia attività corruttiva, mentre i miliardi che versa la Comit rientrano nel normale esercizio del credito? Cosa altro poteva fare un banchiere truffato se non cercare di recuperare il recuperabile [63]? Si dirà: perché D'Adamo quando ricompra le azioni Gde da Pacini le paga a metà

---

co (per il credito di 4,5 miliardi + interessi), garanzia costituita dalla custodia fiduciaria delle azioni Gde da parte della Intercop. – Pacini: "Per me i 12 miliardi (9 per l'aumento di capitale e 3 per il finanziamento) erano già persi: l'unica mia speranza era quella di incassare qualche soldo"».

[61] Cfr. incid. prob. D'Adamo del 6-2-98:
Domanda: «È vero che nel momento in cui lei trasferisce le azioni da una società dalla Simaco Holding alla Edilgest, indica quale valore di trasferimento 12 miliardi?».
Risposta: «Sì».
D: «Quindi abbiamo a una certa data un debito di 12 miliardi della Edilgest, verso la Simaco. Qui si innesta la quarta operazione finanziaria, quella che dà luce a tutto. La Sii a un certo punto acquista, fa un contratto preliminare di acquisto di un cambio in Libia. È vero questo?».
R: «Sì».
D: «Lo fa e versa 8 miliardi 05?».
R: «Versa 8 miliardi, 05 non lo ricordo».
D: «La Sii versa 8 miliardi alla Columbus che è la proprietaria del campo, che è una società esterna. Versa 8 miliardi e man mano che versa, li versa in modo progressivo, 1 miliardo, 2 miliardi, mano mano che la Sii versa i soldi alla Columbus, la Columbus li trasferisce alla Gestal il giorno dopo. È vero?».
R: «Sì».
D: «È vero che il giorno dopo ancora vengono trasferite alla Interpafin?».
R: «Sì».
D: «È vero che sempre qualche giorno dopo ancora viene tutta la somma trasferita alla Sii per sottoscrivere un aumento di capitale?».
R: «Sì...».
D: «Il credito che gira tra la Sii, Columbus, Gestal e Interpafin è un credito di 7 miliardi e mezzo?».
R: «Sì».
D: «A questo punto lei cede la Gestal alla Simaco?».
R: «Sì».
D: «La cede per 200 mila lire?».
R: «Sì».
D: «Così facendo lei trasferisce all'estero Interpafin e con l'Interpafin anche la Sii. È vero?».
R: «La maggioranza della Sii».
D: «Quindi noi troviamo che la Gestal va a finire alla Simaco. Va a finire alla Simaco per 200 mila lire. Come lei paga il debito di 12 miliardi che ha tra l'Edilgest e la Simaco?».
R: «Con la cessione del credito Gestal».

[62] Cfr. incid. prob. D'Adamo del 6-2-98:
Domanda: «È vero che ottiene un finanziamento da parte di una banca, la Comit, che il finanziamento lo ottiene la Gde, e che vengono date a garanzia dell'operazione proprio le azioni ottenute dalla Morave-Simaco?».

Risposta: «Sta sbagliando. La Comit diede un finanziamento alla Sii e la Edilgest mise a garanzia del finanziamento le azioni della Gde».
D: «Quelle azioni vengono date a garanzia di un finanziamento dato dalla Comit?».
R: «Esatto».
D: «Un finanziamento di 12 miliardi?».
R: «Sì».

[63] Cfr. interrogatorio Pacini Battaglia del 22-7-97: «Il 28-9-95 Van der Poel ha ricevuto un fax da Patrizia D'Adamo con il quale gli veniva chiesto di postergare (a nome della Morave) il credito per 3 miliardi, vantato nei confronti della Gde. Si è ritenuto di accogliere questa richiesta perché ormai, come già ho detto, non avevo più nessuna speranza di recuperare i miei soldi. Speravo che l'Amministrazione controllata mi consentisse di recuperare almeno i 3 miliardi di finanziamento... Contemporaneamente continuavo invece ad avere interesse per la Sii...». *L'Ufficio chiede per quale ragione si sia consentito lo svincolo delle azioni Gde da parte della Morave senza alcuna contropartita nonostante il forte interessamento per la Sii potendo essere quella l'occasione per poter ottenere da D'Adamo una partecipazione nella Sii a titolo di contropartita.* «... Credo di avere chiesto ripetutamente a D'Adamo di poter ottenere azioni Sii a garanzia dei miei crediti. Lui però diceva che con i suoi soci libici (di cui io ben conoscevo la potenza) stava facendo "cose strepitose" che non poteva ancora svincolare le azioni ma che appena ne fosse tornato in possesso me le avrebbe sicuramente date. A detto proposito dovrebbe esistere documentazione (risalente al periodo ottobre 96-febbraio 97) presso l'ufficio di Ginevra di Van der Poel o del Lussemburgo di Brimeyer, con la quale D'Adamo mi proponeva, tramite i miei fiduciari, delle azioni Sii a garanzia del suo debito. In questi giorni, avendo appreso del fallimento della Sii, ho capito che in realtà D'Adamo, ancora una volta, mi stava raggirando... Il 3-7-96 la Gde ha consegnato alla Morave la comunicazione di essere stata ammessa all'Amministrazione controllata e ha chiesto la rinuncia agli interessi passivi. Ho aderito a tale richiesta sempre con la speranza di poter comunque realizzare qualcosa».

prezzo. E cosa ha saputo fare di meglio la Comit che qualche mese dopo aver dato 12 miliardi a D'Adamo per lo stesso "bene", se li è visti sfumare tutti e si è dovuta insinuare in una procedura fallimentare per sperare di riprendersi almeno i soldi delle carte bollate?

In conclusione: valutando quest'ulteriore circostanza (le modalità e l'entità del finanziamento Comit e le garanzie azionarie Gde concordate) si può trarre un ulteriore elemento per dimostrare che il rapporto economico instauratosi fra D'Adamo e Pacini è solo frutto di ciò che normalmente accade nel mondo degli affari fra banchieri, finanzieri e imprenditori vari. Ancora una volta, però, rincorrendo le spericolate acrobazie finanziarie di D'Adamo, si rischia di uscire dall'oggetto del presente procedimento: scusate, ma io cosa c'entro con tutte queste cose? Chi mai parla di me in questo periodo? Chi mai mi chiede qualcosa in favore di Pacini?

Più in concreto. Dopo il riacquisto delle azioni Gde, stando alla versione di D'Adamo, ormai la provvista per me doveva essere già stata formata: niente più aveva da chiedere lui a Pacini, e Pacini aveva già pagato. Quindi l'asserita corruzione si sarebbe già consumata al 28-4-94. Perché allora continuare ad addebitare a me – come viene fatto nel capo di imputazione – il "concorso" nello «svincolo della garanzia rappresentata dalla custodia giudiziaria delle azioni Gde... contro il rilascio... di una lettera che garantisse il debito... [e successivamente] a fronte del proprio credito [Pacini] riceveva [altri] crediti (Gestal e Edilgest)»? Qualcuno ha forse detto che questo sia avvenuto a titolo di "prestazione corruttiva" per la "controprestazione favoritoria" che io avrei realizzato? E quale sarebbe, stavolta, questa controprestazione corruttiva? E, considerato che la questione della "postergazione" va avanti ancora oggi, la mia fantomatica controprestazione sarebbe avvenuta a "futura memoria"? Bah!!!

4. Il dialogo del salotto

L'evento-clou di tutta la faccenda sarebbe accaduto un giorno di settembre del 93, data in cui – secondo D'Adamo – trovandoci io e lui nel suo soggiorno di casa, gli avrei detto, a proposito dei finanziamenti che stava riceven-

do da Pacini, di «non sciupare questa occasione, quindi non sciupare questi soldi e cerca di tenerne da parte un po'». D'Adamo, prima di arrivare a questa sua confessione-invenzione, la prende larga: «In quel periodo ma anche prima di quel periodo si parlava molto dei pericoli che correva il dott. Di Pietro... molte volte aveva ricevuto minacce e io gli dicevo "Non ti preoccupare", e invece lo vedevo serio su queste cose anche se non mi diceva il tipo di minacce che riceveva, ma più volte mi ha ripetuto che mi dovevo ricordare dei suoi figli. Più volte mi ha detto: "Se mi succede qualcosa, ricordati dei miei figli"» [64].

Certo che sono stato minacciato, e anche più volte: all'epoca se ne parlava su tutti i giornali. Soprattutto ne hanno parlato i pentiti Brusca e Avola nel processo relativo all'omicidio del giudice Giovanni Falcone, e io con la mia famiglia dovemmo andare anche all'estero con passaporti di copertura forniti dal ministero dell'Interno (come risulta anche agli atti, in seguito alle acquisizioni disposte dal Pm). È ovvio e naturale, quindi, che io all'epoca, confidandomi con i miei parenti e amici (o almeno quelli che all'epoca consideravo tali), possa aver espresso preoccupazioni per il mio futuro e soprattutto per quello dei miei figli. Che anche a D'Adamo possa aver espresso una tale preoccupazione non lo ricordo affatto e tenderei a escluderlo, ma potrebbe anche essere accaduto; d'altronde all'epoca, nel 93, lui era un mio amico, mi aveva aiutato economicamente nei momenti del bisogno, ed era il datore di lavoro di mia moglie. Rientrava (e rientra) pertanto nel novero delle possibilità che io

---

[64] Cfr. incid. prob. D'Adamo del 28-1-98:

R: «Più volte parlai con il dott. Di Pietro. Ricordo che Di Pietro mi disse che sapeva anche dei finanziamenti, di tutti i soldi che mi stavano arrivando. Sapeva dei finanziamenti che mi stava facendo Pacini e mi ricordo che un giorno mi disse, eravamo nell'angolo del soggiorno di casa a mia, Di Pietro veniva spesso a casa mia, e mi disse: "Non sciupare questa occasione, quindi non sciupare questi soldi e cerca di tenerne da parte un po'". In quel periodo, ma anche prima di quel periodo, si parlava molto dei pericoli che correva il dott. Di Pietro. Molte volte mi aveva detto che aveva ricevuto minacce, e io cercavo di dirgli "Non ti preoccupare", e invece lo vedevo serio su queste cose anche se non mi diceva esattamente il tipo di minacce che riceveva, ma più volte mi ha ripetuto che io mi dovevo ricordare dei suoi figli. Più volte mi ha detto: "Comunque, se mi succede qualcosa ricordati dei miei figli"».

possa aver detto anche a lui (come direi ora all'avv. Dinoia o ai miei compagni del tempo libero): «Se mi succede qualcosa, ricordatevi dei miei figli». Non perdonerò mai a D'Adamo di aver voluto "sporcare" con sottostanti interessi corruttivi i miei sentimenti di padre: non è accettabile che si debba passare sopra i patemi d'animo di un genitore per dare più credibilità alla calunnia.

Ma il fatto è che il discorso del salotto di cui parla D'Adamo non è mai avvenuto. Mai, mai, mai! Capito D'Adamo, che mentre lo ripetevi, durante l'incidente probatorio, ti scappava pure da ridere (manco fosse un gioco!)?

D'Adamo, ogni volta che deve attribuirmi qualcosa di diretto con riferimento a Pacini, guarda caso dice sempre ciò che nessun altro potrebbe confermare! Perché mai una simile cosa non la dice a Lucibello con il quale – stando al capo di imputazione – lui stava portando avanti per mio conto le "trattative corruttive" con Pacini [65]? Perché non la dice ai suoi figli Giovanni e Patrizia o a suo genero Mascetti che lo aiutavano nella gestione delle sue aziende e lo seguivano nei suoi rapporti con Pacini? Perché non ne parla mai con suo fratello Ennio, né durante la vendita delle azioni Gde a Pacini, né in occasione del loro riacquisto, né durante la gestione Intiglietta? Perché non la dice nemmeno a Pacini, al quale invece – così afferma lui – solo nell'aprile 94 chiede di formare una provvista per me (ma, come vedremo, in quell'occasione lui sta portando avanti un'altra operazione e gli serve una scusa per ottenere da Pacini uno "sconto" sul prezzo di riacquisto della Gde).

Ma è mai possibile sostenere che D'Adamo nel 93, se veramente avesse avuto in mente di destinare una parte del denaro proveniente da Pacini a me, si mettesse poi a fare tutte quelle operazioni con la Gde che ha fatto? Perché ha venduto a Pacini il 60% delle azioni corrispondenti proprio ai 9 miliardi ricevuti? Soprattutto, perché Pacini si fa dare da D'Adamo un certificato azionario del controvalore pari proprio ai 9 miliardi di finanziamento se sa che almeno una parte del suo denaro doveva essere destinata definitivamente a me? Già, perché proprio questo è il punto: è documentato e provato agli atti che D'Adamo ha chiesto denaro a Pacini sempre e solo per sé e mai per me; l'unica volta che dice a Pacini di voler destinare del denaro a Di Pietro, non è quando lui chiede i soldi a Pacini, ma quando deve pagarlo perché sta riacquistando da lui la Gde, cioè nell'aprile 94.

È bene, allora, fissare nuovamente alcune caratteristiche della fattispecie corruttiva contestata: il corruttore sarebbe Pacini, mentre a D'Adamo tocca – in mio nome, per mio conto e con il mio concorso – il ruolo di corrotto. Abbiamo anche detto che la corruzione è un reato istantaneo. Nel caso in questione, dunque – seguendo l'impostazione del capo di imputazione – essa si sarebbe consumata (se fosse realmente avvenuta, ma così non è né in fatto né in diritto) nella sua "forma contratta" al momento della promessa dei 9 miliardi da parte di Pacini a D'Adamo e nella sua "forma completa" al momento della consegna del denaro da Pacini a D'Adamo. Ma allora cosa c'entra il "discorso del salotto" con la corruzione per il caso Pacini che mi viene contestata? Ci troviamo, cioè, di fronte a due cose completamente diverse fra loro: la prima riguardante i rapporti D'Adamo-Pacini e la seconda D'Adamo-Di Pietro.

Ricapitoliamo. D'Adamo dice che un giorno dell'autunno 93, mentre eravamo in un angolo del salotto di casa sua, io gli avrei confidato le mie preoccupazioni per le minacce cui ero sottoposto e lo avrei pregato di pensare, in caso mi fosse successo qualcosa, ai miei figli. Si badi bene, lui precisa che il discorso di pensare ai miei figli glielo avrei fatto molte volte, fin dal 92 con l'inizio dell'inchiesta "Mani pulite" [66]: è chiaro quindi che si trattava di una

---

[65] Cfr. incid. prob. D'Adamo del 28-1-98:
Domanda: «In questi discorsi che lei faceva con Pacini e con Di Pietro, Lucibello ha un ruolo in questi discorsi?».
Risposta: «Questi discorsi che io facevo con Di Pietro li facevo solo con lui».
D: «Sebbene lei fosse cliente e amico di Lucibello e Lucibello fosse difensore di Pacini?... Lucibello non c'era quando faceva questi discorsi con Di Pietro?».
R: «No, non c'era quando facevo questi discorsi con Di Pietro».

[66] Cfr. incid. prob. D'Adamo del 28-1-98: «I discorsi delle minacce che Di Pietro incominciò ad avere, se non ricordo male, ne parlammo già nel 1992 quindi furono sicuramente prima della frase "Bada ai miei figli". Poi, furono riportati anche successivamente. Nell'angolo del soggior-

preoccupazione del tutto estranea alla vicenda Pacini, traendo la sua origine addirittura in un periodo precedente all'incontro di Pacini con le aule di giustizia. D'Adamo però aggiunge che quella volta – e solo quella sola volta – io gli avrei genericamente aggiunto: «Non sprecare quest'occasione e ricordati di me e dei miei figli». Ripeto: non è vero. Ma se per assurdo lo fosse, questo sarebbe avvenuto quando ormai gli accordi sui finanziamenti con Pacini e buona parte dei versamenti erano già avvenuti. Semmai questo sarebbe un post factum tra me e lui che in nessun modo ha inciso sulla volontà di Pacini di finanziarlo, non foss'altro perché a Pacini lui non aveva detto nulla né con riferimento a questa vicenda, né più in generale sul fatto che parte del denaro che gli chiedeva doveva finire a me.

E poi, esaminiamo in concreto che cosa avrei detto: perché l'espressione «Non sprecare quest'occasione» deve essere considerata in negativo? Mettiamo – sempre più per assurdo – che gli avessi detto una simile frase: ci troveremmo di fronte a due amici uno dei quali, essendo a conoscenza delle difficoltà economiche dell'altro e saputo che c'è un banchiere (sia pure da lui inquisito ma pur sempre banchiere) che lo sta finanziando, se ne congratula dicendogli di «non sprecare quest'occasione». Certo, secondo D'Adamo questa volta avrei aggiunto: «Cerca di tenerne da parte un po'... ricordati anche di me e dei miei figli». Perché anche a queste frasi deve essere data una valenza necessariamente corruttiva? D'Adamo aveva da poco ricevuto un cospicuo finanziamento, immagino fosse contento e frizzante nel riferire che le sue attività imprenditoriali stavano per riprendere fiato; immagino ne potesse parlare in azienda e in famiglia per magnificare queste sue nuove prospettive; immagino anche che cosa gli avrebbero potuto rispondere i suoi cari in presenza di una tale "novità": «Bravo... complimenti... non te li consumare tutti... risparmiane un po'... ricordati di noi», e tante altre frasi simili – un po' consigli, un po' rallegramenti, un po' boutade! Sempre che ciò rimanga a tale livello, magari

no mi precisò, esattamente quando io gli dissi che Pacini Battaglia mi stava finanziando, "Non sprecare questa occasione e ricordati di me e di mettere da parte anche dei soldi per me"...».

con una frase buttata lì per una sola volta in salotto[67].

Non ho mai detto a D'Adamo la frase che mi attribuisce per il semplice fatto che non sapevo nemmeno dell'esistenza dei suoi rapporti con Pacini, altrimenti sarei stato quanto meno informato da D'Adamo il successivo aprile 94 della provvista che voleva formare per me [68]. E meno male, perché altrimenti – conoscendo i miei modi guasconi – avrei corso il rischio di potergli dire davvero una frase del genere (sapessero i Pm quante persone l'hanno detta a me a proposito del cospicuo risarcimento danni pagatomi dal gruppo Berlusconi per aver pubblicato su "Il Giornale" in modo diffamatorio i contorni di questa vicenda!).

Insomma e in conclusione: quanto riferito da D'Adamo sul nostro fantasioso "dialogo del salotto" non è proprio vero, e mi ferisce constatare come un amico di un tempo abbia messo in mezzo anche i miei figli per guadagnarsi quella credibilità che non merita. E comunque la frase che mi attribuisce appare del tutto estranea e avulsa dai rapporti economici D'Adamo-Pacini rappresentando semmai un post factum rispetto alle ragioni che hanno determinato Pacini a finanziare D'Adamo, non foss'altro perché l'operazione di finanziamento è avvenuta prima. Nel merito, poi, è una frase senza alcun senso pratico, risolvendosi in una sortita di uso comune verso persone bacia-

---

[67] Cfr. incid. prob. D'Adamo del 28-1-98:

Domanda: «Prima ha detto che Di Pietro le disse più volte "Tieni qualcosa per me"?».

Risposta: «Ha fatto più volte il ragionamento di badare ai suoi figli e ho ricordato l'episodio del soggiorno quando mi disse "Attenzione, non sciupare questa occasione, tieni da parte qualcosa"».

D: «La frase "non sciupare l'occasione" ecc. viene proferita da Di Pietro in una sola occasione?».

R: «Sì».

D: «Quando?».

R: «Fu l'inizio dell'autunno, nel settembre 1993».

[68] Cfr. incid. prob. D'Adamo del 28-1-98:

Domanda: «Torniamo all'aprile 1994, quando Pacini le dice: "Riprenditi la Gde", e lei dice "Va bene, ma a 4 miliardi e mezzo perché gli altri 4 miliardi e mezzo sono destinati a Di Pietro": questo discorso lei lo riporta a Di Pietro?».

Risposta: «Non credo».

D: «Lei con Di Pietro non quantifica?».

R: «No».

D: «Per nulla?».

R: «Niente».

te dalla fortuna. Essa, infine, fa a pugni completamente con l'evoluzione dell'intera vicenda: se veramente ci fossimo trovati di fronte a un "discorso serio" di tal natura, ben altri sarebbero stati gli accordi che avremmo preso in merito alla "spartizione del bottino", al suo occultamento e alle migliori tecniche possibili per non lasciare traccia su documenti e bilanci ufficiali delle operazioni bancarie in questione.

5. La tela tessuta da D'Adamo

È superfluo cercare di stabilire l'esatta ragione che ha indotto Pacini a finanziare D'Adamo, essendo sufficiente accertare l'assenza di ogni mia compartecipazione delle loro azioni e decisioni. E infatti, dalla disamina delle operazioni finanziarie fra loro intercorse, è stato possibile dimostrare la mia totale "assenza" e il mio completo "silenzio" rispetto a ogni momento decisionale e a ogni disposizione esecutiva dei rapporti Pacini-D'Adamo. Negli atti, però, sono presenti anche elementi significativi per ipotizzare che cosa in realtà sia avvenuto.

Fra D'Adamo e Pacini, a mio avviso, è intervenuto da una parte un regolare rapporto finanziario, e dall'altra D'Adamo ha dapprima "gonfiato" i rapporti di conoscenza e frequentazione che lui aveva sia con me sia con Silvio Berlusconi, e poi si è determinato a "colorire" i suoi rapporti con Di Pietro per "rispondere" alle sollecitazioni e alle pressioni interessate dello stesso Berlusconi e di Cesare Previti (o per "solleticare" quei due). Purtroppo, dalla lettura degli atti mi rendo conto che D'Adamo è stato protagonista di attività e comportamenti che non mi sarei mai aspettato da lui. Certo, mai avrei immaginato che D'Adamo si lasciasse "condurre per mano" (o istigare?) in tal modo da Berlusconi e Previti, e che andasse alla Procura di Brescia per "scarabocchiare" i nostri rapporti di amicizia personale in maniera così offensiva; né mai avrei immaginato che lui avesse messo in piedi una così fitta rete di rapporti finanziari con Pacini. Ma tant'è!

Secondo l'Accusa, questi rapporti D'Adamo-Pacini sarebbero stati "viziati" dalla mia volontà di prestarmi a favorire processualmente Pacini. *Non è vero! Non è vero! Non è*

vero! E ciò è dimostrato sia dal fatto che io non sono mai "entrato" per mia scelta e volontà nei colloqui che essi possono aver fatto su di me, sia dalla mole enorme di attività investigativa che ho svolto nei confronti di Pacini e del suo entourage, proprio in contemporanea con le operazioni finanziarie che lui aveva con D'Adamo.

Resta da accertare se e come D'Adamo abbia usato – e abusato – a sproposito del mio nome e della mia amicizia per "sensibilizzare" Pacini rispetto alle sue richieste di finanziamento. Tecnica, questa, che – come risulta dagli atti – D'Adamo sembra aver usato anche successivamente, quando ammaliò Pacini magnificandogli la sua amicizia con Berlusconi per convincerlo dapprima a restituirgli il certificato azionario Gde (facendogli credere che avrebbe così potuto vendere a un buon prezzo le azioni alla Mondadori, o comunque avere un buon finanziamento garantito dalla Comit), e poi convincendolo a "postergare il credito" nell'illusione che così sarebbe rientrato *in bonis* e avrebbe potuto far fronte al debito.

Anzi, a dire il vero D'Adamo usò spesso anche il nome di Berlusconi – oltre, a quanto pare, al mio – *fin dai primi incontri* che ebbe con Pacini, addirittura facendogli credere che poteva intervenire sull'allora presidente del Consiglio per disarcionare dalla sua carica il presidente dell'Eni Franco Bernabè [69, 70]. Ov-

---

[69] Cfr. incid. prob. D'Adamo 2-10-98:

Domanda: «Qua stiamo parlando sempre nel 1994 circa; lei da un lato parlava con Berlusconi, dall'altro con Pacini. A Pacini di Berlusconi che cosa diceva?».

Risposta: «Che ero amico, Pacini sapeva che ero amico di Berlusconi».

D: «Sapeva che era amico di Silvio Berlusconi?».

R: «Sì».

D: «In particolare, capisco che nel 1994 era solo presidente del Consiglio, ma voglio sapere se in 5 secondi ha chiuso tutto?».

R: «Quando ci si vedeva con Pacini, si parlava delle nostre cose, poi si parlava di politica, certo. "Berlusconi sta facendo bene, sta facendo male, dovrebbe fare così piuttosto che cosà. Bernabè non lo posso vedere, perché non lo caccia via?". Si può immaginare quali erano tutte le problematiche. A potersi ricordare di tutte le cose che si parlava!».

[70] Cfr. incid. prob. D'Adamo del 2-2-98:

Domanda: «Lei ha detto che Pacini era a conoscenza della sua amicizia con Berlusconi Silvio?».

Risposta: «Sì...».

viamente, D'Adamo aveva cura di informare Pacini che la sua amicizia con Berlusconi era tale e tanta che «viaggiavo anche sugli aerei di Berlusconi... molto spesso» [71]. Perché mai, per andare a chiedere un finanziamento a un banchiere, D'Adamo doveva "lasciarsi sfuggire" tali racconti, apparentemente scollegati dall'oggetto dei loro rapporti, se non appunto per "alludere" e quindi indurre Pacini ad "ammorbidirsi"? E infatti, Pacini fa chiaramente riferimento all'opera di "avvolgimento" attuato da D'Adamo quando spiega le ragioni per cui si convinse a consegnargli il certificato azionario Gde che aveva in garanzia del proprio credito («Mi fece una testa tanto che tutti i giorni volava con l'aereo di Berlusconi... oh a me Berlusconi mi dà i soldi... che Berlusconi avrebbe comprato la Gde, che lui avrebbe avuto i soldi, che s'era tutti tranquilli... per tenermi buono mi dicesti "non ti preoccupare", e questo me lo dicesti tranquillamente») [72]. Insomma, *mutatis mutandis*, le parole che usa D'Adamo con Pacini, quando questi gli richiede la restituzione dei soldi, sono le stesse che lui sostiene di avergli detto quando andò da Pacini per farseli dare: «Stai tranquillo, non ti preoccupare», con la sola differenza che all'inizio D'Adamo utilizza il nome del Pm Di Pietro (che nel 93 spopolava per via di "Mani pulite"), mentre nel 94 ricorre al nome di Berlusconi sia perché era quello che tramite la Mondadori doveva pagare, sia soprattutto perché, nel frattempo, era diventato presidente del Consiglio.

Vediamo allora come D'Adamo tesse la tela attorno a Pacini per convincerlo ad allargare i cordoni della borsa. Ora sappiamo che nel 1993 D'Adamo versava in gravi difficoltà finanziarie: benché non fosse noto negli ambienti finanziari, anche le sue attività imprenditoriali avevano risentito degli effetti dell'inchiesta "Mani pulite". Aveva bisogno di "denaro fresco", ma aveva già raggiunto il tetto delle esposizioni bancarie consentite con gli istituti di credito presso cui era affidato. Aveva però letto sui giornali che in quel periodo un tal Pacini Battaglia, di professione banchiere in Svizzera, era stato da poco arrestato e scar-

---

D: «Lei si è intrattenuto poi ulteriormente del parlare con Pacini dei vostri affari, dei vostri incontri sulla persona di Berlusconi?».
R: «Si è parlato, certo, era il presidente del Consiglio».
D: «Quindi si è commentato il personaggio, era un personaggio pubblico?».
R: «... Io ricordo che Pacini, ricordo in modo particolare che Pacini aveva questo desiderio di Bernabè dell'Eni che non gli piaceva, quindi sperava che in quel periodo ci fossero cambi anche nel Consiglio di amministrazione. Cosa che non avvenne...».
D: «... Che cos'altro si dicevano con Pacini in rapporto a Berlusconi e all'Eni?».
R: «Si parlò dell'amministratore delegato dell'Eni Bernabè, e in quel momento, quando si parlava dell'eventuale cambio, lui si augurava che non... Ma questo non avvenne, non è che ci fu un periodo in cui all'ordine del giorno c'era il cambiamento. Quindi era un discorso che si faceva in maniera generica. Successivamente non avvenne il cambio dei vertici dell'Eni».
D: «Lei ha mai ricevuto da Pacini l'indicazione: "Ma perché non parli con il tuo amico Silvio Berlusconi"?».
R: «Forse me lo chiese».
D: «Forse».
R: «Ne parlammo, quindi può avermelo chiesto...».
D: «Di questi discorsi che le faceva Pacini relativamente al suo desiderio che Bernabè non ricoprisse più l'incarico di amministratore delegato dell'Eni, lei ne ha parlato con Berlusconi?».
R: «Può darsi che ne abbia parlato».
D: «Non ricorda altro?».
R: «No, anche perché questi discorsi erano generici, non era una cosa importante».

[71] Cfr. incid. prob. D'Adamo del 2-2-98:
Domanda: «Lei disse a Pacini che viaggiava anche sugli aerei di Berlusconi?».
Risposta: «Certo, sull'aereo di Berlusconi io andavo molto spesso a Roma e chiedevo un passaggio se coincideva con i giorni in cui andavo io, mi univo alla comitiva perché non ero da solo con Berlusconi. Di solito erano parecchie persone».

[72] Cfr. confronto Pacini-D'Adamo del 24-11-97:
Pacini: «Dopo le elezioni mi raccontò: "Oh, a me mi dà... Berlusconi mi dà soldi, non ti preoccupare; vedrai che te li do presto". Io, poi, gli dissi: "Guarda che i soldi me li dovrai dare". Lui non li racconta che mi venne... mi fece una testa tanto, che tutti i giorni volava con l'aereo di Berlusconi, che finalmente Berlusconi avrebbe comprato la Gde, che lui avrebbe avuto i soldi, che s'era tutti tranquilli... Eh, questo me lo raccontava uguale, perché a quel punto io i soldi ormai glieli avevo dati...».
D'Adamo: «Eh, l'amicizia con Berlusconi mi pare che è nota a tutti...».
Pacini: «Sì, sì. Ma dicesti anche che ti dava i soldi».
D'Adamo: «E questo... e questo».
Pacini: «Me lo dicesti davanti al Palace, mi dicesti: "Con Berlusconi... fra poco tempo mi compra... la Mondadori e ti ridò i soldi". Questo me lo dicesti, non scherziamo, eh».
D'Adamo: «Chi?».
Pacini: «Eh! E questo me lo dicesti te. Per tenermi buono mi dicesti: "Non ti preoccupare"... E questo me lo dicesti tranquillamente...».

cerato proprio nell'ambito dell'inchiesta "Mani pulite", di cui si occupava anche il Pm Di Pietro, persona che lui conosceva molto bene essendo suo amico da anni, come bene conosceva il difensore del banchiere, l'avv. Lucibello [73]. Gli si accende una lampadina: perché non chiedere a Pacini un finanziamento? Per farlo, bisogna stabilire "il contatto": questo può essere fatto attraverso l'avv. Lucibello, che è nello stesso tempo amico e legale di entrambi [74].

Adesso D'Adamo afferma che prima di entrare in contatto con Pacini, avrebbe anche ricevuto un avallo da me («Rivolgiti a Pacini, troverai la porta aperta») [75]: ma se così fosse, non si comprende davvero la ragione per cui

lui non abbia informato né Pacini, né Lucibello, né il genero Andrea Mascetti, né i figli Giovanni e Patrizia, di quest'importante avallo [76]. La verità è che D'Adamo sapeva che io in quel periodo ero "intrattabile" (in tutti i sensi) e che non facevo favori a nessuno. Lo sa così bene che è lui stesso ad ammetterlo davanti ai magistrati [77]. Anzi, lo sa così bene che ricorre proprio a quest'arma per intimorire Pacini

---

[73] Cfr. incid. prob. D'Adamo del 28-1-98:

Domanda: «Quando lei viene in contatto con Pacini le risultava che Pacini era stato arrestato ed era già fuori?».

Risposta: «Un arresto lampo, sì ne ero al corrente perché era su tutta la stampa».

D: «Era già entrato in questo canale giudiziario quando è iniziato il vostro rapporto economico?».

R: «Sì, lo sapevo».

D: «Ha in mente che Pacini era quello che era stato arrestato e poi scarcerato?».

R: «Sicuramente».

D: «Tutti i giornali ne parlavano».

R: «D'altronde era un cliente dell'avvocato Lucibello che in quel periodo frequentavo».

[74] Cfr. incid. prob. D'Adamo del 2-2-98:

Domanda: «Lei telefonò a Pacini dopo questo ok di Di Pietro?».

Risposta: «No, io mi misi in contatto con Lucibello».

D: «Lei, dopo l'ok di Di Pietro, contattò Lucibello al quale disse che aveva bisogno di Pacini per un finanziamento?».

R: «Sì».

D: «Non fece parola con Lucibello dell'ok pregresso che le aveva dato Di Pietro?».

R: «No».

D: «Come se lei avesse posto in essere due iniziative parallele?».

R: «Sì».

D: «Lei contatta Lucibello, gli dice "Ho bisogno di Pacini per un finanziamento" e non gli dice a Lucibello di questo ok che le aveva dato Di Pietro e poi andate a Ginevra?».

R: «O a Ginevra o il primo incontro fu nel suo ufficio. Non ricordo...».

[75] Cfr. incid. prob. D'Adamo del 28-1-98:

Domanda: «Arriviamo ai suoi rapporti con Pacini».

Risposta: «Questo rapporto con Pacini è iniziato nei primi mesi del 1993, dopo marzo-aprile 1993. Io in quel periodo avevo difficoltà finanziarie per le mie società: Il dott. Di Pietro era a conoscenza di queste mie difficoltà e

mi disse "Rivolgiti a Pacini che troverai la porta aperta". Questa è la frase che io ricordo mi è stata detta dal dott. Di Pietro».

[76] Nulla dice di me D'Adamo a Pacini (*Domanda:* «In questo primo incontro o secondo incontro che sia stato si è parlato del dott. Di Pietro con Pacini?». *Risposta:* «No». *D:* «Non è stato fatto nessun riferimento?». *R:* «No»).

Nulla dice di me D'Adamo a Lucibello, nel caso si voglia pensare che dovesse essere stato quest'ultimo a informare Pacini (*Domanda:* «Lei, dopo l'ok di Di Pietro, contattò Lucibello al quale disse che aveva bisogno di Pacini per un finanziamento?». *Risposta:* «Sì». *D:* «Non fece parola con Lucibello dell'ok pregresso che le aveva dato Di Pietro?». *R:* «No»).

Nulla dice di me Lucibello a Pacini («Di Pietro non ha mai saputo assolutamente nulla dei rapporti tra Pacini e D'Adamo... non avevo nessun motivo per parlare di quei rapporti con Di Pietro e questi non li ha mai detto di avere appreso qualcosa di tali rapporti da D'Adamo»).

Nulla dice di me – e a me – Pacini (*Domanda:* «Lei ha mai consegnato o promesso denaro all'ing. D'Adamo per il dott. Di Pietro o comunque per ingraziarsi il dott. Di Pietro?». *Risposta:* «Mai, ho fatto solo un finanziamento all'ing. D'Adamo e poi ho scoperto che era una truffa». *D:* «L'ing. D'Adamo le ha mai richiesto denaro per conto del dott. Di Pietro?». *R:* «No, non me l'ha mai richiesto». *D:* «L'avv. Lucibello le ha mai chiesto denaro per conto del dott. Di Pietro?». *R:* «Mai, nel modo più assoluto». *D:* «Quando l'ing. D'Adamo le ha richiesto i finanziamenti nel 1993, lo ha fatto a nome di Di Pietro?». *R:* «No, l'ha fatto a nome suo...». *D:* «Indipendentemente da quanto le disse D'Adamo, lei ha mai pensato o ha mai saputo che dei soldi andassero al dott. Di Pietro?». *R:* «No, non me l'ha mai detto D'Adamo e non l'ho mai pensato»).

Nulla dice D'Adamo circa qualsivoglia mia "contropartita" da offrire a Pacini (*Domanda:* «Fu Di Pietro a suggerirle Pacini come possibile erogatore di un finanziamento?». *Risposta:* «Sì». *D:* «Nel fare ciò le disse anche "Troverai le porte aperte"?». *R:* «Sì». *D:* «Oltre a questa frase disse qualche altra cosa?». *R:* «No». *D:* «Disse solo così?». *R:* «Sì». *D:* «Non disse altro?». *R:* «No». *D:* «Disse solo quella frase che ha riferito?». *R:* «Sì»).

Nulla dico né posso dire io che dell'intera vicenda non so niente («Ribadisco in maniera categorica che, fino a quando non è nata quest'inchiesta, non ho mai saputo nulla di rapporti economici tra costoro»).

[77] Cfr. incid. prob. D'Adamo del 30-1-98. Il mio accusatore era ben consapevole del fatto che «il dott. Di Pietro in

(«D'Adamo mi diceva "Stai attento perché tanto poi Di Pietro ti butterà in galera... stai attento che Di Pietro ti arresta"»). Soprattutto, lo sa bene perché è lui stesso ad averne fatto le spese, giacché è certo che la prima notizia di reato sul suo conto nell'ambito di "Mani pulite" venne scoperta proprio da me, anche se poi subito mi sono doverosamente astenuto passando il fascicolo al collega Pm dott. Tito [78]. A proposito: ma se fosse vero che io avrei stretto con D'Adamo un "patto corruttivo" come quello che i Pm bresciani descrivono nel capo di imputazione, per quale ragione poi (sì, *poi*, perché D'Adamo è stato inquisito nell'inchiesta "Mani pulite" *successivamente* al finanziamento ricevuto da Pacini) io mi sarei attivato per cercare e soprattutto ufficializzare in un verbale la *notitia criminis* da cui è scaturita per D'Adamo tutta una serie di guai giudiziari? Si dirà: ma tu poi l'hai "fatto confessare" dal collega Pm Tito e non l'hai fatto arrestare. Le cose non stanno così, ma comunque vorrei capire: che favore è quello di incriminare una persona colpevole?

Finalmente D'Adamo raggiunge Pacini a Ginevra e qui chiede – nei modi che abbiamo visto – un primo finanziamento di 2 miliardi. In questa fase è certo che lui non spende in alcun modo con Pacini il mio nome [79], però lui "intuisce" che Pacini sa della sua amicizia con il Pm Di Pietro e che dunque può lasciargli credere chissà cosa. Stando a D'Adamo, infatti, Pacini gli avrebbe fatto presente che, se non avesse avuto da sopportare il peso giudiziario che gli gravava sulle spalle, sarebbe stato «più libero... possiamo fare degli affari insieme...

io ho delle conoscenze» [80]. D'altronde Pacini effettivamente sa che D'Adamo era mio amico: sia perché, come lui riferisce, era un fatto notorio [81], sia soprattutto perché «D'Adamo in varie occasioni mi aveva parlato della sua amicizia con Di Pietro, ne parlava come per volersi vantare della cosa», anche se, come precisa Pacini, «non mi disse mai di essere stato mandato da me dal dott. Di Pietro» [82].

Appare quindi plausibile che tra un mio amico e un mio inquisito dell'epoca, che stavano entrando in rapporti d'affari tra loro, la

---

quel momento stava facendo il duro... stava esagerando...», al punto che riferisce anche di «due amici che erano stati messi in carcere».

[78] Per questa vicenda la Procura di Brescia mi ha iscritto a mod. 21 per rivelazione di segreto d'ufficio: ma forse l'Accusa non sa che le presentazioni spontanee, appena vi erano avvisaglie di coinvolgimento, nell'inchiesta "Mani pulite" sono state centinaia.

[79] Cfr. incid. prob. D'Adamo del 28-1-98:
Domanda: «In questo primo incontro o secondo incontro che sia stato si è parlato del dott. Di Pietro con Pacini?».
Risposta: «No».
D: «Non è stato fatto nessun riferimento?».
R: «No».

[80] Cfr. incid. prob. D'Adamo del 29-1-98:
Domanda: «Torniamo a prima, lei se ben ricordo aumenta il capitale sociale Sii il 28 maggio del 1993».
Risposta: «Io sto parlando di queste cose che avvengono nel 1993, nel 1993 genericamente Pacini mi dice: "Intervieni perché così io sono più libero, possiamo fare degli affari insieme, io ho delle conoscenze". Quindi mi parla di queste conoscenze libiche».
D: «"Intervieni" su di chi?».
R: «Sul dott. Di Pietro, per i suoi fatti giudiziari, "così possiamo fare affari insieme"».
D: «Così possiamo fare affari insieme?».
R: «Sì».

[81] Cfr. incid. prob. Pacini Battaglia del 30-3-98:
Domanda: «Lei quando si è indotto a dare questi finanziamenti a D'Adamo, sapeva che Di Pietro era amico di esso D'Adamo?».
Risposta: «Sì, lo sapevo».
D: «Quindi lei lo conferma questo?».
R: «Lo confermo questo. Non è che feci i finanziamenti perché D'Adamo era amico del dott. Di Pietro, dissi che in quel momento lo sapevo, era una cosa psicologica che esisteva».
D: «Come stato soggettivo di informazione lei sapeva, comunque non l'ha influenzato secondo lei nell'elargire questo finanziamento a D'Adamo?».
R: «No, non me ne hai mai parlato. È una cosa talmente soggettiva che è difficile rispondere tra persone intelligenti, perché nel 1992 se lei troverà la mia intercettazione telefonica a Roma io cercavo la Sii, perché la Sii mi interessava moltissimo. Che poi D'Adamo conoscesse Di Pietro lo sapevo questo, l'ho anche detto».

[82] Cfr. interrogatorio Pacini Battaglia dell'1-7-97: «Quanto alla mia situazione soggettiva, occorre tenere presente due circostanze: in quel momento a me interessava realmente la Sii; D'Adamo era amico intimo del dott. Di Pietro (cosa risaputa a Milano) e io ero indagato, a Milano, proprio dal dott. Di Pietro. ADR: D'Adamo, in varie occasioni, mi aveva parlato della sua amicizia con Di Pietro, ne parlava come per volersi vantare della cosa. Ricordo che in occasione di uno dei nostri incontri lui fece una telefonata, dicendomi o facendomi credere che aveva telefonato a Di Pietro; in sostanza io subii in tutta questa vicenda una sorta di pressione psicologica. ADR: Non mi disse mai di essere stato mandato a me dal dott. Di Pietro».

conversazione sia finita anche sulla mia persona. Ciò che non è accettabile, però – nel caso fosse vero quanto Pacini dichiara – è il comportamento tenuto da questo momento in poi da D'Adamo, il quale si mise da una parte a «*tranquillizzare*» Pacini circa il buon esito dei suoi problemi giudiziari con la Procura di Milano, dall'altra a «*terrorizzarlo*». Sì, proprio così. D'Adamo usò con Pacini il bastone e la carota: dapprima dandogli assicurazioni circa un suo possibile intervento su di me («Sì, ne parlo certamente a Di Pietro») [83], e continuando a ripetergli «stai tranquillo» [84]; al tempo stesso, però, si mise a creargli patemi d'animo («D'Adamo quando ci incontravamo e parlavamo delle mie vicende processuali milanesi mi terrorizzava dicendomi che Di Pietro era capace di arrestare anche suo fratello, esercitando su di me una vera pressione psicologica») [85].

Sicuramente il termine "terrorizzare" usato da Pacini è un termine improprio e tipico del linguaggio del personaggio, tanto è vero che poi, in un successivo interrogatorio, pur ribadendo il concetto cerca di dare alla parola un significato più oggettivamente apprezzabile: «D'Adamo quando mi incontrava mi parlava sempre di Di Pietro e della sua cattiveria nei confronti degli indagati... con tale suo comportamento mi terrorizzava... non avrei peraltro mai avuto l'ardire e il coraggio di chiedere a D'Adamo, specie in quel momento, di parlare di me a Di Pietro... mi chiedete se avessi aderito alle richieste di D'Adamo con riguardo ai finanziamenti se quest'ultimo non fosse stato amico di Di Pietro... è una domanda alla quale oggi non sarei in grado di rispondere... ribadisco di aver temuto che se non avessi assecondato le richieste di D'Adamo la mia situazione a Milano si sarebbe potuta deteriorare. D'Adamo però non ha mai legato i suoi discorsi sulla situazione finanziaria con i discorsi riguardanti Di Pietro». Pacini tenta poi di spiegare il suo stato d'animo dell'epoca: «Era una pressione psicologica che mi faceva per tenermi sotto pressione quando io ero lì che dovevo decidere le decisioni» [86]; stato d'animo che appare più chiaro leggendo il verbale di confronto del 24-11-97 tra lui e D'Adamo:

D'Adamo: «E che, terrorizzavo gli indagati?».
Pacini: «No. Non mi terrorizzavi. Mi raccontavi com'era duro Di Pietro. Ma che, tu terrorizzarmi? Per carità. A me non m'ha mai terrorizzato nessuno. Ma... nemmeno... Se ti dovevo dare soldi per togliere Di Pietro, te li davo in contanti, non facevo tutti 'sti casini...».

---

[83] Cfr. incid. prob. D'Adamo del 29-1-98:
Domanda: «A fronte di questa richiesta esplicita di Pacini lei come replica?».
Risposta: «Io ho detto "Sì, ne parlo certamente con Di Pietro". Lui sapeva che io avevo questo rapporto di amicizia con Di Pietro e io infatti dissi a Di Pietro più volte di aiutare Pacini».

[84] Cfr. incid. prob. D'Adamo del 28-1-98:
Domanda: «Quindi lei riportò a Pacini?».
Risposta: «Non ricordo se ho riportato il discorso che avevo avuto con Di Pietro ma sicuramente gli dissi "Stai tranquillo". D'altronde, Pacini continuò a finanziarmi anche successivamente. Quindi, ed è una mia deduzione, ritengo che lui fosse soddisfatto di come stavano andando le sue cose giudiziarie».

[85] Cfr. interrogatorio Pacini Battaglia del 22-7-97: «Tutti a Milano dicevano che D'Adamo era un amico intimo del dott. Di Pietro... D'Adamo, quando ci incontravamo e parlavamo delle mie vicende giudiziarie milanesi, mi "terrorizzava" dicendomi che Di Pietro era capace di arrestare anche suo fratello, esercitando su di me una vera pressione psicologica, ma *non* legava mai direttamente questi discorsi alle nostre questioni finanziarie... Questi discorsi D'Adamo me li faceva spesso... Non ho mai chiesto a D'Adamo di intervenire in mio favore presso Di Pietro. Pensavo che non ve ne fosse alcun bisogno. Lui non mi ha mai minacciato ma mi terrorizzava e temevo che la mia situazione a Milano si sarebbe potuta deteriorare nel caso in cui non avessi assecondato le richieste di D'Adamo».

[86] Cfr. incid. prob. Pacini Battaglia del 30-03-98:
Domanda: «Questo è quello che lei racconta al Tribunale di Brescia: "In sostanza io subii in tutta questa vicenda una sorta di pressione psicologica". Se mi spiega che cosa significa?».
Risposta: «Lo spiego. Mi diceva: "Stai attento perché tanto Di Pietro poi ti butterà in galera". Questo fatto qui è una pressione psicologica che mi veniva fatta, nulla più nulla meno».
D: «Sempre chiaramente per indurla a elargirgli questo finanziamento?».
R: «No».
D: «Allora a che scopo?».
R: «Era una pressione psicologica che mi faceva per tenermi sotto pressione quando io ero lì che dovevo decidere le decisioni».
D: «Decidere le decisioni economiche?».
R: «No».
D: «Di che?».
R: «Quando ci vedevamo lui diceva: "Stai attento che Di Pietro ti arresta", questo mi faceva paura ma non è che mi avesse mai detto: "La faccio parlare con Di Pietro"».

È questo il terreno scivoloso dei sentimenti e delle preoccupazioni in cui si era andato a intrufolare D'Adamo per abbordare e ammansire Pacini. Insomma, a Pacini sembra prospettarsi l'idea – a forza di sentir raccontare dal D'Adamo della mia "durezza e delle mie esagerazioni" – che una cosa del genere potesse capitare anche a lui. Da qui il suo riferito stato di «pressione psicologica che mi veniva fatta». Tale pressione, però, secondo Pacini era «non per [indurmi] a elargirgli questo finanziamento... [ma] per tenermi sotto pressione». Una riprova di questa attività di *stop and go* attuata da D'Adamo verso Pacini («mi tranquillizzava... mi terrorizzava») è data dal fatto che, anche durante l'incidente probatorio, Pacini parla ancora di D'Adamo come di un «uomo fascinoso»[87].

D'Adamo dice pure che «non era necessario che [Pacini] mi facesse discorsi chiari in quanto era noto che io ero amico di Di Pietro»[88]; ma proprio qui sta l'inganno. È questa circostanza di notorietà che lui sembra avere utilizzato capziosamente per "far credere senza dire", per millantare un incarico che io non gli avevo dato, per strumentalizzare un'amicizia, soprattutto per sfruttare la situazione di «curiosità psicologica» del Pacini, come quest'ultimo stesso riferisce (precisando, però, che D'Adamo «non mi disse mai di essere stato mandato a me dal dott. Di Pietro»). Pacini specifica ulteriormente il suo pensiero: «Lo confermo, non è che feci i finanziamenti perché D'Adamo era amico del dott. Di Pietro, dissi che in quel momento lo sapevo, era una situazione psicologica che esisteva»[89], e durante il confronto con lo stesso D'Adamo del 24-11-97 precisa: «Continuo a negarlo di aver mai parlato di Di Pietro, dell'intervento in questo senso». Coraggioso sì, ma preoccupato, come dice lo stesso D'Adamo («Era preoccupato della sua vicenda processuale che era complessa, stavano preparando le carte, preparavano la difesa, io ero a conoscenza di queste cose»)[90]. Ecco, allora, D'Adamo – al quale interessava avere di fronte un finanziatore tranquillo e sereno che sapesse pensare agli affari e non fosse mentalmente bloccato dai guai giudiziari – che si fa avanti per rassicurarlo e tranquillizzarlo («Certo che lo tranquillizzavo... gli dicevo: "Non ti preoccupare, parlerò io con il dott. Di Pietro"... [gli parlai] più volte, perché era un cruccio per Pacini questa vicenda... non lo lasciava libero, non lo lasciava lavorare... gli pesava questa cosa»[91]).

---

[87] Cfr. incid. prob. Pacini Battaglia del 30-3-98:
Domanda: «Lei ha detto che era interessato alla Sii e che D'Adamo era un uomo fascinoso. Mi spiega che cosa significa e se mi conferma di avere detto questa frase?».
Risposta: «Confermo tutte e due le cose. Che la Sii mi interessava è cosa logica».
D: «Lei comunque ha detto... che D'Adamo era un uomo fascinoso e quindi anche per questo aveva avuto questi rapporti finanziari».
R: «L'ho sempre detto che era un uomo fascinoso».
D: «... Non ha mai detto che il D'Adamo la terrorizzava con la storia di Di Pietro?».
R: «Non so se dissi che mi terrorizzava, al limite mi parlava di Di Pietro».
D: «Quindi lei disse che era un uomo fascinoso non disse che la terrorizzava?».
R: «Mantengo la posizione che per me D'Adamo è un uomo fascinoso».

[88] Cfr. incid. prob. D'Adamo del 29-1-98:
Domanda: «Le fa questi discorsi dopo che ha cominciato a versare i 9 miliardi?».
Risposta: «Sì, i primi soldi dei 9 miliardi. Le stavo spiegando che non era necessario che mi facesse discorsi chiari in quanto era noto che io ero amico di Di Pietro. Di Pietro conosceva la situazione mia, Di Pietro conosceva chi mi stava dando i finanziamenti...».

[89] Cfr. incid. prob. Pacini Battaglia del 30-3-98:
Domanda: «Lei quando si è indotto a dare questi finanziamenti a D'Adamo, sapeva che Di Pietro era amico di esso D'Adamo?».
Risposta: «Lo confermo questo. Non è che feci i finanziamenti perché D'Adamo era amico del dott. Di Pietro, dissi che in quel momento lo sapevo, era una cosa psicologica che esisteva».

[90] Cfr. incid. prob. D'Adamo del 30-1-98:
Domanda: «Sempre in questi suoi contatti con Pacini, Pacini le manifestava di essere preoccupato delle pendenze che aveva con la Procura di Milano o pensava di cavarsela?».
Risposta: «Preoccupato».
D: «Era preoccupato?».
R: «Sì, era preoccupato».
D: «Preoccupato di andare in carcere?».
R: «Su questo non posso rispondere, era preoccupato della sua vicenda giudiziaria che era complessa, stavano preparando le carte, preparavano la difesa, io ero a conoscenza di queste cose».

[91] Cfr. incid. prob. D'Adamo del 30-1-98:
Domanda: «Lei lo rassicurava, lo tranquillizzava?».
Risposta: «Certo che lo tranquillizzavo. Lui infatti mi chiedeva di parlarne con il dott. Di Pietro».
D: «Come lo tranquillizzava, che cosa diceva?».

A questo punto si innesta – nelle dichiarazioni di D'Adamo – un altro indice rivelatore del contenuto della generica (e unica) frase («Stai tranquillo») che io secondo lui gli avrei detto. Alla domanda «Pacini faceva quel versamento nella prospettiva che lei si interessasse di intercedere presso qualcuno?», risponde: «*Penso* che il suo fine era questo» [92] – appunto, lo pensava solamente!

Ma D'Adamo si era messo in testa (o, forse, Berlusconi e Previti gli avevano messo in testa) di dover fare il possibile per trasformare i suoi rapporti finanziari di allora con Pacini in rapporti corruttivi miei, e quindi doveva trovare un qualche aggancio. Il proseguimento delle sue dichiarazioni è un'altra perla di vacuità:

Domanda: «Non ha fatto capire [a Pacini] che Di Pietro si era impegnato in qualche modo ad assecondare questa sua pretesa di contenere i danni?».
Risposta: «Io credo che il dott. Pacini cominciò a finanziarmi e continuò anche nei mesi successivi a finanziarmi, credo che se lo faceva era soddisfatto di come stavano andando le cose».

È il ritornello di sempre. Con D'Adamo che «cred[eva]» che se [Pacini] lo faceva [voleva dire che] era soddisfatto di come stavano andando le cose», e proprio per questo continuava a ripetergli «stai tranquillo», facendogli anche credere – contrariamente al vero – di averne parlato con me. Con Pacini che – fra i tanti spericolati affari che tutti i giorni faceva con la sua banca – ben volentieri accettava di fare anche questo, non foss'altro perché gli era capitato fra le mani un cliente che tutti sapevano e su tutti i giornali si leggeva essere amico del magistrato che lo stava inquisendo. Aspettative dell'uno e furbizie dell'altro, quindi. Nulla più. Fra loro non era avvenuto niente di palpabile, niente di evidenziabile, niente di esteriorizzabile, tutto era rimasto allo stato embrionale. Nell'attesa, vi erano aperture di credito bancarie, magari facilitate nei tempi di accesso, ma subito rientrate nell'alea della normalità di rischio al momento della formalizzazione degli impegni, con la consegna del certificato azionario da D'Adamo a Pacini e, quindi, con il pagamento – a mezzo di cessione del 60% del capitale sociale della Gde – di quanto D'Adamo doveva a Pacini.

Infine, come perla finale, alla domanda se Pacini avesse mai chiesto una concreta dimostrazione delle generiche rassicurazioni che lui gli andava rivolgendo, D'Adamo risponde: «Non me l'ha mai chiesto» [93]. Ma ve lo immaginate Pacini che sborsa 9 miliardi e non chiede a D'Adamo – se veramente l'avesse fatto per ottenere dei benefici processuali – cosa diavolo stesse facendo, posto che non riceveva proscioglimenti ma solo tante rogatorie in giro per il mondo, tanti interrogatori ai quali doveva sottostare, tante rogne da parte della Guardia di finanza, del consulente tecnico e del nuovo management dell'Eni, e infine solo rinvii a giudizio? Anche per questa osservazione, D'Adamo ha pronta la risposta: «Si è fidato di me». Appunto: anche Pacini si è fidato di D'Adamo, come – prima di lui – Sergio Radaelli che ci ha rimesso anche lui 9 miliardi [94, 95, 96], come il prof. Montorsi [97] che di miliardi

---

[footnotes, left column]

R: «Dicevo "Non ti preoccupare parlerò io con il dott. Di Pietro"».
D: «Questo è avvenuto una volta o tante volte?».
R: «Più volte, perché era un cruccio per Pacini questa vicenda, era una cosa difficile».
D: «In che senso?».
R: «Perché non lo lasciava libero, non lo lasciava lavorare, gli pesava questa cosa».
D: «In questo discorso si intersecava con le richieste di finanziamento, cioè parlavate di queste cose quando si parlava dei finanziamenti?».
R: «Può essere che si parlava di tutto insieme».

[92] Cfr. incid. prob. D'Adamo del 30-1-98:
Domanda: «Qualche volta vi ha fatto intendere Pacini che faceva questo finanziamento nella prospettiva che lei si interessasse di intercedere presso qualcuno?».
Risposta: «Io penso che il suo fine era questo. Il suo fine era questo».
D: «Io le ho chiesto se gliel'ha detto espressamente».
R: «Mi può rifare la domanda?».

[footnotes, right column]

[93] Cfr. incid. prob. Pacini Battaglia del 30-1-98:
Domanda: «Le chiese una dimostrazione Pacini, una dimostrazione di questa somma, glielo chiese: "Tu mi stai prendendo in giro? Fammi vedere se dai qualcosa davvero al dott. Di Pietro"?».
Risposta: «Non me l'ha mai chiesto».
D: «Si è fidato di lei?».
R: «Si è fidato di me. Cioè si è fidato della mia parola».

[94] Cfr. incid. prob. D'Adamo del 2-2-98:
Domanda: «Lei è stato finanziato per le sue attività imprenditoriali specifiche da Radaelli?».
Risposta: «Sì».
D: «L'importo?».

ce ne ha rimessi solo 2, come la Comit che ha ricevuto lo stesso bidone ricevuto da Pacini (la Gde) ma a un prezzo maggiore (12 miliardi), come la Mediolanum Factoring (che aspetta e spera di rientrare dell'esposizione finanziaria

---

R: «Nove miliardi. Non era proprio un finanziamento perché lui è stato socio».

[95] Cfr. incid. prob. D'Adamo del 2-2-98:
Domanda: «Lei è ancora amico di Radaelli?».
Risposta: «No».
D: «Come mai?».
R: «Quando mi ha richiesto di rientrare con i soldi, io ho cominciato a dare qualcosa ma poi non ce l'ho fatta più ma lui insisteva attraverso l'avvocato Lucibello, attraverso, successivamente, un altro avvocato, messaggi che voleva che io facessi fronte, anche perché lui era in difficoltà».

[96] Cfr. interrogatorio Sergio Radaelli del 4-10-97: «Verso la fine del 1988, volendo fare un investimento finanziario di una certa importanza decisi di consegnare al D'Adamo una somma di circa 6/7 miliardi di lire. Fu il D'Adamo a propormi l'investimento spiegandomi che, grazie a questo apporto di liquidità, una delle sue società avrebbe avuto un notevole sviluppo, cosa che a suo dire si verificò fino al 1992. A garanzia del prestito, peraltro in un momento successivo al finanziamento, ricevetti dal D'Adamo dei titoli azionari nominativi intestati alla società Mantegna... Le somme in questione erano intestate a una fondazione lussemburghese (Locris Fondation). Il piano di rientro elaborato dal dott. Minoli per conto di D'Adamo avrebbe dovuto iniziare dalla fine del 1991 con durata quinquennale e con interessi del 10%... A seguito del mio coinvolgimento nelle indagini di "Mani pulite", venni arrestato il 6-5-92 rimanendo agli arresti domiciliari per circa tre mesi. In tale fase la Procura di Milano, in persona del dott. Di Pietro, sequestrò tramite rogatoria tutte le disponibilità finanziarie della fondazione Locris riconducibile. Dopo gli arresti domiciliari il D'Adamo riprese a frequentarmi e cominciò a restituirmi una parte del danaro da me a suo tempo prestato. Gli importi mensili che mi venivano corrisposti dal D'Adamo e dal rag. Gandolfi in contanti variavano dai 15 ai 30 milioni di lire. Complessivamente il D'Adamo mi restituì nell'arco di tre anni (dal 1992 al 1994) circa 600 milioni. Mi riservo comunque di essere più preciso in merito. Il piano di rientro così come elaborato da Minoli non ha mai avuto attuazione a seguito delle difficoltà economiche nelle quali si è venuto a trovare il D'Adamo».

[97] Cfr. incid. prob. D'Adamo del 2-2-98:
Domanda: «Non ci fu un intervento, un apporto di capitale di circa 2 miliardi di un medico?».
Risposta: «Sì».
D: «Questa persona era stata presentata da un altro medico e conosceva Lucibello?».
R: «Forse gliel'ho presentato io il professor Zennaro».
D: «Lei ricorda se sia Radaelli sia questo medico la sollecitavano per cercare di rientrare?».
R: «Sì».

di D'Adamo), come il Banco di Napoli, il San Paolo di Torino, come i tanti creditori che si sono inseriti nel passivo fallimentare delle aziende del Gruppo.

Nonostante tutto questo, D'Adamo vuole oggi farci credere – anzi, far credere alla Giustizia – che lui e Pacini avessero concordato la mia "corruzione". Se così fosse, perché mai Pacini ha pagato con bonifici bancari e con *operazioni regolarmente iscritte nei libri contabili e a bilancio*, e perché mai così ha fatto anche D'Adamo? Pacini aveva i soldi già all'estero e dovette riversarli alla Keniston per poi farli affluire alla Compagnie Européenne di D'Adamo. Se la sostanza dell'accordo era di dargli dei soldi "gratis", che bisogno c'era di fare tutti questi giri? Bastava darglieli *brevi manu*, in contanti, e chi s'è visto s'è visto! Pacini, che di queste cose se ne intende, non ha avuto difficoltà a farlo rilevare anche al Pm («Perché io glieli davo in contanti e avevo risolto il problema, che facevo a fare tutti 'sti passaggi..... dato che li ho versati in contanti alla Keniston e ho fatto tutti i passaggi per dare una giustificazione seria a questi finanziamenti, perché pensavo che me li ridesse... Sarebbe stato assurdo» [98]); fa anche rilevare che

---

D: «L'importo totale doveva essere 9 più 2 quindi circa 11 miliardi?».
R: «Sì».
D: «Questi solleciti le vennero portati anche da Lucibello in più occasioni che conosceva?».
R: «Più di Radaelli per quanto è mio ricordo, non da parte del professor Montorsi».

[98] Cfr. confronto Pacini-D'Adamo del 24-11-97: «Per versare i soldi con la Keniston, e poi dalla Keniston bonificarli in Lussemburgo, ho fatto tutta una serie di operazioni che se fossi stato d'accordo, come l'ing. D'Adamo dice, per pagare... le persone, non c'era problema di fare tutte ste operazioni. Perché io per versarli sulla Keniston l'ho versati in contanti dalle mie tasche: glieli davo in contanti e avevo risolto il problema. Che facevo a fare tutti i passaggi?... Dato che li ho versati in contanti sulla Keniston e ho fatto tutti i passaggi per dare una giustificazione seria a questi finanziamenti, perché pensavo che me li ridesse, sarebbe stato assurdo... Glieli davo in contanti e avrei risolto il problema. Ripeto: se volevo dargli i soldi glieli davo in contanti: se, a un certo momento, non volevo... figurare molto come proprietario di varie società, benché con la Keniston dimostrerò che son sempre stato proprietario io, lo facevo esclusivamente perché a quel tempo c'avevo l'Eni che si costituiva parte civile; perciò qualsiasi somma che era mia sarebbe stata... Quando ho avuto tutto il processo Eni, le mie preoccupazioni sono state che

la ragione di ricorrere comunque allo "schermo" della società off-shore Keniston era da ricercare nel fatto che «quando ho avuto il processo Eni, le mie preoccupazioni sono state che l'Eni si costituisse parte civile e potesse prendermi qualsiasi cosa possedessi, tanto è vero che ho venduto le società che possedevan case, ho venduto un po' tutto quel che possedevo... per nessun'altra ragione».

Ciò detto, resta il quesito di fondo: perché mai Pacini si è determinato a finanziare per 9 miliardi D'Adamo? L'ha fatto perché gliel'ho chiesto io, seppur tramite D'Adamo, o l'ha fatto perché gliel'ha chiesto D'Adamo? E in quest'ultimo caso, l'ha fatto perché aveva un proprio interesse affaristico-finanziario, oppure perché D'Adamo, millantando il mio nome, è riuscito a raggirarlo? A me pare che, dalla ricostruzione sopra effettuata, vi siano già buoni elementi che avrebbero dovuto indirizzare investigatori meno "monocromatici" nelle indagini verso "piste" completamente diverse da quelle prospettate nella richiesta di rinvio a giudizio a mio carico. Infatti altre "spie luminose" possono individuarsi qua e là nel marasma del fascicolo processuale.

Significativa appare, per esempio, la circostanza secondo cui D'Adamo, mentre sta discutendo con Pacini dei propri problemi finanziari, sente il bisogno – davanti a lui – di prendere il telefono e di far vedere che sta parlando proprio con Di Pietro rimarcando la circostanza con Pacini stesso [99, 100, 101]. È un "gio-co" che D'Adamo sperimentò anche con la vicenda del direttore del Banco di Napoli, Giancarlo Mascioni: anche in quel caso si inventò un arbitrario ruolo di "mediatore", ma da me non ebbe mai alcun avallo, e la riprova è data da quanto accadde allorché, tra il 93 e il 94, ne ebbi sentore a seguito di una telefonata che ricevetti proprio alla presenza di tale Mascioni.

La circostanza è stata ammessa dallo stesso D'Adamo, ed è quindi acquisita: un giorno lui mi telefonò in ufficio, e in quella circostanza mi disse che c'era una persona accanto a lui che voleva salutarmi; si trattava appunto del Mascioni, il quale cercava di accreditare il Banco di Napoli come soggetto interessato a continuare e mantenere in deposito giudiziale il denaro a suo tempo sottoposto a sequestro nell'ambito dell'inchiesta "Mani pulite". Subito redarguii D'Adamo dicendo che non era questo il modo di comportarsi e di non permettersi più di mischiare l'amicizia con l'attività professionale; troncai la telefonata per rimarcare il mio disappunto. Feci di più: convocai il dott. Mascioni in ufficio e gli dissi a tutto tondo di non dare assolutamente ascolto all'ing. D'Adamo, perché costui non aveva alcun titolo per parlare a mio nome e per mio conto. Lo stesso D'Adamo ha dovuto ammettere questa circostanza anche se, come suo solito, ha cercato di "voltare la frittata" per far credere che la mia reazione con lui, e soprattutto le rimostranze che rivolsi al Mascioni, fossero solo di circostanza [102]. Anche il dott.

---

l'Eni si costituisse parte civile e potesse prendermi qualsiasi cosa possedessi. Tant'è vero che ho venduto le società che possedevan le case... ho venduto un po' tutto quello che possedevo. Questo è stato per... Tenevo un po'... di cose un po' nascoste per non le fare totalmente alla luce del sole... per nessuna altra ragione».

[99] Cfr. interrogatorio Pacini Battaglia del 30-3-98:
Domanda: «Se lei mi conferma questo: "D'Adamo in varie occasioni mi aveva parlato della sua amicizia con Di Pietro, ne parlava come per volersi vantare della cosa. Ricordo che nel corso di uno dei nostri incontri, lui D'Adamo, fece una telefonata, dicendomi o facendomi credere che aveva telefonato a Di Pietro"».
Risposta: «Mi disse che aveva chiamato Di Pietro».

[100] Cfr. interrogatorio Pacini Battaglia del 30-3-98:
Domanda: «Lei ha mai chiesto all'ingegner D'Adamo di intervenire presso il dott. Di Pietro in suo favore?».
Risposta: «No, l'ingegner D'Adamo una volta in un colloquio mi disse: "Sono al telefono con il dott. Di Pie-

tro", ma non chiese di intervenire, anzi l'ingegner D'Adamo tutte le volte che mi vedeva mi diceva: "Stai attento che il dott. Di Pietro ti butta dentro"...».

[101] Cfr. incid. prob. D'Adamo del 30-1-98:
Domanda: «Ha fatto una telefonata o due telefonate al dott. Di Pietro mentre Pacini era in sua presenza?».
Risposta: «Non ho un ricordo di questo».
D: «Lei ricorda bene tante cose, questa no?».
R: «Non ricordo, siamo nel 1993».
D: «Se in uno degli incontri con Pacini, nel corso dei quali si è parlato di finanziamento, il signor D'Adamo una o due volte, ha preso il suo telefonino e ha detto: "Sto parlando con il dott. Di Pietro". Questa è la domanda».
R: «Non lo ricordo, signor giudice».
D: «Non lo ricorda o lo esclude?».
R: «Non lo ricordo».

[102] Cfr. incid. prob. D'Adamo del 2-1-98:
Domanda: «È vero che verso la fine del 1993 lei telefonò al dott. Di Pietro dall'ufficio del dott. Giancarlo

Mascioni ha confermato sia che un giorno, tramite D'Adamo, cercò di interessarsi presso di me per il rinnovo dei depositi bancari, sia e soprattutto le rimostranze che io gli rivolsi con-

vocandolo nel mio ufficio [103]; capisco che Mascioni faccia il possibile per non creare difficoltà a D'Adamo (e gli viene facile farlo, perché i verbalizzanti usano con lui il guanto di

---

Mascioni direttore del Banco di Napoli?».

Risposta: «Non dall'ufficio del dott. Mascioni, eravamo al residence, da Roma, stavamo per partire per Milano e telefonai al dott. Di Pietro».

D: «Una telefonata fatta da lei a Di Pietro in presenza di Mascioni?».

R: «Sì. Gli dissi se Di Pietro poteva versare al Banco di Napoli quei soldi che venivano dai sequestri e quindi la Magistratura aveva attraverso i sequestri dei soldi. Tra parentesi, precedentemente il dott. Di Pietro lo fece, mise sul conto del Banco di Napoli 70 miliardi».

D: «Spero non suoi?».

R: «Non suoi, non ce li ha, sono troppi, sono soldi sequestrati. Questi soldi venivano versati su più banche, Mascioni disse: "Perché non parli con Di Pietro e versa dei soldi al Banco di Napoli?". Questo avvenne».

D: «Quando ci fu questa telefonata, precedentemente c'era già stato il deposito presso il Banco di Napoli da parte dell'ufficio della Procura del dott. Di Pietro, di un 70 miliardi?».

R: «L'importo non me lo ricordo, comunque era una cifra rilevante».

D: «Poi ci fu questa telefonata?».

R: «No. L'ufficio riprese quei soldi dal Banco di Napoli, per cui il dott. Mascioni mi chiese se potevo rifare la telefonata per far rimettere i soldi di nuovo al Banco di Napoli».

D: «Quale fu la reazione del dott. Di Pietro?».

R: «Si arrabbiò».

D: «Si arrabbiò o si infuriò?».

R: «Si arrabbiò. Eravamo al telefono».

D: «Sapendo come si arrabbia il dott. Di Pietro è un infuriarsi di una persona normale?».

R: «Si infuriò e dopo qualche giorno chiamò il dott. Mascioni e fece degli strani ragionamenti. Questo a dire del dott. Mascioni che mi riferì l'incontro in Procura. Gli disse che non mi conosceva, che non sapeva chi ero, questo a dire del dott. Mascioni».

D: «Le posso confermare che è verissimo, Di Pietro si infuriò perché Di Pietro aveva avuto il sospetto che lei voleva farsi il bello e ingraziarsi il Mascioni col nome di Di Pietro?».

R: «Aveva già versato dei soldi al Banco di Napoli il dott. Di Pietro».

D: «Da allora ne fece ancora?».

R: «No».

D: «Si è chiesto come mai?».

R: «Perché evidentemente aveva paura che qualcuno sapesse che tramite il mio intervento aveva dato dei soldi al Banco di Napoli...».

D: «Che cosa le disse al telefono?».

R: «"Non so di che cosa parli, non conosco nessun dott. Mascioni". Io avevo detto: "C'è il dott. Mascioni qui a fianco a me, puoi versare ancora dei soldi al Banco di Napoli?"».

D: «E lui disse "Non so di che cosa parli"?».

R: «Sì».

D: «Successivamente Mascioni le parlò?».

R: «Sì».

D: «Che cosa le disse?».

R: «Che era stato chiamato da Di Pietro in ufficio, che gli aveva fatto degli strani ragionamenti, il dott. Mascioni sapeva della mia amicizia col dott. Di Pietro, e addirittura disse: "Io non conosco l'ingegnere D'Adamo"».

D: «Mascioni che cosa le riferì del colloquio che aveva avuto con Di Pietro il quale l'aveva convocato in Procura?».

R: «Che non mi conosceva. Mascioni mi ha detto: "Ebbi in questo colloquio l'impressione che io non avevo mai conosciuto il dott. Di Pietro"».

D: «In sostanza diffidò Mascioni dal prendere per buono quello che lei aveva detto su Di Pietro?».

R: «Questo lo sa Mascioni quello che si dissero esattamente, io ho avuto da Mascioni questo riferimento, che addirittura Di Pietro disse: "Io non lo conosco, non ho mai avuto rapporti con l'ingegnere D'Adamo"».

D: «In che periodo?».

R: «Credo che fosse anche 1994, forse estate del 1994. Io non ricordo esattamente l'epoca in cui ci fu questo incontro, questa telefonata. La porrei più nel 1994 che nel 1993».

[103] Cfr. s.i.t. Giancarlo Mascioni del 5-2-98: «Relativamente alle rimesse che periodicamente arrivavano dall'estero per i motivi sopra precisati il dott. Di Pietro mi anticipò che svariate decine di miliardi appartenenti al Gruppo Ferruzzi erano prossimi al rientro in Italia e ne aveva già disposto, ritengo a seguito dell'interessamento di D'Adamo, la canalizzazione presso il Banco di Napoli di Milano invitandomi a prendere contatti con un dirigente del Gruppo Ferruzzi, che se non ricordo male si chiamava Berlini, per i conseguenti adempimenti. In relazione a ciò un Istituto di credito estero, forse del Principato di Monaco, trasferì liquidità, titoli azionari e obbligazionari per circa 50 miliardi al Banco di Napoli, quale Custode giudiziale della Procura di Milano. Per alcuni mesi abbiamo gestito tale somma di denaro che al termine delle vicende processuali venne restituita nel maggio del 1994 al gruppo Montedison. Dopo questa operazione chiesi nuovamente all'ing. D'Adamo un suo intervento presso il dott. Di Pietro per sondarne la disponibilità all'esecuzione di analoghe operazioni. In particolare fui spettatore di una telefonata che l'ingegnere fece a Di Pietro dal suo residence in Roma caldeggiando nuovamente la candidatura del Banco di Napoli quale Custode giudiziale. Qualche giorno dopo la telefonata fui convocato da un collaboratore di Di Pietro presso il suo ufficio a Palazzo di Giustizia. In quest'occasione trovai il dott. Di Pietro molto seccato che mi disse, se ben ricordo "Io l'ing. D'Adamo non lo conosco". Rimasi sorpreso e meravigliato tanto che non ricordo neppure le poche altre parole proferitemi oltre a quelle che ho riferito. L'incontro durò pochi istanti e successivamente non ho più incontrato né sentito telefonicamente il dott. Di Pietro, né tantomeno il Banco di Napoli è

velluto), ma questo è comprensibile sia per il fatto che Mascioni e D'Adamo erano intimi amici, sia soprattutto perché, come ha riferito lo stesso D'Adamo, «Mascioni... credo aspirasse a entrare in politica, mi aveva chiesto di conoscere Silvio Berlusconi».

Fu da quel momento che "raffreddai" i miei rapporti con D'Adamo, perché cominciai a rendermi conto come lui potesse perseguire interessi diversi da quelli di una sana e disinteressata amicizia. Non è solo con me che D'Adamo ha spostato "l'asse della realtà" a seconda delle proprie convenienze: lo ha fatto – paradossalmente – anche con Silvio Berlusconi quando, dovendo convincerlo a intervenire sia presso la Mondadori sia presso la Comit, il San Paolo di Torino e altre banche, per fargli avere dei finanziamenti, gli fece credere, contrariamente al vero, che io fossi al corrente della provvista di 4 miliardi e mezzo a me destinati e ricavati dall'acquisto delle azioni Gde da parte di Pacini nell'aprile 94. In realtà – lo si è visto – le cose non stavano affatto così, come lui stesso ha ammesso in sede di incidente probatorio. D'Adamo ammette infatti di non avermi mai detto niente di questa faccenda dei 4 miliardi e mezzo, e che tale somma, suppo-

stamente per Di Pietro, «era nella sua mente». Anzi, lui tenta inizialmente di distanziarsi dalle dichiarazioni di Berlusconi («Non ho mai parlato di cifre con Silvio Berlusconi») [104], ma deve ancora una volta rimangiarsi le parole quando gli viene fatta rileggere – in sede di incidente probatorio – la registrazione su nastro fatta fare di nascosto da Silvio Berlusconi (tramite il suo dipendente Gasparotti) di brani dei loro colloqui nella villa di Arcore; in particolare, si leggono, in uno dei frammenti della trascrizione, le seguenti parole dette da D'Adamo: «Io avevo detto a Di Pietro: questi soldi quando li restituirò una parte verranno a te. Io ho detto 4 miliardi e mezzo»; di fronte a tale contestazione, D'Adamo barcolla e si barcamena: «Cioè, evidentemente... Berlusconi voleva sentirsi dire che erano 4 miliardi e mezzo messi a disposizione di Di Pietro».

Cosa vuol dire «voleva sentirsi dire»?! Allora D'Adamo, ogni volta che qualcuno vuole «sentirsi dire» qualcosa, adatta le note alla musica che l'interlocutore vuole ascoltare? E se così fosse, *mutatis mutandis* cosa voleva sentirsi dire Pacini nel 93 allorché D'Adamo gli si presentò per chiedergli un finanziamento, rimarcando nell'occasione che lui era amico mio, amico di Silvio Berlusconi, amico del suo difensore avv. Lucibello, e così via? Tutti, figuriamoci una persona scaltra come D'Adamo, avrebbero capito quale musica suonare per convincere Pacini. E D'Adamo, che – lo si è visto – per sua stessa ammissione usava vantarsi delle proprie amicizie, ha intonato ciò che Pacini «voleva sentirsi dire».

E Berlusconi cosa «voleva sentirsi dire» a proposito di Di Pietro? Lo rivela lo stesso D'Adamo: che si potesse accusare Di Pietro di essere stato un Pm corrotto [105]. Anzi, di più:

---

stato più scelto per assolvere la funzione di Custode giudiziale... Ebbi modo di parlare dell'accaduto con D'Adamo chiedendogli spiegazioni di un siffatto comportamento del dott. Di Pietro. D'Adamo non aveva una risposta alla mia domanda, ma pensò che Di Pietro si era contrariato per aver ricevuto una richiesta di intervento irrituale in quanto avvenuta telefonicamente».

Domanda: «Le imprese dell'ing. D'Adamo hanno posizioni debitorie nei confronti del Banco di Napoli. In caso affermativo l'ingegnere per risolvere tali posizioni ha mai speso il nome del dott. Di Pietro?».

Risposta: «Ci sono posizioni debitorie nei confronti del Banco di Napoli da parte delle società del gruppo dell'ing. D'Adamo, come peraltro mi risulta vi siano anche con l'intero sistema bancario. L'ing. D'Adamo non ha mai nascosto rapporti amicali e, come lui sosteneva, fraterni con il dott. Di Pietro che tuttavia, al di là della popolarità del momento, tale amicizia non poteva essere utilmente spesa per accrescere gli accreditamenti delle imprese dell'ingegnere nei confronti del Banco di Napoli il quale invece, per mio tramite, si è avvalso di questa amicizia per ottenere una considerazione nell'aggiudicazione della custodia delle somme Ferruzzi... In sostanza voglio dire che D'Adamo non ha mai speso il nome di Di Pietro per risolvere o migliorare la sua posizione finanziaria nei confronti del Banco di Napoli, anche perché l'ingegnere era perfettamente a conoscenza che l'amicizia con Di Pietro era assolutamente ininfluente al cospetto della banca».

---

[104] Cfr. incid. prob. D'Adamo del 2-2-98:

Domanda: «A proposito di quei 4 miliardi e mezzo, l'onorevole Berlusconi dice testualmente che lei avrebbe detto che all'atto della restituzione dei 9 miliardi a Pacini, 4 miliardi e mezzo sarebbero stati destinati a Di Pietro "pienamente consapevole e consenziente". Questo è verbale dell'onorevole Berlusconi, 31 maggio 1997. Lei ha dichiarato questo all'onorevole Berlusconi?».

Risposta: «No, non ho mai parlato di cifre con Silvio Berlusconi per quanto riguarda i soldi destinati a Di Pietro, io non ne ho mai parlato».

[105] Cfr. incid. prob. D'Adamo del 2-2-98:

Domanda: «Andiamo un attimo alle registrazioni di

secondo D'Adamo «il dott. Berlusconi cercava di farmi dire che io dovevo dare [a Di Pietro] 4 miliardi e mezzo», così cercando di spiegare che lui si limitava ad assecondare le domande incalzanti di Berlusconi, al quale evidentemente a suo tempo aveva "venduto" in modo assai più pesante il mio presunto coinvolgimento e che adesso voleva far sapere al mondo intero ciò che D'Adamo gli aveva detto («Non posso tacere, devo divulgare questa cosa», dice infatti Berlusconi). Insomma, secondo D'Adamo, «Berlusconi continuava a mettermi in bocca che io gli avevo detto dei 4 miliardi e mezzo», e quindi lui, pur di assecondarlo, gli riferisce anche quello che non è storicamente vero: «Dottore, lei sa quanto le voglio bene e quindi non ho paura di questa cosa qui, ma se lei dice una cosa di questo tipo si incasina» [106]. E quando gli viene chiesto perché «si incasina», D'Adamo risponde: «Perché non è vero». Appunto. Quello che ha detto D'Adamo non è vero, come lui stesso ha ammesso. Ma allora: perché io sono stato messo sotto accusa dalla Procura di Brescia?

Gasparotti. Noi abbiamo in atti quel nastro e quella trascrizione della consulenza del Pubblico ministero. Lì si tratta di spezzoni. In uno di quei frammenti, lei ingegner D'Adamo dice a Berlusconi: "Io avevo detto a Di Pietro: questi soldi quando li restituirò una parte verranno a te. Io ho detto 4 miliardi e mezzo". Qua sembra che sia lei a dire di avere detto 4 miliardi e mezzo a Di Pietro?».

Risposta: «Manca la frase successiva».

D: «Da questa intercettazione telefonica sembra che lui abbia detto a Berlusconi di avere detto a Di Pietro di 4 miliardi e mezzo. Dove c'è scritto Uomo 1. La terza volta che c'è scritto Uomo 1 in basso. "Io avevo detto a Di Pietro: questi soldi quando li restituirò", è il discorso che lui dice a Berlusconi di aver detto a Di Pietro. "Io avevo detto a Di Pietro", e sta parlando con Berlusconi, "gli ho detto 4 miliardi e mezzo". Conferma di avere detto questo a Berlusconi?».

R: «Io a Berlusconi non ho mai detto che avevo promesso 4 miliardi e mezzo; io ho sempre parlato di restituzione di soldi, ho spiegato più volte le operazioni che avevo fatto, che avrei fatto la provvista ma non ho mai quantificato i 4 miliardi e mezzo a Di Pietro. Io cercavo di spiegare, Berlusconi voleva sapere, io ho spiegato "Questo è un mio pensiero, quando vanno di là vanno prima alla Simaco, poi devono andare alla Morave", cioè evidentemente Berlusconi voleva sentirsi dire che erano 4 miliardi e mezzo messi a disposizione di Di Pietro, ma io non ho mai detto così».

[106] Cfr. incid. prob. D'Adamo del 2-2-98:

Domanda: «Io le leggo la prima pagina di queste registrazioni: "Io a Di Pietro l'ho detto, certo che l'ho detto, ho detto tutto sempre a Di Pietro, e ho detto di aiutare Pacini Battaglia, questo gliel'ho detto. È vero e ho anche detto: 'Guarda che lui mi dà 9 miliardi... uno, mi dà 9 miliardi', ma mi ha dato 9 miliardi". Poi ci sono dei puntini sospensivi e il perito mette tra parentesi "interruzione". Poi parla uno che è segnato come Uomo 2 che a lume di logica dovrebbe essere il suo interlocutore, cioè Berlu-

sconi Silvio, il quale dice: "Lei a me mi ha detto: 'Io restituirò 4 miliardi e mezzo, 4 e mezzo non sono da restituire ma sono soldi che io devo a Di Pietro'. Lei me l'ha detto in maniera... tanto è vero che tutto il suo pensiero era basato su questo fatto qua". E lei pare replicare in questi termini: "Era basato sul fatto che una parte di quei soldi non...". Uomo 2, cioè Berlusconi: "Non dovevano essere restituiti". "Non dovevano? Dottore, quando vanno di là, vanno in una mia società, poi vanno nell'altra società. Quindi il discorso è che quando vanno di là, nella restituzione... Io adesso non posso, quindi non saranno mai restituiti... perché non ci sono. Ma i soldi sono stati utilizzati dalla società e io avevo detto a Di Pietro: 'Questi soldi, quando li restituirò... perché è logico che dei soldi che arrivano, poi dovevano essere restituiti. Sono nella società in un modo chiaro, quindi non è che siano... Quando io restituirò, una parte verranno a te'. Io ho detto 4 miliardi e mezzo. Ho detto...". "Sì", dice quell'altro. E lei: "Perché quello che avevo pensato, ma una parte dei soldi sarebbero andati a Di Pietro successivamente, quando sarebbe finito tutto. Questo io gliel'ho detto a...", si registra da parte del perito un colpo di tosse, "... e basta", e poi c'è un'interruzione. Ciò posto?».

Risposta: «Io ho sempre rappresentato che dovevo restituire dei soldi, era sempre quella famosa provvista che avevo fatto, quindi quando gli avrei restituiti».

D: «A Pacini?».

R: «Certo, 4 miliardi e mezzo che andavano di quella società poi andavano nell'altro, quindi io avevo questo desiderio di restituire. Lì mi pare che già ho i dubbi che io posso restituire i soldi e quindi siamo già nel 1996-97, quindi dico: "Adesso io non li ho i soldi, che cosa devo restituire?". Quindi ormai mi pare che dico espressamente che non restituirò niente».

D: «Il problema è che questa intercettazione telefonica parte con Silvio Berlusconi che dice: "Lei ha detto a me che: '4 miliardi e mezzo non sono da restituire ma sono soldi che io devo a Di Pietro'"?».

R: «Il dott. Berlusconi cercava di farmi dire che io dovevo dare 4 miliardi e mezzo, perché non capiva che significava la provvista, quindi era tutto un discorso piuttosto complicato e che io cerco di spiegare perché sono in imbarazzo, perché quelle domande dirette così non... Parlo in modo confuso, anche se andiamo a leggere tutta quella domanda così diretta. Noi parlavamo sempre in generale di queste cose, io ho detto le cose come si erano sviluppate, anche all'inizio della registrazione».

D: «Uomo 2 è Berlusconi che parla: "Io non posso davvero, io credo che non possa tacere una cosa che io so", dice Berlusconi, "cioè il fatto che Di Pietro aspettava 4 miliardi e mezzo"?».

R: «Lui diceva così perché non riusciva a capire.».

D: «Lei ha spiegato chiaramente a Berlusconi quello che ha spiegato a noi?».

R: «Sì».

D: «Da questo spezzone Berlusconi dice con lei: "Non

Certo è che quando D'Adamo andò a "vendermi" a Berlusconi e a Previti, non si peritò di inventare cose false e fantasiose, pur di assecondarli. Addirittura arrivò ad accordarsi con loro per far apparire il rapporto che aveva avuto con Pacini come una concussione da lui subita [107], nonostante l'abnormità della giustificazione. Così, d'accordo con Berlusconi, D'Adamo si è recato alla Procura di Brescia per sostenere di essere «stato in qualche modo costretto a prestarsi a questa operazione [*corruttiva, ndr*]» (questo ha detto Berlusconi al

___

posso tacere, devo divulgare questa cosa", cioè il fatto che Di Pietro aspettava quattro miliardi e mezzo dal signor Pacini?».

R: «Signor Giudice, ho spiegato come stavano le cose, può darsi che Berlusconi continuava a mettermi in bocca, soprattutto visto che lui sapeva che mi stava registrando e io non lo sapevo, io gli avevo detto dei quattro miliardi e mezzo».

D: «Vado avanti nella lettura di quello che stava dicendo Berlusconi: "Dottor Di Pietro aspettava 4 miliardi e mezzo dal signor Pacini"... Adesso usciamo dall'equivoco anche perché questo tema lo ritengo già superato. Siccome in questo brano c'è ad un certo punto c'è uno sfogo che Berlusconi fa sulla magistratura che per decenni sapeva quale era il sistema di finanziamento, la corruzione, dopo questo preambolo a un certo punto dice: "Credo che non possa tacere io una cosa che io so", cioè il fatto che il dott. Di Pietro aspetta 4 miliardi e mezzo dal signor Pacini Battaglia che sennò non avrebbe potuto dire "Mi hanno sbancato Lucibello e Di Pietro". Quindi io che sono convinto che questa cosa sia stata fatta da lei – perché lei non poteva dire di no in quel momento – io sono di questo parere: "Dottore, lei sa quanto le voglio bene e quindi non ho paura di questa cosa qui", ma se lei dice una cosa di questo tipo si incasina».

R: «Perché non è vero».

D: «Questo è quello che appare. Il punto che interessa l'avvocato Di Noia era questo: siccome Berlusconi ha capito, da quello che lei avrebbe detto, che Di Pietro aspettava 4 miliardi e mezzo da Pacini... Lei questo non gliel'ha mai detto a Berlusconi?».

R: «No».

D: «È quindi Berlusconi che dà un'interpretazione di quelle che erano le sue versioni?».

R: «Esatto».

[107] Cfr. incid. prob. D'Adamo del 2-2-98:

Domanda: «Lei sia davanti al Giudice in questa sede e sia davanti ai Pubblici ministeri, ha sempre detto di avere avuto un favore da Di Pietro che si sarebbe interessato per farle avere i soldi dal Pacini. Conferma?».

Risposta: «Sì».

D: «Era tutta un'operazione di cui lei era beneficiario?».

R: «Sì».

D: «Tutta l'operazione dei 9, dei 12, veda lei quello che deve mettere, tutte queste cose erano a suo beneficio?».

R: «Certo».

D: «Berlusconi quando è stato interrogato dal Pubblico ministero, dopo aver riassunto quello che lei gli avrebbe detto del finanziamento ricevuto da Pacini, di questa parte che avrebbe promesso a Di Pietro, ecc., dice: "Tengo a precisare che D'Adamo mi ha sempre sottolineato di essere stato in qualche modo costretto a prestarsi a questa ope-

razione di cui ho appena detto, in considerazione dei tanti procedimenti che aveva in corso davanti all'autorità giudiziaria di Milano. Parlava in termini di vero e proprio stato di necessità. Anche il negativo andamento finanziario delle sue aziende aveva probabilmente inciso su questa situazione. Aggiunse anche che la verità sarebbe comunque venuta a galla a seguito della continuazione dell'inchiesta su Pacini e che a quel punto sarebbe emersa la sua posizione di concusso". Lei si è definito concusso a Berlusconi?».

R: «Noi abbiamo discusso di questa cosa, io ero restìo per gli inviti che lui mi faceva a venire a riferire ai Pubblici ministeri. Quando si riferisce soprattutto alla concussione, io ho già detto che per tutto quello che era il rapporto precedente... Berlusconi può avere espresso male il mio pensiero».

D: «Che cosa ha detto lei a Berlusconi. L'argomento è limitato solo ed esclusivamente al finanziamento Pacini. Da quel verbale che ha reso Berlusconi al Pubblico ministero parrebbe di intuire che Berlusconi da lei appreso che, come se lei avesse dovuto soccombere, cioè era concusso in relazione a questa faccenda del finanziamento. Siccome l'ha detto molto esaurientemente, quindi quello che ha detto sicuramente non è che si può dire che non è stato compreso, lo hanno verbalizzato in maniera molto efficace. Lei a Berlusconi, in relazione a questo affare del finanziamento con Pacini, che cosa gli ha detto?».

R: «Ho detto dello stato di necessità, quando si parlava questo era vero, che avevo molti dubbi se potesse configurare una concussione piuttosto che non una corruzione. Ne ho discusso credo anche con i Pubblici ministeri che mi sentivo in uno stato di necessità, quindi ho fatto quello che ho fatto».

D: «Lo stato di necessità al più può valere in relazione a quei beni che lei dà a Di Pietro, come lei dice c'è la macchina, il cellulare... ai prestiti, ecc. Qua si tratta di lei che ha beneficiato, lei personalmente, di finanziamenti. Che significa lo stato di necessità?».

R: «Che di quei soldi ne avevo bisogno, quindi mi riferivo ai soldi. Quei soldi li ho presi con uno stato psicologico di un certo tipo, comunque io ne ho beneficiato. Io avevo molti dubbi sul fatto della concussione, però ne abbiamo parlato, quindi può darsi che a Berlusconi sia rimasto un certo tipo di pensiero piuttosto che l'altro. Abbiamo parlato delle due cose. Io ero perfettamente cosciente, infatti non volevo venire».

D: «Lei, logicamente, ha sempre pensato che in questa storia del finanziamento avuto da Pacini tutto lei poteva essere tranne che un concusso?».

R: «Una mezza speranza ce l'avevo, visto il mio stato di necessità».

D: «Aveva già subito la perquisizione quando faceva questi discorsi con Berlusconi?».

R: «No. Erano anche prima i ragionamenti».

D: «Questo discorso lei l'ha continuato anche dopo il 6 dicembre con Berlusconi?

Pm di Brescia) [108]. Certo che ci vuole proprio una gran bella faccia tosta per sostenere che uno che riceve 12 miliardi sia stato "costretto" ad accettare di ricevere una tale somma! E Pacini che pagava, allora, chi era: la persona che minacciava e violentava D'Adamo per fargli accettare 12 miliardi? Non c'è proprio nessun limite alla decenza?

R: «Sì. Credo anche dopo».

D: «In quel decreto di perquisizione, lei come viene indicato?».

R: «Io venivo indicato come in concorso in concussione».

D: «Attiva?».

R: «Certo».

D: «Non passiva?».

R: «No, certo; era Pacini che era passivo».

D: «Lei, essendo accusato di concorso in concussione, sosteneva con Silvio Berlusconi che certamente sarebbe emersa la sua figura, la sua posizione di concusso?».

R: «Questo è quello che dice lui».

D: «Diventava parte lesa, dopo avere beneficiato di 15 miliardi?».

R: «Questo lo dice lui».

D: «Questo non ha detto di averlo sostenuto con Berlusconi. Berlusconi quando è stato sentito dal Pubblico ministero ha detto quello che io le ho letto, questa cosa che in qualche maniera, come se lei fosse stato concusso in relazione a questa cosa del finanziamento. Lei ha mai prospettato a Berlusconi una simile ricostruzione per quello che concerneva la vicenda del finanziamento? Le ha mai detto: "Cavaliere, può darsi che da qua ne esco come concusso" dopo avergli detto: "Ho avuto io questo finanziamento per il tramite di Di Pietro"?».

R: «Questo era più il pensiero di Berlusconi che mio; comunque se ne è parlato ma era più il pensiero di Berlusconi che mi voleva incoraggiare».

D: «Per incoraggiarla a parlare con la Procura?».

R: «A Brescia».

D: «Lei faceva presente: "Guardi, Berlusconi, non è possibile che io dopo che ho raccontato questa cosa, venga vissuto da un ufficio giudiziario come una vittima"?».

R: «Io rappresentavo che era una cosa difficile».

---

[108] Cfr. incid. prob. D'Adamo del 2-2-98:

Domanda: «Legga qui dove Berlusconi parla e dice: "È impensabile che Pacini si sia comportato così con lei se non c'era un patto sottostante tra Pacini e Lucibello di essere difeso, di non essere messo in galera a Milano", e lei continua: "Dottore, è questo" e lui dice: "Ma ha chiesto le cose a Roma, Di Pietro l'ha tolto fuori dalla Cooperazione" e lei dice: "È proprio questo il punto perché ha mandato a chiamare" e Berlusconi: "Cioè, lei è stato costretto?", e lei dice: "Giusto, giusto, è proprio così, è proprio così; è così, ma io che faccio? Vado a confermare che sì, quindi quello là mi ha dato i soldi perché io lo aiutassi con Di Pietro, cioè"».

Risposta: «Sì».

D: «Cosa che lei ha sempre vissuto male diciamo!».

R: «Sì. Però stavamo parlando tra due amici, era una tesi, "Sei concusso", insomma... io vado a dire che ho preso i soldi?!».

D: «Nella sostanza lei lasciava credere a Berlusconi che si riteneva concusso?».

R: «No, io non lasciavo credere niente! Io spiegavo le cose, mi opponevo a quello che mi diceva Berlusconi di venire a raccontare le cose in Procura e non volevo neanche che ci venisse lui».

D: «Ed è per questo che diceva "Giusto giusto, è proprio così"?!».

IV.

MANOVRE DI DELEGITTIMAZIONE

1. Una manovra a tenaglia

In data 13-5-97 l'on. Cesare Previti si presenta alla Procura di Brescia e consegna al Pm quattro fogli manoscritti, a suo dire affidatigli da Antonio D'Adamo tempo addietro e a "futura memoria" («Se dovessi morire, almeno ho lasciato scritto qualcosa delle cose che so»), riguardanti «comportamenti ambigui e poco lineari» di Antonio Di Pietro.

Come dichiara lo stesso Previti, il contenuto del manoscritto ha carattere ricognitivo rispetto a confidenze fatte dal D'Adamo a lui e all'on. Silvio Berlusconi: «In occasione di una mia visita ad Arcore incontrai l'ing. D'Adamo che aspettava anche lui l'on.le Berlusconi. L'ing. D'Adamo mi disse che aveva preparato un promemoria sulle cose che ci aveva raccontato su Di Pietro e me lo ha dato in visione. Io dopo averlo letto gli dissi di riscriverlo in termini più chiari e intelleggibili; lui ha eseguito l'invito riscrivendo nuovamente il promemoria. A scrittura ultimata... mi ha così lasciato questi documenti senza alcun particolare vincolo per l'eventuale utilizzazione. Mi sembra mio dovere di persona informata consegnare detti documenti alla S.V. per le valutazioni di competenza».

Fanno da contorno a questo insolito viaggio a Brescia di Previti le successive dichiarazioni rese il 31-5-97 alla Procura bresciana dall'on. Berlusconi, e la consegna ai Pm bresciani – preannunciata dallo stesso Berlusconi – di una cassetta registrata da tale Roberto Gasparotti e da que-

st'ultimo – per stessa ammissione dell'interessato – "riassemblata" attraverso una accurata operazione di "taglia e cuci".

L'on. Previti era già stato interrogato dalla Procura di Brescia in altre occasioni (e anche inquisito da quell'Ufficio per estorsione ai miei danni, per fatti in qualche modo connessi all'attuale procedimento), e – pur essendo a conoscenza dei fatti riferiti il 13-5-97 almeno fin dall'autunno del 95 – li ha esplicitati solo adesso perché ha «subìto un processo in ordine ai miei rapporti con Di Pietro la cui sentenza di assoluzione è passata in giudicato in questi giorni».

L'ing. D'Adamo – sia durante l'interrogatorio davanti al Pm bresciano, sia in sede di incidente probatorio davanti al Gip – ha voluto dare ai nostri rapporti personali una valenza e un significato molto diversi da quelli che in realtà avevano avuto. Le affermazioni del D'Adamo sono un autentico capolavoro di mistificazione della realtà: sia rispetto ai tempi, sia ai modi e alle ragioni delle nostre frequentazioni. Già la metodologia usata per introdurre la sua testimonianza la dice lunga sull'animus che ha mosso tutti i protagonisti di questa vicenda: il 13-5-97 si presenta al Pm di Brescia l'on. Previti, portando con sé un promemoria asseritamente consegnatogli dal D'Adamo; il 31-5-97 arriva a Brescia l'on. Silvio Berlusconi e annuncia il deposito di una cassetta registrata di nascosto, su suo ordine, dal suo dipendente Roberto Gasparotti e da quest'ultimo "riassemblata" attraverso una meticolosa manipolazione di più registrazioni.

Per delineare gli oscuri contorni entro cui devono collocarsi le dichiarazioni del D'Adamo bisogna riportarsi quanto meno alle seguenti risultanze processuali:

a) p.p. n° 1410/96 a carico di Megale Bruno: memoria difensiva dell'indagato del 14-12-96 e documentazione ivi richiamata, nonché decreto di archiviazione;

b) p.p. n° 3940/96 a carico di D'Adamo Antonio + altri: dichiarazioni rese dallo stesso D'Adamo in sede di controesame durante l'incidente probatorio;

c) p.p. n° 1519/95 a carico di Previti Cesare + altri: intercettazioni telefoniche effettuate sulle utenze in uso a D'Adamo e riepilogate nella nota della Gdf del 23-12-97, nonché sentenza n° 65 del 29-1-97;

d) p.p. n° 3379/95 a carico di Berlusconi Silvio + altri: richiesta di archiviazione, decreto di archiviazione e documentazione ivi richiamata;

e) p.p. n° 3373/95 a carico di Paolo Simonetti: interrogatorio del 15-1-96 e relativa documentazione allo stesso sequestrata;

f) p.p. n° 8655/92 + 5788/94 della Procura di Milano (inchiesta "Mani pulite") anche a carico di Berlusconi:

• interrogatori di Paolo Berlusconi al Pm del 29-7-94; al Gip del 29-7-94; al Pm del 27-8-94;
• relazioni Gdf: n° 5943/Ug del 12-10-94 riepilogativa delle attività svolte sul gruppo Berlusconi; e n° 7230/Ug dell'15-11-94 sul gruppo Berlusconi;
• attivazione del Pm Di Pietro in data 8-11-94 della riunione per valutare la posizione processuale di Silvio Berlusconi e supplemento di informazioni dell'11-11-94;
• promozione della riunione di valutazione della posizione di Silvio Berlusconi del 16-11-94 da parte del Procuratore della Repubblica;
• invito a comparire emesso dalla Procura di Milano nei confronti di Silvio Berlusconi del novembre 94;

g) p.p. n° 2071/94 della Procura di Milano (processo Enimont), anche a carico di Benedetto Craxi: risultanze dibattimentali sul ruolo di Giorgio Tradati e Maurizio Raggio quali fiduciari occulti di Craxi, nonché sui rapporti esistiti fra Silvio Berlusconi e Bettino Craxi;

h) p.p. n° 11262/94 anche a carico di Berlusconi: riepilogo dei risultati investigativi acquisiti su Paolo e Silvio Berlusconi nell'ambito delle indagini "Mani pulite".

Dal complesso di tale documentazione, e dalle risultanze dell'incidente probatorio D'Adamo del 2-2-98 è agevole rilevare che:

1. È stata messa in atto, da più persone (anche in modo disgiunto fra loro), quantomeno a partire dall'estate 94, una manovra a tenaglia con l'evidente scopo di delegittimare il Pm Antonio Di Pietro e di "inquinare" le risultanze dell'inchiesta "Mani pulite".

2. Antonio D'Adamo si è prestato a questa manovra, riferendo fatti e circostanze relative ai suoi privati rapporti con Di Pietro in modo distorto e falsificato, e perfino totalmente fantasioso.

3. Una parte importante nel ruolo assunto dal D'Adamo l'hanno avuta sia l'on. Berlusconi sia l'on. Previti.

4. Nei confronti dell'on. Silvio Berlusconi e di suo fratello Paolo nel 94 il Pm Di Pietro attivò e portò a compimento tutta una serie di indagini che sfociarono nell'incriminazione sia del primo (allora presidente del Consiglio) sia del secondo.

5. Il D'Adamo – nel frattempo venutosi a trovare oberato di debiti e sull'orlo del fallimento anche a causa del blocco delle sue attività imprenditoriali conseguente all'inchiesta "Mani pulite" – ha sicuramente ricevuto dall'on. Berlusconi un enorme aiuto finanziario diretto e indiretto (quantificabile in finanziamenti, poi non restituiti, per circa 20 miliardi, ottenuti sia direttamente da società del gruppo berlusconiano, sia indirettamente attraverso interventi dello stesso on. Berlusconi presso istituti bancari e personalità varie).

6. Fin dal mio primo interrogatorio del 2-7-95, nonché durante quello del 29-11-95, segnalai al Pm bresciano l'insieme dei calunniosi e diffamatori dossier prefabbricati a mio danno. Segnalazioni che ho poi ripreso in numerose memorie, denunce, querele e istanze da me presentate nel tempo alla Procura di Brescia, e nell'esposto 11-7-97 col quale chiedevo la riapertura delle indagini nei confronti dell'on. Berlusconi e l'apertura di procedimento penale nei confronti del D'Adamo.

7. I dossier confezionati a tavolino contro di me, una volta fatti pervenire alla Procura di Brescia (perlopiù in forma anonima), hanno attivato una miriade di indagini e di procedimenti penali nei miei confronti nel vano tentativo di dimostrarne la fondatezza.

8. In questo quadro oscuro si colloca anche l'ultima carta giocata dal duo Berlusconi-Previti: le "rivelazioni" (si fa per dire) di D'Adamo circa una mia presunta attività di copertura in favore di Pacini Battaglia in cambio di aiuti finanziari che quest'ultimo avrebbe elargito allo stesso D'Adamo. Ma anche quest'ultima carta è un "tarocco": anche questa volta, infatti, c'è una massa enorme di documenti e riscontri processuali che possono sconfessare totalmente l'ipotesi accusatoria.

È opportuno ricostruire, non dico le ragioni, ma almeno l'iter della manovra di delegittimazione ai miei danni portata avanti in tutti questi anni.

Il ruolo del Gico di Firenze

Qualcosa non ha funzionato nei rapporti fra alcuni appartenenti al Gico e la Procura della Repubblica di Milano. Ho prodotto l'esposto presentato il 25-3-97 al Gip di Firenze dai Pm di Milano Roberto Aniello, Alberto Nobili e Maurizio Romanelli nella loro qualità di parti offese per calunnia: dopo un'ampia esposizione di fatti e circostanze, *questi sì "sorprendenti"*, tali magistrati milanesi chiedevano a quella Ag di fare «piena luce... non solo sui comportamenti del pentito Maimone [*il quale aveva riferito ai giudici di Milano complesse vicende di criminalità organizzata e di spaccio di droga, ndr*], ma anche su quelli degli ufficiali del Gico intervenuti nella vicenda, comportamenti che appaiono caratterizzati da palese e preconcetta ostilità contro i magistrati di questa Procura della Repubblica e dall'arbitraria formulazione di tesi, interpretazioni e congetture esulanti dai compiti di mera e valutativa esposizione spettanti alla polizia giudiziaria» – così si esprimeva il Procuratore della Repubblica di Milano, dott. Borrelli, nella lettera di trasmissione dell'esposto al Consiglio superiore della magistratura, al ministero di Grazia e giustizia e al Procuratore generale di Milano.

Da quanto ricostruito in quell'esposto, si rileva che anche la mia persona era un obiettivo da delegittimare. Non io, ma il Procuratore della Repubblica di Milano ha formalmente trasmesso l'esposto dei Pm di Milano agli organi competenti, tacciando i comportamenti del Gico (si badi bene, gli stessi operanti) come «caratterizzati da palese e preconcetta ostilità... e da arbitrarie formulazioni di tesi, interpretazioni e congetture».

Il ruolo di Mach di Palmstein

Il pamphlet compilato dal Gico con la relazione 30-10-96 non è in realtà un testo "originale", ma solo un maldestro assemblaggio di veleni, anonimi, falsi dossier confezionati a più mani, e per più scopi, da diversi personaggi da me a suo tempo inquisiti nell'ambito dell'inchiesta "Mani pulite".

È opportuno che almeno di questi dossier utilizzati dal Gico se ne conoscano in qualche modo le vicissitudini, posto che essi risultano acquisiti nel procedimento a mio carico. Mi riferisco in particolare al dossier sequestrato nell'abitazione parigina del faccendiere del Psi Ferdinando Mach di Palmstein.

Nell'abitazione parigina di Mach di Palmstein, nel novembre 94 venne rinvenuta una serie di scritti (in parte manoscritti, in parte dattiloscritti), nonché diversi documenti, tutti riguardanti il Pm Di Pietro. Tra questi, e per la parte che qui interessa, vi era un dattiloscritto del seguente tenore: «Il caso comunque più esplosivo riguarda Pacini Battaglia e i favori resi alla banca Karfinco di Ginevra: protagonista è ancora l'avv. Lucibello la cui proverbiale compostezza è stata travolta dalla superficialità e dalle dimestichezze operative del Pacini in territorio svizzero».

Vi era poi un manoscritto (nel senso letterale di documento che viene predisposto, corretto, preparato, messo a punto) di Mach di Palmstein che così recitava: «... Favore ai clienti del suo amico avv. Lucibello, per es. Bitetto, Pacini Battaglia il quale nel frattempo è diventato miliardario (soprattutto con Pacini, tramite l'avv. svizzero di Pacini)... Inoltre la "protezione" di Di Pietro è servita a Pacini Battaglia per evitare il carcere quando il Pm Paraggio ha saputo un suo coinvolgimento anche negli affari della Cooperazione. Il solerte maggiore dei carabinieri D'Agostino, longa manus di Di Pietro a Roma, molto elegante e spendaccione che affianca Paraggio nell'indagine... guida il Nucleo operativo giudiziario della capitale e informa Di Pietro di tutto quello che passa sotto i suoi occhi. Così è stato per il nome di Pacini; cosicché quest'ultimo ha fatto in tempo a segnalare a Paraggio tramite il solito avv. Lucibello la sua disponibilità a confessare tutto prima ancora che venisse preparato il mandato di cattura».

Come si può constatare, vi è una consonanza (questa sì ancora una volta "sorprendente") fra gli appunti di Mach di Palmstein scoperti nel novembre 94 e la ricostruzione operata dal Gico. Senonché l'intero dossier rinvenuto nella casa di Mach di Palmstein aveva "sorprendenti" assonanze con quello denominato "Abusi D.P." fatto pervenire nell'ottobre 94 al ministero di Grazia e giustizia e che tanti guai mi ha procurato (anzi, ha procurato alla Giustizia!).

In occasione della mia denuncia-querela del 28-10-96, segnalai all'Ag di Brescia un inquietante passaggio presente nella documentazione sequestrata a Mach, dove c'erano riferimenti a un'attività illegittima di spionaggio: «... Viste le cautele assunte dal professionista, si è dovuto raddoppiare le persone dedicatevisi, ricorrendo anche ad alcuni amici francesi fuori servizio senza i quali ben minori sarebbero stati i risultati: la tecnologia moderna fa veramente miracoli (muri carta velina, centinaia di metri fonicamente annullati, automobili diventate amplificatori, ecc.). *Presentando un'apposita denuncia a Brescia* gli "ascolti" potrebbero diventare validi indizi d'accusa per acquisire poi il valore di prova processuale incastrando definitivamente l'uomo». Insomma, era lo stesso Mach di Palmstein che individuava il percorso che intendeva far compiere al dossier: «Presentando un'apposita denuncia a Brescia». In data 2-11-96 ho poi presentato un'ulteriore denuncia-querela, anche a

Brescia, con riferimento a un altro passo allarmante del dossier parigino: «Un tal *Federico* doveva dare le indicazioni giuste per trovare verosimilmente l'interlocutore cui fare arrivare le notizie a Brescia perché Di Pietro fosse messo sotto inchiesta, mentre *Salvatore* doveva dare il nome di un interlocutore fidato da contattare al Consiglio superiore della magistratura».

Quale valore dare alla relazione del Gico 30-10-96, laddove viene utilizzata come indizio a mio carico proprio la documentazione parigina di Mach di Palmstein? Può mai un'acclarata calunnia essere utilizzata al contrario, e cioè a carico del calunniato? Soprattutto, come può il Pm bresciano elencare come indizi a mio carico nella richiesta di rinvio a giudizio, le annotazioni del Gico che parlano di questi appunti di Mach di Palmstein, se lo stesso ufficio del Pm ha chiesto il rinvio a giudizio di Mach di Palmstein per calunnia? Già, perché questa vicenda sta rasentando il grottesco: sugli stessi argomenti, il Pm di Brescia da una parte chiede il mio rinvio a giudizio, dall'altra quello del mio accusatore Mach per calunnia [1].

Il ruolo del sedicente "Giovanni Salvi"

In data 19-4-95 il Procuratore della Repubblica di Brescia ha aperto un procedimento penale (n° 1519/95) in seguito alla ricezione di uno scritto anonimo a firma "Giovanni Salvi", nel quale venivo accusato sostanzialmente delle stesse cose per le quali la Procura di Brescia ha richiesto il mio rinvio a giudizio per corruzione. Come abbiamo visto, per tale fatto però la Procura bresciana ha chiesto anche il rinvio a giudizio di Mach di Palmstein per calunnia.

È evidente come vi siano "sorprendenti assonanze" fra tutta la seguente documentazione:

• il dossier Mach di Palmstein sequestrato nel novembre 94 nell'abitazione parigina del finanziere socialista;

• il dossier "Abusi D.P." fatto pervenire al capo degli Ispettori del ministero di Grazia e giustizia;

• l'analogo dossier rinvenuto nella disponibilità di Paolo Berlusconi;

• l'anonimo "Giovanni Salvi";

---

[1] Cfr. capo di imputazione della richiesta di rinvio a giudizio contro Mach di Palmstein: «P. e p. dall'art. 368 Cp perché indirizzando al Procuratore della Repubblica presso il Tribunale di Brescia in data 7-4-95 una lettera dattiloscritta e firmata utilizzando il nome "Giovanni Salvi"», nella quale il fantomatico "Salvi" afferma tra l'altro: «Le dimissioni dall'ordine giudiziario di Di Pietro, la sua autoproclamazione a docente dell'Università di Castellanza del Presidente degli industriali di Varese, inquisito nella locale Tangentopoli, dimostrano che non erano fini di giustizia quelli che perseguiva ma soltanto fini personali. La prossima candidatura, anche ai ciechi, mostrerà che il suo motto è "togliti tu che mi ci debbo mettere io". D'Adamo è la stessa persona che anni prima a Roma nella hall dell'Hotel Plaza fu presentata dal dott. Di Pietro all'amministrazione del Psi on. Balzamo perché fosse tenuto presente negli appalti della capitale. Nello stesso periodo il dott. Di Pietro indagava sulla vicenda "Lombardia informatica" nella quale Balzamo figurava come imputato assieme ad altri che furono regolarmente rinviati a giudizio a differenza di quest'ultimo la cui posizione fu stralciata e inviata a Roma per competenza e dove vi fu archiviazione [...]. A Milano tutti sanno chi è Falsitta, cosa fa, come determina le decisioni delle commissioni tributarie, presiedute da magistrati e su cui Di Pietro ha steso un velo... pietoso... Luglio 93: piomba a Roma con il capitano D'Agostino il dott. Di Pietro, e fa arrestare o meglio sequestrare, per un'intera notte, l'amministratore della società informatica Gepin e l'industriale farmaceutico Conti di Prato. I due vengono rilasciati solo quando gli forniscono notizie utili per l'arresto in Svizzera di Poggiolini e quando verrà accertato che nulla sanno dei suoi rapporti (parliamo di Di Pietro) con l'avvocato milanese Lucibello, sponsor autorevole in tutti

gli affari dell'avv. Mazzoleni. Solo a quel punto Di Pietro rimette le carte dello "scandalo della sanità" nelle mani dei competenti giudici di Napoli. Nelle carte però non c'è traccia né degli interrogatori né della trattativa con i due. Ma chi è Zavaroni? Di Pietro può dire che è la stessa persona che quando il presidente del Senato Cossiga decise di informatizzare Palazzo Madama, ebbe l'incarico di studiarne con altre società i preliminari, e anche qui, naturalmente, c'era la persona adatta: l'avvocato Mazzoleni di Bergamo, compagna del commissario-giudice Di Pietro. Se poi i cento milioni (oggi equivarrebbero a uno o due miliardi) pagati da Zavaroni all'avv. Mazzoleni per uno studio sulla informatizzazione siano rimasti al duo Di Pietro-Mazzoleni o una parte sia andata a Cossiga o alla corrente di Base cui all'epoca appartenevano è cosa che solo loro sanno che lo lega al patto che li vede accomunati di continuo in libri e giornali... È vero cioè che gli imprenditori Gorrini, Maggiorelli e D'Adamo (nel frattempo pentito) hanno versato oltre un miliardo di lire per pagare i debiti di gioco del comandante dei vigili urbani di Milano Rea (ex commissario di Ps), versamenti fatti questa volta non all'avvocato Mazzoleni ma al dott. Di Pietro, organizzatore della colletta in favore dell'ex collega che egli si premurò di far vincere il concorso a suo tempo facendosi mettere da Borrelli nella commissione esaminatrice».

La richiesta di rinvio a giudizio di Mach prosegue: «P. e p. dall'art. 368 Cp perché indirizzando al Procuratore della Repubblica presso il Tribunale di Brescia il 10-12-96 una lettera dattiloscritta e firmata utilizzando il nome "Mitt. S. Rossi" nella quale affermava: "Egregio dottore, prego voler disporre accertamenti sui viaggi a Hong Kong dell'ex magistrato Di Pietro e dei suoi amici. Probabilmente il malloppo si trova colà, dove risulta che egli sia andato, non si sa con quale compagnia aerea. È verosimile che dalla Svizzera vi siano stati trasferimenti di denaro dalle banche del Battaglia in quell'isola dorata e silenziosa, come sono i cinesi"...».

• gli anonimi utilizzati dall'avv. Taormina quale base della sua istanza ex art. 507 Cp al Tribunale di Brescia e acquisiti dal Pm;

• alcune memorie presentate dall'on. Bettino Craxi all'Ag, e alcuni scritti dallo stesso pubblicati nel corso del tempo;

• l'anonimo "News da Milano" trasmesso alla Procura di Brescia (del quale parla diffusamente il rapporto del Gico 30-10-96);

• il file rinvenuto nel computer del brigadiere della Gdf Paolo Simonetti [2], e le dichiarazioni esplicative rese dallo stesso al Pm di Brescia.

L'anonimo in possesso di Cirino Pomicino

Il vizio di utilizzare la Procura di Brescia, a quanto pare, non era solo di Mach di Palmstein: agli atti c'è (insieme alle decine di esposti anonimi che pure sono stati troppo spesso "attivati" dai Pm bresciani per indagare su di me) anche la prova di "strani" interessamenti di Paolo Cirino Pomicino e di Vincenzo Maria Greco (entrambi a suo tempo incriminati da me nell'ambito dell'inchiesta "Mani pulite") per fare in modo che Brescia si attivasse, anche ricorrendo a interrogazioni parlamentari di comodo presentate dall'on. Publio Fiori (del quale pure si parla spesso nelle intercettazioni telefoniche come del destinatario di ingenti somme di denaro da parte di Pacini per il tramite di Emo Danesi).

Già sappiamo degli appunti di Mach di Palmstein che «presentando un'apposita denuncia a Brescia... bisognava far... diventare validi indizi» fatti calunniosi e che, per fare questo, «un tal Federico doveva dare le indicazioni giuste per trovare verosimilmente l'interlocutore cui fare

arrivare la notizia a Brescia perché Di Pietro fosse messo sotto inchiesta mentre Salvatore doveva dare un uomo fidato da contattare al Csm». Ora sappiamo anche che un anonimo viaggiava per Brescia poco prima che Pacini fosse interrogato dal Pm Fabio Salamone (fratello di quel Filippo Salamone con cui il fidato collaboratore di Pacini Mario Maddaloni aveva in corso molti affari e al quale, tramite Vincenzo Greco, lo stesso Pacini si era detto disposto proprio in quel periodo ad accordargli un finanziamento di circa 5 miliardi). Sappiamo tutto questo grazie alle intercettazioni telefoniche e alle ammissioni al riguardo di Paolo Cirino Pomicino e di Vincenzo Maria Greco.

In pratica, dopo avere ricevuto l'anonimo "News da Milano", il Pm Fabio Salamone fissa l'interrogatorio di Pacini. Ecco, allora, la sequenza degli avvenimenti dalla voce dei diretti protagonisti, chiamati a dare spiegazioni partendo da una intercettazione ambientale [3].

---

[2] In particolare a Simonetti è stato sequestrato il seguente appunto: «Braald (28-9-94, h. 17-18 c/o Edilnord). Gorrini ex proprietario della Maa è disposto a riferire su somme estorte da DP in favore dell'amico Reaele per corse cavalli. Gorrini si sarebbe prima rifiutato ma a seguito delle minacce di DP è stato costretto a pagare. Stessa situazione per Dadant il quale potrebbe parlare dopo Gorrini in quanto sostanzialmente fifone. Fatto già a conoscenza di Preces. Ci sarebbero ulteriori casi analoghi a conoscenza Berpao».

Simonetti, a sua volta, in sede di interrogatorio del 15-1-96, ha dichiarato: «Annotazioni tratte dalla directory C:\stress\info5 allegate all'interrogatorio del 25-10-95: Annotazione (affogliazione 0082): a) la fonte Braald è Aldo Brancher dirigente della Fininvest; la data riportata tra parentesi è quella dell'acquisizione della notizia come in tutte le altre annotazioni. Con la sigla DP indicavo il dott. Di Pietro, con la sigla Dadant indicavo l'ing. D'Adamo Antonio, con la sigla Preces indicavo il sen. Cesare Previti, con la sigla Berpao indicavo Berlusconi Paolo».

[3] Cfr. intercettazione ambientale dell'11-1-96 (ore 16.37-17.07), tra Vincenzo Greco e Pacini Battaglia:

Greco: «Senti, passando a cose più serie, l'hai letta allora quell'interrogazione parlamentare?».

Pacini: «Sì».

G: «Che dici? Sei in grado di farmi avere qualche elemento su quella de... determinata cosa? Perché questo qui... Allora, ti stavo dicendo, questo Fiori è una merda perché, giustamente, Pomicino che gli aveva fatto fare questa interrogazione lo sta prendendo per vile. Alza il telefono, telefona alla sede e dice: "Guarda, non mi hai ancora risposto né per iscritto, né a voce. Allora io ti avverto che faccio un'intervista sui giornali che tu ti stai... sottraendo a darmi delle risposte"».

P: «Chi?».

G: «Fiori... Quando Paolo l'aveva detto a Fiori, fa il nome di Stella. Fiori non ha il coraggio. Allora Paolo che ha fatto? Ha pigliato Feltri... e ha fatto telefonare da quello che si interessa».

P: «Luzzi».

G: «Luzzi... a... a Stella».

P: «Stella».

G: «Stella lo ha minacciato. Ha detto: "Fatevi i cazzi vostri", però, due ore dopo, un amico di Stella ha chiamato a Luzzi per dire: "Sì, il fatto è vero. Ma, fammi il piacere, incontriamoci. Stella ti vuole parlare. Ma perché tu...? Stella non ha commesso nulla di strano. Ma perché tu gli vuoi rompere le palle?"... eccetera».

P: «Io ti ho preparato... per domani... la storia sulle parcelle professionali di Stella. Voglio sapere da te...».

G: «Però ce l'avrò anch'io quelle lì...».

P: «Lasciamo stare le Ferrovie? [pausa]».

G: «Che dici? Io penso di sì».

P: «Io direi che non ci si mettono...».

G: «In un mome... in un momento come questo non ce la potremmo fare».

Ha dichiarato Vincenzo Maria Greco il 14-11-97: «Ricordo che durante le conversazioni con Pacini questi si lamentava del fatto che dall'inchiesta milanese emergevano solamente le responsabilità di una parte del gruppo dirigente dell'Eni, che secondo Pacini invece aveva fedelmente servito l'azienda, mentre invece, sempre secondo Pacini, i comportamenti che venivano contestati erano a conoscenza e condivisi sul piano delle responsabilità dall'intero gruppo dirigente. A tal proposito, anche per l'incarico successivamente ricoperto, Pacini citava spesso il dott. Bernabè Franco. A mio giudizio Pacini imputava detta "discriminazione" in parte all'"abilità" di Bernabè e in parte anche a un mancato approfondimento del tema da parte del pool di Milano... Queste "lamentele" di Pacini erano riferite sia al periodo in cui del pool faceva parte Di Pietro che all'epoca successiva. Posso affermare che Pacini non mi sembrava eccessivamente preoccupato delle sue vicende giudiziarie a Milano. Io, in parte, addebitavo detto atteggiamento al suo carattere... [...].

«Il documento che mi esibite ricordo di averlo già visto. Me ne fu mostrata una copia, nella seconda metà di settembre 95, dall'on. Pomicino cui era pervenuto in via anonima. Il documento mostratomi da Pomicino comprendeva, rispetto a quello da voi esibitomi, un foglio in più ove erano indicati tutti i destinatari del medesimo. Tra i destinatari, oltre a Pomicino, vi era la Procura di Brescia, quella di Milano e quella di Roma. Vi erano altri indirizzi che ora non ricordo. Pomicino me ne diede copia, e sapendo che io ero in buoni rapporti con Pacini, mi chiese di verificare con Pacini se il contenuto del documento, in base alle sue conoscenze, era vero. Pomicino, all'epoca, scriveva con lo pseudonimo di Geronimo alcuni articoli su "Il Giornale" ed era sua intenzione utilizzare il documento pervenutogli per scrivere un articolo polemico. Pomicino si aspettava che Pacini fosse in grado di fornirgli documentazione di supporto a quanto contenuto nel documento anonimo. Feci fotocopia delle due pagine, esclusa quella comprendente gli indirizzi dei destinatari. Uno o due giorni dopo mi incontrai con Pacini e gli esibii il documento riferendogli chi me lo aveva dato. Gli chiesi se mi confermava il contenuto del documento e se era in grado di darmi materiale a supporto dello stesso. Pacini mi confermò che il contenuto del documento era veritiero ma non volle darmi (non so se perché non l'avesse) documentazione di alcun genere a supporto, poiché non voleva inimicarsi né lo Studio Stella né il pool di Milano. Non ricordo se una copia di detto documento l'ho lasciata a Pacini. Riferii a Pomicino che Pacini mi aveva detto che il contenuto del documento era vero, ma che non aveva voluto darmi materiale a supporto e quindi lo misi in guardia dal rischio di scrivere un articolo non confortato da prove. In un successivo incontro, dovendo essere Pacini interrogato per la prima volta a Brescia dal dott. Salamone, mi chiese notizie se il documento che gli avevo in precedenza mostrato fosse stato inviato dall'anonimo anche a Brescia. Ciò per non farsi trovare impreparato sull'argomento durante l'interrogatorio. Dopo aver verificato i destinatari del documento da Pomicino, confermai a Pacini che tra i destinatari dell'anonimo vi era anche la Procura di Brescia. Il secondo incontro con Pacini avvenne circa dieci o quindici giorni prima che venisse interrogato a Brescia. Dopo circa un mese dall'interrogatorio di Pacini a Brescia riparlammo dell'argomento e Pacini mi disse che sull'esposto il dott. Salamone non gli aveva chiesto nulla... Non ricordo da dove era stato spedito

---

P: «Non mi sembra il caso di...».

G: «Perché Lorenzo...».

P: «Faremo felice... No, a Lorenzo non gli facciamo né caldo, né freddo».

G: «Non gli facciamo né caldo, né freddo».

P: «Faremo felice Maddaloni... [*ride*] per 'sta cosa, ma trovo che non mi sembra tanto il caso».

G: «No».

P: «Allora io domani ti do...».

G: «Io e te siamo... io e te siamo due persone che non... non fanno di queste cose; siamo più responsabili».

P: «Io ti... domani ti faccio trovare un... un discorso serio sul discorso Stella-parcelle Eni... Cioè credo... credo di poterti dimostrare che le... che Stella ha fatto delle parcelle per 4-5-6 miliardi non... non per... all'Eni... La cosa grave della parcella Stella – che è quello in cui Fiori può fare casino – è che nella parcella non mette il nome di chi ha difeso, perché se mettesse il nome... "Io ho difeso Merlo, Greppi, Gesù Cristo e la Madonna... e poi ho difeso Bernabè e me... e Martini e quest'altro"... Lui aveva un conflitto di interessi che nessuno gli può levare. Per cui che cosa ha fatto? Lui ha detto: "Ho difeso il Capo della Snam Progetti e ho difeso, per voi Eni, la Snam Progetti". No, non hai difeso, per noi Eni, la Snam Progetti. Hai fatto mandare in galera, per noi Eni, il Presidente e poi hai difeso Bernabè. Ora io ho telefonato, con questi... ho parlato stamani mattina a miei amichetti e ho detto: "Mi tirate fuori... il conflitto d'interesse che c'ha Stella?". Io spero domani... – spero, perché sennò bisogna che tu faccia con Eliana – ... io spero domani di avere il fax di...».

G: «Ma tu... Ma quanti giorni stai fuori?».

P: «Cinque, perché vado a farmi i controlli... i cosi. Io spero domani di avere... il fax».

G: «Va beh».

P: «Con tutto ciò, su Stella, se tu prendi tutte... il pacco di roba, che ti detti, su "Italia settimanale", c'è scritto le scorrettezze di Stella fatte a Milano... che hanno fatto perdere il posto a Caprettini. Sai che Caprettini da "Italia settimanale" è stato licenziato in tronco, perché "Italia settimanale" è stata comprata da un certo tedesco di cui siamo sicuri che dietro c'è Bernabè. Questo non possiamo dimostrarlo... lo potremo dimostrare quando sappiamo... Fatto sta che Caprettini ha... [*pausa*] è stato licenziato in tronco. Io te li detti quelle... Se tu sei capace di ritirartele fuori».

G: «Sì».

P: «Trovi... – sennò domani mattina te le faccio tirar fuori io – trovi... [*batte le mani su dei fogli di carta*]».

G: «Va bene».

P: «Chiuso il secondo argomento».

l'esposto pervenuto a Pomicino. Ricordo che Pomicino l'aveva ricevuto da pochi giorni».

Ha confermato Cirino Pomicino: «L'esposto che ho consegnato al Greco, se non ricordo male, parlava di una commissione miliardaria per le commesse ricevute da una società del gruppo Eni, "commissione" che sarebbe stata autorizzata da uno dei magistrati del pool di Milano e segnatamente dal dott. Colombo. Per commissione intendo pagamenti a intermediari per commesse estere... L'esposto mi era pervenuto accompagnato da una lettera ove erano riportati tutti i destinatari dello stesso, ma che ora non ricordo... Sapevo che il Greco era conoscente di Pacini e lo pregai di chiedere notizie a quest'ultimo sulla veridicità o meno del contenuto dell'esposto. Non ricordo se diedi al Greco l'esposto in originale o in copia. Comunque Greco non mi restituì il documento... Non so se Greco abbia lasciato una copia dell'esposto a Pacini o si sia limitato a mostrarglielo...

«[*I verbalizzanti esibiscono copia fotostatica di un esposto pervenuto alla Procura della Repubblica di Brescia in data 2-11-95*] Riconosco nell'esposto che mi avete esibito quello di cui finora abbiamo parlato e che ebbi a ricevere nell'ottobre 95... Sull'argomento dei rapporti tra il prof. Stella e il gruppo Eni, di cui parla Pacini in una delle sue conversazioni intercettate dal Gico di Firenze, sono a conoscenza dell'interrogazione parlamentare fatta dall'on. Fiori perché alla fine del 95 me ne ha parlato direttamente lui. L'on. Fiori si è prima lamentato del ritardo con il quale il Governo rispondeva e poi del contenuto della risposta del mese di aprile 96 perché il Governo ma innanzitutto l'Eni era sull'argomento dichiaratamente reticente. So che nel giugno dello stesso anno proprio in virtù della precedente reticente risposta l'on. Fiori ripropose la medesima interrogazione, e io gli suggerii di aggiungere una domanda anche sul contenuto del documento arrivatomi anonimamente alcuni mesi prima e che si identifica con quello che mi avete esibito. A tale interrogazione il Governo non ha mai risposto».

Insomma, la "fabbrica degli anonimi" comincia a materializzarsi con nomi, cognomi e circostanze.

Il ruolo del duo Previti-Berlusconi

Gli on. Cesare Previti e Silvio Berlusconi sono stati senza dubbio i fautori delle dichiarazioni rese da D'Adamo all'Autorità giudiziaria di Brescia. Le ragioni e le precise modalità di questo loro intervento verranno riepilogate più avanti.

Per intanto, e ai fini di individuare i protagonisti dell'opera di delegittimazione dispiegata ai miei danni, è opportuno considerare attentamente ciò che di loro e di D'Adamo ha scritto lo stesso Gip di Brescia quando ha disposto l'archivia-

zione della posizione di D'Adamo riguardante però la vicenda Radaelli-Atm [4]. Scrive in particolare il Gip – dopo aver fatto rilevare la profon-

---

[4] Cfr. decreto di archiviazione Gip di Brescia del 4-12-98: «Non possono tacersi, per l'incidenza che sembrano aver avuto nella genesi del presente procedimento, nonché ai fini della valutazione della genuinità delle testimonianze che in esso hanno trovato ospitalità, i motivi personali di profondo contrasto esistenti tra Di Pietro da un lato, e coloro che hanno proposto e alimentato l'indagine dall'altro (perplessità sul racconto del D'Adamo sono adombrate in un passo anche dal Pm: "Tali dichiarazioni... a ben vedere, prescindendo da ogni considerazione sull'attendibilità del dichiarante...");

• che, tralasciando ovviamente i contenuti di tali contrasti, i quali di nuovo non interessano il presente procedimento (Di Pietro, come si è visto, ha sostenuto che questa, e/o altre iniziative in sede penale a suo carico, devono ritenersi il frutto di una manovra, concertata dalla famiglia Berlusconi, tesa a screditare la sua persona, e, più in generale, a "offuscare il risultato dell'indagine Mani pulite", risulta *per tabulas*, e comunque costituisce fatto notorio, che Di Pietro e altri suoi colleghi della Procura della Repubblica di Milano (il c.d. pool "Mani pulite") abbiano avviato numerosi procedimenti penali a carico di Silvio e Paolo Berlusconi, Antonio D'Adamo e Cesare Previti, alcuni dei quali accompagnati da richieste di emissione di provvedimenti cautelari, e culminati in decreti di rinvio a giudizio e in sentenze di condanna;

• che peraltro gli atti evidenziano ulteriori e specifici motivi di risentimento esistenti tra le parti, occasionati a un supposto "inganno" perpetrato ai danni di Berlusconi, Previti e D'Adamo dal Di Pietro, il quale, dopo essersi mostrato per lungo tempo simpatizzante del gruppo politico fondato dal Berlusconi, e aver manifestato a quest'ultimo dissenso rispetto alle iniziative giudiziarie assunte in suo danno dai colleghi del pool di Milano, si sarebbe in realtà poi attivato come Pm in senso diametralmente opposto ("Ho conosciuto il dott. Di Pietro quando venne nel mio studio a Roma per incontrarsi con il dott. Silvio Berlusconi, all'epoca incaricato di formare il governo... Fin da quel momento il dott. Di Pietro iniziò a manifestare una grande disponibilità verso la nostra area politica... Ho visto da allora il dott. Di Pietro parecchie volte... Durante tutti gli incontri abbiamo parlato prevalentemente di politica e abbiamo concordato in linea molto generale modalità e tempi del suo schierarsi... Dopo le dimissioni di Di Pietro, l'ing. D'Adamo si è posto come ambasciatore di Di Pietro per definire il suo processo di avvicinamento a Berlusconi e alla sua parte politica... Ricordo... perfettamente di aver sentito lo stesso le cose dette da D'Adamo circa il diverso punto di vista di Di Pietro rispetto al pool in ordine all'avviso di garanzia a Berlusconi... inviato a Napoli... in particolare D'Adamo sosteneva che Di Pietro aveva espresso la sua contrarietà; che aveva sottoscritto l'avviso per necessità di gruppo pur avendo manifestato il suo dissenso, e consigliava Berlusconi di rinviare l'audizione già fissata... anche in considerazione del fatto che il pool nei confronti di Berlusconi, a dire del Di Pietro, non aveva assolutamente nulla... Successivamente... il dott. Berlusconi... ebbe modo di apprendere che l'atteggiamento di Di Pietro nei suoi confronti... era stato di segno opposto a quello che D'Adamo aveva raccontato... Avendo preso atto di tale situazione così diversa da quella che ritenevamo essere, il dott.

da avversione personale che si è venuta a creare nei miei confronti da parte di Berlusconi, Previti e D'Adamo:

***

Berlusconi ritenne di contestare la cosa a D'Adamo... Di fronte alle contestazioni... D'Adamo ha fatto di tutto per dimostrare la sua assoluta buona fede e disse di essere stato anche lui ingannato da Di Pietro" – v. S.I. Cesare Previti 13-5-97. "... Nel febbraio 95 Di Pietro chiese di incontrarmi e tale incontro avvenne nella mia casa di Arcore. Nell'occasione Di Pietro mi confermò quanto mi era stato comunicato da D'Adamo e in particolare mi disse che la decisione dell'invito a comparire era stata assunta mentre lui era all'estero e che aveva firmato quell'invito perché quella era la prassi per gli atti più importanti del pool. Mi confermò che non c'erano nel modo più assoluto prove a mio carico... Nel corso della mia audizione del 25-7-95... ho appreso che in realtà era stato proprio il dott. Di Pietro a insistere, in seno al pool, affinché l'invio dell'invito a comparire avvenisse in quella occasione particolarmente spettacolare. Presi atto di ciò con stupore e incredulità e di questo parlai con l'ing. D'Adamo... " – v. S.I. Silvio Berlusconi 31-5-97);
• che inoltre vi è in atti prova (v. Sentenza Trib. Brescia, Sez. II Pen, 29-1-97) di un ruolo attivo svolto nel recente passato da Paolo Berlusconi (proprio nel periodo storico nel quale il fratello Silvio, allora presidente del Consiglio dei ministri, aveva ricevuto l'avviso di garanzia di cui si è parlato), nell'assemblaggio di un malevolo carteggio anonimo contenente "un agglomerato vario di notizie attinenti sia... esclusivamente Di Pietro, sia... magistrati facenti parte del pool... " (v. Sent. cit., pag. 8), tra le quali significativamente appare anche il riferimento all'indagine Atm e all'appartamento di via Andegari ("l'omesso accertamento nell'ambito dell'inchiesta Atm sulle sigle che avrebbero condotto ai percettori dei soldi frutto della corruzione cioè Rea, Radaelli e Riva... il ringraziamento a Di Pietro da parte del Radaelli, consigliere di amministrazione della Cariplo, per il trattamento riservatogli è individuato... dalla concessione in locazione a equo canone di un appartamento nei pressi del Teatro alla Scala di Milano" – v. Sent. cit., pag. 12), nonché prova del ruolo attivo svolto da Paolo Berlusconi, unitamente a Cesare Previti, nella presentazione agli ispettori ministeriali di Giancarlo Gorrini, noto accusatore di Di Pietro in vicende poi confluite in numerosi procedimenti penali aperti a carico dell'ex Pm, tutte conclusesi con l'accertamento dell'infondatezza dei fatti denunciati;
• che, sempre tra le carte processuali, vi sono stralci di conversazioni telefoniche intervenute fra Silvio Berlusconi e Antonio D'Adamo e tra quest'ultimo, la figlia Patrizia, ove gli interlocutori, commentando con "ambigue espressioni" (v. decreto archiviazione Gip Trib. Brescia 31-1-97) il possibile e temuto (per Silvio Berlusconi) ingresso in politica di Di Pietro, fanno espresso riferimento a un'iniziativa da assumersi al proposito da parte di D'Adamo a favore del Berlusconi (*Silvio Berlusconi:* "Il suo amico [e cioè Di Pietro] ha dato fuori di testa... e quindi bisogna che lei si prepari... siamo nelle sue mani"), in cambio di una "contropartita" (*Patrizia D'Adamo:* "E tu che cosa puoi fare poi... in cambio per lui?"; *Antonio D'Adamo:* "Niente... molto invece, perché vogliono alcune cose... lui vuole anche qualcosa... io lo so... non me l'ha detto ma lo so... va bene, vediamo un po'... certo c'è netta una contropartita")».

«Le circostanze riferite devono indurre a particolare cautela nella valutazione dei fatti del presente procedimento, tenuto conto che la grave inimicizia tra le parti, da cui hanno già tratto spunto in passato iniziative giudiziarie più o meno lineari nei confronti di Di Pietro, sembrano aver contagiato anche la presente vicenda, la quale non sembra immune dall'infiltrazione di elementi spuri; in particolare meritano di essere segnalate, per la loro singolarità, le seguenti circostanze:
• il fatto che il D'Adamo abbia avvertito, a suo dire, *motu proprio*, l'esigenza di consacrare in uno scritto le confidenze fatte in precedenza a Previti e a Silvio Berlusconi circa asseriti comportamenti scorretti del Di Pietro, e quindi, pur senza essere dichiaratamente mosso da alcuna finalità specifica ("per ogni evenienza", v. S.I. Berlusconi Silvio 31-5-97), di porre il documento proprio nella disponibilità degli stessi Previti e Berlusconi, e cioè a persone aventi, come si è visto, profondi motivi di contrasto personale nei confronti dell'ex Pm, e interessati dunque ad avvalersi del "promemoria";
• il fatto che gli appunti del D'Adamo siano stati riscritti ad Arcore all'interno dell'abitazione dell'on. Berlusconi su indicazione e alla presenza dello stesso Previti (v. S.I. Berlusconi Silvio, 31-5-97: "Tornando a casa ad Arcore ebbi occasione di trovare D'Adamo in compagnia di Previti intento a redigere un documento manoscritto"; illuminante appare al riguardo quanto si legge in un passo del verbale di assunzione di informazioni del Previti, ove risulta che il D'Adamo avrebbe "eseguito" – e non, come invece al più ci si sarebbe aspettati, "accolto" – l'invito rivoltogli dal Previti di "riscrivere il promemoria");
• l'apparente indifferenza, se non addirittura apparente contrarietà, con le quali l'iniziativa del D'Adamo è stata accolta dal duo Previti-Berlusconi, indifferenza e contrarietà decisamente contrastanti con la successiva effettiva utilizzazione del documento in sede giudiziaria, da cui ha preso vita il presente procedimento ("Sono intervenuto manifestando con decisione la mia contrarietà... aggiungendo che, comunque, non volevo assolutamente essere coinvolto in quella situazione. Mi risulta che il manoscritto sia rimasto nella disponibilità del Previti e che sia stato recentemente consegnato alle Sv." – S.I. Berlusconi Silvio, 31-5-97);
• l'incedere "a tandem" del duo D'Adamo-Previti, con quest'ultimo che, ottenuti, con le già esaminate modalità, gli appunti vergati dal D'Adamo, si è premurato di riversarli al Pm di Brescia, quasi facendo apparire la produzione del documento indissolubilmente legata ai doveri della testimonianza ("D'Adamo... mi ha... lasciato questi documenti senza alcun particolare vincolo per l'eventuale utilizzazione. Mi sembra mio dovere di persona informata consegnare detti documenti alla S.V. per le valutazioni di competenza"), e, di fatto, provocando in seconda battuta l'audizione, ovviamente a quel punto altrettanto doverosa, oltre che "imbarazzata", del D'Adamo ("È

con grande disagio che mi accingo a parlare di queste cose");

• le analogie ontologiche esistenti tra il confezionamento, come si è visto, "occasionale", in Arcore, del "promemoria D'Adamo" e la vicenda, pure documentata in atti, della "occasionale" registrazione, sempre in Arcore, delle conversazioni private tra il D'Adamo e l'on. Berlusconi ("Il dott. Berlusconi... sicuramente... quando parlava con l'ing. D'Adamo non sapeva se vi fosse o meno la registrazione in atto" – S.I. Gasparotti Roberto, 10-6-97) conservate su indicazione di quest'ultimo come "memoria storica" quindi riversate anche esse alla Procura di Brescia, e infine divenute oggetto di testimonianza da parte del D'Adamo con riferimento ad altro procedimento penale (S.I. Silvio Berlusconi, 31-5-97, Pv Deposito nastro magnetico e di escussione testimoniale Gasparotti Roberto, 10-6-97);

• la pronta utilizzazione da parte di un settimanale delle dichiarazioni rese al Pm dal D'Adamo a mezzo di un articolo di ispirazione e stampo denigratorio nei confronti dell'ex Pm (v. "Panorama", edizione del 17-7-97, "Le clamorose accuse del costruttore D'Adamo");

• la singolare, per non dire sorprendente, somiglianza tra le iniziative assunte in rapida successione da Giancarlo Gorrini prima e Antonio D'Adamo poi, entrambe connotate, oltre che dalla comune gestazione presso Cesare Previti e la famiglia Berlusconi, e dal solenne "atteggiamento di censura e critica" assunto dai due nei confronti dell'ex amico Antonio Di Pietro, pure dall'esistenza di un sottostante "interesse personale" che li aveva portati "ad aspettarsi un qualche riconoscimento" come conseguenza del loro agire (v. sent. n° 65/87 Trib. Brescia del 29-1-97: "Gorrini... ha inteso privilegiare ed enfatizzare... la spinta ideale che lo avrebbe mosso a contattare Paolo Berlusconi prima e, successivamente, a riferire fatti riguardanti il dott. Di Pietro agli ispettori ministeriali, relegando ai margini della narrazione l'altro aspetto, quello dell'interesse personale, che pure lo animava, e che lo aveva portato ad aspettarsi un qualche riconoscimento dal ricercato interlocutore... Al primo incontro tra Gorrini e Paolo Berlusconi ne susseguono altri. Fin dall'inizio Gorrini... racconta i fatti di cui è a conoscenza... e nel frattempo lo rende partecipe delle proprie disavventure economiche. Dal canto suo Berlusconi non disdegna certo di ascoltare di condotte asseritamente riprovevoli del dott. Di Pietro, essendo questi senza dubbio il magistrato di punta di quel pool che aveva chiesto e ottenuto nei suoi confronti l'applicazione di una misura cautelare. È lo stesso imputato a evidenziare che... sentiva una sorta di atteggiamento persecutorio verso la sua famiglia da parte della Procura della Repubblica di Milano... Berlusconi si determinerà ad accettare un promemoria scritto di pugno da Gorrini e riassuntivo di tutto quanto fino a quel momento detto verbalmente... Certo l'istruttoria dibattimentale non ha consentito di acclarare con sufficiente certezza se fu Berlusconi a suggerire di mettere

per iscritto ciò che aveva raccontato, come sostiene Gorrini, ovvero se l'iniziativa partì proprio dal Gorrini... È anche vero che il medesimo imputato non sconfessa decisamente la versione del Gorrini sul punto dimostrandosi possibilista nel senso che può essere stato lui a fornire il suggerimento, anche se il suo ricordo è in senso contrario. La questione in ogni caso non riveste un carattere di particolare rilevanza, collocandosi la stesura del promemoria nell'ambito di quel connubio d'interessi che ormai legava i due. Certo è che anche se l'iniziativa fosse partita da Gorrini ben collimava con gli interessi e le aspettative che entrambi nutrivano reciprocamente, e l'uso successivo che di quel documento ha fatto Berlusconi testimonia l'interesse che questi aveva per quello scritto... In definitiva Gorrini, incontrando Paolo Berlusconi, e denunciandogli le presunte colpe di Di Pietro, sperava in un aiuto da questi, ovvero in un suo riconoscimento per servigi che gli offriva, aiuti consistenti in interventi, a lui favorevoli, nell'evoluzione dei rapporti con la Banca Popolare di Novara... Non era, però, sufficiente per l'imputato Berlusconi l'individuazione dell'organo cui rivolgersi per denunciare presunti misfatti commessi da Di Pietro, si trattava adesso di ottenere un appuntamento, casomai anche attraverso qualcuno ben più autorevole di lui nell'ambito della burocrazia amministrativa, onde consentire al Gorrini di denunciare quei fatti... Ed ecco il coinvolgimento di Cesare Previti, all'epoca ministro della Difesa... In definitiva, attraverso l'intermediazione dell'imputato Previti... Gorrini e Berlusconi individuarono concretamente la strada da percorrere al fine di conseguire l'obiettivo comune di denunciare Di Pietro...");

• il singolare incedere pure di Eleuterio Rea, il quale, dopo aver scritto anch'egli un memoriale destinato alla Procura di Brescia, lo ha fatto preventivamente leggere a uno dei diretti interessati, e cioè a Sergio Radaelli, rassicurandolo anche sui contenuti della futura audizione ("Verso la fine del mese di luglio 97 incontrai casualmente... il dott. Rea... Il Rea nel vedermi mi invitò a casa sua e mi mostrò un memoriale redatto su alcune pagine dattiloscritte, che avrebbe presentato di lì a pochi giorni alla Procura di Brescia dove era stato convocato. Rea mi invitò a leggere il memoriale e notai che vi era annotato il mio cognome a carattere maiuscolo sottolineato senza alcuna annotazione collegata al nome. Chiesi al Rea spiegazioni al riguardo e lo stesso mi disse che era intenzione riferire ai magistrati anche della vicenda Atm. Alla mia reazione mi rispose "Fregatene, intanto è tutto prescritto", aggiungendo che avrebbe riferito ai giudici che io mi ero sempre proclamato innocente"), salvo poi depositarne uno di diverso contenuto. (*L'Ufficio rammostra al Radaelli n. 8 fogli dattiloscritti consegnati dal Rea in occasione dell'interrogatorio 18-9-97 e allegati al verbale. Il Radaelli dichiara:* "Si tratta di documento diverso da quello a me mostrato dal Rea nell'occasione di cui sopra. Ricordo che nel documento che Rea mi mostrò il mio nome era scritto in stampatello maiuscolo ed era ben evidenziato con nessuna annotazione sotto. Non vi era scritto "ne parlerò a voce");

• il fatto che Rea, il quale con le proprie dichiarazioni ha esposto in primo luogo se stesso a possibili conseguenze sul piano penale ("D'Adamo... ben sapeva che io e Di Pietro avevamo aiutato Radaelli"), abbia previamente esternato il proprio convincimento circa l'avvenuta prescrizione dei reati che si accingeva a denunciare, mostrando in tal modo di avere valutato ex ante l'inoffensività della propria condotta all'apparenza autolesiva, e proprio per ciò (all'apparenza) maggiormente credibile;

• la circostanza, sempre documentata agli atti, che l'avv. Salaroli, legale di fiducia del Rea, abbia rinunciato al mandato difensivo dopo che il proprio assistito gli aveva confidato che "in cambio del suo reintegro presso il Comune di Milano", lui e l'ing. D'Adamo si sarebbero recati avanti all'Ag di Brescia per rendere dichiarazioni sul conto del dott. Di Pietro e del dott. Borrelli giustificando tale sua decisione con il fatto che "si trovava in mezzo a una strada"; che "Berlusconi voleva morto Di Pietro" e che "anche D'Adamo, dopo il... reintegro, avrebbe reso dichiarazioni a Brescia sul conto di Di Pietro, dichiarazioni che [esso Rea avrebbe] avuto il compito di confermare" (v. PV. interrogatorio Rea 18-9-97);

• che quanto si è riferito in merito alla matrice genetica della presente indagine non può non minarne in radice la credibilità, e a ritenere non priva di fondamento l'ipotesi che la medesima possa costituire il corollario di contrasti personali o l'espressione di fini e interessi non coincidenti con quello di giustizia».

Esattamente questo è il punto: la *non credibilità* delle dichiarazioni di D'Adamo e i *fini non coincidenti con quelli di giustizia* da parte di chi ha sollecitato le sue dichiarazioni. Eppure, nel ruolo di imputato, ci sono finito io.

2. I fratelli Berlusconi, Previti e D'Adamo

Silvio Berlusconi e Cesare Previti hanno svolto – come ha rilevato il Gip di Brescia – un ruolo centrale sia nel convincere D'Adamo a porsi come mio accusatore, sia più in generale a interferire con il corso della giustizia. Ciò è potuto accadere sia perché effettivamente fra me e loro vi sono stati (e vi sono) «motivi personali di profondo contrasto» [5], sia – come vedremo –

perché c'era da parte di D'Adamo una forte necessità di "corrispondere" i favori a suo tempo ricevuti.

La genesi di questa vicenda ha origine nella primavera del 94, subito dopo l'affermazione elettorale di Forza Italia e la nomina dell'on. Berlusconi a presidente del Consiglio. A quell'epoca non era come è adesso: allora i mezzi di informazione – specie quelli della Fininvest (cioè quegli stessi che poi diventeranno cassa di risonanza delle manovre di delegittimazione ai miei danni) – inneggiavano all'opera di ricambio generazionale del panorama politico italiano provocata dall'inchiesta "Mani pulite" mettendola in relazione con la "nuova speranza" che avrebbero dovuto rappresentare Silvio Berlusconi e la sua nascente formazione politica. Insomma, diciamola tutta: la macchina propagandistica del gruppo Berlusconi – giornali e Tv – utilizzò appieno i successi di "Mani pulite" a interessati fini politici, cioè per esaltare l'immagine del "nuovo" partito-azienda Forza Italia.

Ecco perché Berlusconi, appena nominato presidente del Consiglio, cercò l'apoteosi tentando un improbabile connubio: quale migliore immagine, per lui, che avere nel suo Consiglio dei ministri il simbolo di "Mani pulite", magari con la qualifica di ministro dell'Interno? Se l'operazione gli fosse riuscita, avrebbe potuto prendere due piccioni con una fava: presentarsi agli italiani come il paladino delle inchieste milanesi contro la corruzione della vecchia classe politica, e nello stesso tempo togliere dalla scena giudiziaria proprio "il motore" di quelle inchieste. Io, però, non ho accettato l'offerta, e questo è stato indubbiamente uno smacco per l'on. Berlusconi e per tutti coloro – a quanto pare D'Adamo in testa, come vedremo – che avevano caldeggiato l'operazione.

All'epoca, è bene ricordarlo, non avevo alcuna inchiesta in corso nei confronti di Silvio Berlusconi, nel senso che dalle carte processuali in mio possesso non emergevano ancora fatti-reato potenzialmente addebitabili a lui. L'attenzione di "Mani pulite" nei confronti del gruppo Fininvest si appuntò in seguito all'apertura del fronte investigativo riguardante ipotesi di corruzione all'interno del Nucleo tributario della Guardia di finanza di Milano (fatto che avvenne successivamente alla nomina di Berlusconi alla presidenza del Consiglio).

Lo smacco per il mio rifiuto ministeriale diventò viva preoccupazione quando l'inchiesta "Mani pulite" sul fronte Guardia di finanza si imbatté in precisi indizi di responsabilità a carico di Paolo Berlusconi e di altri dirigenti del gruppo Fininvest. Un fronte che, a dir la verità, all'epoca fu una "sorpresa" per tutti, anche per me [6]: è bene ricordare che le indagini partirono per caso e solo perché, *dopo* la segnalazione di un brigadiere della Gdf, io volli vederci più chiaro. Berlusconi e i suoi intuirono dove l'inchiesta poteva arrivare, e cercarono in tutti i modi di porvi rimedio.

È in questo contesto temporale che il governo Berlusconi si affrettò a varare il "decreto Biondi", da molti visto come un maldestro tentativo di "colpo di spugna" per i reati di Tangentopoli. Anche da me e dai miei colleghi del pool, che annunciammo pubblicamente le nostre dimissioni in segno di protesta. Il decreto però non passò, anche perché vi fu una sollevazione della pubblica opinione: molti cittadini si mobilitarono e indussero il governo Berlusconi a lasciar cadere il decreto Biondi, rinviando il "colpo di spugna" a tempi migliori.

Quelle sopra indicate sono state le tre "prime ragioni" che hanno indotto l'on. Berlusconi a vedermi come suo avversario. Ricapitoliamole: rifiuto di diventare "suo" ministro; coinvolgimento investigativo del suo gruppo imprenditoriale; naufragio del decreto Biondi (da più parti ridenominato – a torto o a ragione – "decreto salvaladri"). Un quarto smacco, per l'onnipotente imprenditore-capo del governo, sarebbe stato davvero troppo. È ciò che invece avvenne di lì a poco con l'arresto di suo fratello Paolo, sul fronte delle indagini riguardanti un diffuso sistema di corruzione all'interno del Nucleo tributario della Guardia di finanza di Milano, indagini che, ancora una volta, vedevano in me il "motore" delle attività investigative. Era davvero troppo: bisognava liberarsi al più presto di Di Pietro! Bisognava, cioè, fare in modo che io non potessi più occuparmi dell'inchiesta "Mani pulite", e l'unico modo per farlo era quello di delegittimarmi quale magistrato, di rendermi cioè "pari agli altri" mettendomi sullo stesso piano delle persone da me inquisite.

Già nel settembre 92 ci aveva provato l'on. Craxi con il suo famoso "poker d'assi", ma quel tentativo era subito abortito perché la strumentalità dell'iniziativa era troppo evidente. Nella primavera 93 la manovra anti-Di Pietro aveva ritentato di decollare con la pubblicazione di un velenoso dossier da parte del settimanale "Il Sabato": una "velenosità" poi accertata proprio dal Gip di Brescia, con un pacchetto di proscioglimenti della mia posizione processuale per la vicenda informatizzazione, per quella di Gaspari, per quella relativa al concorso Rea, e per quella di Gorrini – cioè per le vicende che di quel dossier costituivano l'asse portante [7].

Nell'estate 94 una duplice circostanza induce i miei denigratori a ritentare l'attacco per delegittimarmi: la caduta in disgrazia economica di due persone a me in qualche modo legate, gli imprenditori Giancarlo Gorrini e Antonio D'Adamo. Il "guaio" (per me), e l'occasione da sfruttare (per i miei denigratori), era il fatto che sia

***

[6] Ho già avuto modo di esprimere questa mia "sorpresa" al Pm di Brescia in sede di interrogatorio il 2-7-95: «Nei confronti di Berlusconi, sino al maggio del 94, io non ho svolto mai particolari indagini in quanto questo segmento dell'inchiesta era riservato ad altri colleghi, anche diversi del pool, che avevano autonomi fascicoli. È tanto vero ciò che, tempo prima, il neo-presidente del Consiglio Berlusconi mi chiamò offrendomi la carica di ministro dell'Interno e io rifiutai, non perché stessi svolgendo personalmente indagini su di lui, ma perché non potevo lasciare a metà il lavoro fatto e avevo necessità di portare a sentenza i filoni principali delle indagini, onde dimostrare giudiziariamente il coinvolgimento complessivo di quegli esponenti della politica e dell'industria incriminati. Senonché, indagando sulla Gdf, sono io il primo a scoprire elementi penalmente rilevanti nei confronti di Salvatore Sciascia, Paolo Berlusconi e altri [dirigenti Fininvest] in relazione a tangenti alla Gdf, per ben tre vicende la cui materialità è stata ammessa dagli interessati (Mediolanum, Videotime e Mondadori), e per una quarta vicenda riferita da Nanocchio (Telepiù) per cui verifica nulla sapevo in ordine alle tangenti fin quando Nanocchio non la indicò spontaneamente nel corso dell'interrogatorio; e anzi egli, dapprima tramite il suo difensore, poi direttamente, voleva semplicemente fare la confidenza senza verbalizzare, ma io rifiutai la circostanza e dissi loro che potevano scegliere di dire o non dire, ma che nell'ipotesi avessero scelto di parlare, tutto andava verbalizzato».

[7] Mi riferisco alla sentenza di proscioglimento del Gip di Brescia per la vicenda Gaspari e informatizzazione ministeriale; alla sentenza di proscioglimento per la vicenda del concorso al posto di comandante dei Vigili urbani di Milano; e alla sentenza di proscioglimento per la vicenda Gorrini.

Gorrini sia D'Adamo, pur essendo (e pur essendo stati da me considerati) miei amici, a partire dal 94 cominciarono a ritenermi direttamente o indirettamente responsabile del loro grave e irrimediabile dissesto economico: Gorrini perché si era visto sfumare la possibilità di vendita della Maa a Ligresti, avendo io incriminato quest'ultimo e richiesto il suo arresto proprio nei giorni in cui stava definendo l'operazione di compravendita[8]; e D'Adamo perché anche lui si era trovato nel frattempo coinvolto nelle indagini, e comunque perché l'avvento di "Mani pulite" aveva vanificato tutti i suoi piani finanziari e le sue speculazioni edilizie. Ragione per cui entrambi si sono avvicinati a Silvio e Paolo Berlusconi e a Cesare Previti, offrendosi di "descrivere" – in maniera ovviamente distorta e menzognera – i rapporti, anche di carattere economico, che io in passato avevo avuto con loro[9].

---

[8] Cfr. la mia "memoria finale", all'Ag di Brescia, nella quale ho fra l'altro evidenziato come sia stato Gorrini stesso a segnalare i suoi rapporti con Ligresti, nel suo interrogatorio del 26-5-95: «È in corso una trattativa per la cessione del ramo d'azienda della Maa alla Sai del gruppo Ligresti, acquirente questo prescelto dalla Banca Popolare di Novara, creditrice degli azionisti di maggioranza, senza interpellare gli stessi». Gorrini è ancora più esplicito in sede di interrogatorio del 10-11-95: «Nell'estate del 92 io stavo attivandomi per trovare nel mondo finanziario un socio che potesse entrare nella Maa al posto del socio francese secondo gli accordi che erano intercorsi con quest'ultima società nel maggio del 92 a Parigi. In realtà avevo avuto qualche colloquio con il dott. Walter [sic!] Molino che rappresentava il gruppo Ligresti. Proprio il giorno in cui dovevo incontrare l'ing. Salvatore Ligresti insieme al dott. Molino, *l'ing. Ligresti fu tratto in arresto su richiesta del dott. Di Pietro* e a causa di ciò la trattativa che era in corso si arenò».

Il collaboratore di Gorrini Osvaldo Rocca, a sua volta, interrogato in data 6-7-95, ha dichiarato: «Effettivamente ricordo che nel 92 Gorrini mi disse che era in contatto con un avvocato di cui ora non ricordo il nome, ma vicino a Salvatore Ligresti, col quale stava trattando una possibile cessione della Maa alla Sai Assicurazioni. Qualche giorno dopo che il *Gorrini* mi aveva fatto quell'accenno egli al mattino *manifestò la sua rabbia nell'apprendere dell'arresto di Salvatore Ligresti*; ricordo che disse testualmente: "Mi arresta pure questo". Il Gorrini mi disse anche che a quel punto occorreva cercare un altro partner. Posso dire però che Gorrini anche dopo l'arresto di Ligresti continuò ad avere rapporti con suoi emissari e con quell'avvocato in particolare per vedere di concludere l'affare Maa-Sai senza però riuscirvi».

L'ex moglie di Gorrini, Marina Vasaturo, sentita il 31-7-95, ha dichiarato: «Un giorno nel 92 Giancarlo mi disse che aveva un appuntamento con l'ing. Ligresti che era molto interessato a rilevare la Maa assicurazioni. Il giorno dopo io mi recai a Roma per trovare i miei e a casa di mia sorella sentii il Tg dove veniva data la notizia dell'arresto di Ligresti. Telefonai immediatamente a mio marito, che mi disse che non poteva perdere tempo perché doveva recarsi all'appuntamento [con Ligresti, ndr]. Io lo informai che avevo appena appreso dal Tg, e Giancarlo dopo attimi di sbalordito silenzio disse: "Questa è sfiga!"».

Lodovico Pozzi, sentito il 5-7-95 dalla Digos di Brescia, ha riferito: «Gorrini Giancarlo mi confidò che era *molto sconvolto* perché Di Pietro aveva arrestato Ligresti nel pomeriggio di quel giorno, perché quella sera stessa avrebbe dovuto firmare un accordo proprio con Ligresti. Quest'ultimo avrebbe dovuto entrare in società nella Maa di Gorrini e l'arresto gli aveva impedito di perfezionare l'accordo».

Renato Della Valle, in risposta alle richieste del mio difensore, ha precisato: «Ricordo invece che a seguito della trattativa Maa-Della Valle, dopo il versamento da parte dello scrivente dei 110 miliardi per l'aumento di capitale della società Maa Assicurazioni, il Gorrini mi disse che al mio posto avrebbe dovuto esserci il proprietario della Sai, trattativa quest'ultima venuta meno a seguito dell'arresto dell'ing. Ligresti».

[9] *Riporto di seguito il capitolo "Il movente e il prezzo delle accuse di Gorrini" contenuto nella mia "memoria finale" all'Ag di Brescia:*

Donatella Turri, convivente di Gorrini, in data 1-6-95 ha dichiarato al Pm: «In ordine ai rapporti tra il Gorrini e Paolo Berlusconi posso solo dire di aver appreso dal mio convivente che il suddetto *Berlusconi doveva mediare nella controversia tra il Gorrini e Renato Della Valle* per le vicende relative al pacchetto azionario della Maa Assicurazioni».

Attilio Santuccio, sempre in data 1-6-95, ha dichiarato al Pm: «In effetti Gorrini mi aveva detto qualche giorno prima di ricevere la convocazione dell'Ispettorato del ministero di Grazia e giustizia, che Paolo Berlusconi *gli stava procurando un appuntamento col dott. Dinacci*, capo dell'Ispettorato, per andare a riferire circa i suoi rapporti col dott. Di Pietro... Il Gorrini in questi anni si è rivolto a molte persone per trovare degli aiuti con riferimento alla situazione della Maa e dei suoi contrasti con l'altro azionista Renato Della Valle. Tra queste persone certamente vi era *Paolo Berlusconi* al quale il Gorrini si rivolse, se mal non ricordo, *nell'autunno del 94*».

Ancora più eloquente è stato Attilio Santuccio, con riferimento alle ragioni per cui lui e Gorrini si sono mossi contro di me, nel corso della telefonata intervenuta tra lui e Donatella Turri il 22-5-95, alle ore 21.02: «Io non sono andato volontariamente, l'ho dato a Berlusca [si riferisce evidentemente al manoscritto Gorrini 4-10-95]... e son stato chiamato a Roma per... per Berlusca!».

L'avv. Mario Donzelli, difensore civilista del Gorrini, sentito dal Pm in data 7-6-95, ha dichiarato: «Gorrini mi disse di essere nauseato per l'attacco che in quei giorni veniva portato dalla Procura di Milano nei confronti del suddetto *Paolo Berlusconi* e che aveva deciso di metterlo a parte delle vicende che nel tempo mi aveva raccontato. Io gli chiesi quali fossero gli *obiettivi* che voleva perseguire con quella iniziativa e mi rispose che *voleva rendersi utile al Berlusconi per avere una eventuale "riconoscenza"*... Quando incontrai il Gorrini a Milano mi confermò di avere incontrato a Milano il Paolo Berlusconi e di averlo informato di quelle vicende che riguardavano il Di Pietro. Successivamente in altro incontro il Gorrini mi disse che *Berlusconi gli aveva chiesto una sorta di memoria scritta su quei fatti e che lui*

Giancarlo Gorrini nell'estate 94 si metteva in contatto con Paolo Berlusconi e gli consegnava un memoriale menzognero e malevolo nei miei confronti, memoriale che finiva poi nelle mani dell'Ispettorato del ministero di Grazia e giustizia, dove lo stesso Gorrini veniva convogliato da Cesare Previti per confermare i contenuti di tale documento. Il Gip di Brescia, nel decreto di archiviazione per la vicenda Atm-Radaelli, ha rilevato al riguardo:

---

gliela aveva consegnata... Uno o due giorni dopo incontrai il Gorrini e mi riferì che *Paolo Berlusconi lo aveva contattato qualche giorno prima dicendogli che c'era la possibilità di incontrare il dott. Dinacci* dell'Ispettorato chiedendogli se lui era disposto a riferire i fatti di cui alla memoria già in possesso del Berlusconi... Il Gorrini mi disse che non aveva chiesto niente a nessuno quale contropartita e io gli credetti conoscendolo come una persona restia a chiedere cose a proprio favore: aggiunse però che *si aspettava una "riconoscenza" spontanea in termini di non precisato aiuto nel quadro delle sue disgraziate vicende giuridico-patrimoniali,* come ad esempio qualche intervento "autorevole" presso la Banca Popolare di Novara, i rapporti con la quale costituiscono l'attuale maggiore problema del Gorrini. Nel Natale del 94 il Gorrini mi manifestò la *sua disillusione* nei confronti di Berlusconi che non si era fatto più vivo se non con un *regalino di poco conto* che aveva accompagnato gli auguri per le festività. Da quel momento cominciò a parlare del Berlusconi in termini di disistima».

Infine è lo stesso Gorrini ad ammettere il suo ruolo attivo e diretto nella vicenda e la "ricompensa" che si aspettava. A dire il vero, Gorrini inizialmente tenta di negare il coinvolgimento di Paolo Berlusconi arrivando addirittura ad affermare di «non avere da tempo più rapporti con lui» (verbale del 26-5-95). Successivamente però, di fronte alle emergenze processuali che lo smentivano, ha dovuto modificare la sua originaria versione, e ha ammesso sia i contatti, gli incontri e gli accordi intervenuti fra lui e Paolo Berlusconi, sia le vere modalità in cui si era svolta la sua audizione ministeriale, ammettendo: «Al Paolo Berlusconi *consegnai,* non ricordo se di mia iniziativa o su sua richiesta, una copia del promemoria datato 4 ottobre che avevo predisposto. Nel novembre 94 ho certamente incontrato Paolo Berlusconi... Ovviamente continuammo a parlare della vicenda relativa al dott. Di Pietro, e Paolo Berlusconi mi chiese se fossi stato disponibile a rendere delle dichiarazioni al dott. Dinacci dell'Ispettorato del ministero di Grazia e giustizia che in quei giorni era stato incaricato di un'indagine sulla Procura di Milano. Io diedi la mia disponibilità e immediatamente dopo, forse l'indomani, Paolo Berlusconi mi disse che il dott. Dinacci poteva ricevermi per una certa data... Uno o due giorni dopo essere stato sentito dagli Ispettori, ricevetti una telefonata da uno di quelli che mi avevano interrogato, con la quale mi si chiedeva il numero di telefono del D'Adamo perché avevano difficoltà a rintracciarlo. Io che non ho mai avuto rapporti con D'Adamo, se non per le circostanze che ho specificato, mi procurai il numero di telefono di costui *chiedendo a Paolo Berlusconi* e lo comunicai a chi me lo aveva richiesto».

Anche Paolo Berlusconi ha dovuto ammettere i suoi incontri e i suoi accordi con Gorrini al riguardo (cfr. interrogatorio del 19-7-95). Di più: agli atti vi è la prova sia che Paolo Berlusconi fu il destinatario diretto del "memoriale Gorrini" 4-10-94, sia che egli era il depositario dell'ormai famigerato "dossier Di Pietro", di cui alla copia irritualmente ricevuta e non protocollata dall'Ispettorato del ministero di Grazia e giustizia. Ciò lo si evince dalla disamina congiunta delle dichiarazioni rese dallo stesso Paolo Berlusconi, dalla sua ex moglie Mariella Bocciardo, da Luciano Panciroli, e da Roberto Calderoli. Al riguardo, vale la pena di segnalare che il "dossier Di Pietro" altro non è che la copia di quanto rinvenuto e sequestrato presso la sede di "Giovine Italia", nella disponibilità di Bettino Craxi.

Per quanto riguarda poi i rapporti Gorrini-Cusani ribadisco – ma ormai credo sia noto a tutti – che Sergio Cusani ha nei miei confronti un risentimento viscerale, tanto che è arrivato numerose volte a denunciarmi ingiustamente e a pubblicamente denigrarmi: ho prodotto, e sono agli atti, i provvedimenti di archiviazione a mio favore seguiti alle infondate denunce da lui effettuate contro di me. Lo "zampino" di Cusani è palese in atti, se si considera che lo stesso giorno, dopo l'audizione del Gorrini a Brescia (26-5-95), anzi in piena nottata, il servizio appostato posto in essere dalla Digos di Brescia ha relazionato sulla sua presenza presso l'abitazione del Gorrini. Ulteriori riscontri alle frequentazioni e alla "regia" di Cusani si rinvengono dalla lettura del verbale di perquisizione eseguito a carico del Gorrini in data 6-6-95 alle ore 21.40. A casa del Gorrini in quel momento si trovava, ancora una volta, proprio Sergio Cusani, il quale pure veniva sottoposto a perquisizione, e in tale sede lo stesso Cusani ammetteva che si trovava da Gorrini per «la sistemazione dei suoi rapporti bancari». Ma ben altri, in verità, sono gli indizi circa il ruolo di Cusani nella vicenda – eccone alcuni:

• Dice l'avv.to Mario Donzelli (verbale del 7-6-95): «In un giorno dei primi mesi di quest'anno mi telefonò il dott. Sergio Cusani... e gli fissai l'appuntamento. Quando venne dichiarò di sapere che io avevo contatti personali con il Gorrini e mi domandò di metterlo in contatto con lo stesso... Riferii al Gorrini telefonicamente e i due si incontrarono nell'abitazione del Gorrini... Successivamente appresi dal Gorrini che il Cusani aveva avuto copia del promemoria che il Gorrini aveva dato a Paolo Berlusconi, e che il *Cusani si stava adoperando attraverso conoscenze romane per facilitare un incontro con gli esponenti della Banca Popolare di Novara* non più con carattere di ostilità come per il passato. Quando poi mi si chiese di prendere contatto con uno degli amministratori della Novara diverso da quello con il quale io avevo sempre avuto rapporti io rifiutai. Seppi poi di un incontro tra l'avv. Traldi di Roma e il suddetto coamministratore delegato della Novara per accordi su come impostare le trattazioni della pratica "Ifim-Gefinam"». [*A questo punto viene data lettura al teste della conversazione telefonica, registrata alle ore 24.41 del 25-5-95 sull'utenza... utenza chiamata... intervenuta tra l'avv. Donzelli e Giancarlo Gorrini, e il teste domandato risponde]* «I due "marpioni" cui si riferisce io ho subito inteso essere Paolo Berlusconi e Sergio Cusani. Per quel che io ho capito dai discorsi del *Gorrini egli intendeva ancora una volta tentare di avere una riconoscenza dal Paolo Berlusconi,* e si rendeva conto che rischiava di non poterla più avere se avesse riferito alla S.V. il ruolo avuto nella presentazione a Roma da Paolo Berlusconi».

• Dice l'avv. Stefano Traldi (verbale del 10-6-95): «Dopo la nomina nel marzo 95 il Gorrini mi ha chiesto anche di se-

«Inoltre vi è in atti prova di un ruolo attivo svolto nel recente passato da Paolo Berlusconi (proprio nel periodo storico nel quale il fratello Silvio, allora presidente del Consiglio dei ministri, aveva ricevuto l'avviso di garanzia di cui si è parlato), nell'assemblaggio di un malevolo carteggio anonimo contenente "un agglomerato vario di notizie attinenti sia... esclusivamente Di Pietro, sia... magistrati facenti parte del pool...", nonché prova del ruolo attivo svolto da Paolo Berlusconi, unitamente a Cesare Previti, nella

presentazione agli ispettori ministeriali di Giancarlo Gorrini, noto accusatore di Di Pietro in vicende poi confluite in numerosi procedimenti penali aperti a carico dell'ex Pm, tutte conclusesi con l'accertamento dell'infondatezza dei fatti denunciati».

Anche Antonio D'Adamo "sente il bisogno" di affidare un analogo memoriale anti-Di Pietro a Silvio Berlusconi e al suo entourage. Al riguardo il Gip di Brescia, nel suddetto decreto di archiviazione, ha scritto:

«Il fatto che il D'Adamo abbia avvertito, a suo dire *motu proprio*, l'esigenza di consacrare in uno scritto

---

guirlo nelle complicate vicende azionarie delle società comproprietarie della Maa Assicurazioni "Ifim" e la "Gefinam". Devo dire che allo stato si tratta prevalentemente di una vicenda stragiudiziaria nei rapporti con la Banca Popolare di Novara... Effettivamente il sig. *Gorrini mi ha messo in contatto per questa vicenda con il dott. Sergio Cusani.* Preciso come sono andati i fatti: verso la fine di aprile o i primi di maggio di quest'anno il Gorrini mi preannunciò che in occasione di un nostro incontro a Milano mi avrebbe presentato il Cusani, *che avrebbe dovuto assumere le vesti di consulente della vicenda con la Banca Popolare di Novara.* Qualche giorno dopo in casa del Gorrini conobbi il Cusani. Io non so quali fossero i rapporti tra il Gorrini e il Cusani: posso dire che si davano del "tu". In quell'incontro il Gorrini mi chiese di informare il Cusani della vicenda pendente con la Banca Popolare di Novara, ovviamente per la parte che era a mia conoscenza, cosa che io feci. In quella sede mi fu detto che il Cusani avrebbe svolto un'attività del tutto separata dalla mia di "consulenza promozionale" per la questione della Banca Popolare di Novara... Inizialmente il Cusani non mi esplicitò come e con chi avrebbe svolto quella "consulenza promozionale" di cui ho detto. Successivamente *il Cusani ebbe a dirmi che tramite suoi canali era intervenuto ai vertici della Banca Popolare di Novara*».
• Dice Emidia Zanetti (verbale del 18-10-95): «È vero che nell'aprile di quest'anno ricevetti una telefonata da Sergio Cusani il quale mi chiese un appuntamento per parlarmi della "vicenda Gorrini"... Il Cusani venne nel mio studio e mi disse che lui si stava interessando affinché Gorrini e la moglie raggiungessero un accordo sereno sotto il profilo patrimoniale ed economico, in quanto lui si sarebbe poi interessato dell'alienazione della Maa, ma aveva concordato con il Gorrini che il presupposto dovesse essere l'accordo patrimoniale familiare».
Infine *Gorrini*, di fronte alle suddette dichiarazioni e ai riscontri della intercettazione telefonica, non ha potuto esimersi dall'*ammettere quali fossero i suoi rapporti con Cusani*. Il 28-6-95 ha dichiarato infatti al Pm: «Nel marzo 95... Cusani venne a trovarmi a casa, offrendomi la sua collaborazione per risolvere i problemi che le mie società hanno con la Banca Popolare di Novara. Il Cusani in particolare mi precisò che aveva ancora molto credito nel mondo finanziario e in particolare presso lo Ior, che ha molta influenza sulla Banca Popolare di Novara, e con la Sai che dai giornali sapevo essere in trattativa con la Novara per rilevare la Maa... Immediatamente decisi di accettare questa offerta di interessamento da parte di Cusani... *Cusani fin dal primo incontro si dichiarò perfettamente ben informato sulle vicende dei miei rapporti con Antonio Di Pietro e mi disse di essere in possesso delle dichiarazioni dattiloscritte rese agli Ispettori da me e da Osvaldo Rocca.* Nel corso di uno dei successivi in-

contri, Cusani mi chiese una copia del promemoria che io a suo tempo avevo consegnato a Paolo Berlusconi e datato 4 ottobre 94; non rintracciandolo sul momento, io scrissi un nuovo promemoria, analogo al primo, che consegnai al Cusani; si tratta del promemoria datato 29 marzo 95 e rinvenuto in mio possesso e quindi sequestrato dalla Digos di Roma; la data riportata nel promemoria è quella in cui io redassi e consegnai al Cusani il documento. Se mal non ricordo, il *Cusani mi chiese il promemoria perché aveva riscontrato qualche discordanza tra le mie dichiarazioni e quanto contenuto in qualcuno dei verbali che assumeva aver ricevuto anonimamente.* Nel corso dei colloqui il Cusani mi manifestò il suo *risentimento* nei confronti del Di Pietro, ma non mi ha mai detto se intendeva in qualche modo agire contro di lui. Effettivamente quando io ho ricevuto la convocazione a presentarmi alla Procura di Brescia, cercai di mettermi in contatto con Paolo Berlusconi e Sergio Cusani perché volevo far loro presente in *quale situazione loro mi avevano coinvolto e sollecitare un intervento più autorevole presso la Banca Popolare di Novara o con la Sai per risolvere i problemi delle mie società...* Riuscii a incontrarmi con il solo Cusani che mi raggiunse a casa nella tarda serata del 25 maggio 95. Al Cusani parlai chiaramente dicendo che la vicenda rischiava di diventare un caso esplosivo e che io potevo averne diverse conseguenze a livello di immagine soprattutto nei rapporti con la Novara. Chiesi pertanto che il *Cusani, coinvolgendo eventualmente anche i fratelli Berlusconi da lui ben conosciuti, ottenesse immediatamente i più autorevoli interventi presso la Novara e la Sai per far sì che le vicende relative alle mie società si chiudessero al più presto positivamente* come da me ritenuto giusto. Non mi pare se ne sia parlato espressamente ma era ovvio dal tenore complessivo del discorso che *io anche nell'attesa di quell'intervento non avrei nominato Paolo Berlusconi*».
I rapporti sopra evidenziati tra Gorrini e Paolo Berlusconi, e quelli tra Gorrini e Sergio Cusani, dimostrano inequivocabilmente che Gorrini, dapprima con Berlusconi e poi con Cusani, ha cercato un prezzo alle sue dichiarazioni accusatorie nei miei confronti. E ci è riuscito. In tal senso si sono espresse le persone informate sui fatti e lo stesso Gorrini. Ampi riscontri si rinvengono, poi, nelle intercettazioni telefoniche effettuate. Riporto qui di seguito solo un piccolo, ma significativo, sunto:
• Dice Rea al Pm di Milano (verbale del 3-9-95): «Di Pietro si inserì nelle mie vicende solo per amicizia... Nelle sue successive dichiarazioni Gorrini si è inventato tutto... Ho

le confidenze fatte in precedenza a Previti e a Silvio Berlusconi circa asseriti comportamenti scorretti del Di Pietro, e quindi, pur senza essere dichiaratamente mosso da alcuna finalità specifica ("per ogni evenienza" – v. S.I. Berlusconi Silvio 31-5-97), di porre il documento proprio nella disponibilità degli stessi Previti e Berlusconi, e cioè a persone aventi, come si è visto, profondi motivi di contrasto personale nei confronti dell'ex Pm, e interessati dunque ad avvalersi del "promemoria"... L'incedere "a tandem" del duo D'A-

damo-Previti, con quest'ultimo che, ottenuti, con le già esaminate modalità, gli appunti vergati dal D'Adamo, si è premurato di riversarli al Pm di Brescia».

Il Gip di Brescia, a questo punto, rileva ciò che è di solare evidenza a tutti, salvo che ai Pm bresciani:

«La singolare, per non dire sorprendente, somiglianza tra le iniziative assunte in rapida successione da Giancarlo Gorrini prima e Antonio D'Adamo poi, entrambe connotate, oltre che dalla comune gestazione presso Cesare Previti e la famiglia Berlusconi, e dal solenne "atteggiamento di censura e critica" as-

---

pensato che lo abbia fatto *per denaro*. Non credo proprio che lo abbia fatto gratis. Disse ai giornali che era arrabbiato con Di Pietro perché se l'era presa con due galantuomini come Prada e Radaelli, che in realtà Gorrini aveva visto solo una volta in vita sua e non aveva alcun motivo per difendere... Nel giro dei nostri amici si dice che lui voglia svincolare le proprietà immobiliari che ha in pegno (credo che le abbia date in pegno alla Banca Popolare di Novara in relazione a ipoteche accese per le operazioni di Della Valle) e vivere del denaro così ricavato. Gorrini aveva bisogno di denaro per svincolare le sue proprietà. Quando venne fermato Cusani a casa sua (tenuto conto del fatto che Cusani non lo aveva mai visto nella sua vita) ho pensato che il giro si chiudesse e che cioè il cervello di tutta l'operazione stesse a Hammamet... Quando è scoppiato il caso Di Pietro non mi è venuto in mente di chiamare Gorrini... chi tradisce l'amico non si preoccupa di dare dichiarazioni.
• Dice Mario Donzelli al Pm (verbale del 7-6-95): «Gorrini mi disse di essere nauseato per l'attacco che in quei giorni veniva portato dalla Procura di Milano nei confronti del suddetto Paolo Berlusconi e che aveva deciso di metterlo a parte delle vicende che nel tempo mi aveva raccontato. Io gli chiesi quali fossero gli obiettivi che voleva perseguire con quella iniziativa e mi rispose che *voleva rendersi utile al Berlusconi per avere una eventuale "riconoscenza"*... Gorrini... *si aspettava una "riconoscenza" spontanea in termini di non precisato aiuto nel quadro delle sue disgraziate vicende giuridico-patrimoniali*, come ad esempio qualche intervento "autorevole" presso la Banca Popolare di Novara, i rapporti con la quale costituiscono l'attuale maggiore problema del Gorrini».
• Dice Attilio Santuccio al Pm (verbale dell'1-6-95): «Gorrini, per quel che mi disse, col Berlusconi prima e col Cusani poi aveva raggiunto un accordo per *scambiarsi dei favori*. Il Berlusconi e il Cusani avrebbero aiutato il Gorrini nelle sue vicende relative alla Maa, le cosiddette "sponsorizzazioni" che emergono nelle telefonate, mentre il Gorrini avrebbe fatto il favore di riferire i suoi rapporti, veri, col Di Pietro... Il Gorrini ritenne di contattare il Berlusconi e il Cusani per ottenere quanto meno un loro reale intervento in suo favore per la vicenda Maa».
• Dice l'avv. Domenico Contestabile al Pm (verbale del 9-6-95): «Nell'autunno del 94 Paolo Berlusconi mi telefonò e non ricordo se già per telefono o in un successivo incontro mi chiese di assistere in una vertenza stragiudiziale tale sig. Gorrini con il quale lui aveva rapporti di affari».
• Dice l'avv. Stefano Traldi al Pm (verbale del 10-6-95): «Gorrini mi mise in contatto con Cusani... che avrebbe dovuto assumere le vesti di consulente nella vicenda con la Banca Popolare di Novara... Cusani avrebbe svolto un'attività... di consulenza promozionale... tramite suoi canali era

intervenuto ai vertici della Banca Popolare di Novara».
• Dice Gorrini al Pm (verbale del 28-6-95): «Con Paolo Berlusconi e Sergio Cusani volevo far loro presente in quale situazione *loro mi avevano coinvolto* e sollecitare un intervento più autorevole presso la Banca Popolare di Novara o con la Sai per risolvere i problemi delle mie società... Chiesi pertanto che Cusani, coinvolgendo eventualmente anche i fratelli Berlusconi, da lui ben conosciuti, ottenesse immediatamente i più autorevoli interventi presso la Novara e la Sai».
• Dice Gorrini nella trascrizione della telefonata Gorrini-Traldi del 25-5-95, ore 22.47: «Io siccome ci sono le dichiarazioni a destra a sinistra io ho deciso: ormai sono salito su un cavallo e vado avanti su questo qua... speravo... attraverso l'incontro immediato con Paolo etc. di aver determinate *garanzie* che...».
• Dice Gorrini nella trascrizione della telefonata Gorrini-Donzelli del 25-5-95, ore 21.41: «Mi sembrava da imbecille non *venderla* preventivamente a questi *due marpioni* qua...» (si riferisce, per ammissione sua e di Donzelli, a Sergio Cusani e Paolo Berlusconi).
Il risultato finale è stato che, effettivamente, nel 95, la Maa è stata acquistata dal gruppo Sai di Salvatore Ligresti.
In conclusione, è provato anche che Gorrini avesse un incontenibile risentimento nei miei confronti perché l'attività giudiziaria da me portata avanti (prima contro Araldi, e poi contro Ligresti), nell'ambito dell'inchiesta "Mani pulite", gli aveva via via tolto la possibilità di portare a termine la vendita della Maa che tanto gli stava a cuore e che rappresentava per lui un'esigenza economica vitale. *È provato* che sia stato proprio Gorrini ad attivarsi presso Paolo Berlusconi per far partire in tal modo l'indagine ministeriale. *È provato* ancora che Gorrini, a fronte di questa sua disponibilità ad accusarmi presso il ministero di Grazia e giustizia, si fosse accordato con Paolo Berlusconi per interventi finanziari e legali a suo favore. *È provato* infine che Gorrini si sia reso disponibile nel riproporre accuse a mio carico, questa volta presso la Procura di Brescia, sia con Sergio Cusani che con Paolo Berlusconi, sempre in cambio di aiuti economici e finanziari che costoro gli avrebbero garantito.
Insomma, Gorrini è stato il promotore e il motore dell'intera iniziativa a mio danno. Una iniziativa per la quale la Procura della Repubblica di Brescia ha ritenuto di riformulare l'imputazione di concussione nei confronti dello stesso Paolo Berlusconi, dell'on. Cesare Previti e degli ispettori ministeriali Dinacci e De Biase.

sunto dai due nei confronti dell'ex amico Antonio Di Pietro, pure dall'esistenza di un sottostante "interesse personale" che li aveva portati "ad aspettarsi un qualche riconoscimento" come conseguenza del loro agire».

Vediamo allora, e in concreto, cosa D'Adamo ha offerto a Berlusconi e cosa ha ricevuto in cambio. Il Gip pone prima Gorrini e poi Antonio D'Adamo come soggetti che si sono avvicinati a Berlusconi per offrirgli "la testa" di Di Pietro su un vassoio d'argento. La sequenza temporale non è però ancora chiara: non sappiamo, cioè, se D'Adamo si decise a "vendermi" a Berlusconi solo alla fine del 94 (quando compilò lo strano "testamento" che vedremo), oppure se ciò avvenne prima dell'estate 94, in concomitanza con la mia presa di posizione contro il decreto Biondi detto "Salvaladri".

Di sicuro c'è il rinvenimento (in altro processo) di appunti e file sequestrati al brigadiere Paolo Simonetti nei quali quest'ultimo evidenzia: «Conosco Aldo Brancher, manager Fininvest... l'ho conosciuto... nel 93... si stabilì un rapporto di collaborazione... Brancher mi riferì che Giancarlo Gorrini... su richiesta di Di Pietro, aveva partecipato al ripianamento dei debiti di gioco di Rea. Brancher mi riferì che anche Antonio D'Adamo aveva contribuito a ripianare i debiti di gioco... e aggiunse che la circostanza era a conoscenza di Cesare Previti... Gorrini era in procinto di rivelare l'accaduto mentre D'Adamo era titubante... Brancher mi confidò che Paolo Berlusconi era a conoscenza di casi analoghi che in qualche maniera coinvolgevano Di Pietro». Insomma, stando alla versione Gorrini, prima che lui si recasse dagli ispettori («in procinto»), già D'Adamo si era messo a disposizione di Berlusconi anche se era «titubante», e comunque Paolo Berlusconi, ancor prima che Gorrini fosse messo a disposizione degli ispettori ministeriali da Previti, «era a conoscenza di casi simili».

Un riscontro circa il coinvolgimento di D'Adamo fin dall'inizio della manovra per delegittimare Di Pietro, è nelle dichiarazioni del 25-2-98 del dirigente Fininvest Aldo Brancher:

«Attualmente sono consulente della Mediaset spa. Fino al mese di dicembre del 97 sono stato dirigente della Fininvest comunicazioni... Conosco sia Paolo che Silvio Berlusconi... Riferii a Simonetti una confidenza fattami da Paolo Berlusconi durante un viaggio aereo da Milano a Roma. Berlusconi mi aveva detto che Giancarlo Gorrini, proprietario della Maa Assicu-

razioni, gli aveva riferito di essere intervenuto per il ripianamento dei debiti di gioco di Eleuterio Rea, su richiesta di Di Pietro. *Nell'occasione Berlusconi aggiunse che anche D'Adamo Antonio era intervenuto nel ripianamento dei suddetti debiti.* Berlusconi concluse dicendomi di essere a conoscenza di altri particolari che non mi specificò... Berlusconi Paolo non mi specificò se gli altri particolari a sua conoscenza riguardavano il rapporto tra Gorrini e Di Pietro o D'Adamo e Di Pietro... Paolo Berlusconi non mi ha mai riferito di dazioni di denaro o altre utilità di D'Adamo a Di Pietro».

Il presunto "portavoce" D'Adamo

D'Adamo sostiene di aver svolto, nel periodo fine 93-fine 95, un ruolo di "intermediario" fra me e Silvio Berlusconi finalizzato a trovare un "terreno d'incontro politico" fra noi; questo – secondo D'Adamo – gli sarebbe stato possibile fare in quanto era, al tempo stesso, amico mio e amico di Berlusconi. I suoi rapporti di amicizia e di frequentazione con me sono noti; quelli con l'on. Berlusconi sono stati confermati da entrambi [10, 11].

Come risulta agli atti, quando D'Adamo venne a sapere, alla fine del 93, che Berlusconi stava per darsi alla politica fondando un proprio partito, subito si attivò per dargli una mano: sia per amicizia e consonanza politica, sia per le "aspettative di ritorno" che lui si augurava per le sue aziende in difficoltà economiche [12]. Per stes-

---

[10] Cfr. incid. prob. D'Adamo del 29-1-98:
Domanda: «Vediamo di ricostruire questi interventi nei suoi rapporti con Berlusconi più in generale?».
Risposta: «Naturalmente il mio rapporto con Berlusconi risale al 71, io sono stato per 7 o 8 anni dipendente del dott. Berlusconi, sono stato Direttore generale della Edilnord, poi uscii dalla Edilnord per mettermi da solo con la Edilgest, però i rapporti con il dott. Berlusconi continuarono, furono sporadici».

[11] Silvio Berlusconi: «Come già ho avuto modo di accennare in occasione di precedenti escussioni, conosco l'ing. Antonio D'Adamo da molti anni, essendo lui stato Direttore generale di una mia società nel settore dell'edilizia. Nel corso degli anni 80 l'ing. D'Adamo decise di mettersi in proprio e fondò un suo gruppo, sempre nel settore dell'edilizia. I nostri rapporti sono sempre rimasti di stima e amicizia e in particolare si sono intensificati in occasione della mia discesa in campo nella competizione politica».

[12] Cfr. incid. prob. D'Adamo del 29-1-98:
Domanda: «Veniamo ai giorni nostri e vediamo quali sono i suoi rapporti con Berlusconi politico?».
Risposta: «Ci fu un discorso politico, quindi incomin-

sa ammissione di D'Adamo, lui aveva un preciso interesse a che Di Pietro e Berlusconi potessero un giorno militare nello stesso schieramento politico, e cominciò a darsi da fare in tal senso: a me dicendo "bene" di Berlusconi, e a Berlusconi dicendo "bene" di me [13, 14, 15].

---

ciammo a parlare con il dott. Berlusconi del fatto che lui aveva questa intenzione».

D: «Questo quando?».

R: «Fu verso la fine del 93, naturalmente il dott. Berlusconi teneva questa cosa molto riservata, smentiva il suo ingresso politico, c'erano anche dei suoi collaboratori che non volevano che lui entrasse in politica, io invece fui uno che gli dava corda, io gli dicevo di andare avanti che ce l'avrebbe fatta, lui mi chiese anche se volevo partecipare in qualche modo a questo Movimento che stava nascendo e io naturalmente per la mia situazione sia societaria che a livello di Procura, rifiutai in quel periodo...».

D: «Le proposte di candidarsi?».

R: «No, di essere vicino al Movimento per l'organizzazione del Movimento... naturalmente in questi rapporti si parlava di politica, parlava più lui che io, mentre parlava gli venivano idee, scriveva appunti, comunque ci furono contatti».

[13] Cfr. incid. prob. D'Adamo del 29-1-98: «In quel periodo io ne parlai con il dott. Di Pietro di questa intenzione di Berlusconi di entrare in politica e ricordo che ne parlammo in modo positivo, quindi il dott. Di Pietro riteneva che poteva avere successo questa cosa».

Domanda: «Questa iniziativa politica?».

Risposta: «Sì. Poi naturalmente scese in campo e la cosa divenne più concreta».

D: «Siamo?».

R: «Ai primi del 94. Quindi ai primi del 94 la cosa divenne più concreta, avemmo rapporti, io continuavo ad andare sempre ad Arcore, ricordo che lui parlava di percentuale, di che percentuale riusciva a raggiungere Forza Italia per vincere le elezioni. Siamo già al periodo delle elezioni del 94. In quel periodo io ricordo che riferivo delle cose che il dott. Di Pietro mi diceva in rapporto a questo Movimento politico e quindi a una possibilità che in caso di vittoria potesse essere assegnato al dott. Di Pietro qualche incarico per la formazione del Governo, di questo ne parlai con Berlusconi».

[14] Cfr. s.i.t. Silvio Berlusconi del 31-5-97: «L'ing. D'Adamo, infatti, fin dall'inizio del mio impegno politico, manifestò una sua convinta adesione a quelli che erano i miei programmi politici. In particolare essendo lui amico dell'allora Pm dott. Antonio Di Pietro il D'Adamo ebbe modo di mettermi a conoscenza, in varie occasioni, della vicinanza del dott. Di Pietro alla mia parte politica e anche di una sua personale simpatia nei miei confronti. In diverse occasioni l'ing. D'Adamo mi precisò che se il dott. Di Pietro avesse deciso di scendere in campo politicamente non lo avrebbe mai fatto schierandosi con il gruppo contrapposto al mio. I discorsi di D'Adamo in ordine agli orientamenti di Di Pietro vanno collocati, cronologicamente, a far data dalle elezioni politiche del marzo 94».

[15] Cfr. s.i.t. Silvio Berlusconi del 19-12-96: «Faccio presente

Ovviamente, l'interesse di D'Adamo era essenzialmente di tipo imprenditoriale, ma era un interesse che andava perseguito in chiave politica: schierandomi io con Berlusconi, avrei da un lato cessato di occuparmi dell'inchiesta "Mani pulite", e dall'altro avrei dato maggiore stabilità e credibilità al governo berlusconiano. Infatti testimonia l'avv. Lucibello: «D'Adamo mi assillava chiedendomi di convincere Di Pietro a schierarsi con Berlusconi, sosteneva che il suo [di D'Adamo, ndr] futuro [di imprenditore, ndr] dipendeva da un accordo tra Berlusconi e Di Pietro, identificava il futuro delle sue aziende con il futuro politico di Berlusconi con Di Pietro» [16]. D'Adamo, in particolare, teneva a rimarcare a tutti l'interesse di Berlusconi ad avermi non come avversario ma dalla sua parte, schierato apertamente con la nascente formazione politica Forza Italia [17].

Dopo le elezioni politiche della primavera 94 e la nomina di Berlusconi alla presidenza del Consiglio, D'Adamo sostiene di essersi attivato perché il presidente del Consiglio incaricato mi affidasse un dicastero, recandosi per l'occasione nell'ufficio di Cesare Previti e studiando con quest'ultimo («perché il dott. Berlusconi era in

---

che già nel corso di tutto il 94, da quando io ero sceso in politica, l'ing. D'Adamo, in diverse occasioni, si era fatto tramite, a suo dire "portavoce", del dott. Di Pietro, per manifestarmi una particolare "vicinanza" del dott. Di Pietro alla mia parte politica e di simpatia nei confronti anche della mia persona».

[16] Cfr. interrogatorio Giuseppe Lucibello del 17-3-98: «Dopo l'incontro a casa mia tra Di Pietro e D'Adamo, ho in effetti tenuto un po' i contatti tra i due. D'Adamo mi assillava chiedendomi di convincere Di Pietro a schierarsi con Berlusconi. Sosteneva che il suo futuro dipendeva da un accordo tra Berlusconi e Di Pietro, identificava il futuro delle sue aziende con il futuro politico di Berlusconi insieme con Di Pietro. Da parte mia riferivo [a Di Pietro] solo in minima parte quanto D'Adamo mi sollecitava a fare e a quest'ultimo fornivo qualche rassicurazione in ordine alla vicinanza politica tra Di Pietro e l'area di centro-destra. Ciò peraltro corrispondeva effettivamente al pensiero politico di Di Pietro. Non ho invece mai riferito a D'Adamo il giudizio non affidabilità che Di Pietro formulava nei confronti di Berlusconi quale leader dell'area di centro-destra. A parere di Di Pietro, Berlusconi era troppo compromesso con la Prima Repubblica».

[17] Cfr. interrogatorio Giuseppe Lucibello del 17-3-98: «Silvio Berlusconi, a dire di D'Adamo, era invece all'epoca interessato a far sì che Di Pietro entrasse in politica e si schierasse con il movimento Forza Italia».

riunione») «che cosa poteva accettare il dott. Di Pietro in quel momento» [18].

Ecco, qui sta la chiave di lettura di tutto. Io, all'epoca, niente sapevo dei fatti di Previti e di Silvio Berlusconi, ma loro – che li sapevano molto bene – avevano intuito per tempo che era meglio trovare al Pm Di Pietro qualcos'altro da fare... D'Adamo sostiene che io mi sarei dichiarato disponibile ad assumere un incarico istituzionale, tipo responsabile del Sismi o del Sisde, «ma solo alla fine del processo Cusani» [19] (che era già finito), mentre Berlusconi, secondo D'Adamo, «ci teneva invece che il dott. Di Pietro diventasse ministro, allora c'era la formazione del governo e Berlusconi pensava che se il dott. Di Pietro avesse accettato di fare il ministro dell'Interno questo per la popolarità di Di Pietro in quel momento era una buona cosa» [20]. In realtà, è D'Adamo che, come riferisce l'avv. Lucibello, «insi-

steva in modo eccessivo nel tentare di convincer[mi] a schierar[mi] con Berlusconi»; e a seguito del mio rifiuto, Lucibello notò che «i rapporti tra Di Pietro e D'Adamo avevano iniziato a incrinarsi» [21].

In effetti, io venni convocato dall'allora presidente del Consiglio incaricato nell'ufficio romano dell'avvocato-senatore Previti, luogo in quel momento scelto da Berlusconi per preparare la formazione del suo governo. L'incontro, però, non venne affatto propiziato dall'ing. D'Adamo, né le ragioni per cui il presidente Berlusconi mi convocò hanno attinenza con quello che l'ing. D'Adamo vuol far credere sia stato il suo ruolo di "intermediario-portavoce"; anzi, proprio la dinamica degli avvenimenti di allora dimostra da una parte "l'attivismo" di D'Adamo per inserirsi in vicende più grandi di lui e per "farsi vedere anche lui della partita", e dall'altra il disinteresse con cui sia io sia l'on. Berlusconi seguivamo le sue evoluzioni intromissive. Infatti è lo stesso Berlusconi a riferire che mi aveva convocato a Roma per offrirmi l'incarico di ministro dell'Interno non già per le sollecitazioni di D'Adamo, ma perché «Alleanza nazionale propose di affidare tale dicastero al dott. Di Pietro» [22, 23].

---

[18] Cfr. incid. prob. D'Adamo del 29-1-98: «Io andai, ricordo l'episodio di via Cicerone, quel giorno lo ricordo perché c'era una riunione politica, perché dovevano essere eletti i presidenti di Camera e Senato, in via Cicerone c'era questa riunione intorno a mezzogiorno...».
Domanda: «Che cosa c'è in via Cicerone?».
Risposta: «C'era lo studio dell'avvocato Previti che io conoscevo, infatti il dott. Silvio Berlusconi era in riunione, io parlai con il dott. Previti».
D: «Di che cosa parlaste?».
R: «Che cosa poteva accettare il dott. Di Pietro in quel momento, in questo ambito...».

[19] Cfr. incid. prob. D'Adamo del 29-1-98: «Il dott. Di Pietro mi parlò sempre di un incarico istituzionale non politico, mi parlò prima del capo del Sisde e poi capo del Sismi, io dico queste sigle perché sono quelle che in quel periodo il dott. Di Pietro aveva in mente, e mi spiegò anche che avere un incarico di questo tipo significava non lasciare l'amministrazione, mi spiegò che bisognava diventare Prefetto per poi diventare capo del Sisde... Queste cose naturalmente io le riportai a Berlusconi, poi quando il dott. Berlusconi vinse le elezioni, io andai per incarico del dott. Di Pietro da Berlusconi per dirgli che lui poteva accettare un incarico di quelli che abbiamo detto prima, ma solo alla fine del processo Cusani. Allora si stava svolgendo a Milano il processo Cusani e in quel periodo il dott. Di Pietro mi diceva che pensava di poter finire questo processo intorno a settembre e poi divenne più lungo, quindi finì successivamente, ma le previsioni in quel periodo erano che finisse prima».

[20] Cfr. incid. prob. D'Adamo del 29-1-98: «Il dott. Berlusconi ci teneva invece che il dott. Di Pietro diventasse ministro, allora c'era la formazione del Governo e Berlusconi pensava che se il dott. Di Pietro avesse accettato di fare il ministro degli Interni, questo per la popolarità di Di Pietro in quel momento era una buona cosa. Io dissi: "Di Pietro non vuole un incarico politico ma solo istituzionale"...».

[21] Cfr. interrogatorio Lucibello del 17-3-98: «I rapporti tra Di Pietro e D'Adamo avevano iniziato a incrinarsi dopo che Di Pietro aveva rifiutato la carica di ministro degli Interni, che gli era stata offerta da Berlusconi, tramite D'Adamo, nel maggio del 94. Tale rifiuto aveva contrariato D'Adamo e Di Pietro, da parte sua, lamentava il fatto che D'Adamo insisteva in modo eccessivo nel tentare di convincerlo a schierarsi con Berlusconi».

[22] Cfr. s.i.t. Silvio Berlusconi del 19-12-96: «Nel corso delle trattative per arrivare alla formazione del Governo, nell'aprile-maggio del 94, al fine di evitare che il ministero degli Interni venisse affidato a un rappresentante della Lega, che aveva manifestato sino a qualche mese prima propositi secessionistici, Alleanza nazionale propose di affidare tale Dicastero al dott. Di Pietro. Se ben ricordo mi venne anche riferito che il dott. Di Pietro aveva in tal senso manifestato una sua convinta disponibilità. Fu per tale ragione che mi determinai a invitare il dott. Di Pietro a un incontro presso lo studio del senatore Cesare Previti».

[23] Cfr. s.i.t. Silvio Berlusconi del 31-5-97: «Nel maggio 94, dovendo formare il governo, mi sono trovato a dover affrontare il delicato problema della designazione del responsabile del ministero dell'Interno. C'era una precisa richiesta della Lega, al riguardo, cui non intendevo dare seguito, avendo quel partito espresso fino a pochi mesi prima dei propositi secessionisti. Al fine di risolvere il problema, Alleanza nazionale propose di conferire l'incarico al dott. Di Pietro. Anche la Lega espresse il suo consenso in proposito e io ho co-

Da parte mia, ricevetti l'invito per telefono direttamente dall'on. Berlusconi, il quale mi disse che stava parlando dall'ufficio del Presidente della Repubblica Scalfaro e che telefonava alla presenza del capo dello Stato proprio per rimarcare come anche quest'ultimo fosse d'accordo. Tale circostanza mi spiazzò, giacché il Procuratore capo di Milano dott. Borrelli poco prima, in seguito alle voci che avevano preannunciato l'offerta ministeriale che mi sarebbe stata rivolta, mi aveva suggerito di stare molto attento perché non capiva le ragioni per cui Berlusconi volesse affidare proprio a me l'incarico di ministro dell'Interno. Ritelefonai allora al dott. Borrelli per chiedergli consiglio, e lui mi disse che il capo dello Stato a lui aveva espresso invece tutta la sua contrarietà, e che l'operazione non era da lui apprezzata.

Condivisi le preoccupazioni del dott. Borrelli, e mi comportai di conseguenza rinunciando al prestigioso incarico ministeriale offertomi. Mi recai comunque all'appuntamento fissato con l'on. Berlusconi, a Roma, per rispetto alla carica istituzionale di presidente del Consiglio incaricato che rivestiva: mi sembrava – e ne sono ancora convinto – un atto responsabile andare di persona a rifiutare ufficialmente un incarico istituzionale di tale prestigio [24], [25].

E D'Adamo che ruolo ha avuto in questa storia? Nessuno, come lui stesso ammette quando riferisce di avere saputo dell'incontro a Roma fra me e Berlusconi e del mio rifiuto a entrare nel governo in quanto la notizia «venne sul giornale, ci fu un comunicato, poi me lo disse Berlusconi» [26]. Ma come: lui da una parte si professa «portavoce di questi contatti tra il dott. Di Pietro e il dott. Berlusconi» [27], e dall'altra deve aspettare di leggere sui giornali un evento di cui lui sostiene di essere stato il promotore? Anzi, deve aspettare che «poi» glielo dica Berlusconi: cioè, appunto, a cose fatte e come informazione già pubblica! E non si dimentichi la data: pochi giorni dopo il 28 aprile 94, giorno in cui – a dire del fantasioso D'Adamo – avrebbe ottenuto da Pacini un "abbuono" di 4,5 miliardi da destinare a Di Pietro!

Sta di fatto che tra me e Berlusconi non avvenne alcun "matrimonio", e io proseguii la mia attività di magistrato nel pool "Mani pulite", un'attività che di lì a poco coinvolse pesantemente anche importanti esponenti del gruppo imprenditoriale del presidente del Consiglio, fra i quali il fratello Paolo Berlusconi [28]. D'Adamo,

---

sì convocato il dott. Di Pietro per offrirgli la responsabilità di quel Dicastero. Già ho avuto modo di dichiarare che tale incontro avvenne nello studio del sen. Previti...».

[24] Cfr. s.i.t. Silvio Berlusconi del 31-5-97: «Il dott. Di Pietro non mi diede neppure il tempo di formalizzare verbalmente la proposta perché mi comunicò di voler continuare il suo lavoro nella Magistratura e mi precisò che tale sua decisione era stata caldeggiata e concordata con il dott. Borrelli, a seguito di un preciso intervento su Borrelli del Presidente Scalfaro».

[25] Cfr. s.i.t. Silvio Berlusconi del 19-12-96: «In occasione di tale incontro il dott. Di Pietro, prima ancora che io riuscissi a formulare esplicitamente la nostra proposta mi riferì che era sua intenzione continuare il suo lavoro nella Magistratura. Nel corso del colloquio mi confidò che c'era stato un preciso intervento del procuratore Borrelli teso a dissuaderlo dall'accettazione dell'incarico e successivamente aggiunse altresì che detto intervento del dott. Borrelli era stato determinato da un precedente intervento del presidente Scalfaro sullo stesso dott. Borrelli. Anche con riguardo a questi particolari mi riporto alle mie precedenti deposizioni avanti il Pm di Brescia. In quel momento mi stupii molto che il dott. Di Pietro potesse rinunciare a una proposta così importante come la responsabilità del dicastero degli Interni che rientrava nelle sue specifiche attitudini».

[26] Cfr. incid. prob. D'Adamo del 29-1-98:
Domanda: «Prima che il governo si formasse, le risulta che ci fu un incontro diretto tra Berlusconi Silvio e Di Pietro per questa tematica dell'incarico?».
Risposta: «Sì».
D: «Dove vi fu questo incontro?».
R: «Nell'ufficio dell'avvocato Previti».
D: «Lei non fu presente?».
R: «No, io non ero presente».
D: «Chi glielo ha detto che avvenne questo incontro?».
R: «Intanto venne sul giornale ci fu un comunicato, poi me lo disse il dott. Berlusconi tanto che mi dissi: "Era necessario che lei incontrasse il dott. Di Pietro, ero venuto io apposta per dirle quello che il dott. Di Pietro voleva"».

[27] Cfr. incid. prob. D'Adamo del 29-1-98:
Domanda: «Il suo ruolo fino a questo momento qual è?».
Risposta: «Era quello di "portavoce", di questi contatti tra il dott. Di Pietro e il dott. Berlusconi. Io ricordo che facevo degli appunti, andavo dal dott. Berlusconi, facevo degli appunti, io capisco che avevo un ruolo tra due persone forti, scomodo anche per me, perché quando si è in mezzo si fa la fine che sto facendo e che ho fatto. Comunque il mio ruolo era quello di riportare quello che Di Pietro voleva».

[28] Cfr. incid. prob. D'Adamo del 2-2-98:
Domanda: «A luglio era stato arrestato Paolo Berlusconi?».
Risposta: «A fine luglio era stato arrestato Paolo Berlusconi».

ancora una volta, sostiene di essersi intromesso, di essersi dato da fare con me per aiutare il fratello di Silvio Berlusconi dapprima per costituirsi («Fallo presentare») e poi per fargli ottenere gli arresti domiciliari («Ci fu una trattativa tra Di Pietro, Silvio Berlusconi e gli altri avvocati che andarono a trattare con Di Pietro») [29].

Ancora una volta D'Adamo mischia il sacro col profano: nessuno, nemmeno l'on. Berlusconi (che è tutto dire), riferisce di una mia trattativa con lo stesso on. Silvio per far costituire suo fratello, né per far ottenere a quest'ultimo gli arresti domiciliari. È vero invece che i difensori di Paolo Berlusconi si attivarono, come loro diritto-dovere, con la Procura di Milano, andando a parlare dapprima con il Procuratore capo Borrelli, e poi con tutti noi del pool, per sbloccare la situazione. Bisogna riportarsi agli accadimenti di allora: pochi giorni prima che procedessimo all'arresto di Paolo Berlusconi, suo fratello Silvio e il governo avevano varato il decreto Biondi, il decreto ribattezzato "Salvaladri" che avrebbe ridimensionato e pressoché azzerato i poteri di in-

dagine dei Pm. C'era una situazione politica incandescente, e una attenzione sociale elevatissima, la tensione ci tagliava l'aria intorno e ci faceva mancare il respiro: intorno al Palazzo di giustizia si formarono cortei di cittadini. In quelle condizioni interrogammo Paolo Berlusconi, il quale venne a costituirsi direttamente in Procura: ammise gli addebiti e si assunse le proprie responsabilità; non solo, ma fornì anche le prime indicazioni sulla struttura "familiare" del gruppo berlusconiano, con ciò contribuendo a individuare il ruolo di primo piano che su ogni decisione aziendale aveva suo fratello Silvio. Decidemmo, allora, tutti insieme noi del pool e di concerto con la dirigenza (anzi, per quanto mi riguarda, su consiglio diretto del dott. Borrelli), di allentare la "morsa investigativa" dando parere favorevole alla misura degli arresti domiciliari richiesto dalla difesa per sopravvenuta mancanza del pericolo di fuga (Paolo Berlusconi era venuto a costituirsi spontaneamente) e per mancanza del pericolo di inquinamento probatorio (aveva ammesso la materialità dei fatti). Il Gip decise poi in conformità.

Invece, altre due circostanze di quel periodo finirono per indurre D'Adamo a "vendermi" a Silvio Berlusconi: la mia reazione al decreto Biondi, reazione che D'Adamo commenterà così: «Di Pietro... quella volta mi sembrò cattivo, anche perché la cosa *mi interessava*, quindi mi può essere non piaciuta anche per quel motivo» [30]; e soprattutto la duplice disponibilità mostrata dall'on. Berlusconi di comprare la Gde di D'Adamo, e di aiutarlo a ottenere un finanziamento dalla Comit per 12 miliardi [31].

D: «Lei ha idea di quale Magistrato avesse promosso l'attività inquirente che aveva portato a questo?».
R: «Di Pietro, credo».

[29] Cfr. incid. prob. D'Adamo del 2-2-98:
Domanda: «Lei sta parlando del decreto Biondi?».
Risposta: «Fine luglio, ricordo questo perché i tempi erano stretti per il fatto che poi si andava in vacanza, quindi parlai con il dott. Di Pietro più volte per telefono su questo argomento. Lui mi disse: "Fallo presentare". Ci fu una lunga trattativa tra me, Silvio Berlusconi, Di Pietro, gli avvocati che difendevano Paolo Berlusconi, perché Paolo aveva paura ma si voleva accelerare questi tempi perché così lo liberava subito. Invece la cosa fu diversa perché Paolo Berlusconi ebbe gli arresti domiciliari subito. Poi ci fu una trattativa, i telefoni in quel momento scottavano, i miei telefonini, telefono tra Di Pietro, Silvio Berlusconi, e gli avvocati che andarono a trattare con Di Pietro. Paolo Berlusconi ebbe gli arresti domiciliari».
D: «Da chi?».
R: «A me risulta da Di Pietro, non sono sicuro».
D: «Nella sua lunga esperienza processuale e penale il Gip?».
R: «Il Pubblico ministero era il dott. Di Pietro».
D: «Di Pietro da solo o c'erano anche gli altri del pool?».
R: «Non lo so. Dico questo perché Paolo era agli arresti domiciliari nel mese di agosto; io mi misi in contatto con Paolo, dico: "Stai bene, perché vai al mare", era in Sardegna, e lui mi disse: "Ci sono i Carabinieri che non mi lasciano neanche fare il bagno". Era il 15 agosto, io ero a Saturnia, telefonai a Di Pietro, credo che fu una lunga telefonata, e lo pregai che si interessasse per fare uscire Paolo Berlusconi. Infatti io ricordo che dopo una settimana questo avvenne».

[30] Cfr. incid. prob. D'Adamo del 2-2-98:
Domanda: «Nell'estate del 94 lei disse che, sempre nella sua mente penso, ebbe un'arrabbiatura furiosa con Di Pietro per la sua presa di posizione sul decreto Biondi?».
Risposta: «Non credo di avere detto arrabbiatura».
D: «Lei ha detto che non le era piaciuto?».
R: «Sì, ho detto che non era più quello che conoscevo io, io conoscevo Di Pietro come un ragazzone. Quella volta mi sembrò cattivo, anche perché la cosa mi interessava, quindi mi può essere non piaciuta anche per quel motivo».

[31] Cfr. incid. prob. D'Adamo del 2-2-98:
Domanda: «Eravamo partiti da un tema che rileva in questo processo, cioè gli aiuti per la Comit che le avrebbe dato Berlusconi Silvio?».
Risposta: «Sì».
D: «Al di là del ruolo che lei ha avuto in questa vicenda con Paolo Berlusconi, il suo rivolgersi a Silvio Berlusconi

A questo punto gli interessi di D'Adamo si incrociano con quelli di Gorrini. Quest'ultimo, infatti, proprio in quel periodo aveva avvicinato Paolo Berlusconi e si era dichiarato disponibile sia a consegnargli un memoriale contro Di Pietro, sia a sostenere in qualsiasi sede le accuse che vi erano contenute. Come è stato rilevato dal Gip di Brescia, Paolo Berlusconi, dopo aver ricevuto le prime "confidenze" da Gorrini, ha contattato D'Adamo per sapere se era disposto a confermare le affermazioni di Gorrini [32]. Al riguardo è u-

tile segnalare il contenuto di alcuni appunti "in file di computer" sequestrati al brigadiere della Guardia di finanza Paolo Simonetti (che sarà poi rinviato a giudizio per calunnia ai danni del pool), dove si fa riferimento a confidenze ricevute il 28-9-94 dal dirigente della Fininvest Aldo Brancher relativamente alla disponibilità di Gorrini a riferire «su somme estorte da DP [*Di Pietro, ndr*] in favore dell'amico Reaele [*Rea Eleuterio, ndr*]» e sulla «stessa situazione per Dadant [*D'Adamo Antonio, ndr*] il quale potrebbe parlare dopo Gorrini in quanto sostanzialmente fifone» [33].

Un altro utile riscontro alle "sollecitazioni" berlusconiane ricevute da D'Adamo alla fine del 94 per avallare la ricostruzione calunniosa che

---

per trovare finanziamenti presso la Comit, fu prima o dopo l'arresto di Paolo?».
R: «Io credo che fosse dopo, quindi verso settembre; in quel periodo con Berlusconi parlavo anche della D'Adamo Editore».
D: «Quando lo colloca?».
R: «Settembre».
D: «Dopo l'arresto di Paolo Berlusconi?».
R: «Sì, dopo».
D: «Su questo punto della Comit, mentre lei fu molto sicuro sulla Popolare di Novara, sulla Comit si è sempre lasciato un punto di domanda. Lei ha detto di avere parlato con Berlusconi genericamente di aiuti bancari che le servivano, e poi ha detto di tutta una serie di banche con le quali poi ha avuto rapporti ecc. Con la Comit, è rimasto nei verbali che lei non era sicuro se la Comit si fosse decisa a manifestare disponibilità come effetto di intervento di Berlusconi. Oggi invece, rispondendo alle domande del difensore, pare che questo intervento di Berlusconi nella vicenda Comit vi sia stato. Siccome io noto una discrepanza tra quello che lei ha detto il 28 gennaio qui... e quello che adesso sta dicendo?».
R: «Io non ho ascoltato la telefonata eventuale tra Paolo Berlusconi e non so chi della Comit. Ritengo comunque che ebbi un aiuto, quindi quando andai dal dott. Saviotti notai una certa disponibilità. Però questa deduzione, non sono sicuro che mi faceva questo perché ero arrivata a lui una telefonata».
D: «Lei si rivolse a Silvio o a Paolo?».
R: «A Silvio».
D: «Il dott. Silvio Berlusconi si impegnò davanti a lei a intervenire su Comit?».
R: «Mi disse che sarebbe intervenuto».
D: «Poi lei è andato da Comit e ha trovato la disponibilità?».
R: «Sì».
D: «Ha ringraziato Berlusconi per questa disponibilità che Comit le manifestò?».
R: «Sì».
D: «Questo intervento di Berlusconi presso Comit lo possiamo ritenere quasi certo?».
R: «Sì, io non l'ho visto ma ritengo che ci fu».
D: «Perché sul verbale del 28, se voi lo rileggete bene, mentre su altri punti... io ricordo che sulla Novara lei disse che era sicuro, mentre su Comit c'era un po' di nebulosa. Oggi l'abbiamo ricostruito meglio?».
R: «Sì».

[32] Cfr. incid. prob. D'Adamo del 2-2-98:
Domanda: «Si vuole sapere se, prima che come storia,

Gorrini si presentasse all'Ispettorato generale del ministero di Grazia e giustizia, per riferire dei suoi rapporti con Di Pietro, cosa che è collocata pacificamente al 23 novembre 94, lei abbia mai fatto parola con Berlusconi Paolo, Berlusconi Silvio, Previti di questo tema che riguardava il suo aiuto dato a Rea per il risanamento di quei debiti che aveva?».
Risposta: «Non lo ricordo».
D: «Al dibattimento, Paolo Berlusconi fece queste dichiarazioni testuali: "Per la prima volta, mi chiese se io avevo detto qualcosa [si parla di Gorrini] a qualcuno, perché non si spiegava come mai. E io gli dissi sì, che avevo fatto una verifica con D'Adamo". Questo lo disse Paolo Berlusconi al dibattimento a Brescia un anno fa?».
R: «Allora è possibile che ne abbia parlato».

[33] Cfr. allegati alla mia "memoria" con richieste istruttorie del 4-2-98, dove facevo rilevare la falsità delle dichiarazioni dell'ing. D'Adamo rese in sede di incidente probatorio, laddove affermava che lui non aveva conoscenza dei tentativi di delegittimazione attuati nei miei confronti fin dal 94 e che, in sostanza, lui aveva cominciato ad aderire alle richieste di Silvio Berlusconi e Cesare Previti di muoversi contro Di Pietro solo a partire dal settembre 95. Tali affermazioni risultano smentite dalla documentazione informatica sequestrata al brigadiere Paolo Simonetti e dalle ammissioni di quest'ultimo all'Ag di Brescia. In particolare è stato sequestrato il seguente appunto: «Braald (28-9-94, h. 17-18 c/o Edilnord). Gorrini ex proprietario della Maa è disposto a riferire su somme estorte da DP in favore dell'amico Reaele per corse cavalli. Gorrini si sarebbe prima rifiutato ma a seguito delle minacce di DP è stato costretto a pagare. Stessa situazione per Dadant il quale potrebbe parlare dopo Gorrini in quanto sostanzialmente fifone. Fatto già a conoscenza di Preces. Ci sarebbero ulteriori casi analoghi a conoscenza Berpao...». Simonetti, nell'interrogatorio del 15-1-96, ha confermato i contenuti del suo appunto e ha precisato che: «La fonte Braald è Aldo Brancher dirigente della Fininvest; la data riportata tra parentesi è quella dell'acquisizione della notizia come in tutte le altre annotazioni. Con la sigla DP indicavo il dott. Di Pietro, con la sigla Dadant indicavo l'ing. D'Adamo Antonio, con la sigla Preces indicavo il sen. Cesare Previti, con la sigla Berpao indicavo Berlusconi Paolo».

Gorrini doveva fare dei nostri rapporti, è dato dal fatto che D'Adamo stesso si confidò con l'avv. Lucibello per segnalargli di aver ricevuto «pressioni da Paolo Berlusconi... per indurlo a denunciare al ministero [*della Giustizia, ndr*] i fatti relativi alla vicenda Gorrini» [34].

Insomma, a partire dall'estate 94, D'Adamo – all'insaputa di tutti e soprattutto mia, che solo a partire dalla conclusione delle inchieste bresciane ho cominciato a essere consapevole di chi potessero essere gli occulti tessitori delle trame ai miei danni – mise in atto una strategia del "doppio binario": da una parte cercò di mantenere un minimo di rapporti con me (tramite il comune amico Lucibello), e dall'altra cominciò a trescare contro di me insieme a Berlusconi e altri.

Gorrini, dal canto suo, come concordato con Paolo Berlusconi e con Cesare Previti, mantenne la promessa e si recò all'Ispettorato di Grazia e giustizia per confermare i contenuti del proprio memoriale anti Di Pietro. A quel punto D'Adamo, per non uscire allo scoperto, si rese uccel di bosco: se ne andò in Libia, in attesa che si calmassero le acque e potesse capire meglio da che parte tirava il vento. Prima, però, fece altre due cose, anche queste all'insegna del "doppio binario": da una parte, assicurò a Berlusconi che l'avviso di garanzia che gli era pervenuto il 21 novembre 94 non aveva il mio avallo perché dietro quel provvedimento giudiziario «c'era un disegno politico del pool» [35], e dall'altra il 21 no-

vembre 94 depositò presso un notaio un testamento "strano strano" nel quale sentiva la necessità di informare non i suoi familiari ma proprio Silvio Berlusconi (esplicitamente menzionato) di quali fossero stati i nostri trascorsi rapporti amicali (dipinti con varie ambiguità) [36]. Insomma, si era preparato una doppia via d'uscita in modo da stare sempre dalla parte del vincitore, chiunque avesse vinto la partita.

È bene ribadire ancora una volta – e sempre e in qualsiasi sede, anche al cospetto del Padreterno – che io *non ho mai pensato né mai ho sostenuto con alcuno* che dietro l'avviso di garanzia a Berlusconi ci fosse un disegno politico del pool di "Mani pulite", o che quell'avviso di garanzia non fosse da me condiviso. Anzi, a incasellare la mole di indizi da cui scaturì quell'avviso di garanzia a carico dell'on. Berlusconi fui proprio io, come ebbi già modo di riferire senza indugio al Pm di Brescia fin dal mio primo interrogatorio

_____

R: «Sì, è la notte che precede la notifica dell'avviso di garanzia».
D: «Ricorda la data?».
R: «Il 22, io ricordo che l'avviso fu il 22 novembre».
D: «Come data di notifica?».
R: «Io dopo questa telefonata chiesi conto al dott. Di Pietro e dissi: "Mi hai sempre detto che non c'era niente a carico del dott. Berlusconi, e adesso viene fuori questo?". In quell'occasione il dott. Di Pietro mi disse che c'era un disegno politico del pool».
D: «Chi disse queste cose?».
R: «Di Pietro mi disse questo e mi disse anche che lui naturalmente, non era d'accordo».

[34] Cfr. interrogatorio Giuseppe Lucibello del 17-3-98: «In tempi successivi ho appreso da D'Adamo che nel novembre 94 era stato Paolo Berlusconi a fare pressioni su di lui per indurlo a denunciare al ministero i fatti relativi alla vicenda Gorrini. D'Adamo mi ha anche detto che di quella situazione ne aveva parlato anche con l'on. Silvio Berlusconi, che gli aveva spiegato di non essere al corrente di quanto il fratello Paolo stava facendo».

[35] Cfr. incid. prob. D'Adamo del 29-1-98:
Domanda: «Come faceva a rassicurarlo [il dott. Berlusconi]?».
Risposta: «Gli riferivo quello che mi diceva il dott. Di Pietro alla fine del 94, quando ci fu l'avviso di garanzia a Napoli».
D: «L'invito a comparire durante la conferenza internazionale?».
R: «Sì. Io ricordo che di notte mi telefonò il dott. Berlusconi e mi disse: "Lei mi rassicura e mi dice che non c'è assolutamente niente nei miei confronti, mentre mi sta arrivando l'avviso di garanzia". Perché non era ancora arrivato, perché mi pare che lui lo seppe di notte...».
D: «Le telefona di notte?».

[36] Cfr. incid. prob. D'Adamo del 29-1-98:
Domanda: «Questo testamento è accompagnato da una lettera in data 21 novembre – firmata per ricevuta dal notaio – con la quale lei invita il notaio: "Le affido il mio testamento olografo con preghiera di voler informare della sua esistenza nel caso di mio decesso oltre i miei familiari anche il mio amico dott. Silvio Berlusconi che spero vorrà assistere in un momento che per loro sarà particolarmente difficile". Perché lei invita il notaio in caso di suo decesso a consegnare questa lettera oltre che ai suoi familiari anche all'on. Berlusconi?».
Risposta: «I miei figli sono giovani, quindi raccomandavo i miei figli al dott. Berlusconi».
D: «Berlusconi a quella data che cosa sapeva dei rapporti tra lei e Di Pietro?».
R: «Niente di niente; sapeva che ero amico di Di Pietro».
D: «Che cosa sapeva a quella data l'onorevole Berlusconi dei suoi rapporti con Pacini?».
R: «Niente».
D: «Non sapeva che aveva avuto dei finanziamenti?».
R: «No».
D: «A quella data non sapeva nulla?».
R: «No».

del 2-7-95 [37]. Dunque non corrispondono a verità, e tendono solo a intorbidire le acque, i tentativi di Berlusconi e Previti di far credere che io possa avere poi disconosciuto l'opportunità di emettere quell'avviso di garanzia [38, 39, 40].

D'altronde la fonte di quel mio presunto disaccordo a formulare l'avviso di garanzia nei confronti dell'on. Berlusconi è proprio D'Adamo, il quale riferisce una sua interessata e arbitraria deduzione, piuttosto che una circostanza effettivamente appresa da me. Infatti, a precisa domanda su cosa vertesse il mio (presunto) disaccordo, D'Adamo risponde: «Sull'atto in sé, o sulle modalità con le quali era stato notificato... *io credo* che si riferisse a entrambe... [Di Pietro] *non specificò*» [41]. Eh, no! Io mi sono sempre la-

[37] Si legge nel mio verbale di interrogatorio del 2-7-95: «Faccio presente che a novembre 94 avevo raccolto ormai una serie di indizi tali da far ritenere il coinvolgimento anche dell'allora presidente del Consiglio Silvio Berlusconi e ne parlai con i colleghi in più occasioni, anche in riunioni presso il capo dell'ufficio. Ricordo che tutti volevano avere maggiori informazioni e io predisposi un faldone che distribuii a ognuno di essi, all'interno del quale vi era copia degli elementi più rilevanti che potevano, in qualche modo, interessare le indagini. Fui io che sollecitai l'invito a comparire nei confronti di Silvio Berlusconi perché, in ossequio al principio delle celerità con cui ho impostato sempre il proseguimento delle indagini, sapevo che sarebbe stato fatto tutto il possibile per conoscere gli elementi probatori a nostra disposizione e quindi mettere in moto tutti quegli accorgimenti difensivi idonei ad affievolire la cosa (ad esempio rimasi perplesso nell'apprendere che l'avv. Viola, difensore di Sciascia, si era recato la sera prima dell'interrogatorio dell'assistito nella villa di Arcore per incontrare Paolo Berlusconi e gli altri riferiti nel giornale). L'interrogatorio doveva svolgersi e si sarebbe svolto anche alla mia presenza se Berlusconi si fosse presentato regolarmente all'appuntamento fissato il 26 novembre. (Produco rassegna stampa da cui si evidenzia la mia presenza all'interrogatorio fissato e da cui si evidenzia, peraltro, anche che l'opinione pubblica ormai stava scontrando in una opposta tifoseria, tanto è vero che, come rilevasi nel predetto articolo di stampa, si erano formate, sotto il palazzo di Milano, cortei con bandiere e striscioni pro e contro Berlusconi.)».

[38] Cfr. s.i.t. Silvio Berlusconi del 19-12-96: «Nei giorni immediatamente successivi alla data di notifica (22-11-94) dell'invito a comparire, l'ing. Antonio D'Adamo chiese d'incontrarmi. Faccio presente che l'ing. D'Adamo, a me legato da rapporti di amicizia e collaborazione, essendo stato per diversi anni (se non erro, verso la fine degli anni 70) Direttore generale della Edilnord, società che fa capo al mio gruppo. In occasione di tale incontro, avvenuto ad Arcore o a Roma (sul punto non ho un ricordo preciso) l'ing. D'Adamo mi disse che il dott. Di Pietro l'aveva pregato di riferirmi che lui dissentiva dalle posizioni che il pool andava assumendo nei miei confronti, che vi era un disegno politico del pool teso contro di me, che nei miei confronti la Procura di Milano non aveva "nulla in mano", che non voleva interrogarmi perché non voleva essere strumento di questo disegno, che aveva firmato l'invito a comparire che mi riguardava solo per prassi dell'ufficio, in quanto certi atti venivano firmati da tutti i sostituti. In quell'occasione l'ing. D'Adamo mi disse anche che il dott. Di Pietro aveva ormai deciso di dimettersi a breve scadenza. Maggiori particolari sul punto specifico credo che potranno essere forniti dallo stesso ing. D'Adamo. Se ben ricordo, sempre in occasione di quell'incontro, l'ing. D'Adamo mi riferì l'invito, da parte del dott. Di Pietro, di posticipare la mia presentazione avanti l'Ag di Milano. Per la precisione l'ing. D'Adamo sollecitò quell'incontro pro-

prio per riferirmi questo "invito", questo messaggio da parte del dott. Di Pietro».

[39] Cfr. s.i.t. Cesare Previti del 13-5-97: «In particolare D'Adamo sosteneva che Di Pietro aveva espresso la sua contrarietà, che aveva sottoscritto l'avviso per necessità di gruppo pur avendo manifestato il suo dissenso, e che consigliava Berlusconi di rinviare l'audizione già fissata per la fine di novembre ad altra data, anche in considerazione del fatto che il pool nei confronti di Berlusconi, a dire del Di Pietro, non aveva assolutamente nulla».

[40] Cfr. s.i.t. Silvio Berlusconi del 31-5-97: «Il 21-11-94, come è noto, mi è stato notificato un invito a comparire mentre presiedevo a Napoli una Conferenza dell'Onu sulla criminalità organizzata. Questo provvedimento recava le firme di tutti gli appartenenti al pool di Milano e quindi anche quella del dott. Di Pietro. Già ho avuto modo di ricordare che nei giorni successivi fui contattato dall'ing. D'Adamo che mi riferì di essere latore di un messaggio del dott. Di Pietro. In particolare il dott. Di Pietro mi faceva sapere che non esistevano prove a mio carico, che esisteva invece un "disegno politico" del pool contro di me e il mio governo, che lui non voleva rendersi complice di questo disegno interrogandomi personalmente, che aveva deciso di lasciare la Magistratura invitandomi a procrastinare la data della mia presentazione a Milano per l'interrogatorio».

[41] Cfr. incid. prob. D'Adamo del 29-1-98:
Domanda: «Di Pietro le disse che c'era un disegno politico del pool di Milano?».
Risposta: «Che c'era un disegno politico del pool contro il capo del governo di allora. Questo fu quanto disse».
D: «Proprio questa espressione disse?».
R: «All'incirca, io ricordo questo».
D: «Sta riferendo il concetto o le parole?».
R: «Io credo di ripetere le parole che lui mi disse, mi disse anche che lui non era d'accordo».
D: «Non era d'accordo su che cosa?».
R: «Sull'avviso di garanzia, che aveva messo la firma perché così si usava».
D: «Sull'atto in sé o sulle modalità con le quali era stato notificato?».
R: «Io credo che si riferisse a entrambe».
D: «Non specificò?».
R: «Non specificò, non era d'accordo ma mise la firma, disse che comunque lui ormai stava per lasciare la Magistratura, anzi mi disse di dire a Berlusconi di rinviare il giorno

mentato – fin dal primo giorno, con tutti, anche sui giornali, e addirittura ho presentato una specifica denuncia all'Ag di Brescia per l'accaduto – non della necessità dell'avviso di garanzia all'on. Berlusconi, ma della grave fuga di notizie che tale doveroso atto aveva accompagnato: un fatto che, oltre a danneggiare l'interessato, aveva arrecato – con le strumentalizzazioni che ne sono seguite – un indubbio danno alla serenità delle indagini e alla credibilità dell'inchiesta. D'Adamo, invece, ancora una volta ha proceduto a un'opera di falsificazione del mio pensiero, avendo però l'accortezza di esprimersi in termini deduttivi e dubitativi («*Io credo* che si riferisse a entrambi»): ma nelle aule di giustizia si dovrebbero riferire le cose di cui si è a conoscenza, non quelle "credute".

Il 7 dicembre 94 ci furono le mie dimissioni dal pool. Ormai avevo capito che da "cacciatore" stavo per diventare "preda", e decisi di affrontare da semplice cittadino le battaglie di verità che mi aspettavano: per essere più libero di difendermi e di salvaguardare il mio buon nome, e per lasciare più liberi i miei ex colleghi del pool di continuare il lavoro di "Mani pulite" senza coinvolgimenti e senza pressioni [42]. Certamente all'epoca non conoscevo ancora l'identità

---

della presentazione, perché non ci sarebbe stato lui e quindi quelli del pool non avrebbero saputo interrogare. Dico "saputo" ma fu evidentemente il termine preciso che usò il dott. Di Pietro».

[42] Ho riepilogato al Pm bresciano le cause delle mie dimissioni durante l'interrogatorio del 2-7-95: «Le ragioni delle mie dimissioni sono molto articolate e sono state da me riassunte nella lettera che ho inviato al Procuratore di Milano il 6-12-94 subito dopo la requisitoria del processo Enimont. A tale scopo intendo da subito precisare che io non mi sono dimesso per non finire le indagini, ma solo dopo aver portato a compimento il progetto iniziale di presentazione ufficiale di tutte le prove a carico dei maggiori inquisiti del processo in questione. Infatti... con la requisitoria Enimont ho chiesto la condanna dei segretari politici dei maggiori partiti italiani, Craxi compreso. Naturalmente nella lettera non sono state indicate le innumerevoli concause che mi hanno indotto, mio malgrado, a scegliere la strada delle dimissioni anticipate rispetto al mio programma complessivo (che, ripeto, era quello di uscire fuori ruolo subito dopo la sentenza del processo Enimont). Nel merito devo dire che a partire dall'estate 94 e per tutto l'autunno dello stesso anno sono avvenuti diversi fatti che tutti insieme hanno contribuito alla mia decisione. Insomma, io sono andato via dalla magistratura senza che nessuno me lo abbia mai chiesto esplicitamente ma come scelta conseguente all'insieme di tutte le ragioni che ora andrò a elencare».

---

dei miei "nemici". Avevo però saputo che a Parigi, il precedente 21 novembre, Mach di Palmstein al momento del suo arresto teneva in casa un corposo dossier su di me; la Procura di Brescia mi aveva messo sotto inchiesta in seguito ad alcuni esposti di Sergio Cusani; i soliti giornalisti bene informati mi preannunciavano nuove "tempeste" in arrivo dall'Ispettorato del ministero di Grazia e giustizia (per quello che poi si rivelerà essere "l'affaire Gorrini"); Craxi mandava minacciosi "messaggi" a ripetizione; più tutta la miriade di "concause" che ho elencato al Pm di Brescia il 2-7-95 [43]. Insomma, ero bersa-

---

[43] Al Pm di Brescia ho spiegato che avevo deciso di dimettermi a causa degli innumerevoli tentativi di delegittimazione personale di cui venivo costantemente fatto oggetto. Fra gli altri:
• Il dossier anonimo "Abusi D.P.", inviato nell'autunno 94 ad avvocati e giornalisti;
• Gli "anonimi in cruciverba" inviati a diversi imprenditori inquisiti;
• Il tentativo di complotto denunciato da Pavan;
• Le indagini di investigatori privati a Pasturo (7-9-92);
• Gli avvertimenti di Cusani (2-10-94, 3-10-94, 6-12-94). In particolare Cusani, nel mese di ottobre 94, presentava una ulteriore denuncia nei miei confronti alla Procura di Brescia in cui mi accusava, tra l'altro, di favoritismi nei riguardi di Prada, e nello stesso tempo annunciava pubblicamente che stava predisponendo un ulteriore esposto «riguardante miei fatti personali»;
• Gli "avvertimenti" del generale Cerciello (4-12-94);
• I "messaggi" contenuti nel libro di Paolo Pillitteri;
• Le insinuazioni di rapporti di lavoro fra S. Mazzoleni e Falsitta;
• Le insinuazioni di rapporti fra A. Mazzoleni e un industriale farmaceutico fiorentino;
• Le insinuazioni sulla informatizzazione del Senato;
• Le insinuazioni di rapporti con tale Del Buono;
• La segnalazione dell'avv. Dedola del 25 ottobre 94;
• L'appunto CC Monza: si trattava di un appunto dei carabinieri relativo a un ennesimo tentativo di convincere qualcuno, tramite pagamento di denaro, affinché mi accusasse di qualcosa;
• L'appunto del Ros. Il cap. Arlati di cui si parlava nell'appunto è stato poi inquisito nell'ambito dell'inchiesta "Mani pulite" perché è risultato cointeressato, insieme ad Agostino Ruju, nella gestione dei conti esteri del cosiddetto "sistema Troielli", la cui disponibilità, anche nella sentenza Cusani, è stata riconosciuta appartenere a Craxi;
• La segnalazione dell'avv. Bendinelli;
• Le dichiarazioni De Mico-Sotgiu;
• Il caso Fiaccabrino;
• La relazione del vicequestore Ricciardi;
• La relazione del maresciallo De Bernardis;
• Le dichiarazioni di Basilio Rizzo;
• Il dossier "Proposte Nuove";
• Le insinuazioni di interesse privato nell'informatizzazione della Giustizia (Pazzucconi);
• Le dichiarazioni riservate di De Mico sul ruolo di Ligre-

gliato da una fitta grandinata di veleni, avevo intorno una ragnatela di sensazioni oppressive, vivevo una difficile situazione che ritenni fosse meglio affrontare a viso scoperto senza la toga del magistrato addosso.

Certamente, all'epoca non avrei mai immaginato che, fra coloro che cospiravano contro di me, ci fosse anche l'amico D'Adamo (e costui non venga a dire di no, come pure tenta ancora di dire, perché quel suo testamento notarile del 21

---

sti, sui suoi asseriti rapporti con ambienti mafiosi collegati a John Gotti e con esponenti socialisti di primo piano tra cui Bettino Craxi. In particolare De Mico aveva riferito che Ligresti avrebbe dato incarico all'investigatore De Vita, attivo presso lo studio "Bear" di Arlati, di indagare sulla mia vita privata. Più utili informazioni al riguardo possono essere richieste al Procuratore di Milano dott. Borrelli;
• Le insinuazioni sulle mie frequentazioni con Bitetto;
• Il dossier sul mio periodo bergamasco;
• Il dossier sulla ristrutturazione del mio casolare di Curno;
• Le insinuazioni sui miei rapporti con Belli;
• Le insinuazioni sui miei rapporti con Gotti;
• Le insinuazioni sui miei rapporti con Rizzo;
• Le insinuazioni sui miei rapporti con Pezzini;
• Le insinuazioni sui miei rapporti con Radaelli;
• Le insinuazioni sui miei rapporti con Prada;
• Le insinuazioni sui miei rapporti con la Olivetti per l'informatizzazione del ministero di Grazia e giustizia;
• Le insinuazioni sui miei rapporti con D'Adamo;
• Le insinuazioni sui miei rapporti con Radice Fossati;
• L'esposto del generale Cerciello al Csm e alla Corte di cassazione (sett. e nov. 94);
• Le segnalazioni di ulteriori attacchi imminenti (3-12-94);
• Le calunnie circa mie disponibilità finanziarie all'estero intestate a terze persone. Facevo presente di aver saputo che il giornalista Pasqualetto del "Giornale" diretto da Feltri, intervistando in Messico il latitante Raggio, avrebbe ricevuto da questi la dichiarazione secondo cui sarebbe stato versato da parte di Pacini, tramite l'avv. Lucibello, l'importo di 5 miliardi e 200 milioni, o con prelievo da un conto austriaco o con versamento su un conto austriaco, destinati alla mia persona. Ovviamente la circostanza era falsa, e in tal senso chiedevo tutela giudiziaria, come chiedevo tutela giudiziaria anche per un'altra voce che sentivo girare su un "dossier" che mi attribuiva la disponibilità all'estero di circa 1 miliardo e mezzo di lire in qualche modo collegata a un mio familiare o persona amica. Ovviamente escludevo che io o miei familiari diretti avessimo una sola lira all'estero, nulla sapevo dei miei familiari acquisiti, né tantomeno di persone amiche o conosciute. Le mie sole disponibilità finanziarie erano quelle che si potevano rilevare presso la Bnl di Milano;
• La lettera circolare di Spazzali agli avvocati (27-10-94);
• Le dichiarazioni di Spazzali del nov. 94 (9-11-94);
• I corsivi del 92 di Craxi sull'"Avanti";
• La riunione della Direzione Psi del sett. 92;
• I memoriali di Craxi alla stampa e all'Ag;
• Le dichiarazioni ai giornali;
• Il libro "Il caso C." (ottobre 94);
• La strumentalizzazione di talune divergenze di vedute all'interno del pool;
• Il tentativo di strumentalizzazione di Dini: producevo una lettera inviata da Bettino Craxi all'avv. Daria Pesce e da questa a me consegnata;
• Il traffico telefonico segnalato nel dossier anonimo "Abusi D.P.";

• La clonazione del mio telefonino (17-11-94);
• Le segnalazioni di manomissioni di talune centraline telefoniche e le conseguenti bonifiche. Facevo presente che sia presso l'abitazione di mio figlio a Milano, sia presso la mia abitazione, sia presso la centralina nelle vicinanze della Procura della Repubblica, erano intervenuti gli addetti Sip per riparare le manomissioni;
• L'individuazione di "cimici" su talune utenze;
• Il raffronto con la lettera di Craxi depositata al processo Metropolitana Milanese;
• La doppia relazione Lattanzi;
• La diffusione del dossier "Armi-Giorgianni";
• Il ruolo del Gico di Firenze nella vicenda Autoparco (21-10-94). In proposito producevo articolo di stampa del "Corriere della Sera" pubblicato l'1-6-95 in cui si rilevava che taluni esponenti del Gico volevano costruire prove contro di me. Al riguardo chiedevo tutela giudiziaria e di essere informato sul risultato delle indagini;
• La denuncia del maresciallo Cafaro;
• La denuncia del vicequestore Iacovelli e la vicenda Cattafi;
• La segnalazione di Giorgianni;
• La relazione del brigadiere Scaletta (ottobre-novembre 94);
• Le progressive incriminazioni dei collaboratori (Montanari, Giovannelli, Landi, Licheri, Nanocchio e altri);
• La segnalazione del Nucleo operativo di Milano di un disegno per screditare Di Pietro e Giorgianni;
• Le accuse di interferenza con il potere politico a seguito del decreto Biondi del luglio 94;
• Le accuse alla Costituzione dopo la proposta di Cernobbio per uscire da Tangentopoli (ottobre 94);
• Gli anatemi dell'on. Vittorio Sgarbi, di Giuliano Ferrara, dell'on. Biondi, dell'on. Tiziana Maiolo, e di molti altri;
• Gli scontri Borrelli-Biondi (6-10-94);
• L'escalation degli attacchi autunnali al lavoro del pool (ottobre 94);
• Le dichiarazioni del ministro della Giustizia Biondi del luglio 94;
• Il congelamento di Vaudano, responsabile delle rogatorie estere presso il ministero di Grazia e giustizia (21-10-94). Il collega Vaudano stava svolgendo un ruolo fondamentale nell'inchiesta "Mani pulite" in quanto era riuscito, con grande impegno, a far sì che andassero avanti celermente le numerosissime rogatorie estere da me richieste. La sua sostituzione aveva tolto al pool di Milano, e a me in particolare, un preciso punto di riferimento per un aspetto fondamentale delle indagini;
• Le accuse di cospirazione del novembre 94;
• Il ritiro della prefazione al mio libro da parte del senatore Cossiga (novembre 94). Quest'ultimo aveva pubblicamente motivato la revoca in quanto non condivideva la notifica dell'invito a comparire al presidente del Consiglio Berlusconi il giorno in cui lo stesso presiedeva a Napoli un simposio internazionale per la lotta alla criminalità;
• Le dichiarazioni autunnali del presidente Scalfaro;
• Le ispezioni ministeriali a carico del pool;

novembre 94 è la prova regina di quello che stava tramando alle mie spalle); né tantomeno pensavo che ci fosse anche l'on. Berlusconi, con il quale ero rimasto alla sua lusinghiera offerta di affidarmi il ministero dell'Interno, e io in cuor mio – poiché, tutto sommato, lo apprezzavo come imprenditore – pensavo che mi avesse rivolto quell'offerta perché a sua volta mi stimava.

Fu proprio per il mio apprezzamento verso la persona dell'imprenditore Berlusconi (al di là delle sue vicissitudini giudiziarie) che, dopo le mie dimissioni da "Mani pulite", allorché la quasi totalità dei vari leader politici mi contattò per sondare la mia disponibilità a entrare in politica, accettai anche *la sua richiesta* di incontrarmi. Mi sembrò cioè opportuno, per ben valutare e ben ponderare quale sviluppo dare a un mio futuro impegno politico, ascoltare tutti gli interlocutori che mi contattavano per poi, ovviamente, decidere da me secondo coscienza e convergenza di idee e obiettivi. Mi incontrai perciò per la seconda (e ultima) volta con l'on. Berlusconi nel febbraio 95, nella sua villa di Arcore; eravamo entrambi in evidente imbarazzo, e ci limitammo a parlare di prospettive politiche, e non di vicende processuali; pertanto è falso quello che poi sosterrà Berlusconi, e cioè che io in quella occasione gli avessi espresso la mia contrarietà all'avviso di garanzia inviatogli dal pool [44], [45].

• L'ispezione riservata su di me (Gorrini);
• L'anomala messa in moto delle indagini sul caso Guadagno e la ispezione disposta a carico del pool;
• L'ultima indagine: il caso Elia;
• Il ruolo di Catelani nelle ispezioni;
• La ripresa degli accertamenti sull'appartamento di via Andegari – eccetera...

[44] Cfr. s.i.t. Silvio Berlusconi del 31-5-97: «Successivamente all'uscita di Di Pietro dalla Magistratura, e le mie dimissioni da presidente del Consiglio (dicembre 94), Di Pietro chiese di incontrarmi e tale incontro avvenne nella mia casa di Arcore, nel febbraio 95. Nell'occasione Di Pietro mi confermò quanto mi era stato comunicato da D'Adamo, e in particolare mi disse che la decisione dell'invio dell'invito a comparire era stata assunta mentre lui era all'estero e che aveva firmato quell'invito perché quella era la prassi per gli atti più importanti del pool. Mi confermò che non c'erano nel modo più assoluto prove a mio carico e ribadì la sua disponibilità ad accettare la responsabilità di ministro degli Interni ove questo invito gli fosse stato rivolto in modo concordato una settimana prima delle elezioni politiche, elezioni che, all'epoca, si pensava si sarebbero svolte al più tardi nel mese di giugno. Per la precisione mi diede la sua disponibilità anche per incarichi quali quello di capo della Polizia o di responsabile dei Servizi segreti».

Anche in relazione a quel mio secondo (e ultimo) incontro con l'on. Berlusconi, D'Adamo non ha avuto alcun ruolo: né nella fase della progettazione, né dell'incontro vero e proprio. Come per la prima volta a Roma, anche quella volta a Arcore lui, il mio supposto portavoce-intermediario, non ne sapeva niente e ne venne a conoscenza solo successivamente dallo stesso Berlusconi, e soltanto perché «il dott. Berlusconi mi disse che il dott. Di Pietro in quell'occasione in cui si erano incontrati gli aveva detto che io non ero più il suo portavoce» [46], [47], [48]. Insomma, che

[45] Cfr. s.i.t. Cesare Previti del 13-5-97: «Successivamente fu combinato un incontro diretto fra Berlusconi e Di Pietro, incontro che è avvenuto ad Arcore nel mese di febbraio 95, se mal non ricordo, incontro nel quale mi risulta Di Pietro confermò a Berlusconi le ambascerie di D'Adamo. Successivamente a detto incontro io continuai i miei rapporti con Di Pietro, che ho visto ancora qualche volta, arrivando a definire con lui anche dei modo di ricevere sostegno per le elezioni regionali dell'aprile 95, attraverso le dichiarazioni pubbliche dello stesso Di Pietro di sostegno per il Polo. Tali dichiarazioni poi non vennero perché Di Pietro subì una pubblica denuncia da parte di Cerciello e Taormina, credo qualche giorno prima del voto».

[46] Cfr. incid. prob. D'Adamo del 29-1-98:
Domanda: «Perché si diradarono i rapporti?».
Risposta: «Perché mi aveva restituito i soldi, secondo lui ero diventato scomodo. In febbraio ci fu un incontro tra il dott. Di Pietro e il dott. Berlusconi, il dott. Berlusconi mi diceva se io sentivo ancora il dott. Di Pietro, io dicevo che lo sentivo, lui era piuttosto sul negativo sul dott. Di Pietro, per quello che aveva detto precedentemente».
D: «Negativo di che?».
R: «Negativo su quello che io andavo a riferire di Di Pietro, perché io continuavo a dire che Di Pietro mi aveva detto la verità».
D: «Con riguardo all'invito a comparire?».
R: «Sì. Invece il dott. Berlusconi aveva avuto sentore che invece fosse Di Pietro che voleva mandare questo invito a comparire proprio in quel momento, invece io continuavo a difendere Di Pietro. Dopo qualche mese, verso marzo o aprile 95, il dott. Berlusconi mi disse che il dott. Di Pietro in quell'occasione in cui si erano incontrati, gli aveva detto che io non ero più il suo portavoce».
D: «Le riferisce Berlusconi, che Di Pietro, nell'incontro di febbraio gli aveva detto che non lo considerava più suo portavoce?».
R: «Sì. Naturalmente io mi arrabbiai e chiesi un incontro al dott. Di Pietro, questo incontro avvenne nella casa dell'avvocato Lucibello».

[47] Cfr. interrogatorio Giuseppe Lucibello del 17-3-98: «Avuta lettura di quanto dichiarato da D'Adamo nell'interrogatorio del 12-7-97, con riguardo all'attività di mediazione politica tra Di Pietro e Berlusconi che avrei avuto a partire dal febbraio 95, posso dire che effettivamente, su sollecitazione di D'Adamo, ho organizzato un incontro tra questi e Di Pie-

razza di intermediario-portavoce era D'Adamo, se nelle uniche due volte che ho incontrato l'on. Berlusconi lui non ne sapeva niente, né si era interessato di niente?

A seguito di questa chiara presa di distanza, D'Adamo si sentì franare il terreno sotto i piedi. Cercò, e ottenne, un incontro con me a casa dell'avv. Lucibello, nel corso del quale lamentò che io – avendo confermato a Berlusconi che il D'Adamo non aveva alcun titolo per parlare a nome mio – l'avevo rovinato in quanto gli avevo tolto ogni credibilità verso lo stesso Berlusconi. Io, nell'occasione, lo diffidai nuovamente dal parlare a mio nome con chiunque, come aveva fatto per il caso Mascioni e come sicuramente stava facendo in quel periodo – a mia completa insaputa – pure con Pacini (a proposito: ma se davvero D'Adamo si sentiva "obbligato nella sua mente" a darmi almeno 4 miliardi e mezzo, perché non me ne parlò nemmeno in quell'occasione?... così, tanto per provare a rinsaldare la nostra amicizia in crisi...).

In quel periodo, peraltro, i miei embrionali rapporti politici con l'on. Berlusconi si interruppero definitivamente e irrimediabilmente. Accadde, infatti, che Berlusconi, durante la trasmissione televisiva Rai "Tempo Reale", rispondendo a una domanda del conduttore Michele Santoro, riferì ai telespettatori che ci eravamo incontrati per parlare del nostro futuro politico (e questo potevo pure accettarlo), ma aggiunse anche che io in quell'occasione gli avevo espresso il mio dissenso circa l'invito a comparire che a suo tempo aveva ricevuto dalla Procura di Milano: *un'assoluta falsità* [49, 50, 51]. Capii che Ber-

lusconi mi voleva in politica al suo fianco in modo da usarmi come strumento per seminare zizzania all'interno del pool e per arrivare a delegittimare "Mani pulite", per cui decisi che il mio futuro impegno politico non avrebbe potuto, né avrebbe dovuto, mai camminare insieme a quello dell'onorevole Berlusconi. Il quale, da parte sua, volle strumentalizzare pubblicamente quel nostro incontro e "mi usò" nella sua battaglia contro la Procura di Milano; così presi subito le distanze da quel suo modo di fare politi-

Michele Santoro nel corso della trasmissione televisiva di "Tempo Reale" (aprile 95), espressi il mio convincimento circa un sostanziale dissenso da parte del dott. Di Pietro sull'invito a comparire che mi era stato inviato nel novembre precedente».

[50] Cfr. s.i.t. Cesare Previti del 13-5-97: «L'ultimo incontro personale che ho avuto con il dott. Di Pietro è stato il giorno in cui Berlusconi è andato alla trasmissione "Tempo Reale". Nel corso di detta trasmissione il dott. Berlusconi parlò dell'incontro ad Arcore con il dott. Di Pietro e dei suoi contenuti, cosa della quale si risentì il dott. Di Pietro. Non ebbi ulteriori contatti con il dott. Di Pietro perché nell'estate del 95 il dott. Berlusconi interrogato dalla S.v. e dal dott. Salamone ebbe modo di apprendere che l'atteggiamento del dott. Di Pietro nei suoi confronti, stante a quanto dallo stesso dichiarato, era stato di segno opposto a quello che D'Adamo aveva raccontato e che io stesso avevo creduto di capire dal contegno di Di Pietro, il resto confermato da un articolo di giornale a firma del dott. Di Pietro».

[51] Cfr. incid. prob. D'Adamo del 30-1-98:
Domanda: «Momenti successivi che hanno una qualche rilevanza in questa vicenda, ritengo di poterli individuare in aprile 95, nel momento in cui Berlusconi partecipa a una trasmissione, "Tempo Reale", se questo fatto ha qualche pertinenza con i fatti di cui stiamo parlando la prego di riferircelo».
Risposta: «Sì, il dott. Berlusconi rivelò a "Tempo Reale" l'incontro che aveva avuto con il dott. Di Pietro».
D: «Dopo questa trasmissione che era pubblica, ci racconta se c'è stato qualche contatto tra lei e Berlusconi?».
R: «Sì, ne parlammo».
D: «Ce lo dice?».
R: «Berlusconi l'ha fatto in buona fede perché aveva avuto l'incontro, quindi pensava che il dott. Di Pietro potesse confermare».
D: «Ci dica anche il contenuto di quello che rilevò nella trasmissione».
R: «Il contenuto generale non lo ricordo, comunque stavano intervistando il dott. Berlusconi, e Berlusconi tra tutte le altre cose che disse, disse anche "D'altronde io ho incontrato nella mia villa il dott. Di Pietro che mi ha detto che lui ha sottoscritto ma non era d'accordo con il pool per la sottoscrizione dell'avviso di garanzia che mi era stato mandato"».
D: «Dopo questa comunicazione che Berlusconi fa in quella trasmissione, che chiaramente ebbe una eco molto rilevante, lei parlò con Berlusconi dopo questa cosa?».
R: «Sì».

tro a casa mia. D'Adamo mi aveva spiegato di avere appreso da Berlusconi che Di Pietro aveva detto che D'Adamo non doveva più essere considerato il suo "portavoce politico"».

[48] Cfr. incid. prob. D'Adamo del 2-2-98:
Domanda: «Nel 95 Berlusconi le riferì che Di Pietro lo aveva messo sull'avviso che lei non era l'interlocutore del dott. Di Pietro?».
Risposta: «Sì».
D: «Quando?».
R: «Lui me lo disse dopo un paio di mesi dal loro incontro che ebbero ad Arcore».
D: «Nel febbraio 95?».
R: «Non me lo disse subito. Non ebbe il coraggio di dirmelo perché io continuavo a sentire Di Pietro e a parlargli di Di Pietro, quindi non mi disse niente per un certo periodo, poi me lo disse».

[49] Cfr. s.i.t. Silvio Berlusconi del 31-5-97: «Interpellato da

ca, e denunciai quelle interessate strumentalizzazioni dell'on. Berlusconi fin dal 95 ai Pubblici ministeri di Brescia [52].

Ma D'Adamo non demorde. Non potendo più avere contatti diretti con me, preme attraverso l'avv. Lucibello affinché io riprenda i rapporti con l'on. Berlusconi, o comunque con la sua formazione politica, perché «questo suo Movimento [*di Di Pietro, ndr*] che doveva nascere, poteva essere vicino a Forza Italia; se questo fosse avvenuto, le elezioni naturalmente le avrebbe vin-

to il Polo» [53]. È un discorso, questo, che il D'Adamo faceva perché, a suo dire, «sì... era Berlusconi che [mi] mandava a sondare che orientamenti volesse avere Di Pietro» [54]. Insomma, D'Adamo cercava di ricostruirsi, almeno parzialmente, quella "credibilità" che aveva perso allorché io avevo informato Berlusconi che il D'Adamo non mi rappresentava affatto. Significativo al riguardo è il minuetto che sarebbe avvenuto fra i due, con D'Adamo tutto proteso a spiegare all'on. Berlusconi che «Di Pietro aveva un animo vicino al Polo e non vicino all'Ulivo», e con Berlusconi a evidenziargli il proprio scetticismo («Mi stai raccontando cose non veritiere... quello che mi racconti non corrisponde a quello che verifico») [55].

---

[52] Cfr. interrogatorio Di Pietro del 30-11-95:

Domanda: «L'on. Berlusconi ha riferito che nel corso del vostro incontro del 18-2-95 lei gli ha espressamente dichiarato di essere stato contrario all'invio dell'invito a comparire del novembre 94. È vero che lei si è espresso in questi termini con l'ex presidente del Consiglio? In caso positivo, perché gli ha riferito una circostanza palesemente falsa che, peraltro, poteva determinare, come ha determinato, un inasprimento dei rapporti tra una parte della politica e la Procura di Milano?».

Risposta: «In tutti i miei interventi e scritti pubblici ho chiarito quale sia la mia posizione nei confronti dell'on. Berlusconi. Ribadisco che con lo stesso, allorché ci siamo visti nel febbraio 95, abbiamo parlato esclusivamente di ragioni politiche, in ordine alla eventualità di un mio ingresso in politica e dello schieramento in cui mi sarei potuto ritrovare. Questo voleva sapere da me Berlusconi e io gli spiegai che le mie aspirazioni erano diverse, nel senso che preferivo fare ciò che sapevo fare e cioè incarichi istituzionali (Servizi). Escludo di aver fatto con Berlusconi riferimento di qualsiasi genere, ivi compreso il noto invito a comparire della fine novembre 94. Certamente Berlusconi si lamentava delle inchieste giudiziarie a suo carico e ne parlava in termini negativi, io mi limitavo ad ascoltare».

D: «Anche l'ex presidente della Repubblica, sen. Cossiga, ha riferito di aver appreso da lei che vi erano stati contrasti con i suoi colleghi del pool per l'invio di quell'invito e che lei si era dimesso anche perché Borrelli e gli altri volevano costringerla a condurre l'interrogatorio di Berlusconi. Perché anche a Cossiga lei ha riferito circostanze inveridiche?».

R: «Non solo a Cossiga ma in pubblici scritti e pubbliche dichiarazioni – oltre che in risentite discussioni con i colleghi – io mi sono sempre lamentato della intempestiva pubblicazione dell'invito a comparire di Berlusconi. Mai del merito della stessa. Ho sempre detto che quell'invito, così come pubblicizzato, ha rappresentato un gravissimo danno non solo per l'interessato ma anche per l'indagine della Procura. Eravamo pochissimi a conoscenza di quei fatti e da ciò derivava la mia rabbia per esserci fatti coinvolgere in una situazione da cui sarebbero scaturiti – come sono scaturiti – ingiustificati attacchi all'operato mio e degli altri colleghi. Quanto poi all'asserita costrizione a dover procedere io all'interrogatorio di Berlusconi faccio presente che non di costrizione si trattava ed in tal senso Cossiga fa male a usare quel termine ma sicuramente nei giorni precedenti alle mie dimissioni si discusse in più occasioni. Di ciò ho già riferito abbondantemente nel mio precedente interrogatorio».

[53] Cfr. incid. prob. D'Adamo del 29-1-98: «Durante il colloquio l'avvocato Lucibello si allontanò, non fu presente al colloquio, andò in un'altra stanza. Poi io andai via e non telefonai più al dott. Di Pietro. Successivamente i rapporti tra me ed il dott. Di Pietro avvennero attraverso l'avvocato Lucibello. Sono sempre rapporti in riferimento alla politica, io in un certo momento ritenevo che il dott. Di Pietro, questo suo Movimento che doveva nascere, poteva essere vicino a Forza Italia, se questo fosse avvenuto naturalmente le elezioni le avrebbe vinte il Polo.

Domanda: «Lei ha detto che dopo questo incontro nello studio di Lucibello, dove Lucibello non partecipa, dove lei gli contestò questa sorta di voltafaccia, offendendosi di essere un portavoce ricusato?».

R: «Sì».

D: «Successivamente, [perché] lei non si è tirato fuori?».

R: «Mi sono tirato fuori».

D: «Siccome lei ha detto "I contatti li ho tenuti tramite Lucibello". Allora mi viene spontaneo chiederle perché non si è tirato fuori?».

R: «Perché l'argomento era molto importante».

D: «Siccome lei ha detto che se avesse fondato lui un Movimento politico, di esso Di Pietro, il Polo avrebbe vinto?».

R: «Si sarebbe rafforzato».

[54] Cfr. incid. prob. D'Adamo del 30-1-98:

Domanda: «Dopo che lei ebbe questo chiarimento franco con il dott. Di Pietro, dove le contestò di averlo liquidato come portavoce, comunque di averle fatto fare una brutta figura. Questi contatti susseguenti che lei tiene tramite l'avvocato Lucibello per in qualche maniera indurre Di Pietro verso uno schieramento politico preciso che è quello che fa capo a Berlusconi, era Berlusconi che la mandava a cercare a sondare che orientamenti volesse avere Di Pietro?».

R: «Sì».

[55] Cfr. incid. prob. D'Adamo del 29-1-98:

Domanda: «Le ragioni "perché era arrabbiato con Di Pietro" ce le spiega meglio?».

Risposta: «Ero arrabbiato per quello che aveva scritto, io ero molto vicino al dott. Berlusconi, quindi mi dispiaceva che trattava questo tema in quel modo».

Arriviamo così al 25 luglio 95, data in cui l'on. Berlusconi viene sentito dai Pm di Brescia, e apprende dalla viva voce dei magistrati il contenuto delle dichiarazioni che ho reso il precedente 2 luglio circa la vicenda dell'avviso di garanzia al presidente Berlusconi, provvedimento che avevo pienamente condiviso, e anzi ne rivendicavo la paternità (cosa che ho sempre sostenuto, così come ho sempre ritenuto nefasto – e per questo criticato – l'annuncio del provvedimento anticipato dai mass media) [56], [57]. L'on.

D: «Le veniva contestato qualcosa da Berlusconi?».
R: «No, mi diceva: "Tu sei vicino al dott. Di Pietro mi hai raccontato tante frottole, guarda come si comporta". Erano ragionamenti di questo tipo».
D: «Quali erano le circostanze che le venivano contestate come frottole?».
R: «Che il dott. Di Pietro aveva un animo vicino al Polo e non vicino all'Ulivo».
D: «Lei si arrabbia con il dott. Di Pietro e il dott. Berlusconi si arrabbia con lei?».
R: «Sì».
D: «Berlusconi si arrabbia con lei nel senso che dice "Mi stai raccontando delle cose non veritiere, cioè quello che mi racconti non corrisponde con quello che verifico". È così?».
R: «Sì, è così».

[56] Cfr. s.i.t. Silvio Berlusconi del 31-5-97: «Nel corso della mia audizione del 25-7-95 avanti ai Pm dott. Salamone e dott. Bonfigli ho appreso che in realtà era stato proprio il dott. Di Pietro a insistere, in seno al pool, affinché l'invio dell'invito a comparire avvenisse in quella occasione particolarmente spettacolare. Presi atto di ciò con stupore e con incredulità e di questo fatto parlai con l'ing. D'Adamo perché tutto il panorama dei miei rapporti con Di Pietro, in precedenza riferitomi da D'Adamo, era venuto a modificarsi. D'Adamo insisteva con decisione, escludendo di essere stato preso in giro dal Di Pietro e mi invitò a dubitare di quanto da me appreso nel corso dell'interrogatorio a Brescia».

[57] Cfr. incid. prob. D'Adamo del 30-1-98:
Domanda: «Il secondo momento che ha una qualche rilevanza è la discussione avvenuta a Brescia in data 25 luglio 95?».
Risposta: «Sì, ricordo che ci furono delle telefonate tra me e Berlusconi a proposito del suo incontro a Brescia con Salamone».
D: «Una escussione testimoniale?».
R: «Sì, certo... ricordo che il dott. Berlusconi si arrabbiò moltissimo... Quel giorno seppe che era stato Di Pietro e non il pool a volere quell'avviso di garanzia. Così mi disse lui, naturalmente sono cose che ho appreso da lui. Io naturalmente cascai dalle nuvole, perché io continuavo a sostenere che mi sembrava impossibile, perché Di Pietro mi diceva la stessa cosa. Lui continuava a dire che c'era una doppiezza, io invece dicevo "Non è possibile, non può avermi detto sciocchezze, io gli ho detto la verità"».
D: «Berlusconi le contesta di non aver detto cose veritiere?».
R: «Certo».

Berlusconi a questo punto finge di cadere dalle nuvole, ma in realtà – come abbiamo visto – a casa sua già da tempo suo fratello Paolo si sta dando da fare, insieme a Sergio Cusani, contro di me.

Era accaduto, infatti, che tre mesi prima (nell'aprile 95) la Procura di Brescia mi avesse messo sotto inchiesta in seguito a un velenoso documento anonimo firmato "Giovanni Salvi", che sintetizzava il contenuto del famigerato dossier "Abusi DP". Al riguardo faccio rilevare che, se è vero che la notizia di reato formalmente era pervenuta da richieste istruttorie formulate dall'avv. Taormina nel dibattimento Cerciello, in realtà – come lo stesso legale ha ammesso – aveva appreso anche lui quelle notizie dall'anonimo in questione, anonimo che infatti era stato spedito, oltre che al Pm di Brescia, anche allo stesso avv. Taormina. Ebbene, dalle risultanze istruttorie del procedimento penale all'epoca aperto a mio carico in seguito alle dichiarazioni di Giancarlo Gorrini, era emerso chiaramente che il Gorrini si era reso disponibile a riproporre, nella primavera 95, le stesse accuse (processualmente dimostratesi false) nei miei confronti che aveva già offerto agli Ispettori ministeriali all'epoca delle mie dimissioni da "Mani pulite", il mese di novembre del 94; soprattutto, era emerso in quel processo che tale rinnovata disponibilità del Gorrini era stata conseguente agli aiuti finanziari che Sergio Cusani e Paolo Berlusconi gli avrebbero garantito, per cui «mi sembrava da imbecille non venderla preventivamente a questi due marpioni qua» [58].

A giugno 95 i giornali e le Tv cominciarono a pubblicare le prime risultanze che stavano emergendo dall'istruttoria bresciana relativa alla vicenda Gorrini [59], così si cominciò a capire – e lo capii anch'io – chi aveva tessuto e stava tessendo la ragnatela velenosa: viene incriminato Cesare Previti, e con lui alcuni magistrati dell'Uffi-

---

[58] Cfr. nota 9, pag.128, dove è riportato il brano "Il movente e il prezzo delle accuse di Gorrini" tratto dalla mia "memoria finale" all'Ag di Brescia.

[59] Cfr. "L'Espresso" del 23-6-95, articolo dal titolo "Agguato in tre atti: caso Di Pietro chi ha manovrato i dossier... In principio fu Cesare Previti", dove, fra l'altro, si legge: «Primo atto, "Mani pulite" impazza, piovono gli anonimi. Secondo atto: inchiesta sulla finanza, si fa vivo un certo Gorrini. Terzo atto: Di Pietro in politica, Previti prepara la soluzione finale».

cio Ispettorato del ministero di Grazia e giustizia per fatti che poi verranno inclusi nella richiesta del loro rinvio a giudizio [60] (il processo si concluderà con formula assolutoria). D'Adamo a quel punto si rese conto che tutte le sue speranze di un sodalizio politico Berlusconi-Di Pietro

---

[60] Cfr. capo di imputazione contenuto nella richiesta di rinvio a giudizio del 21-12-95: «*Dinacci Ugo, De Biase Domenico, Previti Cesare, Berlusconi Paolo:* C) del reato p. e p. dagli artt. 110, 317 Cp perché in concorso fra loro e previo concerto:

Dinacci e De Biase, rispettivamente Capo dell'ispettorato presso il ministero di Grazia e giustizia e Ispettore generale delegato all'inchiesta amministrativa di cui appresso, epperciò entrambi Pubblici ufficiali, attraverso le distorsioni dei loro pubblici poteri di cui si dirà;

Previti e Berlusconi quali privati e concorrendo con i primi, inducevano il dott. Antonio Di Pietro, magistrato in servizio con funzioni di sostituto procuratore presso la Procura della Repubblica di Milano e incaricato della conduzione di importanti indagini afferenti procedimenti per fatti di corruzione et similia che vedevano coinvolti lo stesso Paolo Berlusconi e soggetti e aziende al medesimo collegati, a rassegnare le dimissioni dall'ordine Giudiziario (dapprima privatamente dal Di Pietro preannunciate e poi comunicate con lettera al Capo dell'ufficio il 6-12-94) o comunque ad abbandonare immediatamente le funzioni di inquirente nei procedimenti di cui sopra e negli altri riguardanti l'inchiesta denominata "Mani pulite", con tanto inducendo il Di Pietro a procurare indebitamente loro l'utilità costituita dal rallentamento delle indagini che l'ufficio del Pm di Milano stava conducendo nei confronti delle persone di cui si è detto. In particolare attraverso le seguenti condotte:

• dapprima il Berlusconi costituendo un carteggio (contenente documenti di varia natura afferenti aspetti deontologicamente e penalmente rilevanti sul conto del dott. Antonio Di Pietro), che, tramite Previti, faceva pervenire al Dinacci, allo scopo di precostituire elementi per un'inchiesta a carico del magistrato suddetto;

• sempre P. Berlusconi e Previti organizzando la presentazione di Giancarlo Gorrini presso l'Ispettorato e procurandogli a tal fine un appuntamento in Roma col Dinacci, il quale, subito dopo, richiedeva al ministro, ottenendola, l'apertura di un'inchiesta separata sul conto del dott. Antonio Di Pietro, inchiesta che, per il compimento di specifici atti, delegava al De Biase (nonostante vi fosse già in corso un'ispezione ministeriale in Milano presso gli uffici della Procura della Repubblica eseguita dagli ispettori Nardi, Koverech, Canale e Moleti su fatti connessi);

Previti e Dinacci dando al Di Pietro notizia dell'inchiesta in corso (inchiesta la cui divulgazione avrebbe potuto gravemente compromettere l'immagine pubblica del magistrato) e così inducendolo a preannunciare a loro stessi l'abbandono delle sue funzioni presso la Procura di Milano;

• ancora dopo, ottenuto quel risultato, Dinacci, De Biase, di concerto col Previti, decidendo di concludere l'inchiesta ministeriale "allo stato degli atti" in data 10-12-94 presso l'Ispettorato e in data 12-12-94 presso il gabinetto del ministero, che a ciò veniva indotto, senza compiere i necessari accertamenti istruttori.

Nei mesi di nov. e dic. 94 e comunque sino al 6-12-94».

---

erano finite. L'on. Berlusconi comprese che il D'Adamo gli diceva «cose non vere». Io capii di quale pasta fossero fatti l'on. Berlusconi e il suo entourage.

Decisi allora di rendere pubblico il mio distacco politico e morale dall'on. Berlusconi, e lo feci attraverso due interventi: il discorso di Cernobbio del 2 settembre 95 e una lettera aperta al quotidiano "la Repubblica" del successivo 8 ottobre. All'annuale Convegno internazionale promosso a Cernobbio dallo Studio Ambrosetti, mi schierai contro ogni possibile ipotesi di amnistia sui fatti di corruzione accertati dall'inchiesta "Mani pulite", e aggiunsi che «ho la sfacciataggine e la presunzione di credere di riuscire ancora a mobilitare le coscienze contro un eventuale colpo di spugna» [61].

---

[61] La stampa e la Tv diedero ampio risalto alla mia presa di posizione. Il "Corriere della Sera" (titolo "Di Pietro sfida i politici: sono pronto", e sottotitoli "L'ex Pm a Cernobbio esce allo scoperto", "Contro di me manovre occulte per salvare tutti i corrotti", "Se ci sarà colpo di spugna su 'Mani pulite' guiderò la protesta della gente") scriveva:

«"Ho la sfacciataggine e la presunzione di credere di riuscire ancora a mobilitare le coscienze contro un eventuale colpo di spugna". Rientra in scena Antonio Di Pietro, sceglie la platea degli industriali del convegno internazionale di Cernobbio per annunciare che scende in campo. Lo fa con un'autodifesa che finisce in un programma politico, rivolto "ai cittadini che, dopo essere stati sottomessi al malgoverno della Prima Repubblica, e dopo aver intravisto la primavera di 'Mani pulite', non sono più disposti a tornare indietro". Di Pietro volta pagina, dopo l'addio alla magistratura, le tentazioni (negate) di buttarsi in politica, le offerte, i veleni e l'inchiesta su di lui. Che cosa farà? Il Terzo polo trova un leader? L'ex magistrato più famoso d'Italia non vuole essere esplicito, ma fa un vero e proprio comizio a Villa d'Este e si candida almeno a fare il "garante" del "popolo stanco di essere preso in giro". Il piano dei lavori gli assegna un intervento sulla soluzione politica di Tangentopoli, proprio quella che l'anno scorso suscitò tante polemiche. Quest'anno riprende il discorso dove l'aveva lasciato. Attacca il "famigerato colpo di spugna" che sarebbe l'amnistia, "tentativo che si sta facendo più pressante in concomitanza con l'avvicinarsi delle sentenze di probabile condanna dei vari inquisiti eccellenti", sprizza veleno contro i "malefici frutti che stanno germogliando sotto le mentite spoglie di proposte di amnistie e indulti provenienti da più parti e dalle più disparate colorazioni politiche". E in nome dell'auto-trasparenza annuncia: "No, non ci sto. Meglio essere condannati mille volte e andare in galera piuttosto che fare da foglia di fico alle altrui malefatte. Non farò da specchietto per le allodole". Passano quindi in secondo piano le soluzioni tecniche a "Mani pulite". È un Di Pietro contro tutti, un Di Pietro leader del "popolo infuriato" quello che arriva a Cernobbio. "Prova" il suo discorso a tavola raccontandolo nell'orecchio a Edward Luttwak. Si intrattiene con Sergio D'Antoni, che di lui dichiara "Di Pietro ha tutte le caratteristiche per essere un

---

Dissi ancora di più il mese successivo, per replicare agli attacchi scriteriati che l'on. Berlusconi rivolgeva in quel periodo ai magistrati di Milano che lo avevano messo sotto inchiesta: lo accusai apertamente e pubblicamente di dire «frottole» e «non verità» agli italiani, pur di sottrarsi al vaglio della Giustizia, allorquando accusava il pool di "Mani pulite" «di agire per far del male, per odio, attuando una persecuzione che risponde a un preciso disegno politico» [62]. In realtà, avevo ormai capito che le inchieste che avevo condotto l'anno prima a margine del processo Enimont erano arrivate proprio alle porte del famoso conto bancario "All Iberian" che collegava direttamente l'on. Craxi allo stesso on.

---

uomo di centro. I ragionamenti che fa possono essere una parte del progetto che io costruisco". Poi, debutta in pubblico (assente Berlusconi che ha organizzato una conferenza stampa, presente in sua vece Fedele Confalonieri) e striglia tutti "No, cari signori responsabili delle imprese o rappresentanti del popolo che siate, non fate troppo affidamento sulla riuscita di questa operazione per liberare il sistema della zavorra dei processi pendenti. Il popolo è stanco". E ancora: "Il cuore mi dice che non sarà così e finiremo tutti per pagare lo scotto di un popolo infuriato se non diamo a esso giustizia". Il Di Pietro politico vede intorno a sé una specie di complotto, che coinvolgerebbe anche gli altri magistrati che hanno collaborato con lui, come il giudice svizzero Carla Del Ponte "sulla quale sono iniziati accertamenti" (ma il magistrato elvetico ha smentito nella notte di essere oggetto di indagini). "Nessuno", argomenta l'ex Pm, "mi toglie dalla testa che tutto ciò che è stato costruito e ancora sarà costruito attorno a me nasce dall'occulta volontà di livellare i comportamenti per poterli poi cancellare tutti"».

[62] Ecco il testo della mia "lettera aperta" apparsa su "la Repubblica" l'8-10-95 (titolo: "Berlusconi, quante frottole"):
«Caro Direttore, gli ultimi attacchi di Silvio Berlusconi alla magistratura non possono passare sotto silenzio. Mi costa veramente fatica dover prendere la parola su questa questione ma non posso continuare a tacere. Anche perché i miei ex colleghi della Procura di Milano non possono parlare. Se ci provano vengono immediatamente messi sotto inchiesta, come sembra sia accaduto da ultimo al Procuratore aggiunto D'Ambrosio. Berlusconi sa – anche per averglielo confidato io direttamente – come mi senta vicino col cuore agli elettori di Forza Italia. Ho detto a lui cioè che è sotto gli occhi di tutti: molti cittadini italiani hanno dato fiducia a questa nuova formazione politica appunto perché dava l'impressione di rappresentare una svolta nel panorama politico italiano. Doveva cioè rappresentare il nuovo. Questo desiderio di rinnovamento ha contagiato molti e, confesso, anche me. Ho l'impressione, però, che se Berlusconi continua a raccontare frottole agli italiani, prima o poi in molti saranno costretti a rivedere la propria posizione. Tra questi, anch'io. E confesso mi dispiace perché penso vi sia una bella differenza fra i cittadini-elettori e taluni cittadini-eletti all'interno del suo partito (per fortuna non molti, anche se purtroppo quelli che hanno più voce in capitolo). Le recenti prese di posizione di Berlusconi devono far riflettere l'opinione pubblica. Egli, sostanzialmente, accusa i magistrati di Milano di non agire per fini di giustizia "per fare male, per odio, attuando una persecuzione che risponde a un preciso disegno politico". Sono affermazioni gravi che possono essere dette solo se i presupposti siano veri. Ma così non è. In particolare:

1) non è vero che la Procura di Milano si sia occupata di indagare solo nei suoi confronti, nei confronti dei suoi uomini e delle sue aziende. L'inchiesta "Mani pulite" conta qualche migliaio di indagati e decine di migliaia di atti istruttori. Numericamente e qualitativamente sono state molto più numerose le indagini effettuate a carico di altri primari gruppi industriali, quali la Fiat, l'Olivetti, l'Eni, l'Italstat, la Ferruzzi, la Montedison tanto per citarne alcune. E infatti, molti dirigenti di queste società sono stati sottoposti a indagini e anche rinviati a giudizio e/o arrestati. Solo che, in questi casi, gli indagati non si sono messi a strillare, ma hanno scelto di difendersi con una più serena dialettica processuale. Chiunque voglia rileggersi le carte dell'intera inchiesta "Mani pulite" senza pregiudizi o scuse di comodo può rendersene conto. Certo l'attività giudiziaria nei confronti di Berlusconi ha fatto più "rumore", ma questo non è colpa dei magistrati bensì del fatto che lui ha scelto di fare al tempo stesso l'imprenditore e il politico. Un suo sacrosanto diritto, intendiamoci bene, come è un diritto dei cittadini essere informati costantemente sull'evoluzione giudiziaria di chi pretende di rappresentarli ai massimi livelli. Anche a me avrebbe fatto piacere non finire sui giornali quando sono stato messo sotto inchiesta, ma mi rendo conto che questa mia esigenza personale cozza con quella dei cittadini di sapere non tanto quali siano stati i miei eventuali peccati privati, ma se questi possano aver influito in qualche modo sulla bontà dei risultati del mio lavoro di magistrato. E non posso certo prendermela con la Procura di Brescia se ciò è avvenuto.
2) Non sono vere le illazioni riferite al maresciallo Nanocchio secondo cui la Procura di Milano – e io segnatamente – volevamo a tutti i costi "incastrare Berlusconi". Sul merito di questa questione ho già riferito direttamente alla Procura di Brescia come stanno realmente le cose e non è questa la sede per difendere il mio operato. Però Berlusconi non può utilizzare la parola "incastrare" per fare dire a Nanocchio anche quello che non ha detto. In verità Nanocchio ha detto esattamente, nel suo verbale di interrogatorio del 16 maggio 95, a pag. 4 "... È vero che io parlando con i compagni di detenzione ho, forse più volte, detto che i giudici volevano fatto il nome di Berlusconi e che in caso contrario sarei rimasto a lungo in carcere. Devo, però precisare che ciò non era quello che mi veniva detto dai magistrati ma una mia deduzione... ". La questione, come si sa, è molto lineare anche se molti – evidentemente interessati – hanno cercato di far apparire scorretto il mio comportamento e quello degli altri colleghi della Procura di Milano, nel richiedere a Nanocchio notizie sul rapporto con il gruppo Berlusconi. Nanocchio era stato arrestato proprio in relazione a una verifica nei confronti di una società del gruppo Berlusconi ed egli aveva ammesso di aver ricevuto denaro dal responsabile dei servizi fiscali della Fininvest, Salvatore Sciascia. Di cosa altro avremmo dovuto parlare con Nanocchio se non appunto dei suoi rapporti con il gruppo Berlusconi? E di cosa avremmo dovuto parlare anche quando, tempo dopo, egli ha riferito – sempre alla presenza dei propri difensori – di aver ricevuto denaro anche con riferimento all'attività di indagine da lui

---

Berlusconi – avevo cioè capito perché, subito dopo che avevo scovato la "pista Tradati", erano caduti su di me i fulmini e le saette di chi *doveva* fermare quelle mie indagini *a tutti i costi*. Ho riferito tutto questo ai Pm di Brescia nel novembre 95, e cioè appena ne ho avuto certezza in seguito a quanto nel frattempo stava emergendo dal processo contro Silvio Berlusconi al Tribunale di Milano [63].

Queste mie due prese di posizione (no all'amnistia, no alla delegittimazione del pool "Mani pulite") scatenarono – come vedremo tra breve – le ire e le ritorsioni da parte dell'on. Berlusconi, di Previti e di Antonio D'Adamo. Riferisce in-

---

svolta nei confronti di Telepiù, altra società partecipata del gruppo Berlusconi? Consegne di denaro che, si badi bene, Nanocchio ha sempre confermato di aver ricevuto.

3) Non è vero che la Procura della Repubblica di Milano non abbia indagato a fondo nei confronti del Pci-Pds. E infatti, molti esponenti di questo partito sono finiti sotto inchiesta e alcuni anche arrestati e rinviati a giudizio (solo a titolo di esempio basti ricordare che proprio in questi giorni si sta svolgendo il dibattimento a carico di taluni importanti esponenti di questo partito nell'ambito del processo "Metropolitana Milanese"). Se poi ci si rimprovera di non aver messo sotto inchiesta Achille Occhetto e Masssimo D'Alema, ci si dimentica che per incriminare qualcuno ci vogliono le prove e non solo le supposizioni. Se qualcuno mi avesse dato qualche spunto serio e idoneo, certamente avrei proceduto. Mi sono sempre rifiutato, invece, di correre dietro ai teoremi, ai dossier, e alle illazioni. Se c'è qualcuno che ha elementi concreti contro i segretari del Pci-Pds da riferire, lo faccia e, per come conosco io i Pubblici ministeri, assicuro che nessun magistrato si farebbe "scappare" una simile inchiesta.

4) Non è vero che Berlusconi intende veramente mettere a disposizione dell'autorità giudiziaria la documentazione sequestrata in Svizzera, o meglio, non è vero che lui voglia farlo a condizione che la "Procura di Milano accetti di assoggettarsi all'ispezione ministeriale a suo carico". Se così fosse, avrebbe già dovuto farlo, giacché i Procuratori di Milano ne hanno accettate due di ispezioni, la prima terminata con il riconoscimento della piena legittimità del loro (e mio) operato, e la seconda in corso, senza alcun condizionamento da parte di nessuno.

Mi fermo qui, ma l'elenco delle "non verità" potrebbe essere molto più lungo. D'altronde io non ho titolo per avanzare dubbi sull'indagato Berlusconi. Ma lui non può offendere gratuitamente e indiscriminatamente la magistratura nel suo complesso, quella di Milano in particolare, e anche la mia persona, dato che le indagini relative ai rapporti fra il suo gruppo imprenditoriale e alcuni esponenti della Guardia di finanza sono state svolte anche da me. E io posso mettere le mani sul fuoco che non l'ho fatto per fini politici, ma solo perché quello era il mio dovere (anche se mi dispiaceva) come era il dovere degli altri colleghi del pool. Mi sia, però, permesso di dare un consiglio a Berlusconi. Accetti anche lui, come me e tanti altri, il confronto con i giudici e se qualcosa della nostra vita deve essere censurata, facciamocene una ragione. Sono certo che gli italiani sono più disposti a comprendere che a essere presi in giro».

[63] Cfr. interrogatorio Di Pietro del 30-11-95:
Domanda: «Nella lettera aperta alla "Repubblica" dell'8-9-95 lei ha dichiarato testualmente: "Ma è certo che, per quanto mi riguarda, fino a che non avrò risolto i miei proble-

mi giudiziari non andrò da nessuna parte. È una questione di dignità e buon senso. Dignità verso me stesso, giacché mi ritengo offeso per tutti i tentativi di delegittimazione a cui sono quotidianamente sottoposto, solo per aver voluto fare il mio dovere a tutti i costi e senza guardare in faccia nessuno. Buon senso verso la possibilità di poter servire ancora il mio Paese in futuro, solo dopo essermi liberato dal ricatto politico a cui verrei quotidianamente e inesorabilmente sottoposto. Vale a dire per le stesse ragioni per cui mi sono dimesso dalla magistratura". Cosa intendeva dire?».
Risposta: «Basta rileggersi la lettera delle mie dimissioni del 6-12-94 e ricordare quel "tirare la giacchetta" da parte degli opposti schieramenti politici di cui parlavo in quella lettera, per avere la risposta. Comunque, poiché lo scopo dell'Ufficio è quello di ricostruire il complesso dei fattori che mi hanno indotto a rassegnare le dimissioni, per verificare se siano stati commessi dei reati in mio danno, ribadisco quanto già indicato nelle mie memorie e negli interrogatori, e aggiungo ulteriori collegamenti che solo dalla lettura dei giornali di questi giorni mi è possibile intuire:

• In quel periodo ero stanco di sopportare tutti quegli attacchi che ho indicato nel mio precedente interrogatorio. Craxi e Cusani erano scatenati, gli Ispettori erano a Palazzo di Giustizia e io volevo preservare a tutti i costi la bontà delle indagini di "Mani pulite".

• Stavo facendo il processo Enimont e il giorno 3 ottobre 94 riuscii a individuare e a portare in aula tale Giorgio Tradati, amico di infanzia di Craxi, che si dimostrò essere l'anello mancante della catena per dimostrare documentalmente l'utilizzo diretto da parte di Craxi di diversi conti-esteri.

• Con Tradati riuscimmo a ricollegare direttamente Craxi al sistema delle tangenti. Produco (allegato Eta) le risultanze dibattimentali di quelle udienze da cui si evince quanto affermo. A seguito dell'operazione Tradati avevo finalmente inchiodato Craxi alle sue responsabilità soprattutto perché dalla documentazione acquisita si stato possibile accertare che i conti correnti esteri indicati dal Tradati furono svuotati da un altro fiduciario di Craxi, Maurizio Raggio, il quale pur se latitante ha confermato la circostanza in una intervista (allegato Delta) nel febbraio 93. La circostanza è fondamentale perché Craxi ha sempre sostenuto che i soldi venivano ricevuti e gestiti da Balzamo il quale, peraltro, era morto nell'autunno dell'anno precedente. Naturalmente io disposi tutta una serie di rogatorie internazionali a seguito delle dichiarazioni di Tradati al fine di accertare chi erano coloro che avevano versato il denaro sui conti in questione. In quel periodo la collaborazione con i giudici svizzeri, e significativamente con Perraudin, era eccezionale nel senso che egli si era reso conto che, di converso alle attività illecite commesse in Italia, potevano essere state commesse delle attività di riciclaggio da parte di soggetti svizzeri. Facemmo delle reciproche rogatorie. Insomma c'era la speranza che le risposte alle richieste rogatoriali conseguenti alle dichiarazioni di Tradati potessero avvenire in brevissimo tempo. E da allora si assistette a una singolare coincidenza: da un lato Perraudin in Svizzera venne messo sotto inchiesta (come da resoconto fatti D'Adamo che, subito dopo il mio intervento di Cernobbio, gli telefonò l'on. Berlusconi per lamentare di nuovo il fatto che io andavo per una strada diversa dalle aspettative che gli prospettava lo stesso D'Adamo («L'affermazione che non era andata giù a Berlusconi... si trattava di giustizia... una presa di posizione... che non corrispondeva a quelli che erano gli orientamenti del dott. Berlusconi») [64]. D'Adamo, instancabi-

le, non si arrese, come lui stesso riferisce, e tentò ancora una volta di "ricucire" la situazione: «Tanto è vero che continuo a vedere il dott. Lucibello... sempre per recuperare il dott. Di Pietro in una simpatia verso il Polo... Io ho tentato sempre di rappresentare la possibilità che il dott. Di Pietro potesse essere vicino a Forza Italia» [65, 66].

Ecco, qui sta il punto: fra me e Berlusconi si era oramai consumata una rottura insanabile, simboleggiata dal tema "caldo" della Giustizia: l'on. Berlusconi tutto proteso a fermare l'azione di "Mani pulite", e io determinato a sostenerla. D'Adamo, dal canto suo, aveva la necessità di salvare dal fallimento le sue aziende, salvataggio che riteneva possibile qualora Berlusconi fosse tornato alla guida del governo; lui quindi voleva aiutare a tutti i costi il Polo a vincere la competizione elettorale che ormai era alle porte (giacché nel frattempo il Governo tecnico Dini aveva esaurito il suo compito), e riteneva che la mia presenza al fianco di Forza Italia avrebbe potuto essere decisiva.

Questa è la ragione per cui D'Adamo continuò ad attivarsi per tentare di ricucire lo "strappo" fra me e Berlusconi. Questa è la ragione per cui ritentò ancora di stabilire un contatto con me e chiese a Lucibello di incontrarmi. Io acconsentii in ragione della nostra passata amicizia, anche perché non immaginavo certo che lui in realtà, già dal 94, avesse messo in moto la sua strategia del "doppio binario", né sapevo minimamente dei rapporti affaristici che aveva allacciato (e aveva ancora in corso nel 95, per via del-

---

giornalistico che ho già prodotto), e anche nei miei confronti si scatenò quella che ho poi scoperto essere l'operazione Gorrini, oltre a tutto il resto. Ebbene, dalla lettura dei giornali di questi giorni, si evidenzia che dietro quell'operazione di 15 miliardi sul conto Northern Holding tramite All Iberian vi è nientemeno che il gruppo Berlusconi. Naturalmente non conosco gli atti e mi riporto alla lettura dei giornali, ma osservo:
– è certo che l'operazione Tradati viene da me resa pubblica in aula il 3 ottobre 94;
– è certo che l'operazione Gorrini contro di me inizia il 4 ottobre 94;
– è certo che, fino a quel momento, tutti i dossier anonimi che riguardavano il mio conto e che venivano fatti girare ad arte non avevano mai preso corpo presso gli organi ispettivi;
– è certo che, per come codesto Ufficio mi ha riferito, e per come mi ha personalmente detto De Biase nell'ottobre 94, il capo degli ispettori Dinacci avrebbe consegnato allo stesso De Biase un dossier contenente sia il manoscritto di Gorrini che la raccolta di anonimi ingiuriosi. Aggiungo, altresì, affinché si abbia un quadro complessivo della manovra a tenaglia posta in essere contro di me, che le suddette circostanze devono essere integrate dal contenuto della mia memoria del 2-10-95 specie con riferimento al ruolo svolto da Mach di Palmstein. Ribadisco infatti che l'avere io appreso negli uffici della Procura parigina nei giorni 21 e 22 novembre 94 del ruolo svolto da Palmstein nel tentare di delegittimarmi, ha provocato in me uno scoramento tale per cui questo fatto contribuì definitivamente alla mia decisione di lasciare la magistratura. Ribadisco che io nemmeno so che tipo di materiale è stato rinvenuto nella abitazione parigina di Mach dalla Polizia francese, ma, poiché parlavasi di falsi dossier, ritengo che quei documenti debbano essere dello stesso tipo di quelli portati da Dinacci a De Biase e di quelli che mi si dice essere stati nella disponibilità di Paolo Berlusconi».

[64] Cfr. incid. prob. D'Adamo del 30-1-98:
Domanda: «Come si sviluppano i suoi rapporti con Berlusconi intorno a questo argomento?».
Risposta: «A settembre ci fu una telefonata del dott. Berlusconi dopo il convegno che si tenne i primi di settembre a Cernobbio, dove il dott. Di Pietro aveva parlato di giustizia, quindi aveva fatto certe affermazioni che a Berlusconi non andavano assolutamente giù».
D: «Ricorda quale era stata l'affermazione che non era andata giù a Berlusconi?».
R: «Non lo ricordo con esattezza, si trattava di giustizia».
D: «Una presa di posizione in tema di giustizia?».
R: «Sì, che non corrispondeva a quelli che erano gli orientamenti del dott. Berlusconi».

[65] Cfr. incid. prob. D'Adamo del 30-1-98:
Domanda: «Quando Berlusconi mette in dubbio quello che lei gli aveva raccontato, lei che cosa fa?».
Risposta: «Io voglio ancora continuare a credere nel dott. Di Pietro, tanto è vero che continuo a vedere il dott. Lucibello, anzi il dott. Lucibello venne a casa mia per discutere di questi fatti politici, a questo punto avviene il mio contatto con Lucibello sempre per recuperare il dott. Di Pietro in una simpatia verso il Polo».
D: «Questo per conto di Berlusconi o come iniziativa autonoma?».
R: «Per mia iniziativa, io ho tentato sempre di rappresentare la possibilità che il dott. Di Pietro potesse essere vicino a Forza Italia».

[66] Cfr. s.i.t. Berlusconi del 31-5-97: «L'ingegner D'Adamo mi [ha] anche riferito di suoi incontri con Di Pietro avvenuti nell'estate 95, aventi a oggetto la continuazione della sua azione di convincimento affinché Di Pietro si schierasse con il Centro-Destra».

le "postergazioni") con Pacini [67]. In quell'occasione ribadii a D'Adamo anche quanto avevo detto in pubblico, e cioè che, fino a quando fossi rimasto sotto inchiesta a Brescia (e allora lo ero per la vicenda Gorrini, per quella relativa all'informatica, e per il concorso Rea), non avrei partecipato ad alcuna competizione politica né a favore dell'Ulivo né del Polo per le evidenti strumentalizzazioni che ne sarebbero scaturite e per non alimentare ulteriormente lo *strepitum fori* di quei processi [68].

Ma oramai Berlusconi e Previti avevano preso atto della irrevocabilità della mia decisione di non aderire alla loro parte politica, e decisero che era necessario fermarmi sul piano personale così da impedirmi di diventare un loro antagonista sul piano politico. Ne parlarono con D'Adamo, il quale «di fronte alle contestazioni di Berlusconi, ha fatto di tutto per dimostrare la sua assoluta buona fede e disse di essere stato anche lui ingannato da Di Pietro. Ha raccontato così molto dei suoi antichi rapporti con Di Pietro» [69].

Ecco un altro snodo cruciale della "metamorfosi" di D'Adamo: per giustificarsi con Berlusconi *doveva* dimostrare d'essere stato anche lui "ingannato" da me. E come poteva farlo, se non raccontando in modo ingannevole i nostri passati rapporti? Del fatto che D'Adamo abbia falsificato la verità vi è riprova negli atti proprio con riferimento ai fatti che doveva raccontare, laddove lui e Berlusconi si accordano e concordano che D'Adamo doveva recarsi dal Pm di Brescia presentando i suoi rapporti affaristici con Pacini come frutto di una "concussione" ordita da Di Pietro e da lui subita [70]. Anche l'on.

---

[67] Cfr. incid. prob. D'Adamo del 30-1-98:
Domanda: «Chi la mandava, a parte un interesse politico come cittadino a una certa evoluzione posto che lei con Di Pietro ha chiuso, le ha fatto fare una figuraccia ecc. Come si spiega che lei continua questi rapporti?».
Risposta: «Naturalmente io ero molto arrabbiato nei confronti di Di Pietro, e l'avvocato Lucibello cominciò a mediare questa cosa, mi disse: "Non ti preoccupare, il dott. Di Pietro ha un'anima moderata". Parlavamo sempre con l'avvocato Lucibello che il dott. Di Pietro non andasse verso sinistra ma che si avvicinasse al Polo. Ricordo che in ottobre 95 ci fu un articolo di Di Pietro contro Berlusconi che diceva "Dottor Berlusconi quante frottole", questo mi pare che era il titolo, e diceva in quell'articolo che lui aveva una certa vicinanza con il Movimento di Berlusconi, mentre invece se ne stava allontanando. Ne parlai con Lucibello, fissammo un incontro con Di Pietro, ci incontrammo per paura, perché in quel momento avevo paura di essere intercettato, c'era ancora la vicenda bresciana per quanto riguarda la posizione, ci incontrammo al casello dell'autostrada e ci recammo a casa di Di Pietro a Curno, fu l'unica volta che io mi recai a Curno».

[68] Cfr. incid. prob. D'Adamo del 30-1-98: «In pratica si stavano avvicinando in quel periodo le elezioni, e il dott. Berlusconi mi disse quali erano le intenzioni del dott. Di Pietro, quindi da che parte stava, era interesse di Berlusconi che il dott. Di Pietro non si schierasse con l'Ulivo. Infatti Di Pietro mi disse che lui non si sarebbe schierato né contro l'Ulivo né contro il Polo, né in favore dell'uno, né dell'altro».

[69] Cfr. s.i.t. Cesare Previti del 13-5-97: «Avendo preso atto di tale situazione così diversa da quella che ritenevamo essere, il dott. Berlusconi ritenne di contestare la cosa a D'Adamo ed ebbe con lo stesso qualche incontro ad alcuni dei quali ho assistito io stesso. Tali incontri, se non ricordo male, sono avvenuti ad Arcore, anche se mi è capitato di incontrare qualche volta il D'Adamo a Roma. Di fronte alle contestazioni del Berlusconi, D'Adamo ha fatto di tutto per dimostrare la sua assoluta buona fede e disse di essere stato anche lui ingannato da Di Pietro. Ha raccontato così molto dei suoi antichi rapporti con Di Pietro, evidenziando da parte di costui una serie di comportamenti ambigui e poco lineari».

[70] Cfr. incid. prob. D'Adamo del 2-02-98:
Domanda: «Lei sia davanti al Giudice in questa sede e sia davanti ai Pubblici ministeri, ha sempre detto di avere avuto un favore da Di Pietro che si sarebbe interessato per farle avere i soldi da Pacini. Conferma?».
Risposta: «Sì».
D: «Era tutta un'operazione di cui lei era beneficiario?».
R: «Sì».
D: «Tutta l'operazione dei 9, dei 12 veda lei quello che deve mettere, tutte queste cose erano a suo beneficio?».
R: «Certo».
D: «Berlusconi quando è stato interrogato dal Pubblico ministero, dopo aver riassunto quello che lei gli avrebbe detto del finanziamento ricevuto da Pacini, di questa parte che avrebbe promesso a Di Pietro, ecc., dice: "Tengo a precisare che D'Adamo mi ha sempre sottolineato di essere stato in qualche modo costretto a prestarsi a questa operazione di cui ho appena detto, in considerazione dei tanti procedimenti che aveva in corso davanti all'Autorità giudiziaria di Milano. Parlava in termini di vero e proprio stato di necessità. Anche il negativo andamento finanziario delle sue aziende aveva probabilmente inciso su questa situazione. Aggiunse anche che la verità sarebbe comunque venuta a galla a seguito della continuazione dell'inchiesta su Pacini e che a quel punto sarebbe emersa la sua posizione di concusso". Lei si è definito concusso a Berlusconi?».
R: «Noi abbiamo discusso di questa cosa, io ero restìo per gli inviti che lui mi faceva venire a riferire ai Pubblici ministeri. Quando si riferisce soprattutto alla concussione, io ho già detto che per tutto quello che era il rapporto precedente... Berlusconi può avere espresso male il mio pensiero».
D: «Che cosa ha detto lei a Berlusconi. L'argomento è limitato solo ed esclusivamente al finanziamento Pacini? Da quel verbale che ha reso Berlusconi al Pubblico ministero parrebbe di intuire che Berlusconi ha da lei appreso che, co-

Berlusconi, infatti, conferma che D'Adamo alla fine si decise a uscire allo scoperto per «convincerlo della fondatezza di quanto lui sosteneva» [71]. La molla che convinse D'Adamo ad accusarmi la riferisce lui stesso in sede di incidente probatorio: «Non mi piacevano gli atteggiamenti di Di Pietro per quello che andava facendo e dicendo... con me si era comportato male... mi aveva allontanato, quindi un certo risentimento sicuramente ce l'avevo... vivevo come l'amico scomodo di un eroe... c'era l'arrabbiatura per l'articolo... era tutta una concomitanza di cose» [72].

Insomma e traducendo: D'Adamo ha concordato con Berlusconi e Previti di recarsi dal Pm di Brescia per riferire in modo totalmente distorto e difforme dal vero i rapporti che aveva avuto con Pacini (oltre ai passati rapporti personali e privati che lui aveva avuto con me) non perché si sentisse in qualche modo minacciato da me o temesse qualcosa da parte mia [73], ma solo e semplicemente perché non condivideva «quello che andav[o] dicendo e facendo» (ovvero, ripeto: no all'amnistia, e no alla mia adesione a Forza Italia), e perché viveva con «risentimento» il fatto

---

me se lei avesse dovuto soccombere, cioè era concusso in relazione a questa faccenda del finanziamento. Siccome l'ha detto molto esaurientemente, quindi quello che ha detto sicuramente non è che si può dire che non è stato compreso, lo hanno verbalizzato in maniera molto efficace. Lei a Berlusconi, in relazione a questo affare del finanziamento con Pacini, che cosa gli ha detto?».
R: «Ho detto dello stato di necessità, quando si parlava questo era vero, ma che avevo molti dubbi si potesse configurare una concussione piuttosto che non una corruzione. Ne ho discusso credo anche con i Pubblici ministeri che mi sentivo in uno stato di necessità, quindi ho fatto quello che ho fatto».

[71] Cfr. s.i.t. Silvio Berlusconi del 31-5-97: «Fu proprio nell'ambito dei discorsi di cui ho detto tra me e D'Adamo che quest'ultimo, proprio per convincermi della fondatezza di quanto lui sosteneva (al contrario di quanto avevo appreso a Brescia) mi riferì, in occasione di almeno un paio di incontri avvenuti ad Arcore verso il settembre-ottobre del 95, che Di Pietro non poteva farsi gioco di lui in considerazione delle particolari situazioni che riguardavano direttamente Di Pietro e che coinvolgevano anche D'Adamo stesso in prima persona. La pubblicazione sul giornale "la Repubblica" dell'8-10-95 di un articolo a firma di Di Pietro, intitolato "Berlusconi, quante frottole", contenente molte accuse nei miei confronti, ha costituito probabilmente motivo di indignazione che ha finalmente fatto capire a D'Adamo di essere stato preso in giro da Di Pietro, tanto da sfogarsi con me raccontandomi vari episodi con precisione e ricchezza di dettagli. D'Adamo mi manifestò anche l'intenzione di stendere uno scritto, contenente la descrizione dei fatti a sua conoscenza, da depositare magari presso un notaio, per ogni evenienza».

[72] Cfr. incid. prob. D'Adamo del 30-1-98:
Domanda: «Lei ha detto che dopo questo comportamento di Di Pietro, che l'aveva messa in una situazione di difficoltà con Berlusconi, perché a lei Di Pietro aveva rapportato certe situazioni mentre poi si comportava diversamente e questo Berlusconi glielo aveva contestato dopo questi momenti pubblici. La molla che le ha fatto scattare questa volontà, questa esigenza di tirare fuori quelle che ieri abbiamo chiamato queste relazioni compromettenti che c'erano state tra lei e Di Pietro, la molla soggettiva qual è stata? Al di là che Berlusconi l'abbia incitata di andare dalla Magistratura. Lei non ha raccontato finora di episodi di litigio con Di Pietro, la molla soggettivamente psicologica per la quale lei decide di voltar il sacco, qual è?».

Risposta: «Non mi piacevano gli atteggiamenti di Di Pietro, per quello che andava facendo e dicendo, io sapevo delle cose, quindi lo conoscevo in una veste assolutamente diversa di quello che era il suo atteggiamento pubblico in quel momento».
D: «Quindi non le piaceva il suo apparire? Cioè non le piaceva come si comportava politicamente o non le piaceva l'immagine che vendeva?».
R: «Anche quella, oltre al fatto che comunque con me si era comportato male».
D: «Con lei si era comportato male solo per questo rapporto con Berlusconi, che le aveva fatto dire a Berlusconi cose che non erano vere?».
R: «Per tutto quello che c'era stato tra di noi, è evidente che ero diventato scomodo quando ho incominciato ad avere i primi guai giudiziari, io sto parlando dopo il 95, perché poi c'è stata un'interruzione, io non ho parlato più con Di Pietro, evidentemente perché era lui che mi aveva allontanato, quindi un certo risentimento sicuramente ce l'avevo».
D: «Lei aveva un certo risentimento perché Di Pietro l'aveva abbandonata?».
R: «Sì».
D: «Dopo la restituzione dei soldi in quella scatola di scarpe?».
R: «Non subito, ma ormai le cose si stavano delineando. Io ero apparso anche e questo mi dava molto fastidio, ero apparso come l'amico scomodo, io insieme a tre o quattro persone eravamo diventati gli amici scomodi di un eroe».
D: «Lei si viveva così, un amico scomodo di un eroe?».
R: «Sì».
D: «Quindi vedeva confliggere questa immagine pubblica dell'eroe con quello che lei conosceva intimamente dell'eroe, questa è stata anche una spinta psicologistica a disvelare le cose compromettenti?».
R: «Oltre a quelle cose che ho già detto c'è l'arrabbiatura per l'articolo, era tutta una concomitanza di cose che non si può riferire».

[73] Cfr. incid. prob. D'Adamo del 30-1-98:
Domanda: «Lei non temeva niente da parte di Di Pietro nei suoi confronti?».
Risposta: «No».
D: «Lei ha mai temuto che Di Pietro le potesse fare del male?».
R: «No».
D: «Non ha mai avuto avvisaglie di questo genere?».
R: «No, nel modo più assoluto».

che io l'avessi allontanato da me quando mi ero accorto che stava "usando e abusando" della nostra amicizia.

È in questo contesto, quindi, che deve essere considerato non solo ciò che D'Adamo ha dichiarato all'Ag di Brescia in merito ai finanziamenti ricevuti da Pacini, ma anche tutta quella serie di manovre che ha messo in piedi per tentare di rendere credibile la sua tesi: la redazione di un testamento davvero ben strano nel novembre 94, la preparazione – in casa Berlusconi, e con l'ausilio di Previti – di un vergognoso "memoriale" poi finito nelle carte processuali nel modo che sappiamo, gli accordi intervenuti con Berlusconi di cui alle intercettazioni telefoniche dell'autunno 95 («Siamo nelle sue mani... bisogna che si prepari»), gli approcci con Stefano Eleuterio Rea per convincerlo a confermare quanto da lui sostenuto davanti ai Pm, la preparazione della "trappola" di cui vi è traccia nella registrazione confezionata di Gasparotti.

3. Interessi convergenti D'Adamo-Berlusconi

L'indagine preliminare della Procura di Brescia ha dato modo di accertare l'intrico di interessi economici sottostante alle ragioni per cui D'Adamo non poteva "dire di no" alle richieste di Berlusconi e Previti. Prima di addentrarci nelle modalità con cui è stata costruita la trappola contro Di Pietro, è bene riepilogare questi rapporti economici. Bisogna riportarsi al 93, anno in cui i rapporti e gli incontri tra D'Adamo e Silvio Berlusconi, come abbiamo visto, riprendono quota per la preparazione dell'ingresso in politica dello stesso Berlusconi e del ruolo di supporto che si era offerto di dargli D'Adamo [74].

Ora si capisce anche la ragione di questo "ritorno di fiamma": nello stesso periodo si stava sviluppando tra D'Adamo e Paolo Berlusconi (formalmente dovremmo dire fra la Edinim di D'Adamo e la Edilnord di Berlusconi, ma come dice quest'ultimo a verbale «i contatti erano tenuti direttamente da me con l'ing. D'Adamo») una trattativa per la compravendita di un «appezzamento di terreno di 70.000 mq a Pioltello, inserito in un piano regolatore con destinazione terziaria» [75]. L'importo complessivo della vendita che si impegnava a fare D'Adamo a Berlusconi ammontava a 14 miliardi, e a fronte di questo impegno, dice D'Adamo, «io ebbi un finanziamento della Banca di Roma... di 7 miliardi... e l'anticipo di 3 miliardi da parte del dott. Berlusconi» [76]. La trattativa si chiuse «nei primi mesi

---

[74] Cfr. incid. prob. D'Adamo del 29-1-98:
Domanda: «Veniamo ai giorni nostri e vediamo quali sono i suoi rapporti con Berlusconi politico?
Risposta: «Ci fu un discorso politico, quindi incominciammo a parlare con il dott. Berlusconi del fatto che lui aveva questa intenzione».
D: «Questo quando?».
R: «Fu verso la fine del 93, naturalmente il dott. Berlusconi teneva questa cosa molto riservata, smentiva il suo ingresso politico, c'erano anche dei suoi collaboratori che non volevano che lui entrasse in politica, io invece fui uno che gli dava corda, io gli dicevo di andare avanti che ce l'avrebbe fatta, lui mi chiese anche se volevo partecipare in qualche modo a questo Movimento che stava nascendo, e io naturalmente per la mia situazione sia societaria che a livello di

Procura, rifiutai in quel periodo».
D: «Le proposte di candidarsi?».
R: «No, di essere vicino al Movimento per l'organizzazione del Movimento. Naturalmente in questi rapporti si parlava di politica, parlava più lui che io, mentre parlava gli venivano idee, scriveva appunti, comunque ci furono contatti».

[75] Cfr. s.i.t. Paolo Berlusconi del 15-1-98: «Per quanto riguarda la trattativa con l'Edinim, questa iniziò all'incirca nell'anno 93. I contatti tra la Edilnord e la Edinim erano tenuti direttamente da me con l'ing. D'Adamo. Agli inizi del 94, se non ricordo male nel mese di marzo, fu stipulata una scrittura privata di promessa di compravendita tra la Edinim e la Edilnord per un appezzamento di terreno di circa 70 mila mq. inserito in piano regolatore con una destinazione terziaria. L'importo complessivo della compravendita ammontava a circa 14 miliardi».

[76] Cfr. incid. prob. D'Adamo del 29-1-98:
Domanda: «Altri rapporti ne ha avuti?».
Risposta: «Altri rapporti io ne ho avuto con il dott. Paolo Berlusconi, per una promessa di acquisto che una mia società la Edinim, dove si impegnava a vendere un terreno alla Edilnord di Paolo Berlusconi per un importo di 14 miliardi, a fronte di questa operazione io ebbi un anticipo dalla Edilnord, ed ebbi anche un finanziamento dalla Banca di Roma».
D: «Per che importo?».
R: «Di 7 miliardi credo, e mi pare che l'anticipo fu di 3 miliardi da parte del dott. Paolo Berlusconi».
D: «In che periodo siamo?».
R: «Qui ci fu una trattativa lunga che iniziò alla fine del 92 e proseguì per il 93, la trattativa si chiuse nei primi mesi del 94».
D: «Questo terreno dove è ubicato?».
R: «A Pioltello in Milano, dove io avevo questo terreno e altri terreni che erano edificabili nel momento in cui facemmo questo compromesso, comunque nel compromesso c'era una clausola risolutiva e in effetti poi il contratto non ebbe seguito perché incominciarono le voci che il Comune di Pioltello voleva togliere la volumetria del terreno, come infatti fece. Quindi quel terreno divenne come destinazione

del 94». Insomma, parallelamente al denaro che stava ricevendo da Pacini, D'Adamo stava ricevendo finanziamenti (l'anticipo di 3 miliardi) dal gruppo Berlusconi.

La compravendita immobiliare Berlusconi-D'Adamo, però, non andò in porto a causa di "Mani pulite 2" (quella portata avanti, sempre dalla Procura di Milano, da un altro pool di magistrati coi quali ci eravamo divisi i compiti: loro avrebbero indagato per i fatti di corruzione riguardanti l'hinterland milanese, e noi per quelli di interesse cittadino e nazionale). Riferisce infatti Paolo Berlusconi: «Successivamente alla stipula del preliminare [di compravendita con D'Adamo, ndr], alcuni funzionari e amministratori del Comune di Pioltello furono coinvolti in inchieste giudiziarie condotte dalla magistratura di Milano... nella stessa inchiesta nei primi giorni del mese di maggio 94 fummo indagati sia io che un mio collaboratore con l'accusa di corruzione» [77]. A seguito di questi coinvolgimenti

giudiziari, l'Amministrazione comunale di Pioltello sospese tutte le convenzioni edilizie, l'affare con D'Adamo sfumò, e Berlusconi non ricevette più indietro nemmeno i 3 miliardi dell'anticipo.

Ben si possono comprendere, a questo punto, i sentimenti di entrambi verso quanto stava facendo la Procura di Milano in quel periodo, e ben si può immaginare cosa pensassero costoro del Pm Di Pietro che era al centro dell'attenzione pubblica per quelle inchieste. Soprattutto, ben si può capire l'asservimento di D'Adamo verso la famiglia Berlusconi: i 3 miliardi che aveva ricevuto da Paolo per "l'affare Pioltello" se li era spesi e non era più in grado di restituirli, per di più proprio nel periodo in cui aveva ripreso a frequentare con assiduità il fratello Silvio, da poco presidente del Consiglio e dal quale pure stava ricevendo un aiuto importante (sia per tentare di vendere la Gde alla Mondadori, sia per ottenere 12 miliardi di finanziamento dalla Comit). Infatti, proprio in quel periodo D'Adamo si era da poco ripreso le azioni Gde da Pacini, assicurando Pacini che l'avrebbe pagato non appena fosse riuscito a vendere la società a Berlusconi, la cui amicizia magnificava e "vantava" a ogni piè sospinto, e che in quel momento era presidente del Consiglio [78], [79]. D'Adamo, pur non riu-

---

non più edificabile ma servizi, quindi il dott. Paolo disse: "Riprenditi il terreno e ridammi i soldi", il punto dolente erano i soldi, io non ne avevo, allora feci a Paolo Berlusconi delle cambiali ipotecarie per circa 3 miliardi o forse più, adesso l'importo esatto non lo ricordo».
D: «Qual è l'esito di queste cambiali?».
R: «Adesso la società è fallita, quindi sono in bilancio».
D: «Si è insinuata al passivo la Edilnord?».
R: «Questo non lo so, credo di sì, si è insinuata sicuramente al passivo perché ricordo che Paolo Berlusconi si informò».
D: «Questo debito di Paolo Berlusconi è rimasto ancora nella Edinim?».
R: «È rimasto nella Edinim, come è rimasto anche il debito con il Banco di Roma».

[77] Cfr. s.i.t. Paolo Berlusconi del 15-1-98: «Successivamente alla stipula del preliminare alcuni amministratori e funzionari del Comune di Pioltello furono coinvolti in inchieste giudiziarie condotte dalla Magistratura di Milano. Nella stessa inchiesta, nei primi giorni del mese di maggio del 94, fummo indagati sia io che un mio collaboratore con l'accusa di corruzione. L'amministrazione comunale in carica a seguito di questi fatti, il 16 maggio, con un apposito ordine del giorno confermato poi nel novembre dello stesso anno, sospese tutte le convenzioni edilizie rilasciate sul territorio comunale. A questo punto la Edilnord, vista la grande difficoltà se non l'impossibilità di portare avanti i progetti di sviluppo nel Comune di Pioltello, decise di avvalersi della facoltà di recedere. Pertanto la Edinim avrebbe dovuto restituire alla Edilnord le somme fino allora percepite. L'ing. D'Adamo, per conto della Edinim, rappresentò di aver ceduto il credito che nasceva dalla compravendita alla Banca di Roma, a garanzia di una sua posizione debitoria nei confronti dell'istituto di credito stesso. Alla posizione debitoria che la Edinim non era in grado di soddisfare era subentrata la Edilnord. Inoltre

D'Adamo manifestò l'impossibilità di restituire quanto fino allora percepito per la vendita. La Edinim, o altra società dell'ing. D'Adamo, girò alla Edilnord cambiali ipotecarie per un importo di circa 3 miliardi che alla scadenza non furono onorate. Di fronte alla presa d'atto realistica della situazione dell'ing. D'Adamo e quindi dell'inutilità pratica di qualsiasi azione legale nei confronti della società debitrice da lui controllata, e inoltre anche per i rapporti di amicizia di lunga data, la Edilnord ha accettato garanzie fidejussorie personali dell'ing. D'Adamo che coprivano la sua posizione debitoria. Recentemente credo che sia stato dichiarato il fallimento della Edinim e pertanto la Edilnord tramite i suoi legali è in contatto con il curatore al fine di potersi inserire, entro la data prevista del 16 marzo, nel fallimento».

[78] Cfr. interrogatorio Pacini Battaglia del 22-7-97: «Il 26-10-94 D'Adamo mi ha chiesto di svincolare le azioni della Gde (che erano state date in custodia alla Intercop) e di consentirgli in tale modo il trasferimento delle stesse dalla Simaco alla Edilgest Finanziaria, che sarebbe subentrata alla Simaco nel debito verso la Morave (per l'importo di 4,5 miliardi). Nel periodo che va dal giugno all'ottobre del 94 mi sono incontrato varie volte con D'Adamo (anche se i miei rapporti con lui si erano ormai incrinati), quest'ultimo ha reiteratamente vantato la sua amicizia con il dott. Di Pietro e con il cav. Berlusconi, dicendomi che lui faceva da mediatore tra Di Pietro e Berlusconi facendomi credere che la Mondadori di Berlusconi avrebbe acquistato la Gde».

scendo a vendere la Gde alla Mondadori, ottiene l'aiuto dell'on. Berlusconi per avere dalla Comit nell'ottobre 94, un finanziamento di 12 miliardi [80], [81]. Non basta: sempre nello stesso periodo, D'Adamo chiese all'on. Berlusconi di intervenire presso i vari istituti di credito allo scopo di ottenere altri finanziamenti per il Gruppo D'Adamo; in particolare – stando alle affermazioni dello stesso D'Adamo – l'allora presidente del Consiglio Berlusconi intervenne in suo favore presso la Banca Popolare di Novara, l'Istituto San Paolo di Torino e il Credito Fondiario [82], [83].

Accade così che nello stesso periodo di tempo si fondono e si confondono i seguenti interessi e circostanze:

• D'Adamo riacquistava da Pacini la Gde a metà prezzo (4,5 miliardi, anziché i 9 miliardi che aveva pagato Pacini per comprarla), e dice di aver fatto credere al banchiere che l'altra metà della somma (4,5 miliardi) fosse destinata a Di Pietro;

• D'Adamo cercava di rivendere al Gruppo Berlusconi la Gde appena riacquistata da Pacini;

• Silvio Berlusconi interveniva presso la Comit e faceva ottenere a D'Adamo un finanziamento di 12 miliardi a fronte delle azioni Gde in questione;

• Silvio Berlusconi diventava presidente del Consiglio e tentava inutilmente di arruolare il Pm Di Pietro nel suo governo;

• Paolo Berlusconi e D'Adamo mettevano a punto una speculazione edilizia a Pioltello di enorme valore economico, ma l'affare sfumava per l'intervento di "Mani pulite" che inquisiva per corruzione gli amministratori di Pioltello;

• Giancarlo Gorrini cominciava a muoversi alla ricerca di qualcuno a cui offrire le sue fasulle "rivelazioni" contro Di Pietro, cosa che poi avverrà proprio con Paolo Berlusconi;

• Paolo Berlusconi riferiva a D'Adamo quello che stava mettendo in piedi con Gorrini per colpire Di Pietro, e gli diceva di aspettarsi da lui una conferma delle accuse nelle sedi opportune;

• Cominciavano a circolare i veleni anonimi contro Di Pietro, con la diffusione del cosiddetto dossier "Abusi D.P." di cui una copia sarà rinvenuta nella disponibilità di Paolo Berlusconi (o meglio di un amico della sua ex moglie), e una

---

[79] Cfr. incid. prob. D'Adamo del 6-2-98:
Domanda: «L'avvocato vuole sapere se nel discorso diretto con Pacini in questo momento nel quale si parla di questa faccenda della sostituzione, lei ha rappresentato a Pacini che aveva intenzione di vendere a Mondadori?».
Risposta: «Sì».
D: «Quindi ne parlò con Pacini di questo?».
R: «Sì».

[80] Cfr. incid. prob. D'Adamo del 6-2-98:
Domanda: «È vero che ottiene un finanziamento da parte di una banca, la banca Comit, e che il finanziamento lo ottiene la Gde, e che vengono date a garanzia di quell'operazione proprio le azioni ottenute dalla Morave-Simaco?».
Risposta: «Sta sbagliando. La Comit chiede un finanziamento alla Sii, e la Edilgest mise a garanzia del finanziamento le azioni della Gde».
D: «Quelle azioni vengono date a garanzia di un finanziamento dato alla Comit?».
R: «Esatto».
D: «Un finanziamento di 12 miliardi?».
R: «Sì».

[81] Cfr. incid. prob. D'Adamo del 2-2-98:
Domanda: «Il dott. Silvio Berlusconi si impegnò davanti a lei a intervenire su Comit?».
Risposta: «Mi disse che sarebbe intervenuto».
D: «Poi lei è andato da Comit e ha trovato la disponibilità?».
R: «Sì».
D: «Ha ringraziato Berlusconi per questa disponibilità che Comit le manifestò?».
R: «Sì».

[82] Cfr. incid. prob. D'Adamo del 28-1-98:
Domanda: «Lei chiese a Berlusconi un aiuto con riguardo a questo finanziamento?».
Risposta: «Sì. Io l'ho detto ad alcune banche, non solo alla Comit, ma anche ad altre banche».
D: «Tutto ciò è avvenuto prima della richiesta di finanziamento alla Comit che le fa a Berlusconi? Precede, anticipa l'intervento in Comit?».
R: «Credo di sì, io credo che avevo già fatto la richiesta di finanziamento».
D: «Presso quali altre banche aveva chiesto a Berlusconi di attivarsi?».
R: «Io credo di avergli chiesto di attivarsi presso la Popolare di Novara e non ricordo altro».
D: «Di attivarsi in vista di un eventuale finanziamento, o nell'ottica dei debiti che lei aveva presso queste banche?».
R: «L'uno e l'altro. Cioè in quel momento io...».
D: «Siamo in ottobre 94?».
R: «Sì, ottobre 94. Io richiedo ancora un finanziamento, ho bisogno di altri finanziamenti e ho chiesto al dott. Berlusconi se mi poteva aiutare».

[83] Cfr. incid. prob. D'Adamo del 2-2-98:
Domanda: «È intervenuto presso altri istituti di credito a suo favore Silvio Berlusconi?».
Risposta: «Io ho chiesto di intervenire presso altri istituti, quelli che in quel momento non mi avevano risposto al "piano Gallo", era il San Paolo di Torino, Istituto di Credito Fondiario, chiesi di intervenire su quelle banche che non mi avevano risposto».

copia arriverà nella cassetta delle lettere dell'abitazione del capo degli Ispettori del ministero di Grazia e giustizia Ugo Dinacci, che pure era stato preavvisato da Cesare Previti della "volontà" di Gorrini di fare dichiarazioni contro Di Pietro (e quest'ultimo, a sua volta, era convinto che dopo di lui avrebbe dovuto farsi avanti anche D'Adamo a confermare tali accuse);

• In questa escalation di eventi, si andrà a collocare, come atto finale del comportamento di D'Adamo, il deposito dal notaio (il 21 novembre 94) di quel "testamento" che come vedremo non aveva certo la funzione di normale disposizione testamentaria.

A questo punto, però, è opportuno completare la lista dei "favori" che D'Adamo ha ricevuto da Berlusconi. Quanto sopra indicato aveva riferimento all'anno 94. Resta da esaminare cosa D'Adamo sia riuscito a ottenere l'anno successivo, e soprattutto in concomitanza con quali eventi che riguardano i rapporti Di Pietro-Berlusconi. Dichiara D'Adamo che nell'aprile 95 riuscì a ottenere dalla finanziaria Mediolanum Factoring di Berlusconi 2 miliardi a fronte di tratte autorizzate che poi non saranno onorate [84]: insomma, ancora una volta D'Adamo ottiene da Berlusconi un grazioso "prestito" miliardario che ben sa di non poter onorare. Questo avvenne in data successiva al mio unico "incontro politico" con Berlusconi (febbraio 95), e nonostante io avessi riferito a Berlusconi – come dallo stesso ammesso – che non doveva considerare D'Adamo come mio portavoce. D'Adamo però, come abbiamo visto, ritornò di nuovo alla carica, insistendo con l'on. Berlusconi sul fatto che, nonostante tutto, io avrei potuto aderire prima o poi a Forza Italia. Ora si capiscono le ragioni per cui D'Adamo – come lui stesso ha confermato –

considerava essenziale per la sopravvivenza delle sue aziende che io potessi aderire al partito di Berlusconi [85].

Un ulteriore intervento di rilievo in favore di D'Adamo viene svolto dall'on. Berlusconi nell'autunno 95, quando scrisse una incredibile lettera (una specie di "affidavit", come vedremo) a «un personaggio libico molto vicino... a Gheddafi, raccomandando la mia impresa Sii... per farmi assegnare i lavori» [86]. Soprattutto, nel luglio 95 D'Adamo aveva ripreso le trattative per vendere la Gde alla Mondadori; di quest'ultima novità – molto adatta a spiegare le ragioni per cui nel settembre 95 lui non poteva sottrarsi alla richiesta di Berlusconi – D'Adamo ne ha parlato solo in sede di interrogatorio del 9-7-98 al Gico di Brescia, laddove – per dare spiegazione e giustificazione al contenuto delle telefonate del 26-7-95 ore 9.11 con l'on. Berlusconi – dichiara che «in quel periodo erano in corso trattative con la Arnoldo Mondadori per la vendita della Gde. Nella telefonata chiedo un incontro a Silvio Berlusconi per discutere di tale vendita» – ma come, la vendita non doveva avvenire l'anno preceden-

---

[84] Cfr. incid. prob. D'Adamo del 29-1-98:
Domanda: «Con riguardo ai rapporti di natura economica e finanziaria con Silvio Berlusconi o comunque con il suo Gruppo o con la sua famiglia, se ve ne sono stati, può dare qualche indicazione?».
Risposta: «Nell'aprile del 95 la Mediolanum Factor se ricordo bene, che è il nome della società che fa parte del gruppo Fininvest, ha scontato alla D'Adamo Editore 2 miliardi di tratte autorizzate. D'Adamo Editore vende i libri ai concessionari, quindi i concessionari dovevano scontare, quindi erano tratte a concessionari, quindi la Factor diede 2 miliardi alla Gde scontando queste tratte».
D: «Questo nella primavera del 95?».
R: «Questo fu nella primavera del 95».

[85] Cfr. interrogatorio Lucibello del 17-3-98: «Dopo l'incontro a casa mia tra Di Pietro e D'Adamo, ho in effetti tenuto un po' i contatti tra i due. D'Adamo mi assillava chiedendomi di convincere Di Pietro a schierarsi con Berlusconi. Sosteneva che il suo futuro dipendeva da un accordo tra Berlusconi e Di Pietro, identificava il futuro delle sue aziende con il futuro politico di Berlusconi insieme con Di Pietro. Da parte mia riferivo solo in minima parte quanto D'Adamo mi sollecitava a fare, e a quest'ultimo fornivo qualche rassicurazione in ordine alla vicinanza politica tra Di Pietro e l'area di centro-destra. Ciò peraltro corrispondeva effettivamente al pensiero politico di Di Pietro. Non ho invece mai riferito a D'Adamo il giudizio di non affidabilità che Di Pietro formulava nei confronti di Berlusconi quale leader dell'area di centro-destra. A parere di Di Pietro, Berlusconi era troppo compromesso con la Prima Repubblica».

[86] Cfr. incid. prob. D'Adamo del 29-1-98:
Domanda: «Ci furono altri interventi?».
Risposta: «Questa lettera che Berlusconi fece a un noto personaggio libico, raccomandai a questo personaggio, questo è un personaggio libico molto vicino al leader di quella nazione».
D: «Cioè a Gheddafi?».
R: «A Gheddafi, raccomandando la mia impresa Sii che già lavorava lì per farmi assegnare i lavori. Il dott. Berlusconi scrisse una lettera... Ci fu quindi questa lettera del dott. Berlusconi dove diceva se poteva darmi i lavori...».
D: «Una raccomandazione?».
R: «Sì, una raccomandazione per farmi avere dei lavori».
D: «Questa lettera la collochiamo in che data?».
R: «Questa lettera fu nell'autunno del 95».

te, prima del finanziamento Comit? Cos'altro c'era sotto?

È questo, per capirci, il periodo in cui, come si rileva dalle carte processuali, avvengono significative telefonate fra D'Adamo e l'on. Berlusconi, intervallate da altrettanto significative telefonate di D'Adamo con la figlia Patrizia, nel corso delle quali gli interlocutori, commentando con ambigue espressioni il possibile e temuto (da Silvio Berlusconi) ingresso in politica di Di Pietro, fanno espresso riferimento:

• da una parte, a un'iniziativa che D'Adamo deve assumere in favore di Berlusconi (*Silvio Berlusconi:* «Il suo amico [*Di Pietro, ndr*] ha dato fuori di testa... e quindi bisogna che lei si prepari... siamo nelle sue mani»), in cambio di una precisa «contropartita» [87] (*Patrizia D'Adamo:* «E tu che cosa puoi fare, poi... in cambio per lui [*Berlusconi*]...?»; *Antonio D'Adamo:* «Molto, invece perché vogliono alcune cose... lui vuole anche qualcosa... io lo so... non me l'ha detto ma lo so... va bene, vediamo un po'... certo c'è netta una contropartita...») [88].

• dall'altra, a una nuova iniziativa che D'Ada-

mo aveva messo in cantiere per tentare di salvare dal fallimento le sue attività imprenditoriali (dice D'Adamo al telefono rivolto a suo fratello Ennio: «Mi ha chiamato Berlusconi... bisogna lavorare alacremente perché un lumicino comincia ad accendersi... adesso devo prima pensare, devo fare un piano, sto pensando a una strategia, capito?» [89]).

È questo, soprattutto, il periodo in cui venne inviato alla Procura di Brescia il nefasto anonimo "News da Milano", a seguito del quale l'allora Pm bresciano cominciò un'anomala serie di indagini che nulla all'apparenza avevano a che fare col procedimento che era in corso (vicenda Gorrini) e che erano tutte tese ad accertare le vicende finanziarie di D'Adamo e i suoi rapporti con Pacini. Di tutto questo già ho avuto modo di lamentarmi in occasione delle varie richieste di proroga, e continuerò a farlo perché sono convinto che nell'autunno 95 era già stato fatto partire "il siluro" contro Di Pietro, ma poi tutto si arenò per cause ancora non accertate (e che forse potranno esserlo nell'ambito del procedimento a carico di Mach di Palmstein, con richiesta di suo rinvio a giudizio per calunnia ai miei danni) o, più semplicemente, perché nel frattempo la Procura di Brescia inquisì Berlusconi e D'Adamo per attentato ai diritti politici di Di Pietro.

È opportuno rammentare tutto questo, anche perché nell'anonimo "News da Milano" si leggeva: «Di Pietro ha indotto Pacini a versare miliardi per cercare di non far fallire Antonio D'Adamo» [90]. Come si vede, l'ignoto autore era al corrente di una circostanza che nessuno cono-

---

[87] Cfr. intercettazione telefonica D'Adamo-Silvio Berlusconi del 3-9-95, ore 07.33; D'Adamo riceve la telefonata dell'on. Berlusconi:

B: «Ieri il suo amico...».

D: «Eh, ho sentito».

B: «Ha dato fuori di testa».

D: «Ho sentito in televisione, proprio...».

B: «Per due cose, punto primo, primo per questa cosa che dice assolutamente niente colpi di spugna eccetera...».

D: «E poi che vuol fare...».

B: «E poi che vuole fare e addirittura...».

D: «Questo qui è fuori di testa».

B: «Ecco, quindi bisogna che lei si prepari».

D: «[*Ride*]».

B: «Siamo nelle sue mani».

D: «Lo immaginavo».

B: «Va bene, soltanto questo, legga le cose, veda un po'...».

D: «Sì sì ma... è proprio una cosa credibile, non so».

B: «Ma anche il modo in cui l'ha detto, ha fatto una pessima impressione a tutti».

[88] Cfr. intercettazione telefonica Antonio D'Adamo-Patrizia D'Adamo del settembre 95, ore 11.12; D'Adamo riceve la telefonata di Patrizia (figlia):

D: «... Dice che stamattina l'ha chiamato il dottore... Si è acceso un lumicino... adesso mi devo far venire qualche idea».

P: «Ma tu cosa gli puoi fare in cambio per lui, niente...».

D: «Mhh molto invece, perché... vogliono alcune cose, lui vuole anche qualcosa, io lo so, quindi... non me l'ha detto, ma lo so, va bene, vediamo un po'...».

P: «E tu puoi farlo?».

D: «Sicuro».

[*Poi Patrizia parla con Giovanni e con Marinella di cose personali*]

[89] Cfr. intercettazione telefonica Antonio D'Adamo-Patrizia D'Adamo, del settembre 95, ore 8.56; D'Adamo chiama Ennio (fratello), e gli dice della telefonata con Silvio Berlusconi.

D: «Bisogna lavorare alacremente, perché insomma... può darsi che il lumicino, sai, si incominci a riaccendere, capito?».

E: «Sì».

D: «Perché m'ha chiamato».

E: «L'amico».

D: «L'amico [*continua*]».

D: «Dice di lavorare sereni che in qualche modo la soluzione la trovano».

[90] Ho scritto nella mia memoria alla 2ª richiesta di proroga chiesta dal Pm di Brescia i seguenti dati di fatto:

sceva, se non lo stesso D'Adamo (e Pacini, se si avvalla la ricostruzione di D'Adamo secondo la quale lui aveva ricevuto il finanziamento da Pacini perché gli aveva assicurato il suo intervento presso di me): che, cioè, erano passati soldi da Pacini a D'Adamo non finalizzati a Di Pietro, ma proprio per «non far fallire D'Adamo».

Giova ricordare, a questo punto, che soltanto nel giugno 95 io venni a conoscenza di una costruzione accusatoria simile (Pacini che paga per l'inchiesta "Mani pulite") ma non identica (perché in quel caso si sosteneva che i soldi li avessi presi direttamente io tramite banche austriache): e cioè quando il giornalista Andrea Pasqualetto, di ritorno da un suo viaggio in Messico, cercò conferme a una storia pazzesca che gli aveva raccontato (e lui aveva registrato) "l'ultimo fiduciario" conosciuto di Bettino Craxi, Maurizio Raggio (detenuto in Messico perché colpito da misura cautelare da me richiesta quand'ero Pm). Come si ricorderà, riferii la circostanza ai Pm di Brescia il 2-7-95 [91] chiedendo tutela penale: intuivo che quello poteva essere un siluro giornali-

stico (un siluro che puntualmente arrivò sottoforma di "scoop" de "Il Giornale" [92] all'indomani della prima richiesta di rinvio a giudizio a mio carico avanzata dai Pm di Brescia nel dicembre 95 per le vicende Gorrini e Informatica).

In conclusione e riassumendo. Negli anni 94 e 95, D'Adamo legò il suo destino imprenditoriale al "ritrovato" rapporto con Silvio e Paolo Berlusconi. E per guadagnarsi la loro fiducia, nel 94 fece balenare a Paolo Berlusconi – e tramite questi a Gorrini – la possibilità di contribuire a delegittimare il Pm Di Pietro per la vicenda dei debiti di Eleuterio Rea; ma le mie dimissioni dalla magistratura fecero abortire sul nascere questo piano. Nel 95, invece, preso atto del mio crescente ruolo politico e del seguito che avevo presso la pubblica opinione, D'Adamo prima si adoperò perché io mi schierassi con Silvio Berlusconi permettendo a quest'ultimo di vincere le imminenti elezioni, e poi – constatata la mia indisponibilità a qualsiasi accordo con l'on. Berlusconi e il mio definitivo allontanamento da lui – offrendo allo stesso Berlusconi la possibilità di ricostruire in modo falso e calunnioso i rapporti affaristici D'Adamo-Pacini allo scopo di eliminare dalla scena politica un temibilissimo avversario del suo sponsor e benefattore di Arcore.

E allora, perché Di Pietro accusato di corruzione dai Pm di Brescia? Perché nel grottesco ruolo di imputato, e non in quello che una lettura meno unidirezionale delle risultanze processuali avrebbe dovuto assegnarmi: quello della vittima?

4. La preparazione delle false accuse

Per completare la ricostruzione dell'attività denigratoria contro Di Pietro, è necessario a questo punto collegare fra loro alcune risultanze istruttorie distribuite nei vari procedimenti istruiti dalla Procura di Brescia.

Appare ormai accertato che un gruppo di persone si è mosso, per tentare di distruggere la mia reputazione, a partire dall'estate 94, quando l'inchiesta "Mani pulite" da me condotta aveva aperto tre nuovi delicatissimi e "caldissimi" fronti: la corruzione all'interno della Guardia di

---

• il p.p. n° 139/95-mod. 46, traslocato nel p.p. n° 1519/95-mod. 21, ha ricevuto «impulso investigativo» nel senso che, in merito alla denuncia contenuta nell'anonimo "News da Milano" («Di Pietro ha indotto Pacini Battaglia a versare miliardi per cercare di non far fallire... Antonio D'Adamo») vi è stato dapprima *un impulso del Pm* (cfr. richiesta indagini del Pm del 5-8-95), poi una *segnalazione di notizia di reato* della Pg (cfr. nota n° E2/95/Sez. III del 26-9-95 della Digos di Brescia), e infine una *diretta attività di investigazione* del Pm (cfr. verbale di sommarie informazioni di Pacini Battaglia del 31-10-95);

• la «genesi storica della vicenda processuale» relativa al p.p. n° 3940/96 *è proprio l'anonimo "News da Milano"* che costituisce la asserita prova regina della relazione del Gico di Firenze 30-10-96 da cui è scaturita l'indagine nei confronti di Di Pietro (cfr. intercettazione 11-1-96 Petrelli-Pacini).

[91] Cfr. interrogatorio Di Pietro del 2-7-95: «Faccio presente di aver saputo che il giornalista Pasqualetto del "Giornale" diretto da Feltri, intervistando in Messico il latitante Raggio, avrebbe ricevuto da questi la dichiarazione secondo cui sarebbe stato versato da parte di Pacini Battaglia, tramite l'avv. Lucibello, l'importo di 5 miliardi e 200 milioni, o con prelievo da un conto austriaco, o con versamento su un conto austriaco, destinati alla mia persona. Ovviamente la circostanza è falsa e in tal senso chiedo tutela giudiziaria, come chiedo tutela giudiziaria anche in ordine ad altra voce che sento girare in questi ultimi tempi circa un "dossier" per attribuirmi la disponibilità all'estero di circa 1 miliardo e mezzo di lire in qualche modo collegata a un mio familiare o persona amica. Ovviamente escludo che io o miei familiari diretti abbiamo una sola lira all'estero, nulla so dei miei familiari acquisiti, né tantomeno di persone amiche o conosciute».

[92] Per questi fatti, ho subito querelato l'autore dell'articolo e il direttore de "Il Giornale", che sono stati poi condannati per diffamazione dal Tribunale di Monza.

finanza, il coinvolgimento nelle indagini della famiglia Berlusconi, e l'individuazione di Giorgio Tradati come il "fiduciario occulto" di Bettino Craxi.

Lo strano "testamento" di D'Adamo

Ho già evidenziato l'intreccio dei rapporti Gorrini-Paolo Berlusconi-Previti-D'Adamo allorché venne attivata l'ispezione ministeriale a mio carico dell'autunno 94. Ora mi è chiaro anche come sarebbe andata a finire quell'inchiesta se non mi fossi dimesso dalla Magistratura: c'era già pronto D'Adamo che doveva dar manforte a Gorrini per rendere più credibili le sue false accuse e così gettarmi nel fango, e soprattutto – bloccando me – fermare le indagini che avevo in corso e delegittimare tutta "Mani pulite".

Un riscontro a ciò che affermo viene proprio da D'Adamo: quello stranissimo "testamento" che all'epoca redasse e depositò da un notaio con l'ovvio scopo di far risultare che alcune sue dichiarazioni avevano una data certa. Esaminiamolo, questa specie di testamento. Esso è stato consegnato da D'Adamo al notaio il 21 novembre 94, e sarebbe stato da lui compilato il giorno 20 dello stesso mese [93, 94]. A quella data, già si era messo in moto Gorrini, che tramite Previti era riuscito a fissare un appuntamento per il 23 novembre 94 con il capo degli Ispettori ministeriali Dinacci per rendere le dichiarazioni che portarono poi alla mia incriminazione anche davanti all'Autorità giudiziaria di Brescia. Quello stesso giorno si era verificata la fuga di notizie riguardante l'invito a comparire all'on. Berlusconi mentre era a Napoli, come presidente del Consiglio, per una conferenza Onu. D'Adamo proprio quel giorno "sente il bisogno" di depositare dal notaio un suo manoscritto dal seguente tenore: «Vi invito [*si riferisce agli eredi, ndr*] a voler definire con la massima amicizia i rapporti con il dott. Antonio Di Pietro che mi ha dimostrato in maniera tangibile la sua amicizia aiutandomi nelle mie vicende giudiziarie... gli ho già dimostrato in concreto la mia gratitudine aiutandolo nell'acquisto della casa di Curno adiacente a quella posseduta con la signora Mazzoleni, con versamenti in contanti in rate mensili che parzialmente mi sono stati recentemente restituiti... Vi invito a voler definire con la massima amicizia i rapporti con il dott. Antonio Di Pietro... a nulla pretendere da lui ma anzi nel caso in cui l'eredità fosse attiva, di compensarlo adeguatamente per il finanziamento ricevuto da Pacini Battaglia... seguito dell'interessamento personale dell'amico Di Pietro, tramite l'avv. Lucibello».

Orbene, questo assurdo documento all'apparenza potrebbe sembrare un atto di liberalità a mio favore e un segno di amicizia verso di me, e così D'Adamo tenta di "spacciarlo" inizialmente anche con i Pm bresciani: «Verso la fine del 94 ho provveduto a fare testamento... ho ricordato ai miei figli di essere riconoscenti a Di Pietro per l'aiuto che mi aveva dato tramite Pacini... non ricordo il tenore esatto ma questo è il significato. Ma dico ciò per spiegare quanto mi sentissi *obbligato* nei confronti di Di Pietro». Successivamente, durante l'incidente probatorio, dopo essersi arrampicato sugli specchi [95], non ha potuto

---

[93] Cfr. incid. prob. D'Adamo del 29-1-98:
Domanda: «La firma che compare sotto al testamento è sua?».
Risposta: «Sì, è mia anche la grafia della scrittura».
D: «Anche la lettera che risulta essere indirizzata al notaio l'ha scritta lei?».
R: «Sì, è di mio pugno».
D: «La data di questa scrittura è quella che appare?».
R: «Sì».
D: «20 novembre 94 è la data della lettera?».
R: «Sì».

[94] Cfr. incid. prob. D'Adamo del 2-2-98:
Di Pietro: «Era per dargli una data certa, o no, che ha messo il 21 là?».
D'Adamo: «Quando si va dal notaio, è evidente che si vuole una data certa».
D: «Che stranamente coincide con l'invito a comparire di Berlusconi?».
R: «Non coincide, perché fu prima del giorno 20».

[95] Cfr. incid. prob. D'Adamo del 2-2-98:
Domanda: «Su questo argomento del testamento (21-11-94) lei quando è stato sentito in sede di esame diretto, ha convenuto, perché riguardava questo argomento, che la finalità vera, essenziale di questo testamento, era quella di informare sia i suoi familiari, ma anche Berlusconi, destinatario secondo o primo di questo che chiamiamo testamento, di quelli che erano stati i suoi rapporti con Di Pietro. Quindi lei appuntò quelle cose in quello che si chiama testamento per rendere edotti i suoi familiari e soprattutto Berlusconi di questi rapporti che aveva avuto con il Di Pietro? Lei ha convenuto che non aveva molto senso quello che aveva scritto?».
Risposta: «Era comprensibile solo perché rappresentava un pensiero ai miei figli, solo per questo motivo, per rappresentarlo ai miei figli, non per fare accuse, né per esprimere altre cose, era solo per dire ai miei figli, perché non ho detto solo quello, ho detto anche qualche altra cosa, se non ricordo male».

fare a meno di ammettere che lo scopo vero per cui aveva redatto e depositato dal notaio quello strano documento era che «intanto erano successe due cose che non capivo, mi riferisco al fatto che Di Pietro mi convocò in Procura per la questione del prestito e la restituzione dei 100 milioni, quindi questa cosa non la capivo, non la digerivo e poi volevo rappresentare... ero in un particolare stato d'animo... ero giù di morale... Perché erano successe queste cose... Il discorso del prestito e la restituzione materiale... con questo potevo essere scaricato, non potevo più diventare amico di Di Pietro»[96]. Insomma, la ragione vera era una sorta di risentimento che aveva nei miei confronti perché si sentiva scaricato e, a suo dire, era diventato scomodo, e non per-

ché «si sentiva obbligato» verso di me come aveva fatto credere ai Pm bresciani nell'interrogatorio dell'8-7-97.

Anche questa "doppiezza" di D'Adamo nel riferire le cose davanti ai giudici deve far riflettere sulla credibilità delle sue dichiarazioni. Perché queste due diverse versioni? Perché al Pm fa credere che il testamento sia una manifestazione di gratitudine nei confronti di Di Pietro (tanto che parla di «aiuto e riconoscenza»), e invece davanti al Gip ammette che era invece un atto di ostilità? Una "doppiezza" che altre volte il D'Adamo ha manifestato davanti ai giudici: per esempio, perché aveva riferito a Berlusconi – a quanto sostiene quest'ultimo – di aver vissuto "l'operazione Pacini" come una concussione da parte di Di Pietro, quando invece anche al Pm ha parlato di «aiuto e riconoscenza»[97]?

Nello strano testamento, peraltro, D'Adamo informa i suoi cari di una cosa che – a suo dire – essi non sapevano: di aver "aiutato" (parole sue) Di Pietro "per gratitudine". Ciò premesso, quale senso logico ha precisare poi ai familiari di "nulla pretendere" da me? Non bastava evitare di scriverlo? Si noti che in quello strano testamento D'Adamo non spende una sola parola per suo fratello Ennio, per la moglie o per un qualsiasi altro familiare, ma si attarda a scrivere una cosa del tutto superflua nei miei confronti. A novembre 94 – stando alle sue stesse ammissioni – D'Adamo aveva già riavuto da me sostanzialmente l'intera somma che mi aveva prestato; anzi, come lui stesso ha confermato, lui già allora (e tuttora) era (ed è) debitore verso mia moglie di oltre (lui dice circa) 10 milioni[98]: che senso ha,

---

[96] Cfr. incid. prob. D'Adamo del 2-2-98:

Domanda: «Lei stava parlando del momento particolare che lei stava passando».

Risposta: «Sì».

D: «Perché scrive questo documento?».

R: «Intanto erano successe due cose che non capivo, mi riferisco al fatto che Di Pietro mi convocò in Procura per la questione del prestito e la restituzione dei 100 milioni, quindi questa cosa non la capivo, non la digerivo, e poi volevo rappresentare...».

D: «Restituzione che era avvenuta pochi giorni prima del 20?».

R: «Sì, diciamo che ero in un particolare stato d'animo».

D: «Lei ha detto che non aveva "digerito" il fatto che Di Pietro le avesse reso i soldi del finanziamento per la casa; quindi era in un particolare stato d'animo nei confronti di Di Pietro?».

R: «No, mio personale».

D: «Quale era questo stato d'animo?».

R: «Ero giù di morale».

D: «Perché?».

R: «Perché erano successe queste due cose».

D: «Quali cose?».

R: «Il discorso del prestito e la restituzione materiale».

D: «Rimaniamo sul tema di Di Pietro che le restituisce nella scatola di scarpe i 100 milioni e che lei dice che [fu] "Qualcosa che mi stupì – e su questo ne possiamo convenire – perché l'avevo vissuto all'epoca come una donazione e non come un prestito". Ciò posto, questo stato ulteriore d'animo che lei riferisce, e cioè di preoccupazione addirittura, io vorrei che lei mi facesse capire perché lei si è preoccupato che Di Pietro le ha restituito i soldi?».

R: «Non credo che sia facile dopo 4 anni spiegare il perché uno ha fatto qualcosa in quel momento; in ogni caso – quello che in quel momento posso rappresentare oggi – era il fatto che con questo potevo essere scaricato, non potevo più diventare più amico di Di Pietro».

D: «Uno dei problemi è il fatto che questi comportamenti, cioè l'averla chiamata in ufficio e averle restituito questa somma, la inducono a ritenere che ci fosse un mutamento di atteggiamento di Di Pietro nei suoi confronti?».

R: «Certamente».

---

[97] Cfr. s.i.t. Silvio Berlusconi del 31-5-97: «[D'Adamo] aggiunse anche la verità sarebbe comunque venuta a galla a seguito della continuazione dell'inchiesta su Pacini e che a quel punto sarebbe emersa la sua posizione di "concusso". Diceva altresì che probabilmente anche dalle intercettazioni effettuate dalla Finanza nell'ufficio romano di Pacini sarebbe emerso lo stato suo e del Pacini e in particolare sarebbe emerso lo "stato di necessità" nel quale entrambi, per ragioni diverse, si erano venuti a trovare».

[98] Cfr. incid. prob. D'Adamo del 2-2-98:

Domanda: «Per quanto riguarda il rapporto di lavoro dell'avvocato Susanna Mazzoleni, è vero che a oggi per le prestazioni professionali dell'avvocatessa risulta ancora un credito della stessa per parcelle non pagate di 15, 20 milioni?».

Risposta: «Un po' meno, in alcune società, io ricordo 10 milioni».

D: «Almeno 10 milioni?».

R: «Sì».

allora, precisare nel testamento che i suoi cari non dovranno «nulla pretendere» da me? Per come stanno le cose, qui se c'è qualcuno che ha titolo per pretendere ancora qualcosa è mia moglie, e non lui! E poi: che senso aveva compilare un testamento per dire ai propri figli che a loro spettava la "legittima"? Non bastava quanto prevede la legge, occorreva dire che le divisioni dovevano avvenire secondo la legge? E perché questo documento non stabiliva espressamente l'annullamento delle disposizioni contenute nel precedente testamento? E ancora: come, in che modo e per quale importo i suoi familiari avrebbero dovuto «compensare adeguatamente» Di Pietro, se essi non sapevano nulla del mio supposto interessamento nella vicenda Pacini-D'Adamo? Come potevano essi quantificare il compenso?

Il testamento in questione, a prima vista, appare una dichiarazione di gratitudine di D'Adamo verso Di Pietro, e in tal modo – in mancanza di altri elementi – lo avrebbero letto i suoi familiari; invece abbiamo visto – e sentito dalla viva voce dell'autore – che era un "atto ostile": come potevano, allora, essi comprendere che l'estensore intendeva dire una cosa esattamente contraria rispetto a quella che aveva scritto? D'Adamo nel testamento invita i suoi familiari a definire i rapporti con me «con la massima amicizia», e cioè in modo diametralmente opposto rispetto ai sentimenti che lui, in sede di incidente probatorio, ha riferito di nutrire in quel periodo nei miei riguardi.

Questa specie di testamento è all'evidenza generico, ambiguo e incomprensibile: niente dice delle sue attività imprenditoriali; niente spiega a quale dei figli andrà l'impresa editoriale e a chi quella edile o le tante società immobiliari di cui era socio; non dice chi dovrà essere il beneficiario della casa di campagna e chi di quella della città, e così via. Eppure in quello strano documento D'Adamo ha sentito la necessità di precisare ai suoi figli l'esistenza di un mio debito «restituito»: ma se era stato restituito (e lui stesso dice che lo era, e davanti al Gip ha ammesso che anzi era lui debitore verso la mia famiglia), che bisogno c'era di menzionarlo, arrivando addirittura a precisare che tale prestito lo avevo onorato «con versamenti in contanti, rate mensili che parzialmente mi sono stati restituiti»? È evidente che questo stranissimo "testamento" era in realtà la bozza di un verbale precostituito, redatto non già allo scopo di stabilire una qualche liberalità a mio favore, ma quello di predisporre "una carta ufficiale" da giocare contro di me al momento opportuno.

La stranezza del "finto testamento" è ulteriormente evidenziata da un'altrettanto strana "lettera di accompagnamento" con la quale D'Adamo incaricava il notaio di avvertire, in caso di suo decesso, non tanto e non solo i suoi familiari, quanto soprattutto il «dott. Silvio Berlusconi» [99]. E dopo tante ritrosie, finalmente davanti al Gip D'Adamo ammette quale fosse il suo reale scopo nel predisporre la messinscena in questione con tanto di deposito notarile [100]. Già, il punto è proprio questo:

• perché D'Adamo, alla fine del 94, sente il bisogno di informare l'on. Berlusconi che fra di noi c'erano stati, in passato, dei rapporti economici, cioè un suo prestito di denaro che gli avevo peraltro restituito?

• perché ciò avviene proprio quando Gorrini arriva al ministero di Grazia e giustizia, "sollecitato" a rendere le sue dichiarazioni contro Di Pietro da Previti e Paolo Berlusconi?

• perché ciò avviene proprio in concomitanza con l'invio, da parte mia e del pool "Mani pulite", dell'invito a comparire al presidente del Consiglio Silvio Berlusconi?

• perché – se fosse vero quanto D'Adamo ha raccontato circa un mio interessamento nel 93 presso Pacini per fargli avere un finanziamento, e un suo impegno "mentale" dell'aprile 94 di ricompensarmi – non dice niente di questo nel suo

---

[99] Cfr. incid. prob. D'Adamo del 2-2-98:
Domanda: «Poi continua: "Nulla pretendere da lui ma anzi nel caso in cui l'eredità fosse attiva di compensarlo adeguatamente per il finanziamento ricevuto da Pacini Battaglia – che voi conoscete – a seguito dell'interessamento personale dell'amico Di Pietro tramite l'avvocato Lucibello".
Risposta: «Era mettere al corrente i miei figli e il dott. Berlusconi di quello che era avvenuto».

[100] Cfr. incid. prob. D'Adamo del 2-2-98:
Domanda: «I suoi figli erano a conoscenza di questo finanziamento che aveva erogato Pacini. L'evento del finanziamento lo conoscevano; quindi anche questo parlare lei voleva mettere a parte, voleva fare conoscere ai suoi figli e a Berlusconi, che è l'altro destinatario di questo volere, che c'era stato questo finanziamento ottenuto tramite di Di Pietro con Lucibello?».
Risposta: «Sì».
D: «Quindi la finalità – al di là di quello che appare – è questa: lei voleva fare conoscere questo evento sia ai suoi che a Berlusconi?».
R: «Esatto».

"testamento"? Un testamento, per definizione, esplica i suoi effetti solo dopo la morte dell'autore, ovvero in un momento in cui egli non avrebbe più nulla da temere dalla Giustizia. Insomma, sia che il testamento fosse stato redatto "per gratitudine", sia che fosse stato predisposto per incastrarmi, D'Adamo avrebbe dovuto quantomeno riassumere i finanziamenti che aveva avuto da Pacini suppostamente mio tramite, e avrebbe dovuto anche ricordare ai figli quel suo impegno "mentale" di farmi pervenire la somma di 4,5 miliardi che si era fatto "abbuonare" da Pacini. O meglio: avrebbe dovuto fare tutto ciò, solo se ciò effettivamente avesse corrisposto al vero; e la verità è che, all'epoca, D'Adamo i suoi rapporti con Pacini li aveva intrattenuti e li stava intrattenendo in modo del tutto scollegato dalla mia persona.

Quel "testamento", però, rimase nel cassetto. Capitò infatti che io mi dimisi da "Mani pulite", e in quel modo disinnescai una miccia pericolosissima per tutta l'inchiesta. Avevo piena consapevolezza di come fosse in corso l'insidiosa azione diffamatoria finalizzata alla mia delegittimazione come magistrato, ne avevo intuito i contorni, ma davvero non avrei mai immaginato che potesse provenire anche da D'Adamo; come non immaginavo, all'epoca, che vi fossero partecipi le persone che più mi avvicinavano per invogliarmi a entrare in politica insieme a loro [101], e tra queste il sen. Cesare Previti [102]. Oggi, però,

alla luce di tutte queste nuove acquisizioni, capisco perché Previti ci tenne tanto a parlare con me tra il 26 e 27 novembre 94, allorché seppe che mi stavo dimettendo dalla magistratura [103], e capisco anche perché D'Adamo, appena apprese che mi stavo dimettendo da magistrato, si rese uccel di bosco e se ne andò in Libia.

-----

tri avuti abbiamo parlato prevalentemente di politica e abbiamo concordato in linea molto generale modalità e tempi di questo suo eventuale schierarsi».

Domanda del Pm: «Si chiede al teste se in questo periodo e in particolare all'indomani dell'invio dell'invito a comparire fatto dal pool di Milano all'onorevole Berlusconi (22-11-94) egli abbia avuto rapporti o comunque incontri con il dott. Di Pietro, con l'ingegner d'Adamo e con il dott. Berlusconi».

Risposta del teste: «Immediatamente dopo la notifica dell'avviso di garanzia ho avuto contati telefonici con il dott. Di Pietro, ampiamente conosciuti dalla Sv perché oggetto del p.p. nr 1519/95-21. Ho visto invece D'Adamo dopo le dimissioni di Di Pietro in più occasioni, da solo o in compagnia del dott. Berlusconi. Con il dott. Berlusconi avevo invece contatti molto frequenti, e sicuramente Di Pietro e l'avviso di garanzia inviato a Napoli sono stati oggetto di nostri colloqui».

-----

[101] In sede di mio interrogatorio del 2-7-95 ho riepilogato le proposte che nel settembre 94 avevo ricevuto dal Polo (e anche da Cesare Previti) per entrare in politica con quella coalizione.

[102] Cfr. s.i.t. Cesare Previti del 13-5-97: «Ho conosciuto il dott. Di Pietro quando venne nel mio studio a Roma per incontrarsi con il dott. Silvio Berlusconi, all'epoca incaricato di formare il governo... In quell'occasione, dapprima l'incontro si svolse soltanto tra il dott. Berlusconi e Di Pietro, durante questa prima fase il dott. Berlusconi mi risulta che abbia offerto al dott. Di Pietro l'incarico di ministro dell'Interno e che questi abbia rifiutato per l'intervento che vi era stato di Scalfaro e Borrelli. Io ho partecipato alla seconda fase di detto incontro durante la quale il dott. Berlusconi e il dott. Di Pietro mi hanno raccontato quello che si erano detti. Seguì una terza fase in cui rimanemmo soli io e Di Pietro e io per preparare un comunicato per i giornalisti. Fin da quel momento il dott. Di Pietro iniziò a manifestare una grande disponibilità verso la nostra area politica e così ci ripromettemmo di approfondire l'argomento in un successivo incontro. Ho visto da allora il dott. Di Pietro parecchie volte fino alla primavera dell'anno successivo. Durante tutti gli incon-

[103] Vale la pena, al riguardo, di rileggere un passo della sentenza n° 65 del 29-1-97:

«La verifica dei tempi e delle modalità attraverso le quali Di Pietro è venuto a conoscenza dell'inchiesta nata dalla presentazione di Gorrini richiede puntigliosa disamina delle risultanze processuali. Di Pietro ricostruisce la vicenda nei seguenti termini. L'ultima settimana di novembre 94 ricevette dal giornalista Maurizio Losa la segnalazione di un'inchiesta ministeriale riservata a suo carico; il riferimento era generico e senza l'indicazione specifica di nominativi, eppure Di Pietro nutriva già dei sospetti nei confronti di Gorrini e di Cusani. Per quest'ultimo, poi, i sospetti traevano origine da dichiarazioni rese alla stampa circa la presentazione imminente di un esposto nei suoi confronti. In quei giorni ricevette anche una telefonata di Previti il quale indicava in Gorrini il denunciante, e lo avvertiva: "È una polpetta avvelenata". Nel corso del colloquio telefonico, collocato nel periodo 24-30 novembre, fu lo stesso Di Pietro a segnalare Rocca quale persona che avrebbe potuto ristabilire la verità. Precisava, infine, il dichiarante, che all'epoca non ebbe alcun incontro con De Biase, che neppure conosceva, e che la notizia dell'inchiesta gli era stata data da Losa dopo il 24 novembre, giorno della sua audizione davanti agli ispettori ministeriali (il riferimento è ovviamente all'inchiesta in corso a Milano) e comunque prima della telefonata da parte di Previti. Quanto al punto specifico di un'eventuale richiesta da parte di terzi di sue dimissioni, Di Pietro [*nell'interrogatorio del 2 luglio, ndr*] negava assolutamente una circostanza del genere, riconfermando che si era trattata di una libera scelta anche se determinata da svariate ragioni, tra le quali primeggiavano gli attacchi alla sua persona e, da ultimo, l'inchiesta nata dalle dichiarazioni di Gorrini. Il contenuto dell'interrogatorio del 2 luglio è ribadito in quello successivo del 7 luglio con specificazioni ulteriori specie a seguito di contestazioni del Pubblico ministero circa dichiarazioni rese da altri. In parti-

A proposito di Libia. Cosa scrisse, in data 19 settembre 95, l'on. Berlusconi al prof. Musa Kousa, autorevole personaggio vicino al governo libico? Berlusconi e D'Adamo hanno sempre sostenuto che quella lettera fosse una semplice "raccomandazione" per far ottenere alla Sii nuovi lavori in Libia. Non è così, infatti in quella missiva c'era scritto:

«So che Lei e le Autorità Libiche avete promosso l'entrata della Investement Trading International Co. fra gli azionisti della Sii. Ho sinceramente apprezzato tale significativa presenza, vera espressione di un'attiva collaborazione fra uomini d'affari dei nostri Paesi. Il signor D'Adamo mi ha messo al corrente degli attuali problemi finanziari della sua società, che hanno recentemente portato all'apertura di procedure concorsuali temporanee. In tali circostanze *un ulteriore contributo di capitale da parte di tutti gli azionisti* appare necessario e urgente, sia per non deprezzare la società sia per garantire i mezzi per far fronte a futuri impegni. Una volta ristabilita una solida base patrimoniale, Sii procederà al rilancio della sua attività, ovviamente anche nel Suo Paese».

Come si vede, non è affatto una semplice "lettera di presentazione" per far ottenere al D'Adamo nuovi appalti in Libia, ma è una vera e propria richiesta di *aiuti economici*. Una lettera-richiesta che ha puntualmente ottenuto concretissimi risultati: in data 12 gennaio 96, la società libica Iti, già azionista della Sii, ha rinunciato a un credito di oltre 4 miliardi che aveva nei confronti di quest'ultima società di D'Adamo.

Ma qual è stata la vera storia di questi interventi dei libici (ai quali l'on. Berlusconi può chiedere così concreti aiuti) nella vita sociale della Sii di D'Adamo? Un'altra bella coincidenza è riscontrabile nel *maggio 97*, quando la società libica Iti acquista un cospicuo pacchetto azionario della Sii da altre società facenti capo all'ing. D'Adamo, arrivando a detenere oltre il 30% della società. Ed è interessante rilevare come, solo pochi giorni dopo l'effettuazione di tali operazioni, e precisamente il 9 giugno 97, sia stata presentata al Tribunale di Milano l'istanza di fallimento per la Sii (fallimento poi dichiarato il successivo 27 luglio). Proprio un bell'affare! Sempre continuando nelle coincidenze, posso ricordare anche che, nello stesso mese di *maggio 97*, Berlusconi e Previti si sono recati alla Procura di Brescia, seguiti a ruota da D'Adamo.

Ma quando la libica Iti si era affacciata per la prima volta nella vita della Sii di D'Adamo? Dalla relazione del curatore fallimentare della Sii, risulta che, nel corso del consiglio di amministrazione del *21 novembre 1994*, la società Sii, trovandosi in grave crisi, aveva deliberato il ripianamento delle perdite, stimate in lire 21.058.807.276, contando sul previsto intervento di una società libica, appunto l'Iti. Tale società, pochi giorni dopo, il 12 dicembre 94, in occasione dell'aumento del capitale sociale da lire 15,525 miliardi a lire 22,185 miliardi, contestuale alla copertura delle perdite, era divenuta azionista della Sii versando la considerevole somma di 8 miliardi (gli interventi della Iti a sostegno della Sii, peraltro, erano proseguiti anche in seguito: in data 27 marzo 95, l'Iti versava come finanziamento la somma di 1 milione Usd; nel maggio 95 acquistava altre azioni della Sii da alcune altre società del gruppo D'Adamo, arrivando a detenere più del 20% della società). Ecco un'altra bella coincidenza: il *21 novembre 94* è lo stesso giorno in cui D'Adamo depositava presso un notaio il suo ambiguo "testamento" che aveva come reale destinatario proprio l'on. Silvio Berlusconi.

Il "memoriale" di D'Adamo del novembre 95

La miccia che alla fine del 94 avevo inconsapevolmente – ma istintivamente – disinnescato dimettendomi da "Mani pulite", si riaccese alla fine del 95, gonfia di nuovo combustibile diffamatorio.

Gli eventi precipitarono quando decisi di rendere pubblica la mia contrapposizione rispetto alle prese di posizione che l'on. Berlusconi andava assumendo nei riguardi della magistratura, specie di quella milanese che nel frattempo lo aveva messo sotto inchiesta. Lo feci, come ho già detto, attraverso due interventi: il discorso di Cernobbio del 2 settembre 95, e la lettera aperta sul quotidiano "la Repubblica" del successivo 8 ottobre. In particolare, all'annuale Convegno in-

---

colare, Di Pietro confermava, relativamente al colloquio telefonico con Previti, che fu quest'ultimo a telefonargli e a informarlo delle accuse di Gorrini, dell'inchiesta in corso, e che della questione si occupava Dinacci. Non esclude il dichiarante che nell'occasione possa essersi lasciato andare a uno sfogo, anche a causa della stanchezza conseguente a tutto quello che gli accadeva in quei giorni, confidando al suo interlocutore un imminente abbandono della magistratura, ma senza che in questa comunicazione vi fosse alcunché di ufficiale. Le affermazioni di Di Pietro si incrociano e coincidono con quelle rese in dibattimento dall'imputato Previti, salvo alcuni aspetti».

ternazionale promosso a Cernobbio dalla Studio Ambrosetti, mi schierai contro ogni possibile ipotesi di amnistia sui fatti di corruzione accertati dall'inchiesta "Mani pulite", precisando: «Ho la presunzione di credere di riuscire a mobilitare le coscienze contro un eventuale colpo di spugna». Feci ancora di più il mese successivo, per rintuzzare gli attacchi scriteriati che l'on. Berlusconi stava muovendo in quel periodo ai magistrati di Milano che lo avevano messo sotto inchiesta: lo accusai pubblicamente di dire «frottole» e «non verità» agli italiani per sottrarsi al vaglio della Giustizia, allorché egli accusava il pool "Mani pulite" «di agire per far del male, per odio, attuando una persecuzione che risponde a un preciso disegno politico».

Come ho già detto, queste due mie prese di posizione (no all'amnistia, no alla delegittimazione del pool "Mani pulite") indussero D'Adamo a fornire a Berlusconi e a Previti – che gliene fecero espressa richiesta, come vedremo tra breve – un memoriale intriso di ulteriori e più subdoli veleni contro Di Pietro. Dichiara infatti D'Adamo che, subito dopo il mio intervento di Cernobbio, gli telefonò Berlusconi per lamentarsi con lui del fatto che io andavo per una strada diversa dalle aspettative che gli faceva credere lo stesso D'Adamo («L'affermazione che non era andata giù a Berlusconi... si trattava di giustizia... una presa di posizione... che non corrispondeva a quelli che erano gli orientamenti del dott. Berlusconi») [104]. Fu così che D'Adamo si mise a sua volta "nelle mani" di Berlusconi e Previti, e insieme studiarono come bloccare sul nascere le velleità politiche di Di Pietro nocive ai loro interessi [105].

Per sostanziale ammissione di tutti i protagonisti della vicenda, D'Adamo e Previti si ritrovarono un giorno ad Arcore, a casa dell'on. Berlusconi, e qui D'Adamo, coadiuvato da Previti, predispose un memoriale che poi consegnò allo stesso Previti [106]. In merito all'effettivo promotore di questo velenoso memoriale, vi è stato un ping pong di scarico di responsabilità fra Previti e Berlusconi da una parte e D'Adamo dall'altra. Secondo i primi due, D'Adamo avrebbe autonomamente predisposto il documento, e poi glielo avrebbe offerto [107, 108]; secondo D'Adamo, inve-

---

ticolo di ottobre se non erro, quell'articolo naturalmente mi fece arrabbiare, fu l'epoca in cui io incontrai Previti ad Arcore, che mi stuzzicò: "Ma tu che cosa ne pensi di queste uscite del dott. Di Pietro contro Berlusconi?". Naturalmente io dissi che ero arrabbiato, e lui mi disse "Tu che cosa sai di Di Pietro, perché non fai degli appunti su quello che sai"? E io scrissi in questo momento di rabbia».

Domanda: «Previti per dirle "Fai degli appunti" sapeva che c'erano state relazioni da appuntare a Di Pietro?».

Risposta: «Lo dissi io all'avvocato Previti, io gli dissi "Io so delle cose"».

D: «Lei prima glielo raccontò e poi Previti le disse "Appuntati quello che sai"?».

R: «Sì, ma fu lo stesso momento, fu quel giorno quando lo incontrai ad Arcore e io feci una bozza».

D: «Quell'articolo di stampa di Di Pietro, che riguardava Berlusconi, intitolato "Quante frottole" come ha detto lei, su quale giornale era apparso?».

R: «Sulla "Repubblica"».

D: «Questo discorso con Previti dove avvenne?».

R: «Ad Arcore, a casa di Berlusconi».

D: «Il periodo temporale quale era?».

R: «Dopo qualche giorno dall'articolo».

[106] Cfr. incid. prob. D'Adamo del 29-1-98:

Domanda: «Lei poi gli ha dato quegli appunti prodotti da Previti?».

Risposta: «Sì».

D: «Come fatto temporale lei lo colloca dopo questo articolo?».

R: «Sì».

D: «Questo articolo a firma Di Pietro?».

R: «Sì».

[107] Cfr. s.i.t. Cesare Previti del 13-5-97: «In occasione di una mia visita ad Arcore incontrai l'ingegnere D'Adamo che aspettava anche lui l'on. Berlusconi. L'ingegnere D'Adamo mi disse che aveva preparato un promemoria sulle cose che ci aveva raccontato di Di Pietro e me lo ha dato in visione. Io dopo averlo letto gli dissi di riscriverlo in termini più chiari e intelleggibili e lui ha eseguito l'invito riscrivendo nuovamente il promemoria. A scrittura ultimata è arrivato l'on. Berlusconi al quale noi abbiamo spiegato quello che il D'Adamo aveva fatto. Il dott. Berlusconi ci disse di soprassedere a iniziative di tal genere alle quali lui non era assolutamente d'accordo e che, se riteneva, l'ingegnere D'Adamo poteva riferire quei fatti alla magistratura. Il D'Adamo tuttavia ha insistito nel consegnarmi i due promemoria a suo dire per

---

[104] Cfr. incid. prob. D'Adamo del 30-1-98:

Domanda: «Come si sviluppano i suoi rapporti con Berlusconi intorno a questo argomento?».

Risposta: «A settembre ci fu una telefonata del dott. Berlusconi dopo il convegno che si tenne i primi di settembre a Cernobbio, dove il dott. Di Pietro aveva parlato di giustizia, quindi aveva fatto certe affermazioni che a Berlusconi non andavano assolutamente giù».

D: «Ricorda quale era stata l'affermazione che non era andata giù a Berlusconi?».

R: «Non lo ricordo con esattezza, si trattava di giustizia».

D: «Una presa di posizione in tema di giustizia?».

R: «Sì, che non corrispondeva a quelli che erano gli orientamenti del dott. Berlusconi».

[105] Cfr. incid. prob. D'Adamo del 29-1-98: «L'episodio dell'articolo, quello "Quante frottole per Berlusconi", quell'ar-

ce, sarebbero stati proprio Previti e Berlusconi a chiedergli espressamente di compilare un documento accusatorio nei miei confronti e di affidarlo a loro [109]. In proposito, il Gip di Brescia ha rilevato che «meritano di essere segnalate, per la loro singolarità» [110] le seguenti circostanze:

«Il fatto che il D'Adamo abbia avvertito, a suo dire *motuproprio*, l'esigenza di consacrare in uno scritto le confidenze fatte in precedenza a Previti e a Silvio Berlusconi circa asseriti comportamenti scorretti del Di Pietro, e quindi, pur senza essere dichiaratamente mosso da alcuna finalità specifica ("per ogni evenien-

za", v. S.I. Berlusconi Silvio 31-5-97), di porre il documento proprio nella disponibilità degli stessi Previti e Berlusconi, e cioè a persone aventi, come si è visto, profondi motivi di contrasto personale nei confronti dell'ex Pm, e interessati dunque ad avvalersi del "promemoria".

Il fatto che gli appunti del D'Adamo siano stati riscritti ad Arcore all'interno dell'abitazione dell'on. Berlusconi su indicazione e alla presenza dello stesso Previti (v. S.I. Berlusconi Silvio 31-5-97): "Tornando a casa ad Arcore ebbi occasione di trovare D'Adamo in compagnia di Previti intento a redigere un documento manoscritto"; illuminante appare al riguardo quanto si legge in un passo del verbale di assunzione di informazioni del Previti, ove risulta che il D'Adamo avrebbe "eseguito" – e non, come invece al più ci saremmo aspettati, "accolto" – l'invito rivoltogli dal Previti di "riscrivere il promemoria").

L'apparente indifferenza, se non addirittura apparente contrarietà, con le quali l'iniziativa del D'Adamo è stata accolta dal duo Previti-Berlusconi, indifferenza e contrarietà decisamente contrastanti con la successiva effettiva utilizzazione del documento in sede giudiziaria, da cui ha preso vita il presente procedimento ("Sono intervenuto manifestando con decisione la mia contrarietà... aggiungendo che, comunque, non volevo assolutamente essere coinvolto in quella situazione. Mi risulta che il manoscritto sia rimasto nella disponibilità del Previti e che sia stato recentemente consegnato alle Ss.Vv.", S.I. Berlusconi Silvio 31-5-98).

L'incedere "a tandem" del duo D'Adamo-Previti, con quest'ultimo che, ottenuti, con le già esaminate modalità, gli appunti vergati dal D'Adamo, si è premurato di riversarli al Pm di Brescia, quasi facendo apparire la produzione del documento indissolubilmente legata ai doveri della testimonianza ("D'Adamo... mi ha... lasciato questi documenti senza alcun particolare vincolo per l'eventuale utilizzazione. Mi sembra mio dovere di persona informata consegnare detti documenti alla Sv per le valutazioni di competenza"), e, di fatto, provocando in seconda battuta l'audizione, ovviamente a quel punto altrettanto doverosa, oltre che "imbarazzata", del D'Adamo ("È con grande disagio che mi accingo a parlare di queste cose")».

In realtà D'Adamo ha consegnato il suo memoriale velenoso e menzognero a Previti e Berlusconi, e poi si è deciso a recarsi alla Procura di Brescia per accusarmi, perché non condivideva – come non condividevano gli altri due – «quello che [Di Pietro] andava dicendo e facendo» (ovvero: no all'amnistia, e no alla mia adesione a Forza Italia), e perché provava «risentimento» per il fatto che io l'avessi allontanato da me quando mi ero accorto che stava "usando e abusando" della nostra amicizia. D'Adamo, cioè –

---

ogni possibile evenienza. Ricordo che disse: "Se dovessi morire almeno ho lasciato scritto qualcosa delle cose che so". Mi ha così lasciato questi documenti senza alcun particolare vincolo per l'eventuale utilizzazione. Mi sembra mio dovere di persona informata consegnare detti documenti alla Sv per le valutazioni di competenza».

[108] Cfr. s.i.t. Silvio Berlusconi del 31-5-97: «Tornando alla volontà manifestata da D'Adamo in ordine alla redazione di uno scritto da lasciare a un notaio devo aggiungere che nell'autunno 95, con ogni probabilità dopo la pubblicazione dell'articolo dell'8-10-95 di cui ho detto, tornando a casa ad Arcore ebbi occasione di trovare D'Adamo, in compagnia di Previti, intento a redigere un documento manoscritto nel quale stava riportando alcuni dei fatti che ho sopra ricordato. Sono intervenuto manifestando con decisione la mia contrarietà, facendo presente che l'unico modo per dare un seguito a quei fatti era quello di portarli a conoscenza dell'Autorità giudiziaria, e aggiungendo che, comunque, non volevo assolutamente essere coinvolto in quella situazione. Mi risulta che il manoscritto sia rimasto poi nella disponibilità di Previti e che sia stato recentemente consegnato alle Sv... Non mi risulta che l'appunto faccia riferimento anche alla dazione di 9 miliardi da Pacini a D'Adamo».

[109] Cfr. incid. prob. D'Adamo del 2-2-98:
Domanda: «Lei ha detto in aula, e l'aveva detto anche al Pubblico ministero in istruttoria, che praticamente ha redatto quegli appunti che sintetizzano i suoi rapporti, le elargizioni, le dazioni a Di Pietro perché le fu richiesto da Previti di metterli per iscritto. Da quello che Previti ha raccontato al Pubblico ministero in Procura, pare di capire che sia stato lei D'Adamo a offrire a Previti il promemoria già confezionato, o comunque gli appunti cartacei senza che loro dicessero "Mettili per iscritto"?».
Risposta: «Io ricordo diversamente. Ricordo che ho messo giù questi appunti anche per ricordarmi le cose ma soprattutto perché ne avevamo parlato, quindi mi avevano detto "Mettili giù" e li ho messi giù. Poi ho anche messo una seconda versione che non è una seconda versione, è solo una risistemazione perché li avevo scritti proprio male».
D: «Non è stata una sua iniziativa spontanea quella di fare il promemoria e di poi consegnarglielo? Sono stati loro a dire "Metti per iscritto le cose che stai raccontando"?».
R: «Certo».

[110] Cfr. decreto di archiviazione Gip di Brescia del 4-12-98.

come lui stesso ammette [111] – ha consegnato a Previti e Berlusconi il suo memoriale anti-Di Pietro perché «era un modo per dimostrare... che io ero vicino a loro e non vicino a Di Pietro» [112]. D'Adamo dice di più: «Capivo che mettevo in mano a Previti un documento esplosivo, lo capivo, lo sapevo» [113], e anzi – sempre a suo dire – fece questo perché «Di Pietro si metteva come arbitro della situazione tra l'Ulivo e il Polo» [114].

Ma cosa conteneva questo velenoso memo-

---

[111] Cfr. incid. prob. D'Adamo del 30-1-98:

Domanda: «Lei ha detto che dopo questo comportamento di Di Pietro, che l'aveva messa in una situazione di difficoltà con Berlusconi, perché a lei Di Pietro aveva rapportato certe situazioni mentre poi si comportava diversamente, e questo Berlusconi glielo aveva contestato dopo questi momenti pubblici. La molla che le ha fatto scattare questa volontà, questa esigenza di tirare fuori quelle che ieri abbiamo chiamato... queste relazioni compromettenti che c'erano state tra lei e Di Pietro, la molla soggettiva sua quale è stata? Al di là che Berlusconi l'abbia incitata di andare dalla Magistratura. Lei non ha raccontato finora di episodi di litigio con Di Pietro, la molla soggettivamente psicologica per la quale lei decide di voltare il sacco, qual è?».

Risposta: «Non mi piacevano gli atteggiamenti di Di Pietro, per quello che andava facendo e dicendo, io sapevo delle cose, quindi lo conoscevo in una veste assolutamente diversa di quello che era il suo atteggiamento pubblico in quel momento».

D: «Quindi non le piaceva il suo apparire? Cioè non le piaceva come si comportava politicamente o non le piaceva l'immagine che vendeva?».

R: «Anche quella, oltre al fatto che comunque con me si era comportato male».

D: «Con lei si era comportato male solo per questo rapporto con Berlusconi, che le aveva fatto dire da Berlusconi cose che non erano vere?».

R: «Per tutto quello che c'era stato tra di noi, è evidente che ero diventato scomodo quando ho incominciato ad avere i primi guai giudiziari, io sto parlando dopo il 95, perché poi c'è stata un'interruzione, io non ho parlato più con Di Pietro, evidentemente perché era lui che mi aveva allontanato, quindi un certo risentimento sicuramente ce l'avevo».

D: «Lei aveva un certo risentimento perché Di Pietro l'aveva abbandonata?».

R: «Sì».

D: «Dopo la restituzione dei soldi in quella scatola di scarpe?».

R: «Non subito, ma ormai le cose si stavano delineando. Io ero apparso male, e questo mi dava molto fastidio, ero apparso come l'amico scomodo, io insieme a tre o quattro persone eravamo diventati gli amici scomodi di un eroe».

D: «Lei si viveva così, un amico scomodo di un eroe?».

R: «Sì».

D: «Quindi vedeva confliggere questa immagine pubblica dell'eroe con quello che lei conosceva intimamente dell'eroe, questa è stata anche una spinta psicologica a disvelare le cose compromettenti?».

R: «Oltre a quelle cose che ho già detto c'è l'arrabbiatura per l'articolo, era tutta una concomitanza di cose che non si può riferire».

[112] Cfr. incid. prob. D'Adamo del 29-1-98:

Domanda: «Perché lei mise per iscritto queste cose, stava dicendo "Innanzitutto per ricordarmele"?».

Risposta: «Sì, poi perché le consegnai all'avvocato Previti perché loro così venivano a conoscenza di questi fatti...».

[113] *D:* «Le contesto che nell'interrogatorio del 12 luglio 97 lei disse "Non ricordo con quale motivazione Previti mi chiese di redigere il suddetto documento, certo, con quello scritto ho in qualche modo voluto dimostrare a Previti quale fosse il mio atteggiamento nei confronti della parte politica che quest'ultimo rappresentava". È qualcosa di più, di diverso?».

R: «Io stavo parlando di politica con l'avvocato Previti, quindi di vicinanza».

D: «Era un modo per dimostrare che lei stava dalla loro parte questo?».

R: «Certo, ancora di più, che io ero vicino a loro e non vicino a Di Pietro».

[113] Cfr. incid. prob. D'Adamo del 29-1-98:

Domanda: «Ci sono altre ragioni per le quali lei ha avuto l'idea di scrivere questo memoriale?».

Risposta: «Io capivo che mettevo in mano a Previti un documento esplosivo, lo capivo, lo sapevo, tanto è vero che non lo doveva usare perché io volevo ancora bene al dott. Di Pietro, gli atti successivi lo dimostrano, fino a quando è stato possibile non parlare...».

D: «Quindi lei si è reso conto della portata che poteva avere in mano a delle persone che fanno politica l'ostensione di certi rapporti, di certi argomenti, quindi questa era una consapevolezza che lei aveva?».

R: «Avevo la consapevolezza comunque che non dovevano essere usati».

[114] Cfr. incid. prob. D'Adamo del 29-1-98:

Domanda: «Lei aveva chiaro che la divulgazione di questi rapporti da lei tenuti con Di Pietro, al di là delle valutazioni giuridiche che uno può fare, penali e civili ecc., avevano una portata delegittimante per una persona che voleva fare politica? Quando lei ne parla a Previti, con ira perché era arrabbiato con Di Pietro, per tutto quello che era successo, per questi rapporti che lei aveva intrattenuto con Di Pietro, perché gliele diede proprio a Previti e a Berlusconi queste notizie? Si rendeva conto che potevano essere strumenti di lotta politica?».

Risposta: «Di Pietro si metteva come arbitro della situazione tra l'Ulivo e il Polo, io dissi: "Come mai un personaggio così che ha fatto certe cose, si può mettere come arbitro in questa situazione". Allora mi dicevano: "Tu che sai, fai degli appunti, mettilo per iscritto, ricordati che cosa sai". Io ho steso questi appunti. Ne feci una brutta copia e poi la ricopiai».

D: «Quindi era consapevole della valenza data a loro del possibile utilizzo che potevano fare di queste circostanze?».

R: «Io ero convinto che non dovevano essere utilizzate».

D: «Lei ha detto che nel parlare da parte sua di una sorta di indegnità di questa persona a porsi da arbitro tra le due fazioni, mise a parte Previti di questi rapporti che lei aveva avuto con Di Pietro, e Previti le disse se voleva metterglieli per iscritto. Questi sono i fatti?».

R: «Sì».

riale (diviso in due parti)? Riprendeva le male-
volenze e le falsità di Gorrini, mi accusava di
avere favorito da Pm alcuni inquisiti "amici", e
poi aggiungeva accenni – perlopiù distorti – ai
nostri passati rapporti (al prestito di denaro, al-
l'automobile, al telefonino, alla collaborazione
legale di mia moglie) [115]. Ma nel testo non c'era
alcun riferimento alla vicenda Pacini. Ancora
una volta, cioè, D'Adamo "dimenticava" di riferire quello che poi diventerà "il clou" della manovra (e dell'indagine giudiziaria bresciana)
contro di me. Ma non era affatto una "dimenticanza": era la prova provata che nella vicenda
dei suoi rapporti affaristici con Pacini io non
c'entravo proprio nulla.

L'omissione è ancora più significativa se si

considera che in realtà, in occasione di quegli incontri a casa Berlusconi, il terzetto parlò anche
della vicenda Pacini, come dichiareranno Previti e Berlusconi [116, 117], e a costoro D'Adamo raccontò una versione dei fatti ambigua e distorta,

---

[115] Cfr. memoriale D'Adamo consegnato a Previti: «Note sul
mio rapporto con il dott. Antonio Di Pietro: mi è stato presentato dal dott. Rea nel 1988 con la raccomandazione di
aiutarlo economicamente. In quel periodo il dott. Rea collaborava con il dott. Di Pietro per l'indagine sulle tangenti
Atm. Nell'indagine era coinvolto il dott. Radaelli (amico del
dott. Rea) e si doveva fare in modo che restasse fuori dall'indagine stessa, anche se la sigla del nome (Rad) era iscritta in
un elenco di "entrate e uscite" sequestrato in una perquisizione. Il dott. Radaelli tra mille difficoltà, e qualche protesta
di avvocato difensore di un imputato, non è entrato nel processo. Il dott. Radaelli ebbe modo di disobbligarsi con il dott.
Di Pietro in seguito, anche facendogli avere (era consigliere
Cariplo) intervenendo sul dott. Molinari (allora direttore generale) un appartamento a "equo canone" in via Andegari
che fu intestato al figlio allora studente. Iniziò comunque un
rapporto di amicizia e cominciai anche a dare una... economica instaurando un rapporto di collaborazione in una delle
mie società con la moglie avv. Mazzoleni molto ben remu-
nerato e successivamente concedendo in uso (direttamente al
dott. Di Pietro) una macchina, il telefono portatile e un appartamentino in via Agnello. La macchina e il telefonino mi
furono restituiti verso la fine del 92 inizio 93 e l'appartamento fine 93 inizio 94. Il dott. Di Pietro nell'indagine di
Tangentopoli trattò bene i miei amici e ormai suoi amici Radaelli e Prada non mandandoli in carcere e dando qualche
consiglio attraverso me e l'avv. Lucibello su come comportarsi. Ho avuto modo sempre in base alle richieste che mi faceva il dott. Di Pietro... molte cose che lo riguardavano per
alcune centinaia di milioni sempre nel quadro delle intese
che dovevano tenere fuori il più possibile gli amici delle indagini. A margine dei fatti sopra descritti ricordo un episodio
che riguarda la perdita al gioco del dott. Rea. Quest'ultimo è
venuto a chiedermi dei soldi per ripianare debiti di gioco sui
cavalli. In un primo momento ho incominciato a dare qualche cosa poi ho chiesto al dott. Di Pietro un consiglio su come mi dovevo comportare. Il dott. Di Pietro è intervenuto ha
messo intorno al tavolo me, il dott. Rea e il dott. Gorrini,
quest'ultimo già creditore del dott. Rea per un importo rilevante, e ci ha imposto di ripianare... debiti del dott. Rea e al
dott. Gorrini di rinunciare al suo credito. Ricordo che... come
mia quota circa 100 milioni che consegnai in più soluzioni al
sig. Rocco, uomo di fiducia del dott. Gorrini».

---

[116] Cfr. s.i.t. Cesare Previti del 13-5-97: «Ricordo altresì, non
so precisare se in occasione di quell'incontro o in un incontro immediatamente successivo, comunque nell'autunno 95,
l'ing. D'Adamo ha raccontato sia a me che al dott. Berlusconi, sia congiuntamente sia separatamente, di avere ricevuto
un rilevante finanziamento, dapprima ha parlato di 9 miliardi, poi di 12, poi di 14 miliardi, dal banchiere Pacini Battaglia e che una parte di detto finanziamento pari a lire 4 miliardi e mezzo doveva essere destinata alla persona del dott.
Di Pietro. Lo stesso non ha precisato se detta consegna sia
mai avvenuta, né ha fornito precisazioni di alcun genere circa il suo rapporto con Pacini Battaglia e se lo stesso Pacini
fosse consapevole della destinazione».
Domanda del Pm: «Parlando del finanziamento ricevuto
dal Pacini, il D'Adamo ebbe mai a ricollegarlo a qualche fatto specifico?».
Previti: «Il D'Adamo dopo averci fatto questa confidenza ha mantenuto con noi un atteggiamento molto vago e alle
sollecitazioni dell'on. Berlusconi e mie di raccontare all'Autorità giudiziaria questa faccenda lui disse di non poterlo fare perché "altrimenti mi massacrano" viste le tante inchieste
che aveva addosso».
Domanda del Pm: «Quando l'ing. D'Adamo vi fece questa confidenza o comunque successivamente, parlò mai di
particolari trattamenti di favore ricevuti dal Pacini a opera di
Di Pietro?».
Previti: «Come ho già detto non parlò di nulla. Il D'Adamo ci disse di avere fatto questa confidenza per dimostrare la
sua buona fede nel rapporto con l'on. Berlusconi».

[117] Cfr. s.i.t. Silvio Berlusconi del 31-5-97: «[*A questo punto
l'Ufficio chiede al teste se vi siano persone in grado di confermare per conoscenza diretta o indiretta quanto dichiarato dal D'Adamo.*] I discorsi di D'Adamo sono stati direttamente percepiti da me e da Previti, presente a quell'incontro,
non vi erano altre persone. Devo però aggiungere che quelle
stesse cose D'Adamo me le ha ripetute anche successivamente all'autunno del 95, in svariate occasioni [...] D'Adamo, nel contesto sopra indicato, mi ha riferito di avere ricevuto da Pacini Battaglia, o da una società a lui facente capo,
un finanziamento di 9 miliardi. A fronte di tale finanziamento il D'Adamo avrebbe dovuto restituire al Pacini la somma
di 4 miliardi e mezzo; mentre la restante somma avrebbe dovuto essere destinata al dott. Di Pietro. Per la precisione
D'Adamo mi riferì che all'atto della restituzione dei 9 miliardi al Pacini, 4 miliardi e mezzo sarebbero stati destinati a
Di Pietro, pienamente consapevole e consenziente. Ha altresì aggiunto che era notorio il trattamento di favore che Pacini aveva ricevuto da Di Pietro nell'ambito delle inchieste milanesi e mi fece capire che il Pacini aveva corrisposto i 9 miliardi proprio per "alleggerire" la sua posizione nell'ambito
di quelle inchieste. Tengo a precisare che D'Adamo mi ha
sempre sottolineato di essere stato in qualche modo costretto a prestarsi a questa operazione di cui ho appena detto in
considerazione dei tanti procedimenti che aveva in corso
avanti l'Ag di Milano. Parlava in termini di vero e proprio

tanto è vero che le loro dichiarazioni sul punto sono difformi. In particolare, mentre Berlusconi e Previti hanno sostenuto che D'Adamo gli riferì la vicenda Pacini nel 95, secondo D'Adamo ciò si sarebbe invece verificato nel 96 [118, 119]. Come si può constatare dalle sue dichiarazioni, D'Adamo inizialmente è categorico, quando sostiene

che i suoi racconti a Berlusconi della vicenda Pacini avvennero nel 96; ma dopo precise contestazioni finisce per ammettere che, in realtà, subito dopo il mio intervento a Cernobbio (settembre 95) lui, Berlusconi e Previti già parlarono dell'argomento, e ammette anche che nel frattempo (come risulta da una intercettazione) il giornalista Andrea Pasqualetto de "Il Giornale" (che, come si è visto, aveva raccolto le diffamatorie dichiarazioni di Maurizio Raggio in Messico, presso il carcere di Cuernavaca, nel giugno di quell'anno) il 29 settembre 95 lo aveva cercato perché «volevo sapere... parlare di Di Pietro... faccio solo un nome... Pacini» [120].

D'Adamo ha quindi dovuto ammettere che già dal 95 venne sollecitato da Berlusconi e Previti a mettere per iscritto la "vicenda Pacini", ma lui non lo fece perché «la cosa di dire tutto a Berlusconi non mi squadrava» [121]. Anche Previti –

"stato di necessità". Anche il negativo andamento finanziario delle sue aziende aveva probabilmente inciso su questa situazione... Non so dire in che periodo fosse avvenuto questo finanziamento. Via via che sono trapelate le notizie relative alle indagini di La Spezia ho avuto modo di commentare le varie notizie con il D'Adamo il quale traeva spunto da quelle vicende per confermare quanto già aveva avuto modo di riferirmi. Fin da quanto D'Adamo mi ha parlato dei suoi rapporti con Pacini l'ho consigliato di rendere noti alla Magistratura i fatti sopra riferiti. Lui mi ha sempre fatto presente che non poteva riferire quelle cose in quanto, diversamente, stante i processi che aveva in corso a Milano, "lo avrebbero massacrato"».

[118] Cfr. incid. prob. D'Adamo del 29-1-98:
Domanda: «Quando rende partecipe Berlusconi dei suoi rapporti con Pacini e del ruolo di Di Pietro?».
Risposta: «Fu successivamente».
D: «Successivamente a queste notizie contenute nel memoriale? Cioè prima riferisce dell'appartamento di Curno e di queste altre cose. In tempi successivi che cosa riferisce?».
R: «Gli raccontai di quello che era avvenuto per il finanziamento di Pacini».
D: «Sinteticamente, che cosa disse a Berlusconi?».
R: «Dissi a Berlusconi che Di Pietro mi aveva mandato da Pacini, che Pacini mi aveva dato i finanziamenti, che io avevo promesso al dott. Di Pietro dei soldi, senza quantificarli, che avevo fatto già questo marchingegno della provvista all'estero».
D: «Di quanto successivi alla notifica?».
R: «Di 7 o 8 mesi, credo di collocare il periodo in autunno del 96, tardo autunno, comunque ci furono delle notizie che io detti, ma anche di Pacini gli raccontai in sintesi. Poi successivamente Berlusconi mi chiese in dettaglio che cosa era successo».
D: «La prima notizia di sintesi di che anno è?».
R: «È del 96».
D: «La prima notizia sul finanziamento che lui riferisce a Berlusconi di che epoca è?».
R: «Io ritengo il 96».
D: «Quando lei parlò la prima volta a Berlusconi di questo finanziamento di Pacini, Pacini era stato arrestato o no?».
R: «Pacini è stato arrestato a settembre 96. Può essere che sia questo il riferimento temporale in cui comincai ad accennare a Berlusconi della storia di Pacini. [...] Può essere, non ricordo esattamente quando comincai a dire. Comunque, non ne parlai una volta sola di queste cose, ne parlai altre volte su sollecitazione di Berlusconi che voleva approfondire».
D: «Prima di questo, che collochiamo grosso modo in questo periodo, lei non ne aveva mai parlato prima a Berlusconi di questo finanziamento?».
R: «Non credo di averlo accennato a Berlusconi».

[119] Cfr. incid. prob. D'Adamo del 29-1-98:
Domanda: «La prima occasione nella quale lei ha parlato con Berlusconi, magari non in termini specifici, gli ha accennato della storia del finanziamento da Pacini per il tramite di Di Pietro. Se lei ricorda quando è stata la prima occasione nella quale ha avuto modo di parlare con Berlusconi di questa cosa?».
Risposta: «Ritengo che di questa cosa ne ho parlato con il dott. Berlusconi verso l'autunno del 96, può essere qualche mese prima, comunque ricordo di poterlo collocare in un periodo di questo tipo».
D: «Quindi non come ha detto al Pubblico ministero, cioè nell'autunno del 95?».
R: «In queste cose, io mi riferivo all'inizio di quegli appunti, quando dico "di queste cose incominciai a parlare con Berlusconi nel 95" mi riferisco agli appunti al dott. Previti, che quegli appunti sicuramente saranno andati a finire sul tavolo di Berlusconi. Quando dico "di queste cose" mi riferisco a quando comincai a parlare con Berlusconi in riferimento a quelli che erano gli appunti che avevo consegnato in ottobre».
D: «Con riferimento esclusivo a quei tempi che sono la Dedra, il cellulare, i soldi e quant'altro?».
R: «Sì».

[120] Cfr. intercettazione telefonica Giovanni D'Adamo-Antonio D'Adamo del 29-9-95, ore 8.43. D'Adamo riceve la telefonata di Giovanni (figlio), il quale gli dice che ieri uno del "Giornale" ha lasciato un messaggio sulla segreteria: «Si chiama Pasqualetto... Ha lasciato un messaggio. Ha detto "Volevo sapere, parlare di Di Pietro" e poi ha detto "Faccio solo un nome: Pacini", basta, ha lasciato questo messaggio».
D: «[*Ride*] va bene, d'accordo... [*Chiede cosa c'è scritto sul "Giornale", e Giovanni risponde vagamente accennando a Sisde-Di Pietro.*]».

[121] Cfr. incid. prob. D'Adamo del 30-1-98:
Domanda: «Ieri sera ci siamo lasciati che lei aveva detto che la prima occasione nella quale aveva parlato a Berlusco-

come alla fine ammette D'Adamo – nell'autunno 95 tentò di convincerlo a recarsi alla Procura di Brescia per denunciarmi, ma D'Adamo continuò a prendere tempo («Mi lasci pensare, adesso ho tanti guai, un giorno andrò») [122]; anche per-

---

ni della faccenda del finanziamento Pacini Battaglia era da collocarsi nel 96».

Risposta: «Sì».

D: «Le si contestò ieri sera il diverso che lei aveva detto al Pubblico ministero, dove invece aveva detto che era il periodo dell'autunno del 95, e nonostante questo verbale che io personalmente le ho letto qui, lei disse "No, era il 96". Ora alla luce di questi nuovi argomenti di cui stiamo parlando adesso, devo cambiare quello che ha detto ieri?».

R: «Sì, io ho visto che c'è un'intercettazione telefonica che parla di una telefonata di un giornalista a casa che fa riferimento a Pacini. Dopo questa telefonata io telefonai a Berlusconi e dissi che volevo un incontro con il dott. Berlusconi per parlargli di questa cosa qui e quindi, evidentemente, cominciai ad accennare di Pacini. Sono avvenimenti che si sono succeduti nel tempo».

D: «Lei oggi ci dice che presa visione del carteggio che il Pubblico ministero ha depositato, in particolare di quella conversazione che è del 29 settembre 95, dove un giornalista le accenna?».

R: «Non accenna a me, lasciò un messaggio sulla segreteria che mi ha allarmato».

D: «Le lascia un messaggio sulla segreteria in cui si parla di Pacini?».

R: «Sì».

D: «Presa visione di questo materiale oggi che cosa ci dice?».

R: «Evidentemente ho chiesto un appuntamento e quindi sono andato a parlare di Pacini».

D: «Ne ha un ricordo preciso o è una mera deduzione?».

R: «Io come ho detto ieri ero convinto di averne parlato in tempo successivo, di questa cosa se ne è parlato più volte non si è parlato solo una volta».

D: «In che termini se ne è parlato più volte?».

R: «Io ero reticente su questo argomento, la cosa di dire tutto a Berlusconi non mi squadrava».

D: «Per quale ragione?».

R: «Perché io ero cosciente che era una cosa grave per me, quindi questa cosa la volevo tenere riservata, infatti non l'ho messa neanche per iscritto in quegli appunti».

D: «Le venne chiesto di metterlo per iscritto su Pacini Battaglia?».

R: «Può essere che mi venne chiesto, ma io evidentemente non l'ho fatto».

[122] Cfr. incid. prob. D'Adamo del 30-1-98:

Domanda: «Ha detto che più volte è tornato sul discorso con Berlusconi?».

Risposta: «Sì, sono tornato più volte sul discorso con Berlusconi sull'argomento Pacini, per lui non è stata mai chiara la posizione dei 9 miliardi, dei 4 miliardi e mezzo, si era parlato di cifra e non cifra, questa è stata una diatriba lunga molti mesi, "Ma tu glieli hai promessi, tu glieli dovevi dare?". Io rimproveravo Berlusconi su questa cosa, più volte mi stuzzicava sull'argomento: "È possibile che non ha detto la cifra, che non hai detto dei 4 e mezzo?". Io avevo parlato

---

ché quest'ultimo sapeva bene che l'ipotesi di confezionare un'accusa contro di me per i finanziamenti che lui aveva ricevuto da Pacini non avrebbe retto al vaglio di una verifica processuale, posto che il denaro se l'era preso lui e solo lui fin dal primo momento. È soprattutto questa la ragione per cui – come poi vedremo meglio – allorché l'anno successivo l'on. Berlusconi gli comunicò che si sarebbe recato personalmente dai magistrati bresciani per riferire quanto aveva appreso da D'Adamo, quest'ultimo tentò di dissuaderlo: capiva che a quel punto sarebbe emerso che aveva venduto fumo anche allo stesso Berlusconi («Dottore, eh... Lei sa quanto le voglio bene e quindi... non ho paura di questa cosa qui, eccetera, ma se lei dice una cosa di questo tipo si incasina. Lei, queste cose le lasci dire a me. Lei deve stare fuori. Lei deve stare fuori. E glielo dico proprio come un... e glielo ripeto: se non sta fuori, ci fa... cioè, si fa male. Lei deve stare fuori. Lei lasci dire a me queste cose») [123].

Ma all'on. Berlusconi "gli argomenti" per convincere il D'Adamo ad accusarmi ingiustamente davvero non mancavano. Lo riconosce lo stesso D'Adamo quando ammette che gli appunti-memoriale erano la «contropartita» che chiedeva Berlusconi (e che lui offriva) in cambio sia di finanziamenti diretti («Devo mettere soldi?», avrebbe detto Berlusconi), sia di sponsorizzazioni presso terzi («Impegno che aveva preso Berlusconi di scrivere una lettera che segnalasse [la Sii] presso questo uomo importante accredi-

---

di provvista, non avevo parlato di cifra, non potevo dire quello che non era vero. Berlusconi sul punto non riusciva a convincersene, evidentemente».

D: «Di queste cose ne ha parlato anche con Previti?».

R: «Ne ho parlato anche con Previti».

D: «Insieme o separatamente?».

R: «Sia insieme che separatamente, c'era un contatto sia a Milano che a Roma».

D: «Le venne chiesto di rendere note alla magistratura queste circostanze?».

R: «Più volte».

D: «Da chi in particolare?».

R: «Soprattutto da Berlusconi, io parlavo di più con il dott. Berlusconi che con Previti. Io non volevo, da questo punto di vista rispondevo sempre evasivamente, mi dispiaceva anche contraddirlo, ma non ci sentivo».

D: «Come giustificava questa sua resistenza?».

R: «Prendevo tempo, dicevo "Mi lasci pensare adesso ho tanti guai, un giorno andrò"... Cercavo di prendere tempo».

[123] Cfr. registrazione Gasparotti, allegata al verbale di s.i.t. del 10-6-97.

tato presso il colonnello Gheddafi» [124] – circostanza, quest'ultima, ammessa dallo stesso Berlusconi [125]). Soprattutto – come lo stesso D'Adamo ha infine riconosciuto nell'interrogatorio del 9-7-98 – in quel periodo lui stava ancora tentando di rifilare la Gde alla Mondadori, e per questo si rivolgeva (anche telefonicamente) all'on. Berlusconi. Così, già nel 95 si mise (anzi, si rimise) in moto la trappola, come dimostra l'insieme delle intercettazioni telefoniche alle quali, alla epoca dei fatti, D'Adamo era stato sottoposto proprio dall'Ag di Brescia.

Tre fascicoli molto interessanti

A questo punto è opportuno esaminare un altro fascicolo processuale, anzi altri tre: 1) proce-

dimento penale a carico di Berlusconi Silvio e Paolo, Umberto Improta e Antonio D'Adamo, indagati per attentato ai diritti politici della mia persona e per estorsione; 2) procedimento penale a carico del commissario della Ps Bruno Megale indagato a suo tempo per calunnia ai danni del D'Adamo; 3) procedimento penale relativo alla vicenda Onder aperto a seguito di uno scritto anonimo pervenuto alla Procura di Brescia il 17-2-96, e nel quale io figuro formalmente come parte lesa.

Partiamo da quest'ultimo, che in sostanza riguardava un anonimo (sempre il solito scritto anonimo inviato all'Ag di Brescia) il quale "suggeriva" agli inquirenti di mettere sotto indagine il commercialista Pierluigi Manfredini per poter riscontrare miei coinvolgimenti penalmente rilevanti che sarebbero emersi nell'ambito di altra indagine portata avanti dal Pm di Milano Gemma Gualdi. A sua volta, la dott.ssa Gualdi ha rivelato che anche la sua indagine era nata dal solito anonimo, e anzi lamentava il fatto che la Polizia giudiziaria inizialmente l'avesse tenuta all'oscuro della genesi della notizia di reato, e solo successivamente lei stessa aveva appreso che gli organi di Pg si erano mossi proprio e solo perché attivati dall'anonimo [126]. All'epoca – febbraio 96 – andava di moda accusarmi di ogni cosa: mi ritrovavo con plurime inchieste sulle spalle da parte dell'Ag di Brescia, e bersaglio di una feroce campagna di stampa; i giornali riportarono con clamore scandalistico l'inchiesta aperta a mio carico per la vicenda Manfredini, tanto che io dovetti proporre querela. Tale mia querela verrà poi archiviata non per infondatezza ma per diritto di cronaca, ma il Pm, nella richiesta di archiviazione, stigmatizzerà comunque le diffamatorie strumentalizzazioni e il comportamento degli organi di Polizia giudiziaria [127].

---

[124] Cfr. incid. prob. D'Adamo del 30-1-98:

Domanda: «Alla difesa interessa questo: si capisce che si riferisce forse a quello che lei ha già detto in aula, cioè all'impegno che aveva preso Berlusconi di scrivere una lettera che la segnalasse presso questo uomo importante accreditato presso il colonnello Gheddafi?».

Risposta: «Sì».

D: «A un certo punto Patrizia le chiede "Ho capito, e tu sei riuscito a fare qualche cosa per lui?" e lei risponde "Certo, c'è tutta una contropartita"».

R: «Siamo sempre ai soliti appunti, è questa la contropartita».

D: «Cioè?».

R: «Quella di mettere giù questi appunti a futura memoria che riguardavano i rapporti tra me e Di Pietro».

D: «Quindi lei ammette che c'è una relazione tra il suo aver messo per iscritto questi appunti con Di Pietro e gli aiuti nei termini in cui lei ha parlato che ha avuto da Berlusconi, quanto meno una lettera, una raccomandazione alla banca per farle avere qualche finanziamento, qualche fido. Lei ammette questo o no?».

R: «Sì, certamente...».

D: «In questa intercettazione telefonica lei dice a sua figlia che Berlusconi la prima risposta che le dà non è quella dei libici, la prima proposta che le fa è "Devo mettere soldi?"».

R: «Sì, credo che me l'abbia detto; Berlusconi mi voleva aiutare. Io avevo detto che stava per fallire la Sii e lui ha detto "Dimmi che cosa devo fare", ma non è successo niente, non me li ha dati. E in una telefonata successiva con mio genero dico: "Non chiediamo niente a nessuno, facciamo con le nostre forze"».

[125] Cfr. s.i.t. Silvio Berlusconi del 19-12-96: «Per quanto riguarda i miei rapporti con l'ing. D'Adamo, tengo a precisare di essermi interessato ad accreditarlo come persona corretta e affidabile presso alcune personalità libiche. In particolare ho ricevuto anche la visita del figlio del col. Gheddafi e avendo D'Adamo interessi imprenditoriali in Libia, nel campo edilizio, ho sempre fatto presente ai miei interlocutori libici l'esperienza personale e specifica dell'ing. D'Adamo in quel settore».

[126] Cfr. s.i.t. Pm Gemma Gualdi del 18-11-97: «A seguito di quanto riferitomi a verbale dal Manfredini, in ordine ai reali scopi della Polizia, ho relazionato al Procuratore dott. Borrelli e insieme a lui abbiamo contattato il dott. Carluccio (che era il dirigente della Mobile) chiedendogli spiegazioni. Il predetto ha spiegato che in realtà le domande rivolte al Manfredini in ordine ai clienti "famosi" dello studio non erano motivate da intenti illegittimi ma traevano spunto da una lettera anonima che mi è stata successivamente consegnata e che allego al presente verbale».

[127] Cfr. richiesta di archiviazione n° 4183/96 del 16-5-98: «In data 6 febbraio 96 venivano pubblicati da numerose testate di quotidiani articoli pertinenti le indagini in corso presso

Il procedimento penale per estorsione e attentato ai miei diritti politici è stato aperto dalla Procura di Brescia il 9-11-95, a carico di Cesare Previti, Paolo Berlusconi e altri [128], in seguito allo stralcio di altro procedimento a mio carico. Era accaduto infatti che, nell'ambito di quest'ultimo procedimento, erano state intercettate alcune telefonate intercorse fra D'Adamo e i fratelli Berlusconi da una parte, e fra D'Adamo e i suoi familiari dall'altra; avvenute tra il luglio e il settembre 95, e tra l'11 e il 27 novembre 95, le telefonate intercettate evidenziavano un progressivo infittirsi di contatti fra l'on. Berlusconi e D'Adamo, e fra quest'ultimo e il prefetto Umberto Improta: contatti finalizzati da una parte a tentare di recuperarmi al Polo di centro-destra [129], e dall'altra a studiare come potermi bloccare (Berlusconi a D'Adamo: «Ingegnere, siamo nelle sue mani... bisogna che si prepari»).

Il contenuto delle telefonate intercettate era collegato al momento politico dell'epoca: una fase di transizione verso imminenti elezioni anticipate (l'esecutivo Dini era un governo "tecnico" e interlocutorio proprio in vista di nuove elezioni), e quindi le varie formazioni politiche stavano preparando schieramenti e alleanze; in quella fase la stampa e gli osservatori valutava-

---

quest'ufficio a carico di Pierluigi Manfredini, ragioniere commercialista di Milano, negli uffici del quale erano stati rinvenuti numerosi timbri contraffatti di pubblici uffici, pubblicazioni nelle quali emergeva in gran risalto la circostanza – peraltro inesatta – che Antonio Di Pietro fosse uno dei clienti. Perveniva quindi in data 8 febbraio 96 denuncia-querela del predetto Di Pietro, in cui si adduceva a sostegno dei diritti di onore e di pubblica considerazione asseritamente violati la radicale falsità di qualsivoglia collegamento storico con il rag. Pierluigi Manfredini. Frattanto lo svolgimento delle indagini nell'originario unico procedimento, di cui il presente costituisce stralcio, e in particolare le dichiarazioni rese al Pubblico ministero in sede di interrogatorio dallo stesso Manfredini in data 6 febbraio 96, portavano a individuare in Bruno Celestino, ispettore di Polizia di Stato incaricato delle indagini, colui che avrebbe fatto pervenire agli organi di stampa le notizie asseritamente diffamatorie nei confronti del querelante. Giova del resto specificare che sia le precise dichiarazioni rese dal ragionier Manfredini nel citato interrogatorio, sia la ricostruzione della progressione delle indagini di Pg siccome corredate alla conoscenza di esse che veniva rapportata al Pubblico ministero in tempi non correlativamente coincidenti, appalesano che Bruno conoscesse effettivamente i "famosi" dello studio già prima della perquisizione del 30 gennaio 96 (come del resto dichiara lo stesso Bruno in sede di interrogatorio). Occorre ancora aggiungere che né la predetta circostanza, né l'esistenza in atti di uno scritto anonimo finalizzato a collegare i reati del Manfredini alla Guardia di finanza (in allora agli onori delle cronache per i procedimenti per corruzione a carico di numerosi ufficiali e sottoufficiali) e all'ex Pubblico ministero, sono stati – di fatto – portati a conoscenza di questo Pubblico ministero, prima della avvenuta pubblicazione degli articoli sugli organi di stampa (essendo pervenuti tali atti da parte degli operanti soltanto durante l'orario di chiusura pomeridiana degli uffici giudiziari del 5 febbraio 96). L'insieme di tali elementi, complessivamente valutati, induce pertanto a ritenere che gli operanti fossero a conoscenza di elementi di sicuro interesse per le cronache già prima di eseguire quella perquisizione nel corso della quale si ottenne l'elenco completo dei clienti dello studio di commercialista, e il nominativo di Antonio Di Pietro, succosa "preda" per ogni cronista, non era stato certamente riferito al Pubblico ministero (che credeva di condurre le indagini) così pure come non era stato fatto cenno, prima dell'avvenuta pubblicazione, dello scritto anonimo di cui si è detto».

[128] Cfr. A. Di Pietro, "Quadro storico in cui sono nate e si sono sviluppate le indagini poi confluite nel procedimento 3379/95-Mod. 21": «A decorrere dagli inizi del mese di maggio 95, questa Digos, su delega formale dei Sostituti procuratori presso il locale Tribunale dott. Fabio Salamone e dott. Silvio Bonfigli, dava corso a una attività di indagine nell'ambito del procedimento penale nr. 1519/95-mod.21, per una ipotesi di concussione esperita ai miei danni. Secon-

---

do quanto sostenuto dall'Accusa, gli indagati avrebbero esercitato "pressioni" finalizzate a estromettermi dall'attività del pool di Milano, con conseguente rallentamento dell'attività di quell'ufficio nelle indagini che, in quel determinato momento storico, riguardavano il gruppo Fininvest. Tale vicenda, com'è noto, si è conclusa con il rinvio a giudizio del sen. Previti, di Paolo Berlusconi, nonché degli Ispettori ministeriali dott. Ugo Dinacci e dott. Domenico De Biase, ed è tuttora nella fase del dibattimento. Le indagini esperite si sono concretizzate, prevalentemente, nell'attività di ascolto di numerose utenze telefoniche, la cui richiesta di intercettazione era stata avanzata al Gip dagli stessi Pubblici ministeri. Parallelamente veniva avviata un'attività di riscontro sia alle risultanze delle intercettazioni, che alle dichiarazioni fornite, di volta in volta, dai vari testi sentiti dal Pm o, su delega, dalla Pg. Pressoché quotidianamente venivano trasmesse all'Ag procedente le trascrizioni delle telefonate ritenute utili per il prosieguo delle indagini e, in diversi casi, gli stessi magistrati, dopo aver ascoltato personalmente la telefonata, e valutata l'attinenza al contesto investigativo, ne disponevano la trascrizione. Tra le utenze oggetto d'ascolto vi erano alcune, sia fisse che cellulari in uso all'ing. Antonio D'Adamo, il quale, pur non rivestendo la qualità di indagato nel procedimento in esame, era ritenuto persona a conoscenza di circostanze importanti ai fini delle indagini per cui si procedeva... È proprio in questo contesto investigativo di "presunto ricatto" da me subito, in cui figuravano indagati appartenenti a una parte politica ben determinata, che sono state intercettate le conversazioni in riferimento poi confluite in un autonomo procedimento penale».

[129] In questo senso può essere interpretato il tentativo di D'Adamo di farmi contattare dal prefetto Umberto Improta, che sapeva essere stato mio superiore quando io ero Commissario di polizia a Milano e Improta dirigente della Questura.

no che una mia diretta partecipazione alle elezioni avrebbe avuto un forte seguito elettorale; per questa ragione ero una delle persone più "corteggiate" e temute dal punto di vista politico, proprio in ragione dell'elevato consenso elettorale che mi si accreditava. In particolare emergeva la "forte preoccupazione" dell'on. Berlusconi per una «discesa in politica del Di Pietro con conseguenti manovre finalizzate a tanto impedire, e poste in essere con la presunta partecipazione di Berlusconi Paolo, Improta Umberto e D'Adamo Antonio» [130].

Berlusconi ormai sapeva di avere perso ogni possibilità di farmi confluire nell'area del Polo, tanto è vero che il 26 luglio 95 (e cioè all'indomani della sua audizione davanti ai Pm di Brescia, nel corso della quale era stato informato che io il 2-7-95 avevo rivendicato la legittimità e paternità dell'invito a comparire che gli era stato inviato quando era presidente del Consiglio) si era affrettato a telefonare a D'Adamo: sia per dargli assicurazione che «devono definire quella cosa della D'Adamo Editore» (e ora sappiamo che in quel periodo D'Adamo stava cercando di vendere la Gde alla Mondadori per il tramite di Berlusconi, dopo averla da poco riacquistata da Pacini a prezzo dimezzato); sia per rassicurare lo stesso D'Adamo che in sede di audizione a Brescia lui aveva «raccontato esattamente tutte le cose in maniera molto gentile nei confronti del sig. Di Pietro»; sia, soprattutto, per informarlo di avere «saputo una cosa che mi ha lasciato allibito... che tutta la roba di Napoli [*l'invito a comparire, ndr*] l'ha fatta il signor Di Pietro... l'ha mandata avanti lui... lui ha fatto due riunioni in cui ha convinto gli altri a fare questa cosa» [131].

---

[130] Cfr. decreto di archiviazione Gip di Brescia del 31-1-97.

[131] Cfr. intercettazione telefonica D'Adamo-Berlusconi del settembre 95, ore 09.32 [*D'Adamo riceve la telefonata di Silvio Berlusconi. D'Adamo dice che devono definire quella cosa della D'Adamo Editore. Si vedono il fine settimana.*]
Berlusconi: «Ieri sono stato lì».
D'Adamo: «Ah».
B: «E a me non non... tutto tranquillo, ho raccontato esattamente tutte le cose come come... in maniera molto molto gentile nei confronti del signor Di Pietro, ma ho saputo una cosa...».
D: «Mh».
B: «Che mi ha lasciato allibito e... credo che... che siccome me l'avevan già detta, dopo mi son ricordato che c'era uno che l'aveva lanciata come ipotesi, che tutta, la roba di Napoli».

Questi tre elementi della telefonata Berlusconi-D'Adamo inducono alle seguenti riflessioni:
• l'on. Berlusconi, alla fine di luglio 95, certamente sapeva – perché gliel'avevo detto io personalmente, nell'incontro che avevamo avuto a febbraio, come lui stesso ammetterà – che D'Adamo non era affatto il mio portavoce;
• altrettanto certamente D'Adamo non riusciva ad avere più alcun dialogo diretto con me, tanto è vero che – per sua stessa ammissione – doveva rivolgersi all'avv. Lucibello per cercare di capire se io potessi ancora aderire all'area del Polo o meno [132];

D: «Mh».
B: «L'ha fatta il signor Di Pietro».
D: «Mhhh».
B: «E l'ha man... e l'ha mandata avanti lui, lui ha fatto due riunioni in cui ha convinto gli altri a fare questa cosa».
D: «Le... le notizie che sapevamo noi erano di stampo assolutamente diverso».
B: «Il contrario».
D: «È esatto, è... è, insomma...».
B: «Il contrario».
D: «Le cose...».
B: «Il contrario».
D: «Purtroppo».
B: «Quindi sono rimasto, cadevo dalla sedia quasi... quando così hanno così... il contrario, quindi questo qui è un doppio, triplo, quadruplo personaggio pazzesco».
D: «Ah io ho letto anche "Il Giornale", cioè "Il Corriere", stamattina ci sono delle cose che... lasciano allibiti».
B: «Sì sì, mentre invece io ho già smentito all'Ansa di avere detto quella cosa lì che mi hanno attribuito, non c'era».
D: «Mi sembrava molto strano le devo dire [*Inc.*]...».
B: «Noo, non c'è nessun patto segreto, ho già smentito dicendo: "È semplicemente e totalmente falsa"».
D: «Ecco, perché mi sembrava strano...».
B: «Esatto, ho già smentito all'Ansa».
D: «Comunque anch'io sono stato ieri...».
B: «Ah».
D: «Alle 17.00 ero lì, quindi...».
B: «Ah».
D: «Non... [*Inc.*]».
B: «Ah lì a Brescia?».
D: «Sì sì sì».
B: «Ah».
D: «Non è stato riportato niente perché... [*ride*] me la sono cavata senza...».
B: «Ho capito».
D: «Senza che nessuno...».
B: «Ho capito».
D: «Mi abbia riconosciuto».
B: «Ho capito».
[*Si salutano.*]

[132] In tal senso si sono espressi sia l'avv. Lucibello, il quale ha riferito in sede di interrogatorio di essere stato più volte contattato da D'Adamo per fare da tramite con me, sia D'Adamo in sede di incidente probatorio.

• ciononostante D'Adamo aveva fatto credere a Berlusconi di poter ancora riuscire a convincermi ad aderire al Polo di centro-destra, e questa mia adesione politica sarebbe stata "il prezzo" pagato da D'Adamo a Berlusconi per la "sistemazione" della Gde nella Mondadori. Insomma, D'Adamo continuava a usarmi politicamente per avere in cambio da Berlusconi aiuti economici diretti o indiretti che fossero (aiuti economici che, come abbiamo visto, ha effettivamente ricevuto);

• sta di fatto che, da quel momento in poi (ovvero dal luglio 95), io per loro ero ormai un «personaggio pazzesco», per cui decisero che dovevano eliminarmi dalla scena politica.

Il 2 settembre 95, a Cernobbio, mi esprimo pubblicamente contro le ipotesi di amnistia per i reati di Tangentopoli e pavento la possibilità di mettermi in politica per contrastare lo schieramento elettorale che l'amnistia sostiene. L'indomani, 3 settembre, di primo mattino, alle ore 7.33, l'on. Berlusconi telefona a D'Adamo (evidentemente, subito dopo avere letto i quotidiani, che pubblicavano con risalto la mia presa di posizione al convegno di Cernobbio) e gli dice testualmente: «Il suo amico ha dato fuori di testa... *e quindi bisogna che lei si prepari... siamo nelle sue mani... Di Pietro sfida i politici»* [133]. Berlu-

---

[133] Cfr. intercettazione telefonica D'Adamo-Silvio Berlusconi del 3-9-95, ore 07,33 [*D'Adamo riceve la telefonata di Silvio Berlusconi*]

Berlusconi: «... Ieri il suo amico...».

D'Adamo: «Eh, ho sentito».

B: «Ha dato fuori di testa».

D: «Ho sentito in televisione, proprio...».

B: «Per due cose, punto primo, primo per questa cosa che dice assolutamente niente colpi di spugna eccetera».

D: «E poi che vuol fare...».

B: «E poi che vuole fare e addirittura...».

D: «Questo qui è fuori di testa».

B: «Ecco, quindi bisogna che lei si prepari».

D: «[*ride*]».

B: «Siamo nelle sue mani».

D: «Lo immaginavo».

B: «Va bene, soltanto questo, legga le cose, veda un po'».

D: «Sì sì, ma, è proprio una cosa credibile, non so...».

B: «Ma anche il modo in cui l'ha detto, ha fatto una pessima impressione a tutti. [*Berlusconi prosegue dicendo che l'hanno applaudito, e dice che c'era lì Confalonieri, il quale ha detto che è stata una cosa molto negativa.*] Poi ha fatto anche un attacco a me dicendo che anche la Del Ponte ha avuto delle difficoltà in Svizzera il che significa che i poteri italiani hanno le mani lunghe, continuano a imperversare... d'altronde l'animus con cui mi ha mandato quella cosa a Napoli è quello lì. [*Berlusconi prosegue dicendo che questa co-*

---

sconi, a quell'epoca, era soprattutto preoccupato dalla popolarità che i sondaggi mi attribuivano, una preoccupazione che secondo le testimonianze degli on. Umberto Bossi, Roberto Maroni e Rocco Buttiglione era per lui una vera e propria ossessione fin dall'anno prima, quando era presidente del Consiglio [134, 135, 136]; se ne ha confer-

---

sa di Napoli è stata confermata da un'altra fonte autorevolissima]».

D: «Dice che questa cosa lo impressiona...».

[*Poi Berlusconi cambia discorso e gli chiede se le cose vanno bene, D'Adamo dice che le cose vanno male, ci sono problemi. Si risentono per vedersi.*]

[134] Cfr. s.i.t. Rocco Buttiglione del 16-11-95: «In effetti all'epoca Berlusconi seguiva con attenzione anche gli esiti dei sondaggi rilevando come il dott. Di Pietro fosse il personaggio che riscuoteva il maggior gradimento nel Paese. A dire il vero comunque la maggior preoccupazione di Berlusconi in quel periodo era che avvertiva una sorta di congiura giudiziaria nei suoi confronti. La sua preoccupazione era data dalla convinzione che venissero prodotti sempre con più frequenza dossier e denunce che finivano sui tavoli di magistrati pronti a dar loro una attenzione anche maggiore di quella che essi meritavano. Quando io feci quelle valutazioni di cui ho parlato segnalando anche come si potesse sfruttare la via giudiziaria per mettere in difficoltà l'allora presidente del Consiglio, Berlusconi tramite amici comuni e interventi di esponenti di Forza Italia sulla stampa, ebbe a ringraziarmi in quanto nonostante all'epoca fossimo avversari politici avevo denunciato una manovra scorretta... Non mancarono anche interventi di esponenti di Forza Italia e di An che giudicarono quel mio intervento come un tentativo di mettere zizzania nella coalizione dell'allora maggioranza».

[135] Cfr. s.i.t. Roberto Maroni del 7-11-95: «Tra il settembre e i primi di dicembre io ebbi diversi incontri con l'on. Berlusconi e il sen. Previti, che tentavano, tramite me, di convincere Bossi a non rompere la coalizione. Ricordo che entrambi i miei interlocutori ebbero più volte a dirmi che bisognava fermare Di Pietro. Berlusconi in particolare un giorno mi disse: "Questo qui ci vuole incastrare a me e a Bossi". Disse che Di Pietro avrebbe fatto condannare Bossi e che sarebbe sceso in politica per cercare di prendere il suo posto. Berlusconi... non era preoccupato in sé della vicenda giudiziaria che lo riguardava ma del fatto che, nonostante egli fosse il presidente del Consiglio, era dietro Di Pietro nei sondaggi di gradimento dell'opinione pubblica. In pratica Berlusconi temeva Di Pietro come concorrente e tentava di convincere Bossi a non abbandonare il Polo prospettandogli le conseguenze giudiziarie cui andava incontro se non si fosse fermato Di Pietro... Berlusconi e Previti non mi dissero mai quale fosse il modo per fermare Di Pietro... Ho saputo soltanto dai giornali dell'esistenza di una inchiesta ministeriale segreta nei confronti di Antonio Di Pietro... Dopo l'annuncio di Di Pietro delle sue dimissioni dalla magistratura, Berlusconi e Previti non mi dissero più nulla, neanche di continuare a tentare di convincere Bossi a non uscire dalla maggioranza».

[136] Cfr. s.i.t. Umberto Bossi dell'11-11-95: «Posso dire che l'on. Berlusconi per ragioni che sono certamente legate alla

ma esplicita nel corso della telefonata, quando l'on. Berlusconi, riferendosi a me, dice: «È uno come Bossi, nel senso che poi Bossi... vede... questi qui poi trovano sempre gli "x" per cento che li seguono». Al termine della conversazione, i due si accordano per vedersi di persona.

Anche D'Adamo attribuisce a questa conversazione mattutina con Berlusconi una rilevante importanza, specialmente per l'incontro che ne è scaturito. Difatti, pochi minuti dopo, alle ore 8.56, D'Adamo telefona a suo fratello Ennio e gli dice testualmente: «Sono stato svegliato alle sette e mezza... *bisogna lavorare alacremente perché, insomma, un lumicino comincia a riaccendere*, capito?... Perché mi ha chiamato l'amico... ha detto... parliamone, vienimi a trovare» [137]. Due ore dopo, alle 11.12, D'Adamo riceve

una telefonata da sua figlia Patrizia, e le comunica: «Stamattina mi ha chiamato il Dottore... m'ha chiesto come andavo, m'ha detto vediamoci... ne parliamo... Sono indeciso se chiamarlo per andare già oggi o domani o aspettare uno o due giorni, non so... Comunque ha detto vediamoci, *vediamo di trovare una soluzione*... si è acceso un lumicino»; la figlia replica: «Ma tu cosa puoi fare in cambio per lui, niente...», e D'Adamo: «Molto invece, perché *vogliono alcune cose... lui vuole anche qualcosa*, io lo so... non me l'ha detto ma lo so... Va bene, vediamo un po'»; e alla domanda della figlia «e tu puoi farlo?», l'ing. D'Adamo risponde «Sicuro!» [138].

Quattro giorni dopo, il 7 settembre, alle ore 12.55, viene intercettata una nuova telefonata fra D'Adamo e sua figlia Patrizia. Dalle loro parole si capisce che i due commentano l'incontro di D'Adamo con l'on. Berlusconi che ha avuto luogo nello stesso giorno o poco prima. La figlia Patrizia esordisce chiedendo al padre: «Com'è andata?», e questi replica: «Benissimo, molto bene... ha detto: "Non deve accadere... non deve assolutamente accadere, dimmi che cosa devo fare? Devo mettere i soldi?, devo..." ... eh dico... guardi... in una prima fase sarebbe quella di spingere i libici... a fare loro... a darmi lavoro... e forse anche una parte di soldi attraverso... capito?... ma quanto?... io ho detto almeno cinque... ha detto allora di scrivere immediatamente una lettera al... come se la scrivesse lui... al professore... hai capito?... dove lui chiede l'intervento come se fosse per lui... e poi ha voluto l'elenco

---

sua attività imprenditoriale e ai rapporti che certamente aveva intrattenuto con gli ambienti politici al potere prima del marzo 94 aveva un atteggiamento di generica diffidenza per l'operato della magistratura, e in particolare per quella milanese, temendo che le inchieste in corso potessero in qualche modo pregiudicarlo. In tal senso può anche essere capitato che l'on. Berlusconi si sia espresso con espressioni generiche del tipo "Bisogna fermare la magistratura". I timori dell'on. Berlusconi, ribadisco, erano generici in quanto temeva che l'azione della magistratura sostituiva troppo la politica determinando un sovvertimento dei riferimenti di potere. Escludo che con l'on. Berlusconi o il sen. Previti si siano mai espressi in termini chiari in favore di un azione che fermasse di fatto l'inchiesta in corso condotta dal dott. Di Pietro. Devo dire anzi che per certi aspetti quell'inchiesta gli faceva piacere laddove toccava anche esponenti della Lega. In ogni caso mai con l'on. Berlusconi tentò di indurmi a non rompere gli accordi politici utilizzando lo spauracchio di una condanna che Di Pietro poteva farmi infliggere. È vero invece che l'on. Berlusconi mostrava fastidio nel vedere che nei sondaggi il dott. Di Pietro aveva un gradimento superiore al suo. L'on. Berlusconi esprimeva anche la sua preoccupazione per una eventuale entrata in politica di Di Pietro, che visti i sondaggi poteva pregiudicare il suo ruolo di leader dell'area moderata. Posso dire anzi che questo era un suo problema costante. In buona sostanza era evidente che Di Pietro costituisse per Berlusconi una vera e propria preoccupazione politica... Io non sono a conoscenza di eventuali attività poste in essere da persone vicine all'on. Berlusconi per eventualmente infrenare la popolarità del Di Pietro. Faccio comunque presente che sin dall'inizio l'accordo tra la Lega e l'on. Berlusconi si palesò contrastato e io non ho avuto molti rapporti diretti con l'allora presidente del Consiglio che certamente non mi avrebbe messo mai a parte delle sue iniziative anche soltanto politiche».

[137] Cfr. intercettazione telefonica Antonio D'Adamo-Ennio D'Adamo del 3-9-95, ore 8.56 [*D'Adamo chiama Ennio (fratello), e gli dice della telefonata con Silvio Berlusconi.*]
D'Adamo: «Bisogna lavorare alacremente, perché insomma... può darsi che il lumicino, sai, si incominci a riaccendere, capito?».

Ennio: «Sì».
D: «Perché m'ha chiamato».
E: «L'amico».
D: «L'amico... [*continua: dice di lavorare sereni che in qualche modo la soluzione la trovano*]».

[138] Cfr. intercettazione telefonica Antonio D'Adamo-Patrizia D'Adamo del 3-9-95, ore 11.12 [*D'Adamo riceve la telefonata di Patrizia (figlia), e le dice che stamattina l'ha chiamato il Dottore.*]
D'Adamo: «... Si è acceso un lumicino... adesso mi devo far venire qualche idea».
Patrizia: «Ma tu cosa gli puoi fare in cambio per lui, niente».
D: «Mhh... molto invece, perché... vogliono alcune cose, lui vuole anche qualcosa, io lo so, quindi... non me l'ha detto, ma lo so, va bene, vediamo un po'».
P: «E tu puoi farlo?».
D: «Sicuro».
[*Poi Patrizia parla con Giovanni e con Marinella di cose personali.*]

delle... perché voleva intervenire direttamente lui... su per l'Edilgest»; la figlia Patrizia dice: «Ho capi[to]... e tu sei riuscito a fare qualcosa per lui?», e D'Adamo le risponde: «Eh... certo, c'è tutta una contropartita» [139]. Dalla conversazione risulta dunque evidente che D'Adamo, impegnato in attività affaristica in Libia con la Sii, confida in un intervento-aiuto da parte dell'on. Berlusconi presso ambienti libici, e inoltre – sempre secondo il tenore della conversazione – i due avrebbero concordato un diretto intervento finanziario di Berlusconi («Dico... guardi... in una prima fase sarebbe quella di spingere i libici a fare loro... a darmi lavoro... e forse anche una parte di soldi attraverso...», «... E poi ha voluto l'elenco delle... perché voleva intervenire direttamente [lui]... per l'Edilgest [*società del gruppo D'Adamo, ndr*]»). In cambio di questi "aiuti"

– secondo le sue parole – D'Adamo darebbe a Berlusconi «tutta una contropartita», una contropartita probabilmente connessa al concetto «[Berlusconi] mi ha detto: "Non deve assolutamente accadere"». Cioè non deve assolutamente accadere che Di Pietro entri in politica schierandosi con la parte avversa al Polo berlusconiano, come confermano altre, successive telefonate D'Adamo-Berlusconi intercettate.

La prima telefonata è quella delle ore 10.09 del successivo 29 settembre; l'on. Berlusconi chiama D'Adamo e gli dice: «Sa che quel signore là... è andato dalla Pivetti e ha deciso di fondare un partito di cui probabilmente darà l'annuncio la settimana prossima; mi ha appunto telefonato un giornalista... Quindi ne dobbiamo parlare martedì mattina», e D'Adamo risponde: «La vengo a trovare» [140]. Altra telefonata sul tema il successivo 17 novembre; l'on. Berlusconi chiama D'Adamo e gli dice: «Allora volevo dirle che qua... *c'è un'agenzia... che Prodi conta molto su Di Pietro e dice che sta lavorando insieme a Di Pietro sul programma*... e dice esattamente il leader dell'Ulivo, oltre che su Antonio Di Pietro, conta molto anche sul presidente del Consiglio Dini»; D'Adamo: «Dov'è lei?»; Berlusconi: «Sono a Macherio... mi chiami lei» [141].

---

[139] Cfr. intercettazione telefonica Antonio D'Adamo-Patrizia D'Adamo del 7-9-95, ore 12.55 [*D'Adamo riceve la telefonata di Patrizia (figlia), e le dice che sta andando da Livolsi; Patrizia chiede com'è andata, e D'Adamo risponde che è andata benissimo.*]
D'Adamo: «In pratica ha detto... non deve accadere, io ho detto "Guardi che purtroppo se non ho una grossa mano...", e lui ha detto "Non deve assolutamente accadere, dimmi che cosa devo fare? Devo mettere i soldi, devo è...", dico "È una prima fase sarebbe quella di spingere i libici a fare loro, a darmi lavoro eccetera, e forse anche una parte di soldi attraverso...", capito?».
P: «Mh, mhhh...».
D: «Io ho detto: "Ma quanto?" e io ho detto "Bah, almeno cinque", lui ha detto "No, no, bisogna chiederne quindici, dieci-quindici perché così loro poi diminuiscono", capito?».
P: «Mhhhm».
D: «Ha detto allora di scrivere immediatamente una lettera».
P: «Mhh».
D: «Noi».
P: «Sì».
D: «Come se la scrivesse lui».
P: «Mh».
D: «Al professore, capito?».
P: «Mh».
D: «Dove lui chiede proprio l'intervento, come se fosse per lui».
P: «Mhh, ho capì, eh speriam bene».
D: «Eh, eh Patrizia. Che deve fare uno, e poi ha voluto l'elenco delle... perché voleva intervenire direttamente sulle... per Edilgest».
P: «Ah... ho capì, e tu sei riuscito a fare qualcosa per lui?».
D: «E certo, c'è tutta una contropartita».
P: «E però mi raccomando, è non...».
D: «Ti saluto».
P: «Che devi farlo».
D: «Mh».
P: «Capì».

[140] Cfr. intercettazione telefonica D'Adamo-Silvio Berlusconi del 29-9-95, ore 10.09 [*D'Adamo riceve la telefonata di Berlusconi Silvio e gli dice che martedì mattina è a Roma, si vedono. Poi Berlusconi dice che quel "signore là" è andato dalla Pivetti e ha deciso di fondare un partito di cui probabilmente darà l'annuncio la settimana prossima.*]
D'Adamo: «Perché mi ha appunto telefonato un giornalista lasciando il nome di ee... Pach [fonetico] quindi ne dobbiamo parlare martedì mattina».

[141] Cfr. intercettazione telefonica D'Adamo-Silvio Berlusconi del 17-11-95, ore 21.48 [*V.M. di Villa Belvedere passa il dott. Berlusconi all'ing. D'Adamo.*]
Berlusconi: «Pronto?».
D'Adamo: «Sì».
B: «Eccomi ingegnere».
D: «Sì».
B: «Allora, volevo dirle che qua c'è una dan... una... un'agenzia».
D: «Sì».
B: «Che Prodi conta molto su Di Pietro e dice che sta lavorando insieme a Di Pietro sul programma. Stiamo lavorando insieme sul programma e dice esattamente: il leader dell'Ulivo oltre che su Antonio Di Pietro conta molto tra l'altro anche sul presidente del Consiglio Dini e... dice... dice anche qua... Romano Prodi... ecco qua... scusa, me l'avevano portato via adesso non lo trovo... uhm... ecco qua... ehm...».
D: ««Dov'è lei?»».
B: «Io sono a Macherio».

Dopo l'incontro D'Adamo-Berlusconi concordato con la telefonata del 3 settembre 95, sono state intercettate numerose altre telefonate di D'Adamo con familiari, collaboratori, e conoscenti, dalle quali si evince che, effettivamente, accogliendo il suggerimento dell'on. Berlusconi, venne preparata una lettera poi inoltrata alle autorità libiche tramite i canali consolari [142]. Ta-

---

D: «Ok».
B: «Mi chiama lei».
D: «Sì, sì».
B: «Ecco, mi chiami lei, grazie».

[142] Alle ore 15.46 del 13 settembre 95 venne intercettata una telefonata pervenuta all'utenza cellulare in uso all'ing. D'Adamo, interlocutori D'Adamo e il "Console Gadur", successivamente identificato per Gaddur Abdulhaed, Console generale presso il Consolato libico di Palermo. Nella parte iniziale della conversazione, lo straniero esordiva con le seguenti parole: «Sono il console Gadur, buongiorno... io sono questa settimana a Roma che porto l'ufficio avanti... diciamo... in mancanza del nostro ambasciatore che ha da fare una settimana a Tripoli... lo sto sostituendo». D'Adamo chiedeva informazioni su quando sarebbe rientrato l'ambasciatore "Shargan" aggiungendo le testuali parole «perché volevo sapere quando c'è... perché c'è il Dottore che voleva dare una lettera per il... Professore... è questo un canale giusto no?... perché vediamo un attimo... io dovrei venire, e cioè dovrei vedere il Dottore e volevo far venire Shargan così gli consegnava la lettera... se riesco a farlo... sarà difficile prima di venerdì... allora ci andiamo tutti e tre insieme dal Dottore».

Tutto ciò fa logicamente dedurre che l'aiuto chiesto da D'Adamo all'on. Berlusconi consistesse, in quella prima fase, in una sorta di "accredito" presso le autorità libiche, tramite appunto la lettera che, come vedremo in seguito, fu materialmente approntata dal D'Adamo ma "come se fosse scritta dal Dottore [on. Berlusconi]». Difatti, alle ore 9.09 del successivo 18 settembre, venne intercettata una telefonata in entrata sull'utenza cellulare in uso all'ing. Antonio D'Adamo, interlocutori D'Adamo e il genero Andrea Mascetti, nel corso della quale il primo comunicava testualmente al suo interlocutore: «Io ti sto mandando... guarda in questo momento sta andando al fax... se tu aspetti al fax quella lettera in inglese... siccome la devo mandare ad Arcore... per fax... dimmi se c'è qualcosa, per esempio, da correggere, poi vedi se c'è qualche altra cosa, te la leggi subito per favore...». Alle ore 16.12 del 22 settembre D'Adamo riceveva sul proprio cellulare una telefonata da parte della sua segretaria che gli diceva di mettersi in contatto con Marinella (addetta alla segreteria dell'on. Berlusconi) in quanto quest'ultima «ha pronta la lettera e aspetta sue indicazioni». Alle ore 10.00 del 23 settembre Antonio D'Adamo, dalla propria utenza cellulare, contattava tale Claudia, verosimilmente addetta alla segreteria dell'on. Berlusconi, chiedendo notizie della lettera; quest'ultima replicava: «Ho qui la sua busta, ingegnere». Alle ore 10.13 dello stesso giorno D'Adamo riceveva sul proprio cellulare una telefonata da parte del "Console Shargan", che si ritiene potesse identificarsi per Abdurraaman Shalghen, Ambasciatore libico a Roma, il quale esordiva: «Senta, io martedì sera sono a Roma, il mercoledì... il giovedì... non so se per lei è meglio... veda un attimino di organizzare»;

li telefonate sono state contestate a D'Adamo durante l'incidente probatorio del 2-2-98, con l'accortezza di rileggergliele, e fargliele ripetere, così da acquisire agli atti sottoforma di dichiarazioni del D'Adamo in sede di interrogatorio quelle stesse parole che lui aveva detto per telefono ai suoi interlocutori. Possiamo pertanto, a questo punto, meglio decodificarle, anche ricorrendo alle dirette ammissioni e specificazioni dell'interessato.

In particolare D'Adamo, in merito alla telefonata del 3 settembre 95 con Berlusconi, ha ammesso che la preoccupazione di quest'ultimo era proprio il fatto che Di Pietro si attivasse contro un'eventuale amnistia per Tangentopoli mettendomi «alla testa della protesta della gente», perché ciò era «vissuto da Berlusconi molto negativamente... dal punto di vista politico e degli interessi di Forza Italia» [143]. In merito alle parole di Berlusconi «Ingegnere siamo nelle sue mani... bisogna che si prepari», D'Adamo dapprima si è schermito dicendo che la frase poteva intendersi come "doversi preparare ad affrontare i processi" dato che io avrei fatto saltare l'ipotesi di am-

---

D'Adamo replicava con le testuali parole: «Io ho la lettera che il Dottore vuol fare... recapitare al Professore... anzi devo andare ad Arcore a ritirarla, ha modo di farla avere...?»; Shargan rispondeva affermativamente, e i due concordavano di incontrarsi a Roma. Alle ore 13.01 del 24 settembre D'Adamo venne contattato sulla propria utenza cellulare dalla figlia Patrizia alla quale comunicò: «Siamo stati a ritirare la lettera... di' a Andrea che sostanzialmente è quella che avevamo scritto, quindi... siccome è in inglese poi... domani gliela do».

[143] Cfr. incid. prob. D'Adamo del 2-2-98:

Domanda: «Veniamo alla telefonata del 3 settembre 95 dopo Cernobbio quando lei viene buttato giù dal letto da Silvio Berlusconi con la famosa frase "Il suo amico è andato fuori di testa quindi bisogna che lei si prepari, siamo nelle sue mani, Di Pietro sfida i politici, se ci sarà un colpo di spugna su 'Mani pulite' sono pronto a guidar la protesta della gente" – questo è quello che Berlusconi attribuisce a Di Pietro. Lei conferma di aver ricevuto questa telefonata?».

Risposta: «Sì».

D: «In sostanza, alla data del 3 settembre, mi sembra che la preoccupazione di Berlusconi possa essere duplice: da un lato il fatto che Di Pietro abbia detto qualche cosa contro un eventuale provvedimento di clemenza, e dal fatto che Di Pietro dice "Mi metto alla testa della protesta della gente". Lei ritiene che in quel momento la posizione di Di Pietro fosse vissuta da Berlusconi molto negativamente?».

R: «Sì».

D: «Dal punto di vista politico degli interessi di Forza Italia?».

R: «Sì».

nistia, ma poi ha dovuto ammettere che la ragione vera di quel "preavviso" da parte di Berlusconi era «forse perché io debba intervenire con Di Pietro» [144]. La vera ragione per cui Berlusconi gli diceva di "prepararsi" la riferisce D'Adamo sia nel corso della stessa telefonata («Secondo me è da Brescia che deve venire qualcosa»), sia nella spiegazione che ne dà in sede di incidente probatorio («Da Brescia può darsi che venga qualcosa che gli faccia cambiare idea») [145]. È stato pure accertato in maniera inequivoca ed evidente che cosa in concreto D'Adamo dovesse "preparare": i famosi "appunti-memoriale" contro di me che poi consegnerà a Previti nella villa di Berlusconi, e che Previti porterà alla Procura di Brescia. In particolare, nel merito della telefonata successiva alla figlia Patrizia che si meravigliava di come lui potesse aiutare Berlusconi, D'Adamo ha precisato che la frase «ho qualcosa anch'io da dare» si riferiva a ciò che voleva Berlusconi, cioè «gli appunti cartacei, il promemo-

ria» [146]; D'Adamo ha anche aggiunto che fu proprio dopo il convegno di Cernobbio che Berlusconi manifestò un particolare interesse affinché «lo informassi dei [miei] rapporti con Di Pietro e poi li mettessi per iscritto» [147].

Ecco allora che anche i contorni della successiva telefonata che D'Adamo fa a suo fratello Ennio diventano più nitidi («Bisogna lavorare alacremente perché un lumicino comincia a riaccendere... capito? Perché mi ha chiamato l'amico... ha detto parliamone... vienimi a trovare... adesso devo prima pensare... devo fare un piano... sto pensando a una strategia... capito?»). Spiega D'Adamo che il «lumicino» era la «strategia» su cui doveva riflettere per rimettere al più presto *in bonis* la D'Adamo Editore [148] (e noi

---

[144] Cfr. incid. prob. D'Adamo del 2-2-98:
Domanda: «"Siamo nelle sue mani, bisogna che si prepari". Che cosa poteva avere in mano lei e come doveva prepararsi?».
Risposta: «"Si prepari" può essere stato inteso, noi parlavamo molto delle nostre vicende giudiziarie, se non altro delle mie vicende giudiziarie, quindi "si prepari" può significare "si prepari ad affrontare i processi". È una frase che mi dice Berlusconi, che mi dice alle 7 di mattina, lui era colpito dal discorso che aveva fatto Di Pietro. Io stesso devo aggiungere che sono rimasto colpito perché dico "È proprio uscito di testa". Io soprattutto in quel momento avevo dei processi, è evidente che mi potevo aspettare dei provvedimenti di amnistia o altre cose che potessero liberarmi dai processi e lo spero ancora adesso; ma questa è una aspettativa legittima come imprenditore che ha dei processi in corso».
D: «Volevo capire bene "Siamo nelle sue mani"».
R: «Forse perché io debba intervenire con Di Pietro; ma non posso dire quello che pensa una persona alle 7 del mattino che mi sveglia. Il dott. Berlusconi in quel momento sa che io sono vicino a Di Pietro e quindi può darsi che mi volesse dire anche "Cerchi di convincerlo in modo diverso", ha detto "Questo è fuori di testa"; noi ci aspettavamo esattamente il contrario, che lui venisse incontro a noi imprenditori. Ma l'ho sempre detto, l'ho sempre discusso in modo generale con Di Pietro del fatto che noi eravamo concussi, non eravamo corruttori; sono temi che si sono discussi spesso».

[145] Cfr. incid. prob. D'Adamo del 2-2-98:
Domanda: «Lei a quella frase di Berlusconi risponde dicendo "È incredibile pure, secondo me è da Brescia che deve venire qualcosa". Che cosa voleva dire con questo?».
Risposta: «Era un mio pensiero, il dott. Di Pietro mi pare che era indagato, quindi io dico "da Brescia può darsi che venga qualcosa che gli faccia cambiare idea"».

[146] Cfr. incid. prob. D'Adamo del 2-2-98:
Domanda: «Questa conversazione di cui le ha ricordato adesso l'avvocato Dinoia e che è stata ripercorsa dal Pubblico ministero quando l'ha interrogata i giorni scorsi e tutte quelle successive che lei stesso ha ricordato con sua figlia Patrizia dove in qualche maniera i suoi parenti si meravigliavano in che maniera potesse lei aiutare Berlusconi e lei dice "Non ti preoccupare, ho qualcosa anche io da dare". Attraverso questa conversazione o comunque attraverso incontri successivi, Berlusconi le chiese di mettere per iscritto i suoi rapporti con Di Pietro? Si ricorda quegli appunti cartacei, il promemoria sono comunque del 95?».
Risposta: «Sì».
D: «Dopo questo *pour parler* telefonico, l'aiuto che voleva da lei Berlusconi – se c'era un aiuto che lei poteva dare – era quello di raccontare per iscritto i suoi rapporti con Di Pietro?».
R: «Io non ricordo se avevo già parlato a quell'epoca di queste cose con Berlusconi, non ricordo; può darsi che avessi fatto qualche accenno, non so neanche se si riferiva a quello; non ricordo se ne avevo parlato o no; gli appunti sono sicuramente della data successiva».
D: «Se quegli appunti... se sono ricostruiti come collocabili intorno all'autunno 95».
R: «Sì».
D: «Questo *pour parler* è del settembre 95?».
R: «Sì».
D: «Quindi verosimilmente può essere così... che dopo questi contatti lei poi abbia redatto quei promemoria?».
R: «È possibile».

[147] Cfr. incid. prob. D'Adamo del 2-2-98:
Domanda: «Dopo questo intervento che fu fatto da Di Pietro a quel convegno di Cernobbio dove assunse quella posizione, da quel momento in poi cominciò un interesse da parte di Berlusconi, in qualche maniera che lei lo informasse dei suoi rapporti con Di Pietro e poi li mettesse per iscritto?».
Risposta: «Sì, è quel periodo grosso modo».

[148] Cfr. incid. prob. D'Adamo del 2-2-98:
Domanda: «Circa un'oretta dopo lei sente telefonicamente suo fratello Ennio e le dice "Sono stato svegliato alle

ora sappiamo che D'Adamo, dopo essere riuscito l'anno precedente – e grazie all'on. Berlusconi – a ottenere dalla Comit 12 miliardi, nel 95 stava trattando con Berlusconi la vendita della Gde alla Mondadori [149]). Il discorso si fa ancora più chiaro quando D'Adamo precisa che, alla domanda della figlia Patrizia «Tu che cosa puoi fare in cambio per lui», le ha risposto: «Molto... perché vogliono alcune cose... lui vuole anche qualcosa... io so cosa vuole» – ciò che Berlusconi voleva erano «gli appunti» [150].

Quando la figlia Patrizia, in un'altra telefonata del 7 settembre, gli aveva chiesto: «Come è andata?», D'Adamo le aveva risposto: «Benissimo, molto bene... mi ha detto "Usatemi... non deve accadere... non deve assolutamente accadere..."». D'Adamo conferma che l'on. Berlusconi gli aveva assicurato sia un aiuto economico diretto («Devo mettere soldi?») [151], sia un suo intervento presso il governo libico affinché la Sii

---

7 e mezza, bisogna lavorare alacremente perché un lumicino comincia a riaccendere, capito, perché mi ha chiamato l'amico, ha detto parliamone, vienimi a trovare, mi ha preso in contropiede e adesso devo prima pensare, devo fare un piano, capito, sto pensando a una strategia, capito". Qual è il lumicino che doveva riaccendersi?».
Risposta: «Perché il dott. Berlusconi mi aveva chiamato, era un po' che non lo sentivo».
D: «Conferma che c'è stata questa telefonata di questo tenore?».
R: «Sì, è stata intercettata».
D: «Qual è il lumicino?».
R: «Il fatto che mi aveva chiamato Berlusconi che dovevo andarlo a trovare».
D: «Per una telefonata di Berlusconi si accende un lumicino?».
R: «In quel periodo – settembre 95 – la D'Adamo Editore sta studiando la possibilità di chiedere l'amministrazione controllata; non sappiamo se ci sono i numeri; c'è qualche problema, quindi invitavo mio fratello che seguiva la D'Adamo Editore a lavorare, a fare venire fuori questi numeri perché se ci fosse stato bisogno di aiuto magari avrei chiesto a Berlusconi, avevo già chiesto di comprare la società attraverso la Mondadori, ma in quel periodo io non ne ho più parlato perché in quella situazione non potevo più parlare della D'Adamo Editore, stavo per chiedere l'amministrazione controllata. Ma non ho parlato solo con mio fratello, io ho parlato con tutti i dirigenti».
D: «Ma io la metto in relazione alla telefonata di Berlusconi».
R: «Sì, l'ho messa in relazione alla telefonata di Berlusconi».
D: «Quindi una telefonata fa riaccendere il lumicino di talché bisogna lavorare alacremente. E quando dice "Sto pensando a una strategia" a quale strategia pensava?».
R: «A quella di vendere a qualche società, di andare a chiedere qualche prestito, avevo tante proprietà, che mi comprasse qualche proprietà; è una strategia imprenditoriale».
D: «Tutto in relazione alla telefonata di Berlusconi?».
R: «Certo».

[149] Cfr. interrogatorio D'Adamo del 9-7-98 nel corso del quale lo stesso, spiegando al Gico una sua telefonata del 26-7-95 con Silvio Berlusconi, ha affermato che lo scopo di quel dialogo era la vendita della Gde al gruppo Berlusconi.

[150] Cfr. incid. prob. D'Adamo del 2-2-98:
Domanda: «Sempre lo stesso giorno – passano un paio di

ore – è sua figlia Patrizia che la chiama, e lei subito le comunica di avere avuto quella famosa telefonata e che Berlusconi avrebbe chiuso la telefonata dicendo "Vediamoci, parliamone". "Sono indeciso – dice lei – se chiamarlo per andare già oggi o domani o aspettare uno o due giorni", sua figlia le dice "Tu che cosa puoi fare in cambio per lui, niente?", e lei risponde "Molto invece, perché vogliono alcune cose, lui vuole anche qualcosa, io lo so che cosa vuole"».
Risposta: «Gli appunti».
D: «"Non me l'ha detto però lo so". Quindi erano gli appunti?».
R: «È possibile».
D: «Lei conferma il tenore di questa telefonata?».
R: «Sì, confermo».
D: «Quindi è possibile che fossero gli appunti?».
R: «Non me lo ricordo, sono telefonate che risalgono a tanto tempo fa».
D: «È possibile che fossero gli appunti?».
R: «Che non avevo ancora dato. Ho detto "Non mi ha chiesto ancora niente" non ricordo se ne avevo incominciato a parlare dei miei rapporti con Di Pietro, può darsi che l'oggetto del desiderio fossero gli appunti».
D: «Quando sua figlia le chiede "Ma tu cosa puoi fare in cambio per lui, niente" e lei risponde "Molto invece... perché vogliono alcune cose, lui vuole anche qualcosa, io lo so... Non me l'ha detto ma lo so", e sua figlia "E tu puoi farlo?", risposta: "Sicuro"».
R: «Che sono quegli appunti su Di Pietro».
D: «Di questo parla?».
R: «Questo è quello che avevo in mente io, non lo sapeva mia figlia».

[151] Cfr. incid. prob. D'Adamo del 2-2-98:
Domanda: «In questa intercettazione telefonica lei dice a sua figlia che Berlusconi la prima risposta che le dà non è quella dei libici, la prima proposta che le fa è "Devo mettere soldi?"».
Risposta: «Sì, credo che me l'abbia detto; Berlusconi mi voleva aiutare. Io avevo detto che stava per fallire la Sii e lui ha detto "Dimmi che cosa devo fare" ma non è successo niente, non me li ha dati. E in una telefonata successiva con mio genero dico "Non chiediamo niente a nessuno, facciamo con le nostre forze"».
D: «I libici intervennero in suo favore?».
R: «Credo che ci arrivò il lavoro, ma non me lo ricordo. La Sii comunque andò avanti».
D: «Se ho capito, il promemoria costituiva la contropartita per un intervento o diretto economico-finanziario di Berlusconi o tramite i libici?».
R: «Sì. È quello che mi ha offerto Berlusconi».

potesse avere degli appalti laggiù [152]. Nell'interrogatorio del 9-7-98, D'Adamo ha inoltre precisato che in quel periodo stava tentando di rimettere *in bonis* le sue aziende anche grazie all'aiuto di Berlusconi, al quale stava ancora tentando di vendere la Gde. Ma Berlusconi aiutava D'Adamo in cambio di una «contropartita», contropartita consistita nel «mettere giù questi appunti a futura memoria che riguardavano i rapporti tra me e Di Pietro... sì, certamente... c'è una relazione tra l'aver messo per iscritto questi appunti su Di Pietro e gli aiuti avuti da Berlusconi...» [153],

come lo stesso D'Adamo ha finito per dover ammettere.

In pratica, vengono fuori anche le fandonie che l'on. Berlusconi aveva raccontato ai Pm di Brescia il 31-5-97, quando aveva dichiarato: «Tornando a casa ad Arcore ebbi occasione di incontrare D'Adamo in compagnia di Previti intento a redigere un documento manoscritto... sono intervenuto manifestando con decisione la mia contrarietà... e aggiungendo che assolutamente non volevo essere coinvolto in quella situazione» [154]. Infatti, fra D'Adamo, Berlusconi e Previti era intervenuto un accordo esplicito nel senso che gli "appunti-memoriale" di D'Adamo contro Di Pietro erano la contropartita dei "favori finanziari" che riceveva. Infatti D'Adamo risponde «Sì» alla domanda «Lei conferma che quegli appunti redatti che riguardavano questi rapporti con Di Pietro li ha redatti per iscritto anche su invito di Berlusconi e Previti?», e ancora «Sì» alla domanda «Lei come contropartita per avere questi favori si era impegnato che doveva mettere per iscritto i suoi rapporti con Di Pietro?» [155]. Ecco il "contratto" stipulato fra costo-

---

[152] Cfr. incid. prob. D'Adamo del 2-2-98:
Domanda: «Quindi siamo rimasti che sua figlia sa che lei doveva vedersi con Berlusconi».
Risposta: «Sì».
D: «Il giorno 7 c'è un'altra telefonata con sua figlia Patrizia, "Come è andata?", "Benissimo, molto bene; mi ha detto usatemi, non deve accadere, non deve assolutamente accadere... Dimmi, che cosa devo fare? Eh dico, guardi, in una prima fase sarebbe quella di spingere i libici a fare loro a darmi lavoro e forse anche una parte di soldi attraverso, capito?...", "Ma quanto?", "Io ho detto almeno 5; allora ha detto di scrivere immediatamente una lettera al professore dove lui chiede l'intervento come se fosse per lui e poi ha voluto l'elenco delle, perché voleva intervenire direttamente lui su per Edilgest", "E tu sei riuscito a fare qualcosa per lui?", "Certo, c'è tutta una contropartita". Conferma questa telefonata con sua figlia?».
R: «Sì».
D: «Mi spiega tutto passo per passo? "Usatemi, non deve accadere"».
R: «... Stiamo parlando del periodo in cui i miei figli erano molto scettici sulla salvezza della Sii, il commissario aveva chiesto un aumento di capitale molto importante; loro pensavano di non farcela. Qui il dott. Berlusconi mi ha detto "Non devi fallire" perché io sono andato a dire "Se fallisce la Sii poi è finita", "Dimmi di cosa hai bisogno e io te lo faccio?", "Lui deve mettere dei soldi?", e io dico "La prima fase sarebbe quella di spingere i libici a fare loro a darmi il lavoro". In quel periodo io stavo trattando con i libici per l'aumento di capitale della Sii, no, anzi, i libici c'erano già, erano già soci e spingevo per avere un grosso lavoro, tanto è vero che lui disse "Non chiedere 5, chiedi 15 miliardi di lavoro". Questo perché io avevo bisogno di lavoro immediato».
D: «Alla difesa interessa questo: si capisce che si riferisce forse a quello che lei ha già detto in aula, cioè all'impegno che aveva preso Berlusconi di scrivere una lettera che la segnalasse presso questo uomo importante accreditato presso il colonnello Gheddafi?».
R: «Sì».

[153] Cfr. incid. prob. D'Adamo del 2-2-98:
Domanda: «A un certo punto Patrizia le chiede: "Ho capito, e tu sei riuscito a fare qualche cosa per lui?" e lei risponde "Certo, c'è tutta una contropartita"».
Risposta: «Siamo sempre ai soliti appunti, è questa la contropartita».

D: «Cioè?».
R: «Quella di mettere giù questi appunti a futura memoria che riguardavano i rapporti tra me e Di Pietro».
D: «Quindi lei ammette che c'è una relazione tra il suo aver messo per iscritto questi appunti con Di Pietro e gli aiuti nei termini in cui lei ha parlato che ha avuto da Berlusconi, quanto meno una lettera, una raccomandazione alla banca per farle avere qualche finanziamento, qualche fido. Lei ammette questo o no?».
R: «Sì, certamente».

[154] Cfr. s.i.t. Silvio Berlusconi del 31-5-97: «Tornando alla volontà manifestata da D'Adamo in ordine alla redazione di uno scritto da lasciare a un notaio devo aggiungere che nell'autunno 95, con ogni probabilità dopo la pubblicazione dell'articolo dell'8-10-95 di cui ho detto, tornando a casa ad Arcore ebbi occasione di trovare D'Adamo, in compagnia di Previti, intento a redigere un documento manoscritto nel quale stava riportando alcuni dei fatti che ho sopra ricordato. Sono intervenuto manifestando con decisione la mia contrarietà, facendo presente che l'unico modo per dare un seguito a quei fatti era quello di portarli a conoscenza dell'Autorità giudiziaria e aggiungendo che, comunque, non volevo assolutamente essere coinvolto in quella situazione. Mi risulta che il manoscritto sia rimasto poi nella disponibilità di Previti e che sia stato recentemente consegnato alle Sv».

[155] Cfr. incid. prob. D'Adamo del 2-2-98:
Domanda: «Tenendo presente la risposta... che già al periodo di settembre 95 aveva promesso a Berlusconi che gli avrebbe dato i manoscritti, questo lo conferma?».
Risposta: «Sì, lo confermo».

ro all'indomani della mia decisione di schierarmi contro l'amnistia e contro quei partiti che l'avessero sostenuta!

D'Adamo si è deciso a dire la verità solo durante l'incidente probatorio e solo dopo precise contestazioni, rivelando la sua "doppiezza" dichiarativa davanti agli inquirenti a seconda delle convenienze (a dimostrazione di come le sue dichiarazioni debbano essere sempre prese con le pinze in quanto tendenzialmente inquinanti). Esaminiamo in particolare due diverse risposte fornite da D'Adamo alla stessa domanda a seconda dell'interrogando (Accusa o Difesa):

• il 29-1-98 al Pm che gli chiede se ci fosse una relazione fra il contenuto delle telefonate di cui sopra e il promemoria contro Di Pietro da lui scritto e consegnato a Previti e Berlusconi, D'Adamo risponde: «Non c'è alcuna relazione». Poi risponde «no» alla domanda del Pm se «il pro-

memoria dove ha appuntato i suoi rapporti con Di Pietro l'ha fatto per fare un favore a Berlusconi?». Risponde ancora «no» al Pm che gli domanda se tale promemoria non fosse «una compensazione per qualche cosa che Berlusconi aveva promesso?» [156];

• il 2-2-98, interrogato dall'avv. Dinoia [difensore di Di Pietro, ndr], D'Adamo risponde «Sì, certamente» alla domanda «Lei ammette che c'è una relazione fra il suo aver messo per iscritto questi appunti contro Di Pietro e gli aiuti nei termini in cui lei ha parlato, che ha avuto da Berlusconi?». E risponde ancora «Sì» alla domanda di Dinoia «Gli appunti redatti che riguardano questi rapporti con Di Pietro li ha redatti per iscritto anche su invito di Berlusconi e Previti?».

Come si vede, D'Adamo non si perita di dichiarare il falso, adattando le sue parole alle circostanze e alle convenienze.

Ovviamente dopo che D'Adamo consegnò a Previti i suoi velenosi "appunti" contro Di Pietro, ricevette la sua brava "ricompensa", consi-

---

D: «Berlusconi quando è stato interrogato dal Pm ha detto invece che per caso un giorno trovandola a Arcore in compagnia di Previti ebbe a sapere, anzi, la vide mentre lei redigeva questi manoscritti, questi appunti, e era intervenuto manifestando la contrarietà a questo modo di procedere perché le avrebbe detto "D'Adamo che fai, l'unico modo corretto è che tu vada dall'Autorità giudiziaria e racconti quello che hai da dire che riguardano i tuoi rapporti con Di Pietro". Lei rammenta di un episodio di tal fatta?».

R: «Io non ricordo che lui ha detto queste cose. Ricordo invece che mostrò un certo disinteresse. Se non vado errato quegli appunti dovevano essere messi da un notaio, doveva esserci la data certa, io credo che l'espressione di Berlusconi si riferisse più a questo, però non ne sono sicuro».

D: «Siamo arrivati al punto che lei ha convenuto che l'espressione "contropartita" che appariva in quella conversazione telefonica erano gli appunti riguardanti i suoi rapporti con Di Pietro; quindi praticamente lei come contropartita per avere questi favori si era impegnato che doveva mettere per iscritto i suoi rapporti con Di Pietro».

R: «Che ho fatto».

D: «Ciò detto, siccome Berlusconi invece ha versato in causa che lui non le aveva chiesto niente, questo è il senso della differenza, non le ha mai detto "D'Adamo metti per iscritto" anzi le avrebbe detto "Non mi piace questo modo di procedere perché è corretto se tu hai delle cose da dire le vai a raccontare al magistrato". Come stanno le cose? Lei ripete quello che ha detto finora, e cioè che fu Previti o comunque Previti per conto di Berlusconi a dire "D'Adamo, ma metticeli per iscritto", o invece Berlusconi le disse "Vai a parlare con il magistrato"?».

R: «Io ritengo che quello che ho detto... quello che ha detto Berlusconi non lo so; io non lo ricordo se ha detto così, lui è venuto a dichiararlo e sono cose sue».

D: «Lei mi conferma che quegli appunti redatti che riguardano questi rapporti con Di Pietro li ha redatti per iscritto, anche su invito di Berlusconi e Previti?».

R: «Sì».

---

[156] Cfr. incid. prob. D'Adamo del 29-1-98:

Domanda: «Il risultato di altro procedimento è che lei aveva il telefono sotto controllo, che vi furono dei rapporti telefonici tra lei e Berlusconi dopo questo convegno di Cernobbio, dove Di Pietro prende una certa posizione, Berlusconi la chiama dicendo: "Ingegnere siamo nelle sue mani", poi furono registrate delle telefonate tra lei e sua figlia dove lei manifestava di potere in qualche maniera andare incontro a quello che, in maniera criptica a dire il vero, le chiedeva Berlusconi attraverso quella telefonata. [...] Ci vuole spiegare se c'è una relazione tra questi eventi e il promemoria che lei ha scritto?».

Risposta: «Non c'è alcuna relazione».

D: «Il Pm ha ripercorso in sintesi quelle registrazioni che lei ha manifestato di ricordare. Lì Berlusconi diceva "Ingegnere siamo nelle sue mani", dopo quella conversazione lei parlando con sua figlia che le chiede "Come puoi tu sdebitarti?" e lei manifesta di poterlo fare. Tra la scritturazione di questo promemoria, mettere per iscritto questi rapporti che riguardavano lei e Di Pietro, e questi eventi che si succedono di cui abbiamo parlato, c'è una relazione?».

R: «No».

D: «Lei il promemoria dove ha appuntato i suoi rapporti con Di Pietro non l'ha fatto per fare un favore a Berlusconi?».

R: «No».

D: «L'ha fatto perché?».

R: «Perché ritenevo in quel momento di mettere al corrente Previti di questi fatti».

D: «Non era una compensazione per un qualche cosa che Berlusconi le aveva promesso?».

R: «No, però per completezza bisogna vedere la registrazione della telefonata che ci fu tra me e mio genero».

stente sia nella lettera-affidavit che l'on. Berlusconi gli firmò per accreditarlo presso le autorità libiche, sia nell'interessamento di Berlusconi presso le banche affinché approvassero il piano per far ritornare *in bonis* le sue aziende, così come risulta dalla conversazione telefonica del 2-12-95 tra D'Adamo e lo stesso Berlusconi, nel corso della quale quest'ultimo lo rassicura in tal senso: «Ho completato il giro delle banche a Roma... ho fatto tutto quello che dovevo fare... l'ho fatto»; al tempo stesso l'on. Berlusconi "scalda i muscoli" del D'Adamo per attivarlo contro Di Pietro («Se poi ha due minuti... magari domani... vuole fare un salto da me») [157].

Insomma, occorre riconoscere che l'ipotesi investigativa avanzata dal commissario Bruno Megale della Questura di Brescia aveva davvero fondamento. Anzi, a questo proposito giova ricordare brevemente l'altro procedimento penale in precedenza richiamato, quello appunto a carico del commissario Megale, procedimento originato da una denuncia per calunnia di D'Adamo a carico del commissario. Secondo il denunciante, Megale avrebbe detto il falso nel segnalare la notizia di reato contenuta nelle intercettazioni telefoniche, in quanto «non trova riscontro alcuno nelle intercettazioni telefoniche il passaggio dell'informativa [che accusava il D'Adamo perché] "a fronte di un aiuto di natura finanziaria si sia attivato per fermare l'azione del dott. Di Pietro"», dal momento che D'Adamo afferma «di non aver mai ottenuto aiuti di natura economica dall'on. Berlusconi».

---

[157] Cfr. incid. prob. D'Adamo del 2-2-98:

Domanda: «Nel dicembre 95, si tratta di una conversazione telefonica del 2 dicembre 95 tra lei e Berlusconi, che è stata intercettata, Berlusconi le dice "Ho completato il giro delle banche a Roma, poi mi hanno detto tutti: 'Ho fatto tutto quello che dovevo fare io, l'ho fatto', se poi ha due minuti, magari domani vuole fare un salto da me". Conferma che ci fu un colloquio di questo tipo?».

Risposta: «Sì, lì lo confermo. È quello che ho detto, avevo chiesto 15 giorni prima, un mese prima, di intervenire sulle banche, io avevo dato l'elenco, quindi mi confermava, se non ho capito male, che aveva fatto il giro delle banche e aveva chiamato per dire di approvare il "piano Gallo". Questo è quello che dice, poi non so se l'avesse fatto in modo completo».

D: «Comunque, lei conferma che Berlusconi glielo disse di averlo fatto?».

R: «Se è scritto nell'intercettazione telefonica, devo dire di sì, ma io non lo ricordo».

Insomma, anche dalla vicenda Megale emerge chiara la solita "doppiezza" del D'Adamo e la sua propensione alla menzogna. Anzi, di più: si scopre la sua capacità di usare strumentalmente la Giustizia per fini personali, dal momento che:

• sappiamo ora – per stessa ammissione dell'interessato – che D'Adamo, in cambio di *aiuti economici* ricevuti da Berlusconi, ha consegnato allo stesso e a Previti un manoscritto contro Di Pietro, e lo ha fatto pienamente consapevole, cosciente e compartecipe dell'uso strumentale per fini politici che il duo Berlusconi-Previti ne poteva e voleva fare (e poi ne fece);

• ma ora sappiamo anche che, quando ciò venne ipotizzato in una relazione di servizio dal commissario della Questura di Brescia, dott. Megale, il D'Adamo – forte e spavaldo del fatto che nessuno avrebbe mai potuto scoprire che in quei giorni aveva confezionato in casa di Berlusconi (e poi consegnato a Previti) il memoriale contro Di Pietro – arrivò a denunciare Megale per calunnia;

• diciamola tutta, allora: D'Adamo è persona capace di calunniare altri nel senso proprio tecnico della parola, ovvero – in base alla norma – come «chiunque, con denunzia diretta all'autorità giudiziaria, incolpi di un reato taluno che egli sa innocente». Quando Megale aveva sostenuto che il D'Adamo «a fronte di un aiuto finanziario si fosse attivato per fermare Di Pietro», aveva affermato la verità dei fatti; ma il D'Adamo – che ben lo sapeva – lo aveva comunque denunciato per calunnia.

Rapportando quanto risulta dal "fascicolo Megale" alle acquisizioni istruttorie emerse, si rileva come anche l'on. Berlusconi usi parlare agli inquirenti con "doppia lingua":

• sono acquisiti agli atti, infatti, tutti gli aiuti economici accordati al D'Adamo dal gruppo Berlusconi (intervento presso la Comit, finanziamento alla Edinim per la vicenda Edinim-Pioltello, interventi presso le banche in relazione al "piano di salvataggio", intervento presso le istituzioni libiche, finanziamento della Mediolanum Factoring). Ma davanti al Pm di Brescia, il 19-12-96, l'on. Berlusconi, alla domanda se avesse mai aiutato D'Adamo, aveva testualmente risposto: «Non ho mai ricevuto dall'ing. D'Adamo richieste di aiuti economici». Alla faccia della sincerità!

• è ormai pacifico anche il significato della frase telefonica «Ingegnere... siamo nelle sue mani» detta da Berlusconi a D'Adamo; quest'ultimo ne ha ammesso la diretta dipendenza con il manoscritto accusatorio nei miei confronti che ha poi consegnato a Berlusconi e a Previti. Ma l'ineffabile on. Berlusconi, il 19-12-96, aveva spiegato al Pm che quella sua espressione era solo il richiamo a un «aneddoto», «inteso in senso fortemente ironico» [158]. Alla faccia dell'ironia!

Come è noto, il procedimento aperto dalla Procura di Brescia contro i fratelli Berlusconi e D'Adamo si arenò per due convergenti circostanze: la prima, richiamata dal Pm nella sua richiesta di archiviazione dell'8-1-97, riguardava l'intervenuta inutilizzabilità delle intercettazioni telefoniche per provvedimento adottato dal presidente della Camera dei Deputati [159]; la secon-

---

[158] Cfr. richiesta archiviazione del Pm dell'8-1-97 – Silvio Berlusconi: «Tengo altresì a precisare che non ho mai neppure immaginato di impedire l'esercizio dei diritti politici del dott. Di Pietro. Nel corso di una telefonata all'ing. D'Adamo del settembre 95 chiesi all'ing. D'Adamo di attivarsi presso il dott. Di Pietro, che aveva manifestato un qualche proposito politico nel corso di un suo intervento a Cernobbio, affinché lui desse seguito a quella promessa di schierarsi nel campo dei moderati, promessa che mi aveva fatto in occasione dell'incontro di Arcore. L'espressione che emerge dalla trascrizione di quella telefonata, e cioè: "Ingegnere siamo nelle sue mani" a cui fece seguito una risata dell'ing. D'Adamo, va intesa nel senso che questa espressione ha nell'uso corrente che se ne fa all'interno del mio Gruppo e cioè con riferimento a un aneddoto che è da tutti conosciuto. Al riguardo si racconta che un famoso direttore del "Corriere della Sera", il dott. Missiroli, dopo una serata in un salotto romano, accompagnando il Presidente Saragat alla porta e accomiatandosi da lui gli disse appunto "Presidente, siamo nelle sue mani"; chiusa la porta e rivolgendosi agli astanti che facevano cerchio intorno a lui, aggiunse subito dopo "In che mani siamo!". Il riferimento da me fatto nella telefonata va dunque inteso in senso fortemente ironico...».

[159] Cfr. richiesta di archiviazione p.p. n° 3379/95 dell'8-1-97: «Peraltro sorgeva un contrasto con la Presidenza della Camera dei deputati, relativamente alla interpretazione che questo Ufficio aveva dato al disposto dell'art. 5 commi IV e V D.L. 116/96. Il contrasto veniva alla fine risolto dalla Presidenza della Camera dei deputati nel senso della inutilizzabilità delle intercettazioni telefoniche summenzionate (vds. fascicolo contenente il carteggio tra la Procura della Repubblica presso il Tribunale di Brescia e la Camera dei deputati nonché i provvedimenti consequenziali adottati dalle due Autorità). L'intervenuta inutilizzabilità del materiale di intercettazione telefonica che rappresentava, come si è già avuto modo di affermare, il supporto indiziario più forte nei confronti degli indagati, di fatto impediva quelle ulteriori indagini che potevano svilupparsi traendo spunto proprio dalle risultanze delle intercettazioni (ad. es. interrogatori degli indagati con contestazione del contenuto delle telefonate), vanificando e comunque devitalizzando il significato indiziario delle restanti fonti di prova acquisite in atti. Si consi-

da, richiamata dal Gip nel suo decreto di archiviazione del 31-1-97, per "l'errore strategico" della Procura di Brescia di aver disposto il deposito degli atti di intercettazione nonostante fosse stato accordato da pochi giorni il ritardato deposito, cosicché gli indagati vennero a conoscenza anzitempo, attraverso i giornali, dell'attività investigativa a loro carico [160].

Alla fine del 95 accaddero due fatti che bloccarono la esecutività del piano predisposto da Previti, Berlusconi e D'Adamo – due fatti che disinnescarono la "mina" impedendone lo scoppio. Precisamente:

• il 20-12-95 il Procuratore della Repubblica di Brescia chiedeva il rinvio a giudizio di Cesare Previti e Paolo Berlusconi (unitamente agli ispettori ministeriali Dinacci e De Biase) per estorsione ai miei danni in relazione alle mie dimissioni dall'ordine giudiziario, giacché Paolo Berlusconi aveva custodito un carteggio (il famoso dossier "Abusi DP" che poi venne rinvenuto in copia nella casella delle lettere di casa Dinacci) allo scopo di precostituire elementi per un'inchiesta a mio carico; e lo stesso Paolo Berlusconi e Previti avevano organizzato la presentazione di Giancarlo Gorrini agli ispettori per accusarmi (ingiustamente) [161];

---

deri infatti come i "gravi indizi" dei reati p.p. dagli artt. 56, 629, 294 erano stati ravvisati dal Gip, e non a torto, proprio richiamando il contenuto delle operazioni di intercettazione telefonica e in particolare quelle telefonate intercorse tra l'on. Silvio Berlusconi e l'ing. Antonio D'Adamo intercettate sulla utenza in uso a quest'ultimo».

[160] Cfr. decreto di archiviazione p.p. n° 3379/95 Rg-mod. 21 del 31-1-97: «Rimane comunque certo che il complesso probatorio non consente alcuna seria coltivazione dell'azione penale o un utilmente percorribile approfondimento di investigazioni, segnalandosi come le indagini abbiano subito un irreparabile arresto fin da quando il Pm, dopo aver ottenuto il 12-12-96 il ritardo del deposito del materiale ex art. 268 Cpp, ritenne di ostendere nel diverso procedimento N° 1519/95-mod. 21 il materiale telefonico raccolto e ben presto finito sugli organi di stampa in conseguenza del deposito degli atti afferenti l'udienza preliminare del caso contrassegnato dal N° 1519/95-mod. 21 (evento altresì foriero di querele e lamentazioni da parte degli indagati Improta e D'Adamo)».

[161] Cfr. capo di imputazione contenuto nel decreto di rinvio a giudizio a carico di Dinacci, De Biase, Previti e Berlusconi: «Del reato p. e p. dagli artt. 110, 317 Cp perché in concorso tra loro e previo concerto: Dinacci e De Biase, rispettivamente capo dell'Ispettorato presso il ministero di Grazia e

• sempre in quel periodo, il Pm bresciano depositava, nell'ambito del procedimento penale suddetto, il materiale telefonico raccolto nel procedimento penale contro l'on. Berlusconi e D'Adamo, sicché costoro, attraverso la pubblicazione sui giornali, appresero che, proprio in relazione al piano che stavano predisponendo in quei giorni, essi venivano sottoposti a indagini dalla Procura di Brescia, e D'Adamo anche pedinato e intercettato.

---

giustizia e Ispettore generale delegato all'inchiesta amministrativa di cui appresso, e perciò entrambi pubblici ufficiali, attraverso le distorsioni dei loro pubblici poteri di cui si dirà; Previti e Berlusconi quali privati e concorrendo con i primi, inducevano il dott. Antonio Di Pietro, magistrato in servizio con funzioni di Sostituto procuratore della Repubblica di Milano e incaricato della conduzione di importanti indagini afferenti procedimenti per fatti di corruzione *et similia* che vedevano coinvolti lo stesso Paolo Berlusconi e soggetti e aziende al medesimo collegati, a rassegnare le dimissioni dall'Ordine giudiziario (dapprima privatamente dal Di Pietro preannunciate e poi comunicate con lettera al Capo dell'ufficio il 6-12-94) o comunque ad abbandonare immediatamente le funzioni di inquirente nei procedimenti di cui sopra e negli altri riguardanti l'inchiesta denominata "Mani pulite", con tanto inducendo il Di Pietro a procurare indebitamente loro l'utilità del rallentamento delle indagini che l'ufficio del Pm di Milano stava conducendo nei confronti delle persone di cui si è detto; in particolare attraverso le seguenti condotte:

• dapprima P. Berlusconi costituendo un carteggio (contenente documenti di varia natura afferenti aspetti deontologicamente e penalmente rilevanti sul conto del dott. Antonio Di Pietro), che, tramite Previti, faceva pervenire al Dinacci, allo scopo di precostituire elementi per un'inchiesta a carico del magistrato suddetto;

• sempre P. Berlusconi e Previti organizzando la presentazione di tale Giancarlo Gorrini presso l'Ispettore e procurandogli a tal fine un appuntamento in Roma col Dinacci, il quale, subito dopo, richiedeva al ministro, ottenendola, l'apertura di un'inchiesta separata sul conto del dott. Antonio Di Pietro, inchiesta che, per il compimento di specifici atti, delegava al De Biase (nonostante vi fosse già in corso un'ispezione ministeriale in Milano presso gli uffici della Procura della Repubblica eseguita dagli Ispettori Nardi, Koverech, Canale e Moleti su fatti connessi);

• Previti e Dinacci dando al Di Pietro notizia dell'inchiesta segreta in corso (inchiesta la cui divulgazione avrebbe potuto gravemente compromettere l'immagine pubblica del magistrato) e così inducendolo a preannunciare a loro stessi l'abbandono delle sue funzioni presso la Procura della Repubblica di Milano;

• ancora dopo, ottenuto quel risultato, Dinacci, De Biase, di concerto col Previti, decidendo di concludere l'inchiesta ministeriale "allo stato degli atti" in data 10-12-94 presso l'Ispettorato e in data 12-12-94 presso il Gabinetto del ministro, che a ciò veniva indotto, senza compiere i necessari accertamenti istruttori.

Nei mesi di novembre e dicembre 94 e comunque sino al 6-12-94».

Si capisce dunque perché la manovra ai miei danni venne momentaneamente e precipitosamente interrotta. Infatti, se fosse proseguita, si sarebbe trasformata in un boomerang: da una parte avrebbe supportato le accuse contro Cesare Previti e Paolo Berlusconi, per i quali era stato chiesto il rinvio a giudizio in sostanza proprio per fatti analoghi (ma avvenuti nel 94), e dall'altra avrebbe dato concretezza all'inchiesta a loro carico per attentato ai diritti politici ed estorsione ai miei danni (avvenuti questi ultimi nel 95).

Non a caso, l'aggressione nei miei confronti riprende quota solo nel maggio 97, quando l'on. Previti si presenta dal Pm di Brescia proprio con quel manoscritto che gli aveva consegnato D'Adamo nell'autunno del 95. Non a caso fanno da contorno al singolare viaggio a Brescia del Previti le dichiarazioni rese il 31-5-97 dall'on. Berlusconi comprensive del preannuncio di una cassetta registrata da un suo dipendente, tale Roberto Gasparotti, e da questi "confezionata" attraverso un'abile operazione di "taglia e cuci" della quale si dirà poi. Non a caso Previti, che pure era già stato interrogato dalla Procura di Brescia in precedenti occasioni (e anche inquisito da quell'Ufficio per estorsione ai miei danni) e conosceva i fatti almeno dall'autunno 95, andava a esplicitarli solo nel maggio 97 – un'attesa spiegata così dallo stesso Previti: «[Ho] subìto un processo in ordine ai miei rapporti con Di Pietro la cui sentenza di assoluzione *è passata in giudicato in questi giorni*» [162]. Dopo il duo Previti-Berlusconi, si reca alla Procura di Brescia anche D'Adamo, il quale, alla domanda del perché solo il giorno 8-7-97 abbia ritenuto di riferire in modo diverso da tutte le altre volte i miei rapporti con lui, risponde: «Oramai avevo saputo che era venuto il dott. Berlusconi... era venuto il dott. Previti... avevano consegnato questi ap-

---

[162] Cfr. s.i.t. Cesare Previti del 13-5-97:

Domanda del Pm: «Per quale ragione ha ritenuto di dichiarare questi fatti soltanto ora?».

Previti risponde: «Pur avendo appreso i fatti sin dall'autunno 95, devo far presente che soltanto adesso vengo interrogato su dette circostanze mentre nel frattempo ho subìto un processo in ordine ai miei rapporti con Di Pietro *la cui sentenza di assoluzione è passata in giudicato in questi giorni*. Non ho quindi pensato di utilizzare dette circostanze nell'ambito di detto processo perché le ritenevo ininfluenti e del resto come ho già detto questa è la prima volta che vengo interrogato in qualità di persona informata sui fatti con l'obbligo di dire la verità su quanto a mia conoscenza».

punti in Procura», ammettendo inoltre di essere stato previamente informato da Berlusconi e Previti di quanto avevano fatto (insomma: l'avevano concordato) [163].

In definitiva, sappiamo ora che Previti e Berlusconi, a partire dalla fine del 95 e fino alla metà del 97, dovettero rimanere in attesa perché se avessero provocato quelle accuse contro di me, esse automaticamente si sarebbero ritorte contro di loro nell'ambito dei due diversi procedimenti indicati. Il che potrebbe spiegare anche la ragione per cui il 19 dicembre 96 l'on. Berlusconi non aveva detto nulla di quanto sostiene di sapere nel maggio 97. Invece, allorquando la «sentenza di assoluzione [di Previti] è passata in giudicato» (e cioè proprio nei giorni subito precedenti alla sua presentazione spontanea alla Procura di Brescia con il memoriale di D'Adamo in mano), D'Adamo viene indotto a mantenere l'impegno assunto come «contropartita» (o "controprestazione" per gli enormi aiuti economici berlusconiani dei quali D'Adamo ha usufruito a partire dal 94); impegno che era appunto quello di compilare e consegnare scritti e dichiarazioni contro Di Pietro, e che ha mantenuto quando Previti e Berlusconi hanno acceso i "mo-

tori secondari" recandosi personalmente a Brescia per attivare le indagini della Procura.

D'Adamo ottempera dunque al "contratto" nel luglio 97, dopo aver «resistito tanto tempo prima... alle pressioni di Berlusconi... di venire a Brescia» [164]. D'altronde non può più sottrarsi, stante la trappola che gli ha teso Berlusconi: mi riferisco a quella che possiamo chiamare "registrazione Gasparotti": una registrazione fonica attraverso la quale evidentemente Berlusconi intendeva "carpire" le "confidenze" che D'Adamo gli andava facendo in merito ai suoi rapporti con Pacini e la possibilità di un mio coinvolgimento.

Diciamo subito che a Berlusconi il gioco di "registrare" D'Adamo di nascosto non è riuscito appieno, anzi si è rivelato un vero boomerang, giacché ha dovuto ricorrere a una raffazzonata opera di "taglia e cuci" per tentare di dare alle parole di D'Adamo un costrutto che non avrebbero mai potuto avere se quelle registrazioni fossero state lasciate integre. Anzi, di più: nonostante l'opera di "taglio e cucito" (ammessa sia da Berlusconi sia dal tecnico Gasparotti, con giustificazioni davvero risibili ed esilaranti) cui è stata sottoposta la registrazione, ciò che ne è sortito è comunque sufficiente a dimostrare che D'Adamo – di fronte alle insistenze di Berlusconi affinché coinvolgesse Di Pietro nei discorsi che faceva su Pacini (e Berlusconi "forza" il discorso perché sa che sta intercettando) – continua a fargli capire che è disposto a parlare contro

---

[163] Cfr. incid. prob. D'Adamo 2-2-98:

Domanda: «A un certo punto il giorno 8 luglio 97 lei ha cominciato a raccontare a verbale queste circostanze?».

Risposta: «Sì».

D: «Ci vuole spiegare le motivazioni di questa sua scelta personale?».

R: «Ormai avevo saputo che era venuto il dott. Berlusconi, era venuto il dott. Previti, avevano consegnato questi appunti in Procura, quando sono venuto da voi...».

D: «Lei ha avuto notizia da Berlusconi o da Previti o da entrambi dopo che Berlusconi è venuto a deporre, circa i contenuti delle loro deposizioni?».

R: «Molto vagamente ho avuto notizia, ho avuto notizia degli appunti».

D: «Notizia del fatto che erano stati depositati quegli appunti?».

R: «Sì, esatto, ma il tutto in maniera molto vaga, quando cercavo di sapere di più sull'argomento Berlusconi scivolava, Previti io non l'ho visto».

D: «Non le hanno chiesto prima di andare, Berlusconi e Previti, alla Procura di Brescia a depositare questo suo promemoria, non le hanno detto "D'Adamo lo facciamo, non ti dispiacere perché lo facciamo"?».

R: «Io dicevo sempre al dott. Berlusconi che lui non si doveva muovere, io lo ritenevo un danno per lui il fatto che si presentasse a Brescia a dire quelle cose, quindi non volevo nel modo più assoluto che lui venisse a Brescia e che si esponesse. Io fui molto duro sull'argomento».

D: «L'hanno fatto senza chiederle un previo consenso?».

R: «No».

[164] Cfr. incid. prob. D'Adamo del 2-2-98:

Domanda: «Lei ha detto "Io ho resistito tanto tempo prima di venire a Brescia". Resistito a cosa?».

Risposta: «Alle pressioni di Berlusconi di venire a Brescia a dire la verità».

D: «Ha fatto molte pressioni Berlusconi?».

R: «Mi ha sempre invitato a venire a Brescia».

D: «L'ha invitata o ha fatto pressione?».

R: «Mi ha invitato caldamente».

D: «L'onorevole Previti dice che quando vi siete incontrati ad Arcore nell'autunno del 95, lei ha consegnato un promemoria che deve essere uno dei due-tre promemoria che abbiamo visto la prima sera che riguardavano il dott. Di Pietro, e dice che lei l'aveva già preparato. A me sembra di ricordare che lei in questa sede avesse sostenuto una cosa diversa. Può dire se è vera la sua versione o quella di Previti?».

R: «Evidentemente, quando materialmente ho scritto quegli appunti, ne avevamo già parlato con Berlusconi e Previti di queste cose, cioè delle vicende dei 100 milioni, del telefonino, della macchina, dei vestiti, e fui invitato a scrivere appunti».

D: «Da chi?».

R: «Da Previti e Berlusconi».

di me su tutto (prestito, telefonino, macchina, ecc.) ma della faccenda Pacini proprio no («Se scoppia da Pacini Battaglia per lo meno non sono io che... quella di Pacini è solo in mio danno» [165]). È lo stesso D'Adamo a rimarcare che la registrazione in questione raccoglie vari colloqui "tagliati" e "cuciti" fra loro come se fossero un tutt'uno: quindi siamo di fronte a una vera e propria opera di *manipolazione* di intercettazioni clandestine.

In uno di quei frammenti di registrazione, D'Adamo assicura a Berlusconi che i 4 miliardi e mezzo che lui aveva avuto come "abbuono" da Pacini erano destinati a Di Pietro, mentre in realtà – come lo stesso D'Adamo ha riferito nell'incidente probatorio – la *quantificazione* della somma è «rimasta nella mia mente» (cioè nella sua, poiché è lui che parla). Insomma, come si legge nella trascrizione della registrazione manipolata, D'Adamo faceva falsamente credere a Berlusconi che tra me e lui ci fosse stato un accordo ben preciso in merito a questi 4 miliardi e mezzo, mentre in realtà – come D'Adamo riferisce davanti al Gip – era «evidentemente Berlusconi che voleva sentirsi dire che erano 4 miliardi e mezzo messi a disposizione di Di Pietro... ma io non ho mai detto così» [166]. Certo, D'Ada-

mo davanti al giudice cerca in tutti i modi di attribuire a Berlusconi l'affermazione che Di Pietro fosse destinatario di questi 4 miliardi e mezzo: ma la voce registrata che parla di 4 miliardi e mezzo è quella di D'Adamo, e allora, per svicolare dalle contestazioni, si limita a ripetere: «Può darsi che Berlusconi continuava a mettermi in bocca... soprattutto visto che lui sapeva che mi stava registrando e io non lo sapevo... io gli avevo detto dei 4 miliardi e mezzo» [167]. Alla fine, di fronte al Gip che gli rilegge ancora la versione di Berlusconi il quale cercava in tutti i modi di collegare i 4 miliardi e mezzo con la famosa telefonata di Pacini («Mi hanno sbancato... Lucibello e Di Pietro») e il fatto che lui a Berlusconi abbia replicato «Dottore, lei sa quanto le voglio bene... ma se lei dice una cosa di questo tipo si incasina», D'Adamo così conclude: «Perché non è vero» [168].

---

[165] Cfr. trascrizione registrazioni allegate all'interrogatorio di Gasparotti del 10-6-97.

[166] Cfr. incid. prob. D'Adamo del 2-2-98:
Domanda: «In che termini lei riferì a Berlusconi di quelli che erano stati i suoi rapporti con Di Pietro in ordine a questa promessa di pagamento?».
Risposta: «Io a Berlusconi non ho mai detto che avevo promesso 4 miliardi e mezzo; io ho sempre parlato di restituzione di soldi, ho spiegato più volte le operazioni che avevo fatto, che avrei fatto la provvista, ma non ho mai quantificato i 4 miliardi e mezzo a Di Pietro. Io cercavo di spiegare, Berlusconi voleva sapere, io ho spiegato "Questo è un mio pensiero, quando vanno di là vanno prima alla Simaco, poi devono andare alla Morave", cioè evidentemente Berlusconi voleva sentirsi dire che erano 4 miliardi e mezzo messi a disposizione di Di Pietro, ma io non ho mai detto così...».
D: «Il problema è che questa intercettazione telefonica parte con Silvio Berlusconi che dice: "Lei ha detto a me che: '4 miliardi e mezzo non sono da restituire ma sono soldi che io devo a Di Pietro' "?».
R: «Il dott. Berlusconi cercava di farmi dire che io dovevo dare 4 miliardi e mezzo, perché non capiva che significava la provvista, quindi era tutto un discorso piuttosto complicato e che io cerco di spiegare perché sono in imbarazzo, perché quelle domande dirette così non... Parlo in modo confuso, anche se andiamo a leggere tutta quella domanda così diretta. Noi parlavamo sempre in generale di queste cose, io

ho detto le cose come si erano sviluppate, anche all'inizio della registrazione».
D: «Quello che più conta è quello che lei ha detto qua. Lei conferma tutto quello che ha dichiarato a oggi sul tema dei 4 miliardi e mezzo?».
R: «Certo».

[167] Cfr. incid. prob. D'Adamo del 2-2-98:
Domanda: «Uomo 2 è Berlusconi che parla: "Io non posso davvero, io credo che non possa tacere una cosa che io so", dice Berlusconi, "cioè il fatto che Di Pietro aspettava 4 miliardi e mezzo"?».
Risposta: «Lui diceva così perché non riusciva a capire».
D: «Lei ha spiegato chiaramente a Berlusconi quello che ha spiegato a noi?».
R: «Sì».
D: «Da questo spezzone Berlusconi dice con lei: "Non posso tacere, devo divulgare questa cosa", cioè il fatto che Di Pietro aspettava 4 miliardi e mezzo dal signor Pacini?».
R: «Signor Giudice, ho spiegato come stavano le cose, può darsi che Berlusconi continuava a mettermi in bocca, soprattutto visto che lui sapeva che mi stava registrando e io non lo sapevo, io gli avevo detto dei 4 miliardi e mezzo».

[168] Cfr. incid. prob. D'Adamo del 2-2-98:
Domanda: «Adesso usciamo dall'equivoco anche perché questo tema lo ritengo già superato. Siccome in questo brano di colloquio a un certo punto c'è uno sfogo che Berlusconi fa sulla magistratura che per decenni sapeva quale era il sistema di finanziamento, la corruzione, dopo questo preambolo a un certo punto dice: "Credo che non possa tacere io una cosa che io so, cioè il fatto che il dott. Di Pietro aspetta 4 miliardi e mezzo dal signor Pacini Battaglia che sennò non avrebbe potuto dire "Mi hanno sbancato Lucibello e Di Pietro". Quindi io che sono convinto che questa cosa sia stata fatta da lei, perché lei non poteva dire di no in quel momento, io sono di questo parere", "Dottore, lei sa quanto le voglio bene e quindi non ho paura di questa cosa qui... ma se lei dice una cosa di questo tipo si incasina"».

In definitiva, Berlusconi e D'Adamo stavano parlando di una cosa "non vera": Berlusconi cercava di mettere in bocca a D'Adamo qualcosa che potesse in qualche modo compromettermi (e faceva questo perché sapeva che stava registrando il colloquio), e D'Adamo si barcamenava cercando di accontentare Berlusconi senza troppo esporsi. In pratica, chissà cosa aveva raccontato D'Adamo a Berlusconi per convincerlo «in contropartita» a dargli sostegno finanziario diretto o indiretto, e nel momento in cui gli veniva presentato "il conto" di quegli aiuti D'Adamo si tirava indietro perché sapeva che aveva rifilato a Berlusconi solo fumose falsità, per cui, nel tentativo di sottrarsi alle pressioni senza darlo troppo a vedere, dice a Berlusconi «queste cose le lasci dire a me» [169], ben sapendo – come ha dichiarato davanti al Gip – che in realtà sperava solo di poter continuare a menare il can per l'aia.

Certo, sarebbe stato molto interessante poter ascoltare i colloqui integrali D'Adamo-Berlusconi registrati di nascosto da quest'ultimo, ma – come sappiamo – Berlusconi si è premurato di far "confezionare", a colpi di "taglia e cuci", un solo nastro da far arrivare alla Procura di Brescia (e tutte le registrazioni integrali sono state fatte sparire). Perché è evidente che in quei discorsi ci doveva essere l'ammissione di D'Adamo della mia estraneità ai suoi affari con Pacini.

Ma la "registrazione Gasparotti" offre un altro indizio importante per capire come l'on. Berlusconi e D'Adamo stessero "costruendo" le accuse a mio carico: essi, cioè, architettavano addirittura di far passare quest'ultimo come una mia vittima, un concusso da Di Pietro. Tutti sanno che D'Adamo non può certo essere qualificato vittima o concusso nella vicenda Pacini: ne è stato l'unico beneficiario (12 miliardi li ha presi lui, mica qualcun altro); si sa anche che l'on. Berlusconi ai Pm di Brescia ha tentato di descrivere il suo sodale D'Adamo come un concusso da Di Pietro proprio per la vicenda Pacini; sappiamo, infine, che D'Adamo, davanti al Gip, ha tentato di sconfessare Berlusconi, ammettendo che queste erano considerazioni dello stesso Berlusconi da lui non condivise. Ma dal tenore della registrazione risulta chiaro che D'Adamo era ben d'accordo a tentare di farsi passare per concusso, tant'è vero che, alle parole di Berlusconi «Lei è stato costretto», lui replicava: «Giusto, giusto, è proprio così... è proprio così... è così» [170]. In-

---

Risposta: «Perché non è vero».
D: «Questo è quello che appare. Il punto che interessa l'avvocato Di Noia era questo: siccome Berlusconi ha capito, da quello che lei avrebbe detto, che Di Pietro aspettava 4 miliardi e mezzo da Pacini Battaglia... Lei questo non gliel'ha mai detto a Berlusconi?».
R: «No».
D: «È quindi Berlusconi che dà un'interpretazione di quelle che erano le sue versioni?».
R: «Esatto».

[169] Cfr. incid. prob. D'Adamo del 2-2-98:
Domanda: «Quindi lei diceva che voleva presentarsi lei: "Lo lasci dire a me"?».
Risposta: «Io ritenevo – perché effettivamente c'è dell'affetto – non volevo che lui si esponesse, io non volevo che neanche lui venisse, non mi è proprio piaciuto quando è venuto, non ha fatto una cosa a mio avviso che doveva fare... Io ho sempre anche detto: "Aspettiamo che lo dica prima Pacini, che venga fuori la verità prima da Pacini". Io non volevo che il dott. Berlusconi venisse a Brescia, non lo volevo, non lo ritenevo giusto».
D: «Quindi lei lo sconsigliava dal parlare all'Autorità giudiziaria di questi rapporti che riguardavano lei e il Di Pietro?».
R: «Sì, perché a mio avviso non lo ritenevo una cosa bella neanche per lui».
D: «Lo riteneva sconveniente?».
R: «Secondo me sì, sempre per il rapporto che c'era tra me e il dott. Berlusconi».
D: «Quindi lei diceva "Lo lasci dire a me"?».
R: «Sì, "Quando mi deciderò", perché io prendevo tempo anche».

[170] Cfr. incid. prob. D'Adamo del 2-2-98:
Domanda: «Legga qui dove Berlusconi parla e dice: "È impensabile che Pacini si sia comportato così con lei se non c'era un patto sottostante tra Pacini e Lucibello di essere difeso, di non essere messo in galera a Milano", e lei continua: "Dottore, è questo", e lui dice: "Ma ha chiesto le cose a Roma, Di Pietro l'ha tolto fuori dalla Cooperazione", e lei: "È proprio questo il punto perché ha mandato a chiamare", e Berlusconi: "Cioè, lei è stato costretto?", e lei dice: "Giusto, giusto, è proprio così, è proprio così; è così, ma io che faccio? Vado a confermare che sì, quindi quello là mi ha dato i soldi perché io lo aiutassi con Di Pietro, cioè...", e finisce. Allora D'Adamo, questo adesso lo spieghi a me. Siccome abbiamo già evocato questa tematica della concussione nell'ambito di un discorso che era come se Berlusconi in qualche maniera pensava che si potesse configurare così questa faccenda, e lei prima mi ha detto – francamente io non l'ho mai condivisa questa prospettazione, anche perché ha del comico per come lei la racconta. Ciò posto, io vorrei capire, perché non l'ho capito, Berlusconi insiste: "Lei è stato costretto?", e lei "Giusto, giusto, è così", che significa?».
Risposta: «Lo stato di necessità. Io non riesco a sapere e ricordarmi in quel momento. Supponiamo che io abbia capito per lo stato di necessità, allora io dico "Certo, è giusto, lo stato di necessità sono stato costretto". Se io sono stato costretto per lo stato di necessità economica vado e vado a dire... e sono confuso?! Lo capisco anche io che non sono un uomo di legge!».

somma, siamo di fronte a una triplice versione dello stesso fatto da parte di D'Adamo: con Berlusconi confermava di essere stato concusso da Di Pietro, con il Pm ha sostenuto che era stato Berlusconi a mettergli in bocca quelle parole, mentre davanti al Gip ammette di essere stato d'accordo a dirsi concusso. Roba da *Guinness dei primati* della menzogna!

Abbiamo spiegato le ragioni per cui tutto il castello di accuse confezionato contro di me alla fine del 95 si fermò in attesa: gli artefici dell'intrigo si impaurirono per le possibili conseguenze delle intercettazioni telefoniche nelle quali essi concordavano sia la "prestazione" (memoriale contro Di Pietro di D'Adamo) sia la "controprestazione" (aiuti finanziari a D'Adamo da parte dell'on. Berlusconi), ma soprattutto si preoccuparono dei riflessi negativi che la loro azione poteva avere sul processo per estorsione in corso a carico di Cesare Previti e Paolo Berlusconi.

Ma non si fermò, e continuò a muoversi, la "manina anonima" che inviava "messaggi" ai magistrati, specie ai Pm bresciani che ormai avevano preso la (cattiva) abitudine di rubricare gli scritti anonimi che ricevevano contro di me non solo a mod. 46 (che per legge è la loro sede naturale), ma anche a mod. 44, formalmente contro ignoti per calunnia ai miei danni, con la conseguente (e ancora più cattiva) abitudine di indagare, una volta aperto il fascicolo, non tanto per scoprire l'anonimo, quanto per effettuare "indagini esplorative" sul mio conto. E dunque:

a) è così che nell'estate 95 arriva a Brescia l'anonimo "News da Milano", dove vengo (falsamente) tirato in ballo proprio per i rapporti D'Adamo-Pacini;

b) è in questo modo che nascono e si sviluppano – come abbiamo visto – le indagini su Manfredini e la Onder a cavallo tra la fine del 95 e l'inizio del 96: l'obiettivo vero di quei messaggi anonimi è di arrivare a Di Pietro facendo credere di poter scoprire chissà quali magagne indagando su Manfredini;

c) è in questo contesto temporale che il Gico di Firenze (quello stesso Gico la cui attività è stata oggetto – come abbiamo visto – di un esposto del dott. Borrelli e dei sostituti dott. Nobili, dott. Romanelli e dott. Aniello) attiva autonome indagini chiedendo le intercettazioni telefoniche e ambientali di Pacini, intercettazioni che – come risulta dalla relazione Gico del 26-7-96 – vennero attivate proprio nel mese di novembre 95;

d) è in questo quadro di collegamenti oggettivi che riprende quota, e sparge veleno sulla Procura di Milano (e anche su di me), la falsa notizia di presunte anomalie in altrettanto presunte indagini che io avrei svolto su un trafficante d'armi, tale Cattafi (di cui in realtà non mi sono mai occupato), falsa notizia che poi – guarda caso – è l'originaria notizia di reato utilizzata da quelli del Gico di Firenze per attivare le indagini su Pacini alla fine del 95;

e) è ancora in questo ambito temporale che vengono fatti circolare (e poi pubblicati dai giornali) gli appunti sequestrati a suo tempo a Mach di Palmstein a Parigi, tanto che io, per tutelarmi, il 2-10-95 ho dovuto sporgere una querela (a seguito della quale, dopo alterne vicende, finalmente nel 99 la Procura di Brescia ha disposto una richiesta di rinvio a giudizio a carico di Mach di Palmstein per calunnia [171], peraltro del tutto riduttiva quanto a sviluppo delle indagini);

f) è sempre in questo contesto che perviene alla Procura di Brescia un grappolo di scritti anonimi contro Di Pietro tutti di contenuto palesemente calunnioso, anche se la quasi generalità degli stessi saranno l'occasione per continuare a

---

D: «Allora rimane quello che lei ha detto prima? Cioè, Berlusconi nell'ambito di questi discorsi che tendevano a convincerla dell'opportunità di parlare con l'Autorità giudiziaria di questa tematica che riguardava il finanziamento avuto da Pacini per mediazione di Di Pietro, di Lucibello, di chicchessia, tentava di convincerla che giuridicamente lei potesse avere veste di concusso?».

R: «Sì».

D: «Cosa che lei ha sempre vissuto male, diciamo!».

R: «Sì. Però stavamo parlando tra due amici. Era una tesi "Sei concusso", insomma... io vado a dire che ho preso i soldi?!».

D: «Nella sostanza lei lasciava credere a Berlusconi che si riteneva concusso?».

R: «No, io non lasciavo credere niente! Io spiegavo le cose, mi opponevo a quello che mi diceva Berlusconi di venire a raccontare le cose in Procura e non volevo neanche che ci venisse lui».

D: «Ed è per questo che diceva "Giusto giusto, è proprio così"?».

---

[171] Mi riferisco al p.p. n° 685/95/44 Pm Brescia contro ignoti per calunnia ai miei danni da cui poi – a seguito di mia opposizione all'archiviazione – è scaturito il procedimento penale a carico di Mach di Palmstein.

svolgere inusuali "indagini esplorative" nei miei riguardi [172];

g) è sempre in questo contesto che alla fine del 95 il quotidiano berlusconiano "Il Giornale" pubblica a tutta pagina, con un titolo a nove colonne, il diffamatorio colloquio di Maurizio Raggio con Andrea Pasqualetto nel quale vengo accusato – e gli autori verranno poi condannati dal Tribunale di Monza per diffamazione – di aver ricevuto circa 5 miliardi da Pacini. Una intervista, si badi bene, pronta già da mesi, ma tenuta nel cassetto per intervento di Paolo Berlusconi (come risulta da una telefonata intercettata avvenuta fra quest'ultimo e il direttore del "Giornale" Vittorio Feltri);

h) è ancora a partire dalla fine del 95 che Cesare Previti, ogni volta che avvicinava il suo grande amico Pacini Battaglia – i due sono legati da innumerevoli rapporti, come dimostrano anche le intercettazioni telefoniche – cercava di "invogliarlo" a parlare in merito alle "confidenze" che gli aveva fatto D'Adamo.

Ora sappiamo i nomi di alcuni di coloro che all'epoca (ed erano davvero pochi) conoscevano l'esistenza dei rapporti affaristici tra Pacini e D'Adamo; soprattutto, che potevano conoscere la valenza artatamente velenosa nei miei riguardi che ne stava fornendo D'Adamo a Berlusconi e Previti. Ricordo, per spiegare meglio, che il contenuto dell'anonimo "News da Milano" era – nella sostanza – molto simile alla falsa versione che ne dà il D'Adamo a Berlusconi e Previti: basta confrontare quanto è scritto nell'anonimo con la "registrazione Gasparotti" per rendersi conto che il passaggio «Pacini ha sovvenzionato D'Adamo per avere l'aiuto di Di Pietro» è la stessa versione fornita da D'Adamo a Berlusconi e Previti.

Insomma, i "petali della rosa" dei nomi di coloro che stanno dietro a quattro anni di umiliazioni e attacchi alla mia persona sono davvero pochi. Ben definite sono le ragioni per cui tutto ciò è avvenuto: nel 94 per fermare la mia azione giudiziaria di "motore" del pool "Mani pulite", e nel 95 per fermare il mio ingresso in politica. Forse sarebbe bastato un piccolo sforzo in più, e una lettura meno preconcetta dell'insieme di tutte le istruttorie che mi hanno visto protagonista (sia come parte lesa, sia come imputato), per arrivare alla "mente" che ha organizzato tutto. Forse basterebbe risalire alla vera fonte della notizia di reato che ha attivato il Gico di Firenze per capire chi e cosa li ha messi "sull'avviso", ma anche questo non è possibile comprendere con certezza dalla disamina di quel fascicolo processuale in quanto esso è lo stralcio di un altro procedimento (quello relativo al traffico di armi a La Spezia) e quindi mancano i primi atti iniziali. Né i Pm di Brescia hanno sentito il bisogno – per fare chiarezza – di svolgere indagini in tal senso, preferendo – come si legge negli atti – indagare su una miriade di aziende faunistiche alla ricerca del "fagiano galeotto", senza mai sentire a verbale e sotto il vincolo dell'obbligo di dire la verità alcun investigatore del Gico. A me, allora, che ho speso quattro anni della mia vita per capire da quale parte arrivassero "i siluri", e chi li pilotasse, non resta che continuare a "scrostare la tela" delle coincidenze per cercare di arrivare da solo a conoscere l'identità di colui o coloro che volevano e vogliono la mia "morte civile", tale essendo per me l'accusa di essere un corrotto e di aver svenduto "Mani pulite" a Pacini e a D'Adamo.

Arriviamo così al 96. Un anno che apparentemente si apre bene per me: la serie di proscioglimenti da parte dei Gip di Brescia fa giustizia del tanto fango riversatomi addosso l'anno precedente attraverso i mass media; e soprattutto avrebbe dovuto invitare a maggiore prudenza i Pm di Brescia, e a non prendere più per oro colato tutto quello che anonimi e personaggi variamente interessati andavano a riferirgli (tre casi per tutti: la vicenda De Ponti [173], quella Cerciello [174], e quella della strana coppia Corticchia-

---

[172] Mi riferisco – solo a titolo esemplificativo – a vari procedimenti penali: quello relativo ad anonimi per le inchieste Guardia di finanza; quello relativo ad anonimi per la vicenda Pacini; quello per la vicenda Moschini; quelli relativi al pacchetto di anonimi portati a Brescia dal giornalista Filippo Facci e per la vicenda Fiaccabrino, e così via.

[173] Cfr. procedimento penale della Procura di Brescia (n° 2637/96 Gip), al termine del quale il De Ponti è stato condannato a 2 anni di reclusione per avermi fatto mettere ingiustamente sotto inchiesta l'anno precedente per la vicenda Albini.

[174] Cfr. p.p. n° 20913/96 Procura presso la Pretura di Brescia, dove è in corso procedimento penale contro il gen. Cerciello per diffamazione ai miei danni in relazione alle accuse da lui

Strazzeri, coppia anch'essa gravitante in orbita-Berlusconi). Particolarmente prudente si sarebbe dovuto mostrare il Pm Fabio Salamone, il quale invece fino all'ultimo ha voluto mantenere la contitolarità di talune inchieste nonostante l'evidente dovere di astensione che incombeva su di lui – ma per quest'altro risvolto della vicenda sarà dapprima il Procuratore generale di Brescia a ristabilire un giusto equilibrio processuale con la sostituzione d'autorità del Pm, e poi il Csm a sanzionare la temerarietà dell'ex collega con la censura [175].

È in questo quadro evolutivo che nella primavera del 96 decisi di accettare l'offerta del neo presidente del Consiglio Romano Prodi di far parte del suo governo come ministro dei Lavori pubblici, dopo che mi ero astenuto dal partecipare alla competizione elettorale per doverosa coerenza con tutto quello che andavo dicendo a proposito di candidati con richieste di rinvio a giudizio sulle spalle, e cioè l'opportunità di non occupare cariche pubbliche dovendo affrontare il giudizio della magistratura. Per 5 o 6 mesi dedicai tutto me stesso a questa nuova avventura, cercai di capire il funzionamento della burocrazia statale e soprattutto di rilanciare le grandi opere pubbliche, la maggior parte delle quali bloccate per gli effetti dell'inchiesta "Mani pulite". Mi sembrava cioè – e ne sono ancora convinto – che fosse mio dovere contribuire, seppure nel mio piccolo, al rilancio dell'imprenditoria italiana e alla riapertura dei cantieri che tanta mano d'opera avrebbero potuto attivare, con nuove prospettive di posti di lavoro.

Insomma a tutto pensai, come ministro dei Lavori pubblici, meno che a trescare con Pacini, come poi invece offensivamente lascerà intendere il Gico nella sua relazione del 30-10-96 (peraltro inizialmente avallata – ma poi abbandonata – anche dai Pm di Brescia, i quali si attivarono in azzardate investigazioni su presunti reati mi-

nisteriali che non avrebbero potuto svolgere) [176]. Invece c'era chi stava continuando a lavorare in silenzio contro di me anche nel 96, ed erano due soggetti: il primo era il Gico (che però – lo riconosco – era formalmente legittimato a farlo); il secondo era la coppia formata dagli on. Berlusconi e Previti, i quali continuavano il loro pressing su D'Adamo per accusarmi. Per la verità c'era attivo anche un terzo soggetto da laggiù, da Hammamet, il quale alla fine del 96 manda un vigoroso messaggio tramite la trasmissione Rai "Porta a Porta" di Bruno Vespa (e per questo l'ho subito querelato, e ora è in attesa di giudizio):

Vespa: «Di Pietro ha detto: "Craxi tiri fuori il bottino, 30 miliardi"... Adesso io non voglio, poi... una polemica su persone... ma questi soldi dove stanno?».

Craxi: «Allora, innanzitutto il bottino che è all'ordine del giorno in questo momento non è quello di cui si è parlato tante volte, ma se mai è quello di cui si sospetta del clan di Di Pietro...».

Vespa: «Su questo non c'è nessuna prova e nessuna indagine...».

Craxi: «Io sto dicendo quello che si sospetta del clan di Di Pietro».

Vespa: «Che lei sospetta, che lei sospetta...».

Craxi: «Non credo di essere il solo in Italia».

Vespa: «I giudici attualmente non lo sospettano...».

Sta di fatto che a settembre 96 l'Ag di La Spezia dispone l'arresto di Pacini Battaglia, e comincia il balletto delle indiscrezioni anche sul conto di Di Pietro. I canali privilegiati di queste fangose "indiscrezioni" sono "Il Foglio" e "Il Giornale", quotidiani la cui proprietà è in entrambi i casi riconducibile alla famiglia Berlusconi [177]. Davvero singolari, in particolare, sono le "anticipazioni" pubblicate dal "Foglio" di Giuliano Ferrara, quasi fossero delle vere e proprie "premonizioni": comincia a pubblicare una serie di articoli dove si parla di circostanze e convergenze che io all'epoca nemmeno capivo a cosa si riferissero ma che poi troverò essere i capisaldi delle accuse del Gico a mio carico – per

---

rivoltemi l'anno precedente in relazione alle modalità con cui sarebbero avvenuti gli interrogatori presso il carcere di Peschiera del Garda.

[175] Mi riferisco alla censura inflitta dal Csm al Pm di Brescia dott. Salamone per non essersi egli astenuto dalla gestione del procedimento a mio carico, nonostante io avessi indagato l'anno precedente su suo fratello Filippo (il quale Filippo Salamone poi risulterà, dalle intercettazioni telefoniche di La Spezia, essere in rapporti di affari anche con Pacini e il suo entourage).

---

[176] Mi riferisco alle perquisizioni all'Università di Castellanza, agli accessi al ministero dei Lavori pubblici, e ai verbali di s.i.t. effettuati dal Gico di Firenze alla ricerca del verbale dell'incontro ministeriale con le parti sociali per la viabilità in Lombardia tenutasi a Castellanza.

[177] Per quanto pubblicato sui giornali in quel periodo ho inoltrato svariate querele in parte conclusesi, e in parte ancora in corso presso le Ag di Milano e Roma.

cui non si capisce più se era Ferrara che in qualche modo riusciva ad avere informazioni sulle indagini del Gico o viceversa [178].

Il mondo mi è crollato addosso una notte di metà novembre 96: mi trovavo a Istanbul per il mio lavoro ministeriale, quando il "Tg5" mi "notificò" via etere la mia nuova incriminazione per concussione ai danni di Pacini da parte della Procura di Brescia. Mi dimisi subito da ministro, perché capii che le forze politiche dell'opposizione avrebbero strumentalizzato subito la mia posizione di indagato per attaccare tutto il governo. Avevo vissuto con molta sofferenza l'esperienza di indagato l'anno precedente, e l'idea di dover ricominciare di nuovo daccapo mi trovava senza forze.

Raggiunsi il culmine della sofferenza il 6 dicembre 96, quando venni sottoposto a una plateale e inutile attività di perquisizione mediante un tanto straordinario quanto superfluo dispiegamento di forze (dentro di me dicevo: «Magari l'avessi avuto io a disposizione quando facevo "Mani pulite"!»). Sofferenza che mi portò a decidere di avvalermi della facoltà di non rispondere allorché di lì a qualche giorno venni chiamato a deporre a Brescia nel processo contro Cesare Previti per estorsione ai miei danni. All'epoca non potevo certo sapere tutte le verità che oggi conosco, ed era per me inimmaginabile il fatto che D'Adamo potesse aver architettato e venduto a qualcuno la panzana di un mio coinvolgimento nei suoi rapporti con Pacini (tanto è vero che per tutto il periodo che siamo stati sotto inchiesta ho sempre sollecitato il suo difensore a dimostrare documentalmente ai magistrati la regolarità delle operazioni finanziarie Pacini-D'Adamo) [179]. Poi, man mano che passavano i giorni, mi convinsi che dovevo reagire e continuare a difendermi; d'altronde, il Tribunale della Libertà prima e la Corte di Cassazione poi, sconfessando il modo azzardato di operare della Procura di Brescia, mi avevano ridato fiducia [180]. Così, in occasione della prima richiesta di proroga delle indagini, presentai il mio primo atto di autodifesa articolato, una memoria dove contestavo punto per punto le risultanze investigative; lo feci soprattutto per dar modo ai Pm bresciani di conoscere l'altra faccia della vicenda e invitarli quindi a rileggere le carte processuali sotto altra luce.

La questione del Gsm svizzero

In sede di udienza di proroga, venni anche a sapere di un particolare che mi lasciò di stucco:

D: «A noi?».
R: «Sì».
D: «Mi dica dove, quando e come e quale documentazione?».
R: «Volevo intendere che loro volevano esattamente sapere, la richiesta era tutti i documenti riguardanti i passaggi di denaro tra Pacini Battaglia e le mie società. Questa documentazione fu fornita».
D: «Quando, quale e a chi?».
R: «Io la documentazione l'ho data al mio avvocato, adesso non ricordo...».
D: «Lei sostiene di avere dato questa documentazione che riguarda i passaggi bancari, una documentazione contabile, di che parliamo?».
R: «Del passaggio dei soldi dalle società estere alle mie società».
D: «Sostiene di averla fatta avere all'avvocato di Di Pietro?».
R: «Non ricordo se a Lucibello o all'avvocato Dinoia».
D: «Lei ha dato a me qualcosa?».
R: «No, con lei io non ho mai parlato. Loro volevano esattamente sapere come avvenne questo passaggio di soldi, e io ho fatto avere questa documentazione. Non mi ricordo, come ma questa documentazione è stata già richiesta dall'avvocato Buono e io gliela ho fatta avere».
D: «L'ha fatta avere a chi?».
R: «Non lo ricordo».
D: «Prima ha detto Lucibello e Dinoia?».
R: «Credo agli studi dell'avvocato Dinoia e Lucibello, ma non lo ricordo».
D: «Lei l'ha fatta avere?».
R: «Non lo ricordo».
D: «Lei sa che ha mandato a me queste cose e non sa né come né quando né perché né attraverso chi?».
R: «Non me lo ricordo».

---

[178] Mi riferisco (per carità, solo esemplificativamente) a quanto pubblicato su "Il Foglio" il 20, 21 e 22 settembre 96 (di cui al p.p. n° 17945/96 Pm Roma), a quanto pubblicato il 24, 25 e 26 settembre 96 (di cui al p.p. n° 9427/96 Pm Roma), agli articoli del 16-11-96 (di cui al p.p. n° 6972/96 Pm Roma), al libro *Di Pietro e i suoi cari* (di cui al p.p. in corso alla Procura di Bologna), e così via.

[179] Cfr. incid. prob. D'Adamo del 2-2-98:
Domanda: «Io e il dott. Di Pietro abbiamo molto insistito con l'avvocato Buono affinché lei consegnasse alla Procura di Brescia e facesse pervenire tutti i documenti relativi alla vicenda e ai suoi rapporti con Pacini; l'avvocato Buono glielo riferì questo fatto?».
Risposta: «Buono mi chiese la documentazione per darla a voi e io ho preso la documentazione e ve l'ho data».

[180] Cfr. ordinanza del Tribunale della Libertà del 23-12-96 e della Cassazione del gennaio 97, dove venivano dichiarati sostanzialmente illegittimi i provvedimenti di perquisizione e sequestro disposti a mio carico dai Pm di Brescia.

sarei stato uno degli utilizzatori dei telefonini Gsm svizzeri di Pacini. Accidenti, ma questo era proprio troppo! Che diamine ne sapevo io dei telefoni di Pacini?! Quando mai avevo chiesto qualcosa a Pacini?! Mai avevo parlato con lui, se non durante gli interrogatori, tutti verbalizzati!

Poi cominciai a capire, e anche di quest'altra maledetta circostanza me ne feci una ragione: Lucibello e i suoi tanti telefoni che si portava sempre appresso e che anch'io nel 95 (quando ormai non ero più alla Procura di Milano ed ero fuori ruolo) qualche volta, trovandomeli a portata di mano, avevo usato! Domandai subito a Lucibello: non sarà mica che uno di quei tuoi telefoni proviene da Pacini?! Proprio così! Va bè, mi consolai: dopotutto, decodificando le telefonate in arrivo e in partenza da quel telefono, avrebbe potuto accertare che io non avevo mai fatto alcuna telefonata a Pacini, e dunque l'uso casuale e episodico di quel Gsm finiva per essere, a conti fatti, una *prova a mio favore giacché è impensabile sostenere che, se io avessi ricevuto da Pacini un telefono cellulare per avere con lui dei colloqui riservati, poi non l'avessi mai usato per parlare con lui* [181], [182], [183]. Tutti coloro che potevano riferire sulla vicenda, infatti, hanno escluso – e anch'io lo escludo *categoricamente* – che mi sia mai accordato con Pacini per ricevere da lui un Gsm svizzero o *qualsiasi altra cosa* [184], [185], [186], [187].

---

assoluto di avere del pari ricevuto dal Pacini alcuna scheda di Gsm svizzero, né di avere mai saputo che schede telefoniche che da me utilizzate potessero provenire da lui... È in questa ottica di attenzione che voilevo che volevano farmi del male, che più volte ho utilizzato telefoni (cellulari e non) di terze persone per comunicare. Tra questi ho utilizzato anche il telefono del mio difensore. Tra le persone della cui gentilezza ho approfittato di volta in volta nell'utilizzare il telefono, e per quanto qui possa interessare, ho utilizzato a volte e occasionalmente anche quello dell'avv. Lucibello. Certamente non ho chiesto, né mai Lucibello mi ha detto, da chi provenissero i suoi telefoni».

[184] Cfr. s.i.t. Antonio Funetta (autista di Pacini) dell'1-4-98: «Anche con riguardo a tale vicenda, però, non ho notizie che derivino da Pacini, lui, al riguardo, non mi ha mai detto assolutamente nulla. Tutto quello che so in ordine al Gsm di Pacini utilizzato da Di Pietro l'ho appreso dai giornali».

[185] Cfr. interrogatorio Pacini Battaglia del 25-7-97: «Non ho mai fatto avere nessuna scheda di telefono cellulare svizzero al dott. Di Pietro... a Lucibello ne ho dati da due a quattro, in tempi diversi... Lucibello non mi ha mai detto di aver consegnato qualche scheda di cellulare a qualche suo amico, tanto meno al dott. Di Pietro».

[186] Cfr. Interrogatorio Giuseppe Lucibello del 7-4-98:
«[*L'ufficio rende noto che dalle indagini svolte risulta che le utenze in uso all'avv. Lucibello sarebbero state le seguenti: 0041-89200... utilizzata dall'1-12-94 al 18-6-95; 0041-89202... utilizzata dal 19-6-95 al 30-1-96; 0041-89203... utilizzata dall'11-3-96 al 15-9-96; e che l'utenza che sarebbe stata in uso al dott. Di Pietro è la 0041-89200..., utenza utilizzata dal 20-2-95 all'8-7-95*] Pacini in effetti ben sapeva che io avevo acquistato due schede di Gsm svizzeri. Lui non ha mai preteso, né mi ha mai saputo quale fosse il numero di entrambe le schede, si è accontentato del numero che gli ho fornito. I numeri delle utenze da me direttamente acquistate in Svizzera sono i seguenti: 0041-89200... relativo al telefono che lasciavo presso il mio studio (in via Pantano); 0041-89200... relativo al telefono che tenevo con me e che in qualche occasione ho prestato a Di Pietro [*Vengono rammostrati all'avv. Lucibello i tabulati relativi alle due utenze sopra indicate di cui agli allegati 36 e 44 della annotazione 234-Ug del 13-5-97*] Le utenze che possono essere state contattate da me da quel telefono sono quelle di Maurizio Losa, Piero Colaprico, Osvaldo Rocca, Antonio Carlucci (de "L'Espresso"), L'editoriale Tg, la Larus srl di Bergamo, la Isi, l'avv. Dinoia, lo studio Stella, la Bnl di Milano, Roberto Arnoldi e l'avv. Balzano Prota... Le utenze che verosimilmente posso avere chiamato solo in quelle di Patrizia De Grandis (che credo sia una mia amica, dico "credo" in quanto non ricordo con precisione il cognome) e quella di Cesare Previti... Le utenze che sicuramente non sono state chiamate da me sono quelle di Francesco D'Agostino, Jenkins Brian e Cornelio Veltri. Non ho mai consegnato il mio telefonino svizzero a Roberto Arnoldi, ricordo però che

---

[181] Cfr. incid. prob. Pacini Battaglia del 30-3-96:
Domanda: «Dott. Pacini, lei ha mai dato all'avvocato Lucibello o a chiunque altro affinché le desse o lo desse al dott. Di Pietro telefonini Gsm svizzeri o schede telefoniche svizzere?».
Risposta: «Io non ho mai dato all'avvocato Lucibello telefonini da dare al dott. Di Pietro... Ho dato delle schede Gsm a Lucibello ma non ho mai detto di darle a Di Pietro».

[182] Cfr. interrogatorio Giuseppe Lucibello del 7-4-98: «Non escludo, anzi ricordo, di avere lasciato in uso per alcuni giorni al dott. Di Pietro uno dei miei apparati telefonici cellulari (poteva essere indifferentemente uno dei miei telefoni svizzeri o quello italiano). Ciò è avvenuto in alcune occasioni, in particolare quando sapevo di non dovermi allontanare dal mio studio... All'epoca pensavo che i miei rapporti con Di Pietro fossero oggetto di attenzione da parte di diversi settori, in particolare dei Servizi... Proprio a fronte di tutte queste situazioni, in quel periodo mi è capitato di lasciare in uso al dott. Di Pietro, per alcuni giorni, uno dei miei telefoni cellulari. Lo scopo non era quello di rendere non intercettabili i miei colloqui con Di Pietro ma semplicemente quello di evitare che eventuali controlli sui tabulati dei telefonini, da parte di soggetti non autorizzati dalla Magistratura, evidenziassero contatti tra me e il dott. Di Pietro, visto che il nostro rapporto di amicizia era diventato oggetto di troppi interessi».

[183] Cfr. interrogatorio Di Pietro del 3-4-98: «Con riferimento alla contestazione di avere utilizzato una carta Gsm svizzera appartenente di fatto a Pacini Battaglia, nego nel modo più

5. La manovra riprende su due fronti

Fino a maggio del 97 ho vissuto l'inchiesta bresciana aspettando che essa si chiudesse nel modo più naturale e ovvio per una persona che sa di essere innocente, e cioè con il mio proscioglimento; non potevo neanche immaginare alcuna soluzione diversa. Ma non potevo nemmeno immaginare che, una volta passata in giudicato la sentenza di assoluzione che a gennaio di quell'anno Previti era riuscito a ottenere dal Tribunale di Brescia, lui stesso e Berlusconi si "riattivassero" di nuovo.

_____

in una occasione dimenticai il telefono a casa sua. Fu Cristiano Di Pietro a riportarmi il telefono, non ricordo quando tale circostanza si sia verificata... Dopo la data del 18-6-95, data di cessazione dell'utenza 0041-89200... escludo di aver lasciato l'altro mio telefonino svizzero a Di Pietro, anzi, non posso escludere ciò, atteso che a far data dal 19-6-95 ho avuto la disponibilità della scheda 0041-89202... datami da Pacini... *Non ho mai spiegato a Di Pietro quale fosse la provenienza dell'utenza straniera che ogni tanto gli prestavo, né lui me lo ha mai chiesto...* dopo il 18-6-95 e fino alla data di cessazione dell'utilizzo dell'utenza 0041-89200... (dell'8-7-95) credo di aver lasciato presso il mio studio la nuova utenza datami da Pacini (0041-89202...)... Prima degli interrogatori a Brescia di Di Pietro (ai primi del luglio 95) ci siamo trovati a cena insieme io, Di Pietro, Arnoldi e altri amici tra cui forse il cognato di Di Pietro, Gabriele Cimadoro. È probabile che in quelle occasioni io abbia lasciato il mio telefono svizzero 0041-89200... all'Arnoldi... non so dire per quale ragione quell'utenza non sia stata più utilizzata dopo l'8-7-95, forse non l'ho più utilizzata perché ormai il numero non era più del tutto riservato (in quanto era conosciuto da Arnoldi). Preciso che quell'utenza non l'avevo mai comunicata a nessuno, neppure a mia madre... neppure Di Pietro conosceva quel numero, dall'apparecchio non era possibile visualizzare il numero».

[187] Cfr. interrogatorio Di Pietro del 21-5-98:
Domanda: «Dopo l'udienza di opposizione alla prima richiesta di proroga delle indagini preliminari (udienza nel corso della quale il Pm aveva reso noto l'elemento di accusa consistente nell'avvenuto utilizzo, da parte del dott. Di Pietro, nel periodo compreso tra il 20-2 e l'8-7-95, di una scheda di Gsm svizzero intestata a Henri Lang, autista di Pacini), l'avv. Lucibello ha fornito qualche spiegazione in ordine alla provenienza dei telefoni cellulari prestati al dott. Di Pietro?».
Risposta: «Nel corso dell'udienza, sono rimasto sorpreso e incredulo di quanto veniva detto dal Pm con riguardo al Gsm intestato all'autista di Pacini. Subito dopo l'udienza, e anche in ulteriori occasioni, mi sono più volte lamentato con Lucibello rimproverandogli la leggerezza che aveva dimostrato nel farmi utilizzare un telefono con quella provenienza. Lui ha sempre sostenuto di aver agito in assoluta buonafede, che non era assolutamente sua intenzione crearmi delle difficoltà, che non gli era mai capitato di parlarmene anche perché non voleva mettermi in imbarazzo. In sostanza Luci-

Operativamente, la "miccia" della manovra contro Di Pietro si riaccende su due fronti: da una parte, gli on. Berlusconi e Previti – novelli "collaboratori di giustizia" – si recano spontaneamente alla Procura di Brescia per raccontare (a modo loro, come abbiamo visto) i rapporti Pacini-D'Adamo; dall'altra, D'Adamo – preavvisato da Berlusconi e Previti su quanto sono andati a dire a Brescia – si dà da fare per trovare "compagnia", per trovare cioè altri che possano spalleggiarlo nelle accuse contro Di Pietro che si appresta ad andare a riferire a Brescia: ci prova e ci riesce (ma solo parzialmente, come vedremo) con Stefano Eleuterio Rea, e quest'ultimo, a sua volta, ci prova ma non ci riesce con Sergio Radaelli. Vediamo in concreto cosa avvenne.

Il 22 gennaio 97 – pochi giorni prima della sentenza di assoluzione di Cesare Previti e Paolo Berlusconi da parte del Tribunale di Brescia (29-1-97) – il Pm bresciano interrogò D'Adamo e "sondò" una prima volta la sua disponibilità ad accusarmi; in quella occasione, il magistrato fece presente a D'Adamo che era accusato non solo di concussione ai danni di Pacini, ma anche di bancarotta fraudolenta per le sue attività imprenditoriali; soprattutto, lo rese edotto di quanto aveva riferito il 19-12-96 l'on. Berlusconi allorché si era presentato alla Procura di Brescia per riferire cose a suo dire «agghiaccianti». In effetti, il 19-12-96 l'on. Berlusconi si era presentato ai magistrati bresciani, preceduto da un battage pubblicitario di inusuale violenza propagandi-

_____

bello ha ammesso che lui disponeva anche di telefoni di Pacini e che poteva essere accaduto che, inavvertitamente, me ne avesse fatto utilizzare qualcuno. Io ora in sostanza non sono in grado di sapere in quali occasioni posso avere usato schede Gsm di Pacini e se effettivamente la scheda Gsm che mi viene contestata provenga da Pacini. Ribadisco comunque che non può essere accaduto che Lucibello mi abbia prestato ininterrottamente e per svariati mesi un suo telefono, l'uso che ho fato dei telefoni di Lucibello, come già riferito nel corso dei miei precedenti interrogatori, è stato del tutto saltuario e occasionale. All'epoca mi vedevo spesso con Lucibello e non posso escludere che io abbia utilizzato telefoni di Lucibello anche quotidianamente, anche per qualche periodo... Non ritengo possa essere accaduto che io abbia avuto con me il telefono di Lucibello per lunghi periodi e in particolare che tale telefono sia stato con me in occasione di tutti i miei spostamenti da Milano... in quel periodo mi è capitato di incontrare Lucibello anche a Roma, non credo invece di aver mai viaggiato con lui... nei primi mesi del 95 ricordo che per recarmi a Roma, normalmente, prendevo l'aereo. Se mi capitava di dovermi spostare in auto facevo uso, di regola, dei mezzi della scorta».

stica contro il pool di "Mani pulite" [188]; in quella sede, però – nonostante ormai sapesse da più di un anno quanto gli aveva riferito D'Adamo (anzi, aveva, tramite Previti, la disponibilità di un documento scritto di D'Adamo e – stando alla versione Gasparotti che colloca le registrazioni foniche fin dall'ottobre 96 – aveva anche il nastro delle sue dichiarazioni), Berlusconi aveva "dimenticato" di riferire – o quanto meno di far mettere a verbale – tutto ciò che era a sua conoscenza, e anzi aveva tenuto a precisare che lui con D'Adamo aveva *solo* normali rapporti di amicizia e frequentazioni [189]. Insomma, a gennaio 97 D'Adamo comprese – in seguito alle contestazioni mossegli dai Pm – sia che Berlusconi aveva deciso di "aspettare" ancora che a fare il primo passo fosse lui (D'Adamo), sia che la Procura di Brescia si era determinata a contestargli il più grave reato di concussione (e non corruzione, come lui e Berlusconi avevano architettato), e – soprattutto – che era sotto accusa anche per bancarotta fraudolenta in relazione a fatti che potevano (e, come vedremo, avrebbero dovuto) coinvolgere pesantemente anche i suoi familiari (a partire dai suoi figli); così D'Adamo decise di avvalersi della facoltà di non rispondere. (Per mettere nero su bianco la fatidica frase di rito, riferiscono le agenzie di stampa, «D'Adamo [è stato] quattro ore sotto torchio», e appena uscito ha dichiarato ai giornalisti: «Ho chiarito alcune posizioni».) D'Adamo al momento decise di prendere tempo per "studiare una strategia" (risulta dalle intercettazioni che così lui usava esprimersi in questi casi), e d'altronde la sentenza di assoluzione di Previti era alle porte, e anzi nella stessa giornata in cui D'Adamo veniva

sentito dai Pm di Brescia, al piano inferiore il Procuratore generale chiedeva l'assoluzione per Previti e Paolo Berlusconi dall'accusa di estorsione ai danni di Di Pietro. Insomma, tutto suggeriva a D'Adamo la cautela, la stessa cautela usata dell'on. Berlusconi, il quale era partito in quarta per andare a riferire «cose agghiaccianti» e poi aveva partorito un topolino.

Il successivo 18 febbraio 97, a sentenza assolutoria di Previti e Paolo Berlusconi già avvenuta, il Pm bresciano ritentò l'abboccamento con D'Adamo, e lo interrogò in relazione a due diversi procedimenti: il primo a suo carico (dove gli si chiedeva conto del riacquisto per 4 miliardi e mezzo della Gde da Pacini a cui l'aveva venduta da poco per una cifra doppia) [190]; il secondo (a carico – par di capire – dell'intero pool di Milano, accusato da Berlusconi di aver "tramato" contro di lui nel 94 per defenestrarlo dalla presidenza del Consiglio), rispetto al quale gli si chiedeva di riferire quanto a sua conoscenza circa le ragioni delle dimissioni di Di Pietro da "Mani pulite" nel dicembre 94 [191]. Ancora una volta

---

[188] L'on. Berlusconi aveva presentato ai Pm bresciani una memoria nella quale sosteneva che i magistrati del pool "Mani pulite" nel novembre 94 si erano attivati nei suoi riguardi per un "complotto politico" finalizzato a defenestrarlo dalla presidenza del Consiglio.

[189] Nel verbale di sommarie informazioni del 19-12-96, l'on. Berlusconi si limitava ad ammettere che «per quanto riguarda i miei rapporti con l'ing. D'Adamo, tengo a precisare di essermi interessato ad accreditarlo come persona corretta e affidabile presso alcune personalità libiche. In particolare ho ricevuto anche la visita del figlio del col. Gheddafi, e avendo D'Adamo interessi imprenditoriali in Libia, nel campo edilizio, ho sempre fatto presente ai miei interlocutori libici l'esperienza personale e specifica dell'ing. D'Adamo in quel settore».

---

[190] Cfr. verbale interrogatorio D'Adamo del 18-2-97: «*Il Pm spiega come vi siano alcune operazioni tutte da chiarire, con particolare riferimento alla vendita per lire 4,5 miliardi di partecipazioni azionarie della Gde del valore nominale di lire 9 miliardi dalla soc. lussemburghese Morave Holding alla società lussemburghese Simaco Holding, nonché alla successiva rivendita da parte di quest'ultima società delle medesime partecipazioni azionarie per un controvalore di lire 12 miliardi alla soc. Edilgest Finanziaria, in cambio anche di cessioni di crediti da quest'ultima vantate nei confronti di altre società. Il Pm intende chiedere all'indagato informazioni sulla composizione azionaria e partecipativa della Simaco Holding, a chi sia riconducibile questa società lussemburghese, se vi siano in essa soci libici*».

[191] Cfr. verbale interrogatorio D'Adamo del 18-2-97: «*Il Pm espone dettagliatamente alla persona indagata in un procedimento connesso i fatti in ordine ai quali procede il proprio Ufficio, e in particolare i passaggi dell'audizione resa dall'on. Silvio Berlusconi al Pm di Brescia in data 19 dicembre 96, passaggi nei quali si fa riferimento alla persona dell'ing. D'Adamo, e in particolare*: "Infatti nei giorni immediatamente successivi alla data di notifica (22-11-94) dell'invito a comparire, l'ing. Antonio D'Adamo chiese d'incontrarmi. Faccio presente che l'ing. D'Adamo è a me legato da rapporti di amicizia e collaborazione, essendo stato per diversi anni (se non erro, verso la fine degli anni 70) direttore generale della Edilnord, società che fa capo al mio gruppo. In occasione di tale incontro, avvenuto ad Arcore o a Roma (sul punto non ho un ricordo preciso) l'ing. D'Adamo mi disse che il dott. Di Pietro l'aveva pregato di riferirmi che lui dissentiva dalle posizioni che il pool andava assumendo nei miei confronti, che vi era un disegno politico del pool teso

D'Adamo si avvale della facoltà di non rispondere, ma stavolta manda ai Pm bresciani due "messaggi": in un verbale dice che è disponibile a circostanziare «i fatti ai quali ha fatto riferimento l'on. Berlusconi all'esito della chiarificazione della mia posizione», e nell'altro dice che si riserva «di chiarire la [sua] posizione all'esito degli accertamenti in corso»; insomma, è come dire: mi regolerò se e cosa dire a seconda di come sarà definita la posizione che mi riguarda e che può riguardare i miei familiari (specie in relazione alla procedura fallimentare, sia dal punto di vista civile che penale). Di quella giornata di D'Adamo alla Procura di Brescia i verbali non ci dicono altro. Sappiamo, però – anche in questo caso dalla stampa dell'epoca – che ancora una volta per scrivere le solite due righe di verbale che intendeva avvalersi della facoltà di non rispondere, sarebbe stato «interrogato per circa 4 ore», e che all'uscita avrebbe dichiarato ai giornalisti «Stiamo chiarendo, c'è la massima trasparenza e sono certo che alla fine tutto sarà chiarito» [192].

Arriviamo a maggio del 97. Il Gip di Brescia ha da poco concesso la proroga delle indagini, ed è questo il periodo in cui la sentenza di assoluzione di primo grado per Previti e Paolo Berlusconi passa in giudicato. Così, il giorno 13 maggio, Cesare Previti si presenta alla Procura di Brescia, ci va proprio e solo per parlare di Di Pietro e su Di Pietro, e spiega in questo modo la ragione per la quale solo adesso si è deciso a parlare di quanto sa da anni e pur avendo nel frattempo subito un processo certamente connesso ai fatti in questione: «Devo far presente che soltanto adesso vengo interrogato su dette circostanze mentre nel frattempo ho subito un processo in ordine ai miei rapporti con Di Pietro *la cui sentenza di assoluzione è passata in giudicato in questi giorni*. Non ho pensato di utilizzare dette circostanze nell'ambito di detto processo perché le ritenevo ininfluenti, e del resto questa è la prima volta che vengo interrogato in qualità di persona informata sui fatti con l'obbligo di dire la verità su quanto a mia conoscenza».

Eh no!, qui c'è qualcosa che non quadra, anzi più di qualcosa (ma ve lo immaginate l'on. avv. Previti che «non ha pensato» di utilizzare i documenti che aveva in mano?! Che se li era fatti dare a fare, allora?!). Previti arriva alla Procura di Brescia con l'intento di parlare – e di fatto parla – di due cose: il ruolo di D'Adamo come presunto tramite fra Di Pietro e lui (e Silvio Berlusconi), e le confidenze che D'Adamo – sentendosi "politicamente" tradito dal mancato schierarsi di Di Pietro con Forza Italia – gli aveva fatto circa i nostri passati rapporti amicali. Ma questi erano proprio l'oggetto delle vicende che avevano portato al rinvio a giudizio di Previti per estorsione ai miei danni!, e su questi stessi fatti Previti era già stato interrogato sia dai Pm sia dal Tribunale!, e lui adesso vorrebbe dare a bere che "non ci aveva pensato" prima. Che burla!

Ragioniamo. Ora sappiamo anche che Previti quasi "tenne la mano" di D'Adamo, allorché costui scrisse il memoriale contro di me nell'autunno 95 a casa di Berlusconi, anzi glielo fece riscrivere in modo più chiaro, e poi se lo fece consegnare e lo custodì; era stato ancora Previti che, insieme a Berlusconi, si era accordato esplicitamente con D'Adamo affinché quest'ultimo scrivesse il memoriale *in cambio di aiuti economici promessi e mantenuti da Silvio Berlusconi* [193];

---

contro di me, che nei miei confronti la Procura di Milano non aveva 'nulla in mano' che non voleva interrogarmi perché non voleva essere strumento di questo disegno, che aveva firmato l'invito a comparire che mi riguardava solo per prassi dell'ufficio, in quanto certi atti venivano firmati da tutti i sostituti. In quell'occasione l'ing. D'Adamo mi disse anche che il dott. Di Pietro aveva ormai deciso di dimettersi a breve scadenza. Maggiori particolari sul punto specifico, credo che potranno essere forniti dallo stesso ing. D'Adamo. Se ben ricordo sempre in occasione di quell'incontro, l'ing. D'Adamo mi riferì l'invito, da parte del dott. Di Pietro di posticipare la mia presentazione avanti l'Ag di Milano. Per la precisione l'ing. D'Adamo sollecitò quell'incontro proprio per riferirmi questo 'invito', questo messaggio da parte del dott. Di Pietro. Faccio presente che già nel corso di tutto il 94, da quando io ero sceso in politica, l'ing. D'Adamo, in diverse occasioni, si era fatto tramite, a suo dire 'portavoce' del dott. Di Pietro, per manifestarmi una particolare 'vicinanza' del dott. Di Pietro alla mia parte politica e di simpatia nei confronti anche della mia persona"».

[192] Cfr. rassegna stampa del 19-2-97.

[193] Dall'incidente probatorio di D'Adamo del 2-2-98 si evince infatti, in modo inequivocabile, che fra D'Adamo, Berlusconi e Previti era intervenuto un accordo nel senso che gli appunti-memoriale venivano forniti da D'Adamo quale contropartita dei favori che riceveva: D'Adamo infatti risponde «Sì» alla domanda «Lei conferma che quegli appunti che riguardavano questi rapporti con Di Pietro li ha redatti per iscritto anche su invito di Berlusconi e Previti?»; e D'Adamo risponde ancora «Sì» alla domanda «Lei come contropartita per avere questi favori si era impegnato che doveva mettere per iscritto i suoi rapporti con Di Pietro?».

era Previti che l'anno precedente si era attivato con il capo degli Ispettori ministeriali per fargli ricevere Gorrini; era Previti che incontrava Pacini e cercava di convincerlo ad avallare le ambigue parole di D'Adamo. Leggiamo, invece, le "pie" dichiarazioni previtiane al Pm nel maggio 97: «In occasione di una mia visita ad Arcore incontrai [*sic!*] l'ing. D'Adamo che aspettava anche lui il dott. Berlusconi... L'ing. D'Adamo mi disse che aveva preparato un promemoria sulle cose che ci aveva raccontato di Di Pietro... A scrittura ultimata è arrivato il dott. Berlusconi e ci disse di soprassedere a iniziative del genere alle quali lui non era assolutamente d'accordo... L'ing. D'Adamo tuttavia ha [*udite, udite!*] *insistito* nel consegnarmi i due promemoria a suo dire per ogni possibile evenienza... Mi sembra mio dovere di persona informata consegnare detti documenti alla Sv per le valutazioni di competenza». Ma quale «insistito»! D'Adamo, come è stato rilevato anche dal tenore della "registrazione Gasparotti", cercò in tutti i modi di dissuadere Berlusconi dal mettere in piedi "l'operazione Pacini-Di Pietro", dichiarandosi invece disponibile a riferire tutt'altre questioni e soprattutto la vicenda Atm. E poi cosa vuol dire «mi sembra mio dovere di persona informata»? Perché *prima* l'esimio Previti non aveva sentito questo dovere? Lui stesso sostiene che questi fatti non c'entravano nulla con quelli oggetto del suo rinvio a giudizio, e allora perché se li era tenuti per sé?

Alle incredibili dichiarazioni di Previti, seguono quelle analoghe dell'on. Berlusconi, il quale pochi giorni dopo (31-5-97) sente anche lui il bisogno urgente di correre alla Procura di Brescia in quanto «sono a conoscenza del fatto che l'on. Previti è stato recentemente escusso da codesto Ufficio». Anche Berlusconi attacca il violino del suo discorso sostenendo che «D'Adamo mi manifestò l'intenzione di stendere uno scritto contenente la descrizione dei fatti a sua conoscenza, da depositare magari presso un notaio per ogni evenienza», e prosegue con quella che ora sappiamo essere una *falsità bella e buona*: «Tornando a casa ad Arcore ebbi occasione di trovare D'Adamo in compagnia di Previti intento a redigere un manoscritto nel quale stava riportando alcuni dei fatti... Sono intervenuto manifestando con decisione la mia contrarietà, facendo presente che l'unico modo per dare un seguito a quei fatti era quello di portarli a conoscenza dell'Ag e aggiungendo che comunque

non volevo assolutamente essere coinvolto in quella situazione». Di quale «contrarietà» parla l'on. Berlusconi, cioè colui che – come abbiamo visto risultare dalle intercettazioni telefoniche – aveva aizzato D'Adamo («Ingegnere siamo nelle sue mani... bisogna che si prepari»), e colui che inoltre si era accordato per aiutare economicamente D'Adamo proprio in cambio degli «appunti»! E poi chissà perché D'Adamo avrebbe dovuto «riferire quei fatti all'Autorità giudiziaria» quando nemmeno lo stesso Berlusconi lo aveva fatto allorché era stato ascoltato dai Pm bresciani (e soprattutto non lo aveva fatto il 19-12-96, quando pure si era recato alla Procura di Brescia con intenti assai bellicosi!). Ma è evidente che una ragione c'era, e la ricorda lo stesso Pm bresciano nel verbale di audizione di Berlusconi del 31-5-97: «L'Ufficio dà atto che l'escussione avviene a norma dell'art. 362 Cpp essendo stato definito con decreto di archiviazione del 31-1-97 il procedimento n° 3379/95 nei confronti fra gli altri dell'on. Berlusconi, procedimento in relazione al quale, in data 19-12-96, l'on. Berlusconi era stato sentito» – insomma, se avesse parlato prima, ciò che avrebbe detto gli si sarebbe ritorto contro!

Prima di passare al merito delle dichiarazioni del tandem Berlusconi-Previti, bisogna rilevare un'altra singolarità del loro operare. Entrambi si presentano a Brescia con una "pezza d'appoggio": un documento, cioè, che possa in qualche modo sostenere quanto si apprestano a riferire, in modo da allontanare da sé ogni possibile sospetto di comportamento calunnioso. In particolare, Previti si porta appresso gli "appunti-memoriale" di D'Adamo che ha custodito gelosamente per quasi due anni [194]; Berlusconi anticipa

---

[194] Cfr. verbale s.i.t. Cesare Previti del 13-5-97: «In occasione di una mia visita ad Arcore incontrai l'ingegnere D'Adamo che aspettava anche lui l'on. Berlusconi. L'ingegnere D'Adamo mi disse che aveva preparato un promemoria sulle cose che ci aveva raccontato di Di Pietro e me lo ha dato in visione. Io dopo averlo letto gli dissi di riscriverlo in termini più chiari e intelleggibili e lui ha eseguito l'invito riscrivendo nuovamente il promemoria. A scrittura ultimata è arrivato l'on. Berlusconi al quale noi abbiamo spiegato quello che il D'Adamo ci aveva fatto. Il dott. Berlusconi ci disse di soprassedere a iniziative di tal genere alle quali lui non era assolutamente d'accordo e che, se riteneva, l'ingegnere D'Adamo poteva riferire quei fatti alla magistratura. Il D'Adamo tuttavia ha insistito nel consegnarmi i due promemoria a suo

ai magistrati l'esistenza della cassetta fonica ("registrazione Gasparotti"), che si impegna a far consegnare.

Quello che l'on. Berlusconi racconta al Pm in merito alla cassetta registrata è un'offesa alla credulità popolare. Cercando di farla sembrare una "casualità", sostiene di avere fatto allestire nella villa di Arcore un impianto di registrazione per tentare di scoprire se un qualche suo collaboratore domestico infedele riferisse all'esterno notizie che apprendeva all'interno della casa [195].

Ma come: se a villa Berlusconi ci fosse stato un domestico infedele che "ascoltava" i discorsi dei padroni di casa e dei loro ospiti e li riferiva all'esterno, vuol dire che dentro casa il fantomatico domestico "origliava", per cui cosa c'entrava un registratore?! La verità è che l'on. Berlusconi si era messo in casa l'impianto di registrazione – affidandolo alle cure del suo dipendente Gasparotti – con il preciso scopo di registrare ciò che D'Adamo avrebbe potuto dire contro Di Pietro, o meglio, ciò che l'on. Berlusconi avrebbe *voluto* sentirsi dire da D'Adamo sul mio conto: lo si intuisce dalla lettura degli spezzoni di registrazione finiti agli atti, e soprattutto lo ammette lo stesso D'Adamo, allorché chiarisce che era «evidentemente Berlusconi che voleva sentirsi dire che erano 4 miliardi e mezzo messi a disposizione di Di Pietro... ma io non ho detto così... Può darsi che Berlusconi continuava a mettermi in bocca... visto che lui mi stava registrando e io non lo sapevo» [196].

---

dire per ogni possibile evenienza. Ricordo che disse: "Se dovessi morire almeno ho lasciato scritto qualcosa delle cose che so". Mi ha così lasciato questi documenti senza alcun particolare vincolo per l'eventuale utilizzazione. Mi sembra mio dovere di persona informata consegnare detti documenti alla Sv per le valutazioni di competenza. Peraltro non tutte le cose che ci aveva raccontato figurano in detti promemoria. A parte quanto dirò dopo circa il rapporto D'Adamo-Pacini, ricordo che il D'Adamo ci aveva parlato di ingenti spese da lui sostenute per la ristrutturazione della casa di Curno di proprietà del dott. Di Pietro e di altrettante ingenti spese per molti capi di abbigliamento acquistati per Di Pietro presso la ditta Tincati di Milano, corso Vercelli» – «*Si dà atto che l'ufficio acquisisce n° 4 fogli manoscritti a firma non riconoscibile. Si dà atto altresì che su due di questi 4 fogli vi è l'annotazione "Note sul mio rapporto con il dr. Di Pietro" e "Promemoria. Note sul mio rapporto con il dott. Di Pietro"*».

[195] Cfr. s.i.t. Silvio Berlusconi del 31-5-97: «[*A questo punto l'Ufficio chiede al teste se vi siano persone in grado di confermare per conoscenza diretta o indiretta quanto dichiarato dal D'Adamo*] I discorsi di D'Adamo sono stati direttamente percepiti da me e da Previti, presente a quell'incontro, non vi erano altre persone. Devo però aggiungere che quelle stesse cose D'Adamo me le ha ripetute anche successivamente all'autunno del 95, in svariate occasioni. Verso il dicembre del 96 ad esempio, D'Adamo ebbe a parlarmi nuovamente e negli stessi termini di quanto sopra indicato. Poco tempo prima avevo appreso dall'ing. Parigi della Rcs che un mio collaboratore domestico avrebbe riferito all'esterno notizie riservate sui miei incontri nella casa di Arcore (sulla vicenda ho già reso dichiarazioni a codesto Ufficio in data 19-12-96). A seguito di tale notizia fu predisposto all'interno di alcune stanze della mia casa un rudimentale impianto di registrazione che si attivava al manifestarsi di fonti sonore, ciò al fine di poter individuare l'autore di quelle divulgazioni, nell'eventualità che si trattasse di un mio collaboratore domestico. Giova rammentare al riguardo che in quello stesso periodo era stata rinvenuta nella sede romana della Presidenza di Forza Italia, e per la precisione nel mio ufficio, una microspia. Incaricato di controllare queste registrazioni era il mio collaboratore Roberto Gasparotti. Tramite detta persona ho appreso che alcuni stralci dei miei colloqui con l'ing. D'Adamo erano stati registrati. Il Gasparotti, via via che verificava i nastri non contenevano ciò che era utile al fine della individuazione dell'autore delle fughe di notizie, procedeva alla smagnetizzazione dei nastri. Fu lui a farmi presente che tra gli stralci delle conversazioni registrate ve ne erano alcuni particolarmente significativi, che riguardavano le dichiarazioni del D'Adamo relative al finanziamento del Pacini. Disse anche che aveva provveduto a enucleare tali stralci dal restante contesto. Su insistenza del Gasparotti gli dissi che poteva pure conservarli per "memoria storica". Così è avvenuto... Su richiesta dell'Ufficio mi riservo di produrre dette registrazioni. Credo che il Gasparotti abbia provveduto ad assemblare su un unico nastro gli stralci di cui sopra. Deve tenersi presente che nel corso delle conversazioni passeggiavo con D'Adamo da una stanza all'altra... Ho ritenuto mio dovere mettere al corrente i leader dei movimenti politici della mia coalizione di quanto riferitomi dall'ing. D'Adamo, ciò per le opportune valutazioni politico istituzionali... Non ho riferito queste cose in occasione dell'escussione del 19-12-96 in quanto altro era l'oggetto specifico di quella escussione. In quella occasione, peraltro, sono stato sentito in veste di indagato in procedimento collegato e nessuna domanda mi è stata posta sui rapporti tra D'Adamo e Pacini Battaglia. Nella odierna veste di testimone non mi sono sottratto al dovere di riferire quanto in mia conoscenza, a fronte delle specifiche domande che mi sono state poste».

[196] Cfr. incid. prob. D'Adamo del 2-2-98. Insomma, come si legge nel testo della registrazione-collage, D'Adamo faceva credere a Berlusconi che fra me e lui ci fosse stato un accordo ben preciso in merito a questi 4 miliardi e mezzo, mentre al Gip dichiara che era «Berlusconi che voleva sentirsi dire che erano 4 miliardi e mezzo messi a disposizione di Di Pietro... ma io non ho mai detto così». Certo D'Adamo davanti al Gip ha cercato di attribuire a Berlusconi il fatto che io fossi destinatario di questi 4 miliardi e mezzo, ma è la sua la voce registrata che ne parla, e allora per svicolare alle contestazioni non può fare altro che ripetere: «Può darsi che Berlusconi continuava a mettermi in bocca... soprattutto... visto che lui mi stava registrando e io non lo sapevo... io gli avevo detto dei 4 miliardi e mezzo».

Poi, sul tema, e sempre per far credere a una serie di "casualità", Berlusconi dice ai Pm: «Tramite Gasparotti... ho appreso che alcuni stralci dei miei colloqui con D'Adamo erano stati registrati». Ma vi pare possibile che qualcuno possa registrare – e quindi ascoltare – tutto ciò che vuole in casa Berlusconi, senza che il padrone di casa preventivamente non gli dica *cosa* e *chi* e *quando* registrare? Vi pare possibile che Berlusconi abbia «appreso» (quindi logicamente *dopo*) che qualcuno in casa sua si era preso la libertà di fare quelle registrazioni? Però l'on. Berlusconi insiste: «Fu lui [Gasparotti] a farmi presente che tra gli stralci delle conversazioni ve ne erano alcuni particolarmente significativi che riguardavano le dichiarazioni del D'Adamo... Disse anche che aveva provveduto a enucleare tali stralci dal restante contesto». Ma, di grazia: come aveva fatto Gasparotti a decidere quali fossero le conversazioni «particolarmente significative»?

E con che autorità Gasparotti aveva potuto stabilire quali passaggi delle registrazioni «enucleare» e quali invece cancellare? Leggendo gli stralci dei brani registrati e "assemblati" si capisce chiaramente che, subito prima e subito dopo le frasi «enucleate», D'Adamo e Berlusconi stavano parlando ancora della vicenda Pacini: con quale criterio erano stati fatti i tagli? Ma qualcuno può mai immaginare che Berlusconi decida di portare alla Procura di Brescia un nastro che un suo dipendente ha registrato in casa sua e poi "manipolato", senza prima aver deciso, coordinato e verificato l'opera di "taglia e cuci" che ne è stata fatta?

Conclusione di Berlusconi: «Su insistenza di Gasparotti, gli dissi che poteva pure conservare i nastri per memoria storica. Così è avvenuto». Certo ce ne vuole di fantasia per credere a un Gasparotti che "insiste" e a un Berlusconi che, alla fine – quasi con ritrosìa – si rassegna e gli "concede" di tenersi il nastro «per memoria storica»... *Che faccia di bronzo!* E ci vuole anche tanta fantasia per immaginare un dipendente di Berlusconi che *autonomamente* registra i colloqui privati del suo datore di lavoro, nell'abitazione dello stesso, senza che questi lo sappia – dirà infatti Gasparotti al Pm di Brescia (quando là si recherà «spontaneamente avendo ricevuto l'incarico dal dott. Berlusconi di depositare presso questi uffici il nastro magnetico»): «Tengo a precisare che il dott. Berlusconi... sicuramente quando parlava con l'ing. D'Adamo *non sapeva*

se vi fosse o meno la registrazione in atto» [197]. *Che doppia faccia di bronzo!*

Spiace davvero constatare come gli inquirenti bresciani, fin troppo zelanti nel cercare qualsiasi sfumatura potesse offuscare ogni prova a mio di-

---

[197] Le dichiarazioni di Gasparotti al Pm di Brescia sono esilaranti:

«Mi presento spontaneamente avendo ricevuto incarico dal dott. Berlusconi di depositare presso questi Uffici il nastro magnetico che era in mio possesso, contenente brani di conversazioni intercorse tra il dott. Berlusconi e l'ing. Antonio D'Adamo. Consegno pertanto detto nastro, precisando che si tratta, per la precisione, della duplicazione, da me stesso effettuata, di vari spezzoni di nastro magnetico non più disponibile in quanto da me stesso utilizzato per ulteriori registrazioni... Intorno alla metà del mese di ottobre 96, dopo che era stata rinvenuta una microspia negli uffici romani del dott. Berlusconi e dopo che era circolata la voce relativa a fughe di notizie operate verosimilmente da un dipendente della famiglia Berlusconi, ho proposto al dottore di predisporre un rudimentale impianto di registrazione all'interno delle sue case di Arcore e di Roma, allo scopo di individuare il responsabile di tali fughe di notizie. Autorizzato dal dott. Berlusconi, ho così predisposto un impianto di registrazione costituito da due mini registratori e da due radio-microfoni. Via via ho provveduto a sistemare i due radio-microfoni in vari locali delle due abitazioni, i mini registratori li collocavo in locali appartati, di modo da evitare che potessero essere rinvenuti, magari a seguito del rumore. Ho proceduto senza la pretesa di effettuare una registrazione che avesse i caratteri della continuità, sostanzialmente ho effettuato una sorta di "campionatura" nei vari locali e in svariate occasioni. Tali apparati erano del tipo che si attiva automaticamente in presenza di suoni o rumori, ed erano dotati di un sistema automatico di regolazione del volume in entrata. Mano a mano che provvedevo alle registrazioni effettuavo personalmente il riascolto delle stesse e riutilizzavo gli stessi nastri per le registrazioni successive... Intorno al novembre 96, nel riascoltare tali registrazioni, ho avuto modo di ascoltare dei passi di un discorso tra il dottore e l'ing. D'Adamo, ho subito capito che si trattava di una conversazione assai delicata e importante e ho provveduto a riversare i passi della registrazione su un altro nastro magnetico per fare ascoltare detta conversazione al dott. Berlusconi... Inizialmente, il dottore, sentendo la prima registrazione, non vi ha dato molto peso e ha detto una frase del tipo: "Le cose verranno fuori da sole", poi, però, mi ha autorizzato a conservare la cassetta e ha aggiunto che potevo conservare quella registrazione "per la storia". Successivamente... è stata in un'altra occasione o un paio di altre occasioni di colloqui a me registrati, intercorsi tra il dottore e l'ingegnere, aventi analogo contenuto. Anche in questi ulteriori casi ho proceduto come la volta precedente. Tutti gli stralci di colloqui sono stati da me riversati su una unica audio-cassetta che consegno alle Sv. Tengo a precisare che il dott. Berlusconi mi aveva autorizzato a effettuare le registrazioni di cui ho detto, al fine di individuare l'eventuale dipendente infedele, ma che non sapeva, in concreto, quando e dove avrei effettuato tali registrazioni. Dico ciò per dire che sicuramente lui, quando parlava con l'ing. D'Adamo, non sapeva se vi fosse o meno la registrazione in atto... Voglio ancora aggiungere che si tratta di "spezzoni" di conversazioni,

scarico, nemmeno abbiano sentito il bisogno di rimarcare a Gasparotti, Previti e Berlusconi la abnormità di queste loro dichiarazioni.

Venendo al merito delle dichiarazioni di Previti e Berlusconi al Pm bresciano, entrambi fanno delle affermazioni "de relato" (cioè per sentito dire), per cui quelle dichiarazioni possono e devono essere valutate come tali; entrambi, cioè, riferiscono quanto D'Adamo avrebbe detto loro, e ora sappiamo che molto di quanto hanno appreso da D'Adamo – e anche molto di ciò che i due "dicono" di aver appreso da D'Adamo e smentito da quest'ultimo davanti al Gip – è frutto di fervida fantasia.

In particolare. Abbiamo visto come sia irriguardoso del buon senso il discorso di Berlusconi quando sostiene che «D'Adamo mi ha sempre sottolineato di essere stato in qualche modo costretto a prestarsi a questa operazione [*si riferisce ai finanziamenti di Pacini, si badi bene*]... Parlava in termini di vero e proprio stato di necessità... Aggiunse anche che la verità sarebbe comunque venuta a galla a seguito della continuazione dell'inchiesta su Pacini e che a quel punto sarebbe emersa la sua posizione di concusso». Ora sappiamo, inoltre, che D'Adamo smentisce la ricostruzione di Berlusconi, laddove quest'ultimo dice che «per la precisione D'Adamo mi riferì che all'atto della restituzione dei 9 miliardi al Pacini, 4 miliardi e mezzo sarebbero stati destinati a Di Pietro, pienamente consapevole e consenziente». Sappiamo ancora che

Berlusconi viene smentito da D'Adamo quando il primo racconta che «tornando a casa ad Arcore ebbi occasione di trovare D'Adamo in compagnia di Previti intento a redigere un manoscritto nel quale stava riportando alcuni dei fatti... sono intervenuto manifestando con decisione la mia contrarietà, facendo presente che l'unico modo per dare un seguito a quei fatti era quello di portarli a conoscenza dell'Ag e aggiungendo che comunque non volevo assolutamente essere coinvolto in quella situazione». Sappiamo anche che Berlusconi viene smentito dal D'Adamo quando, nell'interrogatorio del 19-12-96, dovendo dare una giustificazione alla sua telefonata intercettata con D'Adamo («Ingegnere siamo nelle sue mani»), si schermì adducendo che voleva solo evocare un aneddoto relativo all'ex direttore del "Corriere della Sera" Missiroli.

Ora sappiamo che anche le dichiarazioni di Previti sono intrise di fantasia: sia con riferimento alle ragioni per cui D'Adamo gli ha consegnato gli appunti-memoriale contro Di Pietro, sia con riferimento al fatto che lui non li abbia subito portati a conoscenza dell'Ag; sia con riguardo alle ragioni per cui Previti si attivò con l'Ispettore Dinacci per introdurre l'audizione di Gorrini al ministero di Grazia e giustizia. Anzi, sul conto di Previti sappiamo anche – per sua stessa ammissione – che ha tentato più volte di "sfruculiare" l'amico Pacini, cercando di avere una qualche conferma di quanto gli aveva raccontato il D'Adamo[198].

---

al riguardo occorre tenere presente che poteva accadere che la registrazione venisse incisa sulla parte terminale del nastro (utilizzavo nastri da 45 + 45 minuti e gli apparecchi che usavo non erano dotati di autoreverse), così come poteva cadere che i soggetti che parlavano si spostassero da una stanza all'altra nel corso del colloquio... Nell'assemblare su un unico nastro i vari spezzoni non ho alterato il senso compiuto delle singole frasi, e in particolare non ho unito tra loro i passi di distinte conversazione. Ho provveduto di mia iniziativa alla trascrizione del nastro che oggi consegno per facilitare l'ascolto in quanto la parte iniziale è un po' disturbata. La sigla "AD" sta per Antonio D'Adamo, e la sigla "SS" per Silvio Berlusconi... [*Previo ascolto del nastro, l'Ufficio rileva che numerose frasi appaiono troncate nella duplicazione e chiede al teste per quale ragione siano stati operati detti tagli*]... Come già ho accennato, il mio intervento mirava a riprodurre solamente i passi più significativi dell'intera registrazione, al fine di favorire la sintesi, il mio scopo non era infatti quello di riprodurre l'intero contenuto dei discorsi dell'ing. D'Adamo, discorsi che peraltro, come ho già spiegato, non sono stati registrati nella loro interezza».

198 Cfr. s.i.t. Cesare Previti del 2-3-98: «Già ho detto, nel corso della mia precedente escussione, di avere appreso nell'autunno del 95 dei finanziamenti fatti da Pacini in favore di D'Adamo e della circostanza che una parte di quel denaro sarebbe dovuto andare a Di Pietro. Dopo avere appreso queste circostanze dal D'Adamo, ho avuto modo, in diverse occasioni, di chiedere conferma di ciò al Pacini. Nel periodo antecedente al suo arresto (del settembre 96), mi ha fornito risposte vaghe e in certa misura contraddittorie. Mi ha confermato di avere dato molti soldi a D'Adamo, ma con riguardo alle ragioni di questo suo comportamento a volte mi ha detto che non avrebbe mai finanziato in quel modo D'Adamo se quest'ultimo non fosse stato amico di Di Pietro (precisandomi che D'Adamo gli era stato presentato proprio da Lucibello, difensore che lui aveva scelto proprio in quanto amico di Di Pietro), altre volte mi ha invece detto di avere finanziato D'Adamo in quanto convinto di poter realizzare un grosso affare con la Libia (citando al riguardo anche un suo conoscente libico a suo dire importante). In altre circostanze ancora ha smentito l'una e l'altra versione. In alcuni casi è capitato che oscillasse da una spiegazione all'altra, nel corso della stessa conversazione. Dopo il suo arresto del settembre

Per il resto, Berlusconi e Previti hanno semplicemente anticipato ai Pm bresciani ciò che D'Adamo di lì a breve andrà a riferire (come sembra che già, dalla fine di gennaio, si stesse determinando a fare, allorché stette per ore e ore al cospetto dei Pm bresciani semplicemente per riferire loro che si avvaleva della facoltà di non rispondere, assicurando poi, ai giornalisti in attesa fuori dal Palazzo di giustizia, che «stiamo chiarendo» e quindi, tramite loro, mandando un messaggio di rassicurazione ben preciso a chi voleva e doveva sapere come si stesse comportando).

D'Adamo viene chiamato a Brescia il 5-6-97, e qui apprende (o meglio, sembra apprendere per la prima volta: in realtà – come vedremo – sta bluffando con gli inquirenti) dai Pm che Berlusconi e Previti avevano "rotto gli ormeggi" del suo attendismo e si erano recati in Procura per indurre D'Adamo a uscire allo scoperto. Capisce dunque che non può più traccheggiare: per anni aveva raccontato loro alcune cose (soprattutto tante frottole), e in cambio aveva chiesto e ottenuto aiuti economici: adesso è arrivato "il conto", e lui deve fare la sua parte. Ma D'Adamo chiede ai Pm un rinvio: non perché non voglia rispondere, ma perché sono fissate proprio in quei giorni le udienze collegiali davanti al Tribunale fallimentare di Milano per l'ammissione alle procedure preconcorsuali delle sue società (Sii, Gde, Edilgest, Eurodafin, Edinim); chiede e ottiene un rinvio dell'interrogatorio per motivi di convenienza – si legge nel verbale: «Ragioni di opportunità che possono essere ben evidenti suggerirebbero di non legare nemmeno temporalmente le decisioni dell'Ag in sede fallimentare di Milano ai miei atteggiamenti avanti alle

Sv»; francamente è difficile comprendere questa giustificazione, e l'adesione passiva dei Pm, giacché si dà atto nello stesso verbale che esso è stato "segretato".

D'Adamo verrà poi riascoltato dai Pm bresciani l'8-7-97, cioè circa un mese dopo (dai primi di giugno ai primi di luglio). Un periodo di tempo nel corso del quale il D'Adamo "riflette" e prepara le sue famose "strategie". E qui si innesta il coinvolgimento di Stefano Rea; anzi, si innesta un ingorgo di personaggi. Soprattutto si innesta un balletto di "date" e di "dichiarazioni" che la dice lunga sul pre-confezionamento delle accuse contro Di Pietro. Vediamo anzitutto chi sono i soggetti in questione: da una parte, abbiamo Stefano Rea e Andrea Mascetti che stanno vicini al D'Adamo; dall'altra ci sono Armando Salaroli e Sergio Radaelli, che ne prendono le distanze; in mezzo ci sto io, che vengo a sapere alcune cose da Pietro Midali. Ma andiamo con ordine, e stabiliamo prima di tutto i collegamenti:

• Stefano Rea è amico intimo di D'Adamo ed è stato anche mio amico; è colui che a suo tempo mi aveva fatto conoscere D'Adamo [199];

• Andrea Mascetti è il genero di D'Adamo, e come vedremo accompagnerà quest'ultimo negli incontri che avvengono in questo periodo con Rea, così come l'accompagnava un tempo agli incontri con Pacini;

---

96 ho cercato nuovamente e a maggior ragione (in considerazione di quanto era emerso sulla stampa con riguardo al contenuto delle intercettazioni dell'Ag di La Spezia) di fargli dire come fossero andate le cose. Pacini in questa seconda fase è stato ancora più restìo a parlare, a volte accennava al fatto che temeva di essere accusato di corruzione e che in realtà, semmai, avrebbe dovuto essere considerato vittima di una concussione. In quei casi non ho perso l'occasione per invitarlo a denunciare a Brescia il reato di cui, in ipotesi, era stato vittima, ma lui non credo che abbia mai raccolto il mio invito... Con riguardo agli eventuali favori processuali che avrebbe ricevuto da Di Pietro, ho cercato di provocare qualche sua risposta ma lui ha sempre negato di avere ricevuto favori, affermando che in realtà l'unico favorito nell'indagine sull'Eni era stato Bernabè e la sua cordata».

[199] Cfr. interrogatorio Di Pietro del 2-7-95: «Avevo conosciuto Stefano Rea all'epoca in cui ero commissario di Polizia a Milano ed era il dirigente della Digos della stessa città. Eravamo a cavallo fra gli anni 80-81. In quel tempo non vi fu una particolare frequentazione fra di noi e la conoscenza dipese da un fatto specifico, e cioè la mia attività di investigazione riservata presso il covo terroristico di via Astesani, Milano, sotto il coordinamento dell'allora mio dirigente Vito Plantone... Successivamente, alla fine dell'85, mi trasferii dalla Procura di Bergamo a quella di Milano. Dopo qualche tempo ebbi modo di reincontrare Rea perché, essendo egli diventato nel frattempo capo della Squadra mobile, frequentava gli uffici della Procura. Presi atto che Rea aveva rapporti e frequentazioni che all'epoca potevano essere qualificate solo ottime anche perché quelle stesse persone frequentavano poi altre notissime figure istituzionali milanesi e nazionali. Insomma tra me e Rea scaturì un'amicizia, ed egli mi fece conoscere quelli che erano i suoi amici a Milano. Io, che ero da poco arrivato a Milano, mi sentii subito a mio agio perché avevo modo di frequentare persone abbienti, rispettate, di ottimo livello culturale. È stato Rea in particolare ad avermi fatto conoscere, per quanto qui riguarda, Giancarlo Gorrini, Paolo Pillitteri, Antonio D'Adamo, Maurizio Prada, Franco Maggiorelli, Claudio Dini e, successivamente dopo qualche tempo, anche Sergio Radaelli».

• Sergio Radaelli è amico di Rea e di D'Adamo (anzi di quest'ultimo lo era, perché poi è stato "bidonato" anche lui da D'Adamo per una bazzecola da 9 miliardi); l'ho conosciuto a suo tempo anch'io [200];

• Armando Salaroli, avvocato, è uno dei difensori di Rea, ma in questo frangente si dissocerà – come vedremo – da quanto si sta accingendo a fare Rea;

• Pietro Midali è un amico mio e – del tutto scollegato da me – dell'avv. Salaroli: conoscendo entrambi, lui è stato il tramite al quale si è rivolto l'avv. Salaroli per avere un incontro con me perché voleva parlarmi.

Ritorniamo ora al verbale di interrogatorio di D'Adamo del 5-6-97. In quel verbale, come abbiamo visto, sembra che D'Adamo apprenda per la prima volta dai Pm ciò che Previti e Berlusconi erano andati a riferire, tanto che fa mettere a verbale: «Vivo un evidente ostacolo di natura psicologica che mi priva della necessaria serenità per superare la più facile scelta di una adesione passiva all'invito a comparire con l'utilizzo delle prerogative dell'indagato, facultato dal silenzio». In realtà D'Adamo il 5 giugno sapeva già tutto, e già si stava muovendo per trovare persone disposte ad avallare quanto avrebbe poi riferito ai magistrati bresciani. In particolare, a quella data lui aveva già incontrato Stefano Rea al ristorante "Novecento" di Milano; ciò risulta sia dalle dichiarazioni di Rea («Ritengo di poter collocare tale incontro tra la metà e la fine di maggio»); sia da quelle dello stesso D'Adamo al Pm («Nell'occasione di un incontro che ho avuto con Rea presso il ristorante "Novecento" di Milano, tra la fine di maggio e l'inizio di giugno, ho detto a Rea che avevo deciso di venire a Brescia»); sia, soprattutto, dal riscontro fornito dall'avv. Salaroli (che ha incontrato Rea sicuramente dopo che questi aveva parlato con D'Adamo), il quale pure dichiara con precisione che l'incontro fra lui e Rea è avvenuto «il 2 o 3 giu-

gno del corrente anno» [201]. D'Adamo, quindi, ancora una volta non dice il vero quando riferisce al Gip che ha incontrato Rea al ristorante "Novecento" *dopo* il 5 giugno [202]; d'altronde, che D'Adamo stia dicendo una cosa non vera, lo si rileva anche quando, di fronte alle contestazioni che gli vengono mosse, finisce per dichiarare: «Parlavo con Berlusconi, mi avevano detto che erano venuti qui ed erano stati sentiti dai Pubblici ministeri. Comunque me l'aveva detto Berlusconi che era venuto qui e Previti aveva depositato i miei appunti» [203] – questo significa

[200] Cfr. incid. prob. D'Adamo del 2-2-98:
Domanda: «Lei è ancora amico di Radaelli?».
Risposta: «No».
D: «Come mai?».
R: «Quando mi ha richiesto di rientrare con i soldi, io ho cominciato a dare qualcosa ma poi non ce l'ho fatta più, ma lui insisteva attraverso l'avvocato Lucibello, attraverso, successivamente, un altro avvocato, messaggi che voleva che io facessi fronte, anche perché lui era in difficoltà».

[201] Cfr. s.i.t. avv. Armando Salaroli del 17-11-97.

[202] Cfr. incid. prob. D'Adamo del 2-2-98:
Domanda: «Prima di venire a Brescia lei aveva detto che aveva visto Rea e si era consultato con lui o comunque l'aveva messo a parte delle sue determinazioni?».
Risposta: «Sì».
D: «Ci può dire quali siano stati i vostri colloqui su questo punto?».
R: «Eravamo al ristorante e io dissi che sarei venuto a Brescia perché avevo preso la determinazione di dire...».
D: «Siamo nel periodo?».
R: «Siamo a giugno».
D: «Sicuramente prima del giorno 8 luglio?».
R: «Sì. Dopo giugno, perché io sono venuto il 5 giugno, quindi dopo il 5 e prima dell'8 luglio 97».
D: «Dopo che lei è venuto a Brescia ha ancora parlato con il dott. Rea?».
R: «Sì».
D: «Chi le chiese di parlare con Rea?».
R: «Nessuno mi ha chiesto di parlare con Rea».
D: «È stata una sua iniziativa?».
R: «Sì».

[203] Cfr. incid. prob. D'Adamo del 2-2-98:
Domanda: «Non ho capito: quale documentazione avevano?».
Risposta: «Avevano tutte le carte sequestrate sulle mie società, avevano già il promemoria di Previti».
D: «Come faceva a sapere che in Procura c'era il promemoria di Previti?».
R: «Non sapevo del promemoria di Previti, parlavo con Berlusconi, mi avevano detto che erano venuti qui ed erano stati sentiti dai Pubblici ministeri... Comunque me l'aveva detto Berlusconi che era venuto qui e Previti aveva depositato i miei appunti».
D: «Lei a quel punto, visto che era solo lei a conoscenza di questo fatto, non ritenne di doverne parlare con nessuno?».
R: «No, non ho inteso».
D: «Perché? Lei viene a sapere in via ufficiosa da Berlusconi che sono stati depositati degli atti in Procura e lei non ritiene di parlare con il suo amico Lucibello?».
R: «Non ho ritenuto di parlare con Lucibello... i fatti a conoscenza della Procura erano tali che era inutile andare da Lucibello.... Anzi, Lucibello è venuto a informarsi che cosa sapevo, io ho detto: "Non ne so niente"».

quindi che D'Adamo sapeva cosa riferirono e cosa depositarono Berlusconi e Previti prima che glielo dicessero i Pm di Brescia.

All'incontro con Rea al ristorante "Novecento" era presente anche Andrea Mascetti, e questo incontro era stato sollecitato da D'Adamo per avvertire Rea che «aveva fatto la scelta processuale di raccontare tutta la verità» [204], [205]. A que-

sto punto è da ritenere che D'Adamo, almeno in quella occasione, all'amico di tante traversie Rea stesse dicendo un po' di verità. Ecco allora cosa riferisce Rea: «Io ho subito pensato alla vicenda che riguardava Pacini e gli ho chiesto se lui [D'Adamo] avesse o meno dato i soldi a Di Pietro. Lui *ha escluso* questa circostanza». Insomma anche a Rea, che pure stava invogliando a recarsi a Brescia per accusarmi, D'Adamo ha detto che io non c'entravo niente con questa faccenda-Pacini (nemmeno a livello di promessa). L'unico messaggio che D'Adamo voleva far arrivare a Rea la vicenda Radaelli, raccomandandogli di «non fare brutte figure nel caso in cui fosse stato convocato [a Brescia]». Insomma Rea non può contribuire in alcun modo come teste di accusa perché D'Adamo, in precedenza, niente gli aveva mai riferito al riguardo, e l'unica cosa che gli ha detto allorché lo avvertì era che io, nella vicenda Pacini, *non c'entravo nulla*. Ancora più chiaramente: l'accordo che Rea e D'Adamo volevano "chiudere" in quel momento non era la faccenda Pacini, ma quella Radaelli. Se infatti si prova a esaminare in un contesto unitario tutte le "tracce di reato" che D'Adamo aveva seminato contro Di Pietro (il testamento del 94, il memoriale del 95, quanto andava dicendo a Previti, Berlusconi e Rea, ciò che si intuisce dalla "registrazione Gasparotti", il contenuto dei suoi interrogatori al Pm, e così via) ci si può rendere conto che lui in realtà mirava a farmi cadere nella trappola della vicenda Atm-Radaelli, e non in quella Pacini; la "trappola Pacini" era piuttosto quella per la quale premevano Previti e Berlusconi, ma D'Adamo – che sapeva bene come stavano le cose – ha sempre nicchiato fino a quando non è stato messo con le spalle al muro: da una parte da Previti e Berlusconi (che oramai avevano deciso di andare a Brescia per riferire ciò di cui lui aveva riempito loro la testa negli anni passati), e dall'altra dai Pm che avevano ormai scoperto i trucchi contabili con cui D'Adamo aveva gestito, insieme ai suoi familiari, le sue aziende, e che erano determinati a calcare la mano.

D'Adamo davanti al Gip ha sostenuto di ave-

---

[204] Cfr. interrogatorio Stefano Rea del 15-9-97: «L'incontro presso il ristorante "Novecento" è durato una ventina di minuti circa... Ricordo che nell'occasione era stato D'Adamo a mettersi in contatto telefonico con me (mi ha chiamato sul mio telefonino 0337-356...) per chiedermi se potevamo incontrarci presso il ristorante indicato che si trova nei pressi di casa mia. Ci siamo così incontrati intorno alle ore 13 nei pressi del ristorante. La telefonata aveva preceduto di circa un'ora l'incontro... D'Adamo ha iniziato col dirmi che aveva fatto la scelta processuale di raccontare tutta la verità. Io ho subito pensato alla vicenda che riguardava Pacini e gli ho chiesto se lui (D'Adamo) avesse o meno dato i soldi a Di Pietro. Lui ha escluso questa circostanza, gli ho chiesto allora se i soldi li avesse dati a Lucibello, ma lui ha replicato dicendo "Lucibello lasciamolo stare". Ho inteso che D'Adamo non volesse affrontare l'argomento Lucibello, e alla mia richiesta di spiegarmi cosa sarebbe allora venuto a dire a Brescia non ha più voluto dire nulla insistendo nel dire che "bisognava dire la verità". D'Adamo mi ha spiegato che a fronte di tale sua scelta era necessario che se io fossi stato convocato a Brescia avrei dovuto tenere presente il fatto che lui mi aveva detto la verità "su tutti gli argomenti" e mi ha spiegato che mi dava tale avvertimento per evitarmi di fare delle "brutte figure" davanti ai magistrati... In occasione del primo incontro con D'Adamo, avente a oggetto questi argomenti (intendo riferirmi all'incontro presso il ristorante "Novecento"), ricordo che D'Adamo, nel dirmi che a Brescia avrebbe raccontato "tutta la verità", ha fatto espresso riferimento alla vicenda che riguardava il "caso Radaelli", raccomandandomi, al riguardo, di non venire a "fare brutte figure" nel caso in cui fossi stato convocato».

[205] Cfr. interrogatorio D'Adamo del 26-9-97: «Nell'occasione di un incontro che ho avuto con Eleuterio Rea presso il ristorante "Novecento" di Milano, tra la fine di maggio e l'inizio di giugno di quest'anno, ho detto a Rea che avevo deciso di venire a Brescia a raccontare tutta la verità in ordine ai miei rapporti con Di Pietro. Mi sono comportato così perché ben sapevo che le mie dichiarazioni lo avrebbero in qualche modo coinvolto, specie per quanto riguarda la vicenda "Atm". Ho espressamente detto a Rea che avrei riferito "tutta la verità" e l'ho invitato a regolarsi di conseguenza. Ricordo che lui aveva criticato la mia decisione di chiamare in causa Sergio Radaelli, sostenendo che quest'ultimo aveva dei problemi e che non era il caso di coinvolgerlo. Gli ho spiegato che, avendo fatto tale scelta, non potevo dire alcune cose e tacerne delle altre. Al colloquio ha presenziato anche mio genero Andrea Mascetti... L'incontro presso il ristorante è stato preceduto da una telefonata. Era stato Rea a telefonarmi. Prendo atto che Rea nel corso dell'interrogatorio del 18-9-97 ha dichiarato che sarei stato io a chiamarlo. Io ricordo che mi ha chiamato lui, ma potrei anche sbagliarmi. La

cosa può comunque essere verificata sui tabulati... Di queste cose, con Rea, ne ho parlato anche in altre occasioni, una volta nella mia casa di Robecco, una volta nella mia casa di Milano, e un'altra volta presso il citato ristorante».

re avvertito Rea perché, dovendo coinvolgerlo a Brescia, aveva sentito il bisogno di comunicarglielo prima per una specie di riguardo. Non si capisce allora perché un tale riguardo D'Adamo non lo abbia avuto per le altre persone che pure stava "inguaiando", e fra queste soprattutto Radaelli, verso il quale era debitore di 9 miliardi, nonché Lucibello che – a suo dire – era stato un elemento essenziale per ottenere i finanziamenti da Pacini [206] e al quale non aveva mai dato nulla dei soldi ricevuti da Pacini (nemmeno per "l'incomodo" di averglielo presentato). Forse la chiave di lettura è proprio nelle dichiarazioni spontanee di Lucibello, il quale riferisce la seguente confidenza che gli avrebbe fatto D'Adamo a suo tempo: «Devo avere a stipendio Rea che poverino non ha soldi e io gli passo lo stipendio, lo aiuto come posso» [207]. Anche qui ancora una volta delle due l'una: o è vero ciò che lui ha detto a Lucibello, e allora ci troviamo di fronte a un coacervo di interessi privati tali per cui D'Adamo sa di poter chiedere a Rea di aiutarlo a Brescia, oppure non è vero e allora ci troviamo di fronte al solito D'Adamo che fa credere ai suoi interlocutori "lucciole per lanterne" a seconda delle convenienze!

Sta di fatto che Rea, quando il 2 o 3 di luglio prende atto delle dichiarazioni di D'Adamo, si organizza e va dai suoi difensori avv. Salaroli e avv. Balzano Prota a chiedere consigli. Non sappiamo cosa gli abbia consigliato Balzano Prota, ma sappiamo cosa pensava Rea di Balzano Prota allorché riferì all'ufficiale di Pg con cui aveva chiesto di parlare confidenzialmente (e costui registrò segretamente) che non si fidava di parlare di queste cose con Balzano Prota perché, essendo un simpatizzante di Forza Italia, sarebbe andato subito a vendersi la notizia [208]. Sappiamo invece cosa fece l'avv. Salaroli quando venne a conoscenza di ciò che D'Adamo e Rea volevano mettere in piedi: si dissociò dall'iniziativa, rimise il mandato difensivo, e venne a riferirmi – dopo avermi fatto cercare dal comune amico Pietro Midali – la "polpetta avvelenata" che mi stavano preparando [209].

---

[206] Cfr. incid. prob. D'Adamo del 2-2-98:

Domanda: «Ingegnere, mi può spiegare perché ritenne di avvisare il dott. Rea che veniva a coinvolgerlo a Brescia e non ritenne di avvisare l'avvocato Lucibello che fino al 9 luglio riteneva suo amico?».

Risposta: «Intanto io ho avvertito Rea perché lo potevo coinvolgere in una problematica, non ho avvertito l'avv. Lucibello perché ho anche cercato di minimizzare il ruolo di Lucibello nei primi interrogatori, quindi non ho ritenuto di doverlo avvertire».

D: «Perché?».

R: «Non ho ritenuto di dirglielo».

D: «Perché lei ha sentito il bisogno di fare una telefonata a Rea e dirgli: "Io adesso vado in Procura e parlerò anche di cose che ti possono coinvolgere"?».

R: «Perché mi dispiaceva coinvolgere il dott. Rea con cui ho una lunghissima amicizia».

D: «Con gli altri, perché lei non l'ha fatto, perché lei non ha telefonato agli altri?».

R: «Perché ormai le carte che erano in Procura per quelle vicende erano già abbastanza chiare. Secondo me i Pm avevano già documentazione tale...».

[207] Cfr. dichiarazioni spontanee avv. Lucibello, incid. prob. D'Adamo del 2-2-98: «In relazione alla domanda dell'avv. Dinoia all'ing. D'Adamo, quando Rea è stato sospeso dal lavoro, l'ing. D'Adamo in più di una occasione mi ha detto: "Ho già i guai miei e devo avere a stipendio anche Rea che poverino non ha soldi e che io gli passo lo stipendio, lo aiuto come posso, non ce la faccio più"».

[208] Cfr. registrazione ambientale Rea del 23-7-98.

[209] Cfr. s.i.t. Pietro Midali del 23-11-97: «Verso la metà del mese di giugno del corrente anno, alle ore 23.00 circa, l'avv. Salaroli mi telefonò a casa dicendomi se gli potevo fissare un appuntamento con il dott. Di Pietro. Non mi precisò nulla al riguardo sottolineando solamente che si trattava di una cosa abbastanza urgente. Risposi al Salaroli che avevo bisogno di qualche giorno per rintracciare il dott. Di Pietro e gli dissi di richiamarmi dopo due giorni circa. Passati i due giorni il Salaroli non mi richiamò e quindi pensai che forse non si trattava di una cosa molto importante Dopo circa una settimana il Salaroli mi richiamò di nuovo a casa dicendomi che aveva urgente bisogno di parlare con il dott. Di Pietro per fatti che lo riguardavano direttamente e che non poteva espormi per telefono in quanto trattavasi di una questione lunga e delicata... La domenica sera ci incontrammo alla pizzeria "Il Caminetto" di Branzi, dove io mi recai da solo. Il Salaroli dopo aver finito di consumare la cena mi chiamò in disparte e mi disse che la necessità di parlare con il dott. Di Pietro nasceva dal fatto che egli era venuto a conoscenza di cose molto gravi che riguardavano l'ex magistrato. In particolare mi disse di riferire al dott. Di Pietro che aveva rinunciato a difendere il dott. Rea in quanto erano sorti dei motivi che non gli consentivano più di proseguire nel mandato. Aggiunse alla mia richiesta di fornire ulteriori dettagli, che il Rea a seguito di una promessa di essere riassunto al Comune di Milano (non mi specificò da chi provenisse la promessa) era disposto a fare delle accuse nei confronti del dott. Di Pietro. Salaroli fece anche il nome di un certo D'Adamo, che all'epoca non sapevo chi fosse, ma non ricordo con precisione a che proposito. Il lunedì sera mi recai a Bergamo e mi incontrai con il dott. Di Pietro al quale riferii il contenuto del colloquio avuto con l'avv. Salaroli. Di Pietro mi disse che era intenzionato a incontrare l'avv. Salaroli a Bergamo. Contattai la sera stessa l'avv. Salaroli chiamandolo sul cellulare mentre si recava a Roma e gli dissi che ci saremmo visti la sera successiva, alle ore 08,30, circa all'Albergo "Città dei Mille" adiacente al ca-

Appena ne venni informato, subito mi premurai di avvertire i Pm di Brescia, chiedendo alla stessa Procura, dopo aver ricapitolato i fatti [210], di: a) valutare l'esistenza di elementi penalmente rilevanti nei confronti dell'on. Silvio Berlu-

sconi specie per ciò che riguarda la "pubblica minaccia" formulata il giorno 5-7-97 e la possibile diffamazione; b) valutare, nel caso sussistesse effettivamente discrepanza nella ricostruzione contabile dei rapporti economici Pacini-D'Adamo, la sussistenza del reato di millantato credito ai miei danni; c) valutare, con riferimento alla ricostruzione, teorizzata dal D'Adamo, dei rapporti con Maurizio Prada, Sergio Radaelli e Stefano Rea, la sussistenza del reato di ca-

---

sello autostradale di Bergamo. Mi recai all'appuntamento con l'avv. Salaroli e insieme raggiungemmo il dott. Di Pietro al ristorante "Piemontese" di Bergamo. Voglio precisare che per motivi di opportunità e anche perché mi sentivo un po' imbarazzato ho cercato di tenermi in disparte non intervenendo nella conversazione tra l'avvocato e il dott. Di Pietro. Spesso mi sono alzato da tavola per andare ai servizi o per fumare una sigaretta. Ho cercato di lasciare il più possibile i due da soli anche perché gli argomenti non erano di mio interesse e facevo fatica a seguirli nei loro discorsi in quanto parlavano di persone e fatti me in parte sconosciuti. Ricordo che il Salaroli inizialmente riferì al dott. Di Pietro quanto in precedenza aveva già detto a me, in ordine ai motivi per i quali aveva abbandonato la difesa del dott. Rea. Successivamente i due hanno parlato di D'Adamo, ma non ricordo con precisione tutto ciò che si sono detti. Ricordo solamente che con riferimento al D'Adamo il dott. Di Pietro era molto interessato ad avere più notizie possibili su quanto egli era in procinto di andare a riferire, o aveva già riferito, alla Procura di Brescia. Mi è sembrato di capire che il dott. Di Pietro non sapeva se il D'Adamo si era già recato a Brescia oppure no. Di Pietro e Salaroli affermavano che dopo D'Adamo a Brescia si sarebbe presentato anche il dott. Rea per fare la sua deposizione. Ricordo che durante la cena fu pronunciato anche il nome del dott. Borrelli ma al riguardo non ricordo nulla. Terminata la cena ognuno ha lasciato il ristorante per conto suo. Di Pietro e Salaroli si salutarono dicendo che se avessero avuto bisogno di incontrarsi nuovamente avrebbero fissato un appuntamento tramite me. Ho rivisto, dopo la cena a Bergamo, solamente il Salaroli ma non abbiamo più affrontato l'argomento».

[210] Cfr. esposto di Di Pietro contro D'Adamo e Berlusconi dell'11-7-97: «[...] Per quanto mi riguarda, ho cominciato a comprendere la "trappola" che si stava tessendo ai miei danni sin dal 18 giugno u.s., allorché, trovandomi a cena all'hotel "Piemontese" di Bergamo unitamente ad altre persone tra cui l'avv. Armando Salaroli del Foro di Milano (a suo tempo difensore di Eleuterio Rea), ebbi modo di ascoltare uno sfogo privato che egli ebbe a fare con taluno dei presenti. In particolare, l'avv. Salaroli riferiva quanto segue:
• di aver rimesso da alcuni giorni il mandato difensivo del dott. Stefano Eleuterio Rea, già comandante dei Vigili urbani di Milano, con riferimento ai vari procedimenti penali che costui aveva in corso in quanto il Rea avrebbe accettato la richiesta fattagli di rendere dichiarazioni all'Ag di Brescia in qualche modo per me compromettenti, *in cambio della garanzia di essere riassunto* dal Comune di Milano. Egli, infatti, è attualmente sospeso dal servizio per motivi giudiziari legati a procedimenti penali che ha in corso presso l'Ag di Milano;
• più specificatamente, l'avv. Salaroli ebbe a dire che subito dopo le ultime elezioni amministrative di Milano e la conseguente affermazione del gruppo politico guidato da Silvio Berlusconi, vi sarebbero stati dei contatti – non ha saputo dirmi se diretti o mediati da qualcuno – tra Silvio Ber-

lusconi e Stefano Rea per uno scambio reciproco: Berlusconi si sarebbe adoperato all'interno dell'Amministrazione comunale per far rientrare in ruolo Stefano Rea (non come comandante dei Vigili urbani, ma a dirigere una ripartizione oppure inserito in un ente o azienda pubblica) a condizione che quest'ultimo si fosse recato alla Procura di Brescia per dichiarare: a) che io in passato, attesi i miei passati rapporti di amicizia e frequentazione con l'ing. Antonio D'Adamo, potessi aver ricevuto da lui delle regalie anche in denaro; b) che alla fine del novembre 94, dopo essere stato avvertito circa l'esistenza di dichiarazioni compromettenti rese da Gorrini agli ispettori del ministero di Grazia e giustizia, egli ne avrebbe parlato al Pm di Milano dott. Ilio Poppa (di cui era amico) e questi, a sua volta, ne avrebbe discusso con il dott. Borrelli (che, invece, aveva dichiarato a suo tempo all'Ag di Brescia di non aver mai saputo nulla del contenuto dell'ispezione ministeriale segreta nei miei confronti fino a quando essa non è stata resa pubblica dai mass media);
• a dire dell'avv. Salaroli, Rea sarebbe stato indotto a rilasciare queste dichiarazioni su specifica volontà dell'on. Berlusconi come unico modo per essere riassunto nel Comune, e inoltre dopo essere stato rassicurato circa il fatto che *anche Antonio D'Adamo le avrebbe confermate al Pm di Brescia*;
• in conclusione, a entrambi – seguendo una precisa regia dettata da qualcuno, la cui paternità l'avv. Salaroli attribuiva all'on. Silvio Berlusconi – stanno facendo pressioni o ammiccamenti per indurli a riferire fatti sulla mia persona descritti in modo tale che io possa essere messo in difficoltà possibilmente penalmente, o quanto meno, nell'immagine dell'opinione pubblica. Le ragioni di queste attività di delegittimazione nei miei confronti sarebbero da ricercare da una parte nel tentativo di bloccare ogni mia aspirazione politica e dall'altra di vendicarsi per ciò che ho fatto come Pm durante l'inchiesta "Mani pulite".
Vi è un riscontro documentale consistente in una intervista rilasciata dallo stesso Rea al "Corriere della Sera" in epoca non sospetta, e cioè il 23-11-96, laddove Rea parlando di me dice: "Di Pietro agli inizi del 92 comincia a capire, con dolore e stupore... alla fine dell'anno partono i tentativi di delegittimazione... Sembrava un pericoloso latitante da catturare a qualsiasi prezzo. Traduzione? Offrivano soldi per inguaiare Di Pietro. Ma chi? Lasciamo stare. Dico solo che pure io sono stato avvicinato. Anche da personaggi importanti. Fine". Insomma, qualcuno aveva avvicinato già da tempo Eleuterio Rea per convincerlo a "sparlare" di me (nel senso di fargli raccontare in un'ottica diversa e per me delegittimante, fatti di per sé neutri e leciti). Non solo: dal tenore dell'intervista di Rea si evince che non sarebbe stato solo lui la persona contattata».

lunnia ai miei danni giacché io non ho mai favorito né mai ho inteso favorire in modo illecito né tali persone né alcun'altra persona né nell'ambito dell'inchiesta "Mani pulite" né mai.

A seguito di questo mio esposto, ho ricevuto attestazione dalla cancelleria della Procura di Brescia da cui risulta che esso ha generato il p.p. n° 3213/97 mod. 21 a carico di Silvio Berlusconi, iscritto il 17-7-97 per i reati di minaccia e diffamazione (612 e 595 Cp, fascicolo che in data 20-11-97 è stato trasmesso alla Procura presso la Pretura di Roma). Tale decisione mi è apparsa subito "riduttiva", rispetto a quanto avevo esposto, e allora in data 27-12-97 ho riproposto con apposita istanza che si valutasse «il complesso dell'esposto da me presentato giacché – ripeto – nulla so dei rapporti economici Pacini-D'Adamo né mai in alcun modo ho posto volutamente in essere atti e attività dirette a favorire scientemente Pacini. Pertanto, se l'ing. D'Adamo avesse affermato cose contrarie al Pm, egli mi ha indubbiamente calunniato. Se poi avesse usato il mio nome per accreditarsi a Pacini, avrebbe anche millantato credito». Purtroppo, a tutt'oggi non ho saputo più nulla di quanto da me denunciato, salvo trovare copia dei miei esposti sparsi nel fascicolo processuale.

Quanto al merito delle dichiarazioni dell'avv. Salaroli, egli ha riferito a me, ma soprattutto ha confermato al Pm [211], che aveva rinunciato al mandato difensivo dopo che Rea gli aveva confidato che «in cambio del suo reintegro presso il Comune di Milano», lui e D'Adamo si sarebbero recati avanti dall'Ag di Brescia per rendere dichiarazioni contro Di Pietro e contro il dott. Borrelli, giustificando tale sua decisione con il fatto che: a) «si trovava in mezzo a una strada»; b) «Berlusconi voleva morto Di Pietro»; c) «anche D'Adamo, dopo il... reintegro, avrebbe reso dichiarazioni a Brescia sul conto di Di Pietro, dichiarazioni che esso Rea avrebbe avuto il com-

[211] Cfr. s.i.t. avv. Armando Salaroli del 17-11-97: «Il 2 o il 3 di giugno del corrente anno, il dott. Rea... mi disse che sarebbe venuto a Brescia per rendere dichiarazioni sul conto del dott. Di Pietro e del dott. Borrelli. Borrelli e aggiunse che Berlusconi "voleva morto Di Pietro". Il colloquio durò una decina di minuti in tutto, Rea mi spiegò che si trovava in mezzo a una strada e che aveva accettato di rendere le dichiarazioni di cui sopra in cambio di un suo reintegro al Comune di Milano. A seguito di mie richieste di maggiori chiarimenti, Rea aggiunse che anche D'Adamo, dopo il reintegro di Rea presso il Comune, avrebbe reso dichiarazioni a Brescia sul conto di Di Pietro, dichiarazioni che lui aveva il compito di confermare. Gli feci subito presente che tutto ciò non mi sembrava giusto e che non mi sarei prestato a un'operazione che appariva all'evidenza coordinata e gestita da qualcun altro. Gli dissi espressamente che mi sembra una vera "porcheria" in quanto da ciò che mi stava dicendo appariva evidente che lui fosse a conoscenza di quanto D'Adamo sarebbe venuto a dichiarare a Brescia. Le stesse dichiarazioni di D'Adamo, a suo dire, erano subordinate al suo reintegro presso il Comune di Milano. Per giustificare le sue intenzioni disse più volte che si trovava in mezzo a una strada. Mi stupii in particolare che avesse qualcosa da dire anche sul conto del dott. Borrelli: come sopra ho accennato, infatti, lui mi aveva detto che avrebbe dovuto attaccare anche quest'ultimo. Mi ac-

cennò che sul conto di Borrelli avrebbe riferito circostanze attinenti le dimissioni di Di Pietro e a tale riguardo fece il nome del dott. Poppa. Gli chiesi espressamente se le cose che aveva in animo dire sul conto di Borrelli fossero vere, lui non mi diede una risposta diretta, si limitò a rispondere una frase del tipo "Devo dire queste cose". Fu proprio a quel punto che la mia reazione divenne più energica e lo licenziai bruscamente. Decisi quasi immediatamente di rinunciare ai vari mandati difensivi. Successivamente pensai a lungo come comportarmi, presi in esame la possibilità di andare a parlare col dott. Borrelli, ma esclusi subito tale possibilità rendendomi conto che in qualche modo avrei finito per denunciare Rea per un comportamento in relazione al quale Borrelli non era competente. Vi erano poi ragioni di opportunità legate al fatto che Rea era stato un mio cliente. Alla fine decisi di chiedere consiglio al mio amico Piero Midali di Valleve (paese in provincia di Bergamo), persona che sapevo essere in stretti contatti di amicizia con il dott. Di Pietro... Chiamai Midali dicendogli che avevo della cose importanti da dirgli, forse aggiunsi anche che queste cose riguardavano il dott. Di Pietro. Il giorno successivo a seguito di un mio ripensamento lo chiamai nuovamente per dirgli di lasciare perdere la cosa... Di lì a un paio di giorni telefonai al Rea per dirgli che avevo deciso di rinunciare ai mandati. Successivamente ho avuto una nuova occasione per parlare di queste cose con Rea, quando quest'ultimo è venuto nel mio studio per prendere nota dei vari procedimenti che lo riguardavano. I nostri rapporti erano ormai incrinati a seguito della mia decisione di abbandonare la sua difesa. Nel corso di tale incontro io l'ho apertamente rimproverato dicendo che ciò che stava facendo era una vera "porcheria" e lui ha cercato di giustificarsi, come già aveva fatto in precedenza, ribadendo il fatto che era nella necessità di doversi comportare in quella maniera... Devo aggiungere che l'impressione che avevo tratto dai suoi discorsi era che *Rea fosse intenzionato a riferire anche cose non vere*. Di lì a qualche giorno e per la precisione la sera di domenica 15 giugno, mentre mi trovavo a cena presso una pizzeria di Branzi denominata "Bar Caminetto", mi sono incontrato casualmente col Midali che probabilmente era venuto in quella pizzeria per cenare. Mi pare che Midali fosse in compagnia di altre persone che però in questo momento non sono in grado di indicare... Vedendo il Midali ho deciso di ritornare sulla mia iniziale decisione e cioè di riferirgli quanto avevo appreso da Rea. Terminata la cena mi appartai col Midali riferendogli in estrema sintesi che vi era in atto una manovra di Berlusconi tramite Rea per colpire Di Pietro e Borrelli. Midali mi ha subito detto che avrebbe riferito quanto da me appreso a Di Pietro».

pito di confermare». Al riguardo, l'avv. Salaroli ha anche precisato di avere detto a Rea che questo modo di fare gli «sembrava una vera porcheria», ma che Rea gli aveva risposto: «Devo dire queste cose», e lui ne aveva tratto l'impressione «che Rea fosse intenzionato a riferire anche cose non vere».

È opportuno precisare a questo punto che Rea ha riferito al Pm bresciano anche motivi di risentimenti diretti verso di me, giacché secondo lui io, quand'ero ministro, non sarei intervenuto in suo favore per farlo riassumere al Comune di Milano, e poi non sarei intervenuto pubblicamente in merito ai suoi debiti di gioco [212]. Anzi, per una sua personalissima visione della giustizia, Rea riferisce all'ufficiale di Pg con cui ha richiesto il colloquio investigativo che «[Di Pietro] mi fa schifo... tutto quello che ha fatto a Salamone... a Bonfigli... non sono cose che si debbono fare... Per cui io... se la vicenda Radaelli serve per chiudere un quadro e non c'è nient'altro, lo possiamo fare» [213]. Più chiaro di così! In pratica Rea manda a dire ai Pm di Brescia: signori magistrati, io sono dalla vostra parte, Di Pietro denunciando i Pm Salamone e Bonfigli ha fatto «cose che non si debbono fare» e quindi «se serve» e «se non c'è altro da fare» posso dichiarare tutto quello che occorre per affondarlo con la vicenda Radaelli.

E che Rea fosse disponibile a dire anche cose non vere al riguardo non è solo un'intuizione di Salaroli: finisce per ammetterlo lo stesso Rea laddove, a fronte della sua dichiarata disponibilità a dire ciò che serve per incastrarmi sul caso Radaelli, in un altro passo delle dichiarazioni confidenziali all'Ufficiale di Pg riferisce che se «io parlo dell'indagine pura non ne caviamo molto, neanche con Radaelli perché... D'Adamo ha forzato molto il concetto "Gli dò i soldi perché lui mi dice che aiuta Radaelli"» [214] – quindi Rea è consapevole che D'Adamo sta "forzando" l'interpretazione dei nostri rapporti passati! A questo punto Rea, avendo ormai deciso di accettare la "proposta indecente" di D'Adamo di "accollarmi" un reato per la vicenda Atm-Radaelli, cerca di coinvolgere nella manovra anche lo stesso Radaelli.

Che ci sia stata una torbida manovra contro di

---

[212] Cfr. interrogatorio Stefano Rea del 29-7-97: «Da quel momento in poi [*fine 94, ndr*] non vidi più Di Pietro fino al giorno del processo di Brescia, cioè all'udienza preliminare del Gip, nell'ambito del procedimento in cui anch'io ero imputato. Da allora non l'ho più visto. Ho cercato in due occasioni di mettermi in contatto con lui, andando dal suo legale, l'avv. Dinoia. Una prima volta allorché, nel settembre 96, fui condannato dal Tribunale di Milano per "abuso non patrimoniale in atti di ufficio", essendo stato sospeso dal servizio (ed essendo l'unico funzionario in Italia sospeso per simile reato), andai dall'avv. Dinoia per chiedere se poteva far intervenire il ministro Di Pietro, affinché telefonasse al Segretario generale del Comune di Milano per rappresentare l'assurdità della mia situazione. Il Segretario generale, nell'occasione in cui mi recai da lui per chiedergli di essere riammesso in servizio, mi manifestò tutta la sua stima per il ministro Di Pietro. L'avvocato disse di non preoccuparmi, ma so che nessuna telefonata venne fatta. La seconda volta sono stato dall'avv. Dinoia il giorno precedente l'audizione del dott. Di Pietro in Tribunale a Brescia (nel corso del dibattimento a carico di Previti e altri), affinché Di Pietro dicesse pubblicamente che i miei debiti non erano, se non in parte, debiti di gioco e riferisse l'importo di tali debiti in modo corretto, in quanto in quell'indagine si parlava erroneamente anche di svariate centinaia di milioni (in questi termini aveva testimoniato ad esempio Maggiorelli, avendo appreso da Di Pietro quale fosse l'entità di tali debiti). Dinoia disse che avrebbe riferito la mia richiesta al dott. Di Pietro. Quest'ultimo, invece, in aula si avvalse della facoltà di non rispondere».

[213] Cfr. registrazione ambientale Stefano Rea del 23-7-98:
Rea: «A me non piace né quello che Di Pietro ha fatto a Salamone, né quello che ha fatto a Bonfigli, mi fa schifo quello che ha fatto, onestamente, perché purtroppo quello che ha fatto...».

Cap.: «A cosa si riferisce?».
Rea: «A tutta l'indagine su Salamone, i fratelli... [*Inc.*] non sono cose che si debbano fare... [*Inc.*]...».
Cap.: «Comunque saranno altre persone a giudicare, alla fine».
Rea: «È una mia... è una mia valutazione morale, meglio dire 'ste cose... [*Inc.*] per cui io espressamente, se la vicenda Radaelli serve per chiudere un quadro e non c'è nient'altro, lo possiamo fare...».

[214] Cfr. registrazione ambientale Stefano Rea del 23-7-98:
Rea: «Quindi queste... ripeto, noi fin qui, diciamo noi, io parlo dell'indagine pura, non ne caviamo molto, neanche con Radaelli, perché da una parte è vero, dall'altra parte D'Adamo ha forzato molto il concetto "Gli do i soldi perché lui mi dice che aiuta Radaelli"... No!».
Cap.: «Ma questo gliel'ha detto D'Adamo, che si è espresso in questi termini...».
Rea: «Me lo disse prima di venire qui».
Cap.: «Ah».
Rea: «Perché Radaelli allora... [*Inc.*] D'Adamo prima di venire qui mi chiama e mi dice "Sappi che io sono convocato a Brescia e dirò tutta la verità"... e io, scusami qual è tutta la verità?».
Cap.: «Lei ha pensato: dirà qualcosa che mi riguarda, se me lo dici, al di là di come amico».
Rea: «[Inc.] In buona sostanza capitano, il mio, lei dopo leggerà, voglio dire, ripeto, non c'è da fare, diciamo che qui ormai c'è guerra contro guerra, non c'è niente da fare...».

me lo si rileva anche dalle dichiarazioni di Sergio Radaelli, il quale fa presente che nel luglio 97 è stato avvicinato dal Rea il quale gli ha fatto leggere un memoriale su quanto sarebbe andato a dire ai Pm bresciani, rassicurandolo anche sui contenuti della futura audizione: «Verso la fine del mese di luglio 97 incontrai casualmente... il dott. Rea... Il Rea nel vedermi mi invitò a casa sua e mi mostrò un memoriale redatto su alcune pagine dattiloscritte, che avrebbe presentato di lì a pochi giorni alla Procura di Brescia dove era stato convocato. Rea mi invitò a leggere il memoriale e notai che vi era annotato il mio cognome a carattere maiuscolo sottolineato senza alcuna annotazione collegata al nome. Chiesi al Rea spiegazioni al riguardo, e lo stesso mi disse che era sua intenzione riferire ai magistrati anche della vicenda Atm. Alla mia reazione mi rispose: "Fregatene, intanto è tutto prescritto", aggiungendo che avrebbe riferito ai giudici che io mi ero sempre proclamato innocente» [215]. Come ha fatto rilevare anche il Gip di Brescia nel decreto di archiviazione per la vicenda Atm del 4-12-98, Rea con le sue dichiarazioni («D'Adamo... ben sapeva che io e Di Pietro avevamo "aiutato" Radaelli») ha esposto solo apparentemente se stesso a possibili conseguenze sul piano penale, giacché si è deciso a farle «solo dopo aver espresso il proprio convincimento circa l'avvenuta prescrizione dei reati che si accingeva a denunciare, mostrando in tal modo di avere valutato ex ante l'inoffensività della propria condotta all'apparenza autolesiva, e proprio per ciò (all'apparenza) maggiormente credibile».

Ritorniamo allora al punto di partenza: tutto quanto c'è negli atti contro di me, sono solo le parole di Antonio D'Adamo: quelle che a partire dall'8 luglio 97 andrà ripetendo ai Pm bresciani fino a ufficializzarle in sede di incidente probatorio. Ma alla luce di tutte le considerazioni che abbiamo visto, quelle parole di D'Adamo non possono certo essere considerate credibili.

I miei rapporti con Lucibello e D'Adamo

Il Gico ha fatto uno sforzo immane per dimostrare un fatto notorio: ha svolto cioè un accanito controllo incrociato sui tabulati delle utenze telefoniche in qualche modo in uso a me (ma non solo a me) per dimostrare che io ho avuto rapporti con l'ing. D'Adamo e con l'avv. Lucibello, e che tali rapporti – almeno con riferimento all'avv. Lucibello – permangono ancora. Ma tutto questo è un fatto pacifico, da nessuno di noi mai nascosto, e acclarato addirittura nella sentenza di proscioglimento del 22-2-96 emessa dal Gip di Brescia! La frequentazione mia e di mia moglie con l'ing. D'Adamo e con l'avv. Lucibello poteva essere facilmente accertata senza bisogno di affaticarsi in ricerche sui tabulati telefonici: semplicemente leggendo i verbali del mio interrogatorio reso proprio all'Ag di Brescia il 2-7-95 e il 7-7-95.

La questione, però, è un'altra: perché mai, dietro alla mia frequentazione con Lucibello e ai rapporti di lavoro fra mia moglie e l'imprenditore D'Adamo, vi dovrebbe essere per forza qualcosa di illecito? Io mi sono sempre astenuto – con formali dichiarazioni – da ogni procedimento penale al quale l'ing. D'Adamo è stato sottoposto dalla Procura di Milano: tali dichiarazioni (e la mia lettera di astensione) sono agli atti della Procura di Brescia. Parimenti, vorrei che mi si indicasse un solo caso concreto in cui l'avv. Lucibello abbia ottenuto un trattamento per i suoi assistiti diverso e più favorevole rispetto al centinaio di casi analoghi in cui i difensori erano altri legali.

Quanto poi ai contatti telefonici fra le utenze in uso al gruppo imprenditoriale D'Adamo e la mia famiglia, perché mai ogni volta che si evidenzia un simile traffico telefonico (che a ben vedere in un lasso di tempo di 4 anni annovera un numero di telefonate che si può contare sulle dita delle mani) si sostiene che sia io l'interlocu-

[215] Cfr. interrogatorio Sergio Radaelli del 4-10-97: «Voglio infine riferire che verso la fine del mese di luglio 97 incontrai casualmente all'angolo di via Alberto Mario in Milano il dott. Rea che parlava con una persona. Il Rea nel vedermi mi invitò a casa sua e mi mostrò un memoriale redatto di lì a pochi giorni alla Procura di Brescia dove era stato convocato. Rea mi invitò a leggere il memoriale e notai che vi era annotato il mio cognome a carattere maiuscolo sottolineato senza alcuna annotazione collegata al nome. Chiesi al Rea spiegazioni al riguardo e lo stesso mi disse che era sua intenzione riferire ai magistrati anche sulla vicenda Atm. Alla mia reazione mi rispose: "Fregatene, intanto è tutto prescritto", aggiungendo che avrebbe riferito ai giudici che io mi ero sempre proclamato innocente... [L'Ufficio rammostra al Radaelli n° 8 fogli dattiloscritti consegnati dal Rea in occasione dell'interrogatorio 18-9-97 e allegati al verbale. Il Radaelli dichiara:] Si tratta di documento diverso da quello a me mostrato dal Rea nell'occasione di cui sopra. Ricordo che nel documento che Rea mi mostrò il mio nome era scritto in stampatello maiuscolo ed era ben evidenziato con nessuna annotazione sotto. Non vi era scritto "ne parlerò a voce"».

tore? Eppure sono notori e documentati i rapporti professionali all'epoca esistenti fra lo studio legale di mia moglie e il gruppo imprenditoriale D'Adamo. Addirittura risulta dall'interrogatorio dibattimentale presso il Tribunale di Brescia, e risulta dalle stesse dichiarazioni di D'Adamo il quale, davanti al Gip, ha ammesso di essere ancora debitore (lui, si badi bene) di una decina di milioni verso mia moglie.

E ancora. I rapporti economici tra D'Adamo e Pacini sarebbero intercorsi anche all'inizio del 96. A quell'epoca, però, io non potevo incutere più alcun timore a nessuno: non ero più pubblico ufficiale, ma pubblico imputato. Quindi non avevo più alcun "peso" per poter indurre Pacini a concedere postergazioni di crediti a D'Adamo (con le buone o con le cattive, sia che si voglia utilizzare la corruzione o la concussione come titolo di reato). A nessuno è venuto in mente che, molto più semplicemente, si sia trattato di una normale operazione finanziaria tra un imprenditore e un banchiere-finanziere, come avviene tutti i giorni, in tutto il mondo, fra tutti gli operatori di questo settore? E che solo successivamente D'Adamo vi abbia voluto attribuire una valenza diversa per rispondere alle "sollecitazioni" di Berlusconi e Previti in cambio di robusti aiuti finanziari?

Insomma, avere scoperto che conoscevo e avevo contatti con Lucibello e D'Adamo è come avere scoperto l'acqua calda; e affermare che tra noi ci possa essere stato alcunché di illecito è una interessata fantasia di D'Adamo, non riscontrata né mai riscontrabile in alcun modo perché non vera. A queste stesse considerazioni è arrivato anche il Tribunale della Libertà di Brescia il 23-12-96, laddove sul punto ha così precisato: «Può tranquillamente concludersi che le indagini del Gico, volte a evidenziare plurimi rapporti telefonici tra i tre attuali indagati, hanno trovato riscontro. Ma, evidentemente, non è questo il *thema probandum*, quanto piuttosto il carattere illecito di detti rapporti nella prospettiva di quello che è stato il ruolo di costoro nei confronti del Pacini».

Riassumiamo allora: D'Adamo ha riferito anzitutto una serie di prestiti, benefit e regalie a mio favore; poi ha riferito la vicenda Radaelli dandovi una coloritura corruttiva, e infine quella Pacini di cui si è detto. Per la prima questione (benefit e regalie varie), non devo difendermi da alcunché, non essendo oggetto di alcuna contestazione, ma – per amore della verità – devo rile-

vare la malevola opera di mistificazione che il D'Adamo ha fatto degli eventi che ci hanno visto un tempo buoni amici [216]. Per la seconda questione (vicenda Atm-Radaelli), è già intervenuto decreto di archiviazione del Gip di Brescia (pe-

---

[216] Cfr. interrogatorio Di Pietro del 9-4-98: «Al di là del maldestro tentativo dell'ing. D'Adamo di presentarsi come un "concusso" (tentativo che deve ritenersi definitivamente abortito in sede di incidente probatorio del 6-2-98), vi è agli atti una mole enorme di documenti che dimostrano come fra me e lui (anzi, tra la mia e la sua famiglia) vi sia stato nel tempo (88-93) un cordiale rapporto di amicizia e di frequentazione. Ancora oggi devo essergli grato per l'aiuto che ebbi da lui allorché, in un momento difficile dei miei rapporti coniugali e familiari, mi è stato vicino e si è adoperato sia per ricucire le tensioni con mia moglie, sia per assicurare a mio figlio e a me una sistemazione quando divenne difficile la convivenza fra la mia seconda moglie e il figlio nato dal mio precedente matrimonio. Certo non è questa la sede per riscrivere il tenore dei rapporti amicali tra noi e quelli con le persone che comunemente frequentavamo, giacché l'imputazione a mio carico riguarda fatti diversi: un finanziamento di Pacini a D'Adamo falsamente attribuito a una mia intermediazione. Mi limito allora a richiamare e produrre gli atti processuali dei vari protagonisti da cui si può desumere lo stato di questi rapporti [...].

«Oltre al rapporto di amicizia personale tra noi e le nostre famiglie, per l'ing. D'Adamo ha anche lavorato per un certo periodo di tempo mia moglie Susanna Mazzoleni, in qualità di avvocato e consulente del gruppo imprenditoriale a lui facente capo; essi si accordarono, per la parte economica e *benefits*, dapprima oralmente e poi con un susseguirsi di contratti scritti. Secondo l'ing. D'Adamo, poi, egli avrebbe accettato la collaborazione di mia moglie per fare un favore a me e con l'intesa che non tutti gli emolumenti e *benefits* alla stessa riconosciuti fossero destinati a lei; l'ing. D'Adamo ha voluto così "sporcare" non solo i nostri rapporti personali, ma anche quelli professionali di mia moglie: una cattiveria ulteriore che poteva davvero risparmiarsi. Produco una relazione scritta e sottoscritta dall'avv. Susanna Mazzoleni comprensiva delle relative pezze giustificative da cui si evince non solo la qualità, la delicatezza e l'assiduità del lavoro effettuato, ma anche che a tutt'oggi l'ing. D'Adamo le è ancora debitore di parte degli emolumenti che le spettano; circostanza, quest'ultima, peraltro ammessa dallo stesso ing. D'Adamo in sede di interrogatorio al Gip del 2-2-98.

«Ribadisco ancora una volta che la nostra amicizia di un tempo non frenò in alcun modo la mia attività di Sostituto procuratore della Repubblica di Milano né nei suoi confronti, né – come egli falsamente afferma – nei confronti dei comuni conoscenti Sergio Radaelli e Maurizio Prada. Ogni volta che, nello svolgimento dell'inchiesta "Mani pulite", ci imbattemmo nel nominativo di D'Adamo, io mi astenni immediatamente e le relative indagini condotte dai miei colleghi hanno inchiodato l'ing. D'Adamo alle responsabilità. Produco al riguardo un attestato della cancelleria della Procura di Milano relativamente ai procedimenti a cui è stato sottoposto l'ing. D'Adamo dal 90 al 94 e produco altresì le dichiarazioni di astensione da me via via effettuate. Nei confronti di Maurizio Prada e Sergio Radaelli non ho mai avuto rapporti di amicizia, ma solo qualche sporadica e occasiona-

raltro in accoglimento della richiesta in tal senso formulata dalla locale Procura). Per la terza questione (vicenda Pacini), ritengo che il Pm di Brescia abbia sbagliato ad assegnarmi il ruolo, scambiando la vittima – o comunque il danneggiato – per l'imputato.

Al riguardo, comunque, contesto in modo categorico le "ultime" versioni di D'Adamo (rispetto ai tanti verbali precedenti), secondo le quali lui a suo tempo avrebbe avuto "attenzioni" nei miei confronti perché da me in qualche modo costretto o comunque indotto a causa del ruo-

le frequentazione in incontri conviviali fra tante persone; nei loro confronti, peraltro, ho proceduto con la determinazione e gli ottimi risultati investigativi di cui ha dato atto l'allora Gip dott. Italo Ghitti (cfr. interrogatorio 6-7-95). In particolare, confermo il contenuto della mia memoria 18-3-98 che in questa sede deve intendersi integralmente trascritto e soprattutto mi riporto ai suoi 117 allegati già riversati in atti da cui si evidenzia che Sergio Radaelli è stato tutt'altro che favorito. Anche nei confronti di Maurizio Prada sono stati da me avviati (e alcuni anche portati a termine) molti procedimenti come risulta dall'attestato di cancelleria che produco e dalle dichiarazioni rese dallo stesso Prada in sede di interrogatorio dibattimentale ove spiega il reale trattamento processuale a cui è stato sottoposto.

«Alla fine degli anni 80 l'incrinatura dei rapporti tra la mia seconda moglie e il mio primo figlio raggiunse il suo apice. Non potevo più tenerli insieme nella stessa casa ma non potevo separarmi da alcuno di essi per le tante implicazioni affettive che ciò comportava. Immaginai allora una soluzione di vicinanza abitativa che mi potesse consentire di stare vicino a entrambi. Proprio a fianco della nostra abitazione era cominciata la costruzione di un nuovo lotto di case e io mi decisi ad acquistare quella praticamente al confine con la casa coniugale; dovetti acquistarla in tutta fretta giacché, pur essendo appena iniziata la costruzione, gli aspiranti acquirenti erano tanti e correvo il rischio di vederla venduta da un momento all'altro. Fu così che Osvaldo Rocca si offrì di prestarmi una somma che mi consentisse di pagare l'anticipo e Antonio D'Adamo mi prestò la somma sufficiente a coprire le successive rate. Entrambi erano amici miei e di mia moglie, ed entrambi conoscevano a fondo la mia situazione familiare e si offrirono di darmi una mano in un momento per me di grave difficoltà; con entrambi l'impegno era chiaro: avrei restituito il denaro non appena ne avessi avuto la possibilità. L'ing. D'Adamo mi prestò, nel periodo 90-91, in più rate, la somma complessiva di 90 milioni, che io utilizzai per pagare il costruttore man mano che avanzavano i lavori. Allorché ebbi la possibilità di restituire il denaro, incominciai prima con l'ing. D'Adamo perché lui nel frattempo venne a trovarsi in difficoltà economiche. Ciò avvenne nel marzo 94 allorché gli restituii la somma di L. 100 milioni, così forfettizzando anche la quota interessi per lire 10 milioni; la restituzione avvenne a Milano, nella casa di via Andegari, ma non certo in una scatola di scarpe: contammo insieme la somma, lui la intascò e accettò i miei ringraziamenti; a sua volta mi ringraziò per aver mantenuto l'impegno, e disse che era contento di questa restituzione perché nel frattempo erano intervenuti problemi economici anche per lui; in quella occasione rimanemmo anche d'accordo che, per ciò che riguardava la restituzione dell'ulteriore prestito di 15 milioni che pure avevo ricevuto da lui quando dovetti acquistare i mobili della casa di via Andegari a Milano, ci saremmo risentiti per la fine dell'anno. E infatti verso la metà del mese di novembre 94, gli consegnai l'ulteriore somma di lire 20 milioni, forfettizzando questa volta in 5 milioni gli interessi

dovuti. Non è vero quindi che D'Adamo abbia acquistato a sue spese il mobilio di via Andegari: l'ho fatto io con l'assegno di Lire 17.750.000 che produco. Questi erano i patti, e a ciò entrambi ci attenemmo. L'operazione avvenne tutta in contanti per motivi di riservatezza. Ripeto: è falsa l'affermazione di D'Adamo secondo cui lui ebbe in restituzione il denaro tutto nel novembre 94; egli invece ebbe la somma di lire 100 milioni già nel marzo del 94. In definitiva, l'operazione di prestito è nata e si è conclusa con un rapporto di dare-avere finito alla pari (con interessi forfettariamente concordati compresi) tra due persone amiche, al di fuori di qualsiasi rapporto professionale dell'uno o dell'altro.

«È vero che, allorché mi recavo a Roma (nel periodo 89-93 circa), usufruivo a volte dell'abitazione dell'ing. D'Adamo presso il Residence "My Fair". Egli stesso, in sede di incidente probatorio, ha ammesso che quell'abitazione era per suo uso esclusivo e che io vi fui ospitato solo in qualche occasione; preciso che si trattò di non più di 4 o 5 pernottamenti. Francamente tutto avrei immaginato meno che sentirmi rinfacciare da un amico di avere accettato la sua ospitalità allorché, in trasferta a Roma, dovevo restarvi a dormire. È vero che utilizzai per alcuni mesi l'appartamento dell'ing. D'Adamo in via Agnello a Milano, ma solo saltuariamente quando restavo a Milano per dormire. Fu nel periodo a cavallo fra l'inizio della crisi familiare e il completamento della costruzione della casa di Curno acquistata con il denaro che mi avevano prestato Rocca e D'Adamo; fu lo stesso D'Adamo a suggerirmi questa soluzione provvisoria nel mentre lui tentava di ricucire i rapporti tra mia moglie e mio figlio. Mi sento oltremodo umiliato, perciò, nel constatare come oggi i sentimenti di un tempo vengano calpestati e svenduti così a buon mercato e solo per offuscare il lavoro da me fatto nell'indagine "Mani pulite".

«Non è vero che io abbia ricevuto in regalo l'abbigliamento a cui fa riferimento l'ing. D'Adamo. È vero, invece, che alcune volte mi sono recato insieme a lui alla Itman per acquistare alcuni capi di abbigliamento in occasione dei cambi di stagione; io provvedevo a pagare di persona, di regola con assegni come da documentazione che esemplificativamente produco. È vero anche che, in occasione di una festività natalizia e un compleanno, egli mi regalò una volta un vestito e una volta un paio di camicie (almeno così mi pare di ricordare, ma poteva essere anche un paio di scarpe): francamente mai avrei immaginato che D'Adamo mi mettesse in conto anche i gesti di amicizia che ci scambiavamo. Posso assicurare che anch'io ne ho fatti a lui diversi ma, per una questione di dignità, mi rifiuto di metterli sulla bilancia: a mero titolo esemplificativo ricordo l'orgoglio con cui mostrava agli amici uno stupendo quadro fatto all'uncinetto da mia madre per lui, lavorandoci per oltre tre mesi. Presso il negozio Tincati e presso il negozio Max Mara non credo proprio di essermi mai recato insieme all'ing. D'Adamo, e certamente lui non pagò mai alcunché per me o mia moglie; mi pare di ricordare di essere andato una sola volta da Tincati, insieme a mia moglie (e non con D'Adamo) per comprarle,

lo di magistrato che rivestivo; per riconoscere l'inverosimiglianza delle sue affermazioni basta leggere le dichiarazioni di Stefano Rea (pure da D'Adamo contattato per "invogliarlo" a dare man forte alle accuse che doveva recarsi a scagliare contro di me a Brescia):

Memoriale Rea del 23-7-97: «Allorché nell'87 reincontrai il dott. Di Pietro compresi che non se la passava bene e lo introdussi presso D'Adamo prima e Gorrini poi chiedendo loro di dargli una mano, pensiero esclusivamente inteso all'idea che potessero affidare lavoro alla moglie avvocato per pratiche riguardanti piccole litigiosità nel campo di interesse dei due imprenditori. Nulla di più, nulla di meno... *due cose è importante sottolineare: 1) All'epoca dei fatti in questione Di Pietro era veramente l'ultimo dei sostituti procuratori... 2) Tutti coloro che gli diedero una mano lo fecero all'epoca per puro spirito di amicizia.* Tra di noi non era una pratica inusuale. Né veniva posta in essere solo per persone che appartenevano a certi ordini o professioni. Né veniva posta in essere per persone che un domani si riteneva potessero tornare utili. È bene rappresentare per obiettività di narrativa che all'inizio di questa vicenda *nessuno al mondo, tantomeno noi, avrebbe scommesso il buco di un soldo bucato che Di Pietro avrebbe fatto carriera o in qualche modo fosse tornato utile per qualcosa... Questo era il clima, assolutamente pulito e trasparente in cui ci si muoveva. Non esisteva alcuna geometrica dietrologia...* Per quanto concerne la parte politica del giro di amici, di quel Pm non importava nulla a nessuno: avevano amicizie e protezioni ben più alte».

---

in occasione di una ricorrenza coniugale, un vestito che pagai regolarmente.

«Non è vero che il mobile di rovere che l'ing. D'Adamo ha visto nella mia libreria di Curno sia stato pagato da lui. Egli ha prodotto un assegno circolare asserendo che la provvista di tale assegno sia stata da lui fornita. No: sono stato io a pagare il mobile consegnando a Rocco Stragapede l'assegno di un milione che produco, affinché provvedesse al pagamento. È vero che in alcune occasioni il mio assistente Rocco Stragapede si servì dell'agenzia di viaggi dell'ing. D'Adamo per acquistare biglietti aerei Roma-Milano per mio conto; egli utilizzava tale agenzia per sua comodità e, come già è stato accertato nell'ambito del p.p. n° 1519/95, aveva la disponibilità di firma sul mio conto corrente. Personalmente non ho mai seguito queste pratiche e se D'Adamo ritiene che sia rimasto in sospeso il pagamento di qualche biglietto, vorrà dire che potrà tenerne conto quando si deciderà a saldare il conto con mia moglie. Non so nulla di interventi dell'ing. D'Adamo a favore di Rocco Stragapede, sia con riferimento a telefonini che a uso di locali; erano fra loro amici e non avevano certo bisogno di un mio intervento per parlarsi e mettersi eventualmente d'accordo. Personalmente sono venuto a conoscenza di quanto da lui riferito al riguardo, solo leggendo gli attuali verbali di D'Adamo».

Interrogatorio Rea del 29-7-97: «Di Pietro, quando l'ho incontrato a Milano, non se la passava bene, si era appena divorziato, la nuova moglie non era ben inserita nell'attività professionale del padre, a Milano non aveva trovato una sistemazione e continuava a fare il pendolare tra Curno e Milano con una vecchia macchina. Di mia iniziativa, così come avrei fatto per qualunque altro amico, ho parlato con D'Adamo e con Osvaldo Rocca (che era stretto collaboratore di Gorrini alla Maa) chiedendo loro di dare una mano a Di Pietro, e in particolare di dare lavoro alla Mazzoleni... Il mio invito a D'Adamo e a Rocca è stato formulato proprio come richiesta di "dare una mano" a Di Pietro, con ciò intendevo appunto far riferimento alla attività professionale della Mazzoleni. Voglio aggiungere che all'epoca nessuno poteva pensare che Di Pietro sarebbe divenuto il "Magistrato di punta" della Procura di Milano, l'aiuto che sollecitavo per lui era dunque un aiuto assolutamente disinteressato».

Registrazione ambientale Rea del 23-7-98:
Rea: «Perché non gli fregava un cazzo a nessuno di Di Pietro... perché, tutto il gruppo socialista, cioè, davanti a me Paolo Pillitteri, ha chiamato Beria D'Argentine, e hanno insabbiato l'indagine su "Lombardia informatica", avendo aperto l'indagine su "Lombardia informatica" a un anno di ritardo. [*Inc.*]... Tant'è che quando inizia a scoppiare nel 92 Tangentopoli, Pillitteri e compagni non sono minimamente preoccupati, non sono minimamente preoccupati perché pensano che tutto finisce come al solito. Ossia che Chiesa si assume le sue responsabilità e dopo tre o quattro giorni esce. Io sono certo che per due o tre mesi loro non si preoccupano minimamente. Sì nel frattempo... sia Beria D'Argentine che va in pensione, non hanno più coperture e tutti quanti cominciano a parlare a valanga eccetera».
Cap.: «Senza secondi fini?»
Rea: «No!, non ce n'è. Perché poi oltretutto non era nei guai nessuno, quindi nessuno poteva pensare che sarebbe finito nei guai, c'era... vede... io [*Inc.*]... faccio un esempio: c'è a Milano un sostituto procuratore che si chiama Sandro Raimondi che è quello che si sta attualmente occupando delle indagini sulla sanità: io non so quali meccanismi strani succedono alla Procura di Milano, questo Sostituto procuratore c'ha la moglie che è... fratello... di un certo mafioso per cui è per vent'anni stato alla Procura di Milano e non riusciva a parlare nemmeno con un cancelliere; che se diceva a un cancelliere "Andiamoci a pigliare un caffè insieme" tutti scappavano. E per vent'anni ha fatto le misure di esecuzione presso la Procura della Repubblica. Improvvisamente, sarà perché sarà stato di turno, non si sa bene come, gli è capitata in mano un'indagine sulla sanità milanese, e mi pare di star vivendo di nuovo l'escalation di Di Pietro. Se Di Pietro, nell'epoca in cui lo abbiamo frequentato noi, era tale e quale a questo qui; cioè [*Inc.*] zero, meno di zero, cioè un cancelliere contava di più di lui; questa è la verità storica voglio dire della cosa...».

Ecco, è tutta qui la fotografia della mia esistenza: un normale Pubblico ministero che si barcamenava tra lavoro e problemi familiari e che, in un momento di bisogno economico, ha pensato di poter chiedere una mano a coloro che credeva essere suoi amici. Poi, quando mi sono ritrovato alle prese con "Mani pulite" e mi sono accorto che anche persone a me vicine potevano esserci dentro fino al collo, *non ho esitato a fare il mio dovere fino in fondo*, anche se ciò avrebbe potuto provocare le loro ire e le loro vendette (come di fatto poi è avvenuto). Il mio comportamento intransigente di allora, anche ora lo considero un merito e niente affatto un difetto (e men che meno un difetto penalmente rilevante)!

6. La controprestazione che non c'è

Ho già riassunto all'inizio quali sarebbero stati gli abusi – anzi le "omissioni" (perché, come risulta dal capo di imputazione, solo di queste vengo sostanzialmente accusato) – che secondo l'Accusa bresciana avrei commesso [217]. Ho inoltre già rilevato la impossibilità tecnica di poter contestare a un Pm (e quindi in questo caso al Pm Di Pietro) di non aver svolto indagini, fin quando il termine per la conclusione delle indagini preliminari non sia scaduto (e, nel mio caso, io mi sono dimesso in corso di indagini preliminari che vennero proseguite da altri colleghi, i quali, peraltro, già da prima erano coassegnatari del fascicolo). Ho inoltre evidenziato la assurdità di voler differenziare la mia posizione da quella dei miei ex colleghi del pool, che pure avevano in carico il fascicolo relativo a Pacini e avevano tutti i miei diritti e doveri di buona gestione dell'inchiesta. Ho fatto infine rilevare la illogicità della costruzione accusatoria laddove si vuole assegnare a me una maggiore "colpa" (ma che dico, un "dolo") rispetto ai miei colleghi del pool per omissione di indagini, solo perché io sarei stato colui che, di fatto, all'epoca si occupava un po' di tutto (e di tutti gli indagati) – sarebbe come dire: siccome lavoravi più degli altri, a te incombeva il maggior obbligo di scrutare ogni sfaccettatura dell'indagine stessa (se si dovesse seguire questo ragionamento, per non sbagliare mai basterebbe non fare niente!).

Occorre ora ricostruire nel dettaglio le vicende processuali riguardanti Pacini al fine di evidenziare il metodo e la bontà delle investigazioni a suo tempo effettuate, di dimostrare come siano davvero campate in aria alcune ricostruzioni proposte dagli inquirenti, e soprattutto come – in ogni caso – la penetrazione delle investigazioni nei confronti del "sistema Pacini", all'epoca da me effettuate, sia già sufficiente a dimostrare la totale assenza di qualsiasi dolo anche nell'ipotetico e opinabile caso in cui fosse rimasto indietro qualche brandello di indagine.

La mancata acquisizione di tutte le carte

Per ricostruire il ruolo e il contributo dato all'inchiesta "Mani pulite" dalle dichiarazioni rese da Pacini Battaglia, e soprattutto per individuare tutte le indagini che hanno potuto riguardare direttamente o indirettamente Pacini, è ovviamente necessario avere a disposizione *tutte* le carte processuali. Ma così a Brescia non è stato (neppure dopo il "fiume" di depositi dell'ultima ora): eppure non si può prescindere dalla acqui-

---

[217] In sintesi, l'accusa che mi è stata rivolta è di avere io assicurato a Pacini il seguente trattamento di favore:

a) avrei omesso di investigare sui conti accesi presso la banca Karfinco di Ginevra direttamente e indirettamente riconducibili alla persona di Pacini Battaglia, omissione che si sarebbe estrinsecata sia nel non essermi fatto consegnare direttamente da Pacini la documentazione bancaria in questione, sia nel non aver effettuato tutte le dovute rogatorie internazionali relative ai suddetti conti;

b) avrei revocato informalmente, dopo averla ufficialmente sollecitata, la rogatoria n° 37/94 a carico di Mario Maddaloni riguardante la vicenda del Craker di Brindisi e il bonifico di denaro sul conto di «un cliente-riferimento 8000»;

c) avrei omesso di contestare a Pacini Battaglia le incongruenze, le contraddizioni e le falsità emerse nei tanti interrogatori da costui resi nel periodo in cui venne da me sottoposto a indagini;

d) avrei omesso di contestare a Pacini il contenuto della documentazione sequestrata a Lodigiani e avrei anche omesso di effettuare la rogatoria in Svizzera per accertare i rapporti fra Lodigiani e la Karfinco;

e) avrei omesso di approfondire le movimentazioni bancarie relative al pagamento e alla ridistribuzione della somma di 10,5 milioni di dollari per la vicenda *closing*, da cui si sarebbero potute evidenziare contraddizioni rispetto alla versione fornita da Pacini;

f) avrei consentito a Pacini libertà di movimento in Italia e all'estero nonostante che le contraddizioni, le incongruenze e le falsità da lui riferite negli interrogatori evidenziassero una sua attività di inquinamento probatorio;

g) avrei accreditato, presso altre Ag, Pacini come soggetto pienamente collaborante con la Procura di Milano, come nel caso della vicenda "Cooperazione".

sizione integrale degli atti riguardanti Pacini da parte dei Pm bresciani (eh sì, ironia della sorte è proprio così: anche loro sono responsabili di non poche omissioni!). Come si può pretendere di giudicare l'operato di un investigatore (anzi, di un Pm) se non si esaminano nella loro totalità tutte le indagini riguardanti il fatto in questione?

Ragioniamo. Secondo i Pm di Brescia, io durante l'inchiesta "Mani pulite" avrei omesso di svolgere le attività indicate nel capo di imputazione, e l'avrei fatto per "illecito e doloso riguardo" nei confronti di Pacini. E allora perché avrei svolto tutta quella miriade di indagini testimoniate dall'indice degli atti depositati (senza considerare quelli non acquisiti)? Il Pm di Brescia sa almeno quante e quali indagini complessivamente ho attivato su Pacini o intorno a Pacini? Perché questo è il punto: per valutare se ho lavorato bene o male (ma può essere oggetto di procedimento penale?) non si può valutare solo ciò che ipoteticamente non avrei fatto, ma anche ciò che concretamente ho fatto: solo dalla comparazione complessiva delle indagini, svolte su Pacini e a seguito delle dichiarazioni dell'indagato, si può comprendere se l'*animus* dell'inquirente fosse quello di "fare da copertura" alle illecite attività di Pacini, oppure – come in questo caso è – se egli (cioè Di Pietro, cioè io) abbia cercato in tutti i modi di portare a casa più prove possibile e scoprire più reati possibile; invece, il Pm bresciano non può neppure fare questa valutazione comparativa, per il semplice fatto che non ha acquisito *tutte* le carte e quindi non ha potuto valutare *tutto* il mio operato.

Un primo esempio? Gli investigatori del Gico si sono sbizzarriti a ricostruire tutta la vicenda della rogatoria De Toma e della Nuovo Pignone, depositando infine una copiosa documentazione e una insinuante relazione, datata 10-1-99, nella quale si sostiene di non aver trovato negli atti una rogatoria – quella 29-10-93 De Toma – né alcuna memoria. In quali atti, di grazia? Il Gico dice che «non è stata rinvenuta né agli atti del Gip di Milano, né presso il ministero... né è stata rinvenuta corrispondenza con la Procura di Milano»: ciò fa pensare che il Gico abbia cercato quelle carte negli atti del processo Eni. Ma sanno, quelli del Gico, che De Toma è già stato giudicato dal Tribunale? Sanno che per quei fatti, costituenti il cosiddetto "filone Enel", sono stati rinviate a giudizio *ben 163 persone* – fra le quali De Toma – nell'ambito del p.p. n° 8655/92 ricco di decine di migliaia di pagine? Sanno che

quelle carte non sono dal Gip, ma in Tribunale, anzi ormai forse in Corte d'appello? Hanno esaminato, poi, tutti i fascicoli stralciati per i patteggiamenti concessi?

Un esempio. Si provi a comparare l'indice degli atti di questo procedimento a mio carico con quello del p.p. n° 9791/95 della Procura di Milano riguardante il rinvio a giudizio anche di Pacini: nemmeno la metà degli atti del procedimento milanese sono presenti in quello bresciano. Eppure io, fin dalla prima richiesta di proroga termini, ne avevo chiesto l'acquisizione integrale!

Un altro esempio. Come si può valutare il mio operato senza aver sentito il punto di vista di tutti gli altri componenti del pool "Mani pulite", cosa che peraltro io ho richiesto fin dal primo momento? È stato forse sentito il dott. Piercamillo Davigo? E il dott. D'Ambrosio? E il dott. Borrelli? E il dott. Ghitti? E il dott. Grigo? E il dott. Ramondini? Sono stati sentiti tutti gli ufficiali di Pg che hanno operato su delega e ordini della Procura di Milano nei confronti di Pacini? In particolare, sono stati sentiti il generale della Guardia di finanza Ugo Marchetti? Il colonnello Vincenzo Suppa? Il tenente colonnello Luciano Carta? Il tenente colonnello Gian Luigi Miglioli? Il maggiore Gianfranco Ardizzone? Il colonnello Giovanni [*Gianni*] Giovannelli? Il brigadiere Tedesco? Il brigadiere Maniscalco? Il brigadiere Piazza? E Diodati, Nazario, Valente, etc. etc... (ma forse gli inquirenti bresciani nemmeno sanno i nomi di tutti coloro che effettivamente hanno svolto, direttamente o indirettamente, indagini su Pacini)? No.

Un altro esempio. Il procedimento milanese 9791/95 tratta la posizione di Pacini unicamente con riferimento alle vicende Eni. Ma Pacini è stato sottoposto a indagini nell'ambito del "fascicolo virtuale" p.p. n° 8655/92R, da cui è scaturita una miriade di stralci, alcuni dei quali riguardanti Pacini come indagato diretto, altri come indagato di reato connesso. Perché non è stato acquisito l'intero fascicolo 8655/92, e perché non sono stati acquisiti tutti i vari fascicoli stralciati?

Ancora un esempio. Perché non è stato acquisito a Milano l'intero fascicolo processuale n° 14064/94R e tutto il fascicolo processuale n° 2364/95 riguardanti richieste di rinvii a giudizio proprio a carico di Pacini e proprio per ipotesi di reato strettamente connesse agli accertamenti istruttori che oggi la Procura di Brescia sostiene io avrei omesso? Dove sono tutte le copie degli atti relativi al p.p. n° 1667/93 della Procura di Milano a carico di Lorenzo Necci e Sergio Cragnotti? Dove sono tutte le copie degli atti relativi al p.p. n° 7507/93 a carico di Lionello Sebasti e Mario Maddaloni (strettamente collegati alla vicenda Pacini) che inviai il 4-8-93 alla Procura di Palermo per competenza territoriale? Dove sono tutte le copie degli atti relativi al p.p. n° 7464/93 della Procura di Milano, a carico di Sergio Cragnotti? Dove sono finite le copie degli atti relativi al p.p. n° 10205/93 della Procura di Milano pure riguardante Cragnotti trasmesso a Bergamo l'11-1-95 per competenza? Dove sono tutte le copie degli atti relativi al p.p. n° 6000/95 relativo a Coltamai Enzo, Sebasti Lionello, Cragnotti Sergio, Nistri Luca, Maddaloni Mario, Tradico Pietro, Marziale Roberto e altri ancora? Dove sono tutte le copie degli atti relativi ai p.p n° 734/95 a carico di Tradico Pietro, Maddaloni Mario, Sebasti Lionello? E dove sono le copie delle migliaia e migliaia di pagine riguardanti gli atti relativi alle inchieste Montedison e Enimont, dove pure è importante esaminare il contributo dato alle indagini da Pacini e soprattutto la mia determinazione di indagare a 360 gradi anche su di lui? E dovrei continuare ancora, ma purtroppo, a distanza di tanto tempo, non ricordo più nemmeno io tutto ciò che abbiamo messo in piedi negli anni pionieristici di "Mani pulite".

Si badi bene: non è per polemizzare che pongo queste domande, ma solo perché sono stato accusato di aver scientemente omesso di svolgere qualche segmento di indagine relativo alla posizione di Pacini. Ora – se pure ciò fosse vero (ma non lo è) – per poter valutare pienamente questa mia supposta e ipotetica omissione, bisognerebbe prima sapere con esattezza tutto ciò che ho fatto. Insomma, solo esaminando tutte le carte processuali si può capire se io abbia trattato con illecito riguardo Pacini, oppure se nell'ingorgo delle indagini di quel periodo possa essermi sfuggita qualche "pagliuzza". Per capirci: per valutare l'operato di un medico del pronto soccorso che interviene per fermare l'emorragia di un ferito grave, si deve considerare se e come egli sia riuscito a frenare l'emorragia, e non se abbia dato al paziente le pasticche per il mal di denti di cui pure soffriva; a questo ci penseranno poi con calma gli altri medici specialistici della cura dentaria... Ma se nemmeno sono state acquisite tutte le carte e nemmeno sono stati sentiti tutti i testimoni, come si fa? Ma, soprattutto, come è possibile accusarmi? Come posso difendermi? Processualmente mi era solo possibile chiedere, durante le indagini preliminari, che ci pensassero i Pm bresciani, ai quali pure spettava – e spetta – l'onere di provare ciò di cui mi accusano; l'ho fatto ripetutamente, ma non sono stato ascoltato.

Il ruolo del pool "Mani pulite"

Secondo i Pm di Brescia, l'inchiesta "Mani pulite", e la gestione della posizione processuale di Pacini in particolare, sarebbero state essenzialmente gestite soltanto dal Pm Di Pietro. Ma questo non corrisponde a verità, giacché anche i miei colleghi del pool hanno avuto un ruolo importante: si veda, ad esempio, la procedura per la costituzione di Pacini in seguito al provvedimento cautelare emesso nei suoi confronti.

Ribadisco ancora una volta che il lavoro svolto nell'ambito di "Mani pulite" è stato fatto unitamente e di concerto con gli altri magistrati coassegnatari dell'inchiesta e con la supervisione del Procuratore aggiunto dott. D'Ambrosio. Tutti eravamo a conoscenza di tutto, e tutti ricevevamo copia degli atti che gli altri quotidianamente effettuavano. Tutti, poi, potevamo autonomamente avviare quelle attività istruttorie che ritenevamo di sviluppare di volta in volta: iscrizione a mod. 21, rogatorie, indagini bancarie, intercettazioni telefoniche, e così via. Insomma, ciò che si sostiene non essere stato fatto da me (e che invece ho fatto), poteva benissimo essere fatto dagli altri colleghi (come di fatto è avvenuto). Ripeto questo, perché ritengo irriguardoso nei confronti dei miei colleghi pensare che essi fossero lì solo a fare le belle statuine; no: erano parte attiva e viva di ogni indagine messa in cantiere (come vedremo, anche il collega Paolo Ielo per quanto riguarda la vicenda Lodigiani, sebbene nella sua deposizione egli abbia fatto un po' il pesce in barile). E una riprova di tutto questo è proprio la gestione dell'arresto di Pacini che, come ormai accertato, è avvenuto non sotto la mia regia, ma sotto quella del dott. Davigo prima e del dott. Colombo poi.

Insomma, ritengo innaturale che qualcuno possa ostinarsi a vedere solo il Pm Di Pietro come colui che avrebbe commesso presunti abusi e supposte omissioni nella gestione dell'inchiesta "Mani pulite". *Nessuno* di noi del pool li ha commessi e tutti eravamo d'accordo nel portare avanti l'investigazione nel modo in cui poi è avvenuta. Una riprova di questo è data dalla metodologia che abbiamo – tutti insieme e di comune accordo – utilizzata per individuare il momento utile e necessario per l'iscrizione a mod. 21 di quelle persone che via via venivano menzionate da qualcuno nell'inchiesta "Mani pulite". Io, come è noto, avevo la gestione cartacea del fascicolo processuale e quindi mi occupavo, di regola, anche della trasmissione delle rogatorie; ma diverse di queste vennero effettuate anche dai miei colleghi, o venivano comunque predisposte attraverso le loro strutture. La bontà del risultato complessiva la si potrà valutare solo alla conclusione dell'indagine "Mani pulite", e non – come ha preteso fare il Pm di Brescia – in costanza di indagini, con valutazioni "ora per allora", senza riportarsi al contesto ambientale e temporale e alle emergenze e urgenze investigative che incombevano su decine e decine di filoni *contemporaneamente*.

La Procura di Brescia, trasfigurando completamente l'oggetto dell'indagine, ha cercato di addebitare a me – che all'epoca ero *solo uno dei Pm* che indagavano su Pacini nell'ambito della stessa inchiesta – le supposte reticenze, falsità, silenzi e contraddizioni con le quali lo stesso Pacini ha inteso esercitare il proprio ineludibile diritto di difesa. Ribadisco: le supposte anomalie e incongruenze contenute nelle dichiarazioni rese da Pacini alla Procura di Milano devono essere valutate da quell'Ag che ha svolto e sta svolgendo le relative indagini; mi sembra improprio l'inserimento del Gico nell'inchiesta milanese, fino a sindacarne penalmente la strategia investigativa, peraltro a indagini ancora in corso.

E poi, ribadisco all'infinito: perché tali addebiti vengono rivolti solo a me e non anche agli altri miei colleghi del pool? Ovviamente non sto accusando i miei ex colleghi di Milano (ci mancherebbe altro!), giacché sono certo che né loro né io abbiamo volutamente omesso di esplorare alcunché con riguardo alla posizione di Pacini, tanto è vero che nei suoi confronti l'indagine non è mai terminata e prosegue ancora! Il fatto è che le indagini hanno dei tempi, dei ritmi e dei modi di proposizione i quali sono di esclusivo dominio dell'inquirente operante e solo alla fine si potrà vedere se ci sono state delle omissioni volute. E cribbio! Io non ho avuto a disposizione tutto il tempo che ha avuto il Gico; io non avevo un unico problema da risolvere; io dovevo portare avanti un'inchiesta (facendo anche le udienze) che ogni santo giorno proponeva uno scenario nuovo! Lo vogliono capire o no, i signori grandi investigatori odierni, quelli che perdono

tempo (buttando via i soldi dei contribuenti) anche per soddisfare le loro morbose curiosità sulla mia vita privata?

Durante gli interrogatori cui sono stato sottoposto, mi è stato detto dal Pm di Brescia che nei miei confronti ci sarebbero le dichiarazioni di D'Adamo che fanno da contorno alla vicenda. Va bene, questo lo accetto: e allora parliamo di quelle! Ma cosa c'entrano le contestazioni che mi sono state rivolte sulle specifiche omissioni e/o parzialità nelle attività investigative? Questo proprio non l'accetto e non l'accetterò mai: io ho sempre fatto il mio dovere, secondo le mie possibilità. E poi forse i miei colleghi del pool non erano in grado di fare ciò che io, secondo il Gico, non avrei voluto scientemente fare? Se anche loro si sono comportati come me, vuol dire solo una cosa: che avevamo una comune strategia investigativa e una univoca valutazione delle emergenze e delle urgenze di quel momento. Strategia sbagliata? Può darsi, non ho certo la presunzione di essere perfetto. Ma il Gico è proprio sicuro che sarebbe stato in grado di fare di più e meglio? Se sì, perché allora non l'ha fatto?

Insomma, non posso accettare la differenziazione che l'Accusa bresciana si è ostinata a fare circa la effettiva titolarità dell'inchiesta "Mani pulite": da una parte io che facevo tutto (anzi, secondo la Procura di Brescia che non facevo il dovuto), e dall'altra i miei colleghi del pool che inerti stavano a guardare. Ogni atto riguardante Pacini (così come per tutte le altre posizioni processuali), ogni decisione presa su di lui e sulle altre persone gravitanti intorno a lui, ogni investigazione messa in cantiere, ogni strategia di indagine attuata, ivi comprese le rogatorie avviate nei modi risultanti dagli atti, ha visto il Pm Di Pietro e *tutti* gli altri Pm del pool decidere e operare sempre insieme.

Si esaminino ad esempio tutte – quasi tutte (sempre che la Procura di Brescia si sia decisa finalmente ad acquisire l'intero fascicolo processuale relativo al p.p. n° 9791/95 della Procura di Milano) – le relazioni di servizio della Guardia di finanza riguardanti la vicenda Eni nella quale Pacini in pratica aveva il ruolo di banchiere occulto dei "fondi neri" che man mano venivano accantonati: *la quasi totalità di esse sono state indirizzate al Pm dott. Colombo e poi anche al Pm dott. Greco*, mentre al Pm Di Pietro competeva prevalentemente il compito di ricevere una seconda copia per l'archiviazione e la classificazione nel fascicolo processuale.

Si esaminino tutte – anche qui, pressoché tutte – le richieste di indagini delegate dalla Procura di Milano alla Pg nell'ambito della vicenda Eni, e in particolare in relazione al "sistema Pacini": *la maggior parte di tali richieste porta la firma di altri colleghi* e principalmente del Pm dott. Colombo. Dal loro esame si rileva che i colleghi, per poter avanzare tali richieste, necessariamente dovevano per lo meno aver letto e analizzato anche gli interrogatori resi da Pacini al Pm Di Pietro.

E ancora, si esamini tutta la documentazione inerente le relazioni tecniche effettuate dal consulente dott. Giorgio Laganà sull'intera "costellazione Eni", sulle sue società off-shore, sull'analisi degli interrogatori resi da Pacini e da tutte le altre persone gravitanti nell'orbita Eni: anche in questo caso *le relazioni sono sempre state inviate ai colleghi del pool Davigo, Colombo* e poi anche Greco. Di più: il dott. Laganà ha riferito che egli relazionava e si raccordava sempre e solo con i Pm Colombo e Greco – allora perché nel capo di imputazione della Procura di Brescia quelle relazioni sono state contestate a Di Pietro e solo a Di Pietro?

Ancora: in data 16-3-93, il Pm Piercamillo Davigo ha conferito incarico al dott. Laganà con il seguente letterale quesito: «Ricostruisca, previo esame della documentazione acquisita o prodotta, nonché delle dichiarazioni rese da Pacini, Larini, Ciatti, Balbiano, Dell'Orto, Ciaccia, Cagliari, Locatelli e quanto connesso, le modalità di formazione delle provviste di denaro destinato al pagamento di intermediazioni, tangenti o contributi ai partiti, evidenziando altresì la destinazione delle somme». È la prova che Giorgio Laganà, fin dal 16-3-93, ricevette la documentazione e anche le dichiarazioni di Pacini, con lo specifico scopo di ricostruire le modalità di formazione delle provviste e la destinazione delle stesse. Vi è prova inoltre dall'intestazione contenuta in tale documento («trattasi di primo incarico generico... incarico dettagliato presso dott. Colombo») dalla quale si evidenzia che fin dai primi giorni in cui avemmo a che fare con Pacini, la ricostruzione delle sue movimentazioni bancarie venne subito effettuata da altri colleghi del pool, i quali per meglio comprendere la situazione si sono avvalsi del consulente Laganà. Non basta: si esaminino gli interrogatori delle persone coinvolte nell'inchiesta Eni, e si vedrà che molti di essi sono stati effettuati – spesso come primo intervento – anche dagli altri colleghi.

Per quanto riguarda le richieste di applicazione di misure cautelari, la situazione non è da meno: esse sono sempre a firma di tutto il pool. Addirittura, per quel che attiene la vicenda più delicata, e cioè il ruolo di Maddaloni e della Tpl, la trattativa con la Procura della Repubblica di Salerno per la definizione della competenza territoriale è stata portata avanti quasi esclusivamente dal collega Pm dott. Greco (oltre che dal dott. Colombo).

Anche per le modalità di proposizione di rogatorie all'estero, esse erano perfettamente conosciute dai miei colleghi del pool, i quali spesso erano presenti nei "momenti caldi" dell'indagine, sia partecipando all'espletamento degli atti istruttori compiuti oltralpe (ad esempio per la vicenda Coltamai, dove c'era anche il dott. Colombo, e per la vicenda dell'insieme delle rogatorie proposte all'Ag di Ginevra nei confronti di Pacini, dove in più occasioni parteciparono il dott. Greco, il dott. Colombo, il dott. Davigo).

Emblematica sullo stato di conoscenza dell'intero complesso delle rogatorie da me avviate è la "rogatoria d'insieme" *avanzata dal Pm Colombo* all'Ag di Lugano il 1° aprile 94; rogatoria che il collega non avrebbe potuto inoltrare se non avesse avuto conoscenza di tutte le altre rogatorie riguardanti ciascuna operazione contabile riportata nella suddetta "rogatoria d'insieme". Una breve notazione proprio su questa rogatoria: essa è stata fatta in maniera "esplorativa", ma non ha sortito alcun effetto giacché l'Autorità estera non vi ha dato seguito; ciò a dimostrazione del fatto che, a quell'epoca, le rogatorie andavano fatte in un certo modo se si voleva sperare che trovassero accoglimento.

Per meglio far comprendere ai sagaci segugi di oggi (Gico) le difficoltà operative che noi "Pm di ieri" incontravamo all'epoca nel portare avanti le rogatorie con le Ag estere, anche con quella di Ginevra, si veda la rogatoria 25-5-93 "Cherubini Giovanni", dalla quale si evince che, pur di sapere qualcosa in più su specifiche operazioni avvenute su conti correnti da noi individuati, dovevamo accontentarci di ricevere verbali di interrogatori resi dal «Signore X titolare del conto Ubs Ginevra n° 562 090 Ha», oppure del «Signor Y titolare del conto Ubs, Ginevra 162089 GZ». Il superamento di quelle difficoltà operative con l'Autorità giudiziaria svizzera e la migliore disponibilità di oggi a collaborare con l'Ag italiana è avvenuto anche grazie alla correttezza, alla determinazione, alla cordialità con cui noi – sì, io compreso – abbiamo insistito per convincere i colleghi d'oltralpe a collaborare, e per fare questo c'è voluto del tempo e molta costanza; se avessimo preteso tutto e subito, avremmo finito solo per scontrarci con un muro di incomprensione.

Anche per la vicenda strettamente collegata alla posizione di Lorenzo Necci, le cose non cambiano: quando il procedimento venne inviato dalla Procura della Repubblica di Roma a quella di Milano, esso venne trattato dal collega del pool dott. Greco, e io non ero nemmeno titolare di quel fascicolo.

Per chiudere il cerchio, vi sono un grappolo di informazioni assunte da persone le quali – per definizione – non potevano che essere perfettamente a conoscenza dei fatti: gli ufficiali superiori di Pg del Nucleo regionale di Polizia tributaria di Milano e il consulente dott. Giorgio Laganà; documentazione dalla quale si rileva che la gestione – la gestione concreta – della verifica della congruità e della attendibilità delle dichiarazioni di Pacini facevano capo e veniva effettuata da altri colleghi, soprattutto dal dott. Greco e dal dott. Colombo.

In conclusione, quello che qui intendo precisare è che il pool di Milano, allorché trattò il "caso Pacini", lo fece di comune accordo con una strategia unitaria di indagine. Non ha senso quindi contestare a me – e solamente a me – supposte, ma non veritiere, omissioni di indagini, specie quando poi queste indagini venivano seguite di fatto da altri colleghi. Una riprova la si può avere esaminando i risultati delle rogatorie di cui lo stesso Pm di Brescia dà conto nel verbale di interrogatorio del 14-4-98: le risposte dell'Ag elvetica, arrivate in epoca successiva alle mie dimissioni dal pool, indicano che talune operazioni vennero effettuate da persone nei confronti delle quali a tutt'oggi non risultano essere stati presi provvedimenti (ad esempio Fabio Gera, Pierluigi Mensi, Maurizio Cerini). Tutto ciò dimostra una volta di più che le indagini sono ancora in corso e che esse hanno tempi di esecuzione con cadenze di interventi che sono rimesse alle valutazioni dei Pm operanti. Nessuno si sognerebbe di pensare che, siccome le indagini non sono state attivate in un certo periodo, debba ravvisarsi una responsabilità penale dei Pm. D'altronde, io ho lasciato "Mani pulite" alla fine del 94, e fino alla fine del 96 le cose sono andate avanti sempre nello stesso modo: ciò si-

gnifica che tutti i miei colleghi hanno ritenuto – come me – che, all'epoca, quella fosse la strategia più opportuna per portare avanti l'indagine, anche con riferimento alla posizione specifica di Pacini.

L'accusa di aver voluto favorire in qualche modo Pacini non sta in piedi. Una riprova di quanto affermo è data alla disamina di come ci siamo comportati nei confronti delle persone del suo entourage: Enzo Coltamai, Luca Nistri e Roger Francis, cioè di coloro che lo aiutavano nel trasferimento e nello "sbiancamento" (mi si passi la battuta) del danaro. Per quanto riguarda queste tre persone, diamo a Pacini quel che è di Pacini: utili elementi per individuare il loro ruolo ci vennero forniti proprio da lui – certo, a "spizzichi e bocconi", sempre dietro contestazioni e richieste di chiarimenti da parte del Pm di Milano. Ma proprio qui sta la bontà delle indagini che all'epoca portavamo avanti nei confronti suoi e dei suoi complici: Pacini aveva il diritto, come indagato, di sentirsi prima contestare le risultanze processuali e io da parte mia non mi sono tirato indietro smantellando passo dopo passo tutta la struttura da lui costruita per "spostare" il denaro dai soggetti che pagavano a quelli che incassavano. E i fatti sono quelli che risultano dalla documentazione che ho prodotto nell'interrogatorio del 21-5-98:

• è un fatto che il nominativo di Enzo Coltamai e della Fimo ci venne fornito direttamente da Pacini;

• è un fatto che *subito* attivai la rogatoria a Lugano per interrogare Coltamai;

• è un fatto che all'interrogatorio di Coltamai partecipò, oltre a me, anche il collega Colombo;

• è un fatto che, all'esito della rogatoria, richiesi un provvedimento restrittivo a carico di Luca Nistri direttamente da Lugano con un fax al Gip di Milano, e ciò a dimostrazione della determinazione e tempestività con cui operavo nei confronti del "gruppo Pacini";

• è un fatto che Nistri, allorché si consegnò all'Ag, portò con sé copiosa documentazione relativa ai conti correnti esteri, anche quella che non avremmo mai potuto ottenere per via rogatoriale a causa della limitazione dovuta al divieto di *fixing expedition*. Si dirà: ma quella documentazione era parziale, e nei bonifici mancavano alcune informazioni. Rispondo: primo, perché non lo si è contestato anche ai colleghi Greco e Colombo che lo hanno interrogato e ai quali aveva consegnato la documentazione? Secondo, a quei tempi era meglio una documentazione parziale che niente!;

• è un fatto che Roger Francis, allorché si presentò spontaneamente all'Ag, venne interrogato a Roma dai colleghi Colombo e Greco. È vero, nei suoi confronti non venne emesso provvedimento cautelare, ma la pratica venne trattata appunto per intero dai colleghi: ciò dimostra ancora una volta che all'epoca quella era la strategia investigativa dell'*intero* pool di "Mani pulite" nei confronti di coloro che si presentavano spontaneamente.

Insomma, accusarmi di aver voluto favorire coscientemente e dolosamente Pacini significa andare contro la realtà dei fatti.

Ma guardiamo più in concreto il ruolo del pool anche alla luce delle dichiarazioni che i miei ex colleghi (purtroppo solo quelli che sono stati interrogati) hanno rilasciato ai Pm di Brescia, e soprattutto alla luce delle dichiarazioni acquisite dai responsabili del Nucleo regionale di Polizia tributaria della Guardia di finanza di Milano, e cioè dagli ufficiali di Pg che direttamente ricevettero le disposizioni dalla Procura di Milano (persone che – guarda caso – non sono state mai ascoltate dai Pm di Brescia, i quali poi imputano a me di avere omesso attività rilevanti per capire come stessero effettivamente le cose).

Il Nucleo di Polizia tributaria della Gdf di Milano è stato guidato nel periodo agosto 93-agosto 95 dall'allora colonnello (e ora generale) Ugo Marchetti, il quale ha dichiarato di aver ricevuto in quel periodo, da parte del pool di Milano, «un elevatissimo numero di deleghe di indagine»; il compito di questo alto ufficiale della Finanza era – come lui stesso ha spiegato il 21-1-99 – «quello di tenere gli iniziali contatti con i magistrati», dopodiché egli «assegnava le indagini da seguire ai diversi gruppi», ed «erano i singoli ufficiali di Pg incaricati dello svolgimento delle indagini che riferivano ai magistrati e che da essi ricevevano direttive». Ciò premesso, il gen. Marchetti ha specificato che nell'ambito dell'inchiesta "Mani pulite" lui interloquiva «con tutti i Pm presenti nel pool», e che, con specifico riferimento «ai filoni Eni e Enimont nei quali contesti si inseriva la figura di Pacini Battaglia», lui e il suo Ufficio ebbero a ricevere «un numero considerevole di deleghe a volte conferite da singoli magistrati del pool, altre volte con disposizioni impartite contemporaneamente da più magistrati»; ha precisato altresì che

presso il Comando del Nucleo Pt di Milano spesso avvenivano «periodiche riunioni... unitamente ai magistrati del pool [nel corso delle quali] venivano regolarmente individuate le priorità da assegnare alle indagini aperte»; ha precisato infine che le indagini riguardanti il filone Eni proseguirono «ben oltre il 94».

Parimenti, il responsabile dell'ufficio operazioni del Nucleo Pt della Gdf di Milano, tenente colonnello Luciano Carta, ha precisato di essere stato lui la persona che «ha coordinato l'operato delle unità operative» nel periodo settembre 93-agosto 95, e in tale periodo ricorda «in particolare la grande frequenza di deleghe provenienti da più magistrati contemporaneamente impegnati nelle stesse indagini (dott. Di Pietro, dott. Colombo, dott. Greco), mentre erano veramente pochi rapportati all'intera indagine i singoli atti di accertamenti specifici richiesti dai singoli magistrati». Anche Carta ricorda che «periodicamente venivano indette riunioni a cui partecipavano i magistrati del pool e i comandanti di gruppo interessati da deleghe di Pg al fine di esaminare lo stato di avanzamento delle indagini e l'individuazione delle priorità da assegnare»; ha chiarito inoltre che «le indagini Eni e Enimont non erano ancora concluse alla fine del 94, ma le stesse sono proseguite ben oltre tale periodo».

Il tenente colonnello Gianluigi Miglioli, comandante di gruppo, ha confermato di essersi occupato «delle indagini "Mani pulite" nel periodo settembre 93-maggio 94», e di avere in particolare svolto indagini sui filoni "fondi pensione Cariplo" e Edilnord, e che egli, su queste questioni, riferiva e riceveva disposizioni principalmente dal dott. Tito, mentre per le altre questioni riceveva disposizioni dal dott. Colombo. Come si vede, molti potrebbero essere gli ufficiali di Pg che possono riferire su come in effetti venivano gestite le indagini all'epoca, e dispiace che gli inquirenti bresciani abbiano "omesso" investigazioni in tal senso.

È certo, comunque – come emerge già da queste prime osservazioni – che all'epoca era *tutto il pool* a occuparsi delle indagini, tanto che avvenivano riunioni periodiche congiunte, le disposizioni venivano congiuntamente fornite agli organi delegati, e insomma vi era una visione d'insieme, una strategia comune, un impegno costante da parte di tutti.

Vediamo allora più in concreto come in effetti sia sbagliato – specie in relazione alle indagini

Eni e Pacini – estrapolare il mio ruolo da quello degli altri Pm del pool.

Al consulente tecnico Giorgio Laganà, nell'ambito dell'inchiesta "Mani pulite", *i Pm Gherardo Colombo e Piercamillo Davigo* nel maggio 93 hanno conferito l'ampio incarico peritale di analizzare gli interrogatori fino ad allora resi dai vari personaggi in qualche modo coinvolti nelle vicende Eni (compreso Pacini) e di verificare quindi se quanto asserito nei verbali trovava riscontro nella documentazione delle varie società dell'Eni: in particolare, verificare se le società off-shore che emergevano dai verbali risultavano fornitrici anche di altre società del Gruppo Eni e se dette altre società dell'Eni avessero avuto rapporti con altre società off-shore diverse da quelle emerse dagli interrogatori; in pratica, l'incarico tendeva a individuare tutte le società off-shore che avevano intrattenuto rapporti con tutte società del Gruppo Eni, e in particolare se oltre a Pacini vi fossero altri soggetti che svolgevano analogo ruolo, seppur con riferimento ad altre società dell'Eni. Laganà riceveva disposizioni principalmente dal Pm Colombo e a lui principalmente riferiva. E il dott. Colombo, il 23-2-98, ha confermato che «il Laganà aveva contatti frequenti con i nostri Uffici, in particolare veniva spesso da me per illustrarmi gli sviluppi dei suoi accertamenti e per chiedermi di procedere all'acquisizione di ulteriore documentazione. Credo non avesse contatti di analoga intensità con Di Pietro». La relazione relativa al primo ampio incarico è stata consegnata da Laganà al *dott. Colombo*, mentre relazioni successive, relative a incarichi più specifici, sono state consegnate anche ai Pm Davigo, Di Pietro e Greco.

Il dott. Laganà ha dichiarato al Gico il 18-11-97: «Ho avuto modo di esaminare i documenti pervenuti con rogatoria e relativi alle società dell'Eni. Non ho mai esaminato documenti riguardanti rogatorie sul conto di società off-shore di Pacini. Solo all'inizio del 96 mi sono state consegnate, per altro incarico, tutte le rogatorie internazionali riferibili alle indagini su "Tangentopoli" effettuate dalla Procura di Milano. Ritenevo che in tale incarico fosse ricompreso anche quello di informatizzare le rogatorie che mi risultavano essere pervenute sul conto di Pacini. La Procura di Milano, su mia richiesta, nel 97, mi riferì che non dovevo occuparmene perché avrebbero provveduto in proprio. Ho esclusivamente informatizzato i dati contenuti nelle roga-

torie consegnatemi. Tale incarico l'ho avviato dopo circa un anno dal termine della perizia Eni». Come ha precisato lo stesso Laganà il 28-8-98 in risposta alla richiesta rivoltagli dal mio difensore, le relazioni peritali sono: Eni, Pacini, Agip, Gruppo occulto, Snam Progettti: «In relazione all'esito degli accertamenti svolti per l'indagine Eni, ho periodicamente riferito verbalmente e principalmente al dott. Colombo, e solo inizialmente, all'atto del conferimento dell'incarico, al dott. Davigo. A partire dalla tarda primavera del 94, ho riferito anche al dott. Greco. Per evitare carenza di comunicazione fra i magistrati del pool ho tuttavia disposto che gran parte delle comunicazioni scritte fossero inviate a tutti i magistrati del pool stesso. Le disposizioni operative mi vennero impartite, sempre in relazione all'incarico Eni, inizialmente esclusivamente dal dott. Colombo e, successivamente, anche dal dott. Greco».

Nel febbraio 93, nel corso di un interrogatorio di Paolo Ciaccia, acquisii le gravi dichiarazioni a carico di Pacini, dalle quali appariva il ruolo estremamente importante da quest'ultimo svolto nel sistema delle corruzioni. Per far sì che le indagini e le successive attività di Pg sul suo conto (intercettazioni, appostamenti, perquisizioni ed esecuzione della misura cautelare) fossero svolte al più alto livello professionale possibile, esse furono dirette personalmente dal *dott. Colombo* (previo accordo mio, del dott. Davigo e, probabilmente, anche del Procuratore aggiunto e del Procuratore della Repubblica di Milano), il quale le affidò a un Ufficiale di Pg di sua assoluta fiducia. A perquisizioni avvenute, fu il *dott. Colombo* che procedette a un primo esame della documentazione sequestrata a Pacini. Tale documentazione venne successivamente trasmessa per l'esame al Nucleo Regionale Pt della Gdf di Milano; probabilmente nel 96, risultò che l'allora capitano Mauro Floriani aveva proceduto alla restituzione di una parte consistente di essa, senza però effettuarne preliminarmente la duplicazione fotostatica *come invece era stato disposto dal Pm Di Pietro*.

La decisione di esprimere parere favorevole alla scarcerazione di Pacini fu presa di comune accordo tra i vari magistrati del pool. Infine, numerose altre Ag indagavano sia su Pacini sia su Lodigiani (Roma, Salerno, Palermo).

Seguendo l'evoluzione interpretativa dei Pm di Brescia, io avrei dovuto poter contare – anche successivamente alle mie dimissioni dalla Magistratura – sulla complicità dei miei ex colleghi del pool, i quali avrebbero dovuto riservare, a loro volta, il medesimo presunto "trattamento di favore" a Pacini (e a Lodigiani): ma così non è stato e non può essere nemmeno pensato. La Procura della Repubblica di Brescia, per dimostrare il suo teorema, sembra essersi mossa cercando di dimostrare che, pur essendovi un pool di magistrati: 1) ognuno di essi avesse dei compiti ben definiti e non travalicabili; 2) sebbene tutti, in generale, avessero il compito di «investigare», «contestare» e «richiedere assistenza giudiziaria», soltanto uno – Antonio Di Pietro – aveva il compito di occuparsi specificamente del «ruolo avuto da Pacini» nel sistema di finanziamento ai partiti e nei falsi in bilancio Eni! Insomma, a me sarebbe spettata una specie di *competenza esclusiva all'insaputa degli altri colleghi del pool* (i quali, diversamente, dovrebbero essere chiamati a rispondere delle contestazioni "in concorso" con me), peraltro in un circoscritto periodo temporale relativo solo a una prima parte dell'intera fase delle indagini preliminari. La dimostrazione di un così ardito teorema è assolutamente impossibile, perché basato su presupposti assolutamente errati: si è visto come i miei ex colleghi fossero parte attiva anche loro (e anzi, nella fase della verifica, soprattutto loro) delle indagini avviate – e si vedano, in merito, le loro dichiarazioni all'Ag di Brescia [218], [219].

Piaccia o non piaccia ai Pm bresciani, è provato che il compito di «investigare», «contestare» e «richiedere assistenza giudiziaria» non era esclusivamente mio, ma di qualsiasi altro magi-

tecnica adottata da Di Pietro era quella generalmente di chiedere singole movimentazioni per evitare di favorire eventuali opposizioni. Infatti le rogatorie nelle quali si è chiesto tutto il conto sono ancora in gran parte pendenti, sia in Svizzera che in altri paesi. Il Ct Laganà, per quanto mi risulta, è stato nominato da Davigo e Colombo. Il giudizio espresso da tale consulente, con riguardo al ruolo di Pacini e degli altri dirigenti dell'Eni nella comunicazione del 17-1-94, è stato da me condiviso, come risulta dalla richiesta di rinvio a giudizio che ho formulato nel settembre 95. Laganà ha effettuato un lavoro complessivo con ampio mandato, il suo lavoro è durato molto tempo ma i risultati non sono molto soddisfacenti perché non mi sembra che le conclusioni siano andate molto oltre rispetto a quanto già emerso anche attraverso le produzioni documentali di Pacini... Devo peraltro dire che anche la Guardia di finanza non è andata oltre le dichiarazioni di Pacini, pur avendo ricevuto delega a investigare sui rapporti tra l'Eni e le società off-shore. Devo peraltro precisare che, oltre alla Montedison che ho seguito direttamente, difficilmente in "Mani pulite" i filoni investigativi venivano approfonditi oltre un certo livello e questo perché non c'era tempo per farlo... Scoperto un episodio si passava a quello successivo delegando per l'approfondimento, normalmente la Gdf che tuttavia sia per il carico di lavoro sia per oggettive difficoltà non riusciva ad andare oltre a quanto già emerso. Questo vale, per quello che ho potuto constatare, per moltissimi filoni investigativi. D'altra parte una media di quattro magistrati non poteva sicuramente approfondire le posizioni di circa 3.000 indagati. Inoltre c'erano forti pressioni perché si celebrassero complessivamente i dibattimenti per cui, soprattutto Colombo e Davigo si occuparono, a partire dal 94, dei rinvii a giudizio dei primi filoni già aperti e non avevamo il tempo di seguire le indagini... Lo stesso Di Pietro era sempre proiettato alla scoperta di nuovi filoni investigativi e raramente "ritornava sui suoi passi"... Per quanto riguarda Pacini devo peraltro anche dire che col materiale che ci ha prodotto ci ha fatto guadagnare molto tempo perché, se avessimo dovuto ottenerlo in rogatoria, staremmo ancora ad aspettare... In base alla mia esperienza in "Mani pulite" non esistono imputati che abbiano riferito tutto quello che hanno fatto. Anche Pacini ha sicuramente taciuto sue attività illecite. Tuttavia da un lato ha fornito un contributo di estremo rilievo, anche perché, a differenza di altri, estremamente documentato; dall'altro non poteva essere costretto, senza che l'Ufficio avesse validi argomenti probatori, a riferire di altri reati commessi. Voglio cioè dire che sui fatti descritti ha in buona sostanza collaborato omettendo in particolare i suoi rapporti finanziari con i singoli dirigenti dell'Eni. Su altri filoni investigativi aperti successivamente all'epoca, all'inizio del 93, non c'erano elementi per incriminarlo. In seguito è emerso un suo ruolo in particolare nelle vicende Allied e Cragnotti e di volta in volta è stato interrogato da Di Pietro o dalla sua struttura per chiarire i singoli punti... Preciso che di Pacini, per quello che mi consta, se ne occupò prevalentemente Di Pietro e la sua struttura, così come accadeva, per la verità, per tutti i principali indagati di "Mani pulite". Peraltro ciò corrispondeva a una divisione dei compiti creatasi nella prassi, per la quale gli interrogatori li faceva Di

[218] Cfr. s.i.t. Gherardo Colombo del 23-2-98: «Non ho ricordo di scambi di opinioni particolari, con riguardo alla gestione della posizione dell'indagato Pacini. In positivo posso solo dire che nella gestione di quella posizione non ho mai notato nulla che non fosse assolutamente normale e tale da costituire la base di un ricordo concreto a distanza di tempo... Tendenzialmente ogni magistrato del pool nel decidere se e quali rogatorie fare, dava concreta attuazione a delle linee di fondo che erano anche influenzate, almeno per quel che riguarda la mia persona, dalla notevole sfiducia che io riponevo nello strumento, avendo constatato in tantissime occasioni come l'assistenza giudiziaria sia lenta, al punto di diventare spesso improduttiva. Data la difficoltà di ottenere per via rogatoriale si è cercato il più possibile di ottenere produzioni spontanee di documenti bancari esteri da parte degli stessi indagati».

[219] Cfr. s.i.t. Francesco Greco del 19-2-98: «Mi si chiede se è mai stata fatta una rogatoria a Londra sulla soc. Allied, di cui all'interrogatorio di Pacini del 19-7-93. Mi risulta che non sia stata fatta. Al riguardo si deve tenere presente che la conoscenza sul funzionamento delle società off-shore è stata acquisita via via nel corso delle indagini e, comunque, si è sempre cercato di evitare di fare rogatorie su conti di transito nel caso si conoscessero i conti di destinazione. Inoltre la

strato del pool, come hanno confermato gli ex colleghi Colombo, Greco e Ielo:

Dott. Gherardo Colombo, in data 23-1-98: «Ognuno si occupava prevalentemente delle proprie investigazioni pur avendo presente il quadro generale dell'intera attività e collaborando alle attività direttamente gestite dagli altri colleghi... Tendenzialmente ogni magistrato del pool nel decidere se e quali rogatorie fare, dava concreta attuazione a delle linee di fondo che erano anche influenzate, almeno per quel che riguarda la mia persona, dalla notevole sfiducia che io riponevo nello strumento, avendo constatato in tantissime occasioni come l'assistenza giudiziaria sia lenta, al punto di diventare spesso improduttiva. Data la difficoltà di ottenere per via rogatoriale si è cercato il più possibile di ottenere produzioni spontanee di documenti bancari esteri da parte degli stessi indagati».

Dott. Francesco Greco, in data 19-2-98: «Purtroppo il lavoro era molto e nessuno di noi riusciva a seguirlo per intero. Devo peraltro precisare che, oltre alla Montedison che ho seguito direttamente, difficilmente in "Mani pulite" i filoni investigativi venivano approfonditi oltre un certo livello e questo perché non c'era tempo per farlo. Scoperto un episodio si passava a quello successivo delegando per l'approfondimento, normalmente la Guardia di finanza che tuttavia sia per il carico di lavoro sia per oggettive difficoltà non riusciva ad andare oltre a quanto già emerso. Questo vale, per quello che ho potuto constatare, per moltissimi filoni investigativi. D'altra parte una media di quattro magistrati non poteva sicuramente approfondire le posizioni di circa 3.000 indagati. Inoltre c'erano forti pressioni perché si celebrassero complessivamente i dibattimenti per cui, soprattutto Colombo e Davigo, si occuparono a partire dal 94 dei rinvii a giudizio dei primi filoni già aperti e non avevamo il tempo di seguire le indagini. Lo stesso Di Pietro era sempre proiettato alla scoperta di nuovi filoni investigativi e raramente "ritornava sui suoi passi».

Dott. Paolo Ielo, in data 22-5-98: «La mia era una funzione di supporto all'attività dei colleghi del pool che in quel momento erano Colombo, Di Pietro e Davigo».

Mi preme inoltre sottolineare che personalmente, nel periodo al quale si riferiscono le mie supposte omissioni di indagini su Pacini, oltre a svolgere innumerevoli attività nell'ambito dell'intera inchiesta "Mani pulite", ho rappresentato l'accusa dibattimentale in gravosi e complessi processi penali, come quello a carico di Armanini + altri, quello a carico di Sergio Cusani, quello "Discariche", e da ultimo quello Enimont, oltre naturalmente a portare avanti le posizioni processuali di qualche altro migliaio di indagati. È notorio che, nella prassi venutasi a creare (tenuta in giusto conto l'enorme mole di lavoro che quotidianamente gravava su ogni magistrato del pool), mentre a me faceva capo "la prima linea", ossia la ricerca di nuovi filoni d'indagine, coadiuvato in questo dalla "forza d'urto" costituita dalla struttura di Pg dislocata presso la Procura della Repubblica (a disposizione mia e degli altri magistrati del pool), il "lavoro di fino", ossia il compito dell'approfondimento delle indagini in merito alle singole vicende e dei rapporti tra i singoli indagati, faceva più propriamente capo agli altri magistrati (i quali, anche a tale scopo, potevano avvalersi, oltreché della Pg posta alla loro diretta dipendenza, anche della "mia struttura di Pg", nonché, in generale, come ogni Pm, dei vari comandi di Polizia giudiziaria). Circostanze confermate dagli ex colleghi Colombo e Greco:

Dott. Gherardo Colombo, in data 23-2-98: «Era prassi dell'Ufficio quella di far sì che fosse Di Pietro a interrogare tutti gli indagati di un certo rilievo che si fossero costituiti, ciò in considerazione della particolare abilità di Di Pietro nel condurre gli interrogatori».

Dott. Francesco Greco, in data 19-2-98: «Lo stesso Di Pietro era sempre proiettato alla scoperta di nuovi filoni investigativi e raramente "ritornava sui suoi passi". Peraltro ciò corrispondeva a una divisione dei compiti creatasi nella prassi, per la quale gli interrogatori li faceva Di Pietro perché era il più bravo e comunque il personaggio più carismatico del pool. D'altra parte era evidente che gli indagati preferivano avere un rapporto diretto con lui perché era colui che prendeva le principali decisioni e dunque preferivano riferire a lui le cose perché lo ritenevano il magistrato più importante. Tale situazione era da noi accettata perché ci rendevamo conto che ci competeva un lavoro di ricostruzione successiva agli interrogatori che qualcuno doveva pur fare e perché, una volta scoperti nuovi filoni, era bene affidarli alla "forza propulsiva" di Di Pietro».

Mentre Davigo, Colombo e io, unitamente alla "struttura di Pg della stanza 253", ci occupa-

---

Pietro perché era il più bravo e comunque il personaggio più carismatico del pool. D'altra parte era evidente che gli indagati preferivano avere un rapporto diretto con lui perché era colui che prendeva le principali decisioni e dunque preferivano riferire a lui le cose perché lo ritenevano il magistrato più importante. Tale situazione era da noi accettata perché ci rendevamo conto che ci competeva un lavoro di ricostruzione successiva agli interrogatori che qualcuno doveva pur fare e perché, una volta scoperti nuovi filoni, era bene affidarli alla "forza propulsiva" di Di Pietro».

vamo dell'intera inchiesta "Mani pulite", aprendo continuamente nuovi filoni e spaziando, secondo le esigenze, da un filone all'altro, con il risultato di creare generalmente nuove brecce all'interno dei singoli filoni, altri magistrati del pool si occupavano principalmente di uno o più filoni d'indagine (a seconda delle dimensioni e della complessità degli stessi), e comunque quelle relative all'Eni e Pacini venivano svolte dai colleghi Greco e Colombo. Questo non toglie che ogni singolo Pm del pool avesse precisa cognizione dello sviluppo dell'intera inchiesta "Mani pulite", attraverso – come si dirà – il cosiddetto "sistema della posta interna". Oltretutto, le richieste di autorizzazione a procedere nei confronti di parlamentari, nonché le richieste di misure cautelari nei confronti della quasi totalità degli indagati di "Mani pulite", venivano collegialmente condivise con cognizione di causa e quindi sottoscritte da tutti i componenti del pool. Nell'ambito delle indagini che facevano capo ai diversi magistrati, nessuno di essi "prendeva ordini" dal Pm Di Pietro, e a nessuno è mai stata negata da me (e come potevo?) o da altri l'iniziativa e l'autonomia necessaria allo sviluppo delle indagini.

Tutt'altro che superfluo appare infine rammentare le specifiche iniziative di indagine nei riguardi di Pacini, adottate sia autonomamente da singoli Pm diversi dal sottoscritto (soprattutto dal dott. Colombo, dal dott. Davigo e dal dott. Greco nei confronti di Pacini; e dal dott. Ielo nei confronti di Lodigiani), sia di concerto tra i singoli Pm del pool, il coordinatore del pool dott. Gerardo D'Ambrosio, e il Procuratore della Repubblica dott. Francesco Saverio Borrelli. Si veda, in particolare, la "gestione" dell'arresto di Pacini e l'attività investigativa disposta, attuata o delegata dai colleghi Colombo e Greco per la vicenda Eni.

Mi resta da evidenziare che iniziativa e autonomia d'indagine nello sviluppo delle singole vicende – sebbene in misura inferiore rispetto a quella dei Pm – venivano peraltro riconosciute anche a diversi ufficiali di Pg facenti capo alla "struttura interna" (quella della stanza 253), i quali divenivano pertanto estremamente propositivi in merito agli ulteriori accertamenti da effettuarsi per arrivare a nuove contestazioni: e nessuno di essi ha mai sostenuto che io abbia detto loro di non investigare su Pacini.

In merito alle circostanze di cui alla suddivisione dei filoni di indagine, l'ex collega Francesco Greco il 19-2-98 ha dichiarato: «Per tutto il 93 non mi sono occupato d'altro se non di Enimont e di Montedison, tanto è che nel mio ufficio, dalla struttura di Di Pietro perveniva la "posta" relativa solamente alle posizioni Enimont e Montedison... Nel 94 mi sono occupato sempre della Montedison e dell'Enimont, e su richiesta di Colombo ho cominciato a seguire alcune questioni relative all'Eni senza peraltro avere un quadro generale di questo filone... Quando Di Pietro lasciò il pool avvenne una riassegnazione dei filoni di indagine e si concordò che io mi dovessi occupare, oltre che dell'Enimont e della Montedison, anche dell'Eni e del procedimento relativo alla posizione Tradati-Raggio».

I vari magistrati del pool erano costantemente aggiornati sulle risultanze e sullo sviluppo delle indagini, posto che alla "struttura" di Pg a mia disposizione, oltre a quanto già specificato, era altresì affidato, di volta in volta, il compito di "gestire l'emergenza", di approfondire "a caldo" le questioni oggetto d'indagini, di tenere l'archivio dell'intera inchiesta "Mani pulite"; nonché di fotocopiare gli atti d'indagine compiuti sia dai Pm sia dalle loro "strutture" di Pg, le memorie degli indagati e gli atti depositati dai vari comandi di Polizia giudiziaria, con l'incarico di consegnarne copia ai vari magistrati del pool (nonché al coordinatore dott. D'Ambrosio e al Procuratore della Repubblica), di regola entro la mattina successiva:

Dott. Gherardo Colombo, in data 23-1-98: «All'interno del pool vi era un sistema di circolazione dei documenti. Di Pietro provvedeva a raccogliere tutti gli atti (in particolare i verbali fatti da lui e dagli altri componenti del pool, gli atti di Pg, e le varie istanze e memorie difensive). Era lui che provvedeva poi a fare consegnare ai vari componenti del pool gli atti di interesse per i singoli filoni di indagine gestiti. A me (e anche a Davigo) veniva consegnata copia di tutto il materiale che veniva prodotto, tranne la documentazione di Pg particolarmente voluminosa (della quale mi veniva data comunque notizia). Ogni magistrato del pool disponeva direttamente di un segretario e di due o tre Ufficiali di Pg. Accanto all'ufficio di Di Pietro vi era invece una struttura più numerosa che si preoccupava di seguire la conservazione e la catalogazione degli atti dei vari fascicoli processuali e di seguire direttamente l'attività delegata».

Dott. Francesco Greco, in data 19-2-98: «Preciso che la "posta" era il sistema di comunicazione interno che utilizzavamo all'interno del pool per conoscere gli atti del procedimento. In buona sostanza tutti i colleghi che si occupavano di "Mani pulite" trasmettevano a Di Pietro, in tempo reale, gli atti in originale che venivano compiuti direttamente da noi o comunque che venivano da noi ricevuti. Di Pietro teneva l'archivio e provvedeva a fotocopiare tutti gli atti ricevuti per restituirli ai componenti del pool. Davigo e Colombo ricevevano tutti gli atti di "Mani pulite". Gli altri colleghi e il sottoscritto ricevevano solo gli atti dei filoni di cui risultavano assegnatari».

Dott. Paolo Ielo in data 22-5-98: «Di Pietro aveva la funzione di perno organizzativo del pool, Tutti gli interrogatori che venivano effettuati venivano a lui trasmessi Il suo ufficio provvedeva a fotocopiare i vari atti e a trasmetterli, il giorno successivo, ai colleghi del pool».

Non soltanto il sottoscritto ma anche diversi magistrati del pool – a volte singolarmente e a volte congiuntamente – delegavano e impartivano direttive di svolgimento delle indagini ai vari comandi di Pg, e questi ultimi, specialmente quando si trattava di riferire compiutamente in merito a una delega conferitagli, riferivano generalmente non tanto al sottoscritto, quanto agli altri magistrati del pool (l'unica differenza era costituita dal fatto che, oltre alla copia cartacea dell'informativa, a me veniva consegnato anche il floppy disk contenente lo specifico file, così da aggiornare sia l'archivio documentale sia quello informatico, entrambi a disposizione dell'intero pool "Mani pulite"). Anche qualora la Polizia giudiziaria avesse riferito a un unico magistrato, non appena venivo in possesso dell'atto – come ho appena detto – davo incarico alla "mia" struttura di fotocopiarlo (evitando eventualmente di fotocopiare gli allegati, se eccessivamente voluminosi) e di consegnarne un esemplare agli altri magistrati del pool. Ne è conferma quanto dichiarato all'Ag di Brescia da Giuseppe Licheri e Gaetano De Gennaro, sottufficiali del Nucleo regionale Pt di Milano che all'epoca dei fatti svolgevano l'attività operativa nei confronti delle società dell'Eni:

Giuseppe Licheri, in data 22-4-98: «L'esito delle nostre indagini invece sia su supporto cartaceo che su floppy disk, in quanto eseguite in doppio venivano di norma inviate una copia all'ufficio del dott. Di Pietro, l'altra copia all'ufficio del dott. Colombo».

Gaetano De Gennaro, in data 23-4-98: «Le informative venivano redatte di volta in volta che si concludeva un filone, materialmente dai componenti della pattuglia, in particolar modo da me e dal m.m. Licheri e poi inserite al computer da parte di altri componenti della pattuglia. La consegna all'Ag avveniva sia su supporto cartaceo che su floppy disk, *una copia all'ufficio del dott. Colombo e una copia all'ufficio del dott. Di Pietro*».

In conclusione, per quanto riguarda le supposte "omissioni" contestatemi, intendo ribadire – sulla base di quanto emerso dagli atti d'indagine svolti nell'ambito del procedimento penale a mio carico – che:

• non soltanto il sottoscritto, ma anche gli altri magistrati del pool "Mani pulite" avevano il compito, e in effetti si occupavano, dello svolgimento e della direzione delle indagini che riguardavano il cosiddetto "pianeta Eni" (filone nel quale si inseriscono Pacini e la Karfinco), e quindi delle fatturazioni per operazioni inesistenti da parte di società off-shore a esso riconducibili e dei vari meccanismi utilizzati per la creazione dei "fondi neri", i quali sono stati progressivamente delineati nel corso delle indagini;

• non soltanto il sottoscritto, ma anche gli altri magistrati del pool potevano indagare, e in effetti indagavano, sul cosiddetto "sistema Pacini", costituito dalle società off-shore da lui utilizzate ovvero a lui direttamente o indirettamente riconducibili, il cui funzionamento, anche in questo caso, è stato progressivamente appurato nel corso delle indagini;

• non soltanto il sottoscritto, ma anche gli altri magistrati del pool potevano svolgere, e hanno in effetti svolto, attività di indagine nei confronti di Pacini, sia personalmente, sia avvalendosi della "struttura interna di Pg", sia delegando il Nucleo regionale Pt della Guardia di finanza di Milano, sia commissionando apposite perizie al consulente tecnico;

• non soltanto il sottoscritto, ma anche gli altri magistrati del pool erano costantemente aggiornati, attraverso la ricezione quotidiana degli atti acquisiti al procedimento penale 8655/92, dello stato delle indagini nei confronti di Pacini (oltreché di Lodigiani e di tutti gli altri indagati di "Mani pulite");

• non soltanto il sottoscritto, ma anche gli altri magistrati del pool, sulla base delle risultanze delle indagini svolte, potevano promuovere, e in effetti promuovevano, richieste di assistenza giudiziaria, comprese quelle che riguardavano Pacini [220];

---

[220] Tutte queste circostanze sono state ampiamente confermate dalle seguenti dichiarazioni:

Dott. Giorgio Laganà, in data 28-8-98: «In relazione all'esito degli accertamenti svolti per l'indagine Eni, ho periodicamente riferito verbalmente e principalmente al dott. Colombo Gherardo, e solo inizialmente, all'atto del conferi-

• non soltanto il sottoscritto, ma anche gli altri magistrati del pool potevano indagare, e in effetti hanno indagato, sia personalmente sia delegando la Polizia giudiziaria, in merito alla scoperta e alla messa in luce dei diffusissimi reati di finanziamento illecito, di corruzione e di falso in bilancio, nel "settore" dei Lavori pubblici (appalti di opere pubbliche, forniture di materiali, etc.);

• il ruolo "di sfondamento" da me svolto, e so-

---

mento dell'incarico, al dott. Piercamillo Davigo. A partire dalla tarda primavera del 94, ho riferito anche al dott. Francesco Greco. Per evitare carenza di comunicazione fra magistrati del pool, ho tuttavia disposto che gran parte delle comunicazioni scritte fossero inviate a tutti i magistrati del pool stesso... Le disposizioni operative mi vennero impartite, sempre in relazione all'incarico Eni, inizialmente esclusivamente dal dott. Colombo, e successivamente, anche dal dott. Greco».

Dott. Gherardo Colombo, in data 23-2-98: «La posizione di Pacini credo sia stata curata prevalentemente da Di Pietro e dalla sua struttura. Al riguardo devo precisare che la struttura di Di Pietro era a disposizione di tutto il pool, sempre per il tramite di Di Pietro... Non ho ricordo di scambi di opinioni particolari, con riguardo alla gestione della posizione dell'indagato Pacini. In positivo posso solo dire che nella gestione di quella posizione non ho mai notato nulla che non fosse assolutamente normale e tale da costituire la base di un ricordo concreto a distanza di tempo. Solo dalla lettura dei verbali, se ben ricordo, ho seguito lo sviluppo della collaborazione di Pacini e non sono pertanto in grado di fornire spiegazioni o chiarimenti al riguardo... Posso però riferire quale fosse la prassi dell'Ufficio. Accadeva spesso che chi collaborava non collaborasse a 360 gradi e tacesse parte di quanto a sua conoscenza. Quando ciò accadeva (ed eravamo in grado di rilevarlo), succedeva delle volte di richiamare questi indagati senza procedere a nuova cattura ma contestando a piede libero le nuove emergenze o procedendo a nuovi interrogatori senza neppure procedere a formale contestazione. Ciò è capitato anche a me, in particolare mi è capitato di fare presente a qualche difensore che era necessario procedere a un nuovo interrogatorio dell'indagato in quanto non tutto era stato chiarito, in tali casi poteva essere normale che venisse indicata al difensore la materia che avrebbe costituito l'oggetto del nuovo interrogatorio».

Dott. Francesco Greco, in data 19-2-98: «Svolgo funzioni di sostituto Procuratore dal febbraio 79 e ho cominciato a occuparmi di alcuni filoni di "Mani pulite" nella primavera del 93. In particolare, occupandomi all'epoca dei cosiddetti Affari civili della Procura di Milano, avevo ricevuto una segnalazione da parte del Tribunale Civile per una "omologa" relativa alla società "Sci" che doveva ricapitalizzare per circa 2000 miliardi... Studiando la pratica mi resi conto che tale società, appartenente all'Eni, deteneva il controllo dell'Enichem, dopo lo scioglimento della joint venture Enimont. D'accordo con il Procuratore Borrelli, essendo emersi dei problemi in ordine ai conferimenti che avevano portato alla creazione di Enimont venne aperto un "mod. 21" per il reato di cui all'art. 2629 Cc. Poco dopo pervenne da Roma un procedimento Enimont, aperto per peculato nei confronti di Gabriele Cagliari, a quel punto Borrelli decise di coassegnare tale procedimento anche al sottoscritto che già si occupava dell'Enimont. Ho potuto pertanto seguire l'evoluzione delle indagini occupandomi in particolare della scalata di Gardini all'Enimont, del *closing* dell'Enimont, dell'offerta pubblica di scambio (Ops) effettuata dall'Eni, e della situazione della Montedison... La prima volta che ebbi a che fare con Pacini Battaglia fu per la "questione Allied". Mi spiego meglio: interrogando alcuni imputati e testi avevo scoperto che la Montedison aveva pagato una fattura di 10,5 milioni di dollari emessa dalla società Allied e avevo scoperto che tale pagamento era collegato al *closing* (vds. interrogatorio di Michetti Roberto). Mentre stavo cercando di capire chi fosse il destinatario di questi pagamenti venni a sapere che Pacini era stato interrogato su tale questione. Ciò è accaduto, se ben ricordo, tra il giugno e il luglio del 93. Questo fu il mio primo rapporto di conoscenza processuale di Pacini la cui posizione peraltro io non conoscevo assolutamente. Sicuramente nei mesi successivi, non ricordo esattamente quando, ho interrogato Pacini Battaglia e Roger Francis insieme a Colombo, a Roma. Partecipai a questo interrogatorio proprio per capire chi fosse questo Pacini, perché Colombo aveva cominciato a chiedermi di aiutarlo nelle indagini sull'Eni. Mi sembra di ricordare che mi venne anche presentata da uno dei difensori di Pacini una memoria. Mi riservo di verificare la circostanza. Con Di Pietro non ho mai parlato di Pacini. Parlandone invece con Colombo, gran parte del nostro interesse era orientato non tanto alle vicende Eni, ma al ruolo di Pacini come collettore di tangenti ai partiti. Infatti, quando ho scritto il rinvio a giudizio, le imputazioni di appropriazione indebita e ricettazione derivavano proprio dalla constatazione che le dichiarazioni rese dal Pacini sui suoi rapporti con Balzamo e Citaristi erano per me inverosimili e comunque non documentate. Devo altresì precisare (non ricordo esattamente se nel 93 o 94) il Ctu Laganà aveva rinvenuto, mi sembra presso l'Eni, altre fatture false emesse da varie società tra le quali la Allied. La questione la seguii direttamente, perché Laganà si era rivolto a me perché non aveva trovato Colombo. Mi ricordo che feci anche degli accertamenti e la conclusione fu che si trattava dei "soliti fondi neri" dell'Eni. Fu da allora che incominciai a occuparmi delle vicende Eni per quanto concerneva le indagini ancora in corso (mi ricordo che mi occupai di analizzare il ruolo della Foradop, che era la società che si occupava di tenere la contabilità del comparto estero dell'Agip; venni interessato dal Laganà sulla rogatoria a Ginevra nei confronti di alcune società dell'Eni; mi occupai di Tpl dopo la scoperta effettuata dall'Ag di altri fondi di pertinenza della stessa). Non deve stupire il fatto che non siano state fatte rogatorie in Karfinco sui conti di Pacini Battaglia. La tecnica adottata, infatti, vista anche la difficoltà a ottenere risultati in tempi rapidi, era quella di fare rogatorie puntuali allorquando si era in possesso di dichiarazioni precise o di contabili bancarie. Si è sempre evitato di fare rogatorie generiche o "al buio". L'unica che ricordo di questo tipo è una delle primissime rogatorie di "Mani pulite". Quella relativa a Musini + 42. D'altra parte in ordine a conti in Karfinco emersi mi risulta che è stata spedita la rogatoria sul conto "Dallas" e "Garros" che, se fosse stata eseguita dalla Svizzera, avrebbe portato inevitabilmente alla scoperta dei conti di Pacini perché, come oggi sappiamo, tutti i conti di Pacini alimentavano il "Dallas" e "Garros". Analogo discorso può essere fatto sulla rogatoria Maddaloni».

prattutto l'attività d'indagine da me condotta, ha permesso di accertare che nel settore ferroviario (nel quale si inserisce Vincenzo Lodigiani) enorme pressione veniva esercitata dai vari partiti politici;

Dott. Paolo Ielo, in data 22-5-98: «Successivamente, dopo le dimissioni di Di Pietro, ho continuato a svolgere un'attività di indagini autonoma e collegata con quella dei colleghi... Ho provveduto infine a definire quello che rimaneva del fascicolo 8655/92 mod. 21, sia redigendo la richiesta di rinvio a giudizio di "Enel", sia trasmettendo alle varie sedi giudiziarie i vari stralci per competenza. Preciso che ho indicato il nominativo di Pacini tra gli imputati di reato connesso da escutere nell'ambito del dibattimento "Enel" (la cui richiesta di rinvio a giudizio, se ben ricordo, è del maggio 95). Nel corso di quel dibattimento Pacini si è avvalso della facoltà di non rispondere».

Mar.llo Salvatore Scaletta, in data 29-5-98: «Voglio aggiungere che con l'avv.ssa Manola Murdolo ho avuto qualche scontro durante gli interrogatori di Pacini. Ricordo in particolare l'occasione in cui la avvocatessa aveva sostenuto che le domande che io rivolgevo a Pacini erano suggerite da Bernabè e miravano a tutelare la posizione dell'Eni. La Murdolo non gradiva il modo in cui io conducevo gli interrogatori di Pacini. Ricordo in particolare che i problemi nascevano quando insistevo nel voler capire da Pacini, in modo dettagliato, dove fossero finiti i soldi che, a dire suoi amministratori e responsabili delle società facenti capo all'Eni, erano stati versati a lui. In una occasione ricordo che Pacini non voleva firmare il verbale, sostenendo che io avevo frainteso le sue dichiarazioni. Tendenzialmente sia lui che i suoi difensori non gradivano che venissero verbalizzate domande e contestazioni specifiche, sia lui che loro preferivano che dal verbale apparisse che Pacini aveva fornito quasi spontaneamente le spiegazioni che in realtà erano frutto delle mie domande e contestazioni e che a fatica ero riuscito a farmi dare. Ricordo che inizialmente questo modo di procedere mi aveva creato notevoli difficoltà, anche perché io ero abituato a verbalizzare domanda e risposta via via nel corso dell'interrogatorio e mi riusciva non agevole cambiare modo di procedere. *Di queste mie difficoltà avevo parlato con il dott. Di Pietro che mi aveva detto di non farmi prendere in giro da Pacini e di pretendere che venisse fornita risposta a tutte le mie domande.* Quanto alla verbalizzazione mi aveva detto che era sufficiente che venisse verbalizzata la sostanza di quanto riferito da Pacini».

Mar.llo Scaletta, in data 7-4-97: «Con riferimento alla nascita del mio rapporto con Pacini, rapporto di natura confidenziale, voglio precisare *che nell'ottobre 95* escussi Francesca Giorgi Rossi, moglie del Pacini, e Marini Daniela, segretaria della Part-Imm. Tali persone vennero sentite nell'ambito del proc. 5788/94, e in particolare la Marini presso la sede della società e la Giorgi Rossi presso la sua abitazione romana. Fu in quella occasione che incontrai Pacini. Tale incontro fu casuale in quanto il Pacini si trovava a Roma in occasione delle festività dei Morti. Voglio precisare che fin dal 93 mi sono occupato del filone sull'Eni, Montedison e Enimont nell'ambito delle indagini condotte dal Pm di Milano. Fino all'ottobre 95 i miei rapporti col Pacini sono stati esclusivamente quelli documentati nei verbali di interrogatorio. Già in questa prima fase però *il Pacini aveva assunto*

• a seguito di attività di indagine da me personalmente condotta, si è giunti all'acquisizione della chiamata in correità nei confronti di Roger Francis, Vincenzo Lodigiani, Luca Nistri, Enzo Coltamai, Devitti e di quasi tutti i dirigenti Eni incriminati;

• non solo il sottoscritto, ma anche gli altri magistrati del pool di "Mani pulite", una volta giunti a Pacini e una volta acquisita la sua "collaborazione", si sono in effetti di lui occupati (sul Pacini, peraltro, indagavano contemporaneamente diverse Ag);

• non soltanto il sottoscritto ma anche gli altri magistrati del pool potevano indagare, e hanno in effetti indagato, sulle illecite contribuzioni versate da Pacini al cosiddetto "sistema dei partiti" e a pubblici ufficiali;

• specificatamente in merito all'esame degli appunti contenuti nella documentazione di Vincenzo Lodigiani (sequestrata a Stefano Paparusso dall'Ag di Roma e trasmessa alla Procura della Repubblica di Milano), non soltanto il sottoscritto ma anche altri magistrati del pool hanno indagato, sia personalmente, sia delegando il Nucleo regionale di Polizia tributaria della Guardia di finanza di Milano.

E allora, perché i Pm di Brescia hanno accusato delle presunte "omissioni" solo Antonio Di Pietro?

un atteggiamento collaborativo risultato utilissimo nella prosecuzione delle indagini particolarmente delicate di cui ci occupavamo. Devo dire al riguardo che il contributo offerto dal Pacini era caratterizzato dal fatto che, a volte, era lui stesso a suggerire soluzioni investigative; in certi casi detto contributo veniva verbalizzato sotto forma di risposta a specifiche domande, a volte invece anticipava la soluzione di determinati problemi investigativi attraverso la messa a disposizione del suo patrimonio tecnico-conoscitivo in materia bancaria».

V.

OMISSIONI INESISTENTI

Nel capo di imputazione a mio carico, la Procura di Brescia ha scritto che il trattamento di illecito favore che avrei riservato all'indagato Pacini si sarebbe concretizzato anzitutto in due mie condotte contrarie ai doveri d'ufficio: a) avrei omesso di investigare sui conti accesi presso la banca Karfinco direttamente e indirettamente riconducibile alla persona di Pacini; b) tale omissione sarebbe consistita sia nel non essermi fatto consegnare direttamente da Pacini la documentazione bancaria in questione, sia nel non aver effettuato tutte le dovute rogatorie internazionali relative ai suddetti conti.

1. La presunta omissione investigativa

Diciamo subito che non è vero – nel senso proprio e letterale del termine – che io abbia «omesso di investigare sui conti accesi presso la banca Karfinco di Ginevra, direttamente e indirettamente riconducibili alla persona di Pacini e da questi utilizzati per la gestione occulta di somme provenienti da disponibilità extra contabili di società partecipate dall'Eni (quali la Snamprogetti spa, la Saipem spa e la Nuovo Pignone spa) e da disponibilità extra contabili di vari imprenditori privati italiani, destinate al "sistema dei partiti"», come invece si legge nel capo di imputazione. Una cosa, infatti, è "omettere di fare una indagine" (che letteralmente significa "non averla voluta fa-

re"), altra cosa è aver fatto quel tipo di indagine ma non essere riuscito a scoprire tutto quello che c'era da scoprire.

Ora, è nell'ordine naturale delle cose che io non abbia potuto scoprire *tutto* quanto c'era da scoprire su Pacini (come è certo che nemmeno i ben più bravi investigatori del Gico siano riusciti a scoprire *ogni cosa*): ma da questo a sostenere che io non abbia "voluto fare" alcune indagini – alla luce di tutto quanto invece ho fatto – su Pacini e contro Pacini, vi è un abisso. Per smentire l'assunto del Gico, basterebbe citare:

• le perquisizioni e i sequestri effettuati sia a carico di Pacini sia dei suoi coimputati: si veda l'indice degli atti per rendersene conto – ma si dovrebbero vedere anche gli indici di tutti gli altri fascicoli *che invece il Gico ha dimenticato*;

• le centinaia di deleghe consegnate alla Guardia di finanza, ai Carabinieri e alla Polizia di Stato affinché ricostruissero ogni movimentazione contabile e ogni affare riconducibile a Pacini e ai suoi complici (molte di esse sono agli atti e vi fanno riferimento le stesse relazioni del Gico, *ma molte altre mancano*);

• le centinaia di interrogatori, svolti direttamente o delegati a collaboratori, riguardanti Pacini e il suo entourage. Il solo Pacini è stato interrogato da me circa una ventina di volte in un anno e mezzo di indagini nel corso delle quali mi sono occupato di lui (beninteso, svolgendo contemporaneamente qualche altro migliaio di interrogatori e sommarie informazioni). A proposito: i signori del Gico di Firenze dovrebbero anche sapere – avendomi a suo tempo sequestrato il computer personale – che nell'inchiesta "Mani pulite" ho personalmente aperto 9.138 file: ciò significa che in quel paio d'anni di indagini ho svolto personalmente almeno 10 mila atti istruttori (ma che dico: questi sono solo i file rimasti nel mio computer e non rappresentano nemmeno la metà della realtà);

• tutte le indagini bancarie disposte in Italia e all'estero nei confronti di Pacini e degli altri del suo giro;

• tutte le rogatorie riepilogate nella mia memoria del 28-2-88, laddove allegai e chiesi di acquisire l'elenco delle rogatorie da me – *intendo dire da me personalmente* – avviate con specifico riferimento alla posizione Pacini-Eni. *Ne ho attivate 185. Dico 185 (centoottan-*

tacinque) rogatorie riguardanti direttamente o indirettamente Pacini;

• vorrei far capire ai signori Pm di Brescia che è una pretesa insostenibile affermare che io abbia «omesso di richiedere assistenza giudiziaria all'Ag elvetica». Per me, all'epoca, fare 185 o 186 rogatorie riguardanti Pacini non cambiava niente nell'economia processuale;

• senza contare che nei confronti di Pacini avevamo chiesto e ottenuto dal Gip il provvedimento restrittivo, e che era stato sottoposto anche a intercettazione telefonica.

Insomma, nei confronti di Pacini ho – abbiamo – messo in atto tutto quanto prevede il Codice di procedura penale.

I Pm di Brescia mi contestano (in un altro passo del capo di imputazione) che, ciononostante, avrei «consentito a Pacini una assoluta libertà di movimento»: alla luce di quello che invece ho fatto nei riguardi di Pacini, non saprei proprio immaginare cos'altro avrei potuto fare per persuadere i Pm bresciani. E probabilmente neanche loro: giacché nemmeno essi hanno potuto fare di più rispetto a tutto quanto Pacini può non aver detto loro. Forse l'hanno arrestato, o intercettato o malmenato, dopo che Pacini ha deciso che si sarebbe avvalso della facoltà di non rispondere più alle loro domande? Perché allora avrei dovuto farlo io? Anzi no, che dico: io, salvo che malmenarlo (beninteso), ho fatto ogni altra cosa. E sicuramente ho ottenuto da Pacini molta più collaborazione processuale e molti più riscontri probatori rispetto a quanto siano riusciti a ottenere loro oggi con molto più tempo e più personale a disposizione e con meno indagati e "filoni investigativi" da aprire e seguire.

Mi sia permesso, allora, un richiamo agli inquirenti di oggi: all'epoca per me e per i miei colleghi del pool "Mani pulite", Pacini *era solo uno delle migliaia* (non si sorvoli su questo dato: *dico migliaia*) di inquisiti di cui mi stavo (e ci stavamo) occupando; mi sia anche permesso ricordare che quanto sopra è stato fatto in poco più di due anni, ovvero nella metà del tempo che il nuovo pool di Pm bresciani e del Gico di Firenze hanno impiegato contro Di Pietro. Mentre svolgevo (svolgevamo) le indagini su Pacini, stavo (stavamo) facendo mille altre cose, tutte terribilmente urgenti, era un vero e proprio "pronto soccorso" giudiziario: figuriamoci se potevamo stare a svolgere *"in-*

dagini esplorative" alla ricerca di reati dei quali ignoravamo l'esistenza!

Sì, perché questa è un'altra delle assurdità contenuta nel capo di imputazione a mio carico. Si provi a esaminarlo a fondo. Le indagini che si vorrebbe io avessi dovuto svolgere non erano indirizzate a trovare le prove su indizi di reato già appurati, ma proprio per ricercare tracce di eventuali nuovi reati! Anzi, nemmeno per quelli: che senso ha infatti contestarmi nel capo di imputazione che «le attività come sopra omesse, se espletate, avrebbero consentito di individuare i conti, direttamente riferibili a Pacini quali i conti... [*e qui l'Accusa ne indica una ventina appartenenti a Pacini o persone a lui vicine*]»? Se pure avessi scoperto tutti i conti correnti indicati nel capo di imputazione, che reato avrei scoperto in più rispetto a quelli che avevo scoperto nei confronti delle persone indicate? Soprattutto, che reato è quello di una persona che ha aperto un conto corrente presso la Karfinco? Certo, potrebbe trattarsi di denaro di provenienza illecita, ma il compito del Pm qual è: forse quello di fare "indagini preventive" senza sapere su chi o su che cosa?, e come fa a scegliere preventivamente chi deve far rimanere nella rete e chi no? Cosa dovevo fare per svolgere "indagini esplorative", dato il poco tempo a disposizione: rinunciavo a indagare su *reati già accertati*? Soprattutto, all'epoca come si poteva chiedere all'Ag svizzera di aprire in via "preventiva" i forzieri delle sue banche per sapere "quali italiani" o quali "amici di Pacini" avessero aperto un conto corrente in Svizzera? Ma sanno i signori investigatori di oggi le difficoltà che all'epoca dovevamo affrontare per le rogatorie estere? Siamo realistici, per favore!

Ma forse ho capito dove i signori Pm bresciani vogliono andare a parare (dico forse, perché – come abbiamo visto all'inizio – ogni volta che ho smontato un teorema, essi ne hanno subito riproposto un altro, per cui ora non so più se l'impressione di cosa abbiano voluto intendere l'ultima volta sia ancora attuale). Proviamo a puntualizzare questa parte del capo di imputazione. I conti sui quali avrei dovuto investigare, e sui quali – secondo i Pm bresciani – non avrei investigato, sarebbero:

• quelli – e solo quelli – riconducibili a Pacini (direttamente o indirettamente);

• quelli – e solo quelli – accesi presso la Karfinco di Ginevra;

• quelli – e solo quelli – utilizzati per la gestione occulta di somme provenienti da disponibilità extracontabili;

• quelli – e solo quelli – di società partecipate dell'Eni o di imprenditori privati italiani;

• quelli – e solo quelli – destinati al cosiddetto "sistema dei partiti".

Magari avessi potuto occuparmi di Pacini solo per fatti che avessero avuto (peraltro *congiuntamente*) le suddette cinque caratteristiche! Vada il Gico a rileggersi la mole delle ipotesi investigative che le dichiarazioni di Pacini potevano generare – e hanno generato – o che comunque sono state attivate dalla Procura di Milano sulla base degli approfondimenti investigativi svolti al riguardo: a) indagini che si sono sviluppate sul fronte mafioso siciliano illuminando la figura di allora insospettabili imprenditori italiani; b) indagini che hanno portato alla scoperta di trame corruttive internazionali sia di Paesi occidentali che mediorientali; c) indagini che hanno riguardato il controllo internazionale delle materie prime e quello degli armamenti specie in Medio Oriente; d) indagini che riguardavano il controllo delle commesse pubbliche da parte di lobby di potere nazionale e internazionale; e) indagini che hanno portato alla luce il sistema illecito di finanziamento ai partiti tramite imprese di Stato (Eni).

Si badi bene, anche a scanso di equivoci interpretativi: i Pm bresciani hanno delimitato in modo netto i conti correnti sui quali non avrei investigato, cioè quelli – e solo quelli – aventi l'insieme delle suddette cinque caratteristiche. Ma questa è una vera e propria "quisquilia" rispetto ai tanti – e più rilevanti, dal punto di vista investigativo dell'epoca – conti correnti utilizzati da Pacini per i suoi illeciti traffici da me scoperti! Mi riferisco (per amor di Dio, solo come esempio) ai seguenti conti, sui quali sono riuscito a mettere le mani, a volte grazie proprio alle dichiarazioni di Pacini, altre volte indagando su fatti o circostanze che egli aveva taciuto (tanto è vero che i numeri di conto corrente in questione sono superiori alle rogatorie attivate a seguito di sue dichiarazioni):

C/corrente	Banca	Ag.	N° rog.
3042251	B. Bruxelles Lambert	Lugano	1
620934	Ubs	Lugano	7
633777	Ubs	Lugano	2
644520	Ubs	Lugano	2
654444	Ubs	Chiasso	7

611650	Ubs	Lugano	3
611650	Ubs	Chiasso	1
704196	Ubs	Zurigo	5
753152	Ubs	Zurigo	1
759306	Ubs	Zurigo	1
759689	Ubs	Zurigo	1
600234	Svizzera It. Overseas	Nassau	1
2482037	Bank Liechtenstein	Vaduz	1
43729051033301	Bank Liechtenstein	Vaduz	1
724675	Banca Pop. Svizz.	Chiasso	1
43729051000101	Joelion Anstal	Shaan	1
Rifugio Sa	Banque Paribas	Lugano	1
Saffa Lilium	Banca del Sempione	Lugano	1
120763	Sbs	Chiasso	1
Garros	Karfinko	Ginevra	1
Dallas	Karfinko	Ginevra	2
Madrid	Karfinko	Ginevra	2
137862	Sbs	Chiasso	1
1321201R	Ubs	Chiasso	1
Q4111190	Sbs	Chiasso	1
Genus	Sudameris France	Montecarlo	1
Financial Overseas	Sbs	Lugano	1
25336 Blue Eagle	Abn	Ginevra	1
206002987112...	Nat. Westminster B.	Londra	1
33692110...	Barclays Bank	Londra	1
11396145	Lloyds Bank	Londra	1
Ferruzzi Trad. Int.	Bnl	Londra	1
Ff2927	Trade Development B.	Ginevra	1
722656	Sbs	Lugano	1
Ecru/a	Sbs	Chiasso	1
971466/31971466	Bil	Lussemb.	1
Pius K. Steiner	Bank Leu	Ginevra	1
81964041	Bil	Lussemb.	1
971466	Bil	Lussemb.	1
Ecru	Sbs	Chiasso	1
Ior Carity Found	Banco Lugano	Lugano	1
Howden Ent.	Bil	Lussemb.	1
31977166	Bil	Lussemb.	1
91950106	Bil	Losanna	1
350/639985	Bank F. Kaerrnten	Villach	1
41609928/100	Bil	Lussemb.	1
81964041/570	Bil	Lussemb.	1
3197/1466	Bil	Lussemb.	1
11999100	Bsi	Lugano	1
Chilo	United Overseas B.	Ginevra	1
Gabbiano	Banca Unione Cr.	Lugano	1
011479201...	Credit Anstalt	Vienna	1
Delmar	Kredit Bank Lux.	Lussemb.	1
Esibizionista	Bsi	Guernsey	1
33246361	Ubs	Stabio (CH)	1
182140	Bdg	Lugano	1
33692110	Barclays Bank	Londra	1
34110018	Barclays Bank	Londra	1
11396145	Lloyds Bank	Londra	1
243007067	Verwaltungs Privat B.	Vaduz	1
Fabio Todeschini	Bsi	Lugano	1
69202373	Midland Bank	Londra	1
46242031	Midland Bank	Guernsey	1
10949033	Citibank Na	New York	1
61395	American Express	Lussemb.	1
376159	Banca Commerciale	Lugano	1
1812202507	Bank of Ireland	Londra	2
00272701	Couts e Co.	Londra	2
06650076	Morgan G. Trust	New York	1
515001006-00032	Nat. Westminster B.	Londra	1
Ferruzzi Ltd	Bnl	Londra	1
Fti Panama	Credito Italiano	Londra	1
Fti Panama	Credit Suisse	Ginevra	1
Commercial P.	Citibank Na	New York	1
3001121	Berkshire Bank	New York	1
52542011	Barclays Bank	Londra	1
Q57586026	Swiss Bank	Lugano	3
42390	Credit Lyonnais	Ginevra	1
80392	Bsi	Lugano	1
80387	Bsi	Lugano	1
400000	Mm Pictet e Cie	Ginevra	1
53835	Abn	Ginevra	1
293021	Ubs	Neuchâtel	1
A3419608	Bsi	Lugano	1
Fitam	Sbs	Lugano	1
Geyser Panama	Credito Svizzero	Lugano	1
2700794	American Express	Londra	1
3707634	Barclays Bank	Londra	1
37907634	Barclays Bank	Londra	1
Teodoro	Indosuez	Lugano	1
Rita	Sbs	Lugano	1
Q5740600	Sbs	Lugano	1

41609928	Bil	Lussemb.	2
188468	Lloyds Bank	Zurigo	1
Limmat 24 Petrigna	Lavoro Bank A. G.	Zurigo	1
31151305	Liecht. Landesbanke	Vaduz	1
Acm Investments	Bsi	Lugano	1
Azioni Isvim	Banque Vernes	Parigi	1
Sintonizzatore	Bsi	Lugano	1
100063	Bsi	Guernsey	1
206002987112	Nat. Westminster B.	Londra	1
206002953234	Nat. Westminster B.	Londra	1
33246360 H	Ubs	Stabio	1
81964041	Bil	Lussemb.	1
29631260 M	Union Banque Suisse	Losanna	1
45611801 V	Union Banque Suisse	Losanna	1
252546	Banca del Gottardo	Lussemb.	1
A/C 36506727	Midland Bank Plc	Londra	1
Un Cliente	Sbs	Ginevra	1
Michel Legrand	Banca Novara Int.	Lussemb.	1
Michel Legrand-P.D.	Banca Novara Int.	Lussemb.	1
Telda Finance	Union Bancarie Priv.	Ginevra	1
345636	Banca Cantrade	Zurigo	1
62061	Banco di Lugano	Lugano	1
123872	Credito Ind. S. Marin.	S. Marino	1
2037415	Union Bancarie Priv.	Ginevra	1
41609928708	Bil	Lussemb.	1
025019903 [...]	Mid Med Bank	Malta	1
0114/79227 [...]	Credit Anstalt	Vienna	4
168611742/04	Banca Migros	Lugano	1
107467101...	Banca del Sempione	Chiasso	1
15533580100	Lloyds Bank	Zurigo	1
41609928570	Bil	Lussemb.	3
722066910- 3301	Bank Liechtenstein	Vaduz	1
0114- 79227/00AK	Credit Anstalt	Vienna	1
Drucker	Banca Liechtenstein	Vaduz	1
264813012	Verwaltungs Privat	Vaduz	1
Louxor	United Overseas B.	Lugano	
	Albis	Chiasso	
	Banca Sempione	Lugano	
	Paribas	Ginevra	
	Sogenal	Zurigo	
	United Overseas B.	Ginevra	
	Bank Lichtenstein	Vaduz	
	Comit	Montecarlo	12
Defouni	Sbs	Losanna	1
	Sbs	Lussemb.	1
	Bank Lichtenstein	Vaduz	1
Antesa	Sbs	Chiasso	
	Ubs	Lugano	
	Sbs	Bellinzona	
	Ubs	Ginevra	
	Bank Lichtenstein	Vaduz	
	Abn	Zurigo	8
Danbury	Banca Sempione	Lugano	
	Crédit Suisse	Losanna	
	Bank Lichtestein	Vaduz	3

| **TOTALE** | | | **185** |

Si tranquillizzino, comunque, i Pm di Brescia: nonostante tutto questo, ho trovato il tempo anche di andare alla ricerca di quei conti cui loro fanno riferimento. Soprattutto, provino a esaminare senza preconcetti le suddette rogatorie: molte riguardano *le stesse persone* titolari dei conti che i Pm bresciani indicano nel capo di imputazione come da me non scoperti. (Dico questo per rimarcare che non poteva esserci alcun mio "dolo specifico" nel non indagare su quei conti, poiché io avevo comunque indagato su quelle persone!)

Ricapitoliamo: il Pm di Brescia ritiene che io all'epoca non abbia richiesto all'Ag svizzera di far pervenire a quella italiana la documentazione bancaria relativa ai conti correnti

che Pacini aveva aperto o fatto aprire presso la Karfinco. Ma è evidente che una simile richiesta, allora, sarebbe stata davvero temeraria: è arduo pensare che uno Stato straniero (per giunta, la Svizzera di allora, quella che per 9 anni non aveva consegnato nemmeno il "conto Protezione" di cui agli appunti di Gelli, che poi proprio io scoprii) ci consegnasse indistintamente tutti i conti correnti di un banchiere che operava nel loro territorio!

Si dirà: va bene, ma tu comunque dovevi provarci; e adesso, come facciamo a capire se tu non l'hai fatto perché la richiesta era improponibile o proprio perché volevi favorire Pacini? E chi dice il contrario, chi dice cioè che io non l'abbia fatto? Quanto sostiene l'Accusa bresciana è già di per sé solo un'illazione. Soprattutto: e se invece l'avessi fatto?, se cioè ci avessi provato lo stesso? È quanto qui di seguito dimostrerò.

È chiaro che se io una tale richiesta – per giunta esplicita nei suddetti termini – l'avessi inoltrata, decenza vorrebbe che dal capo di imputazione sparisse tutto il punto a) della contestazione, in quanto cadrebbe sia l'accusa di «aver omesso di richiedere assistenza giudiziaria» sia «di aver omesso di far[mi] consegnare direttamente da Pacini» la documentazione dalla quale avrei poi potuto accertare l'esistenza di quell'altra decina di conti correnti pure indicati nel capo di imputazione: è ovvio, infatti, che le richieste di rogatoria – se effettuate – starebbero a dimostrare inequivocabilmente che io o non mi ero fidato di quanto Pacini mi aveva consegnato, oppure che sospettavo non mi avesse voluto consegnare tutta la documentazione e che quindi avevo attivato le opportune verifiche.

Orbene, è documentalmente provato che io, in data 21-5-93 (si noti la data: contemporaneamente agli accordi di Pacini e D'Adamo per l'operazione dei 9 miliardi!), ho attivato una rogatoria presso l'Ag di Ginevra proprio sulla banca "Karfinco di Pacini Battaglia-Ginevra" [1]. Come è noto, infatti, e come ne dà conto lo stesso Pm bresciano nel capo di imputazione, tutti i trasferimenti di denaro che Pacini effettuò per il tramite del "sistema Comifin-Fimo" avvennero utilizzando i canali

---

[1] Cfr. rogatoria Nistri (Ginevra) del 21-5-93.

"Garros" e "Dallas" dalla società Karfinco di Ginevra alla Sbs di Chiasso. Almeno, all'epoca, di questo eravamo convinti, e comunque quelli erano gli elementi probatori agli atti; ancora oggi, peraltro, di fatto a quegli elementi – e solo a quelli – fa riferimento la Procura di Brescia. Ebbene, con la suddetta rogatoria ho richiesto espressamente il compimento dei seguenti atti:

• *individuazione del titolare e di coloro che avevano operato sui conti correnti indicati presso tale istituto di credito;*

• *sequestro di tutta la documentazione relativa a tale conto corrente indicato, nonché del saldo attivo eventualmente giacente sullo stesso;*

• *individuazione dei conti correnti da cui fossero pervenute, ovvero su cui fossero state effettuate, accreditate o comunque trasferite le somme provenienti dai predetti conti correnti, con conseguente informazione sugli importi così individuati;*

• *assunzione di informazioni presso i funzionari della Karfinco e degli istituti di credito interessati al fine di individuare tutte le altre persone che avessero comunque operato sui conti di riferimento (sia quello individuato sia quelli di provenienza).*

Con quella rogatoria del 21-5-93 ho cioè fatto esattamente quello che la Procura di Brescia *assurdamente* mi contesta di non avere fatto: ho richiesto all'Ag di Ginevra di *acquisire presso la Karfinco ogni documentazione in arrivo o in partenza su tutte le operazioni facenti capo ai conti "Garros" e "Dallas".*

Ma raffrontiamo meglio le "omissioni" che mi vengono contestate con quanto a suo tempo ho fatto.

Prima osservazione

La Procura di Brescia e quelli del Gico sostengono che «le investigazioni sui conti correnti della Karfinco si rendevano necessarie... [*perché Pacini durante gli interrogatori aveva riferito*] numerosissime incongruenze e contraddizioni... in ordine al c.d. "sistema Comifin-Fimo" da lui adoperato per far giungere in Italia il denaro destinato al c.d. "sistema dei partiti"». Giusto, bravi! Ma chi ha scoperto tali «incongruenze e contraddizioni»? Voi, o Di Pietro? Voi che avete *letto i miei atti*, o io che *li ho fatti e disposti*? Secondo voi, mi sono fermato alle dichiarazioni di Pacini, oppure ho

svolto successivi accertamenti per cui quelle incongruenze sono saltate fuori? E sono saltate fuori adesso oppure allora? Risultano negli atti di allora, certo, e di esse il giudice che giudicherà Pacini a Milano dovrà tenerne conto!

E ancora: quelle incongruenze andavano contestate a Pacini in corso di indagini preliminari o – come ovvio – alla loro conclusione? E come facevo a contestarle alla fine delle indagini se, nel frattempo, mi sono dimesso da "Mani pulite"? Perché quelle «omissioni di contestazioni» non sono state imputate anche ai miei colleghi del pool che hanno proseguito le indagini? Ma si rendono conto gli investigatori di oggi che se non avessi svolto accertamenti rogatoriali, acquisito documentazione bancaria, escusso testimoni, interrogato correi, arrestato Nistri e incriminato Coltamai, Roger Francis e così via, i Pm di Brescia non avrebbero mai nemmeno potuto rilevare le incongruenze e le contraddizioni di cui parlano?

Andiamo al nocciolo del problema che all'epoca dovemmo affrontare: bisognava esaminare sia la documentazione bancaria utilizzata dagli spalloni della Comifin-Fimo, sia quella presso la Karfinco, ovviamente sempre con riferimento all'oggetto dell'indagine; bisognava accertare cioè quali fossero i conti correnti utilizzati da Luca Nistri e da Pacini con riferimento alle seguenti esigenze istruttorie: a) dove i soldi fossero andati a finire (Comifin-Fimo di Chiasso); b) da dove fossero partiti (Karfinco e/o Abn di Ginevra); c) scoprire a ritroso chi avesse versato (e da quale banca di provenienza) sulla Karfinco e/o sulla Abn la provvista data a Pacini per far arrivare in Italia, tramite gli spalloni della Comifin-Fimo, il denaro destinato al sistema dei partiti. Ecco, allora, cosa io ho fatto:

a) Per sapere *dove i soldi fossero andati a finire* ho richiesto assistenza giudiziaria internazionale all'Ag di Lugano con *la rogatoria del 5-4-93 (Coltamai-Comifin)*, con la quale chiedevo «la individuazione del conto corrente... sequestro di tutta la documentazione relativa al conto corrente... sequestro delle somme eventualmente ancora ivi depositate... accertamento di ogni passaggio di denaro intervenuto tra la Comifin-Fimo e soggetti interessati... individuazione dei conti correnti su cui siano state effettuate, accreditate o comunque trasferite le somme... sequestro della documentazione e delle somme così individuati». Ho anche richiesto e ottenuto il provvedimento cautelare a carico di Luca Nistri, proprio quel Nistri che qualcuno ha definito "stretto collaboratore di Pacini". Ho richiesto e ottenuto da Nistri la consegna spontanea di tutta la documentazione.

b) Per sapere *da dove i soldi fossero partiti*, ho richiesto assistenza giudiziaria internazionale all'Ag di Ginevra con *la rogatoria del 21-5-93 sulla banca "Karfinco di Pacini Battaglia-Ginevra"*, con la quale chiedevo «la individuazione del titolare e di coloro che hanno operato sui conti correnti... il sequestro di tutta la documentazione relativa al conto corrente... nonché del saldo attivo eventualmente giacente sullo stesso».

c) Per scoprire *a ritroso chi avesse versato (e da quale banca di provenienza) sulla Karfinco la provvista data a Pacini*, ho richiesto all'Ag di Ginevra, sempre nella medesima rogatoria del 21-5-93 sulla banca "Karfinco di Pacini", «la individuazione dei conti correnti da cui siano pervenute, ovvero su cui siano state effettuate, accreditate o comunque trasferite le somme provenienti dai predetti conti correnti, con conseguente informazione sugli importi così individuati... l'assunzione di informazioni presso i funzionari della Karfinco e degli istituti di credito interessati al fine di individuare tutte le altre persone che abbiano comunque operato sui conti di riferimento (sia quello individuato sia quelli di provenienza)».

Proprio grazie ai suddetti accertamenti – e in verità a molti altri incrociati presenti agli atti, ma che mi sembra davvero superfluo a questo punto stare qui a riepilogare – è stato possibile far venire alla luce tutta una serie di incongruenze e contraddizioni che dovranno essere (e saranno certamente) valutate quando l'Ag di Milano giudicherà Pacini.

Conclusione: è certo, e documentalmente provato, che l'accusa di avere «omesso di richiedere assistenza giudiziaria» non corrisponde neppure minimamente alla verità storica dei fatti, perché le rogatorie vennero invece effettuate.

Seconda osservazione

Un'altra questione che i Pm bresciani affrontano in questa parte del capo di imputazione riguarda la vicenda della fattura Allied Engineering di Londra, laddove essi sostengono che «le investigazioni sulla Karfinco di Gine-

vra... si rendevano necessarie... in considerazione delle... incongruenze e contraddizioni [di Pacini, anche] nel riferire in ordine alla ridistribuzione della tangente di 10.500.000 Usd pagati dalla Montedison all'Eni».

Di questa vicenda, però, si parla nel capo di imputazione in almeno altre due occasioni. È bene allora esaminarla più avanti, nel contesto della vicenda *closing* Enimont.

Terza osservazione

In questa parte del capo di imputazione i Pm di Brescia mi attribuiscono l'omissione di «investigazioni sui conti della Karfinco di Ginevra... in considerazione della documentazione palesemente insufficiente... che Pacini aveva prodotto»; in particolare, l'Accusa fa riferimento alla documentazione «Antesa, Danbury, Defouni e Louxor», per le quali Pacini «non aveva prodotto né la documentazione completa dei conti della Abn di Ginevra, né la documentazione relativa al conto della American Express di Londra... né la documentazione relativa al trasferimento delle somme dai citati conti ai conti Karfinco e da questi ultimi alla Comifin-Fimo».

Ancora una volta il Pm bresciano ricostruisce i fatti in modo difforme sia dalla verità storica, sia dalle risultanze processuali agli atti. Vediamo cosa era successo, partendo però dalla fine. Partendo cioè dal capo di imputazione n° 12 contestato a Pacini dalla Procura di Milano nel procedimento penale n. 9791/95 (le cui indagini e i cui risultati istruttori ritengo la Procura di Brescia non voglia negare che siano *frutto anche del mio lavoro*): come si può constatare, Pacini è stato rinviato a giudizio per ricettazione della somma di L. 22 miliardi che partendo dalla Abn di Ginevra (conti "Danbury", "Antesa", "Louxor") «successivamente è fatta affluire dal Pacini su conti da lui gestiti, accesi presso la banca Karfinco di Ginevra». Insomma, il Pm bresciano mi accusa di non avere scoperto una circostanza (il denaro che Pacini dalla Abn faceva transitare alla Karfinco) per la quale in realtà io ho investigato a tal punto che c'è stata la richiesta di rinvio a giudizio del Pacini per ricettazione già da 3-4 anni!

Ricapitoliamo allora i fatti. A dire di Pacini, la quasi totalità del denaro che gli proveniva dagli imprenditori lui lo incassava attraverso i conti "Louxor", "Defouni", "Danbury" e "Antesa" che aveva acceso presso la Abn-Ambro Bank Suisse succursale di Ginevra; in pratica Pacini, oltre a utilizzare la Karfinco, utilizzava anche l'Abn per le sue operazioni. Ebbene, anche su tutte le operazioni inerenti tali conti correnti – contrariamente a quanto afferma il Pm di Brescia – ho effettuato rogatorie sia per chiedere i conti di provenienza, sia quelli di destinazione. Ho proposto, in particolare, le seguenti rogatorie, tutte del 27-5-93:

C/corr.	Banca	Ag.	N° rog.
Louxor	United Overseas	Lugano	1/93
	Albis	Chiasso	2 e 4/93
	Banca Sempione	Lugano	3/93
	Paribas	Ginevra	8/93
	Sogenal	Zurigo	10, 11, 12/93
	United Overseas	Ginevra	16/93
	Bank Lichtenstein	Vaduz	21 e 24/93
	Comit	Montecarlo	29/93
Defouni	Sbs	Losanna	14/93
	Sbs	Lussemburgo	18/93
	Banck Lichtenstein	Vaduz	20/93
Antesa	Sbs	Chiasso	5/93
	Ubs	Lugano	6/93
	Sbs	Bellinzona	9/93
	Ubs	Ginevra	15/93
	Bank Lichtenstein	Vaduz	19, 22, 25/93
	Abn	Zurigo	17/93
Danbury	Banca Sempione	Lugano	7/93
	Crédit Suisse	Losanna	13/93
	Bank Lichtenstein	Vaduz	23/93

Dunque, appena ricevuta la notizia di reato, ho attivato il suddetto grappolo di rogatorie, e in tutte ho richiesto alle rispettive Ag straniere l'effettuazione dei seguenti atti:

• *individuazione del titolare e di coloro che avevano operato sul conto corrente indicato;*

• *sequestro di tutta la documentazione relativa al conto corrente indicato;*

• *individuazione dei conti correnti da cui fossero pervenute ovvero su cui fossero state effettuate, accreditate o comunque trasferite le somme provenienti da tale conto corrente;*

• *assunzioni di informazioni presso i funzionari degli istituti di credito interessati per individuare tutte le altre persone che avessero comunque operato sui conti di riferimento, sia quelli individuati sia quelli di provenienza.*

In pratica, se – e nei casi in cui – le rogatorie fossero andate a buon fine, la Procura di Milano sarebbe venuta a conoscenza dell'identità: a) dei titolari dei conti "Antesa", "Danbury", "Defouni" e "Louxor"; b) delle persone che avevano disposto i versamenti a favore di tali conti; c) degli eventuali altri conti o altre banche dove fossero stati spediti i soldi (e quindi anche se tali bonifici fossero andati a finire in particolari conti della Karfinco);

d) delle persone che avevano ricevuto i soldi partiti da tali conti correnti, anche se nel frattempo erano stati trasferiti su altri conti o su altre banche svizzere.

È quindi nei fatti *totalmente infondata* la contestazione del Pm bresciano secondo cui, con riferimento ai conti "Antesa", "Danbury", "Defouni" e "Louxor", io avrei omesso di effettuare «investigazioni sui conti Karfinco di Ginevra».

All'epoca, l'unico dato processualmente rilevante (e utilizzabile) di cui disponevamo era che tali quattro conti erano stati aperti da Pacini presso la Abn di Ginevra, ed è con riferimento a questa diversa banca che abbiamo fatto – e che solo potevamo giuridicamente fare, anche se il Pm di Brescia non riesce a rendersene conto – le rogatorie internazionali. Ovviamente anch'io, come gli attuali inquirenti (e anzi, qualche anno prima di loro), avevo intuito che il denaro proveniente degli imprenditori – una volta affluito su quei quattro conti di transito – potesse essere stato trasferito su altri conti e magari in altre banche: per questo avevo "allargato" le rogatorie anche alla richiesta di «individuazione dei conti correnti da cui siano pervenute ovvero su cui siano state effettuate, accreditate o comunque trasferite le somme provenienti dal predetto conto corrente» (così c'è scritto in tutte quelle rogatorie). E dunque – se le rogatorie in questione avessero dato i loro frutti – avremmo accertato anche che, come sembra, effettivamente la provvista dalla Abn andava a finire alla Karfinco. In altri termini, il Pm di Brescia mi accusa di non avere svolto una indagine (le rogatorie per i conti "Antesa", "Danbury", "Defouni" e "Louxor" della Karfinco) che per me all'epoca non erano il punto di partenza dell'indagine, bensì quello *di arrivo* all'esito delle rogatorie che avevo attivato!

Che significato ha poi l'ulteriore considerazione indicata nel capo di imputazione, secondo la quale le rogatorie "Antesa", "Danbury", "Defouni" e "Louxor" andavano effettuate perché Pacini in sede di interrogatorio aveva presentato una «documentazione palesemente insufficiente»? Perché, io cosa ho fatto, se non proprio ciò che l'Accusa mi contesta di non avere fatto? Appunto, le rogatorie di riscontro! Una volta ascoltata la versione di Pacini, non mi sono certo adagiato sulle sue parole, ma ho attivato subito quell'insieme di rogatorie sopra indicate proprio allo scopo di verificare se quanto mi aveva detto o prodotto Pacini potesse considerarsi esaustivo o meno. Anzi, di più: pur in presenza di un atteggiamento collaborativo del Pacini, *non rinunciai mai ad alcuna rogatoria*, neanche quando, per ben quattro volte (in data 30-9-93, 13-10-93, 17-11-93 e 15-4-94), lo stesso Pacini, tramite i suoi difensori, presentò formale istanza chiedendo la rinuncia e la revoca delle rogatorie riguardanti i conti "Louxor", "Defouni", "Danbury" e "Antesa".

A tale proposito vorrei far rilevare l'importanza di questo *mio diniego di accogliere le richieste di revoca* avanzate dall'avv. Lucibello, difensore di Pacini, per conto del suo cliente. Le prime tre richieste di revoca vennero presentate a cavallo tra la fine di settembre e la metà di novembre 93 e cioè *dopo* che D'Adamo aveva ricevuto i soldi da Pacini e *dopo che* – secondo quanto falsamente afferma lo stesso D'Adamo – io nel "discorso del salotto" gli avrei detto di «pensare a me o alla mia famiglia» se gli fossero avanzati un po' dei soldi che aveva ricevuto da Pacini. Insomma, se – come sostiene apoditticamente l'Accusa – io fossi stato consenziente e anzi avessi "concordato" il finanziamento a D'Adamo in cambio di favori a Pacini, quale migliore occasione potevo avere se non quella di mandare subito un "messaggio di ringraziamento" a Pacini accogliendo le richieste della sua difesa (e cioè di Lucibello) di revoca della rogatorie in questione? E invece non solo io non le ho revocate, ma le ho sollecitate!

Ancora più significativo è il *non accoglimento* delle richieste di revoca della rogatoria avanzata dall'avv. Lucibello per conto di Pacini in data 15-4-94. È quello il periodo delle trattative tra D'Adamo e Pacini per il riacquisto della Gde "a metà prezzo" da parte di D'Adamo. Come ora sappiamo, D'Adamo ottenne lo "sconto" perché a suo dire avrebbe fatto intendere a Pacini che l'altra metà bisognava metterla a disposizione di Di Pietro. Perché in quella occasione non parlarono della richiesta di revoca avanzata da Pacini il 15-4-94? Perché io non accolsi quella richiesta, se ero in combutta con loro? Riflettano i signori investigatori di oggi, ma lo facciano anche "comparando" gli atti e le date di queste vicende: così facendo, si renderanno conto che la mia attività di indagine è sempre proseguita con

determinazione *prima*, *durante* e *dopo* i rapporti economici intervenuti tra D'Adamo e Pacini.

Ancora una volta vorrei ricordare ai signori Pm di Brescia che qui non si sta facendo il processo a Pacini (questo spetta all'Ag di Milano), ma a Di Pietro. E a me non può essere contestato ciò che Pacini – nel suo diritto di difesa – ha ritenuto di dare o dire al processo! A me può essere (ma perché solo a me?) – al limite – fatto rilevare che una certa indagine che andava fatta non sarebbe invece stata fatta (ma comunque bisogna dimostrare che tale presunta omissione sia dipesa da vero dolo e non della mole enorme di emergenze e urgenze che all'epoca dovevamo affrontare). Orbene, nel caso in questione, l'unica cosa che potevo fare per riscontrare quanto Pacini aveva dichiarato nei suoi verbali era di richiedere degli accertamenti "mirati" all'Ag straniera, cioè appunto quello che ho fatto!

L'Ag di Ginevra ha dato seguito alle richieste trasmettendo un singolare interrogatorio cumulativo di Pacini e Roger Francis, allegandovi solo quella documentazione relativa alle operazioni che già avevamo scoperto, mentre nessuna indicazione ha ritenuto di fornirci in relazione alle altre attività istruttorie che avevamo chiesto (in particolare: «Sequestro di tutta la documentazione relativa al conto corrente... individuazione dei conti correnti da cui siano pervenute, ovvero su cui siano state effettuate, accreditate o comunque trasferite le somme provenienti dal predetto conto corrente... assunzione di informazioni presso i funzionari degli istituti di credito interessati al fine di individuare tutte le altre persone che abbiano comunque operato sui conti di riferimento, sia quello individuato, sia quelli di provenienza»). Insomma, anche in questa occasione avevamo chiesto sia i conti di provenienza, sia quelli di destinazione, tentando di esperire una rogatoria cosiddetta *fishing expedition*, ma tacitamente la stessa ci venne respinta con una risposta che nulla aggiungeva di nuovo rispetto a quanto processualmente avevamo già acquisito. Faccio notare che questo gruppo di rogatorie è stato inoltrato all'Ag di Ginevra proprio con riferimento alla posizione di Pacini: se ci fossero pervenute le risposte complete alle nostre richieste, avremmo fin da allora potuto avere cognizione di tutte le operazioni effettuate da Pacini, dentro e fuori la Karfinco, sia a valle che a monte! Ancora più singolare è stata la risposta relativa alla rogatoria del 27-5-93 per il conto "Danbury rif. Edelweiss": l'Ag svizzera ha risposto limitandosi a riferire di avere interrogato «in qualità di teste il titolare del conto presso Banca del Sempione, Lugano, riferimento Edelweiss (generalità note al magistrato)» – in pratica, senza nemmeno precisare il nominativo della persona interrogata!

Data la situazione di così precario equilibrio nei rapporti internazionali in materia di assistenza giudiziaria, le contestazioni mossemi dal Pm di Brescia circa la non perfetta omnicomprensività delle richieste rogatoriali effettuate mi sembrano del tutto fuori luogo; e anzi, ingrate verso il tanto impegno che noi investigatori di ieri avevamo messo per fare "Mani pulite". Rimane comunque il fatto che, anche per questo verso, l'accusa del Pm bresciano circa la non effettuazione delle rogatorie è destituita di ogni fondamento.

Quarta osservazione

La Procura di Brescia, nel capo di imputazione, scrive anche che «le attività come sopra omesse, se espletate, avrebbero consentito di individuare i conti direttamente riferibili a Pacini [*e qui vengono indicati 17 conti correnti*]», e di accertare «l'esistenza di ulteriori conti indirettamente riferibili allo stesso Pacini, intestate a persone e a società coinvolte nello stesso procedimento pendente avanti l'Ag di Milano, quali [*e qui l'Accusa indica i nomi di Giovanni Dell'Orto, Paolo Ciaccia, Pio Pigorini, Raffaele Santoro, Duilio Greppi, Mario Maddaloni, Pietro Tradico, Lionello Sebasti e Paolo Mineni*]». Sempre secondo la Procura di Brescia, attraverso l'esame di tali conti sarebbe stato possibile accertare che erano state «fatte affluire ulteriori ingenti somme di denaro, provenienti da analoghe attività criminose di Pacini sottaciute».

Allora, cominciamo a ristabilire le paternità: chi ha scoperto e incriminato le suddette persone? Dico *tutte* le suddette persone? Chi ha individuato il loro ruolo di compartecipi, anche insieme a Pacini, di una serie di reati quali il falso in bilancio, la ricettazione, l'appropriazione indebita, l'illecito finanziamento ai partiti e i reati fiscali? Provino i signori investigatori di oggi a rileggere la richiesta di rinvio a giudizio n° 9791/95 della Procura di

Milano e scopriranno che, per quegli stessi reati i cui proventi hanno costituito la provvista da depositare sui conti correnti da loro indicati, gli indagati da loro citati sono già stati rinviati a giudizio! Provino un po' i signori investigatori di oggi a rileggersi per intero i fascicoli inerenti le posizioni personali (e le rogatorie effettuate) delle persone da loro citate, contenute nei seguenti fascicoli processuali: a) n° 9781/95 della Procura di Milano, anche a loro carico; b) n° 14064/94R riguardante richieste di rinvii a giudizio proprio di Pacini; c) n° 2364/95 pure riguardante richieste di rinvio a giudizio proprio di Pacini; d) n° 1667/93 della Procura di Milano a carico di Lorenzo Necci e Sergio Cragnotti; e) n° 7507/93 a carico di Lionello Sebasti e Mario Maddaloni (strettamente collegato alla vicenda Pacini) che inviai il 4-8-93 alla Procura di Palermo; f) n° 7464/93 della Procura di Milano a carico di Sergio Cragnotti; g) n° 10205/93 della Procura di Milano pure riguardante Sergio Cragnotti; h) n° 6000/95 relativo a Coltamai Enzo, Sebasti Lionello, Cragnotti Sergio, Nistri Luca, Maddaloni Mario, Tradico Pietro Marziale Roberto e altri; i) p.p. n° 734/95 a carico di Tradico Pietro, Maddaloni Mario, Sebasti Lionello. Già, dimenticavo: per leggerli *per intero* bisognava prima averli almeno acquisiti *per intero*!

Come pure bisognava aver acquisito per intero le copie delle migliaia e migliaia di pagine riguardanti gli atti relativi alle inchieste Montedison e Enimont, sia per comprendere il lavoro fatto dalla Procura di Milano sui soggetti da loro indicati, sia – soprattutto, anche se i Pm bresciani mostrano di non averne sufficiente memoria – la marea di attività processuali all'epoca in cantiere. A titolo solo indicativo, comunque, provino i signori investigatori di oggi a leggersi *per intero* tutti i fascicoli personali, bancari e rogatoriali indicati "nell'indice degli atti" del procedimento penale n° 9791/95 della Procura di Milano. Intendo dire: nella strategia complessiva dell'inchiesta "Mani pulite", il nostro impegno – e il mio in particolare – all'epoca era di scoprire più indagati possibile e più collegamenti criminali ipotizzabili, e non andare alla ricerca – con indagini preventive ed esplorative – di quanti altri reati il sig. Tizio o il sig. Caio potesse essere accusato. Insomma: una volta che avessimo scoperto come i vari «Giovanni Dell'Orto,

231

Paolo Ciaccia, Pio Pigorini, Raffaele Santoro, Duilio Greppi, Mario Maddaloni, Pietro Tradico, Lionello Sebasti» avessero commesso una serie indeterminata di reati, non avremmo certo avuto il tempo che hanno avuto a disposizione gli investigatori di oggi per poter andare a sviscerarne tutti i risvolti, nel tentativo di scoprire «analoghe attività criminose» come si legge nel capo di imputazione! Avevamo ben altre priorità cui far fronte, e comunque il fatto che su quelle stesse persone io abbia investigato fino al punto di provocare il loro rinvio a giudizio è la prova provata che io non li volevo certo favorire!

Siamo alle solite: ma lo si vuole capire o no che questo procedimento penale riguarda la mia persona e non le «ulteriori attività criminose» di taluni indagati di "Mani pulite"? E che per sostenere l'accusa contro di me si deve rispondere non al quesito di quanti altri reati abbiano commesso gli indagati di "Mani pulite", ma se il Pm Di Pietro a suo tempo abbia cercato di non far emergere le responsabilità dei vari «Pacini Battaglia, Giovanni Dell'Orto, Paolo Ciaccia, Pio Pigorini, Raffaele Santoro, Duilio Greppi, Mario Maddaloni, Pietro Tradico, Lionello Sebasti» e così via?

Orbene, se il mio compito durante le indagini fosse stato di favorire costoro, perché li ho incriminati? Perché li ho fatti arrestare? Perché li ho perquisiti? Perché li ho interrogati un sacco di volte? Perché ho fatto un mare di rogatorie all'estero? Perché ho sequestrato loro denaro e documentazione? Perché ho disposto le prove per il loro rinvio a giudizio? Si dirà: ma avresti potuto scoprire ancora di più. E chi dice che – se avessi avuto la possibilità e la serenità di rimanere al mio posto a continuare il mio lavoro – non ci sarei riuscito? Ma lo avete visto quale indegna campagna di veleni mi era stata scatenata addosso? Eh, già, è proprio qui il punto: la Procura di Brescia se ne è resa conto o no, di quello che mi è stato fatto e mi si sta facendo?

Sempre in questa parte del capo di imputazione, la Procura di Brescia sostiene davvero l'insostenibile, quando addebita a me la necessità che all'epoca venissero svolte ulteriori indagini perché le incongruenze e le contraddizioni delle dichiarazioni di Pacini erano state «segnalate al Pm dal Ct contabile dott. Giorgio Laganà [il quale] aveva più volte segnalato, fin dal gennaio-febbraio 94, l'incompletezza e

la contraddittorietà di quanto dichiarato da Pacini nel corso dei suoi interrogatori». Su questa questione non posso esimermi, in primo luogo, dal rilevare quella che appare una vera e propria "ipocrisia accusatoria" (ovviamente senza alcun riferimento soggettivo, ma proprio come dato di fatto oggettivo). Si provino a leggere tutte le relazioni degli investigatori del Gico e anche tutti gli atti dell'ufficio del Pm bresciano (compreso l'attuale capo di imputazione): ogni volta che un atto istruttorio del pool "Mani pulite" può far capo a Di Pietro (o anche a Di Pietro), inteso come persona fisica, subito il mio nome viene rimarcato e sottolineato con solennità proprio per focalizzare la distinzione mia dagli altri Pm e degli altri da Di Pietro; ma siccome in questo caso le risultanze processuali proprio non consentivano alla Procura di Brescia di indicare il nome di Di Pietro come destinatario dell'addebito di non aver "dato ascolto né seguito" alle segnalazioni di Laganà, essi mi rivolgono ugualmente l'accusa, ma con il pudore, o l'ipocrisia appunto, di scrivere impersonalmente di «segnalazioni al Pm del Ct contabile dott. Giorgio Laganà». Come a dire: ciò che può essere riferibile a Di Pietro, può essere stato commesso solo da Di Pietro (anche se si trattava del lavoro di un pool), e ciò che potrebbe essere rivolto agli altri deve essere ugualmente rivolto anche a Di Pietro (appunto perché faceva parte del pool), anzi, deve essere rivolto solo a Di Pietro.

Vediamo allora come stanno i fatti. Al consulente tecnico Giorgio Laganà venne conferito, nel marzo 93, dal dott. Piercamillo Davigo, e nel settembre 93 dal dott. Gherardo Colombo, l'ampio incarico peritale di analizzare gli interrogatori fino ad allora resi dai vari personaggi in qualche modo coinvolti nelle vicende Eni (compreso Pacini) e di verificare quindi se quanto asserito nei verbali trovasse riscontro nella documentazione delle varie società dell'Eni. Quindi cominciamo subito col dire che Laganà ricevette l'incarico, in base al quale poi relazionerà, non da me ma dai miei colleghi. In particolare, Laganà doveva verificare se le società off-shore che emergevano dai verbali risultassero fornitrici anche di altre società del Gruppo Eni, e se tali altre società dell'Eni avessero avuto rapporti con altre società off-shore diverse da quelle emerse negli interrogatori. Sostanzialmente, l'incarico tendeva a individuare tutte le società off-shore che avevano intrattenuto rapporti con le società del Gruppo Eni, e in particolare se oltre a Pacini vi fossero altri soggetti che svolgessero analogo ruolo, seppur con riferimento ad altre società dell'Eni. Come si vede, quindi, la Procura di Milano non voleva scoprire "un po' sì e un po' no": sapevamo che Pacini e gli altri indagati potevano non aver detto tutta la verità, non rivelando tutto quanto a loro conoscenza; sapevamo pure che questo era un loro diritto di indagati e che quindi le prove dovevamo comunque andare noi a cercarcele; per questo l'incarico a Laganà era di scoprire altre possibile anomalie contabili: proprio per intraprendere altre piste investigative.

Laganà, come lui stesso ha riferito e come hanno confermato i miei ex colleghi, riceveva disposizioni principalmente dal Pm Gherardo Colombo e a lui principalmente riferiva. In particolare, il dott. Colombo, interrogato dalla Procura di Brescia il 23-2-98, ha riferito che «il Laganà aveva contatti frequenti con i nostri Uffici, in particolare veniva spesso da me per illustrarmi gli sviluppi dei suoi accertamenti e per chiedermi di procedere all'acquisizione di ulteriore documentazione. Credo non avesse contatti di analoga intensità con Di Pietro». La relazione inerente il primo ampio incarico affidato a Laganà è stata consegnata al dott. Colombo, mentre le relazioni successive, inerenti a incarichi più specifici, sono state consegnate, oltre che a Colombo, anche ai Pm Davigo e Greco; a me pervenivano in copia solo per il loro inserimento nel fascicolo processuale.

Il dott. Laganà il 18-11-97 ha dichiarato al Gico: «Ho avuto modo di esaminare i documenti pervenuti con rogatoria e relativi alle società dell'Eni. Non ho mai esaminato documenti riguardanti rogatorie sul conto di società off-shore di Pacini. Solo all'inizio del 96 mi sono state consegnate, per altro incarico, tutte le rogatorie internazionali riferibili alle indagini su "Tangentopoli" effettuate dalla Procura di Milano. Ritenevo che in tale incarico fosse ricompreso anche quello di informatizzare le rogatorie che mi risultava essere pervenute sul conto di Pacini. La Procura di Milano, su mia richiesta, nel 97, mi riferì che non dovevo occuparmene perché avrebbero provveduto in proprio. Ho esclusivamente informatizzato i dati contenuti nelle rogatorie con-

segnatemi. Tale incarico l'ho avviato dopo circa un anno dal termine della perizia Eni». Ecco, allora, un altro dato rilevante: prima avevamo detto che Laganà aveva ricevuto incarichi peritali e aveva riferito ad altri colleghi; ora scopriamo che egli si è occupato di esaminare le rogatorie sul conto delle società off-shore di Pacini solo nel 96, perché solo in quella data i miei colleghi gliele hanno consegnate. E allora che c'entra Di Pietro? Perché il capo di imputazione addebita a me le incongruenze e le contraddizioni «segnalate al Pm dal Ct contabile dott. Giorgio Laganà»? Quando lui ha ricevuto l'incarico e lo ha svolto, io ormai avevo lasciato la magistratura da tempo, e forse ero già ministro dei Lavori pubblici.

Ma andiamo avanti. Lo stesso Laganà, il 28-8-98, ha dichiarato: «In relazione all'esito degli accertamenti svolti per l'indagine Eni, ho periodicamente riferito verbalmente e principalmente al dott. Colombo, e solo inizialmente, all'atto del conferimento dell'incarico, al dott. Davigo. A partire dalla tarda primavera del 94, ho riferito anche al dott. Greco. Per evitare carenza di comunicazione fra i magistrati del pool, ho tuttavia disposto che gran parte delle comunicazioni scritte fossero inviate a tutti i magistrati del pool stesso. Le disposizioni operative mi vennero impartite, sempre in relazione all'incarico Eni, inizialmente esclusivamente dal dott. Colombo e, successivamente, anche dal dott. Greco». E allora, signori Pm di Brescia, come la mettiamo? Qui non si scappa: o eravamo tutti d'accordo per favorire illegalmente Pacini, oppure – come in realtà è – vi hanno fatto prendere un bel granchio!

E a quanto pare, un altro bel granchio (l'ennesimo) pare che la Procura di Brescia l'abbia preso anche nel dare un peso maggiore di quel che merita alla "relazione Laganà", se è vero – come è vero – che il Pm Greco il 19-2-98 ha dichiarato: «Il Ct Laganà, per quanto mi risulta, è stato nominato da Davigo e Colombo... Laganà ha effettuato un lavoro complessivo con ampio mandato, il suo lavoro è durato molto tempo ma i risultati non sono molto soddisfacenti perché non mi sembra che le conclusioni siano andate molto oltre rispetto a quanto già emerso anche attraverso le produzioni documentali di Pacini». Non basta: a quanto riferisce il mio ex collega dott. Greco, anche «la Guardia di finanza non è andata oltre le dichiarazioni di Pacini, pur avendo ricevuto delega a investigare sui rapporti tra l'Eni e le società off-shore».

Insomma: quest'accusa rivolta a me di non aver dato retta alle segnalazioni di Laganà è davvero fuori luogo sia dal punto di vista soggettivo (non era a me che Laganà riferiva), sia dal punto di vista temporale (espletò l'incarico in epoca successiva alle mie dimissioni), sia dal punto di vista del contenuto (non aveva aggiunto granché rispetto a ciò che avevamo già scoperto).

Quinta osservazione

La Procura di Brescia contesta nel capo di imputazione che «il trattamento di favore riservato dal Pm Di Pietro all'indagato Pacini si concretizzava... nell'aver omesso di farsi consegnare direttamente dal Pacini, nonostante i propositi e gli impegni di collaborazione da questi manifestati in occasione del suo primo interrogatorio del 10-3-93, propositi e impegni dai quali era derivata l'immediata scarcerazione dello stesso, la documentazione bancaria relativa alle movimentazioni avvenute sui conti, accesi presso la Karfinco di Ginevra, direttamente o indirettamente riconducibili allo stesso Pacini».

Non posso accettare né il metodo né il merito di questa contestazione. Nel metodo: cosa vuol dire «omesso di farsi consegnare da Pacini»? Il lettore è portato a credere che Pacini o chi per lui avesse voluto consegnare qualcosa e che io glielo abbia impedito, oppure che, successivamente all'impegno di Pacini di consegnare dei documenti, sia intervenuto un accordo fra me e lui affinché non me li consegnasse più. Orbene, a parte il fatto che tutto ciò non è storicamente vero, l'Accusa non può permettersi di affermare una ipotesi come fosse un postulato, e lasciare che siano gli altri a dimostrare il contrario. Dove sta scritto, da quale carta processuale risulta che io non abbia più voluto ricevere la documentazione di Pacini, oppure che io mi sia messo d'accordo con lui per non farmela più consegnare? Nessuno ha mai sostenuto una panzana del genere, nemmeno D'Adamo, il quale, come si ricorderà, ha sempre detto di non aver mai parlato né con Pacini né con me di alcuno specifico fatto processuale e che anzi lui nemmeno era a conoscenza della effettiva posizione processuale di Pacini.

Inoltre, la contestazione di aver io «omesso di far[mi] consegnare direttamente da Pacini... la documentazione bancaria» – me lo si lasci dire – è illegittima perché vìola il diritto a non consegnare nulla, diritto che la legge garantisce agli indagati (e quindi anche a Pacini). Mi chiedo e chiedo, allora, se sia accettabile che i signori Pm di Brescia – nell'esercizio legittimo della loro discrezionalità investigativa – possano tracimare in tal modo sia nell'arbitrio della contestazione (affermare ciò che non risulta agli atti) sia nella illegittimità della stessa (giacché rientra nei diritti dell'indagato di consegnare ai giudici solo la documentazione che vuole e di dire solo ciò che ritiene opportuno).

Nel merito, rilevo poi che Pacini, successivamente al suo primo interrogatorio, ha consegnato molta documentazione, come si può rilevare dalle memorie prodotte e dai successivi interrogatori ai quali è poi stato sottoposto [2]. Certo ne avrebbe potuto produrre ancora di più, e avrebbe potuto dire molte altre cose ancora: ma non stiamo parlando di "impegni un tanto al chilo", e noi dovevamo valutare – come abbiamo valutato – non tanto ciò che nel suo libero diritto di difesa non ha ritenuto di dirci o darci, ma ciò che invece ha messo a disposizione dell'Ufficio e quanto ha riferito negli interrogatori. Certo, se fossi rimasto nel pool di Milano un altro paio di anni, lo avrei magari interrogato un'altra ventina di volte: ma non credo possa essere contestato a me il fatto che dalla fine del 94 (epoca in cui lasciai il pool) fino alla fine del 96 (epoca in cui Pacini venne arrestato dall'Ag di La Spezia) lui non sia più stato riascoltato dai miei ex colleghi di Milano! I Pm di Brescia dovrebbero (finalmente!) anche prendere atto che l'indagine su Pacini non era finita quando io lasciai la Procura di Milano, e che prosegue ancora oggi. Che ci fosse – e ci sia – ancora molto da investigare attorno al "sistema Pacini" e dentro il "pianeta Eni" nessuno lo mette in dubbio, ma da qui ad affermare che ciò sia dipeso da mia negligenza o da mia volontaria omissione («omesso di farsi consegnare da Pacini [le carte]») ce ne vuole davvero tanta di fantasia!

---

[2] Cfr. riepilogo interrogatori e memorie riguardanti Pacini Battaglia nel proc. penale n° 9791/95 Pm Milano. Un totale di 23 interrogatori, più 12 fra memorie e istanze.

La questione di merito che pongo è la seguente: Pacini, piaccia o non piaccia, nella "fase calda" di "Mani pulite", ha contribuito in maniera determinante ad aprire nuovi filoni di indagini di estremo interesse investigativo, fornendo coordinate e dando indicazioni per arrivare laddove a quell'epoca era impensabile arrivare. È stato anche grazie a lui che abbiamo potuto avviare un centinaio di rogatorie all'estero, individuare i destinatari finali di importanti transazioni illecite, ricostruire il rapporto economico tra il sistema delle imprese e il sistema dei partiti, con particolare riferimento al gruppo Eni da una parte e ai segretari amministrativi nazionali del Psi e della Dc, Balzamo e Citaristi, dall'altra. Non lo affermo solo io: lo hanno sostenuto – come ho documentalmente dimostrato durante l'interrogatorio del 3-4-98 – anche gli ex colleghi Ghitti, Davigo, Greco e Colombo: praticamente tutto il pool di "Mani pulite". Tutto ciò lo si può comunque evincere da una lettura comparata e ragionata degli atti milanesi. Oggi è più facile capire le illecite transazioni internazionali fra corrotti e corruttori dell'era di Tangentopoli, ma all'epoca, per avere i documenti di un conto corrente e quindi uno straccio di prova documentale, era come mettersi a cercare un ago in un pagliaio. Pacini invece ci portò direttamente dall'estero molti documenti, e riversò nel fascicolo processuale una massa di informazioni utilissime per arrivare al "cuore del sistema" e aprire molti filoni di indagine: a volte dando informazioni precise (come nel caso della Fimo), altre volte dando a noi la possibilità di arrivarci (come nel caso di Nistri), magari senza doversi esporre più di tanto (come ad esempio per Craxi), a volte anche rimanendo inizialmente reticente e in attesa di contestazioni specifiche (come nel caso Maddaloni), e qualche volta facendo anche un po' di confusione, voluta o non voluta che fosse (come nel caso del bonifico *closing*), ma comunque sempre fornendo utili riscontri alle informazioni che gli venivano richieste durante i tanti interrogatori ai quali è stato via via sottoposto.

Ora, secondo la Procura di Brescia, io avrei commesso volutamente delle omissioni investigative in quanto a Pacini avrei dovuto far dire di più. Ma chi l'ha detto che avevamo finito con lui? Quando ho lasciato la Procura di Milano, nei suoi confronti non era stato emesso alcun provvedimento di archiviazione, nessun filone di indagini era chiuso, e l'istruttoria era in pieno svolgimento; anzi, procede ancora oggi alacremente. Nessuno mette in dubbio che Pacini aveva – e probabilmente ha ancora – conoscenza di tanti altri fatti che potrebbero interessare la Giustizia: ma io cos'altro dovevo fare per "convincerlo" a dire di più e a fornirci altra documentazione? Come avrei dovuto comportarmi per farmi «consegnare direttamente da Pacini... la documentazione bancaria»? Malmenarlo? Era già stato arrestato, aveva collaborato fin dalle prime battute, e ogni volta che gli venivano chieste ulteriori informazioni non si tirava mai indietro. Quando dico "malmenarlo" non sto proponendo un paradosso, sto solo tentando di dare una interpretazione logica alla contestazione dell'Accusa, secondo la quale io avrei dovuto «non consentire a Pacini di non esibire la documentazione relativa ai suoi conti presso la Karfinco». Cosa vuol dire questa doppia negazione? Cosa avrei potuto e dovuto fare per «non consentirgli di non esibire»? Come avrei dovuto fare per "obbligare" Pacini? In che modo, di grazia, visto che lo avevamo già arrestato? Rientra o no, nei diritti di un indagato, quello di dichiarare solo ciò che ritiene opportuno ai suoi fini difensivi? Certo questo non vuol dire che bisogna credergli ciecamente: se la Procura di Brescia avesse cognizione completa di tutte le attività istruttorie (rogatoriali e non) avviate dalla Procura di Milano nei confronti di Pacini, potrebbe agevolmente accertare che mai, né io né i miei colleghi, ci siamo "bevuti" le dichiarazioni di Pacini; le abbiamo utilizzate, questo sì, come era nostro diritto e dovere fare, e abbiamo conseguentemente aperto una miriade di fronti processuali; ma l'indagine per lui e su di lui gli rimaneva e gli è rimasta sempre sul capo come era nella strategia complessiva di "Mani pulite" (e non solo nei confronti di Pacini, ma di tutti coloro che, come lui, avevano scelto di collaborare con l'Ag). I signori Pm di Brescia non possono non sapere che in casi del genere si deve valutare il comportamento processuale di Pacini con riferimento al contributo effettivo che stava fornendo alle indagini con le sue dichiarazioni, e non a ulteriori contributi che eventualmente avrebbe potuto dare ma che, nell'esercizio del suo legittimo diritto di difesa, non ritenne di dare, o ritenne di dare solo in un momento successivo, o magari ritenne di dare solo in modo parziale e imperfetto.

Si ripropone, peraltro, anche qui il ritornello di sempre: perché questa presunta "omissione" l'avrei commessa solo io e non anche gli altri colleghi del pool? Durante l'interrogatorio del 3-4-98, a una mia richiesta di spiegazioni il Pm bresciano mi ha precisato che la colpa è mia e solo mia perché la maggior parte degli atti processuali su Pacini li avevo svolti io. Ora – a parte che ciò non corrisponde affatto al vero – se così fosse l'osservazione sarebbe ancora più incomprensibile, giacché sarebbe come dire che – di fronte a un pool di magistrati che lavorano insieme su una stessa indagine – è più responsabile di omissioni colui che risulta aver svolto più indagini rispetto a coloro che ne avrebbero svolte meno! Che paradosso! Ma – lo ripeto – non è vero che l'inchiesta sul "pianeta Eni", e quindi su Pacini, venne gestita solo da me; anzi, diciamola tutta: negli atti del procedimento milanese vi è la prova documentale (ma bisogna saperla e volerla trovare, senza cercarla con pregiudizi e preconcetti) del fatto che il coordinamento e la direzione delle specifiche indagini dirette a "riscontrare" le dichiarazioni di Pacini vennero dapprima affidate al collega dott. Colombo e poi al dott. Greco, come hanno confermato loro stessi, il consulente Laganà e tutti gli ufficiali della Guardia di finanza che hanno operato nelle indagini riguardanti l'Eni e Pacini.

Per intenderci, ripeto ancora una volta che la regola dell'inchiesta "Mani pulite" era la seguente:

• Il dott. Colombo (prima) e il dott. Greco (poi) avevano il compito di coordinare le indagini della Pg, quelle bancarie, quelle sul falso in bilancio, gli accertamenti contabili, i rapporti con il consulente Laganà e la strategia indagativa conseguente.

• Il dott. Davigo si occupava di altre tipiche attività quali gli interventi in sede di riesame e di ricorsi, le richieste di autorizzazione a procedere, la formulazione dei capi di imputazione, gli interrogatori e le testimonianze di supporto.

• A Di Pietro, di regola – ma non in via esclusiva – spettava il compito di effettuare gli interrogatori di "primo impatto" e di individuare "nuove piste investigative". Mi riferisco a quegli atti che facevo o facevo fare dai miei collaboratori, allorché gli indagati (o gli "in-

daganti", autonominandosi tali nel momento del loro arrivo spontaneo in Procura [3]) si presentavano per rendere interrogatorio ovvero nell'immediatezza dell'esecuzione delle misure cautelari, per sfruttare al massimo "l'effetto sorpresa" e quindi per evitare pericoli di inquinamenti probatori o "aggiustamenti dichiarativi". Si dirà: però Pacini qualche volta, come nel caso Cragnotti o per il *closing*, ha fatto il furbo; ma questo rientra nella fisiologia processuale dei rapporti fra indagato e inquirente – a volte "vince" il primo, a volte il secondo. Sapessero i Pm di Brescia quante altre "furbizie" di Pacini e di duemila altri indagati ho sventato! [4] Non posso quindi accettare – e lo dico con serenità ma anche con vigore – il "giudizio di valore" che la Procura di Brescia vorrebbe attribuire alle indagini da me a suo tempo svolte, come se mi si volesse dare una pagella: seguendo questa impostazione, altre Procure potrebbero un domani sindacare il metodo di investigazione adottato dalla stessa Procura di Brescia, e così via all'infinito. A me sembra, invece, che le strategie investigative, specie se – come in questo caso – collettive, non dovrebbero essere sindacabili.

• A me spettava anche il compito di "ripassare" i primi interrogatori qualora questi non fossero stati sufficienti per ricostruire i fatti sui quali stavamo indagando, e quindi cercavo di mettere a verbale in modo più chiaro e dettagliato quanto già gli interessati avevano dichiarato in sede di primo approccio con l'Ag milanese. Una riprova è proprio quanto avve-

---

[3] Non so se i Pm di Brescia se ne siano accorti, ma proprio per fronteggiare tale "alluvione" di dichiarazioni spontanee inventammo il "verbale di audizione": vi confluivano le sommarie informazioni rese da persone nei confronti delle quali al momento non avevamo elementi per incriminarle, ma le ascoltavamo ugualmente alla presenza del difensore il quale, pure spontaneamente, si presentava sapendo che sarebbero emersi indizi di responsabilità proprio da quello che avrebbe detto il loro cliente.

[4] E loro, i Pm di Brescia, per esempio, sono proprio sicuri di avere visto giusto accettando supinamente la versione di Antonio D'Adamo e dei suoi cari secondo la quale solo lui può e deve considerarsi penalmente responsabile per i reati fallimentari del suo Gruppo, nonostante che gli amministratori fossero altri, i quali pure avevano operato attivamente e fattivamente e che oltretutto avevano più conoscenza tecnica di lui delle questioni societarie essendo laureati e svolgendo proprio l'attività di dirigenti industriali, consulenti e amministratori di società?

nuto con Pacini, Luca Nistri, Roger Francis, Enzo Coltamai e in genere tutti coloro che gravitavano in "orbita Pacini" (dirigenti Eni compresi): agli atti c'è prova precisa del fatto che proprio i suddetti indagati – dopo essere stati interrogati inizialmente da altri magistrati (Pacini da Ghitti; Coltamai, Nistri e Francis da Greco e Colombo) – siano stati quasi tutti da me reinterrogati perché le prime verbalizzazioni si mostravano insufficienti (ovviamente non per colpa dei colleghi, ma per l'oggettivo accumularsi di "mille cose al giorno da fare" per cui ogni interrogatorio – e ogni domanda in sede di interrogatorio – veniva fatto con riferimento a quelle che erano le esigenze istruttorie del momento). Ma forse proprio la non consapevolezza di quest'ultima circostanza è la causa di tanta incomprensione da parte della Procura di Brescia.

Sesta osservazione

Fin qui ho trattato la vicenda delle supposte omissioni di investigazione contestatemi dalla Procura di Brescia nella richiesta di rinvio a giudizio. In realtà il Pm era andato molto oltre durante le indagini preliminari, arrivando a contestarmi l'intera indagine di "Mani pulite" in qualche modo riguardante Pacini. In particolare, la Procura bresciana ha ricostruito tutte (cioè il Pm dice tutte, ma non è vero) le indagini da me a suo tempo svolte per scoprire il cosiddetto "sistema Comifin-Fimo-Nistri", e per ogni punto della ricostruzione il Pm ha poi avanzato alcune "osservazioni critiche" sul lavoro svolto (dunque rivolgendole non solo a Di Pietro, ma all'intero pool di "Mani pulite", dal momento che molte attività cui il Pm di Brescia faceva riferimento sono state svolte da altri miei colleghi del pool).

Mi sia allora permesso "criticare le critiche". Anzitutto nel metodo: per poter criticare la metodologia investigativa, bisognerebbe prima riportarsi all'epoca dei fatti, e poi bisognerebbe conoscere per intero le carte processuali, altrimenti si scambia la propria ignoranza (nel senso oggettivo di ignorare i fatti, senza alcuna vena polemica) per altrui errore! Le mie critiche alle critiche della Procura di Brescia vanno però oltre, e riguardano non solo il metodo, ma anche il merito delle critiche (mi si passi il bisticcio di parole).

1 – Il Pm bresciano, dopo aver analizzato la memoria dell'avv. Lucibello del 3-4-93 e la rogatoria su Coltamai del 5-4-93, ha osservato: a) «che il nome di Coltamai viene fatto da Pacini il 6-4-93, la rogatoria è del 5-4-93»; b) «che nessuna richiesta e nessuna ulteriore rogatoria viene fatta con riguardo ai conti di provenienza (Karfinco e non) neppure con riguardo ai conti "Derwood" e "Brookland" che pur emergevano dalle tre contabili prodotte con la memoria 3-4-93. Né risulta che si sia chiesto a Pacini di produrre personalmente la documentazione relativa ai due citati conti e agli altri eventualmente utilizzati per i versamenti».

Al riguardo, osservo che:

a) quale senso ha affermare che «il nome di Coltamai viene fatto da Pacini il 6-4-93, la rogatoria è del 5-4-93»? La rogatoria è stata fatta a seguito del deposito della memoria dell'avv. Lucibello (difensore di Pacini) del 3-4-93, e non a seguito dell'interrogatorio del 5-4-93 che è in data successiva! Semmai ciò dimostra che, fin dalle prime battute e ancora prima di interrogare Pacini, ho attivato la rogatoria per riscontrare sia quanto veniva detto nella memoria, sia quanto Pacini avrebbe riferito in sede di interrogatorio. Vuole il Pm bresciano prendere atto che questa parte delle sue osservazioni è insensata?

b) non è affatto vero che «nessuna richiesta e nessuna ulteriore rogatoria viene fatta con riguardo ai conti di provenienza (Karfinco e non) neppure con riguardo ai conti "Derwood" e "Brookland" che pure emergevano dalle tre contabili prodotte». Nell'immediatezza dei fatti (cioè appena ricevuta la memoria nella quale si parlava della Comifin-Fimo) ho attivato la rogatoria 5-4-93 all'Ag di Lugano per capire meglio in cosa consistesse il "sistema Comifin-Fimo", perché quello era lo sviluppo investigativo più urgente al momento; all'esito della stessa, il 21-5-93 ho effettuato una nuova rogatoria presso l'Ag di Ginevra, proprio sulla banca "Karfinco di Pacini Battaglia-Ginevra", nella quale chiedevo espressamente: 1) «Individuazione del titolare e di coloro che hanno operato sui conti correnti indicati presso tale istituto di credito»; 2) «Sequestro di tutta la documentazione relativa al conto corrente dianzi indicato, nonché del saldo attivo eventualmente giacente sullo stesso»; 3) «Individuazione dei conti correnti da cui siano pervenute, ovvero su cui siano state effettuate, accreditate o comunque trasferite le somme provenienti dai predetti conti correnti, con conseguente informazione sugli importi così individuati»; 4) «Assunzione di informazioni presso i funzionari della Karfinco e degli istituti di credito interessati al fine di individuare tutte le altre persone che abbiano comunque operato sui conti di riferimento (sia quello individuato sia quelli di provenienza)». Con questa rogatoria ho cioè fatto esattamente quello che l'Accusa mi contesta di non avere fatto: ho interpellato nell'immediatezza dei fatti l'Ag di Ginevra per acquisire presso la Karfinco ogni documentazione in arrivo o in partenza relativa ai conti "Garros" e "Dallas"; quindi, se e quando fosse arrivata la risposta, avremmo acquisito ogni documentazione e tutte le informazioni relative anche «ai conti "Derwood" e "Brookland" che pure emergevano dalle tre contabili prodotte» o che comunque erano state canalizzate attraverso i conti "Dallas" e "Garros" (almeno questo era il percorso investigativo che ci eravamo riproposti, come ha confermato lo stesso Pm Greco il 19-2-98).

2 – Il Pm bresciano, dopo aver analizzato l'interrogatorio del 14-5-93 nel quale Pacini aveva riferito che «fu Coltamai a fornirgli il numero del conto 120.763 sul quale esso Pacini, tramite la Karfinco o altre banche, bonificava il denaro», ha osservato che allora «a maggior ragione sarebbe stato necessario individuare i conti di provenienza, e non solo quelli di destinazione».

Al riguardo, osservo: bravi! Giusta intuizione! Peccato che non sono stati letti a fondo gli atti, altrimenti si sarebbe potuto appurare che in data 21-5-93 avevo attivato una rogatoria presso l'Ag di Ginevra proprio sulla banca "Karfinco di Pacini Battaglia-Ginevra" (ripeto: *una settimana dopo*, considerando le giornate festive, il tempo per la stesura del provvedimento e quello per la traduzione degli atti, senza contare che magari in quegli stessi giorni avevo qualche altro migliaio – sì migliaio – di posizioni processuali in corso). Ovviamente, «per individuare i conti di provenienza» di cui parlano i Pm bresciani, ho avuto cura di chiedere, nella medesima rogatoria sulla banca "Karfinco di Pacini" del 21-5-93 all'Ag di Ginevra, «la individuazione dei conti correnti da cui siano pervenute, ovvero su cui siano state effettuate, accreditate o comunque trasferite le somme provenienti dai predetti conti correnti, con conseguente informazione sugli importi così individuati... l'assunzione di informazioni presso i funzionari della Karfinco e degli istituti di credito interessati al fine di individuare tutte le altre persone che abbiano comunque operato sui conti di riferimento (sia quello individuato sia quelli di provenienza)». Conclusione: mi sembra che anche qui i signori investigatori di oggi abbiano preso un altro bel granchio!

3 – Il Pm di Brescia, dopo aver analizzato l'interrogatorio di Coltamai del 22-4-93, ha osservato che: a) «L'importo indicato da Coltamai è ben superiore ai 20-25 miliardi indicati da Pacini»; b) «L'incongruenza degli importi (20-25 miliardi indicati da Pacini contro gli oltre 58 miliardi indicati da Coltamai) non risulta essere mai stata contestata a Pacini» (è da notare che questa parte dell'atto istruttorio è evidenziata in neretto e sottolineata, a testimoniare che l'Accusa bresciana annette una rilevanza fondamentale a questa mia supposta omissione).

Al riguardo, osservo (e non lo faccio né in grassetto, né sottolineando, perché dovrei usare la matita rossa):

a) Il fatto che io – dopo aver ascoltato la versione di Pacini secondo cui egli aveva smistato 20-25 miliardi ai partiti politici – abbia effettuato la rogatoria e mi sia recato a Lugano per ascoltare la versione di chi aveva materialmente gestito le operazioni finanziarie, e anzi mi sia fatto consegnare la relativa documentazione, tramite l'Ag svizzera, da cui poi è risultato un importo di «oltre 58 miliardi», cosa diavolo sta a significare?! Che io volessi favorire Pacini, oppure che io volessi scoprire esattamente come stavano le cose? Se avessi voluto favorire Pacini non avrei fatto la rogatoria, né avrei interrogato Coltamai, né mi sarei fatto dare da quest'ultimo la documentazione, mentre invece non solo ho fatto tutto questo, ma poi ho sviluppato anche le indagini conseguenti andando a ritroso con le rogatorie "Dallas" e "Garros" (ma anche con tante altre) e andando anche a valle (facendo arrestare lo spallone Devitti, per esempio, e contestando le dazioni di denaro consegnato a Citaristi, sempre per esempio) al fine di smantellare tutto il sistema.

b) Non è affatto vero che «l'incongruenza

degli importi (20-25 miliardi indicati da Pacini contro gli oltre 58 miliardi indicati da Coltamai) non risulta essere mai stata contestata a Pacini», e non è vero sotto tre diversi aspetti:

• le contestazioni si fanno al termine delle indagini preliminari con la richiesta di rinvio a giudizio. Così ha fatto la Procura di Brescia anche con me. Così doveva essere fatto – ed è stato fatto – anche con Pacini, per il quale la Procura di Milano ha chiesto plurimi rinvii a giudizio collegati proprio al trasferimento di denaro attraverso il "canale Comifin-Fimo" (si controllino, a titolo di esempio, i capi di imputazione n° 1, 3, 7, 9, 10, 11, 12, 15, 40, 41 della richiesta di rinvio a giudizio n° 9791/95 della Procura di Milano);

• le contestazioni non andavano mosse con riferimento «agli importi» transitati attraverso il canale Comifin-Fimo, ma con riguardo ai reati specifici cui "gli importi" si riferivano (per intenderci: a Pacini non poteva né può essere contestato il reato di bonifico bancario, che non esiste nel Codice, ma quello di appropriazione indebita, falso in bilancio a altre figure criminose previste dal codice e la cui "prova del reato" è appunto il bonifico bancario);

• non è nemmeno vero che a Pacini non sia mai stata contestata la «incongruenza degli importi (20-25 miliardi indicati da Pacini contro gli oltre 58 miliardi indicati da Coltamai)» giacché essa è avvenuta inizialmente con una serie di interrogatori a catena, man mano che le emergenze istruttorie ne evidenziavano le esigenze: così come risulta dall'interrogatorio del 14-5-93, dagli interrogatori cui lo stesso è stato sottoposto, dalle memorie presentate, e comunque nell'interrogatorio riepilogativo del 30-6-94, laddove – alla luce delle risultanze processuali acquisite – Pacini, a fronte di specifica richiesta (d'altronde era stato interrogato proprio per questo) ammise che tramite Luca Nistri egli aveva fatto pervenire in Italia non 20-25 miliardi e nemmeno 58 miliardi, ma ben 75 *miliardi*.

Come si vede, il numero dei "granchi" presi dagli inquirenti bresciani continua a aumentare.

4 – Il Pm di Brescia, dopo aver analizzato l'interrogatorio di Pacini del 14-5-93 congiuntamente all'interrogatorio Nistri del 20-5-93, ha osservato che «evidenti erano le differenze con quanto dichiarato da Pacini fino al 6-4-93, laddove quest'ultimo aveva dichiarato di aver avuto rapporti diretti con la Comifin-Fimo, salvo ammettere nell'interrogatorio del 14-5-93 il ruolo di Nistri accennando genericamente a un conto intrattenuto da questi senza specificarlo e senza esibire alcuna documentazione. I conti della Comifin-Fimo utilizzati erano quattro, presso due istituti di credito, e non come aveva dichiarato Pacini uno solo, e l'importo complessivo delle somme in tal modo gestite era di gran lunga superiore».

Al riguardo, osservo: è evidente che tali «differenze» furono scoperte proprio da me, allorché il 14-5-93 interrogai Pacini per capire chi fosse la persona che tenesse per lui i contatti con Coltamai, e così ebbi la conferma che tale persona era Luca Nistri; poi, dopo aver chiesto e ottenuto l'arresto dello stesso nonché averlo interrogato in data 20-5-93, accertai più compiutamente sia le modalità di trasferimento del denaro (attraverso l'individuazione dei conti "Dallas" e "Garros" che andavano ad alimentare 4 conti aperti da Nistri alla Sbs e alla banca Albis di Chiasso), sia l'importo complessivo delle somme gestite. Insomma, le osservazioni proposte dalla Procura di Brescia potrebbero correttamente essere utilizzate per una richiesta di archiviazione a mio favore, non certo per quella di rinvio a giudizio a mio carico, come invece è stato. Da non credere!

5 – Il Pm, dopo aver analizzato la rogatoria Nistri del 21-5-93 riguardante i conti "Dallas" e "Garros" presso la Karfinco di Ginevra, ha osservato: a) «Che dalla data del 21-5-93, sulla base di quanto dichiarato sia da Pacini che da Nistri, non vi erano elementi per ritenere che il conto "Dallas" (prima del 90) fosse stato di Pacini, né per ritenere che tale conto fosse stato alimentato dai conti che Pacini gestiva in Karfinco»; b) «Che lo scopo della rogatoria "Dallas" e "Garros" non poteva dunque essere quello di risalire ai conti di Pacini. Del resto, se si fosse voluto acquisire la documentazione dei conti di Pacini in Karfinco, sarebbe stato assai più agevole formulare delle rogatorie al riguardo o, più semplicemente, farsi consegnare dal Pacini stesso tale documentazione, atteso il ruolo di collaboratore che quest'ultimo, per riconquistare la libertà, si era impegnato ad assumere il 10-3-93»; c) «Che, per quanto dichiarato fino alla data del 21-5-93 da

Pacini e da Nistri, i due conti "Dallas" e "Garros" sono stati alimentati dai conti della Abn di Ginevra e della Amex di Londra (che Pacini aveva messo a disposizione di Balzamo) e avevano a loro volta alimentato i conti della Sbs e della Banca Albis di Chiasso (della Comifin-Fimo). La rogatoria Nistri del 21-5-93 avrebbe dunque dovuto documentare compiutamente questi (e solo questi) passaggi di denaro: Abn (Amex)-Nistri-Sbs (Albis)».

Al riguardo, osservo:

a) Il Pm bresciano, nella sua foga contestativa, finisce per contestare pure se stesso laddove afferma che «sulla base di quanto dichiarato sia da Pacini che da Nistri non vi erano elementi per ritenere che il conto "Dallas" fosse di Pacini». In realtà, nella stessa pagina, poco prima, menzionando l'interrogatorio di Pacini del 14-5-93, il Pm ha rilevato come nel corso di tale interrogatorio Pacini avesse spiegato che «anche in tale caso riceveva sulla Karfinco degli accrediti e che provvedeva a trasferire le relative somme sul conto di tale Nistri Luca presso la Comifin di Lugano».

b) Contrariamente a quanto sostenuto dai Pm bresciani, lo scopo della rogatoria "Dallas" e "Garros" era invece proprio «quello di risalire ai conti Pacini» giacché la rogatoria esaminata ha proprio come titolo l'individuazione dei «conti "Dallas" e "Garros" presso la Karfinco» e come richiesta «l'individuazione dei conti correnti da cui siano pervenute ovvero su cui siano state effettuate, accreditate o comunque trasferite le somme provenienti dai predetti conti». Questo c'è scritto nella rogatoria e – come si dice dalle mie parti – "carta canta".

c) È oltremodo banale affermare che «se si fosse voluto acquisire la documentazione dei conti di Pacini Karfinco, sarebbe stato più agevole... più semplicemente farsi consegnare dal Pacini stesso tale documentazione». Bella scoperta! Se Pacini avesse voluto consegnare e avesse consegnato tutta la documentazione, non staremmo qua a parlarne. Ma se era così facile ottenere la documentazione da Pacini, perché non l'hanno ottenuta i magnifici investigatori di oggi? Certo che è «più agevole» farsi consegnare il corpo del reato dal reo, ma in uno Stato di diritto non mi pare sia ancora possibile tirare le orecchie a chi non ti vuole ascoltare. D'altronde, il fatto che ci siamo messi a fare tutto quell'insieme di rogatorie e

tutte quelle altre indagini conseguenti e susseguenti, stava e sta a dimostrare che la strada della ricerca della verità non era tra le «più agevoli», e soprattutto che è una pura illazione, anzi un grave arbitrio, scrivere «se si fosse voluto acquisire», giacché la rogatoria effettuata è prova documentale certa che si voleva acquisire la documentazione in questione.

d) All'ultima parte delle osservazioni del Pm bresciano è davvero difficile replicare perché è priva di senso. Cosa vuol dire, infatti, che la rogatoria da me inoltrata «avrebbe dovuto documentare compiutamente questi e solo questi passaggi di denaro: Abn-Nistri-Sbs»? La rogatoria era (e didatticamente è) una richiesta che si rivolge all'Ag straniera attivandola per specifiche indagini che nella fattispecie non erano di ricercare solo «passaggi di denaro: Abn-Nistri-Sbs», ma anche tutte quelle altre richieste indicate nella rogatoria medesima (e il contenuto delle richieste rogatoriali "Dallas" e "Garros" ha rovinato tutto il castello accusatorio ideato dagli investigatori di oggi).

6 – Il Pm bresciano, dopo aver analizzato la rogatoria Coltamai-Nistri inoltrata a Lugano il 21-5-93 riguardante l'estensione della rogatoria del 5-4-93 e finalizzata ad acquisire la documentazione Coltamai anche con riferimento agli anni 86-89, nonché ad acquisire la documentazione relativa a ulteriori 3 conti che nel frattempo aveva indicato Nistri, ha osservato: a) «Che anche in questo caso (come in occasione della rogotaria Coltamai del 5-4-93) nessuna richiesta e nessuna ulteriore rogatoria viene fatta con riguardo ai conti di provenienza (Karfinco e non). Né risulta che si sia chiesto a Pacini di produrre personalmente la documentazione relativa ai conti utilizzati per i versamenti»; b) «Che nessuna contestazione veniva mossa a Pacini».

Al riguardo, osservo:

a) Ancora una volta l'Accusa mostra di non aver letto le carte. Anzi, no: mostra una volta di leggerle in un modo, e una volta in un altro. Poco prima, infatti, il Pm, esaminando la rogatoria Nistri del 21-5-93, ha scritto che essa «ha a oggetto l'individuazione dei titolari e dei soggetti che hanno operato sui conti "Dallas" e "Garros" di Nistri presso Karfinco»; ora invece scrive che «nessuna richiesta e nessuna ulteriore rogatoria viene fatta con riguardo ai conti di provenienza (Karfinco e non)». Chi ci capisce qualcosa è bravo (chissà quali contestazioni avrebbero mosso a me se avessi fatto io tali e tante confusioni!).

b) È falso che «[non] risulta che si sia chiesto a Pacini di produrre personalmente la documentazione relativa ai conti utilizzati per i versamenti», e il Pm bresciano questa volta dovrebbe ben saperlo, giacché lui stesso ha impiegato tanto buon tempo per riepilogare l'interrogatorio di Pacini del 26-5-93 e la relativa corposa memoria. Cosa pensa l'Accusa: forse che Pacini abbia riferito tutto ciò che ha riferito in quell'occasione e abbia prodotto tutta quella documentazione per la mia bella faccia? È evidente che la documentazione è stata presentata da Pacini proprio e solo perché a monte c'era una richiesta della Procura di Milano!

7 – Riferendosi all'interrogatorio di Nistri del 30-6-94, nel corso del quale l'interrogato ha riferito dei rapporti con Giancarlo Rossi e della somma complessiva da lui "trattata" per conto di Pacini pari a circa 75 miliardi, il Pm di Brescia ha osservato: a) «Che Nistri non ha fornito la documentazione, né gli è stato chiesto di farlo, con riguardo ai 62 miliardi movimentati per conto di Pacini attraverso la Comifin-Fimo»; b) «Che permaneva contraddittorietà tra i dati provenienti dalla Comifin-Fimo (73.106.500.000) e quanto da lui dichiarato (62 miliardi)».

Al riguardo, osservo io: e allora? Posto che un indagato non produce il corpo del reato, cosa deve fare un Pm se non andarlo a cercare dove lo stesso può trovarsi? E infatti io avevo inoltrato le dovute rogatorie, sia quelle iniziali "Garros" e "Dallas", sia quelle finali sul conto FF 2927 della Tdb di Ginevra. I bravissimi investigatori di oggi vogliono spiegarmi quale altro metodo diverso, e magari più sbrigativo, avrei dovuto seguire?

8 – Alla luce di tutte le suddette osservazioni, il Pm bresciano alla fine della sua contestazione (mossami in sede di interrogatorio del 17-4-98), ha riepilogato le incongruenze e le contraddizioni in cui sarebbe incorso Pacini, e ha ulteriormente osservato:

«Pacini, durante gli interrogatori, aveva fornito documentazione bancaria parziale (da lui selezionata), e in particolare: 1) non aveva documentato la

completa movimentazione dei conti correnti bancari via via emersi; 2) con riguardo alle specifiche operazioni di cui aveva riferito, non aveva mai documentato l'entrata e la relativa uscita delle somme transitate, ma si era limitato a documentare o la sola entrata o la sola uscita.

«In tal modo ha potuto adattare le sue dichiarazioni alle emergenze processuali, ha potuto – inizialmente – coprire il ruolo di Nistri, ha potuto "scaricare" sui soldi portati in contanti in Italia provenienza e beneficiari solo da lui individuati. Ad esempio, non avrebbe potuto utilizzare contabili contraffatte, per documentare la ridistribuzione di parte della provvista Montedison, se avesse esibito la completa documentazione relativa ai conti Karfinco e Abn, tramite i quali gli accreditamenti erano stati eseguiti, e quella relativa all'iter di accreditamento del denaro dalla banca londinese ai conti della Comifin-Fimo (neppure risulta che sia stato invitato a esibire tale documentazione). Né ciò gli sarebbe stato possibile se fosse stata inoltrata specifica rogatoria. Anche con riguardo al denaro versato (dagli "imprenditori") sui conti "Antesa", "Louxor", "Defouni" e "Danbury" della Abn di Ginevra, Pacini si era limitato a esibire documentazione relativa a ben determinate operazioni e aveva fornito esclusivamente documentazione relativa all'accredito sui conti (peraltro solo dopo che gli imprenditori avevano già riferito dei versamenti eseguiti) e non la movimentazione complessiva dei conti, né quella documentante l'intero iter di accreditamento sui conti della Comifin-Fimo (in particolare non era stata fornita la documentazione che avrebbe consentito di accertare dove tali somme fossero state trasferite). A seguito dell'interrogatorio di Nistri del 20-5-93 è stata inoltrata rogatoria a Ginevra (il 21-5-93) per acquisire notizie e documentazione in ordine ai conti di Nistri ("Dallas" e "Garros" c/o Karfinco) che avevano alimentato i conti della Comifin-Fimo. Perché, analogamente, non è stata inoltrata rogatoria per acquisire notizie e documentazione in ordine ai conti di Pacini ("Derwood" e "Brookland" c/o la Karfinco?) Proprio con riguardo all'accreditamento di somme da recapitare in Italia, attraverso la Comifin-Fimo, Pacini aveva prodotto sommaria documentazione (memoria 3-4-93 e interrogatorio 6-4-93)».

Al riguardo, osservo io: non vedo come il lungo sermone sopra riportato possa riguardare mie eventuali responsabilità. Proviamo a riepilogarlo: il Pm bresciano lamenta il fatto che Pacini non abbia prodotto la completa documentazione relativa alle movimentazioni bancarie effettuate, e non abbia riferito in modo sufficientemente chiaro quanto a sua conoscenza. Ancora una volta, quindi, siamo nel campo di ciò che ha ritenuto di fare o non fare Pacini, ovvero nel campo di un suo legittimo esercizio del diritto di difesa. Allora ripeto: ciò che va esaminato non è il comportamento di Pacini ma quanto io abbia fatto di conseguenza. Come abbiamo visto, non risulta affatto che io mi sia adagiato sulle dichiarazioni di Pacini, tanto è vero che lo stesso Pm bresciano ha dovuto impiegare una ventina di pagine del mio interrogatorio del 17-4-98 per riepilogare la miriade di rogatorie da me attivate proprio per ovviare alle reticenze, alle incongruenze e alle contraddizioni del Pacini. Al riguardo, oltre a tutte le rogatorie finora richiamate, ve ne sono altre (indicate dallo stesso Pm nel suddetto mio interrogatorio del 17-4-98): e la costante è che in ogni rogatoria io ho chiesto l'individuazione dei conti sia di provenienza sia di trasferimento, e che nella maggior parte dei casi le rogatorie stesse – almeno fino a quando rimasi io nel pool di Milano – non avevano ancora avuto risposta.

Insomma, il Pm bresciano, dopo aver rilevato una cosa ovvia (le reticenze e le contraddizioni di Pacini), e dopo aver constatato e ammesso che io ho fatto il possibile per poter comunque scoprire attraverso le rogatorie come in realtà stessero le cose, invece di concludere le sue osservazioni dandomi atto del buon lavoro che ho svolto (e che lui ha faticosamente e solo in parte ricostruito), mi rivolge criti che contraddittorie e immotivate. In particolare, egli – dopo aver preso atto del contenuto della rogatoria del 20-5-93 sui conti "Dallas" e "Garros" c/o Karfinco – continua con la retorica del perché «non è stata inoltrata rogatoria per acquisire notizie e documentazione in ordine ai conti di Pacini ("Derwood" e "Brookland" c/o la Karfinco)». Faccio rilevare al riguardo che, se tra me e Pacini fosse intervenuto un accordo per "non scoprire" l'esistenza dei conti "Brookland" e "Derwood", sarebbe bastato che Pacini non me li avesse indicati nella sua memoria del 3-4-93. Il problema invece era ed è sempre lo stesso: non si poteva e non si possono fare rogatorie *fishing expedition*, e all'epoca non avevamo alcun elemento che ci inducesse a ritenere che attraverso i conti "Derwood" e "Brookland" potessero essere transitate ulteriori operazioni illecite. D'altronde, anche se lo avessimo supposto, non avremmo potuto fare alcunché, dal momento che non potevamo chiedere la documentazione indistintamente su tutte le operazioni bancarie avvenute su tutti quei conti, al-

trimenti avremmo violato la normativa svizzera in materia di assistenza giudiziaria e avremmo finito per irritare ancora una volta i nostri colleghi d'oltralpe coi quali stavamo cautamente confrontandoci. In questo caso però mi sia permesso ricordare di nuovo che la documentazione in questione venne depositata anche in sede di interrogatorio di Pacini del 28-10-93, interrogatorio condotto congiuntamente dai Pm Greco e Colombo: perché allora questa supposta omissione viene addebitata solo a Di Pietro e non anche agli altri due Pm di "Mani pulite" che ricevettero i documenti? Sia chiaro ancora una volta: non sto accusando i miei colleghi; sto solo facendo rilevare che all'epoca nessuno di noi aveva elementi tali per poter effettuare quei collegamenti che oggi paiono potersi effettuare.

9 – Il Pm di Brescia, dopo aver analizzato la rogatoria Scaroni e Pisante del 28-1-93 riguardante il conto "Antesa", ha osservato: a) «Che si tratta di contabili della Abn di Ginevra, relative ai soli accrediti operati sul conto n. 21642 "Antesa" della Abn»; b) «Che non vengono in alcun modo documentati gli accrediti sul conto 120.763 e non viene fornita nessuna documentazione relativa ai conti di transito della Karfinco»; c) «Che di fatto la rogatoria in esame è stata evasa solo con riguardo all'individuazione dei conti di provenienza del denaro accreditato sul c/c "Antesa" ed è rimasta inevasa con riguardo all'individuazione dei conti [Karfinco] sui quali le somme erano state accreditate, per il successivo trasferimento sui conti della Comifin-Fimo»; d) «Che va poi rilevato che non vi è corrispondenza tra le date e gli importi accreditati sul conto "Antesa" e quelli, assertivamente corrispondenti, accreditati sul conto 120.763 della Comifin-Fimo (le date degli accrediti sul conto Comifin-Fimo in alcuni casi precedono da uno a due mesi quelli di accredito sul conto "Antesa" e, quanto agli importi, gli accrediti sul conto Comifin-Fimo sono superiori a quelli effettuati sul conto "Antesa", salvo conteggiare l'ulteriore accredito Antesa di 240.000 Chf, menzionato ma non documentato nella memoria del 26-5-93)».

Al riguardo, io osservo quanto segue:

• Anzitutto – come avrà notato l'Accusa – io ho cercato di scoprire chi ci fosse dietro il conto "Antesa" ben *due mesi prima* dell'incriminazione e arresto di Pacini, allorché venimmo a conoscenza dell'utilizzo di questo conto per il trasferimento di denaro al sistema dei partiti da dichiarazioni di altre persone che prescindevano ed erano a monte delle dichiarazioni di Pacini. Intendo dire che il mio sarebbe stato davvero uno strano modo di favorire Pacini, poiché fin dal primo momento in cui ho scoperto la sua esistenza, invece di preoccuparmi di "coprirlo" mi sono occupato di incastrarlo (lo stesso Pm bresciano avrà notato che con la rogatoria 28-1-93 in questione io ho chiesto tutto quanto era possibile chiedere sia a monte che a valle dell'intero conto corrente, partendo dalla identificazione delle persone che avevano effettuato le operazioni, ovvero che avessero beneficiato dei successivi trasferimenti di denaro).

Non so se l'Accusa l'ha notato, ma in merito alle rogatorie riguardanti il conto "Antesa" (come ad altre) la difesa di Pacini ha chiesto più volte la revoca e la rinuncia, provvedimento da noi sempre negato e anzi, proprio per la rogatoria in questione, posto che la parte pervenuta in data 30-8-93 non poteva considerarsi sufficiente, io a mia volta, in data 24-6-94, ho reiterato l'acquisizione di tutta la documentazione, e in data 26-9-94, allorché mi recai a Ginevra per discutere con quella Ag dello stato delle rogatorie, indicai la stessa tra quelle "urgenti".

Il Pm di Brescia, alla fine della disamina della rogatoria in questione, dà atto che in data 1-12-94 il magistrato svizzero Crochet, con l'invio dell'ulteriore documentazione, considerava eseguita la rogatoria, e infatti la documentazione risulta essere stata trasmessa alla Procura di Milano in data 21-11-94. È davvero singolare che anche questa circostanza venga addebitata a me, e ciò sia in relazione alla data di trasmissione (io avevo già annunciato le dimissioni che sarebbero poi divenute operative 5 giorni dopo), sia in relazione al contenuto della rogatoria (non vedo come i Pm di Milano potessero sindacare ciò che l'Ag svizzera aveva ritenuto di inviare o meno).

Venendo più in concreto alle osservazioni critiche fatte dal Pm bresciano nel merito della rogatoria Scaroni-Pisante sul conto "Antesa", noto che egli lamenta il fatto che «la rogatoria in esame è stata evasa solo con riguardo all'individuazione dei conti di provenienza del denaro accreditato sul c/c "Antesa" ed è ri-

masta inevasa con riguardo all'individuazione dei conti (Karfinco) sui quali le somme erano state accreditate, per il successivo trasferimento sui conti della Comifin-Fimo». Accidenti!, ci mancava poco che l'Ag di Brescia incriminasse anche i colleghi dell'Ag svizzera! Sì, perché non riesco proprio a capire come possa essere ipotizzata una mia responsabilità (e poi chissà perché mia e solo mia, dato che la risposta alla rogatoria è pervenuta a Milano cinque giorni prima delle mie dimissioni, mentre stavo concludendo la requisitoria Enimont, ed è quindi stata trattata solo ed esclusivamente dagli altri Pm del pool) in relazione alla risposta "inferiore alle aspettative" che ricevemmo dall'Ag svizzera. Se quell'Ag si era comportata in quel modo voleva dire che, secondo la legislazione di quel Paese, solo quelle potevano essere le risposte che tecnicamente essi potevano dare. Prendere o lasciare: e noi (anzi, gli altri, perché io mi ero ormai dimesso) ovviamente ci siamo presi anche quel poco che ci veniva dato.

Gli inquirenti bresciani hanno poi criticato il fatto che «non vi è corrispondenza tra le date e gli importi accreditati sul conto "Antesa" e quelli, asseritamente corrispondenti, accreditati sul conto 120.763 della Comifin-Fimo (le date degli accrediti sul conto Comifin-Fimo in alcuni casi precedono da uno a due mesi quelle di accredito sul conto "Antesa" e, quanto agli importi, gli accrediti sul conto "Comifin-Fimo" sono superiori a quelli effettuati sul conto "Antesa", salvo conteggiare l'ulteriore accredito "Antesa" di 240.000 Chf, menzionato ma non documentato nella memoria del 26-5-93)». E allora? Che facevamo? (o meglio, facevano?) Rimandavamo (o meglio, rimandavano) indietro le carte all'Ag svizzera? Oppure restituivamo (o restituivano) a Pacini quelle che aveva consegnato? Ma lo vuole capire o no, una buona volta, l'Accusa, che tutte queste osservazioni vanno fatte in sede di requisitoria finale al processo che Pacini dovrà sostenere a Milano per i reati per cui è stato rinviato a giudizio, e non a Di Pietro che ha contribuito a scoprirli?

A questo punto concludo la disamina della contestazione che il Pm di Brescia ha mosso al sottoscritto, in base alla ricostruzione che egli ha fatto del cosiddetto "sistema Comifin-Fimo", nell'interrogatorio del 17-4-98.

Mi pare che in realtà la stessa contestazione, così come è formulata, da sola dimostri l'esatto contrario di ciò che mi è stato rimproverato, e cioè la notevole attività investigativa effettuata da me e da tutti i colleghi del pool di Milano nell'ambito dell'inchiesta "Mani pulite", e in particolare rispetto alla posizione di Pacini. Eventuali lacunosità nelle dichiarazioni di Pacini, nella documentazione da lui prodotta o comunque finita agli atti, potevamo e dovevamo rilevarle solo al momento finale dell'istruttoria e cioè al momento in cui si dovevano formulare i capi di imputazione. In altri termini, durante l'istruttoria non potevamo che prendere atto di tutto ciò che i protagonisti delle varie vicende riversavano nel procedimento e di tutte quelle che erano le risultanze delle rogatorie; solo alla fine di tutte le indagini preliminari la Procura di Milano avrebbe potuto, attraverso i capi di imputazione, focalizzare anche le divergenze eventualmente riscontrate. Ritengo che ciò sia quanto è avvenuto, e comunque – per quanto riguarda la mia personale posizione – faccio presente che la richiesta di rinvio a giudizio di Pacini è del 29-9-95, epoca in cui io ormai da molti mesi avevo lasciato la Procura di Milano.

In ogni caso, è certo che molte questioni sono state affrontate dai Pm di Brescia non tenendo conto di alcuni atti e di alcune risultanze processuali. A titolo esemplificativo, faccio notare – per intanto e da subito – che la contestazione legata alla rogatoria Coltamai del 5-4-93 (laddove mi si contesta di non avere chiesto anche la provenienza del denaro relativo al conto 120.763 della Sbs di Chiasso) non considera il fatto che sicuramente vi deve essere stata una integrazione della rogatoria (magari anche a livello verbale); dico ciò in quanto, dalla documentazione che ho prodotto nello interrogatorio del 17-4-98, si evince che in realtà, durante l'esecuzione della rogatoria, ci sono stati trasmessi (anzi, consegnati a mano, nell'immediatezza) i documenti relativi agli «importi ricevuti da Karfinco Ginevra sul conto 120.763», documenti che certo non ci sarebbero stati consegnati qualora non avessimo inoltrato una specifica richiesta mirante a ottenere, oltre alla documentazione relativa al trasferimento delle somme, anche quella concernente la provenienza delle stesse. In particolare rilevo che, al foglio 4 del verbale di interrogatorio di Coltamai del 22-4-93, si ricava come nell'occasione vennero prodotti e acquisiti, per ogni operazione, «copia dell'avviso di accreditamento sul conto di transito, conseguente avviso di accreditamento sul conto Fimo, e scarico interno della società stessa». Al riguardo faccio altresì rilevare – ancora una volta per ribadire che le indagini sul "sistema Pacini" non erano gestite solo da me ma anche dagli altri colleghi – che all'interrogatorio in Svizzera partecipammo sia io che il collega Colombo, e che all'esito dell'atto istruttorio tutta la documentazione bancaria prodotta dal Coltamai, e allegata al suo interrogatorio, venne tenuta direttamente dal collega Colombo per lo sviluppo delle relative indagini, come risulta dall'appunto manoscritto (credo che la calligrafia sia della Caligaris) presente nella cartelletta intestata "Procura Milano" che contiene l'esito della rogatoria e che è reperibile agli atti del fascicolo Eni trasmesso al Gip di Milano fin dal settembre 95.

Conclusione: a distanza di 4-5 anni è davvero triste dover star qui a rileggere tutto ciò che ho fatto con gli occhiali dell'indagato.

Settima osservazione

La Procura di Brescia (nonostante l'evidenza dei fatti dimostri, senza ombra di dubbio, che io ho cercato in tutti i modi di «investigare sui conti accesi [da Pacini]» a volte con più successo, a volte con meno), ha ritenuto che eventuali mancati raggiungimenti degli obiettivi investigativi debbano essere attribuiti a me quale omissione dolosa legata a un atto di corruzione che Pacini avrebbe operato attraverso Antonio D'Adamo.

Anche sotto questo aspetto dell'elemento soggettivo, a me pare invece che le risultanze processuali (e la verità storica dei fatti) dimostrino la totale infondatezza e improponibilità di una simile accusa. Nessuno, nemmeno Pacini, né D'Adamo, né Lucibello, né chicchessia (né tantomeno io), ha mai potuto riferire qualche mia intenzione in tal senso; ha dichiarato D'Adamo di non aver saputo nulla delle vicende processuali di Pacini; ha riferito Pacini di non aver mai «discusso con D'Adamo [*e men che meno con Di Pietro, ndr*] le rogatorie in Svizzera» [5]; ha confermato l'avv. Lucibello

---

[5] Cfr. incid. prob. Pacini Battaglia del 30-3-98.

che per ben 4 volte chiese la revoca e la rinuncia alle rogatorie in questione (il 30-3-93, il 13-10-93, il 17-11-93 e il 15-4-94), ma in nessun caso tale richiesta sortì alcun effetto.

Ha dichiarato il Pm Francesco Greco il 19-2-98: «Non deve stupire il fatto che non siano state fatte rogatorie in Karfinco sui conti di Pacini. La tecnica adottata, infatti, vista anche la difficoltà a ottenere risultati in tempi rapidi, era quella di fare rogatorie puntuali allorquando si era in possesso di dichiarazioni precise o di contabili bancarie. Si è sempre evitato di fare rogatorie generiche o "al buio"... D'altra parte in ordine a conti di Pacini emersi mi risulta che è stata spedita la rogatoria sul conto "Dallas" e "Garros" che, se fosse stata eseguita dalla Svizzera avrebbe portato inevitabilmente alla scoperta dei conti di Pacini perché, come oggi sappiamo, tutti i conti di Pacini alimentano il "Dallas" e "Garros". Analogo discorso può essere fatto sulla rogatoria Maddaloni. Quanto alla rogatoria Nistri del 21-5-93 avente a oggetto i conti "Dallas" e "Garros" in Karfinco, per quanto mi risulta non dovrebbe essere mai stata evasa, dal momento che i predetti conti sono stati oggetto di attività integrativa e sono pervenuti a seguito di nuova rogatoria fatta nell'autunno 96 e eseguita nel corso del 97. L'indicazione rilevabile dal prospetto fatto redigere da Colombo e trasmesso all'Autorità ginevrina, secondo cui la rogatoria del 21-5-93 sarebbe stata evasa in data 27-10-93 è sicuramente frutto di un errore. Prendo atto che tale rogatoria, sulla base della documentazione relativa all'incontro del 26-9-94 (tra Di Pietro e Perraudin) acquisita da codesto Ufficio in Svizzera figurerebbe come "in corso di trasmissione" alla data prossima al citato incontro. Sul punto non ho elementi di conoscenza. Rilevo però che sulla base del memorandum da me prodotto in data odierna detta rogatoria risulta non evasa».

Ha dichiarato il Pm Gherardo Colombo il 23-2-98: «Sul conto di Pacini è stata fatta una serie di rogatorie, credo che di ciò si sia occupato il rogatorista che, all'epoca, mi pare fosse un carabiniere di leva. Tendenzialmente ogni magistrato del pool, nel decidere se e quali rogatorie fare, dava concreta attuazione a delle linee di fondo che erano anche influenzate, almeno per quel che riguarda la mia persona, dalla notevole sfiducia che io riponevo nello strumento, avendo constatato in tantissime occasioni come l'assistenza giudiziaria sia lenta, al punto di diventare spesso improduttiva. Data la difficoltà di ottenere per via rogatoriale, si è cercato il più possibile di ottenere produzioni spontanee di documenti bancari esteri da parte degli stessi indagati. Credo di essere stato il primo a ricorrere a tale strumento fin dal 92. Tanto premesso, non sono in grado di fornirvi spiegazioni o chiarimenti in ordine alle rogatorie che sono state fatte con specifico riferimento alla posizione di Pacini Battaglia né tanto

meno sulle rogatorie che mi dite non essere state fatte. Con riguardo alla assistenza internazionale in generale, io personalmente ho sempre cercato delle strade che consentissero di evitarla ottenendo gli stessi o analoghi risultati. Per esempio nel caso di documentazione contabile rinvenibile sia in Italia che all'estero ho cercato di percorrere le vie nazionali, anche se tortuose, attraverso le quali recuperare la documentazione piuttosto che ricorrere alla assistenza internazionale».

Ha riferito il capitano della Gdf Francesco Carluccio, responsabile della disamina delle rogatorie, il 21-4-98: «Nel novembre del 93, il coordinatore del pool dott. Gerardo D'Ambrosio... mi ricevette per dirmi che era necessario costituire un team di collaboratori che si dedicasse all'esame della documentazione già pervenuta o che sarebbe pervenuta alla Procura a seguito delle richieste rogatoriali... il dott. D'Ambrosio mi disse di prendere accordi con il dott. Di Pietro... il contatto con il dott. Di Pietro fu breve, mi ripeté le stesse cose del dott. D'Ambrosio sulla necessità di esaminare la documentazione e mi precisò che, per questo servizio, l'interlocutore doveva essere personalmente lui, oppure l'addetta al suo ufficio, la signora Rossana Caligaris... La documentazione ci veniva fornita in fotocopia. Naturalmente per poter relazionare sull'esito dell'esame, unitamente alla documentazione pervenuta dall'estero, l'ufficio del dott. Di Pietro ci forniva la copia della rogatoria e quant'altro connesso per meglio sviluppare il servizio... A esame avviato, il dott. Di Pietro dava anche incarico allo scrivente di contattare Ag straniere per sollecitare e sapere lo stato di alcune rogatorie, per le quali non era ancora pervenuta alcuna risposta al suo ufficio. Gli facevo presente di non poter interloquire direttamente con i magistrati stranieri e egli mi pregava di farlo ugualmente, presentandomi a suo nome... Lo pregavo a questo punto di inviare di volta in volta richiesta scritta al comando Nucleo, cosa che egli ha puntualmente fatto. Ricordo di aver contattato più volte gli Uffici giudiziari di Lugano, qualche volta ho parlato direttamente con la dott.ssa Del Ponte, alla quale chiedevo notizie sull'avanzamento delle trattazioni secondo le disposizioni precedentemente impartite dal dott. Di Pietro. Ricordo ancora di avere anche contattato l'Ufficio federale di Polizia di Berna ove, credo, confluissero tutte le risposte da inviare all'Ag italiana. Non ricordo quante volte ho effettuato dette telefonate ma, ripeto, lo facevo su disposizione del dott. Di Pietro, che probabilmente aveva la necessità di avere notizie urgenti su rogatorie inoltrate dal suo ufficio».

L'assistente giudiziaria Rossana Caligaris (responsabile di tutta la parte amministrativa, relazionale e di tenuta del registro informatico delle rogatorie) l'8-4-98 ha riferito: «Il 26-9-94 mi sono recata anch'io, insieme al dott. Di Pietro, a una riunione a Ginevra con il dott. Perraudin e la dott.ssa Junod... lo scopo di quella riunione era un po' quello di fare il punto della situazione relativa alle rogatorie inoltrate all'Ag di Ginevra... ricordo in particolare che a quella data alcune delle rogatorie a suo tempo inoltrate erano divenute non più attuali in quanto nel frattempo i vari procedimenti erano proseguiti e in alcuni casi le relative vicende erano già andate a giudizio. Ricordo che in alcuni casi gli stessi indagati avevano ammesso le circostanze oggetto delle rogatorie o avevano prodotto addirittura la relativa documentazione nel corso dei processi. Personalmente non ho mai avuto notizia di rogatorie che siano state "revocate", anche nel caso in cui le circostanze oggetto delle rogatorie erano state accertate per altra via (come sopra specificato) non si è proceduto a una "revoca" della rogatoria ma ci si è limitati a indicare tali rogatorie come "non prioritarie" rispetto alle altre... Prima di recarmi a Ginevra ho predisposto un elenco di tutte le rogatorie che erano state richieste all'Ag di Ginevra... Nel corso di quella riunione ho provveduto ad annotare una minuta avente a oggetto lo stato delle varie rogatorie e l'indicazione relativa alla priorità con la quale il dott. Di Pietro chiedeva che le stesse venissero espletate. Tornati a Milano ho provveduto a redigere, sulla base di quegli appunti, un elenco che produco».

Ho riferito io, nell'interrogatorio del 3-4-98: «All'epoca, negli anni 92-93-94, si erano accumulate numerose rogatorie sul tavolo di talune Autorità giudiziarie straniere, specie dei giudici di Lugano, Lussemburgo e Ginevra. Decine e decine di rogatorie che attendevano di essere vagliate, avviate e sviluppate con tutte le lungaggini delle procedure conseguenti. Per questa ragione, ci venne richiesto – specie dalle predette tre Autorità giudiziarie – di indicare un ordine di priorità perché era difficile poterle portare avanti tutte con lo stesso grado di urgenza. Io e i miei colleghi del pool di Milano abbiamo vagliato il problema e alcuni di noi si sono anche recati sul posto a esaminare con i colleghi stranieri lo stato delle rogatorie e vedere, una per una, quali fossero gli "inghippi" che ne rendevano difficoltosa l'esecuzione. Di regola trattavasi di opposizioni più o meno fondate avanzate dagli indagati, oppure di perplessità tecniche da parte delle Ag straniere (specie per motivi fiscali oppure per richieste di accertamenti bancari a vasto raggio che si estendevano anche ai cosiddetti "conti di transito"). È in quest'ottica che il giorno 26-9-94 [questa è la data esatta rispetto alla "fine del 94" di cui si dice nella rogatoria] è avvenuto un incontro a Ginevra tra me e i giudici ginevrini che all'epoca avevano in carico i vari fascicoli delle rogatorie: ricordo il dott. Perraudin, il dott. Crochet e un'altra persona (mi pare fosse la dott.ssa Junod). Ricordo anche che quell'incontro fu l'ultima volta che mi recai a Ginevra prima delle mie dimissioni e ricordo che in quell'occasione venne con me anche l'assistente giudiziaria della Procura di Milano, sig.ra Rossana Caligaris, che fece, su mia richiesta, anche una rela-

zione su ciò che ci eravamo detti circa le varie rogatorie esaminate. Relazione che venne messa agli atti della Procura di Milano».

Conclusioni: da questa lunga disamina (e dalla disamina di tanti altri atti processuali che si potrebbe fare ma che a questo punto mi parrebbe davvero superfluo prospettare, anche considerando che molti documenti costituenti l'ossatura di "Mani pulite" sono mancanti nel fascicolo processuale) emerge che il Pm Di Pietro:

• non ha mai «omesso di investigare sui conti correnti accesi presso la banca Karfinco direttamente riconducibili alla persona di Pacini Battaglia»;

• non si è mai attivato né adoperato in alcun modo per non farsi «consegnare direttamente da Pacini la documentazione bancaria»;

• non ha mai omesso volontariamente di «effettuare tutte le rogatorie internazionali relative ai suddetti conti correnti».

Insomma, non ho mai commesso i reati indicati dalla Procura di Brescia nella prima parte della contestazione inerente la "controprestazione" ipotizzata nel capo di imputazione. Anzi, scusatemi ma non posso proprio fare a meno di osservare che non ricordavo di aver fatto così tanto lavoro!

2. Le false contabili del *"closing Enimont"*

Un'altra questione che i Pm bresciani affrontano nel capo di imputazione più volte (se ne parla sotto tre distinti aspetti, e con sfaccettature diverse) è la presenza negli atti di due bonifici bancari prodotti da Pacini e sicuramente contraffatti (nel senso che in essi è stata alterata la data di effettuazione del versamento). Tutte e tre le volte, l'Accusa ipotizza un mio "trattamento di favore": davvero arduo da immaginare sia alla luce della documentazione che è negli stessi atti dell'Accusa, sia dal punto di vista logico, giacché se avessi voluto favorire Pacini al riguardo sarebbe bastato che io quei due documenti non li avessi mai acquisiti.

In prima battuta, la Procura bresciana fa riferimento a questa questione allorché, per sostenere che io abbia omesso di richiedere assistenza giudiziaria sui conti Karfinco, specifica che «le investigazioni sulla Karfinco di Ginevra... si rendevano necessarie... in considerazione delle... incongruenze e contraddizioni [di Pacini, anche] nel riferire in ordine alla ridistribuzione della tangente di 10.500.000 Usd pagati dalla Montedison all'Eni... [giacché Pacini] a comprova dei versamenti effettuati... aveva prodotto due contabili Karfinco con data alterata». La Procura di Brescia scrive nel capo di imputazione che «le investigazioni sui conti della Karfinco si rendevano necessarie... in considerazione della documentazione... addirittura alterata che Pacini aveva prodotto, tramite il proprio difensore avv. Lucibello», e cioè «aveva prodotto con memoria 27-10-93, di concerto con l'avv. Lucibello, due contabili Karfinco relative ai conti 8088 e 8200 alterate nell'indicazione dell'anno degli avvenuti versamenti (23-10-90 e 11-12-90, anziché 23-10-89 e 11-12-89)». Infine l'Accusa, tornando per la terza volta sulla questione nel prosieguo del capo di imputazione, mi imputa di «avere omesso approfondimenti investigativi in ordine alle movimentazioni bancarie relative al pagamento e alla ridistribuzione della somma di Usd 10.500.000 pagata, con riguardo alla vicenda del *closing* Enimont, dalla Montedison International alla Allied Engineering International Ltd, a fronte dell'emissione della fattura n. 500/38/34 del 18-12-90 prodotta da Pacini nel corso dell'interrogatorio del 19-7-93».

Ora, che Pacini abbia fatto un po' lo gnorri intorno alla ridistribuzione di quella tangente, sia per l'epoca in cui avvenne la suddivisione, sia sulle date in cui avvennero realmente i bonifici bancari in contestazione, non c'è dubbio: ma non lo hanno scoperto i Pm di Brescia, bensì – come da qui a breve vedremo – *l'ho scoperto proprio io*, allorché interrogai Agostino Ruju e allorché mossi la contestazione *espressamente* e *direttamente* a Pacini, tanto è vero che lui stesso poi finì per ammettere anche la falsità (lui sostiene "l'errore") della documentazione a suo tempo presentata (si badi bene: non a me, ma ai colleghi Greco e Colombo). La questione, per quanto riguarda la mia posizione processuale, non è tuttavia cosa Pacini abbia raccontato o prodotto, ma quale attività istruttoria io abbia attivato per accertare esattamente come erano andate le cose.

Prima di farlo, però, bisogna considerare le dichiarazioni del capitano della Gdf Francesco Carluccio, dalle quali si evince in maniera solare la mia intenzione di ricostruire in ogni modo le movimentazioni bancarie Ruju-Pacini (ivi comprese quelle riguardanti i falsi bonifici in questione) [6]. Il cap. Carluccio, in particolare, ha riferito che: a) nell'estate 94 era stato da me incaricato di esaminare, elaborare e riferire con apposita relazione di servi-

---

[6] Cfr. s.i.t. cap. Francesco Carluccio del 21-4-98:

Domanda: «Viene posta in visione al Cap. Carluccio la relazione di Pg. n° 84/Ug del 9-1-95 del Nucleo regionale Pt di Milano. Tale relazione annovera il risultato dell'esame di diverse richieste-risposte di assistenza giudiziaria inoltrate a varie Ag estere dalla Procura di Milano; la stessa è la prima risposta che è stata fornita alla Procura sull'esito dell'esame o da quando è stata consegnata la documentazione parte della medesima Procura sono state inoltrate alla stessa relazioni parziali dell'esame che era in corso da parte Sua e dei suoi collaboratori?».

Risposta: «A pag. 2 della relazione in questione, alla voce premessa è indicato che il magistrato, intendendo il dott. Di Pietro, aveva dato incarico di esaminare copiosa documentazione prodotta all'ufficio della Procura dall'avv. Ruju Agostino. Ricordo che un giorno il dott. Di Pietro mi convocò nel suo ufficio e mi consegnò la documentazione in questione unitamente a verbali di interrogatorio dell'indagato Ruju, dicendomi più o meno "L'avv. Ruju ha prodotto un sacco di documentazione nel corso degli interrogatori, mettetela organicamente, descrivendone le risultanze in un'apposita relazione". *L'esame della documentazione in questione venne ultimato quando già il dott. Di Pietro aveva lasciato la magistratura, ed ecco perché la relazione del 9-1-95 è* indirizzata al Procuratore della Repubblica. Tale circostanza emerge anche a pag. 105, capitolo 5, capitolo riservato al raccordo tra le rogatorie interessate al "sistema Troielli" e la documentazione prodotta da Ruju. Se si fosse trattato soltanto di sistemare organicamente la documentazione Ruju, l'esame sarebbe durato molto meno, invece nel corso del servizio, emergeva che determinati movimenti, rimesse di fondi, conti correnti interessati, ecc., avevano attinenza con varie rogatorie già inoltrate ad Autorità straniere. Preciso che il mio ufficio aveva anche il registro aggiornato delle rogatorie e, quindi, non appena ci accorgevamo che qualche documento, qualche contabile faceva riferimento a conti o dati emergenti da tale registro, il servizio stesso veniva sviluppato allargando il campo alle rispettive rogatorie. È questo il motivo per cui nella parte iniziale della relazione vengono richiamate varie rogatorie (faccio presente che sono indicate con il numero del registro) indipendentemente che ci fosse stata risposta o evasione da parte dell'Autorità rogata. Le rogatorie indicate nella parte iniziale della relazione vengono poi richiamate a pag. 105-capitolo 5, per i dettagli di connessione. In quella sede se ci fosse stata documentazione già oggetto di separata trattazione relativa a rogatorie per documentazione precedentemente inviataci dall'ufficio del dott. Di Pietro, sarebbe stata indicata la nota di invio della risposta alla Procura».

D: «Con riferimento all'incontro con il dott. Di Pietro durante il quale il magistrato le ha consegnato la documentazione Ruju, riesce a collocare temporalmente tale incontro?».

zio su tutta la «copiosa documentazione prodotta all'ufficio della Procura dall'avv. Ruju», quindi anche in merito ai bonifici contraffatti; b) a seguito di ciò, egli fece una relazione in cui evidenziò anche «la differenza di data fra le contabili Ruju e quelle Pacini»; c) tale rela-

R: «Non ricordo bene, ma sono propenso a pensare che sia avvenuto dopo *l'estate* del 94. A pag. 2 vengono richiamati i verbali di Ruju del 13 e del 25 gennaio 94, se la documentazione mi fosse stata consegnata nel primo semestre di quell'anno probabilmente avremmo potuto rispondere prima del 9-1-95».

D: «In merito a quanto riferito con la relazione nr. 84/Ug sull'esame della documentazione prodotta da Pacini e da Ruju Agostino afferente il conto 704.196 presso Ubs di Zurigo, può fornire dettagli esplicativi sulle modalità di sviluppo del servizio?».

R: «Ho già detto prima che il dott. Di Pietro mi ha consegnato documentazione di provenienza Ruju e non quindi di provenienza Pacini. La documentazione di Ruju si riferisce anche alla relazione bancaria con la Ubs di Zurigo relativamente al conto 704.196. Faccio notare che a pag. 34 della relazione c'è uno specchietto in cui sono indicati tutti gli estratti conto a disposizione nostra, forniti da Ruju. Dove è stato posto l'asterisco è stato annotato che il documento, cioè l'estratto conto, era mancante. Faccio notare che lo specchietto evidenzia i dati degli anni e dei singoli trimestri con la suddivisione dei periodi in cui si è avuto a disposizione l'estratto conto oppure il documento di chiusura del trimestre o entrambi. Dove è stato posto l'asterisco significa che il documento non era a disposizione. La documentazione che mi esibite [*i verbalizzanti danno atto che tale documentazione bancaria è stata prodotta da Ruju Agostino in sede di interrogatorio del 9-3-94 avanti al dott. Di Pietro*] riguarda gli estratti conto e i documenti di chiusura del c/c n° 704.196 Ubs Zurigo. Chiarisco che si è preferito distinguere i due documenti ritenendo:
– estratto conto quello indicante il trimestre (es.: Account Statement 1-1-90/31-3-90);
– documento di chiusura quello non indicante il periodo iniziale del trimestre ma solo la data finale (es.: *Statement of acc. as per* 31-12-90). Si noti che gli estratti conto veri e propri evidenziano anche dalla movimentazione mentre le chiusure riportano solamente annotazioni concernenti il saldo riportato e le spese di gestione. In relazione a quanto sopra, a pag. 37 della nota nr. 84/Ug del 9-1-95 sono state evidenziate due contabili di bonifico della Ubs per rimesse dalla Karfinco al conto 704.196, una con valuta 26-10-89 di Frs. 1.200.000 e l'altra con valuta 12-12-89 di $Usa 750.000. Le due rimesse trovano puntuale riscontro nell'estratto conto relativo al trimestre 1-10/31-12-89, come assieme stiamo verificando. Rilevo ancora che, a pag. 399 sono stati evidenziati gli addebiti sul conto 704.196 di Zurigo per le due rimesse di pari importo sul conto 611.650 Mira presso l'Ubs di Lugano, rispettivamente, con valuta 26-10-89 e 13-12-89. Nel ribadire che la documentazione oggetto di esame era stata prodotta da Ruju, a pag. 37 della relazione nr. 84/Ug, è anche indicato che gli accrediti sul conto 704.196 provenienti dalla Karfinco hanno relazione, secondo le dichiarazioni di Ruju,

zione venne trasmessa alla Procura della Repubblica di Milano il 9-1-95 dal Nucleo regionale Pt di Milano. Ora, partendo dal presupposto incontrovertibile che io ho lasciato il pool di Milano il 7-12-94, vogliono spiegarmi i signori investigatori perché addebitano a me (e solo a me) l'omissione di indagini e sviluppo delle rogatorie successive?

Ragioniamo. Nel 94 scoprii (e lo feci proprio io interrogando Ruju) che le contabili prodotte a suo tempo da Pacini potevano essere "fasulle"; incaricai perciò la Guardia di finanza di ricostruire tutti i passaggi relativi alle

con le azioni Enimont e non poteva essere diversamente anche per quanto concerne la rimessa successiva al conto Mira. È possibile che a pag. 37 della relazione sia stato impropriamente scritto "vendita all'Eni delle azioni Enimont possedute da Montedison", la circostanza è stata tratta dall'interrogatorio di Ruju 9-3-94, dove indica a pag. 9 che due contabili si riferiscono alla "vicenda Enimont" e pur datandole nell'anno 90, precisa che le operazioni si erano svolte un anno prima. Ribadisco in questa sede che il compito che mi era stato affidato era quello di analizzare la documentazione Ruju dalla quale sono state tratte le notizie riportate nella nota nr. 84/Ug».

D: «A pag. 38 della relazione nr. 84/Ug viene evidenziata la circostanza che i *giustificativi prodotti da Pacini* relativi all'anno 90 non recano indicata la valuta. Come si spiega?».

R: «Nell'esaminare la documentazione a disposizione abbiamo notato che trattavasi di contabili con gli stessi importi, stessi giorni e mesi mentre si differenziavano da quelle prodotte da Ruju solo per l'anno e per la mancanza della "data valuta" per quelle datate 90. Rifacendomi alla distinzione tra estratto conto e documento di chiusura, nella relazione è chiarito che mancava l'estratto conto 1-10/31-12-90 e si aveva a disposizione soltanto il documento di chiusura 31-12-90 senza alcuna movimentazione salvo quelle concernenti le spese di competenza. Abbiamo visto assieme a volte la documentazione prodotta da Ruju comprendeva sia gli estratti conto del trimestre sia il documento di chiusura. Quest'ultimo documento riprendeva il saldo dell'estratto conto. Nonostante che il documento di chiusura al 31-12-90 partisse con il dato iniziale del saldo del trimestre precedente e, quindi, può essere il motivo per cui non era stato prodotto anche l'estratto conto 1-10/31-12-90 per non essersi verificate movimentazioni, si ritenne opportuno evidenziare la differenza delle contabili, indicando tutti i riferimenti di chiarimento fornite dagli indagati e perfino quelli dati in sede dibattimentale. Si volle semplicemente sottoporre la circostanza alla valutazione del magistrato. Come la Procura abbia poi valutato questo dato, non è cosa che mi riguarda né che conosco. Preciso che si ritenne necessario evidenziare la circostanza per aver avuto tra le mani contemporaneamente le contabili dell'89 e del 90 e sarebbe stato forse omissivo non fotografare la situazione nei termini riportati nella relazione. Si tenga ben conto che le contabili erano già conosciute agli uffici della Procura».

operazioni intervenute fra i due. Cosa significa questo, se non la mia precisa e concreta volontà di procedere nelle indagini e non di "ometterle"? Le risultanze di Pg pervennero in data successiva alle mie dimissioni. E allora cosa si vuole da me? Perché viene rivolta a me – e solo a me, per giunta – questa contestazione, se a partire dal 9-1-95 tutte le informazioni erano ormai a conoscenza di tutti? Anzi, *solo* di tutti gli altri, giacché io mi ero ormai dimesso da oltre un mese? Non è questa una grave "contraddizione e incongruenza" dell'Accusa rispetto alla realtà dei fatti?

È certo dunque che io non mi sono mai "adagiato" – e men che mai scientemente e dolosamente (un elemento essenziale del reato, questo, che appare troppo spesso sottovalutato dall'Accusa) – alle versioni e alle produzioni documentali di Pacini. Ne danno atto – devo ritenere inconsapevolmente – gli stessi Pm bresciani, quando nel capo di imputazione specificano che «la documentazione acquisita tramite le rogatorie relative ai conti Comifin-Fimo aveva dimostrato che i versamenti in contanti riferiti da Pacini sia nell'interrogatorio del 19-7-93 che in quello del 28-10-93 non potevano essere avvenuti nei tempi e secondo le modalità dallo stesso indicate». Appunto, «la documentazione acquisita aveva dimostrato»: ma chi aveva attivato la rogatoria sui conti "Comifin-Fimo"? Chi aveva trovato la documentazione per cui ora – quando a Milano si farà il processo a Pacini – gli potranno essere contestate, documenti alla mano, le sue contraddizioni e incongruenze? I Pm di Brescia oggi, oppure io quand'ero Pm a Milano? Chi cioè ha svolto indagini e ha messo agli atti «la documentazione acquisita [che] aveva dimostrato...»?

Ripeto: certamente Pacini su questa faccenda della fattura Allied e dei bonifici falsificati, non ha saputo o voluto spiegare molto di più: non l'ha spiegato a me a suo tempo, né mi pare l'abbia spiegato ai Pm di Brescia oggi – era ed è un suo diritto di indagato dire, non dire, mentire. Questo è tanto vero che – come vedremo – gli stessi Pm di Brescia, allorché sono venuti a conoscenza di questa falsità, hanno tentato di percorrere la strada dell'incriminazione per il reato di "falsità materiale commessa da pubblico ufficiale", ma poi hanno dovuto desistere chiedendo l'archiviazione del procedimento.

Vediamo allora tutte le varie ipotesi avanzate dai Pm di Brescia nel corso di questa inchiesta con riferimento alla "vicenda *closing*". Ma che dico: dobbiamo vedere cosa la Procura di Brescia abbia ipotizzato in tutti questi anni, a partire dal 94, e cioè da quando si è messa ad andare dietro a talune denunce ed esposti presentati da Sergio Cusani.

Altra fantasiosa omissione

Partiamo dalla contestazione contenuta nella prima parte del capo di imputazione, laddove mi si addebita di aver omesso di richiedere assistenza giudiziaria sui conti Karfinco, nonostante che «le investigazioni sulla Karfinco di Ginevra... si rendevano necessarie... in considerazione delle... incongruenze e contraddizioni [di Pacini, anche] nel riferire in ordine alla ridistribuzione della tangente di 10.500.000 Usd pagati dalla Montedison all'Eni... [giacché Pacini] a comprova dei versamenti effettuati... aveva prodotto due contabili Karfinco con data alterata». I Pm di Brescia, ancora una volta, fanno un po' di confusione: perché mai, per accertare la "ridistribuzione della tangente Allied", bisognava fare una rogatoria alla Karfinco di Ginevra? L'accertamento della reale "ridistribuzione delle tangenti Allied" cosa avrebbe cambiato nell'accertamento delle responsabilità di Pacini? Dove sarebbe il mio "favore" a Pacini (perché di questo e solo di questo dobbiamo parlare)?

Riepiloghiamo i fatti. Il 16-9-93 e il 24-9-93 mi recai (insieme ad altri Pm) a Lugano, dove effettuai un interrogatorio per rogatoria del direttore generale della Montedison Internationale Nv di Curaçao, tale Emilio Binda. Costui illustrò, con dovizia di particolari e con congrua produzione documentale, come fosse avvenuta la costituzione di fondi neri da parte dei responsabili del gruppo Ferruzzi-Montedison; dichiarazioni che fecero *pendant* a una corposa relazione della società di revisione Deloitte e Touche (la quale nel frattempo era stata incaricata dai nuovi amministratori della Montedison di accertare le irregolarità della passata gestione). Riscontrammo così che – nella miriade di altre operazioni fittizie sulle quali pure poi sviluppammo le indagini, con ben 8 rogatorie a diverse autorità giudiziarie straniere – vi era stata anche una operazione fittizia, mascherata da una fattura per operazioni inesistenti, con la società off-shore Allied Engineering di Londra. In particolare, riscontrammo che la Montedison aveva provveduto a effettuare il pagamento a favore di tale società off-shore sul conto corrente n° 2700794 Aei Ltd che la stessa aveva acceso presso l'American Express Bank di Londra.

A questo punto, ogni normale investigatore doveva e poteva solo domandarsi: cos'altro mi serve per chiudere il cerchio? Serve conoscere chi c'è dietro lo schermo della società off-shore, e serve sapere dove sono andati a finire i soldi arrivati sul conto 2700794 dell'American Express! Non serve invece sapere chi ha spedito i soldi a Londra, dal momento che questo dato è già conosciuto: sia perché lo aveva riferito Binda a verbale, sia perché era stata acquisita la documentazione bancaria a Lugano, sia perché l'aveva ammesso chi aveva disposto l'operazione (Giuseppe Garofano: il "mittente" era la Montedison, e per essa il defunto Raul Gardini), e sia infine perché verrà poi ammesso anche da chi aveva fatto da tramite nell'operazione, e cioè Pacini (che produrrà la relativa fattura).

Ecco, allora, cosa ho fatto: ho subito chiesto – con la rogatoria n° 179/93 – assistenza giudiziaria all'Ag di Londra (sede della Allied, e luogo dove la stessa aveva acceso il c/c n° 2700794 American Express), chiedendo in particolare: a) l'acquisizione di tutta la documentazione relativa al... conto n° 2700794 c/o American Express Bank di Londra... [di cui] alla... fattura Allied Engineerig International Limited del 18-12-90 di Usd 10.500.000»; b) «L'individuazione delle persone che dispongono di tali conti o che comunque operino o abbiano operato nella loro gestione»; c) «l'individuazione, in relazione a tali conti, degli ulteriori conti su cui eventualmente siano state successivamente trasferite le somme oggetto dei bonifici bancari disposti»; d) «L'individuazione, in relazione a tali conti, di tutti i conti da cui siano pervenute o a cui favore siano state trasferite somme transitate su tali conti»; e) «L'audizione delle persone che dispongono di tali conti o che operino o abbiano operato nella gestione degli stessi». In questo modo – quando l'Ag londinese mi avesse risposto – avrei saputo il nominativo di chi ci fosse o ci fosse stato dietro lo schermo della società off-shore, e inoltre avrei appurato dove fossero andati a finire i soldi arrivati sul conto corrente in questione e da dove fossero partiti (sia

con riferimento all'operazione in contestazione, che di qualsiasi altra operazione transitata su quel conto o su qualsiasi altro conto in qualche modo a esso collegato) – insomma avrei chiuso il cerchio!

E allora perché il Pm di Brescia – che pure sa tutte queste cose, sia perché gliele ho ben spiegate durante l'interrogatorio del 3-4-98, sia perché copie di quegli atti sono nel suo fascicolo processuale – scrive nel capo di imputazione che per quanto riguarda la vicenda della fattura Allied Engineering di Londra «le investigazioni sulla Karfinco di Ginevra... si rendevano necessarie... in considerazione delle... incongruenze e contraddizioni [di Pacini, anche] nel riferire in ordine alla ridistribuzione della tangente di 10.500.000 Usd pagati dalla Montedison all'Eni»? Insomma, cosa c'entra la Karfinco di Ginevra? Almeno, che c'entrava in quel momento storico, in relazione all'oggetto dell'indagine di quel momento? E che non c'entrasse niente la Karfinco finisce paradossalmente per ammetterlo la stessa Procura di Brescia nello stesso capo di imputazione (eh, è proprio vero che a fare certi capi di imputazione così lunghi e complicati alla fine non ci si raccapezza più), laddove specifica che avrei effettuato la rogatoria a Londra in maniera imperfetta, cioè senza ripresentare richiesta di acquisizione documentale, mentre se invece avessi fatto questo avrei verificato «che tale conto, contrariamente a quanto documentato da Pacini, non era stato utilizzato per l'accredito della citata provvista»; insomma, sono gli stessi Pm bresciani a dire che, per sapere come stessero le cose relative «al conto n° 2700794 acceso dalla Allied Engineering International Ltd presso la American Express Bank di Londra, conto indicato sulla citata fattura prodotta da Pacini», bisognava effettuare una rogatoria a Londra sulla banca American Express e non a Ginevra sulla Karfinco.

Se poi si esamina bene il capo di imputazione anche nella parte espositiva delle ragioni per cui – secondo il Pm bresciano – bisognava fare le rogatorie presso la Karfinco, si può notare come ancora una volta egli mi accusi di non aver fatto una cosa che invece ho fatto. Si legge infatti nel capo di imputazione che – sulla base degli elementi allora in possesso (dichiarazioni di Pacini rese negli interrogatori del 19-7-93, del 28-10-93 e del 17-3-94, nonché interrogatori di Enrico Ferranti del 24-7-

93 e del 28-7-93, e di Agostino Ruju del 9-3-94) – sarebbe stato opportuno effettuare rogatorie presso la Karfinco per accertare la reale movimentazione del denaro. Lo stesso Pm, però, specifica in tale parte del capo di imputazione che i conti correnti interessati dagli interrogatori indicati erano quelli relativi al «c/c n° 704.196 della Ubs di Zurigo e al c/c n° 567.159140-201 della Bank Shangay di Hong Kong», nonché «i conti di cui Luca Nistri disponeva in Karfinco, "Dallas" e "Garros"». Si provi, allora, a esaminare l'elenco delle rogatorie di cui al registro informatico consegnato alla Procura di Brescia dal dott. Greco nell'aprile 1998, e soprattutto si esaminino gli atti estratti dal procedimento penale n° 9791/95 Pm Milano: si vedrà che *tutte le rogatorie in questione sono state tutte effettuate. Dico tutte.* Anzi, sono state anche *reiterate,* ed è stato altresì incaricato il capitano della Gdf Carluccio di *prendere contatti* con l'Ag straniera per sollecitarle (come lui stesso ha confermato nella deposizione del 20-5-98). Anzi, ho fatto di più: se si esaminano tutti gli interrogatori del direttore finanziario dell'Eni Enrico Ferranti, si vedrà che in relazione a essi si è reso necessario effettuare un grappolo di ulteriori importantissime rogatorie in Austria e a Malta, proprio nel tentativo di risalire ai moventi e ai mandanti delle operazioni Eni. Il Pm di Brescia legga, per favore, tutti gli atti di "Mani pulite"! Come posso fare a difendermi: devo mettermi a fare una "requisitoria" anche su Ferranti?

Il capo di imputazione a mio carico contiene anche un'altra inesattezza: laddove il Pm bresciano menziona «fondi extracontabili costituiti a fronte della falsa fattura emessa dalla Allied... [e dapprima Pacini] aveva dichiarato che la somma era stata ripartita "dopo" il pagamento della falsa fattura». Ma la fattura non è affatto "falsa"! Falsi – nel senso di falsificati – sono semmai i bonifici bancari che si assumono essere stati (o non essere stati) conseguentemente emessi a fronte della predetta fattura; la fattura invece è "vera", nel senso che è un documento realmente esistente e che costituisce la prova di un altro fatto!

Un'accusa priva di senso

Questa storia di voler addebitare a me la contraffazione delle contabili bancarie relative alla vicenda *closing* si trascina ormai dal

94, cioè da quando Sergio Cusani, con esposto del 25-10-94, attivò sul tema la Procura di Brescia, che aprì il p.p. n° 1977/94. Dopo le indagini la Procura l'11-11-94 chiese l'archiviazione, e il Gip il 17-1-95 dispose in conformità. Come si rileva dalla richiesta di archiviazione di quel procedimento, il Pm di Brescia aveva proceduto nei miei confronti per abuso d'ufficio anche con riferimento alla cosiddetta "contabile Ruju-Pacini". Senonché, in sede di prima richiesta di proroga del p.p. n° 3940/96 sono venuto a conoscenza che nel frattempo era stato aperto (riaperto), in data 11-12-96, il fascicolo n° 4337/96 Pm riguardante la stessa questione, seppure sotto angolatura all'apparenza diversa; quest'ultimo procedimento (proveniente a sua volta dal p.p. n° 367/96-Mod. 44), a seguito di consulenza grafotecnica sarebbe stato considerato un fatto diverso dalla Procura bresciana rispetto a quello n° 1977/94 per il quale, come detto, era intervenuta archiviazione il 17-1-95. In particolare il Pm, in sede di prima richiesta di proroga, faceva presente che il p.p. n. 4337/96 riguardava ipotesi di reato di cui agli artt. 110, 476, 482 Cp e artt. 110, 323 Cp con riferimento alla introduzione e utilizzazione nel processo Enimont di dette contabili che – secondo quell'Ufficio – erano da considerarsi fatti diversi rispetto all'originario esposto Cusani [7].

---

[7] Cfr. memoria del Pm di Brescia alla prima richiesta di proroga del 14-5-97:

«Con riferimento all'iscrizione sub D), va precisato che oggetto del procedimento n. 4337/96-Mod. 21 (riunito al n° 3940/95-Mod. 21) è quello della introduzione e utilizzazione delle contabili bancarie false nel Processo Enimont. I comportamenti oggetto dell'indagine sono infatti quelli che vedono Pacini dapprima fare riferimento, e allegare in un suo interrogatorio (reso a Di Pietro il 4-6-93) la contabile Karfinco relativa al versamento della somma di Chf 1.200.000 sul c/c 704196 (conto nella disponibilità di Ruju) data 23-10-89, successivamente produrre il 28-10-93 una memoria, sottoscritta dal solo Lucibello (così come risulta dalla documentazione acquisita da questo Pm e di cui al faldone A/2), memoria nella quale, tra l'altro, viene confermato il versamento della somma di Chf 1.200.000 sul c/c 704196 datandolo 23-10-90 e non il 23-10-89 (come affermato il 4-6-93), e infine, nel marzo 94, dopo che l'avv. Ruju aveva documentalmente dimostrato la riferibilità al 89 delle contabili Karfinco di cui sopra, riaffermare davanti al brigadiere Scaletta, all'uopo delegato dal Di Pietro, la data "1989". L'esistenza di un accordo tra Pacini e Lucibello volto alla falsificazione e alla indebita introduzione nelle indagini

Il Giudice per le indagini preliminari di Brescia, però, negava la proroga chiesta dalla Procura, rilevando che in realtà il procedimento penale traeva spunto dalla reiterazione in data 2-2-96 di un esposto da parte di Cusani che in sostanza lamentava gli stessi fatti da lui indicati due anni prima; dava quindi 10 giorni di tempo al Pm per concluderlo [8]. A questo punto la Procura di Brescia chiedeva (in data 7-6-97) l'archiviazione del procedimento in quanto, pur tra mille "distinguo", il Pm alla fine conveniva che «le risultanze dell'attività di indagine non consentono a questo Pm di sostenere l'accusa in giudizio nei confronti degli indagati relativamente ai reati di cui agli artt. 110, 482, 476 Cp e 110,

---

Enimont delle contabili false, va ricavata nella telefonata del 24-1-96 tra Pacini e Lucibello nella quale quest'ultimo, con riferimento alla vicenda delle contabili, tra l'altro afferma "forse quella è stata la più bella operazione che ho fatto". Al contrario il procedimento n. 1977/94-Mod. 21, già archiviato, aveva esclusivamente a oggetto il comportamento abusivo o meglio omissivo tenuto dal Di Pietro e consistito, in particolare, nel non avere introdotto nel dibattimento l'interrogatorio di Ruju nel quale si faceva riferimento anche alla vicenda delle contabili. La richiesta di archiviazione del Pm così recita sul punto "Una seconda doglianza attiene alla vicenda Ruju. Il Cusani *si duole che il dott. Di Pietro non avrebbe portato a conoscenza dei Tribunale un interrogatorio dell'avv. Ruju*, con il quale egli avrebbe chiarito alcuni punti delle dichiarazioni precedentemente rese nel dibattimento, precisando in particolare la data (89 e non 90) di certe rimesse di danaro da parte di Pacini". È la mancata acquisizione del verbale Ruju (vds. pagg. 23, 24 e 25 rich. arch. Pm di Brescia) a costituire quindi la condotta abusiva oggetto dell'indagine e della richiesta di archiviazione. La richiesta del Pm si conclude in maniera inequivocabile: *"nessuna omissione del deposito di atti. pertanto, può essere rimproverata al dott. Di Pietro"*.

«La conferma dell'oggetto del procedimento la si trova poi nel decreto di archiviazione del 17-1-95 del Gip di Brescia che, sul punto, afferma: "L'esponente lamenta *la mancata ostensione di un verbale di interrogatorio dell'avv. Ruju*" concludendo poi per la penale irrilevanza di tale omissione. Le risultanze investigative allo stato emerse nell'ambito del procedimento n. 4337/96-Mod. 21, evidenziano al contrario una illecita condotta posta in essere da un lato da Pacini in concorso col suo avvocato Lucibello i quali, con la memoria del 27-10-93 introducono scientemente le contabili Karfinco false e dall'altro lato la condotta di Di Pietro che, pur apprendendo per certa la circostanza della falsità della riferibilità al 90 dei versamenti a favore di Ruju/Troielli, non evidenzia tale falsità durante il processo Cusani – e utilizza nella requisitoria la "slide" riproducente la falsa contabile Karfinco del 23-10-90 – servendosi altresì delle contabili false per chiedere in data 7-12-94 il rinvio a giudizio degli imputati nel procedimento relativo alle tangenti del *closing* Enimont per la illecita percezione di lit. 2.950.000.000, che viene dimostrata attraverso l'utilizzo processuale proprio delle tre contabili irregolari di cui sopra. A maggior ragione non può sussistere alcun profilo di improcedibilità e inutilizzabilità degli atti di indagine con riferimento alle posizioni di Lucibello e Pacini che, in ordine ai reati per cui si procede (110, 476, 482, 110, 323 Cp) non sono mai stati oggetto di alcuna attività di indagine preliminare e di alcuna iscrizione al Registro indagati».

«Il procedimento 4337/96-Mod. 21 scaturisce dal procedimento n° 367/96-Mod. 44 (registro ignoti) iscritto il 23-2-96 per ipotesi di "abuso e falso" rinvenienti da un esposto di Cusani Sergio e dei suoi difensori, datato 2-2-96, indirizzato ai magistrati della Procura di Brescia, già incaricati della trattazione delle note passate inchieste afferenti il Di Pietro. Nell'esposto di cui sopra, il noto imputato Cusani Sergio assumeva che, durante lo svolgimento del dibattito milanese a suo carico, celebratosi per la vicenda Enimont, il Pm dott. Di Pietro non avrebbe notiziato né il Tribunale, né la difesa, di contraddizioni riscontrabili tra documenti provenienti dall'avv. Agostino Ruju e altri provenienti da Pacini Battaglia, prospettando la falsità dei documenti del Pacini. Contestualmente si adombravano, non troppo velatamente, responsabilità del Pacini e/o del suo legale Lucibello quanto alla addotta falsità, nonché in capo al Di Pietro per la utilizzazione processuale dei (ritenuti) falsi documenti contabili. Successivamente la difesa Cusani, nelle date del 28-2-96 e 8-5-96, produceva al Pm di Brescia ulteriori memorie e documenti, riproponendo questione sulla falsità delle contabili bancarie provenienti da Pacini e sollecitando un'indagine intesa a verificare il tema predetto, dal quale si ribadivano responsabili il Pm Di Pietro, l'imputato Pacini, e il difensore di costui, avv. Lucibello. Il Pm in sede, sempre mantenendo a ignoti il fascicolo processuale, procedeva a conferire incarico a un perito calligrafico in data 13-5-96. Nelle more del deposito della consulenza, formalmente recapitata in Procura in data 14-11-96, la difesa Cusani produceva ulteriori memorie nella data 19-9-96 e 15-10-96, atti nei quali si proponeva al Pm alla luce delle successive emergenze, di riesaminare la questione Ruju-Pacini già oggetto di due esposti nelle date del 27-7-94 e 25-10-94, danti origine a procedimento contro il Di Pietro, recante n° 1977/94-Mod. 21, archiviato con decreto giudiziale del 17-1-95... Il Procuratore della Repubblica... provvedeva a disporre il trasferimento del fascicolo dal registro ignoti a quello contro indagati noti, in data 11-12-96, disponendo iscriversi i nominativi di Di Pietro, Pacini e Lucibello per artt. 110, 476, 482, 323 Cr, affare che assumeva il n° 4337/96-Mod. 21.

«Tanto premesso, si impone di rilevare che nel caso di specie risulta davvero ingiustificato il ritardo con cui il Pm ha iscritto i nominativi degli indagati nel relativo registro, giacché l'attribuzione della *notitia criminis* agli stessi era di agevole e immediata individuazione. Ciò in ragione, anzitutto, del non equivoco contenuto degli esposti della difesa Cusani, la quale, peraltro, non poteva certo rivolgersi alla Procura di Brescia per questioni di manifesta competenza milanese, ove non avesse stimato indiziabile

323 Cp». Già questa prima circostanza deve far riflettere: il Pm bresciano ha spiegato, nella motivazione della sua richiesta di archiviazione, che i comportamenti oggetto dell'indagine erano quelli che vedevano Pacini «dap-

prima fare riferimento e allegare» agli interrogatori e alle memorie le contabili in questione, poi il tenore della telefonata 24-1-96 fra Pacini e Lucibello, quindi la perizia grafotecnica del 13-5-96, e infine il fatto che io, «pur apprendendo per certa la falsità della riferibilità al 1990 dei versamenti», non evidenziavo tale falsità nel processo Cusani [9].

---

il magistrato delegato al processo Cusani-Enimont o comunque i componenti del cd. pool. Ma v'è di più: qualora anche si volesse ritenere che gli esposti Cusani non consentissero l'immediata attribuzione della notizia di reato al dott. Di Pietro, dovrebbe sempre ritenersi ingiustificato l'agire del Pm; il quale quantomeno alla data del conferimento dell'incarico peritale, e cioè il 13-5-96 poteva e doveva iscrivere i nominativi dell'ex Pm e degli altri due indagati, giacché l'investigazione da lui promossa altro non poteva significare che l'avvenuta percezione dell'attribuzione in via astratta, a talune persone, della notizia di reato prospettata. Né varrebbe obiettare che solo l'esito della consulenza tecnica, peraltro meramente accertativa della oggettiva falsità dei documenti bancari, potesse consentire la qualificazione soggettiva dalla *notitia criminis*, evidente essendo che i risultati dell'accertamento specialistico occorrevano a confermare, o meno, la fondatezza dell'ipotesi di reato abbondantemente soggettivizzata. Pare poi decisivo considerare che la Procura di Brescia aveva competenza a procedere solo prospettando il coinvolgimento di responsabilità di un magistrato appartenente – o appartenuto – al distretto della Corte d'Appello di Milano, magistrato che non poteva non identificarsi nel dott. Di Pietro, componente del "pool" destinatario in via pressoché esclusiva delle denunce dei Cusani.

«Richiamate le osservazioni in precedenza svolte, e in particolare ribadito che, nel caso in esame, ci si trova di fronte a un comportamento concludente del Pm, non può che ritenersi manifestamente tardiva l'iscrizione operata in data 11-12-96, dovendosi pertanto *retrodatare* il *dies* di decorrenza delle indagini, a partire dal 13-5-96, epoca di conferimento dell'incarico peritale e dunque del primo oggettivo atto di investigazione. Così ricollocato il *dies a quo*, ne viene che oggi non può pretendersi più alcuna proroga, giacché la scadenza semestrale è maturata alla data del 28-12-96 (sei mesi a partire dal 13-5-96 + 45 giorni di periodo feriale). Opinare il contrario significherebbe ammettere l'esistenza di una fase procedimentale non prevista, preliminare alle stesse "indagini preliminari", svincolata da limiti e adempimenti; consentire l'elusione dei termini di durata dell'istruttoria, posti a garanzia del diritto di difesa; svuotare di ogni contenuto il controllo giudiziale previsto a garanzia della correttezza e speditezza delle indagini. In linea con l'opinione di autorevole precedente giurisprudenziale può ritenersi che, nel caso di specie, il ritardo davvero eccessivo e non giustificato nell'effettuazione dell'iscrizione in questione (al di là di profili di responsabilità dell'ufficio), abbia prodotto la scadenza del termine per le indagini preliminari, di cui all'art. 405 Cpp. Va infine osservato che la notizia di reato qui in esame mai potrebbe giustificare una continuazione delle indagini, giacché sufficientemente esplorata, come del resto inequivocamente mostrano la mancata indicazione da parte del Pm di ogni ulteriore piano di accertamento e gli stessi toni terminativi adoperati sul tema per come rintracciabili nella memoria dell'Accusa».

---

[9] Il Pm, nella sua richiesta di archiviazione n° 2562 del 7-6-97, ha spiegato in particolare:

«Che i comportamenti oggetto dell'indagine sono quelli che vedono Pacini Battaglia Pierfrancesco dapprima fare riferimento e allegare in un suo interrogatorio (reso al dott. Di Pietro il 4-6-93) la contabile Karfinco relativa al versamento della somma di chf 1.200.000 sul c/c 704196 (conto nella disponibilità di Ruju) datata 23-10-89, successivamente produrre il 28-10-93 una memoria, sottoscritta dal solo Lucibello (così come risulta dalla documentazione acquisita a questo Pm e di cui al faldone A/2), memoria nella quale, tra l'altro, viene confermato il versamento della somma di chf 1.200.000 sul c/c 704196 datandolo 23-10-90 e non il 23-10-89 (come affermato il 4-6-93) e infine, nel marzo 94, dopo che l'avv. Ruju aveva documentalmente dimostrato la riferibilità al 1989 delle contabili Karfinco di cui sopra, riaffermare davanti al brigadiere Scaletta, all'uopo delegato dal Di Pietro, la data "1989".

«Che l'esistenza di un accordo tra Pacini e Lucibello volto alla falsificazione e alla indebita introduzione nelle indagini Enimont delle contabili false, va ricavata nella telefonata del 24-1-96 tra Pacini e Lucibello (pagg. 66/73 informativa n. 470/Ug Gico Firenze del 30-10-96) nella quale quest'ultimo, con riferimento alla vicenda delle contabili, tra l'altro afferma "Forse quella è stata la più bella operazione che ho fatto".

«Che la falsità delle contabili esibite dal Pacini e dal Lucibello è stata confermata dalle risultanze della Ct grafica disposta da questo Pm in data 13-5-96.

«Che le risultanze investigative allo stato emerse hanno evidenziato una illecita condotta posta in essere da un lato da Pacini in concorso col suo avvocato Lucibello i quali, con la memoria del 27-10-93, introducono scientemente le contabili Karfinco false, e dall'altro lato la condotta di Di Pietro che, pur apprendendo per certa la circostanza della falsità della riferibilità al 90 dei versamenti a favore di Ruju-Troielli, non evidenzia tale falsità durante il processo Cusani – e utilizza nella requisitoria la slide riproducente la falsa contabile Karfinco del 23-10-90 – servendosi delle contabili false per chiedere in data 7-12-94 il rinvio a giudizio, per la illecita percezione di Lire 2.950.000.000 (quale parte della tangente *closing* Enimont), percezione che viene dimostrata attraverso l'utilizzo processuale proprio delle tre contabili irregolari di cui sopra.

«Che tuttavia, pur in presenza di elementi indiziari, le risultanze della attività di indagine non consentono a questo Pm di sostenere l'accusa in giudizio nei confronti degli indagati relativamente ai reati di cui agli artt. 110, 482, 476 Cp, 110, 323 Cp».

Orbene, qual è la diversità tra «l'oggetto delle indagini» di allora e quello di adesso? Ragioniamo. La Procura di Brescia scrive nell'attuale capo di imputazione che «le investigazioni sui conti della Karfinco si rendevano necessarie... in considerazione della documentazione... addirittura alterata che Pacini aveva prodotto, tramite il proprio difensore avv. Lucibello», e in particolare «nel documentare la ridistribuzione della tangente pagata dalla Montedison all'Eni, in occasione del c.d. *closing* dell'Enimont, [Pacini] aveva prodotto con memoria 27-10-93 di concerto con l'avv. Lucibello, due contabili Karfinco relative ai conti 8088 e 8200 alterate nell'indicazione dell'anno degli avvenuti versamenti (23-10-90 e 11-12-90, anziché 23-10-89 e 11-12-89), contabili in realtà riferibili a operazioni che, in quanto effettuate un anno prima, nulla potevano avere a che fare con la vicenda del *closing* Enimont». È chiaro che stiamo parlando delle stesse cose, tanto è vero che in entrambi i casi viene prospettata una mia condotta abusiva, sotto l'aspetto omissivo. Con la differenza, però, che nel p.p. n° 4337/96 il Pm chiedeva l'archiviazione perché si trattava di indizi che lui stesso definiva non idonei a sostenere l'accusa per il reato di cui all'art. 323, mentre in questo egli li considera una "controprestazione" per il reato di cui all'art 319 Cp (li considera cioè come l'abuso d'ufficio necessario per aversi il reato di corruzione).

Il Gip di Brescia, con provvedimento del 23-6-97, dichiarava la propria «incompetenza per materia a conoscere della richiesta di archiviazione», giacché i fatti in astratto prospettati dal Pm, al di là e preliminarmente a ogni valutazione di merito, non avrebbero mai potuto integrare i reati di falso in atto pubblico né quello di abuso d'ufficio, ma semmai, e in linea teorica, quello di falso in scrittura privata e uso di scrittura privata falsa, reati questi ultimi di competenza pretorile [10]. Il provvedi-

mento del Gip, però, conteneva una ulteriore notazione di rilievo, laddove spiegava che «non pare dubbio, pur in assenza di ogni specificazione da parte del Pm quanto alla confi-

date di alcune contabili bancarie estere, documentanti rimesse di danaro operate dalla banca Svizzera Karfinco in favore di taluni beneficiari. Pare davvero inoppugnabile che tale condotta sia da inquadrare nello schema di cui all'art. 485 Cp (e non in quello di cui agli artt. 476-482 Cp): la ormai affermata natura privata e concorrenziale dell'attività di impresa bancaria (e l'esclusione della qualifica pubblicistica agli operatori bancari) nonché la provenienza estera e la tipologia dei documenti in questione per nulla correlati ad attività o funzioni di tipo pubblicistico, impongono di qualificare come scritture private le contabili bancarie estere in tesi falsificate [...]. Risulta allora erronea la qualificazione al fatto qui in esame conferita dal Pm (artt. 476-462 Cp), da sussumere dunque nella previsione della falsità in scrittura privata ex art. 485 Cp, di competenza pretorile (e a procedibilità non ufficiosa).

«Quanto alla condotta ipotizzata relativamente al dott. Di Pietro, trattasi di asserita consapevole utilizzazione di contabili bancarie falsificate operata dal predetto – nella sua qualità di magistrato dell'accusa – nell'ambito del processo milanese concernente la vicenda "Enimont". Poche parole per dire che il fatto di cui sopra non può sussumersi nello schema di cui all'art. 323 Cp. La norma in parola è normativamente una fattispecie incriminatrice sussidiaria, applicabile solo se il fatto non sia inquadrabile in una più grave previsione di reato (cfr. la clausola di riserva di cui all'art. 323 primo comma Cp). Orbene, la condotta ipotizzata a carico del Di Pietro è sussumibile nella norma di cui all'art. 459 secondo comma Cp, che punisce l'uso delle scritture private false (senza il concorso nella falsificazione) ove l'autore abbia agito per procurare a sé o ad altri un vantaggio o per arrecare ad altri un danno. Tenuto conto della qualità di magistrato del Di Pietro e della ipotizzabile violazione dei poteri e doveri funzionali, può ritenersi il fatto contestabile, in linea astratta, a termini degli artt. 489 e 61 n 9 Cp. Tale corretto inquadramento comporta che la fattispecie più grave sia quella qui ritenuta, punibile con pena della reclusione da sei mesi a tre anni, sanzione sicuramente maggiore di quella prevista dall'art. 323 primo comma Cp. Non pare dubbio, pur in assenza di ogni specificazione da parte del Pm quanto alla configurazione di un abuso rientrante nei commi primo o secondo dell'art. 323 Cp, che il caso in esame – in linea astratta – sia sorretto da un dolo di danno, con conseguente ipotizzabile inquadramento nella previsione di cui al comma primo dell'art. 323 Cp. Militano inequivocabilmente in favore del detto giudizio tutte le risultanze processuali assolutamente negative quanto a una condotta di tipo profittatorio, nonché lo stesso incipit del procedimento, veniente da un esposto dell'imputato Cusani Sergio stimatosi vessato dalla asserita scorrettezza del magistrato inquirente. Anche la fattispecie di cui agli artt. 489-61 n 9 Cp rientra nella competenza del Pretore (a procedibilità non ufficiosa), al pari delle altre di cui sopra si è detto. Alla luce delle considerazioni tutte espresse si impone di declinare la competenza a statuire sulla richiesta di archiviazione del Pm».

---

[10] Il Gip, nella sua ordinanza n° 2567/97 Pm, ha fra l'altro osservato:

«Non pare dubbio che i fatti per i quali si invoca il decreto autorizzativo della non coltivazione dell'azione penale siano da inquadrare in fattispecie diverse da quelle ipotizzate dal Pubblico ministero. Per quanto concerne l'avv. Lucibello e il suo assistito Pacini Battaglia, trattasi di addebito consistente nella supposta alterazione delle

gurazione di abuso... che il caso in esame, in linea astratta, sia sorretto da un dolo di danno, con conseguente ipotizzabile inquadramento nella previsione di cui al comma primo dell'art. 323 Cp... Militano inequivocabilmente in favore di detto giudizio tutte le risultanze processuali, assolutamente negative quanto a una condotta di tipo profittatorio, nonché lo stesso incipit del procedimento, veniente da un esposto dell'imputato Sergio Cusani stimatosi vessato dalla asserita scorrettezza del magistrato inquirente».

In pratica, a tutto concedere, se pure fossero vere le accuse della Procura bresciana – ma non lo sono *proprio per niente* – ci troveremmo di fronte a una attività che io avrei attuato *non* per favorire Pacini o chicchessia, *bensì* per danneggiare Cusani. E allora che c'entra questa contestazione con la supposta corruzione di Pacini? Ragioniamo: se lo scopo per cui Pacini aveva pagato D'Adamo era quello di "ricompensarlo" (o meglio, di ricompensarmi tramite lui), cosa importava a Pacini di Cusani? Che vantaggio ne traeva? Dov'è il sinallagma tra prestazione e controprestazione? Se si dovesse accettare l'impostazione del Pm bresciano, equivarrebbe a dire che ogni eventuale anomalia esistente nel fascicolo processuale di "Mani pulite" potrebbe considerarsi il corrispettivo della supposta corruzione di Pacini!

Una riprova di questa impostazione è la circostanza fondamentale per cui è stato proprio Pacini, nei suoi interrogatori, a darci utili indicazioni in merito all'esistenza della falsa fattura Allied consegnandone copia spontaneamente; in particolare, risulta che Pacini – dopo essersi impegnato a fornire documentazione e informazioni all'atto del suo arresto – ha provveduto, in attuazione di tale suo impegno, nei giorni e nei mesi successivi, a presentare memorie esplicative con allegata documentazione, e successivamente a riferire e spiegare i fatti (ovviamente secondo il suo punto di vista, come suo diritto), nell'ambito dei tanti interrogatori ai quali è stato sottoposto. In data 16-7-93, infatti, Pacini presentò spontaneamente una memoria nella quale chiedeva di «poter riferire di una fattura della società Allied dell'importo di 10.500.000 Usd del 17-12-90 a favore della Montedison incassata il 20-1-91»; per cui venne interrogato in data 19-7-93 da me, e qui non solo ammise tutti i fatti

inerenti la fattura per operazioni inesistenti, ma indicò le date in cui avvennero quei due bonifici in modo totalmente conforme alle risultanze della perizia grafotecnica; disse cioè il vero rispetto alla effettiva data dei bonifici, come poi riconfermò nel successivo interrogatorio del 17-3-94, allorché gli feci contestare la discrepanza tra ciò che aveva dichiarato e prodotto il 28-10-93 ai colleghi Colombo e Greco, e ciò che aveva detto lui stesso il 19-7-93 e avevo io riscontrato dalle dichiarazioni di Ruju.

Insomma, è chiaro ciò che voglio dire: è stato Pacini a metterci fin dall'inizio sulla pista di una fattura Allied che nascondeva in realtà il pagamento di tangenti "delicatissime", specie per ciò che riguardava il "fronte Craxi" tramite il suo fiduciario Troielli che a sua volta "governava" Ruju. E allora, quale senso ha sostenere che l'attività istruttoria che ne è scaturita possa essere servita a "favorire" Pacini a fronte dei finanziamenti che lui stava erogando a D'Adamo? Le due questioni non hanno niente in comune giacché è Pacini stesso che ci parla della "Allied", e non aveva proprio alcun bisogno di chiedere a chicchessia un favore su questa questione: poteva semplicemente omettere di riferircela, o comunque evitare di fornirci la documentazione!

Ma il problema è ancora più a monte: io che c'entro? Quale favore avrei fatto a Pacini in questa circostanza? L'ho incriminato, ho fatto le dovute rogatorie a Londra (sul conto "Allied"-American Express), in Svizzera (sul conto 704196 Ubs Zurigo) e a Hong Kong (sul conto n° 567159140.201 Bank Shangay), ho smascherato con l'interrogatorio di Ruju le false fatture depositate il 28-10-93, gliele ho fatte contestare dal brig. Scaletta nell'interrogatorio del 17-3-94, ho chiesto il suo rinvio a giudizio per il falso in bilancio e l'illecito finanziamento (ed è stata davvero l'ultima cosa che sono riuscito a fare prima di lasciare la Magistratura, ovvero prima di essere sopraffatto dagli eventi di cui oggi stiamo discutendo). Vorrei ricordare ai signori investigatori di oggi che, grazie al contributo delle dichiarazioni di Pacini su questa vicenda, è stato possibile sviluppare l'indagine *closing* nel corso della quale sono poi riuscito a trovare prove evidenti di responsabilità per corruzione a carico di Craxi, Balzamo, Cagliari, Ferranti, Citaristi, Ruju, Troielli, Locatelli, Larini, Garofano, Michetti, Gardini, Binda, e – dulcis in fundo – dello stesso Pacini. Accidenti, che bel favore gli ho fatto! E per appurarlo, basta leggere il p.p. 14064/94 della Procura di Milano (quello del *closing*, appunto); certo, per poterlo leggere bisognava averlo prima acquisito per intero, ma a me non è riuscito di trovare nelle carte bresciane neanche l'indice completo di quegli atti. Insomma, mi pare molto chiaro che la vicenda dei falsi bonifici non può nascondere alcuna attività di favore da parte mia nei confronti di Pacini: essa è stata inserita dal Pm bresciano nel capo di imputazione del tutto a sproposito.

Abbiamo così che il procedimento penale n° 4377/96, dopo essere stato ridenominato con il n° 2562/97, in data 4-7-97 veniva trasmesso alla Procura presso la Pretura di Brescia, dove assumeva il n° 14665/97B per il reato di cui agli artt. 485, 489 Cp a carico di Pacini, Lucibello e Di Pietro. Il Pm presso la Pretura, non potendo entrare nel merito della vicenda giacché, come precisa nel suo provvedimento del 21-10-97, «i delitti di falsità in scrittura privata e di uso di scrittura privata falsa non sono perseguibili d'ufficio», chiedeva l'archiviazione del provvedimento, e il Pretore decideva in conformità.

Mi corre l'obbligo, a questo punto, di rilevare alcune "anomalie d'indagine" da parte dei Pm di Brescia, anomalie delle quali avevo già avuto modo di lamentarmi in occasione della prima richiesta di proroga: mi riferisco al fatto che il p.p. n° 4337/96 Pm riguarda gli stessi fatti del p.p. n° 1977/94, e che quindi esso era stato riaperto in violazione del disposto di cui all'art. 414 Cp; ma – quel che è più grave – è che tale circostanza è stata taciuta, anzi riferita in maniera difforme dalla realtà processuale, dai Pm di Brescia allorché vennero loro richieste informazioni al riguardo. Ma andiamo con ordine.

In data 27-1-97 la Procura generale presso la Corte di appello di Brescia respingeva una mia istanza di avocazione perché «sulla scorta delle informazioni fornite dal Procuratore della Repubblica presso detto Tribunale [si riteneva che] il tema della contraffazione di talune contabili Karfinco [fosse un] tema in sé diverso da quello della c.d. "vicenda Ruju" oggetto del p.p. n° 1977/94-Mod. 21 definito con ordinanza di archiviazione del Gip di Brescia

in data 17-1-95» [11]; io invece sostenevo trattarsi della stessa questione, e producevo al riguardo il provvedimento di archiviazione del Gip. Orbene, dalla lettura degli atti depositati (p.p. n. 14665/97 Pm Pretura-4337/96 Pm Tri-

---

[11] Nella memoria del Pm di Brescia, presentata nel corso dell'udienza camerale in data 14-5-97 a seguito della richiesta di proroga del termine delle indagini preliminari, il Procuratore della Repubblica, tra l'altro, afferma: «I comportamenti oggetto dell'indagine sono infatti quelli che vedono Pacini [...] successivamente produrre il 28-10-93 una memoria, sottoscritta dal solo Lucibello (così come risulta dalla documentazione acquisita da questo Pm), memoria nella quale, tra l'altro, viene confermato il versamento della somma di chf 1.200.000 sul c/c 704196 datandolo 23-10-90 e non il 23-10-89 [...]. Di contro, e come peraltro già ribadito e dimostrato nella propria memoria difensiva depositata in data 28 aprile 97, la contabile oggetto della contestazione venne allegata alla memoria presentata dal Pacini e firmata oltre che dallo stesso, anche dal codifensore avv. Manola Murdolo nel corso di un interrogatorio reso avanti l'Autorità giudiziaria di Milano in persona dei Sostituti Procuratori della Repubblica dott. Gherardo Colombo e Francesco Greco in data 28-10-93. Siffatta circostanza venne già documentalmente provata mediante l'allegazione del verbale d'interrogatorio del 28-10-93 e della memoria controfirmata, oltre che dall'avv. Lucibello, anche dall'avv. Manola Murdolo e dal Pacini. Tale documentazione (interrogatorio, memoria e allegati) giace nella Cancelleria del Giudice per le indagini preliminari presso il Tribunale ordinario di Milano, innanzi al quale è pendente udienza preliminare in relazione al procedimento penale n. 5044/95 Rgnr e 9791/95 Rg-Gip. Nel verbale di interrogatorio reso dal Pacini innanzi ai dott. Greco e Colombo in data 28 ottobre 93 alla presenza dei suoi difensori, avv.ti Giuseppe Lucibello e Manola Murdolo, si dà atto, tra l'altro, che "Pacini deposita memoria di n. 3 pagine con cinque fogli allegati che sottoscrive davanti all'ufficio e conferma integralmente, riferentesi ai rapporti intrattenuti con Montedison e Ferranti". Suddetta memoria, evidentemente a causa di un errore materiale, non è stata allegata al verbale d'interrogatorio del 28 ottobre 93, e ciò si evince dalla numerazione progressiva data dalla Procura di Milano agli atti depositati, dalla quale risulta infatti che l'interrogatorio predetto riporta il numero progressivo 000609 e il numero successivo 000610 attiene ad altro interrogatorio. Tuttavia, la memoria di tre pagine con i cinque fogli allegati datata 27 ottobre 93 di cui si dà atto nel verbale d'interrogatorio dei 28 ottobre 93, è stata depositata con la numerazione progressiva 000166/000173. Tale memoria, conformemente a quanto scritto nel verbale d'interrogatorio del 28 ottobre 1993, risulta infatti essere stata controfirmata dal Pacini e dai suoi legali. Agli atti del procedimento cosiddetto "Eni" risulta, peraltro, depositata, con numerazione progressiva 000222/000224, identica memoria priva dei 5 fogli allegati, come si evince dal documento riportante numero progressivo 000225 che attiene a tutt'altro. Tale memoria è firmata in calce dal solo avv. Lucibello, essendo priva della firma del codifensore e del Pacini. Si osserva altresì, che la memoria depositata in occasione dell'inter-

bunale) ho potuto riscontrare che le «informazioni fornite» all'epoca alla Procura generale dal Procuratore della Repubblica presso il Tribunale ordinario di Brescia non corrispondono al fascicolo processuale; e *questo non è affatto bello!*

In particolare, risulta agli atti che in data 15-10-96 i difensori di Sergio Cusani – avv. Giuliano Spazzali e avv. Giuseppe Bianchi – avevano depositato un articolato esposto con il quale hanno affermato che con esso si proponevano di «esaminare le argomentazioni – limitatamente alla questione Ruju-Pacini – svolte da Sergio Cusani negli esposti presentati, il 20 luglio e il 25 ottobre 94, nei confronti dell'Ufficio della Procura della Repubblica di Milano e, in particolare, del dott. Antonio Di Pietro... alla luce degli elementi successivamente appresi e sottoposti all'attenzione delle Sv ill.me con le precedenti note, pare utile riesaminare, da un lato, il contenuto degli esposti sopra accennati e delle memorie difensive presentate dal dott. Di Pietro e, dall'altro, le motivazioni addotte dai competenti organi requirenti e giudicanti per giustificarne l'archiviazione, che venne disposta senza compiere alcuna delle ulteriori indagini richieste da questa difesa». L'esposto-memoria si dilunga poi in una articolata rivisitazione delle vicende processuali legate proprio all'inchiesta di cui al p.p. n° 1977/94, tanto da adombrare comportamenti illegittimi anche da parte dell'allora Pm procedente, dott. Ascione, e da mettere in discussione persino il decreto di archiviazione del Gip Di Martino. La memoria si conclude con la velenosa allusione che «il Gip di Brescia evitava di chiedere conto al Pm del motivo per il quale non avesse svolto la benché minima attività di indagine preliminare nell'ambito del procedimento penale pur aperto nei confronti del dott. Di Pietro... A meno di non voler dare credito alla notizia – riportata dagli organi di stampa – secondo la quale l'ex Procuratore della Repubblica presso il Tribunale di Brescia, dott. Francesco Lisciotto, aveva "ricevuto pressioni da Roma" affinché gli esposti presentati dal Cusani nei confronti della Procura della Repubblica di Milano venissero archiviati».

Insomma, alla data della mia richiesta di avocazione (successiva al sopracitato esposto), il Procuratore della Repubblica presso il Tribunale ordinario di Brescia non poteva ignorare che stava indagando sulla stessa questione per cui era già intervenuta archiviazione, eppure riferiva alla Procura generale che «il tema [è] in sé diverso da quello della c.d. "vicenda Ruju"... oggetto del procedimento n° 1977/94-Mod. 21, definito con ordinanza di archiviazione del Gip in data 17-1-95». Un riscontro a tale situazione si ha comparando la richiesta di archiviazione del p.p. n° 19 77/94-Mod. 21 (dove si dà atto che il Pm di Brescia aveva proceduto nei miei confronti per abuso d'ufficio anche in riferimento alla contabile Ruju-Pacini) con la richiesta di proroga del procedimento n° 4337/96 (poi divenuto n° 2562/97), dove si dà atto che si procede anche per il reato di cui all'art. 323 Cp.

C'è di più: il Pm di Brescia segnalava alla Procura generale che l'iscrizione del mio nominativo a mod. 21 era avvenuto solo l'11-12-96 «alla stregua degli elementi emersi dalla espletata consulenza grafotecnica». Orbene, la consulenza – di per sé solo accertativa del fatto e non della mia colpevolezza – risulta essere stata depositata un mese prima (10-11-96), ma soprattutto le accuse nei miei confronti risultano già nell'esposto-memoria del 15-10-96. Anzi, in relazione a quest'ultimo procedimento penale è dovuto addirittura intervenire il Gip di Brescia, rigettando la richiesta di proroga in quanto «nel caso di specie risulta davvero ingiustificato il ritardo con cui il Pm ha iscritto i nominativi degli indagati nel relativo registro, giacché l'attribuzione della *notitia criminis* agli stessi era di agevole e immediata individuazione. Ciò in ragione, anzitutto, del non equivoco contenuto degli esposti della difesa Cusani, la quale, peraltro, non poteva certo rivolgersi alla Procura di Brescia per questioni di manifesta competenza milanese, ove

---

rogatorio del 28-10-93 nel corso del quale essa veniva sottoscritta dal Pacini e dai suoi due difensori, riporta, in terza pagina, l'aggiunta scritta a penna "o $" in corrispondenza della descrizione della contabile "31-1-91 Chf 1.300.000.000", mentre quella riportante la firma del solo avv. Giuseppe Lucibello non contiene tale aggiunta.

«Pertanto, la memoria sottoscritta dal solo avv. Giuseppe Lucibello non può, certamente, avere alcuna rilevanza posto che nell'interrogatorio del 28-10-93 viene fatto esplicito riferimento al deposito contestuale di una memoria composta da n. 3 pagine, corredata da n. 5 allegati, sottoscritta dai difensori nonché dall'indagato Pacini [...]».

non avesse stimato indiziabile il magistrato delegato al processo Cusani-Enimont o comunque i componenti del c.d. "pool". Ma v'è di più: qualora anche si volesse ritenere che gli esposti Cusani non consentissero l'immediata attribuzione della notizia di reato al dott. Di Pietro, dovrebbe sempre ritenersi ingiustificato l'agire del Pm, il quale, quantomeno alla data del conferimento dell'incarico peritale, e cioè il 13-5-96, poteva e doveva iscrivere i nominativi dell'ex Pm e degli altri due indagati, giacché l'investigazione da lui promossa altro non poteva significare che l'avvenuta percezione dell'attribuzione in via astratta, a talune persone, della notizia di reato prospettata. Né varrebbe obbiettare che solo l'esito della consulenza tecnica, peraltro meramente accertativa della oggettiva falsità dei documenti bancari, potesse consentire la qualificazione soggettiva dalla *notitia criminis*, evidente essendo che i risultati dell'accertamento specialistico occorrevano a confermare, o meno, la fondatezza dell'ipotesi di reato abbondantemente soggettivizzata».

Ma vi è ancora di più: gli avvocati Spazzali e Bianchi non si limitavano ad accusare – ingiustamente – solo me, ma estendevano chiaramente e inequivocabilmente le loro ingiuste accuse anche agli altri magistrati di "Mani pulite". Nel loro esposto-memoria, infatti, si leggeva quanto segue: «Non sfuggirà alle Sv ill.me, infatti, che è lecito ritenere che tutto il pool "Mani pulite" della Procura della Repubblica di Milano – e non solo il singolo membro dello stesso, dott. Di Pietro – fosse a conoscenza: a) del fatto che Pacini, nell'interrogatorio del 19-7-93 citato dal dott. Di Pietro, avesse reso una versione completamente diversa sui fatti relativi alla fattura Allied, da quella fornita, solo tre mesi dopo, nell'interrogatorio del 28-10-93; b) di quanto riferito dall'avv. Ruju nel corso dell'interrogatorio del 9-3-94 reso alla stessa Procura nella persona del dott. Di Pietro. È noto infatti che all'interno del pool "Mani pulite" tutti i magistrati erano a conoscenza del contenuto degli atti dell'indagine anche se questi ultimi erano materialmente compiuti da altro magistrato. Questa metodologia di indagine ha trovato puntuali conferme nella relazione in merito agli "Accertamenti sui comportamenti di magistrati della Procura della Repubblica di Milano" redatta dagli ispettori Vincenzo Nardi, Oscar

Koverech, Marina Moleti e Evelina Canale, depositata dalle Sv ill.me nell'ambito del p.p. n° 1519/95-Mod. 21 (1298/95 RgGip)». E allora perché due pesi e due misure, considerando Di Pietro diverso dagli altri, nonostante, come risulta dalla consulenza grafotecnica fatta effettuare dagli stessi Pm di Brescia, davanti a me sia stato prodotto il documento autentico mentre quello falsificato è stato depositato davanti ad altri Pm di "Mani pulite"? Non basta ancora: anche nei confronti del Pm bresciano dott. Ascione venivano ipotizzati abusi e/o omissioni: sicuramente infondati nel merito anche in questo caso; ma perché ancora due pesi e due misure?

Rilevo, infine, che la Procura di Brescia – pur essendo intervenuta nuova archiviazione sulla questione del falso bonifico Pacini – ancora oggi ritorna sul tema, formulando in altro procedimento penale un capo di imputazione nei miei confronti nel quale gli stessi fatti mi vengono ancora una volta ricontestati e ancora una volta partendo da una ricostruzione contraria alla realtà processuale. Tutto questo, ripeto, mi sembra faccia a pugni con la Giustizia!

E veniamo al merito della vicenda relativa ai falsi bonifici per il *closing*. I documenti bancari falsificati sono stati depositati durante e a corredo dell'interrogatorio reso da Pacini il 28-10-93. La Procura di Brescia non può non aver preso atto del nominativo dei Pm che hanno ricevuto tale documento da Pacini (non fosse altro perché quella documentazione è stata allegata alla memoria da me prodotta in sede di udienza in Camera di consiglio del 28-4-97), e come si può constatare il documento bancario in questione è stato consegnato ai colleghi Pm Greco e Colombo: e allora, perché prendersela proprio con Di Pietro, accusandolo e accusando – guarda caso – solo lui?

Non basta: i difensori che nell'occasione accompagnarono Pacini dai Pm erano l'avv. Lucibello e l'avv. Murdolo: perché, anche in questo caso, due pesi e due misure imputando solo a uno di essi (cioè Lucibello) il concorso nel reato? E ancora: perché i Pm bresciani insistono nel far riferimento alla memoria 27-10-93 «sottoscritta dal solo Lucibello», e invece non prendono atto e non spendono una sola parola sul fatto che la memoria in questione è la stessa allegata all'interrogatorio reso il giorno dopo da Pacini, previa sottoscrizione non del solo avv. Lucibello, ma anche dell'avv. Murdolo, e soprattutto di Pacini (come risulta alle pagg. 166-173 del p.p. n° 5044/95 RgPm della Procura di Milano)?

Di più: i Pm di Brescia, in sede di udienza camerale del 14-5-97, hanno consegnato al Gip una memoria nella quale mi hanno accusato di avere utilizzato quel falso documento «per chiedere in data 7-12-94 il rinvio a giudizio degli imputati nel procedimento relativo alle tangenti del *closing* Enimont». Concetto, questo, ribadito anche nella richiesta di archiviazione di cui al procedimento n° 4337/96-Mod. 21. Ma la richiesta di rinvio a giudizio in questione (p.p. n° 14064/94 Pm Milano) non è stata firmata solo da me, bensì anche dagli altri colleghi del pool dott. Davigo e dott. Colombo, oltre che "vistata" dal Procuratore aggiunto dott. D'Ambrosio. E allora perché anche in questo caso due pesi e due misure?

Insisto: qualcuno può spiegarmi quale favore avrei fatto a Pacini chiedendo anche il suo rinvio a giudizio? È per questo bel risultato che ha finanziato D'Adamo? Soprattutto, nel p.p. n° 14064/94 sono state inserite tutte le "versioni" della contabile prodotta da Pacini: che senso ha, allora, dire che mi sarei "servito" di tali documenti? Potevo forse distruggerli?

La richiesta di archiviazione contiene inoltre un'ulteriore apodittica affermazione, laddove si sostiene che per chiedere il rinvio a giudizio degli imputati nel processo *closing*, io mi sia servito del falso documento di Pacini. Ma nella richiesta di rinvio a giudizio non sono nemmeno indicate le fonti di prova, e allora da dove si ricava una tale ricostruzione? In realtà, negli atti del processo *closing* sono stati inseriti tutti gli interrogatori, tutte le memorie e tutta la documentazione presentata da Pacini: quindi sia la contabile "falsa" sia la contabile "buona"; avrei mai potuto sottrarre e non inserire nel fascicolo processuale la produzione documentale fornita da Pacini il 28-10-93? *Questo sì che sarebbe stato un abuso!* Sarà il processo – che, vale la pena ricordarlo, deve ancora celebrarsi – a stabilire quale valore dare all'uno e all'altro documento, ma è oltremodo azzardato voler anticipare ora il giudizio.

Ancora di più: sempre nella memoria depositata dai Pm bresciani il 14-5-97, la mia condotta, all'epoca in cui ero Pm di udienza nel processo Cusani, è stata censurata (fino al punto da assumere, a loro dire, la valenza di un abuso d'ufficio) in quanto avrei utilizzato «nella requisitoria, la slide riproducente la falsa contabile Karfinco del 23-10-90». Eppure essi avevano a disposizione e non possono non aver letto (grave sarebbe, altrimenti) la richiesta di archiviazione datata 11-11-94 del Pm di Brescia, avanzata per la stessa questione, nonché il relativo decreto di archiviazione del Gip del 17-1-95, dove risulta in modo inconfutabile che io non avrei potuto utilizzare una diversa contabile poiché il Presidente del Tribunale non aveva ammesso la produzione di ulteriore documentazione. E comunque, nei confronti di Cusani *non si procedeva* – ripeto, *non si procedeva* – in relazione ai fatti riguardanti la contabile Ruju, ma per reati del tutto diversi; quindi la slide da me proiettata era servita solo per illustrare, al Tribunale e ai presenti, il materiale e i documenti nell'ambito di quella requisitoria multimediale la cui funzionalità evidentemente sfugge oggi ai magistrati bresciani. Ai quali sfugge anche un'ulteriore circostanza: una cosa è la proiezione di una slide, altre sono le considerazioni che io su quella slide ebbi a fare; in altri termini, far vedere il filmato di un documento non vuol dire "sposarlo", ma solo meglio illustrarlo: non è quindi la proiezione della slide che va valutata, né 3 giorni di requisitoria orale, ma le richieste finali di condanna, assoluzioni, attenuanti o aggravanti che ho proposto.

Devo inoltre rilevare che, molto probabilmente, i Pm di Brescia hanno fatto una gran confusione fra "processo Cusani", "processo Enimont" e "processo *closing*"! Nella richiesta di archiviazione, infatti, dapprima si dice che oggetto del procedimento sarebbe la «introduzione e utilizzazione ai fini di prova di contabili bancarie false nel processo Enimont» (pag. 1), e poi si specifica che «Di Pietro... non evidenzia tale falsità durante il processo Cusani» (pag. 2). In realtà vi sono stati ben tre diversi procedimenti svoltisi anche in anni diversi e con imputati diversi, e cioè: 1) il p.p. n° 8216/93 RgPm, il cosiddetto "processo Cusani", con sentenza emessa nella primavera 94; 2) il p.p. n° 5994/94 RgPm, il cosiddetto "processo Enimont", con la sentenza emessa nell'autunno 95; 3) il p.p. 14064/94 RgPm, il cosiddetto "processo *closing*", ancora in attesa di giudizio.

Ancora di più. Nell'ordinanza di diniego di proroga del 20-5-97, il Gip ha fatto rilevare che è rimasta «impregiudicata la valutazione sulla questione della non richiesta riapertura dell'indagine sulla base della ritenuta identità fattuale con quanto già oggetto di archiviazione nel p.p. n° 1977/94-Mod. 21». Sul punto non posso che riportarmi a quanto già ho segnalato nella memoria 28-4-97, e cioè che il p.p. n° 4337/96-Mod. 21, proveniente a sua volta dal p.p. n° 367/96-Mod. 44, altro non è che un duplicato di quello n° 1977/94 Pm-2163/94 Gip per il quale è intervenuta archiviazione in data 7-1-95 come si può constatare dalla lettura integrata degli allegati 5-6-7-8 alla mia memoria 28-4-97, e come risulta dalla richiesta di archiviazione del p.p. n° 1977/94, dove si dà atto che il Pm di Brescia aveva proceduto nei miei confronti per abuso d'ufficio anche con riferimento alla cosiddetta "contabile Ruju-Pacini", e cioè esattamente per lo stesso fatto per cui si procede oggi. Il Pm bresciano, invece, nella richiesta di archiviazione nulla spiega circa la ragione per cui non ha ritenuto di adeguarsi all'art. 414 Cpp: io, però, penso di avere diritto di sapere perché sono stato sottoposto a procedimento penale due volte per lo stesso fatto, anzi, due volte e mezzo: la stessa circostanza viene introdotta anche nell'odierno procedimento!

Oh, so bene che il Pm di Brescia è arrivato addirittura a pensare che io avessi dolosamente disposto il rinvio a giudizio di Pacini il 7-12-94 nel p.p. n° 1406/R per dare "forza" alle false contabili proposte da Pacini; l'ho capito allorché egli, nell'interrogatorio del 17-4-98, mi ha rivolto la seguente domanda: «Per quale ragione la ricostruzione offerta da Pacini con l'interrogatorio del 19-7-93 e del 28-10-93 rimane ferma anche nei provvedimenti di stralcio e richiesta di rinvio a giudizio del proc. 14064/94 (rispettivamente del 6-12-94 e del 7-12-94)?». In realtà, basta leggere le carte di quel procedimento penale per riscontrare che l'imputazione formulata con la richiesta di rinvio a giudizio del 7-12-94 trae spunto non dalle false contabili prodotte il 28-10-93, ma da quanto dichiarato da Pacini nel corso dell'interrogatorio del 30-6-94 con riguardo alla ridistribuzione "in contanti" a Balzamo della "provvista Allied" per circa 10 miliardi di lire (oltre, ovviamente, da qualche altro migliaio di pagine di istruttorie effettuate al riguardo).

Parimenti fuorviante e preconcetta mi è apparsa l'altra argomentazione, che pure il Pm bresciano ha ritenuto di contestarmi durante l'interrogatorio del 21-5-98: «Per quale ragione, dopo che Pacini (nel corso dell'interrogatorio del 28-10-93) aveva prodotto una contabile Karfinco (conto 8088) relativa all'accreditamento di Chf 1.200.000 sul conto n° 704.196 della Ubs di Zurigo del 23-10-90, una contabile Abn relativa all'accreditamento di Usd 880.020 sul conto n. ... della Bank Shangay di Hong Kong del 9-11-90 e una contabile Karfinco (conto 8200) di accreditamento di Usd 750.000 sul conto n. ... della Ubs di Zurigo dell'11-12-90, non è stata formulata nessuna richiesta di assistenza giudiziaria internazionale con riguardo ai conti Karfinco 8088 e 8200? Per quale ragione non è stato chiesto a Pacini di produrre detta documentazione, e in particolare perché non gli si è chiesto di documentare compiutamente la provenienza di quelle somme?». Ma come ci si può difendere da accuse così generiche e così indimostrabili? Quello che va osservato è il complesso delle indagini avviate e non queste o quelle "domande" che non risultano a verbale!

Provino a riflettere i signori Pm bresciani: se tra me e Pacini ci fosse stato un *accordo* per non indagare sui conti 8088 e 8200 Karfinco, bastava che lui non me li consegnasse, ovvero – manco a dirlo – che cancellasse la scritta sulle contabili (giacché pare proprio che a tale espediente Pacini fosse solito ricorrere). Non si possono estrapolare singoli documenti di una inchiesta e sindacarne il contenuto senza raffrontarli con l'insieme di tutta la documentazione presente agli atti e di tutta l'attività istruttoria svolta in relazione a ciascuna delle ipotesi delittuose perseguite!

La questione sollevata dall'Ufficio riguarda un grappolo di transazioni economiche passate, attraverso Pacini, dalla Montedison al "sistema Troielli". Ebbene, su quegli stessi fatti, Pacini aveva ammesso il proprio ruolo, non solo dal punto di vista oggettivo ma anche dal punto di vista soggettivo, fin dall'interrogatorio del 19-7-93, affermando di avere fatto effettuare una fatturazione per operazione inesistente tramite la Allied e di avere distribuito la relativa provvista ai beneficiari che gli erano stati indicati; l'oggetto dell'indagine, quindi, secondo l'ottica investigativa che in quel momento stavamo seguendo, partiva proprio dalle dichiarazioni di Pacini, e riguardava a monte l'accertamento su come fosse stato realizzato il falso in bilancio in Montedison, e a valle chi fossero stati i beneficiari dell'erogazione. Come abbiamo visto, inoltrai subito (il 7-6-93 e il 20-7-93) distinti gruppi di rogatorie a Zurigo, Londra e Hong Kong, con lo scopo specifico di accertare appunto provenienza e destinazione del denaro in questione.

Ora il Pm bresciano mi chiede giustificazione del perché non avrei accertato il ruolo dell'intermediatore: ma questi era proprio Pacini, che aveva già ammesso le proprie responsabilità e aveva prodotto la relativa documentazione! Comunque il suo ruolo, e l'attività bancaria in concreto attivata, li si poteva ricostruire – come infatti sono stati ricostruiti – attraverso l'esito di quelle rogatorie che già da alcuni mesi avevo puntualmente inoltrato. Alla Karfinco, nella fattispecie, avrei potuto trovare soltanto un passaggio di denaro che da una parte proveniva dalla falsa fattura della londinese Allied e dall'altra era destinata ai conti di Zurigo e di Hong Kong; avrei cioè potuto scoprire solo quanto già avevo ormai scoperto e che comunque avrei potuto riscontrare all'esito delle precedenti rogatorie. Insomma, secondo l'ottica accusatoria di allora, si sarebbe trattato di una inutile perdita di tempo in un vortice di attività istruttorie che in quel momento coinvolgevano il mio Ufficio con emergenze e urgenze quotidiane di ben altra gravità; basta ricordare che in quei giorni stava cominciando il primo "processo Cusani", che iniziò appunto il 28-10-93 e proseguì nei giorni e nei mesi successivi. Ovviamente, prima di definire completamente la posizione processuale di Pacini, la Procura di Milano dovrà "ripassare" tutte le indagini per tentare di completare tutti quegli angoli investigativi ancora esplorabili; ma questo, appunto, è l'oggetto dell'indagine ancora in corso presso la Procura di Milano (alla quale il Gico di Brescia avrebbe fatto meglio a inviare le sue relazioni ricostruttive).

Faccio anche presente che la documentazione del 28-10-93, giacché venne depositata in sede di interrogatorio reso ad altri Pm del pool e non a me, probabilmente non ebbi neanche modo di leggerla. In pratica, a me i c/c n. 8088 e 8200 non dicevano nulla: non mi era mai capitata fra le mani alcuna pista investigativa, o quanto meno non l'avevo focalizzata. Chissà quante altre piste mi è capitato di non "cogliere" – ai Pm di Brescia non è mai capitato?

Ripeto: non ho mai avuto cognizione diretta dei conti Karfinco 8088 e 8200, e nemmeno oggi so se questi conti esistano, di chi siano e cosa riguardino. Ribadisco che l'interrogatorio del 28-10-93 (basta visionarlo per rendersi conto della sua genericità) non è stato fatto da me, e di esso io non ho mai avuto contezza completa, tanto è vero che non mi è mai capitato di richiamarlo in qualche rogatoria; so però che all'epoca le rogatorie le facemmo, eccome!, e ciò avvenne anche subito dopo le prime dichiarazioni di Ruju. Non è vero, cioè, come pure mi è stato contestato nell'interrogatorio del 21-5-98, che dopo le dichiarazioni di Ruju io mi sia limitato a prendere atto di ciò che aveva detto: ne cercai infatti i riscontri inoltrando la rogatoria n° 21/94 del 9-2-94 all'Ag di Zurigo con la quale chiedevo copia dell'intera documentazione relativa a tutte le operazioni di accredito e di addebito intervenute; quindi dall'esito di tali rogatorie sarebbero saltati fuori anche i bonifici bancari che ora mi si dice essere stati "trattati" attraverso i conti Karfinco 8088 e 8200 – ed ecco, allora, la riprova della mia buona fede e della volontà di scoprire i fatti. Faccio notare che Ruju ha potuto evidenziare l'incongruenza delle date sulle contabili prodotte da Pacini proprio a seguito dell'input che gli avevo dato io con riguardo all'acquisizione dell'intera documentazione bancaria relativa ai suoi conti. E faccio ancora notare che, proprio per ricostruire l'intera vicenda Pacini-Ruju-Troielli, diedi incarico alla Gdf di riepilogare in una apposita relazione tutte le risultanze processuali emerse o emergenti attraverso una lettura comparata degli interrogatori e delle testimonianze di tutti i protagonisti, delle rogatorie effettuate, della documentazione prodotta e delle relazioni agli atti; la Gdf predispose tale relazione nella quale, peraltro, concluse che le contabili prodotte da Pacini il 28-10-93 erano da considerarsi "false" – cioè Milano scoprì già nel 94 e poi nel 95 ciò che Brescia ha scoperto nel 98; questa relazione di insieme, che poteva e doveva servire da canovaccio per il successivo sviluppo delle indagini, venne consegnata alla Procura della Repubblica di Milano il *9 gennaio 95*, e cioè circa un mese dopo che io avevo lasciato il pool.

Come faccio a difendermi da ulteriori contestazioni insensate mossemi dalla Procura bresciana, tipo questa: «Per quale ragione, pur a fronte di quanto documentato da Ruju (interrogatorio del 9-3-94), non è stata formulata nessuna specifica contestazione a Pacini e non gli si è neppure chiesto di fornire qualche spiegazione in ordine alle due contabili Karfinco con data "falsa"?». Al riguardo, posso solo osservare che la circostanza ancora una volta non è vera. Subito dopo avere preso atto di quanto dichiarato e dimostrato da Ruju, ho dato disposizione alla Gdf di interrogare Pacini proprio su tale circostanza e proprio per contestargli quella incongruenza. Il verbale è stato redatto il 17-3-94, e a quell'atto istruttorio non partecipai io perché, appunto, lo avevo delegato. In pratica dalle dichiarazioni e dalla produzione documentale di Ruju, nonché dalle precisazioni fornite da Pacini il 17-3-94, in merito alla effettiva data in cui tali operazioni erano avvenute, avevo ormai avuto modo di accertare l'esatta data della transazione e di acquisire copia della documentazione autentica; restava da accertare chi avesse beneficiato di tali versamenti. Pacini aveva dichiarato che le somme relative ai due bonifici erano destinate a Balzamo; Ruju aveva dichiarato che le aveva incassate per conto di Troielli e che Troielli operava per conto di Craxi; dovevo solo riscontrare la veridicità di tali affermazioni, questo era l'oggetto dell'investigazione di quel momento. Per avere il riscontro, bisognava solo aspettare l'esito delle rogatorie dirette alle Ag di Zurigo e di Hong Kong. Insomma, allorché lasciai la Magistratura, questo capitolo dell'indagine era ancora aperto, nel senso che, se fossi rimasto, sarebbe rientrato nelle ipotesi investigative che avrei dovuto concludere. Faccio rilevare infine che tale vicenda è stata trattata dall'Ag di Milano anche successivamente al mio allontanamento dal pool, e che è tuttora oggetto di analisi; la sede naturale per valutare il comportamento di Pacini per la produzione delle false contabili, stante anche quanto riferisce la nota del 12-9-96 della Procura di Milano firmata dal Procuratore Borrelli, sarà il processo che verrà celebrato a Milano in seguito alle richieste di rinvio a giudizio formulate dalla stessa Procura di Milano a carico del medesimo Pacini.

Ma ecco un'altra perla di contestazione dei signori Pm bresciani che la dice lunga sulla loro scarsa conoscenza delle carte processuali:

«Per quale ragione, alla luce di quanto dichiarato e documentato da Ruju (la data reale delle due contabili rendeva del tutto evidente che le stesse non potessero riferirsi alla vicenda del *closing* di Enimont), non si è neppure chiesto a Pacini di precisare quanto in precedenza dichiarato con riguardo alla ridistribuzione della tangente da 10.500.000 Usd di cui alla fattura Allied?». Al riguardo, osservo che la domanda si fonda su un presupposto ancora una volta non vero. Dietro specifica contestazione, infatti, Pacini ha successivamente dichiarato (interrogatorio del 30-6-94) che l'importo di circa 10 miliardi di lire, relativo a quella provvista, era stato consegnato a Balzamo in contanti. A quell'epoca io avevo già attivato sia la rogatoria svizzera sui conti di Coltamai, sia quella londinese relativa al conto sul quale era stata pagata la fattura della Allied, in entrambi i casi sia con riguardo ai conti di provenienza, sia con riguardo a quelli di destinazione; all'esito di tali rogatorie si sarebbe definitivamente chiuso il cerchio. Non conosco indagini successive alle mie dimissioni dal pool.

E come devo rispondere, poi, alla seguente astrusa contestazione rivoltami dai Pm bresciani nell'interrogatorio del 21-5-98: «Per quale ragione nel formulare la rogatoria "Garofano" del 15-11-93, avente a oggetto, tra l'altro, l'acquisizione della documentazione relativa al conto n. 2700794 della American Express Bank di Londra, sul quale risultava essere stato effettuato il pagamento della fattura Allied di Usd 10.500 000, non è stato fatto alcun riferimento alle dichiarazioni e alla documentazione (la fattura Allied) fornite da Pacini nell'interrogatorio del 19-7-93?». Ma insomma: se avessi voluto favorire Pacini non avrei fatto la rogatoria! O no?! Davvero i Pm bresciani possono pensare che con quasi tremila indagati mi potessi mettere a descrivere tutto? E poi: cosa c'entra questo con l'accusa da cui mi devo difendere? Si provi, comunque, a esaminare la rogatoria in questione, e si potrà rilevare come essa sia analitica e sufficientemente motivata; credo che nessun Ufficio giudiziario, nel formulare una rogatoria, indichi per intero le risultanze processuali di cui dispone. Faccio presente che proprio nel corso del mio primo interrogatorio, il 3-4-98, ho fatto rilevare che nemmeno la Procura di Brescia, nel formulare richiesta di assistenza giudiziaria a Ginevra, ha indicato tutti gli elementi di prova presenti negli atti; anzi, addirittura ha omesso di riferire fatti favorevoli alla mia posizione di indagato! Ora, con questa astrusa contestazione, mi è stata chiesta una giustificazione del perché non abbia "abbondato" in prove a carico: basta leggere la rogatoria per comprendere come essa sia stata formulata nel pieno rispetto delle disposizioni internazionali. E poi: i Pm di Brescia e il Gico di Firenze sono alle prese con un'inchiesta penale, o mi stanno sottoponendo a un esame di ammissione alla Magistratura?

Vediamo, invece, quali sono le argomentazioni dell'Accusa. Esse sono state riepilogate dal Pm bresciano nel mio interrogatorio del 17-4-98 (e anche in quello dell'avv. Lucibello del 21-4-98). In particolare, dopo aver esaminato alcuni atti processuali dell'inchiesta "Mani pulite", il Pm ha osservato quanto segue:

«In realtà le due contabili non erano state originariamente allegate al verbale, e infatti:
• nel verbale non si dà atto di nessuna allegazione;
• si dà atto che il numero del c/c della Ubs viene acquisito dagli uffici di Pacini nel corso della verbalizzazione;
• vengono indicati soltanto in modo generico gli estremi di tale versamento (come avvenuto "nell'89-90", e per un importo di *circa Chf 1 milione*");
• vengono indicati genericamente anche gli estremi del versamento sul conto della Shangay Bank (nel "90-91" e per un importo di "circa $ 800.000");
• Lucibello presenta in data 25-8-93 una memoria con la quale fornisce gli estremi del versamento avvenuto sul conto della Bank Shangay;
• le contabili "di fatto" allegate non recano alcuna indicazione di eventuale trasmissione via fax (diversamente da quanto risulta, ad esempio, con riguardo alla memoria esplicativa del 26-5-93, inviata via fax dalla Karfinco);
La stessa situazione (mancata allegazione delle contabili e conseguente generica indicazione delle operazioni) emerge dalla documentazione relativa alle rogatorie:
• Rog. Zurigo 7-6-93, relativa all'individuazione del titolare del c/c 704.196 Ubs, al sequestro della documentazione e del saldo attivo e l'individuazione dei c/c di provenienza e di destinazione delle somme (acquisizioni operate c/o Gip MI e c/o ministero);
• Rog. Hong Kong 7-6-93, relativa all'individuazione del titolare del c/c 567-159140-201 Bank Shangay, al sequestro della documentazione e del saldo attivo e l'individuazione dei c/c di *provenienza* e di destinazione delle somme (acquisizioni operate c/o ministero);
• Rog. Hong Kong 19-1-94 integrativa (di quella del 7-6-93 e del 20-7-93) allega nuovamente l'interrogatorio del 4-6-93, anche in questo caso non vi sono contabili allegate al verbale.
Anche la copia dell'interrogatorio 4-6-93 rinvenuta c/o Pacini Battaglia, in occasione delle perquisizioni del 15-9-96, non ha contabili allegate. [*Tutto ciò premesso, il Pm ha così concluso*] In realtà al verbale 19-7-93 non è allegata nessuna contabile di Chf 1.200.000 (in quel verbale si fa riferimento a un versamento complessivo di Us$ 1.950.000). La citata contabile è invece allegata (unitamente alla memoria 27-10-93) al verbale 28-10-93».

Al riguardo osservo io: e se fosse? Cosa vuol dire tutto questo? Soprattutto, cosa c'entra l'asserita mancanza, nel verbale del 6-4-93 e in quello del 19-7-93, dei documenti contabili, con l'ipotesi accusatoria di aver favorito (anzi di aver "voluto" favorire) con ciò Pacini (anzi, di averlo voluto favorire per indurlo a finanziare D'Adamo)? Ammesso (ma, come vedremo, non concesso) che in occasione di quegli interrogatori non vennero consegnati i bonifici e quindi essi non vennero allegati, cosa cambierebbe nell'economia processuale?

Ragioniamo. Come ci ricorda lo stesso Pm di Brescia, la Procura di Milano (quindi io) venne a conoscenza da Pacini (nell'interrogatorio del 4-6-93) dell'esistenza di due importanti transazioni bancarie effettuate una alla Ubs di Zurigo (sul c/c 704196), e l'altra alla Shangay Banking di Hong Kong (sul c/c n° 567...). Le date dei bonifici indicate da Pacini nel verbale erano quella dell'89-90 nel primo caso e quella del 90-91 nel secondo. A seguito di ciò, io attivai subito le rogatorie di rito, datate 7-6-93, sia a Hong Kong sia a Zurigo richiedendo, in entrambi i casi, la «individuazione del titolare e di coloro che hanno operato sul conto corrente indicato... il sequestro di tutta la documentazione del conto nonché del saldo eventualmente giacente... l'individuazione dei conti correnti da cui siano pervenute, ovvero su cui siano state effettuate, accreditate o comunque trasferite le somme provenienti dal predetto conto corrente... l'assunzione di informazioni presso i funzionari degli istituti di credito al fine di individuare tutte le altre persone che abbiano comunque operato sui conti di riferimento, sia quelli individuati, sia quelli di provenienza». Sempre come ci ricorda il Pm bresciano, Pacini venne riascoltato il successivo 19-7-93: ebbene, io il giorno dopo riproposi di nuovo la rogatoria a Hong Kong, datata 20-7-93, fornendo quelle ulteriori informazioni sulla fattura Allied che mi aveva riferito Pacini, e quando Pacini fece depositare la memoria 25-8-93 io rinnovai di nuovo la rogatoria (datata 25-8-93). Allorché Ruju spiegò come stavano le cose, attivai nuovamente le rogatorie, e feci contestare direttamente a Pacini la sua contraddittorietà. A questo punto, per non tediare il lettore, rinvio alla documentazione acquisita sia con riferimento alle rogatorie di Hong Kong, sia a quella di Zurigo: agli atti ci sono interi faldoni di richieste, integrazioni, specificazioni, prese di posizioni, solleciti e così via. Benedetti signori: cosa avrei dovuto fare d'altro e di più per dimostrare che io non stavo affatto favorendo Pacini?

L'attività da me svolta, e che lo stesso Pm bresciano evidenzia nella sua ricostruzione, dimostra: da una parte, l'enorme lavoro svolto da me e dai colleghi del pool per cercare di scoprire la verità nonostante le contraddizioni e le difficoltà che via via emergevano dato l'interesse non solo di Pacini ma di tutti gli indagati di limitare i loro danni (difficoltà tipiche dell'inchiesta "Mani pulite"); dall'altra che sono stato io stesso, direttamente o per delega, ad attivarmi – sia attraverso le rogatorie internazionali, sia attraverso interrogatori mirati – per scoprire tali contraddizioni. Nel merito, osservo che – se la ricostruzione prospettata dall'Accusa è corretta, e cioè se realmente le contabili autentiche non vennero prodotte in occasione dell'interrogatorio del 4-6-93 da Pacini – deve esservi evidentemente stata una produzione ulteriore, per conto di Pacini, dei documenti originali, probabilmente ancor prima della produzione di quelli falsi davanti ai colleghi Greco e Colombo. Osservo altresì che Ruju ha potuto ricostruire la vicenda, e allegare tutta la documentazione, proprio a seguito di una mia esplicita richiesta di recarsi anche all'estero per acquisire la documentazione bancaria che per me sarebbe stato altrimenti difficile avere (tramite rogatoria) e portarla nel fascicolo processuale in modo da potere riscontrare proprio quanto fino ad allora era emerso. Insomma, se avessi voluto favorire Pacini, sarebbe stato sufficiente non dare questo incarico a Ruju, né attuare quel mare di ro

gatorie mirate che ho elencato. Anzi, di più: bastava che Pacini non mi consegnasse nulla!

In definitiva, non comprendo perché, secondo il Pm bresciano, eventuali reticenze o falsità di Pacini (che sono attività possibili per un indagato) debbano ripercuotersi su un mio comportamento omissivo o abusivo suppostamente doloso. Non comprendo, inoltre, perché, nonostante anche questo aspetto specifico dell'inchiesta sia stato svolto sempre con il controllo e la collaborazione dei colleghi di "Mani pulite" (tanto è vero che le contabili false vengono presentate da Pacini ai Pm Colombo e Greco, e non a Di Pietro), la mia posizione processuale venga considerata isolatamente e negativamente. Nel merito di quanto contestatomi durante l'interrogatorio del 17-4-98, in relazione alla asserita assenza di allegati all'interrogatorio del 4-6-93 di Pacini (circostanza invece affermata da quest'ultimo nell'interrogatorio del 17-3-94), ribadisco che una produzione in tal senso deve essere stata per forza effettuata – o da Pacini o dai suoi difensori – subito dopo l'interrogatorio del 4-6-93. Al riguardo faccio presente che il mio difensore ha potuto riscontrare che nel faldone n. 255 del p.p. n° 9791/95 della Ag di Milano c'è la rogatoria n° 111/93 da me inoltrata il 7-6-93 all'Ag di Zurigo: ebbene, in tale faldone vi è anche la copia dell'interrogatorio del 4-6-93 (allegato alla rogatoria), e contiene inoltre la documentazione bancaria cui fa riferimento Pacini nell'interrogatorio del 17-3-94.

Dalla lettura degli atti, rilevo che anche l'avv. Lucibello conferma la circostanza secondo cui, se i documenti bancari non vennero consegnati "durante" l'interrogatorio, vuol dire che vi fu una espressa riserva di portarli di lì a poco [12]. D'altronde, nel verbale di interroga-

---

[12] Cfr. interrogatorio Giuseppe Lucibello del 21-4-98: «Non posso escludere che immediatamente dopo l'interrogatorio o in un momento successivo, possa io come difensore, o Pacini direttamente, e qui mi riferisco al 19-7-93, aver depositato presso gli Uffici del Pm i bonifici che oggi si ritrovano allegati al verbale dell'interrogatorio del 4-6-93. Pacini si poneva sempre dei problemi sulla documentazione di provenienza Karfinco in quanto lui era all'epoca vice presidente della banca. Dico ciò in quanto Pacini il 19-7-93 è stato sottoposto a interrogatorio a seguito di una mia istanza datata 16-7-93 in relazione a una fattura della società Allied a favore della Montedison.

torio di Pacini del 4-6-93 si dà atto che l'interrogato venne invitato a telefonare alla Karfinco di Ginevra dal mio ufficio per farmi dire e dare le informazioni relative ai bonifici in questione: ciò vuol dire anzitutto che, se in quei giorni io e Pacini ci fossimo messi d'accordo su qualcosa, non gli avrei nemmeno chiesto quei documenti. Potrebbe essere accaduto che, subito dopo l'interrogatorio, o qualche giorno dopo, qualcuno, per conto di Pacini (magari

---

Preciso inoltre che tale mia istanza fu dettata all'epoca dal fatto che avevo appreso dai giornali del 16-7-93 che "l'avvocato" (Mucci difensore di Garofano) "cogliendo tutti di sorpresa ha annunciato che il suo assistito è disposto a collaborare e a parlare su tutto" (da "Il Messaggero" del 16-7-93).

«In data 19-7-93, giorno dell'interrogatorio di Pacini, ho ricevuto dall'ufficio di Roger Francis un fax alle ore 11,04 con due documenti allegati. Non posso escludere che tali documenti fossero proprio i bonifici allegati "di fatto" all'interrogatorio del 4-6-93. Produco copia del foglio di trasmissione del fax suddetto dal quale risulta che oltre al primo foglio erano allegati altri 2 fogli. All'epoca avevo una stampante fax su carta termica come da foglio che viene esibito. In ogni caso ritengo che detti due bonifici siano stati comunque presentati presso gli Uffici della Procura prima del 25-8-93. Dico questo in quanto in una mia istanza depositata il 25-8-93 riferisco testualmente che "con riferimento a un bonifico di lire 880.000 dollari su c/c n° 567... si allega alla presente memoria che riporta i dati del sopramenzionato bonifico". In tale istanza si fa espressamente riferimento all'interrogatorio del 4-6-93 nel quale non si riportava la cifra esatta "880.000" bensì "800.000" Inoltre nella memoria allegata a detta istanza del 25-8-93 si precisavano indirizzo, ragione sociale e numero di fax della banca di Honk Kong che mancavano nel bonifico allegato al verbale del 4-6-93.

«Con riferimento alla memoria allegata all'interrogatorio del 28-10-93 davanti ai Pm Greco e Colombo, preciso che nessun documento è stato da me in qualsivoglia modo falsificato né tanto meno sono stato a conoscenza di eventuali falsi. Né potevo accorgermi di eventuali discordanze e alterazioni di documenti avendone io consegnato in quegli anni alla magistratura italiana centinaia e non migliaia. Più precisamente in relazione ai bonifici con data diversa da quella effettiva preciso quanto segue: in data 27-10-93 ho ricevuto un fax dalla Svizzera (ufficio di Pacini o dalla Karfinco) la cui prima pagina reca l'indicazione della trasmissione di complessive n. 5 pagine. Sono inoltre in possesso di due di tali allegati: n. 1 contabile di addebito sul conto 8088 presso la Karfinco che fa riferimento a istruzioni del 18-10-90, così come risulta dal documento allegato alla memoria prodotta nell'interrogatorio del 28-10-93; n. 1 contabile di addebito che si riferisce a istruzioni del 15-8-91 inerenti ad altra operazione. Tali documenti risultano impaginati ai numeri 169 e 173 degli atti del processo Eni (Gup dott. Grigo). Preciso che la contabile che si riferisce ad istruzioni del 15-8-91 è stata da me reperita nel mio fascicolo con un "post it" di colore giallo dell'epoca che non ho scollato e che consegno in originale con il suddetto foglio fax. Da tale "post it" si deduce che mancavano n. 2 documenti e cioè un bonifico di 750.900 Us$ che poi si troverà al foglio 171 del fascicolo Eni, nonché la fattura Allied che si troverà al foglio 172 (comprendente l'interrogatorio del 28-10-93 non affoliato progressivamente). Quindi ricavo che la trasmissione del 27-10-93 non fu perfetta e due documenti non mi pervennero. Deduco quindi che la memoria del 27-10-93 venne consegnata il 28-10-93 all'atto dell'interrogatorio dinanzi ai Pm Greco e Colombo. Per quelli che sono i miei ricordi avvertii telefonicamente Pacini dell'incompletezza dei documenti. Egli mi disse che avrebbe provveduto lui a farseli inviare dai suoi uffici, Milano mi che lo piglia. Certo è che il 28-10-93 egli mi consegnò i documenti che poi produssi nella memoria allegata all'interrogatorio. La data del 27-10-93 che venne apposta in calce alla memoria è evidentemente la data di impostazione della stessa sul computer e non la data di consegna del documento. Faccio osservare che nei fax pervenutimi le contabili sono tagliate nella parte alta mentre quelle prodotte sono intere. Da ciò desumo che per la presentazione della memoria mi venne fornita una nuova serie completa dei documenti.

«Con riferimento all'interrogatorio del 17-3-94 ricordo che i toni dell'inquirente con riferimento anche ad altri rapporti con i conti Ubs furono piuttosto duri tanto che anche successivamente alle spiegazioni date, ebbi delle preoccupazioni per la posizione processuale di Pacini in quanto poteva apparire o reticente o non completamente collaborante, laddove si trattava per taluni versi di sue dimenticanze e per altri di errori materiali. Trovo riscontro di ciò in una conversazione ambientale intercettata alle ore 16.41 del 31-1-96 e intercorsa tra Pacini e Bisignani. Dal tenore di detta conversazione infatti si può dedurre che Pacini avesse parlato con Sergio Cusani della vicenda delle "false contabili", riferendo poi allo stesso Bisignani che "avete ricevuto un fax che non è mio che lo piglia Lucibello... la mia segretaria sbagliato, ma non sono nemmeno i dati uguali, sono sbagliati proprio... dice Cusani: io faccio casino uguale!... ho detto fai casino uguale ma quando ti trovi... no, ma allora chiama Pacini e digli: che cosa posso raccontare di verità su questa palla... perché era peggio se lui mi inventa... perché mi chiacchieri in cui io ho dovuto dare le giustificazioni perché mi volevano buttare dentro a Milano, hai capito che... che era... cioè loro si sono fatti Milano, Milano mi ha fatto un culo su questa storia qui! te ti vuoi inventare una palla di cui loro sono blindati... è una stronzata nascente! come stronzata...".

«In relazione alla contestazione fattami dalla Sv avente a oggetto la intercettazione ambientale del 24-1-96 sopra riportata, riferisco quanto segue: dalla lettura completa di detta intercettazione si evince che l'avv.ssa Murdolo, amica di Cusani, aveva chiesto al Pacini di addossare la responsabilità della falsificazione delle contabili al sottoscritto. Infatti nel corso del colloquio Pacini mi dice facendo riferimento a una frase della Murdolo, *No, pensa quella lettera, quella data lì si potrebbe dire che l'ha inventata Lucibello.*. 'gli ho detto ma non diciamo stronzate...'". Sempre da detta telefonata Pacini apprende che la Murdolo, suo avvocato, ha rapporti quasi quotidiani con Sergio Cusani "due mesi.. e almeno cento telefonate...".

«Ritengo, laddove mi viene contestata l'espressione "forse quella è stata la più bella delle operazioni che ho

uno dei suoi difensori), abbia portato i documenti in segreteria, dove uno dei miei circa 20 collaboratori, sentendosi dire che erano documenti relativi all'interrogatorio del 4-6-93 di Pacini, invece di redigere il verbale di deposito abbia ritenuto, nella concitazione delle tante cose che tutti in quel momento stavano facendo si sia semplicemente limitato ad allegarli al verbale; io, a mia volta, come tutti sanno, lavoravo su copie mie archiviate in ordine alfabetico nel mio ufficio – non avevo a disposizione atti completi, e quindi per quella ragione posso non aver inserito i riferimenti nella successiva rogatoria. Ma ripeto: queste sono tutte supposizioni sulla base di ricostruzioni logiche, giacché io della vicenda non ricordo proprio nulla (e poi si dice il "dolo")!

Mi preme concludere riportando quanto i protagonisti dei fatti hanno dichiarato. Pacini ha riferito sulla vicenda, in merito alla mia persona, il 30-3-98:

Domanda: «Sempre direttamente o indirettamente, lei ha mai concordato con il dott. Di Pietro la allegazione agli atti del processo Cusani-Enimont di una contabile bancaria falsa? L'accusa dice che ci sono state due contabili per un milione di franchi svizzeri, una buona e una falsa, che sarebbero state ad arte, con la piena consapevolezza del dott. Di Pietro, inserite nel fascicolo Cusani-Enimont?».

Risposta: «No, assolutamente no. Diedi una spiegazione di questo».

D: «Se per cortesia la può ridare, è la spiegazione della segretaria?».

R: «È una telefonata che io feci all'ufficio a una mia segretaria di Ginevra che in quell'occasione doveva andare in banca, una cosa un po' complicata, dissi nell'occasione se mi mandava una fotocopia, credo che la tirò fuori da un computer e me la mandò, credo anche perché parlando con il Pm di Milano, quando feci la contabile, io nella prima interrogazione che feci, feci mettere la contabile regolare, nella seconda interrogazione feci mettere un'altra carta che fu corretta, ci fu una sbagliata ma fu corretta».

D: «Non c'era nessun accordo con il dott. Di Pietro?».

R: «Nella maniera più assoluta».

Il brigadiere Scaletta, cioè colui che venne incaricato da me di individuare la data esatta dei bonifici bancari, posta la discrepanza nelle dichiarazioni di Ruju e Pacini, ha riferito che:

«Pacini mi aveva riferito che, in occasione dell'interrogatorio del 4-6-93 aveva fornito al Pm gli esatti estremi di quei due versamenti e che successivamente, per un mero errore, erano state allegate, a una memoria, delle contabili con data sbagliata. Pacini aggiunse che l'avv. Lucibello si era rivolto, per acquisire la documentazione da produrre con la memoria, a una segretaria che, non essendo abitualmente preposta a quelle incombenze, non era stata in grado di procurarsi la copia autentica delle due contabili. Pacini addebitava a Lucibello la responsabilità di quanto accaduto in quanto, a suo dire, Lucibello, anziché attendere la segretaria incaricata, aveva fatto fretta a questa segretaria non competente la quale, non trovando le contabili, le avrebbe "ricostituite" sbagliando le indicazioni relative alla data. Presi atto della spiegazione, che mi pareva abbastanza fantasiosa, chiesi se detta spiegazione fosse già stata verbalmente fornita al dott. Di Pietro e loro mi dissero di sì. Non misi a verbale tale spiegazione in quanto il dott. Di Pietro mi aveva semplicemente detto di acquisire le dichiarazioni di Pacini con riguardo a quale fosse la data giusta dei due contabili di cui io nulla sapevo. Proprio per la curiosità che era nata in me avevo cercato di approfondire minimamente l'argomento. Ricordo peraltro che Pacini e Lucibello avevano molta fretta e che il dott. Di Pietro, in quei giorni, era molto impegnato. Raccolte le dichiarazioni di Pacini, ho portato il verbale al dott. Di Pietro chiedendogli se andasse bene e lui confermò che andava bene così... Non avendo però ricevuto nessuna disposizione per approfondire tale circostanza non ho assunto nessuna iniziativa formale. Escludo di avere fatto presente al dott. Di Pietro l'esito dei miei sommari e infor-

---

fatto... Basta!", che se fosse vera tale espressione (dico ciò perché nella trascrizione informale in mio possesso non esiste la parola "operazione"), non può che riferirisi al rapporto di avvocato da parte della Murdolo col Pacini, nel senso che a quel punto non faceva piacere né a me come difensore né a Pacini come indagato di continuare rapporti professionali con il predetto collega attesi i suoi contatti con il Cusani e la sua proposta di addossarmi colpe che non avevo. Questo il senso della parola "basta" al termine della frase che si collega a quanto poi viene detto dal Pacini subito dopo ("Con tutto ciò lei il suo discorso sono soldi..."). D'altro canto ritengo che questa espressione da me usata non possa essere in nessun modo riferibile alle contabili in quanto all'inizio dell'espressione uso i termini dubitativi "forse", "forse".

«In conclusione voglio precisare che nel processo cd. Eni l'affogliazione delle pagine si presenta disordinata e con frequenti errori, tant'è che ad esempio in una mia memoria del 6-4-93 risultano allegati e impaginati in ordine progressivo proprio il bonifico del 23-10-90 depositato il 28-10-93. Dico questo in quanto non posso escludere che successivamente all'interrogatorio del 4-6-93 siano stati consegnati i due bonifici all'ufficio del Pm finiti allegati al verbale del 4-6-93 invece di risultare autonomamente depositati».

mali accertamenti sulle contabili... Le annotazioni manoscritte "allegato n. 1, n. 2, n. 3, n. 4 e n. 5" di cui agli allegati del verbale del 17-3-94 sono di mio pugno. Quanto ai documenti materialmente allegati ricordo che mi sono stati forniti in occasione di quell'interrogatorio. Tengo a precisare che, contrariamente a quanto accadeva normalmente quando venivo delegato a compiere un atto, in questo caso (e credo si tratti dell'unico caso) ho proceduto all'interrogatorio limitandomi sostanzialmente ad acquisire le spontanee dichiarazioni dell'indagato, senza avere avuto modo di approfondire preliminarmente le questioni da trattare».

Ecco, neanche dalle voci dei protagonisti è possibile ricavare un qualche minimo indizio che possa indicare una mia attività volutamente di favore nei confronti di Pacini, né in generale, né con specifico riferimento alle vicende della fattura Allied, né con riguardo ai falsi bonifici per il *closing*.

Mi sia allora permesso di mettere la classica ciliegina sulla torta: ma signori Pm di Brescia, siete davvero sicuri che, al di là degli interrogatori e delle rogatorie, fossi io il Pm che si stava occupando di ricostruire le vicende in questione? È certo che i falsi bonifici sono stati presentati ai Pm Greco e Colombo, e un buon investigatore si domanderebbe: perché a loro, e non a Di Pietro? La risposta è semplice: perché erano loro che si dovevano occupare di sviscerare la vicenda Allied, cercarne i riscontri (e quindi le incongruenze e le contraddizioni eventualmente esistenti). Sia chiaro, non lo dico solo io, altrimenti i signori Pm bresciani (non parliamo di quelli del Gico!) non mi crederebbero, lo dicono proprio Greco e Colombo, nonché Laganà:

Dice il Pm Colombo, il 22-2-98: «Con riguardo alla società Allied londinese, ho iniziato a occuparmi della predetta società nel momento in cui è emerso che tale società fatturava sia per l'Eni che per società del gruppo Iri, almeno credo. Non ho ritenuto di effettuare al riguardo rogatorie in quanto pensavo di ricostruire le fatture emesse dalla Allied attraverso l'esame della documentazione contabile delle società nazionali utilizzatrici di tali fatture».

Dice il Pm Greco, il 19-2-98: «La prima volta che ebbi a che fare con Pacini fu per la "questione Allied". Mi spiego meglio: interrogando alcuni imputati e testi avevo scoperto che la Montedison aveva pagato una fattura di 10,5 milioni di dollari emessa dalla società Allied e avevo scoperto che tale pagamento era collegato al *closing* (vds. interrogatorio Michetti Roberto). Mentre stavo cercando di capire chi fosse il destinatario di questi paga-

menti, venni a sapere che Pacini era stato interrogato su tale questione. Ciò è accaduto, se ben ricordo, tra il giugno e il luglio 93. Questo fu il mio primo rapporto di conoscenza processuale di Pacini, la cui posizione peraltro io non conoscevo assolutamente. Sicuramente nei mesi successivi, non ricordo esattamente quando, ho interrogato Pacini e Roger Francis insieme a Colombo, a Roma. Partecipai a questo interrogatorio proprio per capire chi fosse questo Pacini, perché Colombo aveva cominciato a chiedermi di aiutarlo nelle indagini sull'Eni. Mi sembra di ricordare che mi venne anche presentata da uno dei difensori di Pacini una memoria».

Dice il dott. Giorgio Laganà: «In relazione all'esito degli accertamenti svolti per l'indagine Eni, ho periodicamente riferito verbalmente e principalmente al dott. Colombo, e solo inizialmente, all'atto del conferimento dell'incarico, al dott. Davigo. A partire dalla tarda primavera del 94, ho riferito anche al dott. Greco. Per evitare carenza di comunicazione fra i magistrati del pool, ho tuttavia disposto che gran parte delle comunicazioni scritte fossero inviate a tutti i magistrati del pool stesso. Le disposizioni operative mi vennero impartite, sempre in relazione all'incarico Eni, inizialmente esclusivamente dal dott. Colombo e, successivamente, anche dal dott. Greco».

E allora, ancora e sempre, le domande sono le stesse: perché oggi Di Pietro in veste di indagato? E perché solo Di Pietro? E inoltre: perché di questa vicenda se ne occupa la Procura di Brescia e non quella di Milano, l'unica competente a valutare la posizione di Pacini? Si badi bene, anche in questo caso non lo dico io, ma il Procuratore della Repubblica di Milano, dott. Francesco Saverio Borrelli:

«Rilevo, dalla richiesta di acquisizione documentale in data 1 agosto 96 a firma dei Sostituti dott. Bonfigli e Salamone, che codesto Ufficio procede in un procedimento iscritto al n. 367/96 Rgnr-Mod. 44, in ordine a un esposto di Cusani Sergio afferente la vicenda giudiziaria di Pacini. Nei termini nei quali la richiesta di cui all'oggetto è stata formulata, le circostanze in esame evocano una vicenda del tutto assorbita dagli accertamenti di questo Ufficio nell'ambito del proc. n° 8655/92 Rgnr e successivi stralci. In particolare, per Pacini Battaglia è stato già chiesto il rinvio a giudizio per diverse fattispecie di reato anche sulla base della medesima documentazione richiesta da codesto Ufficio. Ritengo pertanto allo stato che – salva diversa destinazione soggettiva dell'indagine con ipotetici riferimenti a magistrati di questo Ufficio, che sembra peraltro incompatibile con la permanenza del procedimento nel registro mod. 44 – la competenza a procedere appartenga a questa Procura a cui si vorranno conseguentemente trasmettere gli atti del procedimento succitato. Ricordo, altresì, che codesta stessa Autorità giudiziaria, come peraltro a tutti noto, ha chiesto e ottenuto l'archiviazione con riferimento a esposti riguardanti la vicenda in questione, presentati dal medesimo Cusani Sergio contro il dott. Di Pietro (proc. n. 1977/94-Mod. 21-Pm Brescia)»[13].

3. L'accusa per la tangente Allied

La Procura bresciana, tornando per la terza volta sulla questione al punto E) del capo di imputazione, mi accusa di «avere omesso approfondimenti investigativi in ordine alle movimentazioni bancarie relative al pagamento e alla redistribuzione della somma di Usd 10.500.000 pagata, con riguardo alla vicenda del *closing* Enimont, dalla Montedison International alla Allied Engineering International Ltd, a fronte della fattura n. 500/38/34 del 18-12-90 prodotta da Pacini nel corso dell'interrogatorio del 19-7-93». In particolare, l'Accusa lamenta il fatto che, pur avendo io inoltrato regolare rogatoria, successivamente, in fase di integrazione, abbia omesso la specifica richiesta di acquisizione documentale.

Verrebbe da dire: tutto qui? A me pare che la semplice lettura di questa parte del capo di imputazione è sufficiente a dimostrare l'inesistenza delle «omissioni di approfondimenti investigativi». È lo stesso Pm a rilevare che io, dopo le dichiarazioni di Garofano, il 15-11-93 ho attivato una rogatoria sul conto 2700794 della Allied presso la American Express di Londra, ed è lo stesso Pm a confermare che io, il 21-10-94, mi sono fatto carico di effettuare una integrazione alla rogatoria n° 143/94. Chiedo agli investigatori di oggi: che cosa poteva mai esserci dietro questa mia reiterata attività, la volontà di "coprire" Pacini, o quella di *scoprire* i fatti? L'atto di "reiterazione" è una tipica attività istruttoria tendente qui a favorire Pacini, o piuttosto volta ad andare fino in fondo nella ricerca della verità?

Hanno provato a riflettere, gli investigatori di oggi, sulla circostanza delle date? Guarda

caso nell'autunno 93: proprio mentre io – secondo le false affermazioni di D'Adamo – stavo nel suo salotto a ricordargli di "mettere da parte per me un po' dei soldi che gli aveva dato Pacini", nel contempo attivavo rogatorie a tutto spiano a carico dello stesso Pacini! E il 21-10-94, mentre D'Adamo concludeva l'accordo con la Comit per ricevere 12 miliardi di finanziamento dai quali dovevano uscirci 4 miliardi e mezzo per me, io mi mettevo a fare integrazioni di rogatorie?!

Ma i signori Pm di Brescia – puntigliosi più che mai (con riguardo solo al lavoro degli altri, però) – hanno trovato un appiglio davvero singolare: «Nel formulare la richiesta di integrazione alla citata commissione rogatoria, non veniva ripresentata nessuna richiesta di acquisizione documentale del conto 2700794 della American Express». Se pure fosse successa una cosa del genere, non può che essersi trattato di un lapsus del personale addetto alla battitura o alla preparazione delle rogatorie; lo stesso collega dott. Greco ha riferito ai signori Pm bresciani che c'era un "rogatorista" il quale si occupava di queste cose. Faccio anche rilevare che l'integrazione n° 143/94 è per l'appunto una "integrazione" e non una "sostituzione" di rogatoria; essa aveva solo lo scopo di motivare meglio le ragioni dell'Ag di Milano di fronte alla richiesta di precisazione che avevamo ricevuto il 13-5-94 dall'Ag londinese; restava sempre valida l'originaria richiesta, e – se avessi voluto favorire Pacini – avrei dovuto chiederne la revoca, altrimenti sarebbe rimasta in evidenza sul tavolo dell'Ag inglese. Faccio presente, inoltre, che il 21-10-94 era uno dei giorni nei quali ero alle prese con il dibattimento Enimont, che proprio in quei giorni era scoppiato il caso Tradati, che vi era una accelerazione delle indagini sul gruppo Berlusconi, che c'era l'ispezione ministeriale in corso presso la Procura di Milano, che ero sottoposto a procedimento a Brescia per gli esposti di Cusani, e che avevamo una infinità di attività istruttorie in corso. Francamente trovo umiliante questo modo di sezionare al microscopio la mia attività inquirente dell'epoca senza uno "sguardo d'insieme"; e soprattutto – lo ripeto – mi appare del tutto arbitrario il fatto che queste contestazioni vengano rivolte solo a Di Pietro, e non anche a tutti gli altri colleghi che lavoravano con Di Pietro. Le verifiche sulle false fatture Allied erano affidate

---

[13] Cfr. lettera n° 99/96 del 12-9-96 del Procuratore della Repubblica di Milano al Pm di Brescia in risposta alla richiesta n° 367/96-Mod. 44 del 1-8-96.

ai colleghi Colombo e Greco fin dalle prime battute: perché, allora, queste contestazioni sono state mosse a me, e soltanto a me?

Nel merito, comunque, ribadisco che siccome l'originaria rogatoria non è mai stata ritirata, qualcuno di noi, al momento dell'esecuzione, allorché si fosse recato a Londra, si sarebbe certamente accorto dell'errore materiale e avrebbe provveduto a rettificarlo. A distanza di tanto tempo, mi è ovviamente impossibile ricordare chi materialmente abbia redatto il testo di quell'integrazione: sicuramente si è trattato di uno dei miei collaboratori che lavoravano nella stanza n. 253, se non addirittura qualche collega del pool o qualche suo collaboratore (il che è molto probabile, dato che le indagini di verifica sulla Allied spettavano ad altri Pm). Peraltro, in merito alla rogatoria "Garofano" del 15-11-93 e alla relativa integrazione del 21-10-94, l'Ag londinese ha rivolto alla Procura di Milano nuove richieste di integrazione in epoca successiva alle mie dimissioni, e cioè in data 12-1-95 e 15-8-95, e ha archiviato la relativa pratica il 6-12-95. Si dirà: ma a queste ulteriori richieste di integrazione, la Procura di Milano non ha mai risposto. Ma io non c'ero più, mi ero già dimesso! E le mancate risposte da parte della Procura di Milano, anche dopo le mie dimissioni, alle sollecitazioni dell'Ag londinese, dimostrano che all'epoca, e anche successivamente alle mie dimissioni, il pool aveva delle priorità, delle emergenze e delle urgenze, per cui doveva scaglionare le proprie attività istruttorie nel tempo. Possibile allora che, se dimentica qualcosa Di Pietro, si tratta di "omissione penalmente rilevante", e se la dimenticanza è di altri Pm (anche di quelli di Brescia) trattasi di discrezionalità investigativa?

A questo punto, però, è bene entrare nel merito della contestazione. Non so se il Pm bresciano se ne è accorto, ma egli, per la semplice asserita mancanza di specificazione nella reiterazione di rogatoria n° 143/94, ha "sparato" un'accusa del tutto sproporzionata: quella di «aver omesso approfondimenti investigativi in ordine alle movimentazioni bancarie relative al pagamento e alla ridistribuzione della somma di Usd 10.500.000». Cerchiamo di focalizzare l'accusa. Essa parte da una constatazione: posto che Pacini, per conto della Montedison di Gardini e su richiesta di Ferranti, aveva provveduto attraverso una fatturazione fittizia a creare la provvista di 10,5 milioni di dollari, era interesse della Giustizia sapere chi fossero stati i beneficiari di tale denaro – questo e solo questo poteva, e può, essere il quesito. Diciamo subito, allora, che è una affermazione priva di senso sostenere che si sarebbero dovuti fare approfondimenti investigativi in merito «al pagamento... della somma di Usd 10,5 milioni di dollari»; il pagamento (cioè il denaro che dalla Montedison è andato a finire alla Allied) è il presupposto da cui siamo partiti, non il punto dove dobbiamo arrivare! Intendo dire: tutto quello che era successo a monte era ormai noto e stranoto all'accusa (ricordate, signori investigatori di oggi: Binda, Garofano, Ferranti, Pacini, la relazione Deloitte-Touche e le rogatorie a Lugano per la Meich... e così via); quello che invece l'investigatore di ieri doveva e voleva scoprire era chi fossero i destinatari di tale somma, come cioè essa fosse stata "ridistribuita" (e non come fosse stata acquisita la provvista, dato ormai noto e stranoto).

Secondo l'Accusa, io avrei fatto il mio dovere di scoprire «la ridistribuzione della somma» se avessi inserito nella integrazione 143-94 del 21-10-94 una reiterazione di acquisizione documentale di una rogatoria che avevo già fatto e che consideravo, ed era, ancora in corso, in quanto – come afferma testualmente il capo di imputazione (mica scherziamo!) – «l'acquisizione della documentazione bancaria riguardante il conto 2700794 presso la American Express di Londra avrebbe consentito di verificare che tale conto, contrariamente a quanto documentato da Pacini, non era stato utilizzato per l'accredito della provvista». No, spiegatemi bene che voglio imparare anch'io: se avessi scoperto che non era stato utilizzato tale conto per l'accredito della provvista, avrei scoperto il modo in cui essa era stata "ridistribuita"? E come, di grazia? Chi me lo diceva? Da quale carta lo ricavavo? Da quando in qua una «prova della inesistenza di un bonifico bancario» diventa prova documentale per sapere come quei soldi sono stati ridistribuiti? San Gennaro aiutami tu!

Ben altro in realtà bisognava fare – e per fortuna della Giustizia ho fatto – per cercare di venire a capo di una matassa imbrogliatissima qual era la vicenda della ridistribuzione per il *closing*. Per averne diretta cognizione, bisognava – bisogna – che il Pm di Brescia acquisisse a Milano tutte, *dico tutte*, le carte del fascicolo processuale relativo al p.p. n° 14-064/94 che riguarda proprio la ridistribuzione di tale tangente per la quale, alla fine di una indagine complessa e difficilissima, ero riuscito a chiudere l'istruttoria il 6 dicembre 94 chiedendo il rinvio a giudizio proprio di coloro che potevano essere – sulla base delle risultanze processuali – i beneficiari di quella tangente. I soli nomi degli imputati (alcuni nel frattempo deceduti) dovrebbero far riflettere il Pm di Brescia prima di lanciarmi l'umiliante e ingiusta accusa di aver «omesso approfondimenti investigativi» su questa vicenda: Benedetto Craxi, Vincenzo Balzamo, Gabriele Cagliari, Enrico Ferranti, *Pacini Battaglia*, Severino Citaristi, Agostino Ruju, Gianfranco Troielli, Pompeo Locatelli, Silvano Larini, Giuseppe Garofano, Roberto Michetti, Raul Gardini, Emilio Binda.

Comunque, a scanso di qualunque equivoco, riepilogo (in base a quelli che possono essere ora i miei ricordi) le indagini che effettuai in merito alla "ridistribuzione" della tangente per il *closing*, e questo allo scopo di evidenziare che l'intenzione mia era di non omettere proprio niente.

Come si può rilevare dalla requisitoria finale del "processo Enimont" e dalle richieste di rinvio a giudizio del processo *closing*, a seguito di mie specifiche indagini è stato possibile accertare l'esatta "ridistribuzione" della tangente Allied [*come da Diagramma in calce*]. Per riuscirci, ho effettuato – tra gli altri – i seguenti atti istruttori fondamentali (ma molti altri che pure ho fatto non li ricordo, perché – accidenti a me – non avrei mai immaginato che un giorno sarei stato chiamato a rispondere di tutte queste cose davanti a un giudice penale):

Tangente di 10,5 milioni di dollari *closing* Enimont (fatt. Allied)

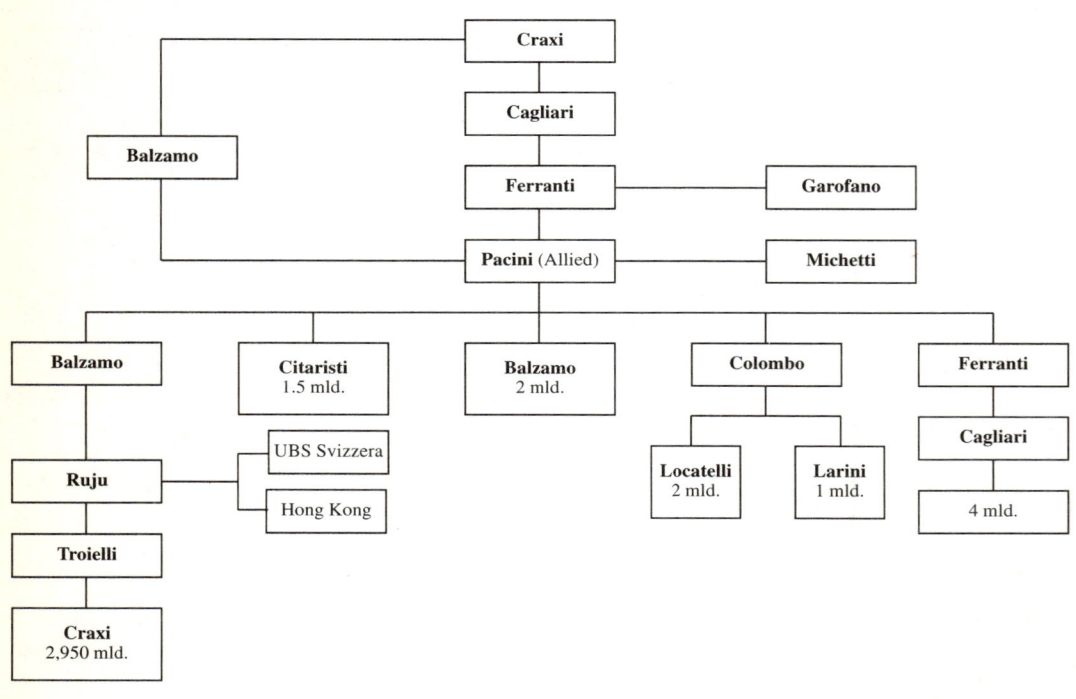

a) ho attivato, quantomeno, una lunga sequela di rogatorie all'estero [14]:

b) ho interrogato più volte Giuseppe Garofano che poi, in sede dibattimentale, ho così richiamato: «Gli pervenne una richiesta di de-naro da parte del direttore finanziario dell'Eni, Ferranti, richiesta che "mi sorprese non poco in quanto sapevo che Gardini aveva dato incarico a Cusani di tenere contatti con il mondo politico e l'Eni per noi era considerata a tutti

---

[14] Ecco il riepilogo di tali rogatorie:

• N° 172/93 dell'11-10-93: Lugano e Vaduz, Liechtensteinische Landesbanke Vaduz 311..., Coscom Trust, Bsi Lugano, Acm Investments; Montedison Spa, Sifi International, Acm Investments Sa; a carico di Giuseppe Garofano, Emilio Binda, Pietro Bruno, Carlo Maria Colombo.

• N° 102/94 del 7-9-94: Malta, Mid Med Bank Malta 025..., Credit Anstalt Vienna 0114..., Italia-Cortina Holdings Comp; a carico di Enrico Ferranti.

• N° 103/94 del 7-9-94: Lugano, Banca Migros Lugano 168..., Credit Anstalt Vienna 0114..., Italia-Banca del Sempione Lugano–Chiasso 107..., D.F.I.O. Diversitied Financial Inv. Sciresin-Capfin Property Asset; a carico di Enrico Ferranti.

• N° 104/94 del 7-9-94: Vienna, Credit Anstalt Vienna 0114..., Italia; a carico di Enrico Ferranti.

• N° 105/94 del 7-9-94: Zurigo, Lloyds Bank Zurigo 155..., Credit Anstalt Vienna 0114..., Italia; a carico di Enrico Ferranti.

• N° 106/94 del 7-9-94: Vaduz, Bank of Liechtenstein Vaduz 722..., Credit Anstalt Vienna 0114..., Italia, Simonoff Holdings Anstalt; a carico di Enrico Ferranti.

• N° 18/94 del 4-10-94: Zurigo, Ubs Chiasso 654... Mira, Bsi-Zurigo, Ubs-Zurigo, Sbs-Zurigo, Crédit Comm.le de France-Zurig, Swiss Bank Corp.-Zurigo, Schweizeriche Bank-Zurig; a carico di Agostino Ruju, Pierfrancesco Pacini Battaglia, Gianfranco Troielli.

• N° 19/94 del 4-10-94: Zurigo, Ubs Chiasso 654... Mira Tiro, Joelion Anstalt Shaan 437..., Bank in Liechtenstein Vaduz, Liechtensteinische Laudes Bank; a carico di Agostino Ruju, Pacini Battaglia, Gianfranco Troielli.

• N° 21/94 del 19-12-94: Lugano, Montedison International; a carico di Agostino Ruju, Pierfrancesco Pacini Battaglia, Gianfranco Troielli.

• N° 1/95 del 25-1-95: poole American Express Bank, poole Ubs Zurigo 704...; a carico di Agostino Ruju, Pierfrancesco Pacini Battaglia, Gianfranco Troielli.

• N° 141/93 del 27-7-93: Lugano, Banque Paribas Lugano, Rifugio Sa, Lloyd's Bank Zurigo, Banca del Sempione Lugano, Saffa-lilium, Colombo Fiduciaria Sa, Rifugio Sa; a carico di Sergio Cusani, Carlo Sama, Giuseppe Belini, Diego Colombo, Bruna Di Lucca.

• N° 135/93 del 20-7-93: Zurigo, Ubs Zurigo 704..., Eni Montedison Int., Allied Engin. Int. Lt; a carico di Enrico Ferranti.

• N° 26/93 del 7-6-93: Zurigo, Ubs Zurigo 704...; a carico di Pierfrancesco Pacini Battaglia.

• N° 1/94 dell'8-2-94: Lugano, Ubs Lugano 644..., Ubs Chiasso 654..., Ubs Lugano 611... Mira Tiro Ocra; a carico di Pierfrancesco Pacini Battaglia, Agostino Ruju.

• N° 2/94 dell'8-2-94: Losanna, Banca Cantonale Vaudoise Losanna a favore di: Ubs Lugano 644...; a carico di Pierfrancesco Pacini Battaglia, Agostino Ruju.

• N° 3/94 dell'8-2-94: Zurigo, Ubs Zurigo 753...; a carico di Pierfrancesco Pacini Battaglia, Agostino Ruju.

• N° 4/94 dell'8-2-94: Nassau, Svizzera Italiana Over-seas Nassau 600... Idaho; a carico di Pierfrancesco Pacini Battaglia, Agostino Ruju.

• N° 5/94 dell'8-2-94: Hong Kong, Hong Kong Shanghai Banking C Hong Kong a: Ubs Lugano 620..., Ubs Lugano 633..., Ubs Lugano-Conto 644...; a carico di Pierfrancesco Pacini Battaglia, Agostino Ruju.

• N° 6/94 del 9-2-94: Vaduz, Bank in Liechtenstein Vaduz 248..., Dubuoue Investment Corporation; a carico di Pierfrancesco Pacini Battaglia, Agostino Ruju.

• N° ... del 15-11-93: Londra, American Express 270... Allied; a carico di Garofano, Pacini.

• N° 7/94 del 25-3-94: Lugano, Banca del Ceresio Lugano e da: Ubs Chiasso a favore di: Ubs Lugano 620... Tramite il conto di transito Ubs Lugano 611... Mira; a carico di Pierfrancesco Pacini Battaglia, Agostino Ruju.

• N° 8/94 del 25-3-94: Ginevra, Banque Romande e Amro Bank a favore: Ubs Lugano 620... Tramite conto di transito Ubs Chiasso 611... Mira; a carico di Pierfrancesco Pacini Battaglia, Agostino Ruju.

• N° 9/94 del 25-3-94: Zurigo, Société Alsacienne de Banque a favore di: Ubs Lugano 620... Mira; a carico di Pierfrancesco Pacini Battaglia, Agostino Ruju.

• N° 10/94 del 25-3-94: Dottingen, Neue Aargauer Bank a favore Ubs Lugano 620...; a carico di Pierfrancesco Pacini Battaglia, Agostino Ruju.

• N° 11/94 del 25-3-94: Vaduz, Bank in Liechtenstein 437..., Joelion Anstalt Schaan, Ubs Lugano 620... Tramite conto di transito Ubs Lugano 611... Mira, Ubs-Chiasso-Conto 654...; a carico di Pierfrancesco Pacini Battaglia, Agostino Ruju.

• N° 12/94 del 25-3-94: poole American Express Bank, poole a: Ubs Zurigo 704...; a carico di Pierfrancesco Pacini Battaglia, Agostino Ruju.

• N° 14/94 del 4-10-94: Lugano, Ubs Chiasso 654... Ocra Mira Tiro Margherita, Banca del Ceresio-Lugano, Ubs-Lugano, Buc-Lugano, Società di Banca Svizzera-Lugano, Soginvest-Lugano, Banco Roma Svizzera-Chiasso; a carico di Agostino Ruju, Pierfrancesco Pacini Battaglia, Gianfranco Troielli.

• N° 14/94 del 4-10-94: Lugano, Solari e Blum Lugano, Banca Popolare Svizzera Chiasso 724.., Fincontrol VT Schaan; a carico di Agostino Ruju, Pierfrancesco Pacini Battaglia, Gianfranco Troielli.

• N° 15/94 del 4-10-94: Singapore, Ubs Chiasso 654..., Singapore United Overseas Bank Singapore; a carico di Agostino Ruju, Pierfrancesco Pacini Battaglia, Gianfranco Troielli.

• N° 16/94 del 4-10-94: Hong Kong, Ubs Chiasso 654... Ocra, Hong Kong Shangay Banking Co Hong Kong, Ubs Hong Kong; a carico di Agostino Ruju, Pierfrancesco Pacini Battaglia, Gianfranco Troielli.

• N° 17/94 del 4-10-94: Ginevra, Ubs Chiasso 654... Mira, Trade Development Bank Ginevra, Ubs-Ginevra, Banque Gutzwiller Kurz Burgene Zurigo, Bruxelles Lambert-Ginevra; a carico di Agostino Ruju, Pierfrancesco Pacini Battaglia, Gianfranco Troielli.

gli effetti una parte politica... era una interfaccia di natura politica pubblica... quindi quando si presentò Ferranti per chiedere il pagamento di un corrispettivo a fronte del versamento del denaro a Montedison, ci fu una certa perplessità da parte mia perché mi sembrava che fosse un qualcosa che andava al di là di quello che potevano essere eventuali intese raggiunte da Gardini o da Cusani o da tutti e due". Più in particolare, Garofano ha riferito che un giorno Ferranti andò da lui dicendogli: "Se volete essere pagati [prima] mi dovete dare una cifra dell'ordine di 10 milioni di dollari". Garofano ha ammesso di aver dato lui disposizione a Michetti di provvedere mettendosi d'accordo direttamente con Ferranti»;

c) ho interrogato più volte Roberto Michetti: «Nei giorni immediatamente successivi al *closing*... fui convocato dall'ing. Garofano che mi accennò a tutta una serie di poste che lui aveva dovuto negoziare e chiudere con Eni, parallelamente alla vendita delle azioni... mi accennò alla necessità di pagare all'Eni una cifra di 10 milioni di dollari... e ciò perché Eni aveva pagato il prezzo concordato con un anticipo di qualche giorno... ora è facile capire che su L. 2.805 miliardi, ai tassi di interesse dell'epoca, portava un vantaggio; per questa ragione Michetti, su disposizione di Garofano, ha ammesso di avere prelevato dal sistema Meihc una somma di 10.5 milioni di dollari pagando una falsa fattura per operazioni fittizie emessa dalla società off-shore Allied Engineering International messagli a disposizione dal Direttore finanziario dell'Eni, Ferranti»;

d) ho interrogato più volte Emilio Binda: «È stato direttore generale della Meihc di Viganello all'epoca dei fatti; egli in tale sua qualità rispondeva a Michetti presidente della Meihc e a Garofano presidente della Montedison; Binda per la Meihc è la persona che ha posto in essere le varie operazioni *back to back* nel modo e secondo le forme che di volta in volta gli venivano indicate dai suoi superiori, avendo come referente dall'altra parte, Berlini Giuseppe; in tale situazione egli è sicuramente la persona che si è occupata di realizzare i fondi extra bilancio che gli venivano richiesti dai suoi superiori, con particolare riferimento per la parte che qui interessa la fattura Allied per 10.5 milioni di dollari... utilizzata nel 90 per ottenere la provvista necessaria alla tangente in relazione al *closing* Enimont»;

e) ho interrogato numerose volte Pacini: «La società Allied è una società facente capo a tale Duflot che è in stretti rapporti con il suo collaboratore Roger Francis... Pacini riferisce che nel 90 Cagliari gli disse: "Lei mi deve versare dei miliardi al dott. Ferranti"; Pacini ammette di avere effettivamente versato denaro secondo le disposizioni ricevute da Ferranti, e cioè Ferranti disse: "L. 4 miliardi mi servono in contanti in Italia, e altri L. 3 miliardi si metta d'accordo con Balzamo che gli dice dove versarli"; per questa ragione, Pacini versa L. 4 miliardi a mani del dott. Ferranti in Italia tramite gli spalloni svizzeri e trasferisce le seguenti somme di denaro sui seguenti conti correnti indicatigli da Balzamo: a) in data 23-10-90 F.S. 1.200.000 sul c/c n° 704196 presso la Ubs di Zurigo (e cioè quello di Ruju-Troielli); b) in data 9-11-90 $ 880.020 sul c/c n° 567... presso la Hong Kong and Shangay Banking Corporation di Hong Kong (conto anch'esso nella disponibilità di Ruju-Troielli); Pacini precisa che lui aveva anticipato questo denaro come spesso gli accadeva quando per esigenze di cassa qualcuno del Psi gliene faceva richiesta, e anche questa volta pensava che questi L. 7 miliardi anticipati sarebbero stati restituiti come le altre volte attraverso il sistema dei fondi neri Eni, invece in questo caso Ferranti disse a Pacini di "far emettere da un mio fiduciario una fattura alla Montedison International"; Pacini fa emettere la fattura dalla Allied e il 17 gennaio 91 viene pagata dalla Montedison per L. 10 milioni e 500 mila dollari; pertanto Pacini provvedeva a versare la differenza ricevuta in più nel seguente modo: a) L. 2 miliardi in contanti a Balzamo nel gennaio 91; b) L. 1,5 miliardi a Citaristi in contanti sempre nel gennaio del 91; c) Pacini trattenne per sé la somma di L. 1,5 miliardi per spese e interessi; d) L. 2 miliardi alla coppia Larini-Locatelli, per disposizione di Cagliari. Pacini ha confermato e ribadito che la fattura Allied era fittizia e quindi per operazioni inesistenti»;

f) ho interrogato più volte Agostino Ruju: «Questo denaro egli lo ha ricevuto in nome e per conto di Troielli e che poi ha provveduto a riversarlo sui conti di destinazione finale gestiti dal solo Troielli»;

g) ho interrogato più volte Pompeo Locatelli: «Cagliari gli fece presente che "siccome ci sono state un gruppo di persone a diversi livelli che si sono praticamente adoperate e svenate per questo tipo di pratica, ho dato incarico e istruzioni a Ferranti di ricercare con Montedison delle riserve, dei fondi neri... dei soldi... di cui io disporrò perché evidentemente ho necessità di ripagare tutti quelli che mi hanno dato una mano in questo tipo di vicenda"; Locatelli ha ammesso di aver saputo da Cagliari che l'operazione *closing* avrebbe fruttato una somma superiore a L. 10 miliardi di tangente che sarebbe stata realizzata con l'ausilio del direttore finanziario dell'Eni, Ferranti, e che una parte della provvista pari a L. 2 miliardi, è stata a lui accreditata e ha spiegato che ciò è avvenuto tramite la struttura di Pacini Battaglia a cui Cagliari aveva fatto ricorso»;

h) ho scoperto una "appendice" di tangente per il *closing* ulteriore rispetto alla provvista di 10,5 milioni di dollari della fattura Allied, che tutti all'inizio avevano taciuto! Mi riferisco alla cosiddetta "operazione Bressay" di cui alla fine ho acquisito significativi riscontri istruttori [15];

i) ho acquisito il relativo bonifico bancario della Bressay, nonostante questa società off-shore fosse di Curaçao, e ciò grazie alle contestazioni mosse a Ferranti;

j) ho, infine, chiesto il rinvio a giudizio di Pacini proprio per la vicenda *closing*, contestando a tutti gli inquisiti (e quindi anche a Pacini) il reato di corruzione aggravata;

k) ora si dovrà svolgere il dibattimento, ed è

---

[15] Cfr. slide requisitoria Enimont: «Con riferimento alla definizione dei rapporti tra Montedison e Eni dopo la vendita di Enimont, Garofano ha altresì riferito che prima Cagliari e poi Ferranti gli spiegarono che "avevano sbagliato i conti", nel senso che c'era una società carente dal punto di vista del bilancio e quindi richiesero il pagamento di una tangente di 1 milione e 900.000 dollari perché... nell'ambito dei rapporti (fra Eni e Montedison) credo sia utile mantenere dei buoni rapporti tra noi"; ha spiegato che il versamento è avvenuto attraverso il pagamento di una fattura di comodo emessa dalla società off-shore Bressay investements alla Meihc data 23 dicembre 91.

«Enrico Ferranti è stato il direttore finanziario dell'Eni sotto la gestione di Cagliari e pertanto egli ha realizzato sia la parte ufficiale che i fonti extra-bilancio sia per la questione Ops, sia per la questione *closing* che per altre vicende di illecito finanziamento, appropriazione indebita o corruzione in relazione ai quali si procede con separato giudizio; con riferimento all'Ops e al *closing* egli ha ammesso le proprie responsabilità, ha spiegato la distribuzione del denaro e ha quindi dato pieno riscontro producendo la relativa documentazione alle dichiarazioni rese da tutti gli indagati».

quella *la sede propria – l'unica sede istituzionalmente competente* – per cercare di dare una visione unitaria anche alle incongruenze e reticenze di questo o quel protagonista per la vicenda *closing*.

In pratica, affermare – come fa il Pm bresciano nel capo di imputazione – che su questa vicenda io avrei «omesso approfondimenti investigativi» è come scambiare il giorno per la notte!

4. I presunti "riscontri"

Secondo i Pm di Brescia, la loro interpretazione accusatoria (cioè il mio coinvolgimento nella contraffazione dei bonifici e la successiva "copertura" di tali contraffazioni) troverebbe riscontri in alcuni colloqui e in alcune telefonate intercettate dal Gico. Concordo: ci sono dei riscontri, ma dimostrano il contrario! Sono cioè intercettazioni che smentiscono l'ipotesi accusatoria, ed evidenziano piuttosto da un lato e ancora una volta l'approccio "preconcetto" alle fonti di prova da parte degli inquirenti, e dall'altro che qualcuno (Sergio Cusani) era al lavoro per "incastrare" Di Pietro a tutti i costi.

Le intercettazioni in questione sono tre: a) quella ambientale del 24-1-96, ore 10.26, fra Lucibello e Pacini; b) quella ambientale dell'1-2-96, ore 10.37, fra Pacini e Bisignani; c) quella ambientale dell'1-2-96, ore 15.19, fra Pacini e Manfredi. Vediamole in concreto.

a) L'intercettazione del 24-1-96

Appare del tutto incomprensibile il modo di procedere del Pm bresciano, caratterizzato da una strana forma di faziosità. Egli, infatti, dà conto del colloquio registrato il 24-1-96 fra Pacini e Lucibello, ma ne apprezza solo quella parte che ritiene più congeniale alla sua ipotesi accusatoria, mentre ne ignora il tenore complessivo che invece evidenzia un grave tentativo di delegittimazione progettato ai miei danni. Nella relazione 26-7-96 del Gico di Firenze, è riportata la registrazione del seguente colloquio Pacini-Lucibello del 24-1-96 (confermato poi, seppure con qualche differenza di parole, dalla perizia):

Lucibello: «Oh... ti volevo invece dire... che capisco perché la Manola ti ha avvisato del discorso dell'amicizia per Cusani...».

Pacini: «Sì».

L: «Mi devo pure sincerare... ma ci sono almeno, in due mesi... cento telefonate...».

P: «Due?».

L: «Due mesi... e almeno cento telefonate...».

P: «Fra Manola [*avv. Manola Murdolo, ndr*] e Cusani...?».

L: «Sì... il quale Cusani le chiede di incontrarti...».

P: «Io non l'ho mai incontrato... in vita mia...».

L: «Cioè se... [*Inc.*]».

P: «Ma Manola me l'ha... m'ha telefonato...».

L: «Ma l'ha fatto apposta... quando ha saputo di tutto 'sto casino delle telefonate... allora siccome si è preoccupata...».

P: «Manola m'ha telefonato per denaro... non t'allargà... Manola m'ha detto: io posso intervenire su Cusani e non far parlare di te...».

L: «Su Cusani mi ha chiesto... [*Inc.*] ho telefonato, specificatamente di incontrarti... Perché? Cioè probabilmente facendogli... [*Inc.*] interesse...».

P: «Lei mi ha detto: guarda che Cusani non ti vuol telefo... ho detto guarda digli a Cusani che mi tiri pure fuori, io gliel'ho detto sul telefono ufficiale perché mi... volevo mi sentissero... Poi lei quando venne a Milano l'altro giorno mi è venuta a trovare e ho capito che era solo una battuta... perché mi ha detto i nostri rapporti son finiti... ma io non ho... non ho da lavorare se ci fossero qualche tua raccomandazione per qualche banca... io gli ho detto senti... non ci sono raccomandazioni ma se i nostri rapporti sono finiti se tu attraversi un momento di difficoltà economica e io non mi tiro mai indietro ma che non sia una... una... [*Inc.*] cioè io voglio nessun aiuto da nessuno perché... no, pensa quella lettera, quella data lì si potrebbe dire che l'ha inventata Lucibello... gli ho detto ma non diciamo stronzate... *omissis*... guarda che quella data potrebbero averla... gli ho detto guarda... è una cosa stupidissima quella data perché Cusani nel suo esposto ha parlato del... che noi in un primo interrogatorio abbiamo dato...».

L: «Quella glielo... [*Inc.*]».

P: «... Loro sostengono che quella data... te e Di Pietro gliel'avete fatta... a me... tanto te lo dirà nel processo... cioè che Di Pietro s'è messo d'accordo con me e con te perché io cambiassi la data per il suo uso e consumo... ho detto questo... tieni presente che... non mi mandate a chiamà me perché io mi picco che avete detto la più grossa stronzata della vita... perché questo fu la prima... la prima cosa fu che arrivò un fax, tanto lo vedi in fax, che sicuramente fu una... uno sbaglio della mia...».

L: «Segretaria di là».

P: «Di là... la quale fece un... un... avrà fatto... non avrà fatto un foto... avrà messo lei per un'altra...».

L: «Loro non conoscono quella volta... è l'interrogatorio che abbiamo fatto dopo...».

P: «Ma noi gli s'è detto e gli s'è portata... gli s'è... anche perché poi loro non sanno che una volta è sbagliata ma prima e dopo sono tutte e due esatte, capito non è che... per cui quando si troveranno a fa quel discorso lo piglieranno nel culo duemila volte... cioè io consegno due documenti e dico...».

Dal tenore complessivo della conversazione, si rileva come vi fosse un tentativo di Sergio Cusani di agganciare Pacini, tramite l'avv.ssa Murdolo. Per apprezzare appieno questa intercettazione, il Pm bresciano aveva a disposizione anche importanti parametri di riferimento, fra i quali anzitutto il brogliaccio delle intercettazioni telefoniche che lui stesso aveva disposte ed effettuato sull'utenza telefonica di Cusani (nell'ambito del procedimento n° 1519/95 relativo alla vicenda "Gorrini-Di Pietro"): da tale brogliaccio poteva riscontrare che effettivamente, proprio in quel periodo, Cusani e l'avv. Murdolo si conobbero e cominciarono a frequentarsi. Altro significativo riscontro, il Pm avrebbe potuto averlo leggendo – o meglio *semplicemente rileggendo* – la richiesta di archiviazione del suo stesso Ufficio nell'ambito del procedimento 1977/94 RgPm-2163/94 RgGip e il conseguente decreto di archiviazione del Gip a mio favore proprio a seguito delle denunce di Cusani: la valutazione circa la falsità del documento e la sua produzione nell'ambito dell'inchiesta "Mani pulite" spettava e spetta all'Ag di Milano, che ha proceduto o sta procedendo (anche perché è stata da me sollecitata con un esposto del 24-11-96).

Vi è inoltre da rilevare che anche questa volta (e altrove, come si dirà), gli inquirenti nell'atto di trascriverle hanno "interpretato" le parole dette da Pacini, alterandone il senso effettivo. In particolare, la frase principale di tutto il discorso di Pacini viene così "interpretata" nella relazione Gico: «Gli ho detto non diciamo stronzate», mentre nella perizia risulta: «Ma è una stronzata colossale»; così, nella "interpretazione" degli inquirenti le parole di Pacini possono apparire come un monito all'interlocutore Lucibello a non riferire frasi compromettenti («non diciamo stronzate»), mentre nella realtà Pacini stava affermando che quanto sosteneva Cusani nei suoi esposti era una «stronzata colossale [perché] sicuramente fu uno sbaglio della mia segretaria... [per cui se] si proverranno [Cusani e altri] a fare quel discorso, lo piglieranno nel culo». Più chiaro di così!

Non è chiara, invece, la ragione per cui i Pm bresciani, impegnati a cercare la pagliuzza nell'inchiesta "Mani pulite", non abbiano notato la trave contenuta nella frase attribuita all'avv.ssa Murdolo: «No, pensa, quella lettera... quella data lì... si potrebbe dire che l'ha inventata Lucibello».

b) L'intercettazione dell'1-2-96

È una intercettazione anche questa del tutto sottovalutata dagli inquirenti, nonostante essa sia fondamentale per due aspetti: a) perché aiuta a ricostruire la vicenda dei falsi bonifici; b) perché avrebbe dovuto far comprendere agli investigatori di oggi che a gennaio 96, oltre all'avv.ssa Murdolo, anche Luigi Bisignani andava a "spingere" (per conto di Cusani) Pacini per indurlo a riferire fatti certamente non veri. Una conversazione che da sola basta a far comprendere come tra il Pm Di Pietro e Pacini non sia mai intervenuto alcun tipo di accordo: né per la documentazione falsa, né per "coprirlo" quando venne smascherata [16].

---

[16] Cfr. intercettazione ambientale dell'1-2-96 (ore 10.37-11.23), colloquio fra Pacini e Bisignani:
Pacini: «Io penso... io questo... [*scompare l'audio*]... Ma so. Non mi far dir che... Per il tuo amico Cusani m'han riportato in ballo su tutti i giornali».
Bisignani: «Ah. Ma che è quella roba?».
P: «Perché...».
B: «Ma eri d'accordo anche te o no?».
P: «No!».
B: «Ma è vero o no che Di Pietro era... [*parola incomprensibile per sovrapposizione delle voci*]».
P: «No, non è vero un cazzo. È una bugia. Ma lui...».
B: «No, no, ma voglio dire, quella dimostrazione che fa lui...».
P: «Gli fa comodo che...».
B: «No, eh, a noi se ci salta il processo Enimont... è solo positivo».
P: «È una stronzata colossale che racconta lui».
B: «Ah, ecco, basta. Non ne parliamo più».
P: «Te la racconto».
B: «No, no, no, no, non me ne frega niente».
P: «Ma con tutto ciò, a me ha detto: "Ti dà noia di andare sul giornale?". Ho detto: "Sì, mi dà noia, ma se ti serve per far saltare il processo Enimont..."».
B: «Ecco».
P: «Io andrò sui giornali...».
B: «No, no, infatti...».
P: «Ma tu non mi puoi far... venir... venir a... far dir del... delle bugie».
B: «No. No, no, perché tra l'altro lui mi ha detto: "È tutto d'accordo, eh, Luigi"... Perché io gli ho detto... quando me l'ha detto».
P: «Non è vero un cazzo».

In pratica, Bisignani si era recato da Pacini allo scopo di convincere quest'ultimo a sostenere la manovra di Cusani finalizzata a far credere che fosse stato Di Pietro a concordare con Pacini la contraffazione della data sui bonifici

---

B: «Gli ho detto: "Ma io non ci parlo da parecchio tempo e non so che fine ha fatto"».
P: «Non c'è nulla d'accordo... non è tutto d'accordo... gli ripeti che non è vero un cazzo. Son tutte bugie».
B: «Ma quei due versamenti, è vero che sono stati fatti due anni prima?».
P: «No. No».
B: «Cioè non è vero che lo avete imbrogliato».
P: «No».
B: «Ma a me non mi frega, io mi fido della tua... mh... parola».
P: «No ma che me ne importa!?! Te lo spiego, è semplicissimo. Nel giugno... aprile del 93, io consegno due versamenti: un milione e due... e 750... e 7 e 50 milioni. Li consegno perché devo... devo dimostrare il versamento che ho fatto a Balzamo... di questi soldi. Questi due versamenti riguardavano come ho e sempre detto, un discorso Saip [*parola incomprensibile*]... e questi versamenti finiscono nelle mani... nel conto [*oppure: fondo*] previsto. Nel giugno del 93, uno di questi due versamenti – il primo – mi viene richiesto perché dice che la Procura ha perso tutti gli atti. Mi dicono: "Portamelo giù". Io non ci sono perché sono fuori... e mi dicono "Mandami un fax". Io non ci sono perché sono fuori. Allora la mia segretaria manda un fax con un versamento di un milione e due di un anno più tardi. Ti premetto che quel milione due io a Balzamo glieli ho dati per... [*scompare l'audio*] e manda quello dell'anno successivo... di cui dice che il Di Pietro, con in mano questo documento, ne ha parlato nel processo Enimont; per... non per il processo Enimont ma un tal... ma per... per un'altra cosa... [*interferenze di linea che coprono la voce*]. Ritorno... e dico questo: "Avete ricevuto un fax che non è il mio". Perché lo piglia Lucibello glielo porta. Guardate che... a aprile ho dato questi documenti, di cui avete le copie". Vanno e mi trovano le copie. Allora mi mandano a chiamare e dicono: "E allora? [*scompare l'audio*]. Questi qui hanno questa differenza su questo qui, in confronto a questi due... non su due ma su uno solo". Io ritorno e dico: "Guardate che il bonifico esatto è questo che v'ho dato io...". E questo lo dico nell'agosto o nel settembre del 93. "Va bene"... [*Scompare l'audio*] un fax [*Scompare l'audio*] proveniente dalla mia segretaria sbagliato. Ma non sono nemmeno i dati uguali, sono sbagliati proprio. Dice il Cusani "Io faccio casino uguale!"... Ho detto: "Fai casino uguale, ma quando ti trovi..." [*Scompare l'audio*]
B: «Peggio, allora...».
P: «Quando te ti trovi davanti al Tribunale ti trovi che il Tribunale ha i pezzi di carta gi... in mano [*Scompare l'audio*] il falso che ha fatto Di Pietro; è un mio fax, ma i documenti ce l'hanno in mano, tant'è vero che... [*Scompare l'audio*] sempre tranquillissimo. Perché? Perché... [*Scompare l'audio*] il Presidente del Tribunale... [*Scompare l'audio*] un discorso. Dice...».
B: «[*Scompare l'audio*]».
P: «[*Scompare l'audio*] T'immagini te... [*Scompare l'audio*] registrati da me... [*Scompare l'audio*] l'interro-

per il *closing*. Pacini, però, spiega a Bisignani (che non è una persona qualsiasi, ma un amico del quale si fida) che su questa vicenda non può proprio aiutarlo perché «Di Pietro era... no, non è vero un cazzo. È una bugia». Bisignani allora tenta di convincere il Pacini dei

---

gatorio, senonché... [*Scompare l'audio*] non vistato da me. Ma chi te lo regge in piedi questo discorso?».

B: «Lui ha dei problemi».

P: «Lui ha qualche... [*Scompare l'audio*] di farlo. Sai poi com'è...!?! È un po'... fuori di cervello, eh, in questo momento, non è mica... non è mica tutto in sé [*oppure: come dici te*]».

B: «Senti un po'. Io ti volevo fare un'altra domanda. Mi puoi rispondere "Sì" o "No", oppure "Non ti rispondo"».

P: «Dimmi».

B: «Stai dietro tu, per caso, a questa finta operazione che ha a che fare con... [*Squilli del telefono*]... Emanuele... con Filiberto, sulle azioni della Banca... della Banca di Roma?».

P: «No».

B: «[*Scompare l'audio*]».

P: «Perciò a Cusani gli ho detto: "Mi fai un piacere, non mi mandi sul giornale. Se te sei convinto che, mandandomi sul giornale, te butti all'aria il processo Enimont...».

B: «Di queste cose... allora di vero non c'è nulla? [*frase non certa*]».

P: «Nulla».

B: «Come ha saputo... e venuto a conoscenza di questa cosa, tanto per...? Tu non gliel'avevi detto? [*frase non certa*]».

P: «No... [*Scompare l'audio*]».

B: «Ma come ha fatto a capire... [*Scompare l'audio*]».

P: «Una: s'è sempre... [*Scompare l'audio*]».

B: «Tramite... [*Scompare l'audio*]».

P: «Una: se lo posso... È uno che se gli dico: "Buttati dalla finestra", che lui si butta... solamente cosa sta facendo in questo momento io non... non sono sicuro, perché... mhm... ha le sue attivit...».

B: «È ai massimi livelli... [*Scompare l'audio*]».

P: «[*Scompare l'audio*]».

B: «[*Interferenze di linea coprono la voce e scomparsa audio*]».

P: «Tra l'altro [*disturbi*] a me... mi muove un vespaio... [*Scompare l'audio*]».

B: «[*Scompare l'audio*]».

P: «No, non si fa».

B: «Non si fa sennò...».

P: «Non si fa».

B: «Eh, appunto, sennò facciamo solo casino».

P: «Te... quelle cose che io ti garantisco sulla mia parola...».

B: «No, no».

P: «Sono tutte tranquille... [*Scompare l'audio*]. Io di tutta questa gente qui, da Cusani... che mi fatto questo colpo che... gli ho detto: "Se a non ti servo a nulla, non mi buttare sui giornali perché mi danneggi"... [*Scompare l'audio*]... dice: "Io non te lo faccio". Cioè, sia chiaro... [*Scompare l'audio*]».

vantaggi processuali che ne avrebbe ricavato se avesse avallato la manovra-bugia: «Eh, a noi se ci salta il processo è solo positivo»; ma Pacini, che sa come stanno le cose, non può che ribadire: «È una stronzata colossale che racconta lui... ma tu non mi puoi far venire a far dire delle bugie». Poi Pacini spiega all'amico Bisignani cosa successe in realtà nella vicenda dei falsi bonifici: «Allora la mia segretaria mandò un fax con un versamento di 1,2 milioni con anno più tardi...»: la sua segretaria, nel "rimandare" il bonifico che non si trovava, ne avrebbe stampato un altro apponendovi delle correzioni e poi l'avrebbe inviato a Milano per la consegna all'Ag. Non è certo questa la sede per accertare se si sia trattato solo di una leggerezza della segretaria o di un atto doloso del Pacini, ma è certo che Di Pietro non solo non c'entra niente, ma si è dato da fare per smascherarlo! Ecco perché Pacini ammonisce Bisignani – e per suo tramite il Cusani – diffidandoli dal portare avanti una simile buffonata, perché «devo inventare una palla...? Se ne montan anche ventimila di palle ma, però... io avrei detto pure una palla ma... oh, se non ti regge, che palle vai a raccontare?... mi volevan buttare dentro a Milano... mi ha fatto un culo su questa storia [*si riferisce al fatto che io lo feci reinterrogare contestandogli durante le incongruenze, ndr*]... Te ti vuoi inventare una palla di cui loro sono blindati? È una stronzata... nascente come stronza-

---

B: «Quel discorso lì io, quando me l'ha detto... [*Scompare l'audio*]... Lascia perdere"... Cioè, io...».

P: «Io ho detto: cioè, se tu vieni da me... [*Scompare l'audio*] dai, ti faccio perdere dieci minuti stamane... [*Scompare l'audio*] Lui fa il processo a Cusani e... [*Scompare l'audio*] te cosa gli dici? Devo inventare una palla? Se ne montan anche ventimila di palle ma, però... [*Scompare l'audio... Registrazione spezzettata della voce*] io avrei detto pure una palla, ma...».

B: «Però deve reggere sennò è ancora peggio».

P: «Oh. Se non ti regge, che palla via a raccontare?».

B: «Infatti. Perché allora uno se le inventa proprio a tavolino, ma le inventiamo bene, eh! [*ride*]».

P: «No, ma allora: "Chiamami" Pacini Battaglia e digli: "Che cosa posso raccontare di verit... su questa palla?"... E vedrai come io te li imbecco. Perché mi chiappi una palla in cui io ho dovuto [*arrampicarmi con tutte e due le mani, parole non certe*], perché mi volevan buttar dentro a Milano... Hai capito perché s'era...? Cioè, loro si son fat... Milano mi ha fatto un culo su questa storia qui. Te ti vuoi inventare una palla di cui loro si son blindati!?! È una stronzata... nascente come stronzata».

ta»; e Bisignani chiosa: «Infatti, perché allora uno se la inventa proprio a tavolino, ma lo inventiamo bene eh...». Già, ma questa volta non sono proprio riusciti a inventarle bene. Quante altre volte e quante altre persone sono riusciti a convincere? E perché il Pm di Brescia, invece di considerarmi vittima, mi considera complice?

c) L'intercettazione dell'1-2-96

Anche questa intercettazione non è stata tenuta in alcuna considerazione dagli inquirenti, nonostante essa ribadisse la inverosimiglianza della loro ipotesi accusatoria. Pacini, parlando con tale Manfredi delle vicende giudiziarie che mi vedevano coinvolto a Brescia, spiega che «c'è guerra aperta, totale fra Di Pietro con i suoi amici e Salamone con quegli altri» [17]; ricorda poi a Manfredi quello che Cusani voleva mettere in piedi con la sua denuncia contro di me, dicendo: «Quell'altro, il Cusani, che va a dir che ho dato un documento falso. È una stronzata disumana. Non è vero nulla... questi documenti... fai brutta figura se li tiri fuori... ti sputtani... ti fai querelare da Di Pietro e *Di Pietro ha ragione*». E Pacini spiega anche come Cusani lo abbia avvicinato (non si capisce

---

[17] Intercettazione ambientale dell'1-2-96 (ore 15.19-16.17), colloquio fra Pacini, Manfredi e "Uomo 2":
Pacini: «Ma lo sai che là c'è guerra aperta totale fra... fra Di Pietro con i suoi amici e Salamone con quegli altri. È diventata una guerra ridicola, no? Rogatorie, troiai e casini, capisci?, e ci si trova noi. Quell'altro, il Cusani, che va a dir che ho dato un documento falso. È una stronzata disumana. Non è vero nulla. È tutto regolare».
Manfredi: «Sì. Ma Cusani è impazzito».
P: «Cusani mi telefona, per cui possono anche incidere, non è... eh, dicendo "Guarda, il documento... il documento, non ti preoccupare, ma io lo devo fare per forza perché devo far guerra". Dico: "Guarda che dici una stronzata". "Non vuol dire, intanto faccio casino"».
M: «Sì».
"Uomo 2": «Ma guarda che cosa!?!».
M: «Cose da pazzi».
P: «"Tanto – mi dice – intanto faccio casino"».
M: «Va beh, ma...».
P: «Cioè, hai capito? Mi... mi chiama per dirmi: "Mi potresti aiutare?". Dico: "Guarda che questi documenti, eh, eh, eh... fai brutta figura se li tiri fuori; ti sputtani. Poi ti fai querelare da Di Pietro e Di Pietro ha ragione. Cazzo, allora lui dice che ha ragione". "No! Ma io lo faccio per far casino uguale". "Eh, fa allora quel che ti pare"...».
M: «Roba da morti!».
P: «Lo sai che ti dico? – dice – Lo faccio, per far casino, uguale". Pensa...».

---

se direttamente o indirettamente) per dirgli: «Mi potresti aiutare [perché] io lo devo fare per forza perché devo far guerra»; e alla risposta di Pacini «guarda che dici una stronzata», Cusani gli avrebbe detto (o mandato a dire): «Non vuol dire, intanto faccio casino... lo faccio per far casino uguale».

Insomma, e in conclusione: mi appare francamente un'ingiustizia aver voluto riproporre per l'ennesima volta in questo p.p. n° 3940/96, dopo che già la questione era stata sviscerata nel p.p. n° 1977/94, dopo avere esagerato nell'instaurare un procedimento penale (cioè quello n° 4337/96-Mod. 21) a mio carico, essendo documentalmente provata non solo la mia totale estraneità ai fatti, ma semmai i tentativi per "incastrarmi" ingiustamente.

5. Una cantonata madornale

Al punto B) del capo di imputazione – o meglio, collegando tale parte con il "cappello" iniziale – si ricava che secondo la Procura di Brescia io avrei riservato «un trattamento di favore... all'indagato Pacini [che] si concretizzava... nell'avere revocato informalmente, dopo averla ufficialmente sollecitata, la commissione rogatoria presso la Sbs di Ginevra n° 37/94 a carico di Mario Maddaloni». Questa è davvero grossa!, questa accusa della Procura di Brescia è una cantonata madornale: quella rogatoria non solo l'ho fatta, ma l'ho anche sollecitata (e anche per iscritto), e non l'ho mai revocata (nemmeno informalmente).

Prima di ricostruire i fatti, però, devo sgombrare il campo dalle considerazioni che su questa contestazione sono state fatte dai Pm bresciani nel capo di imputazione. Essi cioè annotano anzitutto che, se non avessi revocato tale rogatoria, avrei accertato che «il conto "denominato 8000" [era] intestato alla società panamense Timor Overseas della quale Pacini Battaglia era procuratore [e che tale] società [era] intestataria di altro conto presso la Karfinco, il conto 101338, tramite il quale Pacini aveva effettuato il finanziamento in favore di Antonio D'Adamo utilizzato per l'aumento di capitale della Gde e aveva effettuato il pagamento dell'appartamento sito in Milano... intestato alla Onder, in uso a Giuseppe Lucibello». Dunque – secondo gli investigatori di oggi – io, all'epoca, con le oggettive difficoltà di rapporti fra Ag e fra legislazioni, effettuando una rogatoria in Svizzera su un conto corrente (nella fattispecie quello "denominato 8000"), avrei potuto ottenere anche la documentazione di un altro conto corrente (il conto 101338) che – seppure intestato allo stessa società off-shore (la Timor Overseas) – era *del tutto diverso e soprattutto totalmente scollegato* dall'oggetto della rogatoria, dall'inchiesta e dal reato per cui si procedeva! Ma questa è davvero grossa! Ma dove vivono?!?! Si dirà: ma i Pm di Brescia oggi la documentazione del c/c 101338 l'hanno ottenuta. Certo, perché oggi essi procedono contro D'Adamo e Pacini per fatti riguardanti proprio i loro rapporti economici – ma allora, chi sapeva niente? E soprattutto: che reato era il "finanziamento" (tale sarebbe apparso nella sua materialità) di un banchiere a un imprenditore? E perché mai io avrei potuto avere interesse a nascondere una tale operazione, posto che essa di per sé non avrebbe evidenziato alcun reato?

Ancora più incredibile è la contestazione "per non aver indagato su fatti futuri" rivoltami dai signori Pm bresciani, laddove affermano che, se io fossi riuscito ad acquisire la documentazione sul diverso conto (quello numero 101338), «tale commissione rogatoria... avrebbe consentito [di scoprire che] Pacini... aveva effettuato il pagamento dell'appartamento sito in Milano... intestato alla Onder, in uso a Giuseppe Lucibello». All'epoca, neanche Mandrake ci sarebbe riuscito: per la semplice ragione che *io mi sono dimesso il 7 dicembre 94 e l'appartamento è stato acquistato e pagato il successivo gennaio 95* (come risulta agli atti). Questa storia dell'appartamento in uso all'avv. Lucibello ha inizio in una data successiva alle mie dimissioni, e fino a quando non mi sono dimesso io non ne potevo sapere niente (né niente sapevo) perché essa non esisteva – e allora come potevo anche solo pensare di "revocare" la rogatoria n° 37/94 per questo fine? È inutile girarci intorno, è questo il sinallagma corruttivo che deve essere dimostrato per poter sostenere questa parte del capo di accusa contro di me: secondo i Pm di Brescia, cioè, io – dopo aver sollecitato per iscritto l'esecuzione della rogatoria tra l'ottobre e il novembre 94 – a ridosso delle mie dimissioni avrei fatto "una telefonatina" a Perraudin (io che non so parlare il francese, e Perraudin non

conosce l'italiano, ma questo fa niente, perché evidentemente, seguendo l'impostazione accusatoria, avremmo parlato "a gesti", ovviamente al telefono) per pregarlo di soprassedere, e lo avrei fatto perché sarei stato in possesso del potere divinatorio di intuire che, un paio di mesi dopo, Lucibello avrebbe deciso di far acquistare un appartamento a Pacini, e soprattutto che Pacini per pagare tale futuribile immobile avrebbe utilizzato un conto corrente di una società che aveva un altro conto corrente sul quale l'anno precedente Marziale aveva detto di aver pagato del denaro su indicazione di Cragnotti... Certo che ce ne vuole tanta di fantasia!

Ancora più incomprensibile è il collegamento che il Pm di Brescia fa tra il conto corrente "denominato 8000" e la Gde di D'Adamo, laddove si afferma che se non avessi revocato tale rogatoria avrei potuto accertare che «il conto "denominato 8000" [era] intestato alla società panamense Timor Overseas della quale Pacini era procuratore [e che tale] società [era] intestataria di altro conto presso la Karfinco, il conto 101338, tramite il quale Pacini aveva effettuato il finanziamento in favore di Antonio D'Adamo utilizzato per l'aumento di capitale della Gde». Non capisco: come avrei potuto, all'epoca, sperare di arrivare dalla Timor Overseas alla Gde di D'Adamo? I Pm di Brescia ci sono arrivati oggi, ma partendo a ritroso (ciò che noi allora non potevamo fare, né avevamo motivo di fare).

Ragioniamo. Per fare delle rogatorie estere bisogna indicare all'Ag straniera il reato per cui si procede, le prove o gli indizi che si hanno a disposizione, le persone incriminate e la "connessione" diretta tra ciò che si chiede (acquisizione di documentazione e/o individuazione dei beneficiari o titolari effettivi dei rapporti bancari) e ciò che per cui si procede (il reato, gli indagati, le prove). Io quale reato, quali indagati, quali prove avrei potuto presentare ai colleghi stranieri? Si badi bene, non solo a quelli svizzeri, ma anche e soprattutto a quelli lussemburghesi, giacché le operazioni finanziarie a favore del gruppo D'Adamo avvennero tramite quest'altro Stato, e il denaro a D'Adamo pervenne tramite la Keniston che addirittura aveva sede nelle Isole Vergini (ricordiamo i passaggi indicati nello stesso capo di imputazione: Keniston-Compagnie Européenne de Placement-Finampa-Eurodafin-

Sii-Gde). All'epoca nessuna richiesta di assistenza giudiziaria era proponibile per ricostruire i passaggi economici, come oggi è stato invece possibile fare nell'ambito di una diversa inchiesta per diversi fatti con diversi indagati. Insomma, se volessimo seguire l'Accusa in questa sua elucubrazione interpretativa, io (che sarei il corrotto) sarei stato corrotto affinché io stesso non investigassi su di me! In altri termini, non sarei accusato di corruzione se avessi investigato sulla mia asserita corruzione. Ecco, adesso ho capito cosa avrei dovuto, alla fin fine, fare: mi dovevo arrestare e autoincarcerare (senza sapere perché, peraltro!).

Infine – sempre secondo l'Accusa di Brescia – se non avessi revocato la rogatoria 37/94, avrei accertato che «detto conto era stato utilizzato da Pacini quale conto di transito di ingenti somme successivamente confluite in altri conti riferibili allo stesso Pacini nonché a terzi soggetti». Eh no! Qui non ci siamo proprio! Hanno mai sentito parlare gli inquirenti di oggi delle vicissitudini del cosiddetto "conto Protezione" che era in pratica un "conto di transito"? Nove anni di vana attesa per l'Ag italiana, attesa che si è sbloccata solo quando il titolare del conto, Silvano Larini, si convinse (anzi, venne convinto proprio da Di Pietro) a rivelare la sua titolarità e a collaborare con l'Ag dando il proprio consenso all'individuazione dell'operazione che cercavamo; esattamente quanto è accaduto oggi per Pacini, il quale dopo essere stato arrestato dall'Ag di La Spezia, ha deciso di rinunciare alle varie opposizioni e i suoi collaboratori svizzeri (Van der Poel, Brimayer, etc.) hanno deciso anch'essi di collaborare. Altri tempi, insomma, e maturazione dei rapporti fra Stati esteri in campo penale anche e soprattutto grazie ai collegamenti che furono stabiliti all'epoca di "Mani pulite".

E poi, ancora una volta, cosa vuol dire che avrei potuto «accertare che detto conto era stato utilizzato da Pacini quale conto di transito di ingenti somme successivamente confluite in altri conti»? Intendo dire: che reato è?! Si dirà: potevano essere somme provenienti da reato. Appunto: però anche le pietre sanno che *prima* bisogna individuare il reato per cui si procede, e *dopo* si può chiedere alle Ag estere di consegnare la documentazione bancaria relativa alla illecita transazione economica! Invece, secondo la Procura di Brescia, io e gli altri Pm del pool di Milano, all'epoca, con tutta quella carne al fuoco che avevamo, con tutti quei reati individuati verso i quali dovevamo cristallizzare le prove, con tutti quegli indagati su cui stavamo procedendo, dovevamo anche metterci a fare "indagini esplorative" senza sapere su chi e per cosa stavamo procedendo! Soprattutto senza essere in grado di indicarli ai colleghi svizzeri! Mi pare proprio che questa accusa sia fuori dalla realtà!

Si dirà ancora: certo, però avresti potuto scoprire qualcosa in più (o addirittura avresti scoperto sicuramente qualcosa in più), così come abbiamo fatto adesso noi investigatori di oggi. Certo, ma chissà quante altre cose in meno avrei accertato, rispetto a quelle migliaia di casi sui quali ho invece puntato la mia attenzione, se mi fossi messo a impiegare tutto il tempo a disposizione per investigare solo su Pacini tralasciando le altre migliaia di posizioni processuali che pure avevo sul tavolo; senza contare che poi, magari, avrei potuto lo stesso trovarmi sotto accusa per non aver investigato su quelle altre posizioni che avrei dovuto tralasciare...

Ma veniamo al merito della vicenda, che in definitiva è circoscritto a tre aspetti: 1) secondo l'Accusa, la rogatoria 37/94 sarebbe stata revocata; 2) tale revoca sarebbe stata fatta da me (seppure informalmente); 3) avrei fatto tale revoca per favorire Pacini. Nessuna delle tre proposizioni corrisponde al vero, sia nel senso che i fatti non stanno materialmente così, sia nel senso che io non ho mai operato intenzionalmente per revocare alcunché, men che meno la rogatoria 37/94. È da notare che, in sede di richiesta di rinvio a giudizio, la Procura di Brescia ha cercato di raddrizzare il tiro, spostando l'attenzione su una asserita – ma del tutto inventata – "revoca informale" della rogatoria, mentre nell'invito a comparire mi era stato contestato che la rogatoria 37/94 non sarebbe nemmeno stata fatta.

Nel capo di imputazione mi si contesta che io avrei «omesso di sviluppare investigativamente attraverso le rogatorie internazionali... che avrebbero in particolare consentito... di accertare che, contrariamente a quanto in merito dichiarato dal Pacini, la rimessa di FS 1.115.000, destinata (così come dichiarato da Sergio Cragnotti e Roberto Marziale) a Lorenzo Necci, era stata effettivamente accreditata il 22-1-91 sul conto con riferimento 8000 intrattenuto presso la Karfinco». Insomma, se ho ben capito, secondo la Procura di Brescia avrei volontariamente omesso – anzi, smesso – di investigare su alcuni rapporti economici (indicati a suo tempo da Cragnotti e Marziale alla Procura di Milano) intervenuti fra Pacini e Lorenzo Necci attraverso il "conto riferimento 8000". Se pure fosse avvenuta una cosa del genere (ma così non è, proprio per niente), la contestazione appare "troppo anzitempo", giacché sulla notizia di reato in questione non è mai intervenuta una richiesta di archiviazione, né da parte mia né da parte della Procura di Milano, e quindi i fatti raccontati da Cragnotti e Marziale sono ancora *sub judice* (tanto è vero che nel frattempo su questi stessi fatti l'Ag ha proceduto senza bisogno di alcuna riapertura di indagini). La contestazione è ancora una volta troppo e inspiegabilmente "personalizzata", giacché l'inchiesta su Pacini e sulle sue dichiarazioni venne portata avanti da tutto il pool "Mani pulite", e non solo da Di Pietro.

Contesto anche la "volontarietà" che la Procura di Brescia attribuisce alla mia supposta – ma inesistente – omissione: se pure avessi ritardato un qualche accertamento nel *mare magnum* delle indagini di "Mani pulite", nel senso che anche se avessi detto al collega svizzero di privilegiare altre rogatorie ritenute al momento più importanti, non vedo proprio come si possa sostenere che questo sia dipeso da un mio "dolo" specifico e non da circostanze del tutto diverse o addirittura esterne alla mia volontà (quali, per esempio: una diversa impostazione metodologica, o una dimenticanza, o un rinvio a un altro momento, o una diversa valutazione degli elementi allora conosciuti, o indirizzare le indagini di allora ad altre priorità investigative, e così via). Insomma, con il "senno del poi" non mi sembra proprio possibile sindacare – addirittura penalmente – le attività di un magistrato inquirente, altrimenti neanche la Procura di Brescia potrebbe dichiararsi esente da tale censura. A ogni buon conto e grazie a Dio, l'accusa di omissione di indagine per la vicenda Cragnotti-Necci è basata su presupposti di fatto totalmente inesistenti, e può essere "smontata" documenti alla mano.

La fantasiosa relazione del Gico

Tutta la vicenda trae spunto da una fantasiosa ricostruzione del Gico contenuta nella relazione n° 470 del 30-10-96 e poi riepilogata nella nota 404 del 5-11-97. Quest'ultima dà conto delle innumerevoli iniziative che attivai (interrogatori, rogatorie e quant'altro), le quali evidenziano come io all'epoca non avessi mai avuto neppure la più remota intenzione di occultare le pratiche o "evitare" le indagini: *altrimenti perché avrei svolto tutte quelle indagini incrociate* che sono riepilogate dallo stesso Gico (seppure parzialmente)?

L'organo di Pg, nonostante tutto questo, mostra di dar credito a talune spavalderie formulate da Pacini nel corso di suoi colloqui privati con i propri interlocutori (si vedano le intercettazioni 9 e 10 gennaio 96, la prima fra Pacini e Emo Danesi [18], e la seconda fra lo

---

[18] Cfr. intercettazione ambientale del 9-1-96 (ore 16.43-17.30), fra Pacini Battaglia e Emo Danesi:

Pacini: «Bisogna dire – tanto è bene che tu lo sappia – che in questa strategia, l'abilità vera è stata di Necci, ma un po' anche mia. Cioè quando Cragnotti disse... il famoso casino... perché noi abbiamo avuto un casino – io te l'ho spiegato... [*Omissis*] Allora, quando Cragnotti fece il famoso verbale, che ancora è alla Procura della Repubblica di Milano, Cragnotti disse: "Io ho avuto 6 miliardi da Maddaloni. Maddaloni non me li ha dati ma me li ha dati Pacini"... [*Ridendo*] Ti premetto che questa storia è tutta da ridere, come storia... perché oggi ho ancora... cioè in 5 minuti te la racconto, tanto non ci s'ha da parlare più di nulla. È tutta da ridere perché io porto Cragnotti all'aeroporto e gli dico: "Guarda che Di Pietro mi doman... m'ha domandato se ti ho dato quei soldi. Io ho detto di no ma te, quando ti interrogano, domani o domani l'altro, perché ti arrestano, te gli vai mica a dire che io t'ho dato 6 miliardi, per conto di Maddaloni!?!", "Pacini, sul mio onore non lo dirò mai!"... Non fece a tempo a entrare lì a San Vittore...».

Danesi: «Che l'aveva già detto».

P: «L'aveva già detto. Mi toccò, dalla Svizzera, con un aereo privato, arrivare a Milano e fare un interrogatorio in cui, con 10 minuti di differenza... Perché sennò ero... ero nel casino totale di... eh, con tutti loro, no?».

D: «Eh. E lui disse che li aveva presi...».

P: «Lui aveva avuto da me 6 miliardi... li aveva avuti da me. "Cosa ne ha fatto di questi 6 miliardi?", "Un terzo l'ho presi io, un terzo l'ho dati a Gardini e un miliardo l'ho dato a Necci... per ordine di Gardini". "E questo miliardo a chi l'ha dato?". "L'ho dato a Pacini... che Pacini lo desse a Necci perché era amico di Necci". A quel punto partì... stava partendo l'avviso di garanzia di... di...».

D: «Per Necci».

P: «Per Necci. Mi chiamò Borrelli».

D: «Mh... [*Incomprensibile*]».

P: «Tramite Di Pietro, mi chiamò e mi disse: "Senta Pacini, a noi han detto che a un personaggio importante a Roma lei ha dato un... Qui, ormai – dice – lo dicono tutti e quindi, guardi...". Io dissi: "Signor Procuratore, qui mi sembra matto [*parola non certa*]... sia chi l'ha detto, sia che cosa ha detto"».

stesso Pacini e tale Greco Vincenzo). Nel corso di quelle conversazioni Pacini da un canto si vantava di essere riuscito a far ottenere a Lorenzo Necci una inesistente "archiviazione" («Il discorso dell'archiviazione di Lorenzo l'ho fatto fare io, non l'ha mica fatto fare nessuno, gliel'ho fatto io»), e dall'altro lamentava il comportamento di Sergio Cragnotti, il quale, nonostante le sue raccomandazioni, aveva riferito alla Procura milanese – anzi a me personalmente – che la provvista di 5 miliardi era stata a lui procurata proprio da Pacini, così costringendo lo stesso Pacini a precipitarsi a Milano per fornire spiegazioni sul punto avendo in precedenza negato quella circostanza agli inquirenti («Allora quando Cragnotti fece il famoso verbale che è ancora alla Procura della Repubblica di Milano... non fece a tempo a entrare a San Vittore che l'aveva già detto... disse io ho avuto i 6 miliardi dal Maddaloni ma Maddaloni non me l'ha dati, me li ha dati Pacini... [sebbene io lo avessi in precedenza] incontrato all'aeroporto e gli [avessi detto]: "Guarda che Di Pietro m'ha domandato se ti ho dato 'sti soldi. Io ho detto di no. Te quando ti interrogano domani o domani l'altro perché ti arrestano... mica gli vai a dire che io t'ho dati sei miliardi per conto di Mad-

daloni?"... Mi toccò dalla Svizzera arrivare a Milano con un aereo privato e fare un interrogatorio»).

Già il Tribunale della Libertà di Brescia ha fatto giustizia dei sospetti del Gico affermando: «...Quale conferenza posseggano queste conversazioni in ordine a presunte responsabilità degli attuali indagati Di Pietro, Lucibello e D'Adamo Antonio a fronte di un ipotizzato reato di concussione ai danni del Pacini Battaglia che sarebbe stato costretto o indotto a corrispondere denaro al secondo e/o terzo per poter godere di un trattamento di favore da parte del Pm Di Pietro, è arduo al Collegio capire. Nessuno, a cominciare dai rapportanti per finire al Pm di questo Tribunale, ha mai offerto una interpretazione in chiave accusatoria di siffatte emergenze. Del resto, gli interlocutori non fanno alcuna menzione nelle conversazioni né del Lucibello, né del D'Adamo Antonio; al Di Pietro, poi, si accenna al solo fine di evidenziare che trattavasi di inquirente al quale il Pacini aveva raccontato una menzogna, menzogna che peraltro dallo stesso era stata subito scoperta». Ma il Gico di Firenze ha ritenuto di supportare le "spacconate" del Pacini con due supposti riscontri (in verità del tutto improponibili), e cioè il rapporto fra lo stesso Pacini e il brigadiere Scaletta (in forza alla Procura della Repubblica di Milano), e un intreccio di telefonate fra Lorenzo Necci e l'avv. Stella da una parte e l'avv. Dinoia e il mio ufficio dall'altra, intervenute il 19-11-93.

Secondo il Gico, infatti, vi sarebbe un nesso fra le ragioni per cui il brigadiere Scaletta frequentava il Pacini nel 96, e la supposta "copertura" dello stesso Pacini da parte mia. Dimentica però, quell'ufficio investigativo, che io ho lasciato il pool di Milano alla fine del 94 e che certamente nulla so, nulla posso sapere e per nessuna ragione al mondo posso aver avuto un ruolo nei contatti tra un ufficiale di Pg e il suo informatore (né prima né dopo le mie dimissioni). E poi scusate: se io fossi stato d'accordo con Lucibello e D'Adamo per favorire Pacini, che ragione c'era di mettere in mezzo Scaletta, e per giunta non per favorire Pacini ma per scoprire altri reati da costui commessi?

Con riferimento all'intreccio delle telefonate, nel rapporto del Gico c'è scritto: «Si evidenziano alcuni elementi utili in questo contesto. Già il 19-11-93, giorno dell'arresto di Cragnotti, si registra una telefonata fra Loren-

---

D: «Mh».

P: «"Io le dico che io non ho dato un miliardo a nessuno di Roma"... "Ma qui c'è la sua banca"... "Lei faccia una rogatoria e poi vedremo se la mia banca ha dato o non ha dato un miliardo di compenso a...". Dov'era il casino? Era che Cragnotti pagò il miliardo sulla mia banca senza numero di conto, per cui non... c'è nessuna rogatoria al mondo che ti può dire se dalla banca di un... di un posto... da una banca a un'altra, se è un compenso di banca o se è un bonifico su un conto».

D: «Non si son fermati, però».

P: «No».

D: «No».

P: «Io feci quest'interrogatorio... E, non ti dico, qui Della Corte mi cercava».

D: «Eh».

P: «Facevan tutti un casino dell'inferno. Io non volli vedere nessuno, perché... ero già... sapevo già che... allora, alla fine, Renzo arrivò e mi disse "Devo baciarti!"... Gli dissi: "Non ti far vedere, per carità... se è vero?... Ho detto che non è vero, non t'ho mai dato una lira. Per cui non mi rompere i coglioni"... [*Ride*] Da quel fatto lì segue... seguì che la gente raccontò, che insomma, noi... poi Renzo non l'ho potuto più frequentare, perché sennò di va... si dava adito a questo discorso... e si rimase che noi, per il mondo, era meglio... conoscerci in maniera leggera e non... con quest'accorgimento si riuscì a non...».

zo Necci e l'avv. Federico Stella alle ore 15.02, subito dopo l'avv. Dinoia contatta lo studio Stella e tre minuti dopo l'ufficio di Antonio Di Pietro, alle 15.08 il cellulare di servizio di Antonio Di Pietro, altra telefonata tra il Dinoia e Di Pietro alle ore 17.01»; insomma, l'equazione perversa prospettata dal Gico appare evidente: Necci avverte Stella, il quale avverte Dinoia, che a sua volta contatta Di Pietro. Peccato che i conti non tornino e che contro la matematica non siano possibili forzature di sorta: come è scritto nella relazione 30-10-96, Necci comincia a parlare al telefono con l'avv. Stella alle ore 15.02 e si intrattiene per 311 secondi; ciò vuol dire che la conversazione termina alle ore 15.07 circa; ma l'avv. Dinoia parla con il suo studio alle ore 15.03, e lo fa solo per 63 secondi: ciò vuol dire che quando Dinoia chiama il suo studio, Stella e Necci hanno appena incominciato a loro volta a parlare – e allora non ha alcun senso l'affermazione del Gico secondo cui «subito dopo l'avv. Dinoia contatta l'ufficio Stella e tre minuti dopo lo studio di Di Pietro». Il mio ufficio è stato contattato alle 15.06, per 52 secondi, e quindi la telefonata era già terminata quando Stella e Necci stavano ancora parlando. A proposito, hanno notato quelli del Gico che le tre telefonate dell'avv. Dinoia al mio ufficio registrate il giorno 19-11-93 (15.06, 15.08, 17.01), sono durate rispettivamente 52, 34 e 23 secondi?, per cui, più che una telefonata fra me e lui, si sarà trattato, più probabilmente, di tentativi di telefonata da parte dell'avv. Dinoia, con la segreteria dell'ufficio o del cellulare – avrà al massimo avuto il tempo per lasciar detto chi era! Perché il Gico non si è preso la briga di controllare quando è stato eseguito l'arresto di Cragnotti?, se lo avesse fatto, avrebbe "scoperto" che tale atto di Pg è avvenuto alle ore 16.30, come risulta dal relativo verbale, e cioè *dopo* le telefonate contestate!

Potrei fermarmi qui. Potrei cioè limitarmi a sottolineare la contraddittorietà e la fantasiosità della ricostruzione investigativa proposta. Siccome però resta il fatto che un certo giorno, e precisamente il 19-11-93, l'avv. Dinoia ha ritenuto necessario cercare di contattarmi, è forse il caso che, chi ne abbia voglia, ne conosca le ragioni. Ragioni tutt'altro che illecite, ma anzi doverose e necessitate. Due giorni prima, infatti, e precisamente il 17-11-93, un imprenditore che all'epoca era sottoposto a indagini

nell'ambito dell'inchiesta "Mani pulite", tale Romano Tronci, legale rappresentante della De Bartolomeis spa, si era presentato spontaneamente da me, accompagnato proprio dall'avv. Dinoia, per riferire di un gravissimo atto intimidatorio attuato alcuni giorni prima nei confronti di un impiegato della sua azienda lungo la statale Roma-Napoli, allorché venne bloccato da due individui che, con chiaro comportamento camorristico, lo avevano obbligato a mandare un messaggio estorsivo nei confronti del legale rappresentante dell'azienda; l'impiegato in questione, Giulio Brambilla – che pure venne accompagnato presso il mio ufficio, nello stesso giorno, dall'avv. Dinoia – confermava tale circostanza. Insomma in quei giorni era cominciata una delicata attività investigativa per cercare di bloccare e sorprendere in flagranza appartenenti alla criminalità organizzata che spadroneggiavano nel partenopeo. In un contesto simile, l'avv. Dinoia aveva fondati motivi di preoccupazione per l'incolumità dei suoi clienti e seguiva con apprensione l'evoluzione degli avvenimenti.

Per fortuna è già intervenuto il Tribunale della Libertà a fare giustizia anche su quest'altro versante, affermando nella sua ordinanza: «Le stesse conclusioni valgono per l'ulteriore e diversa circostanza segnalata dai finanzieri: che il giorno dell'arresto del Cragnotti (29-11-93) vi erano state telefonate tra il Necci, l'avv. Stella, l'avv. Dinoia, il quale ultimo aveva chiamato il Pm Di Pietro. Invero, non occorre spendere soverchie parole per ricordare come una telefonata, dal contenuto allo stato sconosciuto, tra un noto avvocato penalista del foro di Milano e un Sostituto della Procura della stessa città incaricato di plurime e importanti indagini appartenga, quand'anche esse abbiano avuto un qualche riferimento proprio al procedimento Cragnotti, al novero della normalità. Del resto, il Di Pietro oggi, dapprima nella memoria e quindi nelle sue dichiarazioni spontanee, ha fornito, allegando copiosa documentazione, molteplici elementi dai quali escludere una qualsiasi indebita condotta omissiva nel procedimento quantomeno a lui addebitabile, sicché ogni ipotesi, peraltro – lo si ripete – del tutto indeterminata nella sua fattualità e nella sua rilevanza penalistica, di comportamento illecito non potrebbe comunque essere ricondotta a responsabilità personali dell'attuale indagato».

Non entro nel merito della effettiva volontà di Pacini di adoperarsi per scagionare processualmente Necci; ma sostenere che ciò possa essere avvenuto che ciò possa essere avvenuto con il mio concorso e la mia acquiescenza è un'autentica ingiustizia! Ho già prodotto, fin dall'epoca del ricorso al Tribunale della Libertà, copiosa documentazione (e in particolare la richiesta di assistenza giudiziaria 37/94 del 14-2-94 all'Ag di Ginevra, e la richiesta di misura cautelare di Mario Maddaloni del 3-5-94) che dimostrava la mia incontrovertibile volontà e la mia piena determinazione nel cercare di scoprire chi si celasse davvero dietro il "conto riferimento 8000".

Però, prima di affrontare il merito della questione, esprimo una vibrata protesta per le "omissioni" nelle quali spesso gli investigatori del Gico (e anche il Pm di Brescia) incorrono quando si tratta di valutare gli elementi di prova agli atti: essi sono sempre molto attenti a "rimarcare" gli indizi asseritamente a mio carico, e sempre poco propensi a considerare quelli a "discarico". Né il Gico né il Pm bresciano, infatti, hanno mai spiegato la ragione per cui essi hanno ritenuto di non dare alcuna valenza probatoria a un'altra intercettazione ambientale, quella del 12-2-96, ore 9.51, nel corso della quale Pacini parla con una persona di nome Mario della vicenda di Necci-Cragnotti:

Pacini: «In fin dei conti lui, obiettivamente... fra me e lui... ci vediamo sempre di nascosto, ci... cioè, la nostra amicizia non è cambiata, né io, né lui, né il Maddaloni... ma fondamentalmente lui un po' di ragioni ce le ha perché la vera palla che lui ha addosso è la palla di Cragnotti. Sai che Cragnotti disse... che aveva avuto 6 miliardi da Maddaloni... E questa è su tutti gli interrogatori, perciò non è che tu la possa levare... Di questi 6 miliardi, dopo due anni – cosa che è tutta da raccontarsi – lui mandò a me un miliardo perché io lo dessi a Necci. Questo è l'interrogatorio del Cragnotti, no? E ha consegnato alla Procura di Milano tutti i documenti per questo discorso. Dov'è che Cragnotti ha detto delle grosse bugie? Che lui ha preso i 6 miliardi è vero; che lui li ha gestiti come gli pare e se li è messi in tasca è vero; che lui abbia voluto dire: "Un terzo a Gardini, un terzo a me e un miliardo a Necci", lui se l'è fatto come giustificazione per non entrare nella corruzione. E l'hanno aiutato a questa giustificazione! Questo miliardo che m'ha mandato... lui ha consegnato dei documenti di un bonifico non a Necci, ma dalla Banca Picté [*nome non certo*] alla Banca Karfinco, di un miliardo. Questo miliardo non c'entra nulla col povero Necci – se vuoi la verità – proprio non

c'entra nulla. Te lo dico da uomo. Perciò quando m'hanno interrogato ho detto che... era assurdo pensare che...».

Mario: «Ma lo puoi provare?».

P: «Beh, ecco il discorso mio. Questi soldi me li mand... me li hanno mandati per un pagamento in nero di un giocatore... di calcio. Io mi trovo un bonifico, senza giustificazioni, che non dica che sono per Necci. Cioè, hai capito che per me è dalla S.P... dalla Picté... dalla ... mhm... Pic...».

M: «Sì. No. Non hai... non... non c'hai il versamento che tu hai fatto a quel giocatore? No?».

P: «No, perché glieli ho dati in contanti. [*Pausa*] E lui... Cragnotti e Marzano gli danno la stessa giustificazione. È vero che Di Pietro ha creduto a me e non a loro, per cui Necci non ha avuto né l'avviso di garanzia, nulla, ma è altrettanto vero che è una dimostrazione... eh, eh, eh... quasi inesistente nella vita».

M: «Sì, sì, ma è la men...».

P: «Ci fecero... Ci...».

M: «È la menzogna del pazzariello, eh».

P: «Ci fecero lì il... il contro-interrogatorio. Io dissi com'era, ma... [*Pausa*]».

M: «Le prove non ci sono».

P: «Per cui devi dire che il povero Necci – di cui devo dire è ancora molto amico mio, logica... È molto amico mio anche perché se io avessi detto: "Necci, il miliar"... [*Ride*]!?! Ma era contro le mie nature, cioè non avrei detto mai del miliardo... – e il discorso è che lui... eh... Ma con tutto ciò, quando c'è qualche cosa sui giornali...!?!».

M: «Mh».

P: «Per cui, giustamente, lui dice: "È bene vederci raramente per non crearli"... per cui io con lui... in effetti, io non l'ho più... Lo vedo a Tarquinia [*Suono di citofono*] lo vedo ancora, ma non lo vedo nelle altre parti, insomma».

M: «Va beh».

Insomma, al di là delle valutazioni che si possono fare delle versioni di Pacini sul fatto che a Necci i soldi glieli abbia dati o meno (perché non è questo il processo per accertare se quanto da lui detto per telefono di Cragnotti sia vero o falso), è certo che questa volta Pacini non parla più di un aereo preso di corsa (quasi qualcuno possa averlo avvertito) per venire a fare dichiarazioni contrarie a quelle di Cragnotti, ma spiega che «quando mi hanno interrogato, ho detto che... questi soldi me li hanno mandati per il pagamento in nero di un giocatore... è vero che Di Pietro ha creduto a me... ci fecero il *controinterrogatorio*. Io dissi com'era... cioè non avrei detto mai del miliardo... è contro la mia natura». E allora, io che ho fatto solo il mio lavoro di verifica («il controinterrogatorio»), cosa c'entro? È provato o no che Pacini sosteneva anche con i suoi amici ciò che all'epoca sosteneva anche col Pm Di Pietro?

Le indagini sul cracker *di Brindisi*

Per chiarire i termini (giuridici e di fatto) della questione, bisogna riportarsi al complesso delle seguenti risultanze istruttorie acquisite a suo tempo dalla Procura di Milano.

In data 26-5-93 Pacini (facendo seguito alla sua disponibilità a collaborare con la Procura di Milano dichiarata davanti al Gip Italo Ghitti il 10-3-93) depositava una articolata memoria esplicativa nella quale riepilogava i rapporti «avuti con società del gruppo Eni e con esponenti politici al fine di ricostruire complessivamente il ruolo da me svolto nei fatti in cui sono stato processualmente coinvolto»; in particolare, nella memoria Pacini indicava sommariamente i rapporti economici intervenuti con la Saipem Uk (società del gruppo Eni), e in questo ambito asseriva di aver ricevuto «un milione di dollari per un lavoro effettuato dalla Saipem per la Tpl a Brindisi». Nel corso dei mesi successivi, sia io sia i miei colleghi Davigo, Colombo e Greco ci attivammo nei vari filoni di indagine scaturiti dal complesso delle informazioni fornite da Pacini con la memoria in questione.

Per quanto riguarda la vicenda del reperimento della provvista di 5 miliardi e della sua distribuzione, è bene precisare da subito che – stando alle carte processuali – essa *non sarebbe stata introdotta per la prima volta* nel fascicolo processuale da Sergio Cragnotti nell'interrogatorio del 29-11-93; essa cioè – sempre stando alla lettura delle carte processuali – venne portata a conoscenza della Procura di Milano da Roberto Marziale in sede di interrogatorio del 10-11-93 reso davanti al Pm Francesco Greco. Infatti, il giorno 9-11-93 l'intero pool di Milano (Di Pietro, Greco, Colombo, Davigo) aveva presentato al Gip una richiesta di misura cautelare nei confronti di Sergio Cragnotti per il reato di falso in bilancio della Montedison nella quale lo stesso Marziale veniva indicato come complice. Per inciso, e con riferimento alle modalità con cui all'epoca venivano "gestiti" gli indagati di "Mani pulite", i suddetti due interrogatori, unitamente al precedente del 15-10-93 (nel quale peraltro Marziale nulla aveva detto in merito alla vicenda del *cracker* di Brindisi), sono la riprova della

pratica della "presentazione spontanea" all'epoca in uso non solo da parte mia (come impropriamente mi sono sentito contestare dal Pm di Brescia) ma anche dagli altri esponenti del pool. Se la data dell'interrogatorio di Marziale (10-11-93) è veramente quella esatta, avremmo che lo stesso Marziale si era presentato spontaneamente al dott. Greco nel momento in cui si rese conto che il cerchio investigativo si stava chiudendo intorno a lui (evidentemente a causa di informazioni personali, giornalistiche o forensi), preceduto dalla documentazione bancaria prodotta dal suo difensore; se invece tale data non fosse esatta perché il collega Greco ha sbagliato a "copiare il file", non cambierebbe proprio nulla nell'economia dell'odierno procedimento penale.

A questo proposito, devo aprire una finestra e rispondere – per l'amore di Dio, bastano poche righe! – alla mole di indagini, al "mega rapporto" e ai faldoni di inutili fotocopie effettuate dal Gico di Firenze per dimostrare che in realtà il verbale di interrogatorio di Marziale, apparentemente datato 10-11-93, in realtà doveva avere una data diversa, e sicuramente successiva al 29-11-93, giorno in cui Cragnotti riferì a verbale della vicenda Necci per il *cracker* di Brindisi e probabilmente in data 10-12-93. Insomma, il dott. Greco – stando alla ricostruzione effettuata dal Gico – avrebbe sì interrogato Marziale due volte il giorno 10, ma una volta a novembre 93 e un'altra a dicembre; e quella in cui parlò della provvista dei 5 miliardi avvenne a dicembre e non a novembre, come da me sostenuto.

Ora, anzitutto debbo esprimere la mia indignazione per la volgare accusa di "false dichiarazioni" che il Gico rivolge a me nel ricostruire la vicenda dei verbali. È ovvio che io abbia ricostruito i fatti sulla base dei documenti che sono riuscito a reperire negli atti, e non per quelli che potevano essere i miei ricordi di allora, anche perché l'interrogatorio di Marziale del 10-12-93 (o 10-11-93 che dir si voglia) non venne effettuato da me ma dal collega Greco (stiamo parlando di un fatto insignificante per l'inchiesta "Mani pulite", trattandosi della copiatura di un file avvenuta 5 anni addietro). Ma davvero si può credere che io possa ricostruire oppure essermi messo a fare il controllo delle date che stanno scritte sui verbali? E perché il Gico fa tali controlli solo su alcuni atti dei fascicoli e non su altri?

Avrebbe per esempio scoperto che anche i Pm di Brescia a volte hanno sbagliato nel mettere la data, magari omettendo l'anno!

Si esaminino ad esempio le pagg. 18-19 dell'annotazione 296 del 12-8-98 [19]: esse contengono delle allusioni che costituiscono una gravissima lesione del diritto della personalità di ciascuno perché non tengono affatto conto dell'elemento soggettivo di chi nel riferire i fatti parte da "presupposti documentali" (nella fattispecie il verbale datato 10-11-93 fatto dal dott. Greco a Marziale) che per definizione sono quelli che fanno fede. Ma forse, a ben vedere, questo modo settario, velleitario e "finalisticamente" teso sempre e solo a cercare non la verità oggettiva bensì "l'accusa a tutti i costi" è la riprova di quell'accanimento investigativo da resa dei conti che il Gico di Firenze sta cercando di portare avanti contro di me e la Procura di Milano dai tempi dell'Autoparco e della vicenda Cattafi della quale hanno ampiamente riferito il Procuratore Capo di Milano e i Pm Aniello e Nobili. Mi spiace anche dover constatare che il Pm di Brescia, cui pure spetta la direzione e il coordinamento delle indagini, permetta ai suoi collaboratori di "scorazzare" in indagini che nulla hanno a che fare con l'ipotesi di reato per cui si sta investigando. Affinché sia più chiaro il mio pensiero, vorrei capire cosa c'entrino con la storia processuale di questa inchiesta a mio carico le pagine spiegate nell'annotazione 296 del 12-8-98 per ricostruire il flusso telefonico con Romanelli-Glaxo: c'è o no, in quelle pagine, solo maliziosità allo stato puro? Perché i Pm bresciani permettono tali derive investigative?

E ancora: ritengono davvero i grandi investigatori di oggi che si possa contestare a un Pm, il quale stava operando contemporaneamente su qualche migliaio di posizioni processuali, che «gli interrogatori conseguenti [alle dichiarazioni di Cragnotti] risultano eseguiti ben 10 giorni dopo... e la rogatoria "oltre due mesi dopo"» [20]. Insomma, siamo davvero al

---

[19] Cfr. relazione Gico n° 296 del 12-8-98, nella quale si legge: «In merito alle succitate preordinate dichiarazioni spontanee contrarie al vero, al fine di una più precisa valutazione della personalità dell'indagato, si riporta uno stralcio della requisitoria che il dott. Antonio Di Pietro, in veste di Pm, ha svolto nel processo a carico di Sergio Cusani (giorno 22-4-94): "Ed è qui allora un'altra chiave di lettura sulla personalità di Cusani. Quando nel marzo del 93 il fiato della Procura della Repubblica arriva sulla Montedison, un dato di fatto è certo: inizia l'attività di Cusani per inquinare le prove. Cusani ha inquinato le prove. È certo che le ha inquinate le prove. Innanzitutto perché ha fatto sparire 63 miliardi direttamente da quei conti. In secondo luogo perché? Perché dobbiamo stabilire un principio: una cosa è il diritto a mentire e a tacere, altra cosa è l'inserimento predeterminato, preordinato in un'attività istruttoria per far deragliare il treno dell'istruttoria. L'istruttoria va avanti – l'indagine preliminare andava avanti prima e l'istruttoria dibattimentale andava avanti e Cusani ha esercitato il suo diritto dicendo: 'Non intendo rispondere', quando è stato chiesto di essere interrogato. Questo è un suo diritto. Poteva anche dire: 'Intendo rispondere' e dire: 'La luna è quadra', era un suo diritto. Nessuno gli ha chiesto di fare dichiarazioni spontanee, ma se si mette a fare dichiarazioni spontanee menzognere, vuol dire spontaneamente determinarsi a intervenire sul treno dell'istruttoria per cercare di farlo deragliare. Allora non è soltanto un esercizio del diritto di difesa, non è soltanto un esercizio del diritto di mentire e di tacere: è un intervenire capziosamente, fraudolentemente per cercare di fare diventare bianco ciò che invece è nero. Lui ha diritto di mentire, per l'amore di Dio! Però se lo fa spontaneamente, come sua scelta e non perché interrogato, se spontaneamente viene a mettere i bastoni fra le ruote nell'istruttoria perché vuole far risultare diversa una circostanza rispetto alla realtà, *questo si chiama "inquinamento probatorio"*, non è solo diritto di difesa perché non lo esercita nel momento in cui viene interrogato: lo esercita in un'attività sua, spontanea, di inserimento, intervento preordinato a sviare le indagini... Stia zitto o parli: parli quando viene interrogato, rilasci le dichiarazioni spontanee che vuole, nel momento in cui vuole, quanto vuole. Però deve sapere che se spontaneamente viene a mischiare le carte in tavola, *questo vuol dire attività di inquinamento probatorio, questo vuol dire attività esercitata da un soggetto che è pericoloso socialmente...*».

[20] Si legge a pag. 22 dell'annotazione Gico n° 296 del 12-8-98: «Come più volte evidenziato, il dott. Di Pietro, immediatamente dopo gli interrogatori eseguiti e sulla base degli elementi acquisiti, inoltrava specifiche richieste di assistenza giudiziaria alle Ag estere competenti al fine di acquisire presso gli istituti bancari interessati la documentazione utile all'attività di indagini. Nel caso specifico il Cragnotti e il Marziale avevano fornito sufficienti riferimenti circa la ricezione e ridistribuzione dei 6 milioni di franchi svizzeri elargiti dalla Tpl, anche con riguardo all'accreditamento di quota parte di tale somma alla Karfinco. La richiesta veniva inoltrata oltre due mesi dopo (14-2-94)... in relazione ai tempi di esecuzione dell'attività di indagini conseguente alle dichiarazioni del Cragnotti, così come prospettate dal dott. Di Pietro – non dimenticando, peraltro, che secondo quanto asserito dallo stesso dott. Di Pietro le prime dichiarazioni in merito alla vicenda *cracker* di Brindisi erano state rese dal Marziale già il 10-11-93: "Ho provveduto immediatamente ad acquisire la versione delle persone che – secondo lo stesso Cragnotti – avevano partecipato all'operazione o comunque potevano avere conoscenza della stessa. In pochi giorni interrogai o feci interrogare i legali rappresentanti della Tpl,

colmo: 10 giorni fra un interrogatorio e l'altro con i tempi necessari per la convocazione e con le altre mille emergenze in corso sono, per il Gico di Firenze, sintomo di una mia "svogliatezza" nel portare avanti le indagini!? E poi cosa si vuol sostenere con ciò? Che io abbia tardato 10 giorni per favorire in tal modo Pacini? E in che cosa sarebbe consistito questo favore? Ecco perché insisto nel dire che il Gico di Firenze ha operato non con un occhio "neutrale" come era suo dovere, e che il Pm di Brescia l'ha lasciato fare troppo arrendevolmente (ha lasciato appunto "scorazzare" quelli del Gico nelle loro malevole elucubrazioni non ancorate alla realtà).

Veniamo ora al merito del verbale di interrogatorio di Marziale datato 10-11-93: se cioè fosse vero che la data effettiva dell'interrogatorio fosse il 10-12-93 – e potrebbe esserlo, giacché potrebbe essere successo che il dott. Greco, allorché sentì a dicembre Marziale, potrebbe aver copiato l'intestazione del file del mese prima che aveva nel computer [21]. Questa nuova realtà processuale paradossalmente *avvantaggerebbe* ancora di più la mia versione dei fatti e non la smentirebbe, giacché:

• dimostrerebbe, da una parte, che fui proprio io a scoprire e verbalizzare *per primo* – attraverso le dichiarazioni a me rese da Cragnotti il 29-11-93 – che vi erano 5 miliardi di lire distribuite per la vicenda *cracker* di Brindisi, e questo dovrebbe allontanare ancora di più il sospetto che io potessi fare da copertura a qualcuno;

• evidenzierebbe, dall'altra, che – quando Greco il successivo 12 dicembre interrogò Marziale – anche lui aveva ormai a disposizione le informazioni già a questo punto riversate negli atti da Cragnotti, con l'ulteriore conseguenza di evidenziare ancora una volta come

la posizione assunta dalla Procura di Milano con riferimento alla vicenda fosse (e in effetti era) *condivisa* da tutti. In altri termini, seguendo l'impostazione accusatoria dei Pm di Brescia, e preso atto che Marziale, per spiegare meglio come stessero le cose, dovette essere riascoltato da me il 23-12-93: perché non è stato contestato al Pm Greco di non aver fatto lui le domande che poi feci io a Marziale? Come si vede, ancora una volta siamo di fronte a "due pesi e due misure", alla faccia del principio della obiettività con cui devono essere svolte le indagini!

Indagini che, comunque, anche se condotte con un'ottica così parziale, non hanno tolto nulla di sostanziale alla validità della ricostruzione da me operata il 17-4-98. Vennero redatti dal collega Greco più verbali di interrogatori prima del mio intervento su Marziale, avvenuto in data 23-12-93, allorché effettuai il cosiddetto "interrogatorio di ripasso". Nei confronti di Cragnotti, il Gip dott. Ghitti emise il provvedimento restrittivo in data 16-11-93. Egli venne interrogato dal collega dott. Greco in data 19-11-93 e in data 22-11-93: in entrambi i casi, nulla riferì sulla questione dei 5 miliardi per il *cracker* di Brindisi. Cragnotti venne interrogato anche dal Gip in data 20-11-93, ed è in questa occasione che per la prima volta fece riferimento al *cracker* di Brindisi, e lo fece *non per coinvolgere Necci, ma per scagionarlo e per scagionarsi*: «A metà giugno 90 Gardini ritenne di ripartire con il progetto di potenziamento di Brindisi, quando aveva acquisito di fatto il cinquantuno per cento dell'Enimont... fui io in esecuzione delle indicazioni di Gardini e non essendovi più Necci a dare disposizioni per la ripresa dei lavori e per la revisione dei termini contrattuali unitamente all'ing. Cimoli... fra le imprese che si occupavano dei lavori vi era la Tpl... non essendo un tecnico non ero né sono in grado di capire se i costi potevano nascondere dei sovrapprezzi senza causa».

Questa ricostruzione dimostra già di per sé che quanto affermato da Pacini nella conversazione ambientale intercettata il 9-10 gennaio 1996 è semplicemente una vanteria non supportata da dati reali; oltre ad aver sostenuto con il suo interlocutore di essersi adoperato per una archiviazione a favore di Necci che invece non è mai avvenuta, Pacini si era lamentato del fatto che Cragnotti «non fece a tempo

---

Mario Maddaloni, Lionello Sebasti e Pietro Tradico, nonché Roberto Marziale e Pacini Battaglia"; in effetti i primi interrogatori conseguenti, svolti peraltro dal brigadiere Salvatore Scaletta, risultano eseguiti ben 10 giorni dopo le dichiarazioni del Cragnotti e ben un mese dopo le dichiarazioni che, secondo la versione del Dott. Di Pietro, aveva reso il Marziale sul tema».

[21] Auguro al Pm dott. Greco che non capiti anche a lui di dover rispondere dell'accusa di falso ideologico come è capitato ingiustamente a me nel recente passato, sempre da parte della Procura di Brescia.

a entrare a San Vittore che... disse io ho avuto i 6 miliardi dal Maddaloni ma Maddaloni non me li ha dati, me li ha dati Pacini... sebbene io l'avessi in precedenza incontrato in aeroporto e gli avessi detto: "Guarda che Di Pietro m'ha domandato se ti ho dato 'sti soldi. Io ho detto di no. Te quando ti interrogano domani o domani l'altro perché ti arrestano... mica gli vai a dire che io t'ho dati sei miliardi per conto di Maddaloni?"... Mi toccò dalla Svizzera arrivare a Milano con un aereo privato e fare un interrogatorio». Invece, come abbiamo visto, Cragnotti all'inizio si guarda bene dal coinvolgere Necci.

È solo con l'interrogatorio del 29-11-93 reso davanti a me, che Cragnotti introduce la storia della "intermediazione economica" relativa alla vicenda del *cracker* di Brindisi, affermando che i contatti tra la Tpl e l'Enimont per la realizzazione di questo impianto vennero intessuti dall'avv. Necci, il quale – dopo avergli presentato Pacini – dapprima lo avrebbe informato che sarebbe stato lo stesso Pacini a far arrivare la provvista dei 5 miliardi, e poi gli avrebbe dato le istruzioni necessarie per l'accreditamento presso la Karfinco della quota di competenza dello stesso Necci. Anche l'interrogatorio del 29-11-93 di Cragnotti altro non è che uno degli "interrogatori di ripasso", tanto è vero che, leggendo i tre verbali precedenti – sostanzialmente sommari e riassuntivi – e confrontandoli con quello reso davanti a me (di complessive 48 pagine), ci si può facilmente rendere conto che le questioni trattate sono le stesse e che io mi occupai più che altro di "ripassare", appunto, le dichiarazioni già rese agli altri colleghi per svilupparne i contorni, formulare le contestazioni e focalizzare meglio le questioni. A proposito: ma io non dovevo essere quello che nel novembre 93 era impegnato a favorire Pacini perché stava finanziando D'Adamo e perché a D'Adamo nel suo salotto gli avrei detto di pensare a me se gli avanzavano un po' dei soldi avuti da Pacini? E allora perché mi sarei messo a raccogliere per la "terza" volta le dichiarazioni di Cragnotti?

In data 3-12-93 Sergio Cragnotti veniva riascoltato dal mar.llo Diodati della Guardia di finanza su mia delega per ulteriormente specificare alcune questioni rimaste in sospeso, e in tale occasione produceva la documentazione bancaria estera relativa alla "gratifica" ricevuta da Gardini per il *cracker* di Brindisi sul conto n. 456.118.01 V a favore di Anarca Investments Nv acceso presso la Ubs di Losanna. Al fine di riscontrare le dichiarazioni di Cragnotti, ho provveduto subito ad acquisire la versione delle persone che – secondo lo stesso Cragnotti – avevano partecipato all'operazione o comunque potevano avere conoscenza della stessa. In pochi giorni interrogai, o feci interrogare, i legali rappresentanti della Tpl Mario Maddaloni, Lionello Sebasti e Pietro Tradico, nonché Roberto Marziale e Pacini; se infatti costoro avessero confermato l'ipotesi accusatoria del Cragnotti e soprattutto avessero indicato una "causale penalmente rilevante" in relazione alla vicenda dei 5 miliardi per il *cracker* di Brindisi, avremmo potuto senz'altro indugio procedere nei confronti di Lorenzo Necci con la solita determinazione e il consueto rigore. Il 9-12-93 ho interrogato sia Mario Maddaloni sia Lionello Sebasti, e il 17-12-93 ho interrogato Pietro Tradico: nessuno dei tre ha accusato di alcunché Necci, come si può constatare dai relativi verbali, e per quanto riguarda il ruolo di Pacini, la sua posizione è stata descritta come quella di un banchiere che prestava dei soldi poi successivamente restituiti con normali operazioni bancarie; di più: Maddaloni ha escluso che Necci fosse il beneficiario di questo denaro e anzi ha riferito di non avergli nemmeno mai parlato del pagamento a favore di Gardini effettuato dalla Tpl. Marziale, a sua volta, riascoltato il 23-12-93, nel confermare e ulteriormente precisare l'operazione contabile attuata per conto di Cragnotti ha escluso di conoscere il nominativo del reale «beneficiario riferimento conto 8000». La stessa cosa fece Pacini, interrogato il 14-12-93, sostenendo che, se ciò fosse capitato, si sarebbe trattato per la Karfinco di una normale operazione di banca non avvenuta su suo interessamento; ha comunque escluso che detto denaro potesse essere stato da lui incamerato per conto di Necci.

A questo punto è necessario rispondere a un'altra acrobazia investigativa del Gico riportata nell'annotazione 296 del 12-8-98, e mi riferisco alle ipotesi avanzate secondo le quali: a) Pacini potrebbe essere stato "informalmente" interrogato anche in data 30-11-93 se non da me quantomeno da qualcuno del mio ufficio; b) l'interrogatorio di Pacini del 14-12-

93 in realtà sarebbe stato preceduto da un altro, avvenuto il giorno prima (13-12-93) in qualche modo occultato o fatto sparire.

Cominciamo da quest'ultima contestazione. Non è vero che io abbia compilato, redatto, effettuato o sottoscritto un interrogatorio di Pacini che sarebbe avvenuto il 13-12-93. Il Gico dovrebbe smetterla di contestare a me (e solo a me), per una sorta di responsabilità oggettiva, fatti eventualmente commessi da altri. È lo stesso Gico, infatti, a riconoscere che il 13-12-93 io non ho sottoscritto alcun atto di interrogatorio, riportando quanto riferito dall'allora maresciallo Scaletta: «Ritengo di poter affermare che il 13-12-93 io abbia iniziato a sentire Pacini, in presenza dei suoi due difensori, predisponendo una bozza di verbale, in attesa che comparisse il Pm dott. Di Pietro. Probabilmente a causa di qualche impedimento, il dottore non è potuto intervenire e per tale ragione, atteso che in quella occasione io non avevo una delega per poter procedere autonomamente all'interrogatorio di Pacini, la mia attività (che era propedeutica all'intervento del dottore) si è necessariamente conclusa senza che l'atto venisse formalizzato».

Insomma, siamo al noto problema per il quale già la Procura di Brescia si è data tanto da fare per sostenere che la "predisposizione" di bozze di interrogatori da parte di ufficiali di Pg poi "ripresi" e "novati" da me (e da altri magistrati del pool) potessero costituire dei "falsi ideologici"; la vicenda nel suo complesso è nata ed è stata sviscerata nell'ambito del p.p. n° 2409/95 Pm, 548/96 dell'Ag di Brescia conclusasi con il mio proscioglimento (e quello di tutti gli altri coindagati): per far fronte alla miriade di interrogatori che quotidianamente dovevamo effettuare, li facevo "abbozzare" dagli stessi da ufficiali di Pg, alla presenza dei difensori degli indagati, e poi, previa rilettura d'insieme, precisazioni e – se necessario – nuove contestazioni, tali verbali venivano firmati, rinnovandoli quindi, da noi Pm e dagli interessati alla nostra presenza, unitamente a quella dei loro difensori.

Certamente non ricordo nulla del fatto in concreto (grave, semmai, sarebbe il contrario!), ma potrebbe benissimo essere capitato che anche nel caso dell'interrogatorio di Pacini del 14-12-93, esso sia stato preceduto dalla stesura di una bozza effettuata il giorno prima. Ma ancora una volta, se ciò fosse avvenuto, io

che c'entro? Io ho interrogato Pacini sicuramente il 14-12-93, e sicuramente ho compilato il verbale. Se poi si vuole sostenere che anch'io ero d'accordo con gli altri (Scaletta), perché si incrimina solo me? E poi d'accordo su che cosa? Non dimentichiamo che stiamo discutendo dei "favori" che avrei fatto a Pacini per fargli finanziare D'Adamo. Che "favore" è quello di far *venire due volte* in Procura una persona perché nel frattempo il Pm che aveva firmato l'interrogatorio non era più disponibile? Al riguardo faccio notare che è lo stesso Gico a evidenziare come il contenuto della bozza di interrogatorio del 13-12-93, e soprattutto la documentazione allegata, fosse identica a quella dell'interrogatorio del 14-12-93: e allora, perché il semplice spostamento della verbalizzazione di un giorno viene indicato come il "sintomo" di una mia dolosa attività favoritaria nei confronti di Pacini? Si poteva pensare diversamente se ci fossimo trovati con allegati diversi, ma con gli stessi allegati! Insomma, la questione che pongo è sempre la stessa: si sta facendo un'indagine per accertare supposti favori da me fatti a Pacini, o si sta facendo un'indagine sull'inchiesta "Mani pulite"?

In conclusione, per questa prima parte dell'accusa (l'interrogatorio di Pacini del 14-12-93 sarebbe stato preceduto da un altro rimasto in sospeso per la mia assenza al momento della firma), c'è solo da rilevare che essa non aggiunge nulla all'ipotesi accusatoria che mi viene rivolta: riguarda solo una metodologia di verbalizzazione degli interrogatori già altre volte sottoposta al vaglio del giudice penale proprio dai Pm di Brescia, ed è stata ritenuta sia dal Gip sia dalla Corte di appello di Brescia un fatto penalmente insussistente. Quanto poi all'ipotesi che Pacini potesse essere stato interrogato anche il 30-11-93, questa è per l'appunto solo un'azzardata ipotesi: sia per il fatto in sé (cioè se veramente tale interrogatorio abbia avuto luogo o meno, circostanza indimostrata), sia per l'arbitraria attribuzione a Di Pietro di tale ipotetico interrogatorio. Se proprio Pacini è venuto in Procura il 30 novembre 93, perché mai avrebbe dovuto essere proprio per un interrogatorio, e proprio condotto da me e non da un altro Pm del pool? Gli stessi ufficiali del Gico danno atto che io quel giorno ero impegnato (sia di mattina, sia di pomeriggio) in un'udienza dibattimentale del "processo Cusani", e quindi, privo come sono del dono dell'ubiquità, non posso aver fatto due cose nello stesso tempo! D'altronde, se alla data del 30-11-93 Pacini fosse stato sentito in Procura in relazione a quanto il giorno prima aveva detto Cragnotti a proposito del *cracker* di Brindisi, e se io fossi stato d'accordo con Pacini nel voler scagionare Necci, c'era una ragione in più per mettere subito a verbale le dichiarazioni liberatorie di Pacini senza dover aspettare un'altra ventina di giorni con il "rischio" che qualche collega si appropriasse lui dell'indagine (a meno che non si voglia sostenere che fossimo tutti d'accordo!).

La verità, stando alla lettura degli atti del Gico (perché francamente per me è impossibile ricordare fatti così marginali accaduti 5-6 anni addietro), appare molto più banale: Pacini doveva preparare una memoria per la questione "Nuovo Pignone", e potrebbe essersi recato dal suo difensore piuttosto che in Procura per preparare la propria linea difensiva. Oppure potrebbe essere accaduto che qualche Pm (o ufficiale di Pg delegato) – non necessariamente io, comunque – lo abbia convocato in Procura (e in questo caso la convocazione sarebbe sicuramente precedente alle stesse dichiarazioni di Cragnotti del giorno prima) e poi l'atto istruttorio potrebbe essere "saltato" per sopravvenuti impegni degli operanti. Oppure, ancora, potrebbe essere accaduto che Pacini si sia presentato spontaneamente in Procura per ribadire i fatti relativi al "Nuovo Pignone" ma che non abbia trovato alcun Pm disponibile ad ascoltarlo (è bene ricordare che già nel precedente mese di settembre si era recato dai colleghi Greco e Colombo per depositare le contabili *closing* poi risultate contraffatte). Insomma, quand'anche fosse vero che Pacini venne in Procura il giorno 30-11-93, non v'è dubbio che – se ci fosse venuto per la vicenda *cracker* di Brindisi – l'interesse della Procura (sia che si volesse favorire Necci, come assurdamente ritengono i Pm di Brescia, sia che avessimo voluto chiudere il cerchio intorno a lui), era uno e uno solo: interrogarlo e verbalizzare subito le sue dichiarazioni; se ciò non è avvenuto, evidentemente non è stato possibile procedere. E tuttavia ripeto: perché questa questione viene rivolta *proprio* e *solo* a me, che il 30-11-93 sono stato tutto il giorno in dibattimento? E ancora: se avessi voluto favorire Necci per conto di Pacini, perché avrei

proceduto a effettuare tutti quei riscontri (interrogatori di coimputati e rogatorie) che poi ho effettuato?

Proprio a questo proposito non resta che tornare alla disamina delle carte processuali. Al riguardo è facile rilevare che le dichiarazioni di Cragnotti del 29-11-93 non potevano costituire da sole sufficienti indizi per accusare Necci poiché – oltre alla difficile qualificazione giuridica dell'operazione (di cui meglio dirò in seguito) – Cragnotti aveva riferito che i 5 miliardi incamerati da Gardini erano stati spartiti in tre parti uguali tra lui, Necci e lo stesso Gardini. Invece, come vedremo, vi era stato un "quarto prenditore" al quale era stata assegnata la somma di 250.000 dollari, e inoltre la spartizione della residua somma non avvenne affatto in modo paritario (1/3 ciascuno, riferiva Cragnotti) ma al beneficiario del "conto riferimento 8000" veniva accreditata all'incirca la metà della somma incassata da Gardini e Cragnotti. Decisi allora di far riascoltare nuovamente – e per l'ennesima volta – Sergio Cragnotti proprio ed esclusivamente per la vicenda del *cracker* di Brindisi: l'interrogatorio (del quale il Pm bresciano non mi pare abbia avuto finora possibilità di apprezzarne in pieno la portata) avvenne il 18-12-93 da parte del brigadiere della Gdf Nazario Pacilli, e anche nell'occasione gli iniziali sospetti nei confronti di Necci si diradarono ulteriormente proprio a causa della vacuità delle risposte di Cragnotti:

Domanda: «Perché Gardini ritenne di sdebitarsi con lui [Necci] accreditandogli una quota dei 5 miliardi?».

Risposta: «Non trovo spiegazione al fatto che Gardini decise di accreditare una certa somma di denaro a Necci, in relazione al *cracker* di Brindisi, se non quella relativa alle attività genericamente svolte da Necci nell'ambito Enimont».

D: «Le risultano delle cointeressenze di Necci nella Tpl?».

R: «No, assolutamente».

D: «Risulta all'ufficio che la somma di L. 5 miliardi è stata accreditata in data 27/9/89, mentre la suddivisione (tra Gardini, Cragnotti e Necci) sarebbe avvenuta solo nei primi mesi del 91 e in un'epoca in cui sia Necci che Cragnotti non rivestivano alcuna carica all'interno di Enimont. Ciò premesso, sa dare una motivazione alle date e sa altresì indicare una causale per tali altre gratifiche?».

R: «I 5 miliardi di lire di cui sopra... erano di pertinenza esclusiva di Gardini. Non so come mai Gardini abbia deciso di distribuire tale somma tra lui, me e Necci soltanto nei primi mesi del 91... la somma a me destinata è da considerarsi come gratifica in merito alle mie attività svolte in Enimont non esclusivamente in relazione al *cracker* di Brindisi».

Cragnotti, inoltre, nel corso di questo interrogatorio precisò, con riferimento alla causale complessiva del versamento di 5 miliardi da parte di Maddaloni, che essa non era da considerarsi esclusivamente come corrispettivo per l'appalto del *cracker* di Brindisi ma più genericamente «in relazione ai futuri rapporti tra Tpl e i gruppi Enimont o Ferruzzi». Peraltro, anche a rileggere le odierne dichiarazioni di Cragnotti, non mi pare che – se anche avesse detto allora le stesse cose – si potesse andare molto oltre. Anzi, è bene – a questo punto – riepilogare quanto ha dichiarato Cragnotti al Gico il 13-11-96 [22], laddove egli precisa che:

a) non risponde al vero che prima del suo arresto Pacini lo avesse incontrato all'aeroporto per raccomandargli di tacere in ordine al versamento da Maddaloni a Gardini; b) è vero invece che una tale richiesta gli venne fatta da Pacini nel luglio 96; c) all'epoca in cui fu arrestato, Necci non aveva alcun motivo per preoccuparsi, giacché egli venne arrestato per fatti completamente diversi rispetto a quelli che potevano interessare Necci; d) anche dopo il suo arresto, avendo avuto modo di incontrare Necci, questi negò sempre di aver ricevuto soldi che lui aveva spedito tramite Pacini su ordine di Gardini.

A questo punto le indagini vennero a trovarsi in una situazione di stallo: da una parte Cragnotti che indicava in Necci il beneficiario di una parte della provvista di 5 miliardi ma non sapeva darne una spiegazione penalmente rilevante, e dall'altra gli asseriti correi che negavano o disconoscevano la circostanza; in mezzo il defunto Gardini (l'unico che avrebbe potuto chiarire come in realtà stessero le cose) che ormai non poteva dire più nulla. Decisi allora di cambiare strategia; anzi, lo decidemmo di comune accordo io, Davigo, Colombo e Greco, come risulta dal successivo atto istruttorio sottoscritto da tutti e quattro. In particolare, il 22-12-93 presentammo una richiesta di misura cautelare nei confronti di Mario Maddaloni, ritenendolo responsabile dei reati di falso in bilancio, perché in concorso con altri «distraeva dalla società Tpl spa una somma di denaro pari a Lire 5,5 miliardi alterando, in tal guisa, le risultanze patrimoniali ed economiche dei bilanci societari relativi agli esercizi 89 e 90»; per intenderci, chiedemmo l'arresto di Maddaloni proprio in relazione alla vicenda dei 5 miliardi di cui oggi paradossalmente vengo accusato di non aver voluto approfondire le indagini. Il 4-1-94 il Gip Ghitti respingeva, seppure informalmente, tale richiesta scrivendo nella nota di restituzione degli atti alla Procura: «Per Antonio: trova altro capo di im-

---

[22] Cfr. s.i.t. Sergio Cragnotti del 13-11-96: «Avuta lettura della conversazione Pierfrancesco Pacini-Danesi nella quale si parla di questa vicenda, debbo dire che non risponde al vero che prima del mio arresto Pacini mi abbia incontrato all'aeroporto per raccomandarmi di tacere in ordine al versamento da Maddaloni a Gardini e successive vicende. È invece vero che quest'estate, intorno a luglio, il notaio Nanni Gilardoni mi fece sapere che Pacini voleva incontrarmi. Io lo feci nello studio del Gilardoni e colà Pacini mi riparlò della vicenda del miliardo versato sulla Karfinco del quale si è detto. In sostanza Pacini mi chiese – e questo fu l'unico scopo di quell'incontro – di mutare versione in ordine al versamento di quel miliardo sulla Karfinco per Lorenzo Necci e di trovare una giustificazione economica per tale movimentazione di capitali. Pacini mi prospettò la possibilità di far figurare che tale versamento fosse stato effettuato in relazione all'acquisto di un calciatore, il che ovviamente non rispondeva al vero. Io però cercai di lasciar cadere la cosa anche perché un po' mi infastidiva e non vedevo motivo di cambiare la versione dei fatti che avevo già reso all'Ag. Pacini non mi disse per quale motivo si preoccupava della vicenda del miliardo versato sulla sua banca per Necci. Successivamente il notaio Gilardoni telefonò varie volte per indurmi a incontrare nuovamente Pacini, ma la cosa non avvenne anche perché vi fu l'arresto del Pacini Battaglia. Quella fu l'unica volta che rividi Pacini dopo i fatti del 1989-91 in occasione dei versamenti tramite la sua banca. Non ho mai fatto affari di alcun genere con Pacini.

«Avuta sommaria lettura della conversazione fra presenti nella quale Pacini parla del versamento del miliardo sulla Karfinco come in relazione a un pagamento in nero di un giocatore di calcio, ribadisco che si tratta di versione non veritiera e che anzi fu Pacini quest'estate a cercare di far sì che io adottassi una versione dei fatti di quel tipo. L'addebito che mi venne mosso con l'ordinanza di custodia cautelare eseguita il 19-11-93 concerneva falso in bilancio nell'ambito Montedison-Ferruzzi. Nulla aveva a che fare quindi con Lorenzo Necci, appartenente all'Eni

che non ritengo avesse quindi motivo concreto di preoccuparsi del mio arresto per tali fatti. Dopo il mio arresto ebbi occasione di parlare con Lorenzo Necci il quale mi disse che quel miliardo non lo aveva mai ricevuto. Io gli risposi soltanto che il miliardo io l'avevo mandato dove lui mi aveva detto e che poi se l'avesse preso o meno io non lo sapevo. Mai ho ricevuto richieste di smentita o diffide da parte della difesa di Lorenzo Necci».

putazione perché il 2621 Cc è già stato contestato quanto meno fino al 91 con il precedente provvedimento di custodia cautelare... con l'attuale capo di imputazione ci si inserisce nella contestazione precedente (vedi provvedimento 1-6-93) di cui l'episodio attuale rappresenta solo una parte». Per inciso, e con riguardo al precedente provvedimento di custodia cautelare cui si riferiva il Gip Ghitti, vi sono due "pareri negativi" da me all'epoca formulati – rispettivamente il 24-7-93 e il 28-7-93 – sulla richiesta di rimessione in libertà o benefici alternativi, proposti dalla difesa di Maddaloni e Sebasti, così motivati: «Vi sono rogatorie in corso... sono in corso ulteriori indagini che non consentono la loro rimessione in libertà» – questo per ribadire la mia determinazione di allora e di sempre sul fronte Tpl-Maddaloni-Pacini.

Ho allora svolto, unitamente agli altri colleghi, ulteriori accertamenti per ricostruire le vicende di tutti i "fondi neri" della Tpl, in modo da supportare la richiesta di misura cautelare con nuovi elementi. In particolare sia io sia il collega Greco abbiamo disposto accertamenti bancari sulla Tpl e sui legali rappresentanti della stessa; sia io che il collega Greco ci siamo recati il 2-5-94 al carcere di Poggioreale a Napoli, e lì abbiamo effettuato un interrogatorio congiunto con il Pm di Salerno dott.ssa Giannelli, sia del capo tesoreria della Tpl Antonio Bozzetti, sia del direttore amministrativo Marcello Dalpasso; ho poi dato incarico alla Guardia di finanza di sviluppare le indicazioni fornite dagli interrogati (come risulta nella premessa della nota di risposta che la Gdf poi inviò direttamente al collega dott. Colombo). A seguito delle dichiarazioni rese da Bozzetti e Dalpasso il 2-5-94, il 3-5-94 (si badi bene, il giorno successivo), unitamente ai colleghi Davigo, Greco e Colombo, ho proposto una nuova richiesta di misura cautelare nei confronti di Maddaloni, Sebasti e Tradico per reati di falso in bilancio per il complessivo importo di 55 miliardi e 300 milioni in relazione a fatti verificatisi dall'86 al 92, e quindi ricomprendenti anche la formazione "in nero" della provvista di lire 5 miliardi. Nella motivazione di tale mia richiesta di misura cautelare si legge che «vi sono altri episodi già emersi a carico degli indagati (erogazione di lire 5 miliardi a favore di Gardini, Cragnotti e Necci: rapporti di finanziamento tra Pacini e Tpl) sui

quali sono in corso approfondimenti ma che configurano un quadro complessivo di utilizzazione di risorse extracontabili rispetto alle quali il reato per il quale si procede appare connesso»; il 23-5-94 il Gip di Milano, dott.ssa Polizzi, emetteva ordinanza di misura cautelare nei confronti di Sebasti, Maddaloni e Tradico. A quel punto, però, si instaurava un conflitto di competenza con l'Ag di Salerno, la quale nel frattempo aveva a sua volta emesso, in data 9-5-94, provvedimento restrittivo nei confronti di Sebasti e Maddaloni per gli stessi fatti, in quanto Dalpasso e Bozzetti avevano reso le loro dichiarazioni congiuntamente a entrambe le Ag; così la Procura di Milano ha dovuto rimettere gli atti all'Ag di Salerno in seguito alla decisione della Corte di Cassazione del 10 ottobre 94 con cui veniva risolto a favore di quell'Ufficio tale conflitto di competenza.

Anche dalla disamina di quanto è avvenuto a seguito di questa decisione, vi sono elementi che contraddicono l'assunto accusatorio del Gico secondo cui la vicenda veniva seguita solo ed esclusivamente da me e non anche dagli altri colleghi del pool. Si sviluppò una divergenza tra la Procura di Salerno e quella di Milano, in seguito alla quale il collega dott. Greco inviò alla dott.ssa Giannelli la nota del 23-12-94 (in risposta alla missiva di Salerno del 17-12-94) nella quale, oltre a dare le indicazioni per la trasmissione degli atti a quell'ufficio, il collega segnalava che «ovviamente, tra gli atti da trasmettere, vi sono le rogatorie già effettuate sui conti esteri emersi nell'ambito delle indagini. Al riguardo, mentre si significa, sin d'ora, che le stesse non hanno avuto esito in quanto si è in attesa della risposta dell'Ag estera, giova segnalare che potrebbero avere attinenza anche con le indagini relative ai falsi in bilancio commessi dal comparto estero della Tpl sui quali già da tempo indaga il nostro ufficio e che non risultano rientrare nella materia della sentenza della Cassazione. Peraltro, gli atti concernenti tali indagini già vi sono stati trasmessi a suo tempo». Come si può constatare, anche il collega dott. Greco era informato sullo stato delle rogatorie. Siamo, si badi bene, alla fine di dicembre 94.

A questo proposito, e dato che per ogni sfumatura il Gico di Firenze tende a criminalizzare le indagini condotte all'epoca, devo anche io far rilevare una "omissione" fondamentale

291

nella quale è incorso il Gico (e i Pm di Brescia hanno seguito pedissequamente la ricostruzione dell'organo di Pg) nell'addebitare a me – e solo a me – le vicissitudini della rogatoria 37/94. Si legga con attenzione e si confronti la suddetta nota 23-12-94 del Pm Greco all'Ag di Salerno, con quanto riportato nella relazione del Gico: si vedrà che mentre il collega di Milano scrive testualmente: «Ovviamente tra gli atti da trasmettere, vi sono le rogatorie già effettuate sui conti esteri emersi nel corso delle indagini», il Gico nel riportare tale nota della sua relazione "omette" di riferire tale circostanza [23]; eppure l'annotazione sopra riferita dal dott. Greco da sola poteva bastare per depennare dal capo di imputazione la contestazione mossami di aver revocato la rogatoria n. 37/94!

Ragioniamo. Nell'ottobre 94, a seguito dell'intervento della Corte di Cassazione, tutti gli atti del procedimento riguardante la vicenda dei fondi neri Tpl (e quindi anche quelli relativi alla provvista dei 5 miliardi per il *cracker* di Brindisi) vennero trasmessi all'Ag di Salerno. Su espressa richiesta del Pm di Salerno e su espressa disposizione del Pm dott. Greco, a corredo di quegli atti dovevano esserci anche «ovviamente... le rogatorie già effettuate sui conti esteri emersi nell'ambito delle indagini», quindi anche la rogatoria n° 37/94. Da questo consegue che: a) l'incontro per la consegna della documentazione – come risulta dalla suddetta nota del dott. Greco – era stato concordato per il mese di gennaio 95, e cioè quando io mi ero già dimesso da "Mani puli-

te"; b) l'Ag di Salerno, a partire da tale data, è diventata competente anche per la gestione della rogatoria n° 37/94; c) il collega Greco ha richiesto il mantenimento del collegamento investigativo della Procura di Milano con riferimento a tale rogatoria giacché «si è in attesa dell'Ag estera [*altro che revocata, quindi*]... e giova segnalare che [*le rogatorie*] potrebbero avere attinenza anche con le indagini relative ai falsi in bilancio per il comparto esterno della Tpl [*e cioè non per la provvista dei 5 miliardi che, al contrario quindi, è passata all'Ag di Salerno*]... sui quali già da tempo indaga il nostro ufficio».

Ciò detto, gli investigatori di oggi, prima di formulare l'imputazione che hanno rivolto a me, avrebbero dovuto spendere almeno qualche parola per spiegare perché:

• non hanno accertato se il dott. Greco, o comunque la Procura di Milano, abbia poi inviato la rogatoria n° 37/94 all'Ag di Salerno, e se non l'abbia fatto perché;

• non hanno accertato se l'Ag di Salerno abbia poi ricevuto o comunque dato seguito alla richiesta di tutte le rogatorie in questione riguardanti la Tpl;

• non hanno accertato se l'Ag di Salerno abbia o meno effettuato autonomamente altre rogatorie riguardanti gli stessi fatti, e in caso negativo perché non l'abbia fatto;

• non hanno accertato perché non risulta che l'Ag di Salerno abbia a sua volta sollecitato l'Ag di Ginevra a fornire risposta alle rogatorie che aveva dovuto ricevere da Milano;

• non hanno contestato né al collega Greco né al collega di Salerno le stesse omissioni che hanno contestato a me, posto che – quantomeno a partire dal 10-10-94 – vi è prova documentale che la pratica venne seguita anche da loro e soprattutto sia rimasta nelle loro mani per tutto l'anno 95 e per tutto l'anno 96, oltretutto considerato che, come si legge nelle annotazioni Gico, a me è stato contestato di aver richiesto la rogatoria solo due mesi dopo aver interrogato Cragnotti sulla questione;

• hanno, invece, omesso di individuare che, a corredo del fascicolo, il Pm dott. Greco e il collega della Procura di Salerno avevano convenuto di trasmettere «ovviamente... le rogatorie già effettuate».

È certo che se a commettere tutte le suddette omissioni fossi stato io, ora me le ritroverei tutte nel capo di imputazione!

---

[23] Cfr. annotazione Gico n° 296 del 12-8-98, pagg. 129-130: «In data 23-12-94 [la lettera del Pm di Salerno del 17-12-94]... otteneva in risposta... I militari De Gennaro, Licheri e Sicuro risultano indagati nell'ambito del p.p. n° 5788/94 relativo a fatti di corruzione commessi in Milano nell'ambito di verifiche della Gdf a loro carico non sono emersi episodi concernenti gli accertamenti delegati dall'Ag nei confronti di Tpl né sono state poste domande al riguardo non essendo il nostro ufficio in possesso, allo stato, di elementi e/o indizi atti ad avvalorare condotte illecite nell'ambito delle indagini a suo tempo delegate. Nel corso del fissando incontro, oggi concordato per gennaio p.v., sarà mia premura consegnare tutti gli atti relativi alle indagini delegate nell'ambito del p.p. n. 8655/92 sia agli interrogatori effettuati nell'ambito del p.p. 5788/94» – come si può constatare, nella trascrizione della lettera è stato omesso il passo fondamentale relativo alla trasmissione delle rogatorie.

Infine, è bene ribadire che fin dai primi mesi del 93 avevamo dato incarico alla Guardia di finanza di raccogliere tutti gli elementi riguardanti la Tpl contenuti nell'inchiesta "Mani pulite", e riepilogare in un'apposita informativa i reati emergenti, ivi compresa la vicenda dei 5 miliardi per il *cracker* di Brindisi. Il nucleo Pt della Gdf di Milano provvide a trasmettere la relativa segnalazione di notizie di reato in data 9-5-95 – *per intenderci, 5 mesi dopo che io avevo lasciato il mio incarico*. In particolare, con tale segnalazione di notizie di reato l'organo di Pg ha rilevato indizi penalmente rilevanti solo nei confronti dei legali rappresentanti della Tpl (trattandosi evidentemente di "reati propri"), mentre per quanto riguarda le vicende del *cracker* di Brindisi si sono limitati a evidenziare «per le opportune valutazioni della Sv... che i responsabili della Tpl hanno versato la somma di lire 5 miliardi a favore dei dott. Raul Gardini e Lorenzo Necci» – valutazioni che evidentemente non potevano spettare a me giacché da tempo ormai non ero più alla Procura di Milano.

Questa è la realtà documentale dei fatti. A essa si possono aggiungere ulteriori riscontri, ascoltando la diretta voce sia dei colleghi che con me hanno partecipato alle indagini, sia del diretto interessato Pacini. In particolare:

1) Il Pm dott. Greco (mio successore nell'inchiesta sulla vicenda Eni) con lettera del 19-3-97 ha sconfessato le allusioni del Gico circa un trattamento di favore riservato al Pacini, facendo rilevare che «pendono indagini sul punto [e che] nei confronti dei responsabili legali della società Tpl è stato richiesto il rinvio a giudizio anche per il reato di cui all'art. 2621 Cc» – più chiaro di così! Il dott. Greco è stato anche più preciso con il Pm di Brescia il 19-2-98: «Le persone coinvolte nella vicenda riferita da Cragnotti non mi risulta che siano state iscritte. I legali rappresentanti di Tpl, Pacini, Marziale, Berlini già risultavano pluriindagati e, per come la storia era stata costruita da Cragnotti, sembrava che fosse stata erogata una tangente "privata". Tuttavia mi risulta che sia stata tempestivamente inoltrata una rogatoria sulla base delle dichiarazioni e dei documenti prodotti da Cragnotti e Marziale».

2) Il dott. Colombo, altro Pm del pool, ha confermato, sempre con riferimento alla posizione processuale di Pacini, che «non mi consta che lo stesso abbia ricevuto un trattamento di favore o vi siano state delle omissioni di indagini da parte di chicchessia, dott. Di Pietro compreso».

3) Su questa questione, Pacini è stato già ascoltato, addirittura in pubblico dibattimento, e alla domanda «Nel procedimento cosiddetto relativo al "*cracker* di Brindisi" vi è mai stato un qualsiasi accordo tra il dott. Di Pietro e lei?», ha risposto: «Nella maniera più assoluta». E la stessa cosa Pacini ha ribadito al Gip di Brescia il 30-9-98:

Domanda: «Lei direttamente o indirettamente ha mai concordato con il dott. Di Pietro il non coinvolgimento dell'avv. Necci nelle indagini?».
Risposta: «Io non ho più visto il dott. Di Pietro, l'ho visto ai processi e poi non l'ho più visto. Quando l'avrei dovuto concordare? Non ho capito il discorso».
D: «L'avvocato Dinoia voleva sapere se lei aveva concordato con il dott. Di Pietro l'esclusione dal procedimento Eni dell'avvocato Necci Lorenzo?».
R: «No, anche perché Necci era difeso dal prof. Stella».

In due parole: per la vicenda dei "fondi neri" legati all'intermediazione per l'acquisizione della commessa del *cracker* di Brindisi, da una parte vi è stata già la richiesta di rinvio a giudizio, e dall'altra le indagini sono in corso. E allora, di cosa diavolo mi si accusa?

Ipotesi di reato e indagini all'estero

La "gratifica" di 5 miliardi, riferita da Cragnotti nel suo interrogatorio del 29-11-93 e da Maddaloni nel verbale del 9-12-93, riguarda una intermediazione economica "in nero" di 5 miliardi che Mario Maddaloni (legale rappresentante della impresa privata Tpl) si era impegnato a pagare a Raul Gardini (legale rappresentante della impresa privata Montedison) allo scopo di favorire la acquisizione della commessa per la costruzione di un nuovo impianto di etilene (*cracker*) a Brindisi, tra l'Enimont (società per azioni all'epoca controllata al 51% dalla Montedison e perciò anch'essa impresa privata) e la Tpl; giova anche ricordare che, allorché venne stipulato il contratto, Lorenzo Necci non rivestiva più alcuna carica in Enimont. Per noi, all'epoca, si trattava quindi di una "mazzetta privata" (*così come abbiamo visto l'ha definita anche il dott. Greco*) in quanto riguardava una commessa fra due gruppi privati (la Tpl e la Enimont) a seguito di un accordo fra due privati (Maddaloni che pagava, Gardini che incassava) e con una successiva distribuzione dell'incasso sempre fra privati (lo stesso Gardini, Cragnotti e forse Necci). Non sembrò perciò né a me, né a Davigo, né a Colombo, né a Greco, né alla dirigenza del pool, giuridicamente possibile contestare alcun reato contro la Pubblica amministrazione secondo le risultanze istruttorie all'epoca in nostro possesso – almeno questo era il nostro *comune* convincimento! L'unica strada investigativa percorribile ci appariva all'epoca quella della individuazione di reati fiscali e di un eventuale falso in bilancio, reato questo che anzitutto e soprattutto doveva essere contestato al legale rappresentante della società Tpl, Mario Maddaloni, per aver provveduto alla creazione della "provvista in nero"; solo dopo aver dimostrato ciò, poteva e può pensarsi a un'eventuale ricettazione (tutta da dimostrare sul piano soggettivo) da addebitare ai destinatari del denaro. È ciò che ho fatto, investigando sia "a monte" della intermediazione sia "a valle": sia, cioè, sul fronte della formazione "in nero" della provvista, sia su quello dei destinatari finali dell'operazione.

Sono stato io, infatti, come dimostra la documentazione, a scoprire l'operazione illecita, e sono sempre io che ho perseguito i responsabili e ho acquisito le prove scandagliando tutte le piste investigative. Ciò fino a quando mi è stato possibile: fino a quando, cioè, la Corte di Cassazione non ha dichiarato l'incompetenza territoriale dell'Ag di Milano a favore di quella di Salerno e comunque fino a quando non lasciai il pool di Milano. A proposito: l'Ag di Salerno quali investigazioni ha fatto e quali altri eclatanti risultati ha ottenuto, dopo che gli inviammo gli atti?

La verità è che se non fossero intervenute le intercettazioni ambientali del 96 non era possibile acquisire ulteriori elementi di valutazione: ma ciò poteva e doveva servire per riaprire le indagini su Necci, e non su di Di Pietro!

Oltre alle attività investigative svolte in Italia per individuare i responsabili della formazione della provvista "in nero" e per accertare i destinatari della stessa, è stato necessario svolgere anche una cospicua attività rogatoriale all'estero, giacché su entrambi i fronti (costituzione della provvista e distribuzione)

le relative operazioni finanziarie erano avvenute "estero su estero".

Molti documenti inerenti queste transazioni vennero consegnati dai diretti interessati. La documentazione da essi prodotta è stata sottoposta, come vedremo, a riscontro attivando una serie mirata di richieste di assistenza giudiziaria nei Paesi in cui le transazioni erano avvenute. Dalla lettura comparata delle dichiarazioni rese da Cragnotti, Marziale, Maddaloni e Pacini, nonché dalla documentazione da loro spontaneamente prodotta (e allegata ai rispettivi interrogatori), si ricavano i seguenti dati certi:

1) Il 27-9-89 Pacini effettuava, per conto di Maddaloni e su richiesta di Cragnotti, un bonifico di Chf 6.000.000 (corrispondenti al cambio dell'epoca a lire 5 miliardi) su un conto di transito della Ubs di Losanna all'attenzione del funzionario di banca Mr Schrammek.

2) A fronte di tale anticipazione, la Tpl (materialmente Tradico su disposizione di Maddaloni) restituiva a Pacini la somma complessiva di 5,5 miliardi di cui 2 miliardi in data 22-12-89, e 3,5 miliardi in data 30-4-90. Per il versamento Tradico ordinò alla Banca Crédit Suisse di Zurigo di effettuare entrambi i bonifici sul conto n. 51575 che Pacini, a nome della società off-shore Nicol Ltd di Guernsey, aveva presso la Abn di Ginevra.

3) Il denaro pervenuto al Schrammek della Ubs di Losanna – per disposizione di Cragnotti e richiesta di Marziale – veniva trasferito dalla Ubs di Losanna alla Banca di Roma per la Svizzera di Lugano (poi rinominata Banco di Lugano) sul conto "Carmina", aperto per l'occasione dallo stesso Marziale utilizzando la società off-shore Financiera Inversionista Carmina Sa; qui il denaro veniva depositato per oltre un anno a disposizione di Gardini, e questo fece pensare a uno "scollamento" fra il *cracker* di Brindisi e le regalie a Necci.

4) In data 15-11-90, Marziale consegnava, su disposizione e richiesta di Cragnotti (attraverso un giroconto con la struttura Berlini), una prima tranche della provvista così incamerata, pari a 250.000 dollari Usa, allo stesso Cragnotti, a fronte di una fattura emessa dalla Établissement Ibsen nei confronti dell'Enimont. Cragnotti inizialmente nulla aveva riferito in merito a questa operazione economica, né al Gip, né a me; successivamente, il 18-12-93, aveva indicato il beneficiario in un generi-

co principe del Qatar; infine, nell'interrogatorio del 5-2-94, Cragnotti precisava che tale somma era stata consegnata al principe Idris Al Sanussi per servizi di intermediazioni svolti in Qatar nel periodo 89-90.

5) Il 6-2-91 Marziale, su disposizione di Gardini, trasferiva la somma di 2.185.000 Fr. Sv. alla banca Leu di Ginevra sul conto intestato alla società off-shore Wesex, di fatto gestito dalla struttura di Berlini per conto dello stesso Gardini. Trattasi quindi di denaro che rimane nelle tasche di Gardini, cambiando solo luogo di deposito.

6) Il 7-2-91 Marziale, sempre su disposizione di Gardini, trasferiva un'ulteriore tranche di 2.185.000 Fr.Sv. alla Ubs di Losanna, all'attenzione del funzionario di banca Mr Schrammek il quale, a sua volta, lo accreditava a favore di Sergio Cragnotti sul conto numero 456.118.01 V intestato alla società off-shore Anarca Investments Nv.

7) Il 20-2-91 Marziale, sempre su disposizione di Gardini, trasferiva la residua somma di 1.115.250 Fr.Sv. alla Privat Kredit Bank di Lugano all'attenzione del dott. Trabaldo con l'ordine di bonificarla a favore di "un cliente – riferimento 8000" presso la Karfinco Bank di Ginevra.

Per cercare di individuare gli effettivi beneficiari – e soprattutto perché non mi adagiai sulle dichiarazioni rese dai protagonisti e sulla loro documentazione prodotta – ho attivato subito una serie di rogatorie internazionali. Ovviamente tali rogatorie erano "mirate", nel senso che vennero effettuate proprio allo scopo di "riscontrare" quanto avevano dichiarato i protagonisti della vicenda, e di individuare coloro che si erano spartiti la provvista. Soprattutto l'attività rogatoriale era necessaria per accertare se il "beneficiario conto 8000" fosse in realtà Lorenzo Necci oppure un'altra persona. Necci, infatti, non venne né da me né da altri colleghi all'epoca iscritto a mod. 21 né per dimenticanza né per omissione, ma per serietà professionale, data l'equivocità e ambiguità delle risultanze processuali fino ad allora emerse e di cui ho appena dato conto. In particolare, avviai quantomeno le seguenti specifiche attività all'estero (ma potrebbero esservene altre):

1 – *Rogatoria n° 33/94 dell'11-2-94 all'Ag di Losanna*, nella quale richiedevo il compimento dei

seguenti atti: «acquisizione degli estratti conto, delle ricevute di versamento, di quelle di prelevamento e dei bonifici accreditati o addebitati relativi al seguente conto bancario: compte n. 44561181 V c/o Union Banques Suisses, Lausanne (Ref. Anarca Investments N.Y.)»; richiedevo altresì la «individuazione del titolare e/o intestatario di tali conti nonché dei reali beneficiari economici e/o di tutti coloro che in relazione a tale conto siano titolari di una procura generale o speciale». Lo scopo di tale accertamento – specificamente indicato nella rogatoria – era anzitutto quello di verificare se effettivamente il denaro pari a 2.185.000 Fr.Sv., versato il 7-2-91 a seguito della spartizione dei 5 miliardi, fosse stato incamerato da Cragnotti oppure avesse subìto ulteriori evoluzioni. Inoltre, se si fosse dato seguito integrale alla richiesta di assistenza giudiziaria, avremmo potuto accertare tutte le operazioni economiche intervenute sul conto "Anarca" e quindi tutte le operazioni "in nero" effettuate o ricevute da Cragnotti. Avremmo accertato da dove proveniva il denaro, chi l'aveva versato ed eventualmente dove era andato a finire. In particolare, avremmo potuto ricostruire "a ritroso" tutta l'operazione contabile relativa ai 2.185.000 Fr.Sv., fino alle origini del finanziamento anticipato da Pacini. Non so se a oggi risultino esservi state risposte a questa rogatoria.

2 – *Rogatoria n° 37/94 del 14-2-94 all'Ag di Ginevra*, nella quale richiedevo il compimento dei seguenti atti: a) «Individuazione del titolare e/o intestatario o di colui che abbia percepito il bonifico bancario alla Società di Banca Svizzera, individuato con gli estremi: ordinante "un cliente-riferimento 8000" effettuato in data 20-2-91 con valuta del 22-2-91 per l'importo di Frs. 1.115.000»; b) «Interrogatorio della persona individuata sub a) in relazione ai seguenti quesiti: 1) Per conto di chi lei è stato incaricato a percepire detto ammontare? 2) Chi era il reale beneficiario di tale somma? 3) Quali ulteriori disposizioni le sono state date nel caso di specie, sia riguardo a un eventuale ulteriore trasferimento della somma di cui trattasi e, più in generale, riguardo alla gestione della cassa? 4) Ha conoscenza riguardo alla provenienza della somma in oggetto?». Lo scopo di questa rogatoria era ed è evidente: individuare il reale beneficiario della somma di Fr.Sv. 1.115.000 versata a Marziale il 22-2-91, nonché chi si fosse eventualmente intromesso nella intermediazione, da dove il denaro provenisse e dove potesse essere andato a finire. Anche questa rogatoria rimase senza risposta fino a quando lasciai la Magistratura, nonostante essa fosse stata inserita – sia da me sia dal giudice Perraudin di Ginevra – tra quelle da trattare "con urgenza" nella riunione del 26-9-94, e nonostante il 13-10-94 avessi formulato una integrazione di rogatoria alla stessa Ag di Ginevra, riconfermando l'urgenza anche tramite nota al ministero di Grazia e giustizia. Di tutte le vicissitudini relative alla rogatoria 37/94 ho già riferito nei miei interrogatori del 3-4-98 e del 9-4-

98, ma che qui in appresso riepilogherò di nuovo, anche perché nella documentazione indicata nei predetti interrogatori vi è la prova documentale che io, fino a quando lasciai la Magistratura, mi attivai sempre e in ogni modo per ottenere risposta alla rogatoria richiesta. Il dott. Perraudin ha riferito che forse, verso la fine del 94, qualcuno del mio ufficio gli telefonò per indicargli che tale rogatoria non doveva considerarsi più attuale: non sono stato io – o Perraudin ricorda male, oppure è stato qualcun altro; che senso avrebbe avuto fare una telefonata del genere dopo tutto quello che avevo fatto per venire a capo del "cliente-riferimento 8000"? Soprattutto, che senso avrebbe avuto farlo alla vigilia delle mie dimissioni, allorché come ultimo atto istruttorio da me svolto chiesi il rinvio a giudizio proprio di Pacini?

3 – *Rogatoria n. 111/93 del 7-6-93 all'Ag di Ginevra*, della quale pure si discusse nella riunione del 26-9-94 a Ginevra (questa volta con la collega Junod). Si decise di considerarla a "corso normale" giacché – come risulta dall'appunto redatto al riguardo dall'assistente giudiziaria Caligaris – la rogatoria era già stata eseguita e gli atti si trovavano presso il Tribunale federale per un ricorso con «risposta entro il prossimo mese di ottobre». Questa rogatoria venne avviata fin dal giugno 93 in quanto all'epoca tale Ulrico Bianco (dirigente del gruppo Fiat) aveva dichiarato di aver versato, tramite il conto "Sacisa" (in relazione a un appalto per la costruzione del quinto lotto del tratto autostradale Vittorio Veneto-Piano di Vedoia), su richiesta di Bruno Binasco (del gruppo Gavio-Itinera), la somma di lire 50 milioni sul conto fornitogli dal segretario amministrativo nazionale della Dc, Severino Citaristi, «Abn di Ginevra-Nicol Ltd N. 51575». Come si può constatare, tale conto è lo stesso di quello utilizzato da Maddaloni e Tradico per restituire a Pacini l'anticipo di 5 miliardi (oltre 500 milioni di interessi e competenze) da lui versato a Marziale (tramite Mr. Schrammek) il 27-9-89. L'inserimento della rogatoria tra quelle a "corso normale" era ed è evidente e solare: stante il sovraccarico di lavoro cui avevamo sottoposto i magistrati di Ginevra, fu data "procedura urgente" a quelle rogatorie utili per individuare "nuovi e sconosciuti" beneficiari (come ad esempio il "cliente riferimento 8000"), mentre, nel caso in questione, Citaristi aveva nel frattempo confessato, e Pacini – dal canto suo – aveva prodotto la relativa documentazione bancaria estera. A sua volta, la collega Junod ci aveva avvertito che la pratica era già stata da lei evasa, si trovava ormai al Tribunale federale per il ricorso presentato, e il tutto si sarebbe sbloccato di lì a breve. Sta di fatto che con questa rogatoria io richiesi, fin dal luglio 93, all'Ag svizzera il compimento dei seguenti atti relativi al conto "Nicol" n° 51575 acceso presso la Abn di Ginevra: «a) Individuazione del titolare e di coloro che hanno operato sul conto corrente indicato presso tale istituto di credito; b) Sequestro

di tutta la documentazione relativa al conto corrente dianzi indicato, nonché del saldo attivo eventualmente giacente sullo stesso; c) Individuazione dei conti correnti da cui siano pervenute, ovvero su cui siano state effettuate, accreditate o comunque trasferite le somme provenienti dal predetto conto corrente, con conseguente informazione sugli importi così individuati; d) Assunzione di informazioni presso i funzionari degli istituti di credito interessati al fine di individuare tutte le altre persone che abbiano comunque operato sui conti di riferimento, sia quello individuato, sia quelli di provenienza». Quando lasciai il pool di Milano, la risposta a tale rogatoria non ancora era pervenuta; essa è pervenuta il 22-2-95 con la trasmissione degli estremi di apertura del conto (a nome Francis Roger) e di varie contabili relative agli anni 87-88; in pratica, la rogatoria è stata eseguita solo parzialmente e solo limitatamente a quelle operazioni economiche riguardanti gli specifici fatti segnalati nella richiesta di rogatoria – anche quella volta, dunque, la rogatoria non ebbe seguito rispetto al nostro tentativo di ricostruire l'intera movimentazione del conto [24].

4 – *Rogatoria all'Ag di Lugano riguardante Berlini Giuseppe, Binda Emilio e Venturi Romano*, dalla quale si rileva documentalmente che la società off-shore Wesex faceva effettivamente parte della struttura Berlini e che il denaro qui transitato finiva realmente nella disponibilità di Raul Gardini. Con ciò veniva provata anche quella parte delle dichiarazioni rese da Marziale secondo cui, al momento

---

[24] Come si può constatare, se fossero stati trasmessi gli esiti di questa rogatoria, avremmo avuto la possibilità di scoprire tutte le intermediazioni economiche effettuate da Pacini attraverso il conto "Nicol" presso la Abn, nonché di coloro che vi avevano versato denaro e/o ne erano stati i beneficiari. La rogatoria, però, non ebbe seguito perché la legislazione penale svizzera non consente la cosiddetta *fishing expedition*, ossia la ricerca indiscriminata di prove per sostanziare reati di cui ancora non si possiedono indizi. Tale divieto spiega anche le ragioni per cui la Procura di Milano, dopo iniziati tentativi infruttuosi, decise di non proporre più "rogatorie esplorative" ma solo "mirate e selettive". Così ci comportammo anche per il caso di Pacini, nei confronti del quale proponemmo innumerevoli rogatorie "specifiche" piuttosto che richiedere genericamente "tutti i conti da lui intrattenuti presso la Karfinco", mentre invece la Procura di Brescia avrebbe voluto che facessimo, tanto da contestarmi – addirittura come ipotesi penalmente rilevante – tale omissione in sede di interrogatorio il 3-4-98 e che ora ripete nella richiesta di rinvio a giudizio! Con il sistema delle "rogatorie specifiche", invece, potevamo evitare tanti strumentali ricorsi e così abbreviare i termini delle risposte dalle Ag straniere. Ripeto: per comprendere la strategia investigativa adottata dalla Procura di Milano bisogna riportarsi alle emergenze, alle urgenze e alle difficoltà di allora, piuttosto che sindacare "con il senno di poi" e con l'evoluzione processuale degli eventi di oggi!

della spartizione dei 5 miliardi, lui su incarico di Gardini aveva bonificato la somma di 2.185.000 Fr.Sv. alla banca Leu di Ginevra sul predetto conto "Wesex".

5 – Per quanto riguarda, infine, il versamento di 250.000 dollari al principe del Qatar Idris Al Sanussi, ho provveduto ad acquisire copia della documentazione bancaria e sono rimasto in attesa della relazione della Guardia di finanza per conoscere se la fatturazione fosse stata regolarmente registrata e se l'operazione potesse riguardare fatti commessi in Italia. Come precisato in precedenza, all'epoca in cui arrivò la relazione della Gdf (maggio 95) io avevo già lasciato la Procura di Milano da vari mesi.

Sulla base delle indagini e delle rogatorie effettuate, la contestazione mossami dalla Procura bresciana appare del tutto inaccettabile. Come si può affermare che avrei «omesso di sviluppare investigativamente attraverso rogatorie internazionali»? Le rogatorie le ho fatte, e tutte le investigazioni possibili pure! I documenti sopra riepilogati sono "pietre" probatorie, non parole!

Devo anche far rilevare che la contestazione di avere «omesso di accertare che... la rimessa di Fr.Sv. 1.115.000... era stata effettivamente accreditata il 22-1-91 sul conto con riferimento 8000 intrattenuto presso la Karfinco» è assurda, perché è *esattamente quanto la Procura di Milano aveva scoperto fin dalla fine del 93*, allorché Roberto Marziale (dapprima nel suo interrogatorio del 23-12-93 e poi nella lettera 25-1-94) aveva prodotto la relativa dichiarazione bancaria. Insomma, ciò che mi si contesta di non aver fatto, è proprio ciò che ho fatto! Il problema era ed è un altro: chi ha incassato la somma di Fr.Sv. 1.115.000? Chi si celava dietro il "cliente riferimento 8000"? C'era e c'è un solo modo per saperlo: chiedere all'Ag di Ginevra di accertare «chi era il beneficiario di tale somma», e quali possano essere stati gli «ulteriori trasferimenti». E queste domande sono proprio il contenuto della rogatoria n. 37/94 da me attivata nell'immediatezza dei fatti! Basta leggere quella rogatoria per rendersene conto. E allora di cosa mi si accusa?

Così impostato il problema, ben si comprende anche la farraginosità della ulteriore contestazione mossami dal Pm bresciano: «Se le rogatorie sui conti di Pacini in Karfinco fossero state fatte si sarebbe accertato... che la rimessa di Fr.Sv. 1.115.000 a Lorenzo Necci di cui parla Cragnotti nell'interrogatorio del 29-

11-93 era stata effettivamente accreditata sul conto "riferimento 8000" n. 73200 intestato alla Timor Overseas intrattenuto da Pacini presso la Karfinco». Al riguardo basta far rilevare che per scoprire ciò, con gli elementi probatori di allora, non era necessario – né, soprattutto, giuridicamente possibile, stante la impossibilità di effettuare rogatorie *fishing expedition* – rivolgersi alla Karfinco inoltrando generiche rogatorie su Pacini: lo stesso risultato – accertare chi fosse il beneficiario finale – lo si poteva (e doveva) raggiungere richiedendo all'Ag di Ginevra di interrogare il funzionario di banca che aveva trattato la specifica operazione «un cliente riferimento 8000» e risalire così al beneficiario finale: ed è esattamente ciò che ho fatto! Peraltro, è da notare come questa parte della contestazione sia una contraddizione in termini dell'ipotesi accusatoria: scoprire che l'intermediario del "cliente riferimento 8000" era Pacini attraverso la società off-shore Timor Overseas è come scoprire l'acqua calda – già dalla fine del 93, sulla base delle dichiarazioni congiunte di Marziale e Cragnotti, avevamo raggiunto gli stessi elementi probatori di cui ora si vanta il Gico.

Quello che rimaneva e rimane da accertare (mi pare ancora oggi, nonostante tutto) è se effettivamente la rimessa di Fr.Sv. 1.115.000 fosse poi finita nelle mani di Lorenzo Necci. Il Pm bresciano, nella contestazione rivoltami con l'invito a comparire, dava per pacifica tale circostanza («la rimessa di Fr.Sv. 1.115.000 a Lorenzo Necci»), ma nella richiesta di rinvio a giudizio non ne parla più. Comunque ribadisco che all'epoca io feci tutto quanto era umanamente e investigativamente possibile per scoprire l'arcano. Il fatto che ci siano voluti altri 3 anni e uno sforzo investigativo immane da parte di una moltitudine di uffici giudiziari per (forse) capire qualcosa in più, dimostra solo che quelle investigazioni non erano di facile portata, e io non riuscii a ottenere il risultato finale prima delle mie dimissioni nonostante avessi fatto tutto il possibile.

Questioni particolari

Il Pm bresciano, nell'interrogatorio del 17-4-98, mi ha contestato il fatto che io avessi seguito la metodologia di indagini sopra indicata benché – secondo lui – potessi fare altrimenti giacché «dal conto "Derwood", a fronte dell'accredito proveniente dalla Privat Kredit Bank (tramite la Sbs) del 22-2-91, sono stati effettuati i seguenti due bonifici: uno del 25-2-91 per Chf 563.152 in favore del c/c Dilac Finance inc., e uno del 26-2-91 per Chf 581.515 in favore del c/c 120.763 della Sbs di Chiasso, Rif. Pio». Al riguardo, osservo che all'epoca, per arrivare all'identificazione del "cliente rif. conto 8000", non avevamo alcun elemento per ritenere che la transazione bancaria relativa fosse avvenuta (o fosse in qualche modo collegata) per il tramite del conto "Derwood", in quanto nessuno ci aveva fornito una simile informazione al riguardo; tali informazioni sono evidentemente conseguenti a evoluzioni investigative avvenute dopo che io ho lasciato la Magistratura.

Bisogna ora sgomberare il campo da alcuni equivoci interpretativi che pure mi sembra abbiano caratterizzato talune domande che mi sono state poste dal Pm bresciano durante gli interrogatori. In particolare, prendo atto che il giudice Perraudin, nell'ultima versione, ha sostenuto che «è a seguito di una conversazione telefonica con il sig. Di Pietro e/o i suoi collaboratori diretti che questi hanno rinunciato all'esecuzione della richiesta di mutua assistenza giudiziaria in questione», ma ribadisco che con me non ha mai potuto parlare al telefono perché parliamo due lingue diverse, né può averlo fatto con l'unica persona che – per conto mio – potesse farlo con lui, la signora Caligaris, la quale ha escluso totalmente la circostanza [25]; parimenti, ha escluso la circostanza

il carabiniere ausiliario Massimiliano Anselmi che svolse per un certo periodo di tempo l'attività di "rogatorista". D'altronde mi pare di capire che il dott. Perraudin, probabilmente a causa del lungo tempo trascorso, abbia fatto parecchia confusione nel riferire la storicità dei fatti, laddove dapprima ha sostenuto (nella nota del 2-12-96) che «a seguito di un incontro che si è svolto a Ginevra alla fine del 94, in particolare alla presenza del dott. Di Pietro... si è convenuto che la richiesta di assistenza non aveva più rilevanza e che in mancanza di una nuova richiesta formale non doveva più essere considerata», ma poi ha dovuto smentirsi, messo di fronte all'evidenza documentale dei fatti (la "sua" lista riassuntiva delle rogatorie che aveva discusso con me da lui stesso prodotta in occasione dell'escussione del 16-2-98, laddove la rogatoria in questione viene inserita tra quelle "urgenti" come risulta dalla corrispondente lista redatta dalla Caligaris dopo la riunione del 26-9-94).

Comunque, e a ogni buon conto, escludo nel modo più assoluto di avere mai rinunciato alla rogatoria Maddaloni n. 37/94 (c.d. "Rif. 8000"), e infatti tutta la documentazione che ho prodotto dimostra l'esatto contrario. In verità anche tutta la documentazione prodotta dagli stessi colleghi svizzeri dimostra che quella rogatoria venne da noi considerata e reiterata come urgente. La stessa cosa la si potrà sicuramente rilevare anche esaminando la pratica presso il ministero di Grazia e giustizia italiano, giacché nell'ottobre del 94 ho sollecitato anche tale ufficio a occuparsene, come da documentazione che ho prodotto. Per quanto mi riguarda, non ho mai detto né scritto a Perraudin o a chicchessia di rinunciare a questa rogatoria. Mai ho dato indicazioni ai miei collaboratori o a chicchessia di dire a Perraudin o

---

[25] Cfr. s.i.t. Rossana Caligaris: «Prendo atto di quanto emerge dalla missiva del 4-3-98 trasmessa dal Giudice Perraudin alla dott.ssa Carla Del Ponte e da quest'ultima inoltrata a codesto Ufficio. Nulla sono in grado di dire con riguardo alla "conversazione telefonica" che, secondo il Giudice Perraudin, è intercorsa tra quest'ultimo e "il Sig. Di Pietro e/o i suoi collaboratori diretti", con la quale vi sarebbe stata una "rinuncia all'esecuzione" della rogatoria Maddaloni. Escludo di avere mai comunicato al Giudice Perraudin o al suo ufficio una tale decisione. Faccio rilevare che, ove avessi avuto notizia di una "revoca" della rogatoria Maddaloni (così come per qualsiasi altra rogatoria), avrei annotato tale circostanza sul registro delle rogatorie, così ad esempio è avvenuto con riguardo alla rogatoria n° 103/94 a carico di Sciascia (si tratta della rogatoria indicata al progressivo 32 dell'All. 3, in quel caso ho appunto indicato che la rogatoria era stata "annullata" e che era necessario predisporne una nuova). Analogamente, ho provveduto alla relativa annotazione sul registro, con riguardo alla rogatoria del 20-12-93 a carico di Bisi-

gnani e Cusani (si tratta della rogatoria indicata al progressivo n. 27 dell'all. 3, in quel caso ho annotato: "revocata-vedi rogatoria Zurigo")... Ho avuto contatti telefonici con i collaboratori di Perraudin, ma ciò solo in occasione di adempimenti amministrativi e burocratici, come la trasmissione di fax. Quando telefonavo a Ginevra a volte parlavo in francese e a volte in italiano. Non credo di avere mai avuto diretti contatti telefonici con il Giudice Perraudin. Già ho detto che ero io l'operatore amministrativo che si occupava delle rogatorie. In tale attività ero coadiuvata da un Agente di Pg (Luciana Valente) che provvedeva alle stesse mie incombenze».

a chiunque altro di aver rinunciato alla rogatoria; né mi risulta che qualcun altro lo abbia fatto. Quando dovevo comunicare telefonicamente con l'Ag di Ginevra incaricavo sempre, solo e direttamente l'assistente giudiziaria Rossana Caligaris; quindi per mio conto una telefonata del genere poteva essere fatta solo dalla Caligaris e come detto sul punto la Caligaris ha escluso sia di avere effettuato una simile telefonata all'Ag di Ginevra, sia di avere mai avuto notizia che quella rogatoria fosse stata revocata (circostanza, quest'ultima, che se fosse avvenuta sarebbe stata comunque da lei annotata sul registro).

D'altronde *vi è agli atti un mio sollecito (e non una mia rinuncia)*, praticamente a ridosso delle mie dimissioni. Mi riferisco alla missiva del ministero di Grazia e giustizia del 14-11-94, diretta al Dipartimento federale di Giustizia e polizia di Berna, contenente un sollecito relativo alla rogatoria Maddaloni del 14-2-94 (documento acquisito presso il ministero) e dell'analoga missiva del ministero al Dipartimento con la quale è stata trasmessa la nota 13-10-94 da me redatta a seguito della richiesta formulata dal giudice Perraudin il 10-10-94 (documento, questo, acquisito tramite rogatoria del Dipartimento federale di polizia di Berna e quindi sicuramente ricevuto da quell'Ufficio). Faccio altresì notare che il mio sollecito del 13-10-94 *risulta pervenuto al Dipartimento svizzero il 21-11-94. Calcolando il tempo per farlo arrivare a Perraudin e considerando che io mi sono dimesso il 7-12-94, mi sembra proprio che anche dal punto di vista documentale vi è la prova (anzi, la riprova) che fino all'ultimo giorno il mio "animus" fosse sempre stato teso a scoprire come stavano i fatti e non a occultarli per favorire Pacini (o Necci)!*

Insomma, emerge chiaramente, in data sicuramente successiva al 21-11-94, che il giudice Perraudin deve necessariamente aver ricevuto la copia della mia missiva del 13-10-94, in via formale, inoltratagli dal Dipartimento federale di polizia di Berna. È dunque impensabile che, se realmente vi fosse stata una comunicazione telefonica di segno opposto rispetto a quanto concordato in occasione dell'incontro del 26-9-94, lui non abbia chiuso la relativa pratica con un atto ufficiale, come era avvenuto ad esempio poco prima (il 10-10-94) per la rogatoria Garofano n. 181/94. La verità è una sola: fino al momento in cui io andai via dal pool di Milano, il 7-12-94, ho fatto tutto quanto era nelle mie possibilità, con determinazione e sollecitudine, per cercare di ottenere con la maggiore urgenza possibile le risposte relative alla rogatoria n. 37/94.

Il Pm di Brescia, ormai arrampicandosi sugli specchi, alla fine, pur di contestarmi qualcosa, mi ha fatto presente nel verbale del 9-4-98 che «l'allegato n° 8 della rogatoria Maddaloni n° 37/94 del 14-2-94, trasmesso il 13-10-94, via-fax al giudice Perraudin, non risulterebbe presente agli atti della rogatoria (acquisita in copia dal fascicolo processuale della Procura di Milano...) e che il documento trasmesso a Perraudin il 13-10-94 è costituito dall'attestazione della Privat Kredit Bank del 16-12-93, laddove nella richiesta di rogatoria viene citata quale "allegato 8" una diversa attestazione della Privat Kredit Bank (del 23-1-94) contenente l'esplicito richiamo alla dicitura "un cliente-riferimento 8000", dicitura questa mancante nella attestazione della Pkb del 16-12-93». Ebbene, l'esame comparato delle due attestazioni sopra richiamate, unitamente alla lettura della rogatoria del 14-2-94 n° 37/94 da me inoltrata, dimostra che solo la mia intenzione e determinazione di voler accertare e individuare chi ci fosse dietro il "conto riferimento 8000". In particolare, *nella rogatoria indico espressamente tutti i riferimenti contenuti nella attestazione della Pkb del 24-1-94*, riferimenti che mi ero premurato di richiedere e ottenere dal difensore di Marziale, giacché nella prima attestazione mancavano alcuni elementi importanti che mi permettessero di effettuare una rogatoria "mirata". Bisognerebbe vedere tutti gli atti per verificare se realmente il documento in questione non sia stato allegato alla rogatoria (cosa che può essere anche avvenuta, ma certamente non da parte mia perché io, invece, *nella rogatoria l'ho richiamato e indicato* riportandone tutto il contenuto). Faccio anche presente che le due attestazioni (16-12-93 e 24-1-94) non riguardano due questioni diverse, ma la stessa questione di cui la seconda è la specificazione della prima, ottenuta proprio a seguito di mia *insistenza* dal difensore di Marziale, con l'unico e specifico scopo di avere a disposizione tutti gli elementi possibili per effettuare una buona rogatoria. Come di fatto è poi avvenuto, e come può facilmente evincersi dalla semplice lettura di tale mia rogatoria. Insomma, anche i "fatti materiali di segreteria" mi vengono contestati, e questo mi sembra davvero il colmo!

Le vicissitudini della rogatoria

Esprimo tutto il mio disappunto per il fatto che la Procura della Repubblica presso il Tribunale di Brescia, nel proporre domanda di assistenza giudiziaria all'Ufficio federale di polizia della Confederazione elvetica, non abbia riferito fatti e circostanze – essenziali per la esatta ricostruzione storica degli avvenimenti – che pure devono essere sicuramente presenti negli atti, non foss'altro perché, come vedremo, si trattava anche di documenti a suo tempo regolarmente depositati in quell'ufficio nonché sottoposti a sequestro in seguito a perquisizione domiciliare. Il mancato richiamo a questa documentazione rischia oggettivamente di ingenerare errori nella ricostruzione – ora per allora – degli avvenimenti, anche da parte dell'Autorità svizzera (e poi i Pm di Brescia rimproverano a me di essere stato omissivo!).

Vi sono, in pratica, diversi fatti che vengono ricostruiti dalla Procura di Brescia in maniera diversa da come sarebbe stato possibile effettuare se si fosse preso atto e dato conto dell'*intera* documentazione necessariamente presente nel fascicolo processuale. In particolare: la rogatoria n° 37/94 venne da me proposta in data 14-2-94 all'Ag di Ginevra, e aveva per oggetto la individuazione del beneficiario del bonifico bancario di Frs 1.115.000 effettuato il 20-2-91 (identificabile con gli estremi "un cliente-riferimento 8000") proveniente dalla Sbs di Lugano verso la banca Karfinco di Ginevra. La Procura di Brescia, nel capo di imputazione contenuto nell'invito a comparire, sostiene che io mi sia adoperato, dopo aver proposto la suddetta rogatoria, per non ottenere la prevista risposta dall'Ag di Ginevra; addirittura afferma che io avrei «revocato diverse richieste di assistenza giudiziaria a suo tempo inoltrate all'Ag di Ginevra», e in particolare – per quanto riguarda l'oggetto di questa rogatoria – che avrei omesso «di accertare che la rimessa... fosse destinata a Lorenzo Necci». Già la semplice proposizione di quest'accusa ne rivela l'incongruenza: che bisogno avevo io di chiedere una cosa che non volevo ottenere, bastava non fare alcuna richiesta! Questa impostazione accusatoria, infatti, è "scomparsa" nella richiesta di rinvio a giudizio, ma l'imputazione relativa alla revoca della rogatoria n° 37/94 è rimasta (chissà perché non c'è più il soggetto che avrei dovuto beneficiare, cioè Necci).

Le cose evidentemente non stanno così, e anche la Procura di Brescia avrebbe potuto rendersene conto se solo avesse riportato nella richiesta di rogatoria all'Ag svizzera – oltre al contenuto della lettera 9-1-96 del ministero di Grazia e giustizia e quello della nota 9-12-96 del Dipartimento federale svizzero – anche la corrispondenza intervenuta all'epoca sulla questione della rogatoria n° 37/94 tra la Procura di Milano e l'Ufficio del Giudice istruttore di Ginevra (dott. Perraudin) e quella, sempre allora intervenuta, tra la Procura di Milano e il ministero di Grazia e giustizia italiano. Tutto l'arcano nasce perché inspiegabilmente il ministero di Grazia e giustizia italiano – successivamente a una contestata sostituzione dell'allora responsabile dell'ufficio rogatorie, dott. Vaudano – in data 9-1-96 chiedeva alla Procura di Milano di essere informato se «con riferimento alla nota 8655/92 e n° 37/94 del 14-2-94 Reg. Rog... gli atti di esecuzione siano stati restituiti direttamente a codesto ufficio dall'Autorità giudiziaria straniera»: già il contenuto di questa inusuale missiva avrebbe dovuto attrarre l'attenzione degli inquirenti bresciani. Perché mai qualcuno al ministero ha sentito il bisogno di conoscere proprio lo stato di *questa* rogatoria e non delle altre centinaia pure in corso e non evase? Perché *solo di questa* veniva chiesto se «permanga l'interesse all'esecuzione» e non di tutte le altre in sospeso? Non si comprende proprio come qualcuno possa aver pensato che l'interesse della Procura di Milano all'espletamento di tale rogatoria potesse considerarsi scemato, dal momento che, successivamente alla proposizione della iniziale rogatoria, era intervenuta – questo sì, caso raro e significativo del reale e persistente interesse alla sua esecuzione – anche una "integrazione" della stessa di cui il ministero era stato messo debitamente e per iscritto al corrente.

Già, perché proprio questo è il punto. All'epoca, negli anni 92-93-94, si erano accumulate numerose rogatorie sul tavolo di talune Ag straniere, specie dei giudici di Lugano, Lussemburgo e Ginevra: decine e decine di rogatorie che attendevano di essere vagliate, avviate e sviluppate con tutte le lungaggini delle procedure conseguenti. Per questa ragione, ci venne richiesto – specie da quelle tre Ag – di indicare un ordine di priorità perché era difficile poterle portare avanti tutte con lo stesso grado di urgenza. Io e i miei colleghi del pool abbiamo vagliato il problema, e alcuni di noi si sono anche recati sul posto a esaminare con i colleghi stranieri lo stato delle rogatorie e valutare, una per una, quali fossero gli "inghippi" che ne rendevano difficoltosa l'esecuzione; di regola si trattava di opposizioni più o meno fondate avanzate dagli indagati, oppure di perplessità tecniche da parte delle Ag straniere (specie per motivi fiscali, oppure per richieste di accertamenti bancari a vasto raggio che si estendevano anche ai cosiddetti "conti di transito"). È in quest'ottica che il giorno 26 settembre 94 è avvenuto un incontro a Ginevra tra me e i giudici ginevrini che all'epoca avevano in carico i vari fascicoli delle rogatorie: ricordo il dott. Perraudin, il dott. Crochet e un'altra persona (mi pare che fosse la dott.ssa Junod). Ricordo anche che quell'incontro fu l'ultima volta che mi recai a Ginevra prima delle mie dimissioni, e ricordo che in quell'occasione venne con me anche l'assistente giudiziaria della Procura di Milano, sig.ra Rossana Caligaris, la quale fece – su mia richiesta – anche una relazione su quanto ci eravamo detti circa le varie rogatorie esaminate; relazione che venne messa agli atti della Procura di Milano (circostanza, questa, ammessa dalla stessa Caligaris [26], e soprattutto dal collega dott.

Greco che l'ha materialmente depositata agli atti dell'inchiesta bresciana.

Con l'Ag di Ginevra esaminammo le rogatorie in corso, che erano complessivamente oltre una trentina (di cui una passiva), come ri-

data, e gli imputati avessero già prodotto la documentazione oggetto della rogatoria. Non ricordo comunque di avere ricevuto disposizioni particolari in ordine a questa rogatoria dal dott. Di Pietro o da altri magistrati, certo non ho assunto autonomamente l'iniziativa di non includere tale rogatoria nell'elenco portato a Ginevra. Presa visione della nota a firma del Gi Perraudin del 12-10-94, diretta all'Ufficio federale di polizia di Berna, con la quale detto Magistrato comunica che la rogatoria Garofano era da intendersi non più attuale e divenuta "senza oggetto" e presa altresì visione della nota dell'Ufficio Federale al ministero di Grazia e giustizia del 2-11-94, devo dire che nulla so in ordine a eventuali contatti tra il dott. Di Pietro e il dott. Perraudin. Per quanto ricordo, in occasione della riunione del 26-9-94 non si parlò di quella rogatoria, dico ciò in quanto, diversamente, ne avrei preso nota. Nel corso di quella riunione ho provveduto a annotare una minuta avente a oggetto lo stato delle varie rogatorie e l'indicazione relativa alla priorità con la quale il dott. Di Pietro chiedeva che le stesse venissero espletate. Tornati a Milano ho provveduto a redigere, sulla base di quegli appunti, un elenco che produco. Presa visione dell'elenco delle rogatorie allegato al verbale di escussione del Giudice Perraudin del 16-2-98, rilevo che, con riguardo alla rogatoria Baracchia del 2-7-93, è riportata l'annotazione "senza oggetto". Confrontando è tale dato con quanto risulta dall'elenco di cui all'All. 3 (da me redatto) rilevo che quella rogatoria era stata eseguita. Ne desumo che con il termine "senza oggetto" il giudice ginevrino abbia inteso indicare appunto tale situazione e cioè che si trattava di rogatoria evasa. Con riguardo a tale rogatoria rilevo da quanto riportato sul registro generale delle rogatorie, che allego per estratto, che l'Ag di Ginevra aveva fornito risposta esaustiva con riguardo a tutti i quesiti posti. Prendo atto di quanto dichiarato dal dott. Di Pietro a foglio 61 dell'interrogatorio del 3-4-98. Rilevo che in effetti al foglio 11 dell'elenco All. 3 è riportata l'annotazione cui fa riferimento il dott. Di Pietro. Ne desumo che di quella rogatoria se ne sia parlato nel corso dell'incontro del 26-9-94 o in altra data. Da quanto riportato a foglio 11 della mia annotazione ricavo che l'Ag di Ginevra avesse comunicato che la rogatoria era stata espletata e che la relativa documentazione ci sarebbe stata inviata. Per "documentazione di chiusura" si devono intendere gli atti di esecuzione da parte dell'Ag rogata, oggetto della rogatoria.

«Quanto alla rogatoria n° 37/94 del 14-2-94 a carico di Maddaloni Mario, avente a oggetto il bonifico effettuato dalla Privat Kredit Bank di Lugano in favore della Sbs di Ginevra, con gli estremi dell'ordinante "un cliente-riferimento 8000", rilevo dall'elenco da me redatto all'esito dell'incontro a Ginevra (All. 3) che tale rogatoria era stata indicata nel gruppo delle rogatorie "urgenti". Presa visione della documentazione relativa: 1) alla rogatoria 37/94; 2) alla richiesta del Giudice Perraudin del 10-10-94; 3) della risposta del dott. Di Pietro del 14-10-94; 4) delle due attestazioni della Privat Kredit Bank di Lugano,

[26] Cfr. s.i.t. Rossana Caligaris: «Prima di recarmi a Ginevra, ho predisposto un elenco di tutte le rogatorie che erano state richieste all'Ag di Ginevra. Prendo atto che nell'elenco non è indicata la rogatoria del 15-11-93 a carico di Garofano. Al riguardo devo precisare che per la redazione del documento di cui all'All. 1 ho estrapolato i dati da un altro elenco generale informatizzato relativo a tutte le rogatorie di "Mani pulite", può essere accaduto che questa rogatoria mi sia sfuggita in quanto, oltre che all'Ag di Ginevra, la rogatoria era stata inoltrata anche ad altre sette autorità giudiziarie (Londra, Dublino, Lussemburgo, Lugano, Guernsey, Vaduz e New York). Se ben ricordo si trattava di un unico elaborato, indirizzato alle otto Ag. Preciso che tale rogatoria era riferibile, oltre che a Garofano, anche ad altri indagati: Sama, Venturi, Michetti e Binda. Produco al riguardo un estratto dell'elenco generale informatizzato.

«È altresì possibile che quella rogatoria non sia stata inclusa nell'elenco portato a Ginevra in quanto non più necessaria, dico ciò nell'ipotesi in cui il relativo dibattimento fosse già stato celebrato, o fosse in corso, a quella

sulta dall'elenco che all'epoca venne redatto dalla sig.ra Caligaris. Tra queste, anche quella n° 37/94 del 14-2-93 avente a oggetto accertamenti bancari atti a individuare il beneficiario del versamento "rif. conto 8000" che da quell'Ag era stato rubricato con il n° 443/94 di fascicolo rogatorie. Ci venne detto che fino ad allora, per motivi di tempo, la rogatoria non era stata attivata (analogamente a tante altre, come si può notare dal tenore delle risposte appuntate dalla signora Caligaris in calce a ciascuna rogatoria). Decidemmo, allora, di dare alle rogatorie attive un ordine di priorità in modo da permettere all'Ag svizzera di accentuare la propria attenzione e il proprio lavoro innanzitutto su quelle che, nella strategia investigativa della Procura di Milano, apparivano più urgenti; dividemmo le rogatorie in due gruppi, e la signora Caligaris compilò due elenchi:

• *gruppo A*: le più urgenti per le quali l'Ag di Ginevra si impegnava, come da noi richiesto, a esaminarle al più presto;

• *gruppo B*: le meno urgenti, corso normale,

---

del 16-12-93 e del 24-1-94; devo dire che non sono in grado di fornire spiegazioni di quanto in quell'occasione accaduto. Non posso escludere, anche in considerazione della mole di lavoro del tempo, di avere commesso un duplice errore materiale dapprima omettendo di trasmettere al ministero i fogli 4 e 5 della rogatoria (in italiano, e i fogli 5 e 6 del testo in francese) nonché il relativo allegato 8, e successivamente trasmettendo l'attestazione della Pkb del 16-12-93 al posto di quella del 24-1-94). A volte era il dott. Di Pietro che mi consegnava i documenti da fotocopiare per l'allegazione alle rogatorie, a volte ero io stessa che li andavo a cercare sulla base delle indicazioni contenute nel testo della rogatoria stessa. A Ginevra, per quanto ricordo, non abbiamo portato copia delle rogatorie oggetto dell'incontro. Prendo atto di quanto dichiarato sul punto dal Giudice Perraudin, probabilmente ha ragione lui, non ricordavo questo particolare.

«Prendo atto di quanto emerge dalle note 9-1-96 del ministero, nonché dalla nota 8-11-96 del ministero, nonché dalla nota 2-12-96 trasmessa dal Giudice Perraudin all'Ufficio federale di polizia (acquisita da codesto Ufficio a seguito di rogatoria) e dalla nota del 9-12-96 trasmessa dall'Ufficio federale di polizia al ministero di Grazia e giustizia. Rilevo che in realtà la rogatoria 37/94 non poteva essere considerata "senza oggetto" per la semplice ragione che risulta in realtà inclusa nell'elenco delle rogatorie "urgenti" così come rilevabile dal documento da me redatto di cui all'All.3. Rilevo peraltro, come Voi mi fate constatare, che anche nell'elenco delle rogatorie allegato al verbale di escussione del Giudice Perraudin del 16-2-98 tale rogatoria è indicata come "urgente"».

come materialmente appuntato dalla signora Caligaris.

La rogatoria n° 37/94 del 14-2-94 ("rif. conto 8000") venne inserita tra le più urgenti: ciò voleva dire che – per essa – di lì a breve l'Ag di Ginevra avrebbe messo in moto la procedura di esecuzione. E infatti qualche giorno dopo – esattamente il 10-10-94 – il giudice Perraudin mandò un fax alla Procura di Milano facendo presente che per poter attivare quella rogatoria aveva bisogno sia di conoscere se la società Enimont fosse a partecipazione pubblica, sia che gli venisse trasmesso il documento richiamato nella rogatoria 37/94 con il numero 8, che sosteneva di non aver ricevuto dal ministero di Grazia e giustizia italiano a corredo degli atti da quell'autorità inviati in Svizzera. Per inciso, va detto subito che invece io avevo disposto – e la segreteria della Procura di Milano aveva provveduto – la trasmissione di tutta la documentazione al ministero di Grazia e giustizia, e quell'Ufficio aveva assicurato di averla ricevuta e trasmessa all'Ag svizzera; sempre per inciso, va detto pure che il ministero di Grazia e giustizia venne altresì messo al corrente, con nota 22-10-94, di un'altra anomalia che avevo individuato durante il colloquio con le Autorità ginevrine: queste non avevano ricevuto ben 6 rogatorie che io pure avevo inviato loro tramite il ministero negli anni 93-94 (di cui due riguardanti proprio la posizione di Pacini). Così inviai ulteriore copia delle suddette 6 rogatorie pregando il ministero di trasmetterle nuovamente all'Ag di Ginevra direttamente alla attenzione del dott. Perraudin. Sta di fatto che, una volta ricevuto il fax 10-10-94 dal dott. Perraudin, io mi attivai subito rispondendogli, sempre via fax, pochi giorni dopo, e precisamente in data 13-10-94, integrando la originaria rogatoria 37/94 sia spiegandogli la formazione del capitale sociale dell'Enimont, sia trasmettendogli una nuova copia dell'allegato 8 richiesto; siccome poi la Convenzione europea di assistenza giudiziaria del 20-4-59 stabilisce che le rogatorie devono essere effettuate in lingua riconosciuta dall'Ag destinataria, ho anche provveduto a far tradurre l'integrazione di rogatoria in lingua francese e a trasmettere un'ulteriore nota il giorno successivo, 14-10-94.

Orbene, la Procura di Brescia conosce l'esistenza di tale documentazione (mi riferisco, in particolare, al supplemento di rogatoria e alla corrispondenza con il ministero di Grazia e giustizia) perché è stata da me prodotta in sede di ricorso al Tribunale della libertà e l'ho richiamata in sede di memoria alla richiesta di proroga termine del 28-4-97; peraltro, la suddetta documentazione è stata anche sequestrata direttamente dalla Procura di Brescia in sede di perquisizione domiciliare. Eppure di tale documentazione non viene fatto alcun cenno nella richiesta di rogatoria n° 3940/97 del 19-1-98 inviata da Brescia all'Ag svizzera, e questo – me lo si lasci dire – è processualmente scorretto (immaginate se una cosa del genere l'avessi fatta io!). La questione non è di poco conto, se solo si considera che la suddetta corrispondenza – essendo intervenuta dopo l'incontro da me avuto a Ginevra con Perraudin e gli altri giudici – avrebbe da sola dimostrato la determinazione con cui io mi ero dato da fare per attivare la rogatoria 37/94 sul "conto rif. 8000", e fatto giustizia dell'illazione circa l'ipotesi di un supposto trattamento di favore nei riguardi di Necci o Pacini.

Devo anche far notare l'incongruenza della ricostruzione riportata dalla Procura di Brescia alle pagg. 9-11 della rogatoria, laddove si sottolinea la "non risposta" della Procura di Milano alle richieste del ministero di Grazia e giustizia italiano alla Procura di Milano: trattasi di richieste avvenute *dopo – anni dopo –* le mie dimissioni, e su di esse ha dato ampie spiegazioni anche il Pm dott. Greco [27]. Perché, allora, essa viene riferita? E soprattutto, perché non viene spesa una sola parola sull'attività propulsiva per l'espletamento della rogatoria che avevo attuato fino a quando rimasi alla Procura di Milano (6-12-94)? Così facen-

ta come interprete. All'incontro con Perraudin (non so se nell'occasione fossero presenti anche altri magistrati svizzeri ma devo desumere di sì perché subito dopo anche il Giudice Crochet si attivò – sapevo dell'incontro tra Di Pietro e Crochet perché me ne aveva parlato lo stesso Di Pietro al suo ritorno) vennero discusse tutte le rogatorie pendenti su Ginevra e venne deciso un elenco di priorità, tant'è che ritornati in Italia la Caligaris, secondo quanto mi ha riferito, predispose un elenco nel quale la rogatoria 37/94 (Maddaloni) era inserita tra quelle più urgenti. Sulla base di queste discussioni, da un lato Di Pietro si attivò presso il ministero, con riferimento a rogatorie che risultavano trasmesse dalla Procura al ministero stesso ma che – a seguito dell'incontro con Perraudin – era emerso che non erano pervenute (o comunque non erano pervenute integralmente) in Svizzera, e dall'altro lo stesso Perraudin, in data 10-10-94, chiese una integrazione della citata rogatoria, richiesta alla quale fu immediatamente dato seguito. Mi sorprende pertanto l'affermazione di Perraudin riportata nel documento sopra citato, trasmesso alla Procura di Milano dal ministero, perché risulta documentalmente smentita, a meno di incontri o accordi successivi a me sconosciuti. La Caligaris mi ha consegnato, stampandoli direttamente dal suo computer, l'elenco delle rogatorie predisposto per Ginevra, il memorandum redatto dopo l'incontro di Ginevra e la missiva del 22-10-94 trasmessa al ministero da Di Pietro. Produco al riguardo la relativa documentazione (All. 2, 3 e 4). Produco altresì la statistica sulle rogatorie che mi ha fornito il collega Colombo (All. 5). Tale statistica deve essere presa in considerazione a titolo puramente indicativo. Produco un elenco aggiornato all'ottobre 96 di tutte le rogatorie di "Mani pulite" (All. 6), significando che non si tratta di un elenco completo. Produco infine copia dei rapportini di trasmissione a mezzo fax di Giudice Perraudin della missiva di Di Pietro del 13-10-94 di risposta alla richiesta di Perraudin relativa all'allegato 8 della rogatoria 37/94, nonché missiva diretta al ministero dalla quale risulta che la predetta missiva del 13-10-94 era già stata inoltrata a Perraudin a mezzo fax (All. 7).

«Prendo atto della missiva 12-10-94 del Giudice Perraudin trasmessa al Dipartimento federale di polizia e da tale Ufficio al ministero italiano, missiva con la quale il citato magistrato svizzero riferisce, con riguardo alla rogatoria Garofano del 15-11-93, che tale rogatoria, come da accordi con Di Pietro, era da considerarsi "non più attuale" e che poteva essere considerata "senza oggetto". Al riguardo preciso che venivano normalmente considerate ormai prive di interesse le rogatorie in ordine alle quali si era ottenuta la documentazione per altra via. Devo peraltro precisare due circostanze: 1) fino alle dimissioni di Di Pietro i rapporti con le autorità straniere li teneva lui direttamente; 2) non mi risultano rinunce a rogatorie inoltrate direttamente dal nostro Ufficio, tant'è che più volte, parlando tra di noi, si era deciso comunque di ottenere le rogatorie proprio per verificare l'attendibilità di quanto ci

[27] Cfr. s.i.t. Francesco Greco del 19-2-98: «Nel settembre 97 il ministero di Grazia e giustizia, facendo riferimento a una precedente missiva che personalmente non ho mai ricevuto, ha chiesto alla Procura di Milano di fornire chiarimenti in ordine a quanto riferito dal Giudice di Ginevra Perraudin con riguardo alla rogatoria "Maddaloni" (produco al riguardo la relativa documentazione, All. 1). Quando ho appreso che Di Pietro era accusato a Brescia anche con riferimento a delle rogatorie che sarebbero state revocate, ho esaminato tutto il fascicolo relativo a Pacini per verificare se vi fosse qualche revoca di rogatoria e mi sono rivolto anche all'assistente Caligaris Rossana della Procura di Milano che è la "memoria storica" delle rogatorie di "Mani pulite" e che all'epoca lavorava a stretto contatto con Di Pietro, per vedere se ricordasse qualcosa al riguardo, atteso che non vi era evidenza documentale nel fascicolo. Ho appreso dalla Caligaris che vi era stata una riunione a Ginevra intorno al 26-9-94 e che la Caligaris era stata incaricata da Di Pietro di predisporre un elenco delle rogatorie pendenti su Ginevra, e che la stessa si era recata con Di Pietro a Ginevra sia perché era al corrente dello stato delle rogatorie sia perché veniva utilizza-

do non c'è il rischio che gli inquirenti svizzeri possano essersi trovati a ricostruire la vicenda sulla base di fatti riferiti in modo parziale ed errato?

Certo, nella rogatoria bresciana si dà atto del contenuto della nota 9-12-96 del Dipartimento federale con cui quell'ufficio, nel rispondere alla richiesta di informazioni del ministero di Grazia e giustizia italiano, riferiva che il giudice Perraudin avrebbe inserito anche la rogatoria 37/94 del 14-2-94 tra quelle che nel nostro incontro della «fine del 94» (che, come ho già precisato, deve più correttamente intendersi 26-9-94) sarebbe da me stata indicata come «senza oggetto... fino a nuovo e formale avviso». Ma anche le affermazioni del dott. Perraudin devono essere precisate e delimitate: cosa vuol dire "senza oggetto"? È una terminologia che nel linguaggio giudiziario burocratico italiano non esiste, e quindi questa espressione letterale non può essere stata materialmente pronunciata da me: parlavamo, ovviamente, due lingue diverse, io l'italiano e lui il francese, lui non capiva me e io non capivo lui; con tanta buona volontà e con l'aiuto di qualche interprete improvvisato (all'inizio fu la stessa sig.ra Caligaris che si prestò all'incombenza), cercammo però entrambi di fare il nostro dovere ed entrambi di darci una mano. Insomma, potrà anche essere accaduto che, quando dividemmo le rogatorie in "prioritarie" e "non prioritarie", la traduzione dall'italiano al francese e viceversa non sia stata perfetta, ma da qui a sospettare che tale suddivisione possa essere stata fatta da me con lo sco-

po di non voler proseguire l'iter della rogatoria n° 37/94 occorre troppa fantasia!

D'altronde vi sono due documenti dell'epoca che "smontano" alla radice un simile teorema: la relazione della sig.ra Caligaris, dove la rogatoria n° 37/94 viene inserita tra quelle da fare "con urgenza", e la "integrazione" di rogatoria del 13-10-94, che rappresentano un chiaro e univoco indizio sulla volontà mia e del dott. Perraudin di voler attivare subito le indagini. Se il collega svizzero avesse veramente inteso che la rogatoria 37/94 dovesse rientrare tra quelle che, a suo dire, dovevano considerarsi sospese «fino a nuovo e formale avviso», perché mai di lì a qualche giorno si fece parte dirigente scrivendomi la nota-fax del 10-10-94 con la quale mi chiedeva una integrazione documentale e una dichiarazione sul pacchetto societario dell'Enimont? E perché mai io mi attivai così celermente nel mandargli la risposta che aspettava?

Perché, poi, nella nota 9-12-96 del Dipartimento federale non si menziona nemmeno l'esistenza di questa nuova "integrazione di rogatoria"? Si dirà: bisognava che anche l'integrazione di rogatoria fosse ricevuta formalmente per il tramite diplomatico. Ma io ebbi cura di inviarla al ministero di Grazia e giustizia italiano per l'inoltro, come risulta dalla mia nota di trasmissione del 14-10-94, così come risulta che il Dipartimento federale ha ricevuto il mio sollecito in data successiva al 21-11-94, e quindi paradossalmente Perraudin può aver ricevuto il suddetto sollecito in data successiva alle mie dimissioni! Come si fa a dire allora che volevo revocarla?! Si ritorna, dunque, al quesito iniziale: è giusto che la Procura di Brescia da una parte ricostruisca parzialmente ciò che risulta dai suoi atti, e dall'altra infarcisca la rogatoria di racconti e ricostruzioni che nulla hanno a che vedere con l'oggetto specifico della rogatoria medesima?

Già abbiamo detto che il diniego di risposta della Procura di Milano alle note del ministero di Grazia e giustizia del 9-1-96 e del 14-1-97 non possono essere in alcun modo riferite a me, giacché fin dalla fine del 94 non lavoravo più alla Procura di Milano. Che ragione c'è allora, da parte dei Pm bresciani, di colorire la rogatoria anche con osservazioni che non possono riguardare la mia persona, specie alla luce di quanto ha riferito il Pm Greco? Le vicissitudini della rogatoria 179/93 (quella Garofa-

---

era stato detto o prodotto. Solo nel 97 gli svizzeri, sulla base del decorso del tempo, hanno cominciato a chiedere ufficialmente quale fosse l'interesse attuale della Procura su alcune rogatorie. La cosa mi ha irritato perché mi è sembrata una sorta di presa in giro. Non mi ricordo di analoghe richieste ufficiali inoltrate in precedenza. Dopo le dimissioni di Di Pietro i rapporti con le Autorità giudiziarie straniere sono stati tenuti prevalentemente da Colombo e da me, ed è capitato che siano state sollecitate alcune rogatorie rispetto ad altre tenendo conto delle esigenze investigative. Preciso che sollecitare o ritenere urgente una rogatoria non significa rinunciare alle altre. Per quanto riguarda la rogatoria "Garofano" su Ginevra, non ricordo l'oggetto, ma devo ritenere che, trattandosi di "Ferruzzi F.T.", fosse una vicenda da un lato di competenza ravennate e dall'altro che comunque riguardasse fatti ormai già ampiamente chiariti, sulle quali l'interesse era ormai molto scarso. Comunque, anche di questa ipotetica rinuncia verbale non ne sono a conoscenza».

no 15-11-93, per intenderci) vengono inserite all'interno della rogatoria 3940/97 avanzata dal Pm di Brescia con l'evidente scopo di stabilire un legame con quella n° 37/94: non a caso, infatti, si legge a pag. 10 che le comunicazioni relative a quest'ultima rogatoria «facevano seguito a quanto riferito dall'Ag svizzera nel contesto di altra richiesta di assistenza giudiziaria... datata 15-11-93 nei confronti di Garofano Giuseppe e altri». Cosa vuol dire «facevano seguito»? Il lettore è portato a credere che tra le due rogatorie vi sia un nesso di consequenzialità e una concatenazione diretta, come se l'una derivasse dall'altra; fra le due rogatorie, invece, non vi è alcuna concatenazione sostanziale.

In realtà, la rogatoria n° 179/93 costituisce solo la riprova – quasi fosse una cartina di tornasole – della bontà e verità della ricostruzione appena esplicitata circa l'oggetto della riunione con i giudici di Ginevra del 26-9-94. Esaminiamola. Il Pm di Brescia riferisce che, con nota del 12-10-94, il giudice Perraudin si faceva carico di avvisare l'Ufficio federale di polizia di Berna che, a seguito di colloqui che aveva avuto con me, aveva preso atto che io non consideravo «plus actuelle» la rogatoria in questione; a seguito di questo, il citato Ufficio federale, con raccomandata del 2-11-94, informava il ministero di Grazia e giustizia italiano di prendere atto che «il magistrato rogante ha comunicato direttamente al collega rogato che la commissione rogatoria sopra citata è divenuta senza oggetto». La rogatoria 179/93 era stata da me proposta il 15-11-93, e cioè in epoca antecedente a quella n° 37/94 proposta il 14-2-94. Si badi bene: allorché in data 15-11-93 venne proposta la rogatoria n. 179/94, Cragnotti e Marziale non erano ancora nemmeno stati interrogati in relazione alla vicenda della distribuzione dei 5 miliardi per la quale venne poi proposta la rogatoria 37/94; gli interrogatori di costoro, infatti, avvennero rispettivamente il 29-11-93, il 18-12-93 e il 23-12-93. Quindi che senso ha scrivere, come fa la Procura di Brescia, che la rogatoria 37/94 costituisce «un seguito» della rogatoria 15-11-93 n° 179/93?

Invece la rogatoria n° 179/93 faceva seguito a ben altra rogatoria, forse la più "redditizia" dell'intera inchiesta "Mani pulite" in termini di risultati investigativi: quella inviata il 16-9-93 e il 24-9-93 dall'Ag di Lugano, allorché,

anche in mia presenza (ma non solo), venne interrogato il direttore generale della Montedison International Holding Company di Lugano e della Montedison International Nv di Curaçao, tale Emilio Binda; costui illustrò, con dovizia di particolari e con congrua produzione documentale, la costituzione di fondi neri da parte dei responsabili del gruppo Ferruzzi-Montedison. Dichiarazioni che fecero da pendant a una corposa relazione della società di revisione Deloitte e Touche (che nel frattempo era stata incaricata dai nuovi amministratori della stessa Montedison di accertare le irregolarità della passata gestione). A seguito di ciò, si rese necessario chiedere assistenza a ben 8 diverse Ag straniere per tentare di individuare i reali beneficiari finali dei fondi aziendali distratti o occultati: le rogatorie riguardarono e si svilupparono contemporaneamente verso Londra, Dublino, Lussemburgo, Lugano, Guernsey, Vaduz, Ginevra, New York. A ciascuna di queste Autorità vennero chiesti specifici accertamenti, a seconda di cosa ci interessava maggiormente al momento individuare; così, ad esempio, rispetto alla prima documentazione di cui si parla nella rogatoria – quella relativa alla fattura fittizia emessa dalla Allied Engineering International Limited del 18-12-90 di 10.500.000 Usd – attivai la rogatoria verso l'Ag di Londra perché dalla documentazione fornita dal Binda risultava che la Montedison, una volta ricevuta la suddetta "fattura di comodo", aveva provveduto a effettuare il pagamento a favore della predetta società sul conto 2700794 Aei Ltd acceso presso l'American Express Bank di Londra – alla Procura di Milano, cioè, interessava accertare chi, a Londra, avesse incassato il denaro, e chi ci fosse dietro la schermo dell'Allied. All'Ag di Ginevra, invece, venne chiesto di acquisire la documentazione relativa all'operazione n° 30 descritta dal Binda come un "contratto fittizio di Swap"; si trattava di un versamento bancario effettuato dalla Montedison International Nv in data 25-2-92 di 225.274 Usd a favore del conto acceso presso il Credit Suisse di Ginevra dalla consociata Ferruzzi Trading International di Panama; la rogatoria, in questo caso, riguardava un movimento bancario all'interno di due società dello stesso Gruppo, e serviva per poter individuare a quale specifico amministratore del Gruppo Ferruzzi addebitare il reato di falso in bilancio. Tutto questo, ripeto, avvenne il 15-11-93, con la proposizione della rogatoria n° 179/93.

Allorché il 26-9-94 mi incontrai con i colleghi di Ginevra per discutere sullo stato delle rogatorie, era però passato quasi un anno, che per i tempi e i metodi dell'inchiesta "Mani pulite" equivaleva a un'eternità. Tra la fine del 93 e quella del 94, il fulcro della maggior parte delle indagini di quell'inchiesta fu proprio la ricostruzione dei movimenti bancari e dei reati di falso in bilancio commessi nella Montedison e nella Ferruzzi. Addirittura intervennero due dibattimenti (processo Cusani e processo Enimont), importantissimi per l'acquisizione probatoria dei reati di falso in bilancio commessi all'interno delle suddette aziende. Nel frattempo, i legali rappresentanti e i dirigenti della Ferruzzi e della Montedison avevano ammesso le loro responsabilità nella costituzione dei fondi neri per un numero impressionante di miliardi, tra cui rientrava, come una goccia in mezzo al mare, anche la (per loro) modesta somma del predetto contratto fittizio di *swap*. Insomma, quando mi incontrai con il dott. Perraudin, avevo ormai già scoperto per altra via e da tempo ciò che l'anno precedente avevo richiesto all'Ag di Ginevra con la rogatoria 179/93; ovvia e naturale, quindi, la mia segnalazione a lui di considerare che la richiesta *n'était plus actuelle*. Ecco perché il dott. Perraudin qualche giorno dopo (12-10-94) fece la segnalazione all'Ufficio federale di Polizia di Berna: egli aveva "in carico" il fascicolo e in qualche modo doveva "evadere" la pratica; la stessa cosa fece subito dopo il Dipartimento federale, scrivendo la nota 2-11-94 al ministero di Grazia e giustizia italiano. Tutto ciò poteva essere ricostruito, sulla base degli atti in suo possesso, anche dal Pm di Brescia, e comunque doveva essere specificato in sede di rogatoria: altrimenti – ripeto – si genera confusione in chi, a distanza di tanti anni, può non ricordare alla perfezione la cronologia degli eventi (ed è ciò che probabilmente è accaduto a Perraudin).

Un riscontro oggettivo a tutto questo è dato dalla disamina della relazione redatta dall'assistente giudiziaria Rossana Caligaris sul punto. L'assistente annotò, in calce all'elenco del "gruppo B" delle rogatorie, la frase «Garofano – 15-11-93 (8 Ag) Evasa, ci invieranno la documentazione», per riassumere che con l'Ag svizzera potevamo considerare chiusa la rogatoria ("evasa", appunto) e che di lì a poco ci avrebbero fatto pervenire la documentazione di chiusura (la comunicazione ufficiale da parte del Dipartimento federale al nostro ministero di Giustizia, secondo la normativa internazionale vigente). In conclusione: laddove effettivamente tra me e il collega svizzero ci fu un accordo per chiudere le rogatorie perché ormai superate e non più attuali, egli – nei giorni subito successivi – provvide a formalizzare il risultato dei nostri colloqui. Invece, per la rogatoria n° 37/94 relativa al "conto 8000" egli non si attivò affatto per notificare al Dipartimento federale una supposta mia rinuncia al suo espletamento, tutt'altro!: si attivò per richiedermi documenti e informazioni allo scopo di eseguirla al più presto!

Solo due anni dopo, alla fine di dicembre 96 – ovvero solo dopo che ricominciarono con clamore internazionale le indagini su Pacini proprio per le vicende connesse all'oggetto della rogatoria (rapporti economici con l'amministratore delegato delle Ferrovie italiane, Necci) e solo dopo aver ricevuto un inusuale sollecito dal ministero di Grazia e giustizia italiano l'8-11-96 – il giudice Perraudin riferiva che la rogatoria 37/94 avrebbe potuto rientrare tra quelle che io avevo a suo tempo indicato "non prioritarie" e che lui aveva inteso "senza oggetto". Ripeto: seppure in evidente buona fede, ma dato il lungo lasso di tempo trascorso, egli si è sbagliato (come lui stesso ha ammesso) per le ragioni che ho sopra spiegato e per la inequivocabile documentazione che ho prodotto; per questa ragione egli sicuramente ricorda male quando parla di una sua telefonata con «Di Pietro o uno dei suoi collaboratori»: con me non ha mai parlato di revocare la rogatoria 37/94, giacché è provato che in quello stesso periodo gliela stavo sollecitando. In conclusione: ricostruire la sequenza degli avvenimenti può già di per sé non essere agevole nemmeno per l'Ag svizzera. Se poi a questo si aggiunge la parziale e inesatta informazione che la Procura di Brescia ha fornito in sede di rogatoria, si corre il rischio di far apparire plausibile anche ciò che è certamente infondato. In questa suggestione, ripeto, potrebbe essere caduto lo stesso giudice Perraudin.

E che sotto sotto ci sia lo "zampino" dell'equivoco è dimostrato anche dal fatto che, in seguito allo scalpore giornalistico che si è fatto di questa mia fantasiosa "revoca" della rogatoria 37/94, la notizia è arrivata anche in Svizzera, tanto che il dott. Perraudin, interpellato dai giornalisti, ha rilasciato la seguente dichiarazione ripresa dall'Ansa:

«Completa "fiducia e stima" in Antonio Di Pietro viene espressa oggi dal giudice istruttore ginevrino Paul Perraudin, che contemporaneamente in una dichiarazione all'Ansa da Ginevra definisce "falsa e tendenziosa" l'interpretazione data oggi da "Il Giornale" di una sua deposizione resa per rogatoria ai Pubblici ministeri di Brescia nell'ambito dell'inchiesta sui presunti rapporti illeciti tra Di Pietro e Pacini Battaglia. "Il Giornale", che titola il suo servizio in prima pagina "Un giudice svizzero contro Di Pietro", scrive anche che "secondo Perraudin l'ex Pm avrebbe chiesto e poi revocato una rogatoria su Pacini", e che la deposizione del magistrato elvetico sarebbe "uno dei motivi che hanno spinto la Procura di Brescia a chiedere al Gip una proroga di quattro mesi nell'inchiesta". "Il giornalista – ha detto Perraudin all'Ansa – fornisce un'interpretazione falsa e tendenziosa della mia deposizione davanti alla magistratura italiana, fatta per rogatoria il 16 febbraio scorso". "Se – prosegue Perraudin – il giornalista pensa che, in base ad alcune differenze artificiali di date o vecchi fatti, poiché risalgono al 94, la Procura di Brescia possa mettere in causa Antonio Di Pietro, si sbaglia. Di Pietro ha tutta la mia fiducia e la stima". Secondo fonti giudiziarie elvetiche, a Ginevra tutte le rogatorie concernenti Pacini Battaglia sono state eseguite».

So bene che un'Ansa non può essere considerata fonte di prova, ma certo anch'essa rappresenta un documento per meglio interpretare il reale pensiero di Perraudin allorché fece quelle equivoche e generiche dichiarazioni in sede di prima rogatoria.

Conclusione

Non rimane che tornare alla triplice questione iniziale proposta dalla Procura bresciana, che era la seguente: a) la rogatoria 37/94 sarebbe stata revocata; b) tale revoca sarebbe stata fatta da me (seppure informalmente); c) avrei fatto tale revoca per favorire Pacini.

Avevo detto all'inizio che nessuna delle tre proposizioni corrisponde al vero (sia nel senso che i fatti non stanno materialmente così, sia nel senso che io non ho mai operato intenzionalmente in tal modo), e l'ho qui dimostrato documenti alla mano. Insomma, "carta canta"!

VI.

NESSUN TRATTAMENTO DI FAVORE

1. Altre fantasiose omissioni

Nella richiesta di mio rinvio a giudizio si legge che il trattamento di favore che avrei riservato a Pacini si sarebbe concretizzato anche «nell'avere omesso di investigare in ordine al ruolo avuto da Pacini con riguardo alle illecite contribuzioni versate da Vincenzo Lodigiani (della Lodigiani spa) al c.d. "sistema dei partiti" (a fronte dell'assegnazione di appalti ferroviari e di concessioni relative all'Alta velocità), alla luce degli elementi emersi a seguito del sequestro della documentazione di Lodigiani (contenente numerosi riferimenti a Pacini, alla Karfinco, al conto "8000" della Karfinco e al conto Louxor n° 9144 della Abn di Ginevra), omettendo in particolare di contestare a Pacini le suddette circostanze e di richiedere assistenza giudiziaria alla competente Ag elvetica, mediante commissione rogatoria internazionale finalizzata ad accertare i rapporti tra Lodigiani e la Karfinco».

Riepiloghiamo. Le omissioni in questione si sarebbero caratterizzate nei seguenti miei comportamenti: a) nel non aver contestato a Lodigiani tutte le circostanze evidenziabili nei documenti sequestrati; b) nel non avere conseguentemente contestato a Pacini «gli elementi emersi a seguito del sequestro della documentazione»; c) nel non aver inoltrato specifiche rogatorie alla Ag elvetica chiedendo di accertare i rapporti economici esistenti o esistiti «tra Lodigiani e la Karfinco». Ma queste supposte omissioni non sono vere, nel senso che quanto mi si imputa di avere omesso di fare è precisamente ciò che invece ho fatto (ovviamente nei limiti delle conoscenze processuali dell'epoca), come adesso dimostrerò (ancora una volta accettando l'innaturale inversione dell'onere della prova alla quale i Pm bresciani mi costringono).

La questione, però, è ancora più a monte. Mettiamo il caso che io – come può accadere a tanti altri Pm d'Italia e del mondo (e come molto spesso è accaduto anche in questo processo ai Pm bresciani) – durante le indagini preliminari riguardanti la posizione processuale di Pacini e/o di Lodigiani, nell'avviare una sequela di attività istruttorie ne avessi "saltata" una o due (perché al momento non l'avevo focalizzata, per dimenticanza, perché avevo privilegiato altri sviluppi investigativi ritenuti a torto o a ragione più redditizi, e così via): vuol forse dire che – per questo solo fatto – la mia condotta possa considerarsi penalmente illecita?

L'accusa che mi viene mossa parte da un implicito presupposto logico (altrimenti non avrebbe senso la contestazione), e cioè che io, a fronte dei finanziamenti che in quel periodo Pacini si impegnava a erogare a D'Adamo, lo favorivo non rilevando né facendo emergere dall'inchiesta «il ruolo avuto da Pacini con riguardo alle illeciti contribuzioni versate da Lodigiani al c.d. "sistema dei partiti" a fronte dell'assegnazione di appalti ferroviari e di concessioni relative all'Alta velocità»: questo e solo questo può essere – seppur astrattamente – il "sinallagma necessario" a cui di fatto fa riferimento l'Accusa nel proporre a mio carico l'imputazione di corruzione. Due, quindi, sarebbero stati in questo caso i miei supposti "impegni favoritori" nei confronti di Pacini: tenerlo fuori dalle sue responsabilità in relazione alle illecite contribuzioni al sistema dei partiti, e tenerlo fuori dalle indagini sull'Alta velocità. Inquadrato, specificato e delimitato così il problema, mi sembra che non vi sia nemmeno bisogno di dare risposta a nessuna delle due accuse, tanto sono contrarie alla realtà storica dei fatti e alle risultanze documentali (purtroppo solo parzialmente acquisite agli atti).

Forse i Pm di Brescia e il Gico di Firenze non lo sanno (e in tal caso sarebbero i soli al mondo), ma l'intera inchiesta "Mani pulite"

da me (e non solo da me) condotta ha avuto come costante e oggetto proprio l'individuazione e lo smantellamento delle «illecite contribuzioni ai partiti», e un ruolo fondamentale per raggiungere quel risultato – piaccia o non piaccia – sono stati proprio:

1) i 23 interrogatori cui il Pm Di Pietro ha sottoposto Pacini (il primo il 10-3-93, il ventitreesimo il 27-9-94);

2) le 12 "memorie", e relativa documentazione bancaria, prodotte dallo stesso Pacini al Pm Di Pietro (la prima il 2-4-93, la dodicesima il 14-9-94);

3) le decine e decine di rogatorie effettuate dal Pm Di Pietro a seguito delle indagini svolte a carico di Pacini;

4) le ulteriori acquisizioni testimoniali, rogatoriali e documentali avviate dal Pm Di Pietro in relazione alla posizione di Pacini [1];

5) gli atti fondamentali per scoprire le «illecite contribuzioni ai partiti» (quelle, per intenderci, che nel gergo comune sono poi state chiamate "i reati di Tangentopoli") sono stati attivati proprio dal Pm Di Pietro: per appurarlo, sarebbe bastato consultare *tutto* il "fascicolo virtuale" di cui al p.p. n° 8655/92 della Procura di Milano e i suoi successivi stralci (acquisito agli atti dai Pm bresciani solo parzialmente);

6) alcune delle attività svolte dal Pm Di Pietro in tal senso sono comunque menzionate dallo stesso Gico nella relazione n° 58 del 2-5-98, le cui prime 16 pagine sono appunto dedicate al riepilogo (si fa per dire, giacché riferiscono solo di una millesima – ma che dico, meno ancora – parte di tutto il lavoro che ho svolto) degli atti istruttori avviati all'epoca da Di Pietro per scoprire appunto le «illecite contribuzioni ai partiti».

Con specifico riferimento alle indagini sul business dell'Alta velocità, di esse (seppure ancora una volta in modo sommario e parziale) dà conto lo stesso Gico nella citata relazio-

---

ne. E questo è davvero il colmo: si provino a leggere senza preconcetti e pregiudizi gli atti processuali richiamati, benché parzialmente, in tale relazione, e ci si accorgerà che la Procura di Milano (e il Pm Di Pietro in particolare) non rimase affatto "silente" o "assente" o "omissiva" rispetto al fronte delle indagini relative al settore Ferrovie in genere e dell'Alta velocità in particolare. Sono insomma gli stessi investigatori di oggi che confermano le innumerevoli attività istruttorie da me all'epoca sviluppate su questo fronte. E allora, come è possibile sostenere in giudizio che io volessi "non scoprire" le tangenti per l'Alta velocità?, e che volessi farlo per favorire Pacini? Come possono far conciliare la mia incalzante attività istruttoria, di cui essi stessi danno conto, con un supposto mio accordo con D'Adamo per garantire a Pacini la «sostanziale impunità»?

Se davvero avessi voluto "non investigare" sulle Ferrovie e sull'Alta velocità, perché (limitandomi alla disamina dei soli documenti presenti nel fascicolo di Brescia) avrei interrogato più volte sul tema 12 persone a vario titolo coinvolte?[2] Perché il 17-5-93 avrei richiesto (si badi: contemporaneamente agli accordi finanziari tra Pacini e D'Adamo!) e ottenuto ordinanza di misura cautelare nei confronti di Vincenzo Lodigiani per corruzione aggravata e continuata con l'imputazione di avere agito «in concorso con pubblici ufficiali o incaricati di pubblico servizio operanti presso il ministero dei Trasporti, le Ferrovie dello stato e il Tav (Trasporti alta velocità) [richiedendo] a Papi Enzo della Cogefar Impresit una percentuale del 3% del valore degli anticipi ricevuti dalla Cogefar in relazione ai lavori alla stessa commissionati in raggruppamento di imprese per la costruzione della linea veloce Firenze-Bologna e di quella Torino-Milano, affinché i menzionati Pu favorissero tale società in vio-

lazione dei doveri di imparzialità della Pa nell'assegnazione degli appalti pubblici e nell'esecuzione dei lavori nell'ambito delle Ferrovie concesse»? Perché avrei chiesto e più volte sollecitato la rogatoria 37/94 che – seppure scaturita da filoni di indagini diversi – poteva mettere in moto una imputazione a carico di quel Necci che al momento delle indagini era a capo delle Fs e dell'Alta velocità? Perché, una volta acquisita la documentazione Paparusso, avrei pregato il collega Ielo di riascoltare una quindicina di volte lo stesso Lodigiani per tentare di ottenere ogni utile informazione su quel materiale?

Si dirà: ma tu non hai scoperto ciò che noi abbiamo scoperto oggi sull'Alta velocità. Certo (anzi no: forse), e questo per le seguenti concomitanti – *dico concomitanti* – ragioni, tutte presenti agli atti:

• perché all'epoca non riuscimmo a fare ulteriori passi avanti non avendo le conoscenze processuali che anni dopo sono state acquisite;

• perché le indagini non sono mai state archiviate o abbandonate, e quando io lasciai la magistratura esse erano ancora in corso, erano cioè in pieno svolgimento;

• perché soprattutto – come riferiscono i vari Vittorio Caporale, Vincenzo Lodigiani, Enzo Papi, ecc. – quando nacque e si sviluppò l'inchiesta "Mani pulite" era proprio il momento in cui i contratti sull'Alta velocità si stavano perfezionando e parallelamente stavano per essere concretizzati anche gli accordi "spartitori" delle tangenti;

• perché, insomma, all'epoca (92-93) gli "accordi tangentizi" fra i pubblici ufficiali e gli imprenditori sull'Alta velocità apparivano ancora nella fase embrionale (di per sé ancora equivoca e giuridicamente ancora non apprezzabile, salvo per alcuni casi in cui abbiamo proceduto arrestando Lodigiani e incriminando altre persone proprio in relazione alla Tav);

• perché, a seguito di questo "intervento precoce" della Procura di Milano, le "trattative" si congelarono in attesa di tempi migliori (come poi accadrà, e infatti gli "accordi spartitori" sembra siano entrati nel vivo a partire dalla fine del 95).

Veniamo adesso al merito delle agende di Lodigiani. Esse furono sequestrate su ordine della Procura della Repubblica di Roma, nell'ambito del p.p. n° 8876/92A (che naturalmente i Pm bresciani non hanno acquisito)

---

[2] Giulio Caporali (il 26-4-93, il 19-5-93 e l'8-9-93); Enzo Papi (il 27-4-93, il 9-5-93 e il 15-5-93); Carlo De Benedetti (il 19-7-93); Vittorio Caporale (il 19-5-93); Gian Carlo Vaccari (il 14-7-93); Giovanni Cherubini (il 17-5-93); Rosario Alessandrello (il 19-2-93, l'1-3-93, il 2-7-93 e il 30-9-93); Paolo Scaroni (il 29-5-93); Angelo Simontacchi (il 5-7-93); Vincenzo Lodigiani (il 26-5-93, l'1-6-93 e il 9-7-93); Pacini Battaglia (il 26-3-93, il 14-5-93); Mario Astaldi (il 5-7-93).

presso l'abitazione di tale Stefano Paparusso, un calciatore della squadra di calcio sponsorizzata da Lodigiani, che le aveva ricevute in riservata custodia fin dal luglio 92 (per intenderci, dall'epoca del primo arresto di Lodigiani, avvenuto anch'esso su richiesta del Pm Di Pietro). Il 17-4-93 il Pm di Roma trasmise alla Procura della Repubblica di Milano per formale acquisizione agli atti del p.p. n° 8655/92 copia della documentazione sequestrata a Paparusso, e – parallelamente – copia autentica della medesima veniva trasmessa al gruppo dei Pm di Roma delegato alle indagini sulla Pubblica amministrazione, poiché fra gli stessi vi era il Pm Antonio Vinci, il quale già si occupava di Lodigiani con la collaborazione della Gdf di Roma. Diciamo subito che le indagini sulla Tav all'epoca erano *di competenza ed erano portate avanti dalla Procura di Roma* e non da quella di Milano, la quale si occupava solo di ricostruire le vicende legate alle «illecite contribuzioni ai partiti» e non anche a quelle legate alle ipotesi di corruzione di pubblici ufficiali per la Tav. Le "agende Lodigiani" contenevano elementi di valutazione in merito a una serie di appalti che andavano dal settore stradale, a quello ferroviario, a quello dell'edilizia pubblica; soprattutto, contenevano indizi interessanti circa il sistema di finanziamento illegale ai partiti. È ovvio, quindi, che in relazione ai tantissimi filoni di indagine cui esse potevano fare riferimento, sparsi un po' in tutta Italia (tanto è vero che, come vedremo, noi svolgemmo attività istruttoria congiunta anche con le Procure di Roma e di Napoli), la Procura di Milano, nel ricevere la documentazione, dovette distinguere tra gli "elementi di interesse diretto" e quelli che potevano interessare altri Uffici giudiziari.

Il capo di imputazione contestatomi contiene quindi una grave inesattezza nei suoi presupposti, laddove afferma che – a seguito del ricevimento delle agende Lodigiani – avrei dovuto (e quindi avrei omesso di) investigare sia con riguardo «alle illecite contribuzioni versate da Vincenzo Lodigiani al c.d. "sistema dei partiti"», sia con riferimento «all'assegnazione di appalti ferroviari e di concessioni relative all'Alta velocità». Proprio qui sta il "punto divaricatore" tra le vicende di cui poteva essere competente la Procura di Milano e quelle che spettavano alla Procura di Roma – e di questo, come dimostrerò, vi è prova documentale. È quindi a dir poco arbitraria la concatenazione che la Procura di Brescia ha voluto dare a questi due diversi filoni di indagine, addebitando a me la "non volontà" di investigare sul sistema dei finanziamenti ai partiti «a fronte» dell'assegnazione di appalti ferroviari e di concessioni relative all'Alta velocità!

Una prova? Si esaminino tutti gli interrogatori cui è stato sottoposto Lodigiani, da me e dal collega dott. Ielo, dopo il ritrovamento della "documentazione Paparusso", e si vedrà che essi erano solo e semplicemente di tipo "ricognitivo" al fine di individuare (anzi, di farsi dire da Lodigiani) altri specifici fatti-reato; non erano cioè di tipo "contestativo" come oggi si vorrebbe fossero stati. Una riprova? La consegna ufficiale a Lodigiani della documentazione Paparusso, tramite il sistema della allegazione a verbale che – è evidente – non poteva avere altro scopo che quello di mettere in condizione il "collaborante" Lodigiani di riferire sui fatti-reato che vi erano descritti (ovviamente nei limiti e con le omissioni che la legge consente all'indagato). Una riprova della riprova? Tutti gli interrogatori in questione non contengono contestazioni, né in essi vengono verbalizzate le domande "senza risposta" ovvero le domande "a risposta negativa", ma solo i fatti che portano alla scoperta di nuovi reati [3].

Sono pertanto malevole e fuori luogo le molte offensive allusioni (altro infatti non sono) presenti nelle relazioni e annotazioni del Gico, laddove si chiedono retoricamente le ragioni per cui "certe domande" non sarebbero state poste. Chi l'ha detto, prima di tutto, che

---

[3] Già, perché questa era la prima parte della tecnica delle indagini di "Mani pulite". L'istruttoria penale, cioè, su questo o quel soggetto, avveniva in tre fasi: nella prima, di tipo "ricognitivo", si cercavano di raccogliere tutte le informazioni che il collaborante poteva fornire; nella seconda, di tipo "individuativo" della competenza, si interessavano i colleghi di altri uffici giudiziari in modo da metterli in condizione di conoscere fatti e circostanze in relazione a indagini che loro stavano promuovendo o avrebbero potuto promuovere; nella terza, di tipo "contestativo", di regola alla fine delle indagini preliminari, laddove si contestava – se necessario – all'interessato eventuali sue contraddizioni o incongruenze (è questa la ragione, ad esempio, per cui nel febbraio 94, allorché apparirai da Ruju che le contabili bancarie presentate da Pacini non potevano essere quelle giuste, lo feci richiamare dal brigadiere Scaletta e gliele feci contestare espressamente).

esse non sono state poste? Per quale ragione, secondo il Gico (e, a quanto par di capire, anche secondo i Pm di Brescia), il Codice di procedura penale ha previsto che – di regola – nella fase delle indagini preliminari la verbalizzazione sia di tipo "riassuntivo"? Si provino a esaminare, per esempio, proprio i verbali di Lodigiani, laddove vengono solo indicati fatti "positivi" e non "dichiarazioni negative": ciò sta a significare non che quelle domande non gli sono state rivolte, ma che su quelle domande l'interessato non aveva al momento voluto, o saputo, dare risposte "positive" per il proseguimento dell'inchiesta preliminare.

Ritorniamo, allora, alle agende di Lodigiani che – come abbiamo visto – erano state inviate a Milano non affinché noi procedessimo in relazione alla corruzione di pubblico ufficiale («all'assegnazione di appalti ferroviari e di concessioni relative all'Alta velocità»), ma per una disamina più generale rispetto a quanto Lodigiani aveva detto, e stava dicendo, nella sua attività collaborativa con la Procura di Milano, collaborazione che si era instaurata fin dal suo primo arresto l'anno precedente per la «illecita contribuzione ai partiti».

Per quanto riguarda le vicende legate «all'assegnazione di appalti ferroviari e di concessioni relative all'Alta velocità», è certo (ed è provato agli atti) che, all'epoca, la Procura di Roma (unica competente territorialmente) aveva aperto almeno due indagini relative alle Ferrovie e alla Tav: 1) la prima, portata avanti dal Pm Antonino Vinci, che – in quanto titolare di indagini su Lodigiani – ricevette le agende sequestrate a Paparusso e le fece "sviluppare" affidandole alla Gdf di Roma; 2) la seconda, attivata dal Pm Giorgio Castellucci, che aveva richiamato a sé i fascicoli di tutti i colleghi della Procura di Roma riguardanti il progetto Tav, ancora in fase di indagine preliminare. Come è noto, sia il Pm Vinci sia il Pm Castellucci sono stati poi incriminati dall'Ag di Perugia per corruzione in atti giudiziari proprio in merito all'indagine sulla Tav: il primo nel frattempo è deceduto, per il secondo è stato chiesto il rinvio a giudizio [4].

L'incriminazione, da parte dei Pm di Perugia, nei confronti del dott. Vinci riguardava anche il fatto che egli non avrebbe svolto i dovuti accertamenti in relazione «alle Ferrovie, e ciò sia sotto il profilo delle prestazioni inte-

_____

[4] Cfr. richiesta rinvio a giudizio Pm Perugia del 7-1-98 a carico del Pm Giorgio Castellucci:
«Pacini Battaglia Pierfrancesco, Necci Lorenzo Antonio, Spinelli Stefano, Incalza Ercole, Maraini Emilio, Castellucci Giorgio, Di Amato Astolfo, Grollino Fiorenzo:
a) delitto di cui agli artt. 81 Cpv., 110 ter., 321 Cp per avere il dott. Giorgio Castellucci, Pm in servizio alla Procura della Repubblica presso il tribunale di Roma, il dott. Astolfo Di Amato e il dott. Fiorenzo Grollino, in concorso tra loro e con più azioni esecutive di un medesimo disegno criminoso, ricevuto da Lorenzo Necci, già amministratore straordinario delle Fs, quindi amministratore delegato e presidente della società partecipata Tav spa – tramite l'ufficio legale della Ferrovie dello Stato spa e la segreteria generale, e in tal caso con il contributo causale del dott. Stefano Spinelli – dell'ing. Emilio Maraini, presidente della società partecipata Fs Italferr spa, dell'ing. Ercole Incalza, amministratore della Tav spa, che agivano in concorso tra loro, con Francesco Pacini Battaglia e altri soggetti portatori di interessi, denaro e/o utilità consistenti nel conferimento di incarichi professionali di consulenza retribuiti come segue:
– al Di Amato per la somma complessiva di L. 2.392.680.000 a seguito di affidamento di consulenza con contratto del 14-9-93, a firma del presidente della Italferr spa, ing. Emilio Maraini, rinnovato in data 20-12-94, 1-3-95 e 22-1-96;
– al Grollino per la somma di L. 4.116.356.116 in relazione ai seguenti incarichi:
• Italferr spa: contratto di consulenza datato 23-11-95 a firma ing. Emilio Maraini, a favore dell'avv. Fiorenzo Grollino, in rappresentanza della società Atlantide Euro Service srl di Bruxelles, di cui detto legale è comproprietario, ordini di pagamento per un totale di lire 74.171.030;
• Tav spa: contratto di consulenza datato 11-12-95 a firma dell'amm.re Tav ing. Ercole Incalza, ordini di pagamento per un totale di lire 210.232.671;
• Fs spa:
1. Consulenza Fs conferita all'avv. Grollino, n° 156 stipulato dal Consiglio di amministrazione e a firma del segretario Stefano Spinelli, in data 15-4-93 con ordini di pagamento nel periodo dal 15-10-93 al 6-4-95 per un totale di L. 1.513.835.316;
2. Procura conferita all'avv. Mario Cavaro, responsabile della funzione legale presso Fs il 22-4-93 in favore dell'avvocato Grollino nel periodo 9-7-93/21-6-94 vengono emessi ordini di pagamento per un totale di Lire 402.553.751;
3. Contratto n° 102 del 18-1-95 stipulato dalla segreteria societaria e a firma del segretario (dott. Stefano Spinelli) a favore dell'avv. Grollino e dell'avv. Giuseppe Boncompagni, come da richiesta avanzata all'Ad Lorenzo Antonio Necci e da Spinelli e Cervaro, con ordini di pagamento nel periodo 9-11-95/28-2-97 per un totale di L. 701.753.348;
4. Contratto di consulenza delle Fs numero protoc. Seg/07/001/77 stipulato il 25-1-95 a favore dell'avv. Fiorenzo Grollino, stipulato dalla Segreteria societaria a firma del segr. (Spinelli) con ordini di pagamento nel periodo 29-5-95/17-1-97 per un totale di L. 1.213.800.000;

grate dell'Alta velocità [in quanto] non a caso tra gli appunti di Lodigiani risultava annotato "Karfinco 8000 T Pappalardo"... e numerosi riferimenti alle Ferrovie, alla Tav, a Necci, a Ettore Incalza e, comunque, per ripartizione, per percentuali, di tangenti anche per partiti politici». L'incriminazione nei confronti del dott. Castellucci riguarda anche il fatto che egli «nel corso degli anni dal 93 al 96... poneva le sue funzioni di magistrato al servizio di Pacini, Necci, Incalza e Maraini... concentrando su di sé la trattazione di tutti i procedimenti penali riguardanti la Tav... omettendo di eseguire l'attività di indagine essenziale... chiedendo una prima volta l'archiviazione in data 8-7-94... mantenendo l'iscrizione a carico di

ignoti... omettendo alcune attività di indagine richieste dal Gip (che aveva negato l'archiviazione)... reiterando la richiesta di archiviazione». Non mi compete entrare nel merito delle accuse rivolte dall'Ag di Perugia ai due Pm romani, ma è chiaro – sulla base dei fatti richiamati dal Pm perugino – che all'epoca la Procura di Roma si stava occupando o si sarebbe dovuta occupare – sia perché territorialmente competente, sia perché ne aveva ricevuto e acquisito formalmente la notizia di reato – delle investigazioni inerenti i fatti che oggi il Pm di Brescia contesta anche a me. E se si dovesse seguire l'impostazione dell'Accusa bresciana, per logica conseguenza *dovrebbero essere incriminati per "omissioni di investigazioni dovute" anche tutti quegli altri magistrati italiani* che si occuparono della posizione di Vincenzo Lodigiani e *che ebbero modo di ricevere la "documentazione Paparusso"* (in quel periodo Lodigiani era stato arrestato su richiesta di circa 4-5 Procure diverse, e sicuramente i colleghi di Napoli e Palermo ricevettero dalla Procura di Milano la suddetta documentazione, giacché proprio in relazione a essa svolgemmo interrogatori comuni di Lodigiani, anche se, molto probabilmente, la suddetta documentazione fece molti altri giri in tante altre Procure).

Si dirà: perché le agende di Lodigiani vennero inviate a Milano? La risposta è semplice: perché la Procura di Milano aveva messo sotto inchiesta fin dall'anno precedente Lodigiani e quindi era opportuno che la documentazione che lui aveva occultato proprio in occasione del suo primo arresto (avvenuto appunto su richiesta del pool di Milano) fosse messa a nostra disposizione, a norma di legge, in modo da verificare eventuali correlazioni "arresto-occultamento della documentazione". In altri termini, le suddette agende ci vennero inviate (mi pare di ricordare su richiesta del nostro dott. Colombo) per verificare se esse potessero contenere indicazioni utili in relazione alle indagini che stavamo svolgendo proprio sul fronte delle «illecite contribuzioni versate da Vincenzo Lodigiani al cosiddetto "sistema dei partiti».

E infatti quelle agende contenevano notizie molto utili. Così utili che io – una volta acquisita la documentazione (il 17-4-93) – non ho interrogato subito Lodigiani, il quale nel frattempo si era reso latitante a seguito di manda-

---

– perché il Pm dott. Castellucci ponesse le sue pubbliche funzioni di magistrato al servizio degli interessi di Pacini Battaglia, Necci, Incalza e Maraini e di altri soggetti portatori di interessi insieme con costoro, violando i doveri di probità, riservatezza, imparzialità e indipendenza tipici della funzione giudiziaria nei procedimenti penali e in ogni altra attività della quale fosse richiesto, e si rendesse disponibile a fornire informazioni, violando il segreto d'ufficio e a intervenire su altri magistrati, proposto che Castellucci di fatto attuava:

1. commutando su di sé, per quanto possibile (anche richiedendo la trasmissione di fascicoli assegnati ad altri Pm) la trattazione di tutti i procedimenti penali riguardanti il progetto Tav pendenti alla Procura della Repubblica presso il Tribunale di Roma in fase di indagini preliminari;

2. omettendo di eseguire attività di indagine essenziali ad acquisire la prova di fatti penalmente rilevanti;

3. omettendo di iscrivere il procedimento penale a carico di persone note il 28-12-93 e richiedendo la proroga delle indagini in procedimento a carico di ignoti il 28-12-93;

4. chiedendo una prima volta l'archiviazione degli atti in data 8-7-94 mantenendo l'iscrizione a carico di ignoti malgrado il Gip dott.ssa Iannini, nel concedere la proroga delle indagini preliminari il 2-7-94 avesse disposto l'iscrizione a cura del Pm a registro notizie di reato dei legali rappresentanti delle società partecipate Fs, Italferr sis, Tav spa e Tav spa da identificarsi da parte del Pm;

5. omettendo di eseguire talune delle attività di indagine disposte dal Gip dott. Carlo Sarzana (subentrato dal 5-5-95 alla dott.ssa Iannini) con provvedimento del 23-12-95 depositato dopo l'udienza in camera di consiglio tenuta in data 24-11-95 per cui aveva disposto l'avviso anche alle persone sottoposte alle indagini per il delitto di cui all'art. 323 Cp, e altri Emilio Maraini e Ercole Incalza;

6. reiterando la richiesta di archiviazione – dopo aver disposto formalmente l'iscrizione a carico di Incalza e Maraini il 17-2-96 con conseguente... al p.p., la questione del n° 2254/96 R – in data 25-3-96.

In Roma, nel corso degli anni 93-96 nelle date sopra indicate».

to di cattura emesso dalla Procura di Palermo, ma ho interrogato il 9-5-93 Enzo Papi della Cogefar, che in quel periodo era anche lui un soggetto molto collaborativo con la Procura di Milano, il quale riferì degli accordi che erano intervenuti con Lodigiani per il pagamento di una tangente del 3% per le commesse Tav. Sulla base di quelle dichiarazioni, il 17-5-93 chiesi e ottenni dal Gip un nuovo provvedimento restrittivo a carico di Lodigiani, il quale si costituì all'Ag di Milano il 26-5-93.

A questo punto occorre richiamare un'altra esigenza investigativa di grande rilevanza in quel caldissimo periodo giudiziario: l'apertura del "fronte mafioso" dell'inchiesta "Mani pulite". La Procura di Palermo era riuscita ad aprire una breccia negli appalti "pilotati" dalla mafia (erano i tempi del pentito Li Pera, per intenderci), ma aveva necessità di interloquire con i manager delle grandi imprese, con quelle persone cioè che erano state nel frattempo indagate dalla Procura di Milano e che stavano collaborando con noi. Per questa ragione in quel periodo si intensificarono le riunioni tra noi del pool di Milano e i colleghi della Procura di Palermo. Di comune accordo decidemmo che io avrei fatto da "apripista" nei primi interrogatori cui occorreva sottoporre alcuni dei "grandi imprenditori" che avevano operato in Sicilia. Al riguardo, ultimamente la Procura di Brescia ha acquisito i verbali dibattimentali dei pentiti di mafia Maurizio Avola e Giovanni Brusca, e quindi potrebbe farsi un'idea di cosa all'epoca bolliva in pentola per questa mia "incursione" laggiù [5]. E a questo proposi-

---

[5] La Procura di Palermo, nell'ambito del p.p. n° 5708/94-6280/92, ha indicato, quali fonti di prova, i seguenti atti istruttori della Procura della Repubblica di Milano (molti dei quali effettuati dal Pm Di Pietro) nell'ambito del p.p. n° 8655/92 e successivi stralci: interrogatori di Enzo Papi, Vincenzo Lodigiani, Ugo Montevecchi, Ulrico Bianco, Paolo Cirino Pomicino, Sergio Di Paolo, Mario D'Acquisio, Roberto Schellino, Franco Canepa, Severino Citaristi, Pietro Di Vincenzo, Teodorico De Angelis, Romano Tronci, e molti altri s.i.t. e confronti.
Presso il Tribunale dei ministri di Palermo, nell'ambito del procedimento penale ivi attivato dalla Procura con richiesta di rinvio a giudizio del 24-3-95, sono stati indicati, quali fonti di prova, atti istruttori della Procura di Milano, nell'ambito dell'inchiesta "Mani pulite" (p.p. n° 8655/92) e successivi stralci, fra cui gli interrogatori di Mario Maddaloni, Lionello Sebasti e Vincenzo Lodigiani. Questo procedimento era nato dalle dichiarazioni di Mad-

---

to è quantomai opportuno richiamare qui anche il contenuto di una delle tante intercettazioni nelle quali Pacini parla dello stato dei suoi rapporti con Maddaloni e Filippo Salamone, cioè il fratello del Pm di Brescia dott.

---

daloni e Sebasti, rese proprio al Pm Di Pietro, che chiamano in causa direttamente l'imprenditore Filippo Salamone (fratello del Pm di Brescia Fabio Salamone). Nel corso di alcuni interrogatori effettuati dal Pm Di Pietro erano emerse dichiarazioni penalmente rilevanti contro Filippo Salamone per fatti – si badi bene – che sono poi stati oggetto di specifiche accuse a carico dello stesso imprenditore siciliano, come si può agevolmente rilevare confrontando l'attività istruttoria svolta da Di Pietro con i capi di imputazione contestati a Filippo Salamone. In particolare, e solo a parziale esemplificazione:
• *Interrogatorio Giuseppe Li Pera del 12-11-92*: «Con riferimento alla gestione degli appalti in Sicilia, anche qui il sistema delle imprese lottizza il mercato dividendosi a tavolino gli appalti appetibili. Ciò è possibile perché si è creato un vero e proprio "comitato d'affari" costituito da taluni politici di rilievo (ad esempio Salvo Lima, Turi Lombardo, Salvatore Placenti, Rino Nicolosi, Calogero Mannino) che nazionali (Astaldi, Torno, Lodigiani, Tor di Valle, Cogefar, Cmc, Edilter, Grassetto, Todini, Tosi, Maltauro, Ilva, Dipenta, Codelfa e altre)... In pratica, le imprese siciliane, più un ristretto gruppo di imprese nazionali, avevano il potere decisionale sulla spartizione degli appalti che veniva coordinata, in rappresentanza di questi imprenditori, da Filippo Salamone, imprenditore di Agrigento avente posizione di supremazia all'interno di questo comitato d'affari... Naturalmente, in Sicilia esiste anche la componente mafiosa che interviene nella fase della gestione degli appalti, garantendo la funzionalità del comitato d'affari stesso. Mi spiego. Nella fase di finanziamento delle opere pubbliche è il politico di riferimento che se ne occupa in quanto è l'unico che ne ha le potenzialità. Quando il flusso di denaro arriva, il comitato d'affari è preposto alla lottizzazione fra le imprese più significative... Il tutto è regolato da una ferrea disciplina e dal rispetto delle regole che, in Sicilia, viene garantito dalla mafia e – per quanto riguarda i rapporti all'interno del comitato – dall'imprenditore Angelo Siino (quest'ultimo, infatti, pur essendo un imprenditore di piccolo cabotaggio, ha una rilevanza notevole all'interno del comitato e una capacità di acquisizione di appalti tale da garantirgli una supremazia rispetto agli imprenditori medio-piccoli. In realtà al Siino questa forza gli deriva, come risaputo da tutti, dai suoi legami con Cosa Nostra)».
• *Interrogatorio Franco Canepa del 5-7-93*: «A cavallo degli anni 87-88, si formarono, sotto la "tutela" della Italstat (ing. Rosi), una serie di gruppi composti da imprese nazionali in possesso di determinate iscrizioni all'Albo naz. costruttori, più imprese siciliane regionali, provinciali e comunali. Fu quindi creato un comitato di controllo di questi raggruppamenti a cui partecipavano, oltre Italstat, il movimento cooperativo, le imprese nazionali rappresentate da Lodigiani e dal cav. Mario Rendo e le imprese locali rappresentate da Filippo Salamone... Per quanto riguarda la gara del Consorzio Carboi fummo favoriti, in quanto evidentemente le altre imprese interessate (che

Fabio Salamone il quale a più riprese e per lungo tempo ha poi indagato su di me in via esplorativa e sulla base di anonimi, e ha continuato a farlo fino a quando non è stato estromesso dalle indagini per intervento della Procura generale di Brescia [6].

---

avevano vinto altri lotti dell'Esa) lasciarono che ciò avvenisse. In buona sostanza, risultammo vincitori nelle gare d'appalto con il sistema delle "medie". Non sono in grado di specificare gli impegni assunti e mantenuti dall'ing. Persoglio in merito a questo lavoro specifico. Mi risulterebbe però – per quanto detto infra – che ci fosse una contribuzione che attraverso i versamenti dei "capigruppo avrebbe coperto" gli oneri politici e i finanziamenti pubblici delle opere. Questo avveniva nel settembre-ottobre 88. Posso inoltre dire che nel 91 fui chiamato da Filippo Salamone per far fronte, con la somma di lire 60 milioni, alla differenza dell'importo contrattuale aumentato nel corso degli anni da 16,5 a 21 miliardi».

• *Interrogatorio Teodorico De Angelis del 15-5-95*: «[Questione diga di Blufi] Trattasi di un lavoro aggiudicato a un raggruppamento di imprese costituito dalle imprese Astaldi (mandataria) Di Penta, Impresem (facente capo a Salamone Filippo) e Vita (facente capo all'ing. Vita) in una località in provincia di Palermo. In occasione di detto lavoro, l'impresa Astaldi, ritengo nel primo semestre dell'anno 89, versò circa 250 milioni al sen. Citaristi. La somma fu versata da me, in contanti, in un'unica soluzione (se ben ricordo), presso l'ufficio del predetto Citaristi, in Roma. La Astaldi, impresa che opera a livello nazionale, fu richiesta dal sen. Citaristi di far fronte a detto pagamento, ciò rientrando nella logica di quegli anni. Per quanto riguarda le altre imprese, debbo far presente che il raggruppamento di imprese, come si può notare, è costituito da due imprese nazionali (Astaldi e Di Penta) e due locali (Impresem e Vita)... In sede di precostituzione del raggruppamento di imprese, fra di noi è intervenuto un accordo di massima per cui, in relazione a richieste eventuali di tangenti in sede locale, avrebbero provveduto le imprese locali, mentre, per contribuzioni a livello nazionale, avremmo provveduto noi imprese nazionali... [Questione adduttore diga di Rosa Marina] Si tratta di un lavoro aggiudicato al raggruppamento composto dall'impresa Astaldi (mandataria) Impresem (facente capo a Filippo Salamone) e a una cooperativa locale... Anche in occasione di detto lavoro, l'impresa Astaldi versò all'on. Balzamo Vincenzo la somma di lire 250 milioni, se ben ricordo, nel secondo semestre dell'anno 91. Il versamento fu effettuato da me, in Roma, presso gli uffici di via Tomacelli, in contanti, in un'unica soluzione. Anche in questo caso al Salamone spettava il compito di regolare eventuali richieste di denaro in sede locale».

• *Interrogatori Vincenzo Lodigiani dell'1-6-93 e 8-6-93* – Nel primo interrogatorio viene generalmente contestato a Lodigiani il contenuto della documentazione sequestratagli a seguito di perquisizione, ed egli ha dato atto a verbale del rinvenimento di un intero dossier riguardante i suoi rapporti con l'imprenditore Salamone; documenti questi che saranno poi alla base della contestazione da parte della Procura di Palermo e di quella di Milano, nell'ambito di un secondo congiunto interrogatorio avvenuto l'8-6-93, prova palmare della interconnessione fra i due procedimenti: l'interrogatorio congiunto riporta in prima pagina i numeri dei procedimenti penali aperti dai Pm di Milano e di Palermo (Pm Milano: n° 8655/92 "Ma-

ni pulite"; Pm Palermo: n° 6280/92 [poi 5708/94] contro Filippo Salamone, Totò Riina e altri). E allora è bene rileggere alcuni passi di questo interrogatorio: «In Sicilia, la situazione non era diversa dalle altre parti d'Italia, tuttavia sono a conoscenza di un tentativo di regolamentare il mercato posto in essere da alcuni imprenditori locali e fra questi il Salamone... Di tale tentativo di regolamentazione me ne parlò il Rendo, come si evince da un appunto della mia agenda in giudiziale sequestro... Mario Rendo, pur essendo il più importante tra gli imprenditori siciliani, non ha monopolizzato gli accordi tra gli imprenditori, anche se è normale che lo stesso, per la sua posizione di prestigio, abbia svolto un ruolo di mediazione tra i contrapposti interessi. Dalla fine degli anni 70 in poi, un ruolo di mediazione ha avuto lo stesso Salamone, peraltro persona di indubbio peso... Con riferimento alla costruzione di un acquedotto tra l'invaso del Garcia e l'invaso del Poma (impresa Di Penta, Lodigiani, Salamone, Vita)... in relazione a tale assegnazione di lavori, a parte la richiesta del Salamone di cui ho riferito, non vi furono altre richieste provenienti da parte di rappresentanti politici di livello nazionale o di livello locale».

Come si è visto, Filippo Salamone è stato rinviato a giudizio davanti al Tribunale dei ministri per concorso in corruzione, accusato di aver fatto da tramite per Sebasti Lionello e Maddaloni Mario nella consegna di illecite dazioni di denaro a pubblici ufficiali (tra cui Vito Lattanzio, Calogero Mannino, Nicola Capria, Rosario Nicolosi, Salvatore Sciangula). Ebbene, questo fatto delittuoso è stato scoperto proprio dal Pm Di Pietro in occasione degli interrogatori di Maddaloni e Sebasti a Milano, in accordo operativo con la Procura di Palermo con cui in quel periodo fervevano incontri, scambi di informazioni e collegamenti di indagini. Solo per una rivalutazione della competenza territoriale in extremis, non ho provveduto direttamente e personalmente a chiedere misura restrittiva nei confronti di Filippo Salamone; ci ha poi pensato l'Ag di Palermo. Leggiamo allora cosa hanno detto Sebasti e Maddaloni nei confronti di Filippo Salamone, e raffrontiamo le loro dichiarazioni con il capo di imputazione contestato dal Pm di Palermo – se ne vedrà la perfetta rispondenza:

• *Interrogatorio Mario Maddaloni del 17-6-93*: «Per un tale tipo di impianto (dissalatore di Trapani – committente Regione Sicilia), non ha senso economico e imprenditoriale riconoscere il 60% sugli utili totali alle imprese edili locali, in quanto il valore rilevante è quello tecnologico e i veri rischi imprenditoriali, quelli relativi al buon funzionamento dell'impianto, gravavano interamente su Tpl. Al massimo una equa ripartizione degli utili avrebbe portato alle imprese locali il 40% del totale degli stessi. Con Salamone si convenne che le effettive ripartizioni sarebbero state diverse e quindi si ridusse l'utile per Tpl al solo 40% del totale, anziché il 60%. Tale ripartizione fu accettata da Tpl, che riconobbe il 20% in più a Salamone. Tale 20%, tacitamente ma evidentemente, ricomprendeva gli eventuali "oneri locali" che quest'ultimo avrebbe dovuto affrontare».

• *Interrogatorio Mario Maddaloni del 17-6-93*: «Ho

già accennato alla politica dell'azienda quando effettua lavori in Italia, di non lasciarsi coinvolgere in problemi locali. Abbia o non abbia avuto Tpl consensi politici a livello nazionale, è certo che essa non li cercava a livello locale, preferendo lasciare che lo facessero le imprese a essa associate. Anche per Salamone si è seguito lo stesso criterio e si è adottata identica attitudine. Pertanto, posso confermare che anche a proposito del dissalatore di Trapani si è seguita la stessa linea di condotta e che quindi dei problemi di gestione dei rapporti con le autorità locali si è interessato Salamone, al quale Tpl disse che non voleva sapere alcunché in proposito».

• *Interrogatorio Lionello Sebasti del 17-6-93:* «Con la società Impresem, e cioè con l'ing. Salamone (che ne era esponente e per quanto mi consta titolare), la Tpl usò il medesimo criterio di cui ho già parlato, e cioè lasciammo a lui la "gestione" dei rapporti con le entità locali. Pur non essendosene parlato espressamente, era "nelle cose" che i nostri partners si dovessero occupare di tutte le problematiche con le realtà locali, intendendosi per tali sia gli amministratori pubblici, sia ove fossero pervenute richieste di tal tipo i veri e propri "pizzi". Del resto da una parte a noi la realtà locale non era "nota", nel senso che non avevamo alcun rapporto con questa, dall'altra pur potendo ampiamente discutere le quote della joint-venture, ci adeguammo sostanzialmente alla proposta Salamone, sulla "presupposizione" che appunto nella quota a esso spettante fossero ricompresi gli oneri suddetti».

Quella di Pietro Di Vincenzo è un'ulteriore vicenda, che pure riguarda un coinvolgimento di Filippo Salamone, la cui *notitia criminis* è stata acquisita dal Pm Di Pietro. Il Di Vincenzo, nell'interrogatorio del 21-6-93, ha dichiarato: «Ho avuto effettivamente rapporti imprenditoriali con tale Salamone Filippo della Impresem. Con Salamone sono entrato in raggruppamento in due appalti e, precisamente, quello commissionato dalla Provincia di Agrigento, per circa 47 miliardi (raggruppamento Impresem-Ccc Vita spa dell'ing. Vita di Agrigento, Sicon spa di Mussomeli, in persona di Ingoia e Camerota). Ho inoltre avuto rapporti con Salamone, in relazione ai lavori per la costruzione Blufi commissionati dall'Assessorato ai Ll.Pp. di Palermo, per lavori pari a 92 mld. (raggruppamento Di Penta, in persona dell'ing. Michele Di Penta e ing. La Fiura-Sice spa, ora Impresem di Salamone – Coes spa di Agrigento, nella persona dell'ing. Vita; lo stesso raggruppamento si è aggiudicato dei lavori del secondo tratto dell'acquedotto Blufi per oltre 66 miliardi). Ho lavorato anche con la Grassetto costruzioni in relazione a lavori per il serbatoio di Santa Rosalia, commissionati dall'Ente di sviluppo agricolo di Palermo per un valore di circa 42 miliardi, trattando al riguardo con l'ing. Milone». Per Di Vincenzo verrà poi richiesto il rinvio a giudizio da parte della Procura di Palermo, nell'ambito dello stesso procedimento n° 5708/94 anche a carico di Filippo Salamone.

Il 14-1-94, il Collegio inquirente di Palermo per i reati previsti dall'art. 96 Cost. ha redatto una corposa relazione in cui è stato delineato il ruolo di Filippo Salamone come imprenditore-corruttore di diversi pubblici ufficiali, relazione trasmessa al Parlamento dapprima dal ministro Conso il 22-2-94, e poi dal ministro Biondi il 10-8-94. In tale documento, per illustrare la responsabilità penale di Filippo Salamone e di altri indagati, il Collegio ha espressamente fatto riferimento ad attività istruttorie effettuate dalla Procura di Milano e in particolare a interrogatori di coindagati effettuati personalmente dal Pm Di Pietro.

Già si è visto – dall'indice degli atti dei procedimenti penali aperti contro Filippo Salamone dalla Procura di Palermo – che risultano numerosi atti istruttori compiuti dalla Procura di Milano. In realtà, per taluni di quei fatti, inizialmente operarono, oltre alle Procure di Milano e Palermo, anche altri Uffici giudiziari, fra cui Caltanissetta: da Milano ci preoccupammo perfino di inviare atti allo stesso Gip di Agrigento. A Caltanissetta inviammo a più riprese gli atti riguardanti l'imprenditore Di Vincenzo che poi ritroveremo presenti nel p.p. n° 5708/94 della Procura di Palermo, accanto a Filippo Salamone. Mi occupai personalmente di trasmettere alla Procura di Palermo tutti quegli atti che poi saranno elencati come fonti di prova anche contro Filippo Salamone.

[6] Cfr. intercettazione ambientale del 30-1-96, ore 16.22-17.09, colloqui tra Pacini Battaglia e Vincenzo Maria Greco:

Pacini [rivolto a Greco]: «Mi dici sinceramente come... come sono i tuoi rapporti con Filippo? Ci parli personalmente o ci parli da qual... tramite qualche altra persona?».
Greco: «Personalmente».
P: «Allora, te mi avevi fatto un piacere».
G: «Eh».
P: «Lui mi manda...».
G: «Filippo?».
P: «Sì. Mi manda... dà i messaggi... Allora... Ora, te gentilmente gli dicesti a Filippo: "Guarda di stare leggero con..."».
G: «Esatto».
P: «E lui, nel mio colloquio, fu leggerissimo [*si riferisce forse alla audizione di Pacini a Brescia del 30-10-95?, ndr*]».
G: «Certo».
P: «A me mi risulta...».
G: «Eh».
P: «Poi invece Filippo mandò a dire che aveva dei problemi... se gli cercavo delle banche...».
G: «Esatto».
P: «Lo mandò...».
G: «Stavo... stavo appunto per dirtelo...».
P: «Come?».
G: «Perché stupidamente, avendo smesso di lavorare in Sicilia – perché lo stanno... rompendo le palle – come tutti questi ragazzi che... che si credono che il mondo sia a loro disposizione, è andato a lavorare in Germania e in [*parola incompr.*]... e ha pigliato un caseggiato. Di Cornareto sta cercando di aiutarlo – ecco, ti dò anche un po' di notizie, così – con qualche perplessità di... del domani. Però ho l'impressione che i suoi problemi... Ecco, non ti so dire la dimensione di tutto quell'affare, però ho visto sul giornale...».
P: «Lui ha mandato dei messaggi, che io ho recepito, e glielo dici. Vedrai che lui lo sa chi me l'ha dato. Io, purtroppo, la persona non posso dirtela».
G: «Ho capito. Figuriamoci».
P: «È uno dei suoi amici. Non è quello che pensi te ma...».
G: «Non ti preoccupare, ma non...».
P: «Io ho detto che gli cercavo...».
G: «Io non... [*sovrapposizione delle voci*]».
P: «No, non c'ho problemi. Vado nella sintesi».
G: «Io te l'ho detto, non ho... Ecco, ecco».

P: «Io ho detto che... io ho detto a questo signore...».

G: «Eh».

P: «Che guardavo di trovargli qualche Banca italiana, perché non si illuda che si possa trovare una banca estera, non ci sono speranze. Non mi impegno su questo fatto, ma vedevo se si trovava qualche banca italiana che poteva incominciare a trovargli i primi... "affidamenti" e un po' di... di ossigeno nel seguito, poi. Io tutto questo l'avevo fatto, perché... nell'ottica della tua gentilezza o della sua... – anche nell'ottica che io non ho mai raccontato un cazzo nella mia vita – il suo fratellino mi aiutasse. Invece il suo fratellino mi va nel culo, perché è 32 giorni che c'ho due telefoni di casa mia sotto controllo, messimi da lui. Ora gli dici: se siamo da una parte, siamo da una parte; se siamo da quell'altra, siamo da quell'altra. Ora, che lui levi il culo e che mi stacchi i telefoni sotto controllo. Se non me li ha messi lui sotto controllo...».

G: «Eh».

P: «Bisogna che me lo dica se, chiaramente...».

G: «La verità...».

P: «La verità, perché allora è segno che c'è qualche altro stronzo che me li mette. Ora, la Procura di Roma... non me li ha messi; la Procura di Milano non me li ha messi; i telefoni, alla Sip... so che sono sotto controllo della Sip, perciò non è un... una cimice che mi hanno messo; perciò è segno che me li ha messi lui. Se lui me li ha messi perché... si giustificherà per salvarsi il culo, lui, non avendomi iscritto...».

G: «Nel registro...».

P: «Nel registro degli indagati... anche lì è un... è un falso che fa. Mi mette sotto controllo senza nulla, con un decreto d'urgenza, con che giustificazioni me l'ha messi?».

G: «Però... ci va... ci va un Gip che l'abbia autorizzato?».

P: «Che ci vuol... Può anche averlo fatto di contrabbando».

G: «Esatto».

P: «Senza Gip che l'hanno autorizzato, d'accordo coi Carabinieri... Insomma, il problema è che levi i telefoni sotto controllo, e che mi dica se è lui, perché se non è lui, io mi devo andare a cercare qual è il Pubblico ministero che mi ha schioccato sotto... i telefoni sotto controllo».

G: «Ma... voglio controllare se c'ha il telefonino?».

P: «Il telefonino è anche sempre rischioso. In questo momento non farei nessuna telefonata a Filippo nemmeno se mi ci mettessero le guerre, perché quegli altri sono in guerra, ah...».

P: «Chi?».

G: «Chi gli fa la guerra a Salamone?».

P: «Violante».

G: «Eh, beh, ma se lui è d'accordo con Borrelli e...».

P: «Eeeeh, sono cambiati degli scenari».

G: «Sono cambiati?».

P: «Poi non sai se Violante da una parte gli fa la guerra e da un'altra parte gli fa... [*parola incompr.*]... Sai un cazzo te cosa fanno loro. Io sono convinto, Vincenzo, che noi non ci capiamo più un cazzo...».

G: «È vero, è vero...».

P: «Negli scazzi delle amicizie».

G: «Sì. Certamente è un momento di grande tensione e di grande...».

P: «Come?».

G: «È un momento di grande confusione e di grande tensione».

P: «E lui è in grosse difficoltà».

G: «Anche Filippo».

P: «Lui e il suo fratello. Questo non toglie che noi... che non vogliamo sapere come si gestiscano i loro problemi».

G: «Certo».

P: «Perché io e te non li dobbiamo mai sap...».

G: «Però tu sei in grado, poi, Chicchi... perché noi ci... se ci mettiamo in mezzo a un discorso che poi tu dovresti essere riconoscente [*oppure: che quello ti è stato riconoscente*] tu sei poi in grado di dargli, sia pure...».

P: «No!».

G: «[*Sovrapposizione delle voci*]... gli aiuti?».

P: «Io... te gli dici che a me mi è stato – per carità – che a me mi è stato mandato un messaggio...».

P: «Che io sto guardando ma che non voglio nessun impegno. Te gli puoi dire il discorso... Gli fai... Prima il discorso gliel'o fai come amicizia...».

G: «Sì».

P: «Fra me e te. Dici: "Guarda, hai detto che l'aiutavi, perché lui... mi sembra che con te si è sempre comportato bene"...».

G: «Eh, beh, secondo me, oltretutto, lui sarà sempre a... a... a traino di Tpl... Tpl da te il vantaggio l'ha avuto? Eh! Allora...».

P: «No, ma io gli ho dato – non ti credere – non nascosti, gli ho dato i soldi veri a Fili... a Filippo. Oh, guardiamo di capirci, perciò non allarghiamoci, su!».

G: «Perciò... cioè tu a Filippo...».

P: «Non cominciamo a dir stronzate. Guardiamo... Nelle guerre, chi portava di là o di qua, dove lui li pigliava e poi li portava, col Tpl o non Tpl, ero io che li tiravo fuori. Guardiamo di capirci».

G: «Certo».

P: «Ma io in questo... non voglio nemmeno entrarci in questo discorso. Te gli dici... io l'ho sempre correttamente aiutato... e so benissimo... e le cose non ne parlo. Lui m'ha detto che mi... mi dava una manetta e io la ringrazio. 'Sta manetta non è venuta fuori perché ora io sono 30 giorni che c'ho i telefoni sotto controllo... anche se sono messi leggermente...».

G: «Lo so. Una cosa che ti volevo dire: io provo a passare e gli dico: "Guarda che lui"...».

P: «Poi, in finale, gli dici...».

G: «Oltretutto lui è rimasto anche male, perché si stava prodigando per trovar la soluzione...».

P: «Senza avere molte possibilità, perché nella tua situazione...».

G: «Pur sapendo che la situazione oggi, tu ti rendi conto che il sistema bancario è quello che è, lui c'ha una piccola banchetta, ma che non fa... [*sovrapposizione delle voci*]...».

P: «... E che non fa... e che non può aver tanto"...».

G: «La gestione imprenditoriale e, quindi, lui può solo avere qualche amico che... e sull'estero, oggi, sarebbe oltretutto sospetto e difficile poterlo fare. Poi le banche estere, in Italia, non vogliono fare tante operazioni. Però lui dice: "Mi pare veramente strano. So che Filippo è un mio amico. Ci siamo sempre comportati da amici. Gli ho dato una mano per risolvere quella situazione là. Mi ha chiesto, attraverso un comune amico, una mano per questo discorso, e poi mi fa mettere... il fratello mi fa mettere i telefoni sotto controllo!?! E che cazzo!"».

Lodigiani era uno di quei grandi imprenditori, ed era stato colpito da provvedimento cautelare dell'Ag di Palermo, sicché quando si è costituito l'ha fatto in relazione a entrambi i provvedimenti (quello di Milano, e quello di Palermo). Su delega della Procura di Palermo, erano state perquisite in quel periodo le sue abitazioni di Roma e di Milano, ma con esito negativo. Preciso questo per rispondere alla solita velenosa (e sballata) osservazione del Gico: «Nessuna acquisizione documentale si ritiene sia stata disposta presso le aziende e consorzi citati nella documentazione del Lodigiani. Infatti, come già riferito nell'annotazione 439/Ug del 18-11-97, con tali atti sarebbero state acquisite decisive fonti di prova in ordine a quanto elargito da alcune di tali imprese al Pacini a fronte proprio di tali lavori». Le perquisizioni a carico di Lodigiani vennero effettuate da Palermo, e subito dopo anche da Napoli (Procure con le quali ci scambiavamo i dati), ma con esito negativo. D'altronde, Lodigiani era stato arrestato in quei mesi almeno 5-6 volte, e in un paio di occasioni – e per primi – l'avevamo già perquisito anche noi di Milano. Quanto alle perquisizioni presso le aziende "terze" non per ricercare documenti e prove specifiche ma solo in via "esplorativa", se in quel periodo avessimo dovuto farle in maniera sistematica non ci sarebbero bastate le Forze armate, giacché praticamente tutte le maggiori holding nazionali e internazionali e aziende loro controllate erano coinvolte nelle indagini. E noi del pool non potevamo proprio permetterci di mandare in tutta Italia 200-300 militari per effettuare perquisizioni (come invece ha potuto e ritenuto di fare il Pm bresciano il 6 dicembre 96 nei miei confronti) assolutamente inutili e, per giunta, illegittime! Ci avrebbero messo in croce!

Tradotto in carcere, Lodigiani lo stesso giorno cominciò a essere interrogato, e continuò a esserlo per giorni e giorni, qualche volta da me, più spesso dal collega dott. Ielo. Durante il primo interrogatorio, prendendo atto della sua rinnovata volontà di collaborare, mi limitai alle contestazioni di rito e alla consegna formale – previa allegazione agli atti – della documentazione sequestrata, così da permettergli di rispondere esaurientemente alle domande che nei giorni successivi gli sarebbero state rivolte dal collega Ielo, che nel frattempo avevo pregato di occuparsi della vicen-

da, essendo io occupato in mille altri rivoli dell'inchiesta "Mani pulite". Seguirono – come ho detto – molti altri interrogatori [7].

Contemporaneamente allo svolgimento delle indagini da parte dell'Ag di Milano, Lodigiani rendeva numerosissimi interrogatori anche all'Ag di Roma circa la documentazione sequestrata a Paparusso, e veniva poi ulteriormente sottoposto a misura cautelare, sulla base di chiamata in correità anche stavolta acquisita dal Pm Di Pietro. Dopo le mie dimissioni dalla Magistratura, Lodigiani è stato ulteriormente sottoposto a indagini da parte di altre Procure, nonché da altri Pm della Procura di Milano. Recentemente ne è stato richiesto il rinvio a giudizio nel procedimento penale "Ferscalo Fiorenza", in concorso fra gli altri anche con Pacini, sulla base di successivi riscontri ed elementi valutativi che la Procura di Milano ha avuto modo di acquisire.

Ho spiegato tutto questo per far comprendere come in quel periodo il nostro interesse per Lodigiani e le sue agende fosse focalizzato per tante altre vicende, piuttosto che per i suoi rapporti con Pacini o per la faccenda Tav. Ripeto: avevamo ricevuto le agende per un collegamento di indagini rispetto a ciò che stavamo

---

[7] Ecco il riepilogo degli interrogatori cui sottoponemmo Lodigiani: dal Pm Di Pietro l'1-6-93 (nel corso del quale l'indagato ha fornito le prime spiegazioni in merito all'intera documentazione sequestrata); dal Pm Ielo, il 6-6-93; dal Pm Ielo il 7-6-93; dal Pm Ielo il 8-6-93 (non citato nella relazione Gico n° 58/Ug, benché Lodigiani gliene avesse fornito copia il 28-11-97); dal Pm Ielo il 10-6-93; dal Pm Ielo, l'11-6-93; dal Pm Ielo, il 15-6-93; dal Pm Ielo, il 17-6-93 (vennero affrontati i rapporti fra Lodigiani e Pacini Battaglia-Karfinco); dal Pm Ielo, il 19-6-93; dal Pm Ielo, unitamente al Pm Angelo Giorgianni della Procura della Repubblica di Messina, il 26-6-93 (non rilevato dal Gico); dal Pm Di Pietro l'8-7-93; dal Vb. Nazario Pacilli, delegato dal Pm Di Pietro, il 9-7-93; dal Pm Ielo il 12-7-93; dal Pm Ielo il 15-7-93; dal Pm Ielo il 19-7-93; dal Pm Ielo il 20-7-93; dal Pm Di Pietro, unitamente ai Pm Paolo Mancuso e Antonio Laudato della Procura della Repubblica di Napoli, il 14-9-93 (non rilevato dal Gico nella relazione n° 58/Ug, sebbene consegnatogli in copia dal Lodigiani il 28-11-97. Nel corso di quell'interrogatorio, Lodigiani affermò che il Pm Antonino Vinci, della Procura della Repubblica di Roma, lo stava interrogando sul contenuto delle agende e della documentazione sequestrata a Paparusso); dal Pm Ielo il 16-9-93 (l'indagato fornì spiegazioni in ordine all'annotazione «fiamme gialle 50», contenuta nell'agenda 86); dal Pm Ielo il 25-9-93 (non rilevato dal Gico nella relazione n° 58/Ug); dal brig. Stefano Tedesco, su delega del Pm Di Pietro, il 28-3-94.

facendo in quel periodo sul fronte generale del sistema di finanziamento ai partiti, e *non* su quello particolare della corruzione di pubblico ufficiale per le commesse Tav. Insomma, non rientrava nei "piani investigativi" della Procura di Milano l'analisi delle singole commesse Tav, bensì l'accertamento se il sistema dei partiti avesse richiesto e/o ottenuto finanziamenti illeciti anche da parte delle ditte che partecipavano in vario modo ai consorzi Tav.

Inquadrata così la questione, preciso ciò che abbiamo fatto a Milano quando sono venuto a conoscenza della notizia di reato da una serie di dichiarazioni soprattutto di Enzo Papi, dello stesso Lodigiani e di Vittorio Caporale:

a) ho inizialmente acquisito l'elenco di tutte le imprese interessate al progetto (di questo dà conto lo stesso Gico nella relazione del 5-2-98, laddove menziona una lettera del presidente della Tav Portaluri dove è scritto che il Pm Di Pietro ha chiesto «in due occasioni dati sull'Alta velocità»);

b) ho quindi disposto – con provvedimento n° 8655/92 del 4-6-93 – che *tutti gli imprenditori collegati a Tav venissero interrogati* al fine di riscontrare se altri, oltre a Lodigiani e Papi, avessero pagato tangenti nonostante i lavori non fossero ancora iniziati: ecco, quest'ultima è un'altra "grave omissione" nella quale incorrono gli investigatori di oggi, che non fanno in alcun modo riferimento a questa parte dell'attività istruttoria all'epoca attivata dalla Procura di Milano.

E infatti all'esito di tali "accertamenti esplorativi" abbiamo raggiunto anche significativi risultati. Uno di essi lo si può ricavare dalla stessa lettura della relazione del Gico del 5-2-98, laddove essi riferiscono che «l'argomento Alta velocità veniva affrontato dal Pm Antonio Di Pietro anche nell'interrogatorio del 5-7-93 nei confronti di Astaldi Mario in relazione agli appunti di questi, rinvenuti tra la documentazione di Lodigiani, riguardanti denaro elargito a esponenti della Commissione trasporti della Camera dei deputati e sindacali»: e perché mai avrei interrogato Astaldi, se non per scoprire appunto le «illecite contribuzioni versate da Vincenzo Lodigiani [e suoi complici] al c.d. "sistema dei partiti"»?!

In realtà, per valutare la mole di indagini svolte sulla questione dalla Procura di Milano (e anche alcuni degli apprezzabili risultati raggiunti) il Pm bresciano avrebbe dovuto:

• acquisire tutti gli atti relativi alla delega di indagini sopra riferita e testimoniata da una nota del Nucleo regionale Pt della Gdf di Milano, dalla quale si ricavano sia le mie citate disposizioni sia il loro numero di fascicolo: *4049/Ug/VII/1ª*;

• acquisire gli atti relativi alla definizione della posizione processuale di Enzo Papi e di Vincenzo Lodigiani, in relazione al provvedimento restrittivo del 17-5-93 nel quale quest'ultimo era accusato di aver richiesto «a Papi Enzo della Cogefar Impresit una percentuale del 3% del valore degli anticipi ricevuti dalla Cogefar in relazione ai lavori alla stessa commissionati in raggruppamento di imprese per la costruzione della linea veloce Firenze-Bologna e di quella Torino-Milano»;

• acquisire il fascicolo che, a istruzione ultimata, venne trasmesso alla Procura presso la Pretura di Roma a carico dell'on. Cursi, componente della Commissione trasporti della Camera, chiamato in causa da Lodigiani negli interrogatori del 93, per un illecito finanziamento relativo proprio all'Alta velocità;

• acquisire tutti gli atti relativi alla posizione processuale dei vari Mario Astaldi, Vittorio Caporali, e così via;

• acquisire tutti gli atti relativi alla «illecita contribuzione ai partiti» per i quali Lodigiani è stato da me incriminato (alcuni dei quali anche in concorso con Pacini, se si pensa che quest'ultimo è stato rinviato a giudizio nel p.p. n° 9791/95 per tale reato anche per il denaro di Lodigiani che ha "fatto transitare" dall'estero in Italia per la Dc e il Psi);

• in particolare, avrebbe dovuto fare una valutazione comparativa quanto meno (salvo errori o omissioni dovute a ricordi lontani) dei seguenti fascicoli processuali della Procura di Milano relativi a Lodigiani (molti dei quali completamente sconosciuti o ignorati dagli investigatori di oggi):

	008800/92R/0023	010556/92R/0001
010559/92R/001	0010563/92R/001	010566/92R/0001
010571/92R/0001	012605/92R/0001	007538/93R/0008
009379/93R/0001	009445/93R/0001	009446/93R/0001
010527/93R/0001	012259/93R/0001	004288/94R/0001
006182/94R/0013	006676/94R0052	011129/94R/0048
00343/95R/0001	000911/95R/0002	006000/95R/0564
001288/96R/0001	005550/96R/0002	006893/96R/0001

Ma non voglio eludere il merito dell'accusa rivoltami, che in pratica è il seguente: Di Pietro non ha indagato sulle vicende dell'Alta velocità perché voleva favorire Pacini il quale alle Fs aveva un grande amico, Lorenzo Necci. E se questo fosse stato vero, perché mai avrei messo in moto tutte quelle indagini? Si dirà: ma nelle agende Lodigiani c'era scritto il nome di Pacini tante volte e inoltre vi erano un paio di riferimenti alla Karfinco, a Pappalardo e al conto "Tav" o "Tago" che fosse... Intanto, mi pare di ricordare che Pappalardo, all'epoca, non sapevamo nemmeno che esistesse; inoltre Pacini e Lodigiani stavano per noi sullo stesso piano: erano entrambi collaboranti ed entrambi stavano riferendoci quale fosse il sistema delle «illecite contribuzioni al "sistema dei partiti"». In quel periodo era Pacini, più che Lodigiani, che ci stava aiutando a decodificare – seppure a spizzichi e a bocconi – i soldi che erano arrivati alle segreterie amministrative della Dc e del Psi.

Era Pacini che il 26-3-93 ci aveva spiegato a cosa servisse il conto "Antesa" (mica Lodigiani, le cui agende ci vennero inviate da Roma il 17-4-93 e il cui primo interrogatorio dopo l'arresto avvenne l'1-6-93). E sul conto "Antesa" avevamo fatto, e stavamo facendo, una miriade di rogatorie allorché prendemmo atto che anche Lodigiani, come tanti altri imprenditori, aveva utilizzato tale conto per fare arrivare soldi ai partiti (non ha alcun senso, quindi, la contestazione che il Gico mi muove a proposito del conto "Antesa" nella relazione 58/98). Parimenti, è Pacini che ci aveva parlato anche del conto "Louxor" fin dal 14-5-93, come si può rilevare dai riepiloghi dei versamenti dallo stesso compilati e depositati. Infatti, noi avevamo subito attivato una serie di rogatorie sul conto "Louxor": quale altra rogatoria avremmo dovuto fare, come farnetica oggi il Gico? L'appunto sequestrato a Lodigiani era (e aveva solo funzione di) riscontro di dati già in nostro possesso (Pacini che usava tale conto per fare da tramite fra i partiti e gli imprenditori) e per i quali già avevamo avviato regolare rogatoria proprio in quei giorni.

Si dirà: però non hai fatto la rogatoria sul conto "Karfinco-riferimento Tago". Già: e cosa scrivo nella rogatoria? Per quale reato avrei potuto dire di procedere, e contro chi? Potevo mai dire all'Ag svizzera: «Siccome ho trovato questo appunto di Lodigiani, dammi tutte le transazioni bancarie lì avvenute perché voglio capire di che si tratta»? Potevo mai fare (e far fare alle Ag italiane) una simile figura da

cioccolataio? Insomma, all'epoca quei riferimenti non ci dicevano proprio niente rispetto al "piano di indagine" che stavamo portando avanti (le illecite contribuzioni al sistema dei partiti), e non spettava all'Ag di Milano svolgere accertamenti specifici sugli appalti della Tav.

Per rendere ancora più chiaro il mio pensiero (e la mia buona fede), faccio rilevare che il conto "Karfinco T 8000" risulterà essere poi lo stesso conto sul quale Cragnotti dirà di avere effettuato il versamento a favore di Necci per la vicenda *cracker*. Ma proprio qui sta "l'equivoco suggestivo" che è alla base della prospettazione accusatoria: collegare cioè i due fatti, come se quanto riferito da Cragnotti dovesse e potesse farci (anzi, e chissà perché, sempre e solo "farmi") comprendere l'importanza degli appunti Lodigiani. Qui si fa una gran confusione in merito all'epoca delle acquisizioni probatorie (non a caso nella relazione del Gico si fa spesso riferimento a elementi di valutazione acquisiti addirittura negli anni 96-97-98). La prima volta che qualcuno (Cragnotti) mette in relazione il "conto 8000-Karfinco" con la possibilità che esso possa essere stato utilizzato per un'operazione economica illecita accade il 29-11-93 (vicenda *cracker* di Brindisi): ebbene, è documentalmente dimostrato che allora subito attivai rogatoria all'Ag di Ginevra per sapere ogni cosa su quel conto (provenienza e destinazione dei bonifici); le agende Lodigiani, invece, erano arrivate a noi circa sei mesi prima, e quando lo interrogammo sui suoi rapporti con Pacini, Lodigiani non ci disse niente su quel conto nonostante gli avessimo fornito copia della documentazione proprio allo specifico scopo di indurlo a riferirci ogni cosa di "positivamente utile" dal punto di vista penale (*in verità Lodigiani, ancora oggi, non ha riferito alcunché nemmeno agli inquirenti odierni* [8]).

---

[8] In merito alle presunte "omissioni" rilevate dal Gico nell'annotazione di Pg n° 58/Ug del 5-2-98 – tralasciando quelle che si commentano da sole – intendo rilevare quanto segue.

Riferendosi agli interrogatori di Lodigiani del 26-5-93 e dell'1-6-93 da me condotti, il Gico scrive: «Sebbene, come già evidenziato, la documentazione contestata al Lodigiani contenesse ripetuti ed evidenti riferimenti al Pacini, concernenti sia appuntamenti presso il proprio ufficio di via Bortoloni n° 19 e riguardanti vari temi, ma in

Tutto questo sta a dimostrare almeno quattro cose:

1) anzitutto, non è affatto vero che io evitai di inoltrare rogatorie sul conto "Karfinco-riferimento 8000", come mi viene contestato nel capo di imputazione, perché è dimostrato che, quando esso venne collegato da qualcuno a una ipotesi concreta di reato, la rogatoria venne puntualmente inoltrata;

2) non è vero che a Lodigiani non venne

---

particolar modo quello delle Ferrovie dello Stato, nonché l'annotazione del conto "Louxor" presso l'Abn di Ginevra, l'indirizzo, il numero di telefono della banca del Pacini e il riferimento di un conto, nessuna domanda in merito veniva rivolta al Lodigiani dal Pm Antonio Di Pietro. La verbalizzazione di quelle che risultavano evidenti dazioni di denaro, in particolare, nei confronti dei responsabili amministrativi di Dc e Psi, con riferimento anche a lavori ferroviari effettuati peraltro in Lombardia (Fiorenza), veniva eseguita in modo estremamente generico (esempio "concessione Fs-raggruppamento Lodigiani, Cogei per la realizzazione dei depositi Fs in Milano, aggiudicato nel 1988 circa per un valore di circa 70 miliardi... – problemi relativi all'appalto affidato dalle Fs per la realizzazione di depositi in Milano zona Fiorenza")». L'annotazione, presente in una delle agende alla data 12-2-91, poteva concernere proprio la ripartizione di tangenti legate alla questione delle "Ferrovie concesse" (vedasi in merito la corrispondenza dell'entità delle cifre annotate con quelle citate dal Lodigiani nell'interrogatorio condotto dal Pm Ielo il 19-6-93 con riferimento proprio agli stanziamenti delle "Ferrovie concesse", cioè il settore per il quale sia lo stesso Lodigiani sia Enzo Papi avevano versato tangenti a esponenti del Psi).

Vista la grave "omissione", il Gico interroga sul punto Lodigiani, domandandogli: «Nell'interrogatorio dell'1-6-93 fece riferimento ad appunti segnati sulla documentazione e agende sequestrate di cui gli era stata consegnata copia ove, oltre agli appalti, aveva precisato anche le somme elargite a titolo di tangenti per l'aggiudicazione delle commesse a personaggi politici e altre persone. Come mai per quanto riguardava lo scalo "Fiorenza" di Milano, pur essendo riportate annotazioni di somme e nominativi cifrati e in codice [...] lei dichiarò a verbale... genericamente trattarsi di "problemi relativi all'appalto affidato dalle Fs per la realizzazione di depositi in Milano zona Fiorenza" senza spiegare in dettaglio cosa riguardassero tali appunti?»; risposta di Lodigiani: «Nel corso dell'interrogatorio in oggetto mentre il dott. Di Pietro sfogliava le pagine dell'agenda inerente gli anni dal 1986 al 92, la domanda su Fiorenza riguardava annotazioni che non facevano riferimento a somme pretese dai politici, come d'altra parte avveniva per annotazioni riguardanti anche altri cantieri»; domanda del Gico: «Vuol precisare di che natura e di che tipo erano i problemi riguardanti lo scalo Fiorenza?»; risposta: «... Tengo comunque a precisare che in questa nuova occasione pur non opponendo un netto rifiuto, non ho mai accettato le richieste né promesso alcunché, in altre parole ho cercato di traccheggiare, affinché le rinegoziazioni contrattuali con le Fs ripartissero. Quando nel mese di febbraio del 92 ho smesso di occuparmi di queste vicende perché a Milano come già detto nel precedente interrogatorio di ieri, era sorta la preoccupazione di indagini nei confronti anche del nostro gruppo, per quanto è mia conoscenza le rinegoziazioni erano state sostanzialmente completate e nulla era stato dato o promesso ai partiti politici». Come si vede, i verbalizzanti del Gico non sono andati molto più in là di quanto avevo scritto io (salvo usare più inchiostro).

Altra presunta "omissione" rilevata dal Gico: «Un altro elemento risultava di estrema rilevanza. L'annotazione riguardante la banca del Pacini e il riferimento "Tago" o "Tav" erano posti in relazione alla data del 19 ottobre 91. La firma delle concessioni sull'Alta velocità tra i consorzi di imprese aggiudicatarie dei lavori, e destinatarie degli anticipi di compensi, e le Ferrovie dello Stato, compresa quella a cui partecipava la Lodigiani spa, era intervenuta 4 giorni prima: il 15 ottobre 91 – così come dichiarato da Caporale Vittorio nell'interrogatorio del 19-5-93 al Pm Di Pietro – (l'argomento Alta velocità veniva affrontato dal Pm Antonio Di Pietro anche nell'interrogatorio del 5-7-93 nei confronti di Astaldi Mario in relazione agli appunti di questi rinvenuti tra la documentazione del Lodigiani, riguardanti denaro elargito a esponenti della Commissione trasporti della Camera dei deputati e Sindacali e in quello in data 9-7-93 nei confronti del Lodigiani, il cui verbale risulta redatto dal Vb. Pacilli Nazario su delega del medesimo magistrato e sempre con riferimento alle somme elargite a esponenti sindacali)». In merito a questa "eccezionale" coincidenza è opportuno riportare le dichiarazioni rese sul punto da Lodigiani, in risposta a precisa domanda del Gico di Firenze il 25-4-98: «*Non so nulla* di quanto sia accaduto il 15 di ottobre in quanto la Lodigiani spa non è fra le imprese che facevano parte dei consorzi aggiudicatari delle concessioni». Non è il caso di commentare.

Il Gico sostiene che io non avrei posto domande a Lodigiani con riferimento a Tav. Ma è falso: semplicemente, l'interrogato non ci ha dato risposte degne di essere verbalizzate. Ecco invece, a specifica domanda, cosa ha risposto al Gico oggi Lodigiani: «Come avevo spiegato precedentemente, per le Prestazioni integrate c'erano state una serie di richieste che erano partite da cifre molto consistenti e di cui ho già parlato anche nei precedenti interrogatori, ma peraltro di fronte a queste richieste c'era stata una resistenza elastica da parte degli imprenditori per guadagnare tempo senza, peraltro, accettare le richieste e, nel frattempo, comunque addivenire, in primo luogo, alla ripresa dei lavori sia pur accettando la rinegoziazione dei contratti. Pertanto, per quello che ne so io, a fine febbraio o nei primi giorni di marzo 92, quando ho cessato di occuparmi di questo problema, nessuna promessa era stata fatta e nessuna dazione era stata elargita. Per quanto riguarda invece l'Alta velocità a me non è stata avanzata nessuna richiesta da parte politica o da parte dell'amministrazione delle Fs. Nella mia agenda 86-92 e nella cartella "Ferrovie" sono riportati un appunto e alcuni conteggi da me annotati dei quali mi aveva informato nel corso di una conversazione l'ing. Astaldi Mario. Mi sembra di ricordare che lui mi avesse informato perché io a mia volta facessi sapere di questo a quanti erano interessati ai lavori sulla Bologna-Firenze e sulla Milano-Torino. Quello che ricordo con certezza è che nel giro di due o tre settimane

---

chiesto nulla su quell'annotazione, giacché la richiesta specifica di riferire ogni cosa (nell'esercizio del suo diritto di difesa) gli venne rivolta proprio da me in sede di primo interrogatorio (e ciò lo si ricava quanto meno per "fatto concludente", giacché gli consegnai allegato al verbale copia della documentazione stessa);

3) Lodigiani, benché molto collaborativo nel riferire su tantissime vicende tangentizie tali da aprire numerosi nuovi fronti investigativi, su quegli appunti non ritenne di dichiarare nulla, e quindi non avevamo alcuna notizia di reato dalla quale partire per sviluppare ulteriormente anche (fra le mille altre vicende sviluppate) questa parte della sua documentazione;

4) tutto questo è la riprova che per la Procura di Milano l'invio della "documentazione Paparusso" non voleva dire affatto spostamento della generale competenza su tutti i fatti e le circostanze ivi descritti ma solo "presa di conoscenza" di quegli elementi valutativi che al momento potevano dirci o darci qualcosa (e ripeto, all'epoca nulla ci dicevano gli appunti "Tago" o "riferimento 8000", mentre per i conti "Antesa" e "Louxor" erano già state inoltrate (eccome!) le relative rogatorie, addirittura per le dichiarazioni di Pacini che avevano preceduto quelle di Lodigiani e su specifici bonifici legati al nome di "fiori" *dei quali uno collegato proprio al nome di Lodigiani!*

Qualche incredulo potrà obiettare: ma chi ci dice che le cose stanno proprio così e che le indagini sulla Tav, invece, non le dovesse

---

dall'incontro con Astaldi o direttamente o indirettamente, questo particolare non lo ricordo, da parte del dott. Mattioli venne un veto assoluto giacché non solo prendessimo dei contatti con le forze politiche ma anche su questo argomento vi fossero contatti con gli altri raggruppamenti facenti capo a Eni e Iri. Io non ricordo di aver parlato di quanto sopra a Enzo Papi ma so che quest'ultimo in un suo interrogatorio ha riferito che io gliene avevo parlato e ciò l'ho appreso consultando gli atti depositati di un procedimento che mi riguarda del quale non ricordo il numero di Rgnr». Ecco, questo era il quadro di "negazione probatoria" che avevamo allora da Lodigiani, e che è stato ribadito dal medesimo anche oggi al Gico.

Diranno: ma noi abbiamo scoperto comunque dei fatti di reato sull'Alta velocità. Non lo so, ma è certo che il Gico si riferisce sia ad *accertamenti successivi* alle mie dimissioni, sia – soprattutto – a reati commessi *successivamente* alle dichiarazioni di Lodigiani (tanto è vero che il capo di imputazione formulato dalla Procura di Perugia si riferisce a fatti che vanno fino al 96!).

svolgere la Procura di Milano, anzi no: il solo Pm Di Pietro? Già: la solita, continua, ingiustificata, ossessionante, faziosa, preconcetta personalizzazione delle supposte omissioni, nonostante che a lavorare fosse un pool, e nonostante che – come vedremo – in questo specifico caso la "trattazione delle agende" non fosse nemmeno affidata a me ma ai colleghi Ielo e Colombo. Comunque, grazie a Dio, sulla questione della corretta interpretazione dell'art. 371 Cpp che davamo noi della Procura di Milano con riferimento agli accordi con quella di Roma, c'è prova documentale anche in relazione alla vicenda di cui stiamo trattando.

In quel periodo (primavera-estate del 93) nacquero numerosi conflitti di competenza fra l'Ag di Milano e quella di Roma (noti a tutti in Italia, ma non al Gico). Ne vennero investiti i Procuratori generali delle due città, e vi furono diverse riunioni congiunte per cercare di trovare una soluzione. Per alcune vicende, si arrivò a un compromesso operativo (mi riferisco in particolare alla Acea, all'Amnu, all'Atac, all'Acotral, alla Cooperazione internazionale); per il resto si innestò una fastidiosa contrapposizione (molto strumentalizzata da certa stampa, ma evidentemente del tutto ignota al Gico) fra la Procura di Milano (che reclamava una vasta competenza per connessione) e quella di Roma (che reclamava il rispetto della competenza territoriale in relazione ai reati commessi nella sua giurisdizione). La *querelle* terminò proprio nel *giugno 93* con la presa di posizione definitiva del Procuratore capo della Repubblica di Roma, il quale non accettò la nostra proposta di "divisione investigativa per settori", rivendicando a sé la competenza per tutte le notizie di reato concernenti fatti accaduti a Roma e circondario e rendendosi solo disponibile a fornirci di volta in volta le notizie richieste [9].

Ecco perché non avemmo nulla da ridire, né noi della Procura di Milano né i colleghi della Dda di Napoli Mancuso e Laudato, allorché interrogammo congiuntamente Lodigiani il 14-9-93, e in quella occasione *l'interrogato*

---

[9] Tutto questo poteva essere rilevato anche dal Gico se solo avesse prestato maggiore attenzione alle memorie che ho depositato nel corso dell'inchiesta (ho fatto riferimento a queste vicende fin dalla mia prima "memoria" al Tribunale della Libertà).

affermò che il Pm Antonino Vinci, della Procura di Roma, lo stava interrogando sul contenuto delle agende e della documentazione sequestrata a Paparusso. Certo, oggi a leggere la richiesta di rinvio a giudizio che la Procura di Perugia ha avanzato a carico di diversi magistrati romani si intuisce perché taluni imputati e difensori tenessero molto a che la "competenza" dell'indagine Tav rimanesse a Roma e che venisse limitata ogni velleità investigativa del pool di Milano.

A questo punto è necessario ritornare con la mente a due documenti, fondamentali per comprendere il diverso modo di procedere fra Roma e Milano. Si provi anzitutto a rileggere la stessa relazione Gico n° 58 del 5-2-98: essa descrive una attività investigativa "in progress" da parte della Procura di Milano. Come si fa a sostenere che io non volessi investigare sugli appunti Lodigiani con riferimento ai rapporti fra lui e Pacini in relazione all'Alta velocità, se ho pregato il Pm Ielo di interrogarlo a fondo proprio in merito a quelle carte? Al collega Ielo certamente *non ho detto* (né Ielo sostiene che io gli abbia detto) che su certe cose doveva sorvolare! Ho provveduto a "scandagliare" la questione con altri interrogatori! Ho fatto ascoltare dalla Pg tutti i responsabili delle imprese interessate al programma Tav! Ho fatto arrestare Lodigiani (e non solo lui) proprio per finanziamenti collegati alla Tav! Cioè, a ben guardare ho fatto anche troppo, data la limitata competenza d'indagine che avevamo rispetto alla giurisdizione spettante – e *rivendicata*, si badi bene – dalla Procura di Roma! Ma al paradosso, a quanto pare, non c'è limite.

Una riprova del diverso modo di operare fra la Procura di Milano e taluni colleghi della Capitale è racchiusa nella recente richiesta di rinvio a giudizio della Procura della Repubblica di Perugia nei confronti di una associazione a delinquere che si presume essere stata costituita da Pacini anche con l'ausilio di diversi magistrati romani, allo scopo fra l'altro proprio di togliere a Milano la competenza: Pacini cioè – secondo l'Accusa perugina – voleva fare in modo *che le sue inchieste andassero a Roma e non restassero a Milano.* Un comportamento davvero strano, da parte di colui che si vorrebbe aver sborsato ben 12 miliardi per assicurarsi l'impunità a Milano! So bene che non spetta a me giudicare sui fatti ipotizzati

dalla Procura di Perugia, e infatti non intendo farlo; ma in quella richiesta di rinvio a giudizio c'è una ricostruzione della storia di "Mani pulite" che vale la pena di rileggere, in quanto attesta con quanto impegno la Procura di Milano abbia cercato di scoprire più cose possibili, pur fra mille difficoltà (a volte oggettive, altre volte "provocate").

Un altro elemento che mi preme far rilevare è che per la vicenda Lodigiani-Karfinco-Pacini, essendo gli accertamenti da svolgere di tipo "attività sui riscontri", essa non faceva in realtà neppure capo a me, ma ai colleghi Colombo e Ielo; ciò risulta anche dagli atti (sia pure solo parzialmente), e d'altronde non è pensabile che di ogni cosa dovessi occuparmene io – altrimenti il pool che ci stava a fare? Ritengo che sarebbe possibile muovere fondati rilievi al mio operato soltanto qualora io avessi omesso di acquisire agli atti del procedimento penale la documentazione di Lodigiani (sequestrata a Paparusso) contenente gli elementi dai quali emergevano i suoi rapporti con Pacini. Ma la realtà dei fatti è esattamente contraria: l'intera documentazione (trasmessa in data 17-4-93 dal Pm Silverio Piro della Dda di Roma) è infatti stata regolarmente acquisita al procedimento penale n° 8655/92, ed è sempre stata a disposizione di tutti i magistrati del pool (così come tutti gli atti e la documentazione dell'inchiesta "Mani pulite") [10]. Analogamente, che la documentazione di Lodigiani fosse a disposizione di tutti i Pm del pool e che ciascuno di essi potesse occuparsi della stessa,

---

[10] Tale circostanza la si rileva peraltro dal contenuto della nota n° 9409/VI/3ª del 5-2-98 del Nucleo regionale Pt della Gdf di Milano, nella quale è scritto che:

• il 7-9-93, il Pm Colombo, con apposita nota al predetto Comando, «per quanto di utilità alle indagini in corso», trasmetteva copia delle agende e degli appunti sequestrati a Lodigiani Vincenzo;

• il 22-10-93, il Pm Colombo, con apposita nota, trasmetteva al predetto Comando copia di documentazione di altri indagati «con richiesta di voler redigere una relazione interconnettendo quanto risulta da tali atti e dalle agende di Lodigiani già trasmesse a codesto Comando»;

• il 27-1-94, il Nucleo regionale Pt di Milano, con nota n° 5474/Ug/93/VI/3ª, dopo aver proceduto, tra l'altro, al «riordino cronologico delle tangenti presumibilmente pagate da Lodigiani Vincenzo così come annotate sulle agende in questione», trasmise al Pm Colombo le risultanze delle indagini, provvedendo contestualmente alla restituzione della copia della documentazione in precedenza ricevuta.

senza la necessità di alcun "nulla osta" da parte mia, risulta peraltro – oltre che dal comune buonsenso – dal contenuto della nota n° 442/Ug del 15-11-93 del Comando nucleo Pt della Gdf di Grosseto indirizzata al Pm Colombo, con la quale il comandante di tale Reparto chiedeva l'autorizzazione di poter utilizzare, nell'ambito delle indagini penali in corso di svolgimento presso quella sede, gli elementi riportati nelle agende di Lodigiani (già da lui visionate il 10-11-93, nel corso di un colloquio con lo stesso Pm); oltre al fatto che la richiesta in questione fosse indirizzata al dott. Colombo, certamente significativa è la seguente annotazione posta in calce alla medesima: «Visto, si autorizza. Milano, 18-11-93. Il Sostituto procuratore della Repubblica dott. Paolo Ielo».

Insomma, sulla base di quali altri elementi potevo io (e perché poi Di Pietro e solo Di Pietro, dal momento che se ne occuparono anche altri Pm?) "obbligare" Lodigiani e Pacini a confessare eventuali altri rapporti di natura penale fra loro intervenuti? Sulla base di quali "fonti di prova" mi sarebbe stato possibile «richiedere assistenza giudiziaria alla competente Ag elvetica, mediante commissione rogatoria internazionale finalizzata ad accertare i rapporti tra Lodigiani e la Karfinco», diversi da quelli per i quali le rogatorie erano già state inoltrate? Quali documenti avrei potuto allegare? Quale altra richiesta giuridicamente apprezzabile e accettabile avrei mai potuto avanzare all'Ag svizzera? E quando a indagare non è un solo magistrato ma un pool di magistrati (coassegnatari del procedimento o a ciò specificatamente incaricati), com'è possibile addebitare solo a uno di essi ipotetiche "omissioni"?

Ecco la sequela di atti che il pool "Mani pulite" effettuò non appena Lodigiani venne arrestato:

1) il 26-5-93, ossia lo stesso giorno dell'esecuzione dell'ordinanza di misura cautelare, interrogai in carcere Lodigiani; gli contestai i fatti di cui all'ordinanza, gli esibii la documentazione sequestrata a Paparusso (che Lodigiani riconobbe essere sua) e ne allegai copia al verbale. Lodigiani, da parte sua, prese atto delle contestazioni e si riservò di rispondere dopo aver esaminato più compiutamente il materiale sequestrato;

2) l'1-6-93 interrogai di nuovo Lodigiani, il quale fornì le prime spiegazioni in merito alla documentazione sequestrata;

3) il 6-6-93 Lodigiani venne interrogato dal Pm Ielo in merito alla questione Anas, alla costruzione del Viadotto Fragneto, alla costruzione del Viadotto e dello svincolo di Catanzaro, e ai lavori sulla s.s. Colico-Bormio;

4) il 7-6-93 il Pm Ielo interrogò Lodigiani (è l'interrogatorio *rilevato dal Gico come datato 7-6-93*), e vennero trattati i versamenti per lavori all'estero (questione Somalia, questione Tanzania), e quelli relativi ai lavori in Italia connessi alla questione Italposte (la costruzione di edifici postali e la costruzione di un centro di telecomunicazioni a Rozzano);

5) l'8-6-93 il Pm Ielo interrogò Lodigiani, il quale presentò una memoria integrativa degli interrogatori resi per meglio interpretare la lettura della documentazione sequestrata; nel corso di tale interrogatorio – effettuato da Ielo insieme al dott. Luigi Patronaggio (sostituto Procuratore della Repubblica presso il Tribunale di Palermo) – vennero trattate numerose questioni ed esaminati gli appunti contenuti nell'*agendina* e nella "cartella M";

6) il 10-6-93 il Pm Ielo interrogò di nuovo Lodigiani: vennero trattate la questione Darida-Moschetti, la questione Anas, la questione Società autostrade, ed esaminati gli appunti contenuti nella "cartella Cit", nella cartella "ministero" e nell'*agendina*;

7) l'11-6-93 il Pm Ielo interrogò di nuovo Lodigiani: venne trattata la questione dei versamenti ai sindacati ed esaminati gli appunti contenuti nell'*agenda* e nella cartella "prestazioni integrate";

8) il 15-6-93 Pm Ielo interrogò di nuovo Lodigiani: venne trattata la questione "prestazioni integrate", esaminato il Piano integrativo delle Ferrovie, e la cartella "prestazioni integrate";

9) il 17-6-93 nuovo interrogatorio di Lodigiani da parte del Pm Ielo: vennero affrontati i rapporti fra Lodigiani e Pacini, e trattate la questione Snam (con esame degli appunti contenuti nell'*agenda* 91), la questione "prestazioni integrate-2" (con esame degli appunti contenuti nell'*agenda*), la questione Alta velocità (con esame degli appunti contenuti nella cartella "Ferrovie" e nell'*agendina*);

10) il 19-6-93 il Pm Ielo interrogò di nuovo Lodigiani: vennero trattate la questione "Alta velocità 2" (con esame degli appunti contenuti nella cartella "Ferrovie Citaristi" e nelle *agende* 91 e 86), e la questione "Ferrovie Concesse" (con esame degli appunti contenuti nell'agendina e nell'agenda 91);

11) il 26-6-93 il Pm Ielo e il Pm Angelo Giorgianni della Procura della Repubblica presso il Tribunale di Messina interrogarono Lodigiani in merito a diverse questioni, fra le quali "Prestazioni integrate-2" e "autostrade";

12) l'8-7-93 il Pm Di Pietro interrogò Lodigiani sulla questione viadotto Anas di Fragneto; in seguito alle risultanze di tale interrogatorio venne emessa ordinanza di custodia cautelare nei confronti di Francesco Froio;

13) il 9-7-93 il vicebrigadiere Nazario Pacilli, delegato dal Pm Di Pietro, interrogò Lodigiani sulle questioni "versamento ai sindacati" e Alta velocità (con esame della documentazione di cui alle *agende* 86 e 91);

14) il 12-7-93 il Pm Ielo interrogò Lodigiani sulla questione "protezione civile";

15) il 15-7-93 il Pm Ielo interrogò Lodigiani sulla questione "ministero dell'Agricoltura";

16) il 19-7-93 il Pm Ielo interrogò Lodigiani sulla questione "ministero dell'Agricoltura-2";

17) il 20-7-93 il Pm Ielo interrogò Lodigiani sulla questione "Torre Portello";

18) il 14-9-93 il Pm Di Pietro, e i Pm Paolo Mancuso e Antonio Laudato della Procura della Repubblica di Napoli, interrogarono Lodigiani, il quale affermò che il Pm Antonino Vinci, dell'Ag di Roma, lo stava interrogando sul contenuto delle agende;

19) il 16-9-93 il Pm Ielo interrogò Lodigiani sulle questioni "ministero delle Finanze-Direzione generale Demanio, fabbricato centro servizi Bergamo" e "diga sul fiume Esaro e Pontedera"; l'indagato fornì spiegazione dell'annotazione «fiamme gialle 50», contenuta nell'*agenda* 86;

20) il 25-9-93 il Pm Ielo interrogò Lodigiani sulla questione relativa a una riunione a Botteghe Oscure [*sede del Pci-Pds, ndr*];

21) il 28-3-94 il brigadiere Stefano Tedesco, su delega del Pm Di Pietro, interrogò Lodigiani.

Da tutti gli interrogatori sopra menzionati, appare evidente che:

a) così come ha confermato l'interessato al Gico, nel corso dei primi due interrogatori che effettuai, contestai a Lodigiani il contenuto dell'intera documentazione sequestrata in modo sommario e generico: era infatti evidente la necessità che l'indagato venisse successivamente, ripetutamente e approfonditamente interrogato in relazione ai suoi copiosi appunti;

b) data quella evidente esigenza, incaricai il Pm Paolo Ielo di interrogare Lodigiani sui contenuti della documentazione sequestrata;

c) il Pm Ielo, via via che procedeva agli interrogatori di Lodigiani, mi trasmetteva copia dei verbali: in tal modo venivo messo al corrente del progredire delle indagini; analogamente, mediante il cosiddetto sistema della "posta interna", ne erano costantemente informati anche gli altri magistrati del pool.

Escludo che il dott. Ielo, durante gli interrogatori, non abbia ulteriormente approfondito gli argomenti annotati negli appunti di Lodigiani per carenza di delega ovvero perché io lo abbia invitato a non farlo. È evidente che tale

"mancato approfondimento" è legato alla volontà-facoltà di Lodigiani di non dire altro e di più. Certamente il dott. Ielo ha domandato a Lodigiani quali fossero i suoi rapporti con Pacini, giacché nel verbale del 17-6-93 si leggono le seguenti risposte dell'interrogato:

Questione Snam – «Conosco il dott. Pacini Battaglia da una ventina di anni per ragioni familiari, in quanto io e lui amici per comuni amici. Per quanto riguarda questioni di lavoro, lui mi ha "corteggiato" perché io o la Lodigiani spa diventassimo clienti della sua banca; io, a mia volta, lo ho corteggiato perché nell'ambito delle sue amicizie Eni mi aprisse qualche possibilità di lavoro, specialmente all'estero. Di questo vi è traccia tra la documentazione sequestratami a pag. 25 gennaio *agenda* 91. Il corteggiamento reciproco è rimasto peraltro a livello "platonico" perché noi non siamo diventati suoi clienti e l'Eni è rimasta per la Lodigiani un ente da cui non ha avuto lavoro tranne quanto da qui a poco riferirò. Dal gruppo Eni, infatti, abbiamo avuto una sola commessa, di edilizia ed a Milano, dell'importo di lire 17 miliardi. Per essa, tuttavia, nessun ruolo è stato svolto dal dott. Pacini. Si è trattato di una licitazione privata indetta da Snam spa per la quale dopo l'appalto a noi affidato siamo stati richiesti dal sen. Citaristi, non so da chi informato dell'assegnazione alla Lodigiani, del pagamento di lire 350 milioni, da noi poi effettuato come risulta a pag. 1 della cartella Cit, imputato alla contribuzione ufficiale a favore della Dc. Da parte mia ritengo che sulla banca Karfinco di Ginevra, appartenente al Pacini, siano stati versati una o due volte contributi facenti parte delle quote annuali di partito. Non sono allo stato nella possibilità di dire di più in quanto nulla risulta dalla documentazione di cui sono attualmente in possesso».

Questione Prestazioni integrate-2 – «Il dott. Pacini si è saltuariamente occupato, nel corso del 91, del problema delle concessioni ferroviarie di prestazioni integrate, qualche volta io stesso ho avuto occasione di parlarne con lui, ma non so esattamente quale fosse il suo ruolo nella vicenda, anche se ritengo che ciò avvenisse per i suoi legami con l'on. Balzamo e, forse, con il sen. Citaristi. Penso quindi che egli fosse al corrente del fatto che da questi erano state fatte richieste alle imprese per un cospicuo contributo e che tale contributo non potesse, da parte delle imprese, superare complessivamente l'importo di circa 15 miliardi per la Dc e di 15 miliardi per il Psi. A conferma di ciò si confronti l'agenda 86, dove, in data 12 febbraio – sub data agenda 18 aprile – vi è una nota relativa a un mio incontro con il Pacini, nella quale, partendo dall'importo complessivo degli stanziamenti da effettuare (5 mila miliardi) si quantifica in circa 1.500 miliardi la spesa delle opere civili da eseguirsi da parte delle Ati di maggior rilievo. La cifra 15 scritta due volte indica il valore dell'uno per cento dei lavori da destinarsi alla Dc e al Psi».

Queste sono le cose dichiarate da Lodigiani, e su queste cose, con riferimento al nostro piano di lavoro sul fronte degli illeciti finanziamenti ai partiti, abbiamo proceduto: con gli interrogatori di Pacini e della sua struttura di Lugano, con le rogatorie Comifin-Fimo e Dallas-Garros, con l'incriminazione dei politici che avevano ricevuto le illecite contribuzioni, e così via. Altro non dovevamo né potevamo allora fare.

So bene che ora il Pm di Perugia ha ipotizzato una associazione a delinquere per il "Gruppo Pacini", ma questa imputazione – peraltro tutta da verificare – è appunto scaturita solo alla fine dell'inchiesta mentre all'epoca – nell'aprile 93 – stavamo percorrendo i primi passi di "Mani pulite" e allora stavamo scoprendo un po' alla volta quanto c'era dentro il pentolone. Oggi, invece, i Pm di Brescia vorrebbero utilizzare i risultati di *questi 5-6 anni di ulteriori indagini* per sostenere che il Pm Di Pietro, all'epoca, se avesse fatto una "tal cosa", ne avrebbe scoperta una talaltra; peccato che la talaltra è stato ora possibile scoprirla proprio grazie alla "tal cosa" che aveva fatto Di Pietro – anche Di Pietro – all'epoca. Insomma, e di nuovo: eravamo in fase di indagini preliminari e avevamo aperto tanti fronti su Pacini e sull'illecito finanziamento ai partiti; invece non avevamo ancora focalizzato, per mancanza di elementi probatori, la vicenda Ferscalo; la Procura di Milano, continuando le indagini non essendo mai intervenuta l'archiviazione, è poi riuscita anche a cristallizzare l'ipotesi accusatoria su quest'altra vicenda, fino a emettere ordinanza di misura cautelare a carico di Pacini, Necci e Lodigiani.

È interessante notare che la motivazione di tale provvedimento fonda gli indizi di colpevolezza su elementi di prova raggiunti nel 96 (la documentazione bancaria e societaria acquisita in Svizzera) dal fiduciario Van der Poel, cioè solo dopo che Pacini – una volta arrestato dalla Procura di La Spezia – ha dato il proprio consenso e *non si è opposto* alle rogatorie in Svizzera, mentre a noi, a suo tempo, i colleghi svizzeri – in assenza dell'autorizzazione di Pacini – ci avevano consegnato solo lo scarno verbale dell'interrogatorio di Roger Francis in esito alla rogatoria "Dallas" e "Garros". E chissà quante altre vicende ci sono da scoprire – magari sono sotto "la piega" anche delle odierne carte processuali – ma non assurgono ancora a una evidenza penale tale da attrarre l'attenzione dei Pm. A nessuno, mi auguro, verrà più in mente, un domani, di mettere sotto inchiesta gli investigatori di oggi per qualche eventuale "omissione", sempre possibile dietro l'angolo di chi ogni giorno, per mestiere e dovere, deve scoprire ciò che i diretti interessati non vogliono sia scoperto. Per averne un'idea, basterebbe leggere tutti gli interrogatori cui il Gico ha sottoposto in questa inchiesta Vincenzo Lodigiani: in nessun caso l'interrogato ha messo a verbale fatti in qualche modo diversi da quelli dichiarati al pool "Mani pulite", e ancora oggi è attestato sulla posizione di assoluta negazione sia in merito alle vicende della Tav sia per quella dei conti correnti "Tago" e "Riferimento 8000". Certo, ricorrendo al metodo degli investigatori del Gico si finisce poi per contestare anche l'incontestabile, come ad esempio la questione relativa al conto "Louxor": mi si accusa di non avere inoltrato rogatorie nonostante su quel conto presso l'Abn di Ginevra avessi inoltrato ben 12 (*dodici*) richieste di assistenza giudiziaria internazionale [11].

Per concludere, non resta allora che leggere, con animo sgombro da pregiudizi, sia quanto scrisse all'epoca il presidente della Tav circa

---

[11] Anzi, una di quelle rogatorie riguardava proprio la vicenda per cui Lodigiani è stato arrestato: mi riferisco alla rogatoria all'Ag di Ginevra, datata 18-5-93, a carico di Enzo Papi e altri, sulla base delle dichiarazioni rese a me da Papi il 9-5-93 (che chiamavano in correità Vincenzo Lodigiani) e il 15-5-93. In essa – peraltro trasmessa dall'Ag di Milano all'Ag di Torino per l'acquisizione nel p.p. 6946/95 – richiedevo: «*Individuazione del titolare e di coloro che hanno operato sul conto* corrente indicato presso tale istituto di credito; *sequestro di tutta la documentazione relativa al conto corrente* dianzi indicato, *nonché del saldo attivo* eventualmente giacente sullo stesso; *individuazione dei conti correnti da cui siano pervenute, ovvero su cui siano state effettuate, accreditate o comunque trasferite le somme provenienti dal predetto conto corrente, con conseguente sequestro di tutta la documentazione e degli importi così individuati; assunzione di informazioni presso i funzionari degli istituti di credito interessati al fine di individuare tutte le altre persone che abbiano comunque operato sui conti di riferimento* (sia quello individuato sia quelli di provenienza, atteso che dalla documentazione che si produce si rileva che i versamenti provenivano da altro istituto di credito)».

le ragioni per cui gli appalti – e quindi le tangenti – vennero bloccati, sia i tentativi (ricostruiti dalla Procura di Perugia in sede di richiesta di rinvio a giudizio) attuati da taluni indagati per sottrarsi o comunque rendere difficoltose le indagini della Procura della Repubblica di Milano. La ragione del "blocco" dell'affare Tav (e quindi delle tangenti) è evidenziata nella missiva inviata il 21-8-93 dal presidente della Tav Salvatore Portaluri all'amministratore delegato della stessa società Ercole Incalza (e a quest'ultimo sequestrata da ufficiali di Pg del Gico), che attribuisce proprio all'opera di "Mani pulite" (e quindi anche al Pm Di Pietro) "l'ostacolo" allo sviluppo (tangentaro) – scrive Portaluri:

«Caro Incalza, ti scrivo questa lettera perché la prossima settimana sarà avviato il processo delle mie "dimissioni volontarie" da presidente Tav, oppure quello della decadenza dell'intero Consiglio con lo stesso risultato. Credo che la cosa non sia una sorpresa... Non si può realizzare alcunché quando il 90% dei protagonisti è inquisito e spesso è stato arrestato: è una questione di etica-morale prima di un progetto da realizzare... L'inchiesta cosiddetta "Mani pulite", la delibera interministeriale del 29-12-92 e gli interventi diretti su Tav della magistratura, hanno rappresentato di fatto la dichiarazione di "stato di coma irreversibile" del progetto Alta velocità così come a suo tempo concepito e in corso di attuazione... Il sostituto Procuratore di Milano, dott. Di Pietro, in due occasioni richiede dati sull'Alta velocità alle Fs che a loro volta girano la richiesta a noi. Nessuna ipotesi su quando l'inchiesta potrà finire: altro motivo di blocco del Progetto. Naturalmente i processi cosiddetti di "Mani pulite" hanno travolto sia i quattro General contractors (Iri, Eni, Fiat, Cociv) che quasi tutte (circa il 90%) le imprese che lavoravano nell'ambito dei Consorzi, il Presidente Italferr e molti alti dirigenti dei Consorzi di Ingegneria con avvisi di garanzia, ordini di custodia, arresti, pene detentive [...]».

Ancora più esplicito – e "agghiacciante", per citare qualcuno – è il resoconto di quanto accadde nel periodo caldo di "Mani pulite" prospettato dai Pm di Perugia nella loro richiesta di rinvio a giudizio a carico di Pacini e di un'altra settantina di persone (tra cui due ex collaboratori del pool "Mani pulite"). Leggendola con animo sgombro da pregiudizi, si possono constatare gli sforzi investigativi del pool di Milano per scoprire la "tela del ragno" e la palude di connivenze, interessi personali, lotte di potere, tentativi di inquinamento nella

quale ci trovavamo a operare. «La continuità tra le vicende Eni-Enimont [*scoperte e indagate dal Pm Di Pietro, ndr*] e Ferrovie-Alta velocità è stigmatizzata in una lettera scritta dal dott. Salvatore Portaluri, ex presidente di Tav, a Ercole Incalza del cui contenuto il dott. Portaluri ha dato ampia conferma in sede di esame testimoniale l'11-12-98», scrive il Pm di Perugia, che riporta poi i brani di un significativo memoriale scritto dallo stesso Portaluri su Tangentopoli [12].

---

[12] «L'idea di una "nuova Tangentopoli" nasce esattamente il 7 agosto del 91, dunque qualche mese dopo che si era consumato l'affare più perverso della storia della Prima repubblica. A presentarla con una pomposa conferenza stampa fu proprio il Presidente di Enimont che, nel frattempo, il Governo del Caf aveva collocato a capo del nodo forte di quella che sarebbe dovuta diventare la "nuova Tangentopoli"... C'era... una differenza profonda con l'affare Enimont. I protagonisti della madre di tutte le tangenti furono troppo pochi, anzi a celebrare il Rito ambrosiano della mazzetta sul fronte della corruzione fu un solo gruppo privato. Nel nuovo affare la situazione era completamente diversa, i gruppi privati coinvolti erano molti, comunque quasi tutti quelli che il simbolo di "Mani pulite" aveva frequentemente incrociato nelle sue indagini. Di più, lo stesso sistema di relazione era cambiato e consentiva a questo esercito di celebrare tutti i riti tangentizi fuori dal rischio del reato di corruzione. Insieme a Necci, alla presentazione di quella firma fra i tanti c'erano anche Gabriele Cagliari per l'Eni, Franco Nobili per l'Iri e Cesare Romiti per la Fiat [*tutti indagati dal Pm Di Pietro, ndr*].
«Per la realizzazione e la gestione delle infrastrutture per il Treno ad Alta velocità, le Fs avevano costruito nell'84 una apposita società, la Sistav-Italfer spa, con capitale interamente sottoscritto dall'Ente Ferrovie dello Stato. Dopo circa quattro anni la Sistav-Italfer era già a buon punto con il progetto della Grande Opera... Nacquero diversi consorzi di imprese pronti a offrire la loro collaborazione e ad assumere incarichi: il Consorzio Sfiav-Sistema ferroviario italiano ad Alta velocità nasce il 24 luglio 86; il Corav-Consorzio opere ferroviarie Alta velocità, il 24 giugno 87; il Feicav-Ferrovie italiane consorzio Alta velocità, l'8 ottobre 86; il Cofalve-Consorzio ferrovie Alta velocità, il 26 novembre 86. La prospettiva a breve termine, entro la fine degli anni 80, per l'avvio della Grande opera, era stata delineata dal ministro Signorile; a tal fine aveva predisposto anche lo strumento per affidare gli appalti attraverso gare riservate a imprese italiane prima della mitica scadenza europea del 92. Nel 1987 venne infatti approvata la legge n° 80 che consentiva di derogare dalle norme europee e di affidare alle imprese i lavori attraverso lo strumento della concessione di progettazione e costruzione, già ampiamente sperimentato nella ricostruzione della Campania. Lo scandalo delle "lenzuola d'oro", e quelli che seguirono con Rocco Trane, De Mico e altri, travolsero Ludovico Ligato e Claudio Signorile prima che potessero avviare, per loro e per i numerosissimi cortigiani che si erano fatti avanti, i cantieri per il treno

Ecco, signori investigatori di oggi e signori Pm bresciani, il magma di interessi illeciti dentro il quale "Mani pulite" – e dunque anche il Pm Di Pietro – dovette rovistare. Per valutare se io davvero abbia voluto "non investigare" su qualcuno (Pacini o Necci che fosse) è l'insieme delle attività del pool di Milano che va contestualizzato e rianalizzato: altro che il problema se io abbia o meno posto una certa domanda a uno delle migliaia di indagati! E

superveloce [*tutte le persone citate sono state indagate dal Pm Di Pietro, ndr*]. A sostituire Ligato venne chiamato un commissario straordinario, Mario Schimberni [*altro indagato dal Pm Di Pietro, ndr*] che definisce il progetto per l'Alta velocità "Un motore da fuoriserie montato su una utilitaria"... Nel 1989... nasce il famoso Caf, il patto Craxi-Andreotti-Forlani [*tutti e tre indagati dal Pm Di Pietro, ndr*]. Andreotti dopo qualche anno di letargo ritorna alla grande e assume la carica di presidente del Consiglio e con lui nella compagine governativa c'è un andreottiano di ferro: Paolo Cirino Pomicino [*anche lui indagato dal Pm Di Pietro, ndr*]... Con il Caf nel 1989 e il nuovo governo Andreotti, Cirino Pomicino conquista finalmente la poltrona di ministro del Bilancio. Ci rimarrà per tre anni, ma saranno talmente intensi che grazie a lui l'Alta velocità potrà decollare... Alle Ferrovie nel frattempo era arrivato Lorenzo Necci [*a carico del quale il Pm Di Pietro ha attivato la rogatoria 37/94, ndr*]... già nella primavera del 91 era tutto pronto; il percorso ipotizzato da Signorile e Ligato venne completamente rivoluzionato. Un *affaire* di quelle dimensioni aveva bisogno di molte coperture, di vasti e diffusi consensi, non poteva scontentare nessuno. Alla sua costruzione dovevano concorrere tutti, o meglio tutti dovevano partecipare alla spartizione delle risorse necessarie alla sua realizzazione... tutti i protagonisti di Tangentopoli dovevano essere cooptati per dare una spinta decisiva e garantire le prospettive anche dopo il terremoto di "Mani pulite" che già si preannunciava. Pomicino e Necci nella estate del 91 erano già pronti a lanciare la loro offensiva. Era stata preparata con cura e impegno eccezionali, nulla era stato lasciato al caso: incontri e accordi con decine di banche, con i tre maggiori gruppi italiani Fiat, Iri, Eni, con le maggiori imprese italiane delle costruzioni, con quelle dell'armamento ferroviario e altre ancora per tutte le altre opere connesse con la realizzazione della Grande opera. Finalmente Necci può dare il via alla grande cerimonia, più volte rinviata nelle settimane precedenti.

«Nonostante il caldo e la disattenzione, il 7 agosto 91 la Grande opera viene presentata alla stampa e al Paese, in pompa magna... Nel 91 esisteva un terzo scoglio, quello del contratto con cui le Fs avrebbero dovuto affidare lavori alla Tav spa, e soprattutto i sub-contratti con cui la Tav spa doveva affidare gli stessi a Fiat, Iri, Eni e i sub sub-contratti per l'affidamento dagli stessi lavori, ad altri sette consorzi, per la costruzione delle infrastrutture. Anche su questo punto le direttive europee avevano fatto piena chiarezza; la concessione di sola costruzione era un appalto a tutti gli effetti e come tale doveva essere affidato. Tornò buono, in questo caso, il vecchio percorso del ministro Signorile: la legge 80 del 1987 per l'affidamento di opere sopra i 20 miliardi con il contratto di "concessione di sola costruzione". La sua durata era limitata a soli tre anni, ma già nel novembre del 90 il Parlamento, su proposta di Prandini [*inquisito dal Pm Di Pietro, ndr*] e Pomicino, aveva con voto unanime approvato la proroga di un

anno di questa norma, sulla quale la Corte europea si espresse con una severa condanna. Nel rapporto fra la Tav e i *general contractors* si sceglie la "concessione di progettazione e costruzione" e i concessionari dunque vengono garantiti da un contratto coperto al cento per cento; lo stesso tipo di rapporto viene scelto per l'affidamento delle attività ai Consorzi di imprese. Più problematica era la scelta della relazione contrattuale fra le Fs e la Tav; il genio del ministro del Bilancio aiuta il Grande manovratore con una nuova invenzione. Dovendo la Fs apparentemente finanziare solo il 40% delle opere, l'unica forma contrattuale possibile era la "concessione di gestione"; le entrate derivanti dalla gestione del treno superveloce avrebbero dovuto garantire alla Tav il recupero del 60% delle risorse non coperte direttamente dallo Stato. I conti però parlavano troppo chiaro; anche nelle migliori ipotesi possibili, per il privato che avesse deciso di finanziare il 60% dell'opera, ci sarebbero voluti almeno 350 anni per recuperare l'investimento. Si inventò dunque un contratto con un titolo che era una novità assoluta: la "concessione per lo sfruttamento economico". L'invenzione dello "sfruttamento economico" in concessione era talmente assurda che gli stessi *general contractors*, nonostante i loro contratti fossero comunque garantiti al cento per cento, avevano dei dubbi sulla possibilità che questa potesse reggere. La prima scadenza infatti era il 19 luglio 91: entro tale data, andavano costituiti i consorzi di imprese incaricati della realizzazione dei lavori per le infrastrutture a terra.

«La scadenza viene rispettata dall'Eni che, pur defilandosi e non firmando mai alcun contratto, invita una società controllata, la Snam Progetti, a costruire due consorzi di imprese, il Cepav Uno per realizzare la Milano-Bologna e il Cepav due per la Milano-Verona. Insieme alla Snam, nei consorzi ci sono altre 9 imprese di altrettanti gruppi imprenditoriali. Anche le banche e le Ferrovie si attengono agli accordi e lo stesso giorno costituiscono la Tav spa. Qualche giorno dopo, ma solo per motivi tecnici e comunque sempre il giorno prima della grande cerimonia di presentazione, il 6 agosto, l'Iri coinvolge nell'affare una società controllata, l'Iritecna, con la costituzione di altri due Consorzi, l'Iricav 1 per la tratta Roma-Napoli, e Iricav 2 per la Verona-Venezia. Nei due consorzi vengono cooptate altre 8 imprese di altrettanti gruppi imprenditoriali. La Fiat solo dopo avere avuto la certezza di una copertura totale del pagamento dei lavori, autorizza la controllata Cogefar-Impresit a costituire i due consorzi, Cavtomi e Cavet (uno per la Torino-Milano, l'altro per la Bologna-Firenze, entrambi il 29 ottobre) ma solo dopo essersi ulteriormente garantita firmando prima un contratto, il 15 settembre, con Tav Spa.

«Tutti i gruppi imprenditoriali di Tangentopoli [*tutti indagati dal Pm Di Pietro, ndr*] erano stati accontentati. Eppure vi erano ancora dei problemi, ma questi vengono risolti con la costituzione dell'ultimo Consorzio, per la tratta più incerta, il Cociv per la Genova-Milano. Un consorzio anomalo, senza una capogruppo, anche se fra le 6 imuno sguardo anche sommario attesta che tutti coloro che gravitavano attorno a Pacini (o attorno ai quali Pacini gravitava, poiché vi erano anche personaggi ben più importanti di lui) sono stati indagati, inquisiti, incalzati dal Pm Di Pietro e da "Mani pulite". E dunque che senso ha dire: ma tu non hai contestato a Lodigiani tutta la documentazione, foglietto per foglietto? In quel marasma di attività corruttive sorto intorno a Pacini e all'Alta velocità, chi pote-

prese che lo costituiscono, il 3 dicembre 91, i due gruppi più rappresentati sono quelli del cavaliere Salvatore Ligresti [*inquisito dal Pm Di Pietro, ndr*] con la Grassetto e il gruppo Montedison-Ferruzzi con la Gambogi [*gruppo inquisito dal Pm Di Pietro, ndr*]. Per ogni Consorzio, al quale è affidata la costruzione e la progettazione delle opere, viene scelta una società di progettazione che si aggiungono alle altre quattro già al lavoro da cinque anni con la Sistav Italferr. Ancora prima di aprire un cantiere, i primi partiranno solo dopo 5 anni, la Grande opera aveva coinvolto e mobilitato un esercito di interessi: decine di banche, tutti i maggiori gruppi imprenditoriali e tutte le maggiori società di progettazione, con centinaia di relazioni economiche, commerciali e di pubbliche relazioni. A questi si aggiungono i nuovi consigli di amministrazione della Tav e dei Consorzi nei quali sono cooptati un centinaio di persone pronte per la mobilitazione generale.

«Alla fine di dicembre 91 si firmano i contratti fra Tav e Consorzi: sono accordi di massima su progetti ancora di larga massima, ma gli impegni vengono comunque assunti e comunque vada qualcosa, qualche centinaio di miliardi subito ciascuno portano a casa. Di questi una cosa è certa: la Tav spa paga il 100% dei costi previsti nei contratti, nessun rischio a carico degli imprenditori. Eni e Iri, dopo la copertura offerta nella cerimonia di agosto, non firmano alcun contratto né con Tav né con Fs, solo la Fiat firma il contratto di concessione di progettazione e costruzione con Tav, e a sua volta subaffida la progettazione a Fiat Engineering e la costruzione ai due Consorzi con capogruppo la Cogefar-Impresit (qualche anno dopo sostituita dalla mega impresa-conglomerato Impregilo).

«Nella primavera del 92 il capolavoro era fatto e l'avventura pronta a decollare, ma dopo qualche settimana esplode il terremoto di "Mani pulite". L'esercito era comunque in moto e anche se ripetutamente bombardato, il Grande manovratore continua la sua opera, con più attenzione e riservatezza. Il problema in quel momento era l'accordo di programma fra il governo e le Ferrovie dello Stato da un lato e la definizione dei costi effettivi delle tratte con i Consorzi di imprese dall'altro. Due erano gli obiettivi nel 92: il primo, quello più importante, l'inserimento nella finanziaria 93 di 9 mila miliardi; il secondo, il perfezionamento dei contratti entro la mitica scadenza europea del 31 dicembre 92. Portare a casa questi due risultati di un anno di fuoco come il 92 non fu una cosa facile. Il Parlamento fu sciolto e per il 5 aprile furono convocate le elezioni anticipate. Mario Chiesa era già stato arrestato ma ancora non aveva raccontato tutto. La formazione del governo slitta addirittura alla fine di giugno, dopo la altrettanto faticosa elezione del Presidente della Repubblica. Il terremoto di "Mani pulite" raggiunge la scala più alta mentre la mafia scatena la sua offensiva con l'assassinio del giudice Falcone. Nel progetto di finanziaria per il 93, l'accordo di programma proposto viene sostanzialmente accolto, ci sono anche i 9 mila miliardi per l'Alta velocità. Il disvelamento di Tangentopoli però aveva de-

terminato una forte attenzione e sensibilità fra i parlamentari. Proprio su questo punto della finanziaria esponenti di tutti i partiti sparano a zero, compresi esponenti di primo piano del partito di maggioranza che, ancora per poco, era la Democrazia cristiana. Proprio in questo periodo, Luigi Preti sferra la sua offensiva scrivendo lettere di fuoco ai ministri e ai responsabili economici dei partiti, contro la Tav e il consigliere delegato delle Fs. A qualche giorno dalla mitica scadenza europea del 31-12-92 i contratti non erano ancora stati aggiornati: alla fine di dicembre succede di tutto, ma se ne saprà qualcosa solo alla fine di gennaio 93, pur con alcun punti oscuri che fu difficile ricostruire e che potevano essere solo intuiti.

«Le cronache comunque così raccontano la storia dei giorni fra il Natale e il Capodanno del 92: "Con gli ultimi dati sui posti di lavoro a rischio che hanno spinto ministri, sindacati, imprese e politici a richiedere a gran voce investimenti pubblici per far ripartire l'economia e l'occupazione, la partenza del piano dell'Alta velocità sembra essere stata un esempio di tempismo decisionale. Ma è forse più opportuno parlare di una fortunata coincidenza. Se i tre ministri dei Tesoro, del Bilancio e dei Trasporti, Barucci, Reviglio e Tesini, hanno sacrificato le vacanze di Natale per riunirsi il 29 di dicembre e deliberare l'ok, non è stato perché avessero previsto il richiamo del Presidente della Repubblica sul nodo occupazione ma perché quella decisione non poteva aspettare davvero neanche un giorno di più. Mancavano due giorni al Capodanno, e dal 1° gennaio sarebbero entrate in vigore le norme Cee sugli appalti pubblici. Se il governo non avesse preso decisioni c'era il rischio che tutta l'Alta velocità italiana finisse assegnata a gara internazionale. Perché si arrivasse a una firma premevano le Fs, premeva la Tav [...], premevano infine le imprese di costruzione *alle quali il giudice Di Pietro deve ormai apparire nelle vesti di Attila l'Unno*. E più ci si avvicina al termine ultimo e più sembrava rafforzarsi lo schieramento degli oppositori dei treni da 300 all'ora. Prima erano solo i Verdi e qualche voce isolata tra "cartesiani" delle politiche di bilancio come Nino Andreatta. Poi, a poco a poco il carro degli oppositori ha preso a riempirsi di gente. L'ultimo esempio è quello delle mozioni parlamentari che propongono di rimettere in discussione, più o meno radicalmente, tutto il discorso dell'Alta velocità e che hanno trovato sostenitori un po' in tutti i partiti".

«Necci non trascurò nemmeno di scegliere accuratamente il capo della società incaricata dell'Alta vigilanza sui progetti e sui lavori. Le cronache dell'epoca testimoniano della lungimiranza del Grande manovratore...

«Quanto al numero uno della Italferr, Emilio Maraini, è stato arrestato nei mesi scorsi per "Mani pulite" e, stando ai verbali pubblicati, avrebbe confessato che quando era amministratore delegato dell'Ansaldo Trasporti pagava regolarmente tangenti sulle commesse ferroviarie. Adesso è tornato regolarmente al suo posto di combattimento. La Italferr è la società incaricata dell'Alta vigilanza su tutta l'operazione. Con garanzia dello Stato».

va fermarsi a fare la "perizia grafica" sul conto "Tav" o "Tago" (o "Tavo", come ipotizzava Lodigiani)? Sono domande-accuse talmente puerili, maldestre e pretestuose, quelle rivoltemi, che fanno cadere le braccia [13]! Anche perché dimostrano che i Pm di Brescia (grazie al Gico) nulla sanno delle indagini che noi di "Mani pulite" abbiamo fatto sulle Ferrovie: perché, per esempio, non si sono presi la briga di reperire il fascicolo relativo alla ordinanza di misura cautelare a carico di Vincenzo Lodi-

giani del 17-5-93? Perché non hanno acquisito tutte le copie degli atti relativi a Maraini e alle «tangenti sulla commessa ferroviaria» le cui indagini – come è scritto a pag. 61 della richiesta di rinvio a giudizio dei Pm di Perugia – vennero svolte dal Pm Di Pietro?

Propongo alla lettura dei Pm bresciani un brano del provvedimento della Procura di Perugia relativo alla "macchina tangentizia" ideata da Maddaloni con la Tpl, della quale Pacini era il grande "padrino":

«Dalla lettura della relazione redatta dal Consiglio direttivo del Consorzio Tpl-Av sul bilancio d'esercizio 93, si evince una drastica riduzione dello stesso passato dai circa 57 miliardi del 92, ai 31 miliardi dell'anno successivo. Il biennio 92-93 rappresenta per la Tpl un periodo negativo in termini economici anche in ragione della coincidenza di iniziative giudiziarie mosse a Tpl e Tav da più Procure della Repubblica. Sono di quegli anni, infatti, le indagini delle Procure di Roma [...], tutti inerenti il Progetto Alta velocità e il coinvolgimento in esso della società in questione... Milano (che iscrive il p.p n° 8655/92 Rgnr, nel cui ambito viene disposto anche il sequestro presso Tpl del contratto per studi inerente il progetto Alta velocità), e Salerno, che iscrive il p.p. n° 1576/93 Rgnr. Questi ultimi due inerenti irregolarità contabili e costituzione di "fondi neri" presso la Tpl.

Ebbene, nell'ambito dei procedimenti penali sopra indicati si perverrà a risultati differenti, di cui i più insidiosi conseguono, paradossalmente, all'inchiesta della Procura di Roma, condotta dal Pm dott. Castellucci, di cui ampiamente si è detto nella relativa richiesta di emissione di misura cautelare avanzata al Gip di Perugia il 26-11-97: occorrerà corrompere Castellucci e Squillante nel tentativo di bloccarla ed evitare che indagini sviluppate nella giusta direzione e approfondite, potessero mettere in luce i rapporti intrattenuti dalle Ferrovie spa e dalle società partecipate Tav e Italferr con Tpl Av e con Tpl, o, per meglio dire, i rapporti tra Necci, Pacini e i responsabili della Tpl (Maddaloni, Sebasti, Tradico) e, quindi, mettere seriamente in pericolo gli interessi di Necci, dei suoi soci in Tpl e di Pacini in ragione di pregressi consolidati rapporti illeciti risalenti all'epoca in cui Necci presiedeva Enichem e poi Enimont spa (dall'81 al febbraio 91), protrattisi quando Necci ha assunto il ruolo di Amministratore straordinario e poi Amministratore delegato delle Fs spa e di presidente della Tav, società partecipata committente di Italferr spa per la realizzazione del progetto Alta velocità. Non a caso Castellucci aveva disposto sequestri di documentazioni relative ai rapporti con i consorzi di ingegneria e in particolare Tpl Av e a tutte le consulenze affidate a Tpl. Si richiama in proposito quanto già esposto

---

[13] Ecco un esempio di domande insensate, cioè "senza senso processuale", che mi sono state rivolte dai Pm di Brescia durante l'interrogatorio del 21-5-98:
Domanda: «La documentazione sequestrata a Vincenzo Lodigiani dall'Ag di Roma (trasmessa per competenza all'Ag di Milano) conteneva numerosi riferimenti a Pacini Battaglia, alla Karfinco, al conto "8000" (della Karfinco) e al conto "Louxor" (n° 9144) della Abn di Ginevra. Per quale ragione tali elementi non sono stati contestati a Pacini e nulla gli è stato chiesto in ordine ai suoi rapporti con Lodigiani?».
Risposta: «Tale documentazione venne affidata per la disamina, le investigazioni e l'interrogatorio di Lodigiani al collega dott. Ielo. Egli pertanto può rispondere compiutamente a questa domanda. Io non ne ho più saputo nulla perché dal dicembre 94 ho lasciato il pool. Rilevo comunque che con riferimento al conto "8000" e al conto "Louxor", a Pacini avevamo chiesto di tutto e ci rimaneva solo da ottenere risposta alle rogatorie inoltrate. Semmai, era a Lodigiani che dovevano essere chieste spiegazioni, e ciò, come l'Ufficio mi fa notare, risulta essere avvenuto».
Adr: «Nulla ricordo in ordine alle modalità di acquisizione della documentazione di Lodigiani sequestrata a Paparusso. Certamente deve esservi stato qualche collegamento di indagine tra la Procura di Roma e qualche collega del pool. Anzi, ricordo che della questione si interessò subito anche la Procura di Palermo, tanto che mi pare di ricordare che vi furono degli interrogatori congiunti».
Domanda: «Per quale ragione non si è cercato di fare chiarezza in ordine ai rapporti tra il Lodigiani e la Karfinco, nonché tra questi e il conto "Louxor" della Abn di Ginevra utilizzando lo strumento della commissione rogatoria internazionale?».
Risposta: «Ritengo questa domanda veramente senza senso e provocatoria. Primo: non capisco perché si continuano a contestare a me indagini portate avanti da altri colleghi, e in questo caso, in primo luogo dal dott. Ielo. Secondo: io ho lasciato la Magistratura nel 94: perché mai avrei dovuto fare tutto io e tutto nello stesso tempo? Terzo: i presupposti di cui alla contestazione non corrispondono alla realtà in quanto la rogatoria sul conto "Louxor" presso l'Abn di Ginevra è stata fatta, e proprio da me (richiedendo sia i conti di provenienza che quelli di destinazione) e di questa circostanza lo stesso Ufficio mi ha dato atto nel corso dell'interrogatorio del 17-4-98. Quarto: i rapporti Lodigiani-Pacini vennero all'epoca sviscerati per quelli che erano gli elementi di conoscenza di allora».

anche in relazione allo sviluppo dell'inchiesta condotta dal dott. Castellucci riportato nella richiesta di misura cautelare avanzata da questo Ufficio il 6-11-97 con tutte le anomalie ivi evidenziate sottolineando come appare chiaro, oggi, alla luce delle considerazioni esposte, l'interesse di Pacini oltre che dello stesso Necci di salvaguardare la posizione di quest'ultimo corrompendo i magistrati, cercando di spostare con qualsiasi mezzo la competenza e assoldando per la difesa avvocati compiacenti, anch'essi veicolo di corruzione, allo scopo di evitare che Necci possa essere investito dall'inchiesta e che fingeranno tutti di ignorare che la evidente grave anomalia della stessa è che perfino l'iscrizione di Incalza e Maraini è anomala in ragione dei diversi ruoli rivestiti, essendo Incalza Ad di Tav (di cui, peraltro, è presidente Necci,) e rivestendo, invece, Maraini il diverso ruolo di presidente di Italferr. Le inchieste delle Procure di Milano e Salerno condurranno – a differenza di quella "pilotata" condotta dal Pm di Roma – a risultati significativi, ma anch'essi tali da evitare rischi per quegli interessi, alla cui salvaguardia Pacini presiede anche in nome e per conto di Necci e dei responsabili della Tpl spa. La riprova dell'assunto è facile: pur essendo Pacini l'accusatore nel procedimento milanese dei responsabili Tpl in ragione dei trasferimenti su conti e società estere, in sua disponibilità di fondi extracontabili della Tpl, Mario Maddaloni conserverà con Pacini rapporti di frequentazione strettissima e di grande amicizia e affidamento. Analogamente Maddaloni conserverà, al pari di Tradico e Sebasti, rapporti anche con Lorenzo Necci: e ciò malgrado un risentimento che Maddaloni ha nei confronti di Necci (rilevabile dal contenuto delle intercettazioni ambientali disposte presso la Part. Imm. di Pacini Battaglia e dalle stesse ammissioni al Pm di La Spezia) che si collega alle inchieste giudiziarie a suo carico, ma che Maddaloni è pronto a mettere da parte in ragione di ben altri interessi e rapporti. Si riportano in nota le contestazioni mosse con misure cautelari dai Pm di Milano [14] e Salerno ai responsa-

bili della Tpl Maddaloni, Sebasti e Tradico. A seguito delle inchieste giudiziarie sopraindicate, e con specifico riferimento a quelle istruite dalle Ag di Milano e Salerno, in data 31 maggio 94 nel corso della riunione del Cda di Tpl spa, presso al sede della Technip a Parigi, vengono rese note le pervenute dimissioni del presidente ing. Lionello Sebasti e del consigliere d'amministrazione dott. Pietro Tradico, entrambi indagati dalla magistratura. A ottobre del 94 avviene la scissione della Tpl, con la finalità di "dar vita a due" strutture completamente autonome, capaci di progettare, realizzare, gestire grandi opere».

Ecco dunque cosa accadde: grazie alle indagini dei Pm di Milano, nei primi anni di "Mani pulite" (92-93) il marchingegno tangentizio intorno all'Alta velocità *si bloccò*; poi, dopo *l'ottobre 94*, la macchina tangentizia si rimise in moto e procedette fino al settembre 96. Ricordo ai Pm di Brescia che io ho dato le dimissioni alla fine del 94 perché una raffica di accuse *false* (come i successivi proscioglimenti e archiviazioni dimostreranno) stava per bersagliarmi, e intendevo preservare "Mani pulite" e difendermi come un semplice cittadino senza la protezione della toga.

2. Inesistente trattamento di favore

Nella richiesta di rinvio a giudizio a mio carico c'è scritto che il presunto "trattamento di favore" che avrei riservato a Pacini, si sarebbe concretizzato anche «nell'aver[lo] accreditato... quale soggetto pienamente collaborante con l'Ag di Milano, con il conseguente controllo e filtro delle iniziative giudiziarie delle altre Ag, come nel caso delle indagini svolte dall'Ag di Roma, nell'ambito della c.d. "vicenda Cooperazione"».

Anzitutto c'è una scorrettezza: il Pm di Brescia cita un caso definito e circoscritto (il rapporto epistolare ufficiale tra me e il collega dott. Paraggio della Procura di Roma per la vi-

---

[14] L'Ag di Milano adottò, su richiesta di "Mani pulite", le seguenti misure cautelari:

a) l'1-6-93, per i delitti di cui agli articoli 81 e 110 Cp e 2521 Cc, nei confronti di Sebasti Lionello e Maddaloni Mario, poiché «il Maddaloni Mario e il Sebasti Lionello, in esecuzione del medesimo disegno criminoso in concorso con Tradico Pietro, consigliere di amministrazione della Tpl, e con altri in corso di identificazione, fraudolentemente sottacevano nei bilanci di Tpl l'esistenza di fondi non contabilizzati per importi vari, tra i quali un fondo costituito presso Conen Ltd in Londra, per l'importo complessivo di oltre 1,4 miliardi di lire»;

b) il 23-5-94, per i delitti di cui agli articoli 61 n° 2, 81 e 110 Cp e 2621 e 2640 Cc, nei confronti di Sebasti Lionello, Maddaloni Mario e Tradico Pietro, poiché «il Maddaloni, unitamente a Sebasti Lionello e Tradico Pietro, in

concorso tra loro, e con la collaborazione di Dal Passo Marcello (capo servizi amministrativi della Tpl spa), con più azioni consecutive del medesimo disegno criminoso e in tempi diversi fraudolentemente distraevano dalle società in precedenza citate e utilizzavano per finalità estranee all'esercizio d'impresa, disponibilità di denaro pari a lire 55,3 miliardi alterando le risultanze patrimoniali ed economiche dei bilanci societari».

cenda Cooperazione, della quale dirò), come se esso fosse solo l'esempio di una pluralità, mentre è invece il solo episodio presente negli atti. Cosa vuol dire, infatti, la concatenazione lessicale «iniziative giudiziarie delle altre Ag» al plurale, seguita dall'affermazione «*come nel caso delle indagini svolte dall'Ag di Roma*»? Il lettore è portato a credere che il «caso delle indagini svolte dall'Ag di Roma» sia solo uno di tanti analoghi episodi – quale altro senso si può dare, altrimenti, alla congiunzione dei due concetti attraverso la parolina «come»? Mi chiedo e chiedo: è corretto utilizzare simili espedienti lessicali per "allarmare" il lettore, benché agli atti vi sia solo la questione dell'Ag di Roma?

Ma la suggestione che i Pm bresciani vogliono ingenerare è ancora più inaccettabile – appunto perché non corrispondente né alla verità dei fatti né ad alcun indizio presente negli atti – quando essi arbitrariamente "associano" un supposto accreditamento di Pacini quale soggetto collaborante con l'Ag di Milano a una mia volontà dolosa: mi accusano cioè di averlo fatto non perché corrispondente alle necessità ·processuali dell'epoca, ma per un «conseguente controllo e filtro delle iniziative giudiziarie delle altre Ag». In pratica, avrei fatto credere all'Ag di Roma (singolare!) che Pacini collaborava con Milano in modo da "controllarne" e "filtrarne" l'operato, "proteggendo" così Pacini. Da non credere ai propri occhi! Chi ha mai sostenuto, atti alla mano, una «conseguen[za]» del genere? Nessuno, nemmeno D'Adamo (che pure in quello stesso periodo – siamo a giugno 93 – stava cominciando a ricevere dal Pacini una decina di miliardi suppostamente a mio nome). Anche in questo caso, i Pm bresciani sembrano dimenticare che l'oggetto della loro inchiesta a mio carico non è quello di fare un'inchiesta sull'inchiesta "Mani pulite", bensì quello di accertare se talune mie attività investigative nell'ambito di quell'indagine siano state condizionate e inquinate da uno "specifico scopo doloso", cioè quello di "contraccambiare" i finanziamenti che Pacini stava erogando a D'Adamo.

Vediamo, allora, di dare il giusto senso processuale a quello che i Pm bresciani definiscono con trasparente riprovazione «aver accreditato Pacini quale soggetto pienamente collaborante con l'Ag di Milano». Vorrei farlo partendo proprio dalla rilettura di due documenti – uno della Procura di Milano, e l'altro di quella di Roma – che in quel periodo (giugno 93) sono stati redatti con riferimento all'interpretazione dell'art. 371 bis Cpp relativo ai rapporti fra i diversi uffici del Pm che procedono a indagini collegate: dice la norma che, in tali casi, i diversi Pm provvedono allo scambio di atti e informazioni, nonché delle direttive rispettivamente impartite alla Polizia giudiziaria, e possono altresì procedere congiuntamente al compimento di specifici atti. Orbene il 21-6-93 il Procuratore della Repubblica, dott. Borrelli, inviava, tramite la Procura generale, al collega di Roma dott. Mele una lettera nella quale segnalava la necessità – in relazione alle numerose indagini in comune che avevamo in corso – «di una tempestiva e completa comunicazione delle notizie riguardanti le indagini», e ciò al fine di «evitare l'insorgere di contrasti positivi di competenza e risolvere spontaneamente situazioni di conflitto in atto»; in particolare, il Procuratore di Milano precisava che «al fine di esperire un tentativo in tal senso poteva suggerirsi il ricorso alla distinzione fra connessioni "strette" o "forti" e connessioni "late" o "deboli"», e cioè:

«Potrebbero essere definite "strette" le connessioni che, attraverso i parametri delle lettere b) e c) dell'art. 12 Cpp comportano accertamenti quanto più possibile unitari relativamente agli stessi soggetti. Potrebbero essere definite "deboli" le connessioni per concorso necessario e (eccezionalmente) quelle di concorso ordinario, in modo da limitare le difficoltà derivanti da accertamenti distinti su soggetti diversi. Per tale via si può pervenire a separazioni di procedimenti con criteri di razionalità ed efficienza. Un criterio quale quello enunciato potrebbe, per utilizzare una metafora, consentire di potare i rami che si intersecano di alberi diversi senza recidere alla base uno dei due alberi. Ci si rende conto che i problemi di competenza non sono negoziabili fra uffici del Pm, in quanto i criteri sono indisponibili, ma ciò che si propone non è una transazione, ma una ipotesi di comune interpretazione delle norme sulla connessione alla luce di esigenze di ragionevolezza e di economia. Si deve quindi chiarire che, con una soluzione siffatta, restano ovviamente impregiudicati i poteri degli organi giudicanti e i diritti delle altre parti processuali, almeno fino a quando un tale indirizzo non sia ratificato da decisioni dei giudici. Peraltro, ove l'interpretazione prospettata sia condivisa, è ovvio che sarà sostenuta dagli Uffici del Pm nelle competenti sedi. Le comuni valutazioni riguarderanno comunque le sfere in cui indirizzare le indagini, e comunque saranno attinenti a valutazioni sulla competenza allo stato degli atti. Del resto si osserva che, in una situazione fluida e in costante divenire quale quella delle indagini preliminari, la competenza per connessione può variare di continuo per il susseguirsi dell'accertamento di nuovi fatti connessi, sicché la delimitazione di sfere su cui espletare le indagini collegate è assolutamente necessaria per dare un minimo di razionalità all'operato degli uffici. I criteri dovranno quindi essere generali e applicati in modo unitario a tutte le indagini comunque collegate (fatte salve le diverse regole che disciplinano le possibili ipotesi di reati ministeriali), proprio perché si tratta di una concorde interpretazione delle regole generali. Se si addiverrà a una comune interpretazione delle norme sulla connessione, si potranno disciplinare i casi».

Tra i casi da disciplinare, il Procuratore della Repubblica di Milano indicava la «Cooperazione internazionale», per la quale spiegava che «questo Ufficio non ha procedimenti in corso, fatta eccezione per il caso di cui al relativo allegato per il quale la competenza appartiene all'Ag di Milano» (si riferiva alla "vicenda Somalia" nella quale era coinvolto Paolo Pillitteri e la cui inchiesta era condotta prevalentemente dalla collega Gemma Gualdi).

Il Procuratore della Repubblica di Roma, dott. Mele, rispondeva in data 8-7-93 e fissava i limiti entro i quali l'Ag di Milano poteva occuparsi di fatti-reato la cui competenza territoriale apparteneva a quella di Roma:

«Lo sforzo della Procura di Milano di trovare un criterio rigido, valido in ogni caso e vincolante, nei rapporti fra i due diversi Uffici, pur apprezzabile sotto il profilo della chiarezza e della semplificazione dei contrasti presenti e futuri, potrebbe apparire come un'inammissibile divisione "pattizia" della competenza. Ciò non toglie, tuttavia, che possano indicarsi uno o più criteri cui attenersi in via tendenziale... Va subito detto che non ha alcuna rilevanza sotto il profilo della competenza territoriale il fatto che i diversi criteri di connessione previsti dall'articolo 12 spesso si intersecano a vicenda. Infatti, il successivo articolo 16, che disciplina la competenza per territorio determinata dalla connessione, prevede regole uniformi per tutti i criteri di connessione, e non già regole diverse per ogni tipo di connessione. In altri termini, sia che il criterio di connessione sia uno solo, sia che siano più vale sempre la regola dettata dal primo comma del citato articolo 16, "la competenza per i procedimenti connessi rispetto ai quali più giudici sono ugualmente competenti per materia appartiene al giudice competente per il reato più grave e, in caso di pari gravità, al giudice competente per il primo reato". Di qui, l'impossibilità di procedere, come suggerito dalla Procura di Milano, alla separazione di procedimenti ovvero alla "spartizione" degli indagati concorrenti nello stesso reato sulla base della distinzione tra connessioni "strette" o "forti" e connessioni "late" o "deboli". Può darsi che la distinzione suggerita sia il massimo della razionalità e risponda a criteri di efficienza. Ma sta di fatto che di essa non si trova traccia nel codice di rito vigente. Anzi, la regola sancita dal più volte citato articolo 16 va in direzione esattamente contraria: se vi è connessione di procedimenti, tutte le *res iudicandae* appartengono alla competenza di un solo giudice. E ogni divisione o separazione sarebbe, non solo illegittima, ma arbitraria... *Pertanto, questo Ufficio non ritiene che si possa procedere alla separazione dei procedimenti secondo i criteri indicati dalla procura di Milano.* Semmai, ove dovesse ricorrere l'ipotesi (comprovata) del reato continuato, allora il procedimento dovrebbe essere trattato unitariamente dall'ufficio del Pm competente a norma dell'art. 16. Sul punto, se non è possibile trovare un diverso accordo, sembra preferibile, senza drammatizzare il problema, sollevare contrasto ex articolo 54 bis Cpp, in modo che *alla fine il procedimento, tutto il procedimento, sia trattato da una sola Procura».*

Sulla base di queste premesse, la Procura di Roma precisava che si era raggiunto un accordo solo sui seguenti casi che sarebbero rimasti – come poi sono rimasti – a Roma: Acea, Amnu, Atac, Acotral, Anas, Cooperazione internazionale, Sace, Beni culturali. Pertanto l'inchiesta sulla Cooperazione rimaneva all'Ag di Roma.

E allora, quale senso ha parlare – come fanno i Pm di Brescia – di una mia fantomatica attività di «controllo e filtro delle iniziative giudiziarie... svolte dall'Ag di Roma nell'ambito della c.d. vicenda Cooperazione»? Quale "controllo e filtro" poteva mai esercitare il Pm Di Pietro, se non aveva in carico il fascicolo della "vicenda Cooperazione" né ce l'aveva la Procura di Milano, a maggior ragione dopo che la Procura di Roma aveva respinto la "connessione"?

Vediamo allora di capire meglio dove vogliono arrivare i Pm di Brescia, cioè quale sia in concreto l'attività illegittima di cui mi sarei macchiato. Per farlo, dobbiamo riportarci ai loro atti, a ciò che loro stessi hanno sostenuto durante le indagini preliminari. Una prima specificazione l'hanno fornita in occasione della prima richiesta di proroga, il 14-5-97, laddove essi, nel rendere conto delle ragioni per cui avevano aperto il procedimento penale a mio carico n° 876/95 Pm, spiegavano: «L'iscrizione di cui al punto C) della richiesta di proroga, relativa alla vicenda della "Cooperazione" e alla vicenda "Necci", ha per oggetto un fatto ontologicamente diverso rispetto a quello contemplato nell'iscrizione sub A) e B), trattandosi di una ipotesi di strumentalizzazione del proprio Ufficio, da parte del sostituto Di Pietro, per favorire la posizione processuale dell'indagato Pacini (anche presso l'Ag di Roma). L'episodio di "abuso d'ufficio" non costituisce affatto "elemento costitutivo del più complesso reato di concussione", fattispecie quest'ultima integrata dalla semplice induzione o costrizione della parte lesa alla dazione o promessa di utilità, realizzata attraverso l'abuso della qualità o dei poteri, che ben può prescindere dalla realizzazione di una condotta sussumibile nella fattispecie di cui all'art. 323 Cp». Già queste affermazioni sono intrinsecamente contraddittorie: mi si accusa di aver strumentalizzato il mio Ufficio «per *favorire* la posizione processuale di Pacini» in relazione al reato di «concussione» ai suoi danni che avrei commesso; cioè a dire, avrei *costretto* (è questa l'essenza della concussione) Pacini a farmi un favore (cioè a finanziare D'Adamo)! Insomma, i Pm bresciani non avevano ancora stabilito bene se dovevo essere accusato di corruzione o di concussione, e allora avevano scelto una via di mezzo, accusandomi sia dell'uno sia dell'altro reato...

Per cercare di capire meglio bisogna leggere un'altra ipotetica "spiegazione" fornita dai Pm bresciani, in sede di ricorso per Cassazione contro la revoca dei decreti di perquisizione e sequestro del dicembre 96:

«Il 4-6-93 Pacini, chiamato in causa dal coimputato Ciaccia Paolo, già più sopra menzionato, veniva iscritto come indagato a Mod. 21 nel procedimento penale n° 3844/93 della Procura della Repubblica presso il Tribunale di Roma, concernente il pagamento di tangenti a politici e pubblici amministratori da parte di imprenditori nazionali favoriti nell'acquisizione di commesse per lavori da eseguirsi in Italia e all'estero in base ai fondi destinati per legge alla Cooperazione e allo sviluppo dei Paesi del Terzo mondo. Il 22-7-93 il Sostituto procuratore delegato alle indagini, dott. Vittorio Paraggio, inviava alla segreteria penale del suo Ufficio una missiva, con la quale chiedeva di "depennare" il no-

minativo di Pacini, perché "trasmesso alla Procura della Repubblica presso il Tribunale di Milano per competenza", richiesta poi ribadita il 12-10-93 ed eseguita il 14-10-93, tanto che nell'elaboratore elettronico del Registro generale la posizione del Pacini a quella data risultava "definita". La richiesta di "depennamento" formulata dal dott. Paraggio era stata preceduta dalle missive 1 e 4 giugno 93 del Sostituto procuratore di Milano dott. Antonio Di Pietro, il quale comunicava che il suo Ufficio stava procedendo nei confronti di Pacini e che quest'ultimo stava rendendo ampia collaborazione, così da ritenere inopportune sovrapposizioni di indagini riguardanti la persona del medesimo. Il fascicolo riguardante la persona del Pacini non risulta mai né partito da Roma né pervenuto a Milano, né a Milano risultano essere state fatte iscrizioni a carico dei Pacini per detta materia. Il dott. Paraggio aveva delegato le indagini relative all'anzidetto procedimento all'allora capitano Francesco D'Agostino, Comandante della IV Sezione del Reparto operativo Carabinieri di Roma, nominativo che compare frequentemente nell'agenda sequestrata a Pacini, anche quale destinatario di una ingente somma di danaro, e che lo stesso giorno 4-6-93, data della missiva di cui sopra indirizzata al dott. Paraggio dal dott. Antonio Di Pietro, risulta avere avuto un colloquio telefonico con quest'ultimo».

Ricapitoliamo: il dott. Paraggio ha "depennato" il nominativo di Pacini supponendo [15] che di lui si dovesse occupare l'Ag di Milano a seguito di due mie missive, rispettivamente del 1° e 4 giugno 93 (che poi vedremo), nelle quali io segnalavo la inopportunità di una sovrapposizione di indagini riguardanti la posizione di Pacini. (La successiva allusione di rapporti economici – leciti o illeciti che fossero – tra Pacini e D'Agostino è solo un'offensiva illazione che non merita risposta: il capitano D'Agostino mi ha telefonato quel giorno perché in quel periodo *mi telefonava tutti i giorni* in relazione ai tanti fronti di indagine che "Mani pulite" aveva in corso a Roma.)

A parte la irritualità del "depennamento" (della quale non è questa la sede per discutere, e che comunque potrebbe anche significare proprio la buona fede con cui ha agito il collega romano), è opportuno soffermarsi sulla ragione del mio intervento presso l'Ag di Roma.

---

[15] Evidentemente in buona fede, giacché l'Ag di Perugia, recentemente, l'ha assolto dall'accusa di abuso d'ufficio proprio perché ha riscontrato in quel provvedimento la mancanza di dolo.

I Pm bresciani ipotizzano un illecito "accreditamento", mentre in realtà era solo una informativa ex art. 371 Cpp da parte mia doverosa, posto che Pacini era indagato da due Procure contemporaneamente, e siccome con quella di Milano stava collaborando (e in precedenza ho dimostrato i molti "dati informativi" che ci aveva fornito), *dovevo* (non: *potevo*) avvisare il collega del fatto che Pacini anche delle questioni sulle quali lui indagava era disposto a fornire spiegazioni: questa mi sembra sia la funzione sottostante all'istituto del collegamento delle indagini previsto dall'art. 371 Cpp. Certo ho allertato il collega Paraggio per il pericolo di sovrapposizioni di indagini, proprio all'ovvio scopo di non rompere quel "circuito virtuoso" di informazioni e documentazione che Pacini ci stava fornendo (o che comunque ritenevamo di poter ottenere, come hanno precisato anche i colleghi Ghitti, Davigo, Colombo e Greco). Nessun "controllo e filtro" invece io potevo o volevo fare giacché non chiedevo – né ho mai chiesto – di trasferire a Milano anche la competenza a indagare sull'*affaire* Cooperazione.

A questo punto, però, è bene rileggere la vicenda tenendo presente l'esatta cronologia dei tempi e il citato scambio epistolare fra i capi delle Procure:

• Nei mesi di marzo-aprile-maggio del 93 la Procura di Milano si era trovata a occuparsi di numerose inchieste relative a fatti e personaggi inerenti la città di Roma: Acea, Amnu, Atac, Acotral, Cooperazione internazionale, Sace, Beni Culturali; ne era scaturita una serie di accenni di conflitti, tanto che il 16-6-93 si svolse una riunione congiunta a Roma fra una ventina di Pm per discutere il da farsi.

• Il successivo 21-6-93 la Procura di Milano propose la soluzione delle "connessioni deboli" e delle "connessioni forti", intendendo per queste ultime le inchieste comportanti «accertamenti quanto più possibile unitari rispetto agli stessi soggetti», e Pacini certamente era ritenuto uno di questi casi da tutti noi del pool di Milano (il collega Ghitti definì infatti Pacini, in un'intervista, «un gradino sotto Dio»).

• L'8-7-93, però, il Procuratore di Roma non accettò questa proposta, e non se ne fece più niente, tanto è vero che da qual momento cominciò il pellegrinaggio degli "indagati eccellenti" (tipo Pacini, Lodigiani, Simontacchi, Papi, Mattioli, ecc.) per tutt'Italia.

Come si può constatare, dunque, la mia richiesta (che avvenne ai primi di giugno 93, e cioè proprio mentre la problematica delle "connessioni forti per soggetti" stava prendendo corpo all'interno del pool, tanto che verrà poi esplicitata ai colleghi romani una prima volta durante la riunione del 15 giugno, e quindi formalizzata per iscritto il successivo 21 giugno) aveva una logica ed era condivisa da tutto il pool e dallo stesso Procuratore capo (anzi, ne era la naturale estrinsecazione): nei casi di "soggetti" che erano stati inquisiti da noi, e che con noi stavano collaborando, era bene che in quella prima "fase calda" delle indagini non vi fossero «inopportune sovrapposizioni di indagini» (nel senso logico e letterale del termine, e cioè che il calendario degli interrogatori dovesse essere concordato e dovesse tenere conto anzitutto delle nostre esigenze investigative). È provato agli atti che – dopo il diniego di addivenire a una tale soluzione da parte del Procuratore capo di Roma (8-7-93) – io non ebbi più alcuna corrispondenza con il collega di Roma nella fondata e documentata certezza che della "vicenda Cooperazione" si occupasse lui e che quindi si dovesse occupare lui della posizione processuale del Pacini con riferimento a tale questione, giacché il Procuratore di Roma ci aveva chiarito che il suo Ufficio riteneva «l'impossibilità di procedere, come suggerito dalla Procura di Milano, alla separazione dei procedimenti ovvero alla "spartizione" degli indagati concorrenti nello stesso reato sulla base delle connessioni deboli e delle connessioni forti».

Sentirmi accusare adesso di avere scritto quelle due lettere perché avrei voluto esercitare un "controllo e filtro" delle iniziative dell'Ag di Roma è grottesco. Evidentemente all'epoca ho avuto il torto di firmare una informativa ex art. 371 Cpp, con conseguente trasmissione di documenti che potevano interessare il collega, in ottemperanza alle disposizioni di ordine generale impartite per iscritto dal dott. Borrelli; se mai ho commesso un errore, è stato quello di non far firmare tali missive a tutti i colleghi del pool che pure con me erano d'accordo. E del resto il Pm Paraggio ha sostanzialmente confermato tutto ciò, salvo il diverso parere circa la effettiva trasmissione formale degli atti da Roma a Milano: al riguardo faccio comunque rilevare che non solo non c'è traccia di alcuna *nota di carico* da parte della Procura di Milano, ma nemmeno vi è traccia di alcuna *nota di scarico* di quella di Roma [16].

Non resta allora che tornare alla contestazione dell'Accusa bresciana contenuta nel capo di imputazione e controbattere punto per punto l'assunto accusatorio ricostruendo la dinamica dei fatti. Mi accorgo anzitutto che, dopo due anni di indagini, il Pm bresciano è ancora fermo, nella sua costruzione accusatoria,

---

[16] Cfr. interrogatorio del Pm Vittorio Paraggio del 16-10-97: «Prima di tutto vorrei precisare quale era il clima esistente negli anni dal 92 al 95 tra la Procura di Roma e quella di Milano. Con l'inizio di "Mani pulite", infatti, vennero a crearsi tra i due Uffici tutta una serie di situazioni conflittuali nella gestione e conduzione nelle indagini in materia di Pubblica amministrazione. Da parte mia, ma questo era l'indirizzo prevalente presso la Procura di Roma, vi era la tendenza a evitare conflitti formali e a risolvere i problemi su di un piano di ragionevolezza. Ricordo bene in particolare che le situazioni conflittuali si crearono su alcune importanti indagini quali quella sull'Anas, sulla Cooperazione, sulla Telefonia, sull'Enimont e sull'Eni.

«In particolare la Procura di Roma rivendicava in genere la propria competenza *ratione loci*, mentre la Procura di Milano, che in genere era più avanti nelle indagini, rivendicava la competenza sulla base di ragioni di connessione. Dal 92 avevo già iniziato a svolgere delle indagini sulla Cooperazione allo Sviluppo. Verso i primi mesi del 93 la Procura di Milano dispose l'acquisizione, presso il ministero degli Affari esteri, di copia di tutta la documentazione riguardante circa dieci anni sulla Cooperazione allo Sviluppo, nonostante fosse già di dominio pubblico il fatto che la Procura di Roma indagava sugli stessi fatti... Questo fatto fu vissuto dal mio Ufficio come una chiara espressione di una volontà, da parte della Procura di Milano, di prendere in mano l'intera gestione delle indagini sulla Cooperazione. Di fatto l'intervento della Procura di Milano ha determinato una sorta di delegittimazione del mio Ufficio agli occhi di quelle persone che collaboravano o avrebbero dovuto collaborare alle indagini da me condotte, ciò anche in rapporto al grande peso dell'immagine pubblica del pool di Milano. A meglio rappresentare il clima esistente in quei giorni tra i due Uffici ricordo un episodio che riguardò l'ex ministro degli Affari esteri De Michelis per il quale la Procura della Repubblica di Milano avanzò richiesta di autorizzazione a procedere per uno stesso fatto di reato per il quale era noto che procedeva il mio Ufficio, tanto che si verificò una situazione insolita di due richieste di autorizzazione a procedere per lo stesso fatto e per la stessa persona.

«In questo stesso periodo e in questo clima vi fu un incontro a Milano tra me e il dott. Di Pietro. Ricordo che arrivato a Palazzo di Giustizia incontrai il dott. Di Pietro per pochi minuti in quanto il magistrato era a suo dire impegnato in un importante atto istruttorio. Di Pietro mi disse di non preoccuparmi che, con riferimento alla Cooperazione, la Procura di Milano non era intenzionata a rivendicare tutta l'indagine, ma che a loro interessavano solo "alcune cose" della Cooperazione, delle quali l'unica a essere specificata da Di Pietro fu quella della Somalia, così, almeno in questi termini, si espresse il magistrato. L'incontro terminò dopo alcuni minuti. Di fatto in seguito la situazione tra i due Uffici non migliorò, almeno per tutto l'anno 93. Infatti capitò che molti dei miei indagati venissero interrogati dalla Procura di Milano senza un previo accordo con il mio Ufficio, su fatti della Cooperazione. I relativi verbali venivano normalmente trasmessi al mio Ufficio senza un vero coordinamento. Altro episodio che denota la mancanza di coordinamento tra i due Uffici fu quello della convocazione presso la Procura di Milano dell'ambasciatore Giuseppe Santoro, ex direttore Generale della Cooperazione allo Sviluppo e principale indagato della mia inchiesta, nella quale aveva assunto un atteggiamento collaborativo. Anche se la cosa mi risultò irrituale, non essendo stato in alcun modo preavvertito dell'atto istruttorio dalla Procura di Milano, mi astenni da qualsiasi tipo di intervento.

«Nel corso del 93 le indagini sulla Cooperazione ebbero un impulso importante anche grazie alla collaborazione dell'indagato Ottone Armando, il quale tra l'altro indicò una serie di società che grazie al suo intervento e ai rapporti economici che egli intratteneva con referenti politici e burocratici della Cooperazione, avevano ottenuto finanziamenti dal Mae. Fra queste società Ottone indicò anche la Ctip presso la quale, come anche presso altre società, il mio Ufficio dispose perquisizione locale. In tal modo vennero riscontrate le dichiarazioni di Ottone ed emerse il coinvolgimento nelle indagini di vari amministratori della Ctip tra i quali Paolo Ciaccia e Franco Carloni e altri di cui ora non ricordo i nomi. Furono taluni degli amministratori e dipendenti della Ctip a riferire che per pagare le somme promesse a Ottone, avevano utilizzato "la struttura" di Pacini Battaglia, struttura già ampiamente utilizzata per il pagamento di tangenti non afferenti la Cooperazione sulle quali indagava Milano. Fu da tale momento che il nome del Pacini fece il suo ingresso nelle mie indagini.

«Non ricordo con precisione la data della iscrizione a mod. 21 del nominativo del Pacini. Vi fu comunque l'iscrizione, evidentemente successiva alle dichiarazioni rese dagli amministratori della Ctip. In tale contesto un giorno ricevetti una telefonata del dott. Di Pietro, il quale mi fece presente che procedeva a indagini nei confronti di Pacini e che la posizione dello stesso e della Ctip era da loro considerata di notevole importanza strategica per gli ulteriori sviluppi delle indagini milanesi. Di Pietro mi disse che non gli apparivano opportune, in tale materia, le duplicazioni delle indagini tra Roma e Milano. Il senso della telefonata del Di Pietro era certamente quello che tutte le indagini relative a Pacini e alla Ctip dovessero essere concentrate a Milano. Non vi fu infatti nessun accenno a un possibile coordinamento o scambio di atti tra i due Uffici. Risposi a Di Pietro che mi sarei documentato meglio su quelle posizioni che a lui interessavano e che gli avrei fatto conoscere le mie determinazioni e che però se ci fosse stato un fondamento nella sua richiesta non l'avrei certo disconosciuto. Il giorno dopo o comunque subito dopo ricevetti un fax dal Di Pietro o comunque dalla Procura di Milano, fax nel quale veniva formalizzata la stessa posizione che mi era stata esposta telefonicamente, il che

alla fantasiosa relazione del Gico del 30-10-96 nella quale, constatato che l'indagato Pacini è stato depennato dall'inchiesta sulla Cooperazione effettuata dalla Procura della Repubblica di Roma, si tenta di addebitare a me – che ero Pm a Milano – tale circostanza.

---

mi confermò che si trattava di una posizione ufficiale assunta sul punto dalla Procura di Milano. Non ricordo se questo fu il primo fax o altro successivo, comunque a uno di questi fax venne allegato il verbale di un interrogatorio reso a Milano dal Pacini, verbale peraltro recante numerosi omissis. Poiché da quell'estratto di verbale non si deduceva alcun elemento utile, incaricai un collaboratore della mia segreteria di chiedere alla segreteria del Di Pietro una copia del suddetto verbale che contenesse qualche elemento in più. Di qui una successiva trasmissione, sempre via fax, fattami da quell'Ufficio. Nei giorni successivi vi fu la presentazione spontanea di Pacini che venne da me interrogato, assistito dall'avv. Lucibello, nella veste di indagato. Pacini in sede di interrogatorio ammise i fatti a lui contestati, produsse della documentazione, almeno questo è il mio ricordo, o comunque si riservò di farlo in seguito.

«Sulla base di questi elementi, e cioè richieste formali della Procura di Milano, istanze difensive interrogatori resi a Milano e prodotti, riguardanti i rapporti tra il Pacini e la Ctip e altre società del gruppo Eni non afferenti alla Cooperazione, mi convinsi del fondamento della richiesta fattami da Di Pietro. Considerai in particolare che il fatto per il quale era emerso il coinvolgimento di Pacini nella mia inchiesta non riguardava direttamente la gestione dei fondi della Cooperazione (si trattava in sostanza del ruolo di intermediario dell'intermediario Ottone, ruolo che non era neanche specifico per le questioni della Cooperazione). Considerai altresì che la definizione giuridica della posizione di Pacini sarebbe stata più agevole se effettuata in un unico contesto nell'ambito delle altre indagini che lui aveva a Milano. Considerai infine che il Pacini a quell'epoca non aveva altre pendenze a Roma. Una volta deciso di accogliere la richiesta della Procura di Milano, diedi disposizioni alla mia segreteria di trasmettere la posizione di Pacini Battaglia per competenza a Milano. Quello che ricordo con certezza è di avere firmato un provvedimento nel quale tra l'altro si precisava che la trasmissione riguardava la sola posizione di Pacini e non degli amministratori della Ctip perché per questi ultimi ritenevo che vi fosse diretta attinenza con la gestione dei fondi della Cooperazione. Non ricordo se contestualmente al provvedimento di trasmissione di cui ho detto feci un formale provvedimento di "stralcio" della posizione di Pacini rispetto a quella degli altri coindagati. Ricordo però che la trasmissione a Milano della posizione di Pacini avvenne per competenza.

«Mi si chiede esattamente come avvenne questa trasmissione. Ricordo che firmai una nota di trasmissione alla Procura di Milano nella quale si specificava che la competenza per Pacini e non per gli amministratori della Ctip era della Ag di Milano. Non ricordo come avvenne materialmente la trasmissione e cioè se via fax o in altro modo. Posso dire che nella prima occasione in cui Pacini venne da me interrogato lo fu nella veste di indagato e in quella successiva lo fu nella veste di indagato di procedimento

Un primo indizio – secondo il Gico – sarebbero i miei rapporti con l'allora capitano (ora maggiore) D'Agostino, il quale in quel periodo coadiuvava il Pm Paraggio nelle indagini sulla Cooperazione. Tutti sanno che il maggiore D'Agostino era il responsabile della mia sicurezza personale quando mi recavo a Roma, e che a lui il pool di Milano aveva delegato le indagini inerenti varie vicende romane: è ovvio che io avessi con lui contatti frequentissimi, ma non si capisce il salto logico per cui se un magistrato parla con un capitano dei Carabinieri, ciò debba avere un nesso con tutte le attività professionali che quell'ufficiale di Pg compie per altre Ag, ovvero con quelle che sono le sue relazioni personali. Ma questo fanno quelli del Gico, e senza addurre alcuna prova si limitano ad associare la mia persona alla posizione processuale del D'Agostino.

Eppure Pacini, il 30-3-98, alla domanda se «direttamente o indirettamente» avesse mai «concordato con Di Pietro che la salvasse nel procedimento della Cooperazione che aveva il dott. Paraggio a Roma?», ha risposto «No». Eppure Pacini ha escluso ogni rapporto tra me e lui mediato dal capitano D'Agostino. Eppure quest'ultimo ha riferito di avere avuto con me solo «rapporti di natura istituzionale e pubblica», e ha dichiarato al Pm di La Spezia «di non aver mai parlato con il dott. Di Pietro di Pacini». Non ha importanza: per l'Accusa bresciana il Pm Di Pietro è coinvolto nell'asserita cattiva conduzione dell'inchiesta romana sulla Cooperazione perché avrebbe ingiunto al Pm di Roma Paraggio di astenersi dall'indagare su Pacini, di mandargli il fascicolo processuale. Ma da Roma non è mai stato inviato a Milano alcun *fascicolo processuale* con la posizione di Pacini per la Cooperazione [17]! Fa niente:

---

connesso e ciò solo perché nel frattempo la competenza sulla posizione di Pacini era passata a Milano. Voglio aggiungere che io avevo inteso come perentorio il fax di Di Pietro nel quale mi si diceva che nei confronti del Pacini procedeva la Ag di Milano onde evitare sovrapposizioni, intendendo che Milano già procedeva per gli stessi fatti relativi alla Ctip».

[17] Evidentemente il Gico non sa che, se la Procura di Roma ha iscritto Pacini a mod. 21, per poter trasmettere la sua posizione a Milano bisognava effettuare un formale *provvedimento di stralcio*, occorreva una *nuova iscrizione* a mod. 21, la formazione di un *autonomo fascicolo*, e la *trasmissione formale* dello stesso all'Ag di Milano.

per il Gico basta la ricevuta di trasmissione di un fax con cui Roma mandò a Milano *copia* (dico *copia*) di *un* interrogatorio di Pacini dell'8-7-93, e comunque «l'iniziativa di invitare il Pm Paraggio in sostanza ad astenersi dall'indagare il Pacini su tali fatti è di Antonio Di Pietro».

Nel merito della questione, ho prodotto al Tribunale della Libertà un'ampia documentazione che qui riassumo:

• Pacini, già indagato dalla Procura di Milano e iscritto a mod. 21, in occasione dell'interrogatorio del 26-5-93 presentò una corposa memoria nella quale, fra le tante operazioni finanziarie "sospette" da lui segnalate, riferiva anche quella riguardante "Offshoreman-Ctip-Ciaccia".

• Il 1° giugno 93, Pacini depositò una ulteriore memoria nella quale – riferendosi a un articolo pubblicato il giorno precedente (31-5-93) dal quotidiano "la Repubblica" col titolo "Cooperazione, scoperti i santuari esteri di Dc e Psi" e nel quale veniva fatto il suo nome in relazione all'inchiesta Cooperazione (Ctip-Ciaccia) condotta dal Pm romano dott. Paraggio – segnalava che lui, già dal 26 maggio precedente, aveva indicato al pool di Milano le "operazioni sospette", e chiedeva di rendere edotta l'Ag di Roma delle spontanee dichiarazioni che aveva già reso al riguardo.

• Lo stesso 1-6-93, dopo una mia telefonata di preavviso al Pm dott. Paraggio, data l'importanza che le dichiarazioni di Pacini potevano avere per il collega romano, gli inviai via fax la memoria di Pacini (ovviamente *in accordo* con gli altri colleghi del pool).

• Il 4 giugno 93, dietro specifica richiesta (credo orale) del collega dott. Paraggio, inviai a Roma anche copia del verbale di interrogatorio di Pacini del 26-5-93, ribadendogli nell'occasione che in merito all'insieme dei fatti riepilogati nella memoria in questione (che, ripeto, riguardavano una miriade di fatti sui quali Pacini stava collaborando), stava procedendo l'Ag di Milano; per cui pregai il dott. Paraggio di coordinarsi con i nostri Uffici per evitare «inopportune sovrapposizioni di indagini» (e ho già spiegato il contesto nel quale tale mia lettera si collocava).

• L'8-7-93 (*cioè oltre un mese dopo*), Pacini venne interrogato dal Pm di Roma dott. Paraggio nell'ambito dell'inchiesta sulla Cooperazione (p.p. n° 3844/93R) in qualità di "*perso-*

na sottoposta a indagini": quindi era stato *iscritto a mod. 21* in quel fascicolo; lo stesso giorno *copia* (dico *copia*) di tale verbale pervenne alla Procura di Milano.

Non ricordo di aver ricevuto copia di quell'interrogatorio dell'8-7-93: probabilmente non venne nemmeno posto alla mia diretta attenzione, trattandosi di atti che non ci riguardavano direttamente o che comunque *non evidenziavano* fatti sui quali noi stavamo all'epoca indagando specificatamente: basta leggere il verbale per rendersi conto della genericità dello stesso. È arcinoto che in quel periodo il pool di Milano produceva centinaia di pagine di interrogatori al giorno, ricevevamo quotidianamente scatoloni di documenti dalla Polizia giudiziaria, per cui non potevamo certo focalizzare l'attenzione anche sulle indagini di competenza di altre Ag, specie quando si trattava di verbali che non *riferivano alcun reato*. Sta di fatto che, proprio in quel periodo – tra il 5 e il 20 luglio 93 – ci furono numerosi accenni di conflitti di competenze fra l'Ag di Milano e quella di Roma, e alla fine l'unico accordo che si raggiunse fu quello di trasmettere a Roma gli atti riguardanti Acea, Amnu, Atac, Acotral, Anas, *Cooperazione internazionale*, Sace, Beni culturali; per cui la competenza dell'inchiesta Cooperazione venne attribuita alla Procura di Roma.

Successivamente, il 29 luglio 93, Pacini venne interrogato nuovamente dal dott. Paraggio, e presentò un'articolata memoria esplicativa con allegata documentazione bancaria estera che ricostruiva tutti i rapporti economici fra le sue società e la Ctip inerenti la Cooperazione; in quell'occasione, però, Pacini venne ascoltato come "*persona indagata in procedimento connesso*" – ciò vuol dire che, nel frattempo, doveva essere intervenuto uno *stralcio* della sua posizione nell'ambito del p.p. n° 3844/93R; uno stralcio intuibile anche dall'indice degli atti: i due interrogatori di Pacini dell'8-7-93 e 29-7-93 sono indicati come «*spostati nei proc. connessi*». Quali? E dove sono? Cosa vuol dire "spostati"? Il fatto è che, in realtà, la posizione di Pacini non risulta affatto "stralciata"!

Nessuno può sostenere che debba considerarsi stralcio implicito l'invio di *copia* (ripeto: *copia*, perché così dice il fax di trasmissione) dell'interrogatorio dell'8-7-93 all'Ag di Milano, e certamente noi non potevamo immaginarlo! Ribadisco: a me non risulta che l'Ag di Roma abbia formalmente consegnato alcun procedimento all'Ag di Milano, né che vi sia stata presa "in carico" a Milano o "scarico" a Roma. Né può considerarsi formale trasmissione il fax del dott. Paraggio 8-7-93 con l'indicazione «per competenza», letta da noi nell'unico modo possibile: per competenza rispetto a tutte quelle ipotesi di reato diverse da quelle di corruzione che emergevano dall'inchiesta Cooperazione; se il collega Paraggio ha dato una interpretazione diversa, evidentemente deve esservi stato un equivoco (certamente in buona fede da parte sua, ma anche da parte mia). D'altronde, se così fosse, doveva esserci inviato via fax anche l'interrogatorio di Pacini del 29-7-93 (di ben altra portata, rispetto all'innocuo interrogatorio dell'8-7-93): ma *ciò non è avvenuto*, come non sono mai stati trasmessi a Milano tutti quegli altri elementi di prova eventualmente a carico del Pacini contenuti nel procedimento 3844/93-Pm Roma. Né si può pensare che l'Ag di Milano potesse o dovesse rifare tutta l'inchiesta Cooperazione, peraltro solo su Pacini, e solo sulla base di indicazioni risultanti nell'interrogatorio 8-7-93 (nel quale il solo elemento indiziante su Pacini è la sua dichiarazione di innocenza: «Nulla so dell'attività della Cooperazione allo sviluppo né ho avuto alcun rapporto con funzionari o persone comunque preposte a tale attività»).

Certo è che tutte le attività allora svolte al riguardo hanno sempre avuto il consenso preventivo – implicito o esplicito – dei miei colleghi Colombo e Davigo, e dei dirigenti dell'Ufficio Borrelli e D'Ambrosio. Infatti, il dottor Davigo, con riferimento alla vicenda Cooperazione e ai rapporti intervenuti tra l'Ag di Milano e quella di Roma, ha dichiarato che «le osservazioni svolte dal dott. Di Pietro nella memoria del 23-12-96 [*da me depositata al Tribunale della Libertà e identica alle considerazioni riferite*], alla luce delle norme di legge e regolamentari e della consolidata prassi operativa della Procura della Repubblica presso il Tribunale di Milano» *furono corrette*. E lo stesso Tribunale della Libertà ha così concluso:

«Queste essendo le risultanze di fatto acclarate dai rapportanti, il Tribunale, tralasciando le ulteriori diffuse spiegazioni – con connessa documentazione – oggi fornite con la memoria e verbalmente

dal Di Pietro, ritiene che, se esse dimostrano che la Procura di Roma ebbe a cancellare il nome di Pacini dal registro degli indagati in ordine alla vicenda "Cooperazione" nella prospettiva che per questa avrebbe proceduto la Procura di Milano, non siano altrettanto in grado di provare che tale ultimo Ufficio nella persona del Pm Di Pietro non abbia, indipendentemente dall'omessa correlativa iscrizione proprio per tale fatto del Pacini nel proprio mod. 21 (omissione che, peraltro, non è attestata in alcun modo nella "relazione"), proceduto ovvero abbia definitivamente escluso di procedere nei confronti di quel personaggio e per detta vicenda: ed è evidente che solo in questo, e non certo nel mancato adempimento della registrazione, si potrebbe ravvisare l'eventuale comportamento di rilievo penale. Due considerazioni confermano tale assunto. La prima è che, come osserva il Di Pietro e come è notorio, poiché all'epoca dei fatti la Procura del Tribunale di Milano era sede di una enorme quantità di procedimenti concernenti fatti analoghi a quelli oggetto della vicenda "Cooperazione" e per tale ragione meta di imprenditori desiderosi di collaborare anche prima ancora che l'indagine si instaurasse, è assai arduo dedurre da una mancata immediata iscrizione del Pacini, già peraltro indagato per molteplici fatti, la deliberata decisione dell'allora Pm Di Pietro di non procedere nei suoi confronti anche per la summenzionata vicenda; così come non può essere dimenticato, nel momento in cui si dovesse censurare il protrarsi di tale presunta omissione, che lo stesso ebbe ad abbandonare la Procura di Milano poco più di un anno dopo quando ancora il Pacini era per più fatti indagato presso quell'Ufficio. La seconda è che, come ancora una volta il Di Pietro si è oggi preoccupato di ricordare e come non è difficile credere, la prassi della Procura milanese per quel procedimento era di procedere inizialmente nell'ambito di un unico fascicolo, e quindi sotto un'unica iscrizione a mod. 21, per poi, a indagini completate su ogni singola vicenda o gruppo di vicende, operare i necessari "stralci": di talché, solo in ipotesi di esaurimento dell'iniziale fascicolo senza che fosse attuata la separazione del procedimento per la vicenda "Cooperazione" a carico del Pacini, sarebbe possibile dedurre che questi avrebbe per essa beneficiato di una sorta di "archiviazione" occulta».

Concludendo: l'Ag di Milano stava procedendo – *e sta procedendo ancora in indagini preliminari*, se dopo la mia uscita dal pool non sono state assunte ulteriori decisioni al riguardo – contro Pacini.

Per quanto riguarda invece il ruolo di Pacini nell'inchiesta romana della corruzione nella Cooperazione, non siamo mai stati investiti formalmente della questione, non ci è mai stato trasmesso il *complesso* delle prove, degli indizi e dei documenti eventualmente raccolti e acquisiti in quel procedimento. Le ragioni per cui ho scritto la lettera 1-4 giugno 93 al collega Paraggio non c'entrano niente, ma proprio niente con una mia presunta volontà di "accreditare" Pacini presso l'Ag di Roma per fungere da "controllo e filtro" – figuriamoci! Senza dimenticare che comunque l'Accusa dovrebbe provare l'impossibile: e cioè che io avessi voluto "accreditare" Pacini non per fare in modo che la Procura di Milano rimanesse *dominus* dell'inchiesta a suo carico, ma per "ricompensare" Pacini dei finanziamenti che stava erogando a D'Adamo – circostanza indimostrabile perché non vera!

So bene che il dott. Paraggio ha sostenuto di avermi trasmesso il fascicolo di Pacini a Milano, ed è certo molto strano che lo stesso Pacini fosse a conoscenza del suo singolare "depennamento" dall'inchiesta romana sulla Cooperazione (depennamento del quale nessuno a Milano era a conoscenza, men che meno il Pm Di Pietro). Già, perché nell'intercettazione ambientale del 5-1-96 Pacini, parlando con il collaboratore di sempre (e correo da me fatto arrestare) Luca Nistri, dice testualmente: «La Cooperazione... hanno fatto opposizione perché a me m'hanno archiviato... Eh!! Ho avuto anche l'opposizione... dei socialisti... 37 rinviati a giudizio e uno archiviato: ero io... No, ma l'hanno visto, perché nel rinvio a giudizio c'è cancellato Pacini Battaglia». Ecco: Pacini non sa che il Pm Di Pietro a Milano lo aiuterà a risolvere i suoi problemi per la vicenda Cooperazione (come sostiene oggi l'Accusa), ma sa che a Roma «c'è cancellato Pacini Battaglia». Che potere divinatorio! Ma io cosa c'entro in tutta questa storia? Niente, appunto.

3. Un'assoluta libertà di movimento

Nella richiesta di rinvio a giudizio i Pm bresciani mi accusano di avere riservato a Pacini un trattamento di favore tale da «aver[gli] consentito un'assoluta libertà di movimento, sia in Italia che all'estero, senza alcun vincolo o divieto, pur a fronte delle numerose ed evidenti incongruenze, contraddizioni e falsità (emergenti dagli interrogatori resi dallo stesso tra il marzo 93 e il settembre 94 e dalla documentazione prodotta) che evidenziavano una

evidente attività di inquinamento probatorio posta in essere da Pacini nell'ambito delle indagini alle quali era sottoposto».

Vediamo di razionalizzare anche questa imputazione che – così come è formulata – appare essere solo una indebita intromissione nelle scelte e nelle decisioni discrezionali riservate a ogni magistrato nell'ambito del suo lavoro e nell'esercizio delle sue funzioni. Ciò che in pratica mi si contesta è di non aver fatto arrestare, riarrestare, o comunque di non aver limitato la libertà personale di Pacini durante l'inchiesta "Mani pulite": in altre parole, di non aver fatto quanto neppure la Procura di Brescia ha mai fatto... Le ragioni per cui avrei dovuto far arrestare Pacini – secondo i Pm di Brescia – sarebbero le sue «incongruenze, contraddizioni e falsità» che emergevano dagli «interrogatori resi dallo stesso tra il marzo 93 e il settembre 94 e dalla documentazione prodotta»; incongruenze, contraddizioni e falsità che «evidenziavano un'evidente attività di inquinamento probatorio posta in essere da Pacini nell'ambito delle indagini alle quali era sottoposto» e che io dolosamente non rilevavo. Traducendo queste argomentazioni nel linguaggio comune, abbiamo che secondo i Pm di Brescia:

• l'indagato ha il *dovere* di dire sempre la verità quando viene interrogato (perché tutto ciò che non è verità è incongruente, contraddittorio e falso);

• ogni volta che l'indagato non dice la verità, il Pm ha *l'obbligo* (si badi bene: l'obbligo penalmente sanzionato, non la facoltà) di attivarsi per limitarne la libertà personale. Deve cioè sempre richiedere al Gip (altro non potrebbe fare) una ordinanza di misura cautelare personale che può andare dalla richiesta di emissione di provvedimento di custodia in carcere a quella del divieto di espatrio;

• ai fini di decidere se limitare o meno la libertà di Pacini, la Procura di Milano avrebbe dovuto considerare le incongruenze, le contraddizioni e le falsità emerse nel lasso di tempo racchiuso fra gli «interrogatori resi dallo stesso tra il marzo 93 e il settembre 94» – il resto non fa testo;

• l'imperativo del Pm deve sempre essere la seguente equazione: le dichiarazioni dell'indagato che non soddisfano le aspettative dell'Accusa rappresentano «un'evidente attività di inquinamento probatorio posta in essere»;

• nel caso che a procedere contro un indagato siano più Pm associati in un pool e tutti cotitolari del medesimo fascicolo, il comportamento doloso di aver «consentito a Pacini un'assoluta libertà di movimento» – cioè non avere chiesto una qualche misura cautelare al Gip – deve essere addebitato solo a uno di essi, scelto a discrezione nel mucchio.

La Procura di Brescia ha davvero uno strano modo di concepire la funzione giudiziaria, né manca di anticonformismo; sono stato accusato per anni di abuso nel ricorso alla carcerazione preventiva e di "manette facili", ma oggi i Pm bresciani mi accusano del contrario!

Allora precisiamo. La legge permette all'indagato di dire tutto quello che vuole, di mentire e di tacere; e la legge, la giurisprudenza e il buon senso impongono che tutto quanto attiene all'esercizio di un diritto non possa essere utilizzato contro chi eserciti tale facoltà, compreso Pacini. Secondo i Pm bresciani, invece, io avrei dovuto obbligatoriamente adoperarmi – in presenza di interrogatori non soddisfacenti – per limitare la libertà di Pacini: avrei cioè dovuto comportarmi da "fuorilegge". Al punto che – sempre secondo i Pm di Brescia – io avrei dovuto assolutamente «non consentire» la libertà di movimento a Pacini – e come?, e se il Gip avesse detto di no avrebbe dovuto essere incriminato anche lui?, oppure avrei dovuto farlo in qualche altro modo?, e quale?

E perché l'imperativo di «non consentire» la libertà di Pacini doveva basarsi sui soli verbali che vanno dal marzo 93 al settembre 94? E di quelli risalenti al periodo 94-96 che ne facciamo? Si dirà: fino al 94 perché, dopo quella data, non risultano altri verbali di interrogatorio di Pacini da parte dell'Ag di Milano fino al momento del suo arresto da parte dell'Ag di La Spezia, e poi perché alla fine del 94 Di Pietro si è dimesso; appunto, rispondo io, e invito i signori Pm bresciani a riflettere un po'. Dalla fine del 94 alla fine del 96 la Procura di Milano non ha più attivato interrogatori di Pacini (né quelli di tipo ricognitivo, né quelli di tipo contestativo), e il fatto di "non aver più interrogato Pacini", per la Procura di Brescia, sarebbe il "fatto discriminante" della non responsabilità dei miei ex colleghi di Milano; di conseguenza, se anch'io non avessi più interrogato Pacini, non potrei essere accusato di nulla – o forse, al contrario, questa circostanza mi sarebbe stata ulteriormente addebitata come nuova prova della mia "copertura" di Pacini? Chissà?!

Arriviamo al solito problema: perché i Pm bresciani imputano solo a Di Pietro fatti e responsabilità che riguardavano un intero pool di magistrati? Nonostante i miei ex colleghi, al momento in cui ho lasciato "Mani pulite", avessero ancora Pacini sotto indagine preliminare, e nonostante agli atti vi fossero – secondo i Pm di Brescia – «numerose ed evidenti incongruenze... che evidenziavano un'evidente attività di inquinamento probatorio», la (presunta) colpa di avere «consentito a Pacini un'assoluta libertà di movimento» (anche per gli anni successivi alle mie dimissioni) può e deve ricadere solo su Di Pietro – un'altra equazione priva di qualunque logica. E perché nel periodo 93-94 Di Pietro, e solo Di Pietro, aveva il potere-dovere di impedire a Pacini la sua «libertà di movimento»? E gli altri colleghi del pool cosa stavano lì a fare, insieme a me: erano decorativi? È vero o no che ricevevano ogni mattina la "posta interna" e potevano rendersi conto in tempo reale di come stessero le cose? È vero o no che ai colleghi Colombo e Greco spettava il compito di "verifica" e ricerca dei "riscontri" rispetto alle dichiarazioni rese dagli imputati dell'Eni e di Pacini in particolare? È vero o no che erano il dott. Colombo e il dott. Greco i Pm che tenevano maggiormente i rapporti con gli organi di Pg della Gdf di Milano delegata alle indagini? È vero o no che furono loro a ricevere la documentazione contraffatta delle contabili *closing*? È vero o no che il consulente tecnico dott. Laganà venne nominato dal dott. Davigo e dal dott. Colombo ed era al dott. Colombo e al dott. Greco che egli riferiva periodicamente sullo stato degli accertamenti contabili rispetto alle dichiarazioni rese dagli indagati (quindi compreso Pacini)?

Siccome tutto ciò è vero, la realtà è una e una sola: che in quel periodo tutti noi del pool "Mani pulite" – sulla base di una valutazione comparativa tra le informazioni e la documentazione che Pacini ci forniva e quelle che non ci diceva o ci riferiva in modo frammentario e contraddittorio – abbiamo ritenuto più produttivo per le indagini e più conforme alle regole processuali non richiedere alcuna limitazione della sua libertà. La mia e anzi la nostra, è stata solo una riflessiva e responsabile valutazione comparativa fra ciò che al momento ci interessava sapere da Pacini e quelli che erano i suoi diritti costituzionali alla libertà di movimento, che dovevamo rispettare. A ben vedere, anche la Procura di Brescia si è comportata con lui in modo analogo: Pacini, nel corso dei tanti interrogatori resi ai Pm bresciani, ha fatto qualche confusione (ad esempio, quando ha cercato di spiegare da una parte che D'Adamo era un uomo «fascinoso» e dall'altra che lo «terrorizzava»), eppure non gli sono state mosse dai Pm particolari contestazioni (tanto è vero che questo aspetto della valutazione soggettiva di Pacini si è dovuto sviscerarlo durante l'incidente probatorio), né sono mai state richieste misure restrittive della libertà di movimento di Pacini da parte dell'Ag di Brescia.

Fin qui ho rimarcato le questioni formali che stanno a monte di questa assurda e ingiusta accusa, che – ripeto – riguardano la insindacabilità delle decisioni a suo tempo assunte dal pool di rimettere in libertà Pacini e di non chiedere più ulteriori misure restrittive, nonché la illegittimità delle argomentazioni della Procura di Brescia circa la obbligatoria "causa-effetto" che avrebbe dovuto discendere dalla contraddittorietà e falsità delle dichiarazioni di Pacini. Ma le osservazioni della Procura di Brescia sono erronee e maldestre anche nel merito: chi l'ha detto che Pacini nei suoi interrogatori abbia fornito sempre e solo incongruenze, falsità e contraddizioni? Chi l'ha detto che Pacini si fosse messo a disposizione della Procura di Milano proprio e solo allo scopo di attuare un'opera di inquinamento probatorio? Soprattutto: chi l'ha detto che io (e i miei colleghi del pool) abbia consentito a Pacini di esercitare il suo diritto fondamentale alla libertà di movimento per il solo, unico e specifico scopo di indurlo così a finanziare D'Adamo? Già, perché questo e solo questo è il sinallagma necessario di fondo che deve dimostrare l'accusa (anche se troppe volte in questa inchiesta è stato perso di vista!). Nessuno ha riferito alcunché in proposito, nemmeno Pacini o D'Adamo, nessun pubblico ufficiale o teste sentito a verbale: è solo un teorema disancorato da qualsiasi riscontro processuale. Ora, può anche essere che durante le indagini preliminari si formulino delle ipotesi investigative di questo genere (però dovrebbe comunque sempre esservi un qualche indizio), ma poi, alla fine, le ipotesi senza riscontro de-

vono essere abbandonate in sede di valutazione finale, altrimenti si finisce per invertire il principio dell'onere della prova: io, accusa, dico che tu indagato puoi aver fatto questa tal cosa e, se sostieni che non sia vero, dimostramelo! – una pratica metodologicamente inaccettabile, ma alla quale, neppure stavolta, intendo sottrarmi.

Partiamo dal momento dell'arresto di Pacini, e poi arriviamo all'ultimo giorno della mia permanenza alla Procura di Milano. Circa le modalità dell'arresto di Pacini e della successiva revoca del provvedimento restrittivo, ho già avuto modo di spiegare – e soprattutto di documentare – che tutto ciò avvenne, con il consenso sostanziale di tutti i membri del pool, alla luce del sole e sulla base di dati di fatto incontrovertibili. Il rapporto n° 71 del gennaio 99 del Gico di Firenze, riferendosi alle intercettazioni telefoniche disposte nel 93 dalla Procura di Milano a carico di Pacini, sostiene che quest'ultimo "sapesse" che le sue telefonate erano intercettate: può darsi, giacché Pacini, anche durante le intercettazioni del 96, dice apertamente ai suoi interlocutori di essere sotto intercettazione telefonica. Ma che c'entra Di Pietro? Certo, il Gico insinua che io nel 93 avessi informato Pacini che aveva i telefoni sotto controllo: ma come si fa a rispondere a una insinuazione?!

È fatto ormai notorio che tutta l'inchiesta "Mani pulite" avesse come obiettivo quello di accertare, attraverso le dichiarazioni dei protagonisti della cosiddetta "Tangentopoli", i rapporti economici illeciti tra il "sistema delle imprese" e il "sistema dei partiti", e che il pool considerava sempre con favore il comportamento processuale di chi collaborava in qualche modo a ricostruire le varie vicende oggetto dell'inchiesta. Pacini risultò da subito (per quanto riferito da Ciaccia) uno dei crocevia dei versamenti esteri da parte di imprenditori italiani a favore dei partiti, per cui avevamo estremo interesse ad averne una qualche forma di collaborazione: ricordo che ne parlammo, ancor prima della sua costituzione, fra noi del pool e credo di ricordare anche con il Procuratore Borrelli, nel suo ufficio. A quel tempo l'interesse investigativo verteva sulla individuazione di tutti i meccanismi del sistema di illecito finanziamento tra partiti e imprese, con tutte le relative implicazioni circa le illecite modalità di assegnazione degli appalti.

Escludo che possa essere intervenuto un "accordo specifico" tra Pacini e la Procura di Milano per l'eventuale delimitazione delle materie di interesse dell'Ufficio: avremmo valutato il suo comportamento alla luce delle dichiarazioni che sarebbe venuto a rendere, con riguardo all'inchiesta in corso; avremmo, cioè, deciso nei suoi confronti non in base a quanto ci avrebbe taciuto (elemento peraltro impossibile da valutare), bensì in base a quanto avrebbe rivelato. Prendo atto di quanto Pacini ha dichiarato al Pm di La Spezia il 12-11-96 in merito a presunti "accordi" che sarebbero intervenuti per delimitare l'oggetto dell'indagine milanese, e del contenuto della conversazione intercettata tra Pacini e Di Daniele dell'1-2-96 («Noi dovevamo... avevamo un accordo in cui se Pacini ci diceva... come erano finanziati i partiti politici... noi gli avremmo... gli abbiamo riconosciuto la sua collaborazione con la Giustizia»): al riguardo rilevo però che lo stesso Pacini parla di «accordi per modo di dire», e che lui stesso ammette comunque di avere rimediato solo «rinvii a giudizio» – insomma, contesto il metodo di isolare solo alcuni spezzoni delle intercettazioni telefoniche senza valutarle nel loro insieme. È certo che il pool di "Mani pulite" non ha mai "sposato" le dichiarazioni di Pacini: ci siamo limitati a prenderne atto, e a sviluppare investigativamente quanto lui via via ci riferiva.

Abbiamo infatti promosso tutte le ulteriori investigazioni conseguenti alle dichiarazioni di Pacini, e mai abbiamo volontariamente omesso di svolgere attività sulla base di preventivi accordi con l'indagato. Una riprova è nel fatto che per ogni conto corrente bancario da lui indicato, non ci siamo limitati a ricevere la documentazione fornitaci da Pacini, ma abbiamo comunque e sempre avviato sia rogatorie internazionali sia gli accertamenti investigativi conseguenti. Eventuali mancanze – che comunque tenderei a escludere – potrebbero essere derivate soltanto dal fatto che il lavoro da svolgere era tanto e che almeno fino al momento in cui ho lasciato la Procura di Milano, nessun segmento di indagine su Pacini era stato chiuso, tantomeno con richiesta di archiviazione. Durante il mio interrogatorio del 17-4-98 ho prodotto l'attestazione del responsabile della Cancelleria della Procura della Repubblica presso il Tribunale di Milano, da cui risulta che nei confronti di Pacini non è mai stata avanzata alcuna richiesta di archiviazione, né alcuna richiesta di proscioglimento; anzi, tale documento rimarca come nei confronti del Pacini sia stata esercitata l'azione penale in modo massiccio e determinato (per plurimi reati di corruzione, falso in bilancio, appropriazione indebita, ricettazione, illeciti finanziamenti ai partiti politici). Dunque in cosa sarebbe consistito il supposto trattamento di favore presuntamente riservato a Pacini? Forse nel fatto che dopo essere stato sottoposto a misura restrittiva sia stato rimesso in libertà subito dopo l'interrogatorio e non più riarrestato? E allora vediamo come si sono svolti i fatti.

Ecco cosa ha dichiarato per iscritto il Gip dott. Italo Ghitti (all'epoca titolare del fascicolo):

«Si procedette immediatamente all'interrogatorio [di Pacini, ndr] ai sensi dell'art. 294 Cpp come era prassi nell'ambito del procedimento "Mani pulite"... Venne effettuato l'interrogatorio, nel corso del quale il Pacini, pur dichiarandosi estraneo ai fatti che gli erano contestati, illustrò con particolare ampiezza i fatti, le modalità e le ragioni della costituzione dei "fondi neri" da parte di società del gruppo Eni, coinvolgendo nella vicenda anche i segretari amministrativi di due partiti e si dichiarò disposto a far pervenire all'ufficio del Pm tutta la documentazione esistente presso il suo ufficio di Ginevra relativa a tutte le operazioni che aveva descritto, documentazione che, se mal non ricordo, era in suo esclusivo possesso e che non poteva essere reperita se non da lui stesso. All'esito dell'interrogatorio durato circa dieci ore, attesa la presentazione spontanea del Pacini, l'ampiezza delle sue dichiarazioni che aprivano terreni d'investigazione di enorme rilievo e la disponibilità a fornire con immediatezza (fatto questo di eccezionale rilevanza nel contesto delle indagini, dato che la documentazione si trovava all'estero) l'intera documentazione di supporto, il Pm espresse parere favorevole sull'istanza avanzata dalla difesa. Al venir meno di tutte le esigenze cautelari sulle quali il provvedimento restrittivo si fondava, decisi, con una valutazione che fu interamente mia, di accogliere, quanto meno in parte, la richiesta difensiva e di rimettere in libertà il Pacini: ritenni, in altri termini, la sussistenza e la permanenza dei gravi indizi di colpevolezza, mentre, se mal non ricordo, la difesa, chiedendo la scarcerazione, forse prospettava il venir meno degli stessi indizi, e considerai cessate le esigenze cautelari sulle quali il provvedimento si fondava. Nulla so di eventuali contatti avuti dal difensore del Pacini con l'ufficio del Pm, cioè con i dott. Di Pietro, Davigo e Colombo, prima della costituzione dello stesso ; il parere espresso dal dott. Di Pietro all'esito dell'interrogatorio del Pacini Battaglia mi sembrò pienamente conforme alle risultanze processuali e alle esigenze investigative sussistenti al momento dell'interrogatorio, e certamente la remissione in libertà del Pacini non costituì alcun trattamento di favore, dato che lo stesso trattamento venne adottato nei confronti di numerosissimi indagati, talvolta su conforme parere del Pm, altre volte nonostante il parere, in tutto o in parte, difforme del Pm. Di fatto, quasi nell'immediatezza, il Pacini fece pervenire all'ufficio del Pm la documentazione relativa alle operazioni contestategli con i provvedimenti restrittivi e tale documentazione rappresentò un elemento molto rilevante per le ulteriori indagini, come constatai nella valutazione di richieste successive presentate dell'ufficio del Pm» [18].

---

[18] Ovviamente il dott. Ghitti ha confermato integralmente tali dichiarazioni anche in sede dibattimentale. Si legge, al riguardo, nel verbale Tribunale di Monza 10-4-97:
Avv. Brusa: «La decisione di rimessione in libertà dell'imputato Pierfrancesco Pacini chi l'ha presa?».
Ghitti: «La decisione l'ho presa io».
Avv. Brusa: «Quale fu il contributo reso nel corso dell'interrogatorio dall'indagato Pacini in relazione ai fatti che gli venivano contestati?».
Ghitti: «Il contributo *non solo fu rilevante, fu rilevantissimo*».
Avv. Brusa: «Pertanto la decisione di revocare la misura della custodia cautelare fu giustificata da che cosa? Da un interessamento o da una pressione del dott. Di Pietro nei suoi confronti... il dott. Di Pietro le chiese la cortesia di usare un trattamento di favore particolare nei confronti dell'imputato Pacini?».
Ghitti: «No».
Avv. Brusa: «In altri casi e in casi analoghi di arresto di persone che venivano indagate, era capitato che ci fosse la revoca del provvedimento di custodia cautelare nella stessa giornata, successivamente all'interrogatorio reso avanti al Gip?».
Ghitti: «Sì... casi di sostituzione o revoca della misura cautelare nell'ambito di una giornata, soprattutto quando gli interrogatori si protraevano per diverse ore, erano molto frequenti».
Avv. Brusa: «Nel procedimento i legali chi erano?».
Ghitti: «Mi pare che fosse, oltre all'avv. Lucibello, l'avv. Murdolo».
Avv. Brusa: «Le venne fatta una qualche sollecitazione da parte di qualche altro legale in favore, o da questi stessi legali millantando amicizia o rapporti di confidenza con il dott. Di Pietro, per ottenere un trattamento di favore nei confronti dell'indagato Pacini?».
Ghitti: «No, ma anche perché non ce n'era assolutamente bisogno perché nell'ambito dell'intero processo di "Mani pulite" diciamo che era una linea abbastanza consolidata e molto frequente che, di fronte a determinate contestazioni a una data contestazione, venivano specificate le esigenze cautelari che supportavano il provvedimento. Al venir meno di queste esigenze cautelari si provvedeva... io in genere decidevo quasi immediatamente, perché c'era costante la presenza del Pm, costante, nella maggior parte dei casi c'era la presenza del Pm che esprimeva immediatamente il parere, ed è stata una linea che è

Il Pm di Milano dott. Piercamillo Davigo, come noto coassegnatario dell'inchiesta "Mani pulite", con lettera del 18-3-97, ha dichiarato che «nei confronti del Pacini è stata esercitata l'azione penale», e ha confermato che «*le strategie processuali relative a latitanti che prospettano la loro costituzione sono nel senso di incoraggiarla* quando gli stessi siano in grado di prolungare indefinitivamente lo stato di latitanza e sempre che in dipendenza della costituzione e di conseguenti atteggiamenti si affievoliscono le esigenze cautelari»: strategia processuale di "Mani pulite" e decisione collegialmente presa dall'intero pool, dunque, e niente affatto "trattamento di favore" per Pacini [19].

Le dichiarazioni rese dal Pm dott. Francesco Greco sono dello stesso tenore: «Non risultano richieste di proscioglimento nei confronti dell'imputato Pacini avanzate dalla Procura di Milano e, in particolare, dal dott. Di Pietro. Come già tempestivamente comunicato alle competenti Autorità che recentemente si sono interessate del predetto imputato, nei suoi confronti pendono varie richieste di rinvio a giudizio per i molteplici reati emersi nel corso delle indagini effettuate a Milano dal dott. Di Pietro. Del resto, una prima richiesta di rinvio a giudizio per il reato di corruzione al c.d. *closing* dell'Enimont venne inoltrata dallo stesso dott. Di Pietro». Il dott. Greco – attuale titolare delle indagini su Pacini e mio successore all'interno del pool – ha sottolineato che a suo tempo il Pm Di Pietro non prese affatto per oro colato le dichiarazioni di Pacini, tanto è vero che «venne conferito dall'ufficio una Ctu al dott. Laganà per verificare compiutamente tutte le vicende emerse [*dalle parole di Pacini, ndr*]».

Il dott. Gherardo Colombo – altro Pm del pool – ha dichiarato, riferendosi alla posizione processuale di Pacini: «Non mi consta che lo stesso abbia ricevuto un trattamento di favore

---

sempre stata applicata in tutto il procedimento, dal 23 aprile del 92 fino a quando io sono stato giudice delle indagini preliminari».

[19] Questi concetti sono stati ribaditi e approfonditi dal dott. Davigo anche in sede dibattimentale il 10-4-97, davanti al Tribunale di Monza, e nella stessa sede sono stati confermati dall'avv. Giuseppe Lucibello, dallo stesso Pacini, e dal sottoscritto.

o vi siano state delle omissioni di indagini da parte di chicchessia, dott. Di Pietro compreso», e ha poi aggiunto, con riferimento alle modalità di costituzione del Pacini: «Escludo di aver mai maturato ed espresso dissensi in relazione alle modalità di costituzione di Pacini, né mi risulta che altri componenti del pool espressero dissensi». E ancora, riferendosi al provvedimento di remissione in libertà del Pacini da parte del Gip e al preventivo parere positivo espresso dalla Procura: «Nei confronti del Pacini venne utilizzata la stessa strategia processuale utilizzata in tutti gli altri casi». Infine, il dott. Colombo ha confermato che il contributo processuale all'indagine offerto da Pacini fu «rilevante», e che comunque le dichiarazioni dell'indagato «vennero sottoposte a riscontro in termini analoghi a quanto si verificava normalmente».

Lo stesso Pacini ha più volte dichiarato la mia totale estraneità a ogni ipotesi concussiva o corruttiva con lui, direttamente o indirettamente [20]. Al Tribunale della Libertà di Genova, nell'udienza del 15-10-96, Pacini ha dichiarato: «Voglio specificare molto esplicitamente che non ho avuto alcun piacere da Milano, poiché il pool di "Mani pulite" mi ha ammazzato, che non ho mai pagato nessuno, e che il dott. Di Pietro l'ho incontrato solo in occasione degli interrogatori». E nell'interrogatorio del 4-11-96, riferendosi alla nota intercettazione del termine "sbancato", Pacini ha ribadito: «Non ho dato mai soldi a Di Pietro, la frase è eccessiva nel dire "sbancato"... Volevo dire senza dubbio che mi aveva impedito di lavorare... Voglio precisare, avevo all'epoca due o tre affari grossi, ma grossi davvero, in parti-

colare sul gasdotto russo, e "Mani pulite" me lo ha cancellato». Anche nel caso dell'interrogatorio del 10-4-97 davanti all'Ag di Monza, Pacini ha ribadito la mia totale estraneità ai fatti [21].

---

[20] Cfr. incid. prob. Pacini Battaglia del 30-3-98:

Domanda: «Dott. Pacini, lei ha mai ricevuto, direttamente o indirettamente, favori dal dott. Di Pietro?».

Risposta: «No, mai... Ho avuto tanti rinvii a giudizio: anche lui mi iscrisse in un altro processo, quello dell'Enimont».

D: «Dott. Pacini: lei ha mai concordato direttamente o indirettamente, tramite l'avv. Lucibello, tramite l'ing. D'Adamo, tramite chiunque altro, con il dott. Di Pietro di tenere fuori dalle indagini persone che avevano aperto dei conti correnti presso la sua banca o comunque a lei legate o a lei vicine?».

R: «Non ho mai parlato di conti correnti con il dott. Di Pietro, né di persone che avevano conti presso la mia banca, come era mia abitudine quando ero banchiere».

---

[21] Cfr. interrogatorio di Pacini Battaglia del 10-4-97:

Avv. Brusa: «Richieste di rinvio a giudizio?».

Pacini: «Richieste di rinvio 11».

Avv. Brusa: «Vi sono state richieste di archiviazione nei suoi confronti da parte dell'Autorità giudiziaria di Milano».

Pacini: «Nessuna».

Avv. Brusa: «Lei ha mai avuto rapporti di qualsiasi genere e natura con il dott. Di Pietro diversi da quelli legati alla sua posizione processuale nell'ambito dell'inchiesta "Mani pulite"?».

Pacini: «Assolutamente nessuno, sono stato solo interrogato diverse volte dal dott. Di Pietro».

Avv. Brusa: «Quante volte?».

Pacini: «Molte, non me lo ricordo, 60 ore circa, diverse volte».

Avv. Brusa: «Durante tale inchiesta il dott. Di Pietro, direttamente o indirettamente, le ha mai fatto richiesta di denaro o favori di qualsiasi natura per sé o altri?».

Pacini: «No, mai nella maniera più assoluta».

Avv. Brusa: «Lei ha ricevuto trattamenti di favore da parte del dott. Di Pietro?».

Pacini: «No nessuno, l'ho già detto anche a La Spezia».

Avv. Brusa: «Volevo chiedere se lei può riferire se i suoi rapporti intrattenuti con l'avv. Lucibello e l'ing. D'Adamo sono stati direttamente o indirettamente conseguenza o collegati a interventi di qualsiasi natura fatti dal dott. Di Pietro?».

Pacini: «No, nella maniera più assoluta, non c'entra nulla il dott. Di Pietro con i miei rapporti né con Lucibello né con l'ing. D'Adamo, che poi sono due rapporti differenti. Lucibello perché è il mio avvocato».

Avv. Brusa: «Lei individuò nell'avv. Lucibello un possibile amico del dott. Di Pietro e fu questa la ragione per cui lei scelse l'avvocato Lucibello?».

Pacini: «No, io scelsi l'avv. Lucibello... perché mi fu consigliato da sua eccellenza Sesti che era il presidente di una mia società a Roma e mi disse: "Devi prendere un avvocato abile e sveglio a Milano", e scelsi l'avv. Lucibello».

Avv. Brusa: «Lei, prima della sua costituzione avvenuta a Milano e del suo primo interrogatorio con il dott. Ghitti, era stato in qualche modo garantito dal suo difensore o da altri che il dott. Di Pietro avrebbe espresso un parere favorevole, ovvero che sarebbe stata revocata una misura di custodia cautelare già emessa nei suoi confronti?».

Pacini: «No, e lo spiego. Io quando parlai con il mio avvocato in prima istanza il mio avvocato mi disse: "Il dott. Di Pietro m'ha detto che non c'è nessuna custodia cautelare per lei", e questo era il 17-2-93. Io non ci credetti perché in quegli *stessi giorni avevo parlato con il maggiore Magistro al telefono che era in casa mia*, a Roma e aveva parlato con mia figlia per cui dissi al mio avvocato: "Guardi che il dott. Di Pietro dice una bella bugia

Basterebbe leggere la miriade di carte processuali relative alla "inchiesta Eni" e "inchiesta *closing*" per rendersi conto della profondità delle indagini, comprensive della miriade di rogatorie puntualmente avviate dal Pm Di Pietro, e degli almeno 23 interrogatori cui Pacini venne sottoposto da "Mani pulite". Inchieste culminate nella richiesta di rinvio a giudizio firmata dal Pm Di Pietro il 7-12-94, e nella seconda richiesta di rinvio a giudizio del 29-9-95, quest'ultima atto finale di una mole imponente di attività istruttoria svolta prevalentemente dal Pm Di Pietro e dal suo ufficio. Insomma, anche nei riguardi di Pacini il pool di Milano adottò la medesima strategia utilizzata in centinaia di altri casi simili: una scelta processuale che si può condividere o meno, ma che certo non può essere sanzionabile penalmente. Sono chiare, limpide, evidenti le ragioni processuali per cui Pacini venne prima sottoposto a misura cautelare e poi rimesso in libertà, tanto quanto è chiara e evidente l'assoluta buona fede del Pm Di Pietro e di tutti gli altri magistrati del pool, nonché del Gip, anche nei riguardi dell'indagato Pacini.

Sono ben presenti agli atti i tantissimi reati scoperti (e relative posizioni soggettive) proprio grazie al contributo processuale fornito dalle dichiarazioni di Pacini. È stato anche grazie a Pacini che siamo arrivati a Ruju e quindi a Troielli, individuato come il cassiere di Craxi. È stato anche grazie a Pacini che abbiamo potuto focalizzare l'enorme fiume di denaro che dall'Eni arrivò ai segretari amministrativi della Dc (Citaristi) e del Psi (Balzamo). È stato anche grazie a Pacini che abbiamo potuto ricostruire molte delle operazioni finanziarie illecite attuate dal presidente dell'Eni Gabriele Cagliari. È stato anche grazie a Pacini che abbiamo potuto scoprire notevoli flussi di fondi neri provenienti da società dell'Eni e individuarne gli autori, come ad esempio:

• per la vicenda "Nuovo Pignone": scoperta di fondi neri per circa 29,5 miliardi, e individuazione degli imputati Ciatti, Balbiano, Pierattini, Cagliari e Francis;

• per la vicenda "Snamprogetti": scoperta di circa 255 miliardi di fondi neri, e individuazione degli imputati Duilio Greppi, Mario Merlo, Francesco Chiarello, Romolo Chiari, Roger Francis e lo stesso Pacini Battaglia;

• per la vicenda della "Saipem": scoperta di circa 242 miliardi di fondi neri, e individuazione degli imputati Giovanni Dell'Orto, Alessandro Andreani, Carlino Fiore, Paolo Ciaccia, Eros Andronaco, Cesare Luigi Pessina, Pino Pigorini, Raffaele Santoro, Nicola Grillo, Sante Fadini, Goffredo Giuliani, Roger Francis e lo stesso Pacini;

• per la vicenda della ricettazione mediante l'utilizzo dei conti bancari "Antesa", "Danbury" e "Louxor" accesi presso la Karfinco di Ginevra: scoperta di almeno 22 miliardi, e individuazione dei responsabili Francis e Pacini;

• per la vicenda degli illeciti finanziamenti ai partiti: scoperta di almeno 34 miliardi al Psi e alla Dc in capo a Craxi e Citaristi;

• per la vicenda degli illeciti finanziamenti ai partiti: scoperta di ulteriori 6,5 miliardi in capo a Citaristi e Forlani;

• per la vicenda dell'"Acquater": scoperta di circa 2,5 miliardi di lire di fondi neri, e individuazione degli imputati Chiavarino, Polverani, Chiarello e lo stesso Pacini;

• per la vicenda "Comifin-Fimo": scoperta di una ricettazione continuata, da parte di Coltamai, Devitti e Nistri, per almeno 62 miliardi;

• per la vicenda del "conto FF2927": scoperta di una ricettazione di 12 miliardi e individuazione degli imputati Nistri e Giancarlo Rossi.

Negli atti culminati nelle richieste di rinvio a giudizio del p.p. n° 14064/94 del 7-12-94 della Procura di Milano, vi sono posizioni soggettive ed elementi di valutazione accertati con il contributo di Pacini:

• per la vicenda "Ops", con la individuazione di episodi di corruzione per almeno 13,7 miliardi di lire, e degli imputati Gabriele Cagliari, Raul Gardini, Giuseppe Garofano, Enrico Ferranti, Roberto Michetti, Giuseppe Berlini, Marco Mahler, Giovanni Agusta, Pompeo Locatelli;

• per la vicenda *closing*, con la scoperta di episodi di corruzione per circa 10,5 milioni di dollari, e l'individuazione degli imputati Be-

---

ed è pure bugiardo perché io sono convinto che ho una custodia cautelare per me", e l'avv. Lucibello mi disse: "No, non c'è la custodia cautelare", e io dissi "Io non sono affatto convinto". Dopodiché l'avv. Lucibello andò a parlarne – così m'ha raccontato lui – con il dott. Davigo e con il dott. Colombo».

nedetto Craxi, Vincenzo Balzamo, Gabriele Cagliari, Enrico Ferranti, Pacini Battaglia, Severino Citaristi, Agostino Ruju, Gianfranco Troielli, Pompeo Locatelli, Silvano Larini, Giuseppe Garofano, Roberto Michetti, Raul Gardini e Emilio Binda.

Si dirà: ma alcune volte Pacini nelle sue dichiarazioni è stato impreciso, contraddittorio, e anzi qualche volta non ha nemmeno detto il vero e ha contraffatto la documentazione. Può darsi, ma è il "risultato complessivo" che deve essere valutato e considerato, e non questo o quell'atto. E quale senso avrebbe avuto per il pool di Milano "spegnere" il flusso di informazioni che arrivava da Pacini (e ciò sarebbe accaduto certamente se gli avessimo limitato «la libertà di movimento») e così rallentare le indagini? A spizzichi e bocconi, quando ci serviva qualche documento bancario Pacini ce lo andava a prendere in Svizzera, risparmiandoci un mare di tempo e di eccezioni procedurali. Lo so, lo so: una volta è capitato che ci ha dato un paio di contabili contraffatte; ma lo abbiamo scoperto – l'ho scoperto – e glielo abbiamo subito contestato, e lui è tornato sui propri passi. Lo so, lo so: i racconti di Pacini spesso erano contraddittori, ma per intanto erano di "tipo ricognitivo": quelli di tipo "contestativo" seguiranno sicuramente in sede di udienza dibattimentale (che è poi la sede naturale).

Non rimane allora che concludere richiamando quanto aveva già espresso il Tribunale della Libertà nel dicembre 96 proprio in merito all'ipotesi di un Pacini "protetto" dal Pm Di Pietro:

«Come si vede, dunque, il Pacini non solo ribadisce la linearità di una strategia processuale... ma fa anche mostra di essere tutt'altro che certo in ordine all'adempimento dell'obbligazione della controparte, senza nel contempo fare alcun accenno a un "costo" economico da lui affrontato per conseguire tale obiettivo ovvero a comportamenti coattivi tenuti dalla medesima controparte. [E del resto] nelle scelte operate nell'esercizio della giurisdizione... avrebbero dovuto concorrere... il Giudice per le indagini preliminari che di fatto revocò la misura, ovvero i sostituti che formavano il c.d. pool per non dire il Procuratore capo... La decisione del Pm Di Pietro di esprimere il parere favorevole alla revoca della misura cautelare emessa nei confronti di Pacini era tutt'altro che stravagante o anomala, posto che costituisce fatto notorio per chiunque abbia un minimo di pratica giudiziaria che la costituzione

avanti alla Ag, il comportamento collaborativo durante l'interrogatorio e la premessa di ulteriori apporti costituiscano, nella valutazione degli organi giurisdizionali, elementi di netto favore per l'inquisito specie, ma non solo, nell'ambito delle esigenze cautelari contemplate dall'art. 274 Cpp. Se poi si considera da un canto l'assoluto rilievo di tale condotta in considerazione di quella che era la posizione processuale del Pacini, e dall'altro la sostanziale unità di intenti di gran parte della magistratura milanese (e non solo degli appartenenti alla Procura) chiamata allora a intervenire durante le indagini preliminari per quei fatti, in ordine a tale prassi interpretativa, *si deve concludere che la stravaganza o l'anomalia si sarebbero verificate qualora il Pm Di Pietro avesse espresso parere negativo*».

Grazie. Però, secondo i Pm di Brescia, la mia mancata «stravaganza» meriterebbe un processo per corruzione...

4. Le falsità e incongruenze di Pacini

Secondo l'Accusa, il supposto "trattamento di favore" che avrei riservato a Pacini si sarebbe concretizzato anche «nell'avere omesso di contestar[gli] le numerose incongruenze, contraddizioni e falsità emergenti dagli interrogatori resi da Pacini tra il marzo 93 e il settembre 94 e dalla documentazione da questi prodotta». I Pm di Brescia, nella richiesta di rinvio a giudizio, tornano spesso su queste mie presunte "omissioni" relative alle «incongruenze, contraddizioni e falsità» di Pacini:

• al punto "A1" del capo di imputazione, per sostenere che da esse dovevo ricavare (naturalmente io e solo io, mica gli altri colleghi del pool) la necessità di fare rogatorie sulla Karfinco di Ginevra e di farmi consegnare da Pacini (volente o nolente) la documentazione bancaria in suo possesso o che poteva (anzi, a questo punto *doveva*) esibire;

• al punto "F" del capo di imputazione, per sostenere che a seguito di esse *dovevo* (sia chiaro, sempre e solo io, perché gli altri Pm del pool potevano pure stare a guardare) «non consentirgli la libertà di movimento», il che equivale a dire che dovevo chiedere (e, cascasse il mondo, ottenere) dal Gip una misura cautelare nei confronti di Pacini (anche se, come abbiamo visto, il Gip Ghitti, titolare del fascicolo, ha riferito che anche per lui Pacini era da considerare e valutare come un soggetto altamente collaborativo);

• al punto "C" del capo di imputazione (che è appunto quello di cui ci stiamo occupando ora), per sostenere che comunque quelle «incongruenze, contraddizioni e falsità» io le avrei dovute contestare a Pacini, e non avendolo fatto merito la sanzione penale (io, mica Pacini).

Il Pm bresciano, insomma, ha utilizzato gli stessi presupposti per contestarmi tre diverse "condotte anomale", anzi tre diverse mie "omissioni", e cioè: mancata effettuazione di talune rogatorie, mancata richiesta di misura cautelare, e mancata contestazione. Peccato che l'Accusa non precisi quanto tempo avessi a disposizione per compiere gli atti che mi contesta di aver omesso di fare, cioè a partire da quando scadeva il "tempo utile" che avevo a disposizione per farle. E peccato anche che – a ben guardare – gli stessi Pm bresciani, in questo loro procedimento a mio carico, abbiano "omesso" molti approfondimenti [22].

Allora domando: *quando* si devono muovere le «contestazioni» all'indagato che ha riferito le cose in modo contraddittorio o non veritiero? Quando invece esse non si possono più muovere? La risposta mi appare ovvia: fino a quando sono in corso le indagini preliminari, è il Pm che decide, nell'ambito della sua strategia istruttoria, il momento in cui effettuare la "discovery" dei risultati istruttori raccolti, ed è certo che in presenza di indagini preliminari non si potrà mai parlare di "condotta omissiva" rispetto ad attività istruttorie che il Pm può sempre avviare. È assodato che quando io lasciai la Procura di Milano, Pacini era ancora sottoposto a indagini preliminari proprio per quegli stessi fatti che vengono ora richiamati dai Pm di Brescia nella loro richiesta di rinvio a giudizio a mio carico; ed è parimenti certo che, durante la mia gestione (ovvero anche la mia) dell'indagine su Pacini, nei suoi confronti né io né la Procura di Milano abbiamo mai chiuso qualche segmento di indagini né avanzato richieste di archiviazione (anzi, per i due filoni ormai "maturi" – Ops e *closing* – proprio il Pm Di Pietro richiese il rinvio a giudizio di Pacini). Di più: qualora – come nel caso in questione – ci si trovi in presenza solo di contraddizioni, incongruenze e falsità, e non anche a specifici fatti-reato ulteriori rispetto a quelli per cui si procede, non mi risulta che il Pm abbia alcun dovere di contestare tali contraddizioni e incongruenze all'indagato, giacché il luogo deputato per valutarle sarà dapprima l'udienza preliminare, e poi soprattutto il dibattimento.

E allora, domando ai Pm bresciani: dove diavolo sta scritto che si *devono* contestare all'indagato «incongruenze, contraddizioni e falsità»? Non hanno mai avuto il sospetto che, al contrario, proprio tale contestazione avrebbe potuto anche essere un "favore" a Pacini, perché gli avrebbe dato la possibilità di "raddrizzare" la versione fornita? Soprattutto vorrei chiedere ai signori Pm di Brescia: cosa intendono loro per "contestazioni"?, a quali "contestazioni" si riferiscono? In senso tecnico, le "contestazioni" sono le imputazioni che in concreto si rivolgono all'indagato (o all'imputato) nel momento in cui si formula nei suoi confronti un preciso capo di imputazione, mentre quelle indicate come tali dai Pm bresciani sono diverse ricostruzioni di stessi fatti operate da diversi indagati o testi (per questi ultimi, in verità, più che muovere contestazioni, il Pm deve solo prendere decisioni indicando nel suo provvedimento finale a quale delle diverse ricostruzioni egli ritiene di dare maggior credito).

Perché, infine, secondo i Pm di Brescia, queste «incongruenze, contraddizioni e falsità», essendo – come recita lo stesso capo di imputazione – riferite a dichiarazioni che Pacini aveva reso nel corso di «interrogatori tra il marzo 93 e il settembre 94 e dalla documentazione prodotta [*evidentemente in quel medesimo periodo, ndr*]» – dovevano essere contestate a Pacini dal Pm Di Pietro (e non da altri del pool) entro il 6 dicembre 94, e non potevano magari essere contestate dai miei colleghi nel corso dei giorni, dei mesi e degli anni suc-

---

[22] Qualche esempio. Il Pm di Brescia è davvero sicuro di aver esplorato tutto quanto c'era da esplorare prima di chiedere l'archiviazione della posizione dei figli dell'ing. D'Adamo, e soprattutto del supermanager tuttofare Gandolfi, tutti declassati a mere "teste di legno"? Ed è davvero sicuro di non essere incorso in "omissioni" non avendo interrogato il dott. Davigo o il dott. D'Ambrosio benché in precedenza avesse solennemente affermato (nella memoria al Gip del 3-12-97) che si trattava di «*attività che potrà e dovrà essere utilmente svolta nel caso di proroga delle indagini*»? E perché il Pm di Brescia non ha contestato al dott. Paragipe la nota del suo capo ufficio che rivendicava alla Procura di Roma le indagini sulla Cooperazione? E così via, per centinaia di altre osservazioni analoghe tutte potenziali "omissioni".

cessivi, durante i quali pure essi hanno proseguito le indagini su Pacini? Perché dovevo fare tutto e solo io entro il 6 dicembre 94 (data delle mie dimissioni da "Mani pulite")?

Perché, poi, la valutazione se limitare o meno la libertà di Pacini doveva essere fatta solo limitatamente ai verbali che vanno dal marzo 93 al settembre 94? Si dirà: perché, dopo quella data, non risultano esservi state, da parte di Pacini, altre dichiarazioni significative all'Ag di Milano, e inoltre perché alla fine del 94 Di Pietro si è dimesso. Appunto: quando mi sono dimesso le indagini erano in corso, e sono state proseguite dai miei colleghi secondo la discrezionalità e le strategie processuali che loro hanno ritenuto più convenienti, fra le quali non c'è stata quella di "contestare" neppure per tutti i successivi due anni a Pacini le incongruenze e omissioni (evidentemente riservandosi di farlo in sede dibattimentale). È insomma del tutto improponibile sostenere che, nel solo periodo 93-94, io e solo io avessi il potere-dovere di contestare a Pacini le sue contraddizioni, incongruenze e falsità!

E comunque, sono proprio sicuri, i signori Pm di Brescia, che io non abbia mosso a Pacini le "contestazioni" che essi mi addebitano di non avergli mosso? Provino a rileggersi le stesse relazioni del Gico (però senza i pregiudizi e i preconcetti di quell'organo di Pg), e potranno notare che:
• ho interrogato o fatto interrogare Pacini – nell'anno e mezzo circa di lavoro durante il quale mi sono occupato di lui – oltre una ventina di volte;
• in ogni interrogatorio, Pacini ha detto "qualcosa di più" e qualcosa di più chiaro rispetto al precedente, come ad esempio per la struttura Comifin-Fimo: era partito da una ipotesi iniziale di una ventina di miliardi che sarebbero transitati da quel "canale" di riciclaggio, ed è arrivato ad ammettere che i miliardi erano una settantina – cosa pensano i signori Pm bresciani: forse che Pacini abbia successivamente meglio chiarito i fatti perché si trovava a ripassare per caso in Procura?, non sono stati sfiorati dal sospetto che le sue dichiarazioni ulteriori fossero il risultato di mie richieste?, e perché mai avrei fatto reinterrogare Pacini nel febbraio 94 per la terza volta sulla vicenda dei bonifici per il *closing* (dopo le rivelazioni di Ruju) se non per contestargli le sue incongruenze?

Si dirà: ma molte contraddizioni e incongruenze sono rimaste. Certo, dal momento che per le indagini preliminari che stavo portando avanti in quel momento queste non erano le più urgenti da chiarire giacché nel frattempo avevo "in linea" qualche migliaio di altre posizioni di indagati le cui dichiarazioni dovevo riscontrare (erano a migliaia veramente e non per modo di dire, come si può riscontrare acquisendo l'elenco degli indagati iscritti a mod. 21 nel fascicolo n° 8655/92 di "Mani pulite"). D'altronde avevo avviato qualche centinaio di rogatorie, e prima o poi – man mano che sarebbero arrivate – avrei potuto utilizzarle per meglio contestare a Pacini, carte alla mano, le sue «incongruenze, le contraddizioni e le falsità». Mi pare insomma che questa parte del capo di imputazione sia stata "buttata lì" tanto per fare un altro po' di colore, ma nella sostanza sono rilievi pretestuosi e privi di senso.

In concreto, a quanto mi è parso di capire, l'accusa che mi viene rivolta in questo caso è quella evidenziata dal Pm bresciano nella prima richiesta di proroga dell'11-4-97 e di ricorso per Cassazione del gennaio 97. Scriveva il Pm nella richiesta di proroga: «Nel merito stanno trovando sorprendente conferma le dichiarazioni di Pacini Battaglia di essere stato sbancato... posto che dai primi accertamenti della consulenza tecnica contabile è stata documentalmente provata la perdita secca di 12 miliardi di lire di Pacini in operazioni finanziarie a favore di società del gruppo D'Adamo, perdita commercialmente e finanziariamente del tutto ingiustificata e della quale comunque finora né D'Adamo né Pacini sono stati in grado né hanno inteso fornire una plausibile giustificazione». Secondo il Pm bresciano (nel suo parere del 21-12-96 depositato al Tribunale del Riesame), vi sarebbe stato un «trattamento particolarmente favorevole riservato a Pacini Battaglia indagato nell'ambito di varie inchieste della Procura della Repubblica di Milano gestite dal dott. Di Pietro [in rapporto] alla circostanza della scelta quale difensore, da parte del Pacini, dell'avv. Giuseppe Lucibello, persona legata al magistrato da strettissima amicizia e frequentazione, [nonché dalla circostanza che] parallelamente e in concomitanza dell'evolversi delle vicende giudiziarie di Pacini, risultano versamenti di ingentissime somme di denaro dal Pacini al Lucibello e a terza persona, l'ing. Antonio D'Adamo, anch'esso legato al dott. Di Pietro da strettissima amicizia e frequentazione». Sempre secondo il Pm di Brescia, le suddette circostanze troverebbero un conforto in alcune conversazioni di Pacini intercettate dagli organi di Pg, tra le quali la tanto ambigua e controversa frase «a me Di Pietro e Lucibello mi hanno sbancato».

Ho l'impressione, anche per il modo in cui mi sono state formulate le contestazioni, che l'Ufficio del Pm bresciano non sia riuscito ad apprezzare la bontà dell'inchiesta "Mani pulite" né a valutare appieno il metodo di indagine adottato, i risultati conseguiti, e infine l'effettiva portata, per lo sviluppo delle indagini, delle dichiarazioni rese da Pacini e della documentazione da lui prodotta (che – è bene ricordarlo – altrimenti non avremmo mai potuto avere, o non avremmo potuto averla per tempo, trattandosi perlopiù di documenti bancari esteri). Che ci fosse – e ci sia – ancora molto da investigare attorno al "sistema Pacini" e dentro il "pianeta Eni" nessuno lo mette in dubbio, ma da qui a dire che ciò sia dipeso da mia negligenza o peggio da mia dolosa omissione, ce ne corre! La stessa Procura di Brescia davvero ritiene di avere scoperto "tutto" sul conto di Pacini? E se un giorno qualche altro Pm le contestasse che avrebbe potuto fare di più, cosa risponderebbe?

Ribadisco: le contestazioni formulatemi nel tempo, e da ultimo nella richiesta di rinvio a giudizio, sono frutto di una erronea e incompleta ricostruzione dei fatti dovuta a una parziale visione degli atti da parte di chi ha esaminato l'inchiesta di "Mani pulite", e quella specifica sul conto di Pacini, svolta da me e dai miei ex colleghi del pool di Milano. Il Pm bresciano ha cercato di "vestire" la sua costruzione accusatoria con i seguenti asseriti riscontri: a) concessione a Pacini della possibilità di adattare di volta in volta le sue dichiarazioni alle emergenze processuali; b) omissione di iniziative processuali in merito alle contraddizioni e falsità emergenti dalle dichiarazioni di Pacini. Ma non ha considerato il diritto al silenzio che la legge riserva agli indagati (e quindi anche a Pacini), e si tratta comunque di considerazioni che non corrispondono alla verità dei fatti così come emergono dagli atti processuali. Per la Procura di Milano, Pacini – piaccia o non piaccia – nella "fase calda" di "Mani pulite" ha fornito un contributo determinante per aprire nuovi filoni di indagine di estremo interesse investigativo, fornendo coordinate e dando indicazioni per arrivare laddove a quell'epoca era impensabile arrivare. Ma secondo la Procura di Brescia, io avrei commesso volutamente delle "omissioni investigative" perché a Pacini avrei dovuto far dire di più. E chi ha detto che avevamo finito il lavoro? Quando ho lasciato la Procura di Milano, nei confronti di Pacini non era stato emesso alcun provvedimento di archiviazione, nessun filone di indagini era stato chiuso, e l'istruttoria era in pieno svolgimento – e prosegue ancora oggi! All'epoca, noi dovevamo valutare il comportamento processuale di Pacini con riferimento al contributo effettivo che stava apportando alle indagini con le sue dichiarazioni, e non a ulteriori contributi che eventualmente avrebbe potuto fornire ma che – *nell'esercizio del suo legittimo diritto di difesa* – non ritenne di dare o ritenne di fornire solo in un momento successivo e magari ancora in modo parziale.

Si ripropone peraltro anche qui il ritornello di sempre: perché questa presunta omissione l'avrei commessa solo io e non anche gli altri colleghi del pool? L'ho domandato durante il mio interrogatorio del 3-4-98, e il Pm di Brescia mi ha risposto che la colpa sarebbe mia e solo mia perché la maggior parte degli atti processuali su Pacini li avrei svolti io. Ora – a parte che ciò non corrisponde affatto al vero – se così fosse il tutto sarebbe ancora più contraddittorio, giacché sarebbe come dire che, di fronte a un pool di magistrati che lavorano insieme su una stessa inchiesta, è più responsabile di omissioni colui che risulta aver svolto più indagini rispetto a coloro che ne avrebbero svolte meno! Ho già precisato, del resto, quale fosse l'organizzazione interna al pool, e quanto essa fosse caratterizzata da una effettiva collegialità operativa. E il fatto certo è che né io né alcuno dei colleghi del pool abbiamo mai "favorito" in alcun modo Pacini.

5. In contraddizione con il buonsenso

Nonostante la lungaggine del capo di imputazione, l'insieme delle contestazioni rivoltemi dalla Procura di Brescia si riduce davvero a ben poca cosa rispetto a un'inchiesta vastissima, complicatissima e delicatissima come

"Mani pulite". In sostanza, il Pm bresciano argomenta che:

• Pur avendo inoltrato tantissime rogatorie a carico di Pacini (come si è visto, circa 180), se ne poteva inoltrare qualcuna di più, per cui questa discrezionale eventualità deve essere sanzionata penalmente. Io ritengo però di avere fatto tutto quanto era nelle mie possibilità all'epoca dei fatti, e comunque di avere svolto proprio quelle attività istruttorie che i Pm di Brescia mi accusano di non avere svolto.

• Pur avendo sottoposto Pacini a molti interrogatori (almeno 23), non gli sono state rivolte tutte le domande che gli si sarebbero potute rivolgere, e quindi ora bisogna punire penalmente un Pm di "Mani pulite" (uno solo dei Pm del pool, cioè Di Pietro). A me sembra che questa pretesa dei Pm bresciani sia del tutto assurda e avulsa dalla realtà storica dei fatti.

• Pur avendo inoltrato la rogatoria 37/94 per il *cracker* di Brindisi e pur avendone sollecitato l'esito, potrebbe essere accaduto che qualcuno – non si sa chi – abbia telefonato al magistrato svizzero Perraudin per dirgli che la Procura di Milano non la riteneva più fra le prioritarie (e comunque non c'è prova che questa telefonata sia avvenuta, né chi l'abbia eventualmente fatta; la gestione delle rogatorie in genere spettava a me, ma vi è prova che alcune vennero effettuate e seguite dai miei colleghi), di quella fantomatica telefonata deve essere incolpato il Pm Di Pietro. A me sembra che questa contestazione sia del tutto assurda, non tanto perché è senza alcuna prova, ma perché è fornita di prova contraria.

• Benché Pacini sia stato rinviato a giudizio per gli illeciti finanziamenti ai partiti anche in relazione al suo ruolo di intermediario con Lodigiani, il Pm che promosse quella indagine e che trovò tutte le prove, cioè Di Pietro, deve essere a sua volta rinviato a giudizio perché indagando oggi sui rapporti Lodigiani-Pacini si è scoperto che costoro potrebbero aver commesso più reati di quelli all'epoca emersi. A me sembra che anche qui i Pm bresciani mi abbiano mosso un'accusa quantomeno affrettata, senza aver acquisito tutti gli atti necessari alla reale conoscenza dei fatti.

• Pur avendo richiesto il rinvio a giudizio di Pacini e di tutti i suoi complici per la vicenda *closing*, siccome l'ipotesi accusatoria a suo tempo formulata per la ripartizione della provvista potrebbe risultare errata in base a quella che altri investigatori oggi avrebbero scoperto (anche se allo stato ciò non è provato), invece di convogliare queste nuove risultanze investigative nel processo contro Pacini, bisogna incriminare penalmente l'investigatore di allora, cioè il solito Di Pietro, così impara come si fanno le indagini.

• Pur essendo riuscito ad aprire numerosissimi fronti di indagini individuando moltissimi autori di reato grazie anche al contributo collaborativo di Pacini, siccome le sue dichiarazioni sono risultate talvolta contraddittorie e la documentazione da lui prodotta in qualche occasione fasulla, allora non si chiede di convogliare nel fascicolo processuale suo proprio (quello di Milano contro Pacini) queste nuove rivisitazioni dello sforzo investigativo di allora affinché sia di ausilio ai magistrati che ancora stanno indagando su Pacini, ma si chiede di processare quel magistrato (uno solo, e sempre quello) che, proprio partendo dalle dichiarazioni di Pacini, ha messo in piedi l'indagine Eni e quella Ops-*closing*!

• Benché fosse acquisito che, per la vicenda Cooperazione, l'Ag competente era quella di Roma, e pur essendo documentato che la missiva inviata da Di Pietro all'Ag di Roma rientrava nei doveri di cui all'art. 371 Cpp (e in attuazione di una direttiva scritta del proprio capufficio), secondo l'Accusa vuol dire che lo scopo del Pm Di Pietro era quello di "controllare" e "filtrare" l'operato di altre Ag (ovviamente anche quelle non romane, giacché ci sono anche altre inchieste su Pacini). A me pare che, anche qui, i Pm bresciani facciano un torto alla logica e alla realtà dei fatti.

• Dulcis in fundo: pur avendo io avanzato contro Pacini solo richieste di rinvii a giudizio e mai di archiviazioni, e pur avendo io lasciato la magistratura in presenza di indagini preliminari, secondo la Procura di Brescia il Pm che ha proceduto contro Pacini (solo uno dei Pm, e sempre quello, cioè Di Pietro) deve essere a sua volta processato perché così facendo avrebbe favorito Pacini. A me sembra che in questo caso il Pm bresciano sia caduto in contraddizione anche con il buonsenso. Questo modo di incriminare le persone da parte dei signori Pm di Brescia e dei grandi investigatori del Gico di Firenze si commenta da solo.

VII.

CAVALLI DI BATTAGLIA

1. Intercettazioni telefoniche e ambientali

Secondo i Pm bresciani, le intercettazioni telefoniche e ambientali rappresenterebbero il "cavallo di battaglia" dell'accusa a mio carico, tanto è vero che sono state utilizzate dapprima nella richiesta di proroga delle indagini come elemento di riscontro («nel merito stanno trovando sorprendente conferma le dichiarazioni di Pacini di essere stato sbancato»), e adesso come fonte probatoria per la richiesta di rinvio a giudizio, specie per la nota frase «A me quei due mi hanno sbancato» – frase che peraltro Pacini, come vedremo, ha sempre disconosciuto, sia in pubblico sia davanti al giudice.

Diciamo subito che non è affatto vero che le intercettazioni in questione – se si esaminano nel loro complesso, e non estrapolando una parola o una frase qua e là secondo convenienza – rappresentino un riscontro all'ipotesi accusatoria, come si sostiene nella richiesta di rinvio a giudizio. Anzi, a ben leggerle, esse dimostrano l'esatto contrario. E del resto, la contradditorietà e la incongruenza delle ricostruzioni proposte dal Gico sono già state rilevate dallo stesso Gip di Brescia, quando negò l'autorizzazione alle intercettazioni [1].

---

[1] Cfr. decreto Gip di Brescia del 3-12-96:

«Rimane ora, da dire delle dichiarazioni rese dal Pacini all'Ag e delle conversazioni telefoniche e ambientali intercettate tra lo stesso e altri personaggi nell'ambito del-

In secondo luogo, molto spesso in questa inchiesta le "dicerie" l'hanno fatta da padrone; molte volte, cioè, qualcuno ha buttato lì mezza frase che poi qualche altro ha ripreso e ampliato mettendoci qualcosa di suo. Uno dei tanti

---

l'originaria inchiesta ligure, dichiarazioni che l'accusa prospetta come tali da ricondurre i versamenti di danaro di cui si è detto alla posizione giudiziaria assunta dal Pacini nel procedimento milanese e direttamente alle persone di Lucibello e Di Pietro. In proposito deve rilevarsi – a prescindere da tematiche inerenti l'utilizzabilità delle stesse intercettazioni nel presente procedimento che il materiale rappresentato nelle note del Gico offre contenuti o non sufficientemente lineari o, talvolta, contraddittori o, infine, del tutto irrilevanti ai fini dell'odierno procedimento. E così:

• nell'interrogatorio reso dal Pacini al Pm di La Spezia il 18-9-96 nulla emerge di utile ai fini dell'attuale decisione se non la circostanza che il Pacini parlando del suo "potere" a un certo punto dice "... Mani pulite questo potere me lo ha totalmente spaccato... purtroppo ho avuto Mani pulite, mi ha spaccato tutto";

• dal verbale di interrogatorio del 19-9-96 ore 16,15 risulta che il Pacini, richiesto di chiarire accenni relativi ad asserite ottenute archiviazioni di inchieste milanesi e romane, afferma che "sono tutte cazzate che ho detto perché non è vero nulla" e ribadisce più volte il concetto: "Queste fanno parte della mia personalità... queste sono le mie cazzate...", precisando, anzi, che sia il dott. Greco che il dott. Colombo – entrambi sostituti Procuratori della Repubblica di Milano – avevano severamente e ampiamente indagato nei suoi confronti; lo stesso Lucibello, poi, difensore del Pacini Battaglia in quell'occasione, a sostegno di quanto andava dicendo l'assistito, ebbe ad aggiungere "anche perché a Milano archiviazioni non ne ha mai avute [il Pacini]";

• nell'interrogatorio del 4-11-96, a richiesta specifica circa la sussistenza di versamenti di danaro da parte dello stesso a favore del Di Pietro o di elargizioni in favore di terzi a causa di sollecitazioni dell'ex magistrato, il Pacini ha negato decisamente ogni forma di finanziamento o di dazione di danaro o, più genericamente, di aiuto nei confronti di persone indicategli dal Di Pietro o amiche di quest'ultimo oltre che a favore dello stesso Di Pietro, precisando in più occasioni "non ho dato soldi, mai, a Di Pietro... Tengo a precisare che non ho mai dato soldi a Di Pietro... Il mio 'sbancato' [qui il Pacini si richiama alla frase 'quei due mi hanno sbancato' pronunziata nei confronti di Di Pietro e Lucibello] vuol dire che non mi hanno più fatto lavorare... Su questo posso garantire che io Di Pietro *non* l'ho mai pagato s'intende che a Lucibello [il suo legale] gli ho dato le fatture, ho pagato, c'è tutti dei conti, ma Di Pietro non l'ho mai pagato, insomma... Lucibello gli ho dato, è un avvocato che confronto agli altri avvocati mi è costato meno di altri avvocati ma mi è sempre costato... Io devo dire che a Lucibello gli ho dato esattamente quello che ha fatturato..."; e ancora: "Cioè non volevo dire che a me mi avessero levato dei soldi di tasca ma volevo, ma volevo dire realmente che loro, a me 'Mani pulite' mi ha totalmente sbancato perché le mie attività me le ha levate tutte... era un discorso non di sbancamento di soldi ma di

esempi è nella vicenda Pacini-Federico. Secondo quanto riferito "per sentito dire" da alcuni zelanti testimoni al Pm di Brescia, il procuratore della Repubblica Pietro Federico avrebbe confidato loro che Pacini gli avrebbe

detto: «Non puoi immaginare quanto mi è costato uscire da Tangentopoli a Milano... che ti credi, che il tuo Colombo [*il Pm Gherardo, ndr*] si è comportato in maniera diversa da Di Pietro?». Insomma, Di Pietro e Colombo entrambi corrotti, e i grandi investigatori di oggi tutti di corsa appresso alle dicerie "per sentito

---

tutto un mondo": concetto quest'ultimo già, peraltro, spiegato nell'interrogatorio del 18-9-96 sopra citato. E per la spiegazione della frase "per uscire da 'Mani pulite' si è pagato" si vedano le dichiarazioni rese ai ff. da 92 a 95 dell'interrogatorio in scrutinio. Infine alla domanda "Non è che lei è dovuto intervenire a favore di qualcuno?", lo stesso ha risposto categoricamente "Richiestomi da Di Pietro no"».

In ogni caso – anche a volere prescindere dalle sopra riassunte risposte fornite dal Pacini all'Ag di La Spezia – deve pur sempre rimarcarsi come i contenuti dei fonemi captati nei discorsi tra Pacini, Mineni, Petrelli e Greppi Lorenzo non consentano, allo stato, di ritenere che l'ipotesi formulata dal Pm sia dotata di ragionevole probabilità di aderenza al vero, soprattutto se le conversazioni in scrutinio vengono valutate complessivamente e non estrapolando singoli pezzi di frasi da un ampio discorso.

Infatti: a) per un verso si può ipotizzare la genuinità delle dichiarazioni rese dal Pacini nella segretezza di un colloquio telefonico o domestico – anche se, per vero, non può ignorarsi che il Pacini sapeva di aver i telefoni sotto controllo e sospettava fortemente ci fossero "cimici" nel proprio ufficio; b) per altro verso:

• *la genericità dei fatti narrati*: si fa, per lo più, riferimento a episodi generici senza una precisa collocazione nel tempo e nello spazio ["per uscire da 'Mani pulite' si è pagato"... "Quei due [Di Pietro e Lucibello] mi hanno sbancato"... "C'abbiamo sempre rotture di coglioni... in compenso abbiamo Milano che non ci rompe più i coglioni per l'amicizia e [*sembra dire cordialità*] con Di Pietro"];

• *la contraddittorietà delle stesse asserzioni*: 1) nella stessa conversazione nella quale il Pacini ha asserito che Di Pietro e Lucibello lo avevano sbancato ha anche precisato poco dopo – a proposito dei conti bancari austriaci sui quali il Di Pietro e il Lucibello secondo le dichiarazioni di Raggio avrebbero ricevuto il danaro – che "sono tutte supp... tutte stronzate sono delle stronzate disumane", e continua dicendo di aver detto chiaramente al Pm Salamone: "Io a Di Pietro non glieli ho dati...". 2) in altra conversazione, in ordine alle genesi delle dichiarazioni del Raggio, dice: "Paolo Berlusconi è un lunatico... e gli ha detto... oh oggi io ci ho la condanna a un anno e sei mesi, buttamici Di Pietro nella merda... per fa l'articolo di Gorrini che non era pronto è uscito il giorno dopo, hanno tirato fuori questo storia di Raggio...". 3) Oppure, ancora, sempre sulla storia di Raggio osserva: "Che questo episodio dia adito... un'ipotesi investigativa su una serie di corruzioni o concussioni commesse da Di Pietro in concorso con Lucibello Di Pietro... su questo qui... Di Pietro... fa un esposto che deposita da Salamone... questa operazione finisce qui... cosa segue... Paolo Berlusconi... che posso denunziarlo male per calunnia perché c'ho poco in mano... mette in bocca a Raggio... questo episodio... perché Raggio messo alle strette racconta che gliel'ha messo in pa... in mano Paolo Berlusconi", e all'obiezione dell'interlocu-

tore: "Ma scusa, se tu avessi dato 5 miliardi...", risponde: "Non pensà, non pensà che ci fosse il discorso che io l'abbia dato, non è nemmeno pensabile...". 4) Sempre con riferimento alle voci, anche anonime, che sosterrebbero che Pacini è stato costretto a versare soldi a Di Pietro e D'Adamo, lo stesso dopo un articolato ragionamento così conclude: "Ho detto che cosa ha fatto di sbaglio il pool, e cosa ha fatto l'avvocato... e le altre sono tutte stronzate...". 5) Infine, va citata pure un'ulteriore conversazione durante la quale il Pacini, commentando la convinzione del Pm di Brescia circa la dazione di danaro a Di Pietro, ribadisce: "Qui è pazzo... è una follia... vaglielo a levare dalla testa... questo è pazzo se lui pensa che io possa... io non gliel'ho dati a Di Pietro i soldi come posso fare a dirglielo...";

• *la spiegazione della nomina a difensore di Lucibello* [è] in termini non certo tali da prospettare attività ricattatoria, concussoria o prevaricatrice – sia diretta che indiretta – da parte del Pm Di Pietro, in una conversazione con Greppi Leonardo: "Pochi giorni dopo la perquisizione parlai con l'avvocatessa Manola Murdolo – e scelsi l'avvocato Giuseppe Lucibello... la prima io prima di allora non [la] conoscevo né avevo sentito nominare l'avvocato Lucibello... devo dire che circa un mese prima di subire la perquisizione era giunta una telefonata in banca, non ricordo se a me o al presidente Franco Croce, con la quale lo studio Stella di Milano... si metteva a disposizione qualora qualcuno di noi avesse bisogno di assistenza per le vicende 'Mani pulite'... non fu dato alcun seguito a tali tele... che comunque quando si verificarono i fatti del diciassette due... ci... to... ci tornò in mente creandoci qualche perplessità... io per persona che era l'ho mandato... gliel'ho scritto... Lucibello me l'ha consigliato Sesti [*Franz Sesti, magistrato romano*]". Conversazione che, tra l'altro, trova conforto in quanto dichiarato dal Pacini il 31-10-95 ai Pm Salamone e Bonfigli laddove lo stesso precisò che fu proprio il Sesti a dirgli di non cercare un principe del foro ma un avvocato di Milano che fosse "sveglio" e in contatto con la Procura anche se riferiva di non ricordare chi gli aveva fatto il nome di Lucibello;

• *i motivi di plausibile risentimento* che l'indagato Pacini poteva comunque nutrire nei confronti del Pm Di Pietro;

• *una certa dose abituale di millanteria* del Pacini trasparente dagli atti e, per vero, pure confessata, della quale non si può non tenere conto;

• *l'assenza di utili dati oggettivi* di specifico conforto che conferiscano maggior peso all'ipotesi propugnata dall'accusa rispetto ad altre ipotesi alternative ugualmente formulabili allo stato;

costituiscono tutti elementi che, per ora – pur non relegando, certo, l'ipotesi accusatoria al rango di mera ipotesi investigativa – impediscono tuttavia alla stessa di raggiungere quella robusta dignità indiziaria legislativamente richiesta dagli artt. 266 e ss. Cpp».

dire". Interrogati sulla questione, Pacini e Federico hanno dichiarato:

Pacini: «Prendo atto di quanto dichiarato dal dott. Pietro Federico nel verbale reso a codesto ufficio in data 30-10-96, in ordine al colloquio che sarebbe intercorso tra me e lui, nell'estate del 94, in occasione di una serata, colloquio nel corso del quale, nel controbattere a un giudizio positivo su "Mani pulite" e sui magistrati del pool, me ne sarei uscito con la frase "Non puoi immaginare quanto mi è costato uscire da Tangentopoli a Milano", e avrei aggiunto una battuta del tipo "Che ti credi, che il tuo Colombo si è comportato in maniera diversa da Di Pietro?". Escludo di avere pronunciato frasi del genere, specie con Federico che era il Procuratore della Repubblica di Grosseto e che mi aveva detto di avere ottimi rapporti con il Pm Colombo che, a dire di Federico, sarebbe forse andato a trovarlo proprio in quei giorni. Escludo di avere espresso giudizi o commenti sui magistrati del pool di Milano. Sono pronto a un confronto con Federico».

Federico: «In una di tali serate caratterizzate dalle battute taglienti e dalle facezie del Pacini "tipico pisano", mentre parlavamo io e lui sempre tra il serio e il faceto di Tangentopoli e del suo ruolo ai fini del rinnovamento della vita politica italiana, il Pacini per controbattere al mio giudizio positivo su "Mani pulite" e sui magistrati del pool se ne uscì all'incirca con la seguente frase: "Non puoi immaginare quanto mi è costato uscire da Tangentopoli a Milano", facendo con ciò implicitamente, a mio giudizio, riferimento a chi lo aveva inquisito. Alla mia palese incredulità, avendo io dato un significato alla frase del Pacini di accusa di poca correttezza da parte dei colleghi del pool, e avendo anzi espresso un giudizio incondizionato di correttezza e competenza nei riguardi in particolare di Gherardo Colombo che conoscevo meglio degli altri magistrati del pool, Colombo da me ritenuto la mente dell'azione di "Mani pulite", il Pacini mi disse all'incirca "Che ti credi, che il tuo Colombo si è comportato in maniera diversa da Di Pietro?". Attribuii a quelle frasi dette da Pacini il significato di una battuta tagliente per manifestare il pieno dissenso dalla mia esaltazione del "mito" di "Mani pulite". Non ho mai creduto né all'epoca né oggi alla serietà delle battute di Pacini anche perché in più occasioni avevo avuto modo di constatare dalle parole di Pacini che lo stesso era in ottimi rapporti con il pool, da cui affermava di attendersi una definizione senza danni della sua posizione processuale e non avendo io sul punto elementi in contrario anche perché dai giornali avevo appreso come Pacini fosse uscito da Tangentopoli. In pratica ritenevo che fosse una sorta di collaboratore di giustizia che non aveva bisogno quindi di alcun mezzo illecito per agevolare la sua posizione processuale, avendo tra l'altro dato, secondo il giudizio di tutti, ivi compresi i magistrati e lo stesso Di Pietro, un contributo determinante alle indagini. Aggiungo che le frasi del Pacini erano totalmente prive di concretezza in quanto altrimenti sarei stato io il primo a informare chi di dovere».

Un esame analitico della sequela di intercettazioni telefoniche e ambientali raccolte dagli inquirenti dimostra che il "cavallo di battaglia" dell'Accusa è solo un malandato ronzino a due zampe.

L'intercettazione Pacini-Petrelli

L'intercettazione-regina (si fa per dire) è quella dell'11-1-96 fra Pacini e il suo legale romano Marcello Petrelli, quella che contiene la nota frase «quei due mi hanno sbancato» [2].

---

[2] Cfr. intercettazione dell'11-1-96 (ore 12.22-12.42) tra Pacini Battaglia e Marcello Petrelli:
Petrelli: «Mh. Io ti volevo dire una cosa: circa un anno fa...».
Pacini: «Sì».
Petrelli: «Roberto Chiodi, che è un giornalista...».
Pacini: «Sì».
Petrelli: «In modo che tu lo possa identificare, è quello che ha scritto i primi articoli su Di Pietro sul "Sabato"».
Pacini: «Sì».
Petrelli: «Mh. Eh... che io conosco da ragazzino perché lui faceva il cronista giudiziario... quando io cominciavo a fare l'avvocato. Siamo coetanei...».
Pacini: «So chi è. Mh».
Petrelli: «E... mi è stato un po' appresso per la storia di Di Pietro perché io che ho difeso D'Adamo, e lui pensava di sapere delle notizie, che io non gli potevo dare, perché i cavoli fra D'Adamo e Di Pietro non li conosco e non li voglio conoscere... E anche se li avessi conosciuti non glieli avrei raccontati. E lui mi disse: "Ho trovato una pista fantastica perché mi risulta che Lucibello e Di Pietro sono andati in Austria a spostare i soldi di Pacini"...».
Pacini: «È quell'articolo...».
Petrelli: «Aspetta!».
Pacini: «... Del discorso...».
Petrelli: «Aspetta!».
Pacini: «Sì».
Petrelli: «"Poi ho perduto le tracce... ehm... Ho fatto le ricerche negli aeroporti, da tutte le parti, in Austria... e... e... Mi sono incontrato con qualcuno... Poi lì... Sai, non riesco a trovare niente... Ché sai, se trovo... E dopo, sai, mi sono proprio incazzato di stare appresso a queste stupidaggini". Eh... senonché, la cosa che ho notato e che mi ha... ehm... insospettito, è a distanza di un anno, persone che non si conoscono e che non hanno mai avuto rapporti tra loro, fanno tutti e due riferimento all'Austria... Hai capito?... Questo qua...».
Pacini: «Guardiamo...».
Petrelli: «Io ti dico quello che... Poi tu... Allora, quando quello s'è letto gli articoli sul "Giornale", ha detto pressappoco questa cosa, ha detto: "Hai visto? Anche questo qui sa di Austria, sa di... eh...". Poi l'ho rincontrato e

Ma nel corso di questo colloquio, Pacini dice anche «io i soldi a Di Pietro non li ho dati»: perché queste parole non sono state apprezzate dal Pm bresciano? Leggendo con serenità e obiettività questa conversazione risulta evi-

dente che il Pacini si limita a suggerire, da finanziere navigato quale è, una strada per individuare eventuali conti bancari esteri a mio beneficio (in Austria) dei quali lui comunque nulla sa (né nulla potrebbe sapere, dal momento che si tratta di pura fantasia). Del resto, lo stesso Pacini, in diverse sedi processuali, ha poi precisato il senso reale di quella sua frase «quei due mi hanno sbancato»:

Dichiarazioni al Tribunale della Libertà di Genova del 15-10-96: «Voglio specificare molto espli-

---

mi ha detto: "Sai perché ho perso le tracce? Perché i due sono partiti per un Paese del Sud America, però con passaporti diversi dai loro. Adesso devo dare la la caccia a 'sta vicenda"».

Pacini: «Fagliela dare. Quello che ti voglio dire... Punto primo: a me se chiappan che il Lucibello e il Di Pietro hanno i soldi in Austria...».

Petrelli: «Tu sei...».

Pacini: «... Io sono l'uomo più contento del mondo. Guardiamo di capirci. Perché io non ho sposato Di Pietro – l'ho detto al mio amico Marcello, che non lo dice a nessuno – né ho sposato Lucibello. A me Di Pietro e Lucibello m'hanno sicuramente sbancato, sbancato nei limiti di... [*batte due volte un oggetto sulla scrivania*]. A me se li buttan dentro tutti e due mi fanno l'uomo più contento del mondo. Ho querelato, con il mio amico Giandomenico Caiazza, "Il Giornale", Feltri, tutti... anche perché veramente mi son... mi hanno rotto i coglioni. Perché mi hanno rotto i coglioni? Perché io ho avuto un'ottima chiacchierata – perché tu lo sappia – con il dott.... il Pubblico ministero Salamone, il quale lo trovo una persona gentilissima, che, del discorso di questo e di altri due discorsi, me li ha raccontati tutti... E abbiamo insieme notato che la cosa...».

Petrelli: «Ma io volevo informarti di questa cosa».

Pacini: «No. Io invece ti voglio informare di un'altra cosa. Io devo dire che ho... Cioè, sono... presumo... sono convinto che sia... Di Pietro, sia Lucibello a me, se me li mettono in galera, non mi dispiace... Se vuoi aiutare Chiodi per fare un po' di casino, io posso darti una informazione... Se a te ti fa comodo aiutarlo, dove non ci si entra noi, io ti dò le informazioni. Io sono convinto che in Austria, se c'è... qualcheduno c'ha un conto, ce l'hai un... fa a conto a nome della... babbo della moglie di Di Pietro e non a nome di Di Pietro e di Lucibello, sennò perde tempo. Se gli vuoi fare un piacere, te digli... Poi quando ho bisogno di un piacere io me lo rifà il piacere – cioè io il conto lo cercherei a nome Mazzoleni e non a nome di altri nomi, sennò che cazzo, perde tempo».

Petrelli: «No. A me mi aveva insospettito il fatto che Chiodi parlava di Austria, facendo riferimento a te...».

Pacini: «Ma più che altro...».

Petrelli: «E quest'altro scemo, pure, parla di Austria. Allora... [*sovrapposizione delle voci*]».

Pacini: «Ma sono tutte... [*sovrapposizione delle voci*]... son tutte stronzate, sono delle stronzate disumane [*sovrapposizione delle voci*]... Sono stato da Salamone e ci siamo messi a ridere come matti... perché che io dessi 5 miliardi in una borsetta nera...!? Prima cosa mi devono spiegare come entrano 5 miliardi in una borsetta nera, perché ci vuole un baule per 5 miliardi [*squillo di telefono*]... Ti premetto che Salamone s'è anche andato a informare quanto ci vuole, ci vuole un baule di un metro e più uno per contenere 5 miliardi. Secondo punto [*squillo del telefono*]... ho dei tali mezzi che non ti metterei mai... Cioè, i 5 miliardi non ci entrano. Ti dirò di più. Che Sala-

mone, molto correttamente, m'ha detto: "Non la iscrivo nemmeno nel registro degli indagati, ma sarei obbligato... Che lei dia 5 miliardi a uno in Italia per portarli in Austria...!? Anche perché, se lei volesse, dà i 5 miliardi come le pare. In Austria insomma, 5 mi...!? Io mi sono informato su di lei – e c'ha una scheda...". Mi ha fatto un interrogatorio abbastanza duro su... Lucibello...».

Petrelli: «Sì».

Pacini: «Quanto guadagnava, quanto gli davo... quanto [*rumori di passi*]... E loro sanno che questo è il mio avvocato, perciò le... le fatture... Poi m'ha domandato se conoscevo D'Adamo. Io ho detto che lo conoscevo e l'ho visto due volte in vita mia. Non... mhm... Mi ha detto se avevo dato dei soldi a D'Adamo. C'aveva una lettera anonima che avevo dato dei... Ho detto: "Guardi, io soldi a D'Adamo non glien'ho dati, non... mhm"... "Beh... mhm... i debiti di D'Adamo con le società sue? Mi piglia per... mhm...". "Dott. Salamone, non... qui non ci siamo"... Devo dire che si è messo a ridere, cose pazzesche. Si è chiacchierato tre ore per 'ste stronzate. M'ha fatto un verbale [*squillo di telefono*]... e me l'ha scritto lui... Io ho scritto dove [*oppure: come*] voleva... Allora ho fatto il discorso e... Con Salamone, no, invece ti direi... ti direi che ci siamo messi a chiacchierare e si è sviscerato un po' tutta questa situazione. Io credo che lui... credo che riusciranno a rinviare a giudizio Di Pietro, perché credo che... mhm... sia difficile a uscire dai documenti che lui c'ha. Quello che lui sicuramente discute, che discuterà, che l'abuso d'ufficio è stato fatto non da Di Pietro ma anche da tutto il pool. E questo, lui... non ti preoccupare, che questa cosa la tira fuori, comunque caschi il mondo, perché ci sono delle testimonianze di ferro».

Petrelli: «Oh, cazzi loro!».

Pacini: «I soldi di Di Pietro... "Ma – ho detto – perché...?"... Ci siamo messi a ridere perché ho detto: "Scusi dott. Salamone, se io dessi a lei due miliardi, lei crede mai che mi chiapparebbe? No, guardiamo di capirci, perché ora...!? Sennò qui ci si piglia per il culo fra me e lei. E non mi chiapperebbe mai, perciò... Io a Di Pietro non glien'ho dati, ma se anche glieli avessi dati, non incomincerei a cercare perché si perde tempo... Se io avrei?! [*frase non certa*]... Per cui... mhm... non andiamo a... Che poi lei mi dica che vuol trovare delle legature per raccontare, ci si può trovar tutte le legature del mondo. A me me ne trova poche, ma...". Anche perché lui legature ne ha trovate, perché il discorso Rocca-Di Pietro... eh, Martuzzelli-Antonini... le corse clandestine... c'è un bordellume che ti ci puoi divertir una vita».

citamente che non ho avuto alcun piacere da Milano, poiché il pool di "Mani pulite" mi ha ammazzato, che non ho mai pagato nessuno, e che il dott. Di Pietro l'ho incontrato solo in occasione degli interrogatori».

Dichiarazioni al Pm di La Spezia del 4-11-96:
«Non ho dato mai soldi a Di Pietro, la frase è eccessiva nel dire "sbancato". Volevo dire senza dubbio che mi aveva impedito di lavorare... Voglio precisare: avevo all'epoca due o tre affari grossi, ma grossi davvero, in particolare sul gasdotto russo, e "Mani pulite" me lo ha cancellato».

Dichiarazioni al Tribunale di Monza del 10-4-97:
Avv. Brusa: «Lei ha mai avuto rapporti di qualsiasi genere e natura con il dott. Di Pietro diversi da quelli legati alla sua posizione processuale nell'ambito dell'inchiesta "Mani pulite"?».
Pacini: «Assolutamente nessuno, sono stato solo interrogato diverse volte dal dott. Di Pietro».
Avv. Brusa: «Durante tale inchiesta il dott. Di Pietro, direttamente o indirettamente, vi ha fatto richiesta di denaro o favori di qualsiasi natura per sé o altri?».
Pacini: «No, mai nella maniera più assoluta».
Avv. Brusa: «Lei ha ricevuto trattamenti di favore da parte del dott. Di Pietro?».
Pacini: «No, nessuno, l'ho già detto anche a La Spezia».
Avv. Brusa: «Volevo chiedere se lei può riferire se i suoi rapporti intrattenuti con l'avv. Lucibello e l'ing. D'Adamo sono stati direttamente o indirettamente conseguenza o collegati a interventi di qualsiasi natura fatti dal dott. Di Pietro?».
Pacini: «No, nella maniera più assoluta, non c'entra nulla il dott. Di Pietro con i miei rapporti né con Lucibello né con l'ing. D'Adamo».

Dichiarazioni al Pm di Brescia del 25-7-97:
«Anche ora che ho ascoltato e riascoltato il passaggio relativo alla famosa frase "m'hanno sicuramente sbancato... sbancato nei limiti che...", ribadisco che per me io ho detto "sbiancato" e non "sbancato", dico ciò solo con riguardo alla prima volta che ho usato quel termine, indubbiamente la frase "sbancato nei limiti che..." è invece correttamente trascritta. Quanto alla doppia battuta sul tavolo che si sente nella registrazione dopo le parole "sbancato, nei limiti che..." preciso che battendo due volte sul tavolo ho inteso compiere il gesto che si fa nel gioco dello chemin-de-fer per significare che il banco perde... Quando, nel corso del colloquio con Petrelli, ho riferito sul conto del dott. Salamone, che lo stesso mi avrebbe detto che non mi aveva iscritto sul registro degli indagati, sebbene ne avrebbe avuto l'obbligo, non ho detto il vero, si trattava di una sorta di millanteria. Ricordo l'incontro con Marcello Petrelli che è un mio amico al qua-

le avevo fatto un prestito di circa 700 milioni. Petrelli ha sempre difeso Simona Calbiani, che è la figlia di mia moglie. Petrelli aveva una vera antipatia nei confronti dell'avv. Lucibello e del pool di Milano (in particolare nei confronti del dott. Di Pietro), non so dire da cosa traesse origine tale suo sentimento. È mia abitudine voler piacere ai miei interlocutori ed è per tale ragione che nel colloquio con Petrelli non ho parlato bene né di Di Pietro né di Lucibello. Quando ho detto che se Lucibello e Di Pietro fossero finiti in carcere sarei stato l'uomo più contento del mondo ho invece detto una cosa vera, ciò in quanto è vero che Di Pietro e Lucibello mi hanno rovinato l'esistenza... Lucibello mi ha rovinato l'esistenza in quanto mi ha convinto ad andare a Milano e a costituirmi, con tutto ciò che ne è conseguito: ho collaborato e non mi è stato riconosciuto questo ruolo, ho dovuto tradire gli amici e ho subito 11 imputazioni in sede di rinvio a giudizio... Di Pietro mi ha invece rovinato perché, con il suo lavoro, mi ha ripulito di tutte le mie amicizie e di tutte le mie attività. In un certo senso mi ha anche ripulito dei miei soldi in quanto la mia ex banca ne ha subito un enorme danno nella propria immagine, con relativa perdita dei clienti e della mia credibilità (specie con riguardo agli sponsor esteri che non mi hanno più frequentato). Da ciò trae origine il mio odio per Di Pietro. Si deve anche tenere presente che con la collaborazione che ho prestato a Di Pietro e con le accuse che ho formulato nei confronti dei miei sponsor ho messo a rischio la mia stessa vita. Con le dichiarazioni che ho reso a Milano mi sono messo contro tutti gli sponsor che avevo in Iran, in Irak e in Algeria, l'unico Paese che non ho toccato (in quanto non avevo sponsor in quel territorio) era la Libia e anche da qui traeva origine il mio interesse a fare affari con la Sii di D'Adamo».

Incidente probatorio del 30-3-98 davanti al Gip di Brescia:
Domanda: «Sig. Pacini, lei ha mai offerto al dott. Di Pietro denaro o altra utilità?».
Risposta: «Mai, nessun denaro».
D: «Lei ha mai ricevuto richiesta dal dott. Di Pietro di denaro o di altra utilità?».
R: «Mai, nella maniera più assoluta, l'ho scritto in tutti i verbali».
D: «Lei ha mai consegnato o promesso denaro all'avv. Lucibello per il dott. Di Pietro o comunque per ingraziarsi il dott. Di Pietro?».
R: «Mai ho pagato l'avv. Lucibello per il dott. Di Pietro, l'ho pagato per le sue prestazioni professionali».
D: «Lei ha mai consegnato o promesso denaro all'ing. D'Adamo per il dott. Di Pietro o comunque per ingraziarsi il dott. Di Pietro?».
R: «Mai, ho fatto solo un finanziamento all'ing. D'Adamo e poi ho scoperto che era una truffa».
D: «L'ing. D'Adamo le ha mai richiesto denaro per conto del dott. Di Pietro?».

R: «No, non me l'ha mai richiesto».

D: «L'avv. Lucibello le ha mai chiesto denaro per conto del dott. Di Pietro?».

R: «Mai, nel modo più assoluto».

D: «Quando l'ing. D'Adamo le ha richiesto i finanziamenti nel 93, lo ha fatto a nome del dott. Di Pietro?».

R: «No, l'ha fatto a nome suo...».

D: «Indipendentemente da quanto le disse l'ing. D'Adamo, lei ha mai pensato o ha mai saputo che dei soldi andassero al dott. Di Pietro?».

R: «No, non me l'ha mai detto l'ing. D'Adamo e non l'ho mai pensato. Sapevo che l'ing. D'Adamo conosceva Di Pietro ma non mi ha mai detto che dei soldi andassero a Di Pietro».

D: «Lei ha mai pensato che soldi da lei dati all'avv. Lucibello o a chiunque altro, potessero andare al dott. Di Pietro?».

R: «No, non ho mai pensato che potessero andare al dott. Di Pietro».

Circa il merito di quel colloquio è stato interrogato anche l'interlocutore di Pacini, l'avv. Petrelli, il quale ha evocato notizie di stampa e "chiacchiere di Tribunale" [3]. Falsità giornalistiche e "chiacchiere" malevole rac-

---

[3] Cfr. interrogatorio Marcello Petrelli del 10-10-96:

Petrelli: «Penso che era qualche cosa che ho letto su qualche giornale... sicuramente non è stata una persona che è venuta a raccontarmi una storia di Austria... devo averlo letto da qualche parte...».

Cardino: «Quindi non è una notizia che lei ha appreso in qualche modo diretto, diciamo...».

P: «Credo dalla stampa, non appresa in maniera diretta, detto al 100%, no, se no me lo ricorderei se qualcuno fosse venuto a dirmelo... Ricordo che Roberto Chiodi [*giornalista del "Sabato", ndr*] mi faceva le sue confidenze, mi diceva: "Ma tu non sai niente?, possibile qualche"...».

Failla: «Io volevo chiederle una cosa, avv. Petrelli: perché lei è così preoccupato di andare a riferire 'sta vicenda di Chiodi a Pacini Battaglia?».

P: «Nessuna preoccupazione».

F: «Perché lei... non preoccupato nel senso [che] ci tiene».

P: «No».

F: «"Ma io ti voglio riferire"...».

P: «A titolo di cronaca».

F: «"Ti voglio raccontare", cioè, voglio dire, c'era un motivo?».

P: «No».

F: «Per cui lei stava riferendo...».

P: «No, no».

F: «Di queste cose?».

P: «No, no, era un commento dei fatti dei giornali, di quello che avveniva delle chiacchiere del Tribunale, non... non c'era nessuna buona ragione che me ne importava a me».

---

colte anche dall'autista romano di Pacini, tale Antonio Funetta, il quale alla fine del 97 le riporta a sua volta nel corso di un suo colloquio intercettato. Interrogato l'1-4-98, il Funetta dichiara: «Quanto alla versione fornita da Pacini in ordine alla frase "M'hanno sbancato", nel corso del colloquio ho riferito solo cose che avevo letto sui giornali e sentito in televisione, e cioè che in realtà la frase era stata male intesa e andava letta "M'hanno sbiancato". Che si trattasse di una "pezza a colore", e cioè di una versione di comodo, e che Di Pietro dovesse "dire soltanto grazie a Pacini", era solo una mia valutazione. Nulla mai Pacini mi ha riferito al riguardo. Quanto alle frasi che avrei rivolto al mio interlocutore ("Però il discorso sai qual è... che lui [Pacini] mi diceva l'altro giorno, che lui e Di Pietro si sentono sempre... no", e ancora: "Dice che lui con Di Pietro è in contatto... tutto tranquillo, ecco lo vede molto determinato, tutto bene"), devo dire che non credo di aver pronunciato quelle parole in quanto ciò non avrebbe alcun senso, posto che non è assolutamente vero che Pacini mi abbia mai detto di essere in contatto con Di Pietro». Chiacchiere, pettegolezzi, millanterie, orecchiamenti, definiti tali dagli interessati, che però per i Pm di Brescia sono oro colato.

Si dirà: resta il fatto che quel giorno di gennaio 96, Pacini, parlando con il suo avvocato Petrelli, dice «a me Di Pietro e Lucibello m'hanno sicuramente sbancato». Già, peccato però che quello stesso giorno, in quello stesso colloquio, Pacini poco dopo dice anche: «Sono tutte stronzate, sono stronzate disumane... io a Di Pietro non glieli ho dati». Il fatto è che quel colloquio Pacini-Petrelli faceva riferimento a una intervista a Maurizio Raggio pubblicata da "Il Giornale" a firma Andrea Pasqualetto. Per quello stesso articolo, in seguito a una mia denuncia-querela, e a un'analoga denuncia-querela proposta dall'avv. Lucibello, Pasqualetto e il direttore de "Il Giornale" Vittorio Feltri sono stati condannati per diffamazione aggravata dal Tribunale di Monza, e Maurizio Raggio rinviato a giudizio per diffamazione. In pratica, il contenuto di un articolo di giornale platealmente diffamatorio diviene *oggetto di colloquio privato* fra due persone, colloquio che – intercettato – diviene poi elemento di "prova" contro la vittima della diffamazione: tutto questo a me sembra un'aberrazione!

Morale della favola: il Tribunale ha dichiarato queste intercettazioni inutilizzabili, Pacini ha più volte smentito in pubblico dibattimento – e nel corso della stessa conversazione intercettata – ogni mio coinvolgimento, i responsabili della diffamazione sono stati condannati, eppure io vengo accusato di corruzione dai Pm di Brescia anche in base a questa conversazione Pacini-Petrelli! L'Accusa bresciana sostiene che, trattandosi di una "conversazione riservata", le parole di Pacini devono essere ritenute altamente credibili – credibili solo limitatamente al passo «mi hanno sbancato», beninteso, ché quando Pacini dice «io soldi a Di Pietro non ne ho dati» basta non farci caso.

Nelle chilometriche elucubrazioni private di Pacini intercettate dagli inquirenti ce ne sono di tutti i colori e per tutti i gusti: il banchiere parla dell'on. D'Alema, dell'on. Fini, del presidente Scalfaro, e così via fino al Padreterno. Ce n'è una molto significativa, il colloquio Pacini-Intiglietta del 12-1-96, ore 9.23, nella quale il primo racconta al secondo dell'interrogatorio del 30-10-95 presso la Procura di Brescia:

Pacini: «L'unica cosa che mi doman... m'hanno domandato, sono stato interrogato, a tappeto, su quanti soldi davo a Lucibello; se gliel'avevo dati; se pensavo che il Lucibello li divideva con Di Pietro... se pensavo che gli avvocati di Milano dividevano i soldi con i Procura... i Procuratori. Sono stato interrogato per tre ore e mezzo su ... "Ma – io ho detto – scusi dott. Salamone. Ma, mi dica una cosa, ma io vengo a parlar male del pool 'Mani pulite'!? Facciamo che io decido di parlar male di 'Mani pulite'... che forse potrei... Ma lei mi salva dalle sei imputazioni che io c'ho? Perché io, guardiamo di capirci fra me e lei, io vengo lì e le dico: 'Senta, Davigo e Colombo hanno fatto un abuso d'ufficio... e glielo dimostro... Facciamo il caso. Lei prende per buono le mie dimostrazioni e manda sotto inchiesta Davigo e Colombo...».

Intiglietta: «Sì».
P: «Al completo».
I: «Eh!».
P: «Diciamo che lei li rinvia a giudizio, diciamo. Lei non li può rinviare, perciò cosa segue? Si manda al Csm e il Csm deciderà... e farà quel che vuole. Nel contempo, io vado a Milano... che ce l'ho. Sono lì sul rinvio a giudizio; loro sono amici del Pubblico... del Gip, lì».
I: «Del Gip».
P: «Il Gip mi rinvia a giudizio. A me mi condannano a sei anni. Perché mi condannano a sei anni?

Non perché debba aver sei anni ma perché sono venuto da lei a dirgli che loro ... quindi, ragazzi! O lei mi fa parlar me e leva il processo a loro, o io vado a parlar con loro... e lei... guardi..."».
I: «Eh, infatti!».
P: «"Decida Lei"... "No, Pacini, devo dire che lei non ha tutti i torti"... "Come, non ho tutti i torti?!"...».
I: «[*Ride*]».
P: «"Tutte le volte che lei mi chiama, Davigo mi manda a chiamare, così. Io, come vengo chiamato da lei... ecco, guarda... Telefonata ieri di Davigo che m'ha detto: 'Vorrei fare una chiacchierata con lei'.. Vede dottore? Non dico mica una bugia... Mi disse: 'Vorrei fare una chiacchierata con lei'... Sa... ma perché m'avrà chiamato quando m'ha cercato lei? Per dirmi: 'Ragazzo! Stai attento a cosa dici a Salamone!'... Allora qui bisogna decidersi: o il processo lo fa lei, o il processo lo fan loro, perché sennò qui...". "Va beh, non ne facciamo di nulla"... E allora non ne facciamo di nulla!».
I: «Che razza di stronzi!».
P: «È perché, veramente... sei in quest'incudine e il martello...».
I: «Sì, sì, sì. Sì, sì, sì. Con la classe politica che ancora non...».
P: «Perché è seguito che Di Pietro lo stanno spaccando? Perché non è più giudice e tutti parlano. Ma quelli che sono ancora giudici... toh! [*ride*]».
I: «Eh, certo. Finché non risolvono il problema della classe politica e del riordino dei poteri, tu sei in una situazione de... demenziale, è così, in cui questi hanno il potere in uno Stato che non è più di diritto».

Come risulta evidente da questa intercettazione, Pacini è solito millantare e sproloquiare a ruota libera. È evidente che né Davigo né Colombo hanno mai commesso "abusi di ufficio" nei confronti di Pacini, né Davigo gli ha personalmente mai telefonato: eppure Pacini ne parla come di un fatto certo (così come in altre conversazioni intercettate sostiene di avere ricevuto una telefonata dal Procuratore Borrelli in persona!). Domando: e se nel corso di queste spacconate e millanterie invece del nome dei miei ex colleghi avesse fatto il mio?

Le intercettazioni Pacini-Danesi-Greco

La vicenda Cragnotti-*cracker* di Brindisi è il primo argomento affrontato nella relazione 30-10-96 del Gico. L'organo di Pg dà grande credito ad alcune smargiassate dette in proposito da Pacini ai suoi interlocutori Emo Danesi e poi Vincenzo Greco il 10-1-96. Nel corso di quelle due conversazioni, il Pacini si vantava di essere intervenuto nella vicenda Tpl (il finanziere Sergio Cragnotti avrebbe elargito, per conto di tale società, la somma di L. 5 miliardi, di cui uno consegnato a Lorenzo Necci) [4, 5], sostenendo in pratica di avere risolto lui i guai giudiziari di Cragnotti.

---

[4] Cfr. intercettazione ambientale del 9-1-96 (ore 16.43-17.30) fra Pacini Battaglia e Emo Danesi:

Pacini: «Bisogna dire – tanto è bene che tu lo sappia – che in questa strategia, l'abilità vera è stata di Necci, ma un po' anche mia. Cioè quando Cragnotti disse... il famoso casino... perché noi abbiamo avuto un casino, io te l'ho spiegato... [*Omissis*] Allora, quando Cragnotti fece il famoso verbale, che ancora è alla Procura della Repubblica di Milano, Cragnotti disse: "Io ho avuto 6 miliardi da Maddaloni. Maddaloni non me li ha dati, ma me li ha dati Pacini"... [*ridendo*] Ti premetto che questa storia è tutta da ridere, come storia... perché oggi no ancora... cioè in 5 minuti te la racconto, tanto non ci s'ha da parlare più di nulla. È tutta da ridere perché io porto Cragnotti all'aeroporto e gli dico: "Guarda che Di Pietro mi doman... m'ha domandato se ti ho dato quei soldi. Io ho detto di no ma te, quando ti interrogano, domani o domani l'altro, perché ti arrestano, te gli vai mica a dire che io t'ho dato 6 miliardi, per conto di Maddaloni!?". "Pacini, sul mio onore non lo dirò mai!"... Non fece a tempo a entrare lì a San Vittore».

Danesi: «... Che l'aveva già detto!».

P: «... L'aveva già detto! Mi toccò, dalla Svizzera, con un aereo privato, arrivare a Milano e fare un interrogatorio in cui, con 10 minuti di differenza... Perché sennò ero... ero nel casino totale di... eh, con tutti loro, no?».

D: «Eh. E lui disse che li aveva presi...».

P: «Lui aveva avuto da me 6 miliardi... li aveva avuti da me. "Cosa ne ha fatto di questi 6 miliardi?" "Un terzo l'ho presi io, un terzo l'ho dati a Gardini e un miliardo l'ho dato a Necci... per ordine di Gardini". "E questo miliardo a chi l'ha dato?". "L'ho dato a Pacini... che Pacini lo desse a Necci perché era amico di Necci". A quel punto partì... stava partendo l'avviso di garanzia di... di...».

D: «Per Necci».

P: «Per Necci. Mi chiamò Borrelli».

D: «Mh [*incomprensibile*]».

P: «Tramite Di Pietro, mi chiamò e mi disse "Senta Pacini, a noi han detto che a un personaggio importante a Roma lei ha dato un... Qui, ormai – dice – lo dicono tutti e quindi, guardi...". Io dissi: "Signor Procuratore, qui mi sembra matto [*parola non certa*]... sia chi l'ha detto, sia che cosa ha detto"».

D: «Mh».

P: «"Io le dico io non ho dato un miliardo a nessuno di Roma"... "Ma qui c'è la sua banca"... "Lei faccia una rogatoria e poi vedremo se la mia banca ha dato o non ha dato un miliardo di compenso a...". Dov'era il casino? Era che Cragnotti pagò il miliardo sulla mia banca senza numero di conto, per cui non... non c'è nessuna rogatoria al mondo che ti può dire se dalla banca di un... di un posto... da una banca a un'altra, se è un compenso di banca o se è un bonifico su un conto».

D: «Non si son fermati, però».

P: «No».

D: «No».

P: «Io feci quest'interrogatorio... – E, non ti dico, qui

Il Tribunale della Libertà ha fatto giustizia dei sospetti del Gico attraverso l'ordinanza del 23-12-96:

«Quale conferenza posseggano queste conversazioni in ordine a presunte responsabilità degli attuali indagati Di Pietro, Lucibello e D'Adamo Antonio a fronte di un ipotizzato reato di concussione ai danni del Pacini che sarebbe stato costretto o indotto a corrispondere denaro al secondo e/o terzo per poter godere di un trattamento di favore da parte del Pm Di Pietro, è arduo al Collegio capire. *Nessuno, a cominciare dai rapportanti per finire al Pm di questo Tribunale, ha mai offerto un'interpretazione in chiave accusatoria di siffatte emergenze.* Del resto, gli interlocutori non fanno alcuna menzione nelle conversazioni né del Lucibello, né del D'Adamo Antonio; al Di Pietro, poi, si accenna al solo fine di evidenziare che trattavasi di inquirente al quale il Pacini aveva raccontato una menzogna, *menzogna che peraltro dallo stesso era stata subito scoperta* mercé anche la scarsa "affidabilità" del Cragnotti. Né queste conclusioni sono destinate a mutare per il solo fatto che, come i rapportanti hanno ritenuto di sottolineare, "interrogatori decisivi al fine di addivenire all'esatta ricostruzione dei fatti siano stati delegati dal Pm Antonio Di Pietro a un brigadiere della Guardia di finanza, Scaletta Salvatore", con cui il Pacini aveva cercato di avere contatti più volte, peraltro solo diverso tempo dopo (22-1-96), o addirittura aveva avuto plurimi rappor-

---

Della Corte mi cercava...».

D: «Eh».

P: «Facevan tutti un casino dell'inferno. Io non volli vedere nessuno, perché... ero già... sapevo già che... allora, alla fine, Renzo arrivò e mi disse "Devo baciarti!"... Gli dissi "Non ti far vedere, per carità... se è vero?... Ho detto che non è vero, non t'ho mai dato una lira. Per cui non mi rompere i coglioni" [*Ride*]. Da quel fatto lì segue... seguì che la gente raccontò, che insomma, noi... poi Renzo non l'ho potuto più frequentare, perché sennò di va... si dava adito a questo discorso... e ci rimase che noi, per il mondo, era meglio... conoscerci in maniera leggera e non... con quest'accorgimento si riuscì a non...».

[5] Cfr. intercettazione ambientale del 10-1-96 (ore 16.01-17.11) fra Pacini e Vincenzo Greco:

Pacini: «Ma il discorso dell'archiviazione di Lorenzo... il discorso dell'archiviazione di Lorenzo l'ho fatto fare io, non l'ha mica fatto fare a nessuno, gliel'ho fatto io... ma gliel'ho fatto con lui che si... Ve... venne qua come un matto, perché io non... non... me ne stessi zitto sul discorso Cragnotti, perché io in quel momento ero molto incazzato, perché Cragnotti me l'aveva buttato nel culo, perché io rischiai la galera per colpa di Cragnotti quando non ce n'era nessun bisogno, perché io...».

Greco: «Sì, sì, me l'hai raccontato».

P: «Eh, eh, eh. Io feci... feci un interrogatorio a...».

ti tra il febbraio e il settembre 96. Invero, e a tutto concedere, tali considerazioni potrebbero solo servire a creare un'atmosfera di sospetto, peraltro non si sa bene per quale ipotesi penalmente rilevante in quale luogo o in quale tempo commessa, sul sottufficiale e non certo sugli attuali tre indagati. Le stesse conclusioni valgono per l'ulteriore e diversa circostanza segnalata dai finanzieri: che il giorno dell'arresto del Cragnotti (29-11-93) vi erano state telefonate tra il Necci, l'avv. Stella, l'avv. Dinoia, il quale ultimo aveva chiamato il Pm Di Pietro. Invero, non occorre spendere soverchie parole per ricordare come una telefonata, dal contenuto allo stato sconosciuto, tra un noto avvocato penalista del foro di Milano e un sostituto della Procura della stessa città incaricato di plurime e importanti indagini appartenga, quand'anche esse abbiano avuto un qualche riferimento proprio al procedimento Cragnotti, al novero della normalità. Del resto, il Di Pietro, oggi dapprima nella memoria e quindi nelle sue dichiarazioni spontanee, ha fornito, allegando copiosa documentazione, molteplici elementi dai quali escludere una qualsiasi indebita condotta omissiva nel procedimento quantomeno a lui addebitabile, sicché ogni ipotesi, peraltro – lo si ripete – del tutto indeterminata nella sua fattualità e nella sua rilevanza penalistica, di comportamento illecito non potrebbe comunque essere ricondotta a responsabilità personali dell'attuale indagato».

Difficile stabilire se dietro alle spavalderie di Pacini nei colloqui con Danesi e Greco ci fosse una sua effettiva volontà di adoperarsi per tentare di scagionare processualmente Necci. Ma arrivare ad affermare che ciò possa essere realmente avvenuto, per di più con il concorso – ovvero grazie a una dolosa negligenza – del Pm Di Pietro mi sembra una farneticazione.

L'intercettazione Pacini-Greppi

Altra conversazione di Pacini intercettata e interpretata dall'Accusa a mio carico è la telefonata svoltasi il 2-2-96 fra Pacini e Leonardo Greppi. I Pm di Brescia la menzionano nel ricorso alla Corte di Cassazione del 28-1-95, laddove spiegano: «Successivamente, il 2-2-96, sempre Pacini, conversando telefonicamente con Greppi Leonardo osservava: "C'abbiamo sempre rotture di coglioni... in compenso... in compenso abbiamo Milano che non ci rompe più i coglioni per l'amicizia e... con Di Pietro..."».

Qui i Pm bresciani effettuano un collegamento davvero suggestivo: ricordano la precedente intercettazione dell'11-1-96 («a me quei due m'hanno sbancato»), e subito ci aggiungono questa del 2-2-96 («abbiamo Milano che non ci rompe più i coglioni per l'amicizia... con Di Pietro»). Peccato che nel febbraio 96 fosse ormai più di un anno che io avevo lasciato il pool di Milano, e non ero più neanche magistrato! Per cui i casi sono due: o i Pm di Brescia non se sono accorti, oppure insinuano che io avrei potuto in qualche modo essermi accordato con gli ex colleghi del pool, i quali su mia richiesta e con me d'accordo "non rompevano più i coglioni" a Pacini... E allora: nel primo caso preferisco non commentare; nel secondo caso, i signori Pm bresciani avrebbero dovuto procedere anche nei confronti degli altri magistrati di "Mani pulite".

In realtà, nel corso della telefonata [6] Pacini

---

[6] Cfr. intercettazione del 2-2-96 (ore 9.37-9.46) fra Pacini e Leonardo Greppi:

Pacini: «Ti dò una sintesi di una serie di discorsi, invece, molto interessanti. Sono molto soddisfatto di me in questi due giorni».

Greppi: «Come mai? Che sviluppi ha dato?».

P: «Sì, che... Come?».

G: «Problemi di... di...?».

P: «No!».

G: «Di... [*sovrapposizione delle voci*]».

P: «Son sempre problemi di... di... di Di Pietro, di... di... di Salamone, di... di... di coso... rotture di coglioni sempre, dalla mattina alla sera».

G: «Ti rompono i coglioni?».

P: «Ho due telefoni sotto controllo... che Salamone continua a rompere i coglioni, insomma».

G: «Ti rompe i coglioni per che cosa?».

P: «Oh! Per via... che dice che il veicolo per arrivare a Di Pietro... sono Lucibello e, data la mia amicizia con Lucibello, vuole scoprire cosa abbiamo fatto... che coglioni! Ha... m'ha... ha pigliato un commercialista di Lucibello, me l'ha messo in galera per sequestrare i documenti... ha fatto...».

G: «Cosa ha fatto?».

P: «M'ha fatto arrestare il commercialista di Lucibello per chiappargli tutti i documenti... [*sospiro*]».

G: «Ed è ancora dentro?».

P: «No. L'ha tenuto tre ore dentro; l'ha buttato fuori ma, sai, poi... ha sequestrato...».

G: «Si è fatto...?».

P: «Sai, un... mhm...».

G: «Ci sono fatture.. o... cose?».

P: «No. Ci sono fatture... C'è un appartamentino che l'avevo comprato io, che è affittato a Lucibello... e allora ha guardato la so... la società del Lussemburgo; è andato a chiedere in Lussemburgo informazioni...».

G: «È andato... a veder la Morave?».

P: «Come? No, no, no, no, no. Stai attento a quel pezzo di carta delle società che t'ha scritto Van der Poel... che non te lo chiappino addosso».

G: «Mh».

smentisce una parte del capo di imputazione a mio carico riguardante la mia supposta corruzione in favore di Lucibello: l'accusa di aver «concordato l'acquisto di un appartamento della Onder a favore di Lucibello» – Pacini infatti, a un certo punto dice: «C'è un appartamentino che l'avevo comprato io, che è affittato a Lucibello».

Un concetto che Pacini ripete, quello stesso giorno, parlando al telefono con un interlocutore non identificato ma che probabilmente è proprio l'avv. Lucibello [7]. Si capisce che poco

---

P: «C'abbiamo sempre rotture di coglioni!».

G: «Mh».

P: «In compenso abbiamo Milano che non ci rompe più i coglioni per l'amicizia con... per carità, con Di Pietro, perciò l'abbiamo spaccato là il discorso...».

G: «Certo».

P: «Di quello non parla più nessuno».

G: «È importante».

P: «Non rompe più i coglioni nessuno. L'unico, eh, lavoro, eh, arriva sulle informazioni Stella. Ho detto che non rompessero i coglioni, ho detto a Scalfari. M'hanno mandato da Giacomelli tutti i documenti che avevan preparato... e hanno copiato i miei... [*Ride*]».

G: «Ma, eh... rompono ancora il cazzo e vogliono, insomma, sapere...?».

P: «No».

G: «No».

P: «No. Grigo credo che sia quasi propenso a rimandargli indietro la... mhm... a rimandargli indietro tutto, dicendo: "Non è istruita bene". È che a questo punto van in prescrizione tutti i corrotti... tutti i finanziamenti illeciti...».

[7] Cfr. intercettazione ambientale del 2-2-98 (ore 10.08-10.16) fra Pacini e uomo (presumibilmente Lucibello):

Pacini: «Io non farei grossi discorsi. Quando ti chiameranno, studiamolo un momentino prima. Non facciamo... non facciamo le cose affrettate che poi vengono fuori i casini. Te non dici proprio nulla. Perché, tanto per cominciare, perché ti devono mandare a chiamare?... Prima stai fermo. Noi in quei due o tre giorni ti diamo una fotografia esatta di che cosa c'è, eh... Dopodiché te le risposte le fai quando l'hai vista. Tanto ormai non c'è... Puoi anche... Il discorso... Puoi anche dire che è mia, che è tu... che ci si... Come?... Guarda, guarda, ti dico la storia un momentino, ma non... non... Direi che te la dirò quando vengo a Milano, tanto non cambia nulla e non c'è affatto furia. Inizialmente te ti avrebbero anche lasciato fare, poi c'è stato qualcheduno che gli ha detto che te sei quello che gli fa la vera guerra... e lì è seguita la catastrofe. Se nessuno fosse andato a dire a quei signori che te sei l'artefice della guerra a loro, te saresti passato indenne come ci si è passato fino a tre o quattro... due o tre mesi fa. Ora la situazione è cambiata e te ti vogliono spaccare, perché tutti dicono che qualcheduno gli ha detto che te sei l'artefice di questo casino. Delle loro disgrazie non dicono che l'artefice è quell'altro, dicono che sei te con quel-

l'altro. Non so se ho reso l'idea!? Cioè qualcheduno t'ha giocato una grossa partita contro... la quale è quella che t'ha fatto fare questo casino. Perché sennò te, come giustamente avevi detto, non ne avevi avuto nessuno... Perciò non è il mio telefilm, è il tuo telefilm. Loro ora, se possono, ti spaccano... perché loro dicono che sei te l'artefice delle loro disgrazie... Hai capito dove sei finito? Sei finito... Ecco il per... il perché: non si sa chi gliel'è andata a raccontare. Che tu abbia remato contro di loro è la verità, non è che sia una bugia. Eh... Sì, va beh, fottitene com'è. È che l'avevan lasciato fuori, non avevano... non t'avevano... non t'avevano indagato, non t'avevano fatto nulla, t'avevano un po'... più o meno lasciato fuori dal discorso, ora si sono incazzati. Eh, e io, dato che le mie informazioni mi sono arrivate, sono incazzati incazzati, sono incazzati proprio con te. Non sono incazzati con... con... con... con altre persone, proprio con te personalmente. Tutte queste cose non te le avrebbero fatte se non avessero scoperto che te sei l'artefice della guerra che fanno a loro... Non te lo so dir come l'hanno fatto a capire... o non ti so dir se è vero... però sai che ti dico? Ora è terra bruciata sotto il tuo sede... sotto il tuo... sotto i suoi piedi; mentre prima non era terra bruciata – e per cinque o sei mesi te hai vissuto in una... una specie di... di limbo – ora si sono... è diventato un casino. Eh!... Totale... Perché hanno detto che te sei l'artefice. E ora che cosa segue? Ora non è che... ora non è questione di telefilm, ora è questione di stare bene zittiti, perché prima di tutto ti devono andar... mandare a chiamare; poi, quando ti mandano a chiamare, vai a discutere. Perché se una società estera ti affitta un appartamento, devi dir... saper chi è, dov'è, dov'è nata, com'è fatto? Chi te l'ha detto?... Se lo vadano a trovare loro... Perciò non raccontiamo anticipatamente cose... Sì. Sì. Ma te ora, in questo momento... O il commercialista... O il commercialista è andato a raccontare un sacco di cose... e allora ce lo dica cosa ha raccontato perché non... non perdiamo tempo... Va bene. Allora... se non gli hanno chiesto nulla, incomincia a essere su... su... "Lei... Grumayer è uno che ha comprato un appartamento e gli ha detto di affittarlo. Qui ci sono i diretti proprietari, chi saranno, saranno". Cioè incominciamo a farglieli trovare a loro invece che darglieli noi in mano... Ora io in questi successivi 5 o 6 giorni, perché quello non c'era oggi, sennò l'avrei già fatto, io ti faccio... mi riguardo tutta la cronistoria e dopo dico la verità, insomma. Non voglio che non ci siano verità... Se te raccon... se te racconti una bella bugia e poi ti dimostrano il contrario, te non ti salvi più... Non so se ti sei reso conto di questo fenomeno... Cioè, bisogna stare attentissimi prima di tutto a cosa si racconta, perché per sapere chi sono i proprietari è bene che loro se lo vadano a cercare in quel Paese... e ci impiegheranno un anno e mezzo per sapere chi sono i proprietari... D'a... d'accordo, ma bisogna che tu sia convinto che lui gli risponda così, dato che lui è uno di quelli proprio di de... di quelli di coso e gli dirà: "No! Io ho sempre fatto delle cose per terzi e l'ho sempre detto". Allora cosa ti metti? Ti metti con... te e Grumayer... già in con... in con... in conflitto di discorso...

---

tempo prima era stato arrestato il commercialista di Lucibello dott. Manfredini, e che Lucibello era preoccupato del fatto che gli operanti di Pg avevano acquisito o volevano acquisire la documentazione della società Onder di

Pacini. Lucibello aveva intuito lo "scandalo giornalistico" che se ne voleva fare (e che poi se ne è fatto), e spiegava questa sua preoccupazione a Pacini, il quale lo rassicurava («non c'è mica nulla di male se tu prendi in affitto un appartamento»). Da questa telefonata risulta evidente l'intento di Pacini e Lucibello di non far sapere agli inquirenti che il vero proprietario dell'appartamento è Pacini, e questo per evitare fantasticherie giornalistiche proprio nei giorni in cui io ero sotto processo per varie vicende e molti giornalisti, per screditarmi, "sparavano" addosso anche a Lucibello.

L'intercettazione Pacini-Froio

Uno dei capisaldi delle accuse del Gico di Firenze nei miei riguardi è che io, nella mia attività di ministro dei Lavori pubblici, avrei inteso favorire l'attività di lobby affaristiche nell'acquisizione di appalti pubblici; e "la pro-

---

Loro sono degli uffici che c'avranno 500 società. Non te lo diranno mai che quella società è mia... Perciò devi... Te, prima di rispondere, devi studiartelo bene e poi risponderai. Ma non è un problema. Anche perché nessuno di noi sa chi è il socio vero... Perciò, il... tu... Lasciamo... lasciamo le cose fin... Aspettiamo un... Te de... devi essere un pochino più calmo... perché questo consiglio qui me lo hai dato te per tanti anni addietro, me l'hai consigliato sempre quando io dicevo: "Ah! Bisogna..." ... e te dicevi... te mi dicevi: "Stai buono! Stai calmo! Aspetta il momento! Non è ora di...!". Ora, dato che loro non hanno in mano nulla, se lo trovino con calma loro... Hai capito?... Ora... io quando in giornata avrò delle altre informazioni... te le passerò regolarmente, come è sempre stata mia abitudine... Basta, quello è... sembr... e mi sembra normale. Questo lo racconti tranquillamente, non c'è nulla di male. Non tiriamo fuori altri nomi per altre ovvie ragioni, perché sarebbe un altro casino, ma tiriamo fuori un Gru... Grumayer e basta. No?... E quel... e quello è l'amministratore della Onder il quale ha preso st'appartamento e te l'ha affittato. Poi la cifra è ridicola; non esagveriamo, su!... Io mi... mi mette... mi metterei dormiente, dorm... mi metterei lottatore ma abbastanza tranquillo. Non andrei a fare nulla di... E vediamo cosa fanno loro... Oh, ma non c'è mica nulla di male se tu pre... prendi in affitto un appartamento. Non esageriamo, oh! Sennò ci si fascia la testa inutilmente... Dormi tranquillo, dammi retta... E non ti preoccupare. Ora, poi, ci... ci studiamo insieme, con calma, lunedì o martedì, quando abbiamo tutto molto chiaro, che cosa si va a dire... se ti chiamano... Perché ti dovrebbero chiamare? Per un appartamento che hai in affitto? Ma stiamo scherzando?! Vediamo che ti mandino a chiamare. Sì. E vediamo cosa tiran fuori loro. Per me sono imbranati. Oh! Sono molto più ottimista io di te questa volta, caro... Esatto... Guardiamola di tenerla a Milano per un po' di tempo... Oh, che, eh, [Ride] guardiamo di intenderci, sennò qui ci si... ci si fa le seghe la mattina. D'accordo... Ciao amore, ciao».

---

va" – secondo i fantasiosi investigatori – è in un passo della telefonata del 20-8-96 tra Pacini e Francesco Froio:

Froio: «Felice [*Santonastaso, presidente Sitaf*] lascialo perdere, a me interessano gli altri due, Ercole [*Incalza, allora amministratore delegato della Tav*] e Lorenzo [*Necci*]...».
Pacini: «Gli altri due li ho visti tutti e due...».
F: «E quello a noi interessa, il resto lascia...».
P: «Gli ho spiegato tutto e sono tutti d'accordo...».
F: «Sono d'accordo, bravi...».
P: «Non ti preoccupare, vedrai che la situazione è sotto controllo...».
F: «Benissimo... e il nostro amico?...».
P: «Bene va, bene, bene, bene...».
F: «Il milan... il milanese di Porta Pia come sta?...».
P: «Vedrai che quell'altro signore se ne va dopo tornato dalle ferie...».
F: «E questo è interessante, che va via quello...».
P: «Stai tranquillo che se ne va. Non passa la fine... non passa i primi di settembre...».

«Dalla descritta conversazione tra Francesco Froio e il Pacini», concludono gli arguti investigatori del Gico, «si rivela un velato riferimento al ministro Di Pietro indicato come il "nostro amico milanese di Porta Pia". Si ritiene inoltre che la persona a cui Froio e Pacini si riferiscono nel succitato colloquio possa identificarsi nel consulente giuridico del ministro Antonio Di Pietro, Mario Cicala». Incredibile ma vero! E i Pm di Brescia, subito pronti: «Il 20-8-96 fu intercettata una telefonata intervenuta tra Pacini e certo Froio Francesco, già amministratore delegato della società Italiana Traforo Autostradale del Frejus (inquisito con il Pacini nel procedimento penale n° 8655/92-Mod. 21 della Procura del Tribunale di Milano, Pm dott. Di Pietro) nel corso della quale il Pacini riferisce al Froio: "Domani vedo il nostro amico... quello importante", al che il Froio domanda: "Il milanese di Porta Pia come sta?"».

Non occorre molto acume per capire che la ricostruzione dell'accoppiata Gico-Pm bresciani è semplicemente grottesca. Il consulente giuridico dott. Cicala si è dimesso l'8 agosto, mentre nella telefonata si fa riferimento a qualcuno che avrebbe potuto dimettersi a settembre. Nella telefonata si fa chiaro riferimento a due diverse persone, «il nostro amico» e «il milanese di Porta Pia [*sede romana sia del ministero dei Lavori pubblici, sia di quello dei*

Trasporti, ndr]»: ma l'estensore del rapporto Gico li ha fatti diventare uno solo, cioè «il nostro amico milanese di Porta Pia». È evidente che «il nostro amico» deve essere qualcuno che ruota nell'ambito del ministero dei Trasporti (giacché si parla della Tav), mentre «il milanese di Porta Pia» potrebbe essere, ben più logicamente, il presidente dell'Anas Giuseppe D'Angiolino.

Fra uno svarione e un'elucubrazione, il Gico si sforza inoltre di accreditare la tesi che l'allora capo dell'ufficio legislativo del ministero dei Lavori pubblici, il dott. Mario Cicala appunto, sarebbe stato di fatto estromesso dal proprio incarico – va da sé, dal ministro Di Pietro – per impedirgli di fare trasparenza all'interno del ministero. Certo, il dott. Cicala rilasciò un'intervista in tal senso il 13-10-96 (sulla quale il Gico si sofferma ampiamente), ma venne subito smentito da vari esponenti politici e istituzionali, come ad esempio dallo stesso capo di gabinetto dott. Giampaolino, o dal sottosegretario on. Bargone (smentite che – va da sé – il Gico ha avuto cura di ignorare).

A riprova della erroneità dell'ipotesi accusatoria avanzata dal Pm bresciano – e in assenza di ogni sua attività indagativa a favore della difesa – ho prodotto una dichiarazione del dott. Francesco Froio (interlocutore di Pacini nella telefonata intercettata), il quale esclude che in quella telefonata stessero parlando del ministro Di Pietro o del dott. Cicala; e analoga smentita l'ha fatta Pacini ai Pm di La Spezia. L'avv. Roberto Arnoldi (inopinatamente sottoposto a perquisizione domiciliare non perché sospettato di qualche specifico reato, ma solo perché membro della mia segreteria ministeriale per circa un paio di mesi – si badi bene: in epoca *sostanzialmente successiva* all'arresto di Pacini), ha escluso di aver mai «visto o solo sentito parlare il ministro Di Pietro con Pacini o di Pacini». Il sottosegretario Bargone ha pubblicamente dichiarato che «l'ipotesi di una lobby affaristico-finanziaria ai Lavori pubblici [durante la gestione Di Pietro] non sta né in cielo né in terra».

L'intercettazione Pacini-Mineni

In questa intercettazione ambientale, Pacini e il suo interlocutore Paolo Mineni parlano – e soprattutto "sparlano" – a ruota libera del mondo intero (da Agnelli a Cossiga, da Bernabè a Tronchetti Provera, da Dini a Santana-staso, e così via); a un certo punto, Pacini fa alcuni accenni a "Mani pulite": non a Di Pietro, si badi bene, ma genericamente all'inchiesta "Mani pulite" (e non si sa bene nemmeno se quella milanese o quella romana) – eppure, gli inquirenti sono lestissimi a estrapolare la frase, anche perché "Mani pulite" evoca Di Pietro, e Di Pietro è lo scopo delle loro ricerche [8].

---

[8] Cfr. intercettazione ambientale dell'11-1-96 (ore 9.28-10.23) fra Pacini e Paolo Mineni:

Pacini: «Altre cose per te? C'ho Felice Santanastaso che mi viene a relazionare sulla tua Impresa Unione eccezionale...».

Mineni: «Molto volentieri».

P: «Perché io ci devo parlare due minuti per cose nostre e poi te lo presento un minuto, così lo hai visto in faccia...».

M: «Molto volentieri».

P: «Amico, ho tutti aggangi [*oppure: oh, tu ti arrangi*] ma, eh, può darsi anche che non sia buono a lavorare. Io qui trovo tutta gente che... Io, ormai, con "Mani pulite", non ho più nessun... non ho più nessun... onestamente, più nessuna credibilità... non ho nessuna credibilità. Io c'ho la gente... ma...».

M: «No, ma eh... [*sovrapposizione delle voci*]».

P: «Son tutta gente che lavorano... – come me, anche quest'altri – ... non lavora più nessuno, sono tutti sbarellati sempre. Io non... mhm... Può darsi che io non abbia avuto la galera, onestamente... e loro l'abbiano avuta... e la galera abbia avuto un effetto deva... devastante su di loro...».

M: «Sì, lo credo, perché sicuramente... sì, quello senz'altro, lo capisco...».

P: «Perché oramai... non si può, non c'è nulla. Santanastaso era uno che... che gestiva mezza... un impero».

P: «Io t'ho fatto questa raccomandazione per la tua bimba...».

M: «Va bene».

P: «E te l'ha fatta la signora Agnelli, ministro... al ministro delle Finanze. Cosa serve non ti so dire. Per me sarà buttata in un cestino... ma non ti posso dir nulla. Quest'altro l'ho visto. Te... io t'ho dato 4... 700 milioni... ti ho dato 400... più 200... questo è esatto, 700... che trovi addebitati nei miei conti. Poi mi è arrivato 54.000 sterline. [...] Lo sai che ti dico? Incominciamo a star fermi, sperando che non ce ne sia bisogno... [*ride*] perché quando te crei, allora vuol dire che hai preso gli ordini [*ride*]... Guarda che io sono superstizioso, ti dico: incominciamo a pigliare questi... che poi noi studieremo come crearne di nuovi. Non è che ci si preoccupi molto...».

M: «Eh».

P: «Perché ora... io credo che le vie... le vie normali fino a ora battute, non mi sembrano che siano state soddi... siano state soddisfacenti».

M: «Sì».

P: «Una s'è fatta una causa col Tamagno [*parola non certa*]... Manca poco che quello ci ricattava. Quell'altro ci rompe i coglioni. Lasciamoli star un momentino ora tranquilli. Te che sei il capo contabile o il capo... il direttore finanziario della Impresa...».

Dal testo complessivo della telefonata, è evidente che Pacini e Mineni stanno cercando di riprendere a tessere i fili dei loro rapporti affaristici *dopo il blocco subito a causa di "Mani pulite"*: Pacini parla dell'inchiesta "Mani pulite" come di un ostacolo alla propria attività affaristica. E infatti, interrogato spiega:

«Confermo di avere detto la frase "Siamo usciti da 'Mani pulite'... usciti, insomma, per ora siamo quasi usciti, pagando e intrafugando... sono uscito da 'Mani pulite' solo perché si è pagato... quelli più bravi di noi non ci sono nemmeno entrati...". Quando ho detto di avere "pagato" intendevo dire che avevo perso tutti i miei amici, gli affari e le conoscenze, quando ho detto "intrafugando" o parola simile (non si comprende esattamente dall'ascolto) intendevo dire che avevo dovuto svicolare, che ho dovuto uscire da situazioni scabrose, cercando di dare poche risposte a chi mi chiedeva quale fosse la mia posizione nell'inchiesta milanese. Con "Mani pulite" tutto un mondo mi è cascato addosso. Quando ho detto che altri, più bravi di me, non sono nemmeno entrati in "Mani pulite" mi riferivo complessivamente al gruppo Eni e in modo specifico al dott. Franco Bernabè, che secondo me era riuscito a far sì che tutte le indagini finissero addosso alla Saipem, alla Snam Progetti e alla Nuovo Pignone, lasciando intatte le altre società dell'Eni. Queste tre società avevano un fatturato in rapporto di uno a dieci rispetto alle altre società dell'Eni. Il gruppo facente capo a Bernabè, secondo il mio pensiero, era riuscito a massacrare i dirigenti delle tre società citate, mentre gli altri dirigenti dell'Eni non erano stati minimamente sfiorati. Ho sempre pensato che Bernabè fosse stato aiutato dal prof. Stella ma non sono a conoscenza di fatti specifici al riguardo. Certo tutta l'Eni "buona" che non è entrata in "Mani pulite" è stata assistita dal prof. Stella... In realtà tuttora io non sono uscito da "Mani pulite", dicendo che ero uscito o quasi uscito da "Mani pulite" intendevo dire che ormai erano finiti gli interrogatori, le convocazioni, che non subivo più pressioni dai giornali, che la mia famiglia si era tranquillizzata. Inoltre con quella frase intendevo segnalare al Mineni che ormai era possibile riprendere gli affari».

D'altronde, nella telefonata intercettata Pacini dice «noi siamo usciti da "Mani pulite"» e subito dopo precisa «usciti, insomma» – appunto, è per modo di dire... E poi aggiunge: «Perciò oggi che cosa si deve [fare]? Si deve trovare le tecniche... *differenti da quelle che abbia usato fino a oggi, perché sennò ci fanno a pezzi.* Chiaro?...». È chiaro: Pacini si lamenta del fatto che per colpa di "Mani pulite" «le tecniche» da lui usate in passato erano state scoperte per cui adesso si dovevano trovare delle «tecniche differenti» perché «sennò ci fanno a pezzi». Come si vede, ci vuole molta fantasia per ritenere questa telefonata un "riscontro" all'ipotesi accusatoria a carico di Di Pietro concepita dai Pm di Brescia.

L'intercettazione Pacini-Sernia

Stranamente gli investigatori del Gico glissano sulla intercettazione dell'11-1-96, colloquio Pacini-Sernia. Forse perché da essa non si evince alcuna ambiguità funzionale al loro teorema del sodalizio corruttivo Pacini-Di Pietro, ma si ricava che: 1) «La faccenda dei 5 miliardi... è una stronzata disumana»; 2) «Paolo Berlusconi m'ha rotto i coglioni»; 3) «La guerra tra Berlusconi e Di Pietro esiste a tutti i ranghi»; 4) «C'è degli esposti anonimi che dice che io ho pagato Lucibello. Non è vero un cazzo» [9].

M: «Esatto».
P: «Abbiamo bisogno di soldi. Studieremo la maniera di far qualche cosa. Io sono ancora convinto... – Paolo, ho finito e ti lascio, solo... io sono ancora convinto che convenga nell'ambito vostro, come Impresa, comprare una partecipazione imbucata in qualche parte del mondo».
M: «Sì».
P: «Se vuoi il mio parere. Oggi come oggi... Noi siamo usciti da "Mani pulite", siamo usciti da tutte queste cose... – usciti, insomma!? Per ora siamo quasi usciti, pagando e "intrafumando"... Cioè, ti spiego. Io sono convinto che... noi siamo usciti da... voi siete usciti da "Mani pulite", o io sono uscito da "Mani pulite", solo perché s'è pagato, non cominciamo a romper, via, i coglioni. Quelli più bravi di noi non ci sono nemmeno entrati. Forse se io avessi studiato la strada prima, non sarei nemmeno entrato io... forse. Oggi cosa segue? Che oggi noi siamo sempre più o meno sotto un certo che di... di... Non... non illudiamoci».
M: «Mh».
P: «Cioè, per fare un... mhm... fatture fal... ormai si vive in un'atmosfera che chiunque è capace di ricattarti. Cioè, non ti puoi fidare altro che di pochissime persone... di te stesso o di... o dei tuoi soci, che potrei essere socio io. Perciò cosa conviene? Conviene dormire nella maniera più assoluta. Questo non lo dico per te, lo dico per la Lionnaise Des Euax, con altre cifre, sta chiaro, eh. Perciò oggi che cosa si deve...? Si deve trovare... le tecniche che siano differenti da quelle che abbiamo usato fino a oggi, perché sennò ci fanno a pezzi. Chiaro? [...]».

---

9 Cfr. intercettazione dell'11-1-96 (ore 11.03-11.59) fra Pacini e Antonio Sernia:
Sernia: «A proposito: la faccenda dei cinque miliardi che...?».
Pacini: «Quella è una stronzata disumana. Ma con tut-

Dalla telefonata in questione, emergono i desideri di vendetta che Pacini e Sernia nutrivano nei confronti dell'avv. Federico Stella e Franco Bernabè dell'Eni, ritenuti gli artefici della loro rovina, ed emerge la propensione di Pacini agli sproloqui calunniosi (in questo caso il bersaglio è il Pm Gherardo Colombo). Emerge soprattutto che Pacini parla di Di Pietro in termini che niente hanno a che vedere con l'artificiosa costruzione accusatoria dei

---

to ciò m'è toccato querelar tutti i giornali perché...».

S: «Sì, lo so».

P: «Paolo Berlusconi che m'ha rotto i coglioni...».

S: «Pure!».

P: «Amore, eh, la guerra tra Berlusconi e Di Pietro esiste a tutti i... i ranghi e... e... questa storia di... di Raggio è una lunga storia, che è nata perché gli Ispettori di Roma hanno un pezzo di carta, scritto e controfirmato, di cui c'è un... degli esposti anonimi che dice che io ho pagato Lucibello. Non è vero un cazzo, perché io 5 miliardi, nella valigetta nera, non...».

S: «Non esiste».

P: «Eh».

S: «No. Ma comunque, indipendentemente da tutto, Di Pietro con che vive [*parola non certa*] mo'?».

P: «Mah...».

S: «Sta... sta nella merda?».

P: «Lo sta tentando di salvare Stella, perché Stella fa il diavolo a quattro perché si è accorto che, se casca Di Pietro, gli casca Colombo... Perché ormai la gente sa che Stella e Colombo sono soci. Lo sanno tutti».

S: «Eh, questo lo dicono tutti, però non si riesce a... a provarlo».

P: «Eeeeeh... eeeeh... eeeeeh!!! Sono... eh... Colombo è sotto inchiesta a Brescia in maniera durissima».

S: «Vedo che stanno sparando su Salomone».

P: «Su chi?».

S: «Su Salomone».

P: «Le guerre sono aperte, non ti preoccupare».

S: «Madonna!».

P: «Con tutto ciò io credo che... se si riesce, in maniera indolore, a buttarvi sotto Stella, io credo che è un vantaggio senz'altro. Cioè credo che tutti i nostri processi diventino molto meno...».

S: «Soft».

P: «Soft. Anche perché bisogna che il tuo nuovo avvocato sia capace di gestire il tuo processo, non dico qui, ma in Cassazione, come un processo gestito male da Stella & Company in prima istanza, sennò te da quel gran casino non c'esci. Ci esci, perché poi... non ti segue nulla, ma sennò... [*pausa*] Il tuo processo è stato una condanna vera fatta da... a te, da Stella e quegli altri perché hai detto la verità, per paura che tu fossi un concorrente di Bernabè. Questa è l'unica cosa vera... Che bisogna che tu in qualche maniera o con qualche intervista tu lo faccia capire. Non ti dico ora...».

S: «No, mo'...».

P: «Perché sei... ma devo dire che ci devi arrivare a questo discorso».

S: «Ma io sono disponibile. Eh, eh, eh! Hai voglia se non sono disponibile!».

P: «E credo che tu debba arrivare a de...».

S: «Mo' vediamo come si esce, se c'è una riduzione di pena, come mi fa capire...».

P: «Come credo».

S: «Eh, coso, su questa faccenda. Se passa [*sovrapposizione delle voci*]».

P: «Solamente... la riduzione di pena non ti ha prosciolto».

S: «No. Allora, per andare alla Cassazione comincio a... a uscire, no?, allo... allo scoperto dopo, perché bisogna...».

P: «Devi attaccare un po' la struttura dell'Eni che ti ha...».

S: «Ma quello io lo faccio in un niente... ma con... non con ricatti, con argomenti. Ora... la... lascia perdere...».

P: «Io credo che non devono essere ricatti, devono essere...».

S: «Argomenti».

P: «Far vedere che te sei una vittima...».

S: «Sì».

P: «Del sistema "Mani pulite". Per far questo ti toccherà metterti in conflitto d'interesse con Stella, quello ti toccherà. Purtroppo... anche se in questo momento...».

S: «Anche questa... questa... questa uscita che ho fatto di mettergli i Tucci di fianco è stata mica una cosa... Lui l'ha ingoiata, eh! E poi Tucci ha fatto una relazione... con le palle. Ha studiato veramente due mesi, tre mesi 'sto processo, eh. Non è mica uno di quelli che l'ha preso sottogamba».

P: «Bisogna sostenere che te ti hanno sacrificato sull'altare del discorso Eni che sennò te da questa causa non ci esci. Cioè, la Cassazione deve convincersi che non hai nessuna colpa, ma non si convince con tutto quel papiro di processo che m'hai... che m'hai dato; con quello di convince poco, perché c'è un tale casino in questi...».

S: «Eh».

P: «Che nessuno li legge... Poi, mi dicono, in Cassazione nessuno li legge. Non è che ti... Ti garantisco io, che ti presento uno dei capi della Cassazione... ti dicon che nessuno legge nulla. Cioè lì, in Cassazione, si va alla relazione, vanno tutti alla cazzo di cane. Perciò bisogna dimostrare effettivamente che te sei una vittima di quelli che hanno creato il sistema di... Che poi devi calcolare che in questo tempo la Cassazione ne ha fatte due o tre sentenze proprio nell'ambito di... di... di questo genere. Devi... Quando tu fossi... Tieni presente che alla Cassazione andrai fra un anno e mezzo, due anni, perciò molto facilmente...».

S: «Queste cose poi saranno...».

P: «Saranno già amnistiate per il falso...».

S: «Per indulto».

P: «Ma questo non toglie che ti devi preparare...».

S: «No, io c'ho una vendetta in... contro... con l'Eni che tu non ne hai la minima idea. Io sono calmo e buono... ma guarda che sono scatenato, eh. Tutte... Non credere a come dicono quegli stronzi, che non hanno capito niente de...».

P: «Mh».

S: «Della mia testimonianza. Mo' pare che l'hanno capita, ma... cazzo, io c'ho il dente avvelenato...».

P: «Ricordati che il tuo nemico vero – è la mia sincerità – si chiama Federico Stella...».

S: «Per me si chiama Bernabè».

Pm bresciani, e anzi che attestano il contrario.

È da notare come questa telefonata sia stata intercettata lo stesso giorno (11-1-96) in cui è stata intercettata, in altro colloquio, la frase «quei due mi hanno sbancato», e come da essa emerga un dato di fatto che molta parte ha avuto nella raffica di iniziative giudiziarie avviate a mio carico dalla Procura di Brescia: «La guerra fra Berlusconi e Di Pietro esiste», una guerra che mi ha bersagliato per anni e per condurre la quale Berlusconi ha fatto ricorso ai servigi – ottenuti a colpi di miliardi – di Antonio D'Adamo.

L'intercettazione Pacini-Danesi

Gli inquirenti avevano a disposizione anche un'altra intercettazione ambientale per comprendere che in realtà, per la vicenda Cragnotti-Necci-*cracker* di Brindisi, Pacini non si era affatto sentito "tutelato" dalla Procura di Milano, al punto che si dava un gran da fare per trasferire il fascicolo processuale alla Procura di Roma, o in alternativa per convincere un magistrato romano "amico" a farsi trasferire a Milano per occuparsi del caso. Mi riferisco alla intercettazione ambientale del 3-1-96 del colloquio tra Pacini e Emo Danesi [10] dal quale emerge che:

P: «... E che senza Stella...».

S: «Si chiama Bernabè».

P: «Va beh, ma chi gliel'ha inventata l'operazione è stato Stella, non è Bernabè. Bernabè è un coglione, insomma; per me non c'entra un cazzo. Bernabè è furbo fino a che... Ora sta lì e poi se ne andrà. Il vero nemico tuo, o di tutti noi, è stato la richiesta malvagia di Stella, fatta con...».

S: «... Determinazione...».

P: «Colombo... e due magistrati. Cioè lo smon... lo smontan... Beh, i nostri processi non ce li faranno mai, non so se ti sei reso conto. Te hai beccato 4 anni e noi non si becca il processo!? Ma ti sembra normale? Ma ti sembra normale che te vai condannato per 4 anni, e anche in Appello, e a noi non si è nemmeno aperto? Ma te ne rendi conto? Perché? Perché quello non lo possono aprire, perché se apron quello, Stella non ha... non ha... È... è... è lì [*ride*]... Perciò che cosa ha fatto di sottile, Stella? Non potendoti mandare in galera, perché non c'avevan le prove, ti ha ammazzato col processo. Quale concorrenze sono rimaste...?».

S: «Nessuno. Nessuno. Non ci sono».

P: «Vorra... vorrai mica dire che Moscato possa sostituire Bernabè?».

S: «No».

P: «Ferrari se è lì che si caca sotto tutte le mattine ...!? Non c'è nessun altro».

S: «Tutto...».

P: «Perciò Stella t'ha ammazzato lui. Cioè, io poi son convinto – non posso dimostrartelo – ma io ti posso quasi scommettere che la tua richiesta penale... te l'ha inventata Stella col Pubblico ministero. Perché io ho scoperto delle cose di Stella che sono allucinanti. [*Pausa, girando dei fogli*]... Te ne racconto una adesso. Il nostro amico... il mio nemico non è Stella, del quale non mi importa nulla [*frase non certa*]... Fiori. "Al ministro del Bilancio e della Programmazione Economica del Tesoro... illustri... eeeh.. per conoscere quante società off-shore sian state poste in liquidazione negli ultimi trenta mesi dall'Eni e quali siano stati i motivi di tali decisioni. Se l'Amministratore Bernabè... – Fiori, quello di An – e quindi al già azionista unico dell'Eni Spa... siano a conoscenza della costituzione di fondi neri tramite le proprie società off-shore ed eventualmente a quali società controllate dall'Eni [*farfuglia*]... sia risultati dei fondi neri. Se l'Eni o le società da essa controllate, abbiano stipulato contratti per convenzioni o collaborazioni professionali, comunque non definibili con lo studio professionale Stella e per quali importi". Stella ha avuto 6 miliardi dall'Eni [*oppure: intanto*]».

S: «Eh».

P: «Stella, questo... Questa interpellanza... Luzzi, del "Giornale", è andato a interrogar... ha chiesto a Stella lì un colloquio per il "Giornale"... e a Luzzi... Stella ha detto: "No, non posso". L'ha mandato affanculo e l'ha trattato malissimo. Poi è andato da uno e gli ha detto: "Vai a dare i soldi a Luzzi per non fare questa intervista". Gliel'hanno chiappato questo discorso dei soldi a Luzzi per non fare l'intervista. Lo sai che Stella è riuscito, con la Procura di Milano, a bloccar tutto e a far sparire tutto?».

S: «Robe da matti!... Ma io di [*farfuglia*]... ne sono convinto...».

P: «Fa quelle cose che sono impensabili».

S: «Eh, ma la pagherà».

[10] Cfr. intercettazione ambientale del 3-1-96 (ore 11.23) tra Pacini e Emo Danesi:

Pacini: «Devi... Renditi conto che qui... non siamo ancora finiti... in questa marea di merda di giudici e di servizi segreti, ce n'abbiamo ancora duemila rotture di coglioni... ma, insomma, andiamo avanti. Tieniti conto del tuo Savia, perché noi possiamo ancora aver... Bisognerebbe che lo riportassero a Roma perché andasse bene».

Danesi: «Ora... poi se ne parla... Lui vuol venire a Roma...».

P: «Perché c'è un'unica possibilità, perché se lui parla assieme...».

D: «Allora... io c'ho parlato. È incazzato a morte con Cragnotti... e con... eh... Bonifaci, che è suo amico».

P: «Sì».

D: «Dice: perché sono stronzi. Perché la Montedison – dice – l'avevo io. Quando io li ho mandati a chiamare, se questi m'avessero detto, anziché dirmi: "Non s'è dato una lira", ma se avesse detto: "S'è dato 3 miliardi per il sovvenzionamento ai partiti", [*batte le mani*] io chiudevo. Il reato lo avevo trovato. Cagliari era vivo...».

P: «E non s'ammazza nulla. Andiamo...».

D: «Va beh. E quel disgraziato di Di Pietro...».

P: «... Non avrebbe potuto fare i processi a noi».

D: «Hai capito? Dice: "Ecco perché io sono incazzato come una belva".... Dice: "Ma se lì..."».

1) «Renditi conto che qui... noi siamo ancora finiti in questa marea di merda di giudici e di servizi segreti, ce n'abbiamo ancora duemila rotture di coglioni»;

2) «Bisognerebbe che lo riportassero a Roma perché ci andava bene» (al riguardo, Danesi spiega a Pacini che il Pm Savia gli avrebbe detto: «La Montedison l'avevo io [*si riferisce all'inchiesta milanese, ndr*]... quando l'ho mandati a chiamare [*si riferisce ai dirigenti Enimont, Eni, Montedison*] se questi mi avessero detto, anziché dirmi "Non s'è dato una lira", "S'è dato 3 miliardi per il sovvenzionamento dei partiti", io chiudevo, il reato lo avevo trovato, Cagliari era vivo»);

3) «Quel disgraziato di Di Pietro non avrebbe potuto fare i processi a noi»;

4) «Lui [*Savia*] potrebbe andare a Milano al posto di Colombo... Se fa comodo si può convincere... No, si paga... si dice... ragazzi ti mettiamo quello lì a Milano... si rientra nel discorso "Mani pulite" e si discute quando ci saranno i processi... quindi se fa comodo mandalo a Milano... ci si mette d'accordo».

Il senso di queste parole è chiaro e univoco, e conferma la limpidezza del ruolo di Di Pietro e del pool. Ma forse è proprio per questo che gli inquirenti fiorentini e i Pm bresciani non gli hanno dato alcun peso.

L'intercettazione Pacini-Nistri

Si è vista l'enorme importanza che gli inquirenti bresciani hanno attribuito alla intercettazione ambientale dell'11-1-96 («Quei due mi hanno sbancato»). Ma già una settimana prima – il 5-1-96 – il Gico aveva intercettato una conversazione tra Pacini e il suo braccio destro Luca Nistri, nella quale il primo parlava della vicenda dei 5 miliardi. È evidente che Nistri era molto più "vicino" a Pacini, rispetto all'avv. Petrelli, ma dalla loro conversazione emerge che "Mani pulite" *ha bloccato tutti i loro affari* [11]. Un passo del colloquio è particolarmente significativo, poiché testimonia delle

---

P: «Perché Cragnotti è una merda».

D: «Tant'è che ora lui... siccome lui... Dice: "In questi due anni che sono stato a Cassino ho capito quelli che erano gli amici e quelli che non erano amici"».

P: «Mah...».

D: «"Io voglio venire a Roma"... Ce l'ha a morte con Caltagirone, perché Caltagirone era uno di quelli che...».

P: «... Che lo plagiava...».

D: «Appena andato a Cassino, non l'ha più chiamato, quindi ce l'ha a morte. A lui gli si può far far qualsiasi...».

P: «Bisogna portarli a Roma. Bisogna avercene un po' due o tre a Roma, perché sennò ci fanno un culo...».

D: «Lui, tra l'altro, a Roma... ha già fatto la domanda per venire come vice...».

P: «Sì, al posto di...».

D: «"Però – dice – non..."».

P: «Di Voltai [*nome non certo*]...».

D: «Lui potrebbe andare, a Milano, al posto di Colombo, perché Colombo va via. Però lui dice: "Io..."... Lui c'ha il problema della moglie che a Milano non ci vuole andare. Alla fine, dice: "A me me ne frega nulla, io ritorno a Roma anche come Sostituto – dice – perché con l'esperienza che ho fatto a Cassino, che mi va nella mia cartella..."».

P: «Perché non va a Colombo, al posto di Colombo a Milano?».

D: «Se fa comodo, si può convincere».

P: «No, si paga. Si piglia lì 10 persone e si dice: "Ragazzi, ti mettiamo quello lì a Milano. Si... rientra nel discorso 'Mani pulite' e si discute quando ci saranno i processi"».

D: «L'importante è che... Poi dopo io, piano, piano, eh, parlando... "Ah – dico – gua... Ah, a proposito, devo andare a far gli auguri a... al mio amico Pacini"».

P: «E lui non mi conosceva?».

D: «No, lui non ti conosceva. Dice: "Però è una persona... Me lo presenti?"».

P: «[*Ride*]».

D: «Dico: "Volentieri. Volentieri – dico – si fa una cena"... Dice: "Sì, sì, sì, quando vuoi, si fa una cena. Io, volentieri, voglio conoscerlo"... Gli ho dato il Range Rover perché è andato a Punta Ala a far trasloco... per dirti...».

P: «Sì... [*sovrapposizione delle voci*]».

D: «Fa quel cazzo che gli pare lui nella vita. Quindi, se fa comodo mandarlo a Milano...».

P: «Sì. Guarda, ci stiamo preparando, perché bisogna vedere cosa segue in questi dieci giorni».

D: «Allora io gli dico: "Guarda, va a Milano per un po' e poi vieni via..."».

P: «Ci si mette d'accordo».

D: «Eh».

---

[11] Cfr. intercettazione ambientale del 5-1-96 (ore 11.35-12.04) fra Pacini e Luca Nistri:

Pacini: «[...] Consiglio d'amministrazione!? Ma cosa...? Mi vedi, sono... son sempre... Pensa a me, che tutta la gente quando mi vengono a trovare... che tutti i giorni finisco sui giornali... "Cinque miliardi dati..."».

Nistri: «Eh, quello... quello...».

P: «È una settimana che...».

N: «Eh, quel... come quello... che uno telefona tanto per non... perché tanto non ne aveva mai parlato. Eh? Ma che discorsi sono questi qui!?».

P: «Eh... si fan querele... per vivere in mezzo a questo merdume... le ho fatte».

N: «Ma questo merdume, però, vedi... [*sovrapposizione delle voci*] A... a me... credi, mi... mi facevano ridere le persone, perché chiaramente leggono, sentono e poi mi danno la... mi daran la battuta».

P: «Chiaro, tutti».

manovre in corso per screditarmi: «Lui l'ha fatta perché l'editore gli ha detto: "Oggi io c'ho la... condanna a un anno e sei mesi, butta-mici Di Pietro nella merda"... Per far l'artico-lo di Gorrini... che non era pronto, che è usci-to il giorno dopo, [allora] hanno tirato fuori 'sta storiaccia... L'ha fatto in malafede». Ma tutto questo è stato bellamente ignorato dagli investigatori proprio in quanto contrario al lo-ro teorema accusatorio nei miei confronti.

N: «Allora... Allora la mia... la mia battuta preferita te la racconto qual è, la dico sempre: "Pacini potrebbe aver dato non cinque miliardi, ma potrebbe aver dato anche cinquanta miliardi a Scalfaro, piuttosto che al pool, a chi cazzo gli pareva a lui, se l'avesse voluti dare, ma tu pensi che Raggio poteva sapere che Pacini ha dato cinque miliardi a Di Pietro? ... Se... te... Poi lì...?"».

P: «Ma poi... A me Salamone, quando m'interrogò, ti devo dire, disse... – no, è stato molto divertente – mi dis-se: "Senta Pacini, ha mai visto quanto sono cinque miliar-di?"... Ho detto: "Io sì che li ho visti. Mi dispiace, sono un valigione pieno". "È possibile che lei dia una valigetta ne-ra, con cinque miliardi... una valigetta con cinque miliar-di... la dà a Lucibello perché la vada a portare... a versare in Austria? Se lei gliela vuole dare, gliela dà dalla Svizze-ra, là, perché dovrebbe dargliela qui in Italia d'andare a portarla là?"».

N: «Ma che...? E Raggio...? Cos'è? È una battuta di Craxi?».

P: «È una battuta che gli hanno messo in bocca. E, poi, credo che il "Giornale" abbia fatto una cassetta...».

N: «Può anche darsi».

P: «... Montata... cioè, fatta in due pezzi e poi l'hanno montata. Perché Salamone sta indagando su questa casset-ta: è stata montata. È stata montata e ha messo sotto in-chiesta "Il Giornale". Ecco».

N: «Eh, ci credo».

P: «Quello, Salamone, m'ha rotto i coglioni perché m'ha telefonato e m'ha detto: "Pacini, bisogna che lei mi faccia le querele, sennò mi tocca iscriverla nel registro de-gli indagati"».

N: «Perché?».

P: «E chi lo sa!?... "Dottore, gliele faccio subito le que-rele"... "Le fa... me le deve fare... la... la fa a Raggio, la fa all'editore del 'Giornale' e al giornalista". Poi c'è scritto che mi... mi vuol riparlare... Adesso vediamo... [*incom-prensibile, abbassamento audio*]. Io, a Buffetta [*nome non certo*] gli ho telefonato l'altro giorno dicendo: "Troviamo una trattativa". Gli ho detto: "No", gli ho detto: "Si ri... si rivolga al mio avvocato, io non voglio saper nulla più"»... Perché ha paura di esser messo sotto inchiesta...».

N: «Eh, beh, certo».

P: «Dall'albo dei giornalisti».

N: «Ma poi perché questo...?».

P: «Lui l'ha fatto per leggerezza...».

N: «Eh».

P: «Perché è una cosa fatta con leggerezza da lui. Lui l'ha fatta perché l'editore gli ha detto... Paolo Berlusco-ni è uno lunatico... e... e gli ha detto: "Oh! Oggi io c'ho la..."».

N: «Già che sei lì, buttiamo... eh...».

P: «... "La condanna a un anno e sei mesi, buttamici Di Pietro nella merda"... Per far l'articolo di Gorrini... che non era pronto, che è uscito il giorno dopo, hanno tirato fuori 'sta storiaccia».

N: «È che... quello che proprio dà angoscia, perché poi, alla fine... insomma, si sta male... "Come? L'ha fatto in malafede"... Nel... nel... nel giro più... tutto più grosso... differente o meno...».

P: «Lascia stare il giro più grosso... Te non hai nessuna possibilità di... di... di... di... di...».

N: «Di muovermi... io non mi posso muovere... Ti dò...».

P: «Ti puoi anche muovere ma... quando c'è... [*so-vrapposizione delle voci*] C'è un problema che ti casca da... c'hai sempre un problema sulla schiena, insomma».

N: «Ma anche... ma anche diversificando un po' le atti-vità, o cercando di essere sfruttato come persona ... eh, eh, niente... io... e quello ti dice: "Eh, sì, tu capisci... non è che io ti possa dare una consulenza o meno. Ti... ti userei met-tendoti in un Consiglio d'amministrazione... da qualche parte"... E poi ti dice: "Ma, eh, tu come stai col tuoo... col tuo... col tuo procedimento?"».

P: «E te gli dici: "Non s'è nemmeno aperto". Te».

N: «Sì, ma la gente, eh, eh, eh, eh...!».

P: «No. T'ho detto: ma è un discorso nostro, non è il di-scorso, dico, quello lì grosso... È che te, calcola che te... venti telefoni non suonano, non c'è nessuno... perché sì, i tuoi amici ti frequentano, ma...».

N: «Sì, sì, sì. Poi, alla fine, a livello tecnici boom!».

P: «Ti frequentano... per dirti: non lo lasciamo stare, insomma».

N: «Bravo».

P: «Cioè, ti frequenta Rocco che ti dice: "Io... devo ri-scuotere un... di un appartamento riscuotere una cifretta, me la pagan di là, te me... me la puoi ... me la dai?"... Io te la trovo».

N: «Sì».

P: «Ma siamo a livello di...».

N: «Certo».

P: «... Di persone... che vivono nel tuo ambito... stret-te, strette, strette, perché come...».

N: «Gli altri tipi, come... come esci fuori la gente non ti cerca più, non ti vuole di mezzo».

P: «No, "non ti cerca più", è che...».

N: «Mi cercherebbe anche... perché poi m'ha... guarda, sono convinto – e tientilo per te – co... come si dovesse chiudere 'sta fase, ti ripiombano addosso tutti per... per... per...».

P: «Per romperti i coglioni, per fare... Ma ricordati be-ne che tutta la gente ha sempre molto paura... ha sempre molto paura: non sa se tu sei controllato, non sa se i... i giudici ti guardano, non sa se c'hai... quei servizi che ti controllano... sei in un merdume del controllo».

N: «Va beh. Ma voglio dire: ma se finisce tutto quanto questo, saresti, sarei e saremmo e si... si ricreerebbe un micidiale...».

P: «Ritornerebbe tutto uguale».

N: «Esatto».

P: «Non te ne accorgeresti nemmeno».

N: «Però fin quando tutto questo non è finito, non... non... non... non c'è una via... una via regolare».

L'intercettazione Pacini-Lucibello

Anche un'altra intercettazione del 5-1-96 – colloquio fra Pacini e Lucibello – era assai indicativa del fatto che Pacini non aveva ricevuto alcun tipo di "favore" dal Pm Di Pietro, e infatti quelli del Gico l'hanno bellamente ignorata. Pacini dice: «Eh, sempre al solito! Siamo sempre uguali! Così noi l'abbiamo preso nel culo dal pool "Mani pulite", che c'ha fatto sei imputazioni, l'abbiamo preso nel culo, eh dal coso perché eh... e l'abbiamo... e siamo interrogati a Brescia. Mi sembra che siamo del trilemma più assoluto della nostra vita». Come lamenta Pacini col suo linguaggio colorito, il "favore" fattogli da Di Pietro sono sei imputazioni!

L'intercettazione Pacini-Intiglietta

Il 12 gennaio 96 – quando cioè ancora nessuno sapeva niente dei rapporti Pacini-D'Adamo-Intiglietta, quest'ultimo si reca a casa di Pacini, e i due parlano della vicenda che in quei giorni era sui giornali (l'intervista diffamatoria de "Il Giornale" a Raggio, e la richiesta del Pm di Brescia del mio rinvio a giudizio) e soprattutto del fatto che Pacini qualche tempo prima è stato interrogato a Brescia dal Pm

---

P: «Non c'è nemmeno traversa. Io, mettiamo, son... son... prosciolto in tre processi a Roma e il quarto processo, il giudice m'aspetta 'sta settimana per... "Rimane ancora indagato lei per altri sei mesi"... [*pausa*] E ne ho prosciolti tre, eh. Ho prosciolto quello di Rocco Trane e di Santoro... che loro con il processo lì sono prosciolti; ho prosciolto quello di Fano... condannato Getti... e ho prosciolto quello di Roma... della Cooperazione».
N: «Quello è andato a lungo, quello della Cooperazione... E poi, a Roma, un altro procedimento che t'hanno lasciato aperto?».
P: «Sì. Quello di Signorile».
N: «Di Signorile?».
P: «Eh, sì [*ride*]...».
N: «Quello di Signorile?».
P: «È quello di Papis... che disse che m'aveva dato cent... seicento [*oppure: trecento*] milioni che dovevo dare a Signorile... E che io dissi che li avevo dati a Balzamo e non a Signorile, per conto di Signorile... Non hanno... non... non hanno rinviato a giudizio nessuno...».
N: «Eh beh, mi pare giusto».
P: «La Cooperazione... hanno fatto opposizione perché a me m'hanno archiviato... Eh!!! Ho avuto anche l'opposizione... dei socialisti... [*pausa*] Trentasette rinviati a giudizio e uno archiviato. Ero io [*ride*]».
N: «Eh, quello sì. Meglio poi non [*incomprensibile*]».
P: «No, ma l'hanno visto, perché nel rinvio a giudizio c'è cancellato Pacini Battaglia [...]».

Salamone in merito ai suoi rapporti con D'Adamo:

Intiglietta: «A proposito, scusa, volevo dirti una cosa: guarda che io sono a tua disposizione, quando e come lo ritieni, per andare da Salamone – se devo andare – a spiegargli, eh, se tu lo riterrai opportuno, che cazzo hai fatto sulla [società] D'Adamo, eh...».
Pacini: «No, ma quello non se ne importano...».
I: «Sia ben chiaro!».
P: «Quello gliel'ho spiegato; ne ho parlato con Salamone, eh».
I: «Sì. Eh... Se hai bisogno, io vado».
P: «No, no, non... Di quello non ho nessun problema, perché...».
I: «Sono a totale disposizione».
P: «Ho fatto un prestito di soldi, che m'è stato messo... è un prestito controllato... e finito».
I: «Ba... ba... ba... bastardi».

Nel gennaio 96, dunque, Intiglietta e Pacini non fanno affatto riferimento a denaro dato a D'Adamo per Di Pietro (o su richiesta di Di Pietro), ma parlano *fra loro* e *in privato* di «un prestito di soldi». E infatti il certificato azionario Gde-Gruppo D'Adamo Editore è passato in mano a Pacini fin dal gennaio 95.

L'intercettazione del 12-1-96

Siamo ancora nel gennaio 96, e la falsa notizia pubblicata da "Il Giornale" (l'intervista a Maurizio Raggio del giornalista Andrea Pasqualetto) sui fantomatici 5 miliardi che Pacini avrebbe dato a Di Pietro, continua a tenere banco. Pacini, conversando con un interlocutore non identificato, ironizza sulla questione, trattandola per quello che è, cioè una panzana:

Pacini: «... Io sono convinto che questo polverone di "Mani pulite" è ancora in svolgimento».
Uomo: «Sì, in ebollizione».
P: «Non sai mai, qualcheduno che ti vuol fare uno scherzo, eh, che vuol, ti odia e cose... ho detto [*batte le mani*] nome non mio, fatto non mio...».
U: «E i cinque miliardi che hai dato a Di Pietro...? Come cazzo è successo?».
P: «Ehm!? [*sospiro*]».
U: «Chi... come glieli hai dati? Direttamente o tramite Lucibello?».
P: «No, con la valigetta gliel'ho dati, perché...!?».
U: «E chi era? Lucibello?».
P: «Sì, con Lucibello. Valigetta nera, che è una valigetta che è piccina... che non ci...!?».
U: «E cosa si...?».
P: «Ci vorrebbe il coso... ci vorrebbe la valigiona... quella grossa».

U: «Come la vedi 'sta cosa?».

P: «Un troiaio, lo vedo; ma con tutto ciò penso che da questo troiaio si arrivi all'amnistia...».

U: «Ma la facciamo...».

P: «Ti dico, a me questo troiaio mi fa tanto piacere».

U: «Ce la facciamo per giugno, dici te?».

P: «Io dico che la facciamo per giugno».

U: «Mh».

P: «Se si fa il Governone, è all'ordine del giorno l'amnistia. Il falso in bilancio e l'amnistia collaterale sugli altri reati. Ma se si fa, invece, il Governo istituzionale e qua si finisce... si rischia per farla a fine d'anno».

Ecco, dunque, l'obiettivo finale dello scandalo montato a tavolino contro Di Pietro in quei giorni: «Penso che da questo troiaio arrivi l'amnistia», dice Pacini – un'eventualità che a lui, e a molti altri dei protagonisti di Tangentopoli, «fa tanto piacere». Quella amnistia contro la quale Di Pietro, quattro mesi prima, si è schierato con grande clamore.

Inutile aggiungere che questa telefonata, siccome non giovava alle costruzioni accusatorie affastellate a mio carico, è stata ignorata dal Gico.

L'intercettazione Pacini-Greppi

All'intercettazione della telefonata fra Pacini e Lorenzo Greppi del 22-1-96 il Pm di Brescia ha attribuito molta importanza, al punto che l'ha poi indicata come indizio di riferimento per chiedere l'autorizzazione a decine di altre intercettazioni telefoniche e ambientali, anche a mio carico [12]. Secondo i Pm bresciani, in questa intercettazione ambientale ci sarebbe la prova di una mia "concussione" ai danni di Pacini, rilevabile dal fatto che quest'ultimo a un certo punto dice: «Quest'ipotesi potrebbe suggerire un'ipotesi investigativa... io mi sarei vantato in Svizzera di aver pagato Lucibello... quest'ipotesi su una serie di corruzioni e concussioni continuate commesse da Di Pietro e Lucibello...», dopodiché Pacini – sempre secondo i Pm bresciani e il Gico

– avrebbe aggiunto: «Che poi un giorno si scoprirà che era vero, a dirlo a te».

Peccato che, leggendo la trascrizione dell'intercettazione, risulta chiaro che Pacini, pronunciando quelle parole, stava riferendo il pensiero di altri (cioè del Pm bresciano Filippo Salamone) [13]. Pacini, cioè, stava spiegando

---

[12] Nella motivazione della richiesta avanzata al Gip da parte del Pm di Brescia, datata 25-11-96, si legge: «Ma vi è di più. Nella conversazione del 22-1-96 con Lorenzo Greppi, è lo stesso Pacini che dichiara al suo interlocutore di essere stato "concusso" da Giuseppe Lucibello e Antonio Di Pietro».

[13] Cfr. intercettazione ambientale del 22-1-96 (ore 15.01-15.34) fra Pacini e Lorenzo Greppi:

Pacini: «Questi sono gli interrogatori di quella testa di cazzo di Salamone».

Greppi: «Di quando?».

P: «M'hanno... ho preso del... del verbale, ho preso quello che mi ha... [*sfoglia le carte*] il mio [*sfoglia le carte*]... ho preso quello che mi riguarda a me, no? [*sfoglia le carte*] C'è il mio... [*sfoglia le carte*] c'è il mio interrogatorio... che l'hanno pubblicato. Me l'hanno...».

G: «E chi è? Che giornale?».

P: «L'ha fatto "Il Giornale". Questo. Sì».

G: «Feltri te l'ha pubblicato?».

P: «Eh!?!».

G: «Lo denunci?».

P: «Il... il... il Salamone».

G: «Ma a gennaio l'han già pubblicato, no?».

P: «No. Questo son riuscito io a non farlo pubblicare. "Caso Pacini Battaglia... Pacini difenda e difeso [*alcune parole incomprensibili perché farfuglia*]... Di Pietro viene arrestato e liberato lo stesso giorno fornendo una deposizione già preparata. Non si indaga a fondo né sulla banca, né sulla Snam Progetti [*ride*]...".».

G: «Cazzo... ma che cazzo...».

P: «È la lettera anonima che hanno scritto al...».

G: «Ah, è una lettera anonima...».

P: «... Che hanno scritto...».

G: «... Che si è scritto da solo».

P: «Come?».

G: «Che lui s'è scritto da solo...».

P: «Chi?».

G: «[*Ride*] Salamone».

P: «Che Salamone si... si è scri... "Pacini si è vantato in Svizzera di aver pagato a Luci... di Luci... Lucibello. Questa ipotesi potrebbe suggerire una ipotesi investigativa". Io mi sarei vantato in Svizzera di aver pagato Lucibello. "Questa ipotesi potre... su una serie di corruzioni e concussioni continuate commesse da Pi... da Di Pietro, in concorso con Lucibello. Di Pietro sottopone al procedimento un determinato soggetto, a cui viene consigliato di scegliere, come difensore, Lucibello. Lucibello, con l'accordo di Di Pietro, fornisce al cliente la versione concordata... per uscire dal carcere, intanto si fa... si... consegnare grosse somme di denaro che poi spartisce con l'amico magistrato" [*ride*]... Che poi si... un giorno si scoprirà che era vera, al di là di questo».

G: «[*Ride*] Nota: "commento di Pacini..."».

P: «Sì...».

G: «"L'è tutto vero!" [*ride*]».

P: «[*Sospiro*]».

G: «"Pacini ubriaco, dopo un litro di vino, commenta 'L'è tutto vero!' [*ride*]... [*farfuglia, incomprensibile, colpo di tosse*]... Va beh... Poi, le altre cose divertenti?».

a Greppi quale fosse l'ipotesi accusatoria cavalcata dai Pm di Brescia e gli leggeva passi di quelli che poi precisava: «Questi sono gli interrogatori di... Salamone». Durante la lettura dei documenti, sia Pacini sia Greppi dicono anche «l'è tutto vero», ma non per confermare

---

P: «Scherzi? C'è la mia che è divertente. Poi vado a parlare di cose serie... [*sfoglia delle carte*] Ecco. "Con riferimento alla richiesta eeeeh... del ... concernente lo scri... lo scritto anonimo in titolato 'News da Milano' nel quale si afferma, tra l'altro, che Di Pietro ha indotto Pacini a versare i miliardi per cercare di non far fare... che... a versare..."».

G: «Cosa?».

P: «Leggi questo qui: "Con riferimento alla richiesta...", questo non so chi l'ha scritto... È una lettera. "Con riferimento alla richiesta e accertamenti concernenti lo scritto anonimo intitolato 'News da Milano' – che non l'ho trovato – nel quale si afferma, tra l'altro, che Di Pietro ha indotto Pacini a versare i miliardi per cercare di non far apparire il suo iniziale sostenitore economico Antonio D'Adamo e che l'incontro operativo sarebbe avvenuto in un ufficio adiacente al Tribunale... Pacini Battaglia sarebbe giunto con un velivolo proveniente da Ginevra, si forniscano gli elementi sul quale è stato possibile svolgere gli accertamenti. Il genero di D'Adamo Antonio si identifica in Mascetti Andrea eeehhh... aaahh... la società dispone, inoltre, di una sede a Roma in Via eeeeeh... È stato in passato amministratore delegato della Dox Italia eeeehh... E lì eeeeh... l'incontro nell'ufficio nei pressi del Tribunale... eeeh... operativo... eccetera – potrebbe corrispondere agli uffici di via Santa Barnaba... nello studio dove sta..." – io non sono mai arrivato quel giorno a Milano, perché loro hanno già la documentazione che io non ci sono mai arrivato – si identifica in Pacini Battaglia Fran... nato a Bientina... eeeeeh... residente... Lo stesso è stato in passato amministratore... eeeeh... Tassiag [*nome non certo*]... società italiana... [*incomprensibile perché legge ridendo*]... che oltre a essere stato sostenitore di tutte le società... essere stato amministratore di una industria eeeeeh... Ivet [*nome non certo*]... – mai stato – con locale in via Francesco da Sforza, resi... già residente..."».

G: «L'Ivet è quella di tuo fratello?».

P: «Sì. "Circa l'arrivo da Ginevra di Francesco... il 17, con un aereo privato, è stato accertato, attraverso la Guardia... eeeeh... che ci fu... eeeh... che risulta giunto nell'aeroporto di Linate... privato un solo velivolo proveniente da Ginevra, un aeromobile segnalato del tipo 600 Tms – che sarebbe Lear... Lear Jet Inc... è del... [*incomprensibile*] Usa è di un proprietario Usa [*ride*] che gli vai a dire!? – a bordo vi erano i due membri di equipaggio e tre passeggeri, Arbinati Stefano, svizzero, nato... Ledouc Alain, francese, nato... e Ledouc Jean, anche lui francese... – perciò io non ci son mai arrivato a Milano". Verbale di informazioni: "È comparso Pacini Battaglia residen... che risiede... Generalità di Pacini Battaglia, nato a Bientina, residente a Crans Montana... eeeeeh... eeeeeh – tutti gli atti che contano, e poi non contano un cazzo – eeeeeh... identificato... eeeeeh... nella sede... eeeeeh... avvenuta una perquisizione in casa di Giorgi..."».

G: «[*Incomprensibile*]».

la tesi del Pm dott. Salamone, bensì per negarla con un ironico sarcasmo: solo un Pacini «ubriaco» avrebbe potuto dire «l'è tutto vero». I Pm bresciani, invece, hanno interpretato il passo al contrario, anche perché le parole di Pacini sono state trascritte e presentate in modo diverso rispetto alla perizia fonica:

• *Trascrizione Gico:* «Che poi un giorno si scoprirà che era vero, *a dirlo a te!*».
• *Trascrizione perito:* «Che poi si... un giorno si scoprirà che era vera, *al di là di questo*».

In pratica, la locuzione inventata dagli inquirenti «a dirlo a te» induce a ritenere che Pacini lo stia confidando a Greppi («L'è tutto vero»), mentre in base alla perizia («al di là di

---

P: «"La sera del 17-2-93 fu eseguita la perquisizione nell'abitazione romana di mia moglie e familiari. Il giorno successivo furono perquisiti tutti gli uffici di proprietà della banca e gli altri due uffici di proprietà della Hols Finanziaria eeeeeh... adiacenti. La sera del 17 il maggiore Migistri, al numero... mi parlò per telefono, perché mi trovavo a Crans informandomi soltanto dell'esistenza di un decreto di perquisizione". Io aggiunsi – e qui non c'è scritto – "Caro, se lei vuole denunciare il pool 'Mani pulite', lo denunci perché queste perquisizioni non si possono fare"».

G: «Perché?».

P: «Perché non si può perquisire un ufficio di una banca. Poco dopo, forse...».

G: «Di una banca... e dove di una banca?».

P: «La Hols Finanziaria era di proprietà della banca, mica mia».

G: «Ah, ho capito».

P: «"Poco dopo, corsi subito... avvertii là mia moglie che stava a Roma per informarla dell'avvenuta ordinanza di eeeeh... In ordine alle modalità con le quali il maggiore Magistri procedette, su cui vi è stata, a seguito di una serie di esposti, un'indagine condotta dall'Ispettore del ministero di Grazia e giustizia..."».

G: «Ah. Tu l'hai fatta venire fuori tutta quella storia?».

P: «Tutto ho tirato fuori. "Pochi giorni dopo la perquisizione parlai con l'avvocatessa Manola Amuda e scelsi l'avvocato Roberto Di Stefano [*nome non certo*]. La prima... io prima di allora non conoscevo né avevo sentito nominare l'avvocato Lucibello. Devo dire che circa un mese prima di subire la perquisizione, è giunta una telefonata in banca, non ricordo se a me o al presidente Franco Croce, con la quale lo studio Stella di Milano si metteva a disposizione qualora qualcuno di noi avesse avuto bisogno di assistenza legale per le vicende 'Mani pulite'". Stella è stato denunziato da Salamone. "Non fu dato seguito alcuno a questa den... che comunque, quando si verificarono i fatti il 17... ci tor... ci tornò in mente, creandoci qualche perplessità". Io, da persona che ero, gli ho mandato... gliel'ho scritto. Dico che cosa ha fatto di sbaglio il pool e cosa ha fatto l'avvocato Stella».

questo») risulta che Pacini intende far capire a Greppi che si poteva dire tutto il male possibile dei metodi del pool "Mani pulite" per "forzare" le inchieste, ma che solo un «ubriaco» poteva sostenere una mia corruzione o concussione, essendo appunto un'ipotesi «al di là», cioè da escludere. Infatti, a riprova, Pacini così prosegue: «Ho detto che cosa ha fatto di sbaglio il pool e cosa ha fatto l'avvocato... e le altre sono tutte stronzate».

L'intercettazione Pacini-Sernia

L'intercettazione Pacini-Sernia del 22-1-96 evidenzia ancora una volta, in maniera certa e lineare, che Pacini non era stato – né si sentiva – un "graziato" o un "favorito" dalle inchieste di "Mani pulite" (e quindi da Di Pietro, giacché gli unici procedimenti a suo carico erano proprio e solo quelli che io avevo aperto contro di lui). Per cui, ancora una volta, gli investigatori del Gico la ignorano.

Pacini, dialogando con Antonio Sernia, parla di "Mani pulite" e del suo ruolo di pluri-indagato: «Siamo quelli che l'abbiamo preso nel culo... l'abbiamo preso e dobbiamo ancora tenercelo appiccicato dentro... siamo stati quelli che ci hanno tartassati... aspettiamo la sentenza» [14]. Pacini, in relazione all'inchiesta "Mani pulite", non si sente "favorito", bensì "tartassato". Ma ai Pm bresciani, impegnati a tartassare Di Pietro, queste ammissioni di Pacini non interessano.

---

[14] Cfr. intercettazione ambientale del 22-1-96 (ore 16.01-16.10) fra Pacini e Antonio Sernia:

Sernia: «Mah!? Non si capisce più niente, guarda, lo dicevo proprio adesso... non si capisce più niente...».

Pacini: «Dobbiamo soffrire ancora per un po' di tempo, caro Antonio».

S: «Eh, siamo... Cazzo, son tre anni... tre anni!!!».

P: «Siamo quelli che l'abbiamo preso nel culo... fra quelli che l'abbiamo preso nel culo. Ci sono quelli che non l'hanno preso e quelli che l'abbiamo preso. Noi siamo fra quelli che l'abbiamo preso nel culo, perciò bisogna – scusami se faccio una telefonata...».

S: «No».

P: «Fra quelli che l'han pre... – perché poi devo andar via – fra quelli che l'abbiamo preso e dobbiamo ancora tenercelo appiccicato dentro...».

2. Ulteriori intercettazioni ambientali

In pratica, tutte le conversazioni di Pacini intercettate dal Gico sono poco o tanto attraversate dalle sue lamentele per il trattamento processuale avuto dal pool di Milano (in particolare dal Pm Di Pietro), e soprattutto per le disastrose conseguenze patite dai suoi affari (che nel 95-96 cercava appunto di riavviare). Oltre alle intercettazioni già citate, ecco un breve campionario delle altre che contengono riferimenti a Di Pietro e a "Mani pulite".

Intercettazione Pacini-Intiglietta del 12-1-96

Pacini a Intiglietta: «Non posso la mattina svegliarmi... perché una testa di cazzo... perché il sig Raggio si è svegliato... qui mi telefonano quaranta persone... con una operazione sul cuore che non dovrei lavorare e non dovrei incazzarmi... Quaranta persone mi rompono i coglioni. Antonio, è impensabile che io possa rimanere in questo Paese... Dato che non muoio di fame piglio il culo e me ne vado».

Intercettazione Pacini-Manfredi del 1-2-96

Manfredi: «Sta storia di Raggio e... quando è uscita...».

Pacini: «... Raggio... va bè, ma non è... è una str...».

Uomo 2: «Ma poi l'ha smentito Raggio... No? L'ha smentito subito. Ha detto: ma no».

Pacini: «Ma sì, ma non vuol dire... è un momento di guerra... Intanto in quel momento, "Il Giornale" lo mette in prima pagina. La gente vede questo casino, il giorno dopo vuole comprare "Il Giornale", il giorno dopo trovano l'intervista di Gorrini contro Di Pietro. Te non hai idea a quali bassezze ci siamo noi trovati... mhm... Sono matti».

Uomo 2: «Hai fatto le querele?».

Pacini: «Io ho fatto tutte le querele. Io le ho fatte. Io l'ho dovuta fare all'editore, a Feltri... ma anche perché Salamone mi ha telefonato. [...] Questo episodio. Perché Raggio messo alle strette racconta che gliel'ha messe in pa... in mano il Paolo Berlusconi...».

Uomo 2: «È, va bene, ma tu avresti dati cinque cinque mi... miliardi...? Scusa, lui ha detto "L'ho sempre accompagnato"... ma maledettamente...».

Pacini: «Non pensare... non pensare che ci fosse il discorso... che io gliel'abbia dato, non è nemmeno pensabile ma il discorso stupido è che Raggio s'è cagato addosso perché ora lui si trova con una mia querela...».

Uomo 2: «Ma è molto semplice. Di Pietro aveva simpatia nei suoi riguardi e l'ha sempre fatto ma non è... ma non è che lui si sia fatto dare qualcosa...».

Pacini: «Ma non è... non è nemmeno simpatia. Eh, t'ha detto quello che, poveraccio ha detto nel verbale a Salamone. Ha detto: "Io e il pool di 'Mani pulite' abbiamo detto che Pacini c'ha aiutato a trovare il... il filo"... e noi La registrazione di Di Pietro dove dice che lui, insieme col pool – l'intero pool – è a conoscenza, compreso Borrelli... Hanno detto: "Noi dovevamo... avevamo un accordo in cui se Pacini ci diceva come erano finanziati i partiti politici noi l'avremmo... gli abbiamo riconosciuto la sua collaborazione con la giustizia perciò non dovevamo...". Non è vero che io debba avere sei rinvii a giudizio quando de... quando ho collaborato con... con la giustizia, sennò che cazzo c'ho collaborato? Che cazzo, che piacere mi avete fatto... È quello per cui Di Pietro dice: "Io non ho messo in galera Pacini perché aveva collaborato"...».

Intercettazione Pacini-Bisignani del 9-2-96

Bisignani: «Ma Salamone è convinto... lui è convinto che tu hai dato soldi a... Di Pietro».

Pacini: «E... e come...eh?!».

B: «E, no. è proprio convinto. Dice: "Io sono sicuro...". Per cui, forse ti... è convinto proprio ma non perché con te, cioè, gli stai pure molto simpatico e dice: "Se c'è un grande rapporto"... Ma io sono sicuro che se trovano gli elementi [*oppure il movente*]... e... il discorso è fatto. Troviamo un po' di elementi [*oppure: troviamo un movente*]».

P: «Esper...? Non sarebbe tanto più semplice... che se io ne avessi la possibilit... glielo farei scoprire ora [*oppure:* E espe...? non sarebbe stato più semplice che se io glieli avessi consegnati glielo farei scoprire ora]».

B: «Io ti dico che m'ha chiesto... è vero o finto? Ti dico è vero perché a questo [*acquista*] una dimensione assoluta».

P: «Come si fa a levarglielo di mano?».

B: «Non si può! Che non ti rompono i coglioni che ti inseguono in tutti i modi [*oppure:* innanzi tutto loro hanno questa convinzione e la inseguono in tutti i modi]».

P: «Cosa posso far per levargliela?... Lasciamo il telefono sotto controllo... Ma... mi sembra di parlare coi matti Come fai te a parlare coi matti? Che gli di? Io dei suoi... non posso dir nulla. Speriamo che smetta di... di rompere i coglioni. Tanto il 21 di... di febbraio lo... lo rivedremo mi pare. Sì?».

B: «Ma...».

P: «Allora gliela facciamo trovare a lui – se c'è».

B: «Sì; certo».

P: «Come?».

B: «Io col Sergio gli ho detto no...».

P: «Sì... Con Salamone se mi riuscite a levarmelo, pensateci voi, sennò rimarr... io non gli posso... non posso inventare che è vero quello lì...».

Intercettazione Pacini-Maddaloni del 9-2-96

Pacini: «... Un mio amico è andato da... anche perché mi devi dare una piccola mano – è andato da Salamone... e gli ha detto: "Ma mi spieghi perché ce

l'hai con Pacini?". Lo sai cosa gli ha risposto Salamone? Te lo dico io: "Perché Pacini ha aiutato Di Pietro e Di Pietro è diventato importante perché l'ha aiutato Pacini. Ora Pacini deve aiutare me perché Pacini avrà dato sicuramente i soldi a Di Pietro". Qui è pazzo... Questa è follia [*pausa*]».

Maddaloni: «Vaglielo a levare dalla testa!».

P: «Questo è nano, se lui pensa che io possa... Io non glielo dati a Di Pietro i soldi, come posso far a dirglielo?».

Intercettazione Pacini-Maddaloni del 19-2-96

Pacini a Maddaloni: «Salamone mi è simpatico, perciò la smettesse di rompermi tanto i coglioni, perché il teorema che io devo essere quello che lo porta ad arrestare Di Pietro son teoremi che se li deve mettere nel culo. Quello gli ho... gliel'ho mandato a dire. No, è un discorso... "Ma guarda che non è vero...". "Ah, ma io non voglio dire che sia vero, solamente io c'ho: i telefoni sotto controllo, gli uffici... che mi vengono quelli dei servizi segreti"?! Mi sono rotto i coglioni».

Intercettazione dell'11-1-96

Pacini: «Va beh, questa è una stronzata fatta... a suo tempo da...».

Uomo: «Da Salamone?».

P: «Con tutto ciò questa l'ho chiarita, perché io con Salamone l'ho visto due volte e so... so molto di più di quello che è venuto fuori sul "Giornale". Questa è stata una maialata che m'ha fatto Feltri, così, sul "Giornale", ma son cose che capitano nella vita. Allora ho fatto la mia operazione...».

U: «Sì, però, questa è una buffonata di Raggio, insomma!?».

P: «Va beh, Raggio dopo ha fatto le scuse. Ora si trova incasinato. Ora si trova... ora si trova in un casino d'inferno, perché gli ho fatto la querela...».

U: «Va beh. Però lui... Come cazzo fai ad andare a dire 'ste cose? Ha parlato proprio...».

P: Gliel'ha messo in bocca qualcheduno».

U: «Mh. Sì, bisognerebbe sentirlo. Qua ne stanno inventando di tutti i colori».

P: «Come?».

U: «Quello dice...».

P: «Io trovo che Di Pietro... – a me mi sta sul culo, perché è l'artefice delle mie disgrazie – ma questa volta gli stanno facendo dei troiai...».

«Di Pietro a me mi sta sul culo, perché è l'artefice delle mie disgrazie», dice Pacini. Ma gli investigatori del Gico e i Pm di Brescia non vogliono sentire ragioni: per loro, Di Pietro ha "favorito" e "protetto" Pacini in cambio di denaro.

VIII.

ANONIMI E SCORRETTEZZE

1. Le fonti anonime

Sono presenti agli atti diversi anonimi "illecitamente costruiti" e acquisiti dai Pm bresciani come fonte di prova a mio carico. Anzi, a ben leggere la iniziale relazione del Gico 30-10-96, si può rilevare che gli unici "anelli" che all'epoca astrattamente potevano collegare la mia persona alla posizione processuale di Pacini e D'Adamo erano: a) l'anonimo "News da Milano"; b) gli anonimi appunti (manoscritti e dattiloscritti) rinvenuti nell'abitazione parigina di Mach di Palmstein; c) l'anonimo "Onder-Manfredini" iscritto dalla Procura di Brescia inizialmente al n° 38/96-Mod. 46 e poi "rigirato" al n° 1585/96-Mod. 44 formalmente per calunnia ai miei danni ma in realtà utilizzato come "stimolo" per indagare su di me.

Non è possibile utilizzare, quale "fonte di prova", l'anonimo "News da Milano": è vietato dalla legge! Né può essere addotto, come giustificazione, il fatto che tale anonimo, in quanto sequestrato presso l'abitazione di Pacini, potrebbe costituire materiale documentale: infatti, l'anonimo sequestrato a Pacini è la copia fotostatica dello stesso anonimo inviato all'Ag di Brescia e registrato a mod. 46 dal Pm dott. Fabio Salamone.

In proposito, nello stesso rapporto del Gico 30-10-96 è riportata la intercettazione di un colloquio avvenuto il 22-1-96 tra Pacini e Lorenzo Greppi del seguente tenore:

Pacini: «No... questo sono riuscito di non farlo pubblicare... [*leggendo un documento*] "Caso Pacini Battaglia... Pacini Battaglia amico è difeso [*inc.*] Di Pietro... viene arrestato e liberato lo stesso giorno fornendo una deposizione... già preparata... non si indaga a fondo né sulla banca né sul... [*inc.*]».

Greppi: «Cazzo... che... cazzo...».

P: «È la *lettera anonima* che hanno scritto aa...».

G: «Aahh... la lettera anonima... [*inc.*]... scritto da solo...».

P: «Come?...».

G: «Che lui s'è scritto da solo...».

P: «Chi?...».

G: «[*Ride*] Salamone...».

P: «... Che Salomone si è... si è scritto: Pacini si è vantato in Svizzera di aver pagato Luci... Lucibello... quest'ipotesi potrebbe suggerire un'ipotesi investigativa..."».

Un ulteriore riscontro lo si ricava da un brano della intercettazione della conversazione tra Pacini e Petrelli, là dove Pacini dice che il Pm Salamone «m'ha domandato se conoscevo D'Adamo... io ho detto: "Lo conoscevo, l'avrò visto due volte in vita mia... m'ha detto se avevo dato dei soldi a D'Adamo... c'avevo una *lettera anonima* [*parole dette da Salamone*]... S'è messo a ridere e poi s'è chiacchierato tre ore su 'ste stronzate... m'ha fatto un verbale, me l'ha scritto lui... gli ho scritto come voleva... successivamente ci siamo messi a chiacchierare... sviscerato un po' tutta questa situazione...». D'altronde è lo stesso Gico ad ammettere, nella relazione del 30-10-94, che l'oggetto di quei colloqui erano uno o più anonimi agli atti del Tribunale di Brescia.

Per queste ragioni ho chiesto al Gip di Brescia di dichiarare l'inutilizzabilità degli allegati 139, 166, 167, 168 e 169 alla relazione del Gico, nonché di quella parte della stessa relazione che li utilizza come "fonti di prova". Ho chiesto inoltre la estromissione dal procedimento di tutti gli altri anonimi (a partire da quello di cui al p.p. 1585/96-Mod. 44), e di tutte quelle relazioni di Pg che si riferiscono a tali anonimi.

2. Illegittimo deposito di atti processuali

Il 6 dicembre 96 il Pm bresciano operava il sequestro di documentazione presso i miei domicili e presso quelli dell'avv. Lucibello, di D'Adamo, del brigadiere Scaletta, dell'avv. Roberto Arnoldi, e poi anche della mia segretaria Simona Stoppa e del di lei padre, nonché di Enrico Manicardi (quale rappresentante della Fintrasporti) e di Patrizia D'Adamo. Tutti sequestri dei quali il Tribunale della Libertà il 23-12-96 ha disposto la revoca in quanto illegittimi. Ma il Pm bresciano, prima di procedere alla restituzione dei documenti illecitamente sequestrati, ha provveduto a fotocopiarne la maggior parte, e li ha lasciati inseriti nel fascicolo processuale. In merito a questo aggiramento, da parte del Pm, del provvedimento di revoca, il Tribunale della Libertà ha precisato:

«La terza e ultima questione deriva dall'ulteriore richiesta oggi formulata dalla difesa Di Pietro, la quale, appreso che il Pm prima di procedere alla restituzione ha estratto copia dei documenti da rendere, ha domandato di ritornare in possesso anche di queste copie. La richiesta, che pure parte da un presupposto esatto, poiché in ossequio al generale principio di cui all'art. 185, 1° comma, Cpp la revoca del decreto comporta anche l'invalidità degli atti compiuti in connessione a quello, è però inaccoglibile. È invero palese che le copie attualmente in possesso del Pm non sono beni sequestrati all'indagato, ma sono oggetti che da quei beni si originano, sicché difetta in capo al Di Pietro la titolarità di alcun diritto reale a rivendicare quelle copie. Ne consegue che la revoca del decreto di sequestro nei confronti del Di Pietro potrà comportare semplicemente la inutilizzabilità ai sensi dell'art. 191 Cpp delle copie estratte, decisione questa che peraltro esula dalla funzione meramente incidentale e limitata che spetta al giudice del riesame».

Ho pertanto rinnovato al Gip formale richiesta di inutilizzabilità non solo degli atti e dei documenti sequestrati a me, ma anche con riferimento a tutto il materiale sequestrato nell'operazione coordinata di Pg del 6-12-96 e giorni successivi, sequestri revocati dal Tribunale della Libertà.

3. Uno "spezzatino" di indagini

In sede di richiesta di prima e seconda proroga delle indagini, ho sollevato la questione della effettiva data di inizio delle indagini preliminari. Il Gip, in entrambi i casi, ha rigettato la mia istanza rilevando la «diversa genesi storica» del p.p. n° 3940/96 rispetto alle indagini che pure erano state fatte sugli stessi argomenti nell'ambito del p.p. n° 1519/95 (e anche rispetto alle indagini che la Digos di Brescia

svolse nell'ambito del p.p. n° 1585/96-Mod. 44 per la vicenda "Onder-Manfredini").

In sostanza, secondo le rispettabili valutazioni del Gip, «la notizia contenuta nell'esposto anonimo ["News da Milano"] non potevano certo qualificarsi come notizie di reato», e quindi «non si versa nel caso di una tardiva iscrizione giacché mancava una qualificata *notitia criminis*». D'accordo, ma se a seguito di un esposto anonimo vengono svolte indagini specifiche nei confronti di una persona, costei *di fatto* viene a trovarsi nei panni dell'indagato, con la ulteriore conseguenza che nei confronti dell'indagato "normale" (cioè quello normalmente iscritto a mod. 21) scatta la garanzia del termine entro il quale le indagini devono concludersi, mentre per quanto riguarda "l'indagato di fatto" (quello nei cui confronti si svolgono accertamenti magari a 360 gradi e in via esplorativa in seguito ad "anonimi"), al danno della calunnia si aggiunge la beffa della esclusione dalle garanzie procedurali. Pur convenendo sul principio, dunque, mi permetto di insistere sulla necessità di valutare se, nel caso in questione, il Pm di Brescia non abbia persistito nel tempo a indagare sulla vicenda dei rapporti Pacini-D'Adamo-Di Pietro sia all'interno del p.p. n° 1519/95, sia a latere di esso (quantomeno nell'ambito del p.p. n° 1585/96-Mod. 44). E pertanto ho riproposto al Gip la rivalutazione della esatta individuazione del termine iniziale delle indagini preliminari.

Nel merito la questione è nota; semmai, una più chiara luce può essere fornita dalla lettura delle intercettazioni telefoniche e ambientali, là dove si evidenzia un tentativo continuo di far arrivare "segnali" al Pm bresciano dott. Fabio Salamone, tramite suo fratello Filippo, da parte di Vincenzo Maria Greco e dello stesso Pacini (il quale voleva, tramite Greco, segnalare a Filippo Salamone la propria disponibilità ad aiutarlo economicamente in concomitanza con l'attivazione, da parte del fratello Pm di Brescia, di indagini su D'Adamo senza iscrizioni formali nel registro degli indagati del nominativo Pacini). Mi rendo conto che tutta questa vicenda si dibatte in un magma di diffidenze e sospetti che rendono nebulosa anche la possibilità di ricostruire la data effettiva delle indagini preliminari, e tuttavia ho non tanto il diritto dell'indagato, quanto il dovere di persona che sa di essere innocente, di ribadire che a mio avviso il Pm Fabio Salamone, prima utilizzando l'anonimo "News da Milano" e poi l'altro anonimo "Onder-Manfredini", ha stimolato indagini proprio avendo di mira la vicenda di cui oggi si discute, nonostante io stesso l'avessi informato, durante l'interrogatorio del 2-7-95, che qualcuno stava preordinando una trappola del genere (e appunto le diffamatorie dichiarazioni di Maurizio Raggio al giornalista Andrea Pasqualetto nel carcere messicano di Guernavaca ne erano un sintomo).

Ciò che intendo sottolineare è il fatto che l'indagine "finale" sviluppata dal Gico è la fotocopia di analoghe indagini che la Procura di Brescia stava conducendo su Di Pietro già dall'anno precedente con il sistema dello "spezzatino": cioè mediante l'apertura di diversi fronti di indagini e di diversi procedimenti (poi tutti confluiti nell'inchiesta del Gico), con l'implicito obiettivo di sottoporre a verifica l'intera inchiesta "Mani pulite", così rispondendo alle molte e interessate sollecitazioni politiche, giornalistiche e anonime che le pervenivano da più parti. Mi riferisco in particolare ai seguenti casi:

• per la complessiva vicenda "closing e false contabili" di cui all'odierno capo di imputazione, la Procura di Brescia aveva aperto (anzi, riaperto) il p.p. n° 367/96-Mod. 44 (poi conferito prima nel p.p. 4337/96, e poi nel p.p. 3940/96 Pm), la cui data di inizio delle indagini è stata retrocessa dal Gip al 13-5-96;
• per la complessiva vicenda "appartamento Onder-Manfredini" di cui all'odierno capo di imputazione, la Procura di Brescia aveva aperto il p.p. n° 38/96-Mod. 46, poi rinominato 1585/95-Mod. 44, e infine confluito nel p.p. n° 3940/96 Pm;
• per la complessiva vicenda dei rapporti Pacini-D'Adamo di cui all'odierno capo di imputazione, la Procura di Brescia aveva aperto il p.p. n° 139/495-Mod. 46, poi confluito dapprima nel p.p. n° 1519/95, e infine di fatto nel p.p. n° 3940/96 Pm.

Appunto, uno "spezzatino" di indagini svolte qua e là alla ricerca di qualche reato da addebitarmi in un'ottica "esplorativa" rispetto alla miriade di pilotati e interessati anonimi che una regìa – o più di una – faceva approdare alla Procura di Brescia. Una orchestrazione, quindi, che andava avanti fin dal 95, e cioè da una data che implica il superamento abbondante di tutti i termini per le indagini preliminari.

Già in sede di memoria difensiva del 28-4-97 relativa alla prima richiesta di proroga delle indagini, avevo fatto rilevare come agli atti vi fosse uno strano esame testimoniale di Pacini del 31-10-95 effettuato dai Pm di Brescia, dott. Salamone e dott. Bonfigli, nell'ambito del p.p. n° 1519/95, per cui era ipotizzabile che fosse stata effettuata una indagine sullo stesso argomento di cui al p.p. n° 3940/96-Mod. 21. Il Gip ritenne la tesi non condivisibile, giacché «i rapporti tra Di Pietro e Pacini non risultano essere stati oggetto di specifiche esplorazioni nell'ambito del predetto p.p. n° 1519/95». In realtà anche in quel procedimento vennero disposte *specifiche attività indagative* sulle stesse questioni inerenti il p.p. n° 3940/96.

Tutto ruota intorno all'anonimo "News da Milano", spedito da Peschiera Borromeo l'1-8-95 e indirizzato direttamente al dott. Bonfigli e al dott. Salamone e da questi iscritto a mod. 46 il 4-8-95. Risulta che, con straordinaria tempestività, e cioè il giorno successivo 5-8-95, il Pm Salamone trasmise l'anonimo alla Digos di Brescia con specifica «richiesta di procedere alle possibili indagini per verificare le circostanze in esso riferite», e cioè – per come si legge espressamente nell'anonimo "News da Milano" – se «Di Pietro ha indotto Pacini a versare miliardi per cercare di non far fallire il suo iniziale sostenitore economico Antonio D'Adamo». Nella disposizione del Pm Salamone alla Digos vi è un particolare che testimonia come le indagini fossero rivolte *inequivocabilmente* nei miei confronti: nell'indicare il numero di procedimento (n° 139/95-Mod. 46) il dott. Salamone precisava che la richiesta di indagini veniva svolta anche con riferimento al p.p. n° 1519/95, e cioè proprio quello che all'epoca la Procura di Brescia aveva aperto a mio carico. Quindi, già all'epoca, si indagava proprio nei miei confronti e per gli stessi fatti odierni.

Successivamente, in data 26-9-95, la Digos di Brescia relazionava con apposita nota di servizio sulle indagini svolte al riguardo. Il 31-10-95 il Pm Salamone disponeva che il fascicolo n° 139/95-Mod. 46 venisse allegato formalmente al p.p. n° 1519/95; e nella stessa giornata provvedeva a interrogare ("sommarie informazioni") Pacini. È bene, a questo punto, rileggere il verbale dell'interrogatorio di Pacini del 31-10-95 nell'ambito del p.p. numero

1519/95 (vicenda Gorrini-Di Pietro), con la dovuta premessa che ogni risposta è preceduta da una specifica domanda:

D.R. «L'avv. Lucibello non ha mai avuto conti correnti o altri rapporti presso la Banca Karfinco».

D.R. «Conosco l'ing. Antonio D'Adamo, o meglio circa un anno fa costui mi chiese di intervenire presso tale Omar Iaya per dei lavori che la sua società Sii aveva in Libia. La suddetta società faceva capo a un suo genero, tale Mascetti. Devo dire che la Sii prima di essere acquisita dal D'Adamo era di proprietà di tale ing. Profeta che io conosco da tempo».

D.R. «Non ricordo dove incontrai D'Adamo se a Milano o altrove».

D.R. «Non ricordo chi mi presentò il D'Adamo. Non posso escludere che sia stato l'avv. Lucibello a presentarmi l'ing. D'Adamo».

D.R. «Mi pare che l'ing. D'Adamo chiedeva soltanto di essere accreditato presso dei soci libici con i quali aveva intrapreso dei lavori proprio in Libia».

D.R. «Credo di aver incontrato il D'Adamo non più di 2 o 3 volte. Il Mascetti l'ho visto una sola volta».

D.R. «Faccio presente che la Karfinco è una banca di gestione di fortune e non opera su fidi o su prestiti. Ciò premesso non credo che l'ing. D'Adamo o sue società abbiano intrattenuto rapporti con la Karfinco. Mi riservo di verificare e di comunicarlo se invece ve ne siano stati».

D.R. «Mi riservo di controllare e comunicare se il 5-7-93 mi sono recato a Milano con un volo privato proveniente da Ginevra e se in quella data ho incontrato D'Adamo».

D.R. «Mi riservo di comunicare, effettuate le opportune richieste alla banca, se Mascetti Andrea o le società Docks d'Italia srl e Interpafin srl abbiano intrattenuto rapporti con la Karfinco».

D.R. «Non ho mai conosciuto Maurizio Raggio, di cui ho letto qualcosa sui giornali».

D.R. «La Karfinco non ha sedi in Austria né intrattiene rapporti stabili con istituti di quel Paese».

Come si può constatare, c'è una perfetta coincidenza fra il contenuto dell'anonimo "News da Milano", l'interrogatorio di Pacini del 31-10-95, e il capo di imputazione a me contestato. Insomma, le domande rivolte dal Pm di Brescia a Pacini non avevano niente a che fare con la vicenda Gorrini, e sono invece la riprova di *un'attività investigativa ulteriore e occulta svolta dalla Procura di Brescia nei miei confronti*, nonostante il procedimento sia rimasto a mod. 46 e sia stato alla fine allegato per unione agli atti di altro procedimento del tutto diverso (quando l'indagine non ha evidenziato alcun fatto penalmente rilevante da

me commesso, e quindi vi era la necessità di "accantonare" in qualche modo la pratica).

In conclusione, anche stavolta, come in altre occasioni, è stata svolta un'attività investigativa nei miei confronti senza che il mio nome venisse iscritto nel registro delle notizie di reato – né come indagato né come parte lesa – evitando così ancora una volta sia di far decorrere i termini, sia una mia adeguata e tempestiva difesa. Significativo è il fatto che di questo modo di procedere (investigazioni "clandestine" senza la doverosa iscrizione del nominativo del soggetto) mostra di esserne al corrente lo stesso Pacini, il quale arriva a vantarsene con due suoi interlocutori l'1-2-96 [1].

Insomma, e sempre più paradossalmente, alla luce delle dichiarazioni di D'Adamo per un verso e di Pacini per un altro, vi era estremo bisogno che venissero svolte indagini coordinate e complesse non per teorizzare una inesistente "corruzione" da parte mia verso Pacini, bensì per capire perché nel 95 qualcuno avesse attivato D'Adamo con la telefonata «Ingegnere siamo nelle sue mani» e qualcun altro avesse attivato la Procura di Brescia per mettere in piedi queste mastodontiche attività istruttorie nei miei confronti; soprattutto chi e perché, dall'agosto 95, avesse "montato" e istigato l'*affaire* Pacini-D'Adamo con l'anonimo "News da Milano", e quale gestione e uso ne fosse stato fatto; e chi avesse spedito l'anonimo "Onder-Manfredini" (di cui al p. p. n° 1585/94/44). Soprattutto, si deve tenere conto che l'intera faccenda nasce per iniziati-

---

[1] Cfr. intercettazione ambientale dell'1-2-96 (ore 15.19-16.17) fra Pacini, uomo, e Manfredi:

Pacini: «Ma lo sai ... che lì c'è guerra aperta totale fra... fra il Di Pietro con i suoi amici, e Salamone con quegli altri. È diventata una guerra ridicola, no? Rogatorie, troiai e casini, capisci?, e ci si trova noi... Quell'altro, il Cusani, che va a dir che ho dato un documento falso. È una stronzata disumana. Non è vero nulla. È tutto regolare... Io ho fatto tutte le querele. Io l'ho fatta... io l'ho dovuta fare all'editore, a Feltri... Ma anche perché Salamone m'ha telefonato e m'ha detto: "Se non lo querela lo devo iscrivere nel registro degli indagati". Vah... Pac... Giù un'altra pacca! Io vivo con Sa... Salamone... minato... sempre a terra... [*pausa, ride*]. Così se qui mi incidono sembra che io sia il vivere... il pane [*parola non certa*] dei magistrati... C'ho mandato le querele a Salamone... Oh, po... povero Salamone; io, cioè Salamone, con tutti i suoi difetti, lo devo difendere a questo punto. Perché lui con queste registrazioni, queste cose, come fa?».

va del Gico di Firenze nell'ambito di una contestatissima indagine a carico di tale Cattafi.

Tutto ciò premesso, sono intimamente convinto che il *dies a quo* non poteva essere individuato nella data dell'11-10-96 (data in cui l'unico fatto nuovo era l'intercettazione di un colloquio fra Pacini e Petrelli proprio sugli stessi fatti di cui all'anonimo "News da Milano" che stavano commentando e che al massimo avrebbe potuto consentire al Pm di richiedere al Gip una riapertura delle indagini), ma in quella del 5-8-95, giorno in cui il Pm di Brescia dott. Salamone trasmetteva l'anonimo "News da Milano" alla Digos di Brescia e disponeva con ordine scritto di «procedere alle possibili indagini per verificare le circostanze in essa riferite» e cioè se «Di Pietro ha indotto Pacini a versare miliardi per cercare di non far fallire il suo iniziale sostenitore economico Antonio D'Adamo», ovvero quantomeno alla data in cui vennero attivate le indagini in relazione all'esposto "Onder-Manfredini". Ne consegue che gli atti compiuti successivamente non dovrebbero avere alcun valore.

4. L'ipotesi di reato ministeriale

La Procura della Repubblica di Brescia – sebbene lo neghi – ha di fatto svolto indagini sul mio conto, nel periodo in cui ricoprivo la carica di ministro dei Lavori pubblici, per le quali era funzionalmente incompetente, in quanto la competenza era riservata in via esclusiva al Tribunale dei ministri (sempre nel caso vi fossero indizi di reato, che invece non c'erano, e quindi il Pm bresciano era men che meno legittimato a indagarmi).

I Pm di Brescia hanno sostenuto di aver svolto indagini non tanto sulla mia attività di ministro dei Lavori pubblici, quanto sui miei rapporti con Pacini e Lucibello all'epoca in cui ero ministro, rapporti «finalizzati a una programmata attività illecita volta allo sfruttamento delle concessioni di appalti facenti capo al relativo ministero», i quali avrebbero potuto meglio spiegare anche i supposti miei passati rapporti con i miei coindagati [2]. Ma già

questa impostazione metodologica è intrinsecamente contraddittoria.

Ragioniamo. Si parte da un'ipotesi (peraltro astratta e non vera): Di Pietro, mentre fa il ministro dei Lavori pubblici, potrebbe aver «programmato un'attività illecita» per lo sfruttamento di appalti ministeriali in concorso con Pacini e Lucibello. Per questi fatti è evidente la competenza del Tribunale dei ministri di Roma, e la Procura di Brescia non aveva né la competenza territoriale (il che è il meno), ma nemmeno quella funzionale (il che comporta una grave illegittimità di ordine procedurale-costituzionale). Secondo i Pm di Brescia, invece, il solo fatto che al loro Ufficio interessava appurare se tra me, Pacini e Lucibello persistessero rapporti anche nel 96, li avrebbe legittimati anche a svolgere indagini finalizzate all'accertamento di ipotizzate «attività illecite volte allo sfruttamento di concessione di appalti per lavori pubblici facenti capo al relativo ministero» – insomma, secondo il Pm di Brescia opererebbe una "connessione al contrario": non sarebbe il Tribunale dei ministri che dovrebbe occuparsi anche delle indagini della Procura di Brescia (sempre che fosse di-

---

[2] Cfr. ricorso per Cassazione del Pm di Brescia del 10-1-97: «Né si dica, quanto al profilo di indagine già trattato

sub a/6, che la materia, giacché estranea alla competenza funzionale di questa Procura, interessando semmai l'area dell'attività del dott. Di Pietro Antonio quale ministro dei Lavori pubblici, non riguarda i temi in discussione. Va da sé, invero, che apprendere sia pure con riferimento all'anno 96, che si configura un intreccio di incontri, cene e rapporti tra Di Pietro, Lucibello e Pacini, con argomenti di interesse comune, non è circostanza indifferente ai fini delle necessarie valutazioni riferite all'anno 93 e della conoscenza tra Di Pietro e Pacini, che, nata da una attività di inquisizione svolta dal dott. Di Pietro (quale Pm) nei confronti del Pacini, uomo centrale della Tangentopoli allora imperante, si sarebbe mantenuta nel tempo fino a sopravvivere nella attività del dott. Di Pietro ministro. Se per caso fosse vero, come ipotizzato dal Tribunale del riesame, per escluderne la rilevanza, che nell'anno 96 vi furono rapporti paralleli tra il ministro Di Pietro, Pacini e Lucibello, finalizzati a una programmata attività illecita volta allo sfruttamento delle concessioni di appalti per Lavori pubblici facenti capo al relativo ministero, pur trattandosi di materia estranea alla competenza di questa Procura e come tale non rientrante nella attività di indagine in corso, ciò non rileverebbe soltanto per quanto inerente alla competenza funzionale del Tribunale dei ministri di Roma e della relativa Procura, ma anche per il presente procedimento, a dimostrazione di intese e relazioni rivelatrici di contesti aperti ad attività illecite e pertanto per la luce negativa che verrebbe inevitabilmente proiettata sui fatti rientranti nella competenza funzionale di questa Procura e per i quali è in corso la presente procedura...».

mostrata la connessione, ma anche questa non lo è), ma viceversa.

Né la Procura di Brescia può sostenere di non avere svolto indagini sul ministro Di Pietro di competenza esclusiva del Tribunale dei ministri, perché la semplice lettura della relazione 470/96 del Gico attesta come l'organo di Pg abbia scandagliato la mia posizione processuale sia con riferimento alla mia pregressa attività di Sostituto procuratore della Repubblica di Milano, sia con riferimento a quella più recente di ministro dei Lavori pubblici. Quantomeno a partire da pag. 179, la relazione del Gico si occupa del periodo in cui io svolgevo attività ministeriale: infatti si fa riferimento alla posizione dell'allora capo dell'Ufficio legislativo dott. Mario Cicala, si individua nella realizzazione dell'interporto di Lacchiarella una fantasiosa mia interessenza, si parla espressamente di «programmata attività illecita da parte del sodalizio rivolta allo sfruttamento delle concessioni di appalti per lavori pubblici facenti capo al relativo ministro di Porta Pia». Inoltre, la Procura di Brescia ha puntualmente recepito le fantasiose ipotesi del Gico circa un mio presunto coinvolgimento in attività illecite all'epoca in cui rivestivo la carica di ministro, tanto è vero che ha svolto o fatto svolgere specifiche attività istruttorie: 1) perquisizioni disposte in merito alla realizzazione dell'interporto di Lacchiarella; 2) perquisizioni e sequestri disposti presso l'Università di Castellanza; 3) produzione documentale seguita alla perquisizione intervenuta a Castellanza: gli operanti cercavano, infatti, il verbale della riunione interministeriale del 10-6-96; 4) accessi disposti nella sede del ministero dei Lavori pubblici; 5) perquisizioni e sequestro a carico del segretario particolare del ministro Di Pietro, avv. Arnoldi; 6) audizioni di testimoni, fra cui la addetta stampa del ministero dott.ssa Mancini, del personale dell'Università di Castellanza e di quello del ministero.

Riepilogo qui di seguito alcuni particolari atti dai quali mi sembra davvero difficile non riconoscere trattarsi di attività di indagine su presunti reati ministeriali:

a) Nel decreto di esibizione del Pm del 16-12-96 si legge: «Ordine al ministero dei Lavori pubblici in Roma, di esibire e consegnare agli ufficiali di Polizia giudiziaria delegati alla notifica e alla esecuzione del presente provvedimento, in copia, tutta la documentazione, esistente presso il ministero, riguardante la posizione giuridica dell'avv. Roberto Arnoldi con particolare riferimento, tra gli altri, ad atti nei quali risultino il ruolo e la funzione rivestiti, gli incarichi attribuiti, la natura giuridica del rapporto, i periodi relativi a tale rapporto, le modalità di designazione, il provvedimento relativo alla nomina e la retribuzione spettante».

b) Nel verbale di s.i.t. del prof. Alessandro Sinatra del 18-12-96 si legge che l'atto veniva svolto «al fine di effettuare accertamenti e acquisire ogni utile notizia in relazione a un incontro avvenuto il giorno 15-6-96 presso il Liuc, forse alla presenza dei ministri Burlando e Di Pietro», e soprattutto che veniva effettuato «in relazione alla delega di indagini n° 3940/96-Mod. 21... emessa della Procura della Repubblica di Brescia in data 16-12-96» [3].

---

[3] Cfr. s.i.t. Alessandro Sinatra del 18-12-96, da cui si rilevano "domande" tipiche di chi stia svolgendo indagini su presunti reati ministeriali:

Domanda: «Nei mesi di giugno-luglio o altri mesi del 96 Antonio Di Pietro ha tenuto incontri, riunioni o convegni, eventualmente anche in presenza del ministro dei Trasporti Burlando, presso il Libero Istituto Universitario Cattaneo?».

Risposta: «Non mi risulta che il dott. Di Pietro abbia tenuto altri convegni eccetto quello del giorno 28-10-96 con i ministri Flick, Bassanini e il dott. Paino. Il tema del convegno ineriva un'Authority per la tutela della legalità e della trasparenza per la Pubblica amministrazione. Rammento di un'altra riunione estiva del dott. Di Pietro a cui partecipavano altri politici, non organizzata dal Liuc, avvenuta nei nostri locali di cui non conoscevo l'argomento».

D: «Antonio Di Pietro disponeva o dispone di una segretaria della quale si avvale per la sua attività di docente presso codesto Istituto?».

R: «Sì. Dispone di una nostra segretaria a tempo parziale di nome Stoppa Simona. La stessa utilizza un ufficio dell'università, così come il dott. Di Pietro. La signorina Stoppa è autorizzata a svolgere attività di segreteria per il dott. Di Pietro per quanto attiene la sua attività accademica e per le attività svolte nell'ambito del Centro di Ricerca Cedi, di cui all'epoca era presidente».

D: «Il dott. Di Pietro era autorizzato a svolgere incontri presso l'istituto relativamente alla sua carica ministeriale?».

R: «Questa materia non è regolata da nessuna norma, se non per quanto riguarda quelle attività che comportano il coinvolgimento dell'immagine dell'università per le quali è richiesta specifica autorizzazione».

D: «L'utilizzo dei locali dell'università per la riunione tra il dott. Di Pietro e altri pubblici amministratori era a conoscenza dell'Istituto, e in caso positivo era autorizzato?».

R: «All'epoca non ero Rettore e per quanto mi risulta credo che sia stato autorizzato l'utilizzo dei locali per tale riunione. All'epoca il nostro Ateneo, in attesa della nomina del nuovo Rettore essendo deceduto il precedente, era

c) Nel verbale di s.i.t. di Felice Pozzi del 19-12-96, delegato dal Pm bresciano al Gico, si legge:

Domanda: «Ricorda se nei mesi di giugno-luglio 96, o comunque in altro periodo dell'anno 96, il dott. Antonio Di Pietro ha tenuto incontri, riunioni o convegni, eventualmente anche in presenza del ministro dei Trasporti Burlando, presso il Liuc?».

Risposta: «Mi ricordo che nel mese di giugno 96, non ricordo il giorno, il dott. Di Pietro ha organizzato un incontro nei locali del Liuc al quale hanno presenziato, con altri di cui non ricordo il nome o la qualifica, anche il ministro Burlando e alcuni esponenti della Giunta regionale della Lombardia. Mi ricordo che erano presenti gli assessori Milena Bertani, assessore ai Lavori pubblici, e Pozzi, assessore ai Trasporti».

D: «Lei ha partecipato alla riunione, o comunque conosce i temi trattati durante la stessa?».

R: «Non ho partecipato alla riunione e non so quali [temi siano] stati trattati. Non conoscevo tali temi e ne sono [stato messo al] corrente soltanto successivamente dalla stampa».

D: «È stato compilato un verbale della riunione, e da chi?».

R: «Non sono al corrente della compilazione di un verbale, né di chi possa averlo eventualmente redatto».

D: «Oltre a tale incontro, è a conoscenza di riunioni tenute dal dott. Di Pietro?».

R: «Non sono al corrente che si siano svolte altre riunioni analoghe».

D: «Vi è traccia della riunione in argomento nella rassegna stampa dell'Istituto?».

R: «No, perché all'epoca dei fatti non era ancora stato istituito il servizio di rassegna stampa in quanto lo stesso mi sembra sia iniziato verso la metà del mese di luglio 96».

d) Nel verbale di s.i.t. di Simona Stoppa del 18-12-96, delegato dal Pm al Gico, si legge:

Domanda: «Oltre a svolgere le mansioni di impiegata presso l'istituto, svolge anche mansioni di segretaria del dott. Di Pietro?».

Risposta: «Svolgo mansioni di segretaria del dott. Di Pietro all'interno dell'istituto».

D: «Da quando svolge le funzioni di segretaria del dott. Di Pietro, per quanto tempo al giorno, ed è autorizzata dall'Istituto per svolgere tale mansione?».

R: «Svolgo la mansioni di segretaria del dott. Di Pietro dal mese di febbraio 95».

D: «Ci fornisca ogni utile elemento sulla riunione intercorsa nel mese di giugno 96 presso l'Università».

R: «Mi sembra di ricordare che l'incontro sia avvenuto il 10 giugno 96. L'utilizzo della sala consiliare sita al quinto piano era stato autorizzato dall'Istituto, che comunque era a conoscenza dello svolgimento della riunione, ma sinceramente non so se il medesimo Istituto fosse a conoscenza dei temi che sarebbero stati trattati durante la riunione. Erano presenti a tale riunione: il ministro dei Lavori pubblici dott. Di Pietro, il ministro dei Trasporti dott. Burlando, forse il presidente della Regione Lombardia Roberto Formigoni, alcuni sindaci o persone da essi delegate dei Comuni della Lombardia, probabilmente anche l'assessore ai Trasporti della Regione Lombardia che se non ricordo male si chiama Pozzi, alcuni funzionari della Sea, e alcuni funzionari delle Ferrovie Nord di Milano. Erano presenti molte altre persone delle quali attualmente non ricordo né il nome né la carica».

D: «C'erano anche esponenti dell'imprenditoria presenti a tale riunione?».

R. «È possibile, ma non lo ricordo con precisione».

D: «In ordine a tale riunione, sono stati predisposti appunti o bozze sugli argomenti da trattare?».

R: «No. Soltanto durante la riunione ho provveduto a prendere appunti sui temi trattati che inerivano viabilità comunque della Regione, problematiche rappresentate dai singoli partecipanti e di interesse di singole zone da loro rappresentate. La riunione è stata comunque registrata e non so fornire attualmente indicazioni sul luogo di conservazione delle cassette incise. Nei giorni immediatamente successivi alla riunione ho provveduto a rielaborare gli appunti con i dialoghi incisi nelle cassette e ho stilato una bozza di verbale della riunione. Tale bozza l'ho consegnata al dott. Di Pietro che l'ha riletta e corretta e poi me l'ha riconsegnata per la stesura definitiva. Ultimata la stesura del verbale, l'ho riconsegnato al dott. Di Pietro essendo di competenza del ministero».

D: «Può specificare dettagliatamente i temi trattati e copia del verbale di riunione è conservata presso l'università?».

R: «Non ricordo in dettaglio i temi trattati. Io non ricordo di aver copia cartacea del verbale; non escludo che copia dello stesso possa essere conservata nel mio ufficio e comunque potrebbe essere

---

diretto dal Preside della facoltà di Economia prof. Francesco Silva, in quel periodo facente funzioni di Rettore».

Si dà atto che alle ore 16,45 circa, a specifica richiesta degli ufficiali di Pg il prof. Sinatra fa intervenire nel suo ufficio il direttore amministrativo dell'Istituto sig. Felice Pozzi, compiutamente generalizzato in separato verbale di sommarie informazioni, il quale afferma che nel mese di giugno 96 il dott. Di Pietro aveva avuto un incontro presso l'Istituto con il ministro Burlando, due assessori della Regione Lombardia, probabilmente il presidente della medesima Regione, e altre persone di cui non ricorda la carica e i nominativi.

D: «Lei ricorda chi fosse presente a tale incontro?».

R: «No, se non che un certo numero di personalità erano presenti. Non sono a conoscenza dei temi trattati dal dott. Di Pietro in occasione del medesimo incontro».

ancora memorizzato nel computer che io ho in uso».

D: «Sono stati tenuti altri incontri inerenti i medesimi temi presso l'Università?».

R: «Per quel che mi ricordo non sono stati tenuti altri incontri ufficiali e di tale livello. Ricordo comunque che il dott. Di Pietro ha incontrato singolarmente tantissima gente che ricopriva cariche pubbliche e non presso l'Università».

D: «Detiene materiale giornalistico nel suo ufficio riguardante tale incontro?».

R: «No».

Molti altri documenti presenti agli atti dimostrano che il Pm bresciano ha usato in maniera illegittima le sue prerogative e ha effettuato attività istruttoria che deve essere dichiarata *inutilizzabile* per violazione di legge.

D'altronde, qualora la Procura della Repubblica di Brescia avesse ritenuto che le indagini sull'interporto di Lacchiarella non fossero rivolte alla mia persona, non avrebbe avuto alcun titolo a investigare per difetto di competenza territoriale: infatti, sugli stessi fatti – come risulta dalla rassegna stampa che ho prodotto – sta procedendo da tempo la Procura di Milano, alla quale dunque quella di Brescia si è sovrapposta. Resta comunque il fatto che la Procura bresciana non poteva "spezzettare" il rapporto del Gico ritenendo che, a seguito di esso, vi fosse il dovere di iscrivere a mod. 21 il mio nominativo in relazione alla mia pregressa attività di magistrato e non anche di ministro, perché: *o veniva dato credito alle fantasie del Gico di Firenze, e allora bisognava iscrivermi a mod. 21 anche per la mia attività di ministro dei Lavori pubblici, oppure non dovevo nemmeno essere sottoposto alle indagini.*

Faccio rilevare che il Tribunale del riesame di Brescia, investito incidentalmente della questione, nella sua ordinanza del 23-12-96 ha rilevato che vi è «l'esistenza di una preclusione procedurale a occuparsi [della] vicenda» in quanto «in ordine a questi fatti sussiste, senza potersi operare alcuna valutazione nel merito» l'incompetenza territoriale (in quanto verificatosi a Roma) e funzionale (in quanto riguardante ipotesi di reato ministeriale) di questo Tribunale e, conseguentemente, della Procura di Brescia, a eseguire indagini sul punto». In verità, la prospettazione avanzata dal Gico di una lobby ministeriale è stata valutata – e *smentita* – dallo stesso Collegio inquirente di Brescia da me appositamente interpellato con l'esposto dell'11-3-97: una smentita che può riverberare i suoi effetti su tutta la relazione 30-10-96 del Gico, dato che l'ipotizzata «attività illecita volta allo sfruttamento delle concessioni di appalti facenti capo al ministero... è solo una fantasia degli inquirenti» [4].

La vicenda dell'Interporto di Milano

Il Gico sostiene – o meglio, lascia intendere – che nella realizzazione dell'interporto di Lacchiarella ci fosse un mio presunto favoritismo nei confronti di Antonio D'Adamo. Orbene, basterebbe avere un minimo di conoscenza della questione per rendersi conto quantomeno dei seguenti dati di fatto che rendono grottesca la tesi degli inquirenti:

• ogni competenza sulla realizzazione dell'interporto di Lacchiarella non spetta al ministero dei Lavori pubblici, ma a quello dei Tra-

---

[4] In particolare, detto Collegio il 21-3-97 ha emanato il decreto di inammissibilità n° 1/97 nel quale sostanzialmente riconosce che non vi è *alcuna notizia di reato ministeriale* su cui procedere: «La questione della quale questo Collegio è investito si fonda innanzitutto sul *richiesto riconoscimento dell'esistenza di una notizia di reato "ministeriale"*, nei termini sopra descritti, già ravvisabile a carico del Di Pietro dagli atti di indagine acquisiti dalla Procura della Repubblica presso questo Tribunale. A sostegno di tale assunto l'istante indica in particolare i riferimenti contenuti nella già citata comunicazione di notizia di reato, a una ipotizzata e generica attività illecita del denunciato sodalizio criminoso, vertente sugli appalti per lavori pubblici facenti capo al relativo ministero, nonché alla persona del capo dell'ufficio legislativo dello stesso Mario Cicala; le perquisizioni e gli accessi disposti dalla Procura di cui sopra presso il citato ministero e l'ufficio del segretario particolare del ministro, oltre alle assunzioni di informazioni dall'addetto stampa e da altri componenti del personale del dicastero; i riferimenti, contenuti sia nella comunicazione di notizia di reato che nei provvedimenti dispositivi delle perquisizioni e degli accessi, alla realizzazione di un interporto in Lacchiarella e alle relative riunioni preparatorie... Orbene, è evidente come da questi frammentari e di per sé insignificanti elementi – del cui collegamento logico, obiettivamente non ravvisabile, non è data alcuna specifica indicazione – *non sia possibile dedurre alcuna notizia di reato della quale questo Collegio dovrebbe*, secondo l'enunciato dell'istante, *prendere atto anche solo in via astratta, e tanto meno individuare i connotati anche solo vaghi e approssimativi della prospettata fattispecie corruttiva*... Per le suesposte considerazioni, e dunque in particolare da un lato per la descritta abnormità procedurale dell'istanza in quanto rivolta a questo Collegio, e dall'altro per la comunque evidente inesistenza del presupposto sostanziale di quanto richiesto, ossia la notizia di un reato ministeriale, l'istanza in oggetto deve essere ritenuta inammissibile».

sporti: forse il Gico si è lasciato ingannare dal fatto che i due diversi ministeri hanno sede entrambi in Porta Pia [*sic!*];

• la convenzione con la società Ims di cui è socio il D'Adamo per la realizzazione dell'interporto di Lacchiarella è del 16-4-92, e a quell'epoca io facevo il magistrato e non il ministro;

• il ministro dei Trasporti, on. Burlando, intervistato dall'"Unità" il 10-12-96, ha confermato che l'allocazione dell'interporto di Lacchiarella è di competenza di quel ministero e non di quello dei Lavori pubblici, e che procede da diversi anni; ha anche precisato che io non me ne sono mai interessato con lui.

Concludendo: anche su questo punto, se un'anomalia ci fosse è la *sorprendente* approssimazione degli organi inquirenti. E quel che è più incredibile è che i Pm di Brescia vorrebbero utilizzare simili svarioni per imbastire collegamenti illeciti fra me e Pacini!

La rassegna stampa del ministero

Nella sua relazione 30-10-96, il Gico tenta infine di stabilire un collegamento fra il ministro Di Pietro e gli interessi che operatori economici vari (fra i quali Pacini) avrebbero potuto avere per la realizzazione dell'interporto di Lacchiarella, con il fatto che presso l'abitazione di Pacini sarebbe stato rinvenuto un articolo di stampa del quotidiano "il manifesto" datato 25-8-96 dal titolo «Burlando, Di Pietro e l'autoporto»; in proposito, gli arguti investigatori osservano sibillini che «tale ritaglio fa parte della rassegna stampa del ministero dei Lavori pubblici»...

Forse il Gico ignora che quella rassegna stampa è pubblica, viene realizzata in un centinaio di copie ogni giorno, e viene distribuita sia all'interno sia all'esterno del ministero (ad esempio Anas, Difesa e Trasporti, sindacati, commissioni e parlamentari vari), come risulta in parte dalla nota di distribuzione dell'ufficio stampa, e come peraltro è stato evidenziato anche dal funzionario Mario Ricci, ascoltato proprio su questo punto [5]. Ogni altro commento è del tutto superfluo.

Insomma, tutto quanto sopra riportato è in aperto contrasto con l'art. 6, comma 2, della Legge Costituzionale 16-1-89 n° 1, a norma del quale il Procuratore della Repubblica, appena ricevuto il rapporto concernente possibili reati indicati dall'art. 96 della Costituzione, «omessa ogni indagine» trasmette, entro il termine di quindici giorni, gli atti all'apposito Collegio per i reati ministeriali. Una simile disposizione, essendo addirittura garantita da legge costituzionale, non può essere superata in alcun modo: ciò vuol dire che gli atti effettuati in violazione di tale norma, nonché quelli conseguenti a essi, sono nulli a ogni effetto.

Una conclusione, questa, cui era già pervenuto, incidentalmente, il Tribunale della Libertà, allorché in sede di riesame dei decreti di perquisizione e sequestro del 23-12-96 così si è espresso (dopo aver analizzato le telefonate intercettate a partire dal 30-7-96) [6]:

dott. Antonio Di Pietro, eventuali difformità tra la copia della rassegna destinata al ministro e quella di pertinenza degli altri Uffici».

Risposta: «Premetto che ai tempi in cui era ministro il dott. Di Pietro, rivestivo il compito della stesura e della cernita degli articoli inerenti la rassegna stampa. In un primo tempo venivano messi in rassegna stampa tutti quegli articoli riguardanti sia la figura istituzionale che non istituzionale del dott. Di Pietro e la rassegna stampa veniva distribuita a tutti gli uffici interessati del ministero e non. In un secondo tempo, vista l'enorme quantità di articoli, soprattutto con riferimento all'attività non istituzionale del dott. Di Pietro (vicende personali giudiziarie, pregresse attività di magistrato), su disposizione della dott.ssa Mancini, vennero stralciati dalla rassegna destinata agli altri uffici tutti gli articoli non riguardanti la figura istituzionale del ministro. Solamente nella copia destinata al dott. Di Pietro, alla dott.ssa Mancini – capo Ufficio stampa pro-tempore – e al segretario particolare M.llo C.C. Fortieri, si continuò a inserire anche quegli articoli non riguardanti la figura istituzionale».

D: «Al teste viene esibita copia dell'articolo apparso sul quotidiano "il manifesto" in data 25-8-96 dal titolo "Burlando, Di Pietro e l'autoporto", e gli viene chiesto di specificare se dall'esame di detta copia è in grado di stabilire da quale copia della rassegna stampa è stata tratta».

R: «Non è possibile stabilire da quale rassegna stampa è stata tratta la copia che mi esibite. L'argomento dell'articolo è di interesse ministeriale (Autoporto Milano Lacchiarella) e pertanto credo che sia stato inserito in tutte le copie della rassegna. Ricordo che all'epoca anche altri quotidiani trattavano dell'argomento».

---

[5] Cfr. verbale s.i.t. Mario Ricci del 13-2-98:

Domanda: «Spieghi le modalità di stesura della rassegna stampa distribuita all'interno del ministero dei Lavori pubblici evidenziando, all'epoca in cui ministro era il

[6] Cfr. ordinanza Tribunale della Libertà del 23-12-96: «Vi è poi un terzo gruppo di intercettazioni che riguardano una serie di contatti telefonici intervenuti a partire dal 30-7-96. Nel pomeriggio di detto giorno, infatti, viene intercet-

«Orbene, volendo dare per scontato che il personaggio di cui il Pacini allude per iscritto (l'Antonio della cena alle ore 21 del 31-7-96) o a voce (l'"amico importante", ovvero "il milanese di Porta Pia", ovvero il "Pietro") fosse l'allora ministro dei Lavori pubblici Di Pietro Antonio, e che, come opina il Gico, vi fossero all'epoca rapporti "paralleli" tra il

_____

tata una prima telefonata, alle ore 16.27, di certa Pensieroso Eliana, segretaria del Pacini, al Lucibello il quale si trova in viaggio sull'autostrada del Sole con meta Roma e comunica alla sua interlocutrice di essere diretto a Porta Pia, notoriamente sede del ministero dei Lavori pubblici all'epoca condotto dal ministro Di Pietro. I due convengono di far utilizzare al Lucibello un garage ove posteggiare la propria autovettura per proseguire servendosi dell'auto di Terenzi Luigi, autista del Pacini. Di fatto, il Terenzi viene, alle ore 16.39, avvertito dalla Pensieroso e aderisce alla richiesta stabilendo un luogo di incontro con il Lucibello. Questi alle ore 17.54 telefona alla Pensieroso, la quale gli fornisce il numero telefonico del Terenzi per gli ulteriori accordi.

«Il giorno successivo, alle ore 9.28, la Pensieroso si mette in contatto con il Terenzi, il quale l'assicura di aver incontrato il Lucibello e di averlo accompagnato a casa. Sempre il 31, ma in orario successivo, intervengono una serie di telefonate dalle quali si desume che il Pacini si è portato anche lui a Roma, recandosi presso l'appartamento a sua disposizione, e ha preso contratto con la moglie Giorgi Rossi Francesca che si trova nella località di mare Porto S. Stefano, provincia di Grosseto: proprio nel corso di una telefonata intervenuta alle ore 21.04, la donna raccomanda al marito di "non essere con Lucibello" e di "andarci lucido". Di fatto, poco dopo, ore 21.31, Lucibello chiama dal telefono di casa Pacini a Roma un'auto pubblica e i verbalizzanti percepiscono sullo sfondo la voce dello stesso Pacini. Si rinverranno, a tale riguardo, due annotazioni manoscritte sull'agenda del Pacini alla data del 31-7-96: sopra "ore 20 Lucibello", e sotto "cena Antonio 21".

«Il 20-8-96 viene intercettata un'altra telefonata, intervenuta questa volta tra il Pacini, che si trova nella casa di Porto S. Stefano, e certo Froio Francesco, personaggio già perseguito in una delle illecite vicende in cui era stato coinvolto il Pacini: in tale occasione il primo riferisce al secondo che "Domani vedo il nostro amico... quello importante", al che il Froio, dopo un accenno ad altri contatti con personaggi di minore "spessore", domanda: "Il milanese di Porta Pia come sta?". Infine, il successivo 4-9-96, nuova telefonata tra il Pacini Battaglia e la Rossi Giorgi la quale ultima si trova sempre in Porto S. Stefano: a un certo punto, il Pacini significa al coniuge che si trova assieme al Lucibello, il quale "andava a parlare con il ministro", e alla domanda della Rossi Giorgi intorno a una certa "legge che vogliono fare oggi" risponde che vi era una "confusione totale" e che aveva litigato con una certa "Bali" la quale nel corso della "lite" gli aveva detto in tono risentito "Ah, il tuo Pietro"».

Ovviamente – e solo per inciso – faccio rilevare che l'"Antonio" di cui Pacini parla in una di quelle telefonate non posso essere io giacché – come risulta dalle dichiarazioni di tutte le persone sentite, e come risulta da tutti i ta-

ministro Di Pietro, il Pacini e il Lucibello finalizzati a una "programmata attività illecita volta allo sfruttamento delle concessioni di appalti per lavori pubblici facenti capo al relativo ministero", dovrebbe prendersi atto che in ordine a questi fatti sussiste, senza potersi operare alcuna valutazione nel merito e come preliminarmente richiesto con i motivi aggiunti oggi depositati dalla difesa Di Pietro, l'incompetenza territoriale (in quanto verificati a Roma) e funzionale (in quanto riguardanti ipotesi di reati ministeriali) di questo Tribunale e conseguentemente della Procura della Repubblica di Brescia a eseguire indagini sul punto».

5. La registrazione clandestina

Su sua specifica richiesta, Stefano Eleuterio Rea è stato ascoltato, in colloquio investigativo confidenziale, dal capitano del Gico Sandro Baldassarre il 23-7-98. Questo colloquio, all'insaputa di Rea, è stato registrato su autorizzazione del Pm bresciano del 19-7-97.

Ma non mi risulta che tra i mezzi di prova previsti dal Codice di rito vi sia quello della "autorizzazione del Pm alla registrazione di colloqui investigativi", per cui delle due l'una: o era solo un colloquio investigativo, e come tale andava raccolto in un'apposita relazione di servizio di Pg autonomamente e senza bisogno di autorizzazione alla registrazione; oppure era una intercettazione ambientale vera e propria, e allora andava disposta previa richiesta di autorizzazione al Gip. Dico bene?

Non mi pare possibile, né corretto, far rientrare nel novero delle "registrazioni spontanee fra presenti" (uno solo dei quali consapevole e consenziente), questo operato dell'ufficiale di Pg: egli, cioè, non stava compiendo nulla di "spontaneo", ma stava svolgendo un'operazione di Pg delegata («il Pm... autorizza», si legge infatti nel provvedimento). Per intenderci, seguendo la disinvolta impostazione metodologica dei Pm di Brescia: all'epoca in cui venne arrestato Mario Chiesa in flagranza di reato, avendo dislocato vicino al luogo del reato un ufficiale di Pg che poteva ascoltare il

_____

bulati telefonici acquisiti – io con Pacini non mi sono mai incontrato e mai ci ho parlato al di fuori delle occasioni in cui l'ho interrogato. Ho notato invece, dalla lettura degli atti processuali, che Pacini conosce e frequenta stabilmente almeno una decina di persone chiamate "Antonio".

colloquio fra concusso e concussore, io avrei potuto semplicemente autorizzare l'ufficiale di Pg a registrare il colloquio – e invece, correttamente, chiesi al Gip l'autorizzazione a effettuare la intercettazione ambientale.

Peraltro, da quella singolare audizione del 18-9-97 rilevo che Rea non sapeva niente della registrazione clandestina alla quale veniva sottoposto («Ovviamente non sapevo, né potevo pensare, che il capitano avrebbe registrato il nostro colloquio, e anzi mi stupisco di lui in quanto non mi pare una cosa corretta»). In sostanza, quindi, ritengo che – per come è stata disposta dal Pm l'operazione – egli, in realtà, abbia voluto o comunque di fatto abbia disposto l'effettuazione di una intercettazione ambientale; e di conseguenza, mancando la prescritta autorizzazione preventiva del Gip, tale registrazione dovrebbe essere considerata illegittima e quindi dichiarata inutilizzabile come fonte di prova.

6. Anomalie investigative

Ritengo di poter affermare – perché ne sono intimamente convinto – che in questa inchiesta a mio carico da parte della Procura di Brescia siano state accentuate a dismisura le indagini "contro" e omesse molte di quelle "a favore". Ritengo insomma che, paradossalmente, questa inchiesta del Pm di Brescia sia segnata da anomalie analoghe a quelle che i Pm erroneamente addebitano al Pm Di Pietro. Una convinzione, questa mia, maturata in base a molti elementi – mi riferisco in particolare (ma non solo):

1) Alle modalità – contrarie al vero – con cui sono state ricostruite le vicissitudini della rogatoria n° 37/94: ho dimostrato che i Pm di Brescia hanno omesso di riferire all'Ag svizzera circostanze fondamentali a loro conoscenza (come ad esempio l'integrazione di rogatoria del 13-10-94).

2) Alle modalità – contrarie al vero – con cui il Gico ha riferito della nota 23-12-94 del Pm di Milano diretta all'Ag di Salerno: ha omesso di precisare che in tale nota si indicava la trasmissione di tutte le rogatorie inerenti i fondi neri Tpl e quindi anche quella relativa alla provvista di 5 miliardi per il *cracker* di Brindisi.

3) Alle modalità – contrarie al vero – con cui il Pm di Brescia ha riferito al Procuratore generale che le vicende oggetto del p.p. n° 4337/96 Pm riguardavano fatti diversi rispetto a quello n° 1977/94 Pm, mentre in realtà riguardavano entrambi la vicenda delle false contabili per il *closing* a seguito di esposti di Cusani.

4) Alle modalità con cui sono state effettuate le indagini relative alla mia attività di ministro: ho dimostrato, carte alla mano, che – contrariamente a quanto hanno affermato i Pm bresciani – sono state svolte specifiche indagini per supposti reati ministeriali in violazione della legge costituzionale.

Ma c'è dell'altro: la vicenda Gasparotti, e quella dei familiari di D'Adamo.

Il caso Gasparotti

Il 6 dicembre 96 la Procura di Brescia disponeva una vasta attività di perquisizione e sequestro sia a mio carico, sia nei confronti dei miei coimputati, sia nei riguardi di terze persone che nulla avevano a che fare con i fatti di causa (mi riferisco, tanto per fare alcuni esempi, alle perquisizioni operate nei confronti del signor Stoppa, di Roberto Arnoldi, di Maurizio Prada, delle signore Quagliati e Ludergnani). Ma a fronte di quello smodato dispiegamento investigativo, c'è stata la totale assenza di qualsiasi indagine in merito alla vicenda delle "registrazioni Gasparotti" (cioè, la registrazione dei colloqui D'Adamo-Berlusconi nella villa di quest'ultimo ad Arcore).

Come sono avvenute quelle registrazioni? Per quanto tempo? Come fa il Pm a essere sicuro che le registrazioni integrali utilizzate per il "taglia e cuci" siano state poi davvero distrutte? Che fine hanno fatto gli impianti? Che rapporto, che traffico telefonico è avvenuto fra Gasparotti e D'Adamo-Berlusconi-Previti? E chi è questo Gasparotti? Che lavoro fa? È mai possibile che per il Gico di Firenze sia più importante rilevare il traffico telefonico intervenuto fra me e tale Romanelli di Verona, riempiendo di inutili tabulati la relazione n° 296 del 12-8-98, piuttosto che quello di Gasparotti nel periodo cruciale delle registrazioni clandestine? Non era necessario e doveroso disporre perquisizioni e/o intercettazioni telefoniche anche a suo carico?

Questo orientamento unidirezionale delle indagini traspare in tutto il fascicolo processuale: lo so che a me non resta altra via che quella endoprocessuale, però voglio dire che tutto questo mi appare come una vera ingiustizia.

La posizione dei familiari di D'Adamo

Insieme alla richiesta di rinvio a giudizio a mio carico, il giorno 26-5-98 il Pm bresciano ha chiesto l'archiviazione delle posizioni processuali di Patrizia D'Adamo, Andrea Mascetti, Giuseppe Gandolfi e Giovanni D'Adamo relativamente ai fatti di bancarotta fraudolenta per cui erano stati inquisiti. Mi felicito per loro, e non è certo contro di loro che intendo avanzare alcune osservazioni critiche.

Rilevo che per quegli stessi fatti per i quali è stato chiesto il loro proscioglimento, il Pm di Brescia ha chiesto il rinvio a giudizio di Antonio D'Adamo: ciò vuol dire che, nella prospettiva accusatoria della Procura bresciana, i reati sussistono ma a commetterli sarebbe stato il solo D'Adamo (e in questo senso si esprimono gli stessi Pm nella richiesta di archiviazione proposta).

È anche accertato – lo affermano gli stessi Pm – che «Antonio D'Adamo, allorché erano iniziati i suoi guai giudiziari, aveva provveduto a farsi sostituire nelle cariche sociali da formali amministratori che dissimulassero il suo perdurante ruolo di "padrone" della società di famiglia». E infatti risulta acquisito che: Patrizia D'Adamo è diventata presidente del Consiglio di amministrazione della Sii; Andrea Mascetti amministratore unico della Interpafin (dal 3-12-93 al 31-1-94); Giuseppe Gandolfi amministratore unico della Gestal e amministratore unico della Interpafin (dal 3-12-93 al 31-1-94); Giovanni D'Adamo presidente del Cda della Edilgest. È accertato inoltre – e anche di questo ne danno atto gli stessi Pm bresciani nella richiesta di archiviazione – che:

• è stata violata la norma di cui all'art. 223, 2° comma n° 1, legge fallimentare, in relazione all'art. 2623 n° 2 Cp per «aver restituito sotto forma simulata alla Interpafin parte dei conferimenti effettuati in occasione dell'aumento di capitale sociale della Sii ovvero per aver liberato la medesima società dall'obbligo di eseguire detti conferimenti per un ammontare di L. 7,5 miliardi, come meglio descritto nel capo 4) della rubrica di cui alla richiesta di rinvio a giudizio nei confronti di Antonio D'Adamo, ove è stata illustrata, anche a mezzo quadro sinottico, la complessa operazione finanziaria, coinvolgente le società sopra descritte, oltreché la Columbus International srl (unica estranea al "Gruppo D'Adamo") operazione la cui analisi ha consentito agli inquirenti di accertare come la provvista in capo alla Interpafin, per partecipare all'operazione di aumento di capitale della Sii, in concreto, sia stata messa a disposizione del socio dalla Sii medesima, attraverso meccanismi finanziari atti a dissimulare la reale provenienza delle somme»;

• è stata violata la norma: «di cui all'art. 223, II comma n° 1, L. fallimentare, in relazione all'art. 2621, I comma n° 1 c.c., come dal capo 5 della rubrica, per avere, come presidente del Cda della Edilgest Finanziaria spa esposto fraudolentemente, nel bilancio relativo al 94, fatti non rispondenti al vero sulle condizioni economiche della società, con riferimento al valore della partecipazione azionaria nella Gde spa».

Ciò premesso, secondo i Pm bresciani i familiari di D'Adamo, pur rivestendo le qualifiche "proprie" sopraindicate, non devono rispondere di tali reati giacché D'Adamo aveva ridotto il loro ruolo «a un mero fatto minimale». Insomma, erano solo delle "teste di legno".

Una prima curiosità: hanno letto, i signori Pm bresciani, l'ultima relazione peritale Seddio depositata il 25-1-99? No, perché se l'avessero letta avrebbero notato il ruolo attivo avuto delle suddette persone, di Giuseppe Gandolfi in particolare. E poi, quali concrete indagini sono state fatte per appurare l'effettivo ruolo societario avuto dai parenti di D'Adamo, anche alla luce della loro notoria professionalità (erano tutti commercialisti e professionisti), l'apporto concreto fornito da ciascuno di loro alla realizzazione dell'evento? Perché il Pm bresciano non ha aspettato l'esito della relazione Seddio?

Certo, essi sono stati interrogati (quasi tutti in un sol giorno), e hanno negato ogni addebito sostenendo che faceva tutto Antonio D'Adamo. Ma le famose "incongruenze e contraddizioni" che secondo gli investigatori di oggi dovrebbero sempre essere contestate (pena l'incriminazione penale del Pm che non lo fa) dove sono? E le "indagini di riscontro" che essi stessi dicono doverose (pena l'incriminazione del Pm che non le fa) dove sono? Perché, secondo questi inquirenti, la commercialista Patrizia D'Adamo che va a Ginevra con le fatture Sii in mano "da scontare" era una semplice portaborse! E il dott. Mascetti che nell'autunno 95 consiglia al telefono D'Adamo di non cedere alle lusinghe di Berlusconi, quando si inventò la società off-shore Keniston aveva solo un ruolo di copertura! E il professionista Gandolfi che per tutta la vita si è occupato di amministrare le società, è anche lui una "testa di legno" che non sapeva quello che faceva! E tutti costoro, quando hanno attuato tutta una serie di spericolate operazioni finanziarie per la vicenda Columbus, erano dei semplici prestanome!

Eppure tutti costoro erano professionisti navigati, e soprattutto avevano accettato il ruolo di amministratori proprio per perché sapevano che Antonio D'Adamo era in guai giudiziari, come ha confermato lo stesso D'Adamo [7]. E

del resto, basta leggere l'ultima relazione Seddio per rendersi conto della superficialità delle conclusioni del Pm bresciano in merito alla posizione processuale di questi professionisti.

Ripeto: non sto qui chiedendo di incrimina-

---

[7] Cfr. incid. prob. D'Adamo del 2-2-98:
Domanda: «Sua figlia lavora presso la Sii?».
Risposta: «Sì».
D: «Che veste aveva?».
R: «Credo presidente».
D: «Sua figlia che titolo di studio ha?».
R: «Commercialista».
D: «Quando ha cominciato a collaborare presso la Sii?».
R: «Mia figlia ha cominciato a collaborare con le società del Gruppo dopo la laurea, si è laureata a 25 anni».
D: «Subito ha lavorato presso le società del Gruppo?».
R: «Presso le mie società».
D: «Non riesce a collocarla quando assume questa carica?».
R: «Posso collocarla quando iniziò "Mani pulite", io diedi le dimissioni da tutte le cariche e quindi subentrarono altre persone». [...]
D: «Il primo finanziamento di 2 miliardi avvenne dalla Karfinco direttamente alla Sii?».
R: «No, attraverso l'Ubs, la banca svizzera».
D: «Quando sua figlia era presidente della Sii?».
R: «Sì».
D: «L'operazione è stata registrata tanto nei suoi bilanci quanto nei bilanci della Karfinco?».
R: «Nei miei sì, della Karfinco non lo so».
D: «Lei aveva fatto, nei suoi interrogatori, riferimento al fatto che era inopportuno che però venisse evidenziato a fine anno un determinato credito?».
R: «Per la Karfinco».
D: «Il finanziamento non doveva risultare?».
R: «Io ho capito questo per il fatto che Pacini intervenne con quella cifra che mi mancava, quindi bisognava chiuderla a tutti i costi».
D: «Lei parlò del suo rapporto con Pacini, della Karfinco, a sua figlia?».
Risposta: «Venne con me».
D: «Era presidente della Sii?».
R: «Sì».
D: «E rappresentò a sua figlia le motivazioni per cui ottenevate questo finanziamento?».
R: «Io ho cercato di tener fuori mia figlia da queste cose».
D: «Una banca non comunissima, un personaggio un po' già all'epoca chiacchierato?».

R: «Mia figlia sapeva dell'interessamento di Lucibello per questa cosa ma non sapeva altro».
D: «Quindi per sua figlia l'operazione nasceva solamente da un interessamento dell'avvocato Lucibello?».
R: «Sì».
D: «Sua figlia sapeva del suo rapporto con Di Pietro?».
R: «Certo».
D: «Nel suo interrogatorio lei ha fatto riferimento alla Keniston e alla necessità di non fare figurare direttamente Pacini. Ma la Keniston è o non è una società della British Virgin Island?».
R: «Sì, delle Isole Vergini».
D: «Con titoli al portatore?».
R: «Sì».
D: «Mi vuole spiegare ai suoi occhi che cosa significa "figurare" in questo genere di società? Sicuramente nessuno si fa amministratore di questa società?».
R: «Ci vuole un fiduciario, ci vuole un nome a cui fare riferimento. Mascetti era questo nome, questo fiduciario, cose di questo tipo».
D: «Una cosa credo sia il fiduciario ed è il soggetto che detiene le azioni e le rappresenta nel momento in cui c'è da fare un'assemblea. E questo normalmente è un professionista in questo genere di affari, o sbaglio?».
R: «Di questa cosa se ne occupò Mascetti, io proprio non ho visto materialmente nessuna carta della Keniston».
D: «Io però ho bisogno un attimo di ricostruire almeno quello che le è apparso. Il Mascetti in quell'epoca era già rientrato dagli Stati Uniti?».
R: «Sì, siamo nel 93 era già rientrato».
D: «Non era ancora suo genero, il matrimonio era un po' di là da venire?».
R: «Il matrimonio fu a settembre 93 o 94».
D: «C'è bisogno dell'individuazione di un *final owner*, forse beneficiario finale di titoli quando questi titoli circolano. Può essere che il Mascetti sia stato indicato in questo modo?».
R: «Della cosa se ne è occupato proprio totalmente Mascetti. Anzi me l'ha ricordato Mascetti; io non ricordavo della Keniston, quando sono stato interrogato; io ho parlato di Morave, della Keniston non ne sapevo. Parlando con mio genero, disse: "Lei non si ricorda che c'è anche l'episodio della Keniston che è stata intestata a me". In quel momento ho saputo questo».
D: «Lei e suo genero vi date del lei?».
R: «Mio genero mi dà del lei».
D: «Per noi è assolutamente irragionevole che ci sia la necessità di individuare in una società delle British Virgin Island con titoli al portatore, un soggetto che possa in qualunque modo apparire; perché l'unico dato è quello del beneficiario finale ai sensi del modulo A della legislazione bancaria internazionale. Lei non ha approfondito il tema con Mascetti?».
R: «No, lui mi disse che aveva delle carte che poi credo abbia portato a Brescia».
D: «Non le disse di aver firmato qualche cosa?».

re alcuno. Vorrei solo capire perché manca totalmente una minima attività di verifica delle dichiarazioni di non colpevolezza che qualificati professionisti hanno riversato negli atti a mero scopo difensivo. Penso alle "omissioni investigative" delle quali sono stato accusato. E mi domando: perché nel 97, dopo che a gennaio-febbraio D'Adamo era stato interrogato dai Pm di Brescia per ore e ore solo per verbalizzare che si avvaleva della facoltà di non rispondere, quando poi si è deciso a dichiarare certi presunti "fatti" le indagini su uno dei fronti che più avrebbero dovuto interessare l'inchiesta non sono decollate?

R: «Certo che aveva firmato, tanto è vero che poi a ottobre si smontò l'operazione e andò nello studio di Lucibello. Questo è quanto mi ha raccontato il dott. Mascetti».

D: «E di avere firmato qualche carta all'estero?».

R: «Sì. Infatti andò da un notaio a firmare lì vicino agli uffici della Karfinco». [...]

D: «La prima tranche del finanziamento tramite la Keniston arriva alla Compagnie Européenne?».

R: «Sì».

D: «Sua figlia aveva un ruolo anche nella compagnia o meno?».

R: «Era socia della compagnia».

D: «Per sua figlia questo finanziamento appare come proveniente solo dalla compagnia o sa il pregresso del rapporto, lo aveva trattato lei?».

R: «Io credo che mia figlia sapesse dei soldi che arrivavano dalla Keniston». [...]

D: «L'operazione Columbus, è stato un mero vestito per creare una situazione nella quale la società controllante era stata finanziata dalla società controllata?».

R: «È il risultato a cui si è pervenuto ma non era questa l'intenzione. Perché la Columbus a un certo momento si ritirò e quindi restammo appesi a un filo».

D: «La società controllante quale era tra le due società?».

R: «La controllante della Sii è la Interpafin».

D: «E la controllata?».

R: «La Sii».

D: «Chi erano i legali rappresentanti di queste due società che fanno queste operazioni?».

R: «Della Sii credo che fossi io amministratore delegato, non ricordo il periodo».

D: «Lei era amministratore delegato, avevo capito che avesse lasciato tutte le cariche nel 92...».

R: «Questo è successo successivamente, quando io sono rientrato, non ricordo in che epoca. Nell'epoca in cui ci fu questa operazione può darsi che fosse mia figlia ancora o mio fratello Ennio. Si sono succeduti mia figlia, mio fratello Ennio e poi io».

IX.

FARNETICAZIONI A FIRENZE, INCONGRUENZE A BRESCIA

1. La prodezza finale del Gico

Il 29 gennaio 99, a pochi giorni dall'udienza preliminare, finalmente è arrivata a Brescia la tanto attesa relazione del Gico che avrebbe dovuto rivelare al mondo quale diamine di abusi o omissioni in concreto avesse mai commesso il Pm Antonio Di Pietro per favorire Pacini e indurlo a finanziare D'Adamo. E invece è arrivata una relazione nella quale D'Adamo non c'entra niente, una relazione che anzi smentisce quanto gli inquirenti hanno sempre sostenuto (e cioè che Pacini sarebbe stato favorito, durante l'inchiesta "Mani pulite", in cambio dei finanziamenti dati a D'Adamo). È arrivata insomma una nuova elucubrazione, un'altra strampalata fantasia proposta come risultato finale di investigazioni *durate anni*.

Nel merito, il Gico di Firenze è arrivato alla seguente conclusione: l'inchiesta e i processi dibattimentali di "Mani pulite" relativi alla maxitangente Eni-Montedison-Enimont sarebbero stati tutta una manovra messa in piedi e realizzata dal Pm Di Pietro allo scopo di: a) far apparire ingiustamente colpevoli di corruzione invece che vittime di concussione, coloro che avevano pagato la maxitangente; b) colpire il Partito socialista italiano, e principalmente l'on. Bettino Craxi, a scapito di altri; c) favorire la Democrazia cristiana rispetto al Psi e proteggere il suo segretario amministrativo dell'epoca, Severino Citaristi. Insomma, per il Gico le decisioni prese dai Gip, dai Tribunali, dalle Corti di appello e dalla Cassazione sono state tutte sbagliate, perché tutti quei giudici sarebbero stati "abbagliati" dal "fascino accusatorio" di Di Pietro. Quanto ai magistrati del pool, erano solo delle comparse scenografiche messe lì tanto per confondere le acque.

Non so se una simile farneticazione sia dovuta a uno smodato insieme di arroganza e presunzione, o se invece sia il frutto di ignoranza e superficialità. A supporto della prima ipotesi, c'è l'allarme già suonato dal Procuratore di Milano il 25-3-97 (quando il dott. Borrelli definì i comportamenti del Gico «caratterizzati da palese e preconcetta ostilità... e da arbitrarie formulazioni di tesi, interpretazioni e congetture»). A sostegno della seconda, ci sono le ammissioni dello stesso Gico, che nella sua relazione scrive: «Le indagini sono risultate molto complesse e difficoltose per la pressoché completa non conoscenza degli atti di indagine svolti dal citato Pm [*Di Pietro, ndr*]». Diciamo allora che l'una ipotesi non esclude l'altra, e che in mezzo alle due c'è l'inerzia e la passività con cui la Procura di Brescia ha accolto le prospettazioni del Gico, continuando nel tempo a concedere "deleghe di indagini" di ogni tipo, e divenendo così l'alveo delle scorribande investigative di chi si era messo in testa di voler "riscrivere" la storia di "Mani pulite" (ignorando che essa è scritta nelle aule dei Tribunali dove si sono svolti e si stanno svolgendo i processi).

Oh, lo so bene che la Procura di Brescia nega di aver messo sotto inchiesta l'inchiesta "Mani pulite"; siccome però, rispetto agli investigatori fiorentini, i Pm bresciani non hanno la scusante dell'ignoranza, non possono non essersi accorti che la relazione del Gico n° 227/99 ha precisamente quell'intento, al punto che in essa si arriva all'obbrobrio di contestare sentenze già passate in giudicato! Leggere per credere: il volume terzo e quarto della relazione del Gico si occupano in pratica solo dei dibattimenti Cusani e Enimont, delle requisitorie pubbliche del Pm Di Pietro, e delle sentenze emesse (in sostanza, più che ricostruzioni investigative, sembrano "motivi di appello" redatti nell'interesse di Sergio Cusani!).

Per rispetto delle sentenze e dei giudici che le hanno emesse, eviterò di contestare nel merito le farneticazioni del Gico. Vorrei solo ricordare ai grandi investigatori di oggi, i quali

arrivano ad addebitarmi perfino di avere scelto il "rito immediato" per far processare Cusani, che proprio quel tipo di processo ha consentito di "formare" la prova in dibattimento e quindi in pubblica udienza alla presenza di un "arbitro terzo" quale il Collegio giudicante. Dico questo per evidenziare l'assurdità della loro insinuazione circa il fatto che io avrei "pilotato" gli interrogatori: quegli interrogatori vennero seguiti in diretta da milioni di telespettatori, i quali hanno ben visto che di fronte al Collegio vi erano persone che riferivano fatti penalmente rilevanti e non versioni con me concordate. Lo stesso Pacini venne ascoltato in pubblico dibattimento, e venne interrogato (sia da me, sia dalla difesa di Cusani, sia dal Presidente della Corte) anche in merito alla vicenda della fattura Allied.

Secondo il Gico, invece, io avrei svolto le indagini sul fronte Eni-Montedison non per dovere professionale ma per altri scopi. Ecco quali: «Le scelte processuali, così come attuate, discendevano da quella che appare una sua [*del Pm Di Pietro, ndr*] precisa volontà e strategia», per cui «la conclusione del processo Cusani si svolgeva nella determinazione di svolgere immediatamente il processo Enimont e poi lasciare la magistratura». Secondo il Gico, io mi sarei adoperato per impedire, o quanto meno rendere difficoltosa, «la esatta e complessiva ricostruzione processuale dei fatti e la esatta valutazione dei titoli di reato contestati», e avrei fatto questo «sebbene [la Procura di Brescia] avesse aperto un fascicolo processuale a seguito di un esposto presentato da Sergio Cusani... e sebbene... [la Procura di Brescia] stesse conducendo le indagini sul conto del presidente Diego Curtò in relazione al denaro ricevuto nel contesto della vicenda del fermo provvisorio delle azioni».

A questo punto, il lettore si aspetta che il Gico spieghi il collegamento tra il processo Enimont-Cusani così ricostruito e la vicenda processuale D'Adamo-Pacini per cui è stato chiesto il mio rinvio a giudizio. E invece no. Secondo il Gico, io avrei "manipolato" il processo Enimont-Cusani non allo scopo di indurre Pacini a finanziare D'Adamo (chissà se questi investigatori fiorentini si sono mai domandati perché il legislatore abbia previsto il "dolo specifico"...), ma perché avevo strumentalmente operato la scelta «della celebrazione del processo Enimont e l'abbandono dell'attività di magistrato senza prendere nemmeno in considerazione, né svolgere il processo Eni», e soprattutto perché «l'esposizione della requisitoria orale, svolta in particolare nel processo Cusani in telecronaca diretta, commentata e seguita da un numero rilevante di giornalisti e di pubblico, [era] finalizzata, oltre che a contrastare veementemente la versione della patita concussione, peraltro non materia di discussione, attraverso l'affermazione di un preesistente accordo corruttivo tra Cagliari e Gardini... anche e rilevantemente sottolineare responsabilità ai vertici del Psi, e in particolare del segretario politico Craxi... saltando il commento della relativa slide [del] denaro [che] riguardava Citaristi».

Perché quelli del Gico tacciono sulla "requisitoria orale" Enimont e indicano solo quella Cusani? Eppure anche quella Enimont avvenne «in telecronaca diretta, commentata e seguita da un numero rilevante di giornalisti e di pubblico»! Perché mi addebitano di avere contrastato «veementemente la versione della patita concussione... attraverso l'affermazione di un preesistente accordo corruttivo», se quel processo riguardava ipotesi di illecito finanziamento ai partiti, falso in bilancio e appropriazione indebita? È vero che anche il Gico rileva che tale questione «non era materia di discussione», ma poi mi accusa di averne parlato «per contrastare», cioè per esprimere parere contrario a prospettazioni altrui – di chi è facile immaginare, giacché in quel processo c'era un solo imputato: Sergio Cusani.

Perché il Gico sostiene che nella requisitoria Cusani, illustrando le varie slide, io abbia rimarcato più il ruolo di Craxi che quello di Citaristi? (la qual cosa nemmeno è vera, giacché in altre parti della requisitoria si parla abbondantemente anche di quest'ultimo). Ma proprio con riguardo a Citaristi, il Gico di Firenze annuncia che questo sarà il nuovo fronte delle indagini con le quali "illuminerà" la Procura di Brescia attraverso una nuova e più corposa annotazione di Pg in arrivo. Accidenti, io pensavo che i circa 60 (sessanta) avvisi di garanzia che avevo inviato a Citaristi, i tanti rinvii a giudizio che avevo chiesto a suo carico e i chilometrici interrogatori cui l'avevo sottoposto, testimoniassero qualcosa! E invece no, anche stavolta sono stato smascherato (speriamo che adesso gli ex Dc mi avversino un po' di meno...). A quelli del Gico preciso che nutrivo

e nutro una grande stima nei confronti del difensore di Citaristi, con il quale spesso mi confrontavo anche in merito alla posizione processuale del suo cliente; lo preciso perché nella loro relazione gli investigatori fiorentini, annunciando i loro farneticanti "scoop" prossimi venturi, hanno anticipato che si occuperanno delle «indagini svolte nei confronti del segretario amministrativo della Dc Citaristi, che per alcuni aspetti è connesso a quello sin qui evidenziato – capita l'antifona?, è in programma una "connessione" fra la posizione di Citaristi e quella di Pacini-D'Adamo. È bene quindi che avverta subito il Gico: il difensore di Citaristi non era l'avv. Lucibello.

Oddio, gli implacabili investigatori fiorentini hanno anche anticipato che nella loro prossima relazione evidenzieranno inoltre il "trattamento speciale" riservato dal Pm Di Pietro alle «maggiori imprese nazionali pubbliche e private». Vogliamo scommettere che quel nuovo "scoop" sosterrà la tesi – bislacca, ma tanto cara ai soliti noti – che "Mani pulite" avrebbe riservato un diverso trattamento a seconda dell'imprenditore? E non c'è da sforzarsi granché per capire chi metteranno tra le presunte "vittime" dell'inchiesta "Mani pulite", e chi tra i beneficiati!

A questo punto della lettura della relazione del Gico n° 227/99, uno continua a domandarsi: ma cosa c'entrano i processi Cusani-Enimont, le inchieste sull'Eni e quelle su Citaristi e sugli imprenditori inquisiti nella inchiesta "Mani pulite", con la vicenda del finanziamento Pacini-D'Adamo per la quale Di Pietro è accusato? Calma, adesso i grandi investigatori fiorentini ci arrivano: «[Vi sono] ulteriori elementi raccolti che appaiano indicare e far emergere ulteriori diversificati interessi e finalità». Accidenti! E quali saranno mai?! Eccoli, perché adesso la sceneggiatura del Gico si fa pamphlet satirico. Gli «interessi e finalità» del Pm Di Pietro nell'ambito di "Mani pulite" (quantomeno sul fronte Eni-Montedison) sarebbero state quelle di:

• «Utilizzare Pacini al fine di disporre della chiave di accesso al sistema "Ruju-Troielli" facente capo al Psi, costituita dal conto corrente intrattenuto presso l'Ubs di Zurigo [e ciò perché] l'interesse del Pm Di Pietro in quel frangente [era] esclusivamente rivolto ai conti esteri del Psi». Grazie della precisazione, soprattutto grazie per l'avverbio «esclusivamente». Ma allora perché mi avete incriminato sostenendo che avrei "utilizzato" Pacini per finanziare D'Adamo? E poi, che "finalità illecita" era mai quella di voler scoprire i conti esteri di un inquisito che ce li aveva? Perché il Gico dice che io volessi sapere da Pacini solo ciò che riguardava il «conto corrente intrattenuto presso l'Ubs di Zurigo», quando il sistema Troielli si basava sulla gestione di una decina di conti correnti esteri (che spaziavano dalla Svizzera a Hong Kong, dalle isole australiane di Cook alle Bahamas), tutti da me individuati e nei confronti dei quali ho fatto altrettante rogatorie internazionali? Ma ha mai sentito parlare il Gico delle complicate indagini da me svolte sulle operazioni bancarie riconducibili a Craxi sui conti correnti "Constellation Financiarie" e "Northern Holding", per citarne alcuni? Ha mai preso visione delle triangolazioni bancarie lussemburghesi con i soldi che partivano da imprenditori italiani e finivano nei conti del segretario particolare di Craxi, Giallombardo? Ah, quanta pazienza!

• «Consentire a Pacini di rendere le dichiarazioni del 19-7-93... al solo fine di verbalizzare sue dichiarazioni sul tema della provvista Montedison prima che la stessa fosse rivelata da Garofano», sempre al fine di «utilizzarle per le contestazioni ad altri coindagati, quali Ferranti e i responsabili della Montedison e Ferfin, che venivano arrestati, potendo implicitamente sottolineare con ciò la fattiva collaborazione del Pacini». Che farneticazioni! Forse che nel momento in cui Pacini si era presentato in Procura per «verbalizzare sue dichiarazioni sul tema della provvista Montedison e Ferfin», io gli avrei dovuto dire: "No, scusi, ripassi più tardi che deve venire prima Garofano a fare queste verbalizzazioni"? Lo scopo di un'inchiesta è quella di accertare come stanno i fatti, non di stabilire chi deve venire prima a raccontarli! E poi, se Garofano avesse cambiato idea, io come mi sarei dovuto comportare? Dopo, avrei potuto chiamare Pacini e dirgli "avanti il secondo", o avrei dovuto saltare direttamente al terzo (che, nella fattispecie, poteva essere Ferranti o i legali rappresentanti della Montedison-Ferfin)? A ben vedere, anche questa ulteriore affermazione del Gico fornisce una chiave per capire la fonte delle loro "ispirazioni". Abbiamo già rilevato che tutta questa relazione sembra piuttosto una "arringa di appello" del processo Cusani;

scopriamo adesso che io avrei commesso un abuso allorché usai le dichiarazioni di Pacini «per le contestazioni ad altri coindagati, quali Ferranti e i responsabili della Montedison e Ferfin, che venivano arrestati». Eh già, capisco: se non avessi arrestato Sama, chissà se questi avrebbe mai parlato della distribuzione della maxitangente Enimont e del ruolo che ebbe Cusani nella vicenda!? E il Gico chiosa: «Potendo implicitamente sottolineare con ciò la fattiva collaborazione del Pacini». Insomma, secondo gli arguti investigatori fiorentini, Pacini non stava collaborando con l'Ag di Milano ma faceva solo "finta", e io sarei stato d'accordo con lui per far risultare ciò che non era vero; peccato che le dichiarazioni di Pacini sul punto siano state ritenute credibili dal Gip che ha emesso poi i provvedimenti restrittivi a carico di Ferranti e dei responsabili Ferfin e Montedison, dagli altri colleghi del pool che hanno firmato la richiesta, dai Tribunali che hanno proceduto alle condanne, e soprattutto dai diretti interessati che dopo il loro arresto hanno pure confessato (seppure in modo parziale e interessato, come loro diritto peraltro). Al riguardo vorrei far notare una grave contraddizione da parte dei grandi investigatori del Gico (una delle tante, per carità!): in questa parte della loro relazione riconoscono che Pacini, con le sue dichiarazioni, ha permesso l'arresto di Ferranti; invece, più avanti, essi considerano Ferranti come un sodale di Pacini con il quale si sarebbe accordato sulla versione da fornire all'Ag. Ma ormai sappiamo che per quelli del Gico anche l'arresto o l'incriminazione di qualcuno è un "favore", forse ispirati dal detto "Come la fai la sbagli".

• «Consentire in concorso con l'avv. Lucibello [*il Gico aggiunge la frase «se non con lui concordato», in quanto, secondo loro, ci deve essere differenza giuridica fra i due concetti*] che Pacini e Ferranti concordemente e strumentalmente modificassero le dichiarazioni rese, rispettivamente attraverso la redazione e la presentazione di una memoria del 27-10-93 e l'interrogatorio del 9-11-93, in particolare nella parte della ridistribuzione anticipata di denaro sui conti esteri facenti capo al Psi». Accidenti! Guai a quel Pm che, verbalizzata la dichiarazione di un inquisito, poi si permette di verbalizzarne una contraria o diversa! Mettiamo che Pacini e Ferranti avessero dichiarato "bianco", ma poi ritennero di dover dichiarare "nero"; il mio abuso in questo caso sarebbe consistito nell'aver «consentito» loro di farlo. E cosa avrei dovuto fare per impedirlo?: erano indagati e si difendevano!, e ciò non vuol dire che io abbia loro creduto – la credibilità della prima o della seconda versione (o eventualmente della terza e della quarta e così via) dovrà essere stabilita nel processo che si farà a loro, non certo nel processo che il Gico vorrebbe fare a me.

• «Utilizzare le dichiarazioni di Pacini nel processo Cusani e in quello Enimont al fine di sostenere che il versamento del denaro Montedison con riguardo al *closing*... e quello Ops... era il frutto di un preventivo accordo intervenuto fra il presidente dell'Eni Cagliari e Raul Gardini, in dipendenza di reciproci interessi, e non il prezzo di una subita concussione esercitata dall'Eni e dal sistema dei partiti come sostenevano i responsabili di Montedison e Ferfin». Beh, ormai è chiaro dove vogliono andare a parare i grandi investigatori del Gico (o chi tramite loro): i due processi Cusani e Enimont sono sbagliati e sarebbero da rifare. Peccato che la questione corruzione-concussione non era e non è mai stata oggetto di alcun capo di imputazione né nel processo Cusani né in quello Enimont! Semmai questo aspetto della vicenda è stato sviscerato proprio dalla Procura di Brescia, la quale ha rinviato a giudizio e ottenuto la condanna del presidente del Tribunale di Milano Diego Curtò, ironia della sorte proprio per *corruzione* (condanna confermata anche in appello). Vedete, signori Pm di Brescia, in quale deriva interpretativa possono portarvi le elucubrazioni del Gico, se non vi riappropriate al più presto della direzione delle indagini?! Per le vicende *closing* e Ops, invece, il processo si deve ancora celebrare, e sarà in quella sede che il Pm di Milano incaricato sosterrà le sue tesi, secondo coscienza. Io, da parte mia, prima di lasciare la Magistratura ho chiesto il rinvio a giudizio di Pacini per entrambe le questioni, allegando agli atti tutte le versioni fornite dai protagonisti e quindi dando modo a chi se ne dovrà occupare di valutare ogni aspetto della vicenda. Ancora una volta, però, il lettore si starà domandando: sì, va bene, ma tutto questo cosa c'entra con la vicenda dei finanziamenti Pacini-D'Adamo? Me lo sto chiedendo anch'io, anche se ormai ho capito che essa era solo uno "specchietto per le allodole", un goffo pretesto per tentare

di rimettere in discussione sentenze passate in giudicato, e attraverso di esse delegittimare tutta "Mani pulite".

• «Utilizzare le stesse dichiarazioni di Pacini nel corso dello stesso processo Cusani (e anche nel processo Enimont) per sostenere che sul sistema "Ruju-Troielli", facente capo al Psi e in particolare a Benedetto Craxi, era stato versato, su disposizione dello stesso Cagliari, denaro riconducibile a quello elargito dalla Montedison per il *closing* e che quindi, come nel caso dello stesso Cagliari, era stato versato al responsabile del partito che lo sorreggeva, denaro sin dalla prima tangente pagata dalla Montedison, e ciò nella consapevolezza dell'enorme pubblicità negativa che ne sarebbe derivata visto che il processo veniva seguito da un rilevantissimo numero di spettatori, attraverso programmi televisivi e in special modo la requisitoria trasmessa e commentata in telecronaca diretta dal 19 al 21-4-94, ove tutto ciò veniva rilevantemente sottolineato». Chi legge si domanderà quale senso possa avere un discorso del genere; lo spiegano subito dopo gli stessi grandi investigatori fiorentini: questi erano gli «esclusivi fini persegui[ti] dal Pm Di Pietro». Accidenti! Ricapitolando le farneticazioni del Gico: con D'Adamo abbiamo scherzato, la verità è che il Pm Di Pietro ha utilizzato il processo Cusani (si badi bene: è solo a questo che si riferiscono veramente, giacché parlano solo della requisitoria dell'aprile 94, e non di quella del dicembre successivo) per fare in modo che le dichiarazioni di Pacini costituissero una "pubblicità negativa" per Craxi facendo capire agli italiani «in telecronaca diretta» che il Psi aveva ricevuto soldi dai responsabili della Montedison. (Appena mi capiterà di incontrare il presidente Tarantola, gli dirò che è stato complice di questo mio disegno perverso: la decisione di ammettere le riprese televisive l'ha presa lui!) Se il Gico avesse letto le dichiarazioni di Craxi nel processo Cusani, si sarebbe accorto che è stato lo stesso Craxi a dichiarare che il suo partito da anni riceveva – al pari di altri – denaro illecito dalla Ferruzzi-Montedison. Se poi il Gico avesse letto le polemiche giornalistiche di quei giorni (e in particolare l'editoriale di Eugenio Scalfari su "la Repubblica" del giorno dopo) avrebbe preso atto che io nel processo Cusani venni addirittura sospettato di aver favorito Craxi e di essermi accanito contro Citaristi e Arnaldo Forlani. Se, però, questa è la stupida accusa che mi viene ora mossa, bisogna chiedersi come avrei dovuto comportarmi per non essere accusato di ciò: non avrei dovuto utilizzare le dichiarazioni di Pacini in dibattimento? E come, se lui le ha rese proprio in sede dibattimentale? Già, perché Pacini non si avvalse della facoltà di non rispondere, e quindi i verbali resi in istruttoria non vennero allegati agli atti del processo Cusani; egli venne sentito invece in sede dibattimentale e anche "controinterrogato" dalla difesa di Cusani, per giunta proprio sulla vicenda della fattura Allied e del *closing*.

• «Peraltro durante il processo Cusani lo stesso Pm [Di Pietro] aveva... modifica[to] persino, alla chiusura dell'istruttoria dibattimentale, radicalmente il complesso delle imputazioni». Mannaggia all'ignoranza, che quando si mischia all'arroganza non c'è più niente da fare! Come faccio adesso a spiegare a quelli del Gico che ciò è previsto da un'apposita norma del codice e che quanto il Tribunale mise in evidenza con il suo rilievo in sentenza non era che io non potessi fare una tale contestazione suppletiva, ma che il processo — essendo stata fatta molta istruttoria dibattimentale — era andata troppo per le lunghe. Ai fini della "trasparenza", però, tutti gli imputati sono stati più garantiti perché tutto è avvenuto alla luce del sole (e delle telecamere).

Molto ci sarebbe da dire in merito a questa incredibile relazione del Gico, ma non è il caso: è solo una farneticante accozzaglia di insinuazioni. Ma ho il diritto-dovere di segnalare alcune macroscopiche "incongruenze, contraddizioni e falsità", perché da questa stessa relazione emerge la mole enorme di attività investigativa dispiegata dal Pm Di Pietro su Pacini e intorno a Pacini.

Cominciamo dalla vicenda "Allied", in merito alla quale il Gico ha sprecato due dei quattro volumi per sostenere che la ridistribuzione della provvista non sarebbe avvenuta secondo la versione fornita dai vari Pacini, Ferranti e così via. E allora?! Pacini e gli altri sono stati rinviati a giudizio per questa questione, su mia richiesta; agli atti di quel procedimento ci sono le versioni che tutti hanno fornito al riguardo; se da quelle carte risulterà — come sostiene il Gico — che la ridistribuzione sia avvenuta in modo diverso da come ha sostenuto Pacini,

verrà accertato in quella sede. Rilevo perciò l'assurdità della tesi prospettata dal Gico, secondo la quale io avrei utilizzato le false contabili depositate da Pacini per sostenere la sua versione nella richiesta di rinvio a giudizio: in realtà, quel rinvio a giudizio era l'unica formulazione possibile, alla luce delle tante versioni fornite agli atti dai vari protagonisti, e da nessuna parte sta scritto — men che meno nel decreto di rinvio a giudizio — che io abbia preferito l'una all'altra versione; mi sono limitato a riportare e allegare agli atti tutta la documentazione esistente, rimettendo alla fase del giudizio l'individuazione delle eventuali contraddizioni.

Nemmeno posso accettare l'altra velenosa insinuazione contenuta nella relazione del Gico, secondo la quale io avrei chiesto il rinvio a giudizio di Pacini, e avrei anche effettuato la rogatoria "Allied" a Londra, non perché così dovevo fare, ma l'avrei fatto per precostituirmi le prove della correttezza del mio operato. Questa cervellotica insinuazione è la riproposizione del "come la fai la sbagli": se non avessi chiesto il rinvio a giudizio di Pacini e non avessi fatto la rogatoria "Allied", sarei sicuramente stato accusato di aver "omesso" di investigare e di fare rogatorie; siccome le ho fatte, vengo accusato di averle fatte come "alibi precostituito".

Ma forse ho capito dove vogliono andare a parare i suggeritori del Gico: non dovevo fare l'inchiesta Eni-Enimont, o quantomeno non dovevo fare i processi Cusani-Enimont. Siamo in un'aula di giustizia, però, e non in un circolo del "tressette": qui non è possibile gettare sul tavolo semplici fantasticherie e insinuazioni senza un minimo di prova! Insomma, quelle del Gico sono calunnie belle e buone, e sarebbe ora che i signori Pm di Brescia si decidessero a tutelare anche me di fronte a discorsi simili! Se non vogliono farlo per me, lo facciano almeno per gli altri del pool "Mani pulite", giacché sarà veramente difficile separare le responsabilità del Pm Di Pietro da quelle del pool in base alla relazione 227/99 dal Gico di Firenze.

Né posso accettare le ulteriori insinuazioni degli investigatori fiorentini, quando in sostanza ipotizzano che io, durante la requisitoria finale dei processi Cusani e Enimont, abbia voluto "confondere" le acque facendo passare per corruzione ciò che sarebbe stata una concussione. In sede di requisitoria [1], sostenni fra l'altro che:

• «Questo denaro... è documentalmente provato che viene realizzato attraverso una fattura di una società off-shore che si chiama Allied... vedete, il 18 dicembre 90 l'Allied emette questa fattura alla

Meihc e ne riceve in cambio 10,5 milioni di dollari»: dunque io mi riferii alla fattura, non alle false contabili.

• «Su questo punto ci ho pure subito un processo... a Brescia»: quindi il Collegio e le parti vennero messe al corrente della "querelle" che c'era in corso tra me e Cusani sulla questione.

• «Si è fatta questione specie da parte di Cusani nel processo... la questione riguarda il fatto che i documenti successivamente posti, proposti e porta-

---

[1] Ecco un brano di quella mia requisitoria: «Attraverso le dichiarazioni dei protagonisti è dimostrato che alla chiusura cioè al *closing*, e all'anticipato pagamento rispetto alla scadenza... al termine massimo della scadenza naturale... attenzione, qui è da fare una precisazione: non è che hanno pagato in anticipo rispetto al termine minimo, altrimenti sarebbe veramente un illecito, qui la cosa è ancora più sofisticata, dalle nostre parti si dice "c'è la buonafede, c'è la malafede", c'è qualcosa oltre che è la precostituzione della buonafede; allora qui che cosa è stato fatto? Non è... che è qualcosa di più della malafede, la furbizia! Allora che cosa è stato fatto? È stato detto: "Io ti posso pagare da domani a fra venti giorni; è vero che ti posso pagare fra venti giorni, ti pago domani, ma io sono formalmente corretto, dammi dei soldi", chi l'ha disposto questo? La richiesta viene da Cagliari e Gardini, perché Cagliari e Gardini si accordano perché hanno un guadagno reciproco, uno prende la valuta prima, l'altro prende i soldini che porta a... al suo amico... Fiduciaria Colombo dopo. Questo denaro attraverso le dichiarazioni dei protagonisti, quali dichiarazioni dei protagonisti, quelle che voi potete vedere nell'iter della vicenda che vi ho detto prima, è provo, documentalmente provato, che viene realizzato attraverso una fattura di un'altra società off-shore che questa volta si chiama Allied; su questo punto... io su questo punto c'ho subìto pure un processo quindi so tutto, su questo punto è da precisare, Pacini chi è? Abbiamo detto Pacini è... non ho sbagliato Presidente, ho detto "subìto", ma dovevo dire "c'ho fatto", no no, c'ho subìto un processo a Brescia; su questo punto, Pacini chi è? Pacini abbiamo detto è il... il fiduciario, Pacini è il fiduciario del Partito socialista e di altri partiti, è comunque il fiduciario del... nella gestione dei fondi occulti dell'Eni a Ginevra. Bene, Pacini riceve ordine da Ferranti a sua volta riceve da Cagliari che si accorda con Gardini, riceve ordine da Ferranti di fare una documentazione ad hoc fittizia, facendo risultare, a una società fasulla del suo giro, facendo risultare che ha fatto delle consulenze alla Meich, alla Montedison International, affinché la Meich pagasse delle consulenze fittizie per 10,5 milioni di dollari, in modo che tu Pacini quando ricevi questi soldi provvedi a pagare chi di conseguenza. Bene, Pacini fa questa fattura, questa fattura viene fatta a fine dicembre del 91, la vogliamo vedere un attimo la fattura [*rivolgendosi all'operatore del computer: "Prova ad andare nell'iter e la troviamo"*] vediamo se... andiamo nell'iter, questa... siccome la sto, gliela sto chiedendo adesso, vediamo un attimo... la fattura Allied, guardi, eccola qua... l'abbiamo trovata immediatamente; vedete, il 18 dicembre del 90 l'Allied emette questa fattura alla Montedison International e ne riceve in cambio 10,5 milioni di dollari. Perché è importante questa fattura? Perché ci dice che in quel periodo, nello stesso periodo in cui viene pagata la tangente per la chiusura di Enimont, Cagliari si preoccupa anche di prendere questi

soldini che poi... [*inc.*] nel suo modo, nel modo che vedremo; andiamo a vedere nel modo che vedremo, ritorniamo al riepilogo... qui vi è una questione... ecco, qui vi è una questione, perché? Nella distribuzione del denaro, Pacini abbiamo detto faceva da cassa privata, da cassa di pagamenti e riscossioni dei fondi neri Eni, Pacini una parte asserisce di averli trattenuti per rimborsarsi degli anticipi che aveva fatto negli anni precedenti o nei tempi precedenti, altra parte dice di aver effettuato dei versamenti. Si è fatta questione specie da parte di Cusani nel processo, si è fatta questione del fatto che Pacini ha riferito che una fattura... lui il denaro ricevuto dalla Allied a sua volta ne ha riversato per una parte per due fatture, uno a un conto di Hong Kong e un altro vedete attraverso Ruju, vedete uno a un conto di Hong Kong, uno attraverso la Ubs di Svizzera. per un totale di 2,950 miliardi, la questione riguarda il fatto che il... i documenti successivamente posti, proposti e portati alla... all'Ag da Ruju hanno evidenziato che sì a Hong Kong il versamento avvenne nel 90, ma che quello all'Ubs svizzera avvenne nell'89... Pacini fin dall'inizio aveva riferito che lui aveva... diciamo così ehm... quietanzato, come si dice? Aveva riscosso gli anticipi che aveva fatto in relazione a questi versamenti. Chi ha ragione, se i versamenti sono avvenuti nel 90 o sono avvenuti nell'89, lo andremo a vedere nel processo *closing* Enimont, a noi ci interessa che cosa in questo momento? Non c'interessa la distribuzione del denaro, perché a vedere poi in concreto non sappiamo mica se Ferranti dice tutto il vero quando dice che 4 miliardi li ha dati in contanti a Cagliari a Roma, può anche capitare che Cagliari non c'è più e quindi Ferranti li ha dati in contanti a Cagliari che non c'è più... perché voglio dire fino al giorno prima che Cagliari era vivo quei 4 miliardi a Cagliari non li aveva dati, subito dopo li aveva dati a Cagliari. Quindi è tutto da vedere poi come ognuno si aggiusta le sue dichiarazioni al momento dei fatti, in quel processo lo andremo a vedere, a noi c'interessa però documentalmente una cosa, che la fattura Allied avviene il 18 dicembre 90 e che cioè gli accordi, se quella è la fattura, avvengono tra la fine di novembre e i primi di dicembre e cioè che gli accordi per... fra Cagliari e Gardini sono coevi, per il *closing*, sono coevi agli accordi per la tangente relativa alla chiusura di Enimont, ciò vuol dire che tra Cagliari e Gardini vi era in quel periodo un rapporto di perfetta parità nel cercare di portare a casa ognuno il più possibile, portatemi a casa i soldi della valuta per la chiusura di Enimont e ti do subito una bustarella a te, sistematemi 'sta vicenda, comprare o vendere, e ti do st'altra bustarella a te. Perché ho fatto tutte queste questioni e le ho anticipate così? Perché quando arriviamo adesso alla questione Enimont noi dobbiamo e... sì parlare di come sono state pagate le tangenti di Eniti all'Ag da Ruju hanno evidenziato che a Hong Kong il versamento avvenne nel 90 ma che quello all'Ubs svizzera avvenne nell'89»: in altri termini, ho illustrato e posto alle valutazioni del Tribunale le due versioni presenti agli atti.

• «Chi ha ragione, se i versamenti sono avvenuti nell'89 o nel 90, lo andremo a vedere nel processo *closing*»: quindi spiegai che per la vicenda *closing* ci sarebbe stato un apposito processo dove si sarebbe discussa in specifico questa faccenda, e a esso rinviai.

• «Non sappiamo mica se Ferranti dice tutto il vero quando dice che 4 miliardi li ha dati tutti a Cagliari... voglio dire fino a quando Cagliari era vivo quei 4 miliardi a Cagliari non glieli aveva dati... subito dopo glieli aveva dati»: ecco la riprova che anch'io nutrivo dubbi sulla versione Ferranti, tanto più che mettevo in guardia il Collegio sul fatto che tale versione era stata fornita dopo la morte di Cagliari, e quindi poteva sospettarsi che Ferranti scaricasse una parte del bottino su chi non poteva più eccepire.

• «Ognuno si aggiusta le dichiarazioni al momento dei fatti»: anch'io, ben prima del Gico, misi in allerta chi stava giudicando che nel processo c'erano persone che potevano fornire versioni non corrispondenti al vero e che quindi occorreva stare attenti.

• «In quel processo lo andremo a vedere»: mettevo così un paletto ben preciso, e cioè che doveva esserci un apposito processo per accertare da che parte stava la verità, e pertanto, come è noto, prima di lasciare "Mani pulite" inoltrai la richiesta di rinvio a giudizio; volevo cioè che le suddette contraddizioni emergessero al più presto, allorché in pubblico dibattimento ognuno sarebbe stato messo di fronte all'altro a raccontare la propria versione.

E tutto questo sarebbe stato "un favore" che stavo facendo a Pacini? Come possono sostenere, i fantasiosi investigatori del Gico, che io non volessi accertare la verità in merito alla ridistribuzione della provvista *closing*? Essi hanno consumato un fiume di inchiostro per dimostrare una cosa che era stata rilevata da me fin dal 94 e che per tale ragione avevo prima annunciato e poi approntato (con la richiesta di rinvio a giudizio) un apposito processo

per accertare la verità! Ma perché non si vuole capire che qui si sta facendo il processo a me, e non a Pacini o Ferranti – a meno che non si miri alla "revisione" del processo Cusani e di quello Enimont...

Nella relazione 227/99 del Gico di Firenze le elucubrazioni non finiscono mai, ce n'è di ogni genere. Gli investigatori fiorentini riportano per criticarli brani di sentenze e delle requisitorie del Procuratore generale, e soprattutto riportano "memorie" ed esposti di Cusani, e analizzano documenti che non so nemmeno se sono tutti presenti negli atti. Roba che uno si chiede: ma perché hanno fatto tanti sforzi e impiegato tanto buon tempo per rileggere processi finiti e definiti? Soprattutto a leggere carte che con il procedimento a mio carico non c'entrano niente? È tutta farina del loro sacco? È un dubbio lecito, quest'ultimo, quando si legge – tra le tante accuse che mi si rivolgono analizzando la posizione di Roger Francis – che «il dott. Di Pietro aveva ricevuto diversi esposti anonimi ove veniva specificato anche il ruolo di Francis nel sistema delle società e conti utilizzati da Pacini e ove veniva posto in rilievo che molte circostanze non erano state rivelate».

A proposito della posizione processuale di Roger Francis, quelli del Gico si avventurano in un'altra insensata analisi, al termine della quale mi addebitano di aver omesso di chiedere la misura cautelare nei suoi confronti, e inoltre che nei file dei computer del Francis risultano essere state compilate le memorie poi presentate dall'avv. Lucibello per conto di Pacini. Prima osservazione: perché proprio e solo Di Pietro doveva chiedere l'arresto di Francis, nonostante che la sua posizione e il suo interrogatorio fossero seguiti dal dott. Greco e dal dott. Colombo? Questi due magistrati, invece di fissare l'interrogatorio – pensate, anche loro con l'avv. Lucibello! – di Francis, perché non hanno richiesto la misura cautelare? Seconda osservazione: perché anche laddove la misura cautelare del carcere era prevista – come per le accuse mosse a Francis – solo in via facoltativa, per il Pm Di Pietro e solo per lui era invece un dovere? Terza osservazione: cosa c'è di strano nel fatto che un collaboratore e dipendente di Pacini (quale era appunto Francis) abbia scritto e preparato le memorie poi arrivate sul mio tavolo? Quarta osservazione: perché viene considerato anomalo

---

mont, ma ci stiamo arrivando con, a mio avviso, un animo sereno nel senso che ci troviamo a che fare con dei partner che sono partner e non vassalli, sono, cioè. delle persone che stanno fra di loro in un rapporto di parità sia sul piano lecito che illecito... Tutto questo ho voluto fare fino a questo momento per entrare al momento dello scioglimento dell'Enimont...».

il fatto che poi le memorie di Pacini, dopo essere state scritte da Francis, siano state depositate in Procura dall'avv. Lucibello, che era il difensore di entrambi? Quinta osservazione: ma davvero pensate che io possa mai aver parlato al telefono con questo Francis, come pure avete scritto?, e allora perché non l'avete interrogato sul punto?, ma vi siete dimenticati che in un verbale di Pacini c'è scritto che gli venne concesso di telefonare al suo ufficio per farsi dare gli estremi di conti correnti? Sesta osservazione: ma che razza di "favore" è quello che io stavo facendo a Pacini, se non chiedevo l'arresto dei suoi collaboratori ma chiedevo e ottenevo il suo?

Mi fermo qui. E appena questa storia avrà fine mi recherò dal mio ex capo ufficio dott. Borrelli e dal Consiglio giudiziario di Milano, per lamentarmi del giudizio lusinghiero di cui essi mi onorarono quando venni giudicato idoneo alla carica di magistrato di appello. Già, perché anche la motivazione di quel giudizio è stata utilizzata dal Gico di Firenze per trovare degli indizi di responsabilità contro di me. Leggere per credere! Secondo il Gico, siccome io come magistrato ero considerato "molto bravo" dai miei colleghi di Milano, significa che tutto quanto non riuscii a scoprire o a evidenziare nell'inchiesta "Mani pulite" potrebbe essere dipeso dalla mia volontà dolosa finalizzata a favorire qualcuno!

Il seguito alla prossima, annunciata relazione dei grandi investigatori del Gico. Sperando però che la prossima volta – a differenza di quanto accaduto in occasione di quella 227/99 – essa venga almeno firmata...

2. Incongruenze a Brescia

Il giorno prima dell'udienza preliminare i signori Pm di Brescia hanno riepilogato il loro pensiero depositando una memoria. Niente di nuovo sotto il sole: solo un riassemblaggio di vecchie argomentazioni, del tutto avulse dal quadro probatorio scaturito nel frattempo dalla loro stessa istruttoria, e caratterizzate da numerose "incongruenze e contraddizioni".

Il documento dei Pm bresciani ha in sé qualcosa di fasullo nel senso di "non originario": mi riferisco alla seconda parte della memoria, che in molti punti è solo una grezza "copiatura di file" della relazione n° 227 del 28-1-99 del Gico di Firenze. Dico "grezza" perché a pagina 153 della memoria dei Pm si afferma testualmente che «tale specifica situazione verrà utilizzata a propria difesa dal dott. Di Pietro negli interrogatori e memorie resi a codesto ufficio»: ma a quale ufficio, di grazia, io avrei reso interrogatori?, io dal Gip non sono mai stato interrogato, ed è quindi evidente che questo svarione proviene dal Gico. È solo un esempio, per carità! Se ne vuole un altro, a caso? Subito accontentati. Si legge a pag. 213-214: «Circa le incongruenze relative ai 10 miliardi di cui all'operazione Ferranti, si è riferito con le annotazioni n° 364/Ug del 26-9-97 e 393/Ug del 20-10-97» – ho invano cercato negli atti queste due annotazioni del Pm, ma non ci sono proprio!, e ho casualmente riscontrato che le aveva redatte il Gico!

Si dirà: va beh, è un errore materiale dovuto al fatto che comunque i Pm bresciani hanno ritenuto di far proprie le tesi del Gico. Ma è proprio questo il punto! Non io, ma un gruppo di magistrati della Dda di Milano (Romanelli, Aniello e Nobili), e lo stesso Procuratore capo dott. Borrelli, avevano segnalato che il Gico di Firenze da tempo stava manifestando comportamenti «caratterizzati da palese e preconcetta ostilità... e da arbitrarie formulazioni di tesi, interpretazioni e congetture»; si badi bene che l'andazzo del Gico denunciato dai magistrati di Milano faceva riferimento proprio all'inchiesta "Cattafi" che ha originato il presente procedimento a La Spezia, e che in quella inchiesta uno dei magistrati presi di mira dal Gico era proprio il Pm Di Pietro! Di fronte a un'avvertenza così qualificata e circostanziata, chiunque si sarebbe aspettato che i Pm di Brescia, prima di prendere per oro colato le farneticazioni del Gico, avessero soppesato bene il risultato delle sue investigazioni: e invece emerge che addirittura l'atto finale di riepilogo del pensiero del Pm bresciano per molti versi è una "copiatura informatica di file" delle relazioni del Gico! Ancora più paradossalmente, bisogna prendere atto che, siccome la relazione Gico n° 227/99 non risulta sottoscritta dai verbalizzanti, le contraddizioni e le incongruenze che vi sono contenute possono ora essere rivolte solo ai signori Pm di Brescia...

Ma veniamo al merito della memoria dell'Accusa. Essa è divisa in due parti: nella prima viene trattata la questione della prestazione (cioè i soldi che Pacini ha dato a D'Adamo), e nella seconda la controprestazione (cioè i supposti "favori" che io avrei riservato a Pacini in cambio del denaro da lui dato a D'Adamo). Per entrambe le questioni la Procura di Brescia esprime valutazioni che a mio avviso dimostrano ancora una volta "l'errore di parallasse", rispetto alla realtà dei fatti, in cui i Pm sono incorsi.

Partiamo dai presunti favori di cui avrebbe goduto Pacini. Si legge testualmente: «Vero è che Pacini godette nell'ambito del procedimento 8655/92 di una posizione singolare e privilegiata quasi immunitaria... venendogli di fatto consentito... di orientare secondo i propri interessi le incalzanti indagini della Procura milanese». Questa è un'affermazione contraddittoria in sé: come si può affermare che Pacini godeva di una posizione «quasi immunitaria» se poi doveva correre e rincorrere ogni giorno per le «incalzanti indagini» della Procura milanese? Soprattutto, chi della Procura di Milano stava compiendo le «incalzanti indagini» di cui parlano i signori Pm bresciani? La stessa Procura di Brescia ha sempre sostenuto – anche se in verità le cose non stanno proprio così – che la posizione processuale di Pacini sarebbe stata gestita sempre e solo dal Pm Di Pietro: ma se così fosse, vorrebbe dire che gli stessi Pm bresciani riconoscono in Di Pietro e soprattutto in Di Pietro il propulsore delle «incalzanti indagini» a carico di Pacini di cui essi stessi parlano. E allora, come si fa poi a sostenere che io volessi favorirlo?

Un'altra acrobazia interpretativa proposta dai Pm è laddove essi affermano che «è emerso inequivocabilmente come Pacini con le sue memorie o le sue produzioni documentali effettivamente consentisse certi sviluppi anche rapidi dell'inchiesta milanese ma altresì facesse in modo che le inchieste milanesi prendessero certi indirizzi piuttosto che altri, sgraditi a Pacini o a coloro con i quali costui era d'accordo». A me sembra che questa affermazione contenga, non una, ma due contraddizioni:

• *La prima:* è la stessa Procura di Brescia a riconoscere il fatto che, grazie alle memorie e produzioni documentali di Pacini, l'inchiesta milanese di cui al p.p. n° 8655/92 abbia «effettivamente [avuto] certi sviluppi anche rapidi». Orbene, così dicendo, si riconosce che, grazie al contributo di Pacini, è stato possibile sviluppare almeno una parte delle indagini in mo-

do rapido ed efficace. Ciò vuol dire che è la stessa Procura di Brescia a riconoscere che Pacini ha effettivamente collaborato con l'Ag di Milano. Perché allora vengo accusato di aver «consentito al Pacini... uno status di collaboratore»? Insomma, è la stessa Procura di Brescia a riconoscere (anche se non si accorge di quel che dice) a Pacini quello stesso status che poi accusa me di avergli indebitamente attribuito!

• *La seconda:* leggendo il capo di imputazione e la memoria finale si può constatare che è la stessa Procura di Brescia a dare atto (magari ancora una volta inavvertitamente) del fatto che le indagini della Procura di Milano abbiano coinvolto principalmente le persone in qualche modo legate all'entourage di Pacini. Per comprendere ciò che intendo, bisogna riportarsi alla richiesta di rinvio a giudizio per l'inchiesta Eni: là si noterà che le persone per cui è stato chiesto il rinvio a giudizio *non* sono quelle che potrebbero far parte, secondo la versione di Pacini, della "cordata avversaria alla sua", bensì *proprio* quelle con le quali lui ha operato (o per conto delle quali direttamente o indirettamente ha operato) nell'ambito del pianeta Eni [2]. Insomma, la realtà processuale che emerge dall'inchiesta milanese riguardante il pianeta Eni è esattamente il contrario di quella che i Pm bresciani ipotizzano. "Mani pulite" non ha affatto preso «certi indirizzi piuttosto che altri sgraditi al Pacini», come sostiene l'Accusa, ma al contrario si è sviluppata e indirizzata proprio nei confronti e *contro* le persone "gradite al Pacini": leggere i capi di imputazione del p.p. 9791/95 Pm Milano per credere!

Del tutto arbitraria è anche l'affermazione secondo cui Pacini godette di «una posizione singolare e privilegiata, quasi immunitaria». I signori Pm di Brescia mostrano di dare grande importanza al termine «quasi immunitaria» da

---

[2] Mi riferisco in particolare ai vari Maddaloni, Sebasti, Tradico, Ciatti, Balbiano, Ciaccia, Santoro, Pigorini, Nistri, Rossi, Francis, Coltamai, Davitti, Cragnotti, Dell'Orto, Barbaglia, Reviglio, Pierattini, Merlo, Chiari, Chiariello, Andreani, Fiore, Andronaco, Grillo, Pessina, Fadini, Giuliani, Greppi, Chiavarino, Polverari, Cirino Pomicino, Citaristi, Craxi, Cusani, Emo Danesi, De Michelis, Ferranti, Forlani, Garofano, Vincenzo Greco, La Commara, Locatelli, Marziale, Sama, Troielli e tanti altri ancora.

loro coniato (tanto è vero che ricorrono al corsivo e alle virgolette). In realtà di "immunitario" Pacini non ha avuto proprio nulla dalla Procura di Milano. Con «posizione... quasi immunitaria» i Pm bresciani intendono sostenere che, nei confronti di Pacini, la Procura di Milano (e il Pm Di Pietro in particolare) avrebbe (avrei) omesso di svolgere indagini e di procedere penalmente nei suoi confronti. Ma né io, né la Procura di Milano, abbiamo mai proposto nei confronti di Pacini alcuna richiesta di archiviazione. Men che meno abbiamo mai ritenuto – come invece hanno ritenuto la Procura di La Spezia e quella di Brescia – Pacini parte lesa! Quindi non è mai rimasto "immune" da un bel niente! Invece ha ricevuto sempre e solo tante richieste di rinvio a giudizio, sia da parte mia sia, dopo le mie dimissioni, da parte dei miei ex colleghi; inoltre, ogni filone di indagine nei suoi confronti è rimasto aperto, anche dopo le mie dimissioni. Per rendersi conto della "incongruenza e contraddittorietà" delle affermazioni dei signori Pm di Brescia, basta avere a mente almeno le prime tre richieste di rinvio a giudizio nei confronti di Pacini avanzate dalla Procura di Milano sulla base della complessiva attività istruttoria da me svolta nei suoi confronti (vicenda Eni, vicenda Ops-*closing*, vicenda Tpl). Altro che «posizione quasi immunitaria»!

Scrivono i Pm bresciani: «Sta di fatto che venne in concreto consentito al Pacini di ridimensionare il proprio vero ruolo di intermediatore d'affari... e di accreditarsi quello di un semplice banchiere». Vogliono spiegare i signori Pm di Brescia quale differenza di reato avrei dovuto individuare in questo? E poi chi l'ha detto che io abbia classificato Pacini solo come un «semplice banchiere»? Questa qualifica, o quella (chissà perché ritenuta giuridicamente più grave) di vero e proprio «intermediatore d'affari», poteva, può e potrà essere valutata soltanto nel momento in cui si dovrà decidere il grado della sua colpevolezza e la pena in concreto da riconoscere per i delitti di cui sarà riconosciuto colpevole. Intendo dire: ciò di cui mi accusano i Pm di Brescia è in realtà un "giudizio di valore" che può e deve essere riconosciuto a Pacini solo nella fase della valutazione della sua penale responsabilità e nella fase dell'applicazione della pena, non già nella fase delle indagini preliminari laddove il compito del Pm è sempre e solo

quello di ricercare le fonti di prova, assicurarle, e presentarle al Giudice per le sue valutazioni. Faccio poi rilevare – per inciso – che il "giudizio di valore" che i Pm bresciani danno al ruolo di Pacini («intermediatore d'affari» e non un «semplice banchiere») lo ricavano dai documenti, dalle indagini e dal risultato investigativo effettuato dalla Procura di Milano: dunque all'epoca io avevo condotto indagini in modo tale da far ben emergere il ruolo effettivo di Pacini anche per come lo hanno valutato i Pm di Brescia! E se si volesse usare il metodo argomentativo dei Pm bresciani, si potrebbe ribaltare il concetto così: «Sta di fatto che venne in concreto consentito al Pacini [dalla Procura di Brescia] di ridimensionare il proprio vero ruolo di banchiere e di accreditarsi quello di un semplice intermediatore di affari»...

Nella memoria dei Pm bresciani del 2-2-99 un'altra della accuse mossemi è quella di aver permesso a Pacini di consegnare «nella maggior parte dei casi documentazione bancaria predisposta da Roger Francis e presentata dall'avv. Lucibello che comprovasse dichiarazioni processuali di terzi ma non disvelasse l'effettiva origine e la concreta finale destinazione delle somme transitate sui conti della sua banca Karfinco, conti la cui reale funzione, entità, titolarità, riferibilità non fu praticamente mai oggetto di investigazioni, conti che continuarono fino all'esecuzione delle rogatorie richieste dall'Ag di La Spezia a dissimulare gli effettivi fruitori e le vicende economiche che li avevano alimentati e continuavano ad alimentarli». Anche qui siamo in presenza di un mix di "incongruenze e contraddizioni". Anzitutto c'è una allusione processualmente insostenibile, e cioè l'accostamento insinuante che si vuol dare al fatto che la documentazione bancaria depositata da Pacini venisse «predisposta da Roger Francis, collaboratore di Pacini e presentata dall'avv. Lucibello»: perché i Pm vogliono insinuare qualcosa circa il fatto che colui che loro stessi definiscono "collaboratore" di Pacini gli abbia predisposto la documentazione da presentare? Perché poi assume rilevanza il fatto che tale documentazione bancaria sia stata «presentata dall'avv. Lucibello»? Non era forse l'avvocato di Pacini? Chi altro doveva presentarla? Non si capisce neanche perché tali circostanze (Pacini che fa preparare la sua documentazione bancaria al suo collaboratore Francis, e per depositarla la affida all'avv. Lucibello) vengano contestate a me: io, all'epoca, nella mia qualità di Pm, potevo forse non accettare la documentazione di Pacini o contestargli il fatto che avesse fatto ricorso al suo avvocato per presentarla? E come potevo sapere che era proprio Francis ad avergliela preparata?, e quand'anche l'avessi saputo perché mai mi sarei dovuto allarmare? Del resto, non mi pare che Pacini sia tipo che si mette lì a predisporre tabulati e riepiloghi di documenti: ricorre com'è ovvio a un collaboratore, come farebbe qualsiasi "banchiere" o "intermediatore" che sia. Insomma, questo modo di contestare le cose – insinuandole senza dirle – va contro ogni principio giuridico, ma in questo caso anche contro il buonsenso.

Altro esempio di affermazione al tempo stesso allusiva e contraddittoria dei Pm bresciani: «I conti [della banca Karfinco] continuarono fino all'esecuzione delle rogatorie richieste dall'Ag di La Spezia a dissimulare gli effettivi fruitori e le vicende economiche che li avevano alimentati e continuavano ad alimentarli». Orbene, è notorio che io mi dimisi da "Mani pulite" il 7 dicembre 94, ed è altrettanto notorio che a quella data nessuna inchiesta su Pacini era stata chiusa; ciò significa che non può essere in alcun modo addebitato a me il fatto che «fino all'esecuzione delle rogatorie richieste dall'Ag di La Spezia [e cioè fino all'estate del 96] la reale funzione, entità, titolarità, riferibilità... [dei conti] non fu praticamente mai oggetto di investigazioni»: non è questa una macroscopica incongruenza nella quale incorrono i Pm di Brescia?

Poi i Pm bresciani da una parte mi accusano di aver riconosciuto a Pacini un ruolo di "collaboratore" che non meritava, e dall'altra essi stessi ammettono che Pacini aveva fornito all'Ag di Milano «documentazione bancaria che comprovasse dichiarazioni processuali di terzi»: cos'è quella, se non un'attività di collaborazione? Permettere all'Ag di "comprovare" dichiarazioni di terzi non è un modo di porsi a disposizione della Giustizia? Certo, i Pm di Brescia avrebbero voluto che Pacini «disvelasse l'effettiva origine e la concreta finale destinazione delle somme transitate sui conti della sua banca Karfinco», che è quanto – secondo loro – io non avrei voluto accertare; ma sono pronto a scommettere che nemmeno loro, che indagano da vari anni su Pacini, hanno scoperto tutto quello che c'era da scoprire! È certo, comunque, che Pacini ha in molti casi disvelato sia l'effettiva origine sia la finale destinazione di consistenti somme transitate sui conti della sua banca Karfinco [3]. Si dirà: ma questo non è stato un comportamento costante tenuto da Pacini in relazione a tutte le somme transitate sui conti della sua banca Karfinco; è facile rispondere che la collaborazione di Pacini si deve valutare non in base a ciò che non ci ha detto o non ci ha dato, ma con riferimento alla documentazione che ci ha portato e al contributo processuale all'accertamento dei reati per cui si procedeva, e del resto nessuno può dubitare che anche a Pacini – come a qualsiasi altro indagato – compete il diritto di tacere parte di quanto a sua conoscenza, specie laddove si tratti di riferire ulteriori fatti coinvolgenti la propria posizione processuale.

Nella loro memoria del 2-2-99, inoltre, i Pm di Brescia si pongono retoricamente due domande allusive e improponibili in sede di udienza preliminare. Essi cominciano due frasi con la domanda «ci si chiede», e ciò che essi si chiedono è se vi possa essere «relazione tra il favorevole trattamento giudiziario riservato a Pacini e i cospicui e periodici versamenti dallo stesso al D'Adamo», e inoltre se «negli accordi processuali rientrasse anche il massiccio e apparentemente non giustificato aiuto economico [al D'Adamo]». Ma questo era precisamente l'oggetto delle loro iniziali indagini! All'inizio delle indagini, cioè, potevano anche porsi tali domande («ci si chiede»): ma ora è venuto il tempo di dare risposte!, e di indicare in base a quali prove – realmente presenti negli atti, e non cervelloticamente supposte – essi ritengono di poter dire che Pacini abbia finanziato D'Adamo per ricevere (e abbia poi effettivamente ricevuto) "fa-

---

[3] Mi riferisco, ad esempio, ai circa 70 miliardi che – seppure a spizzichi e bocconi – alla fine Pacini ha riferito di aver ricevuto dai fondi neri Eni e trasferito al sistema dei partiti attraverso il canale Comifin-Fimo e i conti "Dallas" e "Garros". Leggendo le sue memorie e i suoi interrogatori, si vedrà che in molti casi Pacini ha indicato sia gli imprenditori che gli avevano dato i soldi (ad esempio quelli che si celavano dietro il nominativo dei fiori, di cui ai conti "Defouni", "Antesa", "Louxor", "Danbury", e quelli del gruppo Eni), sia la concreta destinazione finale (cfr. i casi di Citaristi, Balzamo, Cagliari, ecc.).

vori processuali" da Di Pietro. Non mi pare che in sede di udienza preliminare si possano ancora sviluppare ragionamenti sulla base della retorica e dell'allusione, invece che della prova e del rigoroso riscontro processuale!

Dopodiché i Pm bresciani riepilogano i passaggi processuali che hanno consentito alla Procura di Milano di "arrivare" a Pacini, cioè di poterne chiedere e ottenere l'arresto. E riepilogando, emerge che l'attività investigativa per arrivare a Pacini venne svolta principalmente dal Pm Di Pietro, cioè da colui che, secondo gli stessi riepiloganti, l'avrebbe dolosamente favorito: non è anche questa una plateale contraddizione? Ma la contraddizione più grave arriva a pag. 104 della memoria dei Pm bresciani, laddove essi, dopo aver premesso che «il giorno 10-3-93 Pacini giungeva a Milano... gli veniva notificata l'ordinanza di misura cautelare e veniva sottoposto a interrogatorio... e quindi a un confronto», testualmente scrivono nero su bianco: «Il medesimo giorno, all'esito delle dichiarazioni di Pacini, venivano arrestati i presidenti dell'Agip Raffaele Santoro, della Snam Pio Pigorini e della Saipem Giovanni Dell'Orto» – in altri termini, sono gli stessi Pm bresciani a riconoscere che, grazie alle dichiarazioni di Pacini, è stato possibile alla Procura di Milano chiedere e ottenere l'arresto dei legali rappresentanti delle società più importanti del pianeta Eni, e cioè Snam, Agip e Saipem, provvedimenti chiesti dal Pm Di Pietro lo stesso giorno dell'interrogatorio di Pacini; e gli arrestati Pigorini, Santoro e Dell'Orto non erano "avversari" di Pacini all'interno dell'Eni, ma erano i suoi amici e coloro con i quali lui aveva agito per la costituzione di fondi neri. Ciononostante, i Pm bresciani continuano a scrivere di un «significativo silenzio» del Pacini per «salvare dalle indagini quei personaggi con cui successivamente avrebbe continuato a tessere affari», ovvero di un immeritato «status di collaboratore» riservato a Pacini, ovvero ancora di un Pacini che si sarebbe limitato a «comprova[re] dichiarazioni processuali di terzi». Però anche le incoerenze e le contraddizioni dovrebbero avere un limite!

Da pag. 104 a pag. 106 la memoria 2-2-99 dei Pm di Brescia riepiloga il modo in cui Pacini ha scelto i suoi avvocati difensori. Appare del tutto pretestuoso, oltre che scorretto – giacché non dimostrato né dimostrabile (per-

ché non corrispondente a verità) – insinuare che io possa avere avuto un qualche ruolo diretto nelle autonome decisioni di Pacini in merito alla scelta dei suoi difensori. Intendo dire che, se pure fosse vero (ma i diretti interessati lo hanno sempre decisamente negato) che una delle ragioni per cui Pacini scelse come legale l'avv. Lucibello sarebbe stato il fatto che quest'ultimo fosse mio amico, ciò non vuol dire che io abbia avuto in qualche modo responsabilità in questa sua libera scelta, né che io ne possa essere considerato responsabile per una sorta di "proprietà transitiva" per cui tutto ciò che fa capo all'avv. Lucibello debba riverberarsi su di me. Ogni giorno, in ogni Procura d'Italia, capita che un avvocato amico o conoscente di un Pm si trovi a difendere una persona imputata dallo stesso Pm; rientra nella normalità delle cose che, nell'ambito di uno stesso ufficio giudiziario, persone che lavorano per giorni, mesi e anni fianco a fianco, seppure su versanti diversi (Pm e/o difensori) possano sviluppare un rapporto personale di frequentazione che nulla ha a che fare con il ruolo professionale e istituzionale che ciascuno di loro riveste. Ed è comunque un fatto che Pacini, pur avendo scelto l'avv. Lucibello come suo difensore, si è trovato sulle spalle una richiesta di misura cautelare proposta da me, è stato da me indagato per tutto il tempo in cui sono stato Pm di "Mani pulite", è stato interrogato una ventina di volte, ha subìto oltre un centinaio di rogatorie all'estero, ha ricevuto un paio di richieste di rinvio a giudizio, sequestri, perquisizioni, e chi più ne ha più ne metta – insomma, quand'anche fosse vero che Pacini si fosse determinato a scegliere l'avv. Lucibello come suo difensore perché lo riteneva un mio amico, mi pare proprio che abbia sbagliato i suoi calcoli! È perciò inaccettabile che i Pm bresciani continuino ad alludere e insinuare: o provano (e non potranno mai provarlo perché non è vero) che io – prima del suo arresto – abbia consigliato a Pacini di nominare Lucibello, oppure devono piantarla di riproporre questa offensiva allusione, che non ha alcuna giustificazione processualmente apprezzabile.

Dietrologia a buon mercato è contenuta a pag. 105 della memoria dei Pm bresciani, laddove essi scrivono che «Pacini il 10-3-93 (giorno del suo arresto) aveva già più volte incontrato l'avv. Lucibello a Ginevra al fine di predisporre una strategia difensiva, era stato da lui assistito quel giorno nell'interrogatorio, ottenendo, peraltro su sua istanza la rimessione in libertà». E allora, cosa c'è di male in tutto questo? Perché viene rimarcato? Davvero i Pm bresciani trovano strano che un latitante deciso a costituirsi parli prima con il suo difensore per «predisporre una strategia difensiva»? Un fatto del genere costituisce un campanello di allarme, come vogliono far credere i Pm di Brescia, oppure è l'esercizio del diritto di difesa costituzionalmente garantito? E da chi altri Pacini avrebbe dovuto essere «assistito quel giorno nell'interrogatorio», se non dal suo avvocato difensore? E chi altri avrebbe dovuto formulare la «istanza di rimessione in libertà» di Pacini, se non il suo legale presente? (Istanza peraltro presentata al Gip in sede di interrogatorio, e non al Pm Di Pietro!)

Poi nella loro memoria i Pm di Brescia affrontano il metodo delle indagini e degli interrogatori effettuati dal pool "Mani pulite" (che, guarda caso, per loro si identifica solo nella mia persona) nei confronti di Pacini, e anche qui si sprecano "incongruenze e contraddizioni". Non corrisponde al vero che sia stato io a occuparmi della «gestione della provvista della Ctip spa»: come si evince dalla documentazione che ho prodotto, l'intera questione Ctip è sempre stata seguita dal collega Colombo. Non corrisponde al vero che la Procura di Milano – e io in particolare – abbia «quasi acriticamente riversato nell'indagine» le informazioni fornite da Pacini – basta esaminare le carte per appurarlo (se si vuole, certo) [4].

Vorrei anche capire il significato di un'altra apodittica affermazione dei Pm bresciani, secondo la quale «l'insieme e l'evolversi degli interrogatori di Pacini possono già di per sé consentire di apprezzare... il modo singolare con il quale veniva concretamente acquisita la sua collaborazione processuale». Certo che la collaborazione processuale di Pacini venne acquisita da me e dalla Procura di Milano attraverso un "insieme" e una "evoluzione" di interrogatori, nel senso letterale del termine: e allora?, perché definire tutto questo come «singolare»? In realtà, era ed è questo il solo modo per acquisire più notizie di reato: ho cioè davvero dovuto interrogare Pacini oltre una ventina di volte, e i suoi interrogatori hanno effettivamente subìto una evoluzione a seconda delle contestazioni progressive che sono stato in grado di formulargli, man mano che le emergenze e le risultanze processuali evolvevano – ma questo dovrebbe essere ascritto a mio merito e non certo a mia colpa, che diamine! Ma i Pm bresciani bollano tutto questo come «modo singolare con il quale concretamente veniva acquisita la collaborazione processuale di Pacini»! Vogliono spiegare i Pm di Brescia in quale altro modo (per loro da ritenersi "non singolare") poteva – e anzi doveva in via esclusiva – essere acquisita la collaborazione processuale di Pacini? A me hanno insegnato a scuola che, se un inquisito vuole parlare («collaborare»), c'è un solo modo per mettere nero su bianco la sua collaborazione: fare dei verbali di interrogatori; altrettanto mi hanno insegnato di fare se, rispetto a iniziali dichiarazioni, emergono contraddizioni e incongruenze. I Pm di Brescia invece cosa avrebbero voluto che facessi? Che facessi un decreto a

---

[4] L'avverbio «acriticamente» sta a significare che secondo la Procura di Brescia non sarebbero state svolte indagini di verifica delle dichiarazioni fornite da Pacini. Si esaminino allora le centinaia di faldoni che formano il p.p. n° 9791/95 della Procura di Milano (inchiesta Eni) e si potrà constatare che – appunto – il fascicolo processuale non è costituito solo dal faldone 102 dove si trovano gli interrogatori di Pacini, ma anche da qualche altro centinaio di faldoni nei quali si trovano indagini bancarie, deleghe di indagini alla Pg, consulenze effettuate, rogatorie attivate, interrogatori di coindagati, testimonianze assunte, e insomma tutto quanto possibile e previsto in merito dal Codice di procedura penale. A fronte di tutto questo, considero offensiva – anche sul piano personale – l'affermazione dei Pm di Brescia secondo cui noi inquirenti avremmo riversato nell'indagine "Mani pulite" «acriticamente» le dichiarazioni di Pacini. Vorrei poi capire come possano i Pm di Brescia ancora una volta disgiungere le mie suppo

---

ste – ma inesistenti – responsabilità, da quelle degli altri miei colleghi del pool di Milano. È davvero offensivo anche nei riguardi di colleghi come i vari Davigo, Colombo, Greco, D'Ambrosio, sostenere che le dichiarazioni di Pacini venissero accettate e messe agli atti «acriticamente»: è pacifico, infatti, che le attività "di riscontro" alle dichiarazioni di Pacini competevano proprio e soprattutto agli altri colleghi del pool. Perché allora viene usata con tanta disinvoltura una simile terminologia dai Pm di Brescia? Che senso ha allora addebitare a Di Pietro l'accusa di aver omesso di investigare nei confronti di Pacini e di avergli fatto da "ombrello protettivo"? Non è questa una affermazione arbitraria e avulsa dalla realtà? I Pm bresciani hanno il dovere di avanzare ipotesi accusatorie sulla base di ciò che risulta effettivamente agli atti!

un ufficiale di Pg autorizzando la intercettazione occulta di incontri ravvicinati ma non verbalizzati come hanno fatto loro con Rea? Possono dare loro un autorevole suggerimento almeno ai miei colleghi del pool che sono stati così ingenui da leggere senza battere ciglio tutte le mattine i "modi singolari" con cui io acquisivo la collaborazione processuale di Pacini?

Secondo i Pm bresciani, un elemento da cui desumere quella specie di "ombrello protettivo" che avrei aperto per favorire Pacini sarebbe «costituito dal fatto che le dichiarazioni rese da Pacini in atti erano per lo più conseguenza di emergenze già sorte durante lo svolgimento delle complessive indagini della Procura, erano cioè interventi ex post di supporto di dati processuali già presenti». Anche qui i Pm bresciani sono riusciti a contraddirsi due volte con una sola affermazione:

• *La prima:* se è vero – come è vero – che «lo svolgimento delle complessive indagini della Procura» (e quindi essenzialmente, secondo loro, l'attività indagativa che faceva capo a Di Pietro, giacché per loro ero io il *dominus* delle indagini) era stato tale che come conseguenza comportava il fatto che Pacini dovesse correre a confermare «dati processuali già presenti» agli atti, vuol dire che qualcuno – e cioè io – si era dato da fare per riversare negli atti «dati processuali» che appunto, allorché Pacini veniva risentito, erano «già presenti». In altri termini, il fatto che – come gli stessi Pm finiscono per ammettere senza volerlo – io avessi continuato sempre a svolgere «complessive indagini», dimostra inequivocabilmente quale fosse il mio *animus*, e cioè quello di voler scoprire tutto quanto era possibile scoprire sui rapporti Pacini-Eni.

• *La seconda:* non è vero che «le dichiarazioni rese da Pacini erano per lo più conseguenza di emergenze già sorte durante lo svolgimento delle complessive indagini della Procura»: è provato agli atti che spesse volte sono state proprio le dichiarazioni di Pacini ad aprire nuovi filoni di indagini. Il nominativo della Comifin-Fimo venne fatto la prima volta proprio da Pacini; i vari Maddaloni e Sebasti vennero arrestati proprio sulla base delle dichiarazioni di Pacini (come risulta dalla motivazione dei loro provvedimenti cautelari); lo stesso Ferranti – come pure riferiscono sia il Gico sia gli stessi Pm bresciani – è stato tratto in arresto

per la chiamata in correità di Pacini; Pigorini, Santoro e Dell'Orto sono stati arrestati, come si è visto, lo stesso giorno del primo interrogatorio di Pacini, proprio a seguito e grazie alle sue dichiarazioni; tante rogatorie sono state attivate grazie ai documenti e alle ammissioni di Pacini. È del tutto fuori dalla realtà e delle carte processuali affermare, come hanno fatto i Pm di Brescia, che «Pacini non introduceva mai nomi nuovi nell'indagine». E davvero viene da chiedersi: ma i Pm bresciani hanno mai letto attentamente il loro fascicolo processuale? Ma che dico, almeno la memoria che hanno sottoscritto?

Altro elemento che secondo l'Accusa dovrebbe attestare la "protezione" di Pacini da parte di Di Pietro sarebbe costituito dal fatto che «spesso Pacini predisponeva materiale difensivo in memorie ancor prima che gli venissero formalmente contestati gli addebiti derivanti da dichiarazioni di altri imputati e predisponeva già la documentazione con ciò dimostrando di poter conoscere in anticipo i temi sui quali l'interrogatorio si sarebbe svolto». Tutta l'inchiesta "Mani pulite" si è basata sulle "confessioni a catena" dei vari protagonisti, ciascuno dei quali si presentava alla Procura di Milano con la sua "memoria in mano". Se proprio si vuole sollevare una simile contestazione, bisogna estenderla anche ai miei colleghi che – come me – avevano adottato tutti la medesima strategia. Bisognerebbe poi estendere questa contestazione a qualche migliaio di altri casi in cui pure abbiamo permesso agli indagati di convogliare negli atti "memorie" e presentazioni spontanee ogni volta che loro lo hanno ritenuto, magari sulla base delle notizie di stampa. Senza contare il dato oggettivo della presenza dei cosiddetti "avvocati aziendali": cioè di quei legali che difendevano contemporaneamente i vari manager di uno stesso gruppo imprenditoriale (ad esempio la Fiat, la Fininvest, la Olivetti e così via). Colpevolizzare il Pm Di Pietro – e solo Di Pietro – per quel dato oggettivo è un'acrobazia insostenibile. Pacini si è comportato come tantissimi altri indagati, predisponendo, come suo diritto, materiale difensivo ancor prima che gli venissero formalmente contestati gli addebiti (dei quali lui, come quasi tutte le persone coinvolte in "Mani pulite", traeva cognizione non da confidenze illegittime da parte di qualche magistrato, ma dal continuo stillicidio giornalistico, dalle contemporanee udienze pubbliche che si stavano svolgendo prima nel processo Cusani e poi in quello Enimont, dalle cordate di "avvocati aziendali" e così via). È dunque solo una gratuita illazione l'affermazione dei Pm bresciani secondo cui con la presentazione delle sue "memorie" Pacini dimostrava «di poter conoscere in anticipo i temi sui quali l'interrogatorio si sarebbe svolto». E ripeto: in base a quale astrusità tutto questo viene addebitato a me, proprio a me, ed esclusivamente a me? E perché solo con riferimento alla vicenda Pacini?

Altra perla dei Pm bresciani: Pacini «procedeva per continui aggiustamenti della propria versione sulla scorta delle risultanze processuali, offrendo dichiarazioni spesso incontrollabili e sempre tendenti ad accreditarsi un ruolo di mero riciclatore di fondi neri e non mediatore di illecite intese economiche tra imprenditori e pubblici amministratori» – in questo caso, le "incongruenze e contraddizioni" dei Pm bresciani sono tre in una volta sola:

• *La prima:* premesso che i Pm riconoscono che vi erano «risultanze processuali» tali per cui Pacini era costretto a operare «continui aggiustamenti», e premesso che tali risultanze processuali vennero acquisite anzitutto e soprattutto grazie al mio lavoro, perché mi si addebita di aver favorito Pacini? Se lo avessi voluto favorire, non mi sarei messo a cercare «risultanze processuali», e avrei lasciato le cose come stavano. La contraddizione è macroscopica!

• *La seconda:* premesso che Pacini ritenne, nell'esercizio del proprio sacrosanto diritto di difesa, di «procede[re] per continui aggiustamenti della propria versione sulla scorta delle risultanze processuali», cosa avrei potuto fare io per impedirlo? E perché avrei dovuto impedirlo? Ha o non ha un indagato il diritto di modificare le proprie originarie dichiarazioni? Avrei mai legittimamente potuto impedire a Pacini di esercitare questo suo diritto? Per fini di giustizia, bisogna accertare come stanno i fatti, e quindi se una persona ritiene di modificare le sue prime dichiarazioni bisogna fargli ponti d'oro, non impedirglielo! Peraltro, i Pm bresciani hanno sostenuto, nel capo di imputazione a mio carico, che avrei «omesso di contestare» a Pacini le sue contraddizioni; ora, invece, scopriamo che la mia colpa sarebbe consistita nell'averlo indotto a cambiare versione

rispetto alle prime dichiarazioni, il che logicamente significa avere operato in modo da fare emergere proprio quelle contraddizioni, e quindi avere indotto il Pacini a rimangiarsi quanto aveva prima sostenuto. Chi è incongruente, allora: ieri il Pm Di Pietro o oggi i Pm di Brescia?

• *La terza:* quale senso giuridico e logico ha l'affermazione secondo cui io avrei permesso a Pacini di presentare dichiarazioni «sempre tendenti ad accreditarsi un ruolo di mero riciclatore di fondi neri e non mediatore di illecite intese economiche tra imprenditori e pubblici amministratori»? Intendo dire: perché secondo i Pm bresciani il ruolo di «riciclatore di fondi neri» che io avrei assegnato a Pacini sarebbe meno grave di quello di «mediatore di illecite intese economiche»? A me (e a ogni studente di Giurisprudenza) risulta che la letteratura giuridica e giudiziaria assegni un ruolo più criminale alla prima delle figure, piuttosto che alla seconda! Non basta: provino i signori Pm bresciani a leggere almeno i capi di imputazione in base ai quali Pacini è stato rinviato a giudizio per le vicende dei fondi neri Eni; mi riferisco in particolare ai capi di imputazione n° 1, 7, 10, 40; il reato contestato a Pacini è stato quello di "falso in bilancio" per avere «mascherato la creazione di fondi extracontabili»; e tradotto in linguaggio "bresciano", con tali imputazioni non è stato forse contestato a Pacini proprio il ruolo di «mediatore di illecite intese economiche»? Cioè proprio il ruolo che essi affermano che io non avrei riconosciuto a Pacini!

Altra perla dell'Accusa bresciana per tentare di dimostrare l'indimostrabile: Pacini «produceva copia di documentazione bancaria artatamente confezionata in modo da dissimulare la reale provenienza delle somme e/o la reale destinazione delle stesse, in pratica confermando il transito (attraverso le proprie strutture finanziarie e societarie) di flussi di denaro, ma non consentendo il controllo dell'intero iter di tali flussi di denaro». E allora? Questo sarà – e non può che essere – materiale di discussione nel processo che la Procura di Milano ha intentato nei confronti di Pacini (peraltro proprio e principalmente grazie alle risultanze istruttorie del mio operato): non può certo essere oggetto di contestazioni da parte della Procura di Brescia, men che meno nei miei confronti. In altri termini: se i Pm vogliono "estendere" a me le scelte processuali di Pacini, non possono limitarsi alla suddetta affermazione, ma devono spiegare – e soprattutto *provare* – che nemmeno io volessi scoprire «l'intero iter dei flussi di denaro» e che io avessi concertato con Pacini la produzione di «documentazione bancaria artatamente confezionata». Ma agli atti non c'è neanche l'ombra di uno straccio di prova in tal senso, mentre vi sono molteplici indizi e varie prove del contrario, e dunque siamo ancora in presenza di una affermazione apodittica incongruente e contraddittoria dei Pm di Brescia.

Altro scorcio di "incongruenza e contraddizione" bresciana. Scrivono i Pm (sempre nel goffo tentativo di dimostrare la mia inesistente "protezione" di Pacini): «Venivano altresì acquisiti elementi dai quali emerge... che Pacini è stato sottoposto a un numero maggiore di interrogatori rispetto a quelli rinvenuti negli atti del procedimento milanese, interrogatori dei quali non vi è, almeno allo stato, traccia negli atti ufficiali, circostanza che fa ancora una volta pensare ad accordi e intese tra il Pacini e gli inquirenti, in relazione a specifiche emergenze processuali». I Pm partono da una constatazione che può pure essere vera, e cioè che essi non siano riusciti a rinvenire negli atti tutti gli interrogatori di Pacini: li capisco, l'inchiesta "Mani pulite" ha generato una marea di atti e un fiume di procedimenti-stralci; ma questo non vuol certo dire che siano stati sottratti, distrutti o occultati! Personalmente non posso oggi ricordare quanti e quali interrogatori (quali in copia e quali in originale) siano andati a finire in questo o quel fascicolo; peraltro molti "stralci" sono avvenuti dopo le mie dimissioni, e non conosco la metodologia seguita dagli ex colleghi di Milano; è certo, però, che la Procura di Brescia ha acquisito solo una piccola parte delle dichiarazioni rese da Pacini, e non ha mai provveduto a chiedere alla Procura di Milano un resoconto dettagliato degli interrogatori di Pacini. (Vogliamo chiamarla "omissione"?) Per cui se pure fosse vero che «Pacini è stato sottoposto a un numero maggiore di interrogatori rispetto a quelli rinvenuti negli atti del procedimento milanese» (e ritengo che la cosa possa anche essere possibile), il loro mancato rinvenimento significa solo che i Pm di Brescia, o la Pg da loro delegata, non sono stati capaci di trovarli – e non che ci siano stati «accordi e intese tra il Pacini

e gli inquirenti, in relazione a specifiche emergenze processuali»! Se avessi voluto far sparire dagli atti talune dichiarazioni di Pacini, semplicemente non le avrei acquisite! Perché mai avrei dovuto verbalizzarle e poi "nasconderle"?! Non è accettabile che, in sede di udienza preliminare, i Pm di Brescia spaccino per prove penalmente apprezzabili quelli che sono – per loro stessa ammissione – solo "reconditi pensieri": «Circostanza che fa ancora una volta *pensare* ad accordi e intese tra il Pacini e gli inquirenti» – che prova è «pensare»?, a quali intese e a quali accordi si riferiscono?, a quali inquirenti? E poi quali sarebbero le «specifiche emergenze processuali» di cui parlano? È mai possibile che ben quattro Pm si esprimano così superficialmente senza specificare – e soprattutto *provare* – quanto stanno affermando (anzi no, solo "pensando")? Cosa vuol dire «emergenze processuali»?! Qui io vengo accusato perché si sostiene (erroneamente) che abbia indotto Pacini a versare del denaro a D'Adamo, e non perché abbia fatto sparire verbali di Pacini «per specifiche esigenze processuali» (che – ammesso per assurdo – avrebbe una causalità "specifica" del tutto diversa, *processuale*, appunto!).

Da pag. 108 a pag. 131 della loro memoria del 2-2-99, i Pm di Brescia affrontano la questione relativa alla produzione e gestione delle provviste extra contabili delle società dell'Eni. La maggior parte della loro dissertazione riguarda la ricostruzione del cosiddetto sistema Comifin-Fimo e il merito della consulenza Laganà; accennano poi ai fondi Saipem e a talune supposte ulteriori provviste emerse dalle indagini. I Pm bresciani sviluppano il loro discorso anche in questo caso su un doppio binario: da una parte, raccontano la cronologia degli avvenimenti (per la verità in modo molto parziale e frammentario, giacché essi hanno esaminato solo la posizione di Pacini, mentre nel periodo di "Mani pulite" per noi del pool Pacini era solo una delle tremila persone di cui dovevamo occuparci) [5]; dall'altra, mischiano

---

[5] Evito di addentrarmi nella ricostruzione della mera cronaca, giacché è fatto notorio che nel periodo di "Mani pulite" non posso essermi occupato solo di Pacini. Si tenga però a mente la circostanza, acquisita agli atti (soprattutto

la cronaca con loro valutazioni e osservazioni critiche circa i modi con cui all'epoca l'indagine venne sviluppata dalla Procura di Milano.

I Pm bresciani insistono nel segnalare il fatto che «Pacini aveva predisposto materiale difensivo prima che gli venissero contestati formalmente gli addebiti derivanti dalle dichiarazioni del Ciaccia», e sulla circostanza per cui «tale predisposto materiale non riguardava la provvista Ctip, anch'essa riferita dal Ciaccia ma non inserita nell'ordinanza di misura cautelare». È evidente il sottinteso che i Pm vogliono insinuare: Pacini deve aver saputo in anticipo (chissà perché proprio da me!) il capo di imputazione inserito nella ordinanza di misura cautelare, tanto è vero che – allorché venne a costituirsi – si portò dietro una memoria difensiva relativa proprio e solo ai fatti inseriti nel capo di imputazione; e per la Procura di Brescia, tali circostanze sarebbero il sintomo del mio "accordo corruttivo" con Pacini (altrimenti non avrebbe senso l'inserimento – in forma critica – nella ricostruzione della cronaca di quei giorni). Questo assunto accusatorio è scandito da una serie progressiva di "incongruenze e contraddizioni" frutto di superficialità:

1) Il giorno 10 marzo 93 nessuno poteva sapere che successivamente D'Adamo avrebbe chiesto dei finanziamenti a Pacini. Lo stesso D'Adamo ha riferito di aver pensato di rivolgersi a Pacini – del quale neppure sospettava l'esistenza – solo dopo aver letto sui giornali che costui era stato incriminato da "Mani pulite". Orbene, ammesso per assurdo che le circostanze riferite dagli inquirenti siano vere, è di solare evidenza che esse non possono avere alcun nesso specifico con i fatti che mi vengono imputati dalla Procura bresciana. Intendo dire che le circostanze segnalate dai Pm (Paci-

ni che avrebbe conosciuto in anticipo il suo capo di imputazione) non possono in alcun modo essere collegate ai finanziamenti che in data *successiva* gli chiederà D'Adamo.

2) Rientra nei diritti di difesa di qualsiasi latitante accertare – *prima* di consegnarsi spontaneamente alla Giustizia – quale sia il capo di imputazione per cui è stato spiccato provvedimento restrittivo nei suoi confronti.

3) All'epoca, i giornali parlarono a ripetizione della vicenda Ciaccia, e Pacini sapeva quindi perfettamente che la Procura di Milano stava per arrivare a lui.

4) La vicenda Ctip, alla luce delle sole dichiarazioni di Ciaccia, non poteva essere sufficiente per avanzare alcuna richiesta di misura cautelare: sia perché all'epoca non avevamo alcuna carta di riscontro e non sapevamo nemmeno cosa fosse la Ctip, sia perché Ciaccia aveva riferito fatti lontani nel tempo e ormai in fase di prescrizione.

5) Gli stessi inquirenti bresciani nella loro memoria menzionano il fatto che uno dei difensori del Pacini, l'avv.ssa Murdolo, in quei giorni si diede molto da fare con persone del nucleo di Pt della Guardia di finanza di Milano per capire cosa stesse accadendo.

6) È acquisito agli atti come la fase che precedette la costituzione di Pacini venne seguita dai colleghi Colombo e Davigo e dal magg. Magistro, con i quali è provato che sia l'avv. Lucibello sia l'avv. Murdolo si confrontarono a più riprese per addivenire a una presentazione spontanea del Pacini.

7) Dopo l'emissione del secondo provvedimento restrittivo a carico di Pacini, vennero attivate le procedure per la dichiarazione di latitanza dello stesso, e quindi l'ordinanza di misura cautelare doveva essere messa nella disponibilità delle parti e dei suoi difensori.

8) L'asserito "preavviso" ai difensori del latitante Pacini del contenuto del provvedimento restrittivo, qualora ci fosse stato, lungi dal potersi considerare una anomalia deve essere visto solo come il rispetto di un diritto di difesa e come l'attuazione di una scelta strategica del pool per avere al più presto le dichiarazioni di Pacini utili alle indagini (piuttosto che avere un latitante "muto" in più).

9) L'avv. Lucibello, in data 12-3-98, ha riferito proprio ai Pm di Brescia che l'interesse della Procura di Milano per la costituzione di Pacini era tanto grande che egli «ricevette una

---

riscontrabile con la documentazione presente nel p.p. n° 9791/95 Pm Milano), che sono stato proprio io a permettere di individuare e cristallizzare la responsabilità penale di Pacini per quello che sarà poi il capo di imputazione per il quale è stato rinviato a giudizio nel p.p. milanese (si confronti al riguardo il decreto di rinvio a giudizio p.p. n° 9791/95 troppo spesso e troppo superficialmente trascurato dai Pm di Brescia). Gli stessi Pm bresciani, per ricostruire la dinamica delle provviste extra contabili della Saipem, si sono avvalsi pressoché esclusivamente proprio dell'attività istruttoria da me sviluppata nell'ambito dell'inchiesta "Mani pulite".

telefonata dall'ufficio del Procuratore Borrelli», e che ancora prima dell'arresto di Pacini «con Colombo si è parlato della possibilità che Pacini collaborasse con riguardo ai fondi neri dell'Eni [*e la Ctip non era dell'Eni*] in relazione ai finanziamenti illeciti ai partiti», e inoltre «ho avuto ulteriori contatti in Procura con Davigo e Colombo aventi il medesimo oggetto... sia Davigo che Colombo hanno convenuto che nel caso in cui Pacini avesse collaborato con riguardo ai citati fondi neri dell'Eni avrebbero potuto valutare positivamente la circostanza agli effetti della eventuale insussistenza di esigenze cautelari».

10) In base a quale "proprietà transitiva" viene addebitata a me – e solo a me – la supposta anticipata conoscenza da parte di Pacini del capo di imputazione per cui era stato disposto il suo arresto? Non si sa.

Proseguiamo. A pagina 109 della memoria dei Pm bresciani si illustrano le dichiarazioni di Ciaccia e Pacini con riferimento ai fondi neri Saipem. Dopo aver rilevato che Ciaccia e Pacini, man mano che le emergenze processuali accertavano maggiori fondi neri, dovettero rivedere le loro prime dichiarazioni portando la somma dagli iniziali 33.650.000 dollari a quella di circa 41,5 milioni di dollari, i Pm bresciani spiegano che in realtà anche tale cifra era stata sottostimata da Ciaccia e Pacini in quanto «come emergerà successivamente sulla base delle dichiarazioni di altri coindagati e di accertamenti presso la Saipem, la complessiva provvista gestita in concorso con il Ciaccia ammontava quanto meno a più di 50 milioni di dollari», e da questo fanno discendere che: a) «appare chiara la metodologia manipolatoria delle risultanze processuali utilizzata dal Pacini per dissimulare circostanze che potevano consentire sviluppi sfavorevoli alla sua posizione processuale ed a quella di persone a lui legate», e b) «appare chiaro... l'atteggiamento meramente ricettivo del Pm che, a fronte delle dichiarazioni di Ciaccia riguardanti la provvista Ctip, ometteva ogni provvedimento di qualsivoglia natura nei confronti di Roger Francis».

Già la premessa contiene notevoli "contraddizioni e incongruenze", laddove afferma che l'effettiva entità dei fondi extracontabili Saipem gestiti dal duo Pacini-Ciaccia, pari a 50 milioni di dollari, era stato possibile accertare solo «successivamente sulla base delle dichiarazioni di altri coindagati e di accertamenti presso la Saipem». Scusate, signori Pm di Brescia: chi, come e perché procedette alla acquisizione di «dichiarazioni di altri coindagati e di accertamenti presso la Saipem»? Ancora una volta, evidentemente, i grandi inquirenti di oggi confondono il processo a Pacini con quello a Di Pietro! In questa sede l'Ag non è chiamata a giudicare se Pacini abbia detto tutta la verità e di quali reati egli debba essere giudicato colpevole, ma se il Pm Di Pietro abbia omesso – peraltro scientemente e dolosamente – di svolgere indagini su di lui, in cambio del denaro ricevuto da D'Adamo. Le «dichiarazioni di altri coindagati» e gli «accertamenti presso la Saipem» fecero capo al Pm Di Pietro, vennero svolti con il consenso e con l'avallo del Pm Di Pietro – e d'altronde i verbali con le dichiarazioni degli altri indagati portano la firma del Pm Di Pietro. Insomma, per stessa ammissione dei Pm di Brescia (oltre che per le prove documentali presenti a quintali negli atti), è certo che, al fine di individuare l'entità effettiva dei fondi neri Saipem gestiti dalla coppia Ciaccia-Pacini, noi Pm di Milano – e io in particolare – non ci siamo accontentati delle dichiarazioni di Pacini, ma abbiamo proceduto ad acquisire «dichiarazioni di altri indagati» e a svolgere «accertamenti presso la Saipem». Ma ecco che i Pm bresciani mi attribuiscono un «atteggiamento meramente ricettivo» di fronte alle dichiarazioni asseritamente reticenti di Pacini e di Ciaccia!

Una riprova della grave leggerezza e della superficialità valutativa dei Pm di Brescia si può riscontrare nel capo di imputazione per il quale il duo Ciaccia-Pacini (unitamente ad altre persone) è stato rinviato a giudizio: solo per la vicenda dei fondi neri Saipem, l'imputazione finale a loro contestata dalla Procura di Milano (a seguito di indagini da me espletate) riguardava la costituzione di fondi neri per complessive lire *242 miliardi circa* – no, non mi sono sbagliato a scrivere, dico proprio 241 miliardi 790.264.241 lire, e non 50 milioni di dollari come essi asseriscono! Si leggano il capo di imputazione del processo Eni, i signori Pm di Brescia, e poi abbiano il pudore di chiedere loro stessi il depennamento dalla loro memoria di affermazioni gratuitamente oltraggiose come quella di attribuire al Pm Di Pietro un «atteggiamento meramente ricettivo»!

Perché poi i signori Pm di Brescia ingigantiscono oltremisura l'asserita «metodologia manipolatoria delle risultanze processuali utilizzata dal Pacini per dissimulare circostanze che potevano consentire sviluppi sfavorevoli alla sua posizione processuale e a quella di persone a lui legate»? Ragioniamo: nel caso in questione, è accaduto che durante il primo interrogatorio Pacini abbia fornito una indicazione di massima dei fondi neri trattati per Saipem, riservandosi di precisare meglio successivamente come stessero le cose; così facendo, egli aveva subito ammesso le proprie responsabilità per tutte quelle somme che sarebbe stato poi accertato essere uscite dalla Saipem attraverso il canale-Pacini: questi, dunque, non ha affatto "dissimulato" prove contrarie, ma ha da una parte ammesso il reato, e dall'altra rimandato alle ricostruzioni contabili disposte dall'Ag per l'accertamento dell'effettiva entità. Tutto questo non mi appare affatto una "metodologia manipolatoria", ma un esercizio legittimo dei propri diritti di difesa!

Sa Iddio, poi, cosa c'entri la successiva affermazione «appare chiaro... l'atteggiamento meramente ricettivo del Pm che, a fronte delle dichiarazioni di Ciaccia riguardanti la provvista Ctip, ometteva ogni provvedimento di qualsivoglia natura nei confronti di Roger Francis». Anzitutto, a quale Pm si riferiscono? È pacifico agli atti che la posizione di Francis (e di Nistri) venne trattata dai colleghi Colombo e Greco, e di questo ne danno incidentalmente atto gli stessi inquirenti bresciani a pag. 110 della loro memoria: e allora perché questo asserito «atteggiamento ricettivo» viene addebitato proprio e solo a me?!?! In secondo luogo, a quale «provvedimento di qualsivoglia natura» si riferiscono? Francis è stato in realtà destinatario di provvedimenti di varia natura, due per tutti: la formale contestazione di vari reati in sede di interrogatori del febbraio e marzo 94, e la richiesta di rinvio a giudizio per concorso in falso in bilancio, appropriazione indebita, ricettazione e illecito finanziamento ai partiti!

I Pm bresciani scrivono che sarebbe stato «omesso ogni provvedimento di qualsivoglia natura nei confronti di Roger Francis». Ebbene, questi sono i capi di imputazione per i quali è stato chiesto il rinvio a giudizio di Roger Francis dall'Ag di Milano proprio a seguito di mie indagini nel p.p. 9791/95:

• Capo 1: falso in bilancio Nuovo Pignone per lire 29.429.712.569;
• Capo 3: appropriazione indebita Nuovo Pignone per lire 38.203.507.594;
• Capo 7: falso in bilancio Snamprogetti per lire 255.462.427.972;
• Capo 9: appropriazione indebita Snamprogetti per lire 255.462.427.972;
• Capo 10: falso in bilancio Saipem per lire 241.790.264.241;
• Capo 11 appropriazione indebita Saipem per lire 241.790.264.241;
• Capo 12: ricettazione, tramite Karfinco, di fondi neri per lire 22 miliardi;
• Capo 15: illecito finanziamento ai partiti per lire 40 miliardi e 500 milioni.

Tutti i suddetti reati, ovviamente, sono stati contestati anche a Pacini! E allora, quale «provvedimento di qualsivoglia natura» avrei omesso? Ah, già, quello di chiedere al Gip il provvedimento cautelare nei confronti di Roger Francis. Ma la scelta dell'invito a comparire, al posto della misura cautelare, è stata fatta dai colleghi Colombo e Greco (che l'hanno interrogato) e non da me! E poi non è questa una valutazione insindacabile e non coercibile?

I Pm bresciani affermano che le circostanze sopra riferite «se approfondite, avrebbero delineato l'effettivo ruolo centrale e non di semplice ridistributore di denaro di Pacini nelle vicende di Tangentopoli». È il solito insensato tormentone: ma lo vogliono capire o no, i signori Pm di Brescia, che il Codice penale non contempla né il reato di "ruolo centrale" né quello di "ridistributore"? (quest'ultima parola, veramente, non l'ho trovata nemmeno sul vocabolario della lingua italiana). Pacini non poteva essere rinviato a giudizio né per "ruolo centrale" né perché "ridistributore", ma solo per concorso in falso in bilancio (per i casi in cui risulta che egli abbia svolto un "ruolo centrale" per la formazione dei fondi neri Eni) e per ricettazione e appropriazione indebita (laddove risulti che egli si sia appropriato di denaro proveniente dai fondi neri o l'abbia ridistribuito a terzi beneficiari); esattamente quello che è stato contestato a Pacini – leggere ancora una volta i capi di imputazione contestatigli nel p.p. n° 9791/95 per credere!

Ancora nella loro memoria i Pm bresciani mi contestano di non aver «chiesto conto al Pacini né nel corso dell'interrogatorio del 10-3-93 né nel parallelo confronto con il Ciaccia né successivamente» dei fondi di pertinenza Ciaccia gestiti tramite il conto "Grove", ma subito dopo precisano che «in un successivo interrogatorio 1-4-93 il Pm Di Pietro contestava al Ciaccia quanto asserito dal Pacini ottenendo da questi l'ammissione di aver ricevuto 900 milioni». I soldi in questione erano proprio quelli gestiti da Pacini con il conto "Grove", e quindi è provato da una parte che svolsi accertamenti in tal senso (e anzi che era stato Ciaccia a dimenticarsi di riferire tale circostanza nel primo interrogatorio), e dall'altra che Pacini invece ne aveva parlato. Come ultima ciliegina sulla torta, faccio rilevare che anche per questa vicenda, per la quale secondo i Pm bresciani io avrei smesso di svolgere attività investigativa, risulta invece che per Pacini e Ciaccia sia stato chiesto il rinvio a giudizio. È quindi davvero un controsenso la loro affermazione che «l'argomento del conto "Grove" non veniva più affrontato neppure con il Ciaccia»: di che altro dovevamo discutere più, se, con riferimento al denaro depositato sul conto "Grove", Ciaccia e Pacini avevano già ammesso la circostanza e anzi Ciaccia aveva già restituito – cosa più unica che rara (come ammette lo stesso Pm bresciano) – «seduta stante in Cct e in certificati di deposito» i 900 milioni di provvista? Insomma, non c'era altro da fare che disporre la richiesta di rinvio a giudizio a tempo debito, cosa che la Procura di Milano ha ovviamente fatto!

Finalmente a pag. 112 della loro memoria si comprende dove i Pm di Brescia vogliano andare a parare. Essi contestano a me – si badi bene, sempre e solo a me – il fatto che la Procura di Milano, sebbene avesse proceduto nei confronti dei legali rappresentanti dell'Agip, della Saipem e della Snam, abbia mosso loro un capo di imputazione "blando": «I reati contestati evidenziavano un comportamento che, sebbene illecito, poteva essere considerato comunque adottato nell'interesse delle aziende di cui gli indagati erano responsabili e non quello più grave... scaturente dalla contestazione di reati associativi e contro la Pa». Insomma, per i Pm bresciani io avrei favorito Pacini contestando a lui e ai suoi complici solo "reati specifici" e non anche quello di associazione a delinquere, né i reati contro la Pubblica amministrazione. E qui siamo davvero al colmo! Un ufficio giudiziario (Brescia) si vuole sostituire a un altro (Milano) nelle sue valutazioni discrezionali più delicate! Roba che in una situazione ambientale normale (ovvero, se non ci fossi io di mezzo), bisognerebbe richiedere l'intervento urgente del Csm a tutela della funzione giudiziaria dell'Ag di Milano gravemente calpestata! E non mi si venga a dire che anche l'accusa di non aver contestato il reato associativo a Pacini e ai suoi correi possa essere circoscritta solo a Di Pietro: sarebbe come considerare dei fantasmi i miei colleghi durante le indagini di "Mani pulite". E poi, come la mettiamo con il fatto che la richiesta di rinvio a giudizio per la vicenda Eni venne redatta e firmata proprio e solo dai miei ex colleghi, giacché io nel frattempo ero andato via?, e i miei ex colleghi, come noto, non hanno ritenuto di contestare anche l'art. 416 Cp. Insomma, stando alle stesse affermazioni dei Pm bresciani, sulla base delle risultanze processuali emerse dall'inchiesta milanese sull'Eni bisognava procedere anche alla «contestazione di reati associativi e contro la Pubblica amministrazione»: ma le "contestazioni", ci hanno insegnato a scuola, si formulano con la richiesta di rinvio a giudizio, cosa che è stata fatta dai miei ex colleghi dopo le mie dimissioni. E allora come la mettiamo, signori Pm di Brescia? Davvero potete continuare all'infinito a mantenere distinte le varie posizioni? E poi, davvero credete di potervi spingere fino a tal punto nel merito delle valutazioni dell'Ag di Milano?

Proseguendo la lettura della loro memoria sembra proprio così. I Pm bresciani, infatti, sostengono che «tale aspetto... [*cioè la contestazione solo dei "reati presupposti" e non anche del reato associativo*] riveste particolare rilievo se si considera che le società nei cui confronti risultavano essere stati distratti i capitali... non avevano promosso nessuna azione volta al sequestro al fine di un risarcimento del danno fino all'emergenza delle risultanze delle indagini svolte dal Gico di Firenze». Traduciamo in linguaggio giuridico: non sarebbero stati promossi sequestri preventivi né conservativi da parte delle società spogliate dei capitali. E io cosa c'entro?! Peraltro, tali procedure potevano essere promosse anche e soprattutto in relazione alla contestazione dei reati di falso in bilancio, appropriazione indebita e ricettazione contestati, piuttosto che per l'evanescente reato associativo. Soprattutto, tali sequestri potevano essere proposti solo dopo la richiesta di rinvio a giudizio, e cioè solo a partire da una data successiva alle mie dimissioni!

Proseguiamo nella lettura. Da pag. 112 a pag. 114, i Pm di Brescia danno conto di quelli che loro stessi definiscono «ulteriori provviste emerse nelle indagini». Essi ancora una volta spiegano che le iniziali dichiarazioni di Pacini risultarono "minimali" rispetto agli accertamenti successivi svolti dalla Procura di Milano (e quindi da me), e che per questa ragione si rese necessario da parte mia espletare un «nuovo interrogatorio [di Pacini]... dopo la constatazione, se non altro che Pacini aveva quanto meno sottaciuto di aver contribuito alla formazione di ulteriori ingenti provviste anche con riguardo alla Nuova Pignone»; spiegano inoltre i Pm bresciani che tale atto «doveva assolvere alla necessità di esporre idonei chiarimenti in merito a quanto era emerso nelle indagini». Bene. Ma allora perché mi è stato contestato di aver favorito Pacini?!?! Ragioniamo. Gli stessi Pm di Brescia hanno dovuto compilare un apposito capitolo per riepilogare quelle che loro stessi chiamano «ulteriori provviste emerse nelle indagini», e quindi con ciò danno atto che io mi sono attivato anche su questo fronte di indagine per dimostrare che, a differenza di quanto aveva dichiarato Pacini, vi erano «ulteriori provviste». Essi stessi, poi, affermano che io alla luce delle nuove risultanze processuali ho reinterrogato Pacini perché egli «doveva assolvere alla necessità di esporre idonei chiarimenti in merito a quanto era emerso nelle indagini»: perché, allora, i Pm bresciani mi hanno accusato nel capo di imputazione di aver omesso di contestare a Pacini le sue incongruenze e contraddizioni dichiarative?

Da pag. 114 a pag. 126, i Pm di Brescia ricostruiscono – secondo il loro angolo visuale – le indagini svolte dalla Procura di Milano per ricostruire il cosiddetto "sistema Comifin-Fimo". Si provi a confrontare ciò che essi scrivono nella memoria, e quanto hanno contestato a me durante l'interrogatorio del 17-4-98: si tratta in sostanza dello stesso "file informatico", ed entrambi provengono dalla ricostruzione effettuata dal Gico in una delle loro relazioni. E nonostante che dalla prima ricostruzione proposta dal Gico a oggi siano intervenuti da parte mia molti chiarimenti al riguardo e sia stata prodotta tanta documentazione (e tant'altra sia stata acquisita dalla stessa Procura bresciana), i Pm rimangono arroccati all'iniziale ricostruzione del tutto scollegata dalla realtà dei fatti e del tutto scoordinata nella ricostruzione degli avvenimenti. In pratica, continuano ad accusarmi di non avere fatto ciò che ho dimostrato invece di avere fatto.

Da pag. 127 a pag. 131 della loro memoria, i Pm riferiscono del ruolo del consulente tecnico Laganà e delle sue relazioni, per concludere che Pacini non doveva essere considerato un "collaboratore di giustizia". Stupisce anzitutto la parzialità che traspare dall'esposizione dei Pm bresciani, i quali scrivono testualmente: «Laganà... riferiva periodicamente l'emergenza di situazioni di rilievo, indirizzando le sue missive anche al Pm dott. Di Pietro». Negli atti processuali vi è prova documentale che Laganà venne nominato da Davigo e Colombo, e che egli si confrontava proprio con costoro, oltre che con il dott. Greco, allorché doveva riferire «periodicamente l'emergenza di situazioni di rilievo». Di questa realtà processuale devono essersi resi conto anche i Pm bresciani, anche se a fatica, tanto è vero che questa volta non fanno il mio nome in modo esclusivo (come loro solito e come di solito ha fatto il Gico), ma spiegano che «Laganà... riferiva periodicamente l'emergenza di situazioni di rilievo... *anche* al Pm dott. Di Pietro» – insomma, stavolta c'è un "anche" di pudore! Ma proprio qui sta l'evidenziazione della loro parzialità ricostruttiva: nonostante essi sappiano che le copie delle relazioni Laganà pervenivano a Di Pietro solo per uno "scopo d'archivio", essi evitano con cura di estendere le contestazioni che hanno mosso a me anche ai miei colleghi. Quanto al merito delle relazioni Laganà, cioè all'accusa mossami dai Pm di Brescia di non avervi dato peso e seguito, devo ribadire quanto ho già ampiamente argomentato: non era solo il Pm Di Pietro a decidere quale valore dare a tali relazioni. Il dott. Greco, in proposito, ha dichiarato che «Laganà ha effettuato un lavoro complessivo con ampio mandato, il suo lavoro è durato molto tempo ma i risultati non sono stati soddisfacenti perché non mi sembra che le conclusioni siano andate molto oltre rispetto a quanto già emerso anche attraverso le produzioni documentali di Pacini... Anche la Gdf non è andata oltre le dichiarazioni di Pacini, pur avendo ricevuto delega a investigare sui rapporti tra l'Eni e le società off-shore»; analoghe le dichiarazioni del dott. Colombo; quanto al dott. Davigo – che pure è uno dei due Pm che conferì l'incarico di consulenza tecnica al dott. Laganà (l'altro era Colombo) – i signori Pm di Brescia hanno ritenuto superflua la sua audizione nonostante io ne abbia fatto espressa richiesta fin dall'inizio delle indagini preliminari. A proposito: come possono i Pm di Brescia conciliare la loro tesi secondo la quale Pacini non avrebbe fornito alcun contributo alle indagini, con quanto dichiarato dal dott. Greco? E con quanto dichiarato dal dott. Ghitti e dal dott. Davigo al Tribunale di Monza? E dal dott. Colombo anche a loro? E perché non hanno chiesto spiegazioni al coordinatore del pool dott. D'Ambrosio? Mistero!

Nella memoria della Procura bresciana, i Pm continuano a scopiazzare tesi, ipotesi, allusioni e insinuazioni formulate dal Gico nelle innumerevoli relazioni parziali e in quella finale n° 227/99. Pertanto, rimando a quanto ho scritto in precedenza proprio in merito alla relazione finale del Gico. Vorrei solo ricordare ai Pm di Brescia che essi hanno potuto riepilogare le innumerevoli indagini svolte dall'Ag di Milano – e in particolare proprio quelle condotte dal Pm Di Pietro – solo perché quelle indagini vennero puntualmente e effettivamente svolte. E che se il Pm Di Pietro avesse voluto favorire Pacini, certo quelle indagini – *tutte* quelle indagini – non le avrebbe svolte, e oggi non avrebbero potuto essere passate al setaccio.

Ancora una volta devo stigmatizzare il fatto che i Pm di Brescia – i quali pure dovevano considerare equamente (oserei dire "cavallerescamente") anche le prove in favore dell'imputato – hanno continuato a ignorare tutte le risultanze processuali contrarie alla loro tesi accusatoria, al punto che in questa loro memoria finale ripropongono accuse ormai obsolete e improponibili, smentite dalla realtà processuale così come si è venuta evolvendo. Mi spiego meglio. Potrebbe essere comprensibile che due anni fa i Pm bresciani, non conoscendo gli atti dell'inchiesta "Mani pulite", mi muovessero contestazioni avulse dalla realtà storica; ma oggi, dopo due anni di ulteriori indagini e approfondimenti, è davvero insopportabile dover leggere di nuovo contestazioni del seguente tipo: «Non risulta che nel corso

delle indagini condotte dal Pm Di Pietro siano state inoltrate all'Ag di Ginevra richieste di assistenza giudiziaria con riguardo ai conti accesi presso la banca Karfinco direttamente e/o indirettamente riconducibili alla persona dell'indagato Pacini»; oppure: «Parlando della vicenda *cracker* di Brindisi, nessuna rogatoria risulta essere stata inoltrata dal dott. Di Pietro all'Ag di Ginevra, con riferimento alla Karfinco, in relazione al "conto-rif. 8000"». Ho già spiegato e dimostrato – documenti alla mano – come queste accuse siano del tutto prive di senso, in quanto mi si imputa di non avere fatto ciò che invece ho fatto!

E non contenti, i Pm bresciani rincarano la dose del grottesco scrivendo, a proposito dei conti Comifin-Fimo e delle rogatorie da me all'epoca attivate: «Peraltro l'esecuzione della richiesta rogatoriale era curata dal Procuratore pubblico di Lugano, Carla Del Ponte, con cui sussisteva una stretta collaborazione e alla quale poteva essere immediatamente segnalata, da parte del Pm dott. Di Pietro, l'anomalia e richiesta la trasmissione della documentazione pertinente non pervenuta». Cerchiamo di capire. L'Ag svizzera, a seguito di una mia richiesta di assistenza rogatoriale e successivamente all'interrogatorio di Coltamai (cui partecipò anche il collega Colombo) trasmise all'Ag di Milano solo una parte della documentazione; e secondo i Pm di Brescia, io avrei dovuto chiedere di mandarci anche l'altra in quanto io avevo una "stretta collaborazione" con la dott.ssa Del Ponte. Ma le rogatorie non si effettuano né si chiedono sulla base dell'amicizia personale, ma di precisi trattati internazionali! O no?! La dott.ssa Del Ponte poteva forse "farmi il favore" di darmi qualche documento in più solo perché tra me e lei c'era una "stretta collaborazione"? E poi, vogliono spiegare i Pm di Brescia perché l'integrazione della documentazione da trasmettere doveva essere proprio e solo «segnalata da parte del dott. Di Pietro», dato che quel giorno a Lugano c'era con me anche il collega Colombo e fu lui a ritirare i primi documenti?

Ancora. A proposito della vicenda degli interrogatori di Lodigiani, e con riferimento alla decodificazione dei suoi appunti, i Pm bresciani obiettano che «non venivano svolti dal dott. Di Pietro nemmeno i c.d. interrogatori di ripasso... che venivano generalmente da lui eseguiti quando a interrogare gli indagati erano gli altri colleghi del pool». Fra le tante accuse senza senso che mi sono state rivolte, questa è da primato, anche per la sua intrinseca offensività rispetto alla professionalità dei miei colleghi del pool. Cerchiamo di raccapezzarci. Dopo l'invio degli appunti e delle agende di Lodigiani sequestrate a Paparusso, Lodigiani venne interrogato in carcere una prima volta da me, e poi dal collega dott. Ielo se non sbaglio per 17 (diciassette) volte. All'evidenza, quindi, era proprio il collega Ielo che si era assunto l'onere degli "interrogatori di ripasso", quelli cioè tendenti a far sì che Lodigiani spiegasse gli appunti annotati nella sua agenda. Eppure, i Pm bresciani addebitano a me di non aver fatto il "ripasso" degli "interrogatori di ripasso"! E che diamine!!! E poi: mettiamo il caso che gli interrogatori del dott. Ielo non abbiano soddisfatto i Pm di Brescia: invece di prendersela con lui che non sarebbe riuscito a soddisfare le loro curiosità nemmeno con 17 interrogatori, se la prendono con me che perché mi sarei accontentato di ciò che aveva verbalizzato Ielo! Da non credere.

Ancora. Nella loro memoria, i Pm bresciani, a proposito della vicenda delle false contabili per la chiusura di Enimont, scrivono che «Pacini con le sue dichiarazioni e con la produzione delle false contabili aveva favorito la tesi sostenuta dai rappresentanti di parte pubblica (Ferranti) tendente a escludere la concussione», e raggiungono così l'apoteosi della "contraddizione e dell'incoerenza". Per comprendere meglio dove vogliono arrivare i signori Pm, è bene rileggere il seguente passo contenuto nella relazione del Gico 227/99, secondo la quale io avrei consentito di «utilizzare le dichiarazioni di Pacini nel processo Cusani e in quello Enimont al fine di sostenere che il versamento del denaro Montedison con riguardo al *closing*... e quello Ops... era il frutto di un preventivo accordo intervenuto fra il presidente dell'Eni Cagliari e Raul Gardini, in dipendenza di reciproci interessi e non il prezzo di una subita concussione esercitata dall'Eni e dal sistema dei partiti come sostenevano i responsabili di Montedison e Ferfin». Peccato che la corruzione non sia mai stata oggetto di alcun capo di imputazione né nel processo Cusani né in quello Enimont: *semmai, di corruzione si è occupata proprio la Procura di Brescia, che ha rinviato a giudizio e ottenuto la condanna del presidente Curtò proprio per il reato di* corruzione *(condanna confermata anche in appello)*! Insomma, i Pm di Brescia mi addebitano di aver consentito a Pacini di favorire la tesi della corruzione in un processo dove la corruzione non era contenuta nel capo di imputazione, mentre il processo dove la corruzione venne affrontata era stato istruito proprio da loro, e furono proprio loro a chiedere (e a ottenere) la condanna degli imputati per corruzione (e non per concussione)! Complimenti vivissimi!

Veniamo ora alla parte della memoria dei Pm di Brescia del 2-2-99 che tratta la "prestazione", cioè "il prezzo" che secondo la Pubblica accusa Pacini avrebbe pagato a D'Adamo e Lucibello in cambio della "protezione" avuta dal Pm Di Pietro nell'inchiesta "Mani pulite". I Pm bresciani definiscono attendibili e credibili le dichiarazioni di D'Adamo, ma non hanno affatto preso in considerazione il merito di tali dichiarazioni: infatti D'Adamo non ha mai indicato alcun concreto trattamento di favore di cui lui si sia fatto garante, o almeno promotore, fra Di Pietro e Pacini, per cui la dichiarazione di attendibilità dell'Accusa bresciana è un semplice "atto di fede" privo di concreti riscontri. E del merito dei rapporti Pacini-D'Adamo ho già parlato a lungo.

A questo punto i Pm bresciani si superano, argomentando che «fino alla rottura definitiva dei rapporti con Berlusconi emblematicamente rappresentato dal durissimo intervento fatto dall'ex magistrato contro quest'ultimo con un articolo pubblicato a sua firma sul quotidiano "la Repubblica", non vi è ragione alcuna che consenta di affermare, né peraltro è stato accertato nel corso delle indagini preliminari, l'esistenza di un tentativo di delegittimazione ispirato da Silvio Berlusconi e/o da Cesare Previti in combutta con D'Adamo ai danni di Di Pietro». Una argomentazione di straordinaria superficialità e disinvoltura, che ancora una volta contrasta apertamente con le risultanze degli atti: perché i Pm bresciani, per esempio, ignorano il "testamento" di D'Adamo del novembre 94? Eppure è lì la chiave di lettura dell'iniziale coinvolgimento di D'Adamo nella manovra finalizzata a colpirmi. Il contenuto di quell'assurdo testamento è ormai noto, come nota è la vera ragione per cui D'Adamo confezionò quel documento: mettere nelle mani dell'on. Silvio Berlusconi un documento da poter usare, all'occorrenza, contro di me. E i Pm di Brescia, con la loro sbrigativa conclusione, si sono ben guardati dal fornire risposta alle seguenti elementari domande:

• perché D'Adamo, alla fine del 94, sentì il bisogno di informare l'on. Berlusconi che fra di noi vi erano stati in passato dei rapporti economici di carattere personale (un prestito di denaro), peraltro estinti?

• perché ciò avvenne proprio in concomitanza con l'arrivo di Gorrini al ministero di Grazia e giustizia, sollecitato a rendere le sue dichiarazioni velenose da Cesare Previti e da Paolo Berlusconi?

• perché tutto questo avvenne proprio in concomitanza con l'invio, da parte mia e del pool "Mani pulite", dell'invito a comparire all'on. Berlusconi?

A ben leggere la memoria dei Pm bresciani, tuttavia, traspare che anch'essi si avvedono che questa storia non può essere liquidata come un'attività di corruzione da parte mia mentre stavo svolgendo l'inchiesta "Mani pulite". E infatti, a pag. 98, l'Accusa si pone la domanda se nelle vicende in questione non possa individuarsi anche un millantato credito. Peccato però che questa ovvia domanda, alla quale essi avevano il compito di dare risposta, sia rimasta tale.

Infine – e verrebbe da dire: finalmente! – la memoria dei Pm di Brescia individua quello che a loro avviso sarebbe stato il presunto accordo processuale tra Di Pietro e Pacini con il concorso di D'Adamo e Lucibello. Niente di nuovo: è la semplice riproposizione dell'originaria e fantasiosa ipotesi accusatoria, ripetuta in modo del tutto apodittico e avulso dalla realtà dei fatti processuali. In pratica, io avrei:

• «Consentito a Pacini di poter ridimensionare in sede processuale il proprio ruolo di intermediatore di affari illeciti tra imprenditori, politici e pubblici amministratori e di accreditarsi quello di un semplice banchiere»;

• «In concreto garantito al Pacini uno status di collaboratore benché continuasse solo ed esclusivamente ad adeguare le proprie dichiarazioni alle emergenze processuali»;

• «Omesso qualsivoglia indagine bancaria per via rogatoriale sui conti della Karfinco riferibili a Pacini»;

• «Consentito a Pacini di ottenere cognizione anticipata dei temi di prova che sarebbero stati affrontati con gli interrogatori»;

• «Consentito al sodale Roger Francis di non essere mai raggiunto da serie indagini»;

• «Attuato nei confronti di Pacini una sorta di gestione monopolistica della posizione di imputato».

Come si è visto, tutte affermazioni "incongruenti e contraddittorie", nel senso che *nessuna di esse corrisponde alla realtà dei fatti, e in alcuni casi si tratta di vere e proprie invenzioni*. Invenzioni che culminano con l'affermazione: «Certo Pacini è perfettamente a conoscenza del fatto che il Pm Di Pietro non avesse mai fatto una sola rogatoria sui conti Karfinco». Al di là della montagna di prove documentali che dimostrano il contrario, vorrei solo far notare ai Pm bresciani che Pacini e Roger Francis sono stati addirittura interrogati dall'Ag di Ginevra proprio a seguito della esecuzione di alcune delle mie rogatorie!

«Pacini è riuscito a passare quasi indenne nel mezzo del ciclone investigativo rappresentato dalla Tangentopoli milanese», continuano a sostenere i Pm bresciani. Ignorando il fatto che Pacini, *ancora oggi*, è nel pieno del «ciclone investigativo» delle indagini milanesi, che sono puntualmente cominciate nell'ormai lontano giorno del suo arresto e a oggi non sono ancora finite.

X.

IL BARATTO E LO SCOPO

Il 18 febbraio 1999 il Gip di Brescia ha riconosciuto l'inconsistenza delle argomentazioni dell'Accusa, e ancora una volta mi ha prosciolto da ogni addebito respingendo la richiesta di processarmi. Si badi bene: anche in questo caso – *per l'ennesima volta* – sono stato prosciolto «perché il fatto non sussiste», che è la formula assolutoria più piena e completa prevista dal Codice di procedura penale. Per intenderci: se fossi stato accusato di omicidio, sarebbe come se mi avessero assolto perché «il morto è vivo» e «nessuna persona è stata ammazzata».

Del resto nessun Tribunale al mondo avrebbe potuto condannarmi per corruzione mancando totalmente qualunque barlume di prova di un mio coinvolgimento nei fatti per i quali sono stato sottoposto a indagini durate oltre due anni. La stessa richiesta di rinvio a giudizio formulta a mio carico il 26 maggio 98 dalla Procura di Brescia – al di là delle reali intenzioni di chi l'ha avanzata – è stata una inutile persecuzione nei miei confronti. Lo confermano le motivazioni con le quali il Gip bresciano l'ha bocciata su tutta la linea.

Un autentico baratto D'Adamo-Berlusconi

Il mio proscioglimento è stato argomentato dal Gip del Tribunale di Brescia con un dispositivo che non lascia spazio a equivoci, ombre o ambiguità, e fa giustizia della manovra imbastita ai miei danni smontandola pezzo per pezzo.

Si comincia con il presunto "testimone della corona", Antonio D'Adamo. Questi, rileva il Gip, «si è deciso a parlare [con il Pm di Brescia, a partire dall'8-7-97]... alquanto tardivamente e senza reale spontaneità» perché lo ha fatto «solo dopo» che alla Procura di Brescia si presentarono «Cesare Previti e Silvio Berlusconi che lo coinvolgevano esplicitamente»; e le "rivelazioni" del D'Adamo contro Di Pietro, come nota il giudice, «nonostante la secretazione del verbale di interrogatorio dell'8-7-97, venivano prontamente diffuse dagli organi di informazione». Il Gip riepiloga poi gli "aiuti" economici, diretti e indiretti, che il D'Adamo in precedenza – cioè *prima* di "decidersi a parlare" con i Pm di Brescia accusando Di Pietro – aveva ricevuto da Berlusconi, "aiuti" per decine di miliardi [1], «generosi riconoscimenti [che inducono] a un giudizio negativo circa la attendibilità delle dichiarazioni accusatorie [di] D'Adamo», soprattutto considerando i «risentimenti nutriti da Silvio Berlusconi nei confronti dell'ex magistrato Di Pietro». Il giudice parla esplicitamente di «autentico baratto» intercorso fra D'Adamo e l'on. Berlusconi: le dichiarazioni contro Di Pietro, in cambio di "aiuti" per decine di miliardi. Un baratto comprensivo dell'«eccentrico testamento» confezionato da D'Adamo e datato 21-11-94, «significativamente indirizzato anche a Silvio Berlusconi» – un ambiguo documento a proposito del quale il giudice scrive:

---

[1] Il Gip bresciano elenca:
 • sconto di tratte autorizzate per 2 miliardi di lire dalla Mediolanum Factoring (gruppo Fininvest); tali tratte non saranno poi onorate;
 • lettera di Berlusconi Silvio a tale prof. Mousa Kousa per sollecitare un "ulteriore contributo di capitale" in favore della Sii da parte della libica Iti;
 • il contratto preliminare di compravendita del terreno di Pioltello (venditrice la Edinim di D'Adamo, acquirente la Edilnord di Paolo Berlusconi) a prezzo concordato di 14 miliardi, con un anticipo di L. 3 miliardi pagato dalla Edilnord. Seguiva la concessione al D'Adamo di un finanziamento per L. 7,5 miliardi dalla Banca di Roma (contro cessione dei crediti pro-solvendo in maturazione verso la Edilnord); ma il contratto non era poi stato perfezionato, e l'Edilnord era rimasta creditrice verso il D'Adamo per 3 miliardi, e la Banca di Roma per oltre 7 miliardi;
 • finanziamento della Banca Commerciale Italiana alla Edilgest di D'Adamo per L. 12 miliardi, «elargito l'8-11-94 per il determinante influsso del direttore Fininvest Ubaldo Livolsi».

«Deve anzitutto notarsi come la data del 21-11-94 risulti apposta, del tutto informalmente, non già sulla busta contenente il documento, ma in calce alla lettera acompagnatoria di consegna, sotto la dizione "per ricevuta"; il tutto era stato inserito in una busta bianca "per ragioni di anonimato" sulla quale comparivano le sottoscrizioni del solo D'Adamo: risulta con ciò esclusa ogni certezza sull'identità tra la busta contenente le disposizioni testamentarie apparentemente consegnate il 21-11-94 e quella reperita quasi tre anni dopo dai militari della Gdf presso il notaio. In secondo luogo, l'annotazione di data è totalmente inidonea a fornire giuridica certezza dell'effettivo momento di consegna del plico [al notaio], tenuto conto che lo stesso notaio ha escluso l'avvenuta repertazione dell'atto consegnatogli, trattandosi di "testamento olografo affidatomi fiduciariamente"... Ma vi è di più: la lettera di accompagnamento del "testamento" al notaio consta di una copia, a differenza dell'atto "testamentario" che è stato ritrovato in originale. Il D'Adamo ha spiegato che senz'altro era accaduto che egli avesse trattenuto per sé l'originale consegnando la copia al notaio, di fatto ammettendo di essere rimasto personalmente in possesso della lettera di consegna fiduciaria, destinata alla conoscenza dei suoi familiari e dell'on. Berlusconi. Tale scritto [il D'Adamo ha sostenuto] di averlo smarrito; il dato induce ragionevolmente a ritenere che D'Adamo abbia *consegnato ad altri* la lettera di deposito [posta la] natura strumentale del "testamento"».

Il Gip bresciano rileva poi che «taluni fatti storicamente accertati... documentano la stimolazione di discutibili iniziative nei confronti del Di Pietro da parte di componenti della famiglia Berlusconi»; che il "memoriale" di D'Adamo contro Di Pietro consegnato a Cesare Previti è stato «redatto per gli scopi di Silvio Berlusconi»; e che «lo stesso Pm ha parlato di un autentico "atto di induzione" effettuato da Previti e Berlusconi nei confronti del D'Adamo». Nel merito, il giudice sottolinea che D'Adamo ha raccontato dell'esistenza di un fantomatico patto corruttivo tra Di Pietro e Pacini per suo tramite «con accenti ambigui, troppo sintetici, o abbandonandosi a autentiche illazioni... finendo col delineare uno scenario surreale... contraddittorio e lacunoso... Il racconto del D'Adamo desta robuste perplessità in punto di intrinseca verosimiglianza». Sulla consistenza delle dichiarazioni del D'Adamo, argomenta ancora il Gip, si addensa un «quadro di pesanti ombre» anche in considerazione «dell'interesse personale a minimizzare l'inquietante sua posizione di beneficiario esclusivo della utilità [cioè dei *finanzia-*

menti di Pacini, ndr]», tale da prefigurare «una ipotesi di condotta millantatoria del tutto in linea con la difficile situazione economica in cui si trovava il D'Adamo e con la sua confessata tendenza a valersi nelle relazioni esterne della sua amicizia con Di Pietro, nonché con la personalità del medesimo D'Adamo quale si ricava dalle condanne [per corruzione risultanti nel suo certificato penale]». Conclusione del Gip: le dichiarazioni del D'Adamo sono «intrinsecamente inattendibili».

Il giudice bresciano entra poi nel merito di quelle che definisce «carenze intrinseche dell'impianto accusatorio» sentenziando che «gli assunti difensivi dell'imputato Di Pietro [sono] in sé persuasivi e *ampiamente sorretti da prove documentali*... Le risultanze documentali [e testimoniali] non lasciano dubbi quanto alla infondatezza delle censure fra l'altro mosse all'imputato Di Pietro», trattandosi di censure basate «su circostanze in linea di fatto anodine, su convincimenti davvero opinabili, su dati di fatto completamente trascurati». In pratica, il giudice riconosce che la costruzione accusatoria ipotizzata a mio carico dai Pm bresciani è del tutto «evanescente», a tratti «pretestuosa», altrove «manifestamente infondata», «un teorema... supportato da improbabili collegamenti», e che in definitiva «la condotta asseritamente illecita [di Di Pietro emerge come] materialmente insussistente».

Nelle motivazioni della sentenza, il giudice non manca di rivolgere dure critiche ai Pm bresciani e allo stesso Gico, là dove scrive di «metodologia di indagine non ortodossa», «soggettivi giudizi spesso inespressivi sul piano penale», «soggettiva valutazione [del Gico] pedissequamente fatta propria dal Pm», «scarsa valenza della attività valutativa riferibile al Gico», «intrinseca incoerenza del costrutto dell'inquirente», «sgretolamento del teorema induttivo del Gico fondato anche su del tutto arbitrarie illazioni», «irragionevole impostazione [investigativa]». In particolare il giudice argomenta:

«Il Pm, evidentemente consapevole della insufficienza delle dichiarazioni rese dal D'Adamo e del restante materiale probatorio a fornire appropriata dimostrazione della grave accusa formulata, si è profuso in uno sforzo che non si esita a definire titanico, dando mandato alla Pg, rappresentata dal Gico della Gdf di Firenze, di individuare eventuali anomalie nella gigantesca istruttoria condotta dal

Pm Di Pietro e dai suoi colleghi della Procura di Milano nel procedimento instaurato negli anni 92-93 ["Mani pulite"]... Una notazione generale concerne l'eccentricità della detta impostazione di indagine del Pm bresciano, il quale ha operato delegando alla polizia giudiziaria una attività di natura squisitamene valutativa – nella specie la delicatissima e ardua operazione di sindacato della attività giudiziaria di un magistrato inquirente – in contrasto con le funzioni attribuite dal nuovo codice processuale agli organi di polizia giudiziaria...

«Vero è che l'Accusa, dando per [veritiere le dichiarazioni di D'Adamo], ha automaticamente conferito carattere volontario a tutte le pretese anomalie di indagine rilevate [nell'inchiesta "Mani pulite"], procedendo ad arbitrari collegamenti tra i dati all'epoca disponibili e quelli postumamente acquisiti, alla luce della inaccettabile impostazione per la quale le indagini preliminari devono sempre e comunque esplorare ogni possibile piega della realtà fattuale via via dalle stesse emergente, in dispregio di ogni canone di funzionalità e della normativa sui termini di durata delle indagini...

«Il Pm ha fondato la già ardua opera di analisi valutativa su personalissimi criteri... lontani dalla sensibilità di qualunque operatore giudiziario nonché scarsamente conciliabili con il principio della tempestività delle investigazioni e, più in generale, con il buon andamento dell'amministrazione della Giustizia, compromesso pesantemente dal dispendio delle limitate risorse disponibili nel compimento di attività non strettamente funzionali all'efficace esercizio dell'azione penale ed eccedenti l'equilibrata ponderazione del rapporto costi-risultati...

«L'impostazione accusatoria è rimasta contaminata dalle valenze delle tante delazioni anonime discutibilmente allegate al fascicolo delle indagini preliminari e per troppo tempo convissute con le carte processuali... La compulsazione dell'immenso carteggio processuale [circa 400 faldoni, ndr] formato dal Pm, che non ha esitato a investigare anche su vicende – tutte provenienti da anonime segnalazioni – prive di qualunque collegamento col tema principale di indagine, lascia emergere la inesistenza di fonti di prova capaci di supportare la tesi accusatoria».

Nella sostanza, il giudice di Brescia ha riconosciuto valide tutte le argomentazioni che avevo addotto a mia difesa: anche perché esse si basavano non su parole ma su documenti e fatti riscontrabili e riscontrati. Una vittoria su tutta la linea, che fa parziale giustizia di quattro anni di persecuzione. Ma le motivazioni della sentenza del giudice mi inducono a fare due ulteriori considerazioni.

La prima. Si pensi se io, quando ero Pm di "Mani pulite", avessi operato alla maniera che i Pm bresciani hanno adottato nei miei riguardi, e fossi arrivato a sentirmi rivolgere da un giudice le pesanti critiche che il Gip bresciano ha rivolto all'Accusa: sarei stato cacciato a pedate dalla magistratura!

La seconda. Si pensi se io, senatore della Repubblica, avessi fatto quello che in questa vicenda ha fatto l'on. Berlusconi. Cioè se il sen. Di Pietro avesse coperto di miliardi un imprenditore per "invogliarlo" ad accusare falsamente un avversario politico, ricorrendo anche a intercettazioni ambientali poi "confezionate" in una cassetta col metodo del "taglia e cuci": sarei stato cacciato a pedate dal Parlamento!

Il vero obiettivo della manovra

Giunti a questo punto, rimane il fatto che l'aver provocato, attraverso denunce orchestrate e dichiarazioni false e inconsistenti, due anni e mezzo di umilianti indagini a mio carico per corruzione (con grande eco di mass media), è stata una manovra che ha comunque colto un triplice obiettivo politico-propagandistico: 1) una lesione "postuma" della mia integerrima reputazione di magistrato; 2) l'ombra del sospetto su "Mani pulite" e una sostanziale delegittimazione della inchiesta; 3) un devastante siluro lanciato contro i primi passi della mia attività politica.

Ho raccontato in queste pagine la selva di manovre e di veleni di cui fui bersaglio nel biennio 92-94, quando ero "simbolo" e "motore" di "Mani pulite", fino a portarmi alle dimissioni proprio per preservare l'inchiesta e per potermi difendere a viso aperto. La regia di quelle manovre e di quei veleni era a più mani e aveva finalità varie e convergenti, e tutto cominciò con il famigerato "poker d'assi" di craxiana memoria (poi rivelatosi un colossale bluff).

Nella primavera del 94 l'allora presidente del Consiglio on. Berlusconi tentò di arruolarmi nel suo governo e nella sua parte politica, ma la manovra non gli riuscì. E quando lasciai la magistratura, l'on. Berlusconi – che del latitante di Hammameth era amico e molto di più – cominciò a temere la mia popolarità sul versante politico, per cui si diede subito da fare in prima persona – insieme ai suoi accoliti, vecchi e nuovi – per proseguire e concludere la manovra finalizzata a delegittimarmi sia come ex magistrato, sia come futuro leader politico.

Con quali metodi, l'ho raccontato in queste pagine, e lo conferma la sentenza del Gip di Brescia.

Dal 95 al 98 sono stato sottoposto a una raffica di inchieste giudiziarie, tutte originate in maniera più o meno artificiosa e strumentale (e infatti si sono tutte concluse con il mio proscioglimento). Ciononostante io mi sono sempre sottomesso con rispetto al vaglio della Giustizia. Non ho esitato neanche a dimettermi da ministro, per affrontare il giudizio della magistratura senza alibi politici o coperture istituzionali. Per anni, insieme al mio difensore avv. Massimo Dinoia (al quale da ultimo, ma non per ultimo, va tutta la mia gratitudine), ho frequentato le aule del Tribunale di Brescia pagando un'enorme sofferenza umana. Intanto, i soliti e ben noti denigratori professionali hanno massacrato la mia immagine e la mia reputazione presso ampi settori di opinione pubblica – e questo era appunto il vero obiettivo di tutta la manovra.

La morale di questa storia è una ed è semplice. In nessun Paese al mondo (salvo le dit-

---

Reg. Gen. N. 2845/86 G.I.P.

19 ....

Udienza penale

del 18 Febbraio 1999

TRIBUNALE DI BRESCIA

REPUBBLICA ITALIANA

In nome del Popolo Italiano

il Giudice per le Indagini Preliminari

Visto l'art. 425 c.p.p.
Dichiara
non luogo a procedere nei confronti di Di Pietro Antonio, D'Adamo Antonio, Lucibello Giuseppe e Pacini Battaglia Pierfrancesco in relazione ai delitti loro ascritti ai capi 1) e 2) perché i fatti non sussistono.

Così deciso in Brescia il 18/2/1999

Il Giudice
Dr. Anna di Martino

---

tature) un capo-partito è proprietario del monopolio della Tv privata, di giornali e case editrici. In nessun Paese al mondo (salvo le dittature) un capo-partito può tranquillamente anteporre i propri interessi personali, e quelli dei suoi accoliti, agli interessi della collettività nazionale. Non è solo un problema di "conflitto di interessi" comunemente inteso (cioè gli affari di un politico-imprenditore), c'è ben di più e ben di peggio: al di là dell'aspetto affaristico, siamo in presenza di una vera e propria dittatura informativa e culturale basata sulla manipolazione dei fatti e sulla distruzione degli avversari a mezzo di mass media. E fino a quando questa nuova forma di dittatura mediatica non verrà rimossa, la vera democrazia – intesa come pluralismo informativo e libera formazione del consenso da parte dell'opinione pubblica – in questo nostro Paese resterà quella che è oggi: una chimera.

Indice

KAOS
EDIZIONI

TV, POLITICA E AFFARI: ASSEDIO ALLA DEMOCRAZIA

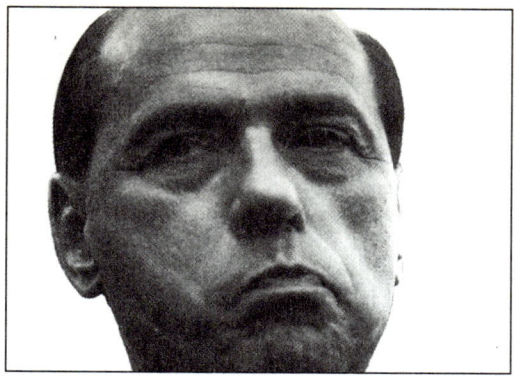

**Giovanni Ruggeri
Mario Guarino
BERLUSCONI. INCHIESTA SUL SIGNOR TV**
Pagg. 285 – L. 30.000

Gli oscuri esordi e gli anonimi capitali svizzeri, l'affiliazione alla loggia segreta P2 e le collusioni politiche con la destra Dc e col Psi craxiano, l'occupazione dell'etere e il monopolio pubblicitario, le mani sui giornali e nello sport, gli ingenti debiti e il partito-azienda "Forza Italia": la biografia proibita di Silvio Berlusconi. *5ª edizione*

**Giovanni Ruggeri
BERLUSCONI. GLI AFFARI DEL PRESIDENTE**
Pagg. 262 – L. 28.000

Gli scandali di Segrate-Milano 2. I capitali provenienti dalla Svizzera, le società di prestanome, le finanziarie-paravento e i flussi occulti del riciclaggio internazionale. Berlusconi-Dell'Utri-Mangano e le ombre di Cosa nostra... Inchiesta sulle losche fortune affaristiche di Silvio Berlusconi. *3ª edizione*

**Autori Vari
LA GRANDE TRUFFA
Previti, Berlusconi e l'eredità Casati Stampa**
Pagg. 127 – L. 22.000

L'ingente eredità dei marchesi Casati Stampa, l'avvocato Previti e Silvio Berlusconi: la storia – illustrata con documenti originali – di una truffa multimiliardaria, e di un colossale scandalo soffocato dai mass media.

**Leo Sisti, Peter Gomez
L'INTOCCABILE
Berlusconi e Cosa nostra**
Pagg. 322 – L. 30.000

Il boss Vittorio Mangano a villa San Martino. Il tentato sequestro D'Angerio. Cosa nostra e latitanti ad Arcore. I broker d'onore e la lavanderia. Miliardi sporchi di eroina. Accuse di riciclaggio. Il pregiudicato Filippo Alberto Rapisarda. I flussi americani e i gemelli Dell'Utri. Caruana & Cuntrera, Ciancimino e i Corleonesi. Sesso e denaro al Tribunale di Milano. L'ombra di Bettino Craxi. L'isola del tesoro: Retesicilia e Trinacria Tv. Mafiosi e colletti bianchi. Il pizzo delle antenne. Prestanome e società off-shore. Dai Caraibi alla Sicilia. I processi di Milano e Torino: mille miliardi di fondi neri. La mafia catanese e gli attentati alla Standa. Votare Forza Italia. Armi, casinò e terreni. Mafia-massoneria-politica-affari. Un picciotto tra i "pulcini" del Milan. L'avvocato dei Graviano. La banda del riciclaggio... ***Nota della Guardia di Finanza del 30 maggio 1983***: «*È stato segnalato che il noto Silvio Berlusconi, interessato all'emittente televisiva privata Canale 5, finanzierebbe un intenso traffico di stupefacenti dalla Sicilia, sia in Francia che nelle altre regioni italiane (Lombardia e Lazio)...*».

**Procura della Repubblica di Palermo
Direzione distrettuale Antimafia
L'ONORE DI DELL'UTRI**
Pagg. 286 – L. 30.000

I legami del berlusconiano Marcello Dell'Utri con Cosa nostra, nel testo integrale della "memoria" del Pubblico ministero allegata alla richiesta di rinvio a giudizio per concorso esterno in associazione mafiosa. Indagini, testimonianze e pentiti, riscontri, intercettazioni telefoniche.

**Michele Caccavale
IL GRANDE INGANNO
La banda del partito-azienda berlusconiano raccontata da un ex deputato di "Forza Italia"**
Pagg. 205 – L. 28.000

Dalla formazione "clandestina" del partito-azienda (autunno 1993), alla vittoria elettorale del marzo 94; dai mesi del governo Berlusconi, all'anno del governo Dini: il deputato di Forza Italia Michele Caccavale racconta in presa diretta un biennio trascorso all'interno di una consorteria politico-affaristica.

IN NOME DI DIO

Mario Guarino
I MERCANTI DEL VATICANO
Affari e scandali: l'industria delle anime
Pagg. 265 – L. 28.000

La banca di Dio e i banchieri del Papa. Porpore, cappucci e coppole. Un paradiso di beni immobili. Nuovi mercanti nel Tempio. Il business della Divina provvidenza. Pecorelle smarrite e tonache sporche. L'industria delle anime... Fra cronaca e storia, gli affari e gli scandali di Santa Romana Chiesa.

I Millenari
VIA COL VENTO IN VATICANO
Pagg. 297 – L. 30.000

"I Millenari" sono un gruppo di prelati del Vaticano: hanno scritto questo coraggioso libro-denuncia attingendo al loro ministero pluridecennale presso il vertice della gerarchia curiale. *Indice dell'opera*: I. Contro il silenzio che tace il male; II. La mula del Pontefice; III. "Mors tua vita mea"; IV. La Chiesa non è il vaticanismo; V. La zizzania nel frumento; VI. La culla del potere vaticano; VII. Il dicastero dove s'arrotano i vescovi; VIII. Clientele vescovili e baronie cardinalizie; IX. Lotte di potere nella curia romana; X. Lazzi, sollazzi e intrallazzi sacri; XI. Il giavellotto dell'omosessualità; XII. Gli emergendi e i sommergendi; XIII. Verso la guglia di San Pietro; XIV. La fiera del rosso paonazzo; XV. Spioni e spiati di Curia; XVI. Imbrogli, giustizia e liturgia; XVII. Bolscevismo e satanismo; XVIII. Il fumo di satana in Vaticano; XIX. Potere, vegetanza e celibato; XX. Un sindacato per sudditi senza diritti; XXI. L'infermo Papa in stato d'assedio...

Massimo Consoli
ECCE HOMO
L'omosessualità nella Bibbia
Pagg. 151 – L. 25.000

«In realtà, Cristo non ha mai espresso giudizi negativi o condanne nei riguardi dell'omosessualità». Anzi – come dimostra questa "rilettura" – la Bibbia è una delle opere che più inneggiano all'amore gay. 1. Il *Levitico* e la Purezza; 2. Asher e Caleh; 3. Abominevoli cani; 4. Eunuchi e travestiti; 5. Il frutto proibito; 6. Davide e Gionata; 7. Ruth e Naomi; 8. Sodoma, Gomorra e Gabaa... *Con la traduzione, integrale e non manipolata, del celebre poema "Cantico dei Cantici".*

Marco Aurelio Rivelli
L'ARCIVESCOVO DEL GENOCIDIO
Monsignor Stepinac, il Vaticano,
e la dittatura ustascia in Croazia, 1941-1945
Pagg. 300 – L. 35.000

Lo stato nazifascista di Croazia durante il quinquennio 1941-1945, la dittatura degli ustascia di Ante Pavelic, lo sterminio etnico-religioso di serbi ortodossi e ebrei, le "conversioni" forzate al cattolicesimo. La collaborazione dell'arcivescovo di Zagabria monsignor Stepinac con la dittatura ustascia, e le responsabilità del Vaticano nel genocidio balcanico. *Illustrato con foto e documenti.*

CRONACHE ITALIANE

Giorgio e Luciana Alpi
Mariangela Gritta Grainer
Maurizio Torrealta
L'ESECUZIONE
Inchiesta sull'uccisione di Ilaria Alpi
e Miran Hrovatin
Pagg. 286 – L. 28.000

Il 20 marzo 1994, a Mogadiscio, un commando uccide la giornalista della Rai Ilaria Alpi e l'operatore Miran Hrovatin. Il duplice delitto ha le modalità di una esecuzione, ma si tenta subito di accreditare la falsa tesi della "incidentalità". Comincia così una lunga serie di manovre e depistaggi finalizzati a impedire l'accertamento della verità dei fatti. Fatti che raccontano di strane navi regalate dalla Cooperazione italiana alla Somalia e di un traffico internazionale di armi, ai quali Alpi e Hrovatin si stavano interessando; fatti che hanno per scenario il sottobosco politico-affaristico italo-somalo e settori del servizio segreto militare italiano (Sismi). Questo libro ricostruisce tutti i contorni del delitto di Mogadiscio – prima, durante, e soprattutto dopo l'attentato – e attraverso notizie inedite arriva nei pressi della verità. *2ª edizione*

Francesco Pecorelli
Roberto Sommella
I VELENI DI "OP"
Le "notizie riservate" di Mino Pecorelli
Pagg. 318 – L. 30.000

Un'ampia antologia dei più significativi articoli di Mino Pecorelli, l'ambiguo giornalista che negli anni 1968-1979, con la sua agenzia "Op" (alimentata da settori dei servizi segreti e dal sottobosco politico romano), denunciava gli intrighi del mondo politico e raccontava i retroscena delle faide di potere. In appendice, il testo integrale della *Domanda di autorizzazione a procedere contro Giulio Andreotti per l'omicidio Pecorelli*.

Pino Nicotri
FIAT. Fabbrica Italiana Automobili e Tangenti
Pagg. 246 – L. 28.000

Milioni e miliardi a esponenti politici. Il "tesoretto" svizzero e gli spalloni di Romiti. Le riunioni segrete e la strana "gita" a Vaduz. I licenziamenti-rappresaglia. La tecnica di accumulo dei fondi neri all'estero. Le menzogne dell'Avvocato... La Tangentopoli della Fiat, ricostruita con testimonianze dirette, documenti riservati e atti della Magistratura.

Gianni Flamini
LA BANDA DELLA MAGLIANA
Storia di una holding politico-criminale
Pagg. 146 – L. 23.000

La storia della struttura illegale denominata "banda della Magliana", cerniera tra il crimine organizzato e settori dell'eversione armata, dei servizi segreti, della politica, del Vaticano, della finanza. Uno dei più torbidi capitoli dei misteri della Repubblica.

Ala Sinistra, Mezzala Destra
LUCKY LUCIANO
Intrighi, maneggi e scandali del padrone del calcio
Luciano Moggi
Pagg. 216 – L. 25.000

Da ferroviere nullatenente a padrone miliardario del calcio: il "miracolo italiano" di Luciano Moggi. A colpi di maneggi, intrighi e scandali, una incredibile carriera trentennale nel mondo del pallone.

DIETRO LO SCHERMO DELLA TV

NERI E PELLEROSSA

  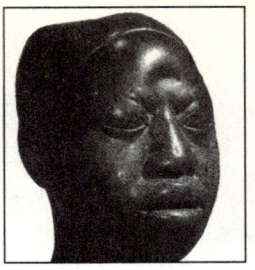 

Riccardo Bocca
MAURIZIO COSTANZO SHOCK
Affari, potere, alcova: i retroscena del telegiornalista più famoso d'Italia
Pagg. 159 – L. 25.000

Soci nell'ombra, maneggi e miliardi. L'arrampicata al successo. La carriera nella Loggia P2. Il sodalizioTv col ministro Francesco De Lorenzo. Molestie sessuali: un'attrice racconta. Alla corte di Berlusconi. Agenzia matrimoniale. Pronto per tutte le stagioni: a sinistra della Destra, a destra della Sinistra... *3ª edizione*

Alessandro Roveri
SGARBI CON TRUFFA
Prodezze e sconcezze di Vittorio Sgarbi
Pagg. 199 – L. 25.000

Il D'Annunzio della Standa. Edipo in provincia di Ferrara. La politica come avanspettacolo. Un truffatore "garantista". Inganni quotidiani. L'assenteista pluricandidato. L'ascaro del partito-azienda. Un privato degno del pubblico. *In appendice*, il testo della sentenza della Pretura di Venezia che ha condannato Sgarbi per il reato di falso e truffa aggravata e continuata ai danni dello Stato.

Emilio Randacio
PIPPO E IL SUO CLAN
Pagg. 130 – L. 20.000

Baudo padrone di Sanremo: un festival di canzoni e brogli. Il clan Baudo alla Rai: appalti illeciti di miliardi e maneggi, telepromozioni con "mazzette", giochini a quiz truffaldini. Gli affari occulti di Pippo: prestanome, fatture fasulle e tangenti. *In appendice*: telemazzette per Mara Venier e Rosanna Lambertucci.

Iyamu Kennedy
Pino Nicotri
LUCCIOLE NERE
Le prostitute nigeriane si raccontano
Pagg. 150 – L. 25.000

Donne nigeriane raccontano come e perché hanno lasciato il loro Paese per emigrare in Italia, dove esercitano il mestiere più antico del mondo, e descrivono quella che è la loro attuale condizione di professioniste del sesso, di "lucciole nere" inserite in una vera tratta delle schiave contemporanea. Testimonianze dirette (raccolte sui marciapiedi di Torino, epicentro italiano della "tratta" delle nere) di un fenomeno sociale sempre più diffuso, da parte di donne africane che esprimono anche la loro cultura, le loro aspirazioni, i loro sogni.

Ray Allen
Fernando Eros Caro
PRIGIONIERI DELL'UOMO BIANCO
Pagg. 111 – L. 17.000

Lettere, poesie, disegni di due pellerossa – Ray "Orso-che-corre" Allen e Fernando Eros Caro – condannati alla pena capitale e detenuti nel braccio della morte del carcere Usa di San Quentin in attesa dell'esecuzione. *A cura di Marco Cinque.*

Antonio Lodetti
JAZZ & JAZZMEN
Le radici e i protagonisti della musica afroamericana
Pagg. 380 – L. 50.000

Le origini, la teoria, gli stili del jazz, e le biografie essenziali (con discografie) di tutti i maggiori jazzisti storici e contemporanei. *Prefazione di Franco Fayenz.*

IN DIFESA DELLA REPUBBLICA

messinscena del Lago della Duchessa. Brigate rosse di bugie: la "verità di comodo", e le mezze verità concordate con settori del potere. Vent'anni dopo il delitto Moro: tutto a posto, tutti liberi. *2ª edizione*.

Sergio Flamigni
«IL MIO SANGUE RICADRÀ SU DI LORO»
Gli scritti di Aldo Moro prigioniero delle Br
Pagg. 418 – L. 38.000

Le lettere e il "memoriale" scritti dal presidente della Dc Aldo Moro durante i 55 giorni trascorsi nella "prigione" delle Brigate rosse (16 marzo-9 maggio 1978), raccolti, ordinati e annotati a cura del massimo conoscitore del "caso Moro". Questa drammatica documentazione (ancora parziale, anche dopo il secondo rinvenimento del 1990 nel covo Br di via Monte Nevoso) ripropone i torbidi enigmi che continuano a gravare sul delitto Moro, e consente di rileggere il più cruciale frangente politico della recente storia repubblicana.

Sergio Flamigni
LA TELA DEL RAGNO
Il delitto Moro
Pagg. 396 – L. 38.000

La ricostruzione della strage di via Fani (Roma, 16 marzo 1978), e dei successivi 55 giorni del sequestro Moro. Gli affiliati alla Loggia P2 insediati ai vertici dei Servizi e delle forze di sicurezza; i reperti scomparsi e le ambiguità della magistratura romana; le manovre occulte e le implicazioni internazionali; le "lettere" di Moro, e i comunicati delle Br; il generale Dalla Chiesa e i documenti di via Monte Nevoso; le gravi responsabilità del ministro dell'Interno Cossiga; il conflitto fra il clan andreottiano e Carmine Pecorelli; le Brigate rosse e il "quarto uomo"... *4ª edizione*

Sergio Flamigni
TRAME ATLANTICHE
Storia della Loggia massonica segreta P2
Pagg. 457 – L. 39.000

Massoni e golpisti: l'operazione "Tora Tora". La P2 nella strategia della tensione. Trame e ricatti all'ombra del Grande Oriente d'Italia. Il "Piano di rinascita" della Loggia segreta. Il finanziere venuto dal nulla: Michele Sindona. L'assalto ai mass media: giornali e Tv. La trama piduista da Moro a Pecorelli. Roberto Calvi e monsignor Paul Marcinkus. Fiamme Gialle, petrolio e tangenti. Massoni e mafiosi: fratelli a Montecarlo. La piramide superiore. La Loggia scoperchiata... Tra politica e affari, intrighi e corruttele, le trame eversive della banda massonica di Licio Gelli. *In appendice, tutti gli elenchi degli iscritti.*

Sergio Flamigni
CONVERGENZE PARALLELE
Le Brigate rosse, i servizi segreti e il delitto Moro
Pagg. 316 – L. 30.000

Un piano della Destra per sequestrare Moro molti anni prima della strage di via Fani. Da sottosegretario degli "omissis", a ministro dell'Interno "impreparato": Francesco Cossiga. I verbali e i documenti della gestione della crisi scomparsi dagli archivi del Viminale. Un infiltrato del Viminale nelle Brigate rosse: il terrorista "Rocco". Il covo Br di via Gradoli 96, e gli appartamenti delle società di copertura dei servizi segreti in via Gradoli 96. Il falso comunicato Br n. 7 e la

"IN NOME DEL POPOLO ITALIANO"

III Corte d'Assise di Milano
LA SENTENZA DEL PROCESSO CALABRESI
Pagg. 428 – L. 38.000

I testimoni, i rilievi tecnici, la ricostruzione dell'omicidio; le dichiarazioni del pentito Leonardo Marino (la "struttura clandestina" di Lotta continua, le rapine, la preparazione e l'esecuzione del delitto); la difesa degli imputati... Il testo integrale della sentenza emessa dalla III Corte d'Assise di Milano il 2 maggio 1990, che ha condannato Ovidio Bompressi, Leonardo Marino, Giorgio Pietrostefani e Adriano Sofri per l'omicidio del commissario Luigi Calabresi (Milano, 17 maggio 1972).

Autori vari
OMICIDIO NELLA PERSONA DI PASOLINI PIER PAOLO
L'oscura morte di un intellettuale scandaloso
Pagg. 286 – L. 30.000

Questo libro ripercorre la vicenda istruttoria e processuale relativa all'uccisione di Pier Paolo Pasolini, con i testi delle sentenze di primo e secondo grado e della Corte di Cassazione.

Tribunale di Milano, III Sezione penale
UBS-LUGANO. 633369 "PROTEZIONE"
Pagg. 210 – L. 25.000

I corruttivi rapporti tra il Psi craxiano, la Loggia massonica segreta P2, e il bancarottiere piduista Roberto Calvi, ricostruiti dal Tribunale di Milano nella sentenza del processo per il conto bancario svizzero "Protezione" (Unione Banche Svizzere di Lugano). La sentenza condanna Bettino Craxi, Licio Gelli, Claudio Martelli, Leonardo Di Donna e Silvano Larini per concorso nella bancarotta fraudolenta del Banco Ambrosiano.

Tribunale di Milano, V Sezione penale
LA MAXITANGENTE ENIMONT
Pagg. 351 – L. 30.000

Politica e affari a Tangentopoli: il testo integrale della sentenza che, dopo il processo per la maxitangente Enimont, ha condannato – fra gli altri – Renato Altissimo, Umberto Bossi, Gianni De Michelis, Severino Citaristi, Bettino Craxi, Arnaldo Forlani, Giorgio La Malfa, Claudio Martelli, Paolo Pillitteri, Paolo Cirino Pomicino.

Corrado De Cesare [a cura di]
BORRELLI. CORRUZIONE E GIUSTIZIA
Pagg. 320 – L. 30.000

Dichiarazioni, comunicati, interviste: gli anni di "Mani pulite" 1992-1998 nelle parole del procuratore di Milano Francesco Saverio Borrelli. «Chiunque si proponga di impedire al pubblico ministero di esercitare l'azione penale, di condizionarla nei tempi e nei modi, è qualcuno che ha in mente una prospettiva opposta allo Stato di diritto, a uno Stato in cui tutti sono soggetti al diritto: non solo i normali cittadini, ma anche i cosiddetti potenti.» *Prefazione di Giorgio Galli.*

LA POLITICA COME CULTURA

Giorgio Galli
STORIA DEL PCI
Il Partito comunista italiano: Livorno 1921, Rimini 1991
Pagg. 313 – L. 40.000

Dalla fondazione (Livorno 1921), alla mutazione in Pds-Partito democratico della sinistra (Rimini 1991): una rilettura critica dei settant'anni di storia del Partito comunista italiano. *5ª edizione*

Giorgio Galli
AFFARI DI STATO
L'Italia sotterranea 1943-1990: storia politica, partiti, corruzione, misteri, scandali
Pagg. 302 – L. 35.000

Il cinquantennio repubblicano segnato dalla degenerazione del sistema dei partiti, tra storia politica ed economia della corruzione, nel libro che ha annunciato "Tangentopoli". *4ª edizione*

Giorgio Galli
IL PARTITO ARMATO
Gli "anni di piombo" in Italia 1968-1986
Pagg. 388 – L. 38.000

La puntuale cronistoria e una circostanziata interpretazione politica degli "anni di piombo" del "partito armato" (Brigate rosse, Prima linea, Nap, ecc.), contro i luoghi comuni e le "verità di Stato". *3ª edizione*

Luigi Pintor
PAROLE AL VENTO
Brevi cronache degli anni Ottanta
Pagg. 390 – L. 35.000

Una raccolta degli editoriali dedicati ai più rilevanti temi e accadimenti della politica italiana e estera, pubblicati sul "manifesto" nel decennio 1980-1989. I muscoli di Reagan, e la sfida di Gorbaciov; il terremoto dell'Europa orientale, e il feroce massacro di Deng; il Pci dell'ultimo Berlinguer, e l'ultimo Pci di Occhetto; l'Italia dello strapotere Fiat e dell'evasione fiscale, e l'Italia che non vuole morire democristiana né craxiana... *2ª edizione*

Giorgio Galli
IN DIFESA DEL COMUNISMO NELLA STORIA DEL XX SECOLO
Pagg. 135 – L. 20.000

Ottantacinque milioni di morti causati dagli scontri politici del XX Secolo. Tutta colpa del comunismo? No. Il comunismo ne è stato uno dei responsabili, non il solo. Né la corresponsabilità dell'epocale tragedia può essere limitata al fascismo e al nazismo: vi è infatti anche quella della cultura politica occidentale, quella attribuibile ai sistemi liberal-democratici. Questo saggio ricostruisce e documenta una indubbia responsabilità collettiva che l'attuale demonizzazione storica del comunismo vorrebbe mistificare. Attraverso la condanna di una "grande illusione", quale certamente è stato il comunismo, si vorrebbe infatti cancellare l'aspirazione millenaria a una società più libera, più egualitaria e più felice. E questa "difesa del comunismo" è anche la difesa di tale prospettiva.

Giorgio Galli
CROMWELL E AFRODITE
Democrazia e culture alternative
Pagg. 275 – L. 30.000

Un'affascinante riflessione storico-culturale sul divenire della società occidentale, e su come le tensioni e i conflitti tra "femminile" e "maschile" vi abbiano avuto un ruolo centrale. *2ª edizione* [1ª edizione col titolo *Occidente misterioso*]

Kate Millett
IN VOLO
Amori e lotte: un'autobiografia
Pagg. 612 – L. 40.000

L'America degli anni Settanta, il movimento delle donne, il "pubblico" e il "privato", le lotte e gli amori, la cultura e l'arte: un documento storico, in forma di autobiografia. «Questo libro è la mia gioventù... È il prodotto dello strenuo sforzo di vivere alla lettera le proprie convinzioni, di osservare e registrare...».

Kate Millett
SITA
L'amore di una donna per una donna
Pagg. 292 – L. 30.000

La minuziosa, ossessiva cronaca interiore della fine di un amore – l'amore di una donna per una donna. «Chissà perché, Sita mi era sempre sembrata solo una donna, una donna capace di amare un'altra donna senza per questo essere quella che di solito il mondo considera una lesbica».

Kate Millett
IL TRIP DELLA FOLLIA
Cronaca di una sofferenza
Pagg. 322 – L. 35.000

Il resoconto di un "viaggio" in quello stato allucinatorio che è attribuito alla pazzia: la condizione sociale, la drammatica esperienza del venire estromessi e rinchiusi, l'imposizione dei farmaci. «L'idea di "perdere la ragione". Un'eventualità che un tempo avrei considerata assurda e impossibile, cattiva sorte di qualcun altro e non mia...».

Massimo Consoli
HOMOCAUST
Il nazismo e la persecuzione degli omosessuali
Pagg. 280 – L. 40.000

Le fasi storiche che trasformarono il pregiudizio antiomosessuale in uno dei capisaldi del nazismo. Le implicazioni di carattere omosessuale che in Germania segnarono l'avvento al potere del Partito nazista e il tragico divenire del Terzo Reich, fino allo sterminio dei "Triangoli Rosa" nei lager hitleriani. ***2ª edizione***

Massimo Consoli
KILLER AIDS
Storia dell'aids attraverso le sue vittime
Pagg. 155 – L. 28.000

Dalle prime vittime "storiche" sul finire degli anni Sessanta, ai grandi nomi dell'arte, della cultura, dello spettacolo, colpiti da quello che è stato definito "il male del Secolo".

Elio Modugno
LA MISTIFICAZIONE ETEROSESSUALE
L'eterosessualità istituzionale come falsificazione dell'eros e dell'uomo
Pagg. 248 – L. 30.000

Una rilettura antropologica, genetica, psicanalitica, politico-sociale, storica, della sessualità umana e dei suoi vari aspetti, e una denuncia delle mistificazioni, delle contraddizioni, delle aberrazioni proprie della sessualità istituzionale, l'eterosessualità.

LA POLITICA COME MESTIERE

Corrado De Cesare [a cura di]
IL COMPAGNO MASSIMO
Quando D'Alema era comunista, 1975-1990
Pagg. 236 – L. 25.000

Un'antologia degli scritti e dei discorsi di Massimo D'Alema dirigente del Pci. «Il nostro "principio" è la critica all'oppressione dell'uomo sull'uomo, l'idea del socialismo, la necessità della rivoluzione nell'Occidente, il marxismo. È in nome di questo principio, libero da incrostazioni dogmatiche, che noi oggi critichiamo le contraddizioni del "socialismo reale". Non per negarlo, ma perché possa affermarsi nelle condizioni del mondo attuale» [*M. D'Alema, gennaio 1982*]

Corrado De Cesare [a cura di]
IL FASCISTA DEL DUEMILA
Le radici del camerata Gianfranco Fini
Pagg. 151 – L. 25.000

Breve antologia dei proclami ideologici espressi dal neofascista Gianfranco Fini dal 1987 al 1993, cioè dal suo insediamento alla segreteria del Msi fino alla nascita di Alleanza nazionale. Una lettura che rivela la radicata essenza fascista dell'ex delfino di Almirante.
2ª edizione

Lucio Giunio Bruto
CICCIOBELLO DEL POTERE
Francesco Rutelli politicante in carriera
Pagg. 186 – L. 25.000

Gli anni dell'apprendistato nel Partito radicale come cocco di Pannella; il riciclaggio nei Verdi e la caccia alle poltrone; l'arrampicata al Campidoglio e la crociata per le Olimpiadi 2004... A colpi di opportunismi, spregiudicatezze e aria fritta, la travolgente carriera di un mediocre politicante. Passato dalle lotte contro la fame nel mondo agli appetiti dei palazzinari romani, dalle campagne anticlericali alle genuflessioni in Vaticano, dall'antimilitarismo ai campi di golf, dal Mahatma Gandhi all'avvocato Cesare Previti.

Roberto Di Fede
IL ROSSO & IL NERO
Gli affari di Berlusconi con i "comunisti".
Le relazioni pericolose di Armando Cossutta
Pagg. 141 – L. 23.000

Una cooperativa rossa per Berlusconi. Dietro le quinte di Movicoop: affari e politica. I tentacoli della "holding rossa". Da Leonid Breznev a Armando Cossutta. I commercialisti Ceserani; il banchiere Nerio Nesi; lo spione Francesco Pazienza. Un cossuttiano molto speciale: Giuseppe Stante. Gli affari della Fininvest nella patria del "comunismo". Editoria, comunisti e massoni in Sardegna: l'affarista-politico Nicola Grauso. Gli "errori tecnici" di Rifondazione comunista in Parlamento.

Carlo Ripa di Meana
SORCI VERDI
Pagg. 151 – L. 20.000

Intervistato da Stefania Marra, Carlo Ripa di Meana ripercorre un difficile quadriennio (1992-96) da portavoce dei Verdi. Fra impegno ambientalista, incontri e scontri politici, polemiche e lotte di potere, Ripa di Meana racconta episodi e aspetti inediti del partito Verde e della recente storia politica nazionale.

Finito di stampare nell'aprile 1999
presso Grafica Sipiel Milano
per conto della Kaos edizioni
Fotocomposizione Photo Life Milano